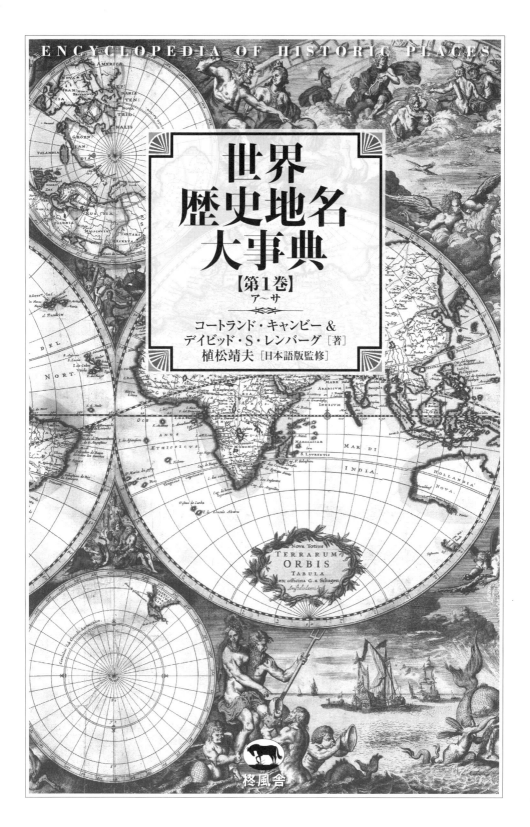

ENCYCLOPEDIA OF HISTORIC PLACES Vol.1, 2 & 3

by David S. Lemberg

Copyright © 2007 by Courtlandt Canby and David S. Lemberg

© 1984 by Courtlandt Canby

Japanese translation published by arrangement with Facts On File, Inc.

through The English Agency (Japan) Ltd.

序

　コートランド・キャンビーの手になる『世界歴史地名大事典』のような浩瀚な書物の改訂に当たるのは、喜びでもあり苦痛でもあった。喜びは原本を読み、世界各地について調べては情報を収集することで、これは楽しかった。苦痛の方はこの大事典に最新の情報を盛り込んで増補するのにどれほどの時間が必要なのかを見誤った私の判断から来るものだった。インターネットの恩恵に浴することもなくこれほどの大著を書き上げたキャンビー氏に私は多大な敬意を表するしだいである。インターネットと図書館の文献を活用してもなお、各地の歴史を確認して情報を更新するのはひどく時間のかかる作業である。

　オンラインの百科事典もあるし、事典がなくても地名を調べる手だてはいくらでもあるのに、どうして事典など作るのかと学生から言われることもあった。それに対する私の答えは、増補にあたってオンラインの情報を活用した私自身の経験とも合致するもので、すなわち、オンラインの情報源は正確か適切かを見極めなければならないからだということになる。歴史というものは、どうしても著者の見方や偏見によって歪められてしまうものである。だから歴史には、イギリス中心、フランス中心、ギリシア中心、ローマ中心、ロシア中心、アフリカ中心の歴史があり、西洋史、東洋史もあれば、急進的な歴史も、ポストモダンの歴史もあるのだ。最近の歴史にとって一番の拠り所となるマスメディアのニュースにしても、やはり編集方針や国営放送の政治的な狙いによって歪められた部分があるはずだ。正確さを期するには、数多くの情報源を整理し、それをまとめてバランスのとれた項目を立てなければならない。私としては資料の中の極論を緩和すべく、偏りのない記述を目指して全力を尽くした。

　目下紛争中の地域をどう扱うかについてはじつに難儀した。国家として認めている者もいるが、その一方で自治権のある地域とも反乱軍の支配する地域とも言われるような場所についてはどう記述したらよいのか。パレスチナはローマの属州になるのか、イギリスの領地になるのか、それともパレスチナ自治政府が現在管理する地区にするのか。イスラエルはダビデとソロモンの王国にするのか、1947年の分割決議により決められた範囲の国家にするのか、それとも現在イスラエル政府が事実上治めている地域にするのか。なお、一貫性を保つために本書では2007年の段階で認められているないしは事実上そうなっている境界線を採用してある。したがって、レバノンの南・ヨルダン川の西に位置する東地中海沿岸の地域を「イスラエル」と呼んでいるので、そこには1967年以前の領地に加えて併合された地域が含まれており、1967年以前にヨルダンとエジプトが支配していたが現在はパレスチナ自治政府が治めている地域は、パレスチナ西岸とガザとなる。アブハジア（ジョージア〔グルジア〕共和国北西部の黒海沿岸）のように独立国内にあって自治権

を有している地域は見出しとして立項した。

　どんなことでもインターネットで気軽に調べると情報が多すぎて収拾がつかなくなってしまう。オンラインでまず10項目、20項目、さらに50項目、100項目、ついには500項目も目を通していると、素早く答えを手に入れるはずだった目的はどこへやらである。事典の項目には情報が要約されており、すぐれた事典は整合性を一番に目指している。本書で立項されている項目には地理的なデータが示されている。すなわち所在地（それはどこにあるのか？）と時代（それはいつそこでおこったのか？）そして、見出し語に直接かかわる事項（その土地である時なりある時代なりに何がおきたのか）が記されている。どんな地域でも時代によって様々な出来事がおこっている。紙幅が限られているので（ほとんどの読者にとっては調べる時間も限られているだろう）、各項目にはそれぞれ参照すべき地名（その土地と関係がある別の容易に見つけられる土地）と土地にまつわる歴史的な出来事や事実の説明（この土地で重要なあるいは興味深いどのような出来事があったのか）を示しておいた。

　本改訂版は初版の書式を踏襲している。本見出しはアルファベット順に配し〔日本語版は五十音順に配列〕、地名は一番よく使われている表記を採用したので、英語形ないしはローマ字化した形になっていることが多いが、国際的に広く使われるようになった場合には、その原語の表記を用いた。一例を挙げるとボンベイ（Bombay）の場合にはムンバイ（Mumbai）である。中国本土の地名はすべてピンインの表記にし、インドの地名はインド政府が用いている表記にした。また本書では旧ソ連の共和国の地名には、新表記ないしそれぞれで使われていた本来の表記を用いた。

　本見出しはゴシック体で表記し、別の綴りがある場合には、それをゴシック体にして［　］の中に入れた。なお、別綴りの表記は、本見出しを参照できるように見出し語として立項した。また、古代の地名や旧地名などがある場合には、別綴りの後に表記し、その場合にもゴシック体で表記して［　］の中に入れた。その土地の国名・地域名は（　）の中に示した。各項ではその土地の場所と歴史を説明し、必要に応じて最後に「参照」すべき見出しを示してある。さらに各項目には本事典中の参照すべき項目を示し、相互参照の便を図った。相互参照の対象となる地名には＊を附して表記した。

　本改訂版では参考文献欄を巻末に新たに設けた。各国の項ではその国の歴史に関する推薦文献をあげてある。歴史書については現在入手可能なもの、あるいは図書館で容易に利用できる古典的な文献を示すことを心がけた。また、可能な場合には各国の歴史について異なる視点から捉えた文章を掲載することも心がけた。各国の項にはホームページのアドレスを載せるようにしたが、ホームページがない場合には、その国の歴史が要約されているホームページか、関連の多くのホームページにリンクされているアドレスを載せてある。現在はもう無効になっているアドレスがあれば、先にお詫びを申し上げなければならない。これもインターネットの欠点だが、ホームページがなくなっていたり、いつの間にかアドレスが変わっていたりすることがある。

本書をまとめるに際して、助力と忍耐力とを賜わったファクツ・オン・ファイル社の歴史・政治学部門の編集長オーウェン・ランサー氏に感謝申し上げたい。また、厖大な項目のコピーと編集にあたった同社の担当者一同の尽力も多としたい。『世界歴史地名大事典』の初版を編集するためデジタル化の作業ではリー・ショテンフェルズ氏をはじめミシガン州プリマスと中国西安にあるコンピュパシフィック社データ・サービス部の一同にはお世話になった。それからウェスタン・ミシガン大学地理学部のグレゴリー・ビーク博士は私をこの仕事に推薦してくださり、しかも中国の項ではご協力を頂いた。サラ・ビーク嬢には中国の新設された県の項目の執筆を担当して頂いた。パット・ミクリン博士にはロシアと中央アジアに関してご協力を頂戴した。私が所属する地理学部の学部長であるデイビッド・ディカソン博士にはインド関係の項目でご協力頂いた上に、1年間の研究休暇を勧めて頂き、感謝に堪えない。最後にこの仕事が完成するまで辛抱強く協力を続けてくれた妻のブリジット・ローレンツ・レンバーグ、そしてみごとな範を示すとともに、厖大な地名を集成して、改訂の基を築いてくれたコートランド・キャンビーに感謝したい。

日本語版監修者　序

　本書は Courtlandt Canby and David S. Lemberg. *Encyclopedia of Historic Places*. Rev. ed.（Facts On Files, 2007）を翻訳したものである。日本語版刊行に当たり監修者として全面的に原本の不備を補い、誤りを正し、独自に地名を見出しとして立項し、2017年の校了直前まで最新の情報を盛り込んだ。したがって、1990年代以降、行政区画が再編されたり新設されたりしたポーランド、ナイジェリア、インドなどの各国については、各種の辞典・事典が最新版でもなぜかまだ対応し切れていない中、本書では最新の区画が反映されている。

　特にイギリスの行政区画は最近全面的に再編成され、区画名には、これまでなかった名称が使われており、いわゆる「定訳」がまだ無いので、本書では以下のような表記を採用した。

イングランド		スコットランド	
region	管区（リージョン）	council area	郡（カウンシル・エリア）
district	地区（ディストリクト）		
unitary authority	自治区（ユニタリー・オーソリティ）	ウェールズ	
metropolitan county	大都市圏州（メトロポリタン・カウンティ）	county borough	州区（カウンティ・バラ）
metropolitan borough	首都自治区（メトロポリタン・バラ）		
		北アイルランド	
		district	地区（ディストリクト）

　表記については「凡例」を参照していただきたいが、特に以下の二点にはご留意いただきたい。

　まず、人名・地名に使用される「ハイフン（-）」を教科書などではなぜか「ダブルハイフン（=）」で置き換える慣習が横行しているが、本書では原則として原語どおりハイフンを用い、例えば Emilia-Romagna は「エミリア - ロマーニャ」と表記する。ただし、これは飽くまでも原則であり、ダブルハイフンは一切使用していないが、慣例的な表記としてハイフンではなく「中黒（・）」が使われている名称の場合には慣例に従った。その点では完璧な統一性を保持していないことになるが、それによって読者が混乱するなどの不都合はないはずである。

　また、「v」などを含む名称は「ヴァ行」ではなく「バ行」で表わすことにした。これはスペイン語のように「v」と「b」を発音上は区別せず「バ行」の発音に近い言語があることと、何よりも事典の使用者にとってすべて「バ行」で統一されていた方が、迷わずに調べやすいだろうとの判断によるものである。

世界歴史地名大事典　目次

第1巻　序　iii
　　　日本語版監修者　序　vi
　　　凡例　viii
　　　ア〜サ　1〜758

第2巻　シ〜ヒ
第3巻　フ〜ン
　　　参考文献
　　　欧文索引、漢字索引
　　　日本語版監修者あとがき

凡　例

見出し語
・ 見出し語はゴシック体と原書にある綴りで表記し、別称や別の綴りがある場合は〔　〕の中に入れて示してある。
・ 旧名や現地表記がある場合は〔　〕の中に入れて示した。
・ 国名、地域名は（　）の中に示した。共和国・王国等は省略し、アメリカ合衆国→合衆国、中華人民共和国→中国、大韓民国→韓国、朝鮮民主主義人民共和国→北朝鮮など、略記したものもある。
・ 中国の地名はピンインの読みを、朝鮮の地名はハングルの読みをカタカナ表記し、漢字を〔　〕に入れて表記することを基準としたが、カタカナまたは漢字のみのものもある。漢字索引は第3巻の巻末にある。

見出し語の配列
・ 見出し語は、現代かなづかいの五十音順に並び替えた。
・ 長音符号は音順に含めず、同音になった場合、長音を含まない見出しを先にした。
・ 濁音・半濁音は清音とみなし、同音になった場合、清音、濁音、半濁音の順に配列した。
・ 促音・拗音は独立した1文字とみなした。
・ 見出しが同音の場合は右肩に1、2、3と番号を付し、配列は原綴りのアルファベット順とした。

その他
・ V音は、バビブベボで表記した。
・ 参照項目は、⇒で示した。
・ 独立した見出し項目がある地名には、左肩に*を付した。
・ 原書のイタリック体は《　》で括った。

ア

アイ Ai（パレスチナ）
*エリコ（Jericho）の西、古代の*カナン[1]（Canaan）にあった都市。聖書によると前1200年頃イスラエル人がエジプトから出国する際にヨシュアがカナン人を撃ち破った土地。

アイアンウッド Ironwood（合衆国）
*ミシガン（Michigan）州北西部の都市。モントリオール川に臨み、*ウィスコンシン（Wisconsin）州*ハーリー（Hurley）の対岸に位置する。1885年に建設されて鉄鉱業の拠点となり、世界屈指の深い採掘坑道を有する。

アイアントン Ironton（合衆国）
*ミズーリ（Missouri）州南東部の都市。フラット川の南29 kmに位置する。南北戦争中、南軍が敗れたパイロットノブの戦いは、1864年9月27日にこの附近で起こった。

アイアンブリッジ Ironbridge（イングランド）
イングランド西部、*シュロップシャー（Shropshire）州の町。*シュルーズベリー（Shrewsbury）の南東21 kmに位置する。セバーン川に架かる有名な橋の所在地。1778年に鋳造された世界初の鋳鉄の橋で、1986年に世界遺産の文化遺産に登録。産業革命発祥の地である附近の*コールブルックデール（Coalbrookdale）で製造された。

アイオナ島 Iona ［ゲール語：Icolmkill イーコルムキル］（スコットランド）
*インナー・ヘブリディーズ（Inner Hebrides）の島。*マル[2]（Mull）島の南西沖1.5 km、*グラスゴー（Glasgow）の西北西144 kmに位置する。もとはケルト・キリスト教の中心地であり、西暦565年頃にスコットランドおよびイングランド北部への布教のため、*アイルランド（Ireland）から来た聖コロンバが上陸した場所。聖コロンバの修道院は、802年に古代スカンジナビア人の略奪に遭い、その後も数度にわたって襲撃された。838～1096年まで司教座が置かれた。13世紀に創建されたベネディクト会の修道院の廃墟が遺る。聖なる島とされ、聖オーラン礼拝堂の墓所には、初期カトリック君主たちの遺骸が埋葬されている。679～704年までこの島の修道士であり修道院長ともなったアダムナンは『聖コルンバヌスの生涯』と、聖地巡礼の案内書『聖なる地へ』を書き記している。

アイオリス Aeolis ［エオリア Aeolia］（トルコ）
*イオニア（Ionia）の北、*エーゲ海（Aegean Sea）に臨むトルコ西部の古代の地方。前11世紀にギリシアによる植民地化の最初の大きな波が押し寄せて植民が始まった。キュメをはじめとするアイオリスの諸都市国家は*リュディア（Lydia）王国の属国となり、前6世紀には*ペルシア[1]（Persia）に併合される。

アイオワ Iowa（合衆国）
アメリカ中北部の州。1846年に29番目の州となる。*ミシシッピ川（Mississippi River）を東の州境とし、*ミズーリ川（Missouri River）とビッグスー川を西の州境とする。

2　アイオワ

低い丘陵のある平坦な地形。北は*ミネソタ（Minnesota）州、東は*ウィスコンシン（Wisconsin）州および*イリノイ（Illinois）州、南は*ミズーリ（Missouri）州、西は*サウスダコタ（South Dakota）州および*ネブラスカ（Nebraska）州と接する。

　アイオワ州の最初の居住者は先史時代の《土塁築造人》とされている。その後、有史時代に入ると、アイオワ族、ソーク族、フォックス族、スー族が主要な居住者となった。1673年、フランス人探検家ペレ・マルケットとルイ・ジョリエが、ミシシッピ川探検の途上でアイオワに到達する。1681～1682年には、ロベール・カブリエ・ド・ラ・サールがこの地に至った。ミシシッピ川および*デモイン川（Des Moines River）流域は罠猟に適していたため、各交易所を中心に町が発展した。1790年頃、フランス人のジュリアン・デュビュクが、インディアン部族から現在の都市*ドゥビューク（Dubuque）附近に土地を借り受け、鉛鉱山を開く。デュビュクの死後、インディアン部族は他のヨーロッパ人にこの土地を貸すことを拒んだ。

　アイオワは、1803年にアメリカ政府が*フランス（France）から購入したミシシッピ以西の広大な土地、*ルイジアナ購入地（Louisiana Purchase）の一部となる。地域内のインディアンは、しばらくの間——1830年までは移住者から守られたが、これは後の*南部連合（Confederacy, The）大統領ジェファーソン・デイビスが、命令により軍の1部隊をインディアン保護に当たらせたためだった。

　1832年のイリノイのブラック・ホーク戦争終結後、インディアンは、ミシシッピ川のアイオワ側地域を含む自らの土地を放棄させられ、以降20年間、アイオワではインディアンの全ての権利が剥奪された。その後、主に*ニュー・イングラン

ド（New England）からの移住者がアイオワに流入し、従前と同様の農村社会を築く。1820年のミズーリ協定により奴隷制が禁止された。1838年にはアイオワ準州となり、翌年に公立学校制度が確立された。

　1855年にアマナ会が七つの共同体を設立したが、そのうちで最大のものが*アマナ（Amana）である。アマナ会は17世紀にドイツで創設された敬虔主義信者の1教団だったが、アイオワの共同体はその枠組みを超えて発展し、アメリカ合衆国で行なわれた共同体実験の最大の成功例となった。同年アイオワ州に鉄道が開通し、2年後にはスー族の反乱分子がスピリット湖の入植者を虐殺して最後のインディアン紛争となる。その後、逃亡奴隷を支援するアンダーグラウンド鉄道の動きがアイオワで活発化し、アイオワ州は南北戦争で北軍に多くの兵を送った。

　1870年代初頭、アイオワの農業者は西部の農民と同様、厳しい状況におかれ、グレンジャー運動とグリーンバック党、人民党を支援した。その結果、アイオワ州は農業者に配慮して、鉄道と穀物倉庫を規制する法案を可決する。アイオワの農業は、1930年代を除いておおむね好調を維持し、農場規模の拡大に伴って機械化が進んだが1980年代までに、大規模経営で競争力のある農業者に押されて、家族経営の農場は廃業を余儀なくされた。大平原にある他州と同様、アイオワ州の人口は21世紀初頭に激減した。1857年来の州都*デモイン（Des Moines）は現在、州最大の都市でもある。他の主要都市は*シーダー・ラピッズ（Cedar Rapids）、*ダベンポート（Davenport）、スー・シティが挙げられる。第31代大統領ハーバート・フーバーの生誕地ウェストブランチには、ハーバート・フーバー国立歴史史跡がある。

アイオワ・シティ Iowa City（合衆国）

*アイオワ（Iowa）州東部の都市。*シーダー・ラピッズ（Cedar Rapids）の南 40 km に位置し、アイオワ川に臨む。1838 年に建設され、1839 〜 1857 年までアイオワ準州の州都となった。1850 年代後半には、鉄道の開通に伴い、西部に向かう移住者の重要拠点となる。1929 〜 1933 年まで合衆国大統領を務めたハーバート・フーバーは、1874 年にこの附近で生まれた。1847 年創立のアイオワ大学がある。

アイオン・ウロス Áyion Úros ⇒ アトス山
Athos, Mount

アイギナ Aigina ⇒ アエギナ〔エギナ〕
Aegina

アイザウル Aizawl［アイジャー Aijar］（インド）

*ダッカ（Dhaka）の東 240 km に位置するインド北東部*ミゾラム（Mizoram）州の州都。1972 年に連邦直轄地になるまで*アッサム（Assam）の一部だった。暴動が問題になっていたが、1987 年にこの地域が州になり、それ以来平和な状態が続いている。

アイザックタウン Isaactown ⇒ ノガレス²
Nogales（合衆国）

アイジャー Aijar ⇒ アイザウル Aizawl

アイスランド Iceland

北極圏のすぐ南にある大西洋上の島を占める国。*ノルウェー（Norway）の西 966km に位置する。多数の深いフィヨルドと広大な氷原、約 200 の火山と温泉を有する。メキシコ湾から絶えず北上する暖流、北大西洋海流の影響で気候は比較的温暖。古代世界におけるヨーロッパ最北の地。9 世紀以前にアイルランドの修道士が訪れた世界の果ては、アイスランドを指すとされる。ノルウェー王ハラール 1 世の支配を逃れてきた古代スカンジナビア人が、850 〜 875 年にかけて入植した。

875 年頃に首都の*レイキャビク（Reykjavik）が建設される。有名なノルウェー人探検家、赤毛のエイリークとレイフ・エリクソンは、西暦 1000 年頃にアイスランドから北アメリカに向けて西方へ航海した。アイスランドは族長が互いに交戦する封建国家となり、ノルウェーのホーコン 4 世はアイスランドの完全支配には至らないまでも、1261 〜 1264 年の間に宗主権を承認させた。1380 年にノルウェーがデンマーク王の支配下に置かれると、アイスランドもデンマーク王に帰属する。中世の後半には、周辺の漁業権をめぐり、アイスランドの漁船団がイングランド人と盛んに交戦した。

17 〜 18 世紀まで、海賊が沿岸地域に来襲し、疫病の流行や火山の噴火により多くの命が奪われる。また*デンマーク（Denmark）の会社に独占交易権が付与されたため、アイスランド経済は逼迫した。19 世紀に入ると国民文化が復活し、独立の気運が高まる。1874 年に憲法と自治法を勝ち取り、1918 年には独立国家の地位を得、デンマークとは単に同君を通じて連合するだけの関係となった。1940 年にデンマークが*ドイツ（Germany）に降伏すると、イギリス軍がアイスランドを占領。第 2 次世界大戦中イギリス、アメリカ両軍がアイスランドを防衛した。1944 年 6 月 17 日、デンマークとの連合を解消し、アイスランド共和国として独立が宣言された。

1958 年以降、アイスランドの主張する専管水域内での漁業権をめぐり、*イギリス（United Kingdom）をはじめとする近隣諸

4　アイスリツ

国との論争が続き、いわゆるタラ戦争へと拡大して、武力衝突寸前まで紛糾した。1977年までに、アイスランドは沿岸200海里の排他的経済水域の確保に成功する。1980年にビグティース・フィンボーンガドゥッティルが大統領に選出され、世界初の公選女性国家元首となった。アイスランドは多くの活火山で知られる。1973年にはヘイマエイ島のエルトフェットル火山が噴火し、溶岩が町に流れ込んで港に迫ったが、アメリカ海軍提供のポンプで溶岩に大量の海水を散水し、溶岩流を押し止めることに成功して港は救われた。1996年、アイスランド中南部の氷河湖グリムスボトンの下で噴火が起こって、氷河湖決壊洪水（ヨークルフロイプ）が発生し、およそ4立方平方キロメートルもの水が海岸まで流れ落ちた。アイスランドの二院制国会アルシングは、930年に初めて開会されたヨーロッパ最古の国会である。

アイスリップ Islip（イングランド）

イングランド中部、*オックスフォードシャー[1]（Oxfordshire）州の村。*オックスフォード（Oxford）の北10kmに位置する。アングロ・サクソン時代には怠慢王エセルレッド2世（986頃～1016）の宮殿があった。1004年、エドワード懺悔王が生まれる。清教徒革命中の1642～1648年まで、議会派と王党派の戦いが3度あった。小説家のジョン・バカンはここで暮らした。

アイスレーベン Eisleben［旧名：Islebia イスレビア］（ドイツ）

ドイツ中北東部、*ザクセン - アンハルト（Saxony-Anhalt）州の都市。*メルゼブルク（Merseburg）の北西35kmに位置する。1780年までマンスフェルト伯領で、その後は*ザクセン（Saxony）領となり、1815年

に*プロイセン（Prussia）領となった。1483年、マルティン・ルターがここで誕生し、1546年に没した。

アイゼナハ Eisenach［旧名：Isenache］（ドイツ）

ドイツ中部、*チューリンゲン（Thuringia）州の都市。*エルフルト（Erfurt）の西48kmに位置する。1150年頃、チューリンゲン地方伯により建設され、1264年にザクセン公ウェッティン家の領地となる。1564～1741年まで何度もザクセン公の居地となったが、その後は*ザクセン - ワイマール（Saxe-Weimar）に支配された。1498～1501年までルターがここで学び、1521年に附近のワルトブルク城で聖書のドイツ語訳を完成させた。1685年、ヨハン・セバスチャン・バッハが誕生。1869年、ドイツ社会民主労働党が結成された。

アイセル湖 Ijsselmeer（オランダ）

オランダ中北部、旧ゾイデル海の南部を閉鎖堤防（アフスリュイデ）によって堰き止めて作った人造湖で、*ノルトホラント（North Holland）州と*フリースラント（Friesland）にまたがる。かつては塩水だったが、水門によって*ライン川（Rhine River）の支流であるアイセル川の水などが取り込まれて、淡水湖になった。捕れる魚もニシン、カタクチイワシ、ヒラメから淡水魚になり、とくに*サルガッソー海（Sargasso Sea）で生まれたウナギが春には水門から湖内に流入する。

アイゼンシュタット Eisenstadt（オーストリア）

オーストリア東部、*ブルゲンラント（Burgenland）州の州都。*ウィーン（Vienna）の南南東48kmに位置する。1264年に初めて記録に名前が登場し、1648～1920年まで*ハンガリー（Hungary）の自由都市。1760～1790年までフランツ・ヨーゼフ・

ハイドンはエステルハージ家の庇護のもと、この町に住んだ。エステルハージ家の14世紀の城が現在も建っている。

アイゼンベルク Eisenburg（ハンガリー）⇒バシュバール Vasvàr

アイゼンベルク Eisenberg（ドイツ）

ドイツ中部、*チューリンゲン（Thuringia）州の都市。*エルフルト（Erfurt）の東48kmに位置する。記録に都市名が登場するのは1171年で、1680〜1707年までザクセン-アイゼンベルク公国の首都。1826年、*ザクセン-アルテンブルク（Saxe-Altenburg）に割譲された。
⇒ザクセン Saxony

アイタペ Aitape ［エイタペ Eitape］（パプアニューギニア）

*ポート・モレスビー（Port Moresby）の北西860km、*ニューギニア（New Guinea）北部の港町。第2次世界大戦中、連合軍がニューギニアに侵攻した際、アメリカ軍は1944年4月22日にこの町と*インドネシア（Indonesia）の*ホーランディア（Hollandia）に上陸し、日本の大軍勢を分断し孤立させた。1998年7月17日、M7.0の海底地震による津波が町を襲い、2千人以上の死者が出た。
⇒ジャヤプラ Djadjapura

アイダホ Idaho（合衆国）

アメリカ北西部の*ロッキー山脈（Rocky Mountains）にある州。州都は*ボイシ（Boise）。1890年に43番目の州として連邦に加入した。州名はコマンチェ族インディアンの言葉に由来するが、もとは*コロラド（Colorado）州の名前として提案されたもの。北は*モンタナ（Montana）州および*ブリティッシュ・コロンビア（British Columbia）

州、東は*ワイオミング（Wyoming）州、南はユタ（Utah）州および*ネバダ（Nevada）州、西は*オレゴン（Oregon）州および*ワシントン[2]（Washington）州と接する。

1805年に大陸を横断して太平洋に至る探検を行なったメリウェザー・ルイスとウィリアム・クラークがヨーロッパ系アメリカ人として、この地域で初めて記録に残された。次にこの地に毛皮交易商人が到来し、カナダ人のデイビッド・トンプソンが1809年に交易所を設立する。翌年、アンドルー・ヘンリがアメリカ人による初の交易所を、現在のレックスバーグ附近に開設した。カナダとアメリカの競争が熾烈であったため、1840年代には毛皮の供給量が激減した。

1830年代〜1840年代にアメリカの探検家、交易商人、宣教師がこの地域に入った。その中には、1832年にこの地を探検したベンジャミン・L・E・ボンヌビル、1834年にボイシ砦の附近に*フォート・ホール（Fort Hall）を築いたナサニエル・ワイエス、現在の*ルイストン[1]（Lewiston）附近にある*ラップウェイ（Lapwai）で宣教を始めたヘンリ・スポルディング、さらにジョン・C・フリーモント、キット・カーソンなどがいた。当時アイダホは、アメリカと*イギリス（United Kingdom）が共同領有する*オレゴン・カントリー（Oregon Country）の一部だった。両国は、1846年に49度線を国境としてアメリカ領とイギリス領に二分することに合意し、1859年にオレゴン州が成立すると、アイダホはワシントン準州の一部となった。

本格的な入植が始まる前の1860年、モルモン教の宗教的入植地フランクリンが築かれた。1860〜1863年にかけて複数の異なる場所で金が発見されたため、大勢の試掘者が殺到し、その後に数多くのゴーストタウンが残された。それでも定

住人口が増加したため、1863 年にアイダホは準州となる。白人の急増はこの地域に住む多くのインディアン部族の怒りを招き、新来者を襲撃する部族も出てきた。紛争は 1863 ～ 1878 年まで続いたが、有名なのは、酋長ジョゼフとネズパース族の長い逃避行で、一行は 1876 ～ 1877 年にかけて追っ手のアメリカ軍から逃れ、*カナダ（Canada）を目指そうと長距離を踏破したが、最後は捕らえられた。

1882 年に*コー・ダレイン（Coeur d' Alene）湖附近で金が発見され、次いで銀と銅の鉱脈が見つかると、再び鉱業が活況となる。また 19 世紀後半、牛と羊の牧畜業が発展し、両事業者間の対立が悪化した。1905 年に知事のフランク・R・ストイネンバーグが暗殺された後、労働者組合の活動が暴動や政争へと発展する。生前のストイネンバーグは反対者鎮圧のために軍隊を動員していた。ウィリアム・ヘイウッドをはじめ殺害に関与した疑いで告発された者たちの裁判は、国じゅうの注目を集めたが、結局無罪となった。

アイダホの経済は、1880 年代～ 1890 年代にかけての鉄道開通、20 世紀初頭の灌漑事業、1950 年代および 1960 年代の水力発電開発による恩恵を受けた。1968 年以来、アイダホ州は大統領選挙で共和党に票を投じている。*ボイシ（Boise）が州都であり、州内で最大の都市でもある。大都市は他に、*ポカテロ（Pocatello）と*アイダホ・フォールズ（Idaho Falls）がある。

アイダホ・フォールズ Idaho Falls ［テイラーズ・ブリッジ Taylor's Bridge, イーグル・ロック Eagle Rock］（合衆国）
アイダホ州南西部の都市で、*スネーク川（Snake River）に臨む。1864 年に貨物運送業者の J・M（マット）・テイラーが既存の渡船場の下流に木製の橋を建設した。そ

こに生まれた町は初めテイラーズ・ブリッジの名で知られ、次いでイーグル・ロックと呼ばれるようになり、1891 年 8 月 26 日にアイダホ・フォールズと改称された。初期の定住者はモルモン教徒の開拓者で、スネーク川流域の乾燥地を灌漑し耕作した。現在アイダホ・フォールズ周辺の地域は、アメリカ国内のジャガイモ、穀類などの農作物生産量の大半を産出している。アイダホ博物館では、地域の開拓時代の歴史的事件を描きだす常設展示を行なっている。

アイツボル Eidsvold ［Eidsvoll］（ノルウェー）
ノルウェー南東部、アーケシュフース県の町。*オスロ（Oslo）の北東 48km に位置する。ノルウェーで最初期の同盟組織が 1 世紀からこの町で会合を開いた。1814 年 5 月 17 日、現在のノルウェー憲法がここで公布され、一院制の議会が誕生するとともに国王には絶対的拒否権を禁止した。

会津若松 Aizu-Wakamatsu（日本）
*本州（Honshū）東北部、福島県の都市。*東京（Tokyo）の北 184 km に位置する。1603 ～ 1867 年まで徳川時代の重要な商業と製造業の中心地で、1868 年に政府軍に制圧され本州での内戦は終結した。戦争で町は壊滅状態となった。

アイドゥン[1] Aydin ［Aidin］（トルコ）
アイドゥン県の都市。*イズミル（İzmir）の南東 96km に位置する。14 世紀にアイドゥン王朝の王族によって建設され、1425 年に*オスマン帝国（Ottoman Empire）に併合される。1919 ～ 1922 年の希土戦争の間に、町は焼かれ、破壊されたが、現在は完全に再建されている。古代ギリシアの都市トラレスの遺跡が附近にある。

アイドゥン² Aydin（トルコ）

*アナトリア（Anatolia）西部の古代の首長国。*エーゲ海（Aegean Sea）に臨み、現在のアイドゥン県とイズミル県にほぼ相当する。メフメト・ベイのもとで強力な独立国となり、1305年にはイズミルを征服した。1344年、十字軍の侵略を受け、1390年には*オスマン帝国（Ottoman Empire）に支配されるが、1402～1425年にティムール〔タメルラン〕が侵入して来た際に一時的に独立を回復した。

アイトリア Aitolia ⇒ **アエトリア Aetolia**

アイトリア同盟 Aetolian League ⇒ **アエトリア Aetolia**

アイノス Ainos ⇒ **エノス Enos**

アイヒシュテット Eichstätt [Eichstadt]（ドイツ）

ドイツ南東部、*バイエルン（Bavaria）州の町。*ミュンヘン（Munich）の北北西107km、アルトミュール川に臨む。ローマ軍の駐屯地があった地域で、741年に聖ボニファティウスにより司教座が置かれてから発展した。1802年まで領主司教の支配が続いた。1817年、バイエルン王によりウジェーヌ・ド・ボルジアに下賜されたが、1855年にバイエルンに再編入された。ドイツへ布教に来た聖ウィリボールドの墓所があり、巡礼の地となっている。

アイル・オブ・オーリンズ Orleans, Isle of

[仏：Orléans, Île d']（合衆国）

*ルイジアナ（Louisiana）州*ニューオーリンズ（New Orleans）周辺の地区。約7,572平方キロメートルの範囲で、*ミシシッピ川（Mississippi River）東岸に位置する。1763年の*パリ（Paris）条約で、*フランス（France）から*スペイン（Spain）に譲られた。フランスは同時に、ルイジアナの領土の東部分を*イギリス（United Kingdom）に譲った。

アイルズフォード Aylesford（イングランド）

*ケント（Kent）州の村。*ロンドン（London）の南東48kmに位置し、*メドウェイ川（Medway River）に臨む。アングロ・サクソン人がブリテン島に侵攻した455年にはこの村が勝敗を決する戦場となり、ボーティガーンの率いるブリトン人がヘンギストとホルサ（ジュート族の首長で兄弟）の率いるサクソン人に敗れた。

アイル・ラ・モト Isle La Motte（合衆国）

*バーモント（Vermont）州北西部にある*シャンプレーン湖（Champlain, Lake）の島。1666年にフランス人がここに砦を築き、バーモント州におけるヨーロッパ人初の入植地となった。その後砦は放棄され、1790年頃、この島は恒久的な定住地となった。

アイルランド Ireland [アイルランド共和国 Republic of Ireland, エール Eire] [旧名：Irish Free State アイルランド自由国；ラテン語 Hibernia ヒベルニア]

*イギリス（United Kingdom）の西、アイリッシュ海を越えた位置にある、イギリス諸島で2番目に大きな島。歴史の大半はイングランドおよびイギリスの支配下におかれ、現在は政治上、独立国であるアイルランド共和国と、*イギリス（United Kingdom）の一部である*北アイルランド（Ireland, Northern）とに分割されている。アイルランドの歴史は、統一独立国家建設のための苦闘の歴史ともいえ、この問題は今も北アイルランドと共和国の双方の政治に大きな影響を及ぼしている。

8　アイルラン

　前 9000 年の昔から、アイルランドに
は中石器文化を有する人間が居住してい
た。次いで繁栄を見せた新石器文化、青
銅器文化が波及したが、前 500 年頃に
ケルト人部族が侵入して、*アルスター
（Ulster）、*コノート（Connaught）、*レンス
ター（Leinster）、*ミース（Meath）、*マンス
ター（Munster）の王国を築き、諸王国は名
目上、*タラ（Tara）の上王に忠誠を示し
た。伝説によれば聖パトリック（385 頃～
461）によりキリスト教がもたらされたと
いわれ、6 ～ 9 世紀の間、修道院を拠点と
してアイルランドはケルト・キリスト教
文化の重要な黄金期を迎えた。このよう
な修道院の長は教区の司教であると同時
に、アイルランド氏族の指導者でもあり、
相当な政治的権力を握っていた。ヨーロ
ッパ文化が沈滞の極みにあった時代に、
アイルランドの人々は古代の知識を豊か
に留める芸術・文学の盛んな世界を築き、
これらの文化はイングランドを経てヨー
ロッパに渡ったアイルランドの聖職者や
学者により、大陸へ伝えられた。
　795 年初頭、古代スカンジナビア人が
アイルランドの海岸地域を襲撃し、*リメ
リック（Limerick）、*ウォーターフォード[1]
（Waterford）、*ダブリン（Dublin）、*コーク
（Cork）などの交易の町を建設する。この
来襲で、ケルト文化の所産が損なわれた。
だが 1014 年、アイルランドの上王ブライ
アン・ボルーが、*クロンターフ（Clontarf）
で古代スカンジナビア人を破る。*イング
ランド（England）による征服は 1169 年に
始まった。この年、ペンブローク伯率い
るアングロ - ノルマン軍が侵入し、「ペー
ル」と呼ばれるアイルランド東部のダブ
リン周辺地域を占領。イングランド王ヘ
ンリ 2 世はこの侵略を承認して、アイ
ランドを司法長官、つまり総督の統治下
におき、1177 年には息子のジョンに「ア

イルランド卿」の称号を与える。王位に
就いたジョンは、教皇から下賜された領
地としてこの国を支配し、教皇はジョン
王のペール拡大を認めた。ジョン王は長
きにわたり、アイルランド諸王に対して、
アイルランドのイングランド人諸侯とと
もに戦った。イングランド王エドワード
1 世は、ペールの交易と都市生活を発展
させ、この地域で初のアイルランド議会
を開いたものの、アイルランド人に独立
を放棄させるまでには至らず、「ペール以
外の」アイルランドは、諸氏族支配の下、
依然としてイングランドの影響を免れて
いた。「野蛮なアイルランド人」はイング
ランド人に蔑視されたが、中世の芸術と
文学において、最も創意に富むすぐれた
作品を生みだし続けた。
　宗教改革後の 1563 年初頭、イングラン
ド人がこの国に、新たなイングランド国
教会を手本とするアイルランド国教会を
強要し、国教会は既存の全ローマカトリ
ック教会の所領や財産を没収したが、ア
イルランド人は迫害や法の下の弾圧に晒
されても、自らの信仰を守り通した。エ
リザベス 1 世の治世（1558 ～ 1603）、統
治の失敗から 1598 年に反乱が起こり、そ
の結果、エセックス伯ロバート・デバ
ルーが、アイルランド人の*ティローン
（Tyrone）伯ヒュー・オニールに敗北した。
反乱は最終的に鎮圧され、アイルランド
人の反イングランド気運に対する方策と
して、スコットランド人プロテスタント
にアルスターへの移住を奨励し、武力に
よってアイルランド人の土地を没収し立
ち退かせた。イングランド人の貴族階級
が確立され、やがては不在地主階級とな
って、貧しく意気消沈した民衆に莫大な
地代を強要した。
　1641 年に起こった新たな反乱は 10 年
間続いた後、オリバー・クロムウェルに

粉砕された。クロムウェルは*ドローイダ（Drogheda）と*ウェクスフォード[1]（Wexford）でアイルランドの守備隊を殲滅し、カトリックの神父および女性、子どもの大虐殺を行なう。戦いの終結までに、イングランドの支配権はアイルランド全土に広がった。1689 年、アイルランドに新刑法が制定される。この法によりカトリックの聖職者は追放され、カトリック教徒はアイルランド議会選挙の投票権および被選挙権を剥奪された。カトリックの教師は教えることを禁じられ、カトリック教徒の子どもはカトリックの学校に通うことを禁じられる。カトリック教徒は土地の購入および賃貸を 31 年間以上も禁じられ、プロテスタント教徒からの相続、馬などの重要な動産の所有、法律家および警官の職に就くこと、並びに大規模な事業の経営を禁止された。アイルランド人の交易先は、イングランドの港のみに限定され、アイルランド製品の輸出は禁じられる。1700 年までにアイルランド人はヨーロッパで最も抑圧された民族となっていた。

1797 年、アイルランド人はイギリスに対して反乱を起こし、フランス軍の侵攻を誘導するが失敗に終わる。革命を果たした後ナポレオンに支配されたフランスと、アイルランド人が同盟したことに危機感を抱き、イギリスは行動を起こした。その結果、19 世紀は「アイルランド問題（Irish Question）」一色の時代となる。ウィリアム・ピット（小ピット）の画策により、親フランスの動きを回避すべく、1800 年に連合法を受けて、イギリスおよびアイルランド議会が（そして、翌年の 1801 年にはイギリスとアイルランドの両国が）統合された。1829 年にはカトリック教徒にも様々な権利が認められたものの、貧困の増加によってアイルランド人

の窮状は悪化し、特に 1846 ～ 1848 年にかけてのジャガイモ飢饉の間は最悪の状態となる。この飢饉は、アイルランド人が主食としてほぼ完全に依存していた価格の安いジャガイモの不作によるもので、結果として大規模な飢餓を招いた。多くの民衆は移住を余儀なくされ、その多くがアメリカ合衆国に渡った。大飢饉以前のアイルランド人口は 825 万人だったが、1979 年には僅か 350 万人ほどまで減少していた。

19 世紀末および 20 世紀初頭には、アイルランド人の立場を改善するいくつもの改革が試みられた。アイルランド国教会が廃止され、アイルランド人の十分の一税が撤廃され、またイギリス政府は、アイルランド人がイギリス人領主から地所を購入するための支援策を打ち出した。それでもアイルランド人の自治を求める動きは根強く、1914 年、ついに自治が認められる。一方、イギリス保守勢力の後ろ盾を得たアルスター人は、自治が実現すれば内乱も辞さない構えを示した。だがアイルランド独立運動の勢いはすでに止めようもなく、1916 年にダブリンで起こったイースター蜂起が鎮圧された後、国内は、アイルランド民族主義者政党のシン・フェイン党によるゲリラ戦によって引き裂かれた。1922 年、アイルランドは最終的に、カトリック地域とプロテスタント地域に分割される。プロテスタントが多数派を占めるアルスターの各州はイギリスの国土として*ベルファスト（Belfast）を通じて統治され、その他の地域はアイルランド自由国となった。アイルランド自由国がイギリスとの間に調印した条約が批准されると、条約賛成派と条約反対派の間に内戦が勃発する。反対派は、アイルランドの分割を受け入れず、イギリスとのいかなる関係を保持す

るとも拒否した。エイモン・デ・バレ
ラ率いる条約反対派のアイルランド共和
軍（IRA）は、条約賛成派に敗北した。
1927年には、ウィリアム・コスグレーブ
が初代首相に就任し、デ・バレラ率いる
フィアナ・フォイルが、イギリス王への
臣従の誓いを受け入れて、ドイル（アイ
ルランド議会）入りを果たした。

　デ・バレラは1932年に首相に就任し、
1937年、新たに制定された憲法により、
イギリス連邦に属する主権国家アイルラ
ンド、正式名エールが樹立される。イギ
リス王への臣従の誓いが廃止されるとと
もに、イギリスの経済特権が廃止され、
1930年代の対イギリス経済戦争を引き起
こした。第2次世界大戦中、アイルラン
ドは中立を維持し、北アイルランドでの
連合国軍の軍事行動に断固抗議する。イ
ギリス軍はアイルランドの港の使用を拒
否され、ドイツと日本の諜報員はアイル
ランド国内での活動を許可された。その
一方で多くのアイルランド人がイギリス
軍に志願し、枢軸国と戦った。戦後、国
外移住者の増加により、アイルランドの
人口は再び減少する。1948年、アイルラ
ンドはイギリスからの完全独立および北
アイルランド6州の再統一を要求した。

　1949年、アイルランド共和国が、独立
共和国であることを宣言し、北部のアル
スター6州の所有権を正式に主張した。
1950年代を通してアイルランドの人口は
減少の一途をたどり、イギリスは、アル
スターに対するアイルランドの要求を無
視し続けた。1960年代後半、アルスター
において IRA（本部をアイルランドに置
く）と多数派のプロテスタントとの間に
紛争が始まる。1973年にアイルランドは
ヨーロッパ経済共同体（現在のヨーロッ
パ連合）に加盟した。1970年代には EC
（ヨーロッパ経済共同体）の経済発展と自

由貿易圏拡大の影響もあって経済が好転
するが、1980年代に入ると、世界的な不
況のために景気が後退する。1990年代に
経済は急成長を遂げ、アイルランドは以
前と比較して高所得、低失業率国となり、
高度な教育を受けた自国の労働力が十分
に活用された。そのため、多数の海外移
住者がアイルランドに帰国することとな
った。1991年、メアリー・ロビンソンが
初の女性大統領となった。

　アイルランドはローマ・カトリックの
一大拠点だったが、1995年、国民投票に
より僅差で離婚が合法化された。依然と
して一部の貧困層は存在したが、失業率
は EU（ヨーロッパ連合）の平均を下回っ
ていた。1994年後半に IRA とプロテスタ
ント武装勢力は休戦に合意し、北アイル
ランド問題解決に向けた交渉努力が開始
された。時に後退はあったが1998年4月
に合意に達し、同年5月、アイルランド
共和国と北アイルランドの双方における
投票により承認された。1990年代には、
政府の反中絶に対する強硬姿勢や、離婚
に対する憲法上の禁止など、女性問題に
も注目が集まり、離婚が合法化される。
1998年には、北アイルランド和平の土台
となるベルファスト合意が、国境の両側
において、国民投票により承認された。
1999年、アイルランドは従来の通貨単位
アイルランド・プーントを捨て、ユーロ
通貨圏に加わった。経済は依然成長を続
け、国民1人当たりの国内総生産2005年
に世界第4位となった。

　ダブリンはアイルランド共和国の首都
であり、文化と経済の中心地。他の主要
都市としては、コーク、ウォーターフォ
ード、リメリックがある。ベルファス
ト、*ロンドンデリー（Londonderry）は北
アイルランドの主要都市。

**アイルランド共和国 Republic of Ireland ⇒ア
イルランド Ireland**

**アイルランド自由国 Irish Free State ⇒アイル
ランド Ireland**

アイル・ロイヤル〔ロイヤル島〕Isle Royale
（合衆国）
＊ミシガン（Michigan）州北西部、＊スペリ
オル湖（Superior, Lake）北西部に位置する島。
ロイヤル島国立公園の中にある。先史時
代にはインディアンが住んでいた。1671
年にフランス人により命名され、1843年、
チプワ族インディアンからアメリカへ譲
渡された。

アイレー島 Islay（スコットランド）
＊インナー・ヘブリディーズ（Inner Hebrides）
諸島最南部の島。アーガイル・アンド・
ビュート郡に属する。＊グラスゴー
（Glasgow）の西115kmに位置する。古来、
諸島の領主が住んだ島で、もともとはマ
クドナルド一族の領島だが、1615年頃、
反目するキャンベル一族の手に渡った。
1918年、アメリカ軍の輸送船オトラント
号とトゥスカニア号に乗船中に海で命を
落とした乗員および兵士は、アイレー島
に埋葬された。
　⇒ヘブリディーズ諸島 Hebrides, The

アイレンブルク Eilenburg（ドイツ）
ドイツ東部、ザクセン自由州の都市。＊ラ
イプツィヒ（Leipzig）の北東21km、ムル
デ川に臨む。10世紀、ハインリヒ1世が
ソルビア人、すなわちウェンド人と戦争
になった時にここに要塞を設けた。1396
年、＊マイセン（Meissen）辺境伯に譲渡され、
1815年には＊プロイセン（Prussia）の領地
となった。

アイローロ Airolo（スイス）
スイス南部、＊ティチーノ[2]（Ticino）州の
村。＊ロカルノ（Locarno）の北西40km、
ティチーノ[1]（Ticino）川に臨みサン・ゴタ
ール山道の南端に位置する。フランス革
命戦争の際、アレクサンドル・スボーロ
フ陸軍元帥の率いるロシア軍が北＊イタリ
ア（Italy）からフランス軍を撤退させたが、
1799年9月23日にはフランス軍をスイス
から撤退させてアルプスへの道を確保す
るために再度フランス軍を破った。のち
にスボーロフも敗北を喫してロシアへと
戻る。

アインジーデルン Einsiedeln〔仏：Notre-Dame-
des-Ermites〕（スイス）
スイス中部、＊シュウィーツ（Schwyz）州
の町。シュウィーツの北北東15kmに位
置する。934年に創設されたベネディクト
会修道院を中心に発達し、1274年に＊神
聖ローマ帝国（Holy Roman Empire）の公国と
なる。1386年、シュウィーツの領地となり、
のちに灯明による煤で黒くなった聖母マ
リアの木像が信仰を集めて巡礼地となっ
た。1516～1518年までフルドリッヒ・ツ
ウィングリがここの司祭だった。ルネサ
ンス期の医師パラケルススの生誕地が近
くにある。

**アイン・ジャーラート 'Ayn Jālāt ⇒ アイン・
ジャルート Ain Jalut**

アイン・ジャルート Ain Jalut〔アイン・ジャ
ーラート 'Ayn Jālāt〕（イスラエル）
＊ナザレ（Nazareth）附近の戦場。1260年9
月3日、フラグの率いるモンゴル軍がバ
イバルス率いる＊エジプト（Egypt）のマム
ルーク朝軍に惨敗した場所。この戦争の
結果、＊シリア[2]（Syria）は解放され、モン
ゴル帝国は西へと勢力を拡大することに

12 アイントホ

なる。

アイントホーフェン Eindhoven（オランダ）
北ブラバント州の都市。＊ロッテルダム[2]
（Rotterdam）の南東 90km、ドメル川に臨む。
1232 年に都市権を獲得。1891 年にフィリ
ップス社が創業して電気製品の工場を建
設すると、オランダで屈指の大産業地区
となった。1900 〜 1920 年の間に人口が
大幅に増えた。第 2 次世界大戦では大き
な被害を受け、1944 年 9 月には大規模な
航空作戦を展開した連合軍に占領された。
破壊された街は戦後、再建された。

アインベック Einbeck（ドイツ）
ドイツ北西部、＊ニーダーザクセン（Lower
Saxony）州南部の町。＊ハノーファー（Hanover）
の南 65km に位置する。1080 年に創設さ
れた修道院の敷地を中心に発展。14 世紀
から 1596 年までグルベンハーゲン公の居
地。＊ハンザ同盟（Hanseatic League）にも加
わっていた。

**アウァリクム Avaricum ⇒ ブールジュ
Bourges**

**アウエルシュタット Auerstaedt ⇒ アウエル
シュテット Auerstedt**

アウエルシュテット Auerstedt〔Auerstädt, アウ
エルシュタット Auerstaedt〕（ドイツ）
＊チューリンゲン（Thuringia）州の村。＊ワ
イマール（Weimar）の北西 21 km に位置す
る。ナポレオン戦争時の 1806 年 10 月 14
日、ルイ・ニコラ・ダブー元帥率いるフ
ランス軍が国王ウィルヘルム 1 世と＊ブラ
ウンシュワイク[2]（Brunswick）公の率いる＊プ
ロイセン（Prussia）の主力軍を破った土地。
他のプロイセン軍は 19 km 南の＊イェー
ナ（Jena）でナポレオン軍に敗れた。

**アウェンティヌスの丘 Aventine Hill ⇒ ロー
マ七丘 Rome, The Seven Hills**

**アウェンニオ Avennio ⇒ アビニョン
Avignon**

アウグスタ Augusta〔旧名：Agosta アゴスタ：ラ
テン語：Augusta Veneranda アウグスタ・ウェネラ
ンダ〕（イタリア）
シラクーザ県の港町。＊シチリア（Sicily）
の東沖合の島で、＊シラクサ（Syracuse）の
北北西 22 km に位置する。前 42 年に＊ロ
ーマ（Rome）の植民地となり、1232 年に＊チ
ェントゥリペ（Centuripe）の住民を再定住
させるためにフリードリヒ 2 世が再建す
る。チェントゥリペは住民が反乱を起こ
したので、フリードリヒが報復にその町
を破壊してしまっていたのである。1943
年 7 月 10 日、第 2 次世界大戦中のイタリ
ア侵攻の際に連合軍の上陸地点の一つと
なった。

**アウグスタ・アウスコルム Augusta
Auscorum ⇒ オーシュ Auch**

**アウグスタ・ウィロマンドゥオルム
Augusta Viromanduorum ⇒ サン - カンタン
Saint-Quentin**

**アウグスタ・ウィンデリコルム Augusta
Vindelicorum ⇒ アウクスブルク Augsburg**

**アウグスタ・ウェネランダ Augusta
Veneranda ⇒ アウグスタ Augusta**（イタリア）

**アウグスタ・スエッシオヌム Augusta
Suessionum ⇒ ソアソン Soissons**

アウグスタ・タウリノールム Augusta Taurinorum ⇒ トリノ〔チューリン〕Turin

アウグスタ・トラヤナ Augusta Traiana ⇒ スターラ・ザゴラ Stara Zagora

アウグスタ・トレベロールム Augusta Treverorum ⇒ トリール Trier

アウグスタ・ネメントゥム Augusta Nementum ⇒ シュパイアー Speyer

アウグスタ・バンジオナム Augusta Vangionum ⇒ ウォルムス Worms

アウグスタ・プラエトリア Augusta Praetoria ⇒ アオスタ Aosta

アウグスタ・ペルシア Augusta Perusia ⇒ ペルージャ Perugia

アウグストゥフ Augustów〔ロシア語：Avgustov アフグスタフ〕（ポーランド）

ビヤウィストク県の町。＊ワルシャワ（Warsaw）の北西 224 km に位置する。1557年、ポーランドのジグムント 2 世アウグストにより築かれる。第 1 次世界大戦中、1914 年 10 月にこの町でロシア軍がドイツ軍を破るが、1915 年 2 月にはドイツに逆襲されて負ける。第 2 次世界大戦中のドイツの占領下にあったが、1944 年 10 月にはロシア軍に占領される。

アウグストドゥヌム Augustodunum ⇒ オータン Autun

アウグストドゥルム Augustodurum ⇒ バイユー Bayeux

アウグストネメートゥム Augustonemetum ⇒ クレルモン‐フェラン Clermont-Ferrand

アウグストボナ Augustobona ⇒ トロワ Troyes

アウグストリトゥム・レモウィケンシウム Augustoritum Lemovicensium ⇒ リモージュ Limoges

アウクスブルク Augsburg〔ラテン語：Augusta Vindelicorum アウグスタ・ウィンデリコルム〕（ドイツ）

＊バイエルン（Bavaria）州の都市。レヒ川とベルタハ川の合流点にあり、＊ミュンヘン（Munich）の北西 56 km に位置する。西暦 15 年頃にローマのドルススにより築かれ、5 世紀にアレマン人に破壊されたが、フランク人が再建し、6 世紀に司教座が置かれる。ハンガリー人が攻撃してきたが、955 年＊レヒフェルト（Lechfeld）の戦いで敗れ、町は守られた。1276 年、自由帝国都市となり、ヨーロッパで中心的な商業都市として発展する。1530 年 6 月 25 日、《アウクスブルク信条》がアウクスブルク国会に提出され、カトリックとルター派の和解がはかられる。却下されたものの、1555 年 9 月 25 日に調印された《アウクスブルクの和議》は＊神聖ローマ帝国（Holy Roman Empire）の宗派を容認した。1686 年、アウクスブルク同盟が結成され、フランスのルイ 14 世に対抗する。1806 年、アウクスブルクはバイエルン領となる。第 2 次世界大戦で大きな損害を受け、産業の中心地として再建される。父であるハンス・ホルバイン（1465? ～ 1524）と息子ハンス・ホルバイン（1497? ～ 1543）生誕の地。

アウシヒ Aussig ⇒ ウスティ・ナド・ラベム Ústí Nad Labem

アウシュビッツ Auschwitz［ポーランド語：Oświęcim オシフィエンチム］（ポーランド）

ドイツの強制収容所。工業都市オシフィエンチム近郊、*クラクフ（Kraków）の西53 km に位置する。ドイツ最大の強制収容所群で、組織的に殺害された 110 万〜150 万人のうち大半はユダヤ人だった。

アウスクルム・アブルム Ausculum Apulum ⇒ アスコリサトリアーノ Ascoli Satriano

アウステルリッツ Austerlitz［チェコ語：Slavkov u Brna スラフコフ・ウ・ブルナ］（チェコ共和国）

*モラビア[1]（Moravia）の町。*ブルノ（Brno）の東南東 22 km ほどに位置し、リッタバ川に臨む。第 3 次対仏大同盟を崩壊させナポレオンの全盛期を示すことになった有名な三帝会戦の戦場。1805 年 12 月 2 日、*オーストリア（Austria）のフランツ 2 世と*ロシア（Russia）のアレクサンドル 1 世の連合軍がナポレオンのフランス軍に敗れた。終戦後、ロシアは撤退し、オーストリアは講和を求める。
⇒ フランス France

アウストラシア Austrasia（フランス、オランダ、ドイツ）

*メス（Metz）を首都とする古代王国。現在のフランス北東部、ドイツ西部、オランダを含む。511 年、クロービス 1 世が亡くなり、4 人の息子の間でフランク王国が分割されて出来た王国。687 年にピピン 2 世が*テルトリー（Tertry）の戦いでネウストリアを破ったためにこの王国が重要性を増した。神聖ローマ帝国皇帝シャルルマーニュ〔カール大帝〕のもとでフランク王国に統合される。
⇒ ネウストリア Neustria, フランク王国 Frankish Empire

アウダグスト Awdaghust ⇒ アウダゴスト Audaghost

アウダゴスト Audaghost［Awdaghust, アウダグスト Awdaghust］（モーリタニア）

*サハラ（Sahara）砂漠南西の端にあった町。*ヌアクショット（Nouakchott）の西800 km に位置し、現在テグダウストのある土地にあったとされる。8 〜 11 世紀までシジルマッサと*ガーナ（Ghana）王国を結ぶサハラ砂漠横断ルートにある商業の中心地だった。サンハジャ人とベルベル人の土地だったが、990 年頃にガーナ王国に占領される。1055 年、*モロッコ[2]（Morocco）の*ムラービト朝（Almoravid Empire）のカリフに占領されてから衰退した。

アウター・ヘブリディーズ Outer Hebrides ⇒ ヘブリディーズ諸島 Hebrides, The

アウデナールデ Oudenaarde［仏：Audenarde オーデナルド］（ベルギー）

ベルギー西部、オースト - フランデレン州の町。*スヘルデ川（Schelde）に臨む。スペイン継承戦争中の 1708 年 6 月 30 日〜7 月 11 日にかけてのアウデナールデの戦いで、バンドーム公率いるフランス軍がマールバラ公と*サボワ（Savoy）皇子ウジェーヌに敗れた。この敗戦によりフランス軍は完全に士気をそがれ、継承戦争全体での敗北が早まった。第 1 次世界大戦末期の 1918 年 11 月には、フランス軍とアメリカ軍が町を占領した。

アウド Audh ⇒ アワド Oudh

アウヌス Aunus ⇒ オロネツ Olonets

アウラニティス Auranitis ⇒ ハウラン Hawran

アウランガバード Aurangabad［オーランガバード Aurungabad］（インド）
＊マハラシュトラ（Maharashtra）州の都市。＊ムンバイ（Mumbai）の東北東 300 km ほどに位置し、カウム川に臨む。1610 年、＊アフマドナガル（Ahmadnagar）のマリク・アンバーが築き、17 世紀末にアウラングゼーブ皇帝の＊ムガル帝国（Mogul Empire）の首都となる。アウラングゼーブの妃の霊廟と 6 世紀まで遡る石窟寺院群が有名。

アウランテス Aurantes ⇒ アブランテス Abrantes

アウリエ - アタ Aulie-Ata ⇒ ジャンブール Dzahmbul

アウリス Aulis（ギリシア）
＊テーベ[2]（Thebes）の西 40 km に位置し、エウボイア湾に臨む古代の町。＊ボイオティア（Boeotia）の港。アガメムノンの長女イフィゲネイアが人身御供にされたあと、ギリシア軍が＊トロイ[1]（Troy）に向けて出帆した港とされる。現在、この話は前 12 世紀の出来事と特定されている。

アウリッヒ Aurich（ドイツ）
ニーダーザクセン州の町。＊エムデン（Emden）の北東 21 km に位置。古代から知られ、1539 年に勅許により建設される。アウリッヒ郡の首都となり、最終的には＊東フリースラント（East Friesland）の公国となって、1945 年までは＊ハノーファー（Hanover）の一部だった。

アウリンクス Aurinx ⇒ ハエン Jaén

アウレリア・アクエンシス Aurelia Aquensis ⇒ バーデン - バーデン Baden-Baden

アウレリア街道 Aurelian Way［古代および伊：Via Aurelia ビア・アウレリア］（イタリア）
古代＊ローマ（Rome）が建設した街道。ローマを起点に＊エトルリア（Etruria）の海外沿いに＊ピサ[2]（Pisa）まで北西に延びていた。前 109 年にはさらに＊ジェノバ（Genoa）まで延長される。街道は《大沿岸道路》の名で知られていて、＊フランス（France）や＊スペイン（Spain）へ行く他の道路ともつながっていた。古代の街道の大部分は、径路も名称も現代のイタリアの道路に引き継がれている。

アウレリアクム Aureliacum ⇒ オーリヤック Aurillac

アウレリアヌム Aurelianum ⇒ オルレアン Orléans

アウロン Aulon ⇒ ブローラ Vlorë

アエオリエ・インスラエ Aeoliae Insulae ⇒ リパリ諸島 Lipari Islands

アエガエ Aegae ⇒ エデッサ[1] Edessa（ギリシア）

アエガテス・インスラエ Aegates Insulae ⇒ エガディ諸島 Egadi Islands

アエガブロ Aegabro ⇒ カブラ Cabra

アエギアレイア Aegialeia ⇒ **シキュオン** Sicyon

アエギナ〔エギナ〕 Aegina［アイギナ Aigina］［ギリシア語：Aíyina エイナー］（ギリシア）
*アッティカ（Attica）のサロニコス湾にある島。*アテネ（Athens）の南西32 kmに位置する。古代ギリシアで経済の中心だった都市国家で、前457年に*スパルタ（Sparta）と同盟を結んだが、ペロポネソス戦争でアテネとの戦いに負けた。前431年に住民がアテネによって島から追い出され、商業都市としての重要性を失う。前210年、ローマによる略奪を受ける。1537年、*ベネツィア（Venice）の植民地だったが、海賊バルバロッサに侵略された。1826年～1828年、近代ギリシアの最初の首都となった。

アエギプトゥス Aegyptus ⇒ **エジプト** Egypt

アエゴスポタミ Aegospotami ⇒ **アエゴスポタモス** Aegospotamos

アエゴスポタモス Aegospotamos［アエゴスポタミ Aegospotami］［トルコ語：Indjelimen インジェリメン］（トルコ）
トルコ北西部の川。*ガリポリ半島(Gallipoli Peninsula)の中を流れて*ダーダネルス（Dardanelles）海峡、別名ヘレスポント海峡に注ぐ。前405年8月河口でコノンの指揮するアテネ艦隊がリュサンドロス指揮下のスパルタ軍に撃破された。この戦いをもってペロポネソス戦争は終結。

アエサリア Aethalia ⇒ **エルバ** Elba

アエシス Aesis ⇒ **イェージ** Iesi

アエトナ Aetna ⇒ **エトナ山** Etna, Mount, **カターニア** Catania

アエトリア Aetolia［アイトリア Aitolia］（ギリシア）
アイトリア・アカルナニ県のコリントス湾に臨む古代の地方。前4世紀、この地方の諸ポリスがアイトリア同盟を結成して首都を*テルモン（Thermon）に置いたため政治的重要性が高まった。同盟は前3世紀に全盛を迎え、ギリシアの中心勢力になるが、前217年にマケドニアのフィリッポス5世に敗れた。その後、*ローマ（Rome）と手を組み、前197年に*キュノスケファライ（Cynoscephalae）にてフィリッポス5世を敗ったものの、前191年には*テルモピュライ（Thermopílae）でローマ軍に敗北を喫した。ローマの属国となり、前146年には*アカイア（Achaea）と統合され、マケドニア州の一部となった。
⇒**マケドニア王国** Macedon, Empire of

アエナリア Aenaria ⇒ **イスキア** Ischia

アエヌス Aenus ⇒ **エノス** Enos

アエノス Aenos ⇒ **エノス** Enos

アエミニウム Aeminium ⇒ **コインブラ** Coimbra

アエミリア Aemilia ⇒ **エミリア‐ロマーニャ** Emilia-Romagna

アエラナ Aelana ⇒ **アカバ** 'Aquaba

アエリア・カピトリナ Aelia Capitolina ⇒ **エルサレム** Jerusalem

アエリウム・ケティウム Aelium Cetium ⇒ ザンクト・ペルテン Sankt Pölten

アオスタ Aosta [ラテン語：Augusta Praetoria アウグスタ・プラエトリア]（イタリア）
＊トリノ（Turin）の北北西 77 km に位置し、ドーラ・バルテア川に臨む＊バッレ・ダオスタ（Valle D'Aosta）州の州都でアオスタ県の県都。大サンベルナール峠と小サンベルナール峠の接点に位置する軍事上の重要地で、本来はサラッシー族の町だった。前 25 年にローマ人に征服され、ローマ軍の駐屯地となる。5 世紀に司教区となる。18、19 世紀にはフランスに何度も占領される。市壁をはじめ古代ローマの遺跡が多い。1033 年にこの町で聖アンセルムスが誕生。

青ナイル Blue Nile ⇒ナイル川 Nile River

アカイア Achaea [Achaia]［ギリシア語：Akhaïa アカイーア］（ギリシア）
コリントス湾とエリュマントス山に挟まれた＊ペロポネソス（Pelóponnesus）半島北部の地方。前 1200 年頃、インドヨーロッパ人のアカイア人が住み始めた地域。前 5 世紀に 12 の主要都市が同盟を結び、前 280 年頃に＊マケドニア（Macedonia）に抵抗して再び同盟を結成。アカイア同盟はローマの支援を受け、前 190 年頃にペロポネソス半島全域を征服した。前 146 年、＊スパルタ（Sparta）を攻撃したが、レウコペトラでローマ軍に敗北。以降、ローマの属州となる。1205 年、第 4 回十字軍の遠征でフランス貴族ジョフロワ・ド・ビルアルドゥアンの率いる軍隊に敗れる。1278 年までフランス人の治める公国となった。1460 年には＊オスマン帝国（Ottoman Empire）に支配される。1828 年にギリシアに返還。

アカイーア Akhaïa ⇒ アカイア Achaea

アカイア同盟 Achaean League ⇒ アカイア Achaea

アーガイル Argyll［アーガイルシャー Argyllshire］（スコットランド）
スコットランド西部の旧州。大西洋に臨み、現在の＊ハイランド[1]（Highland）と＊ストラスクライド（Strathclyde）にあった。前 2 世紀に＊アイルランド（Ireland）のケルト人が入植し、＊ダルリアダ[2]（Dalriada）王国となる。843 年、ケネス 1 世マカルピンがピクト人の王国と統合する。1457 ～ 1761 年、有名なキャンベル一族の領地だった。

アーガイルシャー Argyllshire ⇒ アーガイル Argyll

アガウヌム Agaunum ⇒ サン - モーリス[2] Saint-Maurice（スイス）

アーガウム Argaum ⇒アーガウン Argaon

アーガウン Argaon［アーガウム Argaum］（インド）
＊ナグプル（Nagpur）の西 220 km に位置する＊マハラシュトラ（Maharashtra）州の村。1803 年 11 月 29 日、＊マラータ同盟（Maratha Confederacy）の最後の戦いで、マラータ族はアーサー・ウェルズリー将軍の率いるイギリス軍に惨敗する。
⇒ アセイ Assaye

ア・カウン An Cabhán ⇒カバン〔キャバン〕Cavan

アガサ Agatha ⇒ アグド Agde

アガスボー Aggersborg ⇒ スラーエルセ Slagelse

アガデ Agade ⇒ アッカド Akkad

アカディ Acadie ⇒ アカディア Acadia

アカディア Acadia ［仏：Acadie アカディ］（カナダ）

カナダ東部の地域で、その範囲はよく変化して定まらない。アカディアという名は最初、*ノバスコシア（Nova Scotia）に対してつけられ、*ニュー・ブランズウィック[1]（New Brunswick）も含まれていた。1604年、この地域のパサマクウォディ湾に初めてピエール・ド・モンが入植。1605年に植民地化されたポートロイヤルは1613年にイギリス軍により焼き払われる。ノバスコシアは1632年に*サン‐ジェルマン‐アン‐レー（Saint-Germain-En-Laye）の条約によって*フランス（France）に割譲されたが、1654年にイギリス軍に占領される。1670年にフランスに返還されたが、18世紀前半にフランス人は徐々にアカディアから追い出されていく。1755年と1758年に何千人ものアカディア人がイギリス軍により国外に退去させられ、多くは*ルイジアナ（Louisiana）へと向かった。

アガディル Agadir （アルジェリア） ⇒ トレムセン Tlemcen

アガディール Agadir ［ポルトガル語：Santa Cruz サンタ・クルス］（モロッコ）

*マラケシュ（Marrakech）の南西 210 km に位置し、大西洋に臨むアガディール地方の港湾都市。1911 年 7 月 1 日、モロッコに対するフランスの影響力を阻止するためにドイツが砲艦パンター号を派遣して一触即発の事態になった際には、アガデ

ィールがこの事件の中心地となった。11月 4 日に協定が結ばれて、ドイツはモロッコをフランスの保護国と認める見返りに*コンゴ（Congo）の一部を獲得し、重大な危機は回避された。第 2 次世界大戦の際、1942 年 11 月に連合国がここを上陸地点とした。1960 年には大地震によって壊滅に近い状態にあったが、現在ではほぼ再建がなっている。

アガデス Agadez ［Agadès, Agades］（ニジェール）

*ニアメー（Niamey）の北東 720 km に位置するアイール山地の都市で、アガデス県の県都。北アフリカと*スーダン地方（Sudan）を結ぶ隊商の交易路が集まる地点にあり、本来はトゥアレグ族の住む土地だったが、1515 年に*ソンガイ（Songhai）帝国に征服された。1590 年にソンガイ帝国が滅びるとイスラームの重要な学問の中心地となる。1900 ～ 1960 年まではフランスの支配下にあった。

アガニャ Agana ⇒ ハガニア Hagåtña

アカバ 'Aquaba ［Akaba］［アラビア語：Al-'Aquabah アル‐アカバ；ラテン語：Aelana アエラナ］（ヨルダン）

*マアーン（Ma'ān）の南西 96 km に位置する*アカバ湾（'Aqaba, Gulf of）の奥の港町。古代*エーラト（Elat）の跡地に建設されたと思われる。*カイロ[1]（Cairo）と*ダマスカス（Damascus）を結ぶトラヤヌスの建設した街道沿いにあり、ローマ軍の拠点となる。1115 年、十字軍に征服され、1187年までは*エルサレム（Jerusalem）王国の要塞となるが、その後、サラディンの手に落ちる。第 1 次世界単線中にはアラビアのロレンスによりトルコから奪取される。1924 年、ヨルダンに割譲され、ヨルダンで唯一の海港となる。スエズ危機の際、

1956 年 11 月〜1957 年 3 月まで*イスラエル（Israel）が支配した。

アカバ湾 'Aqaba, Gulf of ［エーラト湾 Gulf of Elat］［アラビア語：Khalij Al-'Aqabah ハリージ・アル - アクァバー；ラテン語：Sinus Aelaniticus シヌス・アエラニティクス］

*サウジアラビア（Saudi Arabia）と*シナイ半島（Sinai Peninsula）に挟まれた*紅海（Red Sea）の北東に延びる湾。チラン海峡を通って湾に入る。*イスラエル（Israel）と*ヨルダン（Jordan）にとってはインド洋へと出られる水路になるため、戦略的な重要性もあって、しばしば紛争の種になってきた。スエズ危機の際、1956 年 11 月〜1957 年 3 月までイスラエルに占領されたが、1958 年には国連によって国際的な水路として宣言された。チラン海峡は非武装化された。1967 年 5 月 22 日、*エジプト（Egypt）がイスラエルに対して海峡を封鎖したことが大きな原因となって六日戦争が勃発した。

アカプルコ Acapulco ［アカプルコ・デ・フアレス Acapulco de Juárez］（メキシコ）

太平洋に臨む*ゲレロ（Guerrero）州の港市で有名なリゾート都市。*メキシコ・シティ（Mexico City）の南南西 306 km に位置する。世界でも有数の自然な投錨地で、1531 年にエルナン・コルテスが発見し、1550 年から入植が開始された。1565 〜1815 年まで*フィリピン（Philippines）貿易と太平洋探検におけるスペインの重要な港だった。附近にはシウダー・ペルディーダがあり、今は滅びたが 2000 年前の都市とされる。

アカプルコ・デ・フアレス Acapulco de Juárez ⇒ アカプルコ Acapulco

赤間関 Akamagaseki ⇒ 下関 Shimonoseki

アガルタラ Agartala （インド）

*ダッカ（Dhaka）の西 160 km に位置し、ハロア川に臨む*トリプラ（Tripura）州西部の都市。アガルタラは 1733 年にムガル人に征服されたヒンドゥー教国の王国の一部だった。1808 年に*イギリス（United Kingdom）が支配し、連邦直轄領にされる 1956 年までトリプラは藩王国だった。1972 年にトリプラが州として独立すると、アガルタラは州都となる。

アカルナイ Acharnae ［ギリシア語：Akharnai］（ギリシア）

*アテネ（Athens）の北 9.7 km に位置するアッティカ地方の村。古代には炭焼きの人びとが住んでいて、その名前をふまえてアリストファネスは『アカルナイの人びと』を書いた。

アカルナニア Acarnania ［ギリシア語：Akarnan アカルナン］（ギリシア）

イオニア海とアケローオス川の間の古代の地方。前 7 世紀にコリントス人により植民地化され、古代ギリシアの歴史からは抹殺されたままになった。前 5 世紀に*アテネ（Athens）の支援を受けて*コリントス（Corinth）と*スパルタ（Sparta）からの独立を維持したが、前 390 〜前 375 年まではスパルタに支配された。前 314 年、アカルナニア連盟が結成され、*アエトリア（Aetolia）との争いが起こった。キリスト教の時代が始まる前のローマ時代の間は自治権をもっていた。1204 年に*コンスタンティノープル（Constantinople）が陥落すると、*エペイロス（Epirus）の属領となる。1832 年にギリシアの一部となった。

アカルナン Akarnan ⇒ アカルナニア
Acarnania

アカルプール Achalpur [旧名：Elichpur/Ellichpur エリクプール]（インド）

*マハラシュトラ（Maharashtra）州の町。*ナグプル（Nagpur）市の西180 kmに位置する。11世紀に建設されたとされ、1484年に*ベラール（Berar）のイマード・シャーヒー朝が治める。王朝は19世紀まで続いた。

アーカンソー Arkansas（合衆国）

合衆国中南部の州。東の州境の大半部分を*ミシシッピ川（Mississippi River）の流れが占めている。1836年、合衆国25番目の州となる。アーカンソーはインディアンの部族と村の名前で、フランス人によって最初に記録された。

《洞窟居住人》がこの地域に最初に住み着いた人間として知られている。住みついたのは西暦500年以前のようだ。その後、《土塁築造人》がやって来て、その文化がミシシッピ川および*オハイオ川（Ohio River）流域に広がった。これらのインディアン部族が土塁を築いたのは、埋葬と儀式が目的だった。アーカンソーに入った最初のヨーロッパ人は*スペイン（Spain）のエルナンド・デ・ソトの一行で、1514年のことだった。1673年、*フランス（France）の探検家ペール・ジャック・マルケットとルイ・ジョリエが南を目指す探検中にアーカンソーに到達し、1682年にはラ・サールとアンリ・ド・トンティが到着する。トンティは1686年に*アーカンソー・ポスト（Arkansas Post）に初めてのヨーロッパ人入植地を建設する。アーカンソーはフランスの主張する領地の一部を成していたが、1672年にスペインに譲渡される。1800年にはフランスに返還され、1803年に*ルイジアナ購入地（Louisiana Purchase）の一部として合衆国に売却される。これに先立ち、フランスで活動していたスコットランド人で金融理論家のジョン・ローが1719年に《ミシシッピ計画》に着手する。この植民地計画によって何百人ものヨーロッパ人入植者が奴隷と共にアーカンソー・ポストへと流れ込んでくる。しかし、1720年にローの計画が頓挫するや、入植者の大半が帰国してしまう。1818年の綿花によるにわか景気によって、大勢の入植者が流入し、州の南部と東部にプランテーションを導入する。1819年、アーカンソーは準州になる。

1861年、アーカンソーは北部諸州の連邦を離脱して、南部連合国に加わる。1862年3月、*ピー・リッジ（Pea Ridge）にて北軍が南軍を破り、さらに12月には*プレイリー・グローブ（Prairie Grove）、1863年にはアーカンソー・ポストにて北軍が勝利を収める。北軍兵士がアーカンソー北部を占領し、1863年7月にはミシシッピ川に臨む*ビックスバーグ（Vicksburg）が陥落して、アーカンソーは南部連合国の東部から分離される。1863年9月、北軍が*リトルロック（Little Rock）に入る。1864年1月、北軍の支持者らが奴隷制を廃止し、南部諸州の離脱を拒否する政府を樹立する。しかし、アーカンソーは1868年まで連邦への復帰を認められなかった。1874年、敵対する二人の共和党の知事、エリシャ・バクスターとジョゼフ・ブルックスの間で烈しい抗争が起こるが、ユリシーズ・S・グラント大統領がバクスターを支持して終結する。《連邦再建時代》の間は混乱も多かったが、鉄道建設をはじめとして経済と教育には進展も見られた。1882年、農民に対する金融業界と運輸業界の締めつけに反撥する大規模な農民暴動がアーカンソーを中心に起こり、農民の要求する改革が徐々に実現されていく。

1927 年、ミシシッピ川の大洪水で州の 5 分の 1 が被害を受け、また 1930 年代の《大恐慌》で綿花市場が大暴落して苦難の時代を迎える。アーカンソーの放浪農民はオクラホマの放浪農民と一緒になって西部へと移動した。第 2 次世界大戦により州民を北部へと奪われるが、同時に軍需産業は活気づく。戦後の景気の後退を補うために、1955 年に開発推進委員会が設けられ、新たな産業の誘致を行なったほか、アーカンソー州が*オクラホマ（Oklahoma）州と共同でアーカンザス川流域の水上輸送を推進した。人種問題が長引き、1957 年には軍隊が投入され、公立校の差別撤廃が図られる。

アーカンソー州は国内でもトップクラスのボーキサイトを産出し、1921 年には*エルドラド[1]（El Dorado）で原油も発見されている。主要な都市として、首都で最大の都市リトル・ロックのほか、*フォート・スミス（Fort Smith）、*フェイエットビル[1]（Fayetteville）、*ホット・スプリングズ（Hot Springs）、*パイン・ブラフ（Pine Bluff）、そしてウォルマート社のある*ベントンビル[1]（Bentonville）がある。

アーカンソー・ポスト Arkansas Post （合衆国）

*パイン・ブラフ（Pine Bluff）の東北東 61 km に位置し、アーカンザス川に臨む*アーカンソー（Arkansas）州南東の村。1686 年にフランスのアンリ・ド・トンティにより要塞として建設され、*ミシシッピ川（Mississippi River）下流域で最初の白人入植地となる。*ルイジアナ（Louisiana）準州の一部となり、1819 ～ 1821 年までアーカンソー準州の州都。南北戦争時は南部同盟に占領されていたが、1863 年 1 月 12 日には北軍の手に落ちた。

アキア Ackia （合衆国）

*チューペロ（Tupelo）の北 7 km に位置する*ミシシッピ（Mississippi）州北東部の戦地。1736 年、イギリス軍とチカソー族インディアンがこの地でフランス軍とチョクトー族インディアンを敗った。この勝利によって*イギリス（United Kingdom）はこの地域を植民地化することになる。1961 年、*ナッチェズ道（Natchez Trace）はナショナルパークウェーの一部となる。

アキス・グラヌム Aquis Granum ⇒ アーヘン Aachen

秋田 Akita （日本）

*本州（Honshū）の北部、秋田県の県庁所在地。*仙台（Sendai）の北西 184 km に位置し、日本海に臨む港湾都市。733 年、先住民族アイヌに対抗する前哨地点として建設され、中世を通じて重要な拠点となった。最初に造られた要塞が現在も遺っている。

アキタニア・セクンダ Aquitania Secunda ⇒ ギュイエンヌ Guienne

アキダバン Aquidabán ⇒ アキダバン川 Aquidaban River

アキダバン川 Aquidaban River ［スペイン語：Aquidabán アキダバン］（パラグアイ）

*コンセプシオン[1]（Concepción）の北を流れるパラグアイ川へ注ぐ約 240 km のコンセプシオン県の川。*ブラジル（Brazil）・*ウルグアイ（Uruguay）・*アルゼンチン（Argentina）の同盟軍とパラグアイの間の 1865 ～ 1870 年の戦争で、最後の戦場となったのがこの川の両岸だった。パラグアイ軍は惨敗し、ロペス元帥は戦死した。

22　アキツラ

アギュラ Agylla ⇒ **チェルベーテリ Cerveteri**

アキテーヌ Aquitaine [ラテン語：Aquitania Prima アクイタニア・プリマ] (フランス)

*ピレネー山脈 (Pyrenees) から*ガロンヌ川 (Garonne River) に至る*ガリア (Gallia) 南西の地域。前 56 年、*ローマ (Rome) に占領され、前 27 年にアウグストゥスによって属州にされる。間もなく北東は*ロワール川 (Loire River)、東はマシフサントラルまで拡張していく。5 世紀に西ゴート人に侵略される。507 年、*ブイエ (Vouillé) の戦い後、アキテーヌはフランク王国のクローヴィス王の支配下に入る。778 年、シャルルマーニュ〔カール大帝〕によって属国にされるが、その後継者らの代になると支配は弱まった。11 世紀になるまでにはアキテーヌ公が支配権を確立している。1154 年、アキテーヌのアリエノールが*イングランド (England) のヘンリ 2 世と結婚し、アキテーヌはイギリスの領地となる。1243 年にフランスに返還されたが、1259 年にパリ条約により一部の地方がイングランドに割譲される。百年戦争が終結した時には、フランスはアキテーヌの全域を奪還している。すなわち、終戦となる 1453 年に、アキテーヌは*ギュイエンヌ県となり、シャルル 7 世のもとでフランスの領土となった。
⇒ **アンジュー Anjou, フランク王国 Frankish Empire**

アギラ Agira [ラテン語：Agyrium アギリウム] (イタリア)

*シチリア (Sicily) 島中部のシチリア州の町。*エンナ (Enna) 市の東北東 24 km に位置する。本来はシクリ族の町だったが、前 339 年にコリントスのティモレオンが率いるギリシアにより植民地とされた。第 2 次世界大戦中の 1943 年 7 月 29 日、

連合軍の手に落ちた。

アギリウム Agrium ⇒ **アギラ Agira**

アギンヌム Aginnum ⇒ **アジャン Agen**

アクア・アウグスタエ Aquae Augustae ⇒ **ダクス Dax**

アクアエ・グラティアナエ Aquae Gratianae ⇒ **エクス - レ - ベン Aix-les-Bains**

アクアエ・セクスティアエ Aquae Sextiae ⇒ **エクサン - プロバンス Aix-en-Provence**

アクアエ・ソリス Aquae Solis ⇒ **バース Bath**

アクアエ・フラウィウス Aquae Flavius ⇒ **シャベシュ Chaves**

アクアエ・ヘルベティカエ Aquae Helveticae ⇒ **バーデン[2] Baden** (スイス)

アクアカノンク Acquackanonk ⇒ **パセーイク Passaic**

アグア・カリエンテ Agua Caliente ⇒ **パーム・スプリングズ Palm Springs**

アグアスカリエンテス Aguascalientes (メキシコ)

*メキシコ・シティ (Mexico City) の北西 432 km に位置するアグアスカリエンテス州の州都。コロンブスが来る以前の未知の人びとの造ったトンネルが迷路のように走っている地下都市の上にスペインが軍事目的で 1575 年に建設した都市。メキシコ内戦中の 1914 年 10 月には、政府を組織して対立に終止符を打

つためにカランサ（メキシコの政治家・革命家：1859～1920）、ビヤ（メキシコの革命家：1878～1923）、サパタ（メキシコの革命家：1879～1919）など革命分子を含む会合がここで開かれた。植民地時代の古い建物が数多く今も遺っている。

アクア・タルベリカエ Aquae Tarbellicae ⇒ ダクス Dax

アクア・パンノニアエ Aquae Pannoniae ⇒ バーデン¹ Baden（オーストリア）

アクイタニア・プリマ Aquitania Prima ⇒ アキテーヌ Aquitaine

アクイヌム Aquinum ⇒ アクイノ Aquino

アクイノ Aquino［ラテン語：Aquinum アクイヌム］（イタリア）
フロジノーネの南東48 km に位置するフロジノーネ県の町。ラティーナ街道沿いにあり、ローマ時代に繁栄したが、6世紀にゴート人の襲撃を受ける。西暦60年に詩人のユウェナリスがこの町に生まれ、1225年頃には附近にあるロッカセッカ城でトマス・アクィナスが誕生している。町には古代ローマの遺跡が多く見られる。
⇒ **ラティーナ街道 Latin Way**

アクイラ Aquila ⇒ ラクイラ L'Aquila

アクイレイア Aquileia［アクイレヤ Aquileja］（イタリア）
*トリエステ（Trieste）の西北西35 km に位置するナティッサ川に臨むウーディネ県の町。前181年にローマ軍の要塞として築かれ、イタリアと*イリュリア（Illyria）の交易の重要な拠点となり、*イストリア（Istria）と*ベネシア（Venetia）の行政上の首都となる。452年、フン族に破壊される

が、のちに総大司教座が置かれ、7世紀には総大司教たちの対立の場となる。1420年に*ベネツィア（Venice）に割譲されて以降は衰退する。1751年に総大司教座は廃止される。1509～1918年までは*オーストリア（Austria）に支配され、その後、イタリアに割譲される。

アクイレヤ Aquileja ⇒ アクイレイア Aquileia

アクインクム Aquincum ⇒ ブタペスト Budapest

アクエンアテン Akhetaten ⇒ テル-エル-アマルナ Tell al-Amarna

アクシェヒル Akşehir［旧名：Akshehr アクシェフル；ギリシア語：Philomelion フィロメリオン］（トルコ）
*コニヤ（Konya）の北西112 km に位置するコニヤ県の都市。古代ギリシアの王国*ペルガモン（Pergamum）の一部だったと思われる。ローマ人に知られ、*ビザンツ帝国（Byzantine Empire）の国境地方にあって重要な地点となった。1400年頃にはセルジューク・トルコに占領された。

アクシェフル Akshehr ⇒ アクシェヒル Akşehir

アクシオス Axiós ⇒ バルダル川 Vardar River

アクシャク Akshak（イラク）
*メソポタミア（Mesopotamia）の古代都市。正確な所在地は不明だが、ディヤーラー川流域の*テル・アスマル（Tell Asmar）附近にあったものと思われる。*アッカド（Akkad）の北方の国境にあり、前2500年、*ラガシュ（Lagash）の王エアンナトゥ

ムに征服されたが、その1世紀後には*シュメール（Sumer）とアッカドの両地を支配するまでになった。

アクシュネット Acushnet （合衆国）

*マサチューセッツ（Massachusetts）州南東の町。*ニュー・ベッドフォード（New Bedford）の北5km、バザーズ湾の入り口に位置する。1660年頃に入植され、フィリップ王の戦争中に甚大な被害を受けた。アメリカ独立戦争中の1776年9月、イギリス軍とアメリカ民兵の戦いの場となる。

アクス Ax ⇒ ダクス Dax

アクスブリッジ Uxbridge （イングランド）

イングランド西部、アウター・*ロンドン（London）の現在のヒリンドン自治区にある古い市場町。コーン川沿いにある。1645年、宿屋「クラウン・イン」で議会派の一団がチャールズ1世と交渉を重ねたが、失敗に終わった。

アクスミンスター Axminster （イングランド）

*デボン（Devon）州*エクセター[1]（Exeter）の東北東40kmに位置し、アックス川に臨む町。サクソン人がデボン州に作った最初期の居住地で、8世紀に創設された。1755～1835年までトマス・ホイッティが始めた絨毯製造で有名だった。

アクスム[1] Aksum ［Axum］ （エチオピア）

エチオピア北部の古代王国であり都市。豊かな農作物と貿易上の立地条件のよさを背景にして紀元1世紀に発達し、北は*メロエ（Meroë）から東は紅海を渡って*イエメン（Yemen）と貿易を行なった。4世紀を迎える頃には強力な王国となり、国力の衰えた*ヌビア（Nubia）のメロエ王国を滅ぼした。その頃にコプト教会のキ

リスト教がアクスムに伝わり、またたく間に王国内で一大勢力となった。5～6世紀には*ペルシア[1]（Persia）および*地中海（Mediterranean Sea）の諸島との交易が盛んになった。

この繁栄をもたらす各地との関係は、7世紀にイスラーム教国が北アフリカと地中海東部を席捲するようになり断ち切られた。キリスト教徒だったアクスムの王たちは高地の王国を取り巻く自然界の強靱な防壁の陰に逃れて、以来、外の世界とは没交渉となった。アクスムはエチオピア南部の征服とキリスト教への改宗のために全力を傾けたようである。12世紀にエチオピア南部の王朝が擡頭するとアクスムの長期にわたった治世は終焉を迎え、アクスム王国はたちまち衰退した。

アクスム[2] Aksum ［Axum］ （エチオピア）

エチオピア北部のティグライ州の都市。1～12世紀まで*アクスム[1]（Aksum）王国の中心地で首都。現在もなおエチオピア正教会の中心地であり、重要な巡礼の地となっている。シオンのマリア教会には聖書に登場する契約の聖櫃があるとされている。アクスムは1980年にユネスコの世界遺産に登録された。

アクソナ Axona ⇒ エーヌ川 Aisne River

アクティウム Actium ［アクティオン Aktion］ ［ギリシア語：Akra Nikolaos アクラ・ニコラオス］ （ギリシア）

*アルタ（Árta）の南西32km、アカルナニア県の岬・町。アンブラキア湾の入り口に位置する。前31年9月31日、オクタウィアヌスとマルクス・アントニウスとが争ったローマの内戦に終止符を打つ海戦がここで行なわれた。アグリッパの指揮するオクタウィアヌス軍がアントニ

ウスとクレオパトラの艦隊を敗った。この勝利によってアウグストゥスが*ローマ帝国（Roman Empire）を支配する道が開けた。

アクティオン Aktion ⇒ アクティウム Actium

アグド Agde［ギリシア語：Agatha アガサ］（フランス）

*モンペリエ（Montpellier）の南西48kmに位置するエロー県の町。前6世紀に*フォカエア（Phocaea）から来たギリシア人が住みつき、のちに西ゴート人に占領される。400～1790年まで司教区だったが、フランス革命の間に司教区の指定を解除された。

アクヌム Acunum ⇒ モンテリマール Montélimar

アグノー Haguenau（フランス）

フランス北東部、バ-ラン県の町。*ストラスブール（Strasbourg）の北18kmに位置する。11世紀にシュワーベン大公の狩猟館の周囲に築かれた。ホーウェンシュタウフェン家の帝国裁判所が置かれ、1194年、*イングランド（England）のリチャード獅子心王がこの法廷に立ち、自身の解放のために神聖ローマ皇帝へ巨額の身代金を支払うよう命じられた。1257年に自由都市となり、1648年にはフランスに併合され、ルイ14世により要塞を破壊された。第2次大戦中の1945年3月、アメリカ軍に占領された。12世紀創建のサン-ジョルジュ教会と14世紀に建てられたゴシック様式のサン-ニコラ教会が現存する。

アクバラバード Akbarabad ⇒ アグラ Agra

アクヒサル Akhisar［ギリシア語：Thyatira ティアティラ；後年：Pelópia ペロピア］（トルコ）

*イズミル（Izmir）の北東83km、大ザブ川に臨むマニサ県の町。本来は*リュディア（Lydia）の町だったが、前280年にセレウコス・ニカトールによって植民地にされ、前190年に*ペルガモン（Pergamum）王国に併合された。聖書の「ヨハネの黙示録」では*小アジア（Asia Minor）の七つの教会の一つとしてその名があげられている。のちに*オスマン帝国（Ottoman Empire）の傘下に入る。

悪魔島〔デビル島〕Devil's Island［仏：Île du Diable イル・デュ・ディアブル〔ディアブル島〕］（フランス領ギアナ）

フランス領ギアナの沖合にある*セーフティ諸島（Safety Islands）の小島。1852年に建設された流刑植民地で、主にフランスの政治犯が収容され、特に有名な反ユダヤ人事件の犠牲者アルフレッド・ドレフュスはその一人。1938年からフランスは刑務所の閉鎖を始めたが、その実現は第2次世界大戦後となる。1948年までには受刑者全員が本国に送還された。

アグマハル Agmahal ⇒ ラージマハール Rajmahal

アクミーム Akhmim［エクミーム Ekhmim］［古代：Chemmis ケミス；ギリシア語：Panopolis パノポリス］（エジプト）

*アシュート（Asyut）の南106km、*ナイル川（Nile River）に臨むソーハーグ県の都市。古代にはプトレマイオス王朝の上エジプトで行政区の首府だった。ヘレニズム時代は牧神信仰の中心地となる。18世紀になるとマムルークの内乱が起こり町は略奪を受けた。前2345年頃～前2181年頃までの第6代王朝時代の大規模な共同墓

26　アクメチエ

地が遺っている。

**アク・メチェト Ak Mechet ⇒ シンフェロ
ーポリ Simferopol**

**アクモリンスク Akmolinsk ⇒ アスタナ
Astana**

アクラ Accra〔Akkra〕（ガーナ）
ギニア湾に臨むガーナの首都。*クマシ
（Kumasi）市の南南東 160 km に位置する。
17 世紀には貿易の拠点とされた要塞が 3
カ所（イギリス・オランダ・デンマ
ークの 3 カ国が要塞を築いた）あったが、
1871 年にはすべて*イギリス（United
Kingdom）の配下に収まった。1876 年にイ
ギリス領の*ゴールドコースト〔黄金海岸〕
（Gold Coast）の首都になり、1957 年には独
立したガーナの首都となった。

**アグラ Agra〔旧名：Akbarabad アクバラバード〕
（インド）**
*ニューデリー（New Delhi）の南南東 192
km に位置し、ジャムナ川に臨む*ウッタ
ル・プラデシュ（Uttar Pradesh）州の都市。
1526 年、*ムガル帝国（Mogul Empire）の創
建者バーブルに征服され、1564 年には皇
帝アクバルによりムガル帝国の首都とさ
れた。皇帝シャージャハーンが建てたタ
ージマハルをはじめインド・イスラーム
の霊廟とモスクで有名。シャージャハー
ン治下の 1628 〜 1658 年にアグラは全盛
期を迎える。1857 年、インド大反乱の際
には包囲された。1983 年、タージマハル
がユネスコの世界遺産に登録された。

**アグラ・アワド連合州 United Provinces of
Agra and Oudh ⇒ウッタル・プラデシュ
Uttar Pradesh**

**アクラエ Acrae ⇒ パラッツォーロ・アク
レイデ Palazzolo Acreide**

**アクラガス Akragas ⇒ アグリジェント
Agrigento**

**アクラ・ニコラオス Akra Nikolaos ⇒ アク
ティウム Actium**

アグラム Agram ⇒ ザグレブ Zagreb

**アクラ-レウケ Acra-Leuca ⇒ アリカンテ
Alicante**

**アグリゲントゥム Agrigentum ⇒ アグリジ
ェント Agrigento**

**アグリジェント Agrigento〔ギリシア語：
Akragasu アクラガス；旧名：Girgenti ジルジェン
ティ；ラテン語：Agrigentum アグリゲントゥム〕
（イタリア）**
*地中海（Mediterranean Sea）を望む*シチリ
ア（Sicily）島南部の都市。*パレルモ（Palermo）
の南南東 91 km に位置する。*ジェーラ
（Gela）から来たギリシア人の植民者らが前
580 年頃に建設し、前 5 世紀にセロンのも
とで全盛を迎えたが、前 406 年に*カルタ
ゴ²（Carthage）に襲撃され略奪された。現
在はゼウスとヘラクレスの像があるドリ
ス式神殿など古代ギリシアの神殿の遺跡
で有名。

アグリ・デクマテス Agri Decumates（ドイツ）
マイン川、*ライン川（Rhine River）、*ド
ナウ川（Danube River）の間にあった*ロ
ーマ帝国（Roman Empire）の属州で、現在
の*バーデン-ウュルテンベルク（Baden-
Württemberg）州内の土地。ライン川方面の
軍隊とドナウ川方面の軍隊の連絡を取り
やすくするために西暦 74 年からローマは

この地域を併合し始めた。のちにこの土地をローマの退役軍人に分け与えた。260年頃にはアレマン人に征服される。

アクルヴィウム Acruvium ⇒ コトル Kotor

アクレ¹ Acre（ブラジル）
ブラジルの北西部、*ペルー²（Peru）と*ボリビア（Bolivia）に接する州。密林地帯で、人が広く入るようになったのは 1850 年代～1860 年代のこと。1867 年にブラジルからボリビアに割譲された。内乱の後、1899 年 7 月 4 日にルイス・ガルベス・ロドリゲスがアクレ共和国の独立を宣言したが、短命に終わった。1903 年、再びブラジルの領地となり、1962 年には州になった。

アクレ² Acre[アッコ Akko][アラビア語：Akka アッカ；旧名：Accho アッコ, Ptolemaïs プトレマイース , Saint-Jean-d'Acre サン - ジャン - ダクル]（イスラエル）
*地中海（Mediterranean Sea）に臨み、*ハイファ（Haifa）市の北北東 15 km に位置する*ガリラヤ（Galilee）の港市。軍事上の拠点にあり、西暦 638 年からイスラーム教の都市となり、1104 年、第 1 回十字軍の時にボードワン 1 世により占領され、以降サン - ジャン - ダクルと改称。その後、何度か支配国が変わり、1517 年にトルコが支配する。1799 年 3 月 19 日～5 月 20 日までナポレオンが包囲したが攻略は失敗に終わった。第 1 次世界大戦中は*イギリス（United Kingdom）が占領し、1948 年の戦争後はイスラエルの一部となる。

アークロー Arklow[ゲール語：Inbhear Mór イニア・モー]（アイルランド）
*ダブリン（Dublin）の南 64 km に位置し、アイリッシュ海に臨むウィックロー州の港町。アングロ・ノルマン人の牙城だったが、1649 年にオリバー・クロムウェルがオーモンド公ジェイムズ・バトラーから奪って占領する。1798 年の反乱の時には、ユナイテッド・アイリッシュマンがこの町でジャック・ニーダム将軍に制圧される。

アクロコリントス Acrocorinthus（ギリシア）
*コリントス（Corinth）の岩山。566 メートルの高さで、古代にはコリントスの城塞（アクロポリス）があり、アフロディテの神殿が建っていた。中世には*ビザンツ帝国（Byzantine Empire）の要塞が占めていた。

アクロティリ Akrotiri ⇒ テラ Thera

アグロポリス Agropolis ⇒ トゥルグ・ムレシュ Tîrgu Mureş

アグロ・ポンティーノ Agro Pontino ⇒ ポンティーネ湿原 Pontine Marshes

アクロン Akron（合衆国）
*オハイオ（Ohio）州*クリーブランド²（Cleveland）の南南東 48 km に位置し、リトル・カイヤホガ川に臨む都市。1825 年、サイモン・パーキンズが礎石を築き、1869 年には B・F・グッドリッチのゴム工場が建設された。20 世紀初期に急速に発展し、世界最大のゴム工業の都市となる。20 世紀末にはゴム産業が大きく下降し、労働者の数も全盛期の半分になった。

アゲディンクム Agedincum ⇒ サンス Sens

アケメネス朝 Achaemenid Empire ⇒ ペルシア¹ Persia

アケラエ Acerrae ⇒ アチェッラ Acerra

アケルダマ Aceldama［アラム語：Ḥāqēl Dĕmā；ギリシア語：Akeldama アケルダマ；シリア語 Okel Dama オケルダマ］（イスラエル）

*エルサレム（Jerusalem）の南、無縁墓地のあるエルサレム地区の地域。新約聖書によるとイスカリオテユダがイエスを裏切ったあと自殺した土地。ユダは銀貨 30 枚の賄賂を祭司長らから受け取ってイエスを裏切ったが、自殺の前にその銀貨を返すと、祭司長らは外国人の墓地にするために陶器師の畑を買った。

アケルム Acelum ⇒ **アーゾロ** Asolo

アゴー Agoo（フィリピン）

*ルソン（Luzon）のラ・ウニョン州の町。*サン・フェルナンド¹（San Fernando）の南 34 km に位置する。マレー諸島の古い町で第 2 次世界大戦中には 2 度戦地となった。1941 年 12 月の時は日本に占領され、1945 年 1 月にはアメリカに再度占領された。

アゴスタ Agosta ⇒ **アウグスタ** Augusta（イタリア）

アコマ Acoma（合衆国）

ニューメキシコ（New Mexico）州のインディアン集落。高さ 120 m の砂岩丘アコマ・ロックにあり、*アルバカーキ（Albuquerque）の西 89 km に位置する。合衆国で住民が途絶えたことのない最古の村で、西暦 1100 年頃にアコマ族インディアンが建設し、1540 年にスペイン人が発見した。1599 年、フアン・デ・オニャーテに征服され、1680 年と 1696 年のプエブロ・インディアンの反乱の際に加担した。1641 年、ミッション様式のサン・エステバン・デル・レイ教会がスペイン人によって建設された。集落も教会も国定史跡に指定されている。

アコラ Akola（インド）

*アマラーバティー（Amaravati）の南西 40 km に位置する*マハラシュトラ（Maharashtra）州中北部の都市。20 世紀初期には綿貿易の中心地として発達した。

アコンカグア Aconcagua ⇒ **サン・フェリペ¹** San Felipe（チリ）

アコンカグア山 Aconcagua, Mount ⇒ **アンデス山脈** Andes, The

アサイ Athy［ゲール語：Baile Átha Í ボル・オー・イ］（アイルランド）

キルデア県の町。*ダブリン（Dublin）の南西 64 km に位置する。バロー川の浅瀬に臨む城は 12 世紀の建設で、戦略上の拠点となった。1649 年、トマス・プレストン将軍率いる連合軍に包囲されるなど、数多くの戦争を経験した。

アザウラ Azaura ⇒ **デリゾール** Deir ez Zor

アサバ Asaba（ナイジェリア）

ナイジェリア南部、デルタ州の州都。*ニジェール川（Niger River）に臨む。ベナン市の東 128 km、*オニチャ（Onitsha）の対岸に位置する。1830 年、ニジェール川を探検していたリチャード・ランダーが地元民に捕らえられ、この町でイボ族に身代金を支払って解放された。イギリスの交易所となり、イギリス領ナイジェリアを統治する勅許を 1886 年 7 月 10 日に与えられた王立ニジェール会社の本部となる。⇒ **オイル・リバーズ** Oil Rivers

アサバスカ湖 Athabasca Lake［旧名：Lake of the Hills ヒルズ湖］（カナダ）

*アルバータ（Alberta）州北東から*サスカチェワン（Saskatchewan）州北西まで 320

km にわたって広がる湖。1771 年、探検家でハドソン湾会社のサミュエル・ハーンが発見した。カナダで4番目に大きな湖。1788 年、ノースウェスト会社のサー・アレグザンダー・マッケンジーにより、南岸に交易所フォート・チペワイアンが築かれる。

アザユム Azayum ⇒ アゼ - ル - リドー Azay-le-Rideau

アザル Azal ⇒ サヌア Sana

アザルバイジャーン Azarbaijan ⇒ アゼルバイジャン¹ Azerbaijan

アザンクール Azincourt ⇒ アジャンクール Agincourt

アサンソル Asansol（インド）
*コルカタ（Kolkata）の北西 192 km に位置する都市。イギリスの支配下で鉄道・石炭・鉄の中心地として発展し、今日もその役割は変わらない。

アサンテ Asante ⇒ アシャンティ Ashanti

アシー Assy（フランス）
オート - サボワ県の保養地。サン - ジェルベの北 16 km に位置する。1950 年 8 月に献納されたノートルダム - ド - トゥト - グラース教会がある。この教会はピエール・ボナール、ジョルジュ・ブラック、マルク・シャガール、フェルナン・レジェ、ジャン・リュルサ、アンリ・マティス、ジョルジュ・ルオーといった画家の絵が飾られている。この画家たちの作風から、現代の《アール・サクレ》運動についての烈しい議論が生まれた。

アシア Asia（トルコ）
*小アジア（Asia Minor）西部の古代ローマの属州。前 133 年、*ペルガモン（Pergamum）王アッタロス 3 世により*ローマ（Rome）に遺贈された領地から、前 129 年に造られた。*ミュシア（Mysia）、*リュディア（Lydia）、*カリア（Caria）、*フリギア（Phrygia）などがある。前 88 ～前 84 年の間に反乱を起こし、*ポントス（Pontus）のミトリダート王と手を結ぶが、ローマのスラ将軍に平定され再編される。前 27 年、*エフェソス（Ephesus）を首都とする元老員属州となるが、ディオクレティアヌス帝（在位 284 ～ 305）によって七つの属州に分けられると政治的な統一を失った。
⇒ ローマ帝国 Roman Empire

アジアーゴ Asiago（イタリア）
*トレント（Trent）の南東 40 km に位置し、ドロミティ山脈のふもとにある*ビチェンツァ（Vicenza）県の町。第 1 次世界大戦中はオーストリア軍とイタリア軍の激戦地となり町が破壊された。1919 ～ 1924 年に全面的に町が再建された。

アシウト Asiut ⇒ アシュート Asyut

アジェダビア Agedabia ⇒ アジダービヤー Ajdā Biyah

足利 Ashikaga（日本）
*本州（Honshū）中央、栃木県の都市。*東京（Tokyo）の北 77 km に位置する。足利尊氏が 1338 年に築いた室町幕府が 1573 年に滅亡するまで、日本の政治・文化に大きな影響を及ぼした足利氏発祥の地。9 世紀に設立された足利学校があった。足利学校は図書館で有名。

アシガバート Ashgabat〔アシハバード Ashkhabad, アシカバート Ashkabat, アシガバード Ashgabad〕〔旧名：Poltoratsk ポルトラツク〕（トルクメニスタン）

*チャルジョウ（Chärjew）西南西 450 km に位置するイラン国境に近いトルクメニスタンの首都。1881 年に軍事的な拠点として築かれた。ロシア革命の後、1918 年 7 月～1919 年 7 月までボルシェビキに対する《白軍》の反乱の地となる。1924 年 10 月 27 日、*トルキスタン自治ソビエト社会主義共和国（Turkmen SSR）の首都となる。1948 年、大地震により大きな被害を受ける。1991 年、トルキスタンが独立し、ロシア語のアシハバード（Ashkhabad）からアシガバートに都市名が変更された。

アシシウム Asisium ⇒ **アッシジ** Assisi

アジダービヤー Ajdā Biyah〔アジェダビア Agedabia〕（リビア）

*ベンガジ（Benghazi）の南 150 km、シドラ湾から近いベンガジ県の町。ローマ人およびビザンツ帝国の植民地となり、中世初期には隊商の合流地点となった。1919 年以降、1923 年にイタリアに占領されるまで*キレナイカ（Cyrenaica）の行政の中心地だった。第 2 次世界大戦中はイタリアの軍事基地とされ、1942 年 1 月にはドイツ軍とイギリス軍が戦った戦場となり、その戦いの結果、エルビン・ロンメル将軍のアフリカ軍団は初めて撤退せざるを得なくなった。

アジナデイン Ajnadain〔ジャナバテイン Jannabatain〕（イスラエル）

*エルサレム（Jerusalem）の南西の村。634 年にビザンツ皇帝ヘラクレイオスの弟テオドロスがここでアラブ軍に敗れ、その後アラブ軍は*シリア² (Syria) 全土を征服する。

アシナロス Asinaros ⇒ **アッシナラス** Assinarus

アシニボイン川 Assiniboine River（カナダ）

*サスカチェワン（Saskatchewan）州南東から南下し、*ウィニペグ（Winnipeg）のレッド川へと東に流れる。全長 960 km。1736 年、フランスのピエール・ド・ラ・ベレンドリエにより発見され、毛皮交易の重要な交通路となる。川沿いには要塞と交易所がいくつも建設された。

アシネ Athínai ⇒ **アテネ** Athens

アシハバード Ashkhabad ⇒ **アシガバート** Ashgabat

アジマン Ajman〔アジュマン 'Ajman〕（アラブ首長国連邦）

*ドバイ（Dubai）の北東、*ペルシア湾（Persian Gulf）に臨むアラブ首長国連邦で最小の構成国。1892 年以降、*イギリス（United Kingdom）の保護領となっていたが、1971 年には他の首長国とともにアラブ首長国連邦の一員に加わる。

アシム Axim（ガーナ）

ウェスタン州の町。*セコンディ - タコラディ（Sekondi-Takoradi）の西南西 51 km に位置し、*ギニア（Guinea）湾に臨む。*ゴールドコースト〔黄金海岸〕（Gold Coast）沿いで最後のポルトガルの要塞となった町で、1642 年に奴隷貿易を独占しようとしたオランダに占領される。1871 年、イギリスに買収される。現在は漁業の中心地で、8 月には漁を祝う大規模な祭りが行なわれる。

アジメール〔アジュメール〕Ajmer（インド）

*デリー[1]（Delhi）の南西 360 km に位置する*ラージャスタン（Rajasthan）州の都市。チャウハーン朝の本拠で、1192 年のタラーインの戦いの後、アジメール県の県都となる。1556 年にアクバル皇帝の手に落ちてからは、軍事基地とムガル帝国歴代皇帝の居住地となった。
⇒ムガル帝国 Mogul Empire

アジャクシオ〔アヤッチオ〕Ajaccio（フランス）

*バスティア（Bastia）の南西 152 km、*コルシカ（Corsica）島の南西岸に臨む港町。1492 年以来ジェノバの植民地となり、1768 年 5 月 15 日にはベルサイユ条約によってフランスの一部となる。ナポレオン・ボナパルトが 1769 年 8 月 15 日にこの町で誕生している。第 2 次世界大戦中にはイタリアに占領されたが、1943 年 9 月 13 日にはフランス自由軍により解放される。コルス・デュ・シュド県の県都。

アシャッフェンブルク Aschaffenburg（ドイツ）

*フランクフルト・アム・マイン（Frankfurt am Main）の南東 35 km に位置し、マイン川に臨む*バイエルン（Bavaria）州の港湾都市。ローマ軍の駐屯地があった場所で、10 世紀に*マインツ（Mainz）の選挙侯たちの支配下に置かれる。1447 年には帝国議会の開催地となり、1448 年に*ウィーン（Vienna）で制定される《政教条約》がその議会で準備された。また、ドイツ貴族に対するローマ教皇の地位の優位が規定された。1672 年、ネーデルラント継承戦争中にフランスによる略奪を受ける。1814 年にバイエルンの傘下に入り、1866 年、プロイセン・オーストリア戦争ではプロイセンがここで勝利を収める。その勝利

により、フランクフルトが衰退する。

アジャリア Adzharia ⇒ アジャーリア自治共和国 Ajarian Autonomous Republic

アジャーリア自治共和国 Ajarian Autonomous Republic〔アジャール Adjar/Adzhar、アジャリア Adzharia、アジャリスタン Adzharistan〕（ジョージア〔グルジア〕）

トルコの北、*黒海（Black Sea）に臨む*ジョージア[2]〔グルジア〕（Georgia）南西部の自治共和国。*オスマン帝国（Ottoman Empire）と*ロシア（Russia）の紛争の元になることが多かったが、1829 年の*アドリアノープル（Adrianople）の和約および 1878 年の*サンステファノ（San Stefano）の条約によってロシアの領有権が認められる。1917 年のロシア革命の後、首都*バトゥーミ（Batumi）がトルコに占領された。1921 年にロシアが再び取り戻して、自治共和国となる。ジョージア独立後、アジャーリアは自治を維持し、2004 年には地元の有力者アスラン・アバシゼがジョージアとの交通路を封鎖して中央政府の支配を打破しようとした。アジャーリアで民衆の暴動が起こり、ジョージアが支配権を取り戻し、アバシゼは国外に退去した。

アジャリスタン Adzharistan ⇒ アジャーリア自治共和国 Ajarian Autonomous Republic

アジャール Adjar/Adzhar ⇒ アジャーリア自治共和国 Ajarian Autonomous Republic

アジャン Agen［ラテン語：Aginnum アギンヌム］（フランス）

*ボルドー（Bordeaux）の南東 120 km に位置し、*ガロンヌ川（Garonne River）に臨むロト・エ・ガロンヌ県の県都。古代ロー

マの駐屯地があった場所で、4世紀には司教区となった。509年にクロービス王のフランク王国に支配され、*アジュネ（Agenais）伯爵領の首都となる。古代ローマの橋と水道橋の遺跡が見られる。

アジャンクール Agincourt［仏：Azincourt アザンクール］（フランス）

*アミアン（Amiens）の北70kmに位置し、アルトワ丘陵ふもとのパ-ド-カレー県の村。百年戦争の期間中、1415年10月25日にヘンリ5世率いるイングランド軍が数ではまさるフランス諸侯軍を敗った地。フランスの騎士が大勢戦死して、イングランドはフランスの大部分を征服することになった。

アジャンタ Ajantā（インド）

*アウランガバード（Aurangabad）の北北東104km、アジャンタ丘陵にある*マハラシュトラ（Maharashtra）州の考古学的遺跡。石窟寺院で有名。遺跡のフレスコ画と彫刻は前200〜後650年までの仏教芸術の優れた作品であり、岩壁に寺院や祭壇が掘られている。1819年に発見。石窟寺院はインドの*ガンダーラ（Gandhara）美術の初期の作品となっている。

アシャンティ Ashanti［アサンテ Asante］（ガーナ）

西アフリカの旧王国。その全盛期には現在のガーナの南半分を支配し、*クマシ（Kumasi）を首都とした。1697年、オセイ・トゥトゥにより《黄金の床几スツール》を権力の象徴として統合されたアシャンティ連合王国となる。軍事作戦が功を奏して、王国は*ゴールドコースト〔黄金海岸〕（Gold Coast）のイギリス植民地にまで迫った。1824年、イギリスと戦争になり、1896年にアシャンティは保護領とされる。1901

年、保護領は現在のガーナの一部であるイギリス領黄金海岸に併合される。

アシャント Ushant ⇒ ウエサン島 Île d'Ouessant

アシュケロン Ashqelon［Ashkelon、アスカロン Ascalon］［アラビア語：Tel Ashqelon テルアシュケロン］（イスラエル）

*ガザ（Gaza）の北東24kmに位置し、*地中海（Mediterranean Sea）に臨むイスラエルの古代遺跡の遺る都市。紀元前3千年紀に造られた古代都市で、前12世紀にペリシテ人に占領され、*フィリスティア（Philistia）の5都の一つとなる。支配者が次々に代わるが港町として、また*シリア²（Syria）と*エジプト（Egypt）を結ぶ交易地として繁栄する。第1回十字軍の1099年8月、ゴドフロワ・ド・ブイヨンがエジプトのファーティマ朝軍を破る。1153年、ボードアン3世に占領され、十字軍の重要な港となるが、1270年にエジプトのマムルーク朝のスルタン、バイバルスに破壊される。1920年より重要な遺跡の発掘が始まる。現在のアシュケロン市はこの古代都市から近い。

⇒ フィリスティア Philistia

アシュート Asyut［アッシウト Assiout、アシウト Asiut］［ギリシア語：Lycopolis リュコポリス；現地：Syut シュート］（エジプト）

アシュート県の県都。*カイロ¹（Cairo）の南320kmほどの*ナイル川（Nile River）に臨む都市。前2000年以降、宗教と関わりが深く、特に頭部がジャッカルの神ウェップワウェット信仰の中心地として有名であり、キリスト教のコプト教会の初期の中心地でもあった。1911年、コプト教会の再生を示す宗教会議の開催地となる。イスラーム保守主義の中心地でもあ

り、アンワル・サダト大統領の政策に反撥する民衆蜂起の中心地ともなった。新プラトン派の哲学者プロティノスが205年にこの町で誕生。

アシュドッド Ashdod [アラビア語：Asdud アシュドド；ギリシア語：Azotos アゾトス；ラテン語：Azotus アゾトゥス]（イスラエル）

*エルサレム（Jerusalem）の西56 kmに位置し、*地中海（Mediterranean Sea）に臨む現在のイスラエルの南西の古代からある都市。1962年から発掘が始まったが、青銅器時代にはすでに住人がいて、前12世紀にペリシテ人に征服される。シリアとエジプトを結ぶ大貿易路にあり、*フィリスティア（Philistia）の5都の一つに数えられた。前8世紀に*ユダ（Judah）のウジヤ王が占領するが、アッシリア人に奪われることになる。エジプト（Egypt）の王プサメティコスは前609年に亡くなるが、29年間この都市を包囲し攻撃を続けた。前148年、ユダヤのマカベア家のヨナタンがアシュドッドを攻撃し破壊する。のちにローマ人により再建され、*シリア[2]（Syria）州の一部となる。ビザンツ人が支配して時代には司教座が置かれていたが、中世には衰退する。現在のアシュドッドが再建されたのは1955年で、古代アシュドッドの廃墟から北北西7 kmほどの位置になる。アシュドッドは農業の神ダゴンを崇拝する中心地だった。
⇒**アッシリア Assyria, パレスチナ Palestine**

アシュドド Asdud ⇒ アシュドッド Ashdod

アジュネ Agenais [アジュノア Agenois]（フランス）

フランス南西部の旧伯爵領。現在のロト・エ・ガロンヌ県にほぼ相当する。首都は*アジャン（Agen）だった。1038年に伯爵領とされ、1154年には*アキテーヌ（Aquitaine）公爵領の一部として*イングランド（England）に割譲された。伯爵領の所有権はイングランドとフランスの間を何度も往復したが、結局はフランスの*ギュイエンヌ（Guienne）侯爵領となった。1472年にはフランス領に統合される。

アジュノア Agenois ⇒ アジュネ Agenais

アシュフォード Ashford（イングランド）

*カンタベリー（Canterbury）の南西24 kmに位置し、グレートストゥール川に臨む*ケント（Kent）州の町。13世紀に市場町として特許を与えられる。1450年の反乱の際にジャック・ケイドが*ロンドン（London）への行進を始めた町。

アシュボロ Asheboro [旧名：Asheborough アッシュバラ]（合衆国）

*グリーンズバラ（Greensboro）の南42 kmに位置する*ノースカロライナ（North Carolina）州中部の町。1796年に特許状により建設が認められ、ケヤウィー族インディアンの古代の村があった場所に造られた。1936年、先史時代の墓地が近くで発見されて、発掘された。

アシュボーン Ashbourne（イングランド）

*ダービー[3]（Derby）の北西24 kmに位置し、ダブ川に臨む*ダービーシャー（Derbyshire）州の町。13世紀のセント・オズワルド教会と1640年に設立された有名な私設救貧院が遺っている。1644年、チャールズ1世はこの町で議会党員に敗れた。

アジュマン 'Ajman ⇒ アジマン Ajman

アジュメール ⇒ アジメール〔アジュメール〕Ajmer（インド）

アシュモア・カーティエ諸島 Ashmore and Cartier Islands (オーストラリア)

オーストリア北西海岸の沖合 400 km に位置するインド洋に浮かぶ諸島。1878 年、*イギリス (United Kingdom) が領有権を主張し、1931 年にオーストリアに割譲され、1938 年には*ノーザン・テリトリー (Northern Territory) の一部となる。

アシュール Ashur [アッシュール Assur] (イラク)

*モースル (Mosul) の南 96 km に位置し、*チグリス川 (Tigris River) に臨む古代*アッシリア (Assyria) の考古学的遺跡。紀元前 4 千年紀の間に築かれた古代都市で、前 9 世紀に*カラ (Calah) に遷都されるまで古代アッシリアの首都となる。前 614 年、メディア人に破壊される。1903 年からヴァルター・アンドレ率いるドイツ調査団による発掘が開始。
⇒ アッシリア Assyria, シャルカト Sharqat

アシュロット・エクイバレント Ashuelot Equivalent ⇒ ドルトン Dalton

アシール Asir [アラビア語: 'Asir] (サウジアラビア)

*紅海 (Red Sea) に臨む南西海岸の地域。1872 年、*オスマン帝国 (Ottoman Empire) に占領されるが、1910 年にはイギリスの支援を得て、イドリーシ王朝時代に反乱を起こす。1926 年に*ヒジャーズ (Hejaz) 王となったイブン・サウードがこの地域を支配し、*ターイフ (At -Tā'if) 条約後、1934 年にサウジアラビアに併合される。

アシント Assynt (スコットランド)

*インバネス (Inverness) の北西 93 km に位置するアシント湖畔の高地地方。ピューリタン革命時代の 1650 年 4 月 27 日、モントローズ侯はカービーズデールで敗れ、アシントのニール・マクラウドの城に逃げ込んだが、マクラウドに捕らえられる。モントローズ侯は*エディンバラ (Edinburgh) に連行され、5 月 21 日にチャールズ 1 世の命令により処刑される。

アシンドン Ashingdon (イングランド)

*ロンドン (London) の東北東 64 km に位置する*エセックス[1] (Essex) の村。1016 年 10 月 18 日、カヌート王率いるデーン軍がイングランド王エドマンド 2 世を破るアシンドンの戦いの場となる。この勝利によってカヌートはイングランドの王位につく。

アスーアン Assouan ⇒ アスワン Aswān

アスカロン Ascalon ⇒ アシュケロン Ashqelon

アスク Usk (ウェールズ)

ウェールズ南東部モンマスシャー州の町。町を流れるアスク川はウェールズ中南部を水源として東、南に流れて*ニューポート[4] (Newport) のすぐ南で海に注ぎ込む。町はニューポートの北北東 14km に位置する。ケルト人の集落があった場所にローマ人の砦が築かれた。12 世紀にこの地に建てられたノルマン様式の城は、1400 年頃にその一部が破壊された。アスクには城跡、宮殿、12 ～ 15 世紀にかけて築かれた教会がある。川はアーサー王伝説とのかかわりがある。

アスクルヴィウム Ascrivium ⇒ コトル Kotor

アスクルム Asculum ⇒ アスコリサトリアーノ Ascoli Satriano

アステカテ　35

アスクルム・ピケヌム Asculum Picenum ⇒ アスコリ・ピチェーノ Ascoli Piceno

アスコット Ascot（イングランド）
*ロンドン（London）の西南西 42 km に位置するウィンザー・アンド・メイドンヘッド自治区の村。1711 年にアン女王が造らせたアスコット・ヒースは《アスコット金杯》の競馬の開催地であり、1807 年以降毎年 6 月に行なわれている。

アスコリサトリアーノ Ascoli Satriano［ラテン語：Asculum アスクルム, Ausculum Apulum アウスクルム・アプルム］（イタリア）
*フォッジア（Foggia）の南 32 km に位置するフォッジア県の町。前 279 年*エペイロス（Epirus）の王ピュロスがローマ軍をこの町で破る。ただし、ピュロスの受けた損害も大きかったために、《ピュロスの勝利》という表現は、犠牲が多く割に合わない勝利を意味するところとなった。

アスコリ・ピチェーノ Ascoli Piceno［ラテン語：Asculum Picenum アスクルム・ピケヌム］（イタリア）
*ペルージャ（Perugia）の南東 96 km に位置するアスコリ・ピチェーノ県の県都。古代ピケヌム人の首都だったが、前 3 世紀に*ローマ（Rome）に併合される。前 90 年《同盟市戦争》の時にローマに反旗を翻して市内のローマ人を殺戮。8 世紀から司教区となる。1183 年からは自由共和国になるが、1266 年には*教皇領（Papal States）に併合される。古代ローマの遺跡と中世の建造物が数多く見られる。

アズ-サラファンド As-Sarafand ⇒ザラパテ〔ツァレファテ〕Zarephath

アスタコス Astacus ⇒イズミット İzmit

アスタナ Astana［旧名：Akmolinsk アクモリンスク, Tselinograd ツェリノグラード］（カザフスタン）
カザフスタンの首都。*カラガンダ（Karaganda）市の北西 192 km に位置し、イシム川に臨む。1824 年、ロシアの駐屯地として築かれる。1950 年代にソビエトの未開地開墾政策により重要な都市となる。1997 年、首都が*アルマトイ（Almaty）からアスタナに遷都された。
⇒ロシア Russia

アスタパ Astapa ⇒エステパ Estepa

アスタ・ポンベイア Asta Pompeia ⇒アスティ Asti

アスティ Asti［ラテン語：Asta Pompeia アスタ・ポンベイア, Hasta Colonia ハスタ・コロニア］（イタリア）
*ピエモンテ（Piedmont）州アスティ県の県都。タナロ川に臨む。古代ローマの植民地で 10 世紀に司教区となる。1348 年に*ミラノ（Milan）に占領されたのち、公国となる。1387 ～ 1529 年までフランスに支配され、1575 年に*サボワ（Savoy）公国となる。悲劇作家で詩人のビットリーオ・アルフィエーリは 1749 年にここで生まれた。

アスティギ Astigi ⇒ エシハ Écija

アステカ帝国 Aztec Empire（メキシコ）
メキシコ中部の*アナワク（Anahuac）高原にあった古代帝国。*マヤ帝国（Maya Empire）、*インカ帝国（Inca Empire）とともにアメリカ大陸のインディオ三大文明の一角をなす。アステカ族は周辺の地域を征服し、他のインディオの文化を応用して発展した。建築・数学・天文学にすぐれていたが、その組織や社会は極めて残

酷な宗教に支えられ、絶えず戦争をしていた。

自らを《太陽の民族》と呼び、12世紀末に北方からアナワク高原に入った時には貧しい遊牧民族だった。1325年頃、テスココ湖の島に*テノチティトラン（Tenochtitlán）を建設した。現在*メキシコ・シティ（Mexico City）のある土地である。その後の100年間はほとんど重要性のない都市だった。しかし、15世紀と16世紀には同盟と征服によって強大な力を持つことになる。アステカ族は、北はワステカ族、南はミステク族とサポテク族を征服したが、タラスコ族を破ることはできなかった。

1500年頃にモンテスマ2世が王の座についた時、アステカ人の支配下で苦しんでいる不満分子が周囲を取り巻いていた。そのため、1519年に*スペイン（Spain）からエルナン・コルテスがやってくると、コルテスはインディオの協力を簡単に取りつけることができた。1519年11月8日にコルテスは首都テノチティトランに至り、モンエスマを捕らえ、彼を介して支配しようとする。1520年5月、コルテスが一時的にテノチティトランを離れると、アステカ人が反乱を起こす。モンテスマは殺され、スペイン人らは退却せざるを得なくなる。翌年、コルテスが戻ってきて、激戦の末に8月13日にテノチティトランを攻め落とし、アステカを滅ぼす。スペイン人はピラミッドも神殿も書物もすべて破壊した。コルテスはアステカ最後の王クアウテモックを1525年に処刑する。アステカ帝国についてはベルナル・ディアス・デル・カスティリョ著『メキシコの発見と征服』に詳しい。

アステカ人は他の民族の文化を統合し、工学・建築・藝術・数学・天文学の分野に優れた文明を生み出した。巨大な石造のピラミッドと神殿は彫刻で飾られているが、その大半が恐ろしい形相をしている。また、1年を260日とし52年を1周期とする暦を作った。紙も文字も発明はしなかったが、紙と文字を使用して記録を残した。

しかし、戦争の神であり主神であるウィツィロポチトリを崇拝する彼らの宗教は、学問の水準とは裏腹の残虐なものだった。この神は儀式の時に何千人もの生贄を要求し、生贄は神官によって胸を切り開かれて、心臓を取り出されるのだった。捕虜を生贄にするために《花戦争》と呼ばれる戦争が絶えず続いていた。スペインに征服されると、この文化も儀式も消滅した。

アズテック遺跡国定公園 Aztec Ruins National Monument ⇒ ニューメキシコ New Mexico

アストゥリアス Asturias（スペイン）

*ビスケー湾（Biscay, Bay of）に臨む地域。初めアストリアスペイン地方のケルトイベリア人が住んでいたが、前1世紀にローマ人が征服。さらにムーア人の侵入ののち、西ゴート人の最後の逃げ場となり、西ゴート人は722年に*コバドンガ（Covadonga）でムーア人を破る。スペインで唯一のキリスト教王国となり、イベリア半島をキリスト教徒が奪還する際の拠点となる。1388年、*レオン[3]（León）王でありカスティリア王でもあるフアン1世が公国とした。以後、スペインの王はアストリア公の称号を持つことになる。1838年、アストリアはスペインの州となり、1982年には自治州となる。
⇒ オビエド Oviedo

アストゥリカ・アウグスタ Asturica Augusta ⇒ アストルガ Astorga

アストゥリス Asturis ⇒ **クロスターノイブルク Klosterneuburg**

アストラバード Astrabad ⇒ **ゴルガーン Gorgān**

アストラハン Astrakhan（ロシア）
ロシアの都市で、アストラハン州の州都。*ボルガ川（Volga River）の河口にあり、*カスピ海（Caspian Sea）に近い。*ボルゴグラード（Volgograd）の南東 380 km に位置する。15 世紀にアストラハン・ハン国の首都となる。1556 年、雷帝イワン 4 世が征服し、ロシアがボルガ川を支配下に収める。1705 年、ピョートル 1 世に対する反乱の起きた場所となった。

アストリア Astoria（合衆国）
*コロンビア川（Columbia River）に臨む*オレゴン（Oregon）州北西部の都市。*ポートランド⁴（Portland）の北西 120 km に位置する。1811 年、《太平洋毛皮会社》により《アストリア砦》として築かれたオレゴン州では最も古いヨーロッパの入植地。1813 年、カナダの《ノースウェスト会社》に売却されるが、1818 年にアメリカに復帰する。1922 年の大火で壊滅的な被害を受ける。近隣には 1805 ～ 1806 年にルイス・クラーク探検隊が築いた*クラットソップ砦（Fort Clatsop）がある。

アストリア砦 Fort Astoria ⇒ **アストリア Astoria, コロンビア川 Columbia River**

アストルガ Astorga［ラテン語：Asturica Augusta アストゥリカ・アウグスタ］（スペイン）
*レオン²（León）の南西 48 km に位置し、トゥエルト川に臨むレオン県の都市。古代ローマ軍の駐屯地で、*アストゥリアス（Asturias）の首都だったが、8 世紀にムーア人により破壊された。9 世紀にアストゥリアス王オルドニョ 1 世により再建され、ナポレオン戦争時、イベリア半島方面作戦が展開されると、1810 年にフランス軍に敗れはしたが果敢に抵抗したことで有名になる。1812 年にスペインが奪還。古代ローマの市壁が今も遺る。

アスパダナ Aspadana ⇒ **エスファハン Esfahān**

アスフィ Asfi ⇒ **サフィ Safi**

アスプロモンテ Aspromonte（イタリア）
*アペニン山脈（Apennine Mountains）南端の山岳地帯。メッシーナ海峡とイオニア海に挟まれた*レッジョ・ディ・カラブリア（Reggio di Calabria）にあり、*メッシーナ（Messina）の東 24 km に位置する。1862 年 10 月 29 日、*ローマ（Rome）を教皇から奪回するため進軍したジュゼッペ・ガリバルディが、ガリバルディの計画に反対する国王ヴィットーリオ・エマヌエーレ 2 世の軍に敗れて捕虜となる。

アズベリー・パーク Asbury Park（合衆国）
*ニュージャージー（New Jersey）州の東、*ロング・ブランチ（Long Branch）の南 9.6 km に位置し、大西洋に臨む都市。1870 年、ジェイムズ・A・ブラッドリーが築き、北アメリカで最初のメソジスト派の主教となったフランシス・アズベリーにちなんで命名される。1934 年 9 月 8 日、蒸気船《モロ・キャッスル号》がこの海岸で火災を起こし、130 名が死亡する海難事故となった。

アスペルン Aspern（オーストリア）
*ウィーン（Vienna）の東 6 km ほどに位置し、*ドナウ川（Danube River）に臨むウィ

ーンの第22区ドナウシュタットの町。ナ
ポレオン戦争時、1809年5月21日と22
日にはアスペルンとエスリンクの間で激
戦が繰り広げられ、ナポレオン率いるフ
ランス軍はカール大公のオーストリア軍
に敗北。これがナポレオンにとって最初
の重大な敗戦となる。1912年、アスペル
ン飛行場はウィーンで最大の飛行場とな
り、1954年にウィーン国際空港が建設さ
れるまで民間用にも軍用にも使われた。
1977年に飛行場は閉鎖された。

アスペルン‐エスリンク Aspern-Essling ⇒ エスリンク Essling

アスペンドス Aspendus [Aspendos]［現代：Belkis ベルキス］（トルコ）

*アンタルヤ（Antalya）の東50km、エウ
リュメドン川に臨むギリシア・ローマの
港で考古学的遺跡のある町。2世紀にさか
のぼる世界でも最古の保存状態を誇るロ
ーマ時代の劇場があり、音響効果も優れ
ている。野外での催しには現在も使用さ
れている。市壁の一部、古代ギリシアの
集会場、少し後の時代の会堂（バシリカ）、競技場な
ど古代の建造物が北へと走る水道橋とと
もに遺っている。

アスマラ Asmara［アスメラ Asmera］（エリトリア）

*エリトリア（Eritrea）の首都。ミツィワの
南西64km、ハマセン高原の東端に位置
する。1889年、イタリア人に占領され、
1900年にはイタリア領エリトリアとなる。
第1次世界大戦中、1941年4月2日にイ
ギリス軍が占領。1952年にエリトリアが
エチオピアと連邦を結成するまではイギ
リスの支配下にあった。アスマラにはア
メリカの通信基地が置かれたこともある。
1972年2月、陸軍の反乱がここで起こり、

それに端を発して、革命が起こり、1974
年には*エチオピア（Ethiopia）の君主制が
廃止され、社会主義国家の誕生となる。
エチオピアから独立後の1993年にアスマ
ラはエリトリアの首都となる。

アスメラ Asmera ⇒ アスマラ Asmara

アスリト Athlit ⇒ アトリト Atlit

アスローン Athlone［ゲール語：Áth Luain オー・ルーイン］（アイルランド）

ウェストミース州の町。バリナスローの
北西26kmに位置し、*シャノン川（Shannon
River）に臨む。12世紀、アングロ・ノル
マン人に征服され、13世紀に要塞化され
る。1691年のアイルランドの反乱の際に、
ゴダート・ド・ギンケル将軍の率いるイ
ングランド軍により占領される。

アスワン Aswān［アスワーン Aswan, アスーアン Assouan, アッスアン Assuan］［ギリシア語：Seveneh セベネ, Syene シエネ］（エジプト）

アスワン県の県都。*エドフ（Edfu）の南
96kmに位置し、*ナイル川（Nile River）に
臨む。古代エジプトと*ヌビア（Nubia）の
間の交易の中心地で、何百年もの間、エ
ジプトの最南端にあった。前6世紀にユ
ダヤ人の重要な居留地となる。のちに古
代ローマ軍の駐屯地となり、前25年に*ク
シュ（Kush）の略奪を受ける。1820年代、*ス
ーダン（Sudan）に侵攻したエジプト軍の拠
点となる。近くにはアスワンハイダムが
あり、1960年代にこのダムを建設するた
め、*アブ・シンベル（Abu Simbel）神殿が
移設された。

アスンシオン Asunción [旧名：Nuestra Señora de la Asunción ヌエストラ・セニョーラ・デ・ラ・アスンシオン]（パラグアイ）

パラグアイの首都で港湾都市。*コリエンテス（Corrientes）の北北東 255 km に位置し、パラグアイ川に臨む。1537 年 8 月 15 日、フアン・デ・サラザールとゴンサロ・デ・メンドサにより交易の拠点として築かれ、1811 年 5 月 14 日、スペインを排してパラグアイ独立宣言の地となる。パラグアイ戦争時、1868 年 12 月 31 日に*ブラジル（Brazil）に占領され、1876 年までブラジルの支配下に置かれた。

アセイ Assaye（インド）

*アウランガバード（Aurangabad）の北東 80 km に位置する*マハラシュトラ（Maharashtra）州の村。1803 年 9 月 23 日、アーサー・ウェルズリー将軍率いるイギリス軍がこの村で*グワリオル（Gwalior）のシンディア王家を破り、第 2 次マラータ戦争を終結させる。

アーセナル島 Arsenal Island ⇒ **ロックアイランド Rock Island**

アセノフグラート Asenovgrad [旧名：Stanimaka スターニマーカ]（ブルガリア）

*プロブディフ（Plovdiv）の南東 16 km に位置し、マリツァ川に臨むプロブディフ州の町。古代ブルガリアの要塞だったが、14 世紀末に*オスマン帝国（Ottoman Empire）に支配される。11 世紀の城郭と修道院の遺跡がある。

アーセブ¹ Aseb [アッサブ Assab]（エリトリア）

バブ・エル・マンデブ海峡の北西 80 km に位置し、*紅海（Red Sea）に臨むエリトリアの港町。何百年もの間、東アフリカのダナキル砂漠を横断する隊商の東の終点になっていた。1869 年にスエズ運河（Suez Canal）が開通して、アーセブの重要度は増し、同年にイタリアの海運会社がこの町を買収した。1882 年、イタリア政府がその後を受けて、町はイタリア初のアフリカでの植民地となる。1890 年、イタリア領エリトリアの一部となる。

アーセブ² Aseb ⇒ **エチオピア Ethiopia**

アセルニー Athelney（イングランド）

*サマセット（Somerset）州*トーントン¹（Taunton）の東北東 11 km に位置し、パレット川の沼沢地にあった島。878 年の冬、アルフレッド大王がデーン人から身を守ろうと逃れて来た土地。ここで大王は作戦を立てて、翌春にはエディントンでデーン人を破り、*ウェセックス（Wessex）から追い払うことことになる。888 年、アルフレッドはこの勝利に感謝して、ここにベネディクト会の修道院を建設する。

アゼルバイジャン¹ Azerbaijan [ギリシア語：Atropatene アトロパテネ；イラン語：Azarbaijan アザルバイジャーン]（イラン）

*カスピ海（Caspian Sea）の西にあった旧州。*ウラルトゥ（Urartu）、*メディア²（Media）、*ペルシア¹（Persia）の古代王国の一部をなし、前 7 世紀の預言者ゾロアスター生誕の地とされる。前 4 世紀、アレクサンドロス大王が支配。16 世紀にはサファビー王家の居地となり、トルコ人とペルシア人が支配しようと争う。1618 年、アッバース大王のもとでペルシアが制する。19 世紀にアゼルバイジャン北部が*ロシア（Russia）に併合される。第 2 次世界大戦中、ソビエト軍が南部を占領したが、1946 年 12 月 11 日に返還。⇒ **アゼルバイジャン² Azerbaijan**

アゼルバイジャン ² Azerbaijan [Azerbaidzhan]

[旧名：Azerbaijan SSR アゼルバイジャン・ソビエ
ト社会主義共和国]

*カスピ海（Caspian Sea）と*アルメニア ²
（Armenia）の間の共和国。1813 年の*ゴレ
スターン（Gulistan）条約と 1828 年のトル
コマンチャーイ条約により、*ペルシア ¹
（Persia）から*ロシア（Russia）に割譲され
る。ロシア革命後、独立共和国となるが、
1920 年 4 月*ソビエト連邦（Soviet Union）
に併合される。1922 年に*ジョージア ²〔グ
ルジア〕（Georgia）、アルメニアと統合され
て、*ザカフカス・ソビエト連邦社会主義
共和国（Transcaucasian SFSR）となり、1936
年 12 月 5 日、ソビエト連邦を構成する共
和国となる。1990 年、首都*バクー（Baku）
でアゼリー人とアルメニア人の衝突が起
こり、1991 年にはアブルファズ・エルチ
ベイを大統領としてアゼルバイジャンが
ソビエト連邦から独立を果たす。しかし、
新国家では*ナゴルノ - カラバフ（Nagorno-
Karabakh）自治州のアルメニア人による民族
紛争が起きて政治的に不安定となり、旧
共産党の党首ヘイダル・アリエフが大統
領となる。アルメニアがアゼルバイジャ
ンに侵攻し、ナゴルノ - カラバフを占領
して飛び領土までの径路の確保をねらう。
1994 年に停戦が宣言されるが、民族間の
抗争は解決されなかった。アリエフ大統
領が権力を強化し、2003 年に息子イルハ
ム・アリエフを首相に任命。アゼルバイ
ジャンはカスピ海沿岸に豊かな油田をも
ち、将来の繁栄は原油を*黒海（Black Sea）
の港へと送るパイプラインの整備にかか
っている。

アゼ - ル - リドー Azay-le-Rideau [ラテン語：
Azayum アザユム]（フランス）

アンドル - エ - ロワール県の町。トゥール ²
（Tours）の南西 26 km に位置し、アンドル
川に臨む。ローマ時代の集落の跡地に建
設された町で、1418 年にシャルル 8 世に
よって焼かれる。現在は財政家ジル・ベ
ルトロの建てた 16 世紀の城で有名。
⇒ ロワール川 Loire River

アセンシオン Ascension（ミクロネシア）⇒ ポ
ンペイ Pohnpei

アセンション Ascension（イギリス）

*セント・ヘレナ（Saint Helena）の北西
1120 km に位置する大西洋南部の島。
1501 年、キリスト昇天祭にポルトガル人
が見つけ、ナポレオンがセント・ヘレナ
島に流された 1815 年にイギリス軍の駐留
地となる。1922 年、イギリス領セント・
ヘレナ島の保護領となる。1942 年にアメ
リカ空軍基地がおかれ、現在はアメリカ
の人工衛星追跡基地がある。1982 年の*フ
ォークランド諸島（Falkland Islands）をめぐ
る紛争の際にはイギリスの中継基地とし
て使われた。

アセンズ ¹ Athens（合衆国）

*アラバマ（Alabama）州北部の都市。*デ
ィケーター ¹（Decatur）の北 22km に位置
する。1814 年に入植が始まり、1818 年に
アラバマ準州に編入される。南北戦争中
の 1862 年、北軍に占領されるが、1864 年
に南軍の将軍ネイサン・B・フォレストが
奪還する。

アセンズ ² Athens（合衆国）

*ジョージア ¹（Georgia）州北東の都市。*ア
トランタ（Atlanta）の東北 104 km に位置
し、オーコーニー川に臨む。1785 年に設
立された、合衆国で最古の州立大学ジョ
ージア大学がある。1801 年に市が建設さ
れ、今も数多くの新古典主義の優れた建
築物が並んでいる。

アセンズ[3] Athens（合衆国）

*オハイオ（Ohio）州の都市。*パーカーズバーグ（Parkersburg）の西北西56 kmに位置し、ホッキング川に臨む。1799年、ルーファス・パトナムの主導のもと、オハイオ会社によって大学町として設置される。1804年に設立されたオハイオ大学は*ノースウェスト・テリトリーズ[2]〔北西部領地〕（Northwest Territories）で最初の高等教育機関となる。

アセンズ[4] Athens（合衆国）

*ペンシルベニア（Pennsylvania）州北東部の町。ビンガムトンの西南西56 kmに位置し、*サスケハナ川（Susquehanna River）に臨む。かつては先住民の村があったが、独立戦争時の1778年7月、*ワイオミング・バレー（Wyoming Valley）での虐殺が起きた後、アメリカ軍により破壊された。1786年、町に入植者が定住する。

アセンライ Athenry ［ゲール語：Baile Átha an Ríogh ボル・オー・アン・リー］（アイルランド）

ゴールウェー[2]（Galway）州の町。*ゴールウェー[1]（Galway）の東北東21 kmに位置し、クラリン川に臨む。ノルマン人の侵入後、13世紀に築かれ、1316年には戦場となり、スコットランドのエドワード・ブルースの率いる軍がペイル（アイルランドの東部地方）のイングランド人諸侯に敗れた。1596年、ヒュー・ロウ・オドンネルに占領され、その後は衰退した。

アゾトゥス Azotus ⇒ アシュドッド Ashdod

アゾトス Azotos ⇒ アシュドッド Ashdod

アソフ Asof ⇒ アゾフ Azov

アゾフ Azov ［アソフ Asof］［ギリシア語：Tana タナ，Tanaïs タナイス］（ロシア）

ロシアの港湾都市。アゾフ海に近く、*ドン川（Don River）に臨む。*ロストフ（Rostov）の西南西29 kmに位置する。前5世紀にギリシア人が建設。13世紀にジェノバ人が都市の防備を強化し、重要な商業の中心地となる。1471年に*オスマン帝国（Ottoman Empire）に占領され、1696年7月29日にロシアのピョートル1世に征服される。1711～1737年にはトルコに返還されるが、1739年、*ベオグラード（Belgrade）条約によりロシア領となる。

アソーレス諸島 Açores ⇒ アゾレス諸島 Azores

アゾレス諸島 Azores ［ポルトガル語：Açores アソーレス諸島］（ポルトガル）

大西洋北部に浮かぶ9島からなる群島。ポルトガルの西約1920 kmに位置する。カルタゴの時代から知られてはいたが、ポルトガル人の植民が始まったのは1430年頃から。*西インド諸島（West Indies）への航路の重要な位置にあるために、ヨーロッパの列強にたえずねらわれた。1766～1832年まで*アングラ・ド・エロイズモ（Angra do Heroismo）市が行政の中心となる。第2次世界大戦中はイギリス軍の基地が置かれ、さらにアメリカ軍基地がその後を引き継ぐ。1938～1976年まではアングラ、オルタ、ポンタ・デルガダの3行政区に分かれる。現在はポルトガルの自治地方となり、ポンテ・ガルダを行政の中心地として、オルタには立法府、アングラ・ド・エロイズモには司法部が置かれる。

アーゾロ Asolo [ラテン語：Acelum アケルム]（イタリア）

*トレビーゾ（Treviso）の北西29 kmに位置する*ベネト（Veneto）州トレビーゾ県の町。ローマの古い集落があった町で、6世紀に司教座が置かれる。1489〜1510年まではキプロスの女王カテリーナ・コルナーロの居地。コルナーロはキプロスを*ベネツィア（Venice）に譲渡する。古代ローマの浴場、劇場、水道橋が遺っている。

アソンプション Assomption ⇒ アンティコスティ島 Anticosti Island

アタカマ砂漠 Atacama Desert [スペイン語：Desierto de Atameca]（チリ）

太平洋とオクシデンタル山脈・ドメイコ山脈の間に延びる880 kmの細長い砂漠。硝酸ナトリウムの埋蔵量に富む地域で、本来はチリ、*ボリビア（Bolivia）、*ペルー² （Peru）の間で分配していた。しかし、土地の領有権をめぐり1879〜1883年に《太平洋戦争》が起こり、以後、*アンコン（Ancón）条約と*バルパライソ（Valparaiso）条約によりチリがこの砂漠全域を併合した。

アダナ Adana [旧名：Ataniya アタニヤ]（トルコ）

*タルスス（Tarsus）の東32 kmに位置し、セイハン川に臨むアダナ県の県都。タウルス山脈を抜ける道が近くにあり、交通の要所となった。古代にはヒッタイト人の町で、前66年にはローマ人が駐屯地とした。アッバース王朝のカリフ、ハールーン・アッ-ラシードのもとで繁栄。西暦782年にハールーン・アッ-ラシードはビザンツ帝国を相手に大勝利を収めてからアダナの防御を固めた。1608年*オスマン帝国（Ottoman Empire）の傘下に入る。1909年にこの町でアルメニア人大虐殺が

起こった。1943年、ウィンストン・チャーチルは連合国を代表してアダナでトルコ政府と会議を開く。

アタニヤ Ataniya ⇒ アダナ Adana

アタバラ 'Atabarah ⇒ アトバラ Atbarah

アダマウア Adamaoua/Adamaua ⇒ アダマワ Adamawa

アダマワ Adamawa [仏：Adamaoua アダマウア；独：Adamaua アダマウア]（ナイジェリア、カメルーン）

中央アフリカ西部のベヌエ川流域にあった王国。首都は*ヨラ（Yola）。14世紀にフラニ族が住み始め、1805年頃にモディバ・アダマのもとで統一。1901年、ヨラが*イギリス（United Kingdom）の手に渡ると、王国はイギリス領ナイジェリアとドイツ領カメルーンに割譲される。第1次世界大戦中、ドイツは領地を連合国に奪われ、1922年に連合国は旧王国の領地をイギリスとフランスの統治領とした。

アダムズ Adams（合衆国）

*マサチューセッツ（Massachusetts）州北西部の町。フーシック川に臨み、*ピッツフィールド（Pittsfield）の北北東22 kmに位置する。1766年にクエーカー教徒が建設し、1778年まではイースト・フーサックと呼ばれていたが、アメリカ独立期の愛国者サミュエル・アダムズの名を取って改称。1782年に建てられたフレンド会の教会堂がある。

クエーカー教徒で、奴隷制廃止運動家・女性解放運動の初期の指導者だったスーザン・B・アンソニーはこの町で1821年に生まれた。1862年以来、華やかな織物の生産地として知られ、町はリゾート地

として人気がある。

アダリア Adalia ⇒ **アンタルヤ Antalya**

アチェ Ache [Atjeh, Aceh, アチン Achin]（インドネシア）

*スマトラ（Sumatra）島の北端の地域。13世紀からイスラーム教のスルタンの領土だったが、*マジャパイト（Madjapahit）王国が衰退すると台頭してきた。1873年からオランダの占領が始まったが、全域を支配するには30年の歳月を要した。1949年にインドネシアの一部となり、1953年には反乱の舞台となる。1959年には自治権を持った州に指定されたが、それでも独立を目指す芽を摘み取ることはできなかった。2004年のインド洋沖合の地震と津波の際にはもっとも震源に近い地域となり、約20万人が亡くなり、50万人が家を失った。2005年8月15日、インドネシア政府とアチェ自由運動が和平の協定に調印した。

アチェッラ Acerra [ラテン語：Acerrae アケラエ]（イタリア）

*カンパニア（Campania）州ナポリ県の古代都市。*ナポリ（Naples）の北東15kmに位置する。前216年、第2次ポエニ戦争中にハンニバルによって破壊されたが、前210年に再建された。前90年、同盟市戦争中にローマ軍の本部が置かれた。

アチソン Atchison（合衆国）

*カンザス（Kansas）州北東部の都市。*カンザス・シティ[2]（Kansas City）の北西64kmに位置し、*ミズーリ川（Missouri River）に臨む。1854年、奴隷制支持者により築かれ、ミズーリ出身の上院議員で入植者らの指導者だったデイビッド・R・アチソンの名をとって命名された。1859年、ア

チソン・トピーカ・サンタフェ鉄道の開設がこの町で許可された。有名な女性飛行士アミーリア・エアハートの生誕地。

アチ・ババ Achi Baba [トルコ語：Alçi Tepe アルチ・テペ]（トルコ）

*ガリポリ半島（Gallipoli Peninsula）先端のチャナッカレ県の高地。1915年、第1次世界大戦でガリポリ上陸戦の際にはこの高地がトルコ側の防衛拠点となった。

アチュラ Atura ⇒ **エール[1] Aire**

アチン Achin ⇒ **アチェ Ache**

アッカ Akka ⇒ **アクレ[2] Acre**

アッカド Akkad [Accad, アガデ Agade]（イラク）

*シュメール（Sumer）とバビロニアの北西、*メソポタミア（Mesopotamia）の地域また都市。現代のイラクにある。前4000年にセム族により植民地とされ、前2350年頃にアッカド王朝を創始しシュメールを征服したサルゴンの治世に繁栄する。サルゴンは50年ほどで史上初の世界帝国を築き、領土は*ペルシア湾（Persian Gulf）から*地中海（Mediterranean Sea）にまでおよんだ。壮麗なアッカド文明は前2160年頃のグティ人の侵攻以降衰退していった。

アッキ Acci ⇒ **グアディクス Guadix**

厚木 Atsugi（日本）

*本州（Honshū）中央東部、神奈川県の町。*東京（Tokyo）の南西40kmに位置する。重要な空軍基地があり、第2次世界大戦で日本が降伏したのち、1945年8月28日にアメリカ軍が日本本土に最初に上陸した土地。

アッケルマン Akkerman ⇒ **ビルホロド・ドニストロフスキー Bilhorod Dnistrovskyi**

アッコ Accho/Akko ⇒ **アクレ² Acre**（イスラエル）

アッサブ Assab ⇒ **アーセブ Aseb**

アッサム Assam（インド）

*バングラデシュ（Bangladesh）と*ミャンマー（Myanmar）の間に位置する州。州都は*ディスプル（Dispur）。カマルパ王国のあった地域だが、王国は13世紀に南からはイスラーム教徒、北からはアーホム族に侵略される。17世紀にはアッサムの大半はアーホム族に支配される。1816年のビルマ人による侵攻から、第1次イギリス・ビルマ戦争（Anglo-Burmese War）が勃発。1826年、ヤンダボ条約によりイギリス東インド会社に併合される。1919年に独立した州となる。第2次世界大戦中は連合軍と日本軍の長期戦の戦場となる。1950年、インドの州となり、1962年には中国軍の侵攻を受ける。州内の様々な部族が反乱を起こすために、アッサムの中に州を分割して、1963年に*ナガランド（Nagaland）州、1971年に*メガラヤ（Meghalaya）州を設けることになった。1971年までアッサムの州都は*シロン（Shillong）だったが、シロンがメガラヤ州の新しい州都になったため、ディスプルをアッサムの州都とした。

アッ‐サルト As-Salt　［Es-Salt, Al-salt］（ヨルダン）

バルカ県の町。*アンマン（Amman）の北西24kmに位置する。13世紀に*エジプト（Egypt）のマムルーク朝スルタンであるバイバルスによって要塞化された。1920年7月、ここで開かれた会議において、イギリスの高等弁務官サー・ハーバート・サミュエルにより、当時イギリス委任統治領だった*トランスヨルダン（Transjordan）の独立に関しイギリス政府の支持が表明された。

アッシウト Assiout ⇒ **アシュート Asyut**

アッシジ Assisi［ラテン語：Asisium アシシウム］（イタリア）

*ペルージャ（Perugia）の南東24kmに位置し、スバシオ山の中腹にあるペルージャ県の都市。アッシジの聖フランチェスコで有名。聖フランチェスコは1182年にここで生まれ、1226年に同市で帰天した。古代エトルリアとローマの遺跡や12世紀のサン・ルフィーノ大聖堂、13世紀のサン・フランチェスコ修道院など数多くの名所旧跡がある。聖フランチェスコの墓の上にあるゴシック様式の二つの教会にはジョットとチマブーエのフレスコ画がある。聖クララ会の創設者、聖女クララもこの町に埋葬されている。

アッシナラス Assinarus［アシナロス Asinaros］（イタリア）

*シラクサ（Syracuse）の南西32km、ノート湾へと注ぐ*シチリア（Sicily）南東部の川。シラクサへと向かった*アテネ（Athens）軍のシチリア遠征で、前413年9月に最後の戦いの場となったのがこの川。ギュリッポス率いるシラクサ軍がニキアスの指揮下で退却していた最後のアテネ軍を滅ぼす。ニキアスとデモステネスは捕縛され、のちに処刑される。

アッシャースレーベン Aschersleben（ドイツ）

*マクデブルク（Magdeburg）の南西45kmに位置する*ザクセン‐アンハルト（Saxony-Anhalt）州の都市。12世紀、アスカニア伯の居地となる。1315年、*ハルバーシ

ュタット（Halberstadt）の司教の支配下に置かれる。1648年、*ウェストファリア（Westphalia）条約により*ブランデンブルク（Brandenburg）の支配下に置かれる。1813年には*プロイセン（Prussia）の一部となる。

アッシャーム Ash-Sham ⇒ ダマスカス Damascus

アッシャーム Ash Shām ⇒ シリア Syria

アッシャルカート As Sharqāt ⇒ シャルカート Sharqat

アッシュバラ Asheborough ⇒ アシュボロ Asheboro

アッシュビー-ドゥ-ラ-ズーシュ Ashby-de-la-Zouch（イングランド）

*レスター（Leicester）の北西29 kmに位置する*レスターシャー（Leicestershire）州の町。1461年、エドワード2世がこの町をサー・ウィリアム・ヘイスティングズに下賜された。チャールズ1世と議会が争っていた時には王党員の牙城になっていたが、1645年6月の*ネーズビー（Naseby）の戦い後は議会党員に占領された。スコットランド女王メアリーはここに幽閉された。サー・ウォルター・スコットの小説『アイバンホー』に登場する町。

アッシュビル Asheville [旧名：Morristown モリスタウン]（合衆国）

*シャーロット（Charlotte）の西192 kmに位置する*ノースカロライナ（North Carolina）州西部の都市。スワナノア川とフレンチブロード川の合流点にある。1794年に築かれ、1835年に市となる。グレート・スモーキー山脈国立公園の東側入り口にある重要な観光地。小説家のトマス・ウルフの生誕地で、青年時代を過ごした。ビルトモア・ハウスとバンダービルト家の庭から近い。

アッシュランド Ashland（合衆国）

*ウィスコンシン（Wisconsin）州北部の*ダルース（Duluth）の東99 kmに位置し、*スペリオル湖（Superior, Lake）のチェクワメゴン湾に臨む港湾都市。1665年、イエズス会の宣教師アルエ神父により布教活動のために築かれる。1877年には鉄道の終着駅となる。

アッシュル Assur ⇒ アッシリア Assyria

アッシュール[1] Asshur ⇒ アッシリア Assyria

アッシュール[2] Assur ⇒ アシュール Ashur

アッシリア Assyria [古代：Ashur アシュール, Asshur アッシュール, Assur アッシュル]（イラク）

*肥沃な三日月地帯（Fertile Crescent, The）の大部分を占める西アジアの古代帝国。紀元前2千年紀の初めに*チグリス川（Tigris River）に臨む都市*アシュール（Ashur）を中心に発達し、*シュメール（Sumer）と*アッカド（Akkad）の文化の影響を大きく受ける。外国からの侵略を阻む自然界の防御壁がないために、アッシリア人は国を守り発展させるために勇壮な戦士にならざるを得なかった。前1247年には*バビロン（Babylon）を襲い略奪した。それから100年後、ティグラト-ピレセル1世の治世にはアッシリアが中東の大半を支配するが、その死後は急速に衰退する。

帝国は9世紀にアッシュールナツィルパル2世のもとで再建される。領土はその後シャルマネセル3世、ティグラト-ピレセル3世、古代イスラエルを征服したサルゴン2世、そしてセナケリブといっ

た後継者らによって拡大される。7世紀中期のアッシュールバニパルの治世には、アッシリアは*ニネベ（Nineveh）を首都として*エジプト（Egypt）から*ペルシア湾（Persian Gulf）にまで広がっていた。大建築と石の彫刻がアッシリア文化の特徴。征服した相手を容赦なく残酷に支配した。

　アッシュールバニパル王の死後、アッシリアの勢力は急激に衰退する。広大な古代世界を政治的に統一し中央集権化した最初の国家となるが、前612年にニネベを占領したメディア人とカルデア人に屈する。この地域が再統一されるのは、ペルシア帝国が興隆する次世紀まで待たねばならない。
⇒ ペルシア Persia, メソポタミア Mesopotamia, メディア² Media

アッスアン Assuan ⇒ アスワン Aswān

アッスス Assus ⇒ アッチャナッカレソス Assos

アッセンス Assens（デンマーク）
*オーゼンセ（Odense）の南西40kmに位置し、リレ海峡に臨む*フューン（Fyn）島の港町。1535年6月11日、*リューベック（Lübeck）および*ホルシュタイン（Holstein）と手を結んでいた*オルデンブルク（Oldenburg）伯クリストファーをデンマークとスウェーデンの連合軍がこの町で破る。

アッタリア Attalia ⇒ アンタルヤ Antalya

アッタレイア Attaleia ⇒ アンタルヤ Antalya

アッチャナッカレソス Assos［ギリシア語：Machramion マクラミオン；ラテン語：Assus アッスス］（トルコ）
*アイオリス（Aeolis）の古代都市。*チャナッカレ（Çanakkale）の南80kmに位置し、アドラミュティオン（エドレミト）湾に臨む。前9世紀に*レスボス（Lesbos）島から渡来したギリシアの入植者らによって建設された。4世紀にはアリストテレスも教えていたプラトン学派の学校が建てられる。伝道旅行中のパウロが訪れている。今も多くの遺跡が見られる。現在は跡地にベフラムカレ村がある。

アッツ Attu ⇒ アリューシャン列島 Aleutian Islands

アッティカ Attica（ギリシア）
現在のアッティカ地方にほぼ該当する地域。*エーゲ海（Aegean Sea）に臨み、*アテネ（Athens）を首府とする。前13世紀にドーリス人に侵略されるまではミケーネ文化の中心だったが、侵略後は住民の大移動が起こる。その後、アテネがこの地方の中心となり、前700年頃にアテネの王テーセウスのもとで統合される。

アッテラ Atella ⇒ アベルサ Aversa

アッパー・カナダ〔上カナダ〕Upper Canada（カナダ）
現在の*オンタリオ（Ontario）州南部の領域にあたるかつての州。1791年に州となり、アメリカ独立戦争で避難してきたイギリス王党派の人々が入植した。1841〜1867年までは連合法のもとでカナダ・ウエストと呼ばれた。

アッパー・サンダスキー Upper Sandusky（合衆国）

*オハイオ（Ohio）州マリオンの北北西27kmに位置する町。1843年に設立された。インディアンや開拓者の遺物を収蔵しているワイアンドット国立博物館がある。

アッバース朝 Abbasid Caliphate

749～1258年までイスラーム帝国を支配した王朝。全盛期のアッバース朝イスラーム帝国の支配は南西アジアから*アフガニスタン（Afghanistan）、*ウズベキスタン（Uzbekistan）、さらに北アフリカにまでおよんだ。アッバース朝のカリフは787年以降、*スペイン（Spain）および*エジプト（Egypt）西部のイスラーム教徒からは認められなくなった。理屈の上ではカリフはすべてのイスラーム教徒の現世での精神的な支配者であり、イスラーム教の支配する諸国の統治者だったが、現実にはカリフの権威を認めない地域もあり、その支配が名目上のものにすぎない地域もあった。

アッバース朝のカリフは、イスラーム教の開祖である預言者ムハンマドと第4代カリフであるアリの両者の伯父であるアッバースの子孫のアラブ人だった。8世紀初めにカリフの継承や宗教上の問題を巡る論争がイスラーム教徒中で持ち上がり、その結果、シーア派とスンニー派に分裂。スンニー派は661年以降に*ダマスカス（Damascus）でカリフの地位にあったウマイヤ朝の元首を支持した。749年アブー・ムスリムの指揮のもとで反乱が起こり、アブー・アル＝アッバース・サッファーフがアッバース朝初代カリフとなる。

アッバース朝第2代カリフ、マンスール（754～775）の時に首都がダマスカスから*バグダード（Baghdad）へと遷都。バグダードはカリフが762年に建設。ここからペルシアの影響が強まり、絢爛な宮廷文明が発達する。特に786～809年までカリフとなったハールーン・アッ＝ラシードと813～833年までカリフだったその息子マアムーンの時代に文化と科学が隆盛を極めた。836年、アッバース朝は現在の*イラク（Iraq）北部中央、先史時代に集落のあった土地に*サーマッラー（Samarra）を建設して短期間だがそこに住んだ。

アッバース朝の栄光は長くは続かなかった。9世紀半ばにはすでに衰退が始まっていた。混乱と殺戮と陰謀の時代となる。カリフを支援するために導入されたトルコの軍隊が実権を握るようになり、1055年にセルジューク・トルコがバグダードを占領し、カリフの権力は失墜する。帝国は分裂してそれぞれ王国などとなり、カリフは精神的指導者にすぎなくなる。1218～1224年、モンゴルを征服したチンギス・ハンが*トルキスタン（Turkistan）、*トランソクシアナ（Transoxiana）、アフガニスタンを侵略し、*ペルシア[1]（Persia）を襲撃。アッバース家の権力と名声はさらに低下する。1258年チンギス・ハンの孫フラグがバグダードを襲い、略奪し焼き討ちにして住民を虐殺する。第37代、アッバース朝最後のカリフが惨事のなか死去する。一族の一人がエジプトに逃れ、そこでカリフと認められるが、エジプトを支配していたトルコ系兵士であるマムルーク朝人から本人もその子孫も支配を受けた。このアッバース朝の末裔はそのまま*オスマン帝国（Ottoman Empire）が1517年にエジプトを征服するまで名目上のカリフとして続いた。

アッピア街道 Appian Way [ラテン語：Via Appia ビア・アッピア]（イタリア）

*ローマ（Rome）と*ブリンディジ（Brindisi）

を結ぶ 580 km の古代ローマの道路。ローマで最初の舗装道路で、前 312 年にアッピウス・クラウディウス・カエクスによって、ローマとブルンディシウム（現在のブリンディジ）を結ぶために敷設が開始された。ローマの南を走る街道の記念碑と墳墓により有名。街道の一部は現在も利用されている。

アッピンガム Uppingham（イングランド）
イングランド東部、*レスター（Leicester）の東 29km に位置するラトランド自治区の町。有名なパブリックスクールは 1584 年に創設された。14 世紀建造の教会や 16 世紀の家々が遺るので有名。

アップランド Upland ⇒チェスター² Chester（合衆国）

アップルトン Appleton［仏：Grand Chute グランシュット］（合衆国）
*オシュコシュ（Oshkosh）の北北東 32 km に位置するフォックス川に臨む*ウィスコンシン（Wisconsin）州東部の都市。1857 年に合衆国の一部となり、1882 年には合衆国初の水力発電所が造られた。

アッペンツェル Appenzell（スイス）
*ザンクト・ガレン（Saint Gall）州に囲まれた州。本来はザンクト・ガレンのベネディクト会修道院の所領だったが、1403 年に大修道院長に反旗を翻し、1411 年にスイス連邦と同盟を結び、1513 年にはスイスの州となる。1597 年、宗教上の理由から二つの州に分かれる。ジッター川に臨むアッペンツェルの町が昔からこの地区の中心地だった。大修道院長たちの居住地であり、1597 年にカトリックのアッペンツェル・インナーローデン準州の州都となる。

アッラー Arrah ⇒アーラー Ara

アッリヤード Er Riad ⇒リヤド Riyadh

アッロア Arrhoe ⇒ シャルンウルファ Şanlıurfa

アーディー Ardee［ゲール語：Baile Átha Fhirdhia ボル・オー・フェアディア］（アイルランド）
*ダブリン（Dublin）の北北西 64 km に位置するディー川に臨むラウズ州の町。1315 年、スコットランドのエドワード・ブルースに襲撃され荒らされる。1641 年のアイルランド反乱および 1688 ～ 1691 年のアイルランドでのジェイムズ 2 世とウィリアム 3 世の争いの間に何度も町の支配者が代わった。

アティエンサ Atienza［ラテン語：Titia ティティア, Tythia テュシア］（スペイン）
グアダラハラ県の町。*ソリア（Soria）の南西 72 km に位置する。かつてはローマの植民地で、718 年にムーア人に占領されるが、877 年にはアルフォンソ 3 世が奪還する。郊外には古い要塞が数多く遺っている。

アディゲ Adyge/Adyghe ⇒ アディゲ共和国 Adygei, Republic of

アディゲイ Adigey ⇒ アディゲ共和国 Adygei, Republic of

アディゲイ自治州 Adygei Autonomous Oblast ⇒アディゲ共和国 Adygei, Republic of

アディゲイスカイア Adygheïskaïa ⇒ アディゲ共和国 Adygei, Republic of

アディゲ共和国 Adygei, Republic of［アディゲ Adyge/Adyghe, アディゲイ Adigey, アディゲイ自治州 Adygei Autonomous Oblast］［露：Adygheĭskaĭa アディゲイスカイア］（ロシア）

ロシア連邦を構成する共和国。クバン川が北から東へ流れ、西は*黒海（Black Sea）に臨む。ヨーロッパとアジアを結ぶ重要な拠点にあり、チェルケス人の故国となっている。17世紀に*オスマン帝国（Ottoman Empire）に併合され、1864年には*ロシア（Russia）に割譲された。このためイスラーム教徒のアディゲ人はトルコおよび中東へと移住。1922年にソビエト連邦の自治州となった。第2次世界大戦中の1943年1月31日にソ連が*ドイツ（Germany）より奪還。1991年、ロシア内の共和国となり、ロシア連邦の一員となった。

アーディジェ川 Adige River［独：Etsch エッチュ川；ラテン語：Athesis アテシス川］（イタリア）

アルプス山脈のチロルに発し、南から東へと流れて*アドリア海（Adriatic Sea）に注ぐ。イタリアで2番目に長い川で、数多くの戦争の場にもなってきたが、最も有名なのは1799年、陸軍大臣バルテルミ・ルイ・ジョゼフ・シェレの指揮するフランス軍がオーストラリア軍を敗った戦いである。第1次世界大戦中は1916年にオーストリア・イタリア戦線の戦場となる。
⇒**オーストリア Austria**

アディスアベバ Addis Ababa［伊：Addis Abeba アディスアベバ］（エチオピア）

ハダマの北西80 kmに位置する都市で、エチオピアの首都。1887年、メネリク2世が建設し、1896年10月26日には独立国エチオピアの首都となった。1936年、イタリアに占領され、イタリア領東アフリカの首都にされたが、第2次世界大戦中の1941年にはサー・アラン・カニンガムの率いるイギリス軍が占領。1963年5月以来、アフリカ統一機構（2002年以降は「アフリカ連合」）の本部が置かれている。
⇒**イタリア Italy**

アティス - シュル - オルジュ Athis-sur-Orge
⇒ **アティス - モンス Athis-Mons**

アティス - モンス Athis-Mons［旧名：Athis-sur-Orge アティス - シュル - オルジュ］（フランス）

フランス北部、エソンヌ県の町。*パリ（Paris）の南19 kmに位置し、オルジュ川と*セーヌ川（Seine River）の合流点にある。1305年6月23日、モン・サン・ペベールの戦いの後、勝者フランス王フリップ4世と*フランドル（Flanders）伯ロベール・ド・ベテュヌの間で条約に調印された地。この条約によって、フランドルは多額の補償金を支払った上に、フランス国王に忠誠を誓わざるを得なくなる。

アティニー Attigny［ラテン語：Altiniacum アルティニアクム］（フランス）

アルデンヌ県の村。ブージエの北西15 km、*エーヌ川（Aisne River）に臨む。650年、クロービス2世が築き、カロリング朝歴代の王の居地となる。ザクセン人のリーダー、ウィドゥキントはカール大帝に降伏後、185年にこの地で洗礼を受ける。822年、カロリング朝の敬虔帝ルイ1世（ルートウィヒ1世）が告解の秘跡を行なう。
⇒ **フランク王国 Frankish Empire**

アティラウ Atyraū［グリエフ Guryev, グレフ Gurev］（カザフスタン）

カザフスタン南西部の港湾都市。*カスピ海（Caspian Sea）の北端、*ウラル川（Ural River）の河口に位置する。1645年に軍事

上の前哨地点として築かれたが、現在はアティラウ州の州都。漁業の中心として重要な都市になったが、現在は石油産業でも重要になっている。

アディロンダック山脈 Adirondack Mountains [Adirondak Mountains] (合衆国)

*ニューヨーク (New York) 州北東の山脈。*セント・ローレンス川 (Saint Lawrence River) の南、*アパラチア山脈 (Appalachian Mountains) の北端に位置する。東はチャプレン湖と*ジョージ湖 (George, Lake)、南は*モホーク (Mohawk) 川の流域、西はタグ・ヒルの高原に接する。山脈の大部分は 600 万エーカーの面積を誇る合衆国最大の州立公園アディロンダック州立公園内にあり、保養地として長い歴史をもつ。19 世紀末〜 20 世紀初期にかけて、大キャンプ地としてニューヨークから裕福な人たちが家族で避暑にやってきて、鄙びたアディロンダック・スタイルのデザインが生まれた。1900 年代初期、山の空気を求めて集まる肺結核の患者に向けた療養所が数多く建てられた。冬期リゾート地として有名な*レーク・プラシッド (Lake Placid) では 1932 年と 1980 年に冬季オリンピックが開催され、現在もなお練習の場を提供している。レーク・プラシッドには、近くに農場を所有していた奴隷制度廃止論者のジョン・ブラウンが埋葬されている。

アテシス川 Athesis ⇒ アーディジェ川 Adige River

アテステ Ateste ⇒ エステ Este

アテナエ Athenae ⇒ アテネ Athens

アテネ Athens [ギリシア語: Athínai アシネ; ラテン語: Athenae アテナエ] (ギリシア)

現在のギリシアの首都で、歴史的に重要な古代の大都市。ギリシア本土の南東部、*アッティカ (Attica) 平野に位置する。ペンテリコン、パルニス、イミトスなどの山地に囲まれ、本土の他の地域と隔絶されていて、*エーゲ海 (Aegean Sea) に臨む港*ピレウス (Piraeus) から 6 km ほど内陸にある。都市名は守護女神アテナにちなむ。安全な地勢と温暖な気候により前 3000 年以前から人が住みつき、ギリシアの他の地方とはちがい、青銅器時代、初期鉄器時代をつうじて文明が途絶えることがなかった。岩の丘の上に造られたアクロポリスは前 1200 年頃に守りを固め、要塞として市壁で囲まれる。200 年後、人口の増加と共に市の境界を北西へと広げ始めた。

*小アジア (Asia Minor) は初めギリシア人入植者が住みつき、のちに*ペルシア[1] (Persia) に征服された地域だが、前 1000 年頃、その小アジアの*イオニア (Ionia) の王らによってアテネが支配される。その後、アテネでは貴族政治が行なわれるが、前 594 年に執政官（アルコン）だったソロンが改革を行ない、財産のある市民に参政権を与え、農奴制を廃止する。こうしてアテネは限定的な民主主義を採り入れる。

前 6 世紀、特にペイシストラトスとその息子らが僭主政治を行なう。前 550 年頃はアテネが大きく繁栄した時代となる。アクロポリスは要塞から宗教的な聖域へと変貌し、石造りの大きな神殿が建てられ、広々とした通路が作られる。アクロポリスの丘のふもとの町は繁栄し、新しい市場（アゴラ）を取り囲むように社（やしろ）や公共施設が設けられた。前 506 年、クレイステネスがアテネのすべて自由民を対象とする民主政治を確立し、アテネはその繁栄期を

通じて民主主義を維持する。

　前490年、アテネは侵入しようとするペルシアを*マラトン（Marathon）で撃退するが、前480年にクセルクセスの指揮下でアテネを襲った侵略者たちに古い建造物の大半を破壊されてしまう。しかし、同年のうちに*サラミス²（Salamis）の沖合で海軍が大勝利を収めてペルシア人を破る。アテネはすぐに防御を重視して再建され、テミストクレスの命令によって市壁がピレウスまで延長され、港が守られ、物資の供給と通商が確保される。

　ペルシアとの戦争の結果、アテネは豊かな都市国家の模範となり、*デロス（Delos）同盟の同盟国から献納物が集まり、近くの*ラウリウム（Laurium）の丘には豊かな銀鉱があった。この富を活用して、ペリクレスはアクロポリスの再建を命じ、ドリス様式の建物を数多く建設した。その中にはアテネの神殿や、前447〜前432年のパルテノン、前432年のアクロポリスの前殿などがある。ペリクレスの指導のもとでアテネは哲学・芸術でも中心地となり、劇作家のアイスキュロス、アリストファネス、ソフォクレス、エウリピデスなどギリシア全土から優れた知識人が集結する。アテネに富と権力が集中すると、傲慢さが生まれ、ギリシアの他の多くの都市国家を憤慨させることになった。デロス同盟の名目上は同盟国でも実質は支配下に置かれている国家、とくに敵対関係にあった*スパルタ（Sparta）などの反感をかう。前460年、商業面と政治面での様々な張り合いから、アテネとスパルタを筆頭に同盟諸国や属国との間にペロポネソス戦争が起こる。敵対する主要国同士の争いは一進一退を繰り返すが、おおむねアテネが資金力と海軍力、それに民衆の忠誠心を掻き立てる能力に長じていた。そこに前430〜前426年の悪疫

流行があり、前415〜前404年には*シラクサ（Syracuse）への遠征が悲惨な結果に終わる。結局、ペロポネソス戦争は前404年に終結し、アテネによる支配はかなわなくなる。しかし、アテネ自体は芸術と学問の中心として繁栄を続けた。前5世紀〜前6世紀の間には公共の建物が数多く建てられ、アナクサゴラス、ソクラテス、プラトン、アリストテレス、テオフラストス、アンティステネス、エピクロス、ゼノンなど途轍もなく大勢の哲学者を集めた。

　軍事力はもう第一級ではなくなり、アテネは前338年に*カイロネイア（Chaeronea）で*マケドニア（Macedonia）のフィリッポス2世に敗れはしたが、哲学と文学では古代世界の中心地として威厳を保った。*ローマ（Rome）との戦争では、前86年にスラ将軍によってアテネは占領されるが、征服軍はアテネの文化に敬意を表して、町を破壊することはなかった。

　ローマの支配下にあっても、アテネには皇帝らが好意を示し、哲学の学校には多くの著名なローマ人が集まる。キケロやホラティウスもその中にいた。特に皇帝ハドリアヌスの治世では数多くの建築計画が進められ、アテネは教養あるローマ人の旅程からは外せない都市になった。アテネは独立した都市としての地位を許され、広く尊敬を集めた静かな学芸の中心として、武力や政治の介入はほとんどなかったが、276年にはゲルマン人のヘルール族が侵入し、395年には西ゴート人の王アラリック1世に占領される。

　4世紀と5世紀にはアテネが再び輝きを取り戻し、ギリシア文化の中心となり、哲学と修辞学の学校には、背教者ユリアヌス、哲学者リバニオス、そして東方教会の教父である聖バシレイオスとナジアンゾスの聖グレゴリウスなど新たな

名士たちが集まってくる。このような異教文化の復活に*ビザンツ帝国（Byzantine Empire）のユスティニアヌス皇帝は激怒して、529年にアテネでの哲学研究を禁じ、アテネを支えている一番の中心となる威厳と底力を消し去ったのである。

アテネは大きな交易路からも遠く離れていて、すっかりさびれた町となる。第4回十字軍の1204年には十字軍戦士に占領され、1458年までラテン民族の支配下にあり、その後は*オスマン帝国（Ottoman Empire）に占領される。さらに1833年までは*トルコ（Turkey）のささやかな領土となる。トルコ人による占領期間には建物が破壊され、古代の神殿は火薬庫として使われるありさまだった。1645年、落雷によってアクロポリスの前殿が大破し、1687年には*ベネツィア（Venice）からの攻撃を受けてパルテノン神殿に保管されていた火薬が爆発し、悲惨な結果を生む。とどめを刺したのが1803〜1812年のエルギン卿で、彼は壁に施されている彫刻の大半をロンドンに持ち帰ったのである。

アテネが1832年に独立した新生ギリシアの首都になり、他のヨーロッパ諸国の協議会により国王が任命された時、アテネの人口はわずかに4千人だった。19世紀の間に急成長を遂げ、1907年には人口が16万7千人にまでふくらんだ。爾来、幾度も革命がおきたり、第2次世界大戦中には*ドイツ（Germany）の残忍な支配を受けたり、内乱がおきたり、軍部の独裁があったりしたが、アテネは無傷のまま、産業・海運・観光の中心となっていた。現在は社会主義の指導者アンドレアス・パパンドレウを首相とする共和国の首都。ギリシア最大の都市であり、全人口の三分の一以上をかかえ、全国から若者が集まり続けている。大気汚染は世界の大都市の中でも最悪で、古代の遺跡を損なっている。2004年のオリンピック開催に向けての数多くの建設事業によって、アテネは化粧直しを施された。
⇒ **クレタ島 Crete, デロス Delos, ミケーネ Mycenae**

アテルナム Aternum ⇒ **ペスカーラ Pescara**

アデルノ Adernó ⇒ **アドラーノ Adrano**

アデレード Adelaide（オーストラリア）
メルボルンの北西640 kmに位置し、トレンズ川に臨む*サウス・オーストラリア（South Australia）州の州都。1836年、ウィリアム・ライト大佐が植民地の中心都市として建設。サウス・オーストラリア州で最古の都市。1840年、オーストラリアで最初の自治体となる。

アデン Aden［アラビア語：Al'Aden アラデン］（イエメン）
イエメン人民民主共和国（南イエメン）〔⇒イエメン[1]（Yemen）〕の旧首都。*アラビア半島（Arabian Peninsula）の南西沿岸、*ジブチ（Djibouti）の北東240 kmに位置し、アデン湾に臨む。*地中海（Mediterranean Sea）とインド洋を結ぶ重要拠点にある港湾都市で、紀元前1000年頃から交易の中心となっている。1839年1月19日、*イギリス（United Kingdom）に占領され、1935年にはイギリスの植民地となる。1967年11月30日、南イエメンの独立を受けて、イギリスは海軍基地を閉鎖。1968〜1990年にイエメン・アラブ共和国と統合されるまで南イエメンの首都だった。アデン湾にもその名が冠せられる。

アデン保護領 Aden Protectorate ⇒ **イエメン[1] Yemen**

アド Ado ［アド - エキティ Ado-Ekiti］（ナイジェリア）

ナイジェリア南西部、エキティ州の州都。15世紀にヨルバ族の都市国家エキティの首都として建設され、周辺の*ベナン（Benin）や*イバダン（Ibadan）と独立抗争が絶えなかった。1893年に*イギリス（United Kingdom）に征服された。

アトゥアトゥカ・トングロルム Aduatica Tungrorum ⇒ **トンヘレン** Tongeren

アドゥリス Adulis（エリトリア）

エリトリアの首都*アスマラ（Asmara）の東80kmに位置し、ズーラ湾に臨む古代の町。前3世紀にプトレマイオス3世が建設し、西暦700年頃にアラブ人に略奪されるまでは貿易の中心だったが、略奪後は荒廃して近隣の*アクスム[1]（Axum）王国から完全に切り離された。現在のズーラの町が附近にある。

アド - エキティ Ado-Ekiti ⇒ **アド** Ado

アトキンソン砦 Fort Atkinson ⇒ **ネブラスカ** Nebraska

アトス山 Athos, Mount ［ギリシア語：Áyion Üros アイオン・ウロス］（ギリシア）

*カルキディキ（Chalcidice）半島の岬の最東端に修道院が結集している宗教的な共和国。聖アタナシオスによりメギスティ・ラブラ修道院が963年に創設され、組織的な修道院生活が始まる。その後、13世紀に十字軍、14世紀にカタルーニャ人、1821～1829年のギリシア独立戦争時にはトルコ人に攻められて損害を受けたにもかかわらず、発展を遂げる。1923年、*ローザンヌ（Lausanne）条約により独立共和国として認められる。1924年に憲法を起

草し、1927年にギリシア政府に承認された。東方正教会の修道院が20集まっている。女性も雌の動物も入国が禁じられている。

アドニー Udny（スコットランド）

アバディーンシャー州の村。*アバディーン（Aberdeen）の北北西22kmに位置する。初期の要塞跡に城が建っている。

アトバラ Atbarah ［現地：'Atabarah アタバラ］（スーダン）

スーダン北東部の町。*ナイル川（Nile River）とアトバラ川の合流地点にあり、*ハルツーム（Khartoum）の北東290kmに位置する。1898年4月8日、ホレイショー・ハーバート・キッチナー元帥の率いるイギリス軍がマフディー軍を破った地。その後、イギリス軍は*オムドルマーン（Omdurman）の戦いでも勝利を収め、ハルツームを解放し、マフディー国家はイギリスとエジプトの共同統治下に置かれる。

アトボ Atbo ⇒ **エドフ** Edfu

アドミラルティー諸島 Admiralty Islands ［Admiralties］（パプアニューギニア）

*ビスマルク諸島（Bismarck Archipelago）の中の群島。*ニューギニア（New Guinea）の北、太平洋の南西に位置する。1616年、オランダ人ウィレム・スホウテンが発見し、1884年にドイツ領ニューギニアの一部となる。第1次世界大戦の勃発とともに*オーストラリア（Australia）に占領され、1921年にオーストラリアの委任統治領となった。第2次世界大戦中は1942～1944年まで*日本（Japan）に占領される。現在はパプアニューギニアのマヌス州に属する。

アド・メディアム Ad Mediam ⇒ メハディア Mehádia

アドゥア Adua ⇒ アドワ Adwa

アドラ Adra [古代：Abdera アブデラ] (スペイン)
スペイン南部、*アンダルシア (Andalusia) 州の町。*アルメリア (Almería) の西北西50 km ほどに位置する。*地中海 (Mediterranean Sea) に臨む港町。古代のアブデラはフェニキア人の商人らにより現在の町がある丘のふもとに造られた。のちに*ローマ (Rome) がその地域を征服。アドラはムーア人にとって最後の砦だったが、1492年1月にボアブディル (ナスル朝最後の君主) のもとで戦うも敗北。ムーア人によるスペインの支配が終わった。
⇒ フェニキア Phoenicia

アドラヌム Adranum ⇒ アドラーノ Adrano

アドラーノ Adrano [旧名：Adernó アデルノ；ラテン語：Adranum アドラヌム, Hadranum ハドラヌム] (イタリア)
*シチリア (Sicily) 南部のカターニア県の町。*エトナ山 (Etna, Mount) の西面に臨み、*カターニア (Catania) の北西34 km に位置する。前400年頃、*シラクサ (Syracuse) の僭主ディオニュシオス1世によって建設され、前263年に*ローマ (Rome) の配下に入った。第2次世界大戦中の1943年8月に連合軍に占領される。古代ギリシア・ローマの遺跡が広く見られ、シチリアのルッジェーロ1世が建てた12世紀のノルマン様式の城も遺っている。

アトランタ Atlanta [旧名：Marthasville マーサスビル, Terminus ターミナス] (合衆国)
*ジョージア[1] (Georgia) 州の都市。*アラバマ (Alabama) 州境の東80 km に位置する。ジョージア州最大の都市で州都。交通・金融・商業・文化の面で合衆国南東部で最も重要な都市。1833年、クリーク族インディアンの土地に最初の入植者が小屋を建てた。1837年に町が築かれ、鉄道の終着点だったためにターミナスと名づけられる。1843年、マーサスビルと変更され、さらに1845年にアトランタとなる。1860年には鉄道がさらに4路線増設され、交通の中枢として快調な滑り出しをみせ、南北戦争時には南軍の兵站に大きな役割を果たす。

1864年、ウィリアム・T・シャーマン将軍率いる北軍のアトランタ方面作戦の標的になる。7月22日に近隣がアトランタの戦いの戦場となり、9月2日、シャーマン将軍がアトランタを占領。11月15日、海へと南進する際に、シャーマンはアトランタの町をほとんど焼き払った。しかし、間もなく再建され、南北戦争を忘れて先に進みたいと望んでいた新生南部の手本となる繁栄ぶりを見せる。1895年、この町で黒人のリーダー、ブッカー・T・ワシントンが《アトランタの妥協》を提案し、黒人らに社会的政治的平等の前に、まず経済面での地位を求めるように促した。

さらに行動派で政治と宗教のもう一人の黒人指導者、マーティン・ルーサー・キング・ジュニアはこの町で生まれ、1968年に*テネシー (Tennessee) 州*メンフィス[2] (Memphis) で暗殺され、ここに埋葬された。1973年、アトランタは黒人市長を選出した最初の南部の大都市となる。ここで最も有名な企業は、この町で誕生した清涼飲料のコカ・コーラ社。アトランタには新旧の建築物をはじめ、復元された南部の要塞《フォート・ウォーカー》や《アトランタの戦い》の巨大円形パノ

ラマなど見所が多い。アトランタの北西約40 kmには、ケネソー山国立戦場跡公園があり、ここはシャーマン将軍が南軍を攻撃した場所である。1996年、夏季オリンピックの開催地となる。

アトランティック・シティ Atlantic City（合衆国）

*ニュージャージー（New Jersey）州南東のアブシーコン島の都市。*フィラデルフィア[1]（Philadelphia）の南東93 km、大西洋に臨む。ジョナサン・ピトニーの働きかけで、1852年に行楽地として開発が始まり、1854年に市になる。4万人を収容できるコンベンション・ホールがあり、国内でも屈指のイベントの盛んな都市となっている。1921〜2005年まで、毎年ミス・アメリカ大会の開催地。約10 kmの海岸沿いの板張りの遊歩道は世界的に有名。世界大恐慌の時に、長い不況が始まったが、現在はカジノの中心地として復調した。塩味のタフィー（キャンディの一種）も世界的に有名。

アトリ Atri ［ラテン語：Hadria ハドリア, Hatria Picena ハトリア・ピセナ］（イタリア）

テーラモ県の町。*ペスカーラ（Pescara）の北西24 km、*アドリア海（Adriatic Sea）を見下ろす位置にある。ピケーヌム人の古代の町だったが、前3世紀初めに*ローマ（Rome）に征服される。1393年、封建国家となるが、のちにアクアビーバ家の支配する公国となる。13世紀の大聖堂と15世紀の公爵の館がある。

アトリア Atria ⇒ アドリア Adria

アドリア Adria ［エトルリア語：Atria アトリア, Hatria ハトリア］（イタリア）

ロビーゴ県の町。*フェラーラ（Ferrara）の北東48 kmに位置し、かつては*アドリア海（Adriatic Sea）に面していたが、現在は22 kmほど内陸のタルタロ川に臨む。前6世紀アドリア海に臨む海港としてエトルリア人が建設。前132年にローマ人に征服され海軍基地と商業の中心地として繁栄した。現在はアドリア海にその名を残している。

⇒ **エトルリア Etruria**

アドリア海 Adriatic Sea

*イタリア（Italy）と*ダルマチア（Dalmatia）に挟まれた*地中海（Mediterranean Sea）の入り江。イタリアの〈かかと〉の部分と*アルバニア（Albania）の間にあるのが*オトラント（Otranto）海峡。エトルリア人が建設した*アドリア（Adria）にちなんでアドリア海と呼ばれ、エトルリア・ギリシア・ローマ・ビザンチウム・ベネツィアが交易・植民地化・侵攻のために利用した海路。

アドリアノープル Adrianople ⇒ エディルネ Edirne

アドリアノポリス Adrianopolis ⇒ エディルネ Edirne

アトリト Atlit ［アスリト Athlit］（イスラエル）

*地中海（Mediterranean Sea）に臨む十字軍の要塞。*ハイファ（Haifa）の南南西16 km、アトリト村の北西に位置する。1217年、エルサレム神殿騎士団により築かれ、*アクレ[2]（Acre）の陥落後は十字軍最後の要塞となる。1291年8月に放棄される。現在の地域は1903年に築かれ、イギリス陸軍の拘置所であり不法な移民の抑留所にもされた。現在はイスラエル軍の拘置所がある。

アトルバラ Attleboro（合衆国）

*マサチューセッツ（Massachusetts）州の南東部、ロードアイランド（Rhode Island）州附近の都市。1634年に入植が始まり、イングランドのアトルバラ（Attleborough）にちなんで命名される。有名な宝石産業は1780年に始まり、1836年に建設されたボストン・プロビデンス間の鉄道はこの町の経済活動を刺戟した。

アトレヒト Atrecht ⇒ **アルトワ Artois**

アトロパテネ Atropatene ⇒ **アゼルバイジャン[1] Azerbaijan**（イラン）

アドワ Adwa [Adowa, Aduwa] [伊：Adua アドゥア]（エチオピア）

*アスマラ（Asmara）の南120 kmに位置するティグレ州の町。高度1,900メートルの高原にある。1896年3月1日、この土地でエチオピア皇帝メネリク2世がオレステ・バリティエッリ将軍の率いるイタリア軍を敗り、エチオピアの独立を勝ち取った。この勝利に続きアビシニアからイタリア軍を撤退させたことにより、エチオピアは植民地アフリカの抵抗運動の象徴的存在となった。1935年10月6日、アドワがイタリア軍により爆撃され占領されたために、アフリカ全土に独立意識が高まることになる。第2次世界大戦中の1941年には*イギリス（United Kingdom）に占領された。

アーナ 'Ana [アナー 'Anah]（イラク）

*ラマーディ（Ramadi）の北西160 kmに位置する*ユーフラテス川（Euphrates River）に臨む町。前1000年以前から古い町で、ユーフラテス川の水上交通を支配した。中世には砂漠を横断して*シリア[2]（Syria）へと西進するラクダの隊商発祥の地となる。

アナー 'Anah ⇒ **アーナ 'Ana**

アナウアク Anáuac（メキシコ）

アメリカ合衆国とメキシコ州にまたがる高原。*テノチティトラン（Tenochtitlán）を首都とする*アステカ帝国（Aztec Empire）の領地で、1325年以降に繁栄し始めた。⇒ **メキシコ・シティ Mexico City**

アナクトリオン Anactorion [Anaktorion]（ギリシア）

*イオアニナ（Ioánnina）の南77 kmに位置し、アンブラキア湾に臨むアルタ県の古代都市。前630年に*コリントス（Corinth）によって建設される。*アクティウム（Actium）の海戦後、前31年に住民は将来のローマ皇帝アウグストゥスによって*ニコポリス[1]（Nicopolis）に移住させられた。ニコポリスはアウグストゥスを讃えて造られた都市だった。

アナグニア Anagnia ⇒ **アナーニ Anagni**

アナコンダ Anaconda [旧名：Copperopolis コパロポリス]（合衆国）

*ビュート（Butte）の西北西40 kmの*モンタナ（Montana）州の都市。1833年にマーカス・デイリーによって移住が始められ、アナコンダ銅採鉱社と発展した。同社の製錬工場は1894年に建設され、世界でも屈指の規模の製錬工場となった。

アナザルブス Anazarbus ⇒ **アナザルベ Anazarbe**

アナザルベ Anazarbe [アナザルブス Anazarbus] [ギリシア語：Justinopolis ユスティノポリス；ラテン語：Caesarea ad Anazarbum カエサレア・アド・アナザルブム]（トルコ）

*アダナ（Adana）の東45 kmに位置す

る*キリキア（Cilicia）の古代都市。現在の
イーチェル県にあった。前19年にアウグ
ストゥスが建設し、ローマの属州キリキ
ア・セクンダの首都になり、後に*ビザン
ツ帝国（Byzantine Empire）のもとで繁栄す
る。7世紀にイスラーム教徒に征服される
が、964年に再びビザンツ帝国が奪還する。
十字軍に占領され、キリスト教国のキリ
キア公国すなわち*小アルメニア（Little
Armenia）王国の首都となる。1375年、*エ
ジプト（Egypt）のマムルーク朝人に破壊さ
れる。古代遺跡が広く見られる村もある。

アナトリア Anatolia ⇒ 小アジア Asia Minor

アナーニ Anagni ［ラテン語：Anagnia アナグニア］（イタリア）

*フロジノーネ（Frosinone）の北西22 km
に位置する*ラツィオ〔ラティウム〕
（Latium）州フロジノーネ県の町。5世紀以
来、司教区で、中世にはローマ教皇の居
住地となる。教皇と国王が争い、1303年
9月7日、ローマ教皇ボニファティウス8
世がこの町で*フランス（France）国王フィ
リップ4世に捕らえられた。教皇は退位
を迫られる。この屈辱を受けて教皇は間
もなく亡くなった。

アナパ Anapa （ロシア）

*ノボロシースク（Novorossiysk）の北西32
km に位置し、*クラスノダール（Krasnodar）
の西部、*黒海（Black Sea）に臨む港町。
1781年、トルコ人が*カフカス山脈（Caucasus
Mountains）への径路を守るための要塞とし
て設置したが、ロシアに2度占領された。
1829年、*アドリアノープル（Adrianople）
条約によって、ついにロシア領となる。

アナーバー Ann Arbor （合衆国）

*デトロイト（Detroit）の西56 km に位置し、

ヒューロン川に臨む*ミシガン（Michigan）
州南東部の都市。1824年、ジョン・アレ
ンとエリシャ・W・ラムジーが入植し、
1841年にはミシガン大学が創立され、以
来、研究と教育の中心地となる。

アナハイム Anaheim （合衆国）

*ロサンゼルス（Los Angeles）の南東42 km
に位置する*カリフォルニア（California）州
の都市。1857年、ドイツ人50家族により
実験的な共同社会として設立され、南カ
リフォルニアで最初の共同生活を営む入
植地となる。1870年に市制が施行される。
現在は飛行機の部品と電子機器の製造で
有名。ディズニーランドの所在地でもあ
る。

アナポリス Annapolis ［旧名：Anne Arundel Town アン・アランデル・タウン, Providence プロビデンス］（合衆国）

*ワシントン[1]（Washington, D. C.）の東48
km に位置し、*チェサピーク湾（Chesapeake
Bay）に臨む*メリーランド（Maryland）州の
州都で港町。1649年、*バージニア（Virginia）
植民地を追放されたピューリタンらが建
設した町で、1783年11月26日〜1784年
6月3日までアメリカ議会が開催された。
1783年12月23日、この町でジョージ・
ワシントンは陸軍最高司令官を辞した。
1784年1月14日、アメリカ独立戦争を終
結させる*パリ（Paris）条約がここで批准
される。1786年9月にこの町でアナポリ
ス会議が開かれ、それが1787年の*フィ
ラデルフィア[1]（Philadelphia）での連邦憲法
制定会議へと道を開く。1845年、海軍兵
学校が創設される。

アナポリス・ロイヤル Annapolis Royal ［旧名：Port Royal ポール・ロワイヤル］（カナダ）

*ハリファックス[1]（Halifax）の西152 km

に位置する、*ノバスコシア（Nova Scotia）州アナポリス川河口の町。カナダで最初のヨーロッパ人入植地で、1605 年にサミュエル・ド・シャンプランとピエール・ド・モンによって建設され、フランス領の*アカディア（Acadia）の首都となる。1613 年、イギリスの入植者に占領され、その後何度も支配者が変わったが、1710 年にイギリス領となる。1749 年までノバスコシア州の州都で、その後はハリファックスが州都となる。

アナラジャプラ Anarajapura ⇒ アヌラダプラ Anuradhapura

アナラマンガ Analamanga ⇒ アンタナナリボ Antananarivo

アナワク Anahuac（合衆国）

*ヒューストン（Houston）の東 67 km に位置する*ガルベストン（Galveston）湾に臨む*テキサス（Texas）州の町。もとメキシコの駐屯地があった町で、1832 年と 1835 年にテキサス人が囚われの身となった指揮官たちを救出しようと攻めてきた。その指揮官の一人がウィリアム・B・トラビスで、のちに*アラモ（Alamo, The）砦で指揮をとり、そこで戦死するが、メキシコ人とテキサス人の衝突は、1836 年のテキサス独立戦争につながる一つの要因となった。

アニ Ani（トルコ）

*アルメニア[1]（Armenia）の古代都市。カルス県にあり、*カルス（Kars）の東 32 km に位置する。10 世紀にアショト 3 世によってアルメニアの首都とされ、バグラティド朝のもとで繁栄する。11 世紀にはビザンツ帝国に支配され、セルジューク・トルコに簒奪された。1319 年、地震

によって壊滅するが、古都の遺跡は現在も広範囲に見られる。

アニアン Aniane（フランス）

ロデルの東 29 km に位置するエロー県の町。782 年、アニアンの聖ブノア（聖ベネディクト）がこの町にベネディクト会の修道院を建て、そこの習慣が 817 年にカロリング王朝の男子修道院の規則となった。修道院はフランス革命時には弾圧された。
⇒ フランク王国 Frankish Empire

アニストン Anniston［旧名：Woodstock ウッドストック］（合衆国）

*バーミングハム（Birmingham）の東北東 93 km に位置する*アラバマ（Alabama）州北東部の都市。1872 年にサミュエル・ノーブルとダニエル・タイラーにより鉄の製造会社のための町として建設され、1883 年に一般市民にも開放された。女性陸軍部隊の本部であるフォート・マクレランが近くにある。

アニック Alnwick（イングランド）

*ニューカッスル・アポン・タイン（Newcastle Upon Tyne）の北 51km に位置し、アルン川に臨む*ノーサンバーランド[1]（Northumberland）州の町。戦略上重要な封建時代の城があるため、イングランド対スコットランドの戦場となることが多かった。1093 年 11 月イングランド王ウィリアム 2 世がスコットランド王マルコム 3 世を破った土地。1174 年 7 月にはスコットランド王ウィリアム 2 世がこの町で敗北を喫する。この町は 16 世紀半ばまでたびたびスコットランド人に占領された。1309 年パーシー家が城を買収し、ノーサンバーランド公爵の屋敷となった。

アニャスコ Añasco （プエルトリコ）

マヤグエスの北北西 13 km に位置するアニャスコ川に臨む町。1511 年、フアン・ポンセ・デ・レオンの指揮するスペイン人コンキスタドーレを相手にアラワク族が最後の反乱を起こした町。

アニャデッロ Agnadello ［仏：Agnadel アニャデル］（イタリア）

*ロンバルディア （Lombardy） 州クレモナ県の町。*ミラノ （Milan） の東 19 km に位置する。イタリア戦争中の 1509 年 5 月 14 日、ルイ 12 世率いるフランスに*ベネツィア （Venice） が敗れた土地。この勝利によってフランスはイタリアの支配を確実なものとし、ベネツィアにはローマ教皇ユリウス 2 世に従うように仕向けた。

アニャデル Agnadel ⇒ アニャデッロ Agnadello

アヌーアル Anual ［Annoual, Anoual］（モロッコ）

*メリリャ （Melilla） の南西 24 km に位置するアル - ホセイマ地方の村。1921 年 7 月 21 日、フェルナンデス・シルベストレ将軍の指揮するスペインの大軍隊を、民族独立主義の指導者アブド - エル - クリムがこの村で破る。そこから*スペイン （Spain） の政治危機が始まる。アブド - エル - クリムは最終的には 1926 年に敗れる。

アヌシー Annecy ［ラテン語：Anneciacum］（フランス）

*ジュネーブ （Geneva） の南 35 km に位置し、アヌシー湖に臨むオート - サボワ県の県都。本来はジュネーブ伯領だったが、1401 年にサボワ公に譲渡された。中世の町並みが今もなお大半が当時のまま遺っている。

アヌラダプラ Anuradhapura ［旧名：Anarajapura アナラジャプラ；現地：Anuradhapura アヌラーダプラ］（スリランカ）

*コロンボ （Colombo） の北北東 168 km に位置し、アルビ川に臨む北中部州の遺跡の町。前 437 年、シンハラ族の首都が建設された。前 3 世紀、*インド （India） の*マウリヤ朝 （Maurya Empire） のアショカ王の息子マヒンダによって、仏教が伝えられる。ブッダが悟りを開いた時の菩提樹の枝から育てられた菩提樹が植えられた。現在、歴史的な由緒ある最古の木となっている。8 世紀にインドからタミル人が侵入してきたために、首都を南の*ポロンナルワ （Polonnarua） に移す。1833 年にイギリス人より発見された遺跡が、現在は巡礼の集まる場所であり、スリランカで最も重要な遺跡となっている。

アバ¹ Aba （ナイジェリア）

アバ川に臨む*ポート・ハーコート （Port Harcourt） の北東 64 km に位置する都市。イボ族の小さな集落から発達して 20 世紀には*イギリス （United Kingdom） の行政上の拠点となる。1929 年アバの女性たちが地元の統治者を勝手に決めるイギリスのやり方と直接税に反撥して暴動を起こした。

アバ² Ava （ミャンマー）

サガイン管区の村。*マンダレー （Mandalay） の南西 13 km に位置し、*イラワジ川 （Irrawaddy River） に臨む。1364 年、タドーミンビャー王の治世で*ビルマ （Burma） の首都となるが、1527 年にシャン族に襲われ、1555 年、タウングー王朝のバインナウン王に占領される。1634 年、タールン王のもとで再び首都となり、1752 〜 1765 年と 1783 〜 1823 年の時期を除いて 1837 年まで首都だった。1837 年に首都が*ア

60 アハイ

マラプラ（Amarapura）に移される。1841 年、大地震により大きな被害を受け、アバは首都に復帰する見こみが永遠になくなり、完全な再建もされることがなくなった。
⇒ **アマラプラ Amarapura, シュウェボー Shwebo**

アバイ Abae （ギリシア）

フォキス地方の古代都市。コパイス湖の北にあり*エラテイア（Elateia）の南東 13 km ほどのところに位置する。アポロンの神託で有名。アポロンの神殿は*ペルシア[1]（Persia）が前 480 年にギリシアに 2 度目の侵攻をした時、および前 356 ～前 347 年にかけての「聖戦」の時に略奪の被害を受けた。神殿の廃墟と市壁の一部が現在も見られる。

アパイアン Apaiang ⇒ アバイアン島 Abaiang Atoll

アバイアン島 Abaiang Atoll ［アパイアン Apaiang, アピア Apia]［旧名：Charlotte Island シャーロット島]（キリバス）

中央太平洋西部の旧名ギルバート諸島にある環状サンゴ島。1788 年にジョン・マーシャルが発見し、第 2 次世界大戦中の 1941 ～ 1943 年までは日本が占領していた。アメリカ空軍が攻め落としてからは、*マーシャル諸島（Marshall Islands）への攻撃基地をとして使用された。

アバガベニー Abergavenny ［旧名：Gobannium ゴウバニアム]（ウェールズ）

ウェールズ南部、*モンマスシャー（Monmouthshire）州の町。ガベニー川とウスク川の合流地点、*ニューポート[1]（Newport）の北 26 km に位置する。ブラック山地とブレコン・ビーコンズの間の軍事上の拠点にあり、ローマ人とノルマン人は町の

防備を固めた。11 ～ 17 世紀までに何度か襲撃にさらされた。

アバークロンビー砦 Fort Abercrombie （合衆国）

*ノースダコタ（North Dacoka）州南東部、*レッド川（Red River）に臨む砦。1858 年、ダコタ族インディアンから入植者を守るために建設された。1862 年、スー族インディアンが 2 度にわたって攻撃をしてきたが失敗。1870 年、オジブウェー族およびスー族と協定を結ぶと、インディアンからの襲撃の危険は減少し、1877 年に砦は廃止。

アバコーン Abercorn ⇒ ムバラ Mbala

アバーコンウェー Aberconwy ⇒ コンウェー Conway

アバタイビ Aberteifi ⇒ カーディガン Cardigan

アバダン Abadan ⇒ アーバーダーン Ābādān

アーバーダーン Ābādān ［アバダン Abadan]（イラン）

シャットアルアラブ川に浮かぶアーバーダーン島内の*フージスターン（Khuzestan）州の都市。*アフワーズ（Ahwaz）の南 112 km に位置し、*ペルシア湾（Persian Gulf）の沿岸附近にある。石油が豊富なフージスターンの石油パイプラインの終点であり、巨大な石油精製設備を擁する。1980 年のイラン・イラク戦争の際にはイラクから攻撃の的にされた。
⇒ **イラク（Iraq）**

アバティス・ウィラ Abbatis Villa ⇒ アブビル[1] Abbeville （フランス）

アバディーン Aberdeen［古代：Devana デバナ］（スコットランド）

スコットランド北東部の都市。*エディンバラ（Edinburgh）の北北東153kmに位置し、*北海[1]（North Sea）に臨む。*グランピアン（Grampian）州の州都だった。1176年、勅認自治都市になり、14世紀には重要な港湾都市になったが、1336年にエドワード3世治下のイングランドに焼き討ちされた。1650年代のピューリタン革命の際には王党員とイングランド教会の牙城となったために町は大きな損害を受けた。現在は重要な産業都市となって、1970年代の北海油田による好景気以来発展を続けている。

アーバナ Urbana（合衆国）

*イリノイ（Illinois）州*ディケーター[3]（Decatur）の東北東75kmに位置し、イリノイ州シャンペーンに隣接する町。1824年に入植が始まり、1833年に町制がしかれた。1854年、リンカーンはここでカンザス - ネブラスカ法に反対する演説を行なった。

アハナシヤ・エル・マディーナ Ihnāsiyat al Madīnah ⇒ ヘラクレオポリス Heracleopolis

アバーブロスウィック Aberbrothwick ⇒ アーブロース Arbroath

アバーブロソク Aberbrothock ⇒ アーブロース Arbroath

アバホンデュ Aberhonddu ⇒ ブレコン Brecon

アパママ Apamama ⇒ アベママ島 Abemama Atoll

アパメア・キボトゥス Apamea Cibotus［マエアンデル河畔のアパメア Apamea ad Maeandrum］［ギリシア語：Apamea Kibôtos アパメア・キボトス］（トルコ）

*アフィヨンカラヒサル（Afyonkarahisar）の南西93kmに位置し、*メンデレス（Menderes）川に臨むアフィヨン県の古代都市。前3世紀にアンティオコス1世が建設し、*マグネシア[2]（Magnesia）の戦いののち、前188年にこの町で条約が結ばれ、*ローマ（Rome）の勝利が認められ、セレウコスが敗れる。条約後、町はローマの同盟国*ベルガモン（Pergamum）王国の領土となる。

アパメア・キボトス Apamea Kibôtos ⇒ アパメア・キボトゥス Apamea Cibotus

アパラチア山脈 Appalachian Mountains（合衆国およびカナダ）

*ケベック[2]（Quebec）の*ガスペ半島（Gaspé Peninsula）から*アラバマ（Alabama）州北部まで南西に2600kmにわたって延びる北アメリカ東部の山脈。*ノースカロライナ（North Carolina）州西部のミッチェル山が標高2,037メートルで最高峰。山脈の間にはハドソン川流域、リーハイ川流域、カンバーランド川流域、*シェナンドー川流域（Shenandoah Valley）を含む一帯の低地、すなわちグレートアパラチアンバレーがある。アパラチア山脈は大西洋沿岸の平野と大陸内部を区切る形で延びている。この山脈のためにアメリカの入植者は西部への進出を阻まれた。山脈を越える道路と運河の開発が合衆国の初期の大きな目標だった。西部開拓時代初期の道路としては*バージニア（Virginia）州と*ケンタッキー（Kentucky）州の間の*カンバーランド・ギャップ（Cumberland Gap）を通る*ウィルダネス・ロード（Wilderness Road）、*ボルティモア（Baltimore）から*ホイーリング

（Wheeling）に至る*ナショナル道路（National Road）、*フィラデルフィア[1]（Philadelphia）と*ピッツバーグ[2]（Pittsburgh）を結ぶフォーブズロード、*オールバニー（Albany）と*バッファロー（Buffalo）の間を走る*モホーク・トレイル（Mohawk Trail）などがあった。この中でモホーク・トレイルの径路が、立ちはだかるアパラチア山脈を突破する運河には最適だった1825年に完成した*エリー運河（Erie Canal）によって、*五大湖（Great Lakes, The）から大西洋岸まで商品や物資を安価で楽に輸送できるようになり、*ニューヨーク市（New York City）は合衆国で随一の港湾都市になった。アパラチア山脈は木材・石炭・鉄・石油・天然ガスが豊富で、山麓の地方の経済基盤は天然資源と工業に集中している。この山脈の周辺地域は貧困で知られ、1930年代と1960年代には政府の方針によりこの地域の構造改革と経済の多様化が図られた。アパラチアントレイルは、*ジョージア[1]（Georgia）州のスプリンガー山から*メイン（Maine）州のカタディン山までアパラチア山脈の尾根を通っている。

アパリ Aparri（フィリピン）

*ルソン（Luzon）島の北東、カガヤン地方の町。トゥゲガラオの北96km、ルソン川河口に位置する。1572年、スペイン人が初めてこの町の港に来る。第2次世界大戦中の1941年12月9日、フィリピン侵攻を始めた日本軍が最初に上陸した町。1945年7月にはアメリカ軍が奪還する。

アバリス Avaris ⇒ タニス Tanis

アバル Aval ⇒ バーレーン Bahrain

アハルツィヘ Akhaltsikhe（ジョージア〔グルジア〕）

*バトゥーミ（Batumi）の東104kmにあるジョージア〔グルジア〕南部の町。*オスマン帝国（Ottoman Empire）の傘下にあった1579～1828年までトルコ領*アルメニア[1]（Armenia）の首都で、奴隷貿易の中心地だった。1829年、*アドリアノープル（Adrianople）の和約により*ロシア（Russia）に割譲された。

アバロ Aballo ⇒ アバロン Avallon

アバロン[1] Avallon［旧名：Aballo アバロ］（フランス）

ヨンヌ県の町。*オセール（Auxerre）の南東48km、クザン川に臨む。ローマ時代より重要な都市でサラセン人とノルマン人の襲撃を受けた。*ブルゴーニュ（Burgundy）公国の要塞となり、1477年にフランス領となる。1593年の宗教戦争時には再び襲撃を受ける。ローマ時代の神殿や巡礼の地となっている4世紀の遺跡もある。

アバロン[2] Avalon（カナダ）

トリニティ湾とプラセンシア湾の間にある、*ニューファンドランド（Newfoundland）島南東部の半島。1623年、ジョージ・カルバート（後のボルティモア男爵）に領地として与えられるが、間もなく放棄したために、1632年には*メリーランド（Maryland）の植民地を与えられた。

アバンシュ Avenches［独：Wifflisburg ビフリスブルク；ラテン語：Aventicum アベンティクム］（スイス）

*ボー（Vaud）州の村。*フリブール（Fribourg）の北西16kmに位置する。ローマ時代には*ヘルベティア（Helvetia）の首都で、繁

栄している大きな町だった。西暦260年頃にアラマン部族同盟に襲撃され、451年にはフン族に荒らされるが、12世紀には再建された。現在はローマ時代の遺跡が数多く遺っている。

アバンティ Avanti （インド）

*マディヤ・プラデシュ（Madhya Pradesh）州東部の旧王国。現在の*マールワ（Malwa）高原にほぼ相当する地域。インドのアーリア人王国の中でも最初期の重要な国で、前6世紀にはインドの4州の一つとなるが、前4世紀に*マガダ国（Magadha）の国王チャンドラグプタ・マウリヤに支配され、さらにサカ族の侵略を受けて、398年にチャンドラグプタ2世が奪還するまでサカ族の支配下にあった。奪還したチャンドラグプタ2世はアバンティの首都ウジャイン（Ujjain）を居地とした。

⇒ グプタ朝 Gupta Empire, マウリヤ朝
Maurya Empire

アピア Apia ⇒ アバイアン島 Abaiang Atoll

アビシニア Abyssinia ⇒ エチオピア Ethiopia

アビジャン Abidjan （コートジボアール）

西アフリカ、*コートジボアール（Côte d'Ivoire）南東部の港湾都市。ギニア湾のエブリエ・ラグーンに臨む。1983年まで首都。アビジャンは1904年に鉄道の終点となるまでは小さな村だったが、1920年代にフランスが都市の設備拡充を図ったためにさらに大きく発展した。1934年にフランス領コートジボアールの首都になり、1960年に独立国家となった際にもそのまま首都とされた。コートジボアール博物館の所在地。

アビシュ Aviz ［Avis］（ポルトガル）

ポルタレグレ県の村。*ポルタレグレ（Portalegre）の南西48kmに位置する。1211年、ポルトガルのアルフォンソ2世により騎士団に下賜され、その後騎士団はアビシュ騎士団の名で知られるようになる。*カスティリア（Castile）に対して反乱を起こして成功した後、亡き国王の非嫡出子ながら弟だった騎士団の団長は、1385年にポルトガル王の座につく。*アルジュバロータ（Aljubarrota）の戦い後、ジョアン1世がアビシュ王朝を興し、この王朝が1580年までポルトガルを支配する。

アビドス[1] Abydos ［アラビア語：Araba al-Madfuna アラバ・アルマドフナ；エジプト語：Abdou アブドウ, Ebot エボト］（エジプト）

*テーベ[1]（Thebes）の北西80kmに位置し、*ナイル川（Nile River）に臨む古代遺跡があるギルガ県の古代都市。前3000年頃に建設され、古代エジプト最初の2代王朝が置かれた地であり、第4代王朝時代にはオシリス神信仰の地となった。現在、ラムセス2世（前1292〜前1225）やセティ1世（前1313〜前1292）の時代のものも含め、多くの荘厳な神殿が遺っている。

アビドス[2] Abydos （トルコ）

現在のチャナッカレ県にあったヘレスポント海峡〔*ダーダネルス（Dardanelles）海峡の別称〕に臨む古王国*フリギア（Phrygia）の町。現在の*チャナッカレ（Çanakkale）の北東6kmに位置した。前670年頃に*ミレトス（Miletus）からの入植者が建設した町で、ギリシア神話でヘーローとレアンドロスの伝説に登場する。前480年頃、*ペルシア[1]（Persia）の王クセルクセス1世が*ギリシア（Greece）に侵攻する途中、軍隊を渡らせるためにヘレスポント海峡に船を

並べて橋のようにした。自由市で、前200年頃勇猛果敢に抵抗したが、*マケドニア王国（Macedon, Empire of）のフィリッポス5世に攻め落とされた。

アビニョン Avignon ［古代：Avennio アウェンニオ］（フランス）

ボークリューズ県の県都。*マルセイユ（Marseilles）の北北西88kmに位置し、ローヌ川（Rhône River）に臨む。初めはカバール族が住んでいたが、ギリシア人が定住するようになり、西暦122年にはハドリアヌス帝のもとでローマの植民地となる。12世紀には共和制の都市国家だったが、1226年にルイ8世に占領され、*プロバンス（Provence）地方に吸収される。1309年、クレメンス5世によりローマ教皇庁の所在地にされる。1377年のローマ・カトリック教会内の《大分裂》以降、1417年まで対立教皇の居地となる。1791年9月4日、フランスに併合される。12世紀の大聖堂、14世紀の教皇庁の宮殿、有名な12世紀のサン・ベネゼ橋など数多くの名建築物が遺っている。

アビラ Ávila ［アビラ・デ・ロス・カバリェロス Ávila de los Caballeros］［ラテン語：Abula アブラ，Avela アベラ］（スペイン）

アビラ県の県都。*マドリード（Madrid）の西北西88kmに位置し、アダハ川に臨む。古代フェニキアとローマの町だったが、8世紀からムーア人に占領され、1088年に*カスティリア（Castile）のアルフォンソ6世が奪回した。町並みは中世のままで、古い建物が今も遺っている。1515年、聖テレサがこの地に生まれる。

アビラ・デ・ロス・カバリェロス Ávila de los Caballeros ⇒ アビラ Ávila

アビリーン[1] Abilene （合衆国）

*カンザス（Kansas）州中部の都市。*カンザス・シティ[2]（Kansas City）の西210kmに位置し、スモーキー・ヒル川に臨む。1859年に入植が始まり、1867〜1871年まで重要な「牛の町」で、牛の重要な輸送拠点だった。その後はジョゼフ・マッコイ（米国の大規模牧畜業の開拓者でカンザス州に牧畜専用鉄道出荷センターを設立した）がこの町を*テキサス（Texas）州を始点とする*チザム交易路（Chisholm Trail）の終点にした。アイゼンハワー大統領が青年時代を過ごした町でもあり、今はその墓がある。

アビリーン[2] Abilene （合衆国）

*テキサス（Texas）州中央部の北西にある都市。*フォート・ワース（Fort Worth）の南西240kmに位置する。1881年、テキサス・アンド・パシフィック鉄道の終点として造られ、カンザス州の*アビリーン[1]（Abilene）にちなんで同じ名前がつけられた。現在では教育の中心地となっている。

アービン Irvine （スコットランド）

スコットランド南西部、ノースエアシャー郡（カウンシル・エリア）の町。グラスゴーの南西38kmに位置し、アービン川河口に臨む。14世紀に勅許を受け、17世紀までにスコットランド屈指の重要港となるが、その後衰退した。小説家のジョン・ゴールトは1779年にここで生まれた。

アビンドニア Abindonia ⇒ アビンドン-オン-テムズ Abingdon-on-Thames

アビンドン Abingdon ⇒ アビンドン-オン-テムズ Abingdon-on-Thames

アービントン[1] Irvington ［旧名：Camptown キャンプタウン］（合衆国）

*ニュージャージー（New Jersey）州北東部の町。ニューヨーク市（New York City）の西、16 km に位置する。1690 年に入植が始まり、初期の造船業の拠点となった。スティーブン・フォスターの歌に歌われて不朽のものとなった競馬が行なわれた。

アービントン[2] Irvington ［旧名：Dearman ディアマン］（合衆国）

*ニューヨーク（New York）州南東部の村。*ニューヨーク市（New York City）の北 35 km に位置し、*ハドソン川（Hudson River）に臨む。1655 年に建設された。アービントンの北の郊外にウォルファート・アッカーが建てたオランダ風の家を 1835 年に作家のワシントン・アービングが購入して増築し、サニーサイドと名づけた。アービングは、アメリカ公使としてスペインに赴いた 1842 ～ 1846 年までの間を除き、この家で暮らした。1854 年、アービングを称えて村は改称された。現在サニーサイドは改修され、公開されている。

アービントン[3] Irvington ⇒ **フリーモント[1]** Fremont

アビンドン-オン-テムズ Abingdon-on-Thames ［旧名：1974 ～ 2012 年：Abingdon アビンドン；ラテン語：Abbendun アベンドゥン, Abindonia アビンドニア］（イングランド）

イングランド中南部、*テムズ川[2]（Thames, River）とオック川の合流点に位置する*オックスフォードシャー（Oxfordshire）の町。*オックスフォード[1]（Oxford）の南 9.7 km に位置する。675 年頃の創設になる裕福なベネディクト会の修道院がかつてはあり、中世には学問の重要な中心の一つだった。修道院は 1538 年 2 月 9 日に取り壊された。現在は修道院と附属していた教会の一部が遺っている。1556 年に国王から町として認可された。

アプアニア Apuania ⇒ **カラーラ** Carrara

アファルイッサ Afars and Issas ⇒ **ジブチ** Djibouti

アフィウンカラヒッサル Afiunkarahissar ⇒ **アフィヨンカラヒサル** Afyonkarahisar

アフィヨン Afyon ⇒ **アフィヨンカラヒサル** Afyonkarahisar

アフィヨンカラヒサル Afyonkarahisar ［アフィヨン Afyon］［初期：Afiunkarahissar アフィウンカラヒッサル、Kara Hisar カラヒサル；ギリシア語：Nicopolis ニコポリス］（トルコ）

*アンカラ（Ankara）の南西 225 km ほどのアフィヨンカラヒサル県の県都。*小アジア（Asia Minor）の高原を通る交易路が交差する重要な拠点にあり、かつては*ビザンツ帝国（Byzantine Empire）の一部だったが、11 世紀にセルジューク・トルコに征服され、*ルーム・セルジューク朝（Rum, Sultanate of）の配下に入る。1919 ～ 1922 年の希土戦争の際には戦場となり、その後幾度も支配者が変わったが、1922 年 8 月にトルコの手に落ちた。

アブカイ Abucay （フィリピン）

*ルソン（Luzon）島、バターン州の町。バランガ市の北 5 km に位置する。第 2 次世界大戦中の 1941 年に*日本（Japan）がフィリピンに侵攻してからはアメリカ軍の重要な防衛拠点となり、1942 年 1 月には激戦の舞台となった。

アブカジア Abkhasia ⇒ **アブハジア** Abkhazia

アフガニスタン Afghanistan ［ギリシア語： Bactria バクトリア］（アフガニスタン）

中央アジア南部の国。北は*トルクメニスタン（Turkmenistan）、*ウズベキスタン（Uzbekistan）、*タジキスタン（Tajikistan）に接し、東は*中国（China）、南は*パキスタン（Pakistan）、西は*イラン（Iran）に接する。これらの諸国を結ぶ通路になっているために、政治紛争が絶えず、幾度も政権・国境・同盟国がかわるという歴史をもつ。アフガニスタンはダレイオス1世によって*ペルシア[1]（Persia）に併合される遙か前から文明を持っていた。やがてアレクサンドロス大王の帝国の一部となるが、セレウコス王朝が実権を握り、前310年頃からイラン東部にギリシア人の都市を多数建設する。前255年、*バクトリア（Bactria）の太守が機に乗じてギリシア人の独立王国バクトリアを建設。数多くのギリシア建築がカシミールとペシャワルに遺っているが、その他の面ではギリシアの影響は急速に消えていった。

7世紀にアフガニスタン西部がイスラーム教徒に征服される。のちに幾度も政権は交代し政界再編が起こるが、イスラーム教はこの地域の安定した宗教となる。イスラーム教こそがアフガンののちの歴史の中核をなす統一的要素となるとともに、国民の強い独立心と団結力を生むことにもなった。

1747年、アフガニスタンが王国として成立。1773年にペルシアのアフマド・シャー・ドゥッラーニーが他界した時には、王国は東ペルシア、アフガニスタン、*バルチスタン（Baluchistan）、*カシミール（Kashmir）、*パンジャブ（Punjab）から成っていたが、統治者が次々に交替するうちに、領土がどんどん失われていった。1809年、アフガニスタンはロシアとペルシアに対抗して*イギリス（United Kingdom）と手を結んだが、1838～1842年の第1次アフガン戦争ではイギリスに攻撃される。19世紀は紛争が絶えず、1878～1880年の第2次アフガン戦争ではイギリスとロシアの争いに巻き込まれる形になった。国王アブダル・ラーマン・カーンのもとで1880～1901年は多少の独立国らしさを見せたが、国王は長年インドによる侵攻の入り口となっていた*カイバル峠（Khyber Pass）をイギリスに譲渡。また1893年にはインド、1895年には*ロシア（Russia）との国境も定めた。

第1次世界大戦中は中立を保ち、多くの条約によってイギリス、ロシア、*トルコ（Turkey）、ペルシアから独立国として認められた。1919年、進歩的なアマーヌッラー・ハーンが国王の座につき、1923年に憲法を制定。しかし、その西欧化政策が対立を生み、1929年には失脚した。跡を継いだナーディル・シャーは1933年に暗殺され、その息子ムハンマド・ザーヒル・シャーは1937年にトルコ、*イラク（Iraq）、イランと通商条約を結び、アフガニスタンの近代化を続けた。

第2次世界大戦中にはまた中立を貫き、1940年にソビエト連邦と貿易協定を結び、その後は国連の加盟国にもなった。1950年代と1960年代は政府が経済の近代化と改善のための政策を打ち出した。1973年、君主制が廃止され共和制となる。クーデター後の1979年12月、崩壊寸前だった親ソ連派のアフガニスタン政府を支援するためにソ連が侵攻。ソ連による占領は陰惨を極め、ソ連軍は統制のとれた頑強な抵抗にあう。アフガニスタンの抵抗とソ連国内の諸問題から1989年にはソ連軍が撤退した。1992年、イスラーム教国となるが、派閥・軍閥間の抗争が続いた。1996年、闘争性・女性の弾圧・外国人排除で世界に知られることになるイスラー

ム過激派のタリバンが政権を握る。

2001 年、＊ニューヨーク市（New York City）と＊ワシントン[1]（Washington, D. C.）におけるいわゆる「9.11」の攻撃により、オサマ・ビン・ラディンのテロ組織アルカイダの本拠地としてアフガニスタンに注目が集まった。2001 年 10 月にアメリカとイギリスはウズベク人・タジク人・ハザラ人からなる北部同盟の活動を支援して、タリバンとアルカイダの潜伏拠点を爆撃した。タリバンは首都＊カブール（Kabul）および＊カンダハール（Kandahar）の拠点から追い出された。その多くはパキスタンの国境地帯に逃走するか、パキスタンに逃げ込んだ。タリバンとアルカイダの首謀者らは 2006 年の段階でもなお捕まっていない。2002 年、国民大会議はパシュトゥーン族のハーミド・カルザイを暫定行政機構議長に選出。カルザイ議長は引き続き大統領に選ばれた。都市部を除く地域ではアフガンとアメリカなどの軍隊が戦争を続けているために依然として戦闘状態にある。

アブキール Abukir ［Aboukir］［エジプト語：Abu Qir アブキール］（エジプト）

戦場となったブハイラ県の村。アブキール湾に臨み、＊アレクサンドリア[1]（Alexandria）の北東 23 km に位置する。ナポレオン戦争中、＊地中海（Mediterranean Sea）での＊イギリス（United Kingdom）の覇権を取り戻し、エジプトにおけるフランスの野望を打ち砕くことになる戦争がここで行なわれた。1798 年 8 月 1 日、ナイル川の戦いの際にアブキール湾でフランス艦隊がホレイショー・ネルソン提督の率いるイギリス軍に敗れる。1799 年 7 月 25 日、トルコ軍がナポレオンに敗れたのもここだった。1801 年 3 月 21 日にはまたフランス軍がアバークロンビー将軍率いるイギリス軍に

この村で敗れている。

アフグスタフ Avgustov ⇒ アウグストゥフ Augustów

アブザビ Abu Zabi/Abu Zaby ⇒ アブダビ Abu Dhabi

アブジャ Abuja （ナイジェリア）

ナイジェリア中央の都市で、1991 年より首都。1976 年にナイジェリアの首都に選ばれたものの、都市の建設は遅々として進まず費用も嵩んだ。アブジャは計画都市であるが、今もなお発展途上にあり、まだ旧首都＊ラゴス[1]（Lagos）から移転していない省庁もある。ラゴスが依然としてナイジェリアの中心都市であり、商業の中心となっている。

アブ・シャーライン Abu Shahrain ⇒ エリドゥ Eridu

アブ・シンベル Abu Simbel ［アブ・スンブル Abu Sunbul, イプサンブル Ipsambul］（エジプト）

エジプト最南端、アスワン県の古代遺跡がある地域。＊ナイル川（Nile River）に臨み、＊アスワン（Aswān）の南西 233 km に位置する。古代国家＊ヌビア（Nubia）の跡地にあり、ラムセス 2 世の治世、前 1250 年頃にナイル川沿いの砂岩質の崖を切り崩して造られた二つの神殿がある。神殿は 1812 年に発見されたが、のちにアスワンハイダム建設による増水のため水没の危険にさらされる。1960 年代にはユネスコによる救済活動が行なわれ、神殿はそれぞれ切断されて、60 メートルほど高い土地に移転して組み立てられた。大きな方の神殿の正面には高さ 18 メートルの像が 4 体並んでいる。

68　アフスニ

アプスニ Apsny ⇒ アブハジア Abkhazia

アブ・スンブル Abu Sunbul ⇒ アブ・シンベル Abu Simbel

アブダビ Abu Dhabi [アラビア語：Abū Zabi/Abū Zaby アブザビ]（アラブ首長国連邦）
＊オマーン（Oman）と＊ドバイ（Dubai）の西、ペルシア湾に臨む＊アラビア半島（Arabian Peninsula）東の首長国。首都はアブダビ市。1892年、＊イギリス（United Kingdom）の保護国となるが、1971年12月2日に独立し、他の首長国6カ国と共にアラブ首長国連邦を構成する。最大にして最も富裕な首長国であり、首長国連邦の首都が置かれている。

アプタ・ユリア Apta Julia ⇒ アプト Apt

アブダリ Abdali（イエメン）
＊アラビア半島（Arabian Peninsula）南部のもとスルタンの領土。現在の＊アデン（Aden）の北に位置し、首都はラヒジュだった。1728年からスルタンの国として独立し、アデンを占有してアラビア半島南部では有数の強国となる。1839年にアデンが＊イギリス（United Kingdom）に占領されたのち、イギリスと条約を結び、1937年にはアデンがイギリスの植民地となった。1967年、＊南イエメン（Southern Yemen）の一地方となる。南イエメンは現在イエメン共和国（1990年に北イエメンと南イエメンが統一された）の一部となっている。

アフチアル Akhtiar ⇒ セバストポリ² Sevastopol

アブディラ Avdira ⇒ アブデーラ Abdera

アブデラ Abdera ⇒ アドラ Adra（スペイン）

アブデーラ Abdera [アブディラ Avdira]（ギリシア）
古代ギリシアの町。＊クサンシ（Xanthi）の南東19kmに位置する。＊トラキア（Thrace）のブルストラ岬にあり、前655年頃、＊クラゾメナイ（Clazomenae）から来た入植者が建設したが、前550年頃にトラキア人によって破壊され、前545年頃に＊テオス（Teos）から逃れてきたイオニア人らの手で再建される。前352年、＊マケドニア王国（Macedon, Empire of）のフィリッポス2世に占領され、前170年頃にはローマ人によって町が荒らされ略奪されて、それ以降は衰退した。ギリシアの哲学者プロタゴラス（前490頃）とデモクリトス（前460頃）生誕の地。現在も人家があり、数多くの遺跡が見られる。

アプト Apt [ラテン語：Apta Julia アプタ・ユリア]（フランス）
＊アビニョン（Avignon）の東46kmに位置するボークリューズ県の町。＊ガリア（Gallia）征服の際にローマ人に占領される。町はユリウス・カエサルに愛され、その名にちなんで「ユリア」が町名に入れられた。3世紀から司教座が置かれる。現在、古代ローマの遺跡が数多く見られ、ロマネスク様式の教会もある。

アブドウ Abdou ⇒ アビドス¹ Abydos（エジプト）

アブハジア Abkhazia [アプスニ Apsny, アブカジア Abkhasia, アブハジア自治共和国 Abkhaz Autonomous Republic]（ジョージア〔グルジア〕）
＊カフカス山脈（Caucasus Mountains）と＊黒海（Black Sea）の間に位置するジョージア〔グルジア〕北西部の自治共和国。首都は＊スフミ（Sukhumi）。前6世紀にギリシアの植民地にされた後、＊ローマ帝国（Roman

Empire）と*ビザンツ帝国（Byzantine Empire）の支配を受ける。8世紀にアブハーズ人の首長のもとで独立王国となり、10世紀にジョージアの一部となった。1578年、*オスマン帝国（Ottoman Empire）に征服され、1810年にロシアの保護領となり、1864年には完全に併合される。1921年、ソビエト連邦の自治共和国となる。1991年にジョージアが独立し、1992～1993年にジョージア軍との交戦でジョージアを退けてからはジョージアの支配をほとんど受けることもなくなり、自治権を持った共和国となる。戦中と戦後には少数民族のジョージア人が大勢国外に退去し、ロシアの平和維持軍が停戦を維持した。臨時政府がアプスニ共和国として独立を宣言。1999年、住民投票で憲法を承認。1993年以降自治を続けているが、アブハジアの独立は国際的にはほとんど認められておらず、2003年のジョージアの「バラ革命」以来、ジョージアと協定を結ぶように国際的な圧力が強まっている。

アブハジア自治共和国 Abkhaz Autonomous Republic ⇒ アブハジア Abkhazia

アフバーズ Ahvaz ［アフワーズ Ahwaz］（イラン）
*ホッラムシャフル（Khorramshahr）の北112 kmに位置し、カールーン川に臨む*フージスターン（Khuzestan）州の州都。中世にはアラブの貿易の重要な拠点だった。20世紀になると急速に発展し、原油の豊かなフージスターン州の輸送と産業の中心となる。そのため、1980年のイラン・イラク戦争の際にはイラクから攻撃目標にされ、大きな被害がでた。

アブビル¹ Abbeville ［ラテン語：Abbatis Villa アバティス・ウィラ］（フランス）
フランス北部、ソンム県の町。*アミアン（Amiens）の北西13 kmに位置し、*ソンム川（Somme River）に臨む。9世紀にサン・リキエ修道院の管轄する地域として設立され、1272年にイングランドの領地になり*ポンティユー（Ponthieu）の首都にされた。1514年、ルイ12世と*イングランド（England）国王ヘンリ8世の妹メアリーの結婚式が行なわれた。1844年には前期旧石器時代の石器が発見され、アブビル文化の標準遺跡となる。第1次世界大戦中は連合軍の基地が置かれ、第2次世界大戦ではドイツに占領された。

アブビル² Abbeville （合衆国）
*サウスカロライナ（South Carolina）州北西部の都市で、*ジョージア¹（Georgia）州のオーガスタの北西105 kmに位置する。アメリカ南部連合国の歴史上重要な都市であり、1860年11月22日に南北分離論者の総会が初めて開催された。1865年5月2日に最後のアメリカ南部連合国の閣議がジェファーソン・デイビスの指導下で開かれた。

アフベナンマー Ahvenanmaa ⇒ オーランド諸島 Åland Islands

アフマダーバード Ahmadabad ⇒ アーメダバード Ahmedabad

アフマドナガル Ahmadnagar ［アーメドナガル Ahmednagar］（インド）
*ムンバイ（Mumbai）の東200 kmに位置し、シナ川に臨む*マハラシュトラ（Maharashtra）州の都市。1494年、アフマド・ニザム・シャーにより建設され、*デカン（Deccan）のイスラーム教5王国の一つの首都となる。1599年、アクバル皇帝治下の*ムガル帝国（Mogul Empire）に征服された。1760年、マラータ族に占領され、1803年には*イ

ギリス（United Kingdom）の手に落ちた。

アブラ Abula ⇒ アビラ Ávila

アプラ港 Apra Harbor［ポート・アプラ Port Apra］［スペイン語：San Luis d'Apra サン・ルイス・ダプラ］（合衆国）

太平洋西部の*マリアナ諸島（Mariana Islands）の*グアム（Guam）西海岸の港。*アガニャ（Agana）の南西 8 km に位置する。第 2 次世界大戦中の 1944 年 7 月 21 日、連合軍が上陸し、*日本（Japan）が 1941 年 12 月から占領していたグアムを奪還する。港の南側にあるオロテ半島はグアム島での日本軍最後の戦場となった。

アブランクール Havrincourt（フランス）

フランス北部、*アラス（Arras）の南東 30 km に位置する、パ・ド・カレー県の村。第 1 次世界大戦時中の 1918 年に激戦地となった。

アブランシュ Avranches（フランス）

*ノルマンディー（Normandy）地方マンシュ県の町。*カーン[1]（Caen）の南西 88 km に位置し、*イギリス海峡（English Channel）に臨む。ローマ時代の重要都市で、中世には宗教と学問の中心地だった。1172 年、トマス・ベケット大司教の暗殺後にイングランドのヘンリ 2 世と教会がこの町で和解する。百年戦争の間に町が破壊される。第 2 次世界大戦中の 1944 年 7 月 25 日〜31 日まで連合軍の大規模な攻撃の場となり、戦いで町は破壊された。現在は*モン・サン・ミシェル（Mont-Saint-Michel）に近いために大勢の観光客が訪れる観光地となっている。

アブランテス Abrantes［ラテン語：Aurantes アウランテス］（ポルトガル）

タホ川に臨むサンタレン県の町。*サンタレン（Santarém）の東北東 51 km に位置する。*リスボン（Lisbon）へ向かう径路の重要な拠点にあり、1148 年にポルトガル王アフォンソ 1 世がムーア人から奪還し、ポルトガルの国境を示す町とした。1807 年 11 月 24 日、ナポレオン戦争中に起きたイベリア半島での戦争でジャン・アンドシュ・ジュノー将軍率いるフランス軍が勝利を収めた町。ジュノー将軍はその武功によりアブランテス公爵の爵位を授与される。

アフリカ・プロコンスラリス Africa Proconsularis ⇒ ローマ領アフリカ Africa, Roman

アーブル Havre ⇒ ル・アーブル Le Havre

アブルッツォ Abruzzi［伊：Abruzzo アブルッツォ］（イタリア）

*アペニン山脈（Apennine Mountains）中央の州。*ラツィオ〔ラティウム〕（Latium）州と*アドリア海（Adriatic Sea）に挟まれ、州都は*ラクイラ（L'Aquila）。前 4 世紀にローマに支配され、後 6 〜 11 世紀まではランゴバルド人の支配する*スポレート（Spoleto）公国の一部となった。1266 〜 1860 年まで*ナポリ（Naples）王国の一部となり、1860 年にはイタリア王国に加わる。1965 年まではモリーゼ州と共にアブルッツォ・エ・モリーゼ州を形成していた。

アプルム Apulum ⇒ アルバ・ユリア Alba Iulia

アーブロース Arbroath［アバーブロソク Aberbrothock, アバーブロスウィック Aberbrothwick］（スコットランド）

*ダンディー[1]（Dundee）の東北東 29 km に位置し、*北海[1]（North Sea）に臨む*テイサイド（Tayside）県の港町。獅子王ウィリアム 1 世が 1178 年 8 月 9 日に建設したベネディクト会の有名な大修道院がある。1320 年 4 月、*イングランド（England）からの独立をローマ教皇ヨハネス 22 世とヨーロッパ諸国に明らかにするためにスコットランドの議員がここに集まって《アーブロース宣言》を採択した。

アフロディシアス Aphrodisias（トルコ）

*アイドゥン[1]（Aydin）の東南東 80 km に位置する*カリア（Caria）の古代都市。ビーナス（アフロディーテー）信仰の中心地で、ローマのスラ、カエサル、アウグストゥスに愛され繁栄した。良質の大理石を産出する採石場をもち、まもなく大理石で知られる都市となり、彫刻学校が設立された。ビザンツ帝国時代初期には重要な都市となる。トルコのケナン・T・エリムにより発掘が行なわれ、数多くの彫刻が発見されて、現在は地元の博物館に収められている。神殿・劇場・競技場・音楽堂の遺跡の保存状態は極めて良好。

アブロトナム Abrotonum ⇒ **サブラタ** Sabrata

アブロナ Avlona ⇒ **ブローラ** Vlorë

アフワーズ Ahwaz ⇒ **アフバーズ** Ahvaz

アベイロ Aveiro［ラテン語：Talabriga タラブリガ］（ポルトガル）

ポルトガル中部、セントロ地方の港湾都市。*オポルト（Oporto）の南 58 km に位置する。古代ローマの町だったが、16 世紀に*ニューファンドランド（Newfoundland）の沖合でタラ漁をしていたジョアン・アフォンソの船団の基地として有名になる。

アベオクタ Abeokuta（ナイジェリア）

ナイジェリア南西部、オグン州の州都。*ラゴス[1]（Lagos）の北 97 km に位置し、オグン川に臨む。内乱と奴隷商人から逃れてきたエグバ族が 1830 年頃に建設した町で、ヨルバ族の難民とイングランド教会とバプテスト教会の宣教師らも住んだ。交易の拠点として重要度を増し、エグバ族にとっては首都となる。その結果、*ベナン（Benin）、当時のダオメーと紛争が起きたが、1851 年と 1864 年の 2 度にわたってダオメーからの侵略部隊を退けた。1893 年のヨルバ族の内乱以降、*イギリス（United Kingdom）はエグバ統一政府を認め、1914 年にはアベオクタをナイジェリアの植民地に統合した。

アペニーニ Appennini ⇒ **アペニン山脈** Apennine Mountains

アペニン山脈 Apennine Mountains［伊：Appennini アペニーニ］（イタリア）

イタリア半島を北東から南西に走る山脈。東側は*アドリア海（Adriatic Sea）へと険しく、西側は比較的ゆるやかに傾斜して広い平野へと至り、エトルリア、ローマ、イタリアの大都市の多くが並んでいる。第 2 次世界大戦中、イタリア方面作戦ではドイツ軍がアペニン山脈を防御壁として活用。これが 1943 ～ 1945 年までドイツ軍の攻略を遅らせたいわゆる「ゴシック線」である。

アベママ島 Abemama Atoll［アパママ Apamama］［旧名：Roger Simpson Island ロジャー・シンプソン島］（キリバス）

中央太平洋西部の旧名ギルバート諸島にある環状サンゴ島。19 世紀は地元の豪族が治めていた。1892 年、*イギリス（United Kingdom）はこの島でギルバート諸島を併合。第 2 次世界大戦中の 1942 〜 1943 年までは日本に占領され、その後は引き続き米軍の支配を受けた。

アベラ Avela ⇒ アビラ Ávila

アベリストウィス Aberystwith（ウェールズ）

ウェールズ西部、カーディガン湾に臨む町。ケレディジョン州*スウォンジー[2]（Swansea）の北 89 km に位置する。13 世紀にエドワード 1 世が要塞型の城を建設し、1277 年に町に勅許が与えられた。ウェールズ文化の中心地となり、1872 年にウェールズ大学最初の学寮（コレッジ）が創設された。ランバダーンバウルの郊外には中世のころ学問とケルト系キリスト教の中心だった教会がある。

アベリヌム Abellinum ⇒ アベリーノ Avellino

アベリーノ Avellino［ラテン語：Abellinum アベリヌム］（イタリア）

アベリーノ県の県都。*ナポリ（Naples）の東北東 48 km に位置し、サバト川に臨む。初めヒルピニ族が住んでいたが、8 世紀にランゴバルド人に占領され、10 世紀にはオットー 1 世の襲撃を受ける。1130 年、対立教皇であるアナクレトゥス 2 世が自分を支持してくれたルッジェーロ 2 世をここで国王として正式に認めた。

アベルサ Aversa（イタリア）

*カンパニア（Campania）州カゼルタ県の町。*ナポリ（Naples）の北北西 16 km に位置する。1030 年、ナポリ公からノルマン人に与えられ、ノルマン人にとってイタリアで初めての居住基盤となる。1528 年 8 月 30 日、神聖ローマ帝国皇帝カール 5 世がこの町でフランス軍を破る。復元された 11 世紀の城と大聖堂があり、古代には近くにアテッラの町があった。

アベルタウエ Abertawe ⇒ スウォンジー[2] Swansea

アベルノ湖 Avernus, Lake［伊：Lago d'Aberno ラーゴ・ダベルノ；ラテン語：Lacus Avernus ラクス・アウェルヌス］（イタリア）

*カンパニア（Campania）州*ナポリ（Naples）の西 16 km に位置する小さな火口湖。硫黄を含んだ蒸気を噴出するために、ウェルギリウスの時代のローマ人は地獄の入り口と見なした。アグリッパの指揮する海軍の軍港にもなった。*クマエ〔クーマイ〕（Cumae）の遺跡が附近にある。

アーヘン Aachen［バド・アーヘン Bad Aachen］［仏：Aix-la-Chapelle エクス - ラ - シャペル；ラテン語：Aquis Granum アキス・グラヌム］（ドイツ）

*ノルト・ライン - ウェストファーレン（North Rhine-Westphalia）州の都市。ベルギーとオランダの国境附近、*ケルン（Cologne）の西南西 65km に位置する。古代ローマの温泉保養地で、前 124 年にグラッスが建設し、のちにカール大帝が好んで住むようになり、現在は大帝が埋葬されている。813 〜 1531 年まで*神聖ローマ帝国（Holy Roman Empire）の戴冠式が行なわれる都市となり、1166 年にはカール大帝を列聖した分裂教会の本拠地となる。1668 年と 1748 年には和約が結ばれ、それぞれフランドル戦争とオーストリア継承戦争を終結させた。1794 年にフランス軍の侵攻

を受けて、1801年には*フランス（France）に併合された。1815年のウィーン会議の後、*プロイセン（Prussia）の一部となり、第1次世界大戦以降1930年までは連合国に占領された。第2次世界大戦中は激しい爆撃のため大きな被害を受け、1944年10月21日には連合軍の手に落ちたドイツで最初の重要都市となる。以来、復興され今日に至る。ヨーロッパで国境をまたいで初めて建設されたアバンティス工業団地はアーヘン市の北、オランダの国境附近にある。

アーベンスベルク Abensberg（ドイツ）

ドイツ南東部、*バイエルン（Bavaria）州の都市。*レーゲンスブルク（Regensburg）の南西29 kmに位置する。ナポレオン戦争中、1809年4月19日〜23日までのアーベンスブルク・エックミュールの戦いでは戦場となった。この戦いでナポレオンの率いるフランス軍がカール大公率いるオーストリア軍を退けた。*オーストリア（Austria）はこの敗北により、*フランス（France）に対して中立ないしは同盟を維持してきたドイツからの支援を失った。

アベンティクム Aventicum ⇒ アバンシュ Avenches

アベンドゥン Abbendun ⇒ アビンドン - オン - テムズ Abingdon-on-Thames

アベンヌ Avesnes［アベンヌ - シュル - エルプ Avesnes-sur-Helpe］（フランス）

フランス北部、エルプ川に臨む町。*モブージュ（Maubeuge）の南19 kmに位置する。*フランドル（Flanders）の一部をなしていたが、12世紀に特許状を与えられて、織物で栄えた。1557年、*サン - カンタン（Saint-Quentin）の戦い後はスペイン領オランダに併合され、1659年にはフランスに譲渡される。2度の世界大戦ではドイツ軍に占領され、1944年には13世紀の教会が損害を受けた。

アベンヌ - シュル - エルプ Avesnes-sur-Helpe ⇒ アベンヌ Avesnes

アーペンラーデ Apenrade ⇒ オーベンロー Åbenrå

アボノティコス Abonouteichos ⇒ イネボル Inebolu

アポマトックス Appomattox（合衆国）

*リンチバーグ（Lynchburg）の東32 kmに位置する*バージニア（Virginia）州中南部の町。1865年4月9日、ロバート・E・リーの率いる南軍がユリシーズ・S・グラントの指揮する北軍に降伏し、この町で南北戦争が終結した。1940年に国立歴史史跡に指定される。

アボメー Abomey（ベナン）

ベナン南部、ズー県の町。*ポルト - ノボ（Porto-Novo）の北西105 kmに位置する。1625年頃、アクリン王がアボメー王国の首都として建設。王国はのちにダオメーとなり、さらに*ベナン（Benin）となる。1892年、アルフレッド・ドッツ将軍の率いるフランス軍によって占領され焼かれた。王宮と墓は今もなお見ることができる。王宮は1985年にユネスコの世界文化遺産に登録された。

アポロニア¹ Apollonia［近現代：Sozopol ソゾポル］（ブルガリア）

ブルガスの南南東、*黒海（Black Sea）に臨むギリシアの植民地。アポロニアと名づけられた古代都市は数多くあるが、その

中でも重要度の高い都市。前620年頃、*ミレトス（Miletus）の出身と思われるイオニア系ギリシア人により建設され、北ヨーロッパからの塩・琥珀・鉄を扱う重要な貿易の中心地となる。ソゾポルの村は現在も古代のアポロニアの跡地にある。

アポロニア² Apollonia（イスラエル）⇒ アルスフ Arsuf

アポロノポリス・マグナ Apollinopolis Magna ⇒ エドフ Edfu

アボン・ダブルドウイ Afon Dyfrdwy ⇒ ディー川 Dee River

アーマー Armagh（北アイルランド）
*ベルファスト（Belfast）の南西56 kmに位置するアーマー州の町。アイルランドの宗教上の中心地で、パトリキウス（聖パトリック）により西暦450年頃に建設され、パトリキウスは司教となる。その神学はヨーロッパに広く知られるところとなった。現在はプロテスタントの主教座が置かれている。

天草 Amakusa ⇒ 島原 Shimabara

アマースト Amherst［仏：Les Planches レ・プランシュ］（カナダ）
マンクトンの東南東48 kmに位置する*ノバスコシア（Nova Scotia）西部の町。*アカディア（Acadia）の村だった1759年にイギリスがフランスから奪い、町名を変更した。18世紀の二つの要塞跡が現在も見られる。

アマーストバーグ Amherstburg（カナダ）
*ミシガン（Michigan）州*デトロイト（Detroit）の南東32 kmに位置するデトロイト川に臨むカナダ、*オンタリオ（Ontario）州南部の町。1797年、デトロイトがアメリカに割譲されたので、この町にイギリス人がフォート・モールデンを建てた。1812年の戦争〔アメリカ・イギリス戦争〕の際にはフォート・モールデンが辺境駐屯地となったが、1813年にはアメリカの手に落ちた。現在はフォート・モールデン国立史跡公園がある。

アマスヤ Amasya［古代：Amasia アマセイア］（トルコ）
*サムスン（Samsun）の南西77 kmに位置するイェシル川に臨むアマスヤ県の町。前4世紀～後1世紀までギリシアの*ポントス（Pontus）王国の首都。ポンペイウスの率いるローマ軍が前65年にアマスヤを征服し、自由都市にした。のちにオスマン帝国の皇帝たちの居住地となる。遺跡としては、ポントス王国の王たちの石に刻み込んだ墳墓や古代の首都の市壁が一部遺っている。前60年にギリシアの地理学者ストラボンが誕生した町。

アマセイア Amasia ⇒ アマスヤ Amasya

アマゾン川 Amazon River［ポルトガル語：Rio Amazonas リオ・アマゾナス；スペイン語：Rio de las Amazonas リオ・デ・ラス・アマゾナス，Rio Orellana リオ・オレラナ］
南米の川。世界最大の数量を誇る川。ペルーの*アンデス山脈（Andes, The）のウカヤリ川から始まりブラジルの東から北へと約6,400kmを流れて大西洋に注ぐ。1500年にスペインの探検家ビセンテ・ヤネス・ピンソンが発見し、1540～1541年にはさらにフランシスコ・デ・オレリャーナが探検をした。1853年からは汽船の航行が始まる。1867年、ブラジルはアマゾン川をすべての国籍の船に開放を決め

た。1880 ～ 1910 年まで天然ゴムの生産地
として賑わった。

アマナ Amana （合衆国）

*シーダー・ラピッズ（Cedar Rapids）の南
西 27 km に位置する*アイオワ（Iowa）州
東部の村。1855 年にドイツのプロテスタ
ントの一派が設立した村で、最初は*ニ
ューヨーク（New York）州*バッファロー
（Buffalo）の附近にあった。クリスチャン・
メッツの指導の下、アマナ会の名で知ら
れる七つの村からなる共同社会に発展し
た。1932 年には宗教活動と経済活動を分
離し、会社組織となる。アメリカでは屈
指の共同社会を形成して今日に至ってい
る。

アマラ 'Amara ［クッテル - アマラ Kut-el-Amara］ （イラク）

*バスラ[1]（Basra）の北西 160 km に位置
する*チグリス川（Tigris River）に臨む町。
1915 年、第 1 次世界大戦時にイギリス軍
が*バグダード（Baghdad）に侵攻した際、
メソポタミア戦線でチャールズ・タウン
ゼンド将軍によって占領された。

アマラーバティー Amaravati （インド）

*グントゥール（Guntur）の北西 35km に
位置するクリシュナ川に臨む*アンドラ・
プラデシュ（Andhra Pradesh）州の遺跡。前 1
世紀〜後 3 世紀まで*アンドラ[1]（Andhra）
王国の首都だった。精巧な彫刻が施され
た後 1 世紀の仏教寺院が遺っている遺跡
として有名。

アマラプラ Amarapura （ミャンマー）

*マンダレー（Mandalay）の南 6.5km に位
置する*イラワジ川（Irrawaddy River）に臨
むマンダレー管区の町。1783 年にボード
ーパヤー王がビルマの首都として建設し、

1823 ～ 1837 年までを除き、1860 年まで
首都だったが、その後はマンダレーが首
都となる。

アマーリェンボーグ Amalienborg ⇒ シャー ロット・アマリー Charlotte Amalie

アマルフィ Amalfi （イタリア）

*ナポリ（Naples）の南東 37km に位置する
サレルノ湾に臨む*カンパニア（Campania）
州の町。東ローマ帝国の支配を受けたが、
839 年にはイタリアで最初の独立した共和
国となる。9 ～ 11 世紀まで海洋国として
繁栄し、*ビザンツ帝国（Byzantine Empire）
との貿易の中心地となった。ノルマン人
に征服され、1135 年と 1137 年には*ピサ[2]
（Pisa）に町を荒らされた。航海に関わる法
律である「アマルフィ海法」は 18 世紀半
ばまで*地中海（Mediterranean Sea）世界で利
用された。

アミアン Amiens ［ラテン語：Ambianum アンビ アヌム, Samarobriva サマロブリウァ］（フランス）

*パリ（Paris）の北 128 km に位置し、*ソ
ンム川（Somme River）に臨む*ピカルディ
（Picardy）地域圏ソンム県の県都。最初は
ガリア人の一部族アンビアニ人の集落の
中心地だったが、ローマの属州ベルギカ・
セクンダに併合され、のちに大司教座
が置かれる。中世には伯爵領の首都とな
る。1471 年、ルイ 11 世が*ブルゴーニュ
（Burgundy）の勇胆公シャルルから奪い取る。
その後、1790 年までピカルディ地方の首
都。1802 年 3 月 27 日、第 2 次対仏大同盟
のナポレオン戦争を終結させる英仏の和
約がアミアンで調印された。第 1 次世界
大戦中の 1916 年 11 月、*アンクル川（Ancre
River）の堤防附近に初めて戦車が導入さ
れ、連合軍がドイツへと進攻を果たした。
1918 年にも連合軍がドイツ軍を攻撃した

76　アミソス

際の戦場になった。第2次世界大戦では
ドイツに占領され、甚大な被害を受けた。

アミソス Amisus ⇒ **サムスン Samsun**

アミダ Amida ⇒ **ディヤルバクル Diyarbakir**

アミテルヌム Amiternum［アミテルネ
Amiterne］［伊：San Vittorino サン・ビットリーノ］
（イタリア）
　*ローマ（Rome）の北東96 kmに位置す
る*ラツィオ〔ラティウム〕（Latium）のラ
クイラ州の古代都市。初めはサビニ人の
町だったが、前293年にローマ人に征服
される。歴史家サルスティウスが前86年
にこの町で生まれた。古代ローマの遺跡
が数多く見られる。

アミテルネ Amiterne ⇒ **アミテルヌム
Amiternum**

アミュークライ Amyklai ⇒ **アミュークラエ
Amyclae**

アミュークラエ Amyclae［アミュークライ
Amyklai］（ギリシア）
　*ペロポネソス（Pelóponnesus）半島の古代
都市。*ラコニア[1]（Laconia）の*スパルタ
（Sparta）の南6.4 kmに位置する。古代に
はラコニアの平原にあるアカイア人の大
都市だった。長い争いの末、前8世紀に
スパルタが支配するようになった。ギリ
シア神話ではカストールとポリュデウケ
ースが住んでいた土地。
　⇒ **アカイア Achaea**

アーミン街道 Ermine Street［Ermin Street］（イ
ングランド）
　古代ローマ人が造った幹線道路の一つ
で、*ロンドン（London）から*ヨーク[1]（York）

まで続く。ローマ時代のブリテン島を走
る4幹線路の一つ。名称の由来になった
アーニンガズ族の居地である*ケンブリッ
ジシャー（Cambridgeshire）を貫いて通って
いる。*シルチェスター（Silchester）と*グ
ロスター[1]（Gloucester）の間の道路もアー
ミン街道と呼ばれる。
　⇒ **イクニールド街道 Icknield Way, ウォ
トリング街道 Watling Street, フォス街道
Fosse Way**

アム Ham（フランス）
　フランス北部ソンム県の町。*アミアン
（Amiens）の南東56 kmに位置し、*ソンム
川（Somme River）に臨む。かつて政治犯を
幽閉する監獄として使われた15世紀の城
塞の廃墟がある。ジャンヌ・ダルクやル
イ・ナポレオンもこの城塞に囚われ、ルイ・
ナポレオンは1840年に投獄されて1846
年に脱獄した。第1次世界大戦中の特に
1917年3月に、また第2次世界大戦中に
大きな被害を受けた。12～13世紀に建て
られた教会と古代の地下墓所がある。

アムステルダム Amsterdam［旧名：Veedersburg
ビーダーズバーグ］（合衆国）
　*オールバニー（Albany）の北西48 kmに
位置し、モホーク川に臨む*ニューヨーク
（New York）州東部の都市。1783年に入植
者が定住し、*モホーク・トレイル（Mohawk
Trail）にある辺境の植民地だったが、やが
て産業の重要な中心地に発展する。1755
～1774年までインディアン問題の監督官
を務めたイギリスのサー・ウィリアム・
ジョンソンが建てた屋敷ガイ・パーク・
マナーとフォート・ジョンソンがある。

アムステルダム Amsterdam（オランダ）
　オランダの首都。*北海[1]（North Sea）に
近い*ノルトホラント（North Holland）州の

都市で、*ハーグ（Hague, The）の北東48
km、アイ川とアムステル川の合流地点に
位置する。1300年に建設許可が与えられ、
1369年に*ハンザ同盟（Hanseatic League）に
加わる。1578年、*スペイン（Spain）の支
配に対する反乱に参加。17世紀には商業
の中心地として繁栄し、ヨーロッパ各地
からの難民を受け入れて急速に発展した。
1787年、プロイセン人に占領され、フ
ランス革命戦争時の1795年には*フラン
ス（France）に支配され、*バタビア共和国
（Batavian Republic）の首都となる。1806年、
オランダ王国の首都となり、1810年には
フランス帝国の一部となる。1814年のナ
ポレオンの失脚を受けて、オランダ連合
王国の首都になった。第2次世界大戦中
の1940年5月〜1945年5月まで*ドイツ
（Germany）に占領され、7万5千人のユダ
ヤ人国民の大半を失う。現在はオランダ
最大の都市。

アム・ダリヤ Amu Darya ［アムダリヤ
Amudarya］［古代：Oxus オクサス；アラビア語：
Jayhun ジャイフン］（ウズベキスタン、トルクメ
ニスタン、タジキスタン、アフガニスタン）
中央アジアの川。*パミール高原（Pamir）
に発し、西および北西に2,528 km流れて
アラル海に注ぐ。古代には移民・侵略・
交易のための重要な径路だった。*ソグデ
ィアナ（Sogdiana）と*バクトリア（Bactria）
の境界をなし、前550〜前530年には*ペ
ルシア[1]（Persia）のキュロス、のちには*マ
ケドニア（Macedonia）のアレクサンドロ
ス大王が各地を征服する際に重要な拠点
となった。中世にはイスラーム教徒とモ
ンゴル人の諸国を分ける境界になった。
1885年と1895年、イギリスとロシアの合
意により争いの種だったロシア・アフガ
ニスタンの国境がこの川の長さ320 kmの
部分に定められた。現在はウズベキスタ

ンとトルクメニスタンの国境線、さらに
アフガニスタン、ウズベキスタン、タジ
キスタンの国境線にもなっている。アム・
ダリヤ川とその支流から取水するために、
アラル海の水が不足して、湖岸線が退行
し、塩分濃度が上がり、露出した湖底か
ら塩が飛んできて住民の健康をそこなっ
ている。

アムチトカ Amchitka（合衆国）
*アラスカ（Alaska）の沖合、キスカの東南
東96 kmに位置する*アリューシャン列
島（Aleutian Islands）の島。第2次世界大戦
中の1942年、対日本軍の作戦のためアメ
リカの空軍基地が置かれた。1967年には
核兵器の地下実験場に選ばれた。最初の
実験が行なわれたのは1971年11月6日。

アムハラ Amhara（エチオピア）
アフリカ北東、現在のエチオピア北部に
あった旧王国。首都は*ゴンダル（Gonder）
だった。1270〜1855年までエチオピアを
支配した。1855年にエチオピアはテオド
ロス2世のもとで統一される。現代のエ
チオピアはアムハラ王国から公用語をは
じめ多くの文化を受け継いでいる。

アムリッツアル Amritsar（インド）
*ラホール（Lahore）の東51 kmに位置す
る*パンジャブ（Punjab）州の都市。シク教
徒の聖都で、1574年に第4代導師ラム・
ダスが建設した。第5代導師アルジュン
が建立したゴールデンテンプル（ハルマ
ンダル寺院）で有名。1919年4月13日、
アムリッツアル虐殺事件が起き、治安維
持法に反対して抗議集会を行なったガン
ディーの支持者数百人がイギリス軍によ
って殺害された。1984年、インド軍がゴ
ールデンテンプルから武装勢力を排除し、
市民に大勢の死傷者が出た。

アムリト Amrit [ワラサス Warathus] (シリア)

*トリポリ (Tripoli) の北 48 km に位置する*地中海 (Mediterranean Sea) に臨むラタキア県の町。前 2000 ～前 1000 年に*フェニキア (Phoenicia) からの入植者が建設した町で、世界で唯一保存状態の良いフェニキア人の神殿の遺跡が見られる。

アムール Amul ⇒ アモール Amol

アムール川 Amur River [中国語：ヘイロンチャン〔黒龍江〕] (中国、ロシア)

東アジアの川。中国とロシアの国境を南東に 1,760 km 流れて北東に向かいロシアを通って、*サハリン (Sakhalin) 島の対岸にあるタタール海峡へと注ぐ。1649 ～ 1651 年までハバロフ〔ロシアの探検家。1610 ?～ 1667 ?〕が探検して以来、中国とロシアの領土問題の対象になっている。1689 年の*ネルチンスク (Nerchinsk) 条約により、2 ヵ所の川岸が中国領であることをロシアが認めたのだが、アイグン条約によりロシアはウスリー川との合流点より下流の左右両岸の領有権を取り戻した。中国は今もなおこの条約には異議を唱えている。

アムロハ Amroha (インド)

*モラーダーバード (Moradabad) の北西 32 km に位置し、ソト川に臨む*ウッタル・プラデシュ (Uttar Pradesh) 州の町。重要な巡礼地で、数多くのモスクがあり、イスラーム教の聖人シャイフ・サッドゥの霊廟がある。1304 年、モンゴルの侵略軍が、ハルジー朝のアラーウッディーンによってこの町の近くで全滅させられた。

アメイシアル Ameixial (ポルトガル)

*エボラ (Évora) の北北東 40 km に位置するエボラ県の村。解放を目指して*スペイン (Spain) と戦争中だった 1663 年 6 月 8 日、ションベルク公の指揮するポルトガル軍が、フアン・デ・アウストリアの率いるスペイン軍を破った。これを皮切りに次々に勝利を重ね、1668 年にスペインはポルトガルの独立を認めざるを得なくなった。

アメカメカ Amecameca [アメカメカ・デ・フアレス Amecameca de Juárez] (メキシコ)

*ポポカテペトル (Popocatépetl) とイスタクシワトルの火山のふもとにあるメキシコ州の都市。*メキシコ・シティ (Mexico City) の南東 51 km に位置する。有名なキリスト教の聖域であるサクロ・モンテがあり、メキシコでも屈指の参詣の地となっている。
⇒ グアダルーペ・イダルゴ Guadalupe Hidalgo

アメカメカ・デ・フアレス Amecameca de Juárez ⇒ アメカメカ Amecameca

アーメダバード Ahmedabad [アフマダーバード Ahmadabad] (インド)

*ムンバイ (Mumbai) の北 448 km に位置し、サバルマティ川に臨む*グジャラート (Gujarat) 州の都市。1412 年にアフマド・シャーが建設。1573 年、アクバル皇帝治下の*ムガル帝国 (Mogul Empire) に征服され、交易の中心地として繁栄した。1619 年、交易所がイギリス人により開かれ、それから 200 年にわたってイギリス人がこの都市を支配する。現代になるとマハトマ・ガンディーの民族運動の拠点となり、1933 年にはこの土地でガンディーは逮捕された。今も壮麗なモスクと寺院が数多く見られる。

アーメドナガル Ahmednagar ⇒ アフマドナガル Ahmadnagar

アメリア Amelia [ラテン語：Ameria アメリア]
（イタリア）

*ウンブリア（Umbria）州*テルニ（Terni）の西 19 km に位置するテルニ県の町。プリニウスによると、*ローマ（Rome）が造られる 3 世紀前に建設された町だという。西暦 340 年に司教区になった。ローマ時代の遺跡や中世の大聖堂、多角形の堂々たる四壁の一部が遺っている。

アメリカ合衆国 United States of America/USA

北アメリカの*カナダ（Canada）の南から*メキシコ（Mexico）の北までを主な領土とする国家。北アメリカの北西端にある*アラスカ（Alaska）州、*サンフランシスコ[1]（San Francisco）の南西 4,800km の太平洋の島々からなる*ハワイ（Hawaii）州、*プエルトリコ自治領（Puerto Rico, Commonwealth）、西インド諸島の*バージン諸島（Virgin Islands）を含む。1999 年までは*パナマ運河地帯（Panama Canal Zone）もアメリカ領だった。アメリカ直轄の太平洋諸島には、アメリカ領*サモア（Samoa）、*グアム（Guam）、*ミッドウェー（Midway）、*マリアナ諸島（Mariana Islands）、*ウェーク島（Wake Island）がある。

15 世紀に初めてヨーロッパ人が北アメリカに到来したとき、そこにはすでにアメリカ・インディアンが居住していた。インディアンの祖先は前 3 万年より前に*シベリア（Siberia）からベーリング海峡を渡って到達していた。その後アメリカとなった地域に居住していたインディアンはわずか数百万人だったが、現在でもインディアンに由来した地名が多く見られることからもわかるように、初期のヨーロッパ人探検家や入植者に与えた影響は強く長く残った。一方で、原始的なインディアンの文化も、侵入してきたヨーロッパ人の影響を強く受けた。たとえば、大平原のバッファロー狩りの文化が発展したのは、西部のインディアンがスペイン人から馬を手に入れて以後のことである。

ヨーロッパ人が入植を始めた初期から 1890 年代にインディアンがついに敗北する時期まで、ヨーロッパ人とインディアンの関係の推移はおおむね同じような道をたどった。最初はインディアンは友好的で協力的だが、その後入植者が増えてインディアンの土地を侵食するようになると戦いが起きる。それも、両方の側で大量の死者を出す激しいものだった。1637 年の*コネティカット（Connecticut）のピークォット戦争、1675 〜 1676 年に*ニュー・イングランド（New England）であったキング・フィリップ戦争、1680 年、*ニューメキシコ（New Mexico）でスペインに対してプエブロ・インディアンが起こした血なまぐさい反乱（プエブロの反乱）、1763 年、北西部で起きたポンティアック戦争と続き、アメリカ独立戦争中にはインディアンが両軍を襲撃している。1794 年、*フォールン・ティンバーズ（Fallen Timbers）の戦いでアメリカが*ノースウェスト・テリトリーズ[2]〔北西部領地〕（Northwest Territories）を征服し、1811 年の*ティペカヌーの戦い〔⇒ティペカヌー川（Tippecanoe River）〕などを経て、インディアンは西へと強制移住を余儀なくされた。そして、1878 年をピークに大平原で延々と戦いが繰り広げられたのである。インディアンは勇敢に戦ったが、最終的には敗北し、戦いで死ななかった者も入植者がもたらした病気やアルコールで命を落とし、*ジョージア[1]（Georgia）や*ノースカロライナ（North Carolina）の文明化五部族のように強制的に西に移住させられた。1890 年の*ウーンデッド・ニー（Wounded Knee）の戦いが、長く続いた戦いの最後と

80　アメリカ力

考えられている。その後に残ったインディアンは保留地に移住させられ、白人より下の少数民族の地位に追いやられ、今も多くの人々にそうみなされている。

　現在合衆国となっているアメリカ大陸地域の探検が始まったのは1498年のことで、主にスペイン人、フランス人、イギリス人の探検家によって進められた。*スペイン (Spain) は1565年、*フロリダ (Florida) の*セント・オーガスティン (Saint Augustine) のあたりに最初の入植地を築き、*イングランド(England)は1607年に*バージニア (Virginia) の*ジェイムズタウン[2] (Jamestown) に最初の恒久入植地を建てた。1733年までには、大西洋岸に13のイギリス植民地ができていた。小規模自作農による農業が主な産業だったが、南部の大規模プランテーションでは黒人奴隷の労働力も利用されていた。*フランス(France)がフレンチ・インディアン戦争の結果、1763年にアメリカから駆逐されると、植民地は以前ほどイギリスの保護を必要としなくなり、イギリスが帝国の防衛のために課す税金や、本国からの原材料輸入を優先して植民地の産業の邪魔をする重商主義制度に強く反発するようになった。

　国王大権や権力の乱用への反発から生まれた対立は、やがて武力衝突となりアメリカ独立戦争へと発展する。最初の衝突は1775年で、1776年7月4日に植民地は独立を宣言した。だが実際に独立が実現わしたのは、イギリスが敗北を認めた1783年のことである。このときイギリスは、*ミシシッピ川 (Mississippi River) 以東、カナダ以南のすべての土地に対する支配権を放棄しアメリカに渡した。1781年の連合規約は不十分なものだったが、1789年に現在の憲法が制定され、強力な中央政府のもとに連邦共和国が樹立された。1787〜1790年の間に新しく成立した諸州

によってこの憲法が批准され、独立戦争中に大陸軍の司令官を務めたジョージ・ワシントンが初代大統領に任命された。

　初期のアメリカは沿岸部での農業を推し進めていたが、1803年の*ルイジアナ購入 (Louisiana Purchase) によって、トマス・ジェファーソン大統領がミシシッピ以西の広大な土地をフランスから買い上げた。1812年戦争［アメリカ・イギリス戦争］は、表向きはイギリスがアメリカの船舶に干渉したという理由で始められたが、ニュー・イングランドや財界では強く反対されていた。両者の決着はつかぬまま、1815年に戦争は終結し、境界やその他の問題には変化はなかった。その後は、主に水力発電に支えられて産業が発達する成長の時代に入り、入植者が西へと広がっていった。北部と南部における、奴隷制、自治に対する考え方や経済状況の違いは、1820年のミズーリ協定によって一時的に解決した。1828年に民主党のアンドルー・ジャクソンが大統領に選出されたことにより、「民衆（コモンマン）」の時代が幕を開けた。《マニフェスト・デスティニー（明白な天命）》という言葉に新たな国民意識の高揚も見られた。1845年には*テキサス (Texas) が併合され、1846年には*イギリス (United Kingdom) との協定によって*オレゴン・カントリー (Oregon Country) の境界が定められた。テキサス併合が1848年のメキシコ戦争の原因となり、この戦争の結果、アメリカは大陸の残りの領土の大部分を手に入れている。その後に増えたのは、1853年の*ガズデン購入地 (Gadsden Purchase) と、1867年に*ロシア (Russia) から購入した*アラスカ (Alaska) である。

　1850年の協定によって、奴隷制をめぐる危機は再び回避されたが、1854年のカンザス‐ネブラスカ法によってその成果

アメリカ力　81

が反故にされた。北部の奴隷制廃止主義者がより独断的になったため、北部と南部の対立が激化した。共和党のエイブラハム・リンカーンが 1860 年に大統領に選ばれたことが引き金となり、南部の 11 の奴隷州が連邦を離脱した。1861 〜 1865 年にかけて南北戦争が続き、凄惨な激戦が繰り広げられたが、最終的には北部が勝利を収めた。国家は再統合され、奴隷制は廃止されたが、その後の再構築時代にも、南部は絶望的で貧しい状態のまま取り残され、地元や公民権の問題は解決されないまま残った。その後の金ぴか時代は、汚職や富のひけらかしが目立ったが、同時に前例のない産業の成長や新しい資本団体の発展も見られた。19 世紀末には、西部のフロンティアがついに終焉を迎え、ヨーロッパから新たな移民が大量に押し寄せた。19 世紀最後の 10 年には、急速な都市部の成長、よりよい労働・生活条件を獲得しようとする労働者の組織化、鉄道や銀行の搾取から自らを守ろうとする農民の組織化が見られた。現在の複雑で都会化された産業社会の基礎は、この時代にできたものである。

　1898 年のスペイン・アメリカ戦争によってアメリカはプエルトリコ、*フィリピン諸島（Philippine Islands）、グアムを獲得した。その年、ハワイ諸島も併合している。1903 年にパナマ運河地帯を獲得し、1904 〜 1914 年にかけて、大西洋と太平洋を水路で結ぶ*パナマ運河（Panama Canal）が建設された。20 世紀初頭の共和党のセオドア・ルーズベルトが大統領の時代には、進歩主義、人民主義的運動の影響から、必要とされていた政府改革が行なわれた。純正食品・薬事法、天然資源保護の法律や、会社、金融、産業団体を規制する法律ができた。ルーズベルトのもとでアメリカは初めて、世界の大国としての力と重要

性を誇示し始めたのである。

　1912 年に大統領に選ばれたウッドロー・ウィルソンは改革の精神に敬意を表し、新しい自由を掲げ、1913 年には国家財政を調整する連邦準備制度の樹立を支持した。1916 年にはアメリカが第 1 世界大戦に巻き込まれないことを約束して再選され、ヨーロッパで戦争が続いても、アメリカは中立的立場をとることを強調した。だが、1917 年 4 月に参戦せざるを得なくなり、アメリカ軍の貢献もあり、1918 年に連合軍は*ドイツ（Germany）に勝利した。その後の*ベルサイユ（Versailles）における講和会議でウィルソンは世界のリーダーと認められたものの、アメリカに講和条約を持ち帰ってみると、上院がアメリカ自ら創設を提案した国際連盟への加盟を否認した。1920 年代は熱狂的な繁栄の時代だったが、企業や農家の倒産が見られるようになり、1929 年 10 月に株価が大暴落、国は史上最悪の経済崩壊、大恐慌状態に陥った。1932 年、民主党のフランクリン・D・ルーズベルトが大統領に就任し、リベラルなニューディール時代を切り開いた。この時期に、証券取引委員会が設立され、社会保障制度ができ、連邦政府が復興を促進するために、産業、財政、事業、農業、社会にかかわる法律が数多く制定された。

　第 2 次世界大戦では、アメリカは当初中立の立場をとっていたが、すぐに連合国、とくに困難な状況にあったイギリスに援助しだした。1941 年 12 月 7 日、ハワイの*真珠湾（Pearl Harbor）にあったアメリカ軍基地を*日本（Japan）軍に急襲され、アメリカは日本とドイツ、*イタリア（Italy）の枢軸国に対する戦争に突入した。1945 年 5 月 7 日にドイツが降伏したあと、アメリカは日本の*広島（Hiroshima）と*長崎（Nagasaki）に初めての原子爆弾を投下し、8

月14日に降伏させた。1945年、アメリカが中心となって国際連合を設立し、1947〜1952年にかけてマーシャル・プランを実行し、戦争被害を受けた西ヨーロッパの国々の復興を助けるために多額の援助をした。その結果、アメリカと*ソビエト連邦（Soviet Union）が世界の二大大国となり、二国間の対立は、世界におけるイデオロギーや政治、経済の優位を争う冷戦へと発展した。1949年には北大西洋条約機構（NATO）ができ、1955年にはそれに対抗してロシア側が主体となった類似団体、ワルシャワ条約機構ができた。

1950年、北朝鮮軍がアメリカ管轄下にあった*韓国（South Korea）に侵攻したことから朝鮮戦争が勃発、1953年まで続いた。国連や中国軍を巻き込んだ一進一退の攻防ののちに戦争は終結し、かつての境界線が回復された。この戦争と冷戦の継続、ソ連の核兵器保有の結果、アメリカではマッカーシー時代に入り、反共産主義の機運や防衛意識が高まり、左翼や自由主義が粛清され、マスコミや業界人をブラックリストに載せる動きが見られた。1953〜1961年までの共和党のドゥワイト・D・アイゼンハワー大統領時代には、再び公共政策に世論の合意が見られ、経済状況が改善した。政府は国際的な視野に立っていたが、国中の強い反共産主義に影響を受けていた。1958年にソ連の世界初の人工衛星打ち上げに衝撃を受けたことで、アメリカは科学と技術の分野で張り合おうとし、両国が初の大陸弾道ミサイルを開発し、宇宙飛行を実現わした。

1954年、最高裁が公立学校における人種分離政策を違憲とする画期的な判決を下したことから、とりわけ南部ではその後何年も抗争が続き、同時に他の公民権問題も争われるようになった。1960年代は、とくに学校での変化や対立など大き

な社会不安が見られ、核の恐怖が国中に影を落としていた。1962年秋にソビエトが*キューバ（Cuba）にミサイルを設置していることがわかると、アメリカとソ連間で核戦争が勃発するのではないかという危機が迫ったが、慎重な外交交渉によりソビエトはミサイルを撤去した。1963年11月にジョン・F・ケネディ大統領が暗殺されたあと、後任のリンドン・B・ジョンソン大統領が「偉大な社会」計画を宣言した。これにより、強力な公民権法が成立し、その後の10年の政府の目標を定める貧困撲滅施策が生まれた。

国内で「偉大な社会」計画が進む一方で、アメリカは徐々に*ベトナム（Vietnam）での戦争にかかわっていく。最初の援軍と相談役を送り込んだのは1961年。戦争が激化するにつれ、アメリカのかかわり方も本格化していった。1973年初頭に終戦を迎え休戦協定が結ばれてアメリカ軍は撤退したが、それまでに共産主義を抑制し、南ベトナム政権を支援するという目標は実現わしていなかった。国内も不穏な情勢だった。何十万もの人々が戦争の終結を求めてデモを行う一方、公民権に関する論争や、相変わらず経済機会に恵まれない黒人の状況への懸念から、1960年代には暴力的で破壊的な暴動が各地で発生した。同時に、主に若い人々の間でオルターナティブなライフスタイルやコミューンの生活に傾倒するカウンターカルチャーが、短い間ながら花開いた。その一方で、1969年7月には、アメリカの二人の宇宙飛行士が人類として初めて月に降り立っている。

1972年2月、リチャード・M・ニクソン大統領が共産国家になって以来25年近く国交のなかった*中国（China）を訪問して世界を驚かせ、緊張緩和の新政策の効果を示した。しかし同年、悪名高いウ

ォーターゲート事件が始まる。大統領が
ホワイトハウスのスタッフの不法行為を
隠蔽しようとし、別の不法行為にもかか
わったため、1974年8月9日に辞任を余
儀なくされたのである。1960年代とベト
ナム戦争のあとで、高官の汚職が明らか
になり、アメリカ国民はショックを受け
た。同じころ、経済も翳りを見せ始める。
1973年後半、石油輸出国機構（OPEC）の
石油産出国が一時的にアメリカと西側諸
国への石油の供給を削減したため、イン
フレが悪化した。「エネルギー危機」は永
続的な問題に思われた。失業とインフレ
も同様だった。

　対立と危機の20年は、ジミー・カータ
ー大統領のあいまいな政治に反映されて
いる。世紀末までにパナマ運河の所有権
を*パナマ（Panama）に渡すという条約を
上院が批准したが、多くはこれを外交に
おけるアメリカの弱体化とみなした。上
院はソ連との戦略的兵器削減に従うこと
を拒絶したが、一方で、1978年12月に中
国との外交は全面的に再開された。1979
年12月、イスラーム過激派が*イラン（Iran）
の*テヘラン（Teheran）のアメリカ大使館
を占拠し人質をとり、1981年1月までた
てこもった。共和党のカーターの後継者、
ロナルド・レーガン大統領は、1981年に
大規模な連邦予算削減計画を議会に承認
させた。これにより、それまでの民主党
政権の社会プログラムの予算と所得税が
大幅に削減され、同時に、防衛費は大き
く増加した。1982年、全国的に景気後退
が深刻化し、失業率が大恐慌時代の水準
に近づくと、レーガンの経済政策はリベ
ラル派や労働階級から強い攻撃を受けた。
保守派は新しい経済政策と反共産主義運
動の復活を求めた。1982年11月の中間選
挙の結果、レーガン政権は目標の多くを
修正せざるをえなかったが、1983年には

回復の兆しが見えてきた。

　1983年、*レバノン¹（Lebanon）の*ベ
イルート（Beirut）に国連平和維持軍として
駐留していた241名のアメリカ海兵隊員
が、トラックの自爆テロで殺された。そ
の年の後半、アメリカはカリブ海のグレ
ナダに侵攻し、親キューバ政権を倒した。
1986年、NASAの有人宇宙飛行計画が後
退する。スペースシャトル、《チャレン
ジャー号》が離陸直後爆発し、宇宙飛行
士6人と民間人の学校教師シャロン・ク
リスタ・マコーリフを含む乗組員全員が
死亡したためである。1986年、レーガン
は、*リビア²（Libya）が援助したテロリ
ストが西*ベルリン（Berlin）を攻撃し二人
のアメリカ兵を殺したことへの報復とし
て、リビアに対する空爆を指示した。レ
ーガン政権の功績には、軍を強化し、ソ
ビエト連邦の崩壊に貢献したことや、初
の女性最高裁判事、サンドラ・デイ・オ
コナーを任命したことなどがあげられる。
マイナス面は、イラン・コントラ・スキ
ャンダルにつきまとわれたことである。
レーガン政権がアメリカの捕虜の解放と
引き換えにイランに武器を売り、その利
益を*ニカラグア（Nicaragua）のゲリラ「コ
ントラ」に送っていたという事件である。

　1988年、レーガンの副大統領ジョージ・
H・W・ブッシュが対立候補を攻撃する
ネガティブ・キャンペーンを行ない当選
した。外交問題では、ブッシュはレーガ
ンの政策を踏襲した。1989年、パナマ大
統領マニュエル・ノリエガを排除しよう
とするクーデターを支援して失敗したの
ち、ブッシュはパナマへの侵攻を命じた。
1990年初頭にノリエガは逮捕されてフロ
リダ州マイアミに送られ、麻薬取引の罪
状で裁判にかけられた。1990年、*イラ
ク（Iraq）が*クウェート（Kuwait）に侵攻
すると、アメリカは多国籍軍との強い協

力で「砂漠の盾」作戦（海軍、空軍による包囲作戦で、アメリカと多国籍軍がサウジアラビアに配置された）と「砂漠の嵐」作戦（1991年の100時間に及ぶ空爆と地上侵攻作戦）を遂行しクウェートを解放した。またたく間に決定的な勝利を収めたばかりか、アメリカ人の犠牲者をほとんど出さなかったことから、ブッシュ大統領は史上最高の支持率を獲得した。

　ところが、経済問題から高支持率はすぐに瓦解する。貯蓄貸付産業が5兆ドルの損失を出し、冷戦の終結とソ連、ワルシャワ協定の解体に伴い軍縮が進み、アジアや南米に製造業を外注する動きが起きたためである。アメリカは1980年代～1990年代初頭にかけて、経済的にも人口分布的にも政治的にも変化を遂げた。産業面では製造業からサービス業への転換が見られ、北東部や中西部の製造業の州を犠牲にして、南部や西部の「サンベルト州」の成長が後押しされた。

　1992年、ウィリアム・「ビル」・クリントンが経済最優先をうたった中道の綱領を打ち出して大統領選に勝利した。クリントン政権では、経済改革と増税により財政赤字が減り、最終的には黒字に転じた。1992年、アメリカ、カナダ、メキシコは北米自由貿易協定に署名した。世界市場における北米の競争力を高めようという協定である。ブッシュが不明確な目的で派兵していた*ソマリア（Somalia）で犠牲者が出たことが大きく取りあげられ、クリントンはアメリカ軍をソマリアから撤退させた。その一方で、ハイチには民主政権を安定させるために援軍を送っている。議会との関係は問題続きで、とくに1994年に対立する共和党が下院上院ともに優位に立つと、状況は厳しくなった。医療保険制度の改革を提案したが議会で否決され、予算制定も1年にわたって停

滞した。1995年、アメリカ国内で最悪のテロ事件が勃発する。極右勢力により*オクラホマ・シティ（Oklahoma City）にある連邦政府ビルが爆破され、169人が死亡した。1995年、アメリカは*オハイオ（Ohio）州*デイトン[1]（Dayton）でユーゴスラビア内戦の和平合意の調停役を務めた。

　1996年、クリントンは難なく再選されるが、共和党は大統領の財務不正や不適切な性的関係についてしつこく調査を続けた。数年間に数百万ドルをかけて調査が続けられたにもかかわらず、財務不正の証拠は見つからなかったが、独立検察官のケネス・スターがルインスキー事件を公にしたため、クリントン大統領は弾劾裁判にかけられた。大統領は1998年にすべての容疑について無罪とされたが、公開裁判はアメリカの保守派とリベラル派の分裂を招き、この状況は21世紀になるまで続いた。1990年代後半には好景気が続き、株価は高値を記録、失業率とインフレ率が低く抑えられた。1999年後半～2000年初頭にかけて、過大評価されていたテクノロジー系の株価が下がり、株式相場が下落した。

　2000年の大統領選挙では、ブッシュの息子のジョージ・W・ブッシュが副大統領のアル・ゴアを破ったが、僅差だったため、フロリダの票の数え直しが行なわれるのを最高裁が停止する事態が起きた。一般投票ではゴアが勝ったが、選挙人団の投票ではG・W・ブッシュが勝者とみなされた。多くの人がイデオロギー的に票割れしたと考えた裁判所の判決で、大統領選は決したのである。　ブッシュ政権時、経済は景気後退中にあり、地球温暖化に関する*京都（Kyoto）議定書をアメリカが拒否したことや対弾道弾ミサイル提案したことで、同盟国との関係が緊迫しているなど、さらに不利な状況に陥った。

2001年9月11日、ニューヨークの世界貿易センターとワシントン[1]（Washington, D.C.）のペンタゴンにテロリストが攻撃を加えたことに対し、アメリカと世界はかつてないほどの団結を見せる。ブッシュ政権に対する世論や国際世論は一変した。この攻撃で、3000人もの人々が死亡または行方不明となった。

　サウジアラビア生まれのイスラーム過激派アル・カイーダのテロリスト、オサマ・ビン・ラディンが、この攻撃の首謀者とされた。ブッシュはテロリストもテロリストをかくまう者も区別はしないと主張し、*アフガニスタン（Afghanistan）のタリバン政権に黒幕を差し出すよう命じたが、タリバンの協力が得られなかったため、アメリカ、イギリスをはじめとする連合軍が、アフガニスタンに対して空爆と地上攻撃を開始した。アメリカは同時に、アフガニスタン国内の反対勢力を援助したため、タリバン政権はすぐに降伏した。だが、ビン・ラディンの身柄は確保できず、アメリカ軍はアフガニスタンに駐留し、捜索と作戦の後始末を手伝った。

　消費と株価はいくぶん回復したものの、財政黒字は消え、減税や戦争支出により赤字は増加し、失業率も上がった。エンロン社の不正を含め、不正や問題のある会計にまつわる企業スキャンダルが数多く発生したため、議会は2002年に証券や企業法を修正する法律を通過させた。2002年、ブッシュ政権はイラクが大量に兵器を開発し所有していることに対して公に懸念を表明した。軍備が増強され始めたが、2003年2月、一般大衆はスペースシャトル、《コロンビア号》が空中分解する事故に目を奪われる。この事故は国中に衝撃を与え、NASAのスペースシャトル団を苦しめた。

　かつてはともに戦ったフランス、ドイツ、ロシアなど多くの国々から軍事行動への反対の声があがったが、アメリカとイギリスは2003年初頭に作戦を進め始める。*トルコ（Turkey）が自国の領土を中間準備地域として使用することを認めなかったにもかかわらず、2003年3月には大軍の配置が完了していた。短時間の徹底的な空爆と地上侵攻により、アメリカとイギリス軍はまたたく間にイラクを掌握した。だが、戦後数カ月の間に、大量の破壊兵器は発見されなかった。軍事行動とイラク占領にかかった経費によって、2003年のアメリカは史上最高額の財政赤字を記録する。2003年8月、アメリカ北東部とカナダで、大規模な停電が起き、老朽化した電気設備のメンテナンスと安全装置の調査が進められた。

　2003年後半、景気は回復し、メディケア処方薬剤改善法と、中米自由貿易協定に関する最初の合意が承認された。イラクで大量破壊兵器が見つからなかったこと、9.11のテロ攻撃に関する事前情報に誤謬があったことから、アメリカ諜報機関の外部調査が行なわれ、改革を求める報告が提出された。

　2004年、イラクでの暴動が激化するなか、ブッシュは再び厳しいゲリラ選挙の末、民主党候補のジョン・ケリーを破った。支持を翻す選挙人が増えていくなか、2000年の選挙戦とは対照的にブッシュは一般投票で過半数以上を確保する。共和党も、主に保守的な南部での勝利によって議会両院での議席数を増やし、民主党との差を広げた。2006年11月の中間選挙では、さらにこの差が拡大している。

アメリカーナ Americana [旧名：Villa Americana ビラ・アメリカーナ]（ブラジル）

*サンパウロ（São Paulo）の北110 kmに位置するサンパウロ州の都市。アメリカ独

立戦争後、1868 年に南部連邦の移住者が住みつくようになった。1924 年、自治都市となる。

アメリカ領サモア American Samoa ［東サモア Eastern Samoa］（合衆国）

太平洋の南西にある*サモア（Samoa）諸島の東半分を占める群島。1899 年に*イギリス（United Kingdom）および*ドイツ（Germany）との条約により、アメリカに割譲され、現在はアメリカ内務省の管轄下にある非自治的領域になっている。1951 年までアメリカ海軍が管理にあたっていたが、それ以降は中心地の*パゴパゴ（Pago Pago）にあった海軍基地は閉鎖された。事実上の政府はファガトゴ（Fagatogo）村にある。

アメリカ連合国 Confederate States of America ［南部連合 The Confederacy］（合衆国）

アメリカ合衆国から脱退した南部 11 州が 1861 年に作り短命に終わった国家。奴隷制をめぐる北部と南部の争いが高じて、南部 11 州が脱退したが、問題はそれぞれの地方の事情の違い、経済政策、州の権限などにもあった。1860 年 11 月に奴隷制に反対する共和党のエイブラハム・リンカーンが大統領に当選したことから、南部諸州が脱退に踏み切った。12 月に*サウスカロライナ（South Carolina）州が合衆国から脱退すると、すぐに*アラバマ（Alabama）州、*フロリダ（Florida）州、*ジョージア（Georgia）州、*ルイジアナ（Louisiana）州、*ミシシッピ（Mississippi）州、*テキサス（Texas）州が続いた。テキサスを除くこれらの州の代表が 1861 年 2 月 4 日にアラバマ州*モントゴメリー[1]（Montgomery）に集まり、ジェファーソン・デイビスを大統領とする政府を組織した。大会では合衆国憲法にならって憲法の起草をしたが、大きな違いは奴隷制を強国の権利として認め、保護関税を禁止している点にあった。5 月、南部連合の首都がバージニア州*リッチモンド[2]（Richmond）に移された。

南部連合はサウスカロライナ州*チャールストン[1]（Charleston）の*サムター要塞（Fort Sumter）を引き渡すように合衆国政府に要求したが、拒否されると、1861 年 4 月 12 日と 13 日に要塞を砲撃。リンカーンは反乱の鎮圧を軍に要請すると、さらに*アーカンソー（Arkansas）、*ノースカロライナ（North Carolina）、*テネシー（Tennessee）、*バージニア（Virginia）の 4 州が脱退した。こうして、両陣営とも甚大な損害を受けることになる南北戦争が始まった。初めは南軍が軍事的技術に勝り、勝利を重ねたが、次第に北部の動員数、産業力、輸送設備が力を発揮していった。

1865 年 4 月 9 日、事実上、南部の敗北が決定的となって、南軍の勇猛果敢なロバート・E・リー将軍は*アポマトックス（Appomattox）郡庁舎で自らの弱体化した軍隊をユリシーズ・S・グラント将軍に引き渡した。奴隷制は廃止され、合衆国は維持されたが、南部は荒廃したままだった。さらに、脱退した諸州が復帰する際の条件について、北部では激しい意見の対立があった。《再建》と呼ばれる 11 州の連邦への復帰は大混迷の末、実現わしたのは 1876 年だった。激しい争いの肉体的精神的後遺症は、20 世紀になっても消えることはなかった。

アメリカン川 American River（合衆国）

*カリフォルニア（California）州の川。シエラネバダに発し、南西へ 48 km 流れて、*サクラメント（Sacramento）のサクラメント川に注ぐ。1848 年 1 月 24 日、*サッターズ・ミル（Sutter's Mill）の河岸で金が発見されてからは有名なカリフォルニアのゴール

ドラッシュが始まった。

アメルスフォールト Amersfoort（オランダ）

*ユトレヒト（Utrecht）の東北東21kmに位置する、エーム川に臨むユトレヒト州の町。市壁など中世以来の建造物が数多く遺っている。1547年、オランダの政治家ヨーハン・ファン・オルデンバルネフェルトがこの町に生まれた。

アモイ〔厦門〕Amoy ⇒ シアメン〔厦門〕Xiamen

アモホストス Ammochostos ⇒ ファマグスタ Famagusta

アモール Amol［アムール Amul］（イラン）

*テヘラン（Teheran）の北東125kmに位置するハラーズ川に臨むマーザンデラーン州の町。9世紀にはアッバース朝の州都となる。ボゾルグメフルのモスクなど、重要な昔の建物が今も遺っている。

アモルゴス Amorgós（ギリシア）

ナクソスの南東32kmに位置する*エーゲ海（Aegean Sea）の*キクラデス諸島（Cyclades Islands）の島。アレクサンドロス大王の死後、*マケドニア（Macedonia）人に対する反乱がおき、前322年にアテネの艦隊がアモルゴス島の沖合で撃沈される。これによりマケドニア人がアテネを完全に支配し、アテネ人に隆起を呼びかけたデモステネスは自殺する。

アモン Ammon（ヨルダン）

*カナン[1]（Canaan）に住むアンモン人の古代王国。*ヨルダン川（Jordan River）の東、*モアブ（Moab）の北にあった。王国は前13世紀～後8世紀まで栄えた。セム族のアンモン人は、聖書で自分たちの祖先とされる*ソドム（Sodom）の市民でロトの息子だったベン・アミの名にちなんでアンモン人と名乗った。ヘブライ人と頻繁に戦争を繰り返した。残虐非道で悪名高いアンモン人の王ナハシュがヘブライ人初の王サウルに敗れる。サウルの跡を継いだダビデは前1010～前972年まで治め、ハナン王がダビデ王の使者たちの顎髭と衣服の一部を切り取って侮辱したため、ダビデ王はヘブライ人を破り、首都ラバト・アンモーン（現在のアンマン）を攻め落とした。この戦争でヨルダン川の東を通る北から南への貿易径路も支配するところとなった。前972年、ソロモンがダビデの跡を継いでヘブライ人の王となってから、アンモン人は独立を取り戻す。8世紀になりアモンはアラブ人に吸収される。ヨルダンの遺跡発掘により、高度に発達した文明の存在が明らかになった。ミルコム（「列王記上」11章5節など）はアンモン人の崇拝していた神々の一人。

アヤクチョ Ayacucho［古代：Huamanga ワマンガ］（ペルー）

アヤクチョ県の県都。*リマ（Lima）の東南東368kmに位置し、*アンデス山脈（Andes, The）の山中にある。1539年にフランシスコ・ピサロが建設した都市で、南米でのスペイン支配に終止符を打ち、*スペイン（Spain）からペルーを独立させることになる重要な戦いの場となる。1824年12月9日、アントニオ・デ・スクレの率いる愛国者軍がホセ・デ・ラ・セルナ副王のスペイン軍をこの土地で破った。

アヤッチオ ⇒ アジャクシオ〔アヤッチオ〕Ajaccio（フランス）

アヤロン Aijalon [Ajalon]［イスラエル：Yalo ヤ
ロ］（イスラエル）
*カナン[1]（Canaan）の古代都市。*エルサ
レム（Jerusalem）の北西 21 km、*ユダ（Judah）
と*エフライム（Ephraim）の両王国の国境
にあった。聖書でヨシュアが太陽と月に
向かって動かないようにと命じた話の舞
台。

アヤンジュ Hayange（フランス）
フランス北東部、モーゼル県の工業都
市。*メス（Metz）の北 26 km に位置する。
歴史ある鉄工業の盛んな都市で、*ロレー
ヌ（Lorraine）地方の鉄工都市の中では最も
古い。

アユタヤ Ayutthaya［ラ・ナコーン・シー・アユ
ッタヤー Phra Nakhon Si Ayutthaya, アユティア
Ayuthia, クルン・カオ Krung Kao］（タイ）
アユタヤ県の都市。*バンコク（Bangkok）
の北 72 km に位置し、ロップリー川に浮
かぶ島にある。1350 年、ラーマーティボ
ーディー1世によりタイ王国の首都とし
て建設され、*ビルマ（Burma）の襲撃を
何度も受け、ついに 1767 年ビルマのシン
ビューシン王によって滅ぼされる。その
結果、タイの首都は*トンブリ（Thon Buri）
に移された。現在も数多くの寺院、パゴダ、
王宮の遺跡が見られる。

アユティア Ayuthia ⇒ **アユタヤ** Ayutthaya

アユトラ Ayutla［アユトラ・デ・ロス・リブレ
ス Ayutla de los Libres］（メキシコ）
*ゲレロ（Guerrero）州の町。*アカプルコ
（Acapulco）の東 77 km に位置する。独裁者
サンタ・アナを倒し、自由主義の憲法の
起草をするための計画が 1854 年にこの町
でフアン・アルバレスによって立てられ
た。1855 年に革命が成功し、1857 年には

憲法の制定が実現。

アユトラ・デ・ロス・リブレス Ayutla de los
Libres ⇒ **アユトラ** Ayutla

アヨーディヤー Ayodhya［アヨーデャー
Ajodhya］（インド）
*ウッタル・プラデシュ（Uttar Pradesh）州
の町で、現在は*ファイザバード[2]（Faizabad）
市と共に自治体を構成している。*ラクナ
ウ（Lucknow）の東 136 km に位置し、ガー
ガラ川に臨む。古代インドの重要都市で、
前 7 世紀～前 4 世紀まで*コーサラ（Kosala）
王国の首都。379 ～ 414 年まで治めたチャ
ンドラグプタ 2 世の治世では、グプタ王
朝の首都の一つとなる。巡礼の集まる聖
地で、ヒンドゥー教の 7 聖地の一つ。
⇒ **アワド** Oudh, **グプタ朝** Gupta Empire

アヨーデャー Ajodhya ⇒ **アヨーディヤー**
Ayodhya

アーラー Ara［アッラー Arrah］（インド）
*パトナ（Patna）の西 58 km に位置する*ビ
ハール（Bihar）州の都市。1857 年のインド
大反乱の際に、ここでイギリス軍がクン
ワル・シングの攻撃を受けた。

アライシュ Al-Araish ⇒ **ララシュ** Larache

アーラウ Aarau（スイス）
*チューリッヒ（Zurich）の西 40 km に位
置し、アール川に臨む*アールガウ（Aargau）
州の州都。13 世紀に建設され 1415 年に*ベ
ルン（Bern）に征服されるまではハプスブ
ルク家の支配下にあった。1798 ～ 1803 年
は*ヘルベティア共和国（Helvetic Republic）
の首都。その後はスイス連邦の再建され
たアールガウ州の州都となる。

アラウィー派国家 Alawites, Territory of ⇒ ラタキア Latakia

アラウェ Arawe（パプアニューギニア）
*ニュー・ブリテン（New Britain）島西部の半島。第2次世界大戦中の1943年12月20日、連合軍がここに上陸し、日本が占領していたニュー・ブリテン島への侵攻を開始した。

アラウカニア Araucania（チリ）
ビオビオ川の南の地方。300年以上もの間、アラウカン族インディアンが土地と独立を守ろうとして闘った地域。1541年、スペイン人がチリ中部に入り込み、アラウコ戦争が始まる。1881年、*テムコ（Temuco）条約によりインディアンが征服されてやっと終戦となる。

アラウシオ Arausio ⇒ オランジュ Orange

アラカ・ヒュユク Alicar Hüyük ⇒ アリシャル・ヒュユク Alisar Hüyük

アラカン Arakan（ミャンマー）
ベンガル湾とアラカンヨマ山脈に挟まれた地域で行区政区画の一つ。1057年に*パガン（Pagan）王朝のアノーヤター王に征服され、ビルマと統合され、モンゴルの攻撃を受けるが、1287年に独立王国となる。1784年、再びビルマに征服されるが、1824年に反乱を起こす。この反乱を抑えつけたことから第1次イギリス・ビルマ戦争が起こる。1826年2月24日、ヤンダボ条約によりイギリスの東インド会社に併合され、下ビルマに組み入れられる。

アラカント Al-Akant ⇒ アリカンテ Alicante

アラゴアス Alagoas（ブラジル）
大西洋に臨む北東部の州で、サンフランシスコ川の北に位置する。1632～1654年までのオランダ占領下で、逃亡した黒人奴隷がパルマレス王国を作り、王国は1697年まで存続した。1823年、アラゴアスはブラジル帝国の州となり、1889年にはブラジル連邦共和国の州となる。

アラゴサ Arragosa ⇒ ドゥブロブニク Dubrovnik

アラコシア Arachosia［ペルシア語：Harahuvatish ハラフバティシュ、Harauvatish ハラウバディシュ］（アフガニスタン）
アフガニスタン南部の古代の州。南をバルチスタン（Baluchistan）と接する。アケメネス王朝・セレウコス王朝・パルティア王朝の州だった。州都はアレクサンドロス大王に建設され、アラコシアのアレクサンドリアの名で知られたが、一般には*カンダハール（Kandahar）と見られていた。
⇒ ペルシア Persia

アラゴン Aragon［スペイン語：Aragón アラゴン］（スペイン）
*ピレネー山脈（Pyrenees）に接するスペイン北東部の州。850年、カロリング王家がカルタゴ人・ローマ人・西ゴート人・ムーア人の跡を襲ってこの地域を支配する。1035年、ラミロ1世のもとでアラゴンは*ナバラ（Navarre）から独立して王国となる。南へと勢力を広げ、1076年にナバラを併合し、1140年には王家同士の婚姻により*カタルーニャ（Cataluña）と統合。1282年から*シチリア（Sicily）・サルデーニャ（Sardegna）・ナポリ（Naples）へと支配の手を伸ばす。1469年にアラゴン王国のフェルナンドとカスティリア王国のイサ

ベルの結婚により、10年後に両国は統一される。1701～1714年のスペイン継承戦争によりアラゴンは政治的な特権を失う。1833年、現在のウエスカ県・テルエル県・サラゴサ県の3県に分割される。

アラシェヒル Alaşehir ［Alashehr］［ギリシア語：Philadelphia フィラデルフィア；トルコ語：Alaşehir アラシェヒル］（トルコ）

イズミルの東128 km、トモロス山のふもとにあるマニサ県の町。*ペルガモン（Pergamum）の王アッタロス2世により前150年に建設された古代ギリシアの都市で、文化と宗教の重要な拠点となった。1391年、*小アジア（Asia Minor）でトルコに征服される最後のギリシアの都市となる。

アラジャ・ヒュユク Alaca Hüyük ⇒ ヒュユク Hüyük

アラス Arras ［ラテン語：Nemetacum ネメタクム, Nemetocenna ネメトセンナ］（フランス）

*リール² （Lille）の南西45 kmに位置し、スカルプ川に臨むパ-ド-カレー県の県都。古代アトレバテス族の中心地だったが、407年にバンダル族に破壊される。500年頃、聖バーストにより再建され、司教座が置かれる。863年、*フランドル（Flanders）に割譲され、タペストリーで有名な商業と文化の中心地として繁栄する。1180年、フランス国王に譲渡される。1435年9月21日、フランスのシャルル7世と*ブルゴーニュ（Burgundy）のフィリップ善公との間の協定がこの町で調印され、アルマニャックとブルゴーニュの間の戦争が終結する。1493年、*オーストリア（Austria）に譲渡され、さらにその後は*スペイン（Spain）に譲渡されるが、1640年にフランスに返還される。第1次世界大戦中はド

イツに占領され、1917年4月9日～5月15日まで連合軍の攻撃の的にされ、大砲撃を受ける。第2次世界大戦中は再びドイツに占領される。1758年ロベスピエールがこの町で誕生。

⇒ アルトワ Artois

アラスカ Alaska （合衆国）

1959年、アメリカ合衆国49番目の州となる。北アメリカ大陸北西の半島にあり、東は*カナダ（Canada）の*ユーコン準州（Yukon Territory）、南は太平洋、西は*ベーリング海（Bering Sea）、北は北極海に接する。*アリューシャン列島（Aleutian Islands）をはじめ多くの島がある。「アラスカ」はアレウト語で「本島」を意味する。

最初にアラスカに達したヨーロッパ人はロシアに雇われたデンマーク人ビトゥス・ベーリングを隊長とする遠征隊で、1741年に*ロシア（Russia）の*シベリア（Siberia）から到達した。ロシアは1784年にアラスカ半島南東の島*コディアク（Kodiak）に最初の入植地を設ける。ジェイムズ・クック、ジョージ・バンクーバーらイギリスの探検家が来ると、ロシアは1799年にロシア・アメリカ会社を設立してアラスカの領有権を確保。同年、この会社の本部を置くために*シトカ（Sitka）が建設され、1861年まで貿易を独占する。ロシアは太平洋岸までの領有権を主張したが、1824年に現在定められている南の国境線を承認。

1867年、アメリカがアラスカを7百万ドルでロシアから買収。買収の調整をしたのはウィリアム・H・スアード国務長官で、スアードは「巨大な冷蔵庫を買った男」と各方面から嘲笑を浴びる。アラスカの統治はまず陸軍が、次に海軍、最後に政府の文官が行なった。領土としての地位が与えられるには1912年まで待たねばな

らなかった。

1896 年、カナダのユーコン準州 * クロンダイク（Klondike）で金が発見されると、アメリカ人を中心に何千人もが押しかけ、アラスカを経て金鉱を目指した。1898 〜 1899 年にかけて、及び 1902 年にアラスカでも金鉱が発見され、さらに大勢の人が押しかけて、しばらくはアラスカが採掘者の都のように賑わった。1903 年、アラスカの境界線をめぐる問題が * イギリス（United Kingdom）およびカナダの調停により合衆国に利する形で解決。1911 年にはロシア、イギリス、* 日本（Japan）の 3 国間の条約によりアラスカでのアザラシ猟が制限される。

第 2 次世界大戦中の 1942 年 6 月、日本軍が * アリューシャン列島（Aleutian Islands）のアッツ島とキスカ島を占領するも、1943 年 5 月にはアッツ島から撃退され、同年 8 月にはキスカ島からも撤退した。この大戦の結果、アラスカは戦略的防衛の軍事拠点となった。スワード半島の先端はロシアから 10km と離れていない距離にある。

1968 年に北極海沿岸のノーススロープに大規模な油田が発見され、アラスカの経済事情は大きく変化し始める。大がかりな掘削により巨万の富が生み出され、アラスカ州もその恩恵を受けてきた。1975 年からパイプラインの建設が始まり、ノーススロープからアラスカを経て南岸の * バルディーズ（Valdez）まで敷設された。油田が他の地域にも期待でき、また広大な未踏の地には貴重な天然資源が見こまれるところから論議が巻き起こっている。商工業界や多くのアラスカ住民をはじめとする開発推進派と、開発を抑えて自然を極力守ろうとする環境保護派とが対立しているのである。北極圏国立野生動物保護区での油田開発は 2000 年の大統領選

以来ジョージョ・ブッシュ政権下で政治問題となった。

アラスカは多くの山脈が走る山岳地帯でもある。6,194 メートルのマッキンレー山は北米の最高峰。ユーコン川が最大の河川となっている。油田と採鉱がアラスカ経済で最も知られた要素だが、漁業も重要。連邦政府がその最大の雇用主である。1964 年 3 月、北米で史上最大の地震がアラスカを襲い、114 人の死者をはじめ大きな被害を与えた。アラスカの都市としては、いずれも大都市ではないが州都の * ジュノー（Juneau）、ゴールドラッシュの中心となった * ノーム（Nome）、そのほか * アンカレジ（Anchorage）、* フェアバンクス（Fairbanks）、コディアクなどがある。

アラスカハイウェー Alaska Highway ［旧名：Alcan Highway アルカンハイウェー］（カナダ、合衆国）

カナダの * ブリティッシュ・コロンビア（British Columbia）州 * ドーソン・クリーク（Dawson Creek）から * アラスカ（Alaska）州 * フェアバンクス（Fairbanks）まで北西に 2,437km 延びている道路。第 2 次世界大戦中、日本軍の侵攻を阻止するためアラスカに部隊を送り込む目的で 1942 年 3 月 〜 11 月にかけて合衆国によって作られた戦略的軍事道路。戦後間もなく、合衆国からカナダ政府に売却された。

アラダ Allada（ベナン）

* ポルト - ノボ [1]（Porto-Novo）の北西 56km に位置するアトランティック県の町。17 〜 18 世紀初期まではアジャ族の諸王国の中で最強だったアラダ王国の首都。1724 年、* 奴隷海岸（Slave Coast）と奴隷貿易をめぐる戦争中に、* アボメー（Abomey）（のちのダオメー）王国に占領された。

アラデン Al'Aden ⇒ **アデン** Aden

アラド Arad（ルーマニア）

*ティミショアラ（Timişoara）の北 48 km に位置しムレシュ川に臨むアラド県の県都。1551 年から*オスマン帝国（Ottoman Empire）の要塞とされ、1699 年に*カルロビッツ（Karlowits）条約により*オーストリア（Austria）に割譲される。1848 ～ 1849 年のオーストリアに対する反乱の際にはハンガリー人が占領して本拠地にした。反乱が失敗すると主導者らがこの都市で処刑された。1919 年、ルーマニアの領地となる。

アラドゥス Aradus ⇒ **アルワド** Arwad

アラナ・ニーヴ Arana Naomh ⇒ **アラン諸島** Aran Islands

アラニヤ Alania ⇒ **北オセチア - アラニヤ共和国** North Ossetia-Alania

アラバ・アルマドフナ Araba al-Madfuna ⇒ **アビドス** Abydos

アラハバード Allahabad〔古代：Prayag プラヤーグ〕（インド）

*バラーナーシー（Varanasi）の西 120km、*ガンジス川（Ganges River）とジャムナ川が合流する*ウッタル・プラデシュ（Uttar Pradesh）州の都市。インド - アーリア人の聖都があった土地にイスラームの勢力下で建設された。16 世紀にはムガル帝国の皇帝アクバルが住んだ。植民地時代には*イギリス（United Kingdom）に占領される。1857 年、インド大反乱では中心地となる。ヒンドゥー教巡礼の重要な都市。1948 年 2 月 12 日、マハトマ・ガンディーの遺灰が二つの聖なる川に流された。

アラバマ Alabama（合衆国）

アメリカ南東部の州。メキシコ湾が南部の境界の一部となっている。クリーク同盟のインディアン、アラバマ族の名に由来する。1819 年に第 22 番目の州として合衆国に加入。ヨーロッパ人が到来するまでは東部にはクリーク族とチェロキー族、西部にはチョクトー族とチカソー族のインディアン 4 部族が住んでいた。最初にやってきたヨーロッパ人は*スペイン（Spain）の探検家で、1528 年にカベッサ・デ・バカ、1540 年にはエルナンド・デ・ソトが到着。最初に入植したのは*フランス（France）人で、1702 年にジャン・バプティスト・ド・ビヤンビルが*モビール（Mobile）地区に入る。*イングランド（England）とフランスが毛皮の貿易をめぐって争ったが、1763 年、フレンチ・インディアン戦争の末にその地区はイギリスに割譲される。20 年後、その土地が新しい合衆国の一部となり、現在のアラバマの一部を含むミシシッピ準州が設けられた。

1812 年戦争〔アメリカ・イギリス戦争〕以降まで、ほとんど入植者はいなかった。1814 年 3 月 27 日、*ホースシュー・ベンド（Horseshoe Bend）の戦いでアンドルー・ジャクソン将軍がクリーク族のインディアンを壊滅させ、入植者は綿の栽培を目的に大挙して川沿いの肥沃な未開の地に入り込む。1817 年アラバマ準州が設けられる。州の経済は奴隷制度によるところが大きかった。1861 年 1 月 11 日に合衆国からの脱退を決定。1861 年 2 月 4 日、アラバマ州の*モントゴメリー[1]（Montgomery）にて*南部連合（Confederate States of America）の政府が結成される。1864 年 8 月 5 日、*モビール湾（Mobile Bay）での海戦は南北戦争でも屈指の大規模な戦いとなり、デイビッド・G・ファラガット提督率いる北軍の小艦隊が湾内に進軍し、守備についてい

た艦隊と要塞を撃破する。

南部連合が敗北するとすぐにアラバマ新政府は合衆国脱退の方針を撤回し、1865年、憲法修正第13条を批准して、奴隷制の廃止を決定。しかし、1867年には議会が憲法修正第15条の批准を否決。その結果、州は北軍の支配下に置かれる。翌年、新政府が修正案を可決したが、1876年まで軍隊は州に留まり続けた。

19世紀末、アラバマの農業と経済が回復し、鉄工業と綿織物製造業が成長を始める。2度の世界大戦が工業と農業を後押しするが、1930年代の大恐慌はとりわけ小規模な農場経営者と小作人には苦しい生活を強いることとなる。綿産業は力を失い、工業と商業は成長を続けた。

アラバマは1950年代半ばから市民権をめぐる激烈な闘争の舞台となる。問題は1955～1956年にかけてモントゴメリーで黒人が1年にわたってバスの乗車拒否を行なったことに端を発し、1965年にはモントゴメリーから*セルマ（Selma）までデモ行進を行なうと、全米から支持者が集まってきた。1956年2月にはアラバマ大学で初めて黒人学生が入学しようとすると白人が反対したために、暴動も起こった。

アパラチア山脈の南端はアラバマ州の北東部へと入り込んでいるが、それ以外の地域はなだらかに起伏する低地が広がっている。モントゴメリーが州都だが、最大の都市は*バーミングハム（Birmingham）。*ハンツビル[2]（Huntsville）はロケット研究の中心地。*モビール（Mobile）は工業都市であり港湾都市でもある。*タスカルーサ（Tuscaloosa）はアラバマ大学の所在地。ラッセル洞窟国定史跡には前6000年に人が住んでいた洞窟がある。*タスキーギ（Tuskegee）にあるタスキーギ大学は1881年の創立で、アフリカ系アメリカ人に高等教育を提供する最初期の教育機関となった。

アラビア半島 Arabian Peninsula

*紅海（Red Sea）と西は*アカバ湾（Aqaba, Gulf of）、東は*ペルシア湾（Persian Gulf）と*オマーン（Oman）湾、南は*アデン（Aden）湾とアラビア海、北は*イラン（Iran）と*イラク（Iraq）に挟まれたアジア南西部の半島。アラビア文化の中枢であり、イスラーム教とアラビア語の発祥の地でもある。アラブ系の民族と思われるヒクソスが前1800年という早い時期に*エジプト（Egypt）などの周辺地域を征服し、さらにそれより前の時代にセム系民族のヘブライ人が*カナン[1]（Canaan）へと移り住んではいたが、前1000年頃までの記録があるだけでアラビアについて確実なことはほとんどわかっていない。前1000年頃のアラビアはマーイン人とシバ人の王国の中心地だった。*シバ（Sheba）に政治的な安定が訪れるのは*ペルシア[1]（Persia）のダレイオスがアラビア北部を征服して、そこに太守を置いた頃からである。前24年、ローマ人がアラビア北部に侵入したが、何年もしないうちに退却する。ただし、その後もローマ人は*ヒジャーズ（Hejaz）には延々と留まっていた。エチオピアから来たセム族が300～378年までと525～570年までの間に2度にわたって*イエメン（Yemen）と*ハドラマウト（Hadramaut）を支配したが、570年にはササン朝ペルシアが台頭し、短期間ではあるが半島を支配する。アラビア砂漠が広大なため、全土を支配しようとする大国はなかった。

アラビアの統一は、530年に*メッカ（Mecca）で生まれたイスラーム教の開祖ムハンマドから始まる。622年、敵対者らが不穏な動きを見せるや、ムハンマドはメッカの北340kmほどの*メジナ（Medina）

へと脱出する。この脱出はイスラーム教紀元の始まりを画す事件として、聖遷（ヒジュラ）と呼ばれる。ムハンマドは632年に世を去ったが、イスラーム教は隆盛を極め、*エジプト（Egypt）・*シリア[2]（Syria）・ペルシア・北アフリカ・スペインを征服したアラブ人によって急速に広められていき、一時は*フランス（France）にも広まった。このように広い地域に広まると、イスラーム教の最初の性格は薄められていった。イスラーム教の教主（カリフ）の本拠はメジナから*ダマスカス（Damascus）に移され、さらに*アッバース朝（Abbasid Caliphate）の時代に*バグダート（Baghdad）に移される。その後はトルコ人やモンゴル人の侵入もあり、イスラーム教国の政治的な結束力は崩壊していく。

1517年、オスマン・トルコのスルタン、セリム1世がエジプトを征服し、さらにヒジャーズをも*オスマン帝国（Ottoman Empire）の傘下に収めた。後継者のスレイマーン1世は聖都メッカとメジナに贅沢な建物をいくつも増築した。18世紀中期にはオスマン帝国の勢力は衰え、アラビアでもイスラーム教内部で改革運動を進めるワッハーブ派のために次第に権威は失墜していく。ワッハーブ派は1785年頃にサウード家を転向させて、サウード家は正統派イスラーム教信徒と闘争を行ない、1804年にメジナ、1806年にメッカを陥落。1811年、ワッハーブ派の支配する地域の首都は*リヤド（Riyadh）となり、イエメンを除くアラビア全土を支配するまでになる。オスマン帝国のスルタンはアラビアの名ばかりの支配者に堕していた。スルタンはエジプトに助けを求め、ワッハーブ派は1818年には砂漠へと追いやられることになる。

1902年にイブン・サウードがリヤドを奪還し、ワッハーブ派の旧支配地をほぼすべて回復するに至って、ワッハーブ派の動きは弱まった。第1次世界大戦中、イブン・サウードはドイツに対してイギリスを支持したが、イラク南部でイギリスがトルコに対抗してアラブ人と団結を強めようとしたにもかかわらず、戦争ではあまり積極的な役割を果たすことはなかった。この時期にイギリス情報部のT・E・ロレンス、すなわち《アラビアのロレンス》が、ファイサル1世のアラブ軍に加わり、トルコ軍を相手に数々の勝利を収めるのに協力したが、アラブの独立を勝ち取るには至らなかった。しかし、1925年にサウードは激戦の末ヒジャーズを征服し、1932年には*ネジド（Nejd）と統合して*サウジアラビア（Saudi Arabia）を成立させた。この半島には数多くの小規模な王国・首長国・保護国が存在するが、今もなおサウジアラビアが半島内で最大の国家となっている。

アラビア・ペトラエア Arabia Petraea ⇒ ローマのアラビア属州 Arabia, Roman Province of, ナバテア Nabataea

アラビア湾[1] Arabian Gulf ⇒ ペルシア湾 Persian Gulf

アラビア湾[2] Sinus Arabicus ⇒紅海 Red Sea

アラビースターン Arabistan ⇒ フージスターン Khuzestan

アラビレス Arapiles（スペイン）
*サラマンカ[2]（Salamanca）の南東6.4kmに位置するサラマンカ県の村。ナポレオン戦争中の半島作戦で、サラマンカの戦いの戦場となる。1812年7月22日、ウェリントン率いるイギリス軍がマルモンの指揮するフランス軍をこの村で破る。こ

の勝利により、フランス軍はスペインか
ら撤退せざるを得なくなる。

アラブ首長国連邦 United Arab Emirates [旧
名：Trucial Coast トルーシャル海岸, Trucial Oman
トルーシャル・オマーン, Trucial Shaykdoms,
Trucial States トルーシャル共和国]
*カタール（Qatar）からオマーン湾まで
の*アラビア半島（Arabian Peninsula）東部
の7国からなる連邦。*アブダビ（Abu
Dhabi）、*アジュマン（Ajman）、ドバイ、フ
ジャイラ、ラアス・アル-ハイマ、*シャ
ルジャ（Sharjah）、ウンム・アル-カイワ
インである。1820年に*イギリス（United
Kingdom）と休戦協定を結ぶ前は、一帯の
海岸は海賊海岸として知られていた。そ
の後、1839年、1853年、1892年にもイギ
リスと別の協定が結ばれた。第2次世界
大戦後、自治を獲得、1971年に独立連邦
が形成された。1960年代以来、重要な石
油供給地となっている。1979年のイラン
革命、イスラーム原理主義の台頭、イラン
-イラク戦争の影響で、1980年代以来、国
の安定が脅かされた。1991年のペルシア
湾岸戦争中は、アメリカや多国籍軍とと
もにイラク攻撃に参加している。アブダ
ビの首長、ナヒヤーン家のザーイドが創
設時から大統領を務め、2004年に死去す
ると、息子のハーリファが跡を継いだ。

アラプッザ Alappuzha [アレッピー Allepey]（イ
ンド）
*コチ（Kochi）の南南東32kmに位置す
る*ケララ（Kerala）州の都市。東洋のベネ
ツィアといわれ、古代より交易と商業の
中心地となってきた。キリスト教が早く
から伝わり、紀元1世紀には十二使徒の
一人、聖トマスが附近に来ている。第2
チェラ王朝（9〜12世紀）の時代に繁栄。
16〜19世紀までではポルトガル、オランダ、

イギリスに支配された。ネルー杯ボート
レースをはじめとするスネークボート
（90人以上も乗る長いボート）のレースで有名。

アラブ連合共和国 United Arab Republic
[アラビア語：Al-'Arabīyah Al-Muttahahidah, Al-
Jumhurīyah]
*エジプト（Egypt）、*シリア[2]（Syria）、*イ
エメン（Yemen）が1958年にガマール・ア
ブドゥール・ナセルを大統領に創設した
かつての連合国。アラブ世界の統合を目
指していたが、1961年にシリアが脱退し
て解体した。

アラボナ Arabona ⇒ ジェール Györ

アラマンス・クリーク Alamance Creek（合衆
国）
*ノースカロライナ（North Carolina）州中
北部を流れる小さな川。アメリカ独立戦
争以前、*ヒルズボロ[1]（Hillsboro）の西32
kmの河岸でノースカロライナの世直し運
動の暴動が起こり、1771年5月16日にイ
ギリスの総督ウィリアム・トライオンが
これを鎮圧した。

アラミダ Alameda（合衆国）
*カリフォルニア（California）州西部、*サ
ンフランシスコ湾（San Francisco Bay）の島に
ある港湾都市。1850年代に建設。1935年
11月22日、中国の長距離飛行艇がここか
ら処女飛行に飛び立った。1938〜1940年
にかけてアラメダ海軍航空基地が建設さ
れたが、1997年には閉鎖された。

アラム Aram（シリア）
*レバノン山脈（Lebanon Mountains）から*ユ
ーフラテス川（Euphrates River）を越えて広
がる古代の国で、ほぼ現在のシリアと一
致する。この地域を前14世紀〜前12世

96　アラムト

紀まで支配して、前10世紀に多くの都市国家を建設したアラム人にちなんで名づけられた。この都市国家の中で最も有名なのが*ダマスカス（Damascus）だった。アラムの名は聖書にたびたび登場する。イエスの用いた言葉もアラム語とされる。

アラムート Alamut（イラン）
ガズビーン州ガズビーンの北64 kmにあるエルブルズ山脈の城塞。870年頃にハサン・イブン・アル・サッバーフの指示で城塞として建てられ、1090年頃にはイスラーム教のイスマーイール派（アサッシン派の名で知られる一種のテロリスト集団）の本部となる。1256年に城塞はモンゴルのフラグの手に落ち、*ペルシア[1]（Persia）遠征中のフラグによって、一派はほぼ壊滅させられた。

アラモ Alamo, The（合衆国）
*テキサス（Texas）州*オースティン（Austin）の南西120 kmに位置する*サン・アントニオ[2]（San Antonio）の砦。本来は1718年に建てられたフランシスコ修道会の伝道所だったが、1793年に砦にされた。テキサス革命の際にはサンタ・アナ指揮下のメキシコ軍に包囲される。包囲は1836年2月23日～3月6日まで続いたが、ついに砦は陥落。義勇兵の英雄的な抵抗はメキシコ自由運動の象徴となった。

アラモゴード Alamogordo（合衆国）
サクラメント山脈の西、*エル・パソ（El Paso）の北東128 kmに位置する*ニューメキシコ（New Mexico）州の都市。近くには1945年6月16日に史上初の原爆実験が行なわれたホワイトサンズミサイル発射場がある。

アラ・ヨウイス Ara Jovis ⇒ アランフエス Aranjuez

アララ Arara［アラレ Arare］（インドネシア）
*ニューギニア（New Guinea）の北海岸の村。*イリアン・ジャヤ（Irian Jaya）州*ジャヤプラ（Djadjapura）の西210 kmに位置する。第2次世界大戦中の1944年5月17日、ウォルター・クルーガー将軍の率いるアメリカ陸軍第6軍がここに上陸し、連合軍が日本からニューギニア北部を奪還する作戦を開始する。

アララク Alalakh［現代：Tell Atchana テル・アッチャナ］（トルコ）
前2600年頃～前1190年頃まで存在した小都市国家の首都で古代都市。トルコ南西部のオロンテス川下流にあった。*アンタキア（Antakya）（古代のアンチオキア）の東16 kmに位置する。シュメール文明の末端地域で、楔形文字をはじめとする文化をヒッタイト人らに伝えた。象牙と*レバノン[1]（Lebanon）の杉を*メソポタミア（Mesopotamia）から*地中海（Mediterranean Sea）の東部へと長期にわたって独占的に輸出した。地元でテルアッチャナと呼ばれている丘を考古学者らが発掘して見つけ出した都市で、遺跡には巨大な宮殿の一部も見られる。

アララト Ararat ⇒ ウラルトゥ Urartu

アララト山 Ararat, Mount［アルメニア語：Masis マシス；ペルシア語：Kho-i-Nuh コウイヌー；トルコ語：Ağri Daği アール山］（トルコ）
イランとアルメニアの国境近く、トルコ東部の山。標高5,137メートルの大アララト山はトルコの最高峰で、大洪水のあとノアの方舟がたどり着いた場所とされるためにアルメニア人には聖域とされてい

る。1829 年 9 月 27 日、初登頂に成功。
⇒ アルメニア [1] Armenia

アラリア Alalia ⇒ アレリア Aléria

アラル Arar ⇒ ソーヌ川 Saône River

アラルコス Alarcos（スペイン）
*シウダード・レアル [1]（Ciudad Real）の西
13 km、新カスティリアのシウダード・レ
アル県の都市。1195 年 7 月 19 日、カステ
ィリア王アルフォンソ 8 世はキリスト教
の勢力を再びスペインに取り戻そうとし
ていたが、当時権勢をふるっていた*ムワ
ッヒド朝（Almohad Empire）のムーア人一派
を率いるヤクブ・アルマンスールとここ
で戦って惨敗を喫した。

アラレ Arare ⇒ アララ Arara

アラン Arran（スコットランド）
スコットランド南西海岸の沖合にあ
る、*ストラスクライド（Strathclyde）州ク
ライド湾内の島。前 2000 年頃の立石遺跡
（メンヒル）が点在する。1263 年にホーコン 4 世が敗
北するまでは、島に侵攻してきたノルウ
ェー人が住んでいた。13 世紀初め、ロバ
ート 1 世の隠れ家にされる。1503 年、勅
許により島がサー・ジェイムズ・ハミル
トンに下賜され、ハミルトンは初代アラ
ン伯となる。のちにハミルトン公の居地
となる。
⇒クライド川とクライド湾 Clyde River and
Firth of Clyde

アラン諸島 Aran Islands［アイルランド語：
Arana Naomh アラナ・ニーヴ］（アイルランド）
アイルランド西の沖合、*ゴールウェー [1]
（Galway）湾の入り口に並ぶイニシュモア
島、イニシュマーン島、イニシィア島の 3

島。イニシュモア島が最大の島で、この
島の*キルロナン（Kilronan）が諸島の中心
都市。丘陵の要塞や一部が地面に埋まっ
ている円形の石造りの小屋など先史時代
およびキリスト教初期の遺跡が見られる。

アランソン Alençon（フランス）
*ル・マン（Le Mans）の北 48km、サルト
川に臨む*ノルマンディー（Normandy）地
方のオルヌ県の町。1082 年以降は伯爵領、
1285 年以降は公爵領の首都だったが、
1549 年にはフランス国王の領地となる。
1525 年からフランソワ 1 世の姉マルグリ
ット・ド・ナバールが宮廷を置いた。
1665 年にコルベールが取り入れた〈アラ
ンソンレース〉（レース編みの 1 種）で知られる。
1873 年にリジューのテレーズがこの町に
生まれている。

アランデル [1] Arundel［古代：Harundel ハランデ
ル］（イングランド）
*ブライトン（Brighton）の西北西 19 km に
位置し、アラン川に臨むウェスト・サセ
ックス（Sussex）の町。戦略上の拠点にな
るため、12 世紀には伯爵領にされ、1580
年に*ノーフォーク [1]（Norfolk）公爵に割譲
される。港として栄え、1813 年に運河に
よって*ロンドン（London）と結ばれるが、
やがて衰退する。12 世紀のノルマン城が
良好な保存状態で遺っている。

アランデル [2] Arundel ⇒ ケネバンクポート
Kennebunkport

アランフエス Aranjuez［古代：Ara Jovis アラ・
ヨウィス］（スペイン）
*マドリード（Madrid）の南 48 km に位
置するタホ川に臨むマドリード州の町。
16 世紀、*神聖ローマ帝国（Holy Roman
Empire）皇帝ハプスブルク家のカール（カ

ルロス）5世の時に王室の土地とされる。1808年3月18日、ブルボン家のカール4世治世下の親仏派政府に対する反乱がこの町で起こり、カール4世は退位させられ、ナポレオンがスペインに介入するきっかけとなった。町はフェリペ2世により建てられた荘厳な宮殿で知られる。何度も火災にあったが、1727年に再建された。

アランモア Aranmore ⇒ **イニシュモア Inishmore**

アーリア Ariea ⇒ **ヘラート Herāt**

アリアカ Arriaca ⇒ **グアダラハラ[2] Guadalajara**（スペイン）

アリア川 Allia River（イタリア）
*テベレ川（Tiber River）の支流で、古代の細流。正確な位置は不明だが、*ローマ（Rome）の北にあった20kmほどの川とされる。リウィウス（ローマの歴史家。前59～後17）によれば、前390年7月18日にブレンヌス率いるガリアのセノネス族がローマを攻撃し、ローマ人はこの川で敗北を喫したという。勝利を収めたブレンヌスはローマを襲い、金目の物を奪い去った。

アリアーノ・イルピーノ Ariano Irpino［旧名：Ariano di Puglia アリアーノ・ディ・プーリア］（イタリア）
*ベネベント（Benevento）の東48kmに位置するアベッリーノ県の町で、*アペニン山脈（Apennine Mountains）にある。ノルマン人の王ルッジェーロ2世の治世、1140年に巡回裁判開廷地となり、*両シチリア王国（Two Sicilies, Kingdom of The）王国の法典が作成された。町にはノルマン期の城がある。

アリアーノ・ディ・プーリア Ariano di Puglia ⇒ **アリアーノ・イルピーノ Ariano Irpino**

アリカ Arica［スペイン語：San Marcos de Arica サン・マルコス・デ・アリカ］（チリ）
*イキケ（Iquique）の北210kmに位置し、太平洋に臨むタラパカ県の港湾都市。*ペルー[2]（Peru）と国境を接しているため、チリとペルーが長年領土争いを続けている。インカ人の町の跡地に、1570年にスペイン人が建設して、1880年の太平洋戦争中にチリ人が占領するまではペルーの都市だった。チリの領有権は1929年6月3日に調停によって認められ、アリカはペルー向けの自由港となった。

アリガル Aligarh［コイル-アリガル Koil-Aligarh］（インド）
*アグラ（Agra）の北70km、*ウッタル・プラデシュ（Uttar Pradesh）州の都市。1759年、シンディアの統治下でマラータ族の拠点となり、第2次マラータ戦争中の1803年8月28日イギリスの攻撃を受け占領下におかれる。1875年インド系イスラーム教徒の大学アングロ・オリエンタル・カレッジが創設。

アリカンテ Alicante［アラビア語：Al-Akant アラカント；ギリシア語：Acra-Leuca アクラ-レウケ；ラテン語：Lucentum ルケントゥム］（スペイン）
*バレンシア[1]（Valencia）の南123km、*地中海（Mediterranean Sea）の湾に臨むアリカンテ県の県都で港湾都市。前325年、ギリシアから来たフェニキア人が建設し、前201年に*ローマ（Rome）が占領して海軍基地を置く。718～1249年までムーア人が支配し、1709年には*フランス（France）に包囲され、1873年には*カルタヘナ[2]（Cartagena）の連邦主義者の手に落ちる。

1936 〜 1939 年までのスペイン内戦の際には共和主義者の支配を受ける。

アリキア Aricia ⇒ アリッチャ Ariccia

アリシャル・ヒュユク Alisar Hüyük［アリシャール・ヒュユク Alishar Hüyük］［トルコ語：Alicar Hüyük アラカ・ヒュユク］（トルコ）
ヨズガト県の県都ヨズガトの南東 51km、カナク川に臨む古代ヒッタイト人の町の遺跡。発掘により銅石器時代からフリギア時代に至る集落の地層が発見された。有名なヒッタイトの*カッパドキア（Cappadocia）粘土板のほかみごとな陶器も発見されている。
⇒ **カッパドキア Cappadocia**

アリシャール・ヒュユク Alishar Hüyük ⇒ アリシャル・ヒュユク Alisar Hüyük

アリーズ - サント - レーヌ Alise-Sainte-Reine ⇒ アレシア Alésia

アリススプリングズ Alice Springs［旧名：Stuart スチュアート］（オーストラリア）
*ノーザン・テリトリー（Northern Territory）の南部中央の町。*ダーウィン（Darwin）の南 1,530km、オーストラリア大陸のほぼ中央に位置する。1871 年に建設され、1926 〜 1931 年までは短命に終わったセントラルオーストラリアの州都。セントラルオーストラリア鉄道の北端の終着駅。

アリゾナ Arizona（合衆国）
1912 年、合衆国 48 番目の州となる。合衆国南西部にあり、南部は*メキシコ（Mexico）と国境を接する。アリゾナの名は「小さな泉のある場所」を意味するパパ語族の言葉に由来する。州都は*フェニックス（Phoenix）。

アリゾナには 2 万 5 千年も前からインディアンが住んでいた。500 〜 1450 年頃までホホカム文化が栄えていた。先住民は竪穴住居に住み、灌漑設備をもっていた。11 〜 14 世紀まで石造りの家や岩窟住居に住むアナサジ族の文化が主流だったが、1300 年頃*カナダ（Canada）からアパッチ族とディネ族が渡って来る。この土地に足を踏み入れた最初のヨーロッパ人は 1535 年頃のカベサ・デ・バカと思われる。1539 年、フランシスコ会修道士マルコス・デ・ニサが訪れ、翌年にはフランシスコ・バスケス・デ・コロナドの探検隊が続く。コロナドは*シボラ（Cibola）の《黄金の七都市》を探していた。*グランド・キャニオン（Grand Canyon）がこの頃発見されている。エウセビオ・キノ神父が 1692 年と 1696 年に伝道所を設置する。インディアンが暴動を起こしたため、*スペイン（Spain）は 1752 年にトゥバクに要塞を築くが、1776 年には要塞を*トゥーソン（Tucson）に移す。1810 〜 1821 年までメキシコがスペインと独立戦争を続け、戦後はこの地域をメキシコが支配する。キット・カーソンらアメリカの毛皮猟師は 1800 年代初期にこの地域で罠猟を行なったが、入植者はほとんどいなかった。1848 年、メキシコ戦争が終わるとアリゾナは合衆国に割譲された広大な土地の一部となり、1850 年には*ニューメキシコ（New Mexico）準州の一部となる。1853 年の*ガズデン購入地（Gadsden Purchase）により、合衆国はヒラ川から南の現在の境界線までの土地をメキシコから買い取る。

1861 年、アリゾナは南部連邦を支持する。南北戦争中、ここで繰り広げられた大規模な戦いでは南部連合が《ピカチョ峠の戦い》で敗北する。1863 年にはアリゾナ準州が成立する。1861 年から 25 年間、断続的にインディアンとの戦いが続くが、

1886 年に有名なアパッチ族の酋長ジェロニモが降伏して戦いは終わる。1877 年に＊トゥームストーン（Tombstone）で銀鉱が発見され、1870 年代は採鉱で隆盛を極める。トゥームストーンは 1881 年にワイアット・アープ兄弟らが関わる《ＯＫ牧場》の決闘でも有名。

　牛と羊の飼育が盛んになり、1900 年には多くの灌漑設備が作られる。第 2 次世界大戦では防衛産業で活気づく。過去 20 年間、アリゾナは国内でも屈指の急成長を遂げている州となっている。1963 年、アメリカ最高裁は＊コロラド川（Colorado River）水系の水はアリゾナと＊カリフォルニア（California）で分配するようにとの判決を下す。乾燥した天候のため、多くの退職者が集まってきている。この人口増加により現在は水不足となる。大規模な給水事業が、灌漑と水力発電を支えている。よく知られているダムとしては＊フーバーダム（Hoover Dam）、ルーズベルトダム、グレン・キャニオンダムがある。アリゾナは鉱業の州であり、合衆国で産出する銅の半分以上を占めているほか、製造業も重要。アリゾナ北部にはコロラド高原があり、グランドキャニオンの南にはサンフランシスコ山がある。州の北東の一角はホピ族とディネ（ナバホ）族の指定居住地が占めている。南半分は砂漠のあちこちに岩山が突き出しているような土地。大都市としてはフラッグスタッフ、1869 年以降の州都フェニックス、最初の州都だった＊プレスコット[2]（Prescott）、スコッツデイル、トゥーソン、それに＊ユマ（Yuma）などがある。フェニックスが大都市圏の地域となり、アリゾナは 20 世紀末には合衆国でも屈指の急成長を遂げている地域となった。

アリチャット Arichat（カナダ）

＊ノバスコシア（Nova Scotia）州東部の村。＊ケープ・ブレトン島（Cape Breton Island）から近いマダム島の南海岸に臨む。1713 年にフランス人がここに港を作った。1763 年にイギリスに譲渡される。1778 年、アメリカ独立戦争中にジョン・ポール・ジョーンズムの攻撃を受ける。

アリッチャ Ariccia［ラテン語：Aricia アリキア］（イタリア）

＊ラツィオ〔ラティウム〕（Latium）州ローマ県にある＊アッピア街道（Appian Way）上の町。＊ローマ（Rome）の南東 29 km に位置する。ラツィオ州でも屈指の古い町で、前 6 世紀にはローマと張り合うほどの勢力を持ち、前 505 年頃にエトルリア人を破ったラテン同盟の一員でもあった。前 495 年頃、＊レギッルス湖畔（Regillus, Lake）の戦いに参戦したが、ローマがラティウム人を破る。町は《森のディアーナ》の信仰の中心地として知られていた。現在も古代と同じ場所に町がある。

アリーハー Arīhā ⇒ **ギルガル Gilgal**, **エリコ Jericho**

アリマ川 Alma River（ウクライナ）

＊クリミア半島（Crimea, The）の川。ヤイラ山地から西へと向かい＊セバストポリ[2]（Sevastopol）の北で＊黒海（Black Sea）に注ぐ。全長は約 130km。1854 年 9 月 20 日、クリミア戦争の最初の戦場となり、メンシコフ率いるロシア軍がラグラン元帥とアルマン・ド・サンタルノー指揮下の英仏連合軍に敗れる。連合軍はこの勝利によってセバストポリへの進軍が可能となった。

アリミヌム Ariminum ⇒ **リミニ Rimini**

アリューシャン列島 Aleutian Islands
[Aleutians]（合衆国）
*ベーリング海（Bering Sea）と太平洋を隔てる列島で、*アラスカ（Alaska）半島からカムチャッカ半島まで延びる。1741 年、ビトゥス・ベーリングとアレクセイ・チリコフの率いるロシア探検隊により発見され、アラスカと共に 1867 年に*ロシア（Russia）から合衆国が買収。軍事上の拠点で、第 2 次世界大戦中には日本がその一部を占領。1942 ～ 1943 年の間に占領されたのはアッツ島、ダッチハーバー、アガッツ島、キスカ島など。現在は米軍の軍事基地とレーダー観測所が置かれ、合衆国の防衛網の重要な位置にある。

アリリカ Arilica ⇒ ペスキエーラ・デル・ガルダ Peschiera del Garda

アーリントン[1] Arlington（合衆国）
*ボストン[2]（Boston）の北西 8 km に位置する*マサチューセッツ（Massachusetts）州東部の町。1630 年頃に入植が始まり、1867 年に現在の町名となる。アメリカ独立戦争初期の戦場で、1775 年 4 月に 12 人の民兵がイギリス兵に殺された。

アーリントン[2] Arlington（合衆国）
*バージニア（Virginia）州北部の国立墓地。ポトマック川を挟んで対岸には*ワシントン[1]（Washington, D.C.）がある。1802 年に建てられたカスティス - リーの屋敷があった場所で、南北戦争時にロバート・E・リーがバージニア州兵の指揮をとった後の 1861 年に南部連合軍の本部が置かれる。1864 年、国立墓地となり、大勢の著名なアメリカ人のほか、6 万人以上の戦没者が現在埋葬されている。
⇒ アレクサンドリア[2] Alexandria, バージニア Virginia

アル・アイザリーヤ Al Ayzariyah ⇒ ベタニア Bethany

アル - アカバ Al-'Aquabah ⇒ アカバ 'Aquaba

アル - アクスル Al-Uqsur ⇒ ルクソール Luxor

アル - アゲイラ Al-Agheila［アル - ウカイラ Al-'Uqaylah、エル - アゲイラ El-Agheila］（リビア）
*ベンガジ（Benghazi）の南西 225 km に位置し、シドラ湾から近いベンガジ県の町。第 2 次世界大戦中は何度も日独伊枢軸国と連合国との戦場になり、支配者も何度か変わった。1942 年 1 月、ドイツのエルビン・ロンメル将軍が対イギリス作戦行動をこの土地で開始。1942 年 12 月 17 日、最後にはイギリスに占領された。

アル - アラマイン Al-'Alamayn ⇒ エル・アラメイン El Alamein

アル - アラメイン Al-Alamein ⇒ エル・アラメイン El Alamein

アル - アリーシュ Al-'Arish［エル - アリーシュ El-'Arish］［旧名：Rhinocolura リーノコルーラ］（エジプト）
*ポート・サイド（Port Said）の東 152 km に位置し、*地中海（Mediterranean Sea）に臨む 北シナイ県の県都で港湾都市。1799 年 2 月、エジプト遠征中のナポレオンに占領され、また 1800 年 1 月 24 日、イギリスとフランスの条約がここで結ばれ、フランス軍がエジプトから撤退する。第 1 次世界大戦中の 1916 年 12 月 20 日にはイギリスに占領される。1967 年の《六日戦争》の後、イスラエルの手に渡ったが、1978 年 9 月の*キャンプ・デイビッド（Camp David）での会議により*シナイ半島（Sinai

102 アルアンタ

Peninsula) と共にエジプトへの返還が約束され、1979 年には返還された。
⇒イスラエル Israel

アル - アンダルス al-'Andalus ⇒ アンダルシア Andalusia

アル - イスカンダリア Al-Iskandariya ⇒アレクサンドリア[1] Alexandria（エジプト）

アル - イスマーイーリーヤ Al-Ismā'iliyyah ⇒ イスマイーリーア Ismailia

アル - イッティハード Al-Ittihad ⇒マディーナト・アッシャブ Madinat Ash Shab

アル - イテハド Al-Ittahad ⇒ マディーナト・アッシャブ Madinat Ash Shab

アル - ウカイラ Al-'Uqaylah ⇒アル - アゲイラ Al-Agheila

アル - ウクスル Al-Uqsur ⇒ ルクソール Luxor

アールガウ Aargau［仏：Argovie アルゴビ］（スイス）
ルツェルン州の北に位置するスイス北部の州。11 世紀にはハプスブルク王朝のお膝元だったが、1415 年にスイス連邦に占領され、*ベルン（Bern）と*ルツェルン（Lucerne）に分断された。1803 年に再び州として統合され、*アーラウ（Aarau）が州都となる。

アルカエ・レモルム Arcae Remorum ⇒ シャルルビル - メジエール Charleville-Mézières

アルカサール・デ・サンフアン Alcázar de San Juan［ラテン語：Alces アルケス］（スペイン）
*マドリード（Madrid）の南東 144km、シウダード・レアル県の町。前 2 世紀にローマ人に占領される。1186 年、スペインの聖ヨハネ騎士団がムーア人から奪回するも、1292 年には*カスティリア（Castile）王サンチョ 4 世に占領される。14 ～ 16 世紀まで聖ヨハネ騎士団の拠点となった。

アルカセルキビール Alcazarquivir［アルクサル・アルカビール Al-Ksar al-Kabir, カスル・エル・ケビール Kasr el Kebir, アルクサル・アルクビール Al-Qsar al-Kbir]（モロッコ）
*タンジール（Tangiers）の南 96km、ルッコス川に臨む町。1578 年 8 月 4 日、〈三王の戦い〉の場となり、*フェス（Fès）のスルタンは王位を奪われたムハンマド 11 世の救援に来たポルトガル王セバスティアンを破ったが、三人の王はいずれも戦死し、サード朝のアフマド・アル - マンスールの全盛時代へと道を拓くことになる。この戦いの結果、*ポルトガル（Portugal）は*スペイン（Spain）王フェリペ 2 世の統治下に置かれる。

アルカセル・ド・サル Alcácer do Sal［ラテン語：Salacia Imperatoria サラキア・インペラトリア]（ポルトガル）
*セトゥバル（Setúbal）の南東 40km に位置するセトゥバル県の村。*ローマ帝国（Roman Empire）の重要都市で、1217 年にポルトガルのアフォンソ 2 世に占領されるまではムーア人の拠点だった。

アルカソバス Alcacovas（ポルトガル）
*エボラ（Évora）の南西 30km にあるエボラ県の町。1480 年 3 月 6 日、*スペイン（Spain）と*ポルトガル（Portugal）の間で条約が結ばれ、*ギニア（Guinea）、西アフリカ、

大西洋諸島をめぐる領有権問題が決着。

アルカディア ¹ Arcadia ［ギリシア語：Arkadhia アルカディア］（ギリシア）
＊ペロポネソス（Pelóponnesus）半島中央部の史跡。現在のアルカディア県にほぼ相当する地域。前7世紀、＊スパルタ（Sparta）の影響下にあったが、前371年に＊レウクトラ（Leuctra）でスパルタが敗北してからは独立を主張し、＊メガロポリス（Megalopolis）を首都とする同盟に加わる。同盟は前365年に解散し、アルカディアは＊マケドニア王国（Macedon, Empire of）の傘下に入る。1204年、第4回十字軍が＊ビザンツ帝国（Byzantine Empire）からこの地方を奪取し、＊アカイア（Achaea）公国の一部とする。ビザンツ帝国が徐々にまたこの地方を奪回し、1340年にはモレアス専制公領の一部とした。1460年、＊オスマン帝国（Ottoman Empire）に割譲される。1821〜1829年のギリシア独立戦争ではこの地方が中心的な役割を果たした。牧歌的な土地柄は古代より多くの田園文学を生み出している。

アルカディア ² Arcadia ⇒ **キパリシア** Kipparisia

アル - カーディシーヤ Al-Qādisīyah ⇒ **カディシヤ** Kadisiya

アルカトラズ Alcatraz （合衆国）
＊カリフォルニア（California）州＊サンフランシスコ ¹（San Francisco）の北西1.6kmにあるサンフランシスコ湾内の島。1859〜1934年まで米軍の刑務所が置かれ、その後1963年に閉鎖されるまで連邦刑務所が置かれた。矯正不可能とされた受刑者が収容され、脱獄は不可能だった。現在、島はゴールデンゲート国立レクリエーシ

ョン地域の一部として観光客が多い。

アル - カーヒラ Al-Qāhirah ⇒ **カイロ ¹** Cairo （エジプト）

アル - カーフ Al-Kāf ⇒ **ル・ケフ** Le Kef

アル - カラク〔カラク〕 Al-Karak ［ケラク El-Kerak, Kerak］［ヘブライ語：Kir Hareset キル・ハレセト, Kir Moab キル・モアブ；仏：Crac des Chevaliers クラック・デ・シュバリエ］（ヨルダン）
ヨルダン中西部、＊アンマン（Amman）の南80km、カラク涸れ川（ワジ）流域の町。前1000年代のモアブ人の拠点で、1142年に十字軍によって要塞化されたが、1188年サラディン率いるイスラーム軍に征服された。＊ビザンツ帝国（Byzantine Empire）の時代から大司教管轄区で、キリスト教世界の中心地であり続けたが、1910年にオスマン・トルコに破壊された。強固な十字軍の城が今も遺る。

アルカラ・デ・エナレス Alcalá de Henares ［ラテン語：Complutum コンプルトゥム］（スペイン）
＊マドリード（Madrid）の北東34kmほどのエナレス川に臨むマドリード州の町。1498年に＊トレド ¹（Toledo）の大司教フランシスコ・ヒメネス・デ・シスネロスが創設した大学が有名。1514〜1517年まで史上初の多言語対訳聖書『コンプルテンセ対訳聖書』が出版された。大学は1836年にマドリードに移転。1547年、ミゲル・デ・セルバンテスがこの地に生まれる。

アルカラ・ラ・レアル Alcalá la Real （スペイン）
＊アンダルシア（Andalusia）州ハエン県の町。＊グラナダ ²（Granada）の北西55kmに位置する。軍事的に重要な位置にあり、1340年に＊カスティリア（Castile）のアルフォンソ11世がムーア人から奪還したの

を記念して「ラ・レアル」（「国王のもの」の意）が地名につけられた。

アル‐ガルブ Al-Gharb ⇒アルガルベ Algarve

アルガルベ Algarve［アラビア語：Al-Gharb アル‐ガルブ］（ポルトガル）
ポルトガルの最南端、現在のファロ県に相当する旧王国。8世紀以降はムーア人の王国となったが、1249年にアフォンソ3世に征服され、ポルトガルの一部となる。

アルガン Arguin（モーリタニア）
ヌアディブの南東88kmに位置するアルガン湾内の島。1441年にポルトガル人が発見し、西アフリカ沿岸で最初のヨーロッパとの交易所となる。1621年、オランダ人に征服され、1677年にフランスに割譲される。

アルカンタラ¹ Alcántara（スペイン）
スペイン西部、*カセレス（Cáceres）の北西80km、タホ川の南方に位置するカセレス県の町。1214年にアルフォンソ9世がムーア人から奪還し、1217年にアルカンタラ騎士団に町の管理運営を任せた。

アルカンタラ² Alcântara（ブラジル）
湾を挟んで*サン・ルイス（São Luís）の対岸に位置する都市。1600年代初期に砂糖と綿の生産地として開発された。大農園時代の建築で有名。ブラジルのロケット発射基地があり、赤道軌道と極軌道の両方のロケット打ち上げ場所として最適な地点にありながら、目下のところその地の利を活かせるまでには開発が進んでいない。

アルカンハイウェー Alcan Highway ⇒ アラスカハイウェー Alaska Highway

アルギヌサイ Arginusae（ギリシア）
*エーゲ海（Aegean Sea）の小島群。*小アジア（Asia Minor）の西海岸沖合にあり*レスボス（Lesbos）島から近い。前406年、ペロポネソス戦争中にコノンの指揮する*アテネ（Athens）艦隊がカリクラティダスの率いる*スパルタ（Sparta）軍を破る。この戦争で最後での勝利を収め、アテネはスパルタの休戦提案を拒否する。

アルギロカストロ Argirocastro ⇒ ジロカストラ Gjinokastër

アルギロカストロン Argyrokastron ⇒ ジロカストラ Gjinokastër

アルクサル・アルカビール Al-Ksar al-Kabir ⇒アルカセルキビール Alcazarquivir

アルクサル・アルクビール Al-Qsar al-Kbir ⇒アルカセルキビール Alcazarquivir

アル‐クドゥス Al-Quds ⇒エルサレム Jerusalem

アルクーファ Al Kufah［Al-Kufa］（イラク）
バグダードの南144kmに位置する*ユーフラテス川（Euphrates River）沿いの町。638年にウマル1世が設立した町で、ウマイヤ朝初期のカリフの時代にあったイスラーム教の二大中心地の一つ。7、8世紀には繁栄していた。890年にカルマト派に征服される。コーランで使われたアラビア語のクーファ体文字は、ここで発達した。⇒バスラ¹ Basra

アルクマール Alkmaar（オランダ）
オランダ北西部、*ノルトホラント（North Holland）州の都市。*アムステルダム（Amsterdam）の北西35kmに位置し、ノル

トホラント運河に臨む。13世紀以来、商業の重要な中心地であり、オランダ独立戦争中の1573年には*スペイン（Spain）を相手に抗戦した最初のオランダの都市となった。第2次対仏大同盟による戦いでフランスに敗北を喫したイギリス・ロシア連合軍が、1799年10月18日、アルクマールでフランスと協定を結んでオランダから撤退。

アル - クムス Al-Khums ⇒フムス Homs

アルクーユ Arcueil ［ラテン語：Arculi アルクリ］（フランス）

*パリ（Paris）の南、バル - ド - マルヌ県の町。4世紀のローマ皇帝ユリアヌスと17世紀のマリ・ド・メディシスが建設した水道橋で有名。ローマ時代の水道橋は遺跡があるだけ。第3の水道橋は19世紀になってから17世紀の水道橋の上に増設された。

アルク - ラ - バタイユ Arques-la-Bataille（フランス）

*ディエップ（Dieppe）の南東6.5 kmに位置し、アルク川に臨むセーヌ - マリティーム県の村。フランス宗教戦争中の1589年9月21日、マイエンヌ公の率いるカトリック同盟が、即位して1年目のアンリ4世にこの村で敗北を喫する。かつてはプロテスタントだったアンリ4世がのちには*ナント（Nantes）の勅令を公布する。

アルクリ Arculi ⇒ アルクーユ Arcueil

アルケス Alces ⇒ アルカサール・デ・サンフアン Alcázar de San Juan

アルゲーロ Alghero（イタリア）

*サルデーニャ（Sardegna）島北西部サッサリ県の港町。1102年ジェノバ人が建設し、

1354年*アラゴン（Aragon）のペドロ4世が治めるカタルーニャの植民地となる。1541年以降神聖ローマ帝国皇帝カール5世が住んだ町で、1720年に*サボワ（Savoy）家の手に渡った。

アルゲントラトゥム Argentoratum ⇒ ストラスブール Strasbourg

アルゴス Argos ［ギリシア語：Ārghos アールゴス］（ギリシア）

*ナウプリア（Nauplia）の北北西16 kmに位置し、*ペロポネソス（Pelóponnesus）半島東のアルゴリス県の県都。ギリシアでも屈指の古い都市であり、前2000年代にペラスギ人によって建設され、前1300～前1200年まではミケーネ文明の中心にあったが、ドーリス人に征服される。その後は前7世紀に*スパルタ（Sparta）が勢力を拡大するまではペロポネソス半島を支配。*エペイロス（Epirus）のピュルロス王は前272年、戦闘中にアルゴスで命を落とした。前146年、ローマ人が*コリントス（Corinth）の略奪を行なったのちに、アルゴスがアカイア同盟の中心になる。*オスマン帝国（Ottoman Empire）の支配下で、1397年と1500年の2回、略奪を受けて住民が奴隷にされた。ギリシアの独立戦争中、1821年に第1回目のギリシア議会の開催地となる。古代には有名な彫刻学校があり、アゲラダスやポリュクレイトスが活躍していた。神殿とミケーネの共同墓地の遺跡がある。
⇒ アカイア Achaea

アールゴス Ārghos ⇒ アルゴス Argos

アルコス・デ・バルデベス Arcos de Valdevez（ポルトガル）

*ブラガ（Braga）の北40 kmに位置し、リ

マ川に臨むビアナ・ド・カステロ県の町。12 世紀、ポルトガルの独立闘争中、初代ポルトガル王アルフォンソ・エンリケ（在位 1139 〜 85）が*レオン³ (León) 王で*カスティリア (Castile) 王だったアルフォンソ 7 世を撃退した。

アルコス・デ・ラ・フロンテーラ Arcos de la Frontera ［アラビア語：Medina Arkosh メディナ・アルコシュ；ラテン語：Arcobriga アルコブリガ］（スペイン）

*カディス (Cádiz) の北東 48 km に位置する、グアダレーテ川上流のカディス県の町。8 世紀からムーア人の要塞だったが、13 世紀にカスティリア王アルフォンソ 10 世に占領された。町には今も多くの古い建物が遺っている。

アルコート Arcot （インド）

*チェンナイ (Chennai) の西南西 110 km に位置し、パーラール川に臨む*タミル・ナードゥ (Tamil Nadu) 州の町。1712 年以降、*カルナティック (Carnatic) のイスラームの太守（ナワーブ）たちの首都となる。*フランス (France) と同盟を結び、1751 年 8 月 31 日にイギリス東インド会社のロバート・クライブに占領され、その後、何度も支配者が代わり、1801 年にはイギリス領となる。

アルコバサ Alcobaça （ポルトガル）

*レイリア (Leiria) 県エストレマドゥラ地方の町。1153 年にアフォンソ王が建てたシトー会修道院は、ヨーロッパで屈指の富裕な修道院となり、ポルトガルの文化と経済に大きな役割を果たした。修道院内にはペドロ 1 世とイネス・デ・カストロの墓があり、二人の墓石はゴシック彫刻の傑作（二人の悲恋はオペラや多くの詩・戯曲の題材となっている）。

アルゴビ Argovie ⇒ アールガウ Aargau

アルコブリガ Arcobriga ⇒ アルコス・デ・ラ・フロンテーラ Arcos de la Frontera

アルコラ Arcola ⇒ アルコレ Arcole

アルゴリス Argolis ［アルゴリダ The Argolid］（ギリシア）

*ペロポネソス (Pelóponnesus) 半島南東の県で、*アテネ (Athens) の西南西 88 km に位置する。県都は*ナウプリア (Nauplia)。この地域は豊かな農業地帯だった*アルゴス (Argos) を中心とする古代のアルゴリス平野にほぼ重なる。人の住んでいる場所としてはギリシアでも屈指の古さを誇る。後期青銅器時代のミケーネ文明の中心で、重立った都市国家としては、*ミケーネ (Mycenae)、*ティリンス (Tiryns)、アルゴスがあった。当時、この平野全域をミケーネが支配していたと考えられているが、確たる証拠があるわけではない。前 1200 年頃にはドーリス人に占領された。初期鉄器時代のこの地域についてはほとんど何もわかっていない。古代ギリシアのアルカイック期にはアルゴスが中心都市となり、近隣のナウプリアと頻繁に紛争を起こしている。前 520 年にスパルタに征服されるまではヘラクレイダイに支配され、のちにアテネと同盟を結び、ヘレニズム時代・ローマ時代・ビザンツ時代はアルゴスと共に歴史を歩む。

　第 4 回十字軍遠征時の 1204 年に*コンスタンティノープル (Constantinople) がフランク人に征服されると、アルゴリスは*モレア (Morea) 公国に支配される。*ベネツィア (Venice) が沿岸を支配しようとナウプリアと、また時にはアルゴスと争ったが、最終的にはこの平野はペロポネソス半島の他の地域と一緒に*オスマン帝

国（Ottoman Empire）の手に落ちる。19 世紀の独立戦争時にはギリシアの抵抗運動の中心地となる。第 2 次世界大戦中の 1941 年 4 月 24 日～30 日にイギリス軍がナウプリアから撤退する際に、若干の戦闘に巻き込まれる。ミケーネ文明の遺跡の他に、*エピダウロス[1]（Epidaurus）、*レルナ（Lerna）、アシネの古代遺跡およびベネツィアとオスマン・トルコの要塞が遺っている。

アルゴリダ Argolid, The ⇒ アルゴリス Argolis

アルコレ Arcole ［伊：Arcola アルコラ］（イタリア）

*ベローナ（Verona）の東南東 26 km、アルポーネ川に臨むベローナ県の村。1796 年 11 月 15 日～17 日、ナポレオンが初めてイタリア方面作戦を展開し、フランス軍はヨーゼフ・アルビンツィ陸軍元帥の率いるオーストリア軍にこの村で重要な勝利を収める。

アルコレア Alcolea （スペイン）

*コルドバ[3]（Córdoba）の北東 9.5km、グアダルキビール川に臨むコルドバ県の村。1868 年のスペイン革命の際、9 月 29 日にフランシスコ・セラーノ将軍率いる革命軍が最後のスペイン王軍を破った土地。女王イサベル 2 世は廃位されフランスに亡命した。

アルゴンヌ Argonne ［アルゴンヌの森 Argonne Forest］（フランス）

*エーヌ川（Aisne River）から*ムーズ川（Meuse River）に至る北東の地域。丘陵地帯で、*ロレーヌ（Lorraine）と*シャンパーニュ（Champagne）の間にあって、戦略上の拠点となっている。フランス革命戦争

時には戦場となるが、1792 年 9 月 20 日に*バルミー（Valmy）にてフランスがプロイセンを破り終結する。プロイセン・フランス戦争時には、1870 年 9 月 1 日に*スダン（Sedan）にてフランス軍が敗北するまで戦場となる。第 1 次世界大戦のムーズ・アルゴンヌ攻勢はアメリカ軍によってこの土地で開始され、1918 年 9 月～10 月までにアメリカ軍はドイツの*ヒンデンブルク線（Hindenburg Line）を確保した。第 2 次世界大戦では 1940 年 6 月にドイツがアルゴンヌを占領したが、1944 年 10 月 31 日にはアメリカ軍が奪還する。

アルゴンヌの森 Argonne Forest ⇒ アルゴンヌ Argonne

アルザス Alsace ［独：Elsass エルザス；ラテン語：Alsatia アルサティア］（フランス）

*ライン川（Rhine River）とボージュ山脈に挟まれた地方で、現在はバラン県、オーラン県、*ベルフォール（Belfort）特別区からなる。870 年には*神聖ローマ帝国（Holy Roman Empire）の一部となり、1697 年のレイスウェイク条約によりフランス領となり*ストラスブール（Strasbourg）を首都とした。1870 年のプロイセン・フランス戦争以降、ベルフォールを除く全アルザス地方が*ドイツ帝国（German Empire）に併合され、アルザス - ロレーヌ地方の一部とされる。
⇒ ロレーヌ Lorraine

アルザス - ロレーヌ Alsace-Lorraine ［独：Elsass-Lothringen エルザス - ロートリンゲン］（フランス）

*スイス（Switzerland）、*ルクセンブルク[1]（Luxembourg）、*ドイツ（Germany）と国境を接する地方で、現在はバラン県、オーラン県、モーゼル県が含まれる。プロイセン・

108　アルサテイ

フランス戦争の結果、1871 年 *フランク
フルト（Frankfurt）条約によってフランス
がドイツに割譲した土地からなる。第 1
次世界大戦後、フランス領となるも、第 2
次世界大戦中の 1940 ～ 1945 年までは再
びドイツに占領され、1945 年には連合軍
が奪い返した。
⇒ アルザス Alsace, ロレーヌ Lorraine

アルサティア Alsatia ⇒ アルザス Alsace

アルザワ Arzawa（トルコ）
トルコの西部ないし南西部にあったとさ
れる古代王国。*ヒッタイト帝国（Hittite
Empire）と張り合う勢力をもち、前 13 世紀
末にヒッタイトが衰えると全盛期を迎え
た。前 14 世紀にヒッタイト王ムルシリに
征服されていたが、アルヌワンダ 3 世の
治世（前 1220 ～前 1190）ヒッタイトの反
逆者マッドゥワッタに占領される。その
後、ヒッタイト人は王国を再建すること
なく、王国は消えていった。

アール山 Ağri Daği ⇒ アララト山 Ararat,
Mount

アルジェ Algiers［アラビア語：Al-Djaza'ir アル
ジャゼーイル；仏：Alger アルジェ；ラテン語：
Icosium イコシウム］（アルジェリア）
*地中海（Mediterranean Sea）の南西、アルジ
ェ湾に臨むアルジェリアの首都。フェニ
キア人が建設し、のちにローマ人の町と
なるが、*ローマ帝国（Roman Empire）衰亡
後は滅びる。980 年頃ジール朝の治世に
復興され、1516 年に海賊バルバロッサに
占領されてからは *バーバリ諸国（Barbary
States）の本拠地とされる。1815 年 6 月 30
日アルジェリア戦争を終結させる条約が
アルジェリアと *アメリカ（USA）の調印
がこの町で行なわれる。1830 年フランス

が占領し、アルジェリア支配を開始する。
第 2 次世界大戦中の 1942 年 11 月 8 日、
町は連合軍の手に落ち、連合軍司令本部
が置かれる。1943 年 6 月 23 日～ 1944 年
8 月 31 日までシャルル・ド・ゴール大統
領がアルジェを *フランス（France）の暫定
首都とする。アルジェリアの独立をめぐ
る紛争の際にはその中心地となり、1958
年 5 月 13 日にはサラン将軍の反乱が起き
る。

アルジェシュ川 Argeş River（ルーマニア）
トランシルバニアアルプスに発し、南に
流れ、*オルテニツァ（Olteniţa）にて *ド
ナウ川（Danube River）と合流する川。第 1
次世界大戦中の 1916 年 12 月 1 日～ 5 日
の間、この川でルーマニアは *オーストリ
ア（Austria）軍と *ドイツ（Germany）軍に敗
れる。

アルジェリア Algeria［アルジェリア民主人民共
和国 Peoples Democratic Republic of Algeria］［仏：
Algéria アルジェリア］
北アフリカの国。東は *チュニジア（Tunisia）
と *リビア[2]（Libya）に接し、南は *ニジェ
ール（Niger）と *マリ[1]（Mali）、西は *モー
リタニア（Mauritania）と *モロッコ[2]（Morocco）
に接し、北はこの国の歴史に重大な役割
を果たしてきた *地中海（Mediterranean Sea）
に臨む。
　前 1200 年頃、*カルタゴ[2]（Carthage）は *ス
ペイン（Spain）までの途上にある *アンナ
バ（Annaba）、*スキクダ（Skikda）、*アル
ジェ（Algiers）（当時はイコシウム Icosium）に
貿易の拠点を設けた。前 104 年にアルジ
ェリアはローマに支配され、当時その東
部が *ヌミディア（Numidia）と呼ばれてい
た *アフリカ・プロコンスラリス（Africa
Proconsularis）の一部となる。*ローマ（Rome）
はアルジェリアと *チュニジア（Tunisia）で

大規模な建設計画に乗り出し、都市・道路・水道橋・橋の建設を進めた。

15世紀になるとバンダル族がスペインからチュニジアへと移動する際に短期間ながら占領し、アルジェリアは無政府状態になる。700年には台頭してきたアラブ人がモロッコとチュニジアを中心に北アフリカを支配し、アルジェリアを一気に占領した。イスラーム教が信仰され、15世紀末まではアラブの小規模ないくつもの公国に分裂したが、その後はスペインからキリスト教徒が勢力を盛り返してきて、イスラーム教に対抗してアルジェリアの港を次々に支配下に置いた。そこで救援を求められたオスマン帝国軍がスペイン人を追い払い、アルジェリアを占領。

*オスマン帝国（Ottoman Empire）は1671年まで占領を続けたのち、アルジェリアには属領ながら太守と呼ばれる支配者のもとで独立国に近い権限を認めた。アルジェリアの国際的な地位は私掠船の大部隊に支えられていた。16世紀と17世紀の間、アルジェリアはヨーロッパのキリスト教国から法外な貢ぎ物を取り立て、条約によって保護されていない諸国の船には海賊行為を働いた。しかし、18世紀〜19世紀初期にヨーロッパの海軍が力をつけてくるとアルジェリアの行為も収まっていった。

1830年、*フランス（France）がアルジェリアを占領してトルコ人の支配に終止符を打つ。フランスは徐々に沿岸地域を支配下に治め、アルジェリア中部と東部を占領しようと目論み、1840年、ベルベル人の民族主義者アブデルカーデルと交戦。アブデルカーデルは1847年に敗れるが、1880年まで断続的に抵抗運動が続く。

フランスの占領下で100万人ほどのヨーロッパ人が少数派ながら支配者として大規模な建設を行ない繁栄を謳歌していたが、第2次世界大戦の影響でアルジェリアでは反植民地主義のアラブ人の民族運動が活発になる。テロ行為と報復が日常化し始め、全国規模の内乱状態へと陥る。1960年までには少なくとも10万人の民族主義の兵士が死に、フランス兵の死者も1万人を数え、民間人の犠牲者も多数出た。1962年、フランス大統領シャルル・ド・ゴールが*エビアン（Évian）協定に調印し紛争は終結。アルジェリアは独立して、フランスと同盟国となる。翌63年、ヨーロッパ系の住民は大半がフランスに亡命。国内経済は大打撃を受け、安定した歳入源は*サハラ（Sahara）の豊かな油田のみとなる。1971年、油田は国営化され、石油の高騰によってアルジェリアは一気に国力を得る。1970年代には経済力が飛躍的に高まる。スペインが西サハラの占領から手を引くとモロッコが併合したため、武装組織ポリサリオ戦線が独立運動を展開、アルジェリアはそれを支援する。アルジェリア西部を拠点とするポリサリオ戦線は大規模な難民キャンプを従えているが、1991年の休戦以来武力闘争は停止している。

アルジェリアのベルベル人はアラビア語のみを公用語とする法律に反撥して1980年に暴動を起こす。同年、アルジェリア北西部を大地震が襲い、4,500人が死亡。社会主義を発展のモデルとする軍事政権が続いている。1990年代、軍事政権に反撥するイスラーム教徒の一派が全国規模の内乱を引き起こす。1999年の大統領選挙では対立候補らが選挙をボイコットし、軍部のアブデルアジズ・ブーテフリカが勝利を収める。2003年、アルジェリア東部の大地震で1,200人以上が死亡。2004年の選挙ではブーテフリカが80%以上の票を得て再選される。

⇒ バーバリ諸国 Barbary States

アルジェリア民主人民共和国 Peoples Democratic Republic of Algeria ⇒ アルジェリア Algeria

アルジェンシャ Argentia（カナダ）

*セント・ジョンズ [2]（Saint John's）の西南西 109 km に位置し、プラセンシア湾に臨む*ニューファンドランド（Newfoundland）南東の村。1940 年、イギリスより賃貸された初めてのアメリカ軍基地の土地がある。第 2 次世界大戦中の 1941 年 8 月、米国大統領フランクリン・D・ローズベルトとイギリスの首相ウィンストン・チャーチルが大西洋上で大西洋憲章に調印する。

アルジェンタ Argenta ⇒ ノース・リトルロック North Little Rock

アルシ - シュローブ Arcis-Sur-Aube（フランス）

*トロワ（Troyes）の北 27 km に位置するオーブ県の町。ナポレオン戦争中の 1814 年 3 月 20 日～26 日、ナポレオンの率いるフランス軍がシュバルツェンベルク将軍の指揮する連合軍に敗れる。1759 年、革命家のジョルジュ・ダントンがこの村に生まれる。

アルシノエ [1] Arsinoë（キプロス）⇒ ファマグスタ Famagusta

アルシノエ [2] Arsinoë［旧名：Crocodilopolis クロコディロポリス］（エジプト）

*ファイユーム（Faiyum）から近いクラルン湖畔の古代都市。前 2300 年頃に造られ、エジプトではクロコダイル信仰の中心地だった。前 3 世紀にエジプトを治めていたプトレマイオス 2 世ピラデルポスの姉であり妃でもあったアルシノエにちなんで都市名が変更された。

アルシノエ [3] Arsinoë（リビア）⇒ トクラ Tocra

アル - ジブ Al-Jib ⇒ ギベオン Gibeon

アル - ジャウフ [1] Al-Jawf［Al-Jauf, ジャウフ Jauf］（サウジアラビア）

サウジアラビア南部、*ヒジャーズ（Hejaz）北部にあるアル・ジャウフ州の町。ナフード砂漠の北端、サカーカの南西 40 km に位置する。*アラビア半島（Arabian Peninsula）と*シリア [2]（Syria）を結ぶ隊商交易の要衝で、1922 年 7 月にワッハーブ派王朝のイブン・サウードに占領された。この勝利により、イブン・サウードは完全にラシード王家を倒し、その結果ラシード家は没落した。

アル - ジャウフ [2] Al-Jawf［Al-Jauf］（イエメン）

イエメン北東部のオアシス地帯で、サーダ県とサヌア県の間にある県。前 11 世紀～前 2 世紀まで、*アラビア半島（Arabian Peninsula）最古の王国の一つ、マイーン人の王国マイーンの中心地だった。この国は前 2 世紀にサハ王国に併合される。1962 ～ 1970 年まで続いたイエメン内戦の間、王党派の最後の牙城となった。

アルジャゼーイル Al-Djaza'ir ⇒ アルジェ Algiers

アル - ジャディーダ Al-Jadida［エル - ジャディーダ El-Jadida］［旧名：Mazagan マザガン］（モロッコ）

アル・ジャディーダ州の港湾都市。*カサブランカ（Casablanca）の南西 88 km に位置し、大西洋に臨む。1502 年にポルトガル人に占領される。1541 年、*アガディール（Agadir）陥落後は、モロッコに残る最後のポルトガル要塞となった。1769 年、

アラウィー朝によって征服された。

アルジャンタン Argentan （フランス）

*アランソン（Alençon）の北北西 37 km に位置するオルヌ県の町。第2次世界大戦中、1944 年 8 月 18 日〜23 日の*ノルマンディー（Normandy）上陸作戦で、ドイツの 6 個師団が*ファレーズ（Falaise）包囲戦に捉えられて、この町の近くで大敗を喫した。この敗戦からドイツは*セーヌ川（Seine River）へと退却を始める。

アルジャントゥイユ Argenteuil （フランス）

*パリ（Paris）の北北西 16 km に位置し、*セーヌ川（Seine River）に臨むバルドワーズ県の都市。7 世紀に修道院として建設されたベネディクト会の大修道院で有名。ノルマン人によって破壊されたが、11 世紀に《敬虔王》ロベール 2 世によって再建される。12 世紀にはアベラールと別れてから修道女になった女性、エロイーズで有名な修道院となる。この修道院にはキリストが身につけていたと言われる長衣がシャルルマーニュ〔カール大帝〕により献納されている。

アルジュバロータ Aljubarrota （ポルトガル）

*レイリア（Leiria）の南南西 30km に位置するレイリア県の村。1385 年 8 月 14 日、この村でポルトガル王ジョアン 1 世が*カスティリア（Castile）王フアン 1 世を破り、アビス王朝のもとでポルトガル史上全盛の時代を迎えた。
　　⇒バターリャ Batalha

アルズー Arzew ［Arzeu］［ラテン語：Arsenaria アルセナリア］（アルジェリア）

*オラン（Oran）の北東 32 km に位置するオラン県の町で、*地中海（Mediterranean Sea）に臨む港町。古代ローマと*ムワッヒド朝（Almohad Empire）の町だったが、16 世紀にトルコ人に占領され要塞化される。1833 年にはフランスに征服される。第 2 次世界大戦中の 1942 年 11 月 8 日、フランス領北アフリカに侵攻する連合軍の上陸地点の一つとなる。

アル - スウェイズ Al-Suways ⇒スエズ Suez

アルズウォーター Ullswater （イングランド）

*カンブリア（Cumbria）州ペンリスの南西 8km の湖。有名な*湖水地方（Lake District）にある風光明媚な湖で、西は 1910 年以来国立公園となったガウバローと接する。ウィリアム・ワーズワースが詩「水仙」の着想を得たところといわれている。

アルスター Ulster （北アイルランド）

アイルランド島北東部の地方。九つの州からなり、アントリム、アーマー、ダウン、ファーマナ、ロンドンデリー、ティローン 6 州はアルスターと呼ばれる北アイルランドに、残りのキャバン、ドニゴール、モナハン 3 州はアイルランド共和国内にある。アルスター内最大の都市は*ベルファースト（Belfast）で、北アイルランドの首都。405 年頃に死んだ 9 虜囚のニールが興したオニール家が、何世紀にもわたってアルスターで権力をふるった。ニールの息子のオウエンは弟のコナルの助けを借りて、400 年頃にアルスター北西部を征服し、アイラッハ（ティアコネル）の王国を創始した。1177 年、アングロ - ノルマン人のジョン・コーシーがアルスターを征服、1205 年に*イングランド（England）王ジョンがヒュー・ド・レーシーをアルスター伯に叙した。*アイルランド（Ireland）内で初めてイングランドの爵位が使われた。1585 年、ヒュー・オニールが*ティローン（Tyrone）伯に叙せられ、1593 年に

オニール氏族の長となった。彼はアルスターでもっとも強力な貴族だったが、イングランド人との抗争に敗れて、その権力は衰退した。

　伝説によると、アントリム州ではバリミーナの近くで聖パトリックが羊飼いとして働いたとされる。また、*キャリックファーガス（Carrickfergus）の海岸沖ではアメリカの海軍の英雄ジョン・ポール・ジョーンズが1778年の海戦で勝利を収めている。アーマー州の都市*アーマー（Armagh）は5世紀以来、教会の中心地である。キャバン州の町*キャバン（Cavan）は、1690年にオレンジ公ウィリアムの支持者によって焼き払われた。*ドニゴール（Donegal）州には、オドネル氏族の拠点だった城がある。ダウン州の*ダウンパトリック（Downpatrick）は長く宗教巡礼の中心地だった。ファーマナ州*エニスキレン（Enniskillen）は、ベリーク陶器で有名である。ロンドンデリー州はもともとはデリー県と呼ばれていたが、1609年にオニール家の地所が没収されてロンドン市商業組合に寄贈されたときに改名された。*ロンドンデリー（Londonderry）市は546年に建てられた修道院を中心に発展した。ティローン州の行政中心地はオマー。20世紀初頭にこの地方のプロテスタントの大多数がアイルランド自治法に反対し、これが北アイルランドの形成につながった。

　ゲール文学ではアルスター伝説群の舞台となっている。アルスター・サイクルは、前1世紀に存在していた人気の英雄たちを扱っている。主人公はクーフリンで、伝説では、アルスターの境界の渡場に立ち、アイルランドの他地域の軍を一人で追い払ったといわれる。アントリム州北岸には、何千という柱状の玄武岩が3段の台地状に並ぶ巨人の土手道といわれる岬がある。伝説によれば、この土手道は、巨人たちが*スコットランド（Scotland）に渡っていけるように築かれたとされている。この近隣で、1588年、スペインの無敵艦隊の船が遭難した。

アールスト Aalst ［仏：Alost アーロスト］（ベルギー）

ベルギー中北部、*ブリュッセル（Brussels）の北西24 kmに位置し、デンデル川に臨むオースト-フランデレン州の都市。中世にはフランデレンの伯爵領の中心都市で、1473年にヨーロッパで最初期の印刷機をここに設置したマーテンス生誕の地。1667～1706年までは*フランス（France）の一部となり、二つの世界大戦の間は*ドイツ（Germany）の占領下に置かれた。

アルーストック川 Aroostook River （合衆国、カナダ）

*メイン（Maine）州のピスカタキス郡に発し、東に224 km流れて*ニュー・ブランズウィック[1]（New Brunswick）州の*セント・ジョン川（Saint John River）に注ぐ川。1839年2月12日にカナダと合衆国の間で勃発したアルーストック戦争の原因となった、かつての紛争地区を流れている。戦争は休戦協定により終結し、1842年のウェブスター・アッシュバートン条約によって国境が決められた。

アルスフ Arsuf ［ラテン語：Apollonia アポロニア］（イスラエル）

テルアビブの北北東16 kmに位置し、*地中海（Mediterranean Sea）に臨む*カナン[1]（Canaan）の古代の町。1101年、十字軍の戦士でもあるエルサレム王ボードゥアン1世に占領され、フランク族の公国となる。第3回十字軍の時、1191年9月7日にリチャード獅子心王がこの町でサラディンを破る。1265年、*エジプト（Egypt）*マ

ムルーク朝（Mamluk Empire）のスルタン、バイバルスに征服され破壊される。その後、再び人が住むに至っていないが、1950年代から大がかりな遺跡発掘作業が行なわれている。2002年にアポロニア国立公園が開園する。

アルセナリア Arsenaria ⇒ アルズー Arzew

アルゼンチン Argentina ［アルゼンチン共和国 Argentine Republic]

南米大陸の南部の大半を占める国。首都は＊ブエノスアイレス（Buenos Aires）。北は＊ボリビア（Bolivia）と＊パラグアイ（Paraguay）に接し、東は＊ブラジル（Brazil）、＊ウルグアイ（Uruguay）、大西洋に面し、西と南は＊チリ[1]（Chile）と国境を接している。最初にこの土地を訪れたヨーロッパ人はアメリゴ・ベスプッチに率いられて来た一行だった。ベスプッチはイタリア人だがポルトガル王に仕え、1502年に＊ラ・プラタ川（Plata, Rio de la）を発見する。ラ・プラタ川河口の巨大な三角州はパラナ川とウルグアイ川により形成されている。ベスプッチの後には1516年にスペインの探検家フアン・ディアス・デ・ソリスが続き、1520年にはスペイン国王の命でフェルディナンド・マゼラン、1526年には同じくスペインに仕えるセバスチャン・カボットが来ている。アルゼンチンと名づけたのはカボットの可能性がある。「銀のような」の意である。

＊スペイン（Spain）の最初の入植地は1536年に征服者のペドロ・デ・メンドーサによってブエノスアイレスに造られたが、インディヘナの攻撃と食糧不足のために退散せざるを得なくなる。1580年にフアン・デ・ガライによってブエノスアイレスが再建される。ガライは1573年に＊サンタフェ[1]（Santa Fe）を建設している。

1617年、エルナンド・アリアス・デ・サアベドラ知事のもとでブエノスアイレスは＊ペルー[2]（Peru）副王領の中で半ば独立した地位を与えられる。

1550年代、アルゼンチンの広大な草原パンパスに牛が放牧され、18世紀初めには野生の動物が草原じゅうを歩き回るまでになっていた。その狩りをするのが＊アメリカ（USA）のカウボーイにあたる《ガウチョ》である。ガウチョはインディヘナとも闘った。現在のアルゼンチン・ボリビア・ウルグアイ・パラグアイの大半を含むラプラタ副王領が1776年にスペインにより設置され、ブエノスアイレスが首都となる。1806年、ヨーロッパではナポレオン戦争中でイギリスがフランス・スペインと戦っていたが、イギリス軍がブエノスアイレスを占領するも、翌年にはスペインが奪還。

1810年5月25日、副王が退位するとスペインの支配に対する反乱が起こる。1812年、マヌエル・ベルグラーノの率いる革命軍が＊サンミゲル・デ・トゥックマン（San Miguel de Tucumán）にて重要な勝利を収める。革命の指導者としてほかにホセ・デ・サン・マルティンやフアン・ファクンド・キロガがいる。キロガはガウチョのリーダーで、いわゆる《カウディーリョ》、すなわちラテンアメリカではおなじみになる軍事指導者の一人だった。1816年7月9日、トゥックマンにてラプラタ合州国の独立が宣言されると、二つの派閥が権力争いを展開する。中央集権を指示する派は強力な中央政府を望んだが、連邦派はブエノスアイレスがそのような体制を支配することに難色を示した。国が安定するのはフリオ・アルヘンティーノの体制になってからで、アルヘンティーノは連邦派で1880～1886年と1898～1904年まで大統領を務めた。彼は残留していたイ

ンディヘナを征服して、広大な土地を入植地にした。多くの入植者がヨーロッパから渡ってきて、アルゼンチンは穀物と肉の輸出国となる。

1827年の戦争ではアルゼンチンはウルグアイと同盟を結んでブラジルと戦い、*イトゥサインゴ（Ituzaingó）の戦いで勝利を収め、同盟国の独立を果たす。1865～1870年はブラジルを同盟にして好戦的なパラグアイと戦った。チリとの国境をめぐる争いは、1902年にローマ教皇の仲裁によって決着し、1902年に*アンデス山脈（Andes, The）の山頂の国境にキリスト像が建立された。1914年、ブラジル・チリとともにABC三国としてアルゼンチンはアメリカと*メキシコ（Mexico）の紛争の調停に協力する。第1次世界大戦中は中立を守ったが、ラモン・S・カスティリョの独裁体制下（1940～43）にあった第2次世界大戦中は*ドイツ（Germany）の肩入れをした。1943年にカスティリョは追放され、1945年にアルゼンチンは連合国側について参戦する。

終戦後、目立つのはファシストの傾向をもつ陸軍将校フアン・ドミンゴ・ペロンが権力の座に着いたことで、ペロンは1946～1955年まで大統領を務める。その独裁制を助けたのが妻エバ・ドゥアルテ・ペロンで、彼女の社会福祉政策は人気を集めた。1955年には軍隊がペロンを退陣に追いやったが、その跡を襲った政治家たちは深刻な経済と政治の問題を解決するには至らなかった。1973年にペロンはみごとに大統領に返り咲く。1974年にペロンが亡くなると、3番目の妻イサベル・マルティネス・ペロンが大統領に就任するも、社会情勢を改善することができずに、1976年には軍事政権に打倒される。しかしその後、二人の将軍の政権下では、テロと理不尽な逮捕、経済的な

困窮が続いた。1976～1983年には「汚い戦争」の名で知られる内乱が続く。政府に敵対する者、批判する者は政府と共謀した準軍事的な暗殺部隊に連れ去られて殺害された。この時期には1万から3万人が「行方不明」になっている。1982年、長年*フォークランド諸島（Falkland Islands）の領有権を主張してきたアルゼンチンは武力で占領したが、6月下旬にはイギリスの強力な機動部隊が奪還。この事件が契機となり、国民は軍事政権内の改革と変革を新たに要求し、選挙の実施と非軍事政権の回復を求める。1983年、選挙により急進党のラウル・アルフォンシンが大統領に選出されるが、「汚い戦争」に端を発する軍と民間の諸問題に悩まされ続ける。1989年の大統領選ではカルロス・サウル・メネムが勝利を収め、市場と金融の改革を行なってアルゼンチンの極度のインフレに歯止めをかける。1999年、急進党と協力した候補者フェルナンド・デ・ラ・ルアが大統領になるが、2001年には外債の債務不履行から通貨価値の下落とインフレを招き、累積債務危機となって政権の座を失う。短期間に3度の政権交代を繰り返し、2003年にペロン党が政権に復帰する。

アルゼンチン共和国 Argentine Republic ⇒ アルゼンチン Argentina

アルタ Árta ［古代：Ambracia アンブラキア；トルコ語：Narda ナルダ］（ギリシア）

*イオアニナ（Ioannina）の南東56kmに位置し、アラフソス川に臨むアルタ県の県都。前7世紀にコリント人入植者がアンブラキアと名づけて建設し、前294年にピュロス王のもとで*エペイロス（Epirus）の首都となる。前189年、*ローマ（Rome）に占領される。ローマが衰退してから新

たな町が築かれ、*ビザンツ帝国（Byzantine Empire）の重要な要塞都市となる。1449年に*オスマン帝国（Ottoman Empire）に占領されるが、1881年にはギリシアに返還される。

アルタ・カリフォルニア Alta California ⇒ カリフォルニア California, ロサンゼルス Los Angeles

アルタクサタ Artaxata（アルメニア）

*エレバン（Yerevan）の南26kmに位置し、アラクス川に臨む*アルメニア[1]（Armenia）の古代都市。前188年、アルタクシアスによってアルメニアの首都として築かれたが、西暦58年にローマの将軍ドミティウス・コルブロにより破壊された。遺跡は今も見ることができる。

アルダハン Ardahan（トルコ）

*カルス（Kars）の北西77kmに位置するコラ川に臨むカルス県の町。ロシア・トルコ戦争の後、1878年3月23日にサンステファノ条約により*ロシア（Russia）に割譲される。1920年、トルコの民族主義者ムスタファ・ケマルにより、カルスと共に奪還される。1921年3月16日、トルコによる支配がロシアにより最終的に認められる。

アルダビール Ardabil [Ardebil]（イラン）

*タブリーズ（Tabriz）の東192kmに位置する*アゼルバイジャン[1]（Azerbaijan）州の町。1501年にイスマイル1世が興したサファビー朝発祥の地であり、そこから現代の*ペルシア[1]（Persia）が始まるとされる。タブリーズに遷都されるまではサファビー朝の中心地だった。

アルタミラ洞窟 Altamira（スペイン）

*サンタンデル（Santander）の南西26kmにある先史時代の洞窟。旧石器時代の洞窟の中でも、マドレーヌ期前期の多彩色で動物が描かれたフレスコ画で有名。1879年にマルセリーノ・デ・サウトゥオーラが発見し、先史時代に描かれた洞窟画としては最初に発見された。1981年には附近の洞窟から彩色した同じ時代の彫刻も発見されている。
⇒ ラスコー Lascaux

アルタムラ Altamura [ラテン語：Lupatia ルパティア]（イタリア）

*プーリア（Apulia）州バーリ県の都市。*バーリ（Bari）の南西45kmに位置する。1200年頃フリードリヒ2世により建設され、サラセン人とユダヤ人が住みついた。フリードリヒ2世の建てた13世紀の大聖堂がある。

アルチェトリ Arcetri（イタリア）

*フィレンツェ（Florence）の南、フィレンツェ県の村。ガリレオの家があったことで有名。ガリレオは宗教裁判によって、1633年7月21日に自宅軟禁を言い渡され、この村で重要な業績を上げて、1642年に亡くなった。

アルチ・テペ Alçi Tepe ⇒ アチ・ババ Achi Baba

アルツァフ Artsakh ⇒ ナゴルノ‐カラバフ Nagorno-Karabakh

アルデア Ardea（イタリア）

*ローマ（Rome）の南40kmに位置しティレニア海に臨むローマ県*ラツィオ〔ラティウム〕（Latium）州の村。古代にはイタリアに住むルトゥリー人の首都だった

が、前 5 世紀にローマと同盟を結び、ウォルスキ族の侵入に対する軍事基地となる。第 2 次世界大戦中の 1944 年 3 月 24 日、ドイツは附近のアルディアティーネ洞窟でレジスタンス運動に加わっている 300 人以上のイタリア人を虐殺した。アルデアにはローマ時代の要塞の遺跡が多く見られる。

アルデアル Ardeal ⇒ トランシルバニア 1
Transylvania

アルディアティーネ洞窟 Ardeatine Caves ⇒ アルデア Ardea

アルティニアクム Altiniacum ⇒ アティニー Attigny

アルティブロス Althiburos ［アラビア語：Al-Mada 'inah アル - マダ・イナ］（チュニジア）
北アフリカ、*カルタゴ 2 (Carthage) とタバッサの間に位置する*ヌミディア (Numidia) の古代都市。ローマ時代には自由市の権利を与えられ、紀元 2 ～ 3 世紀には繁栄した。400 ～ 700 年までは主教座があった。古代ローマの遺跡がある。

世界の果て Ultima Thule ⇒ アイスランド
Iceland

アルテシウム Artesium ⇒ アルトワ Artois

アルデンヌ Ardennes （ベルギー、ルクセンブルグ、フランス）
フランス北部のアルデンヌ県、ベルギー南東部、ルクセンブルグ北部にまたがる丘陵地帯。近代以降は幾度も戦場になっている。1870 年のプロイセン・フランス戦争ではナポレオン 3 世が*スダン (Sedan) 市で敗れる。第 1 次世界大戦中はアルデ

ンヌの戦いとアルゴンヌの戦いの戦場となる。第 2 次世界大戦中は、1940 年にスダンの戦い、1944 ～ 1945 年はバルジの戦いの場となった。

アルテンブルク Altenburg （ドイツ）
*ライプツィヒ (Leipzig) の南 42 km に位置し、プライセ川に臨む*チューリンゲン (Thuringia) の都市。ドイツの古都で、商業の中心地。1134 年に帝国自由都市となる。1430 年にフス派の信徒に焼かれたが、宗教改革の時には際立った役割を果たした。1603 ～ 1672 年と 1826 ～ 1918 年までは*ザクセン - アルテンブルク (Saxe-Altenburg) 公国の首都。

アルトゥーナ Altoona （合衆国）
*ピッツバーグ 2 (Pittsburgh) の東 140 km に位置する*ペンシルベニア (Pennsylvania) 州の都市。鉄道の中心地であり、1849 年にペンシルベニア鉄道会社により*アレゲニー山地 (Allegheny Mountains) 横断のための拠点として開発された。1862 年、南北戦争の際にはリンカーン大統領支持を表明した政府が会議を開く場所となった。20 世紀初頭には鉄道産業が隆盛を誇ったが、21 世紀になると過去の栄光となってしまった。

アルトゥン・ハ Alttun Ha （ベリーズ）
*ベリーズ・シティ (Belize City) の北北西 32 km に位置する中央アメリカの遺跡。古代マヤ文明の遺跡で、西暦 300 ～ 600 年までの古典期マヤの墳墓が並び、ヒエログリフの文字と翡翠の彫刻が見られる。⇒ ウシュマル Uxmal, チチェン・イツァ Chichén Itzá, ティカル Tikal

アルトエッティング Altötting （ドイツ）
*ミュンヘン (Munich) の東 80 km に位置

する*バイエルン（Bavaria）州の町。巡礼
の町として有名であり、ベネディクト会
の大修道院と9世紀に建立された礼拝堂
がある。13世紀のロマネスク様式の教会
には、三十年戦争時の将軍ヨハン・ティ
リー伯の墓がある。

アルトダム Altdamm ⇒ ドンビエ Dąbie

アルトドルフ Altdorf［アルトルフ Altorf］（スイス）

*ルツェルン（Lucerne）の南東35kmに位
置する*ウーリ（Uri）州の州都。ルツェル
ン湖に臨む。息子の頭にリンゴをのせて、
それを射抜いたとされるウィリアム・テ
ルの伝説で有名。この伝説はスイス建国
の象徴となり、1291年にはハプスブルク
家に対抗して永久同盟が結成される。

アルトナ Altona［旧名：Altwasser アルトバッサー］（ドイツ）

*エルベ川（Elbe River）に臨む旧市で、現
在は*ハンブルク（Hamburg）の一部。漁村
だったが、1640年にデーン人に占領され、
特権を与えられてハンブルクと拮抗する
都市となる。北ヨーロッパで最初の自由
港となり、1937年にはハンブルクの一部
となった。

アルトバッサー Altwasser ⇒ アルトナ Altona

アルトブライザハ Altbreisach ⇒ ブライザハ Breisach

アルト・ペルー Upper Peru（ボリビア）

現在のボリビアの領域とほぼ一致するか
つての地域。1559～1776年までは*ペル
ー²（Peru）の副王領、その後は*ラ・プラ
タ（La Plata）副王領だったが、1825年にボ

リビアとなった。首都はチュキサカ〔現*ス
クレ（Sucre）〕だった。

アルトマンスウィコフ Hartmannsweilerkopf［ビエイユ - アルマン Vieil-Armand］（フランス）

フランス北東部オーラン県の*ボージュ山
地（Vosges Mountains）の標高956メートル
地点にある軍事上の要衝。*ミュルーズ
（Mulhouse）の北西13kmに位置する。第1
次世界大戦中この地点をめぐって戦いが
頻発し、1915年に激戦が展開された。こ
の地域には数多くの戦没者記念碑がある。

アルトラグーザ Altragusa ⇒ ツァブタット Cavtat

アルトランシュテット Altranstädt（ドイツ）

*ライプツィヒ（Leipzig）の西24kmに位
置する*ハレ（Halle）県の村。1700～1721
年の大北方戦争の間、二つの条約がこの
村で調印された。最初の条約では1706年
9月24日、*スウェーデン（Sweden）王カ
ール12世が*ポーランド（Poland）の〈強
力王〉アウグストを退位させた。次の条
約では1707年9月1日、神聖ローマ帝国
皇帝ヨーゼフ1世が*シュレジエン（Silesia）
の新教徒には寛容な姿勢で受け入れるこ
とをカール王に保証した。

アルトリクム Autricum ⇒ シャルトル Chartres

アルドル Ardres（フランス）

*カレー（Calais）の南東16kmに位置す
るパ - ド - カレー県の村。1520年6月4
日～24日まで、フランス王フランソワ
1世が*イングランド（England）王ヘン
リ8世と金繡平原にて会見を行なった際
にフランソワ1世の宮殿がこの村にあっ
た。1546年6月7日に調印されたアルド

ル和平条約により、イングランドとフランスおよびその同盟国スコットランドとの戦争が終結。条約により*ブローニュ（Boulogne）がフランスに返還される。

⇒ グイネス[2] Guines

アルトルフ Altorf ⇒ アルトドルフ Altdorf

アルトワ Artois [フラマン語：Atrecht アトレヒト；ラテン語：Artesium アルテシウム]（フランス）

フランス北部の旧州。現在のパ・ド・カレー県にほぼ相当する。アトレバテス族が住んでいた地域だが、863 年に*フランドル（Flanders）の伯領とされ、1180 年にはフランスに併合される。1237 年、ルイ 11 世によって伯領とされるが、1493 年に*サンリス（Senlis）条約により*オーストリア（Austria）に割譲され、1529 年には*スペイン（Spain）領となる。1659 年、ピレネー条約によりフランスに返還される。第 1 次世界大戦中、1914 年と 1915 年に連合軍が行なった 3 度の決め手を欠く攻撃にアルトワの名が冠されている。

⇒ アラス Arras

アル・ナジャフ Al Najaf ⇒ アン・ナジャフ An Najaf

アルナチャル・プラデシュ Arunachal Pradesh（インド）

インドの州。北は*チベット（Tibet）、西は*ブータン（Bhutan）、東は*ミャンマー（Myanmar）と国境を接する。旧名は NEFA（北東辺境特別行政地域）。アッサム州の一部だったが、1987 年に州となる。中国が領有権を主張したために、1962 年には中印国境戦争が起こり、1963 年まで中国がこの地域を支配した。

アルヌス Arnus ⇒ アルノ川 Arno River

アルノ川 Arno River [古代：Arnus アルヌス]（イタリア）

全長 240 km のイタリアの川。*フィレンツェ（Florence）側の*アペニン山脈（Apennine Mountains）に発し、南西を流れてフィレンツェを通り、*ピサ[2]（Pisa）の西 11 km の地点でリグリア海に注ぐ。第 2 次世界大戦中、1944 年 6 月〜8 月まで連合軍がローマから北へと進軍した際に激戦地となった川。

アルバ Aruba（オランダ）

*西インド諸島（West Indies）の*オランダ領アンティル諸島（Netherlands Antilles）の島。*ベネズエラ（Venezuela）の北西海岸の沖合、*キュラソー島（Curaçao）の西約 80 km に位置する。いつヨーロッパ人が初めて上陸したのかは不明だが、1499 にはすでに*スペイン（Spain）が領有権を主張していた。1634 年にオランダが獲得。1925 年以来、アルバはベネズエラから輸送される原油の重要な精製地点となり、また原油の積み替え地点ともなった。第 2 次世界大戦中、1942 年 2 月と 4 月にドイツの潜水艦が精油所を爆撃して損害を与えた。インディオの描いた壁画のある洞窟があり、スペインの*アルタミラ洞窟（Altamira）、フランスの*ラスコー（Lascaux）の壁画に匹敵するほど古い可能性がある。

アルバイ Albay ⇒ レガスピ Legaspi

アルバカーキ Albuquerque（合衆国）

*リオグランデ（Rio Grande）川に臨む*ニューメキシコ（New Mexico）州の都市。*サンタフェ[3]の南西 96km に位置する。1706 年にスペインの入植者らによって建設され、サンタフェとチワワを結ぶ街道にあるため重要な交易の中心地となる。メキシコ戦争後、1846 〜 1870 年まで米軍の前

哨基地が置かれた。町が統合されて2年後の1892年以来ニューメキシコ大学がおかれている。現在、ニューメキシコ州最大の都市。

アルバーストン Ulverston（イングランド）
*リバプール[2]（Liverpool）の北88kmに位置する*カンブリア（Cumbria）州の町。1086年に記録に登場し、1280年に市として認められた。17世紀にクエーカーを創始したジョージ・フォックスはこの地のスウォースムア・ホールに暮らしていた。12世紀の教会があり、礼拝堂には15世紀の聖書が遺っている。

アル‐バスラ Al-Basrah / Al-Busrah ⇒バスラ[1]
Basra

アルバセテ Albacete（スペイン）
スペイン南東部の都市。*マドリード（Madrid）の南東約224kmに位置する。もともとはムーア人の町でアル‐バシトの名で知られ、1145年と翌46年にキリスト教徒とムーア人が2度激戦を繰り広げた土地でもある。ムーア人の支配する時代には*ムルシア（Murcia）王国の一部だったが、1269年に*カスティリア（Castile）に併合された。1365年に再建されて、アルバセテが復活。スペイン継承戦争ではスペインのフェリペ5世がここから近い*アルマンサ（Almanza）の戦いで勝利を収める。アルバセテはナイフと短剣の製造で知られ、また16世紀の聖フアン・バウティスタの大聖堂（1936年の火災後に復元された）も有名。ドン・キホーテが物語で飛び回っていたラマンチャの中にアルバセテはある。

アルバータ Alberta（カナダ）
カナダ自治領のプレーリー3州の一つ。

最初に入ったヨーロッパ人は毛皮の交易商人と毛皮を目的とする罠猟師。1670年、イングランド王チャールズ2世の大規模な公有地払い下げによって、この地区はハドソン湾会社の所有地となる。1793年、スコットランドの探検家・交易商人サー・アレグザンダー・マッケンジーが踏破して、1794年に現在*エドモントン（Edmonton）のある場所に要塞を建設。要塞はインディアンに破壊されたが、1806年に再建。1870年、土地がカナダ自治領に買い戻されて、アルバータは*ノースウェスト・テリトリーズ[1]（Northwest Territories）の一部となる。1882年、独立した行政区となった。1880年代に最初の鉄道が敷設され、1900年代初めに牧場で有名になる。移民により農場経営者が増加し、アルバータは重要な小麦の産地となる。1905年に州として認可される。

1935年、大恐慌の間に社会信用党が政権を握り、銀行と通貨の制度を改変しようとしたが、違憲とされた。カナダの天然ガスと石油を85%産出するアルバータは、その収益の配分をめぐって自治領政府と長年にわたって激しい議論を続けたが、1981年に決着。アルバータ最大の都市は*カルガリー（Calgary）で、首都はエドモントン。州の北部には世界最大のイルサンド鉱床がある。

アルバ・デ・トルメス Alba de Tormes（スペイン）
*サラマンカ[2]（Salamanca）の南東21kmに位置し、トルメス川に臨むサラマンカ県の町。1570年に女子跣足カルメル会の創立者、聖テレサによりこの町にカルメル会の修道院が建てられる。聖テレサは同地で1582年に帰天。修道院には遺骨が納められている。

アルバド Arvad ⇒ アルワド Arwad

アルバート湖 Albert, Lake [Albert Nyanza]（ウガンダ、コンゴ）

ウガンダとコンゴ民主共和国の国境にある湖。*ビクトリア湖（Victoria, Lake）の南西に位置し、グレートリフトバレーにある。*ナイル川（Nile River）の最後に発見された水源で、イギリス人サー・サミュエル・ベイカーが1864年に到達した。

アル - ハドル Al-Hadr ⇒ ハトラ Hatra

アルバニア Albania [アルバニア語：Shqiperi シュチパリ, Shqipni シュチプニ, Shqipri シュチプリ]

*アドリア海（Adriatic Sea）に臨むバルカン半島の国。北は*セルビア（Serbia）、*モンテネグロ（Montenegro）、東は*マケドニア（Macedonia）、南は*ギリシア（Greece）と接する。アルバニア人の民族的ルーツは古代に近隣に住んでいたイリュリア人とトラキア人にあるとされるが、昔から山・森・沼沢地により外界から隔絶されてきた。ギリシア人とローマ人もほとんどこの土地に足を踏み入れた形跡を残していない。アルバニアは395〜1347年まで*ビザンツ帝国（Byzantine Empire）の支配下にあった。7世紀にはセルビア人が侵攻。さらに200年後にはブルガリア人によって一部の地域が支配される。11世紀には*ベネツィア（Venice）が植民地とし、すぐに*ナポリ（Naples）が政治的に支配して、それが14世紀まで続き、その後はまずセルビア人が、つぎにトルコ人が支配。トルコ人はイスラーム教を伝えた。

19世紀にバルカン半島諸国の民族運動が南東ヨーロッパを席捲した際にはアルバニアは*オスマン帝国（Ottoman Empire）の勢力下にあった。1912年、アルバニアは第1次バルカン戦争を契機に独立を宣言するも、翌年にはセルビアに占領される。第1次世界大戦により国家は事実上崩壊して、様々な民族が領土を支配しようと争う。戦後は再び独立と領土の保全が確保される。再建された独立国で自由主義者と保守主義者が権力争いをし、1925年に保守主義が勝利を収める。1928年、保守主義の主導者アフメド・ゾグが王位につく。1939年、*イタリア（Italy）のムッソリーニがアルバニアを占領。

第2次世界大戦中、エンベル・ホッジャの率いるパルチザンは明らかに共産主義だったが、*イギリス（United Kingdom）と*フランス（France）の支援を取りつけた。こうして1946年に成立した共産主義政府はソビエトの支援無しで政権を掌握したヨーロッパで唯一の共産主義政府となる。スターリンを輩出した国よりもスターリン主義が強くなったアルバニアは1961年にソ連と決別して、当時思想的には純粋だった中国と同盟を結ぶ。アルバニアは東欧で共産主義国としては最も自立した国であり、厳しい統制管理下にある孤立した国家でもあった。1990年には経済状態が非常に悪化したため、反政府運動が激しくなる。1992年、共産主義体制に代わって非共産主義政府が誕生し、アルバニアは世界に開かれた国家となる。1997年には大勢の国民が一種のネズミ講に手を出して経済が破綻。アルバニア系難民が近隣の*コソボ（Kosovo）での民族抗争を逃れてアルバニアに流れ込んできたため1999年から経済情勢は悪化したが、2002年の世界的な景気減退でやや成長は減速したものの、2000年以降は年に9%の成長率で改善に向かっている。

アル - バハール Al-Bahr ⇒ 死海 Dead Sea

アルバ・ユリア Alba Iulia [Alba Julia] [ラ
テン語：Apulum アプルム；ハンガリー語：
Gyulafehérvár ジェロフェヘルバール；独：
Karlsburg カールスブルク] (ルーマニア)
*トランシルバニア[1] (Transylvania) の町。*フ
ネドアラ (Hunedoara) の北72kmに位置し、
ムレシュ川に臨む。ハンガリー支配下の
トランシルバニアではルーマニア人の民
族運動の中心地となり、1918年12月1日
にはこの町でトランシルバニアとルーマ
ニアの統合が宣言される。1922年、フェ
ルディナンド1世は王妃マリーと共にア
ルバ・ユリアで戴冠式を行なった。ロー
マの植民地時代はアプルムの名で知られ、
ハンガリーの国民的英雄フニャディ・ヤー
ノシュの墓が神聖ローマ帝国皇帝カー
ル6世の建設した要塞の中の聖堂内にあ
る。

アル - ハリール Al-Khalil ⇒ヘブロン Hebron

アルバ・レギア Alba Regia ⇒ セーケシュ
フェヘールワール Székesfehérvár

アルバ・ロンガ Alba Longa (イタリア)
*ローマ (Rome) の南東19kmに位置し、
アルバノ湖に臨む*ラツィオ [ラティウム]
(Latium) の古代都市。アイネイアースの息
子アスカニオスによって建設されたとさ
れ、ラツィオ最古の都市といわれる。ロ
ムルスとレムスの生誕の地で、古代ロー
マの都市だったが、前665年にトゥルス・
ホスティリウスの率いるローマ人により
破壊された。

アルハンゲリスク Arkhangelsk [Archangel]
(ロシア)
ロシア東部のアルハンゲリスク州の州都
で港湾都市。北海から45kmに位置し、
北ドビナ川に臨む。1703年に*サンクト・

ペテルブルグ (Saint Petersburg) が築かれる
までは西側と貿易を行なうロシアで唯一
の港だった。ロシア革命中、1918年8月
2日～1919年9月30日までボルシェビキ
に抵抗する白ロシア人を支援するために
進軍した英仏軍に占領される。第2次世
界大戦中、連合軍はアルハンゲリスクを
補給基地として活用した。

アルハンゲリスク・ガブリエリ砦 Fort
Archangel Gabriel ⇒シトカ Sitka (合衆国)

アルハンブラ (宮殿) Alhambra ⇒ グラナ
ダ Granada (スペイン)

アルビ Albi [ラテン語：Albiga アルビガ] (フラ
ンス)
*ラングドック (Languedoc) 地方のタルン
川に臨むタルン県の町。*トゥールーズ
(Toulouse) の北東64kmに位置する。12、
13世紀には当時南フランスで勢力のあっ
たカタリ派の拠点だった。町の名にちな
んだアルビジョア派はキリスト教異端の
一派で、シモン・ド・モンフォールの率
いるアルビジョア十字軍 (1208 ～ 13) お
よび1233年に教皇グレゴリウス9世が行
なった異端審問によって壊滅に追い込ま
れる。1229年アルビはフランス王の支配
下に入る。ゴシック様式の赤レンガの大
聖堂は要塞さながらの威容を誇っている。
画家のトゥールーズ - ロートレック生誕の
町。

アルビウム・インテメリウム Albium
Intemelium ⇒ ベンティミリア Ventimiglia

アルビガ Albiga ⇒ アルビ Albi

アルビス Albis ⇒ エルベ川 Elbe River

122 アルヒヌム

アルピーヌム Arpinum ⇒ アルピーノ Arpino

アルピーノ Arpino [ラテン語：Arpinum アルピーヌム]（イタリア）
*フロジノーネ（Frosinone）の東 32 km に位置するフロジノーネ県の町。ウォルスキ族の古代の要塞だったが、前 305 年に*ローマ（Rome）に征服される。アグリッパとキケロの生誕地。1215 年、*教皇領（Papal States）の本拠地となる。ウォルスキ族の遺跡が今も広く見られる。

アル・ヒラ Al Hīrah ⇒ ヒラ[1] Hira

アルビール Arbil ⇒ イルビル Erbil

アルビンガウヌム Albingaunum ⇒ アルベンガ Albenga

アル - ブサイラ Al-Busayrah ⇒ ボズラ Bozrah

アルプス Alps [ラテン語：Alpes アルペス]（欧州）
中央ヨーロッパ南部の山脈で、*地中海（Mediterranean Sea）から*フランス（France）・*イタリア（Italy）の国境沿いに延び、*スイス（Switzerland）と*オーストリア（Austria）を経て*スロベニア（Slovenia）へと至り、*ドイツ（Germany）北部から南部へとつらなる約 1,060km の大山系。アルプス越えは昔から交易のみならず侵略にも要路となっている。前 218 年、第 2 次ポエニ戦争中にハンニバルは*ローマ（Rome）に侵攻するためカルタゴ軍を率いてアルプスを越えた。カエサルにより山脈はローマの占領下に入ったものの、イタリアに侵攻するゲルマン人が何世紀にもわたって山越えを続けた。773 年シャルルマーニュ〔カール大帝〕の軍隊がアルプス越えを敢行し、1800 年にはナポレ

オン軍も果たした。1786 年 M・G・パッカールと J・バルマが最高峰モンブラン（4,807 メートル）の初登頂に成功し、スポーツとしての登山に先鞭をつけた。アルプスはその風景美で名高く、また*ドナウ川（Danube River）、*ライン川（Rhine River）、*ローヌ川（Rhône River）、*ポー川（Po River）の水源ともなっている。

アル - ブセイラ Al-Buseira ⇒ ボズラ Bozrah

アル - フダイダ Al-Ḥudaydah ⇒ ホデイダ Hodeida

アルブナ Arbūnah ⇒ ナルボンヌ Narbonne

アルプハラ Alpujarras, Las（スペイン）
*グラナダ[2]（Granada）県とアルメリア県にまたがるネバダ山脈南の山岳地帯。1492 年にグラナダが陥落すると、ムーア人がこの地に逃げ込んでスペインと戦い続けたが、1571 年ついに鎮圧されるに至った。

アルブム・インガウヌム Album Ingaunum ⇒ アルベンガ Albenga

アルブルグム Alburgum ⇒ オルボア Ålborg

アルフルール Harfleur（フランス）
フランス北部、セーヌ・マリティーム県の港町。*ル・アーブル（Le Havre）の東 6 km に位置し、*セーヌ川（Seine River）河口と*イギリス海峡（English Channel）に臨む。中世後期に繁栄するが、16 世紀には沈泥による港の壅塞のため衰退した。百年戦争中の 1415 年にイングランド軍に包囲征服された出来事が、シェイクスピアの『ヘンリ五世』に描かれている。1562 年にはユグノーに破壊される。

アルベ Arbe ⇒ ラブ Rab

アルペサ Alpesa ⇒ エルバス Elvas

アルヘシラス Algeciras（スペイン）
*地中海（Mediterranean Sea）の湾に臨む*ア
ンダルシア（Andalusia）州カディス県の港
湾都市。カディスの南東88kmに位置する。
スペイン最南端の港で、湾を隔てて*ジブ
ラルタル（Gibraltar）と相対する。711年に
ムーア人がイベリア半島に侵攻したあと
に占領した最初の都市。1344年には*カ
スティリア（Castile）のアルフォンソ11世
が奪い返した。1704年、スペイン人はム
ーア人の町となっていたアルヘシラスを
破壊する。1906年1月16日、ヨーロッパ
列強の会議が開かれ、*モロッコ2（Morocco）
をめぐる問題に決着が図られ、モロッコ
における*フランス（France）とスペインの
特権が認められた。

アルペス Alpes ⇒ アルプス Alps

アルベマール湾 Albemarle Sound（合衆国）
ノースカロライナ（North Carolina）州北東
の内湾。全長88km、幅22.5km。細長い
砂州によって大西洋から隔てられている。
1585年に*ロアノーク島（Roanoke Island）
に入植を試みた一行の一人であるラル
フ・レーンが湾を探検。砂州には*キティ
ホーク（Kitty Hawk）村があり、その近く
で1903年12月17日にオービルとウィル
バーのライト兄弟が初飛行に成功。内陸
大水路の重要な連結点となっていて、湾
の北側が運河によって*チェサピーク湾
（Chesapeake Bay）とつながっている。

アルベラ Arbela ⇒ イルビル Erbil

アルベール Albert［旧名：Ancre アンクル］（フ
ランス）
*アミアン（Amiens）の北東27kmに位置
するソンム県の町。第1次世界大戦中は
占領国が4度も変わり、戦闘で町は全壊
した。その後再建されたが、第2次世界
大戦中に再び戦禍を受けた。

アルベールビル Albertville ⇒ カレミ Kalemi

アルベンガ Albenga［ラテン語：Albingaunum ア
ルビンガウヌム, Album Ingaunum アルブム・イ
ンガウヌム］（イタリア）
*リグリア（Liguria）海に臨むリグリア州サ
ボナ県の港町。*サボーナ（Savona）の北西
35kmに位置する。古代ローマ時代の港町
で、当時の橋が保存状態も良く遺ってい
る。14世紀のゴシック様式の大聖堂があ
る。

アルボガ Arboga（スウェーデン）
*ベステロース（Västerås）の南西48kmに
位置し、アルボガ川に臨む*ベストマンラ
ンド県の都市。中世には交易の重要な拠
点となり、1330年には自治都市の勅許状
を与えられる。1435年、スウェーデン初
の議会がここで開かれた。

アル-ホセイマ Al-Hoceima［Alhucemas］［ス
ペイン語：Villa Sanjurjo ビリャ・サンフルホ］（モ
ロッコ）
*タンジール（Tangier）の東南東200kmに
位置し、*地中海（Mediterranean Sea）に臨
む、アル-ホセイマ地方の港町。1926年
にリーフ戦争の舞台となり、開戦時にス
ペイン軍とフランス軍がここに上陸し、
民族主義者のアブデル・クリムを降伏に
追いやった。クリムは戦後、*レユニオン
（Réunion）島に流刑となった。

アルマ - アタ Alma-Ata ⇒ アルマトイ Almaty

アル - マイイト Al-Mayyit ⇒死海 Dead Sea

アルマキリ Al-Makīlī ⇒メキリ Mechili

アル - マグリビーヤ Al-Maghribīyah ⇒ モロッコ Morocco

アル - マジダル Al-Majdal ⇒ マグダラ[2] Magdala（イスラエル）

アル - マシュラファ Al-Mashrafah ⇒カトナ Qatna

アル - マダ・イナ Al-Mada'inah ⇒アルティブロス Althiburos

アル・マダイン Al Madain ⇒クテシフォン Ctesiphon

アル - マディーナ Al-Madinah ⇒ メジナ Medina

アルマデン Almadén［旧名：Sisapon シサポン；スペイン語：Almadén del Azoque アルマデン・デル・アソーガ］（スペイン）
　*シウダード・レアル[1]（Ciudad Real）の西南西 80km、シエラモレナ山脈にあるシウダード・レアル県の町。世界有数の水銀の産地で、古代ローマ時代より鉱山が開発された。1151 年まで町はムーア人が支配したが、その後はアルフォンソ 7 世が征服して*カラトラバ（Calatrava）騎士修道会に与えた。1525 年、鉱山はドイツの財閥フッガー家に賃貸され、19 世紀にはロンドンのロスチャイルド家が運営した。採掘は現在も続けられ、最大の採掘場が町のすぐそばにある。

アルマデン・デル・アソーガ Almadén del Azoque ⇒ アルマデン Almadén

アルマトイ Almaty［アルマ - アタ Alma-Ata］［旧名：Vernyi, Vyernyi ベルヌイ］（カザフスタン）
　カザフスタンの旧首都。ザイリースキーアラタウ山脈の北麓、*タシケント（Tashkent）の東北東 690km に位置する。13 世紀のモンゴルに破壊された町の跡地に、1854 年ロシアの駐屯地として建設。1929 年カザフ自治共和国の首都となり、1991 年には独立したカザフタンの首都となる。1997 年首都はアマルトイから、中心に近い*アスタナ（Astana）に移転された。

アルマニャック Armagnac（フランス）
　現在のジェール県にほぼ相当する地域。初めはフェゼンサック伯領の一部だったが、960 年に独立した伯領となり、15 世紀には全盛期を迎え、フランスを支配しようと*ブルゴーニュ（Burgundy）と争った。1473 年、フランスのルイ 11 世に征服され、1607 年にはフランスに統合される。

アル - マフディーア Al-Mahdiyah ⇒マフディア〔マーディア〕Mahdia

アル - マムラカ Al-Mamlakah ⇒ モロッコ Morocco

アル・マルジュ Al Marj ⇒バルカ Barca

アルマンサ Almansa ⇒ アルマンザ Almanza

アルマンザ Almanza［スペイン語：Almansa アルマンサ］（スペイン）
　*アルバセテ（Albacete）県の村。*ムルシア（Murcia）自治州アルバセテの東 74km に位置する。スペイン継承戦争中の 1707 年 4 月 25 日、ゴールウェイ伯率いるイギ

リス・ポルトガル連合軍がベリック公の率いるフランス・スペイン連合軍に大敗した土地。この戦争でブルボン家のフィリップがハプスブルク家のカルロス大公を退けて、フェリペ5世としてスペイン国王となった。

アル‐マンスーラ Al-Mansūrah ⇒ マンスーラ Al-Mansūra

アルマンティエール Armentières（フランス）
*リール[2]（Lille）の北西15kmに位置し、ベルギーとの国境に近いノール県の町。第1次世界大戦の時には「アルマンティエールのお嬢さん」という歌の題材にされた。第1次世界大戦中の1918年4月、リース川の戦いでドイツ軍に占領され破壊されるが、10月には連合軍が奪還し、戦後は再建される。第2次世界大戦中はドイツ軍に占領された。

アルマント Armant ⇒ ヘルモンティス Hermonthis

アルミアンスカイア Armianskaïa ⇒ アルメニア[2] Armenia

アルミナ Armina ⇒ アルメニア[1] Armenia

アルメイダ Almeida（ポルトガル）
グアルダ県の町。県都グアルダの北東40kmに位置する。*スペイン（Spain）に対する重要な戦略拠点で、1762年スペインの手に落ちたが、すぐにまた奪還された。ナポレオン戦争中、イベリア半島方面作戦で1810年にフランスに占領され、1811年にイギリス・ポルトガル連合軍がまた奪還した。

アルメナラ Almenara（スペイン）
*バレンシア[1]（Valencia）の北北東32km、カステリョン・デ・ラ・プラナの町。古代ローマ時代からの古都で、1238年*アラゴン（Aragon）のハイメ1世に征服されるまでムーア人に占領されていた。1521年神聖ローマ帝国皇帝カール5世がこの町でバレンシアの自治組織の市民（コムニダデ）を鎮圧した。

アルメニア[1] Armenia ［アルメニア語：Hayasdan ハヤスタン , Hayq ハイク；聖書：Minni ミンニ；古ペルシア語：Armina アルミナ］（イラン、トルコ、アルメニア、ジョージア〔グルジア〕、アゼルバイジャン）
西アジアの古代国家。前1270～前850年頃の*バン（Van）王国と同一。*カスピ海（Caspian Sea）の南西で*黒海（Black Sea）の南東にあり、*アララト山（Ararat, Mount）附近の高地にあり、*ユーフラテス川（Euphrates River）の水源やセバン湖、バン湖がある。伝説によるとノアの子孫であるハイグないしハイクが最初の王国を築いたとされる。しかし、歴史研究者らは前8世紀にアルメニア人がユーフラテス川を渡って*小アジア（Asia Minor）に入り、*ウラルトゥ（Urartu）というアッシリア人の王国を侵略したのだろうと見ている。古代より工芸と冶金の技術に優れていて、すでに前6世紀には国家を築いていたが、間もなく*メディア[2]（Media）に侵略され征服される。

前6世紀末～前4世紀までペルシア帝国の属州となるが、前330年にはアレクサンドロス大王によって征服され、その後すぐにアレクサンドロスの後継者の一人、セレウコス1世の治めるセレウコス朝の領地となる。しばらくの間アルメニアは独立を回復するが、大小二つのアルメニアに分裂し、ティグラネス王（在位

前95〜前55）によって再統一される。王は首都を*アルタクサタ（Artaxata）に定め、広大な領土を支配する最強の王だったが、前69年にはルクルスの率いるローマ軍、前67年にはポンペイウスの指揮するローマ軍に敗北を喫し、ローマの傘下に入れられる。西暦303年には世界で初めてキリスト教を国教として認める。4世紀と5世紀には国民がキリスト教であるが故に迫害を受け、またローマとササン朝*ペルシア[1]（Persia）の戦争が7世紀半ばまで続き幾度も支配者が代わる憂き目にあった。イスラーム教のカリフが支配する時期を経て、ビザンツ人、アラブ人、セルジューク・トルコ人、ハザル族、モンゴル人がこの地域を占領しようと争ったために、国は混乱を極める。

　9〜11世紀までアルメニアはバグラト朝のもとで独立を果たす。1046年、*ビザンツ帝国（Byzantine Empire）に再び征服され、さらに1071年には*マンジケルト（Manzikert）の戦いでビザンツ人に勝ったセルジューク・トルコが奪還する。こうして何度も占領を繰り返されたために、1080年、アルメニア人の一部が*キリキア（Cilicia）に*小アルメニア（Little Armenia）王国を築いた。この王国は1375年に*マムルーク朝（Mamluk Empire）の侵攻を受けるまで続く。13世紀半ばにモンゴルの遊牧民に荒らされてから、多くのアルメニア人がルーベン公の率率の元に西側へと逃れる。1386〜1394年にはティムール〔タメルラン〕が大アルメニアを駆け抜けるようにして襲い、何千人もの死者が出た。1405年にティムールが死ぬと、今度はオスマン・トルコが侵入し、16世紀を迎える頃にはアルメニア全土が*オスマン帝国（Ottoman Empire）の支配下にあった。キリスト教を信仰しているがために迫害されることも多かったが、アルメニア人

たちはトルコ人のもとで経済面では繁栄した。オスマン帝国の重要な都市には必ずアルメニア人の金融業者と商人がいた。1620年にアルメニア東部の一部がペルシアに割譲されるなど政情は不安定だったが、経済の繁栄は続いた。1802年にロシアがジョージア[2]〔グルジア〕（Georgia）を占領する。

　多くの地域で同じようなことが起こっていたが、19世紀になると広く各地に分散していたアルメニア人の間にも民族意識が高まりをみせるようになる。しかし、現実には国の再建は不可能だった。改革を迫るヨーロッパ西側諸国の圧力があったにもかかわらず、退廃的なオスマン帝国の支配のもとで宗教的な迫害は続いた。1878年の*ベルリン（Berlin）条約により公式に改革の要求が出されたが、トルコはほとんど無視を続ける。1878年にはサンステファノ条約によりロシアがアルメニアの一部を獲得し、アルメニアはさらに分裂することになる。1893〜1894年、トルコ人によるアルメニア人虐殺が起こり、*モーセ山（Musa Daği）での大虐殺も含め、第1次世界大戦中にも虐殺が続く。ロシアとトルコの抗争が激化すると、アルメニア人は大半がロシアを支持したために、第1次世界大戦中のアルメニア人はさらにつらい目にあうことになる。

　トルコの敗北を受けて、1918年に*ドイツ（Germany）と*ソビエト連邦（Soviet Union）の間で*ブレスト-リトフスク（Brest-Litovsk）条約が結ばれ、ロシア領アルメニアはドイツの監督下で共和国として独立することになる。1920年、*セーブル（Sèvres）条約により、トルコ領とロシア領を含む大アルメニアの独立が求められるが、その年のうちにソビエトがロシア領アルメニアに侵攻し、ソビエトの一共和国、アルメニア・ソビエト社会主義共和国にし

てしまう。

アルメニア² Armenia [アルメニア語：Huyasdan ハヤスダン：ロシア語：Armianskaïa アルミアンスカイア]

*ジョージア²〔グルジア〕(Georgia) と*イラン (Iran) に挟まれた*ザカフカス (Transcaucasia) 南部にある旧ソ連の共和国で、現在は独立した共和国。1920年12月3日、ソビエトの共和国となり、1922年3月12日にはジョージアおよび*アゼルバイジャン² (Azerbaijan) と共にザカフカス・ソビエト連邦社会主義共和国〔⇒ザカフカス連邦 Transcaucasian Federation〕を構成する。同年のうちにソ連に吸収され、1936年12月5日にはソ連の構成共和国となる。1991年、アルメニアが独立。*ナゴルノ-カラバフ (Nagorno-Karabakh) ——アゼルバイジャンの中にはあるが現在はアルメニアに事実上併合されているアルメニアの飛び領土——でのアゼルバイジャンとの民族抗争と領土問題、同じくアルメニアに囲まれているアゼルバイジャンの飛び領土である*ナヒチェバン自治共和国 (Nakhichevan Autonomous Republic) でのアゼルバイジャンとの抗争が続いている。首都は*エレバン (Yerevan)。

⇒アルメニア¹ Armenia

アルメニア・ソビエト社会主義共和国 Armenian Soviet Socialist Republic ⇒ アルメニア¹ Armenia

アルメリア Almería [古代：Urci ウルキ；ラテン語：Portus Magnus ポルトゥス・マグヌス]（スペイン）

*アンダルシア (Andalusia) 州アルメリア県の都市。*グラナダ² (Granada) の東南東約100kmに位置し、*地中海 (Mediterranean Sea) の湾に臨む。古代ローマ時代より重要な港湾都市で、8〜15世紀までムーア人の小王国として繁栄し、後にムーア人がグラナダ王国を築く拠点となる。1489年カトリック王フェルディナンドがスペインからムーア人を追い払うために戦争を起こしてアルメリアを占領。

アルモスル Al-Mawsil ⇒モースル Mosul

アルモハド⇒ムワッヒド〔アルモハド〕朝 Almohad Empire

アルモラビド⇒ムラービト〔アルモラビド〕朝 Almoravid Empire

アルモリカ Armorica [アレモリカ Aremorica]（フランス）

*ガリア (Gallia) 北西部の古代の地方で、現在の*ブルターニュ (Bretagne) にあたる。ガリアがローマの占領下にあった時代には5部族の故国であり、皇帝属州であるガリア・ルグドゥネンシスの一部となっていたが、完全にはローマ化されることはなかった。5世紀、北西部がブリテン島から来たケルト人に侵略され、アルモリカはブルターニュの名で知られることになる。

アル・ラシード El Rashid ⇒ ラッカ Rakka

アル-ラッカ Al-Raqqah ⇒ラッカ Rakka

アル・ラーディキーヤ Al-Lādhiqīyah ⇒ ラタキア Latakia

アル・ラマディ Ar Ramadi ⇒ ラマーディ Ramadi

アルル¹ Arles（フランス）

*スイス (Switzerland) 西部から南へ*地中

海（Mediterranean Sea）まで広がる古代王国。西暦 933 ～ 1378 年までフランスの重要な王国で、*ブルゴーニュ（Burgundy）のルドルフ 2 世がプロバンス王国を併合して、首都を*アルル 2（Arles）に定めた際に造られた。1032 年、神聖ローマ帝国皇帝コンラート 2 世に支配され、1378 年にはフランスのシャルル 6 世に譲渡される。

アルル 2 Arles ［ギリシア語：Théliné セリーネ；ラテン語：Arelate アレラーテ , Arelas アレラス］（フランス）

*マルセイユ（Marseilles）の北西 80 km に位置し、*ローヌ川（Rhône River）に臨むブーシュ - デュ - ローヌ県の都市。最初はイオニアのギリシア人が住んでいたが、前 46 年にカエサルのもとでローマの植民地となり、初期*ローマ帝国（Roman Empire）の重要な都市となる。紀元 1 世紀より司教区となり、数多くの教会会議の開催地となり、350 ～ 395 年までコンスタンティヌス 2 世が住んだ。395 年、ガリアのプラエトリアニ近衛隊の拠点となるが、5 世紀には西ゴート人と東ゴート人の略奪を受け、8 世紀にはサラセン人に襲撃される。933 年、*アルル 1（Arles）王国の首都となり、12 世紀には自由都市となって、フランス革命までその特権を維持した。円形劇場やフォルム大広場など古代ローマの遺跡が数多く見られる。

アルル 3 Alre ⇒ オーレ Auray

アルルー Arleux （フランス）

*ドゥエ（Douai）の南 13 km に位置するノール県の村。第 1 次世界大戦の末期、1918 年 10 月に*カンブレー（Cambrai）を狙うドイツ軍とイギリス・カナダ連合軍がこの村で激戦を展開したが、連合軍の勝利が決定的となる。

アル - ルブナン Al-Lubnan ⇒ レバノン 1 Lebanon

アルロン Arlon ［フラマン語：Aarlen；ラテン語：Orolaunum オロラウヌム］（ベルギー）

*ブリュッセル（Brussels）の南東 160 km に位置し、アルデンヌ高地にあるリュクサンブール州の州都。ベルギーで記録上は最古の集落で、前 4 世紀にローマ人が建設して要塞化した。フランス革命戦争時の 1794 年、この町でジャン - バプティスト・ジュルダンの率いるフランス軍にオーストリア軍が敗れる。

アルワ Alwa （スーダン）

アフリカ北東、*ソバ（Soba）を首都とするのヌビアの古代王国。ヌビア人の王国の中では最南端に位置するアルワは、青ナイルと白ナイルの川が合流する地域に造られた。現在のスーダンの*ハルツーム（Khartoum）に近い。早くも 6 世紀にはキリスト教に改宗し、9 世紀と 10 世紀が全盛期だった。アルワをはじめヌビアの諸国はイスラーム教国の勢力に抵抗していたが、15 世紀末にはスーダンのイスラーム教徒に侵略され占領された。1504 年、他の地域と共に*フンジ（Funj）人の王朝の支配下に置かれた。アルワの国王は青ナイル沿いに南へ退却し、エチオピアの国境附近にある*ファズグリ（Fazughli）へと至った。ここからアルワは 1685 年頃まで軍事力によってフンジ人を脅かし続けたが、結局、ファズグリは攻略される。1821 年、*エジプト（Egypt）副王メフメット（ムハンマド）・アリがスーダンを征服した。

アルワド Arwad [仏：Île Rouad ルアド島；ヘブライ語：Arvad アルバド；ラテン語：Aradus アラドゥス]（シリア）

*タルトゥース（Tartus）の近く、シリアの沖合3kmに位置する*地中海（Mediterranean Sea）の島。古代には*フェニキア（Phoenicia）の重要な港だった。第1次世界大戦中、フランスが占領したシリアで最初の領土。戦後は*ラタキア（Latakia）を委任統治領とするフランスの支配下に入れられる。

アルワール Alwar [メワール Mewar]（インド）

*ニューデリー（New Delhi）の南西160kmに位置する*ラージャスタン（Rajasthan）州の都市。アルワールは激しく抵抗したが、13世紀にはイスラーム教の支配下に入れられ、1771年にはラージプート族の君主、マハラジャ・プラタップ・シンによって奪還された。この都市を見下ろす位置に城砦がある。

アルンシュタット Arnstadt（ドイツ）

*エルフルト（Erfurt）の南西24kmに位置し、ゲーラ川に臨む*チューリンゲン（Thuringia）州の都市。8世紀には知られた町となり、1306〜1716年まではシュワルツブルク伯家の居地となる。18世紀初期、作曲家J・S・バッハが地元の聖ボニファティウス教会のオルガン奏者を務める。13世紀の教会と16世紀の市庁舎が遺っている。

アルンスベルク Arnsberg（ドイツ）

*ミュンスター（Münster）の南南東64kmに位置し、*ルール（Ruhr）川に臨む*ノルト・ライン - ウェストファーレン（North Rhine-Westphalia）州の都市。1077年、ベルル伯の領地として建設される。*ハンザ同盟（Hanseatic League）を構成する都市でもあった。15世紀から16世紀までウェストフ

ァーレンの秘密法廷があった。1815年*プロイセン（Prussia）の一部となる。

アルンハイム Arnheim ⇒ **アルンヘム Arnhem**

アルンヘム Arnhem [独：Arnheim アルンハイム；ラテン語：Arenacum アレナクム]（オランダ）

*ユトレヒト（Utrecht）の東南東56kmに位置し、*ライン川（Rhine River）下流に臨むヘルダーラント州の州都で港湾都市。1223年にはゲルデルン公の領地となっていたが、1473年に*ブルゴーニュ（Burgundy）の勇胆公シャルル（Charles the Bold）に占領される。第2次世界大戦中の1944年9月17日、陸軍元帥バーナード・モンゴメリの率いるイギリス軍がライン川にかかる橋を確保するために、アルンヘムに大規模な空挺作戦を展開して攻撃した。最終的にアルンヘムは1945年4月13日に解放される。

アレイバ Haraiva ⇒ **ヘラート Herāt**

アレガニー Alleghany ⇒ **アレゲニー山地 Allegheny Mountains**

アレキパ Arequipa [旧名：Villa Hermosa de la Asunción ビラ・エルモッサ・デ・ラ・アスンシオン]（ペルー）

*クスコ（Cuzco）の南320kmに位置し、チリ川に臨むアレキパ県の県都。休火山の麓にある古代インカの都市の跡地にあり、1540年にスペインの軍人で探検家フランシスコ・ピサロが建設した。1577年、司教区となる。何度も地震に見舞われたが、白い火山岩で作られたスペイン植民地時代のみごとな建築が遺っている。

アレクサンドリア¹ Alexandria [アル‐イスカンダリア Al-Iskandariya, イスキンディレッヤ Iskindireyya] (エジプト)

*カイロ¹ (Cairo) の北西 205km、*地中海 (Mediterranean Sea) に臨むエジプトの港湾都市で旧首都。前 332 年にアレクサンドロス大王が建設。その後 100 年を経ずして後継者らがヨーロッパと東方の交易の中心地へと発展させ、規模も重要性も*カルタゴ² (Carthage) をしのぐまでになる。市民はエジプト人に加えてギリシア人とユダヤ人も増えていった。マケドニア王朝のエジプト王である歴代のプトレマイオスが首都と定め、ギリシア人ならではの知識欲によって世界的な名声を得る。アレクサンドリア図書館は世界最大の蔵書を誇った。*ローマ (Rome) が台頭すると、その影響を受け、前 80 年にはアウグストゥスの*ローマ帝国 (Roman Empire) に併合される。

アレクサンドリアは時折災難に襲われつつもローマ帝国の支配下でおおむね繁栄する。大図書館は度重なる火災と攻撃で破壊され、215 年にはローマ皇帝カラカラが侮辱されたという理由で復讐のため全市民の虐殺を命令。その後、キリスト教神学の中心地となったが、しだいにエジプトの他の地域から孤立するようになる。3 世紀になりローマ帝国が崩壊し始めると、アレクサンドリアも急速に衰退。

616 年、ペルシア人がアレクサンドリアを占領し、さらに 640 年には 14 カ月の包囲戦の末にアラブ人が支配する。*ビザンツ帝国 (Byzantine Empire) は町の支配権を得ようとアラブ人と争ったが、それによりアレクサンドリアの防備も重要性も失われることになる。衰退は加速し、10 世紀にカイロが勢力を得ると完全に衰亡する。ナイル川につながる運河は沈泥で機能しなくなり、流通の経路はアレクサンドリアを迂回することになった。

小さな町になり果て、18 世紀末にはナポレオンと*イングランド (England) の戦場として知られるだけになる。19 世紀前半にメフメット・アリが外洋航海船の寄港可能な軍事上重要な港にすべくアレクサンドリアの復興を果たす。建築に力が注がれ、貿易も復活してアレクサンドリアは再び大都市となる。1882 年、400 人のヨーロッパ人住民が死亡する大暴動の舞台となり、イングランドはそれを理由にエジプト全土を占領して植民地にする。20 世紀のアレクサンドリアは繁栄を続けている。

アレクサンドリア² Alexandria [旧名：Belhaven ベルヘブン] (合衆国)

*ワシントン¹ (Washington, D.C.) の南 8km、*ポトマック川 (Potomac River) に臨む*バージニア (Virginia) 州の都市。1731 年にスコットランド人が移住し、ベルヘブンと呼んだが、1749 年に改称。南北戦争中には 1861 年 5 月から始まった北部連邦軍の進軍により占領され、バージニア州制圧の重要な拠点となる。ジョージ・ワシントンの家があった時期もあり、ロバート・E・リー (南北戦争時の南軍の総指揮官：1807～70) は少年時代を過ごした。

アレクサンドリア³ Alexandria ⇒ ジャクソン³ Jackson (テネシー州)

アレクサンドリア・アラコシオルム Alexandria Arachosiorum ⇒ カンダハール Kandahar

アレクサンドリア・エスハテ Alexandria Eschate ⇒ ホジェンド Khudjand

アレクサンドルーポリス Alexandroúpolis［トルコ語：Dedeağaç デデアーチ］（ギリシア）
*エディルネ（Edirne）の南南西112km、*トラキア（Thrace）地方のアイノス湾に臨むエブロス県の県都で港湾都市。軍事上重要な拠点であるため、バルカン諸国から激しい攻撃を受けた。1912～1913年までのバルカン戦争中には*ブルガリア（Bulgaria）に占領され、1919年11月27日にはヌイイ条約によりギリシアに割譲される。第2次世界大戦中はブルガリアに再び占領された。

アレクサンドレッタ Alexandretta［仏：Alexandrette アレクサンドレット；トルコ語：İskenderun イスケンデルン］（トルコ）
*地中海（Mediterranean Sea）に面し、イスケンデルン湾に臨む県名であり、かつ都市名。現在は*ハタイ（Hatay）県と同一の地域にあたる。前333年にアレクサンドロス大王が建設した都市で、軍事上の拠点にあるため、第1次および第2次世界大戦中は国際紛争の舞台となる。1920年8月10日、*セーブル（Sèvres）条約によってフランスの委任統治領だった*シリア²（Syria）に割譲され、国際的な緊張を高めることになったが、1938年9月2日にハタイ共和国として独立したために当面の危機は回避された。最終的には1939年6月23日に条約が締結され、トルコに返還されて問題は解決する。
⇒ **イスケンデルン** İskenderun

アレクサンドレット Alexandrette ⇒ **アレクサンドレッタ** Alexandretta

アレクサンドロフ Aleksandrov（ロシア）
ロシアの都市。ウラディーミル（Vladimir）の北西104kmに位置する。1564～1581年まで〈雷帝〉ともいわれるイワン4世

の離宮があり、その在位中にロシアで最初の印刷所が開設された土地。

アレクサンドロフスク Aleksandrovsk ⇒ **ザポリージャ** Zaporozhye

アレクサンドロフスク - グルシェフスキー Aleksandrovsk-Grushevski ⇒ **シャフティ** Shakhty

アレクサンドロポリ Alexandropol ⇒ **ギュムリ** Gyumri

アレクシナツ Alexinatz［Aleksinatz］［セルビア語：Aleksinac アレクシナツ］（セルビア）
*ベオグラード（Belgrade）の南160kmに位置するセルビア共和国の町。セルビア・トルコ戦争中の1876年9月1日、この町でセルビア人がトルコに決定的な敗北を喫した。敗者のセルビア人にトルコ人が強いた過酷な状況が1877年のロシア・トルコ戦争を招くことになる。
⇒ **オスマン帝国** Ottoman Empire

アレクトル Alektor ⇒ **オチャコフ** Ochakov

アレゲニー川 Allegheny River（合衆国）
*ペンシルベニア（Pennsylvania）州北西に発し、北西に流れて*ニューヨーク（New York）州の南西部を通り、さらに南西から南へと進んでペンシルベニア州*ピッツバーグ²（Pittsburgh）で*モノンガヒーラ川（Monongahela River）と合流して、*オハイオ川（Ohio River）となる。長さ520km。鉄道ができるまでは輸送機関として重要な役割を果たした。独立戦争時の1779年には植民地軍がピット砦（現在のピッツバーグ）から北上する際にこの川を利用し、セネカ族のインディアンとぶつかるやペンシルベニア州ウォレン附近のインディ

アンの村を焼き討ちにした。行軍は現在のニューヨーク州サラマンカにまで達した。セネカ族はサラマンカの南方、アレゲニー川の上流にダムが建設されると再び退去を余儀なくされた。アレゲニー川流域の*タイタスビル (Titusville) と*オイル・シティ (Oil City) にはアメリカ最初期の油井が作られた。

アレゲニー山地 Allegheny Mountains〔アレガニー Alleghany〕(合衆国)

*アパラチア山脈 (Appalachian Mountains) の西部。*ニューヨーク (New York) 州の南西から*メリーランド (Maryland) 州とウェストバージニア (West Virginia) 州を通り*バージニア (Virginia) 州の南西に至る約800kmを走る。標高約1,460メートルが最高点。山地の東部は険しい山が続くが、西部は*ケンタッキー (Kentucky) 州とオハイオ* (Ohio) 州まで高原が広がる。岩場と森林に覆われた山地は、*オハイオ川 (Ohio River) 流域と*五大湖 (Great Lakes) 周辺地域を目指していた初期の入植者らには手ごわい障壁となった。1750年、ケンタッキー、*テネシー (Tennessee)、バージニアの3州が接する附近でトマス・ウォーカーによりカンバーランド・ギャップが発見され、山地を抜ける主要な径路として長年利用される。1755年、フレンチ・インディアン戦争の際にイギリスの将軍エドワード・ブラドックがフランス軍から*ドゥケーン砦 (Fort Duquesne)、現在の*ピッツバーグ[2] (Pittsburgh) を攻め落とそうと決死の行軍を行ないアレゲニー山地を越える道路を作った。アメリカの入植者らはイギリスと協力して勝利を得たのだから、自分たちはアレゲニー山地を越えて西部に住めると思った。ところが、1763年10月7日にイギリスがアパラチア山脈の山頂に境界線を設け、インディアンを鎮圧して土地政策が確定するまで入植者は境界線を越えてはならないとしたので彼らは激怒した。しかし、独立戦争で勝利を収めて、問題の土地を獲得したので、開拓者らは山越えが可能になった。

一方、1755年に有名な先駆的開拓者ダニエル・ブーンが*シェナンドー川流域 (Shenandoah Valley) の南西と西からカンバーランド・ギャップを経て*ウィルダネス・ロード (Wilderness Road) を切り拓き、その径路は1790年から50年ほど西進する開拓者には幹線道路となった。*ナショナル道路 (National Road) の建設が1815年から始まり、3年後にはメリーランド州カンバーランドからアレゲニー山地を経てウェストバージニア州の*ホイーリング (Wheeling) に至る道路が完成。1854年に完成したペンシルベニア運河にはアレゲニー連水運送鉄道が敷設され、運河のボートは貨車に乗せられて山を越えることになって、*フィラデルフィア[1] (Philadelphia) とピッツバーグが結ばれた。現在、アレゲニー山地は風光明媚の地として知られる。

アレシア Alésia〔仏:Alise-Sainte-Reine アリーズ-サント-レーヌ〕(フランス)

*ガリア (Gallia) の古代城塞都市。 現*ブルゴーニュ (Burgundy) 地方コート-ドール県の県都ディジョンの北西69kmに位置する。カエサルの侵攻後、ウェルキンゲトリクス率いるガリア人が抗戦した最後の戦場。前52年、ガリア軍がローマ軍に敗れてカエサルに占領される。ローマ軍が包囲した時の陣地の跡が現在も見られる。

アレシボ Arecibo [スペイン語：San Felipe Apóstol del Arecivo サン・フェリペ・アポストル・デル・アレシボ]（プエルトリコ）

*サン・フアン2（San Juan）の西72 kmに位置する大西洋に臨む都市。1556年に入植が始まり、スペイン継承戦争中の1702年にはイングランドとスペインの戦場になる。附近には1963年に完成した世界最大の電波望遠鏡を備えたアレシボ電波天文台がある。

アレス Alès [旧名：Alais アレス]（フランス）

*ラングドック（Languedoc）地方ガルド県の町。*ニーム（Nîme）の北西45kmに位置する。ユグノー（16～17世紀フランスのカルバン派教徒の総称）の拠点だったが、ルイ13世が制圧して、1629年6月27日にアレスの和約に調印し、フランスの宗教戦争は終結した。ユグノーは信仰の自由を認められたものの、政治力軍事力は失うこととなる。

アレッサンドリア Alessandria（イタリア）

*ピエモンテ（Piedmont）州アレッサンドリア県の県都。*トリノ〔チューリン〕（Turin）の南東72kmに位置し、タナロ川に臨む。1168年、独立を目指して神聖ローマ帝国皇帝フリードリヒ1世と戦った際にロンバルディア都市同盟が要塞として建設。ナポレオン戦争中の1800年の*マレンゴ（Marengo）の戦いの後、約14年間*フランス（France）に占領される。1833年、マッツィーニ派が革命を謀った本拠地でもある。

アレッシオ Alessio ⇒ **レシ〔レジャ〕Lesh**

アレッツォ Arezzo [ラテン語：Arretium アレティウム]（イタリア）

*フィレンツェ（Florence）の南東64km、*トスカナ（Tuscany）州アレッツォ県の県都。*エトルリアの12古代都市の一つで、前3世紀に*ローマ（Rome）の同盟市となる。1289年、*カンパルディーノ（Campaldino）にてフィレンツェに敗れ、1384年には併合される。第2次世界大戦中に大きな被害を受け、1944年7月16日にはイギリスに占領される。今もなお中世のたたずまいをみせる街には、数多くの遺跡が遺っていて、かつては芸術の中心でもあり、マエケナス、ペトラルカ、ジョルジョ・バザーリ、グイド・ダレッツォ、ピエトロ・アレティーノの生誕の地である。

アレッピー Allepey ⇒ **アラプッザ Alappuzha**

アレッポ Aleppo [Alep アレプ；アラビア語：Halab ハラブ, Halep ハレブ；アッシリア語：Halman ハルマン；ギリシア語：Berea ベレア, Beroea ベロエア]（シリア）

シリア北西部、アレッポ県の県都。ヨーロッパとアジアを結ぶ隊商の道が交差する地点にあり、何世紀にもわたって世界の交易の主要地に数えられた。初めはヒッタイト人の町だったが、紀元前2000年以降に*エジプト（Egypt）と争うようになり、前9世紀～前8世紀に*ウラルトゥ（Urartu）王国の支配下に入る。その後は、アッシリア、ペルー、ローマ、ビザンツ、アラブなどに次々と占領される。1118年と1124年に十字軍が支配したものの、1183年にはサラディンの前に屈した。1260年と1401年にモンゴル人によって町は荒らされ、1517年に*オスマン帝国（Ottoman Empire）の傘下に入ってやっと町は再建される。第1次世界大戦中の1918年、*イギリス（United Kingdom）に占領され、1920年にフランスの委任統治領だったシリアの一部となる。1925年、シリアの独立に向けて*ダマスカス（Damascus）と結束

する。

アレティウム Arretium ⇒ **アレッツォ Arezzo**

アレナクム Arenacum ⇒ **アルンヘム Arnhem**

アレプ Alep ⇒ **アレッポ Aleppo**

アレマニア Alamannia（フランス、ドイツ）
*ライン川（Rhine River）上流の両岸に広が
る古代の地方。初めアラマン族が住んで
いたが、496年にクロービス1世に征服さ
れ、6世紀初期にはフランク王国の一部と
なる。西暦1000年頃に公国となった。
⇒ **シュワーベン Swabia, フランク王国
Frankish Empire**

アレモリカ Aremorica ⇒ **アルモリカ
Armorica**

アレラス Arelas ⇒ **アルル² Arles**

アレラーテ Arelate ⇒ **アルル² Arles**

アレリア Aléria［アラリア Alalia］［古代：Aleria
アレリア］（フランス）
*コルテ（Corte）の南東37kmに位置し、*コ
ルシカ（Corsica）島の東岸に臨む村。古代
コルシカでは大都市の一つで、イオニア
とローマの植民地があった場所。ギリシ
アのみごとな陶器が出土している。

アーレン Aalen（ドイツ）
ドイツ南部、*バーデン-ウュルテンベル
ク（Baden-Württemberg）州の都市。州都*シ
ュトゥットガルト（Stuttgart）市の東70km
に位置する。古代ローマの大要塞を中心
として発達し、1360～1803年までは帝国
自由都市だったが、その後は*ウュルテン
ベルク（Württemberg）の都市となる。1634

年の大火では壊滅状態に近い惨状を呈し
た。古代ローマの遺跡が今も見られる。

アレンシュタイン Allenstein ⇒ **オルシュテ
ィン Olsztyn**

アレンタウン Allentown［旧名：Northampton ノ
ーサンプトン］（合衆国）
*フィラデルフィア¹（Philadelphia）の北北
西80km、リーハイ川に臨む*ペンシルベ
ニア（Pennsylvania）州の都市。ウィリアム・
アレンにより建設され、1867年に市とな
る。〈自由の鐘〉が1777年に持ち込まれ、
シオン改革派教会に納められて、独立戦
争の間も守られた。

アーロスト Alost ⇒ **アールスト Aalst**

**アロマンシュ-レ-バン Arromanches-les-
Bains**（フランス）
*バイユー（Bayeux）の北東9.6kmに位置
し、イギリス海峡に臨むカルバドス県の
村。第1次世界大戦中、*ノルマンディー
（Normandy）を攻略するため、1944年6月
6日に連合軍が村に上陸し、人工的な港を
築いて補給の拠点とした。

アワド Oudh［アウド Audh］（インド）
現在の*ウッタル・プラデシュ（Uttar
Pradesh）州中部にある歴史地区、旧イギリ
ス領インドの州。ヒンドゥー教の聖なる
町で*コーサラ（Kosala）王国の首都だった
古代の*アヨーディヤー（Ajodhya）は、こ
の近くにあった。4世紀にグプタ朝の支配
下に入り、11世紀にイスラーム軍の侵攻
を受ける。その後、カナウジのラージプ
ート国の中心となる。16世紀には*ムガ
ル帝国（Mogul Empire）の州となり、のちに
アワド太守の支配を受けた。1856年イギ
リスが併合後、緊張が高まり1857～1858

年のインド大反乱に発展した。1877年＊ア
グラ（Agra）とともに連合州に併合され、＊イ
ギリス（United Kingdom）の統治を受けた。
1947年インドの州となる。
⇒グプタ朝 Gupta Empire, ラージプターナ
Rajputana

アワル Awal ⇒ バーレーン Bahrain

アン・アランデル・タウン Anne Arundel Town ⇒ アナポリス Annapolis

アンウエズ An Uaimh ⇒ ナバン Navan

アンガ Unga （合衆国）

＊アラスカ（Alaska）州シューマギン諸島に
あるアンガ島南東部の村。ロシア人がア
ザラシ猟の基地としていた。1900年頃に
は大規模な金の採掘が行なわれていた。

アンガバ Ungava ［旧名：New Quebec ニュー・ケベック］（カナダ）

＊ケベック[2]（Quebec）州北部、＊ハドソン
湾（Hudson Bay）の東とイーストマン川の
北の地域。当初はハドソン湾会社の統治
を受け、その後1869年に＊ノースウェス
ト・テリトリーズ[1]（Northwest Territories）と
なる。1927年に東部は＊ニューファンド
ランド（Newfoundland）州となった。

アンカラ Ankara ［古代：Ancyra アンキュラ；旧名：Angora アンゴラ］（トルコ）

トルコの首都で、アンカラ県の県都。ア
ンカラ川とチュブク川の合流点に位置す
る。前2000年紀にヒッタイト人が建設し
たと思われるが、フリギア人の時代に重
要な商業の中心地となる。前25年にロー
マ帝国の属州＊ガラテヤ（Galatia）の首都と
なる。その後は何度も侵略軍の支配を繰
り返し受け続けた。1402年7月28日、＊オ
スマン帝国（Ottoman Empire）のバヤズィト
1世がモンゴルのティムール〔タメルラン〕
に敗れ、占領される。1920年、ケマル・
アタテュルクがアンカラに民族主義の政
府を樹立し、アンカラは1923年10月14
日にトルコ共和国の首都となる。
⇒ フリギア Phrygia

アンカレジ Anchorage （合衆国）

＊フェアバンクス（Fairbanks）の南南西440
kmに位置するクック湾の奥にある＊アラ
スカ（Alaska）州の都市。1915年にアラス
カ鉄道の本部として建設され、第2次世
界大戦中に急速に発展し、エルメンドー
フ空軍基地とポート・リチャードソンが
建設されると、アラスカ全域の司令本部
となる。1964年3月27日に大地震が発生
する。パイプラインを含め、石油と天然
ガスが経済成長を支える基軸となってい
る。

安徽 ⇒ アンホイ〔安徽〕Anhui （中国）

アンギヌガット Enguinegatte ［旧名：Guinegaste ギヌガスト, Guinegate ギヌガト］（フランス）

フランス北部、＊サントメール（Saint-Omer）
の南、パ－ド-カレー県の町。2度、戦場
となった。1度目はフランスが＊オランダ
（Netherlands, The）に侵攻後、1479年8月7
日にフランスのルイ11世がマクシミリア
ン皇帝のハプスブルクに破れた時で、2度
目は1513年8月16日、イングランドが
フランスに侵攻し、ヘンリ8世のイング
ランド軍がここでフランス軍を破った時。
この時の戦いはフランス軍の逃げ足の速
さから《拍車の戦い》（Battle of the Spurs）と
呼ばれる。

136　アンキヤン

アンギャン¹ Enghien [フラマン語：Edingen エディンゲン]（ベルギー）
ベルギー南西部、エノー州の町。＊ブリュッセル（Brussels）の南西 27km に位置する。11 世紀に建設され、中世にはタペストリーで有名な商業の中心地となった。1606 年まで＊フランス（France）領。

アンギャン² Enghien（フランス）⇒モンモランシー Montmorency

アンキュラ Ancyra ⇒ アンカラ Ankara

アンクー Ancud [サン・カルロス・デ・アンクー San Carlos de Ancud]（チリ）
プエルトモントの南西 80 km、チロエ島北の沿岸の町。1769 年、＊スペイン（Spain）に占領される。＊マイポ（Maipo）の戦いによってチリの独立がなった 8 年後の 1826 年、チリに降伏したスペイン最後の海軍基地があった町。

アンクイタニクス・シヌス Aquitanicus Sinus ⇒ビスケー湾 Biscay, Bay of

アングイラ Anguilla（イギリス）
＊西インド諸島（West Indies）の中の小アンティル諸島にあるリーワード諸島の島でイギリス領。セント・キッツ〔⇒セント・キッツ・ネビス（Saint Kitts and Nevis）〕の北北西 93 km に位置する。1493 年、クリストファー・コロンブスが発見し、1650 年にはイギリスの入植者が住むようになった。1967 年、セント・キッツ・ネビス・アングイラ連邦の一員としてセント・キッツの支配に対して反乱を起こした。1969 年、イギリス海軍が「侵攻」したが、アングイラ人には歓迎され、1971 年には自治権を認められたイギリス領の植民地となる。

アンクサ Anxa ⇒ ガリポリ¹ Gallipoli（イタリア）

アンクスル Anxur ⇒ テッラチーナ Terracina

アングマグサリク Angmagssalik（デンマーク）
＊ヌーク（Nuuk）の北東 649 km に位置する＊グリーンランド（Greenland）のアングマグサリク島南岸の町。1472 年、デンマークの探検家たちが船着き場として利用し、1895 年には貿易の拠点となり、島で最初の電波気象台が設置される。第 2 次世界大戦中、デンマークは＊アメリカ合衆国（USA）に対して、島に空軍基地の設置を認めた。

アングモア Angoumois（フランス）
フランスの旧州。現在のシャラント県にほぼ一致する。首都は＊アングレーム（Angoulême）だった。サントネス族とピクトネス族の支配する土地だったが、カロリング帝国のもとで＊アキテーヌ（Aquitaine）の一部となり、9 世紀には州となる。1360 年、＊ブレティニー（Brétigny）条約によって＊イングランド（England）領となる。1371 年に取り返され、＊ベリー¹（Berry）公領となり、フランソワ 1 世のもとで 1515 年にフランス領となった。

アングラ Angra ⇒ アングラ・ド・エロイズモ Angra do Heroísmo

アングラ・ド・エロイズモ Angra do Heroísmo [アングラ Angra]（ポルトガル）
＊アゾレス諸島（Azores）テルセイラ島の港湾都市。＊リスボン（Lisbon）の西 1,920km に位置する。1534 年、ポルトガル人によって建設され 1832 年までアゾレス諸島の首都であり、南米および＊西インド諸島

（West Indies）に向かう船舶の重要な港だった。現在も大西洋を横断する航路を利用する船と飛行機には重要な都市。

アングラ・ペケーニャ Angra Pequena ⇒ リューデリッツ Lüderitz

アンクラム Anklam （ドイツ）

*メクレンブルク‐フォアポンメルン州（Mecklenburg-Vorpommern）の都市。*シュテッティン（Stettin）の北西 72 km に位置し、ペーネ川に臨む。11 世紀に勅許により建設され、13 世紀末には*ハンザ同盟（Hanseatic League）に加わる。1720 年、*プロイセン（Prussia）の一部となる。工業の重要な中心地だったため、第 2 次世界大戦の末期には連合軍の大爆撃を受けた。航空工学の草分けオットー・リリエンタールは 1848 年にここで生まれた。

アンクラム・ムーア Ancrum Moor （スコットランド）

*エディンバラ（Edinburgh）の南東 61 km、テビオット川に臨むボーダーズ（Borders）州の戦場。1545 年 2 月 25 日、エバーズ卿の率いるイングランド軍がアーチボルド・ダグラス率いるスコットランド軍にここで敗れた。

アングリ Angri （イタリア）

*カンパニア（Campania）州サレルノ県の町。*サレルノ（Salerno）の西北西 18 km に位置する。553 年にビザンツの将軍ナルセスが東ゴート人を破り、東ローマ帝国がイタリアを奪還することになるモン・ラクタリウスの戦いはアングリの南で行なわれた。
⇒ビザンツ帝国 Byzantine Empire

アンクル Ancre ⇒ アルベール Albert

アンクル川 Ancre River （フランス）

北フランスのソンム県の川。*アミアン（Amiens）の東 14 km で*ソンム川（Somme River）に注ぐ。第 1 次世界大戦中の 1916 ～ 1918 年までは何度も戦場となる。1916 年 11 月、連合軍がドイツへと進攻して成果を上げた際に、史上初めて戦車が連合軍によってこの川で使用された。

アングルシー Anglesey ［Anglesea］［ラテン語：Mona モナ］（ウェールズ）

ウェールズの南西海岸の沖合にあるアイリッシュ海に浮かぶ島で州。本土のバンガーとの間に*メナイ海峡（Menai Strait）がある。先史時代より宗教上の拠点となり、新石器時代後期以降の巨石遺跡が数多く見られる。西暦 61 年、最後のドルイドの要塞がローマ人総督スエトニウス・パウリヌスに攻め落とされる。1282 年*イングランド（England）のエドワード 1 世に島が征服される。

アングレーム Angoulême ［ラテン語：Iculisma イクレスマ］（フランス）

*ボルドー（Bordeaux）の北北東 112 km に位置する、シャラント川に臨むシャラント県の都市。カロリング王朝の*アキテーヌ（Aquitaine）地方の一部だったが、9 世紀に*アングモア（Angoumois）伯領となる。のちにアングレーム伯が支配し、1360 年 5 月 8 日、*ブレティニー（Brétigny）条約によって*イングランド（England）に割譲されたが、1373 年には*フランス（France）のシャルル 5 世が取り戻す。最後のアングレーム伯フランソワ 1 世が 1515 年にフランス王に即位し、アングレームは最終的にはフランス領となる。

アングロエジプト・スーダン Anglo-Egyptian Sudan（スーダン）

現在のアフリカ北東のスーダン共和国にあたるかつての植民地。1890年代、*イギリス（United Kingdom）がこの土地の支配を目指し、1896～1898年まで軍事行動を展開し、*エジプト（Egypt）の援軍を得て、イスラーム教徒の一派であるマフディーを制圧して目的を達成する。1899年、イギリスとエジプトがスーダンを共同統治するが、実権を握ったのはイギリスだった。スーダン人はこの統治に反撥を続けた。1924年にイギリスは反体制派を孤立させるために、スーダンを南北に分割する。1952年、イギリスとエジプトはスーダンを1956年に独立させることで合意し、実行された。

安慶 ⇒ アンチン〔安慶〕Anqing（中国）
あんけい

アンゴストゥラ Angostura ⇒ シウダード・ボリバル Ciudad Bolívar

アンコーナ Ancona（イタリア）

*マルケ（Marches, The）州アンコーナ県の県都。*フィレンツェ（Florence）の東南東168 kmに位置し、*アドリア海（Adriatic Sea）に臨む。前390年に*シラクサ（Syracuse）のギリシア人によって建設され、前178年のイリュリア戦争後、ローマの海軍基地として繁栄する。774年、シャルルマーニュ〔カール大帝〕によりローマ教皇に寄進され、半自治海洋共和国となる。1532年、教皇の直轄領となる。イタリアの統一を目指す争いの中で、何度も支配者が変わり、*カステルフィダルド（Castelfidardo）の戦いののち、1860年9月29日、教皇軍が降伏した土地となる。第2次世界大戦中、オーストリア海軍の砲撃を受ける。第2次世界大戦中の1944年7

月19日、ポーランド軍に占領される。
⇒ **教皇領** Papal States

アンゴラ [1] Angola ［旧名：Portuguese West Africa ポルトガル領西アフリカ］

大西洋に臨むアフリカ南西の国。南は*ナミビア（Namibia）、北は*コンゴ（Congo）、南東は*ザンビア（Zambia）と接する。北の国境には1,600 kmにわたって*コンゴ川（Congo River）が流れる。

15世紀末にポルトガル人の探検家と密使らが最初に住みつき始めた頃、アンゴラはコンゴ王国の富裕な一地域をなしていた。*ポルトガル（Portugal）が難なくアンゴラを征服して、19世紀の間はアフリカ人を*ブラジル（Brazil）との奴隷貿易の柱として利用し、莫大な利益を得た。1884～1885年、ベルリン会議にてアンゴラがポルトガル領として認められ、アフリカがヨーロッパ列強の間で分割されることになる。

20世紀になるとポルトガルがアンゴラの農産物と鉱物資源を大規模に搾取するようになる。1961年にはポルトガルの支配に対して暴動が起き、1975年まで続いた末にアンゴラは独立を認められる。ポルトガル人の官僚・実業家・農場経営者らの大半がヨーロッパに逃れたため、アンゴラの国内経済は混迷。

その直後から党派間の争いが始まり、アンゴラは権力闘争の舞台となる。1976年にはマルクス主義のアンゴラ解放人民運動（MPLA）がほとんどの地域を支配下に治める。排除された党派のゲリラ活動が続き、1978年4月に5千人のキューバ兵が鎮圧のため援軍として導入される。1978年、そして1980～1982年までの間、*南アフリカ（South Africa）の軍隊が侵攻を繰り返し、アフリカ南西部のナミビアから来る反乱分子を見せしめに攻撃

した。エドゥアルド・ドス・サントス大統領の率いるアンゴラ解放人民運動の政府とジョナス・サビンビの率いるアンゴラ全面独立民族同盟（UNITA）の反乱軍との間の闘争で国中が荒廃する。1994年の*ルサカ（Lusaka）和平協定により平和が訪れるが、1998年に再び内戦が起き、コンゴにまで影響が広がった。内戦は2002年にサビンビの死去と共にほぼ終結。首都は*ルアンダ[1]（Luanda）。コンゴ川北方の*カビンダ（Cabinda）の飛び領土から産出する石油が経済を支える資源となっている。

アンゴラ[2] Angora（トルコ）⇒ アンカラ Ankara

アンコール Angkor ［現地：Yasodharapura ヤショダラプラ］（カンボジア）

史上最大級の都市群の遺跡にして、大規模な寺院跡。*クメール王国（Khmer Empire）の首都。トンレサップ湖の北西湖岸に近く、シエムリアップの北6.4 kmに位置する。ヒンドゥー教の神々を讃えるレリーフと像におおわれた荘厳な建築郡の中に、世界最大の寺院建築である有名なアンコール・ワットをはじめ、数々の寺院が並ぶ。

アンコール・ワットは12世紀初頭に建設され、北に位置する首都アンコール・トムは最後の偉大にクメール王ジャヤバルマン7世によって13世紀初期に建設された。この首都はタイ人に占領されるが、1434年にはタイ人が*プノンペン（Phnom Penh）へと移動したために放置されることになる。鬱蒼たる密林の中に埋もれてしまうが、1861年にフランスの博物学者アンリ・ムオが遺跡を見つけ出す。1907年に復旧が始まる。1992年、ユネスコの世界遺産に登録される。

アンコーレ王国 Ankole, Kingdom of ⇒ ウガンダ Uganda

アンコン Ancón（ペルー）

*リマ（Lima）の北38 kmに位置し、リマ県の太平洋に臨む湾岸の港町。1883年10月20日、*チリ[1]（Chile）とペルーの間の条約がここで調印され、太平洋戦争が終結。ペルーは*タクナ（Tacna）と*アリカ（Arica）のほか鉱物の豊かなタラパカを10年間譲渡し、その後の最終的な決定は国民投票によることになった。投票は行なわれることがなく、1929年まで領有権争いが続いた。*アメリカ合衆国（USA）が仲裁に入り、最終的な合意に達した。

アンザック湾 Anzac Cove（トルコ）

アナファルタ湾の南にある*ガリポリ半島（Gallipoli Peninsula）の湾。第2次世界大戦中の1915年4月25日、ガリポリ上陸作戦の開始とともにアンザック軍団が湾から上陸。湾周辺での戦闘は6月30日まで続き、1916年1月に全軍勢が撤退した。

アンサヌム Anxanum ⇒ ランチャーノ Lanciano

アンザン Anzan ⇒ アンシャン[1] Anshan

鞍山（あんざん）⇒ アンシャン[2]〔鞍山〕Anshan（中国）

アンジェ Angers ［ラテン語：Juliomagus ユリオマグス］（フランス）

*アンジュー（Anjou）のメーヌ川に臨むメーヌ-エ-ロワール県の都市。*トゥール[2]（Tours）の西84 kmに位置する。866〜1203年まで*イングランド（England）のヘンリ2世の父ジェフリー・プランタジネットなどアンジュー伯の領地だった。1203年、「尊厳王」ことフランス王フィリ

ップ2世に占領される。1360～1481年までアンジュー公国の首都。*バンデー（Vendeé）の戦いがあった1793年6月18日、王党軍の手に落ちたが、12月4日には共和国軍がアンジェで勝利を収め、*サブネ（Savenay）での決戦へと至る。

アンジェンゴ Anjengo ⇒ アンジューテング Anjuthengo

アンシャン¹ Anshan［アンザン Anzan］（イラン）

現在の*フージスターン（Khuzestan）州にあった*エラム¹（Elam）王国の古代都市。前2000年紀からアンシャンと*スーサ（Susa）の王を名乗っていたエラムの王たちに支配された。6世紀にペルシア帝国を築いたアンシャンの王キュロス大王生誕の地。

アンシャン²〔鞍山〕Anshan［An-Shan］［旧名：Shaho］（中国）

*シェンヤン〔瀋陽〕（Shenyang）の南西88 kmに位置する*リヤオニン〔遼寧〕（Liaoning）省の都市。15～17世紀まで満州人の侵入を食い止める明朝の牙城だったが、しだいに衰退し、1918年には製鋼所が建設された。1931～1944年まで*日本（Japan）の占領下で大きく発展し、現在では世界屈指の大規模な冶金の中心地となっている。

アンジュー Anjou（フランス）

フランス西部の旧公国。現在はメーヌ-エ-ロワール県とマイエンヌ県、サルト県、アンドル-エ-ロワール県の一部をなす。866年、ノルマン人から守るようにと、シャルル禿頭王によってアンジュー泊ロベールに与えられ、929年にはフルクのもとで正式に伯爵領となる。11世紀

の間に発展し、1144年に*ノルマンディー（Normandy）公国はフルクの子孫であるジョフロア・プランタジネットが征服し、さらにその息子がのちに*イングランド（England）王ヘンリ2世になる。1152年、ヘンリ2世が*アキテーヌ（Aquitaine）のアリエノールと結婚したことから、フランスとイングランドの王家が争うようになり、1337～1453年の百年戦争につながった。1196～1214年までフランスのフィリップ尊厳王がイングランド王のジョンからアンジューと大半の領地を奪い取り、1481年、アンジューはプランタジネット王家最後のジョンが亡くなってルイ11世が相続し、フランスの領地となった。

アンジュテーング Anjuthengo［アンジェンゴ Anjengo］（インド）

*ティルバナンタプラム（Thiruvananthapuram）の北西32 km、*ケララ（Kerala）州の海岸に臨むインド南西部の村。1684年、当時の*トラバンコール（Travancore）にイギリス人が建設した、インドでも最初期の貿易拠点。

アンスト Unst（スコットランド）

スコットランド北北東、*シェトランド諸島（Shetland Islands）の島。ピクト人や古代スカンジナビア人の遺跡が数多く遺る。

アンスニ Ancenis（フランス）

*ナント（Nates）の北東38 km、*ロワール川（Loire River）に臨むロワール-アトランティーク県の都市。1468年、ブルターニュ公フランソワ2世がフランス王に反旗を翻して失敗した後、*ブルターニュ（Bretagne）がフランスに併合される条約がこの都市で締結される。15世紀の城は当時ブルターニュ公の牙城だった。

アンスバッハ Ansbach［旧名：Anspach アンスパッハ］（ドイツ）

*ニュルンベルク（Nuremberg）の南西 40 km に位置する*バイエルン（Bavaria）西部の都市。8 世紀に建てられたベネディクト会の修道院を中心に発展して公領となる。1331 年からホーエンツォレルン家の領地となるが、1791 年には*プロイセン（Prussia）に譲渡される。1806 年、ナポレオンがバイエルンに割譲する。1815 年にはウィーン会によってその譲渡が追認される。

アンスパッハ Anspach ⇒ アンスバッハ Ansbach

アンセドニア Ansedonia ⇒ コサ Cosa

アンタキア Antakya ⇒ アンティオキア Antioch

アンタキラ Antakira ⇒ アンテケーラ Antequera

アンダーソン Anderson（合衆国）

*インディアナポリス（Indianapolis）の北東 56 km に位置し、ホワイト川に臨む*インディアナ（Indiana）州中部の都市。1823 年に建設され、天然ガスが発見された 1887 年からは産業の中心地として成長する。先史時代のインディアンの古墳が見られるマウンズ州立公園がある。

アンダーソンビル Andersonville（合衆国）

南北戦争時代の*ジョージア[1]（Georgia）州の南軍の刑務所。*メーコン（Macon）の南西 96 km に位置する。1863 年 11 月に南部連合国によって刑務所が設置されたが、劣悪な環境のために北軍の兵士 1 万 3 千人以上が死亡した。現在、同地には国有の大規模な共同墓地がある。

アンダーナッハ Andernach［ラテン語：Antunnacum アントゥナクム］（ドイツ）

*コブレンツ（Koblenz）の北西 19 km に位置する*ライン川（Rhine River）に臨む*ラインラント - プファルツ（Rhineland-Palatinate）州の町。876 年、禿頭王こと西フランク国王カール 2 世（シャルル 2 世）がルートウィヒ 2 世（ルイ 2 世）に敗れ、ルートウィヒ 2 世は東ロタリンギア（*ロレーヌ〈Lorraine〉）を併合した。939 年、*神聖ローマ帝国（Holy Roman Empire）の建国者オットー 1 世が、弟ハインリヒの起こした反乱を阻止する。1114 年、神聖ローマ帝国皇帝ハインリヒ 5 世が*ザクセン（Saxony）公国を支配しようとして、ロタール 3 世にこの町で敗れる。
⇒ フランク王国 Frankish Empire

アンタナナリボ Antananarivo［タナナリブ Tananarive, アンタンナリボ Antannarivo］［旧名：Analamanga アナラマンガ］（マダガスカル）

マダガスカルの首都で、アンタナナリボ州の州都。タマターブの西南西 216 km に位置する。17 世紀に建設され、長い間ホーバ族の支配する国の首都だった。1794 年、イメリナ王国の王が占領し、1895 年までその支配が続いたが、その後は*フランス（France）に占領される。

アンダマン諸島 Andaman Islands［Andamans］（インド）

ベンガル湾内のアンダマン・ニコバル諸島内の群島。*ミャンマー（Myanmar）南部の海岸の西 640 km に位置する。1789 年、イギリスがポート・コーンウォリスを流刑地にし、この群島が植民地にされる。1872 年 2 月 8 日、*イギリス（United Kingdom）のインド総督だったメイヨー伯爵がここで囚人に殺害された。

アンダマン・ニコバル諸島 Andaman and Nicobar Islands（インド）

インドの直轄領であるベンガル湾内の諸島。*ミャンマー（Myanmar）南部の海岸の西640 kmに位置する。この諸島については古くはプトレマイオスや中国人、アラビア人の旅行者が記している。*イギリス（United Kingdom）が流刑地として利用したことがある。第2次世界大戦中、日本軍が占領した。1956年、インドの連邦直轄領となる。2004年、*スマトラ（Sumatra）沖の地震による大津波に襲われる。

⇒ アンダマン諸島 Andaman Islands

アンダルシア Andalusia［アラビア語：al-Andalus アル‐アンダルス；ラテン語：Baetica バエティカ；スペイン語：Andalucía アンダルシア］（スペイン）

大西洋、*ジブラルタル（Gibraltar）海峡、*地中海（Mediterranean Sea）に面するスペイン南部の州。現在は*アルメリア（Almería）、*コルドバ³（Córdova）、*ウエルバ（Huelva）、*マラガ（Málaga）、*ハエン（Jaén）、*グラナダ²（Granada）、*セビリア（Seville）、*カディス（Cádiz）の8県からなる。前11世紀からアンダルシアはフェニキア人、ギリシア人、カルタゴ人によって次々に植民地にされた。ローマ人は早くも前3世紀にスペインに現われて、アンダルシアを属州*バエティカ（Baetica）とした。711年、西ゴート人が短期間ながら支配したが、1492年にグラナダがキリスト教徒の手に落ちて、アンダルシアはヨーロッパ大陸におけるムーア人の権力と文化の中心となり、建築と学問の分野にすぐれた。キリスト教徒がアンダルシアを征服すると経済力は衰えたが、カディスとセビリアの港が繁栄してアメリカ大陸を目指す拠点になった。1833年、現在の8県に分かれる。1930年代、スペイン内戦で

フランシスコ・フランコ将軍の民族独立主義派の国民戦線軍の手に落ちるまでは、アンダルシアは*カタルーニャ（Cataluña）とともに無政府主義の温床だった。

⇒ タルテッソス Tartessus

アンタルドゥス Antaradus ⇒ タルトゥース Tartus

アンタルヤ Antalya［古代：Adalia アダリア，Attaleia アッタレイア，Attalia アッタリア，Satalia サタリア］（トルコ）

地中海地方アランヤの西北西136 kmに位置し、アンタルヤ湾に臨むアンタルヤ県の県都で港湾都市。前2世紀に*ペルガモン（Pergamum）王国のアッタロス2世フィラデルフォスによって建設される。重要な港となり、のちには*ローマ帝国（Roman Empire）の一部となる。パウロと弟子のバルナバは西暦43年にここを船で出発して*アンティオキア（Antioch）へと伝道の旅を続ける。のちに*ビザンツ帝国（Byzantine Empire）とセルジューク・トルコの拠点となり、15世紀には*オスマン帝国（Ottoman Empire）の一部となる。古代から現代に至る各時代の遺跡が広くみられる。

アンタンナリボ Antannarivo ⇒ アンタナナリボ Antananarivo

アンチグアバーブーダ Antigua and Barbuda（アンティグア）

*西インド諸島（West Indies）、諸島内の*リーワード諸島（Leeward Islands）の島国。セント・キッツの東南東96 kmに位置する。1493年にクリストファー・コロンブスが発見し、1632年にイギリスの入植者が定住する。1958～1962年まで西インド諸島連邦に加盟し、1967年には準国家

としてイギリスから自治権を認められる。1981年、イギリス連邦の独立国となり、労働党のベア・バードが初代首相となる。1994年、バードに代わり息子のレスター・バードが首相となる。1995年、ハリケーン「ルイス」により大きな被害を受ける。2004年、統一進歩党のボールドウィン・スペンサーが首相となり、労働党の長期支配が終わる。

アンチャフラ Unchahra〔Unchehra〕(インド)

*アラハバード (Allahabad) の南西144kmに位置するサトナの南22kmの町。1720年までは、*ナゴド (Nagod) 藩王国の首都だった。

アンチン〔安慶〕Anqing〔Anking, Nganking〕

[旧名：Huaining 懐寧, Hwaining ホワイニン]（中国）

*アンホイ〔安徽〕(Anhui) 省南西部、*揚子江 (Yangtze River) に臨む港湾都市。*ナンキン〔南京〕(Nanjing) の南西240kmに位置する。太平天国の乱が続いていた1852年、反乱軍によって占領され、反乱軍の拠点の一つとされるが、1861年に*イギリス (United Kingdom) の助力を得て奪還。1902年9月5日、イギリスとの通商条約によって外国貿易のために開港された。

アンツィオ Anzio [旧名：Porto d'Anzio ポルトダンツィオ；ラテン語：Antium アンティウム]（イタリア）

*ローマ (Rome) の南51kmに位置し、ティレニア海に臨むローマ県の町。ウォルスキ族の都だったが、前341年にローマに征服されてからは行楽地としてローマ人の人気を集めた。カリギュラとネロの生誕の地。18世紀にはローマ教皇の居地となる。第2次世界大戦中の1944年1月22日、連合軍がここに上陸し、1944年5月25日には*カッシーノ (Cassino) にあるドイツ軍の重要な陣地を攻め落とした。連合軍はここからローマへと進軍する。町にはネロの住まいをはじめ、古代ローマの遺跡が数多く見られる。

アンツィラナナ Antsirana ⇒ ディエゴ‐スアレス〔ディエゴ‐シユアレス〕Diégo-Suarez

アンティウム Antium ⇒ アンツィオ Anzio

アンティオキア Antioch [ギリシア語：Antiochea アンティオケイア；ラテン語：Antiochia アンティオキア；トルコ語：Antakya アンタキア]（トルコ）

*ラタキア (Latakia) の北50kmに位置する古代都市。*地中海 (Mediterranean Sea) へと注ぐ直前のアシ川 (オロンテス川) に臨む。前300年頃セレウコス1世が建設したギリシアの都市で、父の名にちなんで命名した。2本の大交易路の交差点に位置し、*エジプト (Etypt) の*アレクサンドリア¹ (Alexandria) に対抗するほど富裕で大規模な都市に発展する。前64年にポンペイウスに征服されるまで*シリア² (Syria) の首都だった。その後、キリスト教の初期の中心地となる。この地にあってイエスの信者らが初めて自らをキリスト者と呼んだとされ、キリスト教徒の集会が数多く開かれた。またローマ人はここに荘厳な建物を盛んに建てようとした。

540年にはペルシア人に征服され、638年にはアラブ人に占領される。1097～1098年、十字軍が支配し、十字軍傘下の最強の国となる。1268年、エジプトのスルタン、バイバルスに占領されてからは衰退する。その後、幾度も支配者が変わり、1939年にトルコに返還される。昔から大小の地震に見舞われてきたが、残骸の中

から考古学上貴重な発見がなされている。この土地で見つかった《アンティオキアの大聖杯》はキリストが最後の晩餐に用いた《聖杯》だと信じている者が多い。

アンティオキア・マルギアナ Antiochia Margiana ⇒ **メルブ** Merv

アンティオケ Antioch ［ギリシア語：Antioch in Pisidia ピシディアのアンティオキア；ラテン語：Caesarea Antiochia カエサレア・アンティオキア］（トルコ）

*アクシェヒル（Akşehir）の南西 40km に位置するウスパルタ県の*フリギア（Phrygia）の古代都市。前 2 世紀、*セレウコス朝（Seleucid Empire）の建国者セレウコス 1 世が建設し、前 25 年、アウグストゥスのもとでローマの属州*ガラテヤ（Galatia）の駐屯地となる。聖パウロが西暦 41〜54 年の間に何度か訪れている。

アンティオケイア Antiochea ⇒ **アンティオキア** Antioch

アンティカリャ Anticaria ⇒ **アンテケーラ** Antequera

アンティカーリャ Antiquaria ⇒ **アンテケーラ** Antequera

アンティグア Antigua ［アンティグア・グアテマラ Antigua Guatemala］（グアテマラ）

*グアテマラ・シティ（Guatemala City）の南西 29 km に位置するサカテペケス県の県都。1542 年、火山の噴火で破壊されたシウダー・ビエハに代わる都市として建設され、スペイン領グアテマラの首都として繁栄するが、災害に襲われる。1773 年の大地震でほぼ壊滅状態となり、首都がグアテマラ・シティに移される。植民地時代の建物が数多く遺っている。

アンティグア・グアテマラ Antigua Guatemala ⇒ **アンティグア** Antigua

アンティコスティ島 Anticosti Island ［旧名：Assomption アソンプション］（カナダ）

*ガスペ半島（Gaspé Peninsula）の北東 80 km に位置し、*セント・ローレンス川（Saint Lawrence River）の河口にある*ケベック² （Quebec）州の島。1534 年、フランス人ジャック・カルティエに発見され、1763 年にイギリス領*ニューファンドランド（Newfoundland）の一部となり、1774 年にはケベックの一部となる。1895 年、フランスのチョコレート会社に売却され、さらにのちには製紙会社の所有となり、以来、個人の所有が続いた。

アンティゴニア¹ Antigonea（アルバニア）⇒ **テペレナ** Tepelenë

アンティゴニア² Antigonia（ギリシア）⇒ **マンティネイア** Mantinea

アンティゴネア Antigonia（トルコ）⇒ **ニカイア²** Nicaea

アンティータム Antietam（合衆国）

*ワシントン¹（Washington, D. C.）の北西 80 km に位置し、シャープスバーグのアンティータム運河沿いにある*メリーランド（Maryland）州北西の戦場跡。南北戦争中の 1862 年 9 月 17 日、ジョージ・B・マクレランの指揮する北軍がロバート・E・リー率いる南軍を破る。決定的な戦果はあがらなかったものの、初めて北部へと進軍しようとしたリーを食い止めることになった。両軍合わせて 2 万 3 千の犠牲者を出す南北戦争中最悪の日となる。

アンティバリ Antivari ⇒ バール² Bar（モンテネグロ）

アンティピルゴス Antipyrgos ⇒ トブルク Tobruk

アンティーブ Antibes ［ギリシア語：Antipolis アンティポリス］（フランス）
＊カンヌ（Cannes）の東北東 11 km に位置し、＊地中海（Mediterranean Sea）に臨むアルプ - マリティーム県の港町。前 4 世紀にギリシアのフォカエアの植民地として建設され、ローマ法のもとで自治都市となった＊ガリア（Gallia）で最初の都市。西暦 400 ～ 1244 年まで司教座が置かれたが、9 世紀にサラセン人に襲撃され荒廃した。14 ～ 17 世紀までグリマルディ家の居住地となる。古代ローマの遺跡が遺っている。

アンティポリス Antipolis ⇒ アンティーブ Antibes

アンティポロ Antipolo（フィリピン）
＊マニラ（Manila）の東 19km に位置する＊ルソン（Luzon）島リサール州の州都。1626 年に＊メキシコ（Mexico）からアンティポロの教会に移された《平和の聖母マリア》像を目指す巡礼が集まる。第 2 次世界大戦末期には戦地となり、1945 年 3 月 10 日アメリカに降伏する。

アンテケーラ Antequera ［古代：Antakira アンタキラ, Anticaria アンティカリャ, Antiquaria アンティカーリャ］（スペイン）
＊マラガ（Málaga）の北西 32 km に位置する＊アンダルシア（Andalusia）州マラガ県の都市。ローマ時代以前の古代都市で、8 世紀からムーア人に占領され、1410 年には＊カスティリア（Castile）に支配される。1842 年、三つある銅器時代の巨石墳墓の

一つが初めて発見された。墳墓の壁面には人の姿が彫刻されていた。

アンデス Andes（イタリア）⇒ ビルジーリオ Virgilio

アンデス山脈 Andes, The ［スペイン語：Cordillera de los Andes コルディレラ・デ・ロス・アンデス , Los Andes ロス・アンデス］（南アメリカ）
南アメリカ西部の太平洋沿岸を走る 7,200km の山脈。＊コロンビア¹（Colombia）とベネズエラ（Venezuela）の＊カリブ海（Caribbean Sea）沿岸から南下して＊エクアドル（Ecuador）、＊ペルー²（Peru）、＊ボリビア（Bolivia）、＊チリ¹（Chile）、＊アルゼンチン（Argentina）を通り、＊ティエラ・デル・フエゴ（Tierra del Fuego）まで延びる。アンデス山脈は 1799 ～ 1804 年までの間にアレクサンダー・フォン・フンボルトとエメ・ボンプランが探検して調査した。1897 年、マティアス・ツールブリッゲンとスチュアート・バインズが、西半球の最高峰 6,963 m のアコンカグアに初登頂。

アンデックス Andechs（ドイツ）
＊バイエルン（Bavaria）州＊ミュンヘン（Munich）の南西 40 km に位置するアマー湖畔の修道院。1248 年にこの町にあったアンデックス伯爵家の城砦が破壊され、その跡地に 1456 年、バイエルンのアルブレヒト 3 世によりベネディクト派の修道院が建てられた。1846 年、その修道院はミュンヘンの聖ボニファティウス修道院の一部となる。15 世紀の教会には有名な聖遺物が収められているために、多くの巡礼が訪れる。

アンテバリウム Antebarium ⇒ バール² Bar（モンテネグロ）

アンデマトゥンヌム Andematunnum ⇒ **ラ
ングル** Langres

アンデルレヒト Anderlecht（ベルギー）
*ブリュッセル（Brussels）の南西 6.4 km
に位置する*ブラバント（Brabant）の町。
1792 年 11 月 13 日、第 1 次対仏大同盟戦
争で、デュムーリエ率いるフランス軍が
この町でオーストリア軍を破り、ブリュ
ッセルに入ることができた。町には中世
の建物が数多くあり、1517 ～ 1521 年まで
エラスムスの自宅があった。

安東 ⇒ **タントン〔丹東〕** Dandong
（あんとう）

アントウェルペン Antwerpen ⇒ **アントワ
ープ** Antwerp

アントゥナクム Antunnacum ⇒ **アンダーナ
ッハ** Andernach

アンドゥハル Andujar［旧名：Isturgi イストゥ
ルギ；ラテン語：Illiturgis イリトゥルギス]（ス
ペイン）
*アンダルシア（Andalusia）州の*ハエン
（Jaén）の北西 40 km に位置し、グアダル
キビール川に臨むハエン県の都市。1766
年、深刻な反政府暴動がこの都市で起こ
り、それが発端となって 1767 年にスペイ
ンからイエズス会士が追放されることに
なる。

アンドーバー [1] Andover（イングランド）
*サウサンプトン（Southampton）の北 35
km にある*ハンプシャー（Hampshire）州
の市場町。バイキングで、のちに*ノルウ
ェー（Norway）の国王となるオーラブ 1 世（オ
ーラブ・トリグバソン）はイングランド
に進撃中の 994 年、この町で洗礼を受けた。
のちに彼はキリスト教をノルウェー全土

に広める。

アンドーバー [2] Andover（合衆国）
ボストンの北 40 km に位置し、*メリマ
ック川（Merrimack River）に臨む*マサチュ
ーセッツ（Massachusetts）州北東の町。1643
年に移民が定住し、1778 年創立の男子校
フィリップス・アカデミーと 1829 年創立
の女子高アボット・アカデミーの所在地
となっている。1886 年、5 人の教授が自
由主義的な神学を唱えていると告発され
たアンドーバー神学論争の舞台となる。
1832 年、サミュエル・フランシス・スミ
スがこの町で『マイ・カントリー・ティズ・
オブ・ジー』（My Country, 'Tis of Thee）
を作詞した。『アンクル・トムの小屋』の
作者ハリエット・ビーチャー・ストウが
この町に住み、埋葬された。

アントファガスタ Antofagasta（チリ）
*サンチアゴ [1]（Santiago）の北 1,120 km に
位置し、太平洋に臨むアントファガスタ
州の州都で港湾都市。ボリビアの港だっ
たが、1860 年代から*アタカマ（Atacama）
の豊かな鉱脈を開発するためにチリ人に
よって町が発展した。1879 年にチリ軍
が占領したことから太平洋戦争が勃発。
1884 年、*バルパライソ（Valparaíso）条約
によりアントファガスタとその沿岸部が
チリの領土となる。

アンドラ [1] Andhra ⇒ **アンドラ・プラデシ
ュ** Andhra Pradesh

アンドラ [2] Andorra［仏：Andorre アンドール]
*ピレネー山脈（Pyrenees）中の*フランス
（France）と*スペイン（Spain）の国境にあ
る小国。フランスのアリエージュ県とピ
レネー - オリアンタル県、スペインのレリ
ダ県に挟まれている。長年にわたつて密

輸の温床となつている。801年にシャルルマーニュ〔カール大帝〕によってイスラーム教徒の支配から解放された。1278年、当時は*ウルヘル（Urgel）の一部だったアンドラは、協定によりウルヘル司教と*フォア（Foix）伯の共同統治となる。現在もフランスとスペイン両国に少額ながら献金をして敬意を示している。観光と免税、租税回避地として銀行が利用されて繁栄している。1999年、通貨をユーロに切り替える。欧州連合には加入していないが、農産物を除く、工業製品の貿易については特別に加盟国扱いされている。

アンドラ・プラデシュ Andhra Pradesh （インド）

旧王国で、現在はインドの州。*デカン（Deccan）高原にあり、ゴダバリ川とクリシュナ川に挟まれている。テルグ族の築いた王国は前1世紀〜後3世紀までデカン高原のほぼ全域を治めていた。仏教美術で有名で、*アマラーバティー（Amaravati）などの仏教遺跡がある。州都は*ハイデラバード[1]（Hyderabad）。

アンドリア Andria （イタリア）

*プーリア（Apulia）州*バーリ（Bari）の西北西51 kmに位置するバーリー県の都市。*トラーニ（Trani）伯となった最初のノルマン人であるピエトロ1世が1046年に建設した都市で、13世紀には神聖ローマ帝国皇帝フリードリヒ2世（フェデリーコ2世）が好んで住んだ。1240年、近くにカステル・デル・モンテを建設。大聖堂には8世紀の地下祭室がある。

アンドリアノフ諸島 Andreanof Islands （合衆国）

*アラスカ（Alaska）の南西沿岸の沖合、*ベーリング海（Bering Sea）と太平洋に挟まれた*アリューシャン列島（Aleutian Islands）の中の諸島。1760年、ロシアのアンドリアノフ・トルスティヒによって発見され、1867年にアラスカが売却される際に、一緒にアメリカ合衆国に売られた。軍事上の拠点にあるため、第2次世界大戦中は軍事基地が数カ所に置かれた。

アントリム Antrim （北アイルランド）

*ベルファスト（Belfast）の北西24 kmに位置し、ネイ湖の北東岸に面するアントリム州の町。1798年、反イングランドの反乱の際に、統一アイルランド人連盟はこの町で敗北が決まった。10世紀に建てられた円柱状の望楼はアイルランドでも屈指の史跡とされる。

アンドール Andorre ⇒ アンドラ[2] Andorra

アンドル川 Indre River （フランス）

フランス西部、中央高地（マシフ・サントラル）に水源を発して北西に流れ、アンドル県およびアンドル・エ・ロワール県を通って、*トゥール[2]（Tours）の下流で*ロワール川（Loire River）に合流する川。*ロシュ（Loches）やシャトールーをはじめとする河畔の都市には有名な城が立つ。アンドル川はジョルジュ・サンドの小説にも何度か登場した。

アンドルソブ Andrusov ⇒ アンドルソボ Androsovo

アンドルソボ Androsovo ［旧名：Andrusov アンドルソブ, Andrussovo アンドルーソボ］（ロシア）

*スモレンスク（Smolensk）の南西48 kmに位置するロシアの村。1667年1月20日、この村で条約が結ばれ、*ポーランド（Poland）とロシアの間の長年の争いの原因となっていた領土問題が終結する。条約によりロシアは*キエフ（Kiev）とスモレ

148 アントルソ

ンスクを獲得。

アンドルーソボ Andrussovo ⇒ アンドルソボ Androsovo

アンドロス Andros (ギリシア)

*エーゲ海（Aegean Sea）のティノス島の北3kmに位置する島。*キクラデス諸島（Cyclades Islands）の最北端の島で、古代にはこの島を巡って争奪戦が繰り広げられた。前490年、ペルシア戦争中にクセルクセスの率いるペルシア軍に征服され、ペロポネソス戦争中には*アテネ（Athens）に対して反乱を起こしたが、前394年にアテネ人に平定される。前245年、海戦の舞台となり、この時、エジプト王プトレマイオスがアンティゴノスの率いるマケドニアにキクラデス諸島を奪われる。前133年、*ローマ（Rome）に征服される。のちに*ベネツィア（Venice）傘下の公国になるが、1566年に*オスマン帝国（Ottoman Empire）に占領される。

アントワープ Antwerp ［フラマン語：Antwerpen アントウェルペン；仏：Anvers アンベェール］（ベルギー）

*ブリュッセル（Brussels）の北45kmに位置し、*スヘルデ川（Schelde）に臨むアントワープ州の州都で港湾都市。12世紀より重要な都市となり、15世紀には*ブルゴーニュ（Burgundy）の《善公》ことフィリップのもとで、*ブリュージュ（Bruges）と*ヘント（Ghent）が衰退する中、繁栄を遂げる。この時期に有名な美術アカデミーが創設される。16世紀になると*スペイン（Spain）の支配下で、2度の略奪にあう。最初は《スペインの暴虐》中の1576年、2度目は1585年。略奪行為によって町の経済力が弱まり、さらにスヘルデ川の強制閉鎖が追い打ちをかける。川が再び開

かれてからアントワープはまた重要な都市となり、ナポレオン時代には港が発展し、貿易では*ロンドン（London）に対抗できるほどになる。*ウィーン（Vienna）会議後、オランダ（Netherlands, The）王国の一部となり、ベルギー独立戦争中の1830年10月27日、爆撃される。2度の世界大戦中、ドイツに占領されて甚大な被害を受けたにもかかわらず、多くの有名な建築物が今も遺っている。

アントン〔安東〕Andong ⇒ タントン〔丹東〕Dandong

アン・ナジャフ An Najaf ［アル・ナジャフ Al Najaf, ナジャフ Najaf］（イラク）

イラク中南部、ナジャフ県の県都。*バグダード（Baghdad）の南144km、*ユーフラテス川（Euphrates River）の近くに位置する。イラクにある二大聖地の一つで、8世紀にカリフのハールーン・アッ-ラシードが建設した。イスラーム教シーア派の創設者である預言者ムハンマドの義理の息子アリの墓がある。*メッカ（Mecca）への巡礼の旅の出発地点。2003年のアメリカによるイラク侵攻後、ナジャフはフセイン政権後の軍の占領に反抗するシーア派の温床となった。

アン-ナースィラ En-Nasira ⇒ ナザレ Nazareth

アンナバ Annaba ［旧名：Bona ボナ, Bône ボーヌ；ラテン語：Hippo ヒッポ, Hippo Regius ヒッポ・レギウス］（アルジェリア）

*コンスタンティーヌ（Constantine）の北東120kmに位置し、*地中海（Mediterranean Sea）に臨むアンナバ県の県都で港湾都市。前6世紀に*カルタゴ²（Carthage）により建設され、前3世紀から*ヌミディア

（Numidia）の歴代国王の居住地として繁栄する。早くからキリスト教信仰の拠点となり、西暦396〜430年まで聖アウグスティヌスの司教座が置かれていたが、431年にバンダル族の略奪を受けてからは衰退した。中世にはヨーロッパおよびアラブ諸国の支配を受ける。1832年以降、占領したフランスが港の整備を行なったために、活気を取り戻した。

アンナン〔安南〕Annam（ベトナム）

*インドシナ（Indochina）半島沿岸のアジア南東部の旧王国。現在のベトナムの中央部にあたる。今世紀になるまで約2000年間、中国の影響力が大きかった。前111年、アンナン北部が漢朝に征服され、南部は紀元2世紀末にチャム族すなわち*チャンパ（Champa）王国に支配された。939年、アンナン人は独立して中国人を追い出し、自治を維持したが、1407〜1428年の間は中国の支配を受けた。1428年に中国人を破った黎利が黎朝を創始した。長期にわたるチャム族との抗争の末、1471年には撃退して、アンナンは南方へと勢力を拡大した。しかし、16世紀になると黎朝は衰退し、1558年には王国が分裂し、北部を治める鄭氏と南部を支配する阮氏に分かれた。一方、1538年には初めてヨーロッパ人が渡来する。鄭氏は*トンキン（Tonkin）、現在の*ハノイ（Hanoi）、阮氏は*フエ（Hue）を治めた。阮氏は17世紀に南下して*カンボジア（Cambodia）へと至り、18世紀には*ラオス（Laos）の一部を支配した。しかし、1786年に鄭氏が崩壊し、1778年には阮氏も滅びる。

1802年、南部と北部は越南阮朝のもとでベトナム帝国として統一される。1858年にはフランスがベトナム支配を始め、1884年にはアンナンを保護領であると宣言し、アンナンは1887年にインドシナ連邦の一部とされる。第2次世界大戦中は日本軍に占領される。バオ・ダイは1932〜1945年までアンナンの皇帝、1949〜1955年までベトナム国元首を務め、ビシー政権のフランスおよび日本の侵略軍とも協力体制をしいた。戦後、アンナンとトンキンが独立を要求し、紛争が続いたが、1975年にアンナン、トンキン、*コーチシナ（Cochin China）が統一されてベトナムとなる。

アンバラ Ambala（インド）

*ニューデリー（New Delhi）の北240 kmに位置する*ハリヤナ（Haryana）州の都市。14世紀に建設され、1843年にイギリス軍の駐屯所となった。鉄道の中心地として発展し、現在は製造業の中心地となっている。

アンバラワ Ambarawa（インドネシア）

*ジャワ（Java）島の*スマラン（Semarang）の南32 kmに位置する中部ジャワ州の町。インドネシアが独立宣言をする直前の1945年8月〜12月までイギリス軍とインドネシアの民族主義者の戦地となった。

アンハルト Anhalt（ドイツ）

*ドイツ（Germany）中部にあった旧公国で旧州。*ザクセン - アンハルト（Saxony-Anhalt）州の一部。1212年、*ザクセン（Saxony）公国から分かれ、1218年以降はアルブレヒト熊公の孫ハインリヒが治めた。その後、公領は相続によって何度も分割される。1863年にはレオポルト4世のもとでアンハルト - *デッサウ（Dessau）公国として統合。1919〜1933年はドイツ連邦共和国の自由州となり、1949年に東ドイツの一部となる。1990年、ザクセン - アンハルト州の一部となった。

150　アンヒアヌ

アンビアヌム Ambianum ⇒ **アミアン** Amiens

アンヒルワーラー Anhilwara ⇒ **パタン**[1]
Patan（インド）

アンピン〔安平〕An-P'ing [Anping]（台湾）
*タイナン〔台南〕（T'ai-Nan）の北西4.8
kmに位置し東シナ海に臨む港町。16世
紀に中国人が入植した台湾で最初の町。
17世紀に明朝のもとでオランダがこの町
に交易所を開設することを認可されるが、
1662年に満州人がオランダ人を追い出し
た。その後、オランダは1858年の*テン
チン〔天津〕（Tianjin）条約まで台湾に入る
ことは許されなかった。

アンファ Anfa ⇒ **カサブランカ** Casablanca

アンフィオリス Amfiolis ⇒ **アンフィポリ
ス** Amphipolis

アンフィダ Enfida［仏：Enfidaville アンフィダビ
ル］（チュニジア）
チュニジア北東部、*ハンマメット
（Hammamet）の南西48km、*地中海
（Mediterranean Sea）附近の町。第2次世界大
戦中の1943年4月20日、激戦の末、イ
ギリスに占領された。

アンフィダビル Enfidaville ⇒ **アンフィダ**
Enfida

アンフィッサ Amphissa［サロナ Sálona］［ギリ
シア語：Ámfissa］（ギリシア）
*パルナッソス（Parnassus）山麓西にある*フ
ォキス（Phocis）の町。*アテネ（Athens）の
北西154kmに位置する。古代にはギリシ
アの中心部にある重要な都市だった。前
340年、アポロンに捧げられた平野にあ
る*クリサ（Crisa）を再度支配しようとし

たことから第4次聖戦になる。*マケドニ
ア（Macedonia）のフィリッポス2世がアテ
ネの連合国を破ったのち、前339年にア
ンフィッサの町を破壊した。

アンフィポリス Amphipolis［アンフィオリス
Amfiolis］（ギリシア）
*エーゲ海（Aegean Sea）に臨むストルマ川
河口附近の*マケドニア（Macedonia）の古
代都市。*テッサロニキ（Thessaloníki）の東
北東109kmに位置する。前437年、*ア
テネ（Athens）によりパンガイオン山の鉱
物と木材を管理するための駐屯地として
建設された。ペロポネソス戦争の時に*ス
パルタ（Sparta）に占領され、前422年には
戦場となり、アテネのクレオン将軍とス
パルタのブラシダス将軍が戦死した。前
357年、マケドニアのフィリッポス2世
が占領したため、アテネとの戦争になる。
現在、戦場跡が町になっている。

アンフィング Ampfing（ドイツ）
*ミュンヘン（Munich）の北東64kmに
位置するアイゼン川に臨む*バイエルン
（Bavaria）州の村。*神聖ローマ帝国（Holy
Roman Empire）の皇位をめぐって、1322年
9月28日のミュールドルフの戦いでは戦
地となる。この戦いで*ルクセンブルク[1]
（Luxembourg）家を支持する〈バイエルン人
王〉ルートウィヒが、ハプスブルク家の
フリードリヒを破った。

アンブラキア Ambracia ⇒ **アルタ** Árta

アンブラン Embrun［ラテン語：Eburodunum エ
ブロドゥヌム］（フランス）
フランス東南部、オートザルプ県の町。*マ
ルセイユ（Marseilles）の北東160km、デュ
ランス川に臨む。初めはカトゥリゲース
族の居地だったが、ローマ時代には軍事

基地となった。800 ～ 1791 年まで大司教座が置かれた。

アンプリアス Ampurias [ギリシア語：Emporion エンポリオン；ラテン語：Emporium エンポリウム]

*カタルーニャ（Cataluña）州ヘローナ県の村で、古代遺跡。*ヘローナ（Gerona）の北東 56 km に位置し、*地中海（Mediterranean Sea）の湾に臨む。前 1 世紀にユリウス・カエサルが建設したローマの都市のほか、前 6 世紀に*マルセイユ（Marseilles）からの移住者が建設した古代ギリシアの町の遺跡が多く遺っている。

アンブリッジ Ambridge（合衆国）

*オハイオ川（Ohio River）に臨む*ペンシルベニア（Pennsylvania）州西部の町。*ピッツバーグ² (Pittsburgh) の北西 19 km に位置する。ジョージ・ラップの率いるドイツのハーモニー会の会員たちが 1825 ～ 1906 年まで《エコノミー》という名の共同社会をこの町に設立した。
⇒ニュー・ハーモニー New Harmony

安平 ⇒ アンピン〔安平〕An-P'ing（台湾）

アンベェール Anvers ⇒ アントワープ Antwerp

アンベール Amber（インド）

*ジャイプール（Jaipur）の北 8 km に位置する*ラージャスタン（Rajasthan）州東部の町。1037 年、ラージプート族に占領され、12 世紀にはカチワーハ・ラージプート族の首都となり、700 年間、政治の中心地となる。遺跡にはラージプート族の堂々たる建造物が数多く見られる。

アンベルク Amberg（ドイツ）

*ニュルンベルク（Nuremberg）の東 56 km に位置し、フィルス川に臨む*バイエルン（Bavaria）州の都市。14 ～ 16 世紀まで交易の中心地であり、重要な要塞都市で、1810 年までオーバープファルツの首都だった。第 1 次対仏大同盟戦争中の 1796 年 8 月 24 日、ジュールダン元帥率いるフランス軍が、この土地で*オーストリア（Austria）のカール大公に敗れた。

アンホイ〔安徽〕Anhui [Anhwei]（中国）

中国中央東部の内陸省で、*揚子江（Yangtze River）と淮河を擁している。モンスーン気候のために旱魃と洪水が頻発し、農業・工業の支障になっている。前 300 年に漢民族が定住した南部では最初の土地だった。1667 年に安州と徽州の名称より安徽省が誕生。1949 年に中華人民共和国が建国されると、安徽は一時的に皖北と皖南に分割されたが、1952 年には再び統合されて安徽省となる。省都はホーフェイ〔合肥〕。

アンボイナ Amboina [Amboyna]［インドネシア語：Ambon アンボン］（インドネシア）

*セラム（Ceram）島の南西海岸の沖合 13 km に位置するバンダ海の*モルッカ（Moluccas）諸島の島。《香料諸島》の一つで、ポルトガル人が発見した。1521 年にポルトガル人が住みついて、香料貿易の拠点となる。島は植民地間の争いの的となり、1623 年にはアンボン虐殺事件が起こり、イギリスの入植地がオランダに襲われる騒ぎとなった。インドネシアの独立後、1950 年 4 月には島民が反乱を起こして、短命に終わったが南モルッカ共和国を設立した。

アンボワーズ Amboise（フランス）

*ロワール川（Loire River）に臨むトゥーレーヌのアンドル‐エ‐ロワール県の町。*トゥール² (Tours) の東 26 km に位置する。シャルル 8 世が 1492 ～ 1498 年に建て、国王の住まいとなったゴシック様式の城で有名。《宗教戦争》の間、ユグノー派（16 ～ 17 世紀フランスのカルバン派教徒の総称）の陰謀の巣窟となったが、1560 年 3 月 17 日に大虐殺されて陰謀に終止符が打たれた。1563 年 3 月 19 日、アンボワーズの勅令によって、カトリーヌ・ド・メディシスはプロテスタントの貴族らに特定の場所での礼拝の自由を認めた。
⇒ナント Nantes

アンボン Ambon ⇒ アンボイナ Amboina

アンマン Amman〔ギリシア語：Philadelphia フィラデルフィア；ヘブライ語：Rabbath ラバト, Rabbath Ammon ラバト・アンモーン〕〔ヨルダン〕
ヨルダンの首都。*エルサレム（Jerusalem）の東北東 77 km に位置し、ヤボク川に臨む。先史時代より占領され、前 13 世紀～前 6 世紀まではアンモン人の中心地となる。この時期にはイスラエル人との抗争が続いていたが、前 1010 年頃にダビデ王に占領され、争いが終結した。のちに*エジプト（Egypt）のプトレマイオス 2 世ピラデルポスが占領し、前 285 ～前 246 年まで都市の再建を行なった。前 63 年、*十都市連合〔デカポリス〕(Decapolis) の都市となる。1921 年、アブドッラー・イブン・フセインの支配下で*トランスヨルダン（Transjordan）、現在のヨルダンの首都となった。

アン・ムーラン・ガー An Muileann gCearr ⇒ ムリンガー Mullingar

アンヤン〔安陽〕Anyang [An-Yang]〔古代：Chang-te〕（中国）
*チョンチョウ〔鄭州〕(Zhengzhou) の北北東 192km に位置する*ホーナン〔河南〕(Henan) 省北部の古都。前 1300 頃～前 1025 年頃まで商王朝の最後の都。1928 年から始まった遺跡発掘により、古代中国の歴史と文化に解明の光があたることになつた。現存する最古の中国の文字である甲骨文字などが発見されている。

安陽（あんよう）⇒ アンヤン〔安陽〕Anyang（中国）

アンロク An Loc ⇒ ビン・ロン Binh Long

イ

イアリス Erith（イングランド）
ケント州の町。*ロンドン（London）の東
22km、*テムズ川 2（Thames, River）に臨む。
1216 年、ジョン王が諸侯との間にここで
平和条約に署名した。

イアリューソス Ialysus ［Ialysos］（ギリシア）
エーゲ海にある*ロードス 2（Rhodes）島の
古代都市。現在のロードス市のすぐ南西
に位置する。ペンタポリスの一つで、*ク
レタ島（Crete）貿易の航路上にあったこと
から要地となった。

イウォ Iwo（ナイジェリア）
オヨ州の都市。*イバダン（Ibadan）の北東
43 km に位置する。17 世紀にヨルバ族の
王国イウォの首都となり、19 世紀にはヨ
ルバ族の内戦による難民が流入して、急
速に発展した。

イェウパトーリヤ Yevpatoriya ［Eupatoria,
Evpatoria］［古代：Kerkinitis］（ウクライナ）
ウクライナ、クリミア州の港町。*シン
フェローポリ（Simferopol）の北西 72km に
位置する。前 6 世紀に建設された古代ギ
リシアの植民地ケルキニティス跡に築か
れた。前 1 世紀にポントス王国のミトリ
ダテス 6 世エウパトルに征服され、現在
の名となった。覇権が何度も移ったのち、
13 世紀にトルコ - タタールの支配下に置
かれ、1478 年にはトルコに征服され従属
国となる。1783 年に*クリミア半島（Crimea,
The）の他の地域とともに*ロシア（Russia）
に併合される。1854 ～ 1856 年にかけての
クリミア戦争中の 1854 年 9 月に連合軍が

上陸、イェウパトーリヤはイギリス、フ
ランス、トルコ軍に占領される。16 世紀
のモスクと 15 世紀のタタール人の砦跡が
ある。

イェカテリネンシュタット Yekaterinenshtadt
⇒**マルクス** Marks

イェカテリノスラフ Yekaterinoslav ⇒**ドニプ
ロペトロフスク** Dnipropetrovsk

イェージ Iesi ［Jesi］［古代：Aesis アエシス］（イ
タリア）
イタリア中東部、*マルケ（Marches, The）
州アンコーナ県の町。*アンコーナ（Ancona）
の西南西 29 km に位置する。前 247 年に
築かれたローマの植民地。西暦 756 年、
小ピピンによって教会に寄進された。イ
タリア最古の司教区の一つで、1194 年に
神聖ローマ皇帝フリードリヒ 2 世がここ
で生まれた。
⇒**教皇領** Papal States

伊江島 Iejima（日本）
*沖縄（Okinawa）本島西岸沖にある島。第
2 次世界大戦中には日本軍の飛行場とな
り、1945 年 4 月、アメリカ軍に占領された。
アメリカの有名な従軍記者アーニー・パ
イルは 1945 年 4 月 18 日にここで殉職した。

イェシルキョイ Yesilköy ［伊：San Stefano サン
ステファノ］（トルコ）
マルマラ海に臨むイスタンブール県の
村。*イスタンブール（Istanbul）の西 11km
に位置する。最後のロシア・トルコ戦争

終結後、1878 年 3 月 3 日にこの地で*ロシア（Russia）と*オスマン帝国（Ottoman Empire）との間でロシアにかなり有利なサンステファノ条約が結ばれた。これによりロシア保護領*ブルガリア（Bulgaria）の面積が大幅に増大し公国となった。一方、以前は正式にオスマン帝国の支配下にあった*ルーマニア（Romania）、*モンテネグロ（Montenegro）、*セルビア（Serbia）は独立し、また*アルメニア[1]（Armenia）の一部がロシアに譲渡された。また、ロシアには多額の賠償金が支払われた。この講和条約により東ヨーロッパで格段に強まったロシアの影響力を危惧した列強は、1878 年に*ベルリン（Berlin）議会で条文に修正を加えた。

イェーテボリ Göteborg［Gothenburg］（スウェーデン）

スウェーデン南西部の港湾都市。イェータ川の河口に位置し、カテガット海峡に臨む、スウェーデン第 2 の都市。1604 年、カール 9 世により建設され、カルマル戦争（1611 ～ 13）中にデンマーク軍に破壊されたが、1619 年、新国王グスタフ・アドルフにより再建された。18 世紀には、オランダ人とイギリス人の大規模な街ができ、商業の中心地となった。1731 年、スウェーデンの東インド会社がここに創設された。1633 年の大聖堂が 1956 ～ 1957 年に修復された。

イエナ Iena ⇒イェーナ Jena

イェーナ Jena［仏：Iena イエナ］（ドイツ）

ドイツ中東部、*チューリンゲン（Thuringia）州の都市。*エルフルト（Erfurt）の東 40 km に位置し、ザーレ川に臨む。9 世紀に都市の名が文献に現われる。1230 年に自治権を得て、14 世紀にベッティン家の支配下におかれ、1485 年にはベッティン家の分枝であるエルンスト系公領となった。1806 年 10 月 14 日、この地でナポレオンがプロイセン軍およびザクセン軍を撃破する。1557 年に創立されたイェーナ大学は、18 世紀後半 ～ 19 世紀にかけて哲学者のゲオルク・ヘーゲルや詩人で劇作家のフリードリヒ・シラーなど著名な教授陣を擁し、名声を博した。

イェナンジョン Yenangyaung（ミャンマー）

上ミャンマー、マグウェ郡の*イラワジ川（Irrawaddy River）に臨む町。*マンダレー（Mandalay）の南西 208km に位置する。第 2 次世界大戦中の 1942 年 4 月 17 日にイギリス軍に破壊されたのち、放棄された。1945 年 4 月 16 日に奪還され、現在はミャンマー最大の最も重要な油田となっている。

イェニ - パザル Yeni-Paza ⇒ノービ・パザル Novi Pazar

イェブ Yeb ⇒エレファンティネ Elephantine

イェムトランド Jämtland［Jemtland］（スウェーデン）

スウェーデン西部、ノルウェー国境にある県。この地には紀元前から人が住み、1050 年頃に彫られた有名なルーン石碑が現存する。1645 年にスウェーデンに割譲されるまで、*デンマーク（Denmark）領ノルウェーの一部だった。

イエメン[1] Yemen［イエメン人民民主共和国 People's Democratic Republic of Yemen］［旧名：Southern Yemen 南イエメン］

*アラビア半島（Arabian Peninsula）南部にあった以前の共和国。北を*サウジアラビア（Saudi Arabia）、東を*オマーン（Oman）、南

をアデン湾、西を＊イエメンアラブ共和国（Yemen Arab Republic）に接していた。1967年に建設され、首都は＊アデン（Aden）、行政的首都はマディーナトアッシャウブにあった。1937年4月1日に周辺国との条約によりイギリスの保護領となる。1963年1月18日にアーデンが＊南アラビア連邦（South Arabia, Federation of）に加わり、1967年11月30日に南イエメンとして独立、1970年にイエメン人民民主共和国に改称。

1972年、北イエメンとの間で武力衝突があったが、合意が成立し紛争が解決したあとに統合の動きが始まった。しかし統合は行なわれず、1969年から指導評議会議長を務め、合併に尽力していたサリム・ルバイ・アリが、1978年に失脚し処刑される。後継者のアブドゥル・ファタ・イスマイルは統合に反対した。ソビエト連邦と中東の親ソ連国と親しかったイスマイルは1980年に辞任。1983年に後継者のアリー・ナーセル モハメドが大統領となると、サウジアラビアとオマーンとの関係が改善される。1986年、モハメドは国内の反対派と武力をともなう衝突を起こし、これにより反対派党首数名と前イスマイル大統領は死亡、モハメド本人は北イエメンに亡命。モハメド支持者のほとんどは、後継者ハイダル・アブー・バクル・アル‐アッタース政府から排除された。1989年に再び統合の交渉が始まり、1990年に南北のイエメンは統合、＊サヌア（Sana）を首都とするイエメン共和国となった。

イエメン² Yemen ［イエメンアラブ共和国 Yemen Arab Republic］

＊アラビア半島（Arabian Peninsula）南西部にあった共和国。北をサウジアラビア、東をイエメン（旧イエメン）、西を紅海に接した。首都は＊サヌア（Sana）。古代マーイ

ン王国の中心地だった。前1600年頃に＊エジプト（Egypt）に占領され、その後ローマ人とエチオピア人にそれぞれ征服された。628年にイスラーム教国となりカリフの統治を受ける。16世紀にはトルコ人が支配し、その後ほぼ独立を保っていたが、1819年にエジプトのムハンマド・アリーの手に落ちる。アリーへの激しい抵抗が続き、1913年に＊オスマン帝国（Ottoman Empire）のもとで自治が確立する。第1次大戦後は再び独立し、1934年に国境をめぐる紛争で＊イギリス（United Kingdom）との合意に至る。1962年に君主制が崩壊し、1962～1969年にかけて王党派と共和派の間で内戦が勃発する。それ以降は代々軍指導者が実権を握る。1978年、前大統領のアーマド‐アル・ガシュミ中佐が暗殺されるとアリー・アブドッラー・サーレハ大佐が大統領に指名された。1988年にサーレハ大統領は再選され1990年には統合されたイエメンの大統領となる。

しかし、1993年には南北イエメンの関係に緊張が走る。南部の分離派とイエメンのサヌアを拠点とする政府との間で内戦が勃発。北部が優勢となりサーレハは新連立政府を設立。2000年にアメリカの駆逐艦《コール》がアーデンに停泊中に自爆テロにあい、イギリス大使館が爆撃を受けた。イエメン政府はアメリカ軍の援助を受けてイスラーム過激派と戦ってきた。

イエメンアラブ共和国 Yemen Arab Republic ⇒イエメン² Yemen

イエメン人民民主共和国 People's Democratic Republic of Yemen ⇒イエメン¹ Yemen

イェリザベトグラード Yelizavetgrad ⇒ キロボフラード Kirovohrad

イェリザベトポリ Yelizavetpol ⇒ギャンジャ Gyandzha

イェリング Hjørring（デンマーク）
デンマーク北部、*ユトランド（Jutland）半島北東部、ノーユラン県の工業都市。1243年に都市の勅許を得た。中世の教会が今も複数遺る。

イエール Hyères（フランス）
フランス南東部、バール県の町で保養地。*プロバンス（Provence）地方にあり、*地中海（Mediterranean Sea）に臨む。10世紀に建設され、中世の港として発展した。
　著名なアメリカの作家イーディス・ウォートンが、イエールにあるかつての修道院サン・クレール・ル・シャトーを購入し、1919〜1937年まで冬と春の別荘とした。イエールには、有名な芸術保護者ド・ノアイユ子爵夫妻のために、モダニズム建築家ロベール・マレ・ステバンスが設計したビラ・ノアイユがあり、今は現代美術館となっている。

イェルガバ Jelgava［Yelgava］［独：Mitau ミタウ；ロシア語：Mitava ミタバ］（ラトビア）
ラトビア南部の都市。リエルペ川に臨む。1266年にドイツ騎士団によって築かれ、1561年に*クールラント（Kurland）公国の首都となった。1795年には*ロシア（Russia）に割譲される。第1次世界大戦中にドイツ軍に占領され、1919年10月にはボルシェビキ軍がここに司令部をおいたが、ラトビア・リトアニア連合軍により駆逐された。1920年に独立国家ラトビアの一部となったものの、1940年にはソビエト連邦に奪取され、1941〜1944年まで再び*ドイツ（Germany）に占領された。

イェルシャライム Yerushalayim ⇒エルサレム Jerusalem

イェルバ・ブエナ Yerba Buena ⇒サンフランシスコ[1] San Francisco

イェレニャ・グーラ Jelenia Góra［独：Hirschberg ヒルシュベルク, Hirschberg im Riesengebirge ヒルシュベルク・イム・リーゼンゲビルゲ, Hirschberg in Schlesien ヒルシュベルク・イン・シュレージエン］（ポーランド）
ポーランド南西部、ドルヌィ・シロンスク県西部の都市。*ウロツワフ（Wrocław）の西南西96 kmに位置する。かつては古代スラブ系部族が住み、11世紀に騎士イェルニクにより都市が築かれた。1368年、*ボヘミア（Bohemia）に割譲され、15〜16世紀にかけては繊維産業によって繁栄を遂げた。1618〜1648年まで続いた三十年戦争中に甚大な被害を受け、1741年には*プロイセン（Prussia）の支配下におかれた。1945年、ポツダム会談により、ポーランドに返還された。
⇒シュレジエン Silesia

イエロ Hierro［旧名：Ferro フェロ］（スペイン）
*カナリア諸島（Canary Islands）西端の島。サンタ・クルス・デ・テネリフェ県に属し、スペインの南西の大西洋上、テネリフェ島の西南西125 kmに位置する。古代の地理学者は、この島が世界の西の果てだと信じたため、ここから経度の基点とするなど地図製作者や探検家にとって重要な場所となった。

イエローストーン国立公園とイエローストーン川 Yellowstone National Park and Yellowstone River（合衆国）
*ワイオミング（Wyoming）州北西部と*モンタナ（Montana）州、*アイダホ（Idaho）

州の一部をふくむ 8,992 平方キロメトルにおよぶ公園。温泉、間欠泉、火口、泥間欠泉、溶岩層、石化林などを有し、世界に名を馳せる地質学上興味深い土地。最も知られている間欠泉《オールドフェイスフル》は 1 時間に 1 度ほど定期的に噴出する。全長 1,074km のイエローストーン川はワイオミング州北西部に源を発しイエローストーン湖を経て公園内を北に流れたあと、東、北東と流れノースダコタ州との堺附近でミズーリ川に合流する。それとは別に 366m の深さのグランドキャニオンを突っ切るイエローストーン公園内の流れもある。公園を流れるイエローストーン川の河口近くには《ロッシュ・ジョーヌ（黄色い岩）》という岩があり、これを英訳して川の名がつけられた。さらにこの川の名が公園の名ともなった。現在は公園となっているが、もともとは西部の広範囲を探検していた、罠や銃を用いて猟をする山男ジョン・コルターが、1807 年にヨーロッパ人として初めて立ち入ったといわれている。同年にコルターとインディアンの罠猟師マニュエル・リサが、現在の南モンタナにあたるビッグホーン河口に初めての交易所を築いた。

その前年にルイス・クラーク探検隊のウィリアム・クラークがイエローストーン川を初めて調査している。探検隊は 1803 年から、*ルイジアナ購入地（Louisiana Purchase）の横断を始めていた。クラークは太平洋岸からの帰途にいくつかの川を下っている。しかしイエローストーン周辺の科学的研究への着手は 1870 年代になってからのことで、兵士であり古生物学者だったフェルディナンド・バンデバー・ヘイデンが中心となって始めた。ヘイデンは 1867 年から 12 年かけて西部を調査した。この研究が世に知られるようになったことが大きく寄与し、1872 年に公園

設立が実現。合衆国内で最初のそして最大の国立公園である。

イエローナイフ Yellowknife（カナダ）

*ノースウエスト・テリトリーズ[1]（Northwest Territories）南西部にある州都。*グレート・スレーブ湖（Great Slave Lake）の北岸に位置する。金が発見される以前の 1935 年に町が建設された。1944 年に別な場所で金鉱が発見されたため町は移動した。1967 年からノースウエスト・テリトリーズの州都であり、広大な地域の交通、商業、政治の中心として機能している。

イエロー・バンクス Yellow Banks ⇒オーウェンズバラ Owensboro

イエンアン〔延安〕Yenan［Fuxi フシ〔膚施〕, Yenan イエンアン］（中国）

中国中部の北東にある*シャンシー〔陝西〕（Shaanxi）省北部の町。黄河支流の南岸に位置する。日中戦争中の 1938 年、共産党八路軍の拠点となった。共産党はシャンシー〔陝西〕、*カンスー〔甘粛〕（Gansu）省、*ニンシア〔寧夏〕（Ningsia）ホイ〔回〕族自治区の約 150 万人を支配していた。第 2 次世界大戦に続く国共内戦中もイエンアンは共産党の本拠地であったが、1947 年 3 月 19 日に国民党に占領され、1948 年 4 月には共産党が奪還、統治したが、1949 年 1 月には最終的に*ペイチン（ペキン）〔北京〕（Beijing）が支配した。共産党を率いる毛沢東が長征を敢行したときの最終地として知られる。過去の指導者の住居が残り、毛沢東本人と、この地における共産党の活動を今に伝える博物館がある。現在は聖地化され、宋朝（960 ～ 1279）に建立された九重の仏塔（パゴダ）が革命の記念碑とされている。

イェンシェーピング Jönköping（スウェーデン）

スウェーデン南部の都市。イェンシェーピング県の県都で、ベッテルン湖の南端に位置する。1284 年、国王マグヌス 1 世から勅許状を与えられる。16 世紀後半のスウェーデン・*デンマーク（Denmark）間の戦争により甚大な被害を受けた。デンマーク軍の略奪を阻止するため住民が町を焼き払ったことから、1620 年に国王グスタフ 2 世より特別な地位を与えられた。有益な発明品である安全マッチは、1845 年頃にここで初めて開発され、現在も生産され続けている。

イエンタイ〔煙台〕Yantai ［チーフー〔芝罘〕Chefoo/Chifu］［旧名：Yen-t'ai イエンタイ］（中国）

*シャントン〔山東〕（Shandong）省北岸の港湾都市。*チンタオ〔青島〕（Qingdao）の北東 179km に位置する。1860 年にイギリス軍とフランス軍に占領された。1863 年には条約港とされた。1876 年にはこの地での協議のあとに芝罘条約が結ばれた。これにより中国は貿易港の数を増やし、在中外国人の扱いを改善することとなった。

イオアニナ Ioánnina ［Yannina］［セルビア語：Janina ヤニナ］（ギリシア）

ギリシア北西部、イオアニナ県の県都。*エペイロス（Epirus）地方北部にあり、*ラリサ（Lárisa）の西 144 km に位置する。先史時代から人が居住し、西暦 527 年に皇帝ユスティニアヌスによって町が建設され、11 世紀には要所となった。1082 年にノルマン人に征服され、1204 年のラテン人（第 4 回十字軍）による*ビザンツ帝国（Byzantine Empire）占領後、コンスタンティノープルやペロポネソス半島からの難民の避難地

として、イオアニナの重要性は大いに高まった。1318 年、ビザンツ帝国がこの地を奪回するも、1345 年にセルビア王ステファン・ドゥシャンに征服され、1431 年には*オスマン帝国（Ottoman Empire）領となった。1788 〜 1822 年にかけて、「ヤニナの獅子」と称されるアリー・パシャの本拠地として有名になる。アリー・パシャはイギリスと同盟を結び、トルコに対する反乱を主導したが、本拠地のイオアニナを包囲されて捉えられ、ここで処刑された。1878 年のベルリン会議でイオアニナはギリシアの領土とされるが、実際にギリシア軍がここを掌握したのは 1913 年だった。

硫黄島 Iwo Jima ［中硫黄 Naka Iwo］［旧名：Sulphur Island サルファー・アイランド］（日本）

2007 年から正式の読みは「いおうとう」となる。太平洋上の島。*東京（Tokyo）の南東 1,220 km に位置する。*硫黄列島（Volcano Islands）最大の島で、航空基地があったため、第 2 次世界大戦中は戦略上極めて重要な場所となった。1945 年 2 月 19 日〜 3 月 15 日まで続いた硫黄島をめぐる戦いは、アメリカ史上最も凄惨な会戦となった。戦後はアメリカの管轄下におかれ、1968 年に日本に返還された。

硫黄列島 Volcano Islands ［日本語：Iwo Retto 硫黄列島, Kazan-Retto 火山列島］（日本）

西太平洋にある三つの島からなる諸島。小笠原諸島の南南西に位置し、北硫黄島、硫黄島、南硫黄島の 3 島からなる。1887 年に漁師と硫黄鉱山の労働者が入植した。1891 年に日本が管轄地とする。面積が最大の*硫黄島（Iwo Jima）は第 2 次世界大戦中日本軍の航空基地となり、激戦の末 1945 年に*アメリカ（USA）に占領された。1968 年に日本に返還されるまでは合衆国

イカリアト　159

の管理下にあった。

イオニア Ionia （ギリシア、トルコ）

*小アジア（Asia Minor）における古代の地方。現在のトルコ西部海岸地帯と、ギリシアの*エーゲ海（Aegean Sea）諸島の一部を領域とした。前1000年以前にギリシアの植民地となったのち、前8世紀〜前7世紀に最盛期を迎え、古代ギリシア、とくに*アテネ（Athens）の文化の発展に大いに寄与した。前7世紀、*リュディア（Lydia）の王ギュゲスに侵略され、前6世紀に*ペルシア[1]（Persia）のキュロス大王の支配下におかれるが、前5世紀にはペルシアに対して反乱を起こす。前4世紀にアレクサンドロス大王の帝国の一部となり、紀元15世紀にトルコ軍に征服されるまで、繁栄を続けた。

イオニア諸島 Ionian Islands ［古代：Heptanesus ヘプタネソス］（ギリシア）

七つの島からなるイオニア海の諸島。ギリシアの西岸および南岸沖に位置する。島の名はそれぞれ、*コルフ（Corfu）、パクシ、*レフカス（Levkaś）、*イタキ〔イタケー〕（Ithaca）、*ケファリニア（Cephalonia）、*ザキントス（Zacynthus）、*キュテラ〔キシラ〕島（Cythera）。9世紀に*ビザンツ帝国（Byzantine Empire）の属州となった。14世紀および15世紀には*ベネツィア（Venice）領となり、1797年に*フランス（France）の統治下に置かれた。1800年には*ロシア（Russia）の下で共和国となり、1815年からイギリス保護領とされて、1864年にギリシアの領土となった。

イオノポリス Ionopolis ⇒イネボル Inebolu

イオル Iol ⇒シェルシェル Cherchell

イオルコス Iolcus （ギリシア）

*テッサリア（Thessaly）地方南東部にある古代都市の廃墟。マグニシア県、*ボロス（Volos）附近に存在する。伝説ではイアソンの生誕地とされ、アルゴ号航海者が金の羊毛を求めて出航した港だといわれる。

イカ Ica （ペルー）

ペルー中南部、イカ県の県都。*リマ（Lima）の南東275kmに位置し、イカ川に臨む。1563年にスペイン軍によって建設されたのち、2度にわたり地震で市街が損壊した。イカはペルーに存在した古代チンチャ帝国の考古学名でもある。

渭河 ⇒ウェイ〔渭〕河 Wei （中国）

威海衛 Wei-Hai-Wei ［威海 Wei-Hai, Weihaiwei］（中国）

ポー〔渤〕海湾に臨む海港。中国北東部、*シャントン〔山東〕（Shandong）省北東部に位置する。日清戦争中の1895年、この海港沖で日本軍が中国海軍を破り、1895〜1898年まで町を占領した。1898〜1930年までイギリスが租借し、主要港兼海軍基地として開発を進めた。第2次世界大戦中、再び日本軍に占領される。

イガブルム Igabrum ⇒カブラ Cabra

イカリア島 Ikaria ［Kariot, Nicaria, Nikaria］［古代：Icaria］（ギリシア）

*エーゲ海（Aegean Sea）にある*スポラデス（Sporades）諸島の島。*サモス（Samos）島の西南西21kmに位置する。ギリシア神話によれば、発明家のダイダロスが*クレタ島（Crete）のミノス王から逃れるため、自分自身と息子イカロスのために蝋と鳥の羽で翼を作ったが、イカロスは高く飛びすぎて太陽に近づいたために翼の蝋が

溶け、この島のそばの海に墜落したとされる。

イガリク Igaliko [古代スカンジナビア語：Garðar ガーダー]（グリーンランド）

グリーンランド南西部の村。カコトック（旧名ユリアネホーブ）の北東 40 km に位置する。西暦 985 年頃、赤毛のエイリークが入植を開始した。10 世紀に古代スカンジナビア人のガーダー・シング（民会）が置かれる。1126 年にはグリーンランド司教座が置かれた。

壱岐 Iki（日本）

*九州（Kyūshū）北西岸沖、*対馬（Tsushima）海峡にある長崎県の島。*朝鮮（Korea）と九州を結ぶ航路上にあったため、13 世紀に日本侵略を試みたモンゴル軍に占領されたが、この侵攻は失敗に終わった。

⇒モンゴル帝国 Mongol Empires

イキケ Iquique（チリ）

チリ北部、太平洋に臨む港湾都市。*バルパライソ（Valparaíso）の北 1,312 km に位置する。16 世紀に築かれ、1879 年の太平洋戦争においてチリが*ペルー[2]（Peru）から奪取した。1883 年 10 月 23 日に調印された*アンコン（Ancón）条約により、正式にチリに譲渡された。

イキトス Iquitos（ペルー）

ペルー北東部、ロレート県の県都であり、河港都市。*リマ（Lima）の北北東 1,030 km に位置し、*アマゾン川（Amazon River）に臨む。1863 年にペルー人がここに開拓地を建設し、19 世紀後半の天然ゴムブームにより、重要な港となった。1912 ～ 1958 年にかけて経済は減退するが、その後回復を続けている。世界でも内陸最深部にある主要な河港。

イギリウム Igilium ⇒ジリオ島 Giglio

イギリス United Kingdom [正式名称：United Kingdom of Great Britain and Northern Island グレート・ブリテンおよび北アイルランド連合王国]

ヨーロッパ北西部の島国。*イングランド（England）、*ウェールズ（Wales）、*スコットランド（Scotland）、*マン島（Man, Isle of）、*チャネル諸島[1]（Channel Islands）、*北アイルランド（Ireland, Northern）からなる王国。

イギリスの起源は 10 世紀初期、アングロ・サクソンの王エセルスタンの時代にさかのぼる。エセルスタンは近隣に濫立するケルト人の諸王国を初めて支配下に置いて統治した。その後、散在していた王国が数世紀にわたって統合を繰り返し、イングランドの統治下に入る。ウェールズはブリテン島南西部のケルト人の王国の集まりだったが、1536 年と 1542 年に「連合法」により正式にイングランドに編入された。スコットランドは 1603 年以来、イングランド王の統治下に置かれていたが、1707 年にイングランド、ウェールズと合併してグレート・ブリテン連合王国を組織した。さらに、1600 年代からイングランドに支配されていたアイルランドは 1800 年の「連合法」によってイギリスの一部となり「グレート・ブリテンおよびアイルランド連合王国」となるが、1922 年にアイルランドは自治領として分離したのち独立して共和国となり、アイルランドの北部 6 州は北アイルランドとしてイギリスに留まった。

しかし、北アイルランドでは少数派のカトリックの住民がイギリスからの分離を求め、プロテスタントでイギリスとの統合継続を支持する住民と激しい対立をし、1960 年代～ 1980 年代まではアイルランド共和国軍（IRA）によるテロが続いた。

1993 年にイギリスとアイルランドの間で和平共同宣言が出されてからは、いわゆる「北アイルランド紛争」が沈静化した。⇒アイルランド Ireland, イングランド England, グレート・ブリテン島 Great Britain

イギリス海峡 English Channel [The Channel]

[仏：La Manche ラ・マンシュ；ラテン語：Oceanus Britannicus オケアヌス・ブリタニクス] *イングランド（England）の南岸と*フランス（France）の北岸を隔てる大西洋の海峡。ブリテン島とヨーロッパ大陸の間にあって、相互に行き来するための径路であるとともに侵攻しようとするものには障碍ともなってきた。前 55 年と西暦 43 年にはローマの侵略軍が海峡をわたり、1066 年にはウィリアム征服王がわたった。《百年戦争》と 16 世紀の紛争の際には、イングランドがフランスに侵攻するための径路となった。19 世紀のナポレオンと 20 世紀のヒトラーは、ともにフランス北部に艦隊を終結してブリテン島への侵攻を企てたが、イギリス海峡は無敵の防御壁となった。また、1588 年のスペイン艦隊の敗北、1940 年の*ダンケルク（Dunkirk）の撤退、第 2 次世界大戦中の 1944 年の*ノルマンディー（Normandy）上陸など数多くの重要な出来事の舞台となってきた。1994 年、海峡トンネルが完成し、フランスとイングランドが鉄道によって結ばれた。

イギリス中央アフリカ保護領 British Central Africa Protectorate ⇒マラウイ Malawi

イギリス帝国〔大英帝国〕British Empire

イギリスと様々な形で結びついている世界中の植民地・領土の総称。20 世紀初頭の全盛期には史上最大の帝国を誇っていて、全世界の陸地面積の 4 分の 1、全人口の 4 分の 1 を占めていた。その当時の言葉にあるとおり、イギリス帝国に日の沈むことはなかった。15 世紀の末に始まる《発見の時代》には、ヨーロッパ諸国は世界の各地で植民地を広げていった。イングランドもその動きに乗り遅れないように、16 世紀には東インド会社のような特許を与えた会社を組織し、それぞれの地域で商売を独占できるように画策した。17 世紀、北アメリカ大陸と*西インド諸島（West Indies）に植民地の建設が始まり、アフリカには黒人奴隷を調達するための出先機関が設置された。海外植民地の経済的価値が高まると、イングランドは航海条例を発令して、商品は必ずイングランドを通して船で発送させ、競合相手の国との貿易は禁止させた。植民地を犠牲にしてでも本国の利益を優先させようとしたのである。

18 世紀、*フランス（France）との戦いに勝って、帝国はさらに拡大路線を走った。1713 年、*ユトレヒト（Utrecht）条約によりスペイン継承戦争が終結し、フランスの領土拡張が阻止され、フランスは*ハドソン湾（Hudson Bay）地方、*アカディア（Acadia）、セント・キッツ、*ニューファンドランド（Newfoundland）をイギリスに割譲した。1763 年のパリ条約では、《七年戦争》を終結させ、フランスは*カナダ（Canada）を手放し、イギリスに*インド（India）の領有権を認めた。しかし、イギリス帝国のこの最初の全盛時代は 1775 年に終わり、カナダを除く北アメリカの植民地は航海条例に反撥し、1783 年には自由を勝ち得る。ほぼ同時に、太平洋地域での探検によってイギリス帝国には雑多な島々とともに*オーストラリア（Australia）と*ニュージーランド（New Zealand）が加わった。19 世紀初頭のナポレオン戦争に勝って、

さらに*モーリシャス（Mauritius）、*セイロン（Ceylon）、*マルタ（Malta）を植民地に加えた。イギリスで世界に先駆けて18世紀に始まった産業革命によって、製品を売る市場と原料の調達先として植民地が必要になるという事情もあった。

1857年の《インド大反乱》は鎮圧に成功したとはいえ、イギリス政府はインドの統治に全責任を負わなければならなくなり、勅許による貿易会社の終焉へとつながった。1867年の《イギリス領北アメリカ法》もイギリス帝国の発展の中で、大きな事件となった。この法律により、カナダは大きな自治権を持った領土となり、将来のイギリス帝国には一つの模範となった。1887年に始まった自治領の代表者らが集まる協議会により、本国政府と自治領の関係が強固になった。19世紀末、アフリカに目を向けた新たな帝国主義の波がヨーロッパを席捲した。その結果、イギリスは*エジプト（Egypt）、*ゴールドコースト〔黄金海岸〕（Gold Coast）、*ナイジェリア（Nigeria）、*ローデシア（Rhodesia）、*南アフリカ（South Africa）などさらに植民地を拡大し、アジアでは*マレー半島（Malaya Peninsula）と*ビルマ（Burma）が加わった。第1次世界大戦での勝利により、国際連盟がドイツ領の植民地などを管理するために委任統治の方式を認めたために、さらに植民地が拡大した。イギリスはアフリカの旧ドイツ領を数カ所とさらに*パレスチナ（Palestine）、*イラク（Iraq）、*トランスヨルダン（Transjordan）を委任自治領として支配した。

しかし、1920年代と1930年代には自治領と植民地で独立とさらなる自治権を求める運動が活発になった。その一つの結果として、1931年のウェストミンスター憲章の成立があり、これによって自治領

の完全な独立が認められ、イギリス国王への忠誠心のみで結びついている*イギリス連邦（Commonwealth of Nations）が誕生。第2次世界大戦を契機にとくにアジア・アフリカを中心に独立を求める動きが大きくなり、無視できなくなった。インドと*パキスタン（Pakistani）に分かれていたインドの副王領が1947年に独立。その後、*ケニヤ（Kenya）、*ベリーズ[2]（Belize）、ローデシア〔現在の*ジンバブエ（Zimbabwe）〕、ナイジェリアなどがあとに続いた。現在はイギリス帝国は存在せず、海外のイギリス領は*ジブラルタル（Gibraltar）、*フォークランド諸島（Falkland Islands）、*バミューダ（Bermuda）のほか、*カリブ海（Caribbean Sea）・太平洋・大西洋・インド洋の島々だけになってしまった。

イギリス領インド洋植民地 British Indian Ocean Territory（イギリス）

インドの南端から南に1,600kmほどのインド洋上のイギリス領の島群。1965年よりイギリス領となったチャゴス諸島〔かつては*モーリシャス（Mauritius）の一部だった〕と*セーシェル（Seychelles）の一部だったアルダブラ諸島・ファーカー諸島・デローシュ島からなる。1976年、セーシェルが独立すると各諸島は返還され、現在はチャゴス諸島のみがイギリス領。主島は16世紀初期にポルトガルの航海者に発見された*ディエゴ・ガルシア（Diego Garcia）。1972年、コプラ栽培場で働く労働者からなるディエゴ・ガルシア島の短期滞在者が排除され、島はイギリスとアメリカの防衛情報施設の拠点となっている。

イギリス領ギアナ British Guiana ⇒ガイアナ Guyana

イギリス領北ボルネオ British North Borneo
⇒サバ[2] Sabah

イギリス領ソマリランド British Somaliland
⇒ソマリア Somalia

イギリス領トーゴランド British Togoland ⇒
トーゴランド Togoland

イギリス領南極地域 British Antarctic
Territories ⇒グレアム・ランド Graham
Land, サウス・シェトランド諸島 South
Shetland Islands

イギリス領西インド諸島 British West Indies
⇒西インド諸島 West Indies

イギリス領ニューギニア British New Guinea
⇒ニューギニア New Guinea

イギリス領東アフリカ British East Africa ⇒
ウガンダ Uganda, ケニア Kenya, ザンジバ
ル Zanzibar, タンガニーカ Tanganyika

イギリス領ベチュアナランド British
Bechuanaland ⇒ボツワナ Botswana

イギリス領ホンジュラス British Honduras ⇒
ベリーズ Belize

イギリス連邦 Commonwealth, The [Common-
wealth of Nations, British Commonwealth, British
Commonwealth of Nations]
独立国とイギリスの保護領が自発的に形
成する連合体で、外務をイギリスに管理
されている「連合国」も含む。*イギリス
帝国〔大英帝国〕(British Empire) が母体と
なって成立した連合で、構成国は全世界
に及ぶ。イギリス連邦は1931年にイギリ
ス議会で制定されたウェストミンスター

憲章によって成立。この条例によってイ
ギリス帝国〔大英帝国〕の属領が自治権
を正式に認められ、連邦はイギリス国王
への忠誠心によってのみ結ばれている自
由な連合体であることが明記された。ま
た自治領の議会はイギリス議会と対等の
関係になった。条例は1887年に初めて開
催され、当初は植民会議と呼ばれた帝
国会議の一連の条例をある程度は引き継
ぐものとなった。第1次世界大戦により、
帝国内での自主性はさらに高まり、第2
次世界大戦で決定的となった。連邦の構
成国は定期的に集まって協議をし、イギ
リスが今も中心的な役割を果たしている
が、強制することはない。経済的な協力
体制と貿易協定が重視されている。
　イギリス連邦を構成する54カ国は以下
の通り。*アンティグア (Antigua)、バー
ブーダ、*オーストラリア (Australia)、*バ
ハマ諸島 (Bahamas)、*バングラデシュ
(Bangladesh)、*バルバドス (Barbados)、*ベリ
ーズ[2] (Belize)、*ブルネイ (Brunei)、*ボツ
ワナ (Botswana)、*カメルーン (Cameroon)、*カ
ナダ (Canada)、*キプロス (Cyprus)、*ドミ
ニカ (Dominica)、*フィジー (Fiji)、*ガン
ビア (Gambia)、*ガーナ (Ghana)、*グレナ
ダ (Grenada)、*ガイアナ (Guyana)、*イン
ド (India)、*ジャマイカ[1] (Jamaica)、*ケニ
ヤ (Kenya)、*キリバス (Kiribati)、*レソト
(Losotho)、*マラウイ (Malawi)、*マレーシ
ア (Malaysia)、*モルディブ (Maldives)、*マ
ルタ (Malta)、*モーリシャス (Mauritius)、*モ
ザンビーク[2] (Mozambique)、*ナミビア
(Namibia)、*ナウル (Nauru)、*ニュージ
ーランド (New Zealand)、*ナイジェリア
(Nigeria)、*パキスタン (Pakistan)、*パプア
ニューギニア (Papua New Guinea)、*セント・
キッツ・ネビス (Saint Kitts and Nevis)、*セ
ント・ルシア (Saint Lucia)、*セント・ビン
セント・グレナディーン (Saint Vincent and

the Grenadines)、＊サモア（Samoa）、＊セーシェル（Seychelles）、＊シエラレオネ（Sierra Leone）、＊シンガポール（Singapore）、＊ソロモン諸島（Solomon Islands)、＊南アフリカ（South Africa）、＊スリランカ（Sri Lanka）、＊スワジランド（Swaziland)、＊タンザニア（Tanzania）、＊トンガ（Tonga）、＊トリニダード・トバゴ（Trinidad and Tobago）、＊ツバル（Tuvalu）、＊ウガンダ（Uganda）、＊イギリス（United Kingdom）、＊バヌアツ（Vanuatu）、＊ザンビア（Zambia）。1961 年、南アフリカ共和国が連邦を脱退し、1994 年に再加入したが、クーデター後、1999 年からは協議会には参加していない。＊ジンバブエ（Zimbabwe）は 2003 年に脱退。フィジーは 1987 ～ 1997 年まで中断し、さらにクーデターにより 2000 ～ 2001 年にも参加できなかった。

イギルギリ Igilgili ⇒ジジェル Jijel

イグアラ Iguala（メキシコ）
メキシコ南部、＊ゲレロ（Guerrero）州北部の都市。正式名はイグアラ・デ・ラ・インデペンデンシア。＊クエルナバカ（Cuernavaca）の南南西 80 km に位置する。1821 年 2 月 24 日にアグスティン・デ・イトゥルビデが、ここでイグアラ憲章を宣言した。人種間の平等や＊スペイン（Spain）からの完全な独立を保障し、ローマカトリックをメキシコ唯一の宗教とする宣言だったが、イトゥルデの皇帝即位後、破棄された。

イグウィウム Iguvium ⇒グッビオ Gubbio

イクニールド街道 Icknield Way（イングランド）
＊イースト・アングリア（East Anglia）から南西に伸び、＊ストーンヘンジ（Stonehenge）を通って＊イギリス海峡（English Channel）まで続く古代の道。有史以前からの要路。街道沿いでは様々な時代の遺跡が発見されている。

イグラウ Iglau ⇒イフラバ Jihlava

イクル Ukkel［Uccle］（ベルギー）
＊ブリュッセル（Brussels）の南の郊外。その起源を 12 世紀にさかのぼる町で、ベルギー王立天文台がある。

イーグルパス Eagle Pass（合衆国）
＊テキサス（Texas）州南西部の都市。＊リオグランデ（Rio Grande）に臨む。＊デル・リオ（Del Rio）の南南東 83km、メキシコとの国境に位置する。カリフォルニア州のゴールドラッシュの際に守備隊駐屯都市として建設されたのが始まり。メキシコでパンチョ・ビヤの革命が起こると、附近のフォート・ダンカンにアメリカ陸軍の基地が置かれた。

イーグル・ロック Eagle Rock ⇒ アイダホ・フォールズ Idaho Falls

イグレシアス Iglesias（イタリア）
＊サルディニア（Sardinia）島南西部、カリアリ県の町。＊カリアリ（Cagliari）の西北西 51 km に位置する。亜鉛・銅・銀の鉱山地域の中心にある。1288 年建設の大聖堂と 15 世紀の聖フランチェスコ教会がある。中世には＊ピサ [2]（Pisa）の統治下にあった。

イクレスマ Iculisma ⇒ アングレーム Angoulême

イコシウム Icosium ⇒ アルジェ Algiers

イコニウム Iconium ⇒コニヤ Konya

イーコルムキル Icolmkill ⇒**アイオナ島 Iona**

イサウリア Isauria（トルコ）
古代*小アジア (Asia Minor) 南部の地域。*タウルス〔トロス〕山脈 (Taurus Mountains) の北、*ピシディア (Pisidia) と*キリキア (Cilicia) の間に位置する。古代には略奪を好む勇猛な部族が住み、前76〜前75年にかけての*ローマ (Rome) 帝国の征服は、この地域のごく一部にしか及ばなかった。皇帝レオ3世（680頃〜741）をはじめイサウリア朝の諸皇帝など、*ビザンツ帝国 (Byzantine Empire) を司る人物を輩出した地域ながら、完全に平定されたのは、セルジューク・トルコに占領された11世紀のことである。

イサカ Ithaca（合衆国）
*ニューヨーク (New York) 州中南部の都市。*エルマイラ (Elmira) の北東46km、カユーガ湖に臨む。1789年に定住が始まり、教育の拠点として重要になった。1865年にはコーネル大学が、また1892年にはイサカ大学が創立された。

イサバル湖 Izabal, Lake [Yzabal] 〔旧名：Golfo Dulce〕（グアテマラ）
グアテマラ北東部の湖。同国最大の湖でサンタ・クルス山脈とラミナス山脈の間の低地に位置する。コロンブス到来以前はアメリカ文明の中心地であり、植民地時代は交易の要所だった。南岸にあるイサバル港は、17世紀を通してイングランド海賊とオランダ海賊の襲撃を受けた。

イサベラ¹ Isabela（ドミニカ共和国）
*イスパニオラ (Hispaniola) 島北部、イサベラ岬附近にある廃墟の町。スペインが新大陸に築いた最初の入植地の一つで、1495年頃クリストファー・コロンブスが建設したといわれる。

イサベラ² Isabela（フィリピン）
*ルソン (Luzon) 島北東部の州。州都はイラガン。17世紀にキリスト教宣教の拠点となり、1763年および1785年に先住民の反乱の舞台となった。1901年8月、文官政府の統治下に入る。

イサベル Isabel ⇒**サンタ・イサベル Santa Isabel**

イサマル Izamal（メキシコ）
*ユカタン (Yucatán) 州の町。*メリダ¹ (Mérida) の東61kmに位置する。*チチェン・イツァ (Chichén Itzá) 遺跡以前に築かれたとされる古代マヤ族の町で、原初神イツァムナーが祀られていた。イサマルには多くの遺跡が遺る。現存する16世紀のキリスト教建築は古代マヤ神殿跡に建てられたもの。

イーザーローン Iserlohn（ドイツ）
ドイツ西部*ノルト・ライン-ウェストファーレン (North Rhine–Westphalia) 州の都市。*ドルトムント (Dortmund) の南東20kmに位置する。13世紀に初めて文献に登場し1237年に都市権を与えられる。中世には甲冑製造の重要な拠点だった。1712年、火事で市街の大部分が消失。19世紀までは*ウェストファリア (Westphalia) で最大の都市だった。

イサンドルワナ Isandhlwana（南アフリカ）
*クワズールー-ナタール (KwaZulu-Natal) 州、ズールーランドの村。*ダンディー² (Dundee) の東南東48kmに位置する。ズールー戦争中の1879年、セテワヨ率いるズールー軍がここでイギリス軍を殲滅した。*フランス (France) 皇帝ナポレン3世

の息子ナポレオン・ウジェーヌ・ルイ・ボナパルトは、1879年6月1日、イギリス軍兵士として任務遂行中、ズールー軍の奇襲に遭い、この附近で戦死した。

イジェブ - オデ Ijebu-Ode（ナイジェリア）
ナイジェリア南西部の町。*ラゴス[1]（Lagos）の北東72kmに位置する。15世紀に興されたヨルバ族系のイジェブ - オデ族の王国の首都で、ヨーロッパ諸国とは友好的な関係にあったが、1892年にイギリスがこの町を占領し、ヨルバ族の内戦中、実効支配した。

イジェフスク Izhevsk（ロシア）
ロシアに属するウドムルト自治共和国の首都。*カザン（Kazan）の東北東280kmに位置する。1760年に築かれ、ウラル地方における冶金産業の初期の中心地となった。18世紀の半ばには兵器工場が設立された。

イシオン Yithion ⇒ ギュテイオン Gytheion

イシク - クル Issyk-Kul［Issiq Köl］（キルギス）
キルギスのアラタウ山脈にある湖。世界最大の山上湖で、前2世紀には湖岸に遊牧民族の月氏、烏孫が居住していた。のちにカラ・*キルギス（Kyrgyz）人がこの地域に移住する。14世紀にはネストリウス派のキリスト教徒により、湖の北岸に修道院が創建された。1864年に*ロシア（Russia）領となった。

イシニー - シュル - メール Isigny-Sur-Mer
［Isigny］（フランス）
カルバドス県の村。*ノルマンディー（Normandy）地方にある*バイユー（Bayeux）の西に位置する。第2次世界大戦中の1994年6月6日に開始されたノルマンディー上陸作戦において、アメリカ軍がこの村をドイツ軍から奪取し、6月10日まで占領した。

イシャン・バフリーヤート Ishan Bahriyat ⇒ イシン Isin

イシュコドラ İşkodra ⇒ シュコデル Shkodër

イシュトブ Ishtob ⇒ シュティプ Štip

イシュル Ischl ⇒ バート・イシュル Bad Ischl

イシン Isin［Issin］［アラビア語：Ishan Bahriyat イシャン・バフリーヤート］（イラク）
*メソポタミア（Mesopotamia）南部の古代都市。ヒーラの南東96km、*チグリス川（Tigris River）と*ユーフラテス川（Euphrates River）の間に位置する。古代*バビロニア（Babylonia）地方に存在したセム人の王国で、前2025年頃～前1765年頃に最盛期を迎えた。その後、*ラルサ（Larsa）に支配された。

イース Īs ⇒ ヒート Hīt

イスカ・シルルヌム Isca Silurnum ⇒ カーリオン Caerleon

イスカ・ドゥムノニオルム Isca Damnoniorum ⇒ エクセター[1] Exeter（イングランド）

イスキア Ischia［ギリシア語：Pithecusae ピテクザエ；伊：Isola d'Ischia イゾラ・デ・イスキア；ラテン語：Aenaria アエナリア；中世：Iscla イスクラ］（イタリア）
イタリア南部ティレニア海の島。ナポリ湾とガエタ湾の間に位置し、*カンパニア（Campania）州ナポリ県に属する。前8世紀にギリシア人が入植し、イタリアにおけ

る最初のギリシア植民地となった。前474年、ヒエロン率いる*シラクサ（Syracuse）軍に征服され、前450年に*ナポリ（Naples）軍に、前326年には*ローマ（Rome）軍に攻略された。その後、西暦813年および947年にはサラセン人に、1135年にピサ軍により占領される。12世紀には*神聖ローマ帝国（Holy Roman Empire）の領土となり、13世紀にはナポリ王国の一部となった。16世紀以降、断続的に海軍基地とされてきたが、火山の噴火と地震により数回放棄された。最近の深刻な被害は1883年。発掘により、最初の植民地の遺跡が姿を現わしつつある。

イスキンディレッヤ Iskindireyya ⇒**アレクサンドリア¹ Alexandria**（エジプト）

イスクラ Iscla ⇒**イスキア Ischia**

イスケチェ Eskije ⇒**クサンシ Xanthi**

イスケル Isker［コサック語：Siber シビル］（ロシア）
ロシアの廃市。*トボリスク（Tobolsk）の南東に位置した。16世紀初期、タタール系のシビル・ハン国の首都となる。1581年にドン・コサック軍に占領され、ロシアによる*シベリア（Siberia）征服の第一歩となった。1578年にトボリスクが建設されると、居住者を失ったイスケルは荒廃した。

イスケンデルン İskenderun ［Iskenderon］［旧名：Alexandretta アレクサンドレッタ］（トルコ）
トルコ南部ハタイ県の港湾都市。*アンティオキア（Antioch）の北43kmに位置し、*地中海（Mediterranean Sea）の入り江に臨む。*イッソス（Issus）でペルシア軍を破ったアレクサンドロス大王の勝利を記念して、前

333年に現在地の北32kmの位置に築かれた。1515年に*オスマン帝国（Ottoman Empire）の一部となり、現在は、トルコにおける地中海の主要港となっている。
⇒**アレクサンドレッタ Alexandretta, マケドニア王国 Macedon, Empire of**

伊豆七島 Izu-Shichito ［Seven Isles of Izu］（日本）
*本州（Honshū）南東沖、*横浜（Yokohama）の南方に位置する太平洋上の諸島。古くから日本人に存在を知られ、七つの火山島からなる。12世紀以降、流刑地として使われた。

イースタッド Ystad（スウェーデン）
*バルト海（Baltic Sea）に臨むマルメーフース県の港湾都市であり、リゾート地。1799年にグスタフ4世がこの地で*フランス（France）のナポレオン1世に宣戦布告した。専横な君主グスタフはその後、1806～1809年にかけての*ロシア（Russia）との戦争も招き、1809年に退位に追い込まれた。

イースター島 Easter Island［現地：Rapa Nui ラパヌイ, Te Pito o te Henua テピトオテヘヌア；スペイン語：Isla de Pascua パスクア島］（チリ）
チリ領の島で、行政上は*バルパライソ（Valparaíso）州の一部。チリの西3,600kmの南太平洋上に位置する。1722年の復活祭にオランダ人ヤーコプ・ロッヘフェーンが命名した。人口はヨーロッパからの病気とスペインによる奴隷狩りのために1887年には100人程度にまで減少。1888年にチリにより併合。モアイと呼ばれる巨石像で有名。石像は高さが3～12メートルあり、重さが50トンを超えるものもある。

イスタフル Istakhr [スタフル Stakhr] (イラン)

ファールス州の町。*シーラーズ (Shīrāz) の北東48 kmに位置する。主に附近にある*ペルセポリス (Persepolis) の遺跡をもとにして築かれた。西暦226～651年までササン朝の首都とされた。7世紀にはアラブ人の侵攻に抵抗したが、のちにシーラーズの台頭で、その重要性を失った。

イスタラフシャン Istaravshan [旧名：Ura-Tyube ウラ-テュベ] (タジキスタン)

タジキスタン北西部、ホジェンドの西南西64kmの都市。6世紀にはすでに人が居住していたと思われ、この地域でもっとも古い町である。17世紀以降、ウラ-テュベと呼ばれるようになった。1866年にロシア領となる。15世紀のモスクが遺る。

イスーダン Issoudun (フランス)

フランス中部、アンドル県の町。シャトールーの北東29 kmに位置する。中世の要塞。12世紀にフランスの尊厳王フィリップと*イングランド (England) のリチャード獅子心王が、この町の領有権をめぐり争った。

イスタンコイ İstanköy ⇒ コス Kos

イスタンブール Istanbul [古代：Byzantium ビザンティウム；ブルガリア語：Tsarigrad ツァリグラド；古期スカンジナビア語：Miklagard ミクラガルズ；旧名：Constantinople コンスタンティノープル；ロシア語：Tsargrad ツァーリグラード] (トルコ)

トルコ北西部の都市。市域が*ボスポラス (Bosporus) 海峡の両岸にまたがるため、一部はヨーロッパにあり、また一部はアジアにある。通航量の多い港を擁するトルコ最大の都市。1453年、*オスマン帝国 (Ottoman Empire) のスルタン、メフメト2世が*ビザンツ帝国 (Byzantine Empire) の最後の牙城である当時のコンスタンティノープルを占領した。その後この都市はトルコ語の発音イスタンブールの名称で知られるようになるが、これが正式名となったのは1930年だった。この壮麗な都を奪取したオスマン帝国はここを帝国の首都と定めた。スルタンは帝国他地域から新首都への移住を促し、都市の威容を甦らせ、経済と文化の中心地に発展させたが、それまでキリスト教の中枢だった都市はイスラーム世界の中心となった。またブルーモスクや現在トプカピ博物館となっているスルタンの後宮など、すぐれた建築物や記念碑がこの都市に彩を添えた。

その後もイスタンブールは依然としてギリシア正教総主教の本拠地であり続け、総主教はスルタンに仕えるキリスト教徒の臣下の代表者兼統治者となった。そのため総主教はギリシア正教会の莫大な富を管理し、例えば一時期には*ルーマニア (Romania) の領土の8分の7を所有していた。この莫大な富がイスタンブールに流れ込む。さらに、この都市は16世紀に隆盛を極めたオスマン帝国の恩恵を存分に享受することとなった。征服された時8万人だった人口は1550年までに40万人に、1600年までには70万人に増加する。外周24 kmの「オールド・スタンボウル」と呼ばれる中心街には、400を超えるモスクが建造された。ヨーロッパでは「高き門 (the Sublime Porte)」の名で知られ、帝国における行政と軍事の中枢だったこの都市は、毎年のように大艦隊を金角湾の造船所から戦場へと送り出した。市域は旧コンスタンティノープルだけでなく、金角湾対岸のガラタ地区、ボスポラス海峡対岸のスクタリ〔*ウシュキュダ

ル（Üsküdar）〕まで広がった。

　ヨーロッパと中近東の外交の中心地という地位を維持しつつも、イスタンブールは19世紀までに着実に衰退していった。1877年には初のトルコ議会がこの地で開催され、1908年にはオスマン帝国全体の意志を反映した議会を求めて青年トルコ革命が起こる。第1次世界大戦ではオスマン帝国は同盟国に与し、1918年、イスタンブールは連合軍の前に陥落した。戦後帝国は崩壊し、1923年にケマル・アタチュルクがトルコ共和国の建国を宣言し、イスタンブールから*アンカラ（Ankara）へと遷都した。

　イスタンブールは今なお往時の栄華を鮮明に留めており、532～537年にかけてユスティニアヌス帝により建造されたビザンツ建築の傑作、ハギア・ソフィアはその好例である。ハギア・ソフィアは1453年にイスラーム教のモスクとされたが、現在は博物館となっており、モザイク装飾の多くが修復された。ビザンツ時代に多くの政争の舞台となったローマの競馬場、バレンス水道橋、ビザンツ時代に内陸側の防御とされた巨大な城壁などが遺る。過去と同様、現在のイスタンブールも、多国民からなる国際都市である。⇒コンスタンティノープル Constantinople

イスタンブール海峡 Istanbul Boğazi ⇒ボスポラス Bosporus

イースト・アングリア East Anglia（イングランド）

　イングランド東部の古代王国。北はウォッシュ湾から南は*テムズ川 [2]（Thames, River）河口まで広がり、*ケンブリッジシャー（Cambridgeshire）と*エセックス [1]（Essex）の一部、*ノーフォーク [1]（Norfolk）、*サフォーク [1]（Suffolk）からなる。ローマ時代には*サクソン海岸（Saxon Shore, The）の一部をなし、5世紀末にアングル人が住みついた。6世紀末、フェンズ（沼沢地）に守られてアングロ・サクソン七王国の一つとして繁栄した。イングランド南部を支配していたイーストアングリア王レドワルドは*ノーサンブリア（Northumbria）の王位を奪ったが、*マーシア（Mercia）が興隆してくるとイーストアングリアは衰退し始めた。825年、イーストアングリアと*ウェセックス（Wessex）はマーシアに反旗を翻して戦い、その後はイーストアングリアがウェセックスの配下に置かれた。9世紀、デーン人の侵攻を受けて荒廃し、886年に*デーンロー（Danelaw）の一部となり、917年にエドワード王がデーン人を破ってからはイングランド王国の一部となる。

イストゥルギ Isturgi ⇒アンドゥハル Andujar

イーストグランビー East Granby（合衆国）

　*コネティカット（Connecticut）州北部の町。*ハートフォード（Hartford）の北20kmに位置する。アメリカ独立戦争の時に使われ、最初期の州立刑務所となったニューゲート刑務所が近くにある。

イースト・グリンステッド East Grinstead（イングランド）

　ウェスト・*サセックス（Sussex）州の町。*ロンドン（London）の南40kmに位置する。12世紀の市場町で、中世には鉄鋼業の中心地となった。1889年、クイーン・ビクトリア病院が創設され、1939年以来、形成外科が世界的に有名。

イースト・サギノー East Saginaw ⇒サギノー Saginaw

イースト・サセックス Sussex, East ⇒サセックス Sussex

イースト・セント・ルイス East Saint Louis [旧名：Illinoistown]（合衆国）

*イリノイ（Illinois）州南西部の都市。*ミシシッピ川（Mississippi River）に臨み、*セント・ルイス（Saint Louis）の対岸に位置する。渡船場から1812年には村となり、19世紀末には輸送の要地として発展。第1次世界大戦中はアメリカでも深刻な人種間の対立の場となり、1917年7月2日には軍需工場での黒人の雇用に対して白人が反発して暴動を起こし、40人の黒人と8人の白人が死亡する事件となった。

イーストチェルムズフォード East Chelmsford ⇒ローウェル Lowell

イースト・ディアラム East Dereham [ディアラム Dereham]（イングランド）

*ノーフォーク[1]（Norfolk）州の町。*ノリッジ（Norwich）の西26kmに位置する。7世紀の女子修道院があったが、デーン人に破壊された。詩人ウィリアム・クーパー（1731～1800）が1796～1800年までこの町に住んでいた。

イースト・ハンプトン East Hampton [旧名：Maidstone メイドストン]（合衆国）

*ニューヨーク（New York）州南東部、大西洋に臨む*ロング・アイランド（Long Island）の町。モントーク岬の西32kmに位置する。1648年に入植。1664年まで*コネティカット（Connecticut）州の一部だった。『埴生の宿（Home, Sweet Home）』を作詞したジョン・ハワード・ペインはこの町に住んでいた。現在は高級避暑地。

イーストボーン Eastbourne（イングランド）

イングランド南東部、イーストサセックス州南部の海浜リゾート地。*ブライトン（Brighton）の東30km、*イギリス海峡（English Channel）に臨む。ローマ軍占領時代の痕跡が多く遺っている地域。19世紀、ナポレオンの率いるフランス軍の侵攻に備えて要塞化された。19世紀末、第7代デボンシャー公により行楽地として開発された。

イストラ Istra ⇒イストリア Istria

イストリア Istria [イストリア半島 Istrian Peninsula] [セルビア - クロアチア語：Istra イストラ]（イタリア、クロアチア、スロベニア）

主にクロアチアにある半島。クアルネロ湾とトリエステ湾に挟まれ、アドリア海に突出している。*トリエステ（Trieste）や*コペル（Koper）などの都市を擁する半島の北西部はイタリアとスロベニアの領土。もとはイリュリア人部族が住んでいたが、前177年に*ローマ（Rome）の支配下に置かれ、その後7世紀までビザンツ帝国領となる。11世紀にはベネツィア共和国の統治下に置かれ、15世紀には*ベネツィア（Venice）領と*オーストリア（Austria）領とに分割されるが、1797年のカンポ・フォルミオ条約でベネツィアがオーストラリアに併合されたことを受け、イストリア半島もオーストリア領となった。1807年以降、ナポレオンが興したイタリア王国に割譲され、1809年にはイリュリア州に統合され、1815年の*ウィーン（Vienna）会議後に再びオーストリア領となる。第1次世界大戦後、イタリアがイストリア半島を手にするが、半島の大部分を*ユーゴスラビア（Yugoslavia）へ割譲することを強いられた。半島におけるユーゴスラビア領は、1991年のユーゴスラビア分裂にともない、スロベニア領と

クロアチア領に分割された。

イストリア半島 Istrian Peninsula ⇒イストリア Istria

イースト・ロンドン East London [アフリカーンス語：Oos-Londen；旧名：Port Rex ポートレックス]（南アフリカ）

南アフリカ共和国南東部、*東ケープ州（Eastern Cape）南部の港湾都市。*ポート・エリザベス（Port Elizabeth）の東北東240km、インド洋に臨む。1847年、カフィール戦争中にイギリス軍の基地が置かれ、その後、*ケープ植民地（Cape Colony）に併合された。

イスナ Isna [エスナ Esna][ギリシア語：Latapolis ラタポリス]（エジプト）

エジプト中部、キナー県の町。*ナイル川（Nile River）に臨む。プトレマイオス朝の神殿や、10、11世紀に建てられたコプト教会の修道院をはじめ、重要な考古学遺跡がある。

イズニク İznik ⇒ ニカイア² Nicaea（トルコ）

イスパニオラ Hispaniola [旧名：Española エスパニョラ]（ハイチ、ドミニカ共和国）

*キューバ（Cuba）と*プエルトリコ（Puerto Rico）の間に浮かぶ島。ハイチとドミニカ共和国がある。1492年にコロンブスが到達。翌年入植が始まり、スペインの*西インド諸島（West Indies）進出拠点となった。スペイン人により、多数の黒人奴隷がこの島へ移住させられる。島の東半分はサント・ドミンゴの名で知られるようになった。17世紀、この島は海賊（バカニーア）に占拠される。18世紀には分割され、西側がフランス領、東側がスペイン領となった。両国は19世紀初頭まで島の統治権を争うが、1804年、

デサリーヌにより独立国家ハイチが樹立され、1844年にはドミニカ共和国が誕生した。

イスパハーン Ispahan ⇒ エスファハン Eṣfahān

イスファハーン Isfahan ⇒ エスファハン Eṣfahān

イズボニキ Izvornik ⇒ズボルニク Zvornik

イスマイーリーア Ismailia [アラビア語：Al-Ismā‘īliyyah アル - イスマーイーリーヤ]（エジプト）

エジプト北東部、イスマイーリーア県の県都。*ポート・サイド（Port Said）の南72km、スエズ運河のほぼ中央に位置する。1863年、*スエズ運河（Suez Canal）建設のために、フェルディナン・ド・レセップスによって築かれ、現在も運河管理の重要拠点となっている。ハマダラ蚊を退治する科学的なマラリア予防活動は、ここで始まった。第1次世界大戦中の1916年に、連合国軍の司令部が置かれる。1967年には六日戦争（第3次中東戦争）の、1973年にはヨーム・キップール戦争（第4次中東戦争）の舞台となった。

イズマイル Ismail ⇒イズマイール Izmayil

イズマイール Izmayil [ルーマニア語：Ismail イズマイル]（ウクライナ）

ウクライナの都市。*オデッサ（Odessa）の南西192km、*ドナウ川（Danube River）の三角州に位置する。16世紀にトルコ軍の要塞として築かれ、1770年、1790年および1812年には*ロシア（Russia）に占領された。1856 ～ 1878年までと1918 ～ 1940年まで*ルーマニア（Romania）領となるが、

第2次世界大戦後には、最終的にソビエト連邦に割譲される。

イズミット Izmit [Ismid, コジャエリ Kocaeli]

[ギリシア語：Astacus アスタコス；後年：Nicomedia ニコメディア]（トルコ）

トルコ北西部の都市。*イスタンブール（Istanbul）の東南東86 kmに位置し、イズミット湾に臨む。古代*ビチュニア（Bithynia）王国の重要な都市で、アレクサンドロス大王の遠征中、リュシマコス将軍（前360頃〜前281）に破壊されたが、前264年にはビチュニアのニコメデス1世によって再建され、ビチュニアの首都となった。その後、*ローマ帝国（Roman Empire）に併合され、皇帝ディオクレティアヌスにより東方帝国の主要都市とされる。だが間もなくビザンチウム〔*コンスタンティノープル（Constantinople）〕に、その地位を譲ることとなった。西暦268年にはゴート人の侵略を受ける。1999年の地震によって市街は壊滅的な被害を受ける。死者の数は1万7000人に上り、イスタンブール・イズミット間の工業地帯は大きな打撃を受けた。

イズミル İzmir [旧名：Smyrna スミュルナ]（トルコ）

トルコ西部、イズミル県の県都。港湾都市。*ブルサ（Bursa）の南西256 kmに位置し、イズミル湾に臨む。先史時代に定住が始まり、アイオリス人の植民地となり、前1000年頃にイオニア人の植民地とされるが、前627年に*リュディア（Lydia）王国によって破壊された。前4世紀初期には再建され、*小アジア（Asia Minor）で有数の重要都市となり、またキリスト教初期の拠点となった。紀元11世紀にはセルジューク・トルコに侵略され、1204〜1261年まで*ニカイア[2]（Nicaea）帝国の一部となり、15世紀にはモンゴル軍の略奪に遭った。1425年頃*オスマン帝国（Ottoman Empire）領となる。1919年に*ギリシア（Greece）に占領されるが、1922年にはトルコ人の民族主義者によって奪還された。

イスラエル Israel

アジア南西部の古代王国であり、現存する近代国家。*地中海（Mediterranean Sea）に臨む。北は*レバノン[1]（Lebanon）、北東は*シリア[2]（Syria）、東は*ヨルダン（Jordan）、南西は*エジプト（Egypt）と国境を接する。古代*カナン[1]（Canaan）とおおむね一致し、古代カナンの境界は明確ではないが、一般的には*ヨルダン川（Jordan River）の西の土地とされる。現在のイスラエルはこの領域の一部を占め、その国境は国連によるパレスチナ分割と、次いで起こった近隣アラブ諸国との一連の戦争の結果である。1967〜1973年の戦争の結果、イスラエルはシリアの領土であった*ゴラン高原（Golan Heights）を占領し、同様に*ガザ地区（Gaza Strip）（元エジプト領）、*ウェスト・バンク〔ヨルダン川西岸地区〕（West Bank）（元ヨルダン領）を制圧した。エジプトとヨルダンはパレスチナ自治政府を支持して、前述の両地域の領有権を放棄している。この地域はユダヤ教徒、キリスト教徒、イスラーム教徒にとってそれぞれ神聖な場所であり、聖地と呼ばれている。

前1000年頃、遊牧民であるヘブライ人がペリシテ人の支配するカナンの地に侵攻し、サウルを王として独立王国を築いた。ダビデ王とソロモン王の時代に王国は版図を広げたが、前930年頃ソロモン王に対する謀反が起こり、それが原因となって王の死後王国は北のイスラエル王国と、*エルサレム（Jerusalem）を都とする南の*ユダ（Judah）王国とに分裂した。以

イスラエル　173

降前 725 年頃まで、両王国は東と西の強大な国々に脅かされる。前 720 年、イスラエルは*アッシリア (Assyria) に征服され、住民は離散した。ユダ王国は断続的にアッシリアやエジプトの支配下に置かれ、前 586 年には*バビロン (Babylon) の王に征服される。前 539 年に*ペルシア[1] (Persia) がバビロニアを滅ぼすと、ペルシアのキュロス大王はバビロン捕囚にあったユダヤ人の帰国を許した。その後もイスラエルは複数の国に征服されたが、前 142 年、*セレウコス朝 (Seleucid Empire) シリアの王アンティオコス 4 世がイスラエルのヘレニズム化を試みたため、ユダヤ人の一族マカバイオス家が主導し反乱が起こった。その結果確立された新しい国家は前 64 年にこの地域が*ローマ (Rome) に征服されるまで続き、その後、教義が大きく異なる二つの教派・政治派閥、サドカイ派とパリサイ派の対立により分裂する。ローマ帝国*ユダヤ[1] (Judaea) 属州のユダヤ人は西暦 66 〜 70 年にかけて反乱を起こした。この戦いによってエルサレムとその神殿は破壊され、多くのユダヤ人が離散する。*ローマ帝国 (Roman Empire) がパルティアの侵略を受けていた 132 〜 135 年にかけてユダヤ人は再び蜂起するが鎮圧され、古代王国は事実上消滅した。ローマ皇帝ハドリアヌスはこの属州をシリア・パレスティナと改称した。

それ以降に初めて建国されたユダヤ人国家は現代のイスラエル。19 世紀末および 20 世紀初期のシオニスト運動を通して、ユダヤ人の故国再興を求める圧力が高まり、第 2 次世界大戦前および大戦中にナチスが至る所でユダヤ人を迫害したためその要求はいっそう強まった。1947 年、国連はイギリスの委任統治下にあるパレスチナをユダヤ人国家、アラブ人国家、そしてエルサレムを含む国際統治地域の

三つに分割する策を打ち出した。1948 年 5 月 14 日、イスラエル国が独立を宣言すると、レバノン、シリア、*トランスヨルダン (Transjordan)、エジプト、*イラク (Iraq) がイスラエルに侵攻した。イスラエルはこれらのアラブ諸国軍を撃退し、1949 年に停戦協定が結ばれた。アラブ諸国はその後もイスラエルの国家としての正統性承認を拒み、再度侵略を行なうと脅かした。その結果、1956 年 10 月 19 日、エジプトのスエズ運河国有化に対抗して、*フランス (France) および*イギリス (United Kingdom) の*スエズ運河 (Suez Canal) 侵攻に合わせ、イスラエルもエジプトへの攻撃を開始する。この戦いでイスラエルは*シナイ半島 (Sinai Peninsula) および*ガザ (Gaza) 地区を占領するが、ソ連・アメリカ・国連の圧力により 11 月に撤退した。1967 年 6 月 5 日、イスラエルは再びエジプト、シリア、ヨルダンへの先制攻撃を開始し、六日間戦争が勃発する。そして再びシナイ半島、ガザ地区を制圧し、加えてヨルダン川西岸地区、シリア南西部のゴラン高原を占領した。エジプト、シリア両軍は 1973 年 10 月 6 日にシナイ半島およびゴラン高原奪還のため、イスラエルを攻撃する。エジプトはシナイ半島における緒戦で勝利を収め、スエズ運河を横断して橋頭堡を築くが、イスラエル軍の反撃にあい、包囲の危機に陥る。1973 年 10 月 23 日に停戦が成立し、建設的な交渉への道が開かれた。

同年 12 月 23 日、アラブ-イスラエル間の和平協議が始まる。シナイ半島には国連の緩衝地帯が置かれ、イスラエル軍はシリアの領内の占領地から撤退したが、ゴラン高原の占領は維持した。以降、和平への動きは途絶えたものの、エジプトのアンワル・サダト大統領がイスラエルへの歩み寄りを見せ、1978 年 9 月に*ア

174 イスラエル

メリカ合衆国（USA）のジミー・カーター大統領の仲介で、イスラエルのメナヘム・ベギン首相との会談が実現する。この会談でイスラエルがシナイ半島を漸次返還し、イスラエル支配地域におけるアラブの自治を進めることが合意された。このキャンプ・デイビッド合意によってシナイ半島からの撤退が進められたが、1982年の初めまで、アラブ人自治に関しては何の進展も見られなかった。さらに1981年12月14日、イスラエルはゴラン高原の併合を宣言した。

イスラエルとパレスチナの先住ユダヤ人およびアラブ人に加え、新国家イスラエルには世界中からユダヤ人が移住して来る。パレスチナのアラブ人の大多数はイスラエルの統治に反感を抱き、さらにイスラエルは敵意あるアラブ諸国に囲まれ、パレスチナ解放機構（PLO）の反発を受けた。1982年、イスラエルはレバノンに侵攻して*ベイルート（Beirut）を包囲し、PLOにベイルートからの撤退を認めさせる。だがこの他の点については長期間にわたるレバノン内戦はイスラエルの占領下において、わずかな改善以外にほぼ進展がなかった。レバノンの右翼政党による1982年後半のパレスチナ難民虐殺はこの地域でのイスラエルの役割に暗い影を落とし、1985年、イスラエルはレバノン国境にある10kmの緩衝地帯まで撤退した。

1981年にベギン首相が再選されたが、1983年に辞任し、イツハク・シャミルが後任となる。1984年の選挙では労働党がイスラエル右翼連合（リクード党）を得票では上回ったが、単独で組閣できるほどの差をつけられず、その結果、両党が挙国一致内閣を組織し、首相は労働党のシモン・ペレスが25カ月務めたあと、シャミルに交代することになった。1980年

代末には*ソビエト連邦（Soviet Union）と*エチオピア（Ethiopia）からのユダヤ人移住者が増加し、雇用と住居を求める圧力が高まる。1987年、イスラエル占領地域でパレスチナ人の反イスラエル暴動が起こった。湾岸戦争中の1991年、イラクがイスラエルの諸都市をスカッドミサイルで攻撃する。また同年、シリア、レバノンおよびヨルダン - パレスチナ共同代表団とイスラエルとの間で和平協議が行なわれた。1992年に労働党のイツハク・ラビンが首相となる。1993年、イスラエルとPLOは相互の承認と、パレスチナ人によるガザ地区および*エリコ（Jericho）の暫定自治とに合意する協定に調印した。1994年にイスラエルはヨルダンとの平和条約に調印。1995年にはPLOとの間で、ヨルダン川西岸地区の大部分におけるパレスチナ人自治への移行について合意した。

1995年の後半、ラビン首相が極右派のイスラエル人に暗殺され、ペレスが首相に就任する。1996年、イスラエルの各都市は一連の自爆テロに見舞われ、さらにレバノン南部にあるシーア派イスラーム武装勢力の基地からロケット弾攻撃を受けた。イスラエルは報復としてレバノンの基地を攻撃し、ベイルートを封鎖する。同年の選挙ではリクード党の候補、ベニヤミン・ナタニエフが首相となった。パレスチナ人自治地区が拡大されたものの、暴力の連鎖によりその過程は難航する。1999年、労働党の候補エフード・バラクが政権を手にした。バラク首相とパレスチナ人の指導者ヤーセル・アラファトは国境に関する協定に調印。2000年、イスラエルはレバノンの緩衝地帯から撤退した。

だが同年9月、リクード党党首アリエル・シャロンがエルサレムの神殿の丘を訪問したことから、パレスチナ人による新た

な反イスラエル暴動が発生する。2001年の選挙でシャロンは首相に就任し、政権を得た。2002年、シャロン首相は秩序維持とさらなる攻撃の防止を目的として、ヨルダン川西岸地区の再占領を命じる。2003年、シャロン政権は国際的に支援を受けた「中東和平行程表」を限定的に受け入れた。だがイスラエルへの攻撃は続き、イスラエルもシリアにあるテロリストの訓練キャンプを攻撃する。

　イスラエルはイスラエル領土とヨルダン川西岸地区の間に640kmにわたる防御壁を設置した。国際司法裁判所は防御壁はパレスチナ自治区の土地に建設されたため違法との判決を下し、イスラエルの裁判所が防御壁がパレスチナ人にもたらす困難を避けるため、特定の地域において防御壁の道筋を変更する命令を下した。2005年、イスラエルはガザ地区から駐留部隊の大部分を撤退させ、ガサ地区におけるユダヤ人入植地とヨルダン川西岸地区における一部の入植地を放棄する計画を立てた。シャロンの政党と連立を組む保守派の他党はこの計画に反対している。

イーズラーズ・カナリアーズ Islas Canarias ⇒カナリア諸島 Canary Islands

イズラス・フィリピナス Islas Filipinas ⇒フィリピン共和国 Philippines, Republic of the

イスラ・セイモール Isla Seymour ⇒ シーモア島 Seymour Island

イズラ・デ・ピノス〔ピノス島〕Isla de Pinos ⇒フベントゥド島 Juventud, Isle of la

イスラ・デ・レオン Isla de León ⇒サン・フェルナンド² San Fernando（スペイン）

イスラマバード Islamabad（パキスタン）

パキスタンの首都。パキスタン北東部、*ラワルピンディー（Rawalpindi）の北東13 kmに位置する。1959年、当時の首都*カラチ²（Karachi）に替わる全く新しい都市を築くために選ばれた。翌年から、世界的に著名な建築家らによる都市計画に従い、造営工事が始まる。都市は、行政機関、外交、一般住宅、軽工業など、機能ごとに区分けされ、1967年から首都とされた。附近には、前7世紀～後7世紀までに四つの都市が興亡を繰り返した*タキシラ（Taxila）の遺跡がある。

イスリー Isly（モロッコ）

モロッコ北西部、アルジェリア国境附近にある小川。*ウジダ（Oujda）の西に位置する。1844年にフランス軍のビュジョー元帥が、アルジェリア人の指導者でありモロッコのスルタンでもあるアブド・アルカーディルに対し、ここで決定的な勝利を収めた。

イズリントン Islington（イングランド）

イングランド南東部、インナー・*ロンドン（London）の区。治癒効果の高い温泉と遊園地があったため、17、18世紀には保養地として好まれた。ジョン・ミルトン、サミュエル・ジョンソン、オリバー・ゴールドスミス、チャールズ・ラム、ケイト・グリーナウェイらがこの地で暮らした。ジョン・ウェズリーの家と礼拝堂もある。この地域を通るリージェンツ運河は、1820年代にナッシュが設計した、*テムズ川²（Thames, River）とイングランド中部地方を結ぶ水路だが、近年整備されて観光用の水路と帯状緑地に生まれ変わっている。現在は大部分が改修されたイズリントンの瀟洒な住宅街や広場は、1770～1830年にかけて設計されたもの。

イズレエル Jezreel（イスラエル）

*カナン[1]（Canaan）の地、*エスドラエロン平原（Esdraelon, Plain of）に存在した古代都市。聖書によると、イスラエル王国の王アハブの都となり、ナボテ、アハブの妻イゼベルがここで殺された。近代にはアラブ人の村、ジルインとなったが、1948年にイスラエルのユダヤ人入植者によって占領された。

イズレエル〔イズレル〕渓谷 Valley of Jezreel ⇒ **エスドラエロン平野〔平原〕Esdraelon, Plain of**

イスレタ[1] Isleta（合衆国）

*ニューメキシコ（New Mexico）州中部のインディアン保留地にある村。*アルバカーキ（Albuquerque）の南に位置し、*リオグランデ（Rio Grande）川に臨む。1620年頃にフランシスコ修道会がここを宣教の拠点としたが、1680年にプエブロの反乱が起こり、1681年にはスペイン軍に再度占領された。18世紀初期、サン・アグスティン・デ・イスレタの伝道所がおかれた。

イスレタ[2] Ysleta ⇒ **テキサス Texas**

イスレビア Islebia ⇒ **アイスレーベン Eisleben**

イスワリプル Iswaripur（バングラデシュ）

バングラデシュ南西部、大湿地帯のジャングル、スンダルバンスにある村。クルナの南西72 kmに位置する。16世紀には独立したイスラーム教王国の首都だったが、1576年、ムガル帝国のアクバル帝軍の攻撃により陥落した。
⇒ **ムガル帝国 Mogul Empire**

伊勢 Ise［旧名：Uji-Yamada 宇治山田］（日本）

*本州（Honshū）中央、三重県東部の都市。大阪の南東40 kmに位置する。1889年に町制が敷かれて宇治山田町となり、1906年に市制。1955年に周辺の村を編入して伊勢市となる。日本で最も神聖な神社、伊勢神宮の所在地であり、何世紀もの間、参詣の重要拠点となってきた。

イゼルニア Isérnia［古代：Aesernia］（イタリア）

イタリア中南部、*モリーゼ（Molise）州、イゼルニア県の県都。州都*カンポバッソ（Campobasso）の西北西35 kmに位置する。前263年にローマの植民地となり、前90～前88年までの同盟市戦争中、*コルフィニウム（Corfinium）陥落後、イタリア人による反乱の本拠地となった。前80年、ローマの将軍スラによって奪還される。第2次世界大戦中の1943年に甚大な被害を受けた。

イソキュロ Isokyrö（フィンランド）

バーサ県の村。*バーサ（Vaasa）の東南東32 kmに位置する。北方戦争中の1714年、この附近でフィンランド軍がロシア軍に敗れた。

イゾラ・エオリエ Isole Eolie ⇒ **リパリ諸島 Lipari Islands**

イゾラ・デ・イスキア Isola d'Ischia ⇒ **イスキア Ischia**

イゾラ・ディ・パンテレッリーア Isola di Pantelleria ⇒ **パンテレリア Pantelleria**

イゾラ・ディ・ランペドゥーザ Isola di Lampedusa ⇒ **ランペドゥーザ Lampedusa**

イタリア　177

イゾラ・デル・ジリオ Isola del Giglio ⇒ジリオ島 Giglio

イゾレ・ペラジェ Isole Pelagie ⇒ペラージェ諸島 Pelagian Islands

イソワール Issoire（フランス）
フランス中部、ピュイ - ド - ドーム県の町。*クレルモン - フェラン（Clermont-Ferrand）の南南東 29 km に位置する。ガリアのアルウェルニ族が築いたとされ、ローマの占領下にあった時代、この町は学校で有名だった。16 世紀の宗教戦争でプロテスタント軍とカトリック軍双方の攻撃により被害を受けた。

イゾンツォ川 Isonzo River［セルビア - クロアチア語：Soča ソーチャ］（イタリア、スロベニア）
スロベニア北西部のジュリアアルプスに源を発し、イタリア北東部を流れ、モンファルコーネ附近で*トリエステ（Trieste）湾に注ぐ川。第 1 次大戦中、この川がベネツィア平原に流れ込む地点で、オーストリア軍とイタリア軍が何度も戦った。この場所は、第 2 次大戦中にも戦場となった。
⇒コバリード Kobarid, ゴリツィア Gorizia

イタ Itá（パラグアイ）
セントラル県の都市。首都*アスンシオン（Asunción）のすぐ南東に位置する。1536 年にペドロ・デ・メンドーサの探検隊員によって発見された。パラグアイで最初に要塞化された入植地の一つ。後にイエズス会による伝道の主要拠点となった。

イタキ〔イタケー〕島 Ithaca（ギリシア）
イオニア海の島。ギリシア西岸沖、*ケファリニア（Cephalonia）島の北東に位置する。*イオニア諸島（Ionian Islands）の一つ

で、ホメロスの叙事詩『オデュッセイア』に謳われた放浪の英雄、オデュッセウスの故郷としてギリシア神話にも登場する。実際には、ホメロスの時代から 16 世紀に*ベネツィア（Venice）が再植民するまで、この島に人は住んでいなかった。第 2 次世界大戦中、島はドイツ軍に占領される。また 1953 年には地震により大きな被害を受けた。前 8 世紀頃のコリント人植民地の遺跡が発見されている。

イダ山[1] Ida, Mount［プシロリティス Psiloriti］
［ギリシア語：Ídhi イディ］（ギリシア）
*クレタ島（Crete）中部の山。*イラクリオン（Iráklion）の南西 37km に位置する。ギリシアの主神ゼウスがこの山の洞穴で育ったと伝えられる。

イダ山[2] Ida, Mount［トルコ語：Kazdağı カズダー］（トルコ）
古代*トロイア（Troia）の南東に位置する山。エドレミト湾に近い。ホメロスは神々の住まう山と記し、パリスの審判やガニュメデスの誘拐など神話の舞台になった。この頂上から神々がトロイア戦争を見守ったとされる。

イタリア Italy［伊、ラテン語：Italia イタリア］
ヨーロッパ南部の共和国。*地中海（Mediterranean Sea）に突き出した長靴型の半島を占める。北西部は*フランス（France）、北部は*スイス（Switzerland）、北東部は*オーストリア（Austria）、東部は*スロベニア（Slovenia）と接する。南東部は*アドリア海（Adriatic Sea）を挟んで*アルバニア（Albania）および*ギリシア（Greece）に面している。国土には、*サルデーニャ（Sardegna）島および*シチリア（Sicily）島の二つの大きな島と、*カプリ（Capri）島、*イスキア（Ischia）島、*エルバ（Elba）島、*リパリ

諸島（Lipari Islands）などの小島が含まれる。東はアドリア海、西はティレニア海、長靴の踵（*プーリア（Apulia）州）と爪先（*カラブリア（Calabria）州）の間はタラント湾、南はイオニア海に臨む。アルプス山脈を北の国境とし、*アペニン山脈（Apennine Mountains）が国土の中央を縦断し脊梁を形成している。イタリア史において重要な川には、北部の*ポー川（Po River）、トスカナ州のアルノ川、中部の*テベレ川（Tiber River）が含まれる。

イタリアではテベレ川流域で、前5万年頃からネアンデルタール人が住んだ痕跡が見つかっている。前8500年頃、この地に中石器文化が出現わし、前4500年頃に新石器文化が始まった。前1850年頃、インド‐ヨーロッパ語族がヨーロッパ中部からイタリアに到達する。リグリア人とイベリア人が*スペイン（Spain）およびフランスの先住民と融合し、イタリアに定住した期間に、水上に杭を打って上に家を建てる湖上住居文化から、要塞型集落を特徴とする《テラマーレ》文化へと移行した。このような古代イタリア人は、半島のテベレ川以南および以東の大部分に分布した。また、のちの青銅器時代に再び流入したインド‐ヨーロッパ語族と融合し、テベレ川流域のラティウム人、ローマの北と東のウンブリア人およびサビニ人、中部と南部のサムニウム人となった。前1600年までには、おそらく*小アジア（Asia Minor）から*エトルリア（Etruria）人も流入し、現在の*トスカナ（Tuscany）州に定住した。また南東部にはオスク人が、北部のポー川流域にはガリア人が定住する（⇒ゴール[1] Gaul）。前1000年頃には、イタリアの爪先からシチリア島に移住したシケル人が、先住のシカニ族と融合した。

前800年頃、イタリア南部にギリシア

の入植者が到来し、イタリア史は新たな局面を迎える。ギリシア人は*ナポリ（Naples）以南の踵から爪先までの全域に植民地を築いた。*タラント（Taranto）、*ブリンディジ（Brindisi）、*レッジョ・ディ・カラブリア（Reggio di Calabria）、またシチリア島の*シラクサ（Syracuse）、*メッシーナ（Messina）などの植民地は全て*マグナ・グラエキア（Magna Graecia）の一部となり、この地方にはギリシア語を話す地域が今も数カ所存在する。前6世紀には、*フェニキア（Phoenicia）からの来航者がシチリア島西部の*パレルモ（Palermo）や*トラパニ（Trapani）などに交易所を築くようになった。

前500年頃までに、エトルリアの勢力と文化が最盛期に達する。ポー川流域からナポリ周辺のギリシア植民地までを支配下に収めたエトルリア人は、緩やかな連合体、エトルリア12都市同盟に加わるローマ周辺地域も統治した。また、ギリシア植民地シラクサは、前375年までに半島の踵・爪先部分を支配下に収める。一方、古代イタリア人は、エトルリアとシラクサの二つの高度文明に挟まれ、フェニキアの貿易商人が海岸地域に到来する頻度がますます高くなる中で、次第に領土の再編を始める。また前425年までに、サムニウム人が*カプア[2]（Capua）、*クマエ〔クーマイ〕（Cumae）、ナポリを含むイタリア中南部の大半を支配下に収めた。

前375年までにテベレ川流域のラティウム人は自らの連合体を形成して*ローマ（Rome）の主導の下に、緊密で好戦的な同盟を築き、前335年までにこの同盟が*ラツィオ〔ラティウム〕（Latium）と*カンパニア（Campania）の支配者となった。前300年までにローマはテベレ川の北にあたるエトルリア南部と、サムニウム人の支配下にあったカンパニアの大半を征服

し、ガリア人を打ち破る。また、前275年までに南部のタラントまで勢力を広げ、前270年にはポー川以南のイタリア全域を統一した。さらに、イタリア半島を蹂躙する*カルタゴ[2]（Carthage）をポエニ戦争で倒したあと、ローマは前200年までに、シチリア島やサルデーニャ島を含む現在のイタリア全土を勢力下に収め、その道路網や政治制度、他民族との同盟、法と慣習などを用いてこの領土を一つにまとめようとする。また歴戦の部隊をイタリア北部へ派遣し、そこに植民地を築いた。これらの部隊は、*フィレンツェ（Florence）、*ピサ[2]（Pisa）、*ボローニャ（Bologna）、*ピアチェンツァ（Piacenza）、*パルマ[2]（Parma）、*モデナ（Modena）、*パビア（Pavia）、*ミラノ（Milan）、*トリノ〔チューリン〕（Turin）、*リミニ（Rimini）などの土地にギリシアとエトルリアの影響ですでに成熟したローマの文化をもたらした。だが依然として対立は続いたため、前1世紀には内外での戦争がローマの共和制とイタリアの統一を揺るがし、半島は荒廃して人口が減少し、肥沃な農地は荒れ果て、従来のイタリア人にかわり東方からの奴隷と商人が増加した。

アウグストゥス帝（在位前27～後14）の即位によって平和が戻ると、イタリアは文化的、政治的に再統一され、以降、*ローマ帝国（Roman Empire）の中枢であり続けた。だがディオクレティアヌス帝（在位284～305）の治世に帝国が4県に分割されると、イタリアはそのうち1県の管轄下に置かれ、さらに北部のイタリア司教区、中部のローマ、南部の*カラブリア（Calabria）に分割される。この分割は帝国が再編される5世紀まで続いた。401年、西ゴート人が西方帝国に侵入し、408～412年にかけてイタリアを蹂躙し、410年にローマを略奪した。455年にはバンダル族が海から侵入してローマは再び略奪に遭った。

476年、ゲルマン人の傭兵隊長オドアケルが西ローマ帝国の最後の皇帝ロムルス・アウグストゥルスを廃し、名目上東ローマ帝国の支配下にあるゲルマン人のイタリア王国を築く。489年、東ローマ帝国皇帝は自らの完全なイタリア統治権を取り戻すため、東ゴート人をイタリア半島に招き入れた。だがテオドリック率いる東ゴート人は現在のイタリア全土に加えて隣接するアルプス山脈の南と東の地域を含めた領域に、自らの王国を打ち立て、帝国の文化と体制を再現わしようとした。*ビザンツ帝国（Byzantine Empire）のユスティニアヌス帝は再びイタリアの統治権回復を試み、535～563年にかけての戦役で、将軍ベリサリウスが民衆から支持を得ていた東ゴート人を打ち破り、イタリア全土に破壊をもたらした。その後イタリアは*ラベンナ（Ravenna）総督の統治下に置かれ、ビザンツ帝国はローマの司教である教皇にローマ周辺地域の一定の権限を委ねた。だが、569年のランゴバルド人の侵入により、ビザンツ帝国のイタリア支配はあっけなく終わり、572年までにイタリアは三つのランゴバルド族国家に分割された。即ち、パビアを中心とする北部の*ロンバルディア（Lombardy）王国、中部の*スポレート（Spoleto）公国、南部の*ベネベント（Benevento）公国である。ビザンツ帝国の統治はラベンナ、*ジェノバ（Genoa）、ラティウム、ナポリ、シチリア島、プーリア、カラブリアなどの海岸地帯にのみ存続していた。

6、7世紀はイタリア中世史における底辺の時代であり、ヌルシアのベネディクト（480頃～543）の主導により、初めは*スビアコ（Subiaco）で、次いで*モンテ・カッシーノ（Monte Cassino）で栄えた修道院

180 イタリア

文化と、ローマ教皇が維持につとめたローマとその周辺での都市生活が数少ない例外だった。ビザンツ帝国はイタリア南部をかろうじて支配下に留めている程度だったが、9〜11世紀にかけて支配範囲を拡大するまでになる。だが847年までにサラセン人がシチリア島に来襲し、925年までに全島を征服した。さらに840年に*バーリ (Bari) を、846年にはローマまでも略奪した。

大聖とよばれる教皇グレゴリウス1世の在位中（590〜604）には、献上された土地が教皇の権威によって系統的に蓄積されるようになり、それが聖ペテロの遺産とされ、やがて*教皇領 (Papal States) となった。教皇領には事実上、ローマからラベンナまでの全ての土地が含まれた。ランゴバルド王国の王、リウトプランド（在位712〜744）およびアイストゥルフ（在位749〜756）に率いられたランゴバルド人が南下して、ローマの奪取をもくろんで教皇領を次々に征服すると、教皇は*フランク王国 (Frankish Empire) を実質的に支配する大宰相に援助を要請し、その見返りに、小ピピンを国王として承認した。756年、ピピンはイタリアに侵入してランゴバルド人を打ち破り、ローマを救って教皇の所領を奪回した。ピピンの息子のシャルルマーニュ〔カール大帝〕はついにランゴバルド王国を征服し、教皇領、スポレト公国とともに、カロリング朝の領土とした。シャルルマーニュが遺した、ベネベント公国と南部のビザンツ帝国領をのぞくイタリア全土が、後にドイツの*神聖ローマ帝国 (Holy Roman Empire) を形成する主要部となる。だが、それにもかかわらず850年頃〜925年まで、イタリアは再び政治的混乱に陥った。

西暦1000年には急激な変化が訪れる。*ベネツィア (Venice)、ナポリ、*アマルフィ (Amalfi)、ピサ、ジェノバなどの港湾都市が経済的に成長し、イスラーム教徒に対して反撃を始め、イタリアの領海からイスラーム勢力を駆逐した。また1022年までにはジェノバとピサがイスラーム教徒からサルデーニャを奪回する。1017年、ビザンツ帝国に対する反乱に乗じて、ノルマン人の傭兵軍が初めてイタリア南部に来襲する。ロベール・ギスカール率いるノルマン人は、1057年までにプーリアおよびカラブリア全土の支配権を確立し、1059年、教皇ニコラウス2世はロベールを臣下として封じるかわりに、公爵の称号を与えた。1091年までには、ロベールの弟ルッジェーロがイスラーム教徒の支配下にあったシチリア島を平定し、1127年には二つのノルマン人国家が統合され、シチリア王国となった。ザリアン朝およびホーエンシュタウフェン朝皇帝との叙任権闘争の渦中にあった皇帝に対し、シチリア王国は封臣として、また盟友としての役目を果たした。

この争いで神聖ローマ帝国領のイタリアは互いに反目する親教皇派のギベリン党と親皇帝派のゲルフ党とに分裂する。その後に続く政治的混乱によりイタリア都市の共和制が成熟した。諸都市は次々にコムーネ（自治都市）を形成し、皇帝あるいは教皇による領主制から脱却した。1080年代にピサと*ルッカ (Lucca)、1081年にミラノとパルマ、1083年にはローマ、1099年にジェノバ、1123年にボローニャ、1125年に*シエナ (Siena)、1138年にはフィレンツェがそれぞれコムーネとなった。ベネツィアは大領主を受け入れず、18世紀まで共和国を維持した。ミラノをはじめとするロンバルディアの諸都市は、帝国の都市長官《ポデスタ》対して反乱を起こし、1168年に教皇と同盟するロンバルディア都市同盟を結成して、1176年に

イタリア　181

は*レニャーノ（Legnano）において皇帝フリードリヒ1世、通称赤髭王を倒した。

政治的自由と貿易の発展により、12、13世紀には、建築、芸術、学問を保護する独特の都市文化が生まれた。長く自由七科の中心地であったイタリア諸都市では、商人階級向けの基礎および専門学校も発達し、ヨーロッパ全土から学生を引き寄せる。1050年頃、*サレルノ（Salerno）にヨーロッパ初の医科大学が創設され、1125年までにはボローニャ大学を擁するボローニャがヨーロッパにおける法律学の先導者となった。イタリア南部のノルマン人王国ではナポリとパルマが12世紀ルネサンスの中心地となる。イタリアはその後も宗教生活と変革の拠点となり、1215年頃には*アッシジ（Assisi）にフランシスコ修道会が創設されるに至った。また改革された教権も、帝国からの独立を確固たるものとし、教皇インノケンティウス3世在位中（1198～1216）に全盛期を迎える。13世紀末までにイタリアには資本主義経済の原型、すなわち複式簿記、銀行業、投資、保険業、輸送業、株式会社、賃金労働者による工場制手工業などが生まれた。ダンテ・アリギエーリの『神曲』は、この新しい都市型の世俗主義社会をよく映し出している。

ダンテの時代は、イタリアルネサンスの幕開けとなった。ルネサンスとは、根本的にはキリスト教的価値観を保ちつつも、古代ギリシアおよびローマの芸術、文学、政治、科学を意識的に模範とする、1350年頃～1600年頃まで続いた大規模な文化運動を指す。この時期、イタリア諸都市の共和制は都市の権力者たちによる一連の専制政治へと移行し、その後より規模の大きな少数の領土国家へと移行してイタリア半島を支配するようになった。その中には、*ベネト（Veneto）のベネツィ

ア、ビスコンティ家とスフォルツァ家が支配したロンバルディアのミラノ、メディチ家が支配したトスカナのフィレンツェ、ローマおよび教皇領、南部のナポリが含まれる。ナポリの支配権は1189年にノルマン人の王国からホーエンシュタウフェン家の皇帝の手に移り、1266年にはフランスのアンジュー家に移っていた。

1282年に、シチリア島でアンジュー家とアラゴン家の間にシチリア晩鐘戦争が起こり、シチリアは*アラゴン（Aragon）王国に征服されたが、アラゴン王国は1435年にナポリをも攻略した。イタリアの支配者たちが慎重に勢力の均衡を図った結果、1400年頃から半島において平和が保たれる。一方、イタリアの商人、教育者、芸術家たちはヨーロッパ全土へ進出し、イタリア文化が広く波及した。だが1494年、フランス国王シャルル8世はナポリの奪還を求めてイタリアに侵攻し、イタリアは、フランス軍、スペイン軍、ハプスブルク家の神聖ローマ帝国軍が合い争う戦場と化した。1525年にパビアの戦いでフランスの支配は阻止されたものの、1530年までには——マキャベリが『君主論』の中で非難しているように——イタリアの自由を犠牲にして、スペインが半島を支配下に収めた。

1559年までには、カトー・カンブレジ条約にもとづき、ハプスブルク家の治めるスペインが、ナポリ、シチリア、ミラノ、サルデーニャを直接統治するようになる。またスペインは、トスカナ大公国、教皇領、ジェノバ、ルッカ、パルマなど、名目上の独立状態を維持した様々な小国家を通じて、近代イタリアにおけるその他の領土を支配した。ただし、当然ながらベネツィアは自由共和国を維持した。イタリア文化は18世紀までヨーロッパ諸国に影響を及ぼしたが、活況にあったイタ

182 イタリア

リア経済は 16 世紀から衰えはじめる。ベ
ネツィア、フィレンツェ、ローマ、ナポリ、
パレルモは依然として栄耀を誇っていた
が、都市生活は停滞し、地方は圧制と貧
困に苦しむこととなった。

スペインの支配はブルボン家がスペイン
とフランスの王位を統合する 1700 年ま
で続く。だがスペイン王位継承争の結
果、1715 年までに、ミラノ、ナポリ、サ
ルデーニャ、そしてトスカナの一部はオ
ーストリアに占領された。1733 年にはス
ペインがナポリを奪還するが、オースト
リアは 1789 年のフランス革命およびフラ
ンス革命戦争勃発までミラノを固守する。
ナポレオン時代には、イタリアの民族主
義感情の高まりが見られた。ナポレオン
はイタリア半島を占領し、複数の重要な
改革を行なった。だがナポレオンが半島
統一に失敗したこと、さらに反動勢力が
再浮上したことに刺激を受けて、カルボ
ナリ党や《真のイタリア人協会》などの
革命を目指す秘密結社が創設され、外国
支配の打倒とイタリア統一を掲げて民衆
を扇動した。

1814 ～ 1815 年の*ウィーン（Vienna）会
議によって、オーストリアはミラノの支
配権を回復し、さらにトスカナおよびベ
ネツィアの支配権も獲得した。だが、ジ
ュゼッペ・マッツィーニ（1805 ～ 72）、
シュゼッペ・ガリバルディ（1807 ～ 82）
らイタリアの指導者たちは、イタリア統
一運動、すなわちリソルジメントの革命
の精神を維持し、1820 年および 1832 年の
暴動や、1849 ～ 1849 年の大規模な革命
が鎮圧されたあとも絶えることはなかっ
た。そしてついに 1861 年、サルデーニャ
国王、*サボワ（Savoy）家のビットーリオ・
エマヌエーレ 2 世が首相であるカミッロ・
カブールとともにイタリア統一を果たし
た。以降、イタリアは統一国家としてヨ

ーロッパの権力政治に加わる。1866 年、
イタリアは対オーストリア戦争で*プロイ
セン（Prussia）を支援した見返りにベネト
地方を割譲された。1870 年にローマが領
土に加わり、1871 年にはイタリアの首都
となる。教皇の権限は衰えたものの、旧
体制へと逆行する反動的かつ孤立した権
力となった。1929 年にラテラノ条約が締
結されるまで、歴代の教皇は教皇領を*バ
チカン市国（State of Vatican City）のみとする
イタリア政府の制限や、教会とイタリア
政府との正常な関係の回復を拒み続けた。

19 世紀末、イタリアは*ドイツ
（Germany）、オーストリアと三国同盟を
結ぶ。また帝国主義者はアフリカ北部
の植民地化を目論み、*ソマリランド
（Somaliland）と紅海に臨むエリトリアを占
領した後、1896 年に*エチオピア（Ethiopia）
に侵攻したが、これは失敗に終わった。
また、1911 年には*リビア[2]（Libya）を占
領する。第 1 次世界大戦中の 1915 年、イ
タリアは連合国に加わったが、これは勝
利すれば*トリエステ（Trieste）並びにリビ
ア内の領土拡大をはじめ、アフリカおよ
び*オスマン帝国（Ottoman Empire）内の希
望地域を獲得できるという秘密協定にも
とづく参戦だった。大戦後、イタリアは
四大勢力国の一つとなる。国内ではキリ
スト教民主党と社会党が連立与党となっ
たものの戦後生じた問題の解決にさほど
成果をあげられず、元社会党員であった
ベニート・ムッソリーニ（1883 ～ 1945）
がファシズム理論を構築し、ファシス
ト運動の主導者として行動を起こした。
1922 年 10 月、黒シャツ隊を率いてローマ
へ行進したムッソリーニは国王ビットー
リオ・エマヌエーレ 3 世から首班指名を
受け、1927 年までには独裁者として君臨
することとなる。その後イタリアは 1935
年からほぼ継続していた対エチオピア戦

争に加えて、スペイン内戦にも介入し、ファシズム陣営の反乱軍を支援した。第2次大戦にはひと足遅れて1940年6月にヒットラーの枢軸国に加わったが、アフリカと*ギリシア（Greece）で屈辱的な敗北を喫する。その後、ギリシアはドイツに制圧された。1943年7月10日の連合国軍のシチリア島侵攻はムッソリーニの解任、逮捕を招く。その後ムッソリーニは北イタリアへ脱出し、ドイツの保護下でサロ共和国を樹立した。だが1945年4月、スイスへの逃亡中、遊撃兵に殺された。戦争中イタリア半島は南から北まで壊滅的な被害を受け、ナポリ、ジェノバ、ミラノ、ローマなど多くの都市が激しい爆撃に晒された。

1946年5月に国王ビットーリオ・エマヌエーレ3世が退位するとウンベルト2世が短期間王位に就くが、同年6月2日の国民投票によりイタリアは君主制を廃し共和国となる。1948～1980年代初頭までわずか2度の中断をのぞき、キリスト教民主党が政権を握った。党首は度々交替したが、同党はイタリアに安定した政府を確立し、改革に取り組んで戦後復興を進め、西ヨーロッパ諸国および*アメリカ合衆国（USA）との緊密な協力体制を取ってきた。1949年にイタリアは北大西洋条約機構（NATO）の原加盟国となる。だが長きにわたる政権独占により、1960年代後半以降イタリア政府は惰性と腐敗に苦しみ、それに伴って躍進しつつあったイタリア共産党からの改革を求める声が1990年代まで続く。キリスト教民主党は共産党の政権参加を排除するため、より保守的な政党との連立政権を余儀なくされた。1970年代には左右両翼の過激派によるテロが相次いで、あらゆる階層のイタリア人の生活を混乱に陥れた上、遂には1974年から続くファシストによる鉄

道車両・駅舎爆破事件や、1978年のアルド・モーロ元首相誘拐・殺害事件に至った。

キリスト教民主党を最大与党とする中道左派の連立政権は1983年まで続いたが、同年、イタリア初となる社会党主導の連立内閣が、ベッティーノ・クラクシ首相の下、政権を握った。1970年代には経済が低迷し、政府は緊縮財政と増税を余儀なくされる。1980年代～1990年代にかけてイタリアには多くの連立政権が生まれた。1990年代初期には汚職の捜査が行なわれ、数百名にのぼる政財界の要人が逮捕される。1990年代後半～2000年代初期にかけて、政権は連立保守派と連立中道左派との間を行き来した。イタリアは国内世論の反対にもかかわらず、2003年のイラク戦争ではアメリカを支援した。

第2次世界大戦後、イタリアは「奇跡の経済」を達成し、経済と生活水準が急上昇した。今もなお世界の産業国の牽引役であり、重工業、ハイテク産業、デザイン、ファッションの拠点。またイタリアは伝統的な文化芸術の中心地としての魅力も留めている。首都はローマ。その他の主要都市として、ナポリ、ミラノ、パレルモ、ジェノバがある。

イタリア領ソマリランド Italian Somaliland
（ソマリア）

東アフリカにおける旧イタリア植民地。アシール岬からケニア国境までを領域とした。首都は*モガディシュ（Mogadishu）。1889年、イタリア人によってここに小規模な保護領が設立される。領地が次々に加わって保護領は拡大し、1936年、イタリア領東アフリカ国となった。第2次世界大戦中の1941年にイギリスに侵略され、1950年までイギリスの支配下に置かれる。1960年にはイギリス領ソマリランドと統

合され、独立国家ソマリア共和国となった。

イタリア領東アフリカ Italian East Africa ⇒イタリア領ソマリランド Italian Somaliland, エチオピア Ethiopia, エリトリア Eritrea, ソマリア Somalia

イダリウム Idalium 〔イダリオン Idalion〕（キプロス）

キプロス南部にあった古代都市。現在のダリの町附近で、*ラルナカ（Larnaca）の北西 24 km に位置する。古代キプロス王国の中心地で、のちにフェニキアの都市*キティウム（Citium）に支配された。東方からキプロスに伝来したアフロディーテ信仰の拠点であり、古代キプロス語の手がかりとなる碑文が出土している。

イダリオン Idalion ⇒イダリウム Idalium

イタリカ Italica （スペイン）

古代ローマの属州*バエティカ（Baetica）の植民地。*セビリア（Seville）の北西 8 km の位置に存在した。前 206 年にスキピオ・アフリカヌスによって建設され、西暦 98 年にトラヤヌス帝が、117 年にはハドリアヌス帝がここで生まれた。現在もローマ時代の遺跡が遺る。

イダルゴ Hidalgo （メキシコ）

メキシコ中部にある農業と鉱業の州。州都*パチュカ（Pachuca）。それぞれ異なる時代に、トルテク族、チチメカ族、アステカ族のインディオに支配された。トルテク族はトゥランに都を築き、これが現在の*トゥーラ[1]（Tula）となった。1530 年に*スペイン（Spain）に征服され、1869 年に分離して州の地位を得るまで、メヒコ州の一部だった。

イダルゴ・デル・パラル Hidalgo Del Parral 〔パラル Parral〕（メキシコ）

メキシコ北部、チワワ州の交通と鉱業の拠点となる都市。*チワワ（Chihuahua）の南 184 km に位置する。16 世紀から銀の採掘が続いている。1640 〜 1731 年まで、スペイン植民地時代のヌエバ・ビスカヤ州の州都だった。1917 年のフランシスコ・マデーロの反乱に大きな役割を果たし、1923 年にここでパンチョ・ビリャが暗殺された。

イチェル İçel ⇒ メルスン Mersin

イーチャン〔宜昌〕Yichang 〔I-Ch'ang〕（中国）

*フーペイ〔湖北〕（Hubei）省南西部、*揚子江（Yangtze River）の河港がある都市。*ハンコウ〔漢口〕（Hankou）の西 272km に位置する。1876 年のチーフー〔芝罘〕（*イエンタイ〔煙台〕（Yantai））条約による貿易港として建設された。重要な貿易の中心となり、*シャンハイ〔上海〕（Shanghai）から揚子江を上る船の西の終端の役割を担った。第 2 次世界大戦中の 1940 年には日本に占領されたものの、揚子江を遡る日本軍の攻撃はこの地でくいとめられた。

イチーン Jičin ⇒ギッチン Gitschin

イツェホー Itzehoe （ドイツ）

*シュレースウィヒ-ホルシュタイン（Schleswig-Holstein）州の港湾都市。*ハンブルク（Hamburg）の北西 51 km に位置する。西暦 810 年にシャルルマーニュ〔カール大帝〕によって築かれた州内最古の都市。17 世紀にスウェーデン軍によって破壊され、1866 年には*プロイセン（Prussia）領となった。

厳島 Itsuku-Shima ［別名：Miya-Jima 宮島］（日本）

*本州（Honshū）南西部、広島県南西部、広島湾の島。*広島（Hiroshima）市の南西19km に位置する。古来重要な非常に美しい神社の所在地で、1996 年世界遺産の文化遺産に登録。日本三景の一つ。9 世紀建立の仏教寺院、15 世紀建造の五重塔もある。

イッサ Issa ⇒ビス Vis

イッソス Issus （トルコ）

*小アジア（Asia Minor）南部に存在した古代の町。現在のハタイ県、*イスケンデルン（Iskenderun）の北 32 km の位置に存在した。三つの重要な戦争の舞台となった。前 333 年に*ペルシア[1]（Persia）のダレイオス 3 世がここでアレクサンドロス大王に敗れ、また西暦 194 年にはセプティミウス・セウェルスがここで*ローマ帝国（Roman Empire）の玉座を争う敵手ペスケンニウス・ニゲルを倒し、622 年にはビザンツ皇帝ヘラクレイオスがここでササン朝ペルシア軍を打ち破った。

⇒**マケドニア王国** Macedon, Empire of

イツリア Ituraea ［Iturea］（レバノン、シリア）

*カナン[1]（Canaan）北東部、*ダマスカス（Damascus）の南に存在した古代国家で、正確な領域は不明。初めアラブ人が住んでいたが、イシュマエルの息子エトルが国を興した。都はカルキスで、宗教上の中心地は*バールベク（Baalbek）。前 105 年に*ユダヤ[1]（Judaea）に併合された。ユダヤは短期間独立国家だったが、やがてローマ人に征服され、西暦 50 年頃にこの地はシリア属州の一部となった。

イディ Ídhi ⇒イダ山[1] Ida, Mount

イティル Itil ⇒ボルガ川 Volga River

イテメリ Itämeri ⇒バルト海 Baltic Sea

イデラ Idella ⇒エルダ Elda

イーデントン Edenton （合衆国）

*ノースカロライナ（North Carolina）州北東部の町。アルベマール湾に臨む。*バージニア（Virginia）州*ノーフォーク[2]（Norfolk）の南南西 90km に位置する。1658 年に入植。1722 ～ 1743 年までカロライナ植民地の非公式の首都。1774 年 10 月 25 日、いわゆる「イーデントン茶会事件」がおき、地元の女性 51 名が課税に抗議して、イングランドから輸入されたお茶と衣服を拒否する抗議文に署名した。

イトゥサインゴ Ituzaingó （アルゼンチン）

コリエンテス州の町。ポサダスの西 80km に位置し、パラナ川に臨む。1827 年 2 月 20 日、カルロス・マリア・デ・アルベアル麾下のアルゼンチン - ウルグアイ連合軍が、ここでバルバセーナ司令官率いるブラジル軍に対し決定的な勝利を収めた。続く平和条約により、*ウルグアイ（Uruguay）は独立する。

イトシュテット Idstedt （ドイツ）

*シュレースウィヒ - ホルシュタイン（Schleswig-Holstein）州の村。*シュレースウィヒ（Schleswig）の北 8 km に位置する。1850 年にシュレースウィヒ - ホルシュタイン公国が、ここでデンマーク軍に決定的な敗北を喫した。デンマーク人は 19 世紀後半までこの地域を支配する。

⇒**デンマーク** Denmark

イドフ Idfu ⇒エドフ Edfu

イドラ Hydra［古代名：Hydrea；ギリシア語：Idhra］（ギリシア）
エーゲ海南部にあるギリシアの島。*ペロポネソス（Pelóponnesus）海岸の沖 6 km に位置する。16 ～ 17 世紀に宗教的迫害を受けた本土からの難民の避難先となった。造船業を発展させて繁栄し、ギリシア海軍の拡充に貢献したことで、1812 ～ 1829 年のギリシア独立戦争において極めて重要な役割を果たした。

イートン Eton（イングランド）
イングランド南部、*バッキンガムシャー（Buckinghamshire）州の町。*テムズ川[2]（Thames, River）の北岸、*ウィンザー[3]（Windsor）の対岸に位置する。イギリスで最古にして最大のパブリック・スクールであるイートン校の所在地。1440 ～ 1441 年にヘンリ 6 世により建設された。*ケンブリッジ[1]（Cambridge）のキングズ・コレッジも同時期の創立。

イナーペフレー Innerpeffray（スコットランド）
スコットランド中部、パース・アンド・キンロス 郡（カウンシル・エリア）の村。クリーフの東南東 3 km に位置する。208 ～ 209 年にセプティミウス・セウェルスが、カレドニイ族およびマエタエ族討伐の際に使用したローマ軍の要塞があった。

イナーメッサン・モート Innermessan Mote（スコットランド）
*ダムフリース・アンド・ギャロウェー（Dumfries and Galloway）郡（カウンシル・エリア）の考古学遺跡。ストランラーの北東 3 km に位置する。ここには重要な町があった。またカレドニアの部族ノバンタエの町である、古代レ

リゴニウムの跡とされている。

イナリ Inari（フィンランド）
フィンランド北部、ラッピ県北ラッピ郡の村。第 2 次世界大戦後、ソビエト連邦領となったペチェンガ地方から追放されたラップ人が、この地に再定住させられた。

イニア・モー Inbhear Mór ⇒アークロー Arklow

イニシーア Inisheer［Inishere］［ゲール語：Inis Thiar］（アイルランド）
ゴールウェー湾の島。*ゴールウェー[2]（Galway）州に属し、*ゴールウェー[1]（Galway）の南西 38 km に位置する。三島からなる*アラン諸島（Aran Islands）の一つで、先史時代の要塞の廃墟がある。中世にはオブライエン一族の拠点となった。

イニシュモア Inishmore［アランモア Aranmore］（アイルランド）
ゴールウェー湾の島。ゴールウェー[2]（Galway）州に属し、*ゴールウェー[1]（Galway）の西南西 43 km に位置する。*アラン諸島（Aran Islands）最大の島で、先史時代の要塞の廃墟とアイルランドにおける初期キリスト教会の遺跡がそれぞれ複数遺る。主要な町は*キルロナン（Kilronan）。1651 年にゴールウェーがオリバー・クロムウェル軍により陥落したあとも、この島のアルキン城は一年間、占領軍に抵抗した。

イニスキリング Inniskilling ⇒エニスキレン Enniskillen

イニス・ビュア Ynys Bŷr ⇒カルディ島 Caldy Island

イニャンバネ Inhambane（モザンビーク）

イニャンバネ州の州都。*マプト（Maputo）の北東 400 km に位置し、イニャンバネ湾に臨む港湾都市。1498 年にバスコ・ダ・ガマがイニャンバネ湾を発見し、ポルトガル領とした。入植地は、奴隷および象牙取引の交易拠点として発展した。

イーニン〔伊寧〕Yining [I-Ning, Kuldja, Kulja, グルジャ Gulja]〔旧名：Ningyuan ニンユエン〔寧遠〕〕（中国）

*シンチヤン〔新疆〕ウイグル〔維吾爾〕（Xinjiang Uygur）自治区北西の都市。*ウルムチ〔烏魯木斉〕（Ürümqi）の西 512km に位置する。古くからの商業の中心地で、1871 年にロシアに占領されたが、1881 年には中国に返還された。

伊寧 ⇒ イーニン〔伊寧〕Yining（中国）

イネボル Inebolu 〔古代：Abonouteichos アボノティコス, Ionopolis イオノポリス〕（トルコ）

カスタモヌ県の町。*シノプ（Sinop）の西 112 km に位置し、*黒海（Black Sea）に臨む。2 世紀に偽預言者パフラゴニアのアレクサンドロスがここで生まれ、蛇神グリュコン・アスクレピオスの神託を定着させた。

イノニュ İnönü（トルコ）

ビレジク県にある村。*エスキシェヒル（Eskişehir）の西北西 32 km に位置する。1919 〜 1922 年の戦争中、イスメト・パシャ率いるトルコ軍が、2 度にわたりこの地でギリシア軍の進撃を阻止した。この勝利を受け、イスメト・パシャは村名をとり自らの姓とする。イスメト・イノニュは、1938 年にトルコ大統領に就任した。

イノフラツラフ Inowrazlaw ⇒イノブロツワフ Inowrocław

イノブロツワフ Inowrocław 〔旧名：Inowrazlaw イノフラツラフ；独：Hohensalza ホーエンザルツァ〕（ポーランド）

ポーランド中北部、クヤビ・ポモージェ県の都市。*ビドゴシチ（Bydgoszcz）の南南東 40 km に位置する。1267 年に勅許を与えられて都市となり、15 世紀にはクヤビ地方の独立した領邦の首都となり、交易の中心地として栄えた。1772 年に*プロイセン（Prussia）に割譲され、1919 年にポーランドに返還された。

イバゲ Ibagué [サン・ボニファシオ・デ・イバゲ San Bonifacio de Ibagué]（コロンビア）

コロンビア中西部の都市。トリマ県の県都。*ボゴタ（Bogotá）の西 130 km に位置する。1550 年にインディオの村の跡地に建設され、のちにインディオの襲撃を受けたため移転された。1854 年には一時的にコロンビアの首都となり、その後も貿易と生産の拠点となっている。

イバダン Ibadan（ナイジェリア）

ナイジェリア南西部の都市。オヨ州の州都。*ラゴス[1]（Lagos）の北東 140 km に位置する。ヨルバ族の内戦が続いていた 1830 年代に、軍の駐屯地として建設され、のちに最も強大なヨルバ族都市国家となった。都市国家イバダンは 1840 年に*オショグボ（Oshogbo）の戦いで北方から侵入したフラニ族を破る。1893 年にはイギリスの保護領となったが、その後ナイジェリアが国家として徐々に独立していくのに伴い、イバダンもその一都市として、イギリスの統治から離れた。

イバノ - フランキウシク Ivano-Frankivsk〔旧名：Stanislav スタニスラフ；独：Stanislau スタニスラウ；ポーランド語：Stanisłow スタニスワブフ；ロシア語：Ivano-Frankovsk イバノ - フランコフスク〕（ウクライナ）

ウクライナ南西部の都市。*リビウ（Lviv）の南南東 112 km に位置し、ビストルィツャ川に臨む。*カラパティア山脈（Carpathian Mountains）横断路を統制下におく極めて重要な位置にある。ロシアの公国の首都だったが、1340 年に*ポーランド（Poland）に占領された。17、18 世紀にはトルコ人やタタール人の襲撃を頻繁に受けながらも、重要な交易拠点として栄えた。1772 ～ 1919 年まで*オーストリア（Austria）領。1939 年に*ソビエト連邦（Soviet Union）に併合されたが、第 2 次世界大戦中の 1941 ～ 1944 年まで*ドイツ（Germany）に占領された。1945 年にソ連に割譲され、1962 年、ウクライナの作家イワン・フランコにちなんで現在の名がつけられた。

イバノ - フランコフスク Ivano-Frankovsk ⇒ イバノ - フランキウシク

イバノボ Ivanovo〔旧名：1932 年まで：Ivanovo-Voznesensk イバノボ - ボズネセンスク〕（ロシア）

ロシア西部、イバノボ州の州都。*モスクワ（Moscow）の北東 250 km に位置する。1871 年にイバノボ村とボズネセンスク村が合併して市となり繊維産業により、ロシアのマンチェスターと呼ばれた。1880 年代に労働争議が起こり、1905 年に労働運動史に名を残す「イバノボ - ボズネセンスクのストライキ」が発生し、短期間ながらロシア最初の「ソビエト」が樹立された。

イバノボ - ボズネセンスク Ivanovo-Voznesensk ⇒イバノボ Ivanovo

イバラ Ibarra〔サン・ミゲル・デ・イバラ San Miguel de Ibarra〕（エクアドル）

インバブーラ県の県都。首都*キト（Quito）の北北東 88 km に位置する。1525 年に没したインカ帝国最後の皇帝ワイナ・カパックは、この附近で行なわれた 2 度の戦いで勝利を収め、版図を拡大して、帝国がエクアドルの大半を占めるまでに至らしめた。イバラの町は、1597 年に、当時キトにいたスペイン領統治者のアルバロ・デ・イバラにより創設された。
⇒インカ帝国 Inca Empire

イー・バリ Y Barri ⇒バリー² Barry

イハンクトンワン Ihanktonwan ⇒ヤンクトン Yankton

イバンゴロド Ivangorod ⇒デンブリン Dęblin

イビサ Ibiza〔Iviza〕（スペイン）

*地中海（Mediterranean Sea）西部の島。スペインの東岸沖 128 km に位置する。*バレアレス諸島（Balearic Islands）で 3 番目に大きな島であり、古代にフェニキア人、カルタゴ人、その後ローマ人が住んだ。*カルタゴ²（Carthage）により、都市イビサが築かれた。
⇒フェニキア Phoenicia, ローマ Rome

イピランガ Ypiranga〔Ipiranga〕（ブラジル）

サンパウロ州の*サンパウロ（São Paulo）近郊にある小丘。1822 年 9 月 7 日に当時摂生だったドン・ペドロ 1 世がサンパウロへの途上この地でブラジルの*ポルトガル（Portugal）からの独立を宣言した。翌月ペドロ 1 世はブラジルの立憲皇帝となった。

イフェ Ife（ナイジェリア）

ナイジェリア南西部、オスン州の都市。*イ

バダン（Ibadan）の東86kmに位置する。ヨルバ族最古の町と伝えられ、1300年頃に建設された。17世紀後半までヨルバ族最強の王国として栄えたが、*オヨ（Oyo）王国の勃興でその地位を奪われた。この地方から出土した12世紀の青銅とテラコッタの像は、西アフリカ美術の極めてすぐれた代表例とされている。

イーフェルテン Iferten ⇒イベルドン Yverdon

イプサンブル Ipsambul ⇒アブ・シンベル Abu Simbel

イーブシャム Evesham（イングランド）

イングランド中西部、ウースターシャー州の町。*バーミンガム（Birmingham）の南43km、*エイボン川（Avon River）に臨む。*レスター（Leicester）伯シモン・ド・モンフォールが反乱を起こしたが、1265年8月4日にこの町でイングランド皇太子エドワードの率いるヘンリ3世軍により敗死させられた。

イプシランティ Ypsilanti（合衆国）

*ミシガン（Michigan）州ワシュテノー郡の都市。ヒューロン川に臨み、*デトロイト（Detroit）の南西48kmに位置する、1825年にはインディアンの村、1809年から1820年頃にかけてはフランス人の交易所だった場所に建設された。ギリシアの愛国者デメトリオス・イプシランティに因んで命名された。

イプスウィッチ[1] Ipswich（イングランド）

イングランド東部、*サフォーク[1]（Suffolk）州の州都であり港湾都市。*ロンドン（London）の北東107km、オーウェル川河口の三角州の奥に位置する。ローマ時代から人が住み、991年にバイキングの略奪にあったものの、7～12世紀まで重要な交易拠点とされた。16世紀には*イースト・アングリア（East Anglia）地方の毛織物の輸出港として重要な役割を果たす。ここで1747～1759年まで画家のトマス・ゲインズボローが暮らし、1475年頃にウルジー枢機卿が生まれた。

イプスウィッチ[2] Ipswich（合衆国）

*マサチューセッツ（Massachusetts）州北東部の町。*ボストン[2]（Boston）の北北東45km、*ローウェル（Lowell）の東37kmに位置し、イプスウィッチ湾に臨む。町の歴史は植民地時代に遡り、1764年に建造されたアメリカ最古の石橋チョート橋がある。

イプソス Ipsus（トルコ）

トルコ中西部、コニヤ県の村。古代*フリギア（Phrygia）地方南部、*アクシェヒル（Akşehir）の北西に位置する。アレクサンドロス大王の後継者たちによる、ディアドコイ戦争中の前301年、*小アジア（Asia Minor）の王アンティゴノス1世が、ここでリュシマコスとセレウコスに破れ、戦死した。この戦争により、アレクサンドロス大王の興した帝国の崩壊が決定的となった。
⇒マケドニア王国 Macedon, Empire of

イブトー Yvetot（フランス）

セーヌ-マリティム県の町。*ルーアン[2]（Rouen）の北西32kmに位置する。15～16世紀にかけての小さな君主国で、領主は王の地位にあり、1813年には歌手ベランジェの最も有名な歌、《イブトーの王さま》のモチーフとなった。宗教戦争中の1592年にアンリ4世がこの地でカトリック同盟を破った。

イフ島 If （フランス）

地中海の島で、*マルセイユ（Marseilles）の南岸沖3kmに位置する。1524年にフランソワ1世が築き、デュマの小説『モンテクリスト伯』で有名になった城塞、シャトー・ディフがある。

イフニ Ifni （モロッコ）

かつてのスペインの海外州。スペインの南西に位置し、大西洋に臨む。州都はシディ・イフニ。1476年から重要な奴隷貿易拠点、並びに漁業基地としてスペインが支配。1524年に放棄され、1860年にスペイン領として再建される。1969年にモロッコに返還された。

イブライル Ibrail ⇒ブライラ Brăila

イフラバ Jihlava ［独：Iglau イグラウ］（チェコ共和国）

チェコ共和国中西部、*モラビア[1]（Moravia）地方にある都市。イフラバ川に臨む。1227年に勅許を得て、中世には銀鉱業で知られた。1436年、フス派の権利を保証する*プラハ（Prague）和平協定が、ここで結ばれた。1618～1648年まで続いた三十年戦争中に甚大な被害を受け、第2次世界大戦前にはズデーテン地方におけるドイツ人暴動の拠点となり、戦時中ドイツ軍に占領された。

イフリキーヤ Ifriqiya ⇒チュニジア Tunisia

イブリー - シュル - セーヌ Ivry-sur-Seine （フランス）

*パリ（Paris）の南東の郊外にある、バル - ド - マルヌ県の町。*セーヌ川（Seine River）に臨む。初めは小村だったが、19世紀に工業の拠点となった。1870年にパリから移転された難病患者のための専門病院がある。

イブリー - ラ - バタイユ Ivry-la-Bataille （フランス）

フランス北部、ウール県の村。*パリ（Paris）の西64kmに位置し、ウール川に臨む。宗教戦争中の1590年3月4日、のちのアンリ4世率いるユグノー軍が、ここでマイエンヌ公率いるカトリック教徒軍に対し決定的な勝利を収めた。この勝利により、フランス国民の間でアンリの威信が高まり、アンリ4世の即位につながった。またのちにアンリがカトリックに改宗した際も、国民はその変心を容認した。

イープル Ypres ［イーペル Ieper］（ベルギー）

ベルギー西部、ウェスト - フランデレン州の都市。*オステンド（Ostend）の南西56kmに位置する。1300年に繊維産業の中心として最も盛んな時期を迎え、*ブリュージュ（Bruges）、*ヘント（Ghent）と肩を並べる当時のヨーロッパで最大規模の都市となった。住民はたびたび封建貴族に反抗し、同時に*フランス（France）、*ブルゴーニュ（Burgundy）、ハプスブルク家に対しての独立も保った。第1次世界大戦では3度の大規模な戦闘が繰り広げられた。最初は1914年11月のレース・トゥ・ザ・シー（海への競争）の最後の戦いで、イギリス軍が兵の半分を失いながらドイツ軍の進軍を止めた。次は1915年4月22日で、ドイツ軍が初めてガスを使用し大攻勢をかけたが作戦は失敗した。最後は*パッシェンデール（Passchendaele）の戦いとして知られており、1917年の7月31日に開始、11月まで続いた。イギリス軍はドイツ軍の防衛線を突破しようとしたが、泥と雨に進撃を邪魔され、イギリス軍30万人の命が失われた。イープルは第2次世界大戦でも戦場となった。

イブレア Ivrea ［古代：Eporedia エポレディア］ （イタリア）

イタリア北西部、*ピエモンテ（Piedmont）州、トリノ県の都市。*トリノ（Turin）の北東54 kmに位置する。初めサラッシ族が住んでいたが、この地の金鉱を求める*ローマ（Rome）により、前143年に征服された。中世には公国の首都となり、公国からは西暦950年にはベレンガーリオ2世、1002年にはアルドゥイーノと、二人のイタリア国王が排出された。14世紀半ばには*サボワ（Savoy）公国領となった。

イペク Ipek ⇒ペーチ[1] Peć

イベリア Iberia （ジョージア〔グルジア〕）

古代の東ジョージア〔グルジア〕地方。*コルキス（Colchis）王国と同時期の前6世紀〜前4世紀の間に、イベリア王国が建国された。前1世紀、イベリア人は*ポントス（Pontus）王国のミトリダテス6世と同盟を結び、ポンペイウス率いるローマ軍に敗れた。イベリアはのちにササン朝ペルシアに支配され、6世紀に*ビザンツ帝国（Byzantine Empire）の属州となった。
⇒ペルシア Persia

イベリア峠 Iberian Gates ⇒ダリヤル山道 Daryal Pass

イベリア半島 Iberian Peninsula （ポルトガル、スペイン）

ヨーロッパ南西部の半島。西は大西洋、東は*地中海（Mediterranean Sea）、南は*ジブラルタル（Gibraltar）海峡に面し、北東は*ピレネー山脈（Pyrenees）に接する。イベリア半島には、二つの異なる集団が定住した。新石器時代に1度、その後青銅器時代末期に再び、アフリカから移動民族が流入し、南部と東部に定着する。この民族は《イベリア人》と呼ばれたが、おそらく*エブロ川（Ebro River）流域に住んだためと思われ、半島を発見したギリシア人にはイベレスと呼ばれた。のちに《イベリア人》は、漠然と半島住民全体を指す呼称となる。スペイン北部と中部には、前8世紀〜前6世紀にかけてケルト人の大集団が移住し定住した。ケルト人は現在のポルトガルと*ガリシア（Galicia）地方に侵入したが、半島南部と東部に居住する青銅器時代のイベリア人との接触はなかった。北部、東部とバレンシア海岸地方の部族は、現在のアリカンテ県*アンプリアス（Ampurias）に存在したギリシア植民地エンポリオンの文化に多大な影響を受ける。南東部の部族は、カルタゴの植民地マラカ、セシ、アブデラ〔現在の*マラガ（Málaga）、アルムニェーカル、*アドラ（Adra）にあたる〕から来たフェニキア人の影響を受けた。また、ケルト人とイベリア人が融合し、ケルトイベリア社会が形成された。

青銅器時代のイベリア人は、半島の歴史において特異な時代を築く。前1700〜前1000年にかけて、要塞の町エル・アルガールには、その名に由来するエル・アルガール文化が花開いた。すぐれた冶金技術で知らるこの文化は、この時代、半島内や、*レバント（Levant）地方、*バレアレス諸島（Balearic Islands）との貿易に大きな影響を与えた。

前1100年頃、*テュロス[1]（Tyre）から来たフェニキア人が半島の南西部に、現在の*カディス（Cádiz）であるガディルを建設する。しかし、前654年に、やはりフェニキア人の築いた*カルタゴ[2]（Carthage）本国からの侵略者がイベリア半島の入植を始め、前500年頃にガディルを征服した。ギリシア人によって築かれたもののちにローマと同盟を結んだ都市サグン

トゥム〔現在の*サグント（Saguto）〕を、前219年にカルタゴの将軍ハミルカルが占領したため、前218年には第2次ポエニ戦争が勃発し、前201年まで続いた。前218年にエンポリオンに上陸したローマ軍は、前206年、ガディルを征服してガデスと改称する。同年*イタリカ（Italica）の町が建設された。ポエニ戦争はローマ軍の完勝に終わり、その後2世紀の間、ローマは着実にイベリア半島への影響力を拡大していった。カエサルは、対ポンペイウス戦争中の前49年に、現在の*レリダ（Lérida）であるイレルダで勝利を収め、スペイン全土を掌握した。散発的に起こるケルトイベリア人の反乱はことごとく鎮圧され、前29年に皇帝アウグストゥスがカンタブリア戦争の戦端を開いて前19年に勝利を収めると、ローマによるイベリア半島内部の支配権は確立された。のちにローマ帝国で初めての非イタリア人皇帝となったマルクス・ウルピウス・トラヤヌスは、西暦55年にイタリカで生まれた。またトラヤヌス帝が養子としたスペイン人の孤児がその後を継ぎ、ハドリアヌス帝として117～128年まで玉座に就いた。イベリア半島は最終的にローマの属州となり*タッラコネンシス（Tarraconensis）、*バエティカ（Baetica）、*ルシタニア（Lusitania）の三つに分割された。今もイベリア半島にはローマ街道が縦横に走り、*バルセロナ（Barcelona）、*タラゴナ（Tarragona）、*メリダ[2]（Mérida）、イタリカ、*コルドバ[2]（Córdova）などにローマ時代の多数の遺跡が見られる。4世紀には半島全体が統合され、ローマ帝国再編に際してスペイン属州となった。

534年に西ゴート人がイベリア半島に侵攻しローマの統治は終焉を迎え、西ゴート人が712年まで支配権を握る。西ゴート人の建てた王国は、北西部のスエビ王国と北部のバスクを除く全半島を統一し、*トレド[2]（Toledo）に首都を定めた。*西ゴート王国（Visigothic Kingdom）は当初、成文法に基づく強力な統治を行なっていたが、繰り返し内紛が起こったため、すぐに弱体化した。575年頃*ビザンツ帝国（Byzantine Empire）がスペイン南部を征服したが、西ゴート王国は625年までにその領土を奪還する。711年には、イスラーム教徒の将軍ターリクがジブラルタルに上陸し、侵略軍を率いて西ゴート人を駆逐したあと、キリスト教徒が住む半島北部と北西部、バスク人居住地域、カロリング帝国のスペイン辺境地を除く半島全体を手中に収め、一時的にフランスにも侵入した。

それに伴って、ムーア人の芸術文化、建築様式が花開き、特にトレド、コルドバ、*セビリア（Seville）で盛んになった。*グラナダ[2]（Granada）にはアルハンブラ宮殿などの壮麗な建物が立ち並んだ。ムーア人のイベリア支配は、756～926年まで続くコルドバの首長国と、929～1031年まで続くコルドバのカリフ国家を基に確立され、イスラーム教世界全体の主要拠点となった。

しかしムーア人も、*アストゥリアス[1]（Asturias）王国や*バルセロナ（Barcelona）伯領をはじめとする半島北部のキリスト教国家征服までには至らなかった。アストゥリアス王国は拡大して10世紀に*レオン[3]（León）王国と*カスティリア（Castile）伯領となり、一方、バスク人居住地域は*ナバラ（Navarre）王国を形成した。これらのキリスト教国家はムーア人国家に対して絶えず抵抗して戦い、やがて他の西ヨーロッパ諸国から十字軍の助勢を得て、攻撃に転じる。1031年のコルドバ・カリフ国家崩壊を受け、それまで徐々に進められてきたキリスト教徒の征服活動《レコ

ンキスタ》が本格化した。1037 年にはカスティリアとレオン王国が統合された。北東部では、1035 年までに*バレンシア[1] (Valencia) と*カタロニア (Catalonia)（バルセロナ）が統合され*アラゴン (Aragon) 王国が形成された。

　北部の両王国は着実に版図を広げた。アラゴン王国のフェルディナンド 2 世とカスティリアのイザベルが結婚すると、両国は統一され、現代のスペインとなった。1481 ～ 1492 年にかけて、グラナダに残った最後のムーア人国家がスペイン王国により放逐された。同 1492 年、スペインの後ろ盾で航海に出たコロンブスが新大陸に到達し、スペインはほぼ 2 世紀の間、植民地帝国として発展した。また 12 世紀に、イベリア半島西部の一隅がアルフォンソ 1 世の下で独立王国ポルトガルとなり、15 ～ 16 世紀にはスペイン同様、主要な宗主国となった。
⇒フェニキア Phoenicia, ローマ Rome

イーペル Ieper ⇒**イープル Ypres**

イベルス Iberus ⇒**エブロ川 Ebro River**

イベルドン Yverdon［Yverdun］［古代：Eburodunum エブロドゥヌム；独：Iferten イーフェルテン］（スイス）
スイス西部にある*ボー (Vaud) 州の町。*ローザンヌ (Lausanne) の北 29km、ヌーシャテル湖の南端に位置する。教育者のハインリッヒ・ペスタロッチが 1805 ～ 1825 年にかけてこの地にある 13 世紀に建てられた城で実験的授業を行なった。この城とローマ遺跡の遺る古い温泉、18 世紀の教会が名所である。

イポー Ipoh（マレーシア）
ペラ州の州都。*マレー半島 (Malay Peninsula) 中部、*クアラルンプール (Kuala Lumpur) の北北西 176 km に位置する。豊富な錫産地にあり、イギリスの会社がこの地域の開発を始めた 19 世紀末に発展した。現在はマレーシアの錫鉱業の中心地。華僑人口が多いため、数々の重要な岩窟寺院がある。第 2 次世界大戦中は、この地域の大部分とともに、*日本 (Japan) に占領された。

イミトス Hymettus［ギリシア語：Imittós］（ギリシア）
*アテネ (Athens) の東および東南に位置し、*アッティカ (Attica) 地方にある山脈。古代から大理石の採石地であり、ここで産出された大理石が古代アテネの建設に使われた。

イミンガム Immingham（イングランド）
イングランド北東部、*リンカンシャー (Lincolnshire) 北東部の港町。*グリムズビー (Grimsby) の北西 8 km に位置し、ハンバー川に臨む。この町のすぐ北にある小さな港から、ピルグリムファーザーズの一部がホラント行きの船に乗り込んだ。その後 1620 年に、一行はホラントから《メイフラワー号》でアメリカへ渡航し、*マサチューセッツ (Massachusetts) の*プリマス[1] (Plymouth) 植民地を設立した。

イムディーナ Mdina［旧名：Città Notabile チッタ・ノタビル；Città Vecchia チッタ・ベッチア；Notabile ノタビル］（マルタ）
マルタ西部の都市。バレッタの西 11km に位置する。歴史は青銅器時代まで遡るものと思われる。古代には岩山の頂に砦が 11 築かれた。1570 年までマルタの首都だったが、首都はその後*バレッタ (Valletta) に移った。1565 年、トルコ人の*オスマン帝国 (Ottoman Empire) の大軍が、その大

軍を上回る軍勢の聖ヨハネ騎士団をここで包囲したが、頑強な砦のおかげで騎士団は難を逃れる。古代カルタゴ時代、ローマ時代および中世の大規模な砦をはじめとする建造物が有名で、また聖パウロが訪れたと言われている。イムディーナとラバト近郊にはキリスト教以前の地下埋葬場がある。

イムロズ島 İmroz Adası ⇒ギョクチェアダ Gökçeada

イムワス Imwas ⇒エマウス Emmaus

イメリティア Imeritia ［イメレティア Imeretia］（ジョージア〔グルジア〕）

ジョージア〔グルジア〕西部の地方。1442年以来独立した王国（首都は*クタイシ（Kutaisi））だったが、16世紀に繰り返しトルコ軍に侵略され、1750～1770年までトルコの占領下に置かれた。1810年には*ロシア（Russia）に併合された。

イメリナ Imerina ［Emyrna］［仏：Emyrne, Imêrina］（マダガスカル）

アンタナナリボ州の山岳地域。初めはマダガスカル原住民族であるホバ族の王の本拠地だったが、1770年にヨーロッパ人が初めて訪れ、奴隷貿易の拠点となった。1895年、*フランス（France）領となる。

イメレティア Imeretia ⇒イメリティア Imeritia

イモラ Imola ［古代：Forum Cornelii フォルム・コルネリイ］（イタリア）

イタリア北部、*エミリア - ロマーニャ（Emilia-Romagna）州ボローニャ県の都市。*ボローニャ（Bologna）の南東34 kmに位置する。前82年にローマの独裁官ルキウス・

コルネリウス・スラが築いたローマ帝国の町で、11世紀に自由都市となり、16世紀には教皇領とされた。アエミリア街道上に築かれた多くのローマ植民地の一つで、同街道が町の中心を貫いている。
⇒教皇領 Papal States

イラク Iraq

アジア南西部の国。東は*イラン（Iran）、北は*トルコ（Turkey）、西は*シリア ²（Syria）および*ヨルダン（Jordan）、南は*クウェート（Kuwait）および*サウジアラビア（Saudi Arabia）と、多くの中東諸国と国境を接し、*ペルシア湾（Persian Gulf）への出口もある。国土の南西部は砂漠で、残りは*チグリス川（Tigris River）および*ユーフラテス川（Euphrates River）の流域。この二つの川はペルシア湾附近で合流し、*シャットル - アラブ川（Shatt-al-'Arab）となる。イラクの住民は、北部のクルド人、中部のスンニー派アラブ人、南部のシーア派アラブ人の三つの主なグループに分けられる。その大多数がイスラーム教徒だが各々教義が異なり、互いに反目しあってきた歴史を持つ。現在の国家は*メソポタミア（Mesopotamia）とほぼ同じ領域を占め、*アッカド（Akkad）、*アッシリア（Assyria）、*バビロニア（Babylonia）、*シュメール（Sumer）などの初期文明の発祥の地である。7世紀にアラブ人がこの地域を征服し、8世紀に*アッバース朝（Abbasid Caliphate）が*バグダード（Baghdad）を都に定め、この王朝は1258年まで存続した。16世紀には*オスマン帝国（Ottoman Empire）がメソポタミアを支配する。

　第1次世界大戦中にこの地域に侵攻したイギリス軍は、トルコからの独立を求める勢力が1920年に起こした内乱を鎮圧し、1921年に国際連盟からイラクの統治を委任されて受諾すると、ファイサル1

世を王とする君主制を打ち立てた。第2次世界大戦中の1941年には親ドイツ勢力が政権を掌握するが、イギリスに統治権を奪回された。1958年にクーデターが起こり、1939年に即位したファイサル2世が弑逆され、君主制は崩壊した。さらに1963年には社会主義勢力、バース党による政変が起こる。以降、未遂に終わったものも含め、繰り返し政変が企てられた。

イラクは1948年、1956年、1967年、1973年に、他のアラブ諸国とともに対*イスラエル（Israel）戦争に加わって敗れる。イラク北東部のクルド人勢力が自治権を求め、1960年代、さらに1974年にイラク政府と戦った。1979年、政権を握ったサダム・フセインは、直ちに政敵を粛清する。シャットル-アラブ川をめぐる対立が激化し、1980年にイラクはイランとの全面戦争に突入した。この戦争では両国軍ともに毒ガスを使用したため、機械化された近代戦ではなく、第1次世界大戦の塹壕戦のような様相を呈したが、フセインは国内で反乱を起こしたクルド人に対しても毒ガスを用いた。1988年、イラン・イラク戦争は終結する。フセインは軍備を強化し続け、1990年に突如クウェートに侵攻して湾岸戦争を引き起こし、占領したクウェートをイラクの一県として併合すると宣言した。国連はイラクに対して経済制裁を実施し、撤退を要求。1991年初頭には、アメリカおよび連合国が、サウジアラビアから、イラク国内の攻撃目標に空爆を行なった。その報復として、イラクはサウジアラビアとイスラエルの諸都市をスカッドミサイルで攻撃した。大規模な軍事力増強ののち、連合軍はクウェートを解放し、イラク国内でイラク軍を包囲した。連合軍との交戦中も、イラクの精鋭、共和国防衛隊には損害がなかったため、フセインは依然として権力を維持した。

イラク北部と南部に飛行禁止区域が設けられると、この地域のクルド人およびシーア派住民は、イラク政府軍の敗北に乗じて反乱を起こすが、政府軍に制圧される。1994年にイラクは再びクウェート国境に軍を集結させるが、アメリカをはじめとする多国籍軍が派遣されたため、撤退を余儀なくされた。1996年、国連がイラクと交渉した後、イラクが人道的な物資と交換する形で石油を輸出する、石油食料交換プログラムが実施された。同プログラムにより、イラクは食料や医薬品などの必需物資を調達したが、資金の一部はイラク軍に流用された。1997年、イラクが密かに大量破壊兵器の開発を進めていることを裏付けるため、国連は査察を開始。1999年にイラクが国連査察団への協力を拒否すると、アメリカとイギリスはイラク国内の攻撃目標に空爆を開始した。

2001年の9.11アメリカ同時テロ攻撃以降、アメリカ政府はイラク戦争の準備を進め、イラクの兵器計画およびテロリストとの関連疑惑の証拠を強く主張する外交・広報活動に乗り出す。2002年、政権への国民投票で100%の信任を得、フセインはさらに7年間大統領の座に就くこととなった。2002年12月、国連査察団はイラク国内に大量破壊兵器は発見できなかったと発表。2003年3月、アメリカ、イギリスをはじめとする連合国軍はイラクに侵攻し、直ちにイラク全土を占領した。フセイン大統領およびその支持者たちは、投降あるいは潜伏した。イラクの体制変革は当初成功したが、フセインが逮捕されても大量破壊兵器が発見されないことから、アメリカの信用は失墜した。さらにアブグレイブ刑務所におけるアメリカ軍憲兵のイラク人捕虜虐待が発覚す

ると、アメリカの信用はさらに損なわれた。イラクでは、武装組織の反政府活動が、特にバグダード周辺の「スンニートライアングル」と呼ばれる地域を中心に活発化し、戦後の復興の妨げとなっている。2005年、民主的に選出されたイラク議会が、イラクの新憲法制定に着手した。

イラクの首都はバグダードで、他の主要都市としては*バスラ[1] (Basra) と*モースル (Mosul) がある。

イラクリオン Herakleion [カンディア Candia]

[ギリシア語：Iráklion イラクリオン] (ギリシア) *クレタ島 (Crete) 北岸の港湾都市。*カニア (Canea) の東120 kmに位置する。クレタ島最大の都市で、9世紀にサラセン人のイスラーム教徒が築いた。961年には*ビザンツ帝国 (Byzantine Empire) 皇帝ニケフォロス2世に再征服される。13～17世紀まで、*ベネツィア (Venice) の植民地となった。1669年、*オスマン帝国 (Ottoman Empire) に占領され、1913年にギリシアの領土となった。第2次世界大戦中の1941年にドイツ軍が侵攻し都市は荒廃した。

イラプアト Irapuato (メキシコ)

メキシコ中北部、グアナフアト州の都市。*レオン[1] (León) の北西56 kmに位置する。1547年に築かれ、植民地戦争および独立戦争中に、多数の戦いの舞台となった。

イラワジ川 Irrawaddy River [Irawadi] (ミャンマー)

ミャンマー北部、ミッチーナーの北で形成される川。1,600 kmの距離を南に流れ、ミャンマー中部を通り、*ヤンゴン (Yangon) 附近でベンガル湾に注ぐ。アジア有数の大河で、ミャンマー経済にとって極めて重要な河川で、交通網としても不可欠。

イワラジ川のデルタ地帯は世界有数の米作地である。

イラン Iran [イラン・イスラーム共和国 Islamic Republic of Iran] [旧名：Persia ペルシア]

アジア南西部の国。西は*イラク (Iraq) および*トルコ (Turkey)、北は*アルメニア[2] (Armenia)、*アゼルバイジャン[2] (Azerbaijan)、*カスピ海 (Caspian Sea) および*トルクメニスタン (Turkmenistan)、東は*アフガニスタン (Afghanistan) および*パキスタン (Pakistan)、南は*ペルシア湾 (Persian Gulf) およびアラビア海と接する。1935年、ペルシアのシャー (国王) が国名をペルシアからイランに改称した。第2次世界大戦中、シャーはドイツへの協力を疑われ、1941年8月にイギリス軍およびソビエト軍がイランを占領した。翌月、シャーは退位し、息子のムハンマド・レザー・シャー・パフラビーに王位を譲った。終戦後ソ連はイラン北部で反乱を扇動し、イランからの撤兵を拒む。イランは国連に抗議し、1946年5月にソビエトは撤退した。1951年には、激しい民族主義運動の結果、石油産業が国有化される。厳しい経済状態と外国排斥感情の高まりから、政情不安が続いたが、1957年には戒厳令が16年ぶりに解除された。イランは、中東の防衛のための中央条約機構に加盟し、軍事的・経済的援助を行なうアメリカと親密な関係を構築した。1963年、シャーは、土地再分配や女性解放をはじめとする一連の改革に着手する。また、巨額の石油収益を用いて、この地域で最強の軍隊を作りあげようとした。

シャーが厳しい弾圧を行なったこと、国民の大多数が依然貧困の中にあること、イランの西洋化に反対する保守派のイスラーム軍が復活したことで、シャーの統治に対する不満が高まる。その支持基盤

イランシア　197

は衰微の一途をたどり、1979年1月16日、ついにシャーは亡命に追い込まれた。その直後、アヤトラ・ルホラ・ホメイニ率いるイスラーム教指導者たちが権力を掌握し、イスラーム共和国が樹立される。反アメリカ感情が嵩じた結果、同年11月4日に在*テヘラン（Teheran）・アメリカ大使館占拠事件が起こり、大使館の人質は1981年1月20日にようやく解放された。1980年9月、国境をめぐる争いから隣国イラクがイランを攻撃する。イラク軍のイラン侵攻後、戦況は膠着状態に陥り、イラン側の攻撃にも戦局が動くことはなかった。1988年、アメリカ海軍の戦艦がイランの民間航空機を誤爆し、乗客乗員全員が死亡する。イラン・イラク戦争は、国連の調停により1988年に終結した。

　終戦後、イランは経済再建に着手し、資源豊富な石油産業による外貨獲得に、特に力を入れた。1989年にホメイニが死去すると、大統領サイード・アリ・ハメネイが後を継ぎイランの最高指導者となる。その直後、比較的穏健派とされるアリ・アクバル・ラフサンジャニが大統領後任となり、西洋諸国との関係改善を模索した。1990年、イラン北部で大地震が発生し、死亡者は4万人近くにのぼった。同年、イランはイラクのクウェート侵攻を非難するが、アメリカ主導の反イラク合同軍を支援しながらも、イラク軍機が合同軍から逃れてイラン領空に退避することを許した。戦争被害とその後の余波により、100万人を超えるクルド人難民がイラク国境を越えてイランに逃れた。

　1993年、ラフサンジャニが大統領に再選される。1995年にアメリカがイランの国際的なテロ支援と大量破壊兵器の開発を非難して、イランに対し貿易禁止措置をとった。1997年には穏健自由主義者でイスラーム教聖職者のムハンマド・ハタ

ミが大統領に選出される。1990年代にヨーロッパの数カ国がイランとの国交を正常化させる中、アメリカは、イラン政権の国際テロ支援と兵器拡散を理由に、イランに対する外交・経済戦争を継続させた。1999年、民主化要求デモと政府支持派の対抗デモが続き、反体制派と報道機関に対する政府の厳しい締めつけを招く。2000年の選挙では改革派が議会の多数派を占めるが、改革派の報道機関は、宗教的指導者達によって排除された。2001年、ハタミ大統領は大差をつけて再選されたが、非宗教的な議会と、宗教上保守的な司法組織である監督者評議会との間の軋轢が高まる。2004年の選挙では保守派が議会の主導権を握ったものの、過激派と旧派とに分裂した。2005年、反アメリカ主義のムハンマド・アフマディネジャドが大統領に選出される。ヨーロッパ連合（EU）、アメリカ、ロシアが、イランの核開発計画に関してイランと協議を続けている。

　イランの首都はテヘランで、他に主要都市としては、北東部の*マシュハド（Mashhad）、北西部の*タブリーズ（Tabriz）、西部の*ハマダーン（Hamadan）、中西部の*イスファハーン（Isfahan）、南西部の*アーバーダーン（Abādān）と*シーラーズ（Shīrāz）がある。また、イランと*オマーン（Oman）を隔て、インド洋およびオマーン湾からの*ペルシア湾（Persian Gulf）への出入りを制する、戦略上重要な*ホルムズ（Hormuz）海峡に臨む。

イラン・イスラーム共和国 Islamic Republic of Iran ⇒ イラン Iran

イーラン・シアー Eilean Siar ⇒ ウェスタン・アイルズ Western Isles

イーラーンシャハル Iranshahr [Fahrej] （イラン）

イラン南東部、システアーン・バ・バルチスターン州の町。バンプールの東24 kmに位置する。アレクサンドロス大王が前325年インド遠征からの帰路に通過した、古代*ゲドロシア（Gedrosia）の首都プラの跡に築かれたとされる。現在の町は1892年に建設された。

イーラーンツラーフタ〔エーランズラーフタ〕Elandslaagte （南アフリカ）

南アフリカ共和国東部、*クワズールー-ナタール（KwaZulu-Natal）州の町。*レディースミス（Ladysmith）の北東24kmに位置する。南アフリカ戦争中の1899年10月21日、ペトルス・ジュベール将軍の率いるボーア（ブール）人がここでサー・ジョージ・ホワイト将軍の率いるイギリス軍に一時的ながら撃退された。

イーリー Ely （イングランド）

イングランド東部、*ケンブリッジシャー（Cambridgeshire）州の都市。*ケンブリッジ¹（Cambridge）の北北東24km、ウーズ川に臨む。かつては湿地帯の島にあり、1071年に征服王ウィリアムにヘリウォードが最後の抵抗をした場所。イーリー大聖堂はイングランドで最大級の聖堂で、673年に聖エセルドレダが建設したが、870年にデーン人に破壊された女子修道院の跡地に建てられた。

イリア Iliá ⇒エリス Elis

イリアン・ジャヤ Irian Jaya ［イリアン・バラット Irian Barat］［Papua パプア, West Irian 西イリアン, West New Guinea 西ニューギニア］[旧名: Dutch New Guinea/Netherlands New Guinea オランダ領ニューギニア］（インドネシア）

*ニューギニア（New Guinea）島の西部と、西太平洋上にある約12の島からなる州。1606年にオランダ人が来航し、1848年にオランダが領有権を主張する。第2次世界大戦中の1942〜1944年まで日本軍に占領され、1949年にオランダの支配下に戻った。インドネシアがこの地域の領有権を主張して、1962年に武力介入を行なったあと、1969年の国民投票により、インドネシアの統治権が認められた。2002年に州名がパプア州に改称された。2003年、同州の西端のドベライ半島（旧フォーヘルコップ半島）部分が分離され、西イリアン・ジャヤ州となった。

イリアン・バラット Irian Barat ⇒イリアン・ジャヤ Irian Jaya

イリウム Ilium ⇒トロイ¹ Troy （トルコ）

イリオス Ilios ⇒トロイ¹ Troy （トルコ）

イーリオン Ilion ⇒トロイ¹ Troy （トルコ）

イリ川 Ili River （中国、カザフスタン）

中国の*シンチヤン〔新疆〕ウイグル〔維吾爾〕（Xinjiang Uygur）自治区北西部に源を発し、西に流れてカザフスタンのバルハシ湖に注ぐ川。イリ川流域の肥沃な土地には、初め中国人が住んでいた。19世紀にロシア人がこの地域に入植を始め、中国人との間にしばしば衝突を引き起こした。1871年、ロシア軍がイリ川全域に侵入を開始し、1881年にはロシアと中国間の国境が定められ、中国側は旧領土の東

部分のみを確保した。

イリキ Ilici ⇒エルチェ Elche

イーリー島 Ely, Iles of（イングランド）

イングランド東部、*ケンブリッジシャー
（Cambridgeshire）州の北部にかつてあった州。
沼沢に囲まれていた。新石器時代から人
が住み、1066年にノルマン人によるイン
グランド征服後、ヘリウォードが避難し
た土地。

イリトゥルギス Illiturgis ⇒アンドゥハル
Andujar

イリノイ Illinois（合衆国）

合衆国北部の中央寄りに位置する、中西
部州。東は*インディアナ（Indiana）州、
南は*ミズーリ（Missouri）州と*ケンタッ
キー（Kentucky）州、西は*アイオワ（Iowa）
州とミズーリ州、北は*ウィスコンシン
（Wisconsin）州と接する。1818年に合衆国
の21番目の州となる。肥沃な大平原が広
がることから、《プレーリー州》と呼ばれ、
北と東は*ミシガン湖（Michigan, Lake）、西
は*ミシシッピ川（Mississippi River）、南は*オ
ハイオ川（Ohio River）に挟まれている。イ
リノイとは、インディアンの部族の名。

最初の居住者は、*メキシコ（Mexico）北
部の部族から分かれて*カホキア（Cahokia）
附近に移住した《土塁築造人》と呼ばれ
るインディアンとされる。その後イリノ
イ族、ソーク族、フォックス族をはじめ
とするインディアン部族がこの地方に移
り住んだ。1673年、マルケット神父とル
イ・ジョリエがヨーロッパ人探検家とし
て初めてこの地に到達する。マルケット
は2年後に再び戻り、ここに伝道所を設
立した。フランスの探検家ルネ-ロベール・
カブリエ・ド・ラ・サールが1680年にク

レブクール砦を建設し、2年後にアンリ・
デ・トンティがセント・ルイス砦の建設
に着手した。主に毛皮交易が、人々をこ
の地に引き寄せる原因となった。

1763年のフレンチ・インディアン戦争
終結を受け、*フランス（France）は*イギ
リス（United Kingdom）に、ミシシッピ川以東、
オハイオ川以北の全地域を割譲したが、
イギリスも、1766年にオタワ族長ポンティ
アックを破りインディアンの抵抗を阻
止するまでは、この地域を活用できなか
った。独立戦争の間、バージニア出身の
ジョージ・ロジャース・クラークがイリ
ノイ方面作戦においてカホキアと*カス
カスキア（Kaskaskia）を占領し、同作戦の
結果、この地域全体がアメリカ領となる。
1787年の法令により、イリノイは*ノー
スウェスト・テリトリーズ²〔北西部領地〕
（Northwest Territory）となった。1800年には
インディアナ準州の一部となり、1809年
には分離してイリノイ準州となる。最初
の州都はカスカスキアだった。1812年戦
争〔アメリカ・イギリス戦争〕中、イギ
リスの助勢を得たインディアンが、現在
の*シカゴ（Chicago）である*ディアボー
ン砦（Fort Dearborn）でアメリカ人を虐殺
したが、1832年のブラック・ホーク戦争
により、インディアンは抵抗を阻止され、
州内から排除された。

イリノイ州は急速に発展し、一時的に
土地投機が活発化する。同時期の1837
年、奴隷制廃止論者で新聞編集者のイラ
イジャ・ラブジョイが*オールトン（Alton）
で暴徒に殺され、1844年には*ノーブー
（Nauvoo）でモルモン教の教祖ジョセフ・
スミスとその弟が私刑により殺害された。
1847年にシカゴで農機具工場が開業し、
工業発展の端緒となる。1850年代には州
内に鉄道が開通した。1858年、奴隷制問
題をめぐり、イリノイ州議員であるリン

カーンとダグラスによる討論が行なわれて衆目を集めたが、この二人が候補となった 1860 年の大統領選においても論争が繰り返された。南北戦争において、イリノイ州は北軍を支持したが、州南部には南軍びいきの風潮があった。

南北戦争後、産業が飛躍的に発展し、シカゴは国内の鉄道網と食肉加工業の中枢となる。1871 年の火事により、シカゴ市街の大部分が焼失したが、直ちに復興を遂げた。19 世末、農民の起こしたグレンジャー運動が、銀行や鉄道会社や穀物倉庫業者に対する暴動へと発展した。また労働運動も不満を募らせ、暴動が発生する。その最たる例が、1886 年の*ヘイマーケット・スクエア (Haymarket Square) 事件と、1894 年のプルマンストライキだった。20 世紀に入ってからも、1922 年に*ヘーリン (Herrin) で炭鉱労働者のストライキが、また 1937 年にシカゴで鉄鋼業のストライキが起こり、対立は続いた。

州内でも突出した規模の最大都市圏シカゴは、1959 年にセント・ローレンス水路が開通し、主要港となったことで追い風を受けたが、今なお活気に満ちている。またシカゴは、リチャード・デイリー市長の下、大都市における旧来の政党集票組織が最後まで残っていた都市で、1970 年代に入ってもしばらくその状態が続いた。

イリノイ州の州都は*スプリングフィールド[1] (Springfield) で、エイブラハム・リンカーンが生前に暮らし、死後はここに埋葬された。他に*ピオリア (Peoria)、ロックフォードなどの都市がある。

イリパ Ilipa ⇒シルピア Silpia

イリベリス[1] Illiberis (フランス) ⇒エルヌ Elne

イリベリス[2] Illiberis (スペイン) ⇒グラナダ[2] Granada

イーリャ・ダス・フロレス〔フロレス島〕 Ilha das Flores ⇒フロレス[3] Flores (ポルトガル)

イリュリア Illyria (アルバニア、ボスニア・ヘルツェゴビナ、クロアチア、セルビア、モンテネグロ、スロベニア)

バルカン半島北西部、アドリア海の東沿岸に存在した古代国家。かつてのユーゴスラビアの一部分と現在のアルバニアの一部を領域とした。先史時代に好戦的なイリュリア人がここに定住し、前 6 世紀にギリシア人がこの地域に複数の都市を築いた。*マケドニア (Macedonia) のフィリッポス 2 世が征服を試みて失敗する。前 3 世紀にはイリュリア人が王国を興し、現在の*シュコデル (Shkodër) である、シュコダルに都を定めた。イリュリア人による海賊行為が*ローマ (Rome) の敵意を煽り、前 167 年のシュコダル陥落の数年後、この地域は属州*イリュリクム (Illyricum) として*ローマ帝国 (Roman Empire) に併合された。

イリュリア州 Illyrian Provinces (オーストリア、クロアチア、スロベニア、イタリア)

ナポレオンのフランス帝国の 1 州で、*ダルマチア (Dalmatia) の海岸沿いに存在した。1809 年のシェーンブルン条約により、ナポレオンがオーストリアからこの地域を獲得。イリュリア州の統治者マルモン元帥は、ナポレオン法典を導入し、この地域の法制度とした。この時期の政治的統一が、のちの 1830 年代および 1840 年代に発展するスラブ人の民族主義運動の種を蒔いた。1814 年、イリュリア州はオーストリアに割譲された。

イリュリクム Illyricum （アルバニア、ボスニア・ヘルツェゴビナ、クロアチア、セルビア、モンテネグロ、スロベニア）

*ローマ帝国（Roman Empire）の属州。*アドリア海（Adriatic Sea）の東岸沿いに存在し、アルバニアのドリン川からクロアチアの*イストラ（Istra）半島までを領域とした。*シュコデル（Shkodër）陥落後の前167年に、初めてローマの属州となり、前2世紀および前1世紀に*ダルマチア（Dalmatia）全域を征服して領土を拡大した。紀元後4世紀には領域を南北に大きく広げ、ローマ帝国の分割統治領の一つとなった。ダルマチアのディオクレアで生まれたディオクレティアヌス帝（在位284〜305）は領内の*スプリト（Split）に都を定め、退位後は同じく領内のサロナで暮らした。
⇒イリュリア Illyria

イル - オー - ノワ Île-Aux-Noix （カナダ）

*ケベック²（Quebec）州南部、*サン - ジャン（Saint-Jean）附近にある、リシリュー川の島。フレンチ・インディアン戦争中の1759年、フランス軍によってここに要塞が建設された。1760年にイギリス軍が占領したものの、1775年にアメリカ軍に攻略され、1776年には放棄される。以降、この島は、アメリカに対するイギリス軍の*シャンプレーン湖（Champlain, Lake）方面作戦に使用された。

イルキルシュ - グラフェンスタデン Illkirch-Graffenstaden （フランス）

バラン県にある*ストラスブール（Strasbourg）郊外の町。1681年、ここでストラスブールが降伏文書に調印し、正式にフランス王ルイ14世に降伏した。

イルクーツク Irkutsk （ロシア）

ロシア中東部イルクーツク州の州都。クラスノヤルスクの南東800kmに位置する。1654年にコサックの要塞として築かれ、1822年に東*シベリア（Siberia）総督府が置かれた。1898年にシベリア鉄道が開通すると、沿線の主要都市となる。18世紀から政治犯の流刑地とされ、ロシア革命中の1918〜1921年にかけて、激戦の舞台となった。

イルクリー Ilkley （イングランド）

イングランド北部、ウェスト*ヨークシャー（Yorkshire）州にある温泉の町。*リーズ²（Leeds）の北西24kmに位置する。紀元1世紀にはローマの要塞があった。要塞の周囲に集落が発達し、4世紀まではほぼ一貫して人が住んでいた。町の共同墓地にはアングロ - サクソン十字が遺る。

イル・コモール Îles Comores ⇒ コモロ Comoros

イル・ス・ル・バン Îles Sous le Vent ⇒ リーワード諸島 Leeward Islands

イルチェスター Ilchester ［旧名：Gifelcestre, Ivelcestre, Ivelchester, Yevelchester］（イングランド）

イングランド南西部、*サマセット（Somerset）州の町。*ヨービル（Yeovil）の北西8kmに位置する。北方の部族ドゥロトリゲス族の都だったが、ローマ軍に征服された。10世紀にイングランド王エドガーがここに設立した王立造幣局は、13世紀まで使用された。

イルティシ川 Irtysh river ［Irtish］（中国、カザフスタン、ロシア）

全長4,248kmの川。中国の*シンチヤン〔新疆〕ウイグル〔維吾爾〕（Xinjiang Uygur）

自治区に源を発し、西に流れて＊カザフスタン（Kazakhstan）を抜け、ロシアのハンティ・マンシースク附近でオビ川に合流する。＊シベリア（Siberia）西部の主要な川で、流域には元来、中国人、カルムイク人、モンゴル人が住んでいたが、16世紀にロシア人が侵入し、19世紀までには、この地域を完全に支配下においた。

イル・デ・コンフェレン Île de la Conférence ⇒**フェザント島** Pheasants, Isle of

イル・デ・パン Île des Pins ⇒**パインズ諸島** Pines, Isle of

イル・デ・フェザン Île des Faisans ⇒**フェザント島** Pheasants, Isle of

イル・デュ・ディアブル〔ディアブル島〕 Île du Diable ⇒**悪魔島〔デビル島〕** Devil's Island

イル - ド - フランス Île-De-France（フランス）
フランスの地方。拠点となる都市は＊パリ（Paris）。古来フランスの中心地で、フランス王国発祥の地。その名称は＊セーヌ川（Seine River）、＊オアーズ川（Oise River）、＊マルヌ川（Marne River）に囲まれていることに由来する。1790年に行政上分割された。

イル・ド・フランス Île De France（モーリシャス）⇒**モーリシャス** Mauritius, **ポート・ルイス** [1] Port Louis

イル・ドレロン Île d'Oléron ⇒**オレロン** Oléron

イルバ Ilva ⇒**エルバ** Elba

イルビル Erbil〔アルビール Arbil、イルビール Irbil〕〔ラテン語：Arbela アルベラ〕（イラク）
イラク北部、イルビル県の県都。＊モースル（Mosul）の東80kmに位置する。前2000年代に建設されて以来、住人の絶えない都市で、＊アッシリア（Assyria）の主要都市の一つ。1236年、モンゴル人に征服された。1992年の湾岸戦争以降、クルド人自治区の行政府所在地となっている。
⇒**ガウガメラ** Gaugamela

イルビール Irbil ⇒**イルビル** Erbil

イルフラクーム Ilfracombe（イングランド）
イングランド南西部、＊デボン（Devon）州の町であり保養地。＊エクセター [1]（Exeter）の北西67kmに位置し、ブリストル海峡に臨む。ピューリタン革命中の1644年、王党派に占領されたが、1646年にはフェアファックス男爵率いる議会軍の攻撃により陥落した。

イルメナウ Ilmenau（ドイツ）
＊チューリンゲン（Thuringia）州の都市。＊エルフルト（Erfurt）の南38kmに位置する。1631年に＊ザクセン（Saxony）選帝侯領となり、のちに＊ザクセン - ワイマール（Saxe-Weimar）大公国に併合された。ヨハン・ボルフガング・フォン・ゲーテ（1749～1832）は、ここに暮らした時期に戯曲『イフィゲーニエ』を完成させた。

イルルコ Ilurco ⇒**ロルカ** Lorca

イール・ロワイヤル Île Royale ⇒**ケープ・ブレトン島** Cape Breton Island

イル・ロワイヨテ Îles Loyauté ⇒**ロイヤルティ諸島** Loyalty Islands

イルーン Irún（スペイン）

スペイン北部、*バスク州（Basque Provinces）、ギプスコア県の町。*サン・セバスティアン（San Sebastián）の東 14 km に位置する。1936 〜 1939 年のスペイン内戦の際、王党派の拠点となり、フランシスコ・フランコ将軍の反乱軍の攻撃に対して徹底防衛された。

イルンティ Irnthi ⇒サレルノ Salerno

イレシャ Ilesha（ナイジェリア）

ナイジェリア南西部、オスン州の町。*オショグボ（Oshogbo）の南東 24 km に位置する。かつては隊商交易の拠点であり、ヨルバ族の興した*オヨ（Oyo）王国の首都だった。19 世紀にオヨ王国が衰退すると、イレシャは*イバダン（Ibadan）に支配された。1893 年にはイギリスの統治下に置かれた。

イレルダ Ilerda ⇒レリダ Lérida

イレ・ワリー Îles Wallis ⇒ワリー・エ・フュチュナ〔ウォリス・フトゥーナ〕諸島 Wallis and Futuna Islands

イロイロ Iloilo（フィリピン）

パナイ島の南部から北東部を占める州。州都はイロイロ市。1565 年頃に初めてスペイン人がこの地に来航する。16 世紀と 17 世紀にはモロ族の海賊の襲撃を受けた。スペイン・アメリカ戦争中の 1898 年、革命政府の統治下に置かれた。

イロコスノルテ ⇒ 北イロコス〔イロコスノルテ〕Ilocos Norte（フィリピン）

イロリン Ilorin（ナイジェリア）

クワラ州の州都。*ラゴス[1]（Lagos）の北東 272 km に位置する。1800 年頃には、ヨルバ族の王国の首都だったが、1817 年に*オヨ（Oyo）王国に反逆したのち、1825 年にフラニ族の国家*ソコト（Sokoto）に併呑された。1900 年、イギリスの支配下に置かれた。

インカ帝国 Inca Empire（アルゼンチン、ボリビア、エクアドル、チリ、コロンビア）

南アメリカ北西部のアンデス地方に 1438 〜 1532 年まで存在した、アメリカ・インディオの帝国で、首都は*クスコ（Cuzco）。最盛期には、*アンデス山脈（Andes, The）沿いの西海岸地帯に、現在のコロンビア南部からチリ中部まで、全長 4,000 km にわたる領土を有した。インカ族は車輪付運搬具を持たず、文字による記録をせずに、縄を使って数などを記録する手段《キープ》を用いた。銅製、青銅製あるいは石の道具を用い、その農耕具は原始的だったが、土木や情報伝達技術、戦闘、統治の能力に優れ、神の化身である皇帝個人に権力を極度に集中させて広大な帝国を治めていた。実はこの体制が*スペイン（Spain）による征服を容易にしたともいえる。150 名の兵を率いるフランシスコ・ピサロがアタワルパ帝を捕らえて殺すと、帝国はすぐさま崩壊し、続く 10 年の間にインカ文明は事実上消滅した。

インカ帝国は、およそ前 1000 年頃までさかのぼる多くの先行文化の上に築かれた。インカ以前の文化としては、*チムー（Chimu）文化、*モチカ（Mochica）文化、*ティアワナコ（Tiahuanaco）文化、ワリ文化、チンチャ文化などが挙げられる。伝説では、インカの国を築いたのはマンコ・カパクだとされる。しかし実際には、1200 年頃〜 1440 年まで南アンデス地方で覇権を争った多数の国家の中でも、最小国の一つだった。だがインカは近隣の国を一

つずつ平定していき、パチャクテク皇帝
および息子のトゥパク皇帝の治世である
1440年頃～1490年頃に、征服の勢いを増
した。アンデス中部に存在した強力なチ
ムー王国を平定し、*キト（Quito）を征服
したワイナ・カパク皇帝の治世には帝国
の版図が最大となる。ワイナ・カパクの
二人の息子、ワスカルとアタワルパの帝
位をめぐる内乱はアタワルパの勝利に終
わり、その直後にピサロがペルーの海岸
に上陸した。

　首都クスコは、巨大な石造りの宮殿、
黄金で覆われた門のある神殿、*サクサワ
マン（Sacsahuaman）の城塞などを擁し、ク
スコに君臨する皇帝は、神の化身として、
多くの属領を支配した。全ての属領が道
路網で首都クスコとつながれ、その道を
勅命を携えた《チャスキ》と呼ばれる飛
脚や輸送用のラマが行き交った。皇族と、
それより広い階層である特権階級は、皇
帝の権威の下に自分の領地や《アイユ》
と呼ばれる農村共同体に対してクスコへ
の貢納や公共事業への労役を強要した。
インカ帝国の小規模な常備軍は、アイユ
からの徴兵によってしばしば拡大され、
治安維持や征服の実行にあたった。一方、
属領の習慣や宗教などは、そのまま容認
された。

　各属領において行政府が力を入れたの
は、*マチュピチュ（Machu Picchu）のよう
な新しいインカの町の建設や、チムー王
国の大都市*チャン・チャン（Chan Chan）
のような、かつての首都の再開発だった。
新しい属領が征服されると、まず属領の
土地検分が、次に人口調査が行なわれ、
その後に灌漑事業や土地改良の計画が立
てられ、土地の収穫量が格段に向上した。
住民は必要に応じて移住させられた。

　インカ人は卓越した土木技術を持ち、
階段状の土地造成、治水、水路系や道路

網の建設を得意とし、時には吊り橋によ
って道路網を接続した。主要な建造物は
多角形の巨大な切石によって造られ、切
石はモルタルを使わずに高い精度で組み
上げられた。インカ帝国の終焉はあっけ
なかった。必死の抵抗や1536～1537年
の反乱にもかかわらず、スペインによる
征服は1580年までに完了した。

インガビ Ingaví〔Yngavi〕（ボリビア）
ボリビア西部、*ラパス[1]（La Paz）の南に
位置するラパス県の山。1841年11月20日、
ホセ・バリビアン率いるボリビア軍が、*ペ
ルー[2]（Peru）のアグスティン・ガマーラ
率いるペルー軍をここで破った。

**イングーシ Ingush ⇒イングーシェティア
Ingushetia**

**イングーシェティア Ingushetia〔イングーシ
Ingush〕〔グルジア語：Ingusheti〕（ロシア）**
ソ連南東部に存在した旧自治州で、現在
はロシア連邦内の自治共和国。*カフカ
ス〔コーカサス〕山脈（Caucasus Mountains）
の北に位置する。かつては*オルジョニキ
ーゼ（Ordzhonikidze）を首都としたが、現
在の首都はマガス。先史時代から人が住
み、11世紀には*ジョージア[2]〔グルジア〕
（Georgia）の統治下におかれ、15世紀には
カバルダ人に支配された。1770年にはロ
シアの保護領となるが、19世紀に至るま
で住民はおおむね自治を維持していた。

イングランド England（イギリス）
*イギリス（United Kingdom）を構成する最
大の地域。首都は*ロンドン（London）で、
ロンドンはイギリスの首都でもある。*イ
ギリス海峡（English Channel）によりヨーロ
ッパ大陸から隔てられている。歴史的に
強大な海洋国家であり、かつては世界規

模の植民地帝国の中心だった。イングランド人は西洋文明の発展に大きな貢献をした。現在、世界中に広まっている議会制を作った功績も小さくない。

*ストーンヘンジ（Stonehenge）に示されるように、新石器時代・青銅器時代・鉄器時代の文化が連綿と続いた地域である。前55年にユリウス・カエサルの率いるローマ軍が侵攻したが、本格的にブリテン島を征服したのは西暦43年のクラウディウスのローマ軍からだった。1世紀末にはイングランド全域がローマの支配下に置かれ、その後、例えば西暦61年のボアディケアの率いるイケニ族の反乱のように、時折反乱はあったが、300年間ローマが支配した。ローマによる占領時代に、都市が建設され、交易が盛んになり、北方からピクト族が侵入できないようにハドリアヌス帝が長城を建設した。しかし、ローマ帝国の他の地域では、異邦人の侵攻に脅かされていて、イングランドからローマ軍が引き上げることになった。その後、ブリテン島はアングロ・サクソンとジュートの侵攻に対して無防備な状態になった。

5世紀末、新たな侵攻者が住みつき始めて、それぞれ王国を築いた。その中で*ウェセックス（Wessex）が9世紀に最大の勢力をもつようになった。同じ時期に、イングランド東部は絶えず*デンマーク（Denmark）からのバイキングの侵攻に脅かされていて、初めはウェセックス王アルフレッドがデーン人を敗走させたが、1016年にはデーン人の王カヌートがイングランドを支配した。1042年にデーン人の王家の血筋が途絶えると、証聖王エドワードが即位してウェセックスの王家が復活。

1066年、イングランドはノルマンディー公ウィリアムの侵攻を受けた。ウィリ

アムは*ヘイスティングズ[1]（Hastings）の戦いでイングランド王ハロルドを破り、ここにアングロ・サクソン時代が終焉を迎えて、ノルマン人の時代が始まった。ノルマン人の王のもとで、中央政府は強化され、封建制度が確立して国の統治が容易になった。1154年、ヘンリ2世が即位し、アキテーヌのアリエノールとの結婚によって、フランスの領土がイングランド王にもたらされた。1171年、*アイルランド（Ireland）を支配し始めた。1282年、エドワード1世が*ウェールズ（Wales）を征服し、1337年にはフランスと《百年戦争》の名で知られる長い戦いが始まった。イングランドは1346年に*クレシー（Crécy）で勝利を収め、1415年には*アジャンクール（Agincourt）でも勝利を収めたが、1428年にジャンヌ・ダルクがイングランドに包囲されていた*オルレアン（Orléans）を解放し、フランス人の民族意識を鼓舞してからはフランスの土地を保持できなくなり、1453年にはイングランドは*カレー（Calais）を除いてフランスから撤退した。14世紀になると社会と経済は新しい動きを見せるようになり、戦争と政治も新たな対応が必要となり、封建制度は立ちゆかなくなった。1455～1485年の間にイングランドの王位は*ヨーク[1]（York）家と*ランカスター[1]（Lancaster）家が争って薔薇戦争となり、大勢の貴族が死に、最後はチューダー朝のヘンリ7世が*ボズワース・フィールド（Bosworth Field）でリチャード3世を破って王位についた。

チューダー朝の治世では政治の安定が取り戻され、16世紀に宗教改革がイングランドにも波及して、ヘンリ8世は1533年にアン・ブーリンと結婚したのちにローマ教皇と決裂し、イングランド教会を設立。エリザベス1世の治世（1558～1603）にイングランド人探検家が新大

陸に到達し、しだいに拡大する海上貿易と東洋の香料諸島をめぐって*スペイン（Spain）との衝突が増えていった。イングランド侵攻を企てたスペインの無敵艦隊が、1588年にイギリス海峡でチャールズ・ハワード提督に敗れ、さらには嵐にも襲われて無残な姿をさらした。同時に、エリザベス時代は演劇・詩・音楽・建築の分野でも大きな業績を上げた学問と芸術の時代でもあった。

ステュアート王家のジェイムズ1世が即位し、*スコットランド（Scotland）とイングランドが同じ国王を戴いた。しかし、ステュアート王家の王たちは財政問題に苦しんだ。チャールズ1世は王権神授説を主張し、議会を無視したために、国王と議会の関係が著しくそこなわれ、1642年には王党派と議会派の間に内乱が起こった。1644年の*マーストン・ムーア（Marston Moor）の戦いと1645年の*ネーズビー（Naseby）の戦いで議会軍が勝利を収めたことが決定的となり、1648年には王党派の敗北が決した。1649年、チャールズ1世は処刑され、1653年、議会派の領袖だったオリバー・クロムウェルが護民卿となった。

護民卿政治は1660年まで続いたが、その後は議会が亡命中のチャールズ2世を呼び戻して即位させ、王政回復期となる。しかし、依然として議会とステュアート王家の溝、新教徒とカトリック教徒との溝は解消されずに表面化し、ジェイムズ2世を追放した1688年の名誉革命以降、王位は新教徒のオレンジ公ウィリアムとその妻でジェイムズ2世の娘メアリに継承された。二人は君主の権力を制限し、議会に最高の権限を与えた1689年の《権利章典》によって作られた体制の中で即位した。1714年、ウィリアムとメアリの娘アン女王が崩御すると、議会はハノーバー一家のジョージを国王に招き、ハノーバー王朝が始まる。

1707年、《連合法》によってイングランドとスコットランドは《連合王国》、すなわちイギリスとなる。以降、イングランドの歴史は、ほぼそのままイギリスの歴史でもある。18世紀、イギリスは海外の広大な領土を徐々に獲得していく。スペイン継承戦争を終結させた1713年の*ユトレヒト（Utrecht）条約により、イギリスはフランスから*カナダ（Canada）の一部を、スペインから*ジブラルタル（Gibraltar）と*ミノルカ（Minorca）島を獲得。その後、イギリスは1756〜1763年までの《七年戦争》の間も躍進を続けた。カナダでは1759年に*ケベック¹（Quebec）をフランスから奪い、*インド（India）では1757年の*プラッシー（Plassey）の戦いと1761年の*ポンディシェリー（Pondicherry）の戦いでフランスが領土を失った。1763年の*パリ（Paris）条約により、イギリスは世界の植民地支配の中心を占めることになる。18世紀末には*オーストラリア（Australia）の植民地化も始まった。しかし、イギリスの軍事力は1775〜1783年のアメリカ独立戦争中に脅かされることになった。1775年、北アメリカの13植民地がイギリス本国の重商主義政策に反発し、フランスの助力を得て、1781年の*ヨークタウン（Yorktown）の戦いでイギリスを破り、ついに独立を果たした。こうして*アメリカ合衆国（United States of America）が誕生。

ナポレオン戦争中、フランスを封じ込めるにはイギリス海軍の圧倒的な軍事力が決定的に重要な要素だった。ナポレオンはイギリスへの侵攻を企てたが、1805年10月21日、フランス艦隊は*トラファルガー岬（Trafalgar, Cape）にてホレイショー・ネルソン提督の指揮するイギリス艦隊に大敗を喫した。ネルソン提督自身はここ

で戦死した。ウェリントン公率いるイギリス軍を中心とする連合軍は半島戦争でナポレオンを破り、1815年には*ワーテルロー（Waterloo）でナポレオンのフランス軍がついに大敗を喫した。

一方、国内では急速な工業化が進み、イギリスは世界で最初の工業国に変貌を遂げる。摂政時代（1811〜20）以降、経済再編により政治改革の必要性も高まり、1832年と1867年には選挙法が改正された。この改正により、選挙権は中産階級と都市部の労働者にまで広がった。1837〜1901年までのビクトリア女王の治世には、イギリスは積極的で攻撃的な外交政策を打ち出して、インド帝国を拡張し、1853〜1856年までクリミア戦争で*ロシア（Russia）と戦った。ディズレーリ首相の下でアフリカと*アフガニスタン（Afghanistan）のかなりの地域が植民地となった。

しだいにイギリスの植民地政策は*ドイツ（Germany）との対立を生むことになり、イギリスはフランス、ロシアと同盟を結んで、戦争に突入した。第1次世界大戦中、イギリス軍は西部戦線で中心的な役割を果たしたが、犠牲は大きく、1918年にドイツを破った時には、国力は疲弊し、1920年代末〜1930年代初期の世界的な景気の後退は、イギリスの経済問題を悪化させた。

ヒトラーのドイツを軟化させようとしたが、功を奏さず、イギリスは1939年に再びドイツと戦争になる。フランス敗北後、イギリスは侵攻の危機にさらされたが、《ブリテンの戦い》でイギリス空軍が大活躍をし、1943年と1944年にはヨーロッパが占領された場合の連合軍の攻撃の拠点としてイギリスは無傷で守られていた。1945年、ドイツは負けたが、イギリスは再び破綻した財政の再建に取り組ま

なければならなくなる。1947年にインドが*パキスタン（Pakistan）とインドに分かれて、ともに独立したのを皮切りに、独立を要求する声が大英帝国の各地から聞こえてきた。大英帝国に代わって*イギリス連邦（Commonwealth, The）が誕生。国内では労働党政府が経済の根幹部門の国有化を進め、1972年にイギリスは《欧州共同市場》の一員となった。1970年代初期、*北海 [1]（North Sea）で油田が発見され、イギリスは大規模な産油国となった。

1979年、経済の低迷が長く続いたが、マーガレット・サッチャーのもとで保守党政府が誕生。サッチャー首相は産業の民営化を行ない、労働組合の力を大きく制限した。1982年、*アルゼンチン（Argentina）が*フォークランド諸島（Falkland Islands）に侵攻し、領有権を主張したが、イギリス海軍が出動し、即日奪還した。1983年と1987年にサッチャー首相の保守党が選挙で勝利を収めた。1984年、イギリスとフランスが海峡トンネルの掘削を開始し、1994年にトンネルが完成。1990年、ヨーロッパ統合問題をめぐりサッチャーは辞職し、ジョン・メイジャーが首相となり、1992年の選挙で保守党を勝利に導いた。1991年、イギリスは湾岸戦争に全面的に加わり、*ペルシア湾（Persian Gulf）に軍隊の配備を続けた。1990年代、イギリスと北アイルランドは和平の協議を行ない、停戦と選挙および自治権に関して合意が得られた。1997年、トニー・ブレアのもとで労働党が政権を奪取。政府はスコットランドとウェールズの自治権を拡大し、貴族の特権を制限した。2001年、労働党が再選され、ブレアはアフガニスタンと*イラク（Iraq）でのアメリカの軍事活動を支持した。

イングリア Ingria ［**インゲルマンランド** Ingermanland］［フィンランド語：Inkeri インケリ, Inkerinmaa インケリンマ；ロシア語：Ingriya イングリヤ, Ingermanlandiya インゲルマンランディヤ］（ロシア）

現在のロシアの北西部、フィンランド湾の東岸、ネバ川沿いにある地域。地域の名は、古代にこの地に住んだフィン族のインゲル人に由来する。中世には数世紀間にわたり、*ノブゴロド（Novgorod）の支配を受けたが、このノブゴロドはロシア北部全域を版図とした都市であり公国。イングリアの支配権は 1478 年に*モスクワ（Moscow）大公国のものとなり、1617 年には*スウェーデン（Sweden）がこの地域を征服する。1700 年に勃発した大北方戦争では、ピョートル大帝の治めるロシアが、*クールラント（Kurland）、*リボニア（Livonia）、*エストニア（Estonia）のバルト海地方とともに、イングリアを勝ち取った。戦争終結は 1721 年まで待つこととなったが、1703 年に*ニスタット（Nystad）条約が結ばれると、ピョートルはネバ川河畔に新首都*サンクト・ペテルブルグ（Saint Petersburg）の建設を始めた。イングリア領有により、ピョートルは念願のバルト海港「西方への窓」を手に入れた。

イングリッシュ・ターン English Turn［仏：Détour des Anglais デトゥール・デザングレ］（合衆国）

*ルイジアナ（Louisiana）州*ニュー・オーリンズ（New Orleans）のすぐ南、*ミシシッピ（Mississippi）川の蛇行部分。のちにニューオーリンズを建設したビアンビルの報告によると、1699 年、イングランドの探検隊がここまで来たところ、上流側にフランス軍が陣取っていたため、引き返したことから、イングリッシュ・ターン（イングランドの方向転換）と呼ばれるよう

になった。

イングリヤ Ingriya ⇒イングリア Ingria

インケリ Inkeri ⇒ イングリア Ingria

インケリンマ Inkerinmaa ⇒ イングリア Ingria

インゲルハイム Ingelheim（ドイツ）

*ヘッセン（Hesse）州の町。*マインツ（Mainz）の西南西 14 km に位置する。長く皇帝の住む町だった。古くから、742 年にシャルルマーニュ〔カール大帝〕が生まれた地とされ、この皇帝の宮殿跡が遺る。

インケルマン Inkerman（ウクライナ）

ウクライナの*クリミア半島（Crimea, The）にある、*セバストポリ ² （Sevastopol）の郊外。クリミア戦争中の 1854 年 11 月 5 日、フランスの将軍ブスケ率いるフランス・イギリス連合軍が、メンシコフ麾下のロシア軍をここで破った。両軍ともに甚大な被害を受けた。

インゲルマンランディヤ Ingermanlandiya ⇒イングリア Ingria

インゲルマンランド Ingermanland ⇒イングリア Ingria

インコウ〔営口〕 Yingkou［Yingkow］（中国）

*リヤオニン〔遼寧〕（Liaoning）省南部の都市。*満州（Manchuria）の渤海湾に注ぐ遼河の河口に位置する。その恵まれた立地条件から、1858 年の天津条約によりそれまで貿易を担っていた内陸のニューチヤン〔牛荘〕の役割を引き継いだ。また、1907 年までは満州で唯一の開港場だった。20 世紀には*ターリエン〔大連〕（Dailen）

と＊タントン〔丹東〕（Dandong）が新たな貿易港として台頭した。

インゴルシュタット Ingolstadt （ドイツ）

＊バイエルン（Bavaria）州の都市。＊ミュンヘン（Munich）の北 72 km に位置し、＊ドナウ川（Danube River）に臨む。西暦 806 年、初めて文献に現われる。1350 年には公国の首都となった。ここにある 1422 年創立の大学は、カトリック教会内部の改革において重要な役割を果たしたが、1800 年に＊ランツフート（Landshut）に移転された。三十年戦争中の 1632 年、インゴルシュタットは＊スウェーデン（Sweden）王グスタフ 2 世に包囲される。1800 年にフランス軍に破壊されたが、その後再建された。自動車メーカーのアウディがここに本社を置いている。

インゴンベ・イレデ Ingombe Ilede （ザンビア）

中央州にある考古学遺跡。＊ザンベジ川（Zambezi River）との合流点に近いカフエ川沿いに位置する。古代の農業集落で、東アフリカの海岸地方と交易を行なっていた。この集落が、14 世紀に栄えた＊グレート・ジンバブエ遺跡（Great Zimbabwe）以前から存在したことを示す、7 ～ 10 世紀にかけての墓所が発掘された。

インジェリメン Indjelimen ⇒アエゴスポタモス Aegospotamos

インステルブルク Insterburg ⇒チェルニャホフスク Chernyakhovsk

インスブルック Innsbruck ［古代：Veldidena ウェルディデナ］（オーストリア）

オーストリア西部、＊チロル（Tyrol）州の州都。＊ザルツブルク（Salzburg）の南西 136 km に位置し、イン川に臨む。アルプス横断交易路の＊ブレンナー峠（Brenner Pass）北端にあり、古来、戦略上の要衝とされた。1180 年に城塞化された町が築かれ、1420 年頃から領邦チロルの首都となる。1363 ～ 1918 年までハプスブルク家の統治下に置かれ、皇帝マクシミリアン 1 世（1459 ～ 1519）と女帝マリアテレジア（1717 ～ 80）がこの地を愛した。ナポレオン戦争中の 1809 年にこの附近で、アンドレアス・ホーファー率いる農民軍が、フランス軍とバイエルン軍に立ち向かい果敢に戦った。第 2 次世界大戦中にインスブルックは甚大な被害を受けた。チロル公邸の黄金の小屋根や、マクシミリアンが埋葬された王宮教会が有名。

インスラ Insula ⇒リール Lille

インダス川 Indus River ［サンスクリット語：Sindhu シンドゥ］（中国, インド, パキスタン）

アジア南部の重要な川。＊チベット（Tibet）南西部に水源を発し、インドの＊ジャンム（Jammu）・＊カシミール（Kashmir）州を通ったあと、南西へ流れを転じてパキスタンを通り、アラビア海に注ぐ。全長 2,900km。流域は前 3000 ～前 1500 年頃まで、＊モヘンジョダロ（Mohenjo-Daro）や＊ハラッパー（Harappa）に代表される世界で 3 番目に古い文字文明の中心地だった。また、インドの歴史を通じて重要な役割を果たし、多くの戦いの舞台となってきた。前 1600 年頃に北方から侵入したアーリア人が流域を征服。前 480 年までにインダス川はペルシア帝国の東方境界線となり、前 325 年頃にも、アレクサンドロス大王の帝国の境界線となる。前 300 ～前 200 年頃まで、インドの＊マウリヤ朝（Maurya Empire）の西の境界となるが、マウリヤ朝が衰退すると前 185 年頃にインダス川流域の北からバクトリア王国の侵攻が始ま

る。その後、スキタイ王国、*クシャーナ
朝（Kushan Empire）、パルティア王国、ササ
ン朝と王国が交代し、7世紀後半にウマイ
ヤ朝の第5代カリフ、アブドゥル・マリ
クによりインダス川全流域が支配される。
現在インダス川は、パキスタンの主要河
川である。

インターラーケン Interlaken（スイス）

スイス中部、ベルン州の町。*ベルン（Bern）
の南東42km、トゥーン湖とブリエンツ
湖の間に位置する。1130年頃創設された
アウグスティノ会の修道院を中心に町が
発展し、現在は夏の避暑地として賑わっ
ている。

インチキース Inchkeith（スコットランド）

フォース湾に浮かぶ島。*エディンバラ
（Edinburgh）の北10kmに位置する。西
暦700年頃、ここに修道院が創設された。
1549〜1567年までフランス軍に占領され
た。

インチトゥトヒル Inchtuthil（スコットラン
ド）

パース・アンド・キンロス 郡 の考古学
遺跡。*パース²（Perth）の北16kmに位
置し、テイ川に臨む。西暦83〜87年に
かけて、アグリコラ率いるローマ軍がス
コットランド部族平定の基地として築い
た宿営地、ピンナータ・カストラがあった。
ローマ軍が85年頃にこの地を退去し、ス
コットランドから撤退すると、宿営地は
完全に破壊された。

インチョワン〔銀川〕 Yinchuan〔Yinchwan〕
（中国）

*ニンシア（Ningsia）〔寧夏〕ホイ〔回〕族
自治区の行政の中心。肥沃な寧夏平野に
あり*ホワン・ホー〔黄河〕（Huang He）に

臨む。13世紀にマルコ・ポーロが訪れた。

インチョン〔仁川〕 Inchon〔旧名：Chemulpo
チェムルポ〔済物浦〕〕（韓国）

黄海に臨む韓国北西部の港湾都市。*ソウ
ル（Seoul）の西南西40kmに位置する。初
めは小さな漁村だったが、条約港として
1883年に開港し、日本の占領下にあった
1904〜1945年にかけて拡張された。朝鮮
戦争中の1950年、国連軍による北方への
攻撃に先駆けて、アメリカ軍がここに上
陸した。

インディアナ Indiana（合衆国）

アメリカ中北部の州。*オハイオ川（Ohio
River）を南の州境、*ミシガン湖（Michigan,
Lake）を北の州境とし、西は*イリノイ
（Illinois）州、北は*ミシガン（Michigan）州、
東は*オハイオ（Ohio）州、南は*ケンタ
ッキー（Kentucky）州と接する。1816年に
19番目の州となる。土地開発業者によっ
て1765年頃に付けられた州名は、インデ
ィアンという言葉に「a」を加えたもの。
　インディアナ州の最初の居住者は
《土塁築造人》だが、ヨーロッパ人がこの
地に初めて訪れたときには、マイアミ族、
デルウェア族、ポタワトミ族をはじめ、
複数のインディアンの部族が住んでい
た。1679年に、*フランス（France）のロ
ベール・カブリエ・ド・ラ・サールがこ
の地に到達する。1700年頃*ビンセンズ
（Vincennes）に最初の恒久的定住地ができ、
1732年には要塞化された。18世紀の前半
にこの地に到来したヨーロッパ人の大多
数は、イエズス会の宣教師か毛皮交易人
だった。フレンチ・インディアン戦争が
終結した1763年に、フランスは*ミシシ
ッピ川（Mississippi River）以東、*オハイオ
川（Ohio River）以北、五大湖以南の地域を*イ
ギリス（United Kingdom）に割譲した。この

地域はオールド・ノースウェストと呼ばれ、インディアナ州はその東部を占めた。独立戦争中、バージニア州出身のジョージ・ロジャーズ・クラーク率いる遠征隊が、作戦行軍途上で、ビンセンズをイギリス軍から奪取し、その後奪還され、最奪取した末に、この地域を占領した。1787年の条例により、この地域は*ノースウェスト・テリトリーズ[2]〔北西部領地〕(Northwest Territories) と改称され、統治体制が組織された。1800年にインディアナ準州が設立された際には、現在のイリノイ州、*ウィスコンシン (Wisconsin) 州、ミシガン州と*ミネソタ (Minnesota) 州の一部が含まれていた。

　移住者が増えるとインディアンは土地を追われ、その結果、紛争が起こった。1811年に、現在の*ラフィエット[1] (Lafayette) 近郊で起こったティペカヌーの戦い〔⇒ティペカヌー川 Tippecanoe River〕で、ウィリアム・ヘンリ・ハリソン将軍がショーニー族を破り、インディアンの勢力は瓦解する。19世紀初頭、インディアナ州には二つの実験的生活共同体が設立された。一つめのハーモニー・ソサイエティはドイツ人牧師のジョージ・ラップを指導者とし、1814～1815年に*ペンシルベニア (Pennsylvania) 州からインディアナ州に移住してきた。その後1825年に、この共同体は居住地を理想主義改革者のロバート・オーウェンに売却した。オーウェンは支持者らとともに社会主義共同体*ニュー・ハーモニー (New Harmony) を設立したが、内部不和のため、1828年に実験を断念した。

　1836年、インディアナ州は運河建設事業に着手したが、1837年恐慌により事業は頓挫した。それでも1840年代にはウォバッシュ・エリー運河が完成し、インディアナ州から*エリー湖 (Erie, Lake) を経て東部へ向かう水路が確保される。同じ1840年代に鉄道も開通した。南北戦争中、州の南部には一部南軍を支持する向きもあったが、州全体では北軍を強力に支持していた。1863年には南軍のジョン・ハント・モーガン将軍が、インディアナ州に進軍し、大々的だが戦略的には効果の小さな襲撃を行なった。

　南北戦争後、州の経済はさらに工業への依存を深めていった。その一方で、農業者は、銀行家や鉄道に対抗するグレンジャー運動を後押しし、1876年にはグリーンバック党を、1890年代には人民党を支持した。第1次世界大戦後、さらなる工業発展の時代に、*ゲーリー (Gary) の労働者は全国規模の鉄鋼業ストライキにおいて大きな役割を果たした。1920年代にはクー・クラックス・クランが勢威を強め、一時的に州内で支配力を振るったが、殺人罪の告発と組織の腐敗により崩壊した。第2次世界大戦中、インディアナ州は戦争に必要な工業製品生産の一翼を担った。大統領選挙では通常、共和党に投票している。最大の都市は*インディアナポリス (Indianapolis) で、1825年以来、州都となっている。主要都市は他に、エバンズビル、*フォート・ウェイン (Fort Wayne)、*サウス・ベンド (South Bend) がある。

インディアナポリス Indianapolis （合衆国）

*インディアナ (Indiana) 州の都市であり、州都。ブルーミントンの北西72 kmに位置し、ホワイト川の支流に臨む。1820年に定住が始まり1825年に州都となったが、発展したのは南北戦争後だった。ベンジャミン・ハリソン大統領はここに暮らした。1911年以降、毎年、世界的に有名な自動車レースが開催されている。

インディアン特別保護区 Indian Territory
（合衆国）

19世紀初め、インディアンが強制移住させられた*ミシシッピ川（Mississippi River）以西の地域。白人の西漸が進むにつれて保護区廃止への圧力が高まり、1907年にオクラホマ州が連邦に加入した際、保護区は廃止された。

インディペンデンス[1] Independence（合衆国）

*カンザス（Kansas）州南東部の都市。*カンザス・シティ[2]（Kansas City）の南西240kmに位置し、バーディグリス川に臨む。1869年にオセージ族インディアンの居留地跡に建設された。この居留地附近で1863年に起こったレベル・クリークの戦いにおいて、南軍がオセージ族に虐殺された。1881年には附近で天然ガス田が、その後油田が発見され、以降、都市は急速に発展した。

インディペンデンス[2] Independence（合衆国）

*ミズーリ（Missouri）州西部、*カンザス・シティ[1]（Kansas City）の郊外の町。1820年代以降、特に1848〜1849年のゴールドラッシュの間に、*サンタフェ街道（Santa Fe Trail）、*オレゴン街道（Oregon Trail）、そしてカリフォルニア街道〔⇒オーバーランド街道（Overland Trail）〕の起点となった。南北戦争中の1864年10月21日〜23日まで、ウェストポートの戦いの一部がここで展開され、南軍が北軍に撃破された。ハリー・S・トルーマン大統領の故郷。また現在、復元末日聖徒イエス・キリスト教会の世界本部と、ハリー・S・トルーマン図書館がある。

インテラムナ Interamna ⇒テラモ Teramo

インテラムナ・ナハルス Interamna Nahars ⇒テルニ Terni

インテルキサ Intercisa ⇒ドゥナウーイワーロシュ Dunaújváros

インド India

地理的地域、または国家。地域としてのインドは、南アジアの亜大陸を占め、現在の三つの国家、インド、*パキスタン（Pakistan）、*バングラデシュ（Bangladesh）を内包する。西はアラビア海、東は*ミャンマー（Myanmar）まで及ぶ。国家としてのインドは、亜大陸中央の最大部分を占め、世界で2番目に多い人口を抱える。複雑なカースト制度が存在するが、この制度は徐々に廃れている。世界最大の民主主義国で、インド国内では何百もの言語や方言が使われており、最も主要な言語はヒンディー語。

世界最古の文明の一つであり、インド亜大陸で最初の文明は、現在のパキスタンにある*インダス川（Indus River）流域で生まれた。この文明は前2500年頃〜前1500年頃まで栄えたが、その後衰退した。原因はおそらくアーリア人部族が北西から侵入し、最初にパンジャブ地方に定住したためとされる。長い年月をかけてアーリア人文化がヒンドゥー教へと発展した。また前6世紀には、*コーサラ（Kosala）王国が勢力を誇った。

前327〜前325年にかけて、アレクサンドロス大王が北西からインドに侵攻したが、*マウリヤ朝（Mauryan Empire）の開祖によって撃退される。マウリヤ朝は、前185年頃まで続き、インドのほぼ全域を初めて統一支配した。数世紀にわたって、*パッラバ（Pallava）、*チャールキヤ（Chalukya）、*チョーラ（Chola）、*ラージプターナ（Rajputana）をはじめ、多く

の独立王国が興った。最も有名なのは、4〜5世紀に存在した*グプタ朝（Gupta Empire）。*デリー・スルタン朝（Delhi Sultanate）は、インドに初めて興ったイスラーム教国で、1192年に建国された。だがこれらの国の中で、最も強大な力を誇ったのは*ムガル帝国（Mogul Empire）で、インドの大部分を1526〜1857年まで支配した。

　ヨーロッパ人の来航は1498年であり、*ポルトガル（Portugal）のバスコ・ダ・ガマが、アフリカ大陸先端の喜望峰を経由して、この年*コジコーデ（Kozhikode）（カリカット）に上陸した。インドで得られる富を求めて、フランス人、オランダ人、イングランド人も来航し、1613年にイングランドの貿易拠点が置かれた。1746〜1763年まで、フランスとイギリスがインドをめぐって戦い、1763年にイギリスが覇権を握った。また同時期に、*マラータ同盟（Maratha Confederacy）とムガル帝国の戦いがあった。事実上イギリス領となったインドは、ほぼ1世紀の間、部分的にムガル帝国の傀儡皇帝を通し、イギリス東インド会社に支配されたが、1857年に、イギリス支配の様々な面への抵抗が形となり、インド大反乱（セポイの反乱）が起こった。反乱は双方に多数の死者を出して鎮圧され、その結果、インドの支配権は東インド会社から*イギリス（United Kingdom）政府に引き継がれることとなった。状況は改善されたものの、自治を求める動きが勢いを増した。

　1885年にはインド国民会議が発足する。第1次世界大戦中、インドは連合国軍に600万人を派兵したが、戦後独立の気運が高まり、特にモハンダス・K・ガンディー、通称マハトマ・ガンディーの非暴力抵抗運動を通して、独立の動きが拡大した。1935年には比較的自治を認められ

た政府が発足したが、第2次世界大戦によって、反イギリス感情が昂じ、結果として、1942年のインド指導者逮捕を招くこととなる。1947年8月、イギリス政府は、最後のイギリス人インド総督マウントバッテン卿を通じてインドの独立を認め、インドは、ヒンドゥー教徒が大多数を占めるインドとパキスタンとの二つの国家に分割されることとなり、パキスタンは、イスラーム教が優勢である西の*パンジャブ（Punjab）地方と、インドの東に位置する*ベンガル（Bengal）地方との、東西二つの領域に分かれた。ジャワハルラール・ネルーがインドの初代首相となり、ネルー政権は1964年まで続いた。

　パキスタンとの分離は、ヒンドゥー教徒とイスラーム教徒との間の凄惨な戦いを招いた。また1948年には、*カシミール（Kashmir）地方をめぐって、インドとパキスタンの国家間の紛争が起こる。1949年、アメリカ合衆国の憲法を原型とした憲法が採択された。1956年に亜大陸におけるフランス植民地が、また1961年にはポルトガル領がインドに返還される。1962年、*中国（China）との間に国境紛争が発生し、1965年にはカシミールをめぐり、再度パキスタンとの間に武力衝突が起こった。ラール・バハードルゥ・シャストリ政権を経て、1966年にネルーの娘インディラ・ガンディーが首相に就任する。その圧政のために1977年の選挙に敗れるが、1980年には再び政権の座に返り咲いた。一方、インドは1971年にインド・パキスタン戦争でパキスタンに勝利し、それがパキスタン東部の分離を促すこととなって、独立国家バングラデシュが誕生した。

　冷戦中、インドは超大国の間で中立の立場を表明したが、経済、政治、軍事の分野において東西両陣営との結びつきを

214 イントシナ

維持した。1984 年インディラ・ガンディー首相がシク教徒の警護官に暗殺されるが、これは首相が軍隊を動員して、*アムリッツァル（Amritsar）にあるゴールデンテンプルのシク教徒過激派武装勢力を排除したことに対する報復だった。首相亡きあと、息子のラジーブ・ガンディーが新首相に就任するも、1991 年、タミル民族主義者により、またもや暗殺される。1992 年には、『ラーマーヤナ』の英雄ラーマの生誕地とされる*アヨーディヤー（Ayodhya）に建てられたモスクが、ヒンドゥー教の暴徒に破壊され、この事件はヒンドゥー教とイスラーム教のさらなる宗教間暴動を引き起こし、インド政界におけるヒンドゥー原理主義者の台頭を促した。1998 年、インドは初の核実験を実施する。その結果、政権の座にあったヒンドゥー至上主義のインド人民党への国内での支持は高まるが、外交面ではパキスタンとの緊張が高まり、特にカシミール地方は緊迫した状態となった。2002 年には、インド、パキスタン両国がカシミール地方で核弾頭搭載可能なミサイルの実験を行い、カシミール問題は全面戦争寸前まで悪化した。

インドシナ Indochina（アジア）

アジア南東部を構成する半島。現在の複数の国家、*ミャンマー（Myanmar）（旧ビルマ）、*カンボジア（Cambodia）、*ラオス（Laos）、*タイ（Thailand）、*ベトナム（Vietnam）、*マレーシア（Malaysia）西部からなる。16 世紀、ヨーロッパの列強がインドシナ半島に勢力を伸ばし、徐々に手を広げて大部分を支配するようになった。その結果、19 世紀には植民地帝国の覇権争いが頂点に達した。

　現在のミャンマーとマレーシアにあたる半島の西部および南部はイギリスに支配され、半島中央にあるタイ、つまり当時のシャムは困難を強いられながらも独立を保った。半島の東部は*フランス（France）領インドシナとなった。植民地*コーチシナ（Cochin China）と、*トンキン（Tonkin）、*アンナン〔安南〕（Annam）、ラオス、カンボジアなどの保護国および保護領がこれに含まれる。コーチシナとは、歴史上重要なベトナム南部地域のことで、アンナンはベトナム中部の旧王国、トンキンはベトナム北部にあたる。フランス軍は 1859 年にコーチシナの*サイゴン（Saigon）を占領した。アンナン王国は、領土の東部を 1862 年に、西部を 1867 年にフランスに割譲。1884 年にはアンナンがフランスの保護国に、トンキンが保護領となり、1863 年、古代に*クメール帝国（Khmer Empire）として栄えたカンボジアがフランスの保護下に置かれた。この 4 カ国が一括され、1887 年にインドシナ連邦となる。1893 年にはラオスもフランスの保護領とされ、連邦に加えられた。

　フランス植民地帝国は、第 2 次世界大戦によって終焉を迎える。戦時中に大部分が日本軍の占領下に置かれ、1945 年の終戦以降は、軍事行動によりフランスからの独立を求める動きを強めた。その山場となったのは 1954 年で、5 月 7 日、ベトナム北西部のフランス軍事基地*ディエン・ビエン・フー（Dien Bien Phu）が、反フランス軍の前に陥落。また同年、ラオスとカンボジアが独立し、1949 〜 1950 年にアンナン、コーチシナ、トンキンが統合されてできたベトナムが、南と北に分断される。この分断は一時的なものとされた。1956 年にはフランス軍が完全に撤退した。インドシナの主要都市としては、*バンコク（Bangkok）、*ハノイ（Hanoi）、*ハイフォン（Haiphong）、*ホー・チ・ミン市（Ho Chi Minh City）（旧サイゴン）、*クアラルン

プール（Kuala Lumpur）、*プノンペン（Phnom Penh）、*ヤンゴン（Yangon）があげられる。

インドネシア共和国　Indonesia, Republic Of

[旧名：Dutch East Indies/Netherlands East Indies オランダ領東インド]

東南アジア沖にある、1万3000以上の群島からなる国。一定の季節風と、香辛料や木材を生む多様な植生に恵まれたことから、貿易の拠点となってきた。

インドネシアの歴史は、樟脳などの樹脂を求める*中国（China）が、この地域の群島と定期的に交易を始めた5、6世紀から記録が残されている。*インド（India）との交易を通じてヒンドゥー教が伝来し、群島全域に受容された。インドネシアに最初に興った重要な国家は、*スマトラ（Sumatra）島南東部の*シュリービジャヤ帝国（Srivijaya Empire）である。首都の*パレンバン（Palembang）は、インド洋と中国を結ぶ航路上にあり、交易船の主要中継点として非常に重視された。シュリービジャヤ帝国の繁栄は11世紀末まで続いたが、その後一時的に、附近の町ジャンビが中国交易の中心地となる。

スマトラ島に近い*ジャワ（Java）島の内陸部では、シャイレンドラ王朝が豊かで農業の盛んな王国を支配し、ケドゥ盆地において巨大寺院の建立に力を注いだ。800年頃*ボロブドゥール（Borobudur）に建てられた寺院群と、900年頃*プランバナン（Prambanan）に建てられた複合寺院が2大寺院群とされる。だが不可解にも、この文明は10世紀初期に歴史から姿を消した。

その後、ジャワ島東部で、ブランタス川流域に拠点をおく王国が徐々に形を成し始める。12、13世紀初頭には、ジャワ族の代々の王がこの地域を支配し、中国の交易商人がスマトラ島のジャンビに寄

航せず、輸出地域であるジャワ島に直接来航するようになった。

また、他の諸外国の交易商人も高価なスパイスの交易を開拓するようになり、スマトラ島北部の港湾都市パサイは、イスラーム教徒の強い結束により、貿易の拠点として繁栄した。15世紀初期には、*マレー半島（Malay Peninsula）の海岸にある*マラッカ（Malacca）の良港が、商業の中心都市となる。マラッカの支配層がイスラーム教を受容すると、スマトラ島、ジャワ島の海岸地方、およびマラッカはイスラーム商人のネットワークの中におかれ、インドのイスラーム教徒と結びついた。これらイスラーム教地域は、ジャワ島中部の強大なヒンドゥー王国*マタラム（Mataram）と対立することとなった。

大航海時代初期にヨーロッパ諸国が目指した*モルッカ（Moluccas）諸島、別名「香料諸島」の支配権確立を狙う*ポルトガル（Portugal）は、1511年、マラッカを占領する。16世紀末には、利益の多いスパイス貿易をめぐり、オランダとイングランドが盛んに競いあった。イングランドによる東インド会社設立の2年後、1602年に東インド会社を設立したオランダは、17世紀の間に貿易で徐々に優位な立場を確立していく。オランダ商人は、本拠地を*バタビア（Batavia）に置き、イングランドを排除すると、ジャワ人のマタラム・イスラーム王国を抑圧するようになった。1755年には、マタラム・イスラーム王国が細分化され、*ジョグジャカルタ（Jogjakarta）と*スラカルタ（Surakarta）の2小国が独立を維持するのみとなっていた。

ヨーロッパで勃発したナポレオン戦争の結果、ジャワ島の支配権は一時的にフランスおよびイギリスのものとなるが、1816年、オランダに返還される。19世紀の残りの期間、オランダはこの地域にお

216　インドネシ

ける影響範囲を著しく拡大し、多数の反乱を鎮圧しつつ、住民に砂糖、コーヒー、胡椒など価値の高い輸出用作物の生産を強制した。巨大で効率的な官僚制度が、増え続けるヨーロッパ人支配層に富をもたらす一方で、インドネシア人住民の生活水準は引き下げられた。

20世紀初頭、インドネシアの民族主義運動が融合して独立を求める動きとなったが、第2次世界大戦中に＊日本（Japan）の侵略を受けるまで、オランダ支配は続いた。1945年に日本が連合国軍に降伏すると、民族主義運動の指導者スカルノは独立を宣言した。再植民地化を狙うオランダからの独立を求める革命運動が自然発生して、最終的にオランダは支配権を断念し、1949年末、独立国家インドネシア連邦共和国が誕生した。スカルノの主導の下、インドネシアは発展途上国（第3世界）のリーダーとなり、1965年までに中国およびソ連との関係を強化した。だが1965年に共産党による政権奪取の企てが失敗すると、ハジ・ムハンマド・スハルト将軍率いる右派勢力が政変によって政権を握り、ジャワ島や＊バリ（Bali）島で反共産主義キャンペーンを展開して10万人以上の命を奪い、1976年にはポルトガル領東ティモールに侵攻して、その支配に抵抗する者を虐殺した。

スハルト大統領在任中の1970年代〜1990年代まで、インドネシア経済の大部分はスハルトの親族に支配され、政府の腐敗も進んだ。インドネシアは、衣類、靴、電子機器などの消費財輸出国として、経済的に発展を遂げたが、1997年のアジア通貨危機により、インドネシア・ルピア相場と国内の株価が急落する。国際通貨基金（IMF）はインドネシアの経済改革を条件として、400億ドルの包括的援助に同意した。1998年にスハルトが辞任する

と、副大統領バハルディン・ユスフ・ハビビが改革とクリーンな政府の実現、また経済的責任を果たすことを公約して後を継いだ。その後間もなく、政府は債務約800億ドルの返済を繰り延べることで諸外国の銀行と合意に達した。

1999年、インドネシアとポルトガルは自治か独立かをめぐる東ティモールの住民投票を承認することで合意に達した。だが投票で独立が決まると、東ティモールはインドネシア軍と反独立武装勢力の破壊と殺戮に晒される。国際的な圧力が高まり、ハビビ政権は国連に平和維持軍の派遣と秩序維持を求め、東ティモールは2002年に完全な独立を遂げた。1999年の選挙で、イスラーム教学者のアブドゥルラフマン・ワヒドが大統領に選出される。ワヒド大統領は軍に対する文民統制を進め、社会・経済改革を行なったが2001年には、二つの汚職スキャンダルへの関与を議会で非難され、大統領を解任される。

次いで大統領に就任したのはスカルノ元大統領の娘で、ワヒド政権の副大統領メガワティ・スカルノプトゥリだった。インドネシア議会はアチェ、パプア両州の分離独立運動を抑止する目的で、両州に限定的な自治権を認める法案を可決したが、依然として両州での武力紛争が続いた。2002年、バリ島の外国人客の多いナイトクラブで爆弾テロが発生し、200人以上が死亡する。アルカイダと関連のあるインドネシアのイスラーム系過激派組織が、この爆破事件の犯行声明を出した。2004年の大統領選挙で、メガワティが、元将軍で治安担当調整相のスシロ・バンバン・ユドヨノに破れる。2003年12月、スマトラ島沖で起こった地震により、インド洋で津波が発生し、アチェ州の海岸地帯が壊滅的な被害を受け、死者の数は

およそ 12 万 7000 人に上った。
⇒イギリス帝国〔大英帝国〕British Empire, オランダ Netherlands, The, フランス France

インドラプラ Indrapura（インドネシア）
*スマトラ（Sumatra）島中部の町。*パダン（Padang）の南南東 144 km に位置する。1668 年にオランダ人によって建設され、1685 〜 1693 年までイギリスの支配下に置かれた。1792 年までスルタン国の首都とされた。

インドラプラスタ Indraprastha ⇒デリー[1] Delhi

イントラムロス Intramuros ⇒マニラ Manila

インドール Indore（インド）
インド中部、*マディヤ・プラデシュ（Madhya Pradesh）州の都市。*アーメダバード（Ahmedabad）の東南東 336 km に位置し、サラスワティー川に臨む。1715 年に建設され、18 世紀後半に、インドール藩王国の都として重要性を高めた。1818 年にイギリスの保護下に置かれ、1857 〜 1858 年のインド大反乱中も、マラータ族のホールカル藩王朝はイギリスに忠誠を尽くした。
⇒マラータ同盟 Maratha Confederacy

インナー・ファーン Inner Farne（イングランド）
北海に浮かぶ島。*ニューカッスル・アポン・タイン（Newcastle upon Tyne）の北 72 km に位置し、*ノーサンバーランド[1]（Northumberland）州北岸沖に位置する。古代には修道士の隠遁の地で、7 世紀には聖カスバートの庵があった。16 世紀の塔と 14 世紀の礼拝堂の廃墟が遺る。

インナー・ヘブリディーズ Inner Hebrides
⇒ヘブリディーズ諸島 Hebrides, The

インバーガリー Invergarry（スコットランド）
スコットランド北西部、*ハイランド[2]（Highlands, The）のグレンモア（モア峡谷）にある村。*インバネス（Inverness）の南 56 km に位置する。かつてグレンガリーのマクドネル一族の居城があったが、1745 年にカンバーランド公の焼討ちにあった。現在は城の廃址のみが遺る。

インバーキーディング Inverkeithing（スコットランド）
*ファイフ（Fife）郡 の町。*ダンファームリン（Dunfermline）の南東 6 km に位置する。初代統一スコットランドの王デイビッド 1 世（1084 〜 1153）の居城があった。1651 年にオリバー・クロムウェルが、ここでチャールズ 2 世軍を破った。

インバーゴードン Invergordon（スコットランド）
スコットランド北部、*ハイランド（Highland）郡 中東部の小さな港町。*インバネス（Inverness）の北 24 km に位置し、クロマティ湾に臨む。かつて海軍基地があり、1931 年に下士官兵の反乱の舞台となったことで有名。

インバネス Inverness（スコットランド）
スコットランド北部、*ハイランド[1]（Highland）郡 の行政府所在地。*アバディーン（Aberdeen）の西北西 133 km、ネス川の河口に位置する。ハイランド地方中部とスコットランド北部を結ぶルート上の戦略的に重要な場所で、もとはピクト人の本拠地だった。565 年頃に聖コロンバが布教に訪れる。11 世紀にマルコム 3 世が建造したインバネス城は、数々の戦い

で城塞の機能を果たしたが、1746 年にジャコバイト軍により破壊された。王政復古の際にクロムウェルの要塞も破壊され、古い建造物はほとんど残っていない。

インバネスシャー Inverness-shire（スコットランド）

スコットランド北部の旧州名。1975 年、自治体再編により廃止。州都は*インバネス（Inverness）。元はピクト人が定住し、のちに*マリー²（Moray）の一部となり、1078 年にはスコットランド王の統治下に置かれた。17 世紀と 18 世紀の戦争中、カトリック教徒とジャコバイトの本拠地となり、この地域が完全に制圧されたのは、1764 年にハイランド氏族の反乱がイングランド軍に鎮圧された後のことだった。
⇒カロデン・ムーア Culloden Moor

インパール Imphal（インド）

インド北東部、*マニプル（Manipur）州の州都。*コルカタ（Kolkata）の東北東 640 km に位置し、マニプル川に臨む。初めマニプル王の都だったが、1813 年にビルマ人によって征服された。第 2 次世界大戦中は、連合国軍による*ビルマ（Burma）方面作戦の基地となり、1944 年 3 月〜6 月まで、*日本（Japan）軍がインパール包囲戦を試みたが失敗に終わった。

インバレイリー Inveraray（スコットランド）

アーガイル・アンド・ビュート 郡 の王室ゆかりの町。*グラスゴー（Glasgow）の北西 64 km に位置する。*アーガイル（Argyll）公の先祖伝来の地。1685 年に起こったモンマス公の乱ののち、裁判なしに処刑されたキャンベル家の者たちを記念するオベリスクがある。

インバレスク Inveresk（スコットランド）

エスク川河畔にある考古学遺跡でイースト・ロジアン 郡 の村。*エディンバラ（Edinburgh）の東 10 km に位置する。208〜209 年にセプティミウス・セウェルスが、カレドニイ族およびマエタエ族討伐中に使用したローマ軍の行軍宿営地があった。
⇒イナーペフレー Innerpeffray

インペリア Imperia（イタリア）

*リグリア（Liguria）州、インペリア県の都市。*ジェノバ（Genoa）の南西 96 km に位置し、リグリア海に臨む。1923 年に隣接するポルト・マウリツィオとオネッリアの町が合併して成立した。この二つの町の起源は、どちらもローマ時代にさかのぼる。

インペリアル Imperial ⇒カラウエ Carahue

インペリアル・バレー Imperial Valley（メキシコ、合衆国）

*カリフォルニア（California）州南東部から、メキシコ北西部の*バハ・カリフォルニア²（Baja California）州まで及ぶコロラド砂漠の一部。もとは砂漠だったが、20 世紀に行なわれた灌漑事業により、現在は非常に肥沃な土地となっている。農作物の栽培期間が合衆国内で最も長い地域の一つ。北にはソルトン湖があり、メキシコのメヒカリは、インペリアル・バレー最大の都市。

ウ

ウー Eu（フランス）

セーヌ‐マリティーム県の町。*ディエップ（Dieppe）の北東 27km に位置する。かつては伯爵領だったが、次々にブリエンヌ、*アルトワ（Artois）*クレーウェ（Kleve）*ロレーヌ（Lorraine）*ギーズ（Guise）の各家の所領となり、さらに*オルレアン（Orléans）公領となった。16 世紀の城は 1902 年の火事でほぼ全焼した。

ウァピンクム Vapincum ⇒ガプ〔ガップ〕Gap

ウァレリア街道 Via Valeria ⇒ウァレリウス街道 Valerian Way

ウァレリウス街道 Valerian Way〔古代：Via Valeria ウァレリア街道〕（イタリア）

イタリアを通る古代のローマ街道。*ラツィオ〔ラティウム〕（Latium）州ローマ県の*ティボリ（Tivoli）を出て、*アブルッツォ（Abruzzi）州*ペスカーラ（Pescara）からは、*アドリア海（Adriatic Sea）を北上する。アペニン山脈を横断する主要なローマ街道の一つ。前 154 年に M・ウァレリウス・メッサラが建設したとされている。

ウィアク Wiak ⇒ビアク Biak

ウィア・サラリア Via Salaria ⇒サラリア街道 Salarian Way

ウィア・フラミニア Via Flaminia ⇒フラミニア街道 Flaminian Way

ウィア・ラティーナ Via Latina ⇒ラティーナ街道 Latin Way

ウィウィスクス Viviscus ⇒ブベー Vevey

ウィエネンシスプリマ Viennensis Prima ⇒バランス Valence

ウィエンナ Vienna（フランス）⇒**ビエンヌ[2] Vienne**

ウィガン Wigan（イングランド）

イングランド北西部、グレーター・マンチェスター大都市圏州(メトロポリタン・カウンティ)の町。*マンチェスター[1]（Manchester）の西 29km に位置し、ダグラス川に臨み、*リバプール[2]（Liverpool）とは運河でつながっている。中世の男爵領で、ピューリタン革命中に何度も支配者が交代した。王党派は 1651 年 8 月 25 日にこの地で大敗を喫した。14 世紀以来、炭鉱、鐘鋳、製陶業の中心地で、19 世紀以降は製鉄業がさかんである。

ウィクス・エルビイ Vicus Elbii ⇒ビテルボ Viterbo

ウィクス・ユリイ Vicus Julii ⇒エール[1] Aire

ウィグタウンシャー Wigtownshire（スコットランド）

スコットランド南西端にあった旧州。南はアイリッシュ海、西はノース海峡に臨む。現在はダンフリーズ・アンド・ギャロウェイ群(カウンシル・エリア)に編入された。湖上住居、丘の要塞、ストーンサークルなどは、古

くからピクト人が居住していたことを示している。

ウイグル国 Uigur Empire [Uighur] (中国)

中国の西の国境に位置する新疆地区にあった古代王国。半遊牧民でチュルク語族のウイグル人が初めて歴史上に登場するのは7世紀、唐王朝が中央アジアのチュルク族を倒したときのことである。8世紀後半に中央アジアから唐が撤退すると、ウイグル族は*モンゴル（Mogolia）に侵攻して占領したが、840年にキルギスによって*シンチアン〔新疆〕ウイグル〔維吾爾〕（Xinjiang Uygur）に追いやられた。ウイグル族はここに帝国を樹立するが、半世紀後に侵攻してきたモンゴル人に破壊された。現在も400万人ほどのウイグル人が新疆に居住している。

⇒モンゴル帝国 Mongol Empires

ウィケン Viken ⇒ブーヒュースレーン Bohuslan

ウィサヒコン水路 Wissahickon Creek (合衆国)

*ペンシルベニア（Pennsylvania）州南東部を流れる川。南東に流れて*フィラデルフィア[1]（Philadelphia）の*スクールキル川（Schuylkill River）と出合う。植民地時代の1690年に、アメリカ初の製紙工場が建てられた。

ウィジェ Uíge [Uíje] (アンゴラ)

*ルアンダ[1]（Luanda）の北東240kmにある古戦場。17世紀にここで、ポルトガル人が*コンゴ王国（Kongo, Kingdom of the）の皇帝を打破したアンブイラの戦いがあった。

ウィジク・ビジ・デュアステデ Wijk Bij Duurstede ⇒ドレスタット Dorestad

ヴィジャヤナガラム Vizianagram (インド)

*アンドラ・プラデシュ（Andhra Pradesh）州の都市。*チェンナイ（Chennai）の北北東656kmに位置する。1712年に建設され、18世紀に勢力のあったヴィジャヤナガラムのラージャが代々都とし、1714年に砦を築いた。砦は現存する。

ウイジョンブ〔議政府〕Ŭijŏngbu [Uijeongbu] (韓国)

*ソウル（Seoul）の北北東19kmにある町。1392〜1910年まで、この地に李王朝の内閣府がおかれた。

ウィスコンシン Wisconsin (合衆国)

合衆国中北部の州。西は*ミネソタ（Minnesota）と*アイオワ（Iowa）、南は*イリノイ（Illinois）、東は*ミシガン湖（Michigan, Lake）、北は*スペリオル湖（Superior, Lake）と接する。1848年に30番目の州として連邦に加入した。その名はオジブゥエ族がウィスコンシン川をウィーズ-コン-サン（水の集まる場所の意）と呼んでいたのを、フランス語風に変えたものといわれている。

　*五大湖（Great Lake, The）を経由する通行が便利だったため、初期には*カナダ（Canada）からフランス人毛皮商人が入ってきてこの地域を探検した。ジャン・ニコレは、毛皮と*北西航路（Northwest Passage）を求めて1634年に*グリーン・ベイ（Green Bay）に到達した。ほかに、*ミシシッピ川（Mississippi River）上流地域を初めて探検したペレ・マルケットとルイ・ジョリエやルイ・エヌパン、レネ-ロベール・カバリエ・ラ・サールらがいる。1678年、ダルースがミシシッピ川上流地域を*フランス

（France）領と主張。ニコラ・ペローが1667年にグリーン・ベイを毛皮取引の中心地とし、ここが1701年に恒久的入植地となった。

1763年にフレンチ・インディアン戦争が終結すると、フランスはニュー・フランスを*イギリス（United Kingdom）に割譲させられたが、1783年、アメリカ独立戦争の終結とともにアメリカ領となり、1787年以降は北西部領地条例に基づいて治められることになった。だが、イギリスは1794年までいくつかの拠点を離れようとはしなかった。1812年戦争〔アメリカ・イギリス戦争〕中はイギリスが再び支配権を握るも、戦争終結の条約によってアメリカが奪還した。1820年代、州の南西部で鉛鉱山が栄えた結果、最初の大規模入植に結びついた。1825年にニューヨーク州に*エリー運河（Erie Canal）が開通して五大湖と*ハドソン川（Hudson River）がつながると、さらに多くの入植者がやってきた。アメリカ軍はインディアンに対する防御として、また、1816年にはイギリスからグリーン・ベイと*プレーリー・ドゥ・シーン（Prairie du Chien）を、1828年には*ポルテージ（Portage）を守るために、次々と砦を築いた。それにもかかわらずインディアンとの争いは続き、ブラック・ホーク戦争が起きた。サック族とフォックス族をほぼ壊滅させた最後の戦いは、1832年にウィスコンシンの*バッドアクス川（Bad Axe River）で繰り広げられた。

1836年、ウィスコンシンは準州となる。州に昇格した1848年に定められた最初の州法は、選挙権についてリベラルな考え方を示し、借金を背負った農民を保護するものだった。移民は増え、とくに1848年に革命が失敗に終わった*ドイツ（Germany）から多数流入した。アイルランド、スカンジナビア、ロシア、ポーラン

ドからの移民も多かった。奴隷制反対の機運が強く、1848年には自由土地党が支持され、ウィスコンシンの人々は新しい共和党を組織する手助けをした。南北戦争とその後の好景気で、1860年代には急成長を遂げ、とくに食肉加工業と醸造業が発展した。北部のマツ林は1870年代に乱伐されたが、のちに保護施策によって再生された。19世紀後半にはほとんどの地域で繁栄し、グレンジャー運動にも他地域ほどには影響を受けなかった。それにもかかわらず、鉄道を規制する法案が通過し、実質的な社会主義が好まれた。とくに*ミルウォーキー（Milwaukee）でその傾向が強かった。

20世紀初頭には進歩主義運動が勢いを増し、直接予備選挙法や純正食品法などの改革が起こった。1920年代には州全体が繁栄した。1924年の大統領選では、進歩党が州出身者のロバート・M・ラフォレットを大統領候補に推した。ラフォレットを支持したのはウィスコンシン州だけだった。ウィスコンシンは他州に先がけて1925年には老齢年金法を、1931年には失業補償法を生み出している。1930年代の大恐慌の打撃は大きかったが、第2次世界大戦と1950年代の平和によって繁栄を取り戻している。

州都*マディソン[2]（Madison）にはウィスコンシン大学もある。最大都市はミルウォーキー。グリーン・ベイ、*オシュコシュ（Oshkosh）、*ラシーン（Racine）も重要な都市。

ウィースバーデン　Wiesbaden〔古代：Aquae Mattiacorum〕（ドイツ）

*ヘッセン（Hesse）の州都。*フランクフルト・アム・マイン（Frankfurt am Main）の西32kmに位置する、*ライン川（Rhine River）沿いの都市。前3世紀からケルト人

の集落ができ、前12年にはローマ人が要塞化し、温泉を保養地とした。1281年に*ナッサウ（Nassau）に委譲され、1806～1866年まで首都だった。1866年に*プロイセン（Prussia）の支配下に入る。第2次世界大戦中に爆撃を受け、1945年にヘッセンの州都となる。4世紀のローマの壁の廃墟、1837～1841年建造の城、1905～1907年に建てられたクアハウスがある。

ウィズビー Wisby ⇒ビスビュー Visby

ウィスマール Wismar（ドイツ）
ドイツ北東部、*メクレンブルク-フォアポンメルン州（Mecklenburg-Vorpommern）の都市。ウィスマール湾の奥に位置する港。*ハンブルク（Hamburg）の北東102kmに位置する。中世には*ハンザ同盟（Hanseatic League）に属する裕福な都市として、また1256～1306年までは*メクレンブルク（Mecklenburg）家の居地として栄えた。1648年にウェストファリア条約によりスウェーデンに、1803年にはメクレンブルク-シュウェリンに譲られた。第2次世界大戦中には甚大な被害を受けたのち、1945年5月4日にイギリス軍に制圧された。

ウィダ Ouidah［Whydah, Wida］（ベナン）
西アフリカ、ベナン南部の町。*コトヌー（Cotonou）の西37km、ギニア湾に臨む。16世紀にできた小国の首都だった。17世紀初頭以降、ポルトガル、フランス、オランダ商人の活動拠点となった。1788年に*ポルトガル（Portugal）が建てた砦が今も遺る。18世紀と19世紀初頭にはアフリカ人奴隷の輸出拠点となった。1840年代にここから大量のヤシ油、象牙を輸入するようになった*フランス（France）が、1866年にウィダを併合した。

ウィチタ Wichita（合衆国）
*カンザス（Kansas）州中南部の都市、*カンザス・シティ[2]（Kansas City）の南西283km、アーカンソー川に臨む。南北戦争中にインディアンや交易業者が定住し、*チザム交易路（Chisholm Trail）沿いの交易中心地となった。鉄道の開通後、1870年代に牛の交易地となる。第1次世界大戦中、この地域で石油が発見されて発展した。第2次世界大戦中は主要な航空機製造地だった。

ウィチタ・フォールズ Wichita Falls（合衆国）
*テキサス（Texas）州北部、*フォート・ワース（Fort Worth）の北西168kmに位置するウィチタ川沿いの都市。早くからスペイン人探検家に知られていたが、1876年に都市として設立され、1882年に鉄道が開通してからは牛の交易地として急速に発展した。1919年に石油が発見されて急成長した。

ウイツィロポチョ Huitzilopocho ⇒ チュルブスコ Cherubusco

ウィックロー[1] Wicklow（アイルランド）
*ウィックロー[2]（Wicklow）州のアイリッシュ海に臨む港。聖マンタンによって設立されたといわれ、フランシスコ会の修道院があった。中世の城の廃墟が有名。

ウィックロー[2] Wicklow（アイルランド）
*レンスター（Leinster）地方の州。6世紀にベイル・オブ・*グレンダロッホの谷（Glendalough, Vale of）に教会が建てられた。現在も広い修道院の廃墟が遺る。長年、イングランドの支配に抵抗し続けたが、1606年にイギリスの州となる。
⇒ウィックロー[1] Wicklow

ウィツシェート Wytschaete （ベルギー）

*フランドル（Flanders）地方西部、*イープル（Ypres）川南岸の村。第1次世界大戦中、この近くで何度か戦闘があった。その一つは、1917年6月7日にイギリス軍がメセン山〔⇒メシーヌ（Messines）〕を奪還しようとして進軍した戦い。

ウィッティンガウ Wittingau ⇒トジェボニ Třeboň

ウィッテン Witten（ドイツ）

ドイツ西部、*ノルト・ライン‐ウェストファーレン（North Rhine-Westphalia）州の都市。*ドルトムント（Dortmund）の南西14km、*ルール（Ruhr）川に臨む。13世紀に初めて文献にその名が登場し、1825年に勅許を受けた。かつては*ウェストファーレン（Westfalen）州の一部だった。ルール工業地帯の一角で製鉄業の中心地だったため、第2次世界大戦中には何度も爆撃を受けて破壊されかけた。

ウィッテンベルク Wittenberg（ドイツ）

ドイツ中北部、*ザクセン‐アンハルト（Saxony-Anhalt）州の都市。*エルベ川（Elbe River）に臨む。*ライプツィヒ（Leipzig）の北東67kmに位置する。1273～1422年まで*ザクセン‐ビッテンベルク（Saxe-Wittenberg）公国の首都だったが、1547年に*ドレスデン（Dresden）が首都となり、その後衰退した。1815年、ナポレオン戦争後に*プロイセン（Prussia）に譲られる。ビッテンベルク大学はルターの活動と宗教改革の中心で、宗教改革は1517年、ルターが95ヵ条の論題をビッテンベルク城内の教会の扉に貼り付けたのをきっかけにこの地で始まった。最初のルター版聖書は1534年にここで印刷された。16世紀の市庁舎、ビッテンベルク城内の教会、宗教

改革ゆかりの名所が市内に遺る。

ウィットウォーターズランド Witwatersrand [ランド The Rand]（南アフリカ）

*トランスバール（Transvaal）南部の地域で現在の*ハウテン（Gauteng）。1886年に初めて金が発見された。ランド金鉱は世界の金の3分の1を産出している。

ウィットシュトック Wittstock（ドイツ）

*ブランデンブルク（Brandenburg）州の町。*ベルリン（Berlin）の北西93kmに位置する。三十年戦争中の1636年10月4日、ヨハン・バネール元帥率いるスウェーデンとスコットランド軍がメルキオール・フォン・ハッツフェルト伯率いるザクセンおよび帝国軍を撃破した。この戦勝により、ハプスブルク家と戦っていたプロテスタントのドイツ北部が新たな希望を抱いた。

ウィットビー〔ホイットビー〕 Whitby [旧名：Streonshalh ストレイオーンシャールフ]（イングランド）

イングランド北東部、*ノース・ヨークシャー（Yorkshire, North）州の町。エスク川と*北海[1]（North Sea）に臨む。*スカーバラ[1]（Scarborough）の北西26kmに位置する。657年に聖ヒルダによって建てられた修道院は、867年にデーン人に破壊されたが、1078年にベネディクト修道会によって再建された。現在は廃墟となっている。663年、ウィットビー会議で*ノーサンブリア（Northumbria）のオズウィ王が、イングランドの教会がケルト系教会ではなくローマ教会と連携する決議を出し、とくに復活祭の期日算定においてローマに準じると決めた。これにより、イングランドは西洋キリスト教の主流派として発展していくことになる。詩人のカドモンはこの地

の修道士だった。

ウィットホーン Whithorn（スコットランド）

スコットランド南西部、ダンフリーズ・アンド・ガロウェイ 郡 の町。ダンフリーズの南西 64km に位置する。伝説によると、スコットランド最古の石造りの教会、397 年からある《カンディーダ・カーサ》は聖ニニアンによって建てられたとされる。ニニアンの教会の跡地には、その後 12 世紀に修道院が建てられ、その廃墟が今も遺る。

ウィトゥ Witu（ケニア）

東南海岸沿いのかつてのスルタン国。1885 年以降ドイツの保護領となり、5 年後にイングランドに譲られ、1895 年にイギリスの東アフリカ保護領の一部となった。

ウィトドゥルム Vitodurum ⇒ウィンタートゥール Winterthur

ウィトリアクム Vitriacum ⇒ビトリ - シュル - セーヌ Vitry-sur-Seine

ウィーナー・ノイシュタット Wiener Neustadt（オーストリア）

オーストリア北東部、*ニーダーエスターライヒ〔下オーストリア〕（Lower Austria）州の都市。フィシャ川に臨む。*ウィーン（Vienna）の南西 38km に位置する。1194 年に建設され、中世後期、オーストリア王の居地となって繁栄した。マクシミリアン 1 世（1459 ～ 1519）はこの地で生まれ、市の大聖堂に埋葬されている。1609 年、ルドルフ 2 世はボヘミアのプロテスタントに平等な権利を認めるよう迫られたが、1618 年、皇帝マティアスは認めなかった。これが反乱の引き金となり、三十年戦争

の直接の原因となった。

ウィーナーバルト Wienerwald（オーストリア）

*ニーダーエスターライヒ〔下オーストリア〕（Lower Austria）、東アルプスの山岳地帯。*ウィーン（Vienna）近く、*ドナウ川（Danube River）の南に位置する。景観の美しい保養地として知られ、シュトラウス、ベートーベンら芸術家に影響を与えてきた。中世のアウグスティノ修道会の修道院が、*クロスターノイブルク（Klosterneuburg）の町にある。ラインツァー・ティアーガルテンは王家の猟場だった。

ウィニペグ Winnipeg（カナダ）

*マニトバ（Manitoba）州の州都で商業と交通の中心地。*アシニボイン川（Assiniboine River）とレッド川の合流地点にある。1738 年にフランス人が毛皮交易所を建てた。19 世紀初頭にハドソン湾会社が別の交易所を建てると、すぐにセルカーク卿がスコットランドの植民地を設立した。ここですでに交易を行なっていた北西会社は、新しい入植者と争った。1821 年にハドソン湾会社と北西会社は合併し、レッド川沿いにジブラルタル砦を築く。これが 1835 年にガリー砦に改名された。1873 年、ウィニペグ市として市制が施行された。

ウィネシーク Winneshiek ⇒フリーポート Freeport

ウィネトカ Winnetka（合衆国）

*イリノイ（Illinois）州北東部、*シカゴ（Chicago）の北 30km に位置する*ミシガン湖（Michigan, Lake）に臨む町。1854 年に設立され、革新的な教育プログラムで有名になる。ウィネトカプランと呼ばれたこのプログラムは、ジョン・デューイ提唱

の原則に基づき、ウィネトカの公立学校
の教育長Ｃ・Ｗ・ウォッシュバーンが発
展させたもの。生徒の進度に合わせた個
別指導を中心としたプログラムである。

ウィネバ Winneba（ガーナ）
西アフリカのガーナ南部、ギネア湾に臨
む港。*アクラ（Accra）の南西56kmに位
置する。1663年に建設されたイギリス
の砦が黄金取引の中心地として栄えた。
1961年にテマに港ができて以降、商業中
心地としての役割は減った。

**ウィネベーゴ砦 Fort Winnebago ⇒ポルテー
ジ Portage**

ウィーネン Weenen（南アフリカ）
*ダーバン（Durban）の北西136kmに
位置する、*クワズールー‐ナタール州
（KwaZulu-Natal）中部の町。ブール（ボーア）
人開拓者が1838年にこの地でズールー族
部隊に殺害された。同年建設された町は、
ナタールで2番目の集落となった。

**ウィノウィア Vinovia ⇒ビンチェスター
Binchester**

ウィビスクム Vibiscum ⇒ブベー Vevey

ウィーホーケン Weehawken（合衆国）
*ニュージャージー（New Jersey）州北東
部、*ハドソン川（Hudson River）の*ニュー
ヨーク市（New York City）対岸の町。この地
のハイウッド・エステートは、1804年7
月11日の決闘でアーロン・バーがアレク
サンダー・ハミルトンを殺害した場所。

ウィームズ Wemyss（スコットランド）
スコットランド東部、フォース湾に臨む
町。メアリー女王が1565年に2番目の夫

ダーンリー伯に初めて会ったのが、この
地のウィームズ城でのこと。町の名が陶
器の名にもなった。

ウィラメット川 Willamette River（合衆国）
*オレゴン（Oregon）州北西部の川。レ
イン郡から北に流れ、*ポートランド[4]
（Portland）附近で*コロンビア川（Columbia
River）に流れ込む。全長304km。*オレゴ
ン街道（Oregon Trail）の西端に位置してい
たため、多くの入植者がここを目的地と
した。ハドソン湾会社が1829年に*オレ
ゴン・シティ（Oregon City）のこの川岸に
交易所を設立したが、流域が急速に発展
したのは、1848年のカリフォルニアのゴー
ルドラッシュのおかげだった。1889年
にウィラメット滝に水力発電所が建てら
れ、初めて水力発電によって他の地域に
電力を送った。

**ウィラメットバレー Willamette Valley ⇒オレ
ゴン街道 Oregon Trail**

ウィラル Wirral（イングランド）
イングランド北西部、マージーサイド
大都市圏州の地区。*ディー川（Dee River）
とマージー川の河口域にはさまれた半
島にある。王領林があり、反逆者の隠れ
場所として知られていた。のちにレデ
ィ・ハミルトンとなるエマ・ライアンが、
1765年頃にこの地のヘズウォル教区で生
まれている。

**ウィリアムズ城 Castle William ⇒ガバナーズ
島[2] Governors Island**

ウィリアムズタウン Williamstown（合衆国）
*マサチューセッツ（Massachusetts）州西
部、*ピッツフィールド（Pittsfield）の北
30kmに位置するフーシック川沿いの町。

1750年に設立された町で、ウィリアムズ大学の所在地である。1785年にフリースクールとして勅許を受けた大学には、バン・レンセラール・マナー、1838年に国内で初めてできたホプキンズ天文台、稀少本を所蔵するチャピン図書館などがある。

ウィリアムズバーグ Williamsburg（合衆国）

*バージニア（Virginia）州南東部、*リッチモンド2（Richmond）と*ニューポート・ニューズ（Newport News）の間の都市。1632年に入植が始まり、1699年に*ジェイムズタウン2（Jamestown）に替わってバージニア植民地の政府がおかれたときにはミドル・プランテーションの名で知られていた。1722年に植民地で初の市制が施行される。18世紀には、植民地の政治、文化の中心だった。植民地政府は1780年にリッチモンドに移転する。この地では1716年に植民地初の劇場ができ、印刷機が1730年に操業を開始し、新聞の《バージニア・ガゼット紙》は1736年に創刊した。1693年に創設されたウィリアム・アンド・メアリー大学は、アメリカでハーバード大学についで二番目に古い大学。南北戦争中のリッチモンドの戦いは1862年5月5日にこの地で起こった。1926年、ジョン・D・ロックフェラー・ジュニアが都市の復元を始めた。現在、コロニアル・ウィリアムズバーグ財団が国内有数の美しさを誇る植民地時代の街並みを維持しており、39平方キロメートルの土地に、総督府や古い議事堂などを含む500棟以上の建築物が復元・再建されている。

ウィリアムズポート1 Williamsport（合衆国）

*ペンシルベニア（Pennsylvania）州中部、*ハリスバーグ（Harrisburg）の北112kmに位置する*サスケハナ川（Susquehanna River）沿

いの都市。1772年に入植が始まり、植民地時代には何度かインディアンに虐殺される被害を受けた。19世紀半ば、製材業の中心地として栄えたが、木材が切りつくされてしまった。野球のリトルリーグ・ワールドシリーズがここで開催された。

ウィリアムズポート2 Williamsport（合衆国）⇒モノンガヒーラ Monongahela

ウィリアム砦1 Fort William（インド）⇒コルカタ Kolkata

ウィリアム砦2 Fort Willam（合衆国）⇒オレゴン Oregon

ウィリアム・ヘンリ砦 Fort William Henry（合衆国）

*ニューヨーク（New York）州東部、*ジョージ湖（George, Lake）の南端にあった要塞。*オールバニー（Albany）の北100kmに位置する。フレンチ・インディアン戦争中の1757年8月、ウィリアム・ヘンリ砦のイギリス駐屯軍はフランスのモンカルム将軍に降伏したが、将軍の率いるインディアンによる大虐殺の犠牲者となった。要塞は焼亡し、その跡地はフレンチ・インディアン戦争中もアメリカ独立戦争中も軍隊の集結場所にされた。1950年代、要塞は博物館として再建された。ジェイムズ・フェニモア・クーパーの小説『モヒカン族の最後の者』ではこの砦が重要な舞台となっている。

ウィリコニウム Viriconium ⇒ロクセター Wroxeter

ウィリストン Williston（合衆国）

*ノースダコタ（North Dakota）州北西部の都市。*ビスマーク（Bismarck）の北西

256km、*ミズーリ川（Missouri River）に臨む。政府指定の保留地への強制移住に反対する運動を率いたスー族の首長シッティング・ブルは、近隣のブフォード砦で捕らえられた。ここのユニオン砦は地域初の交易所で、現在は《フォート・ユニオン交易所国立歴史公園》になっている。1880年に町、1904年に市制が敷かれた。

ウィーリンガーメーア　Wieringermeer（オランダ）

かつての*ゾイデル海（Zuider Zee）、現在のポルダーの北西地域。海だった場所が1930年代に埋め立てられた。1945年4月18日、ドイツ軍の攻撃によって浸水するが、1年後に再び埋め立てられた。

ウィルクス-バレ　Wilkes-Barre（合衆国）

*ペンシルベニア（Pennsylvania）州東部の都市。*フィラデルフィア¹（Philadelphia）の北西160km、*サスケハナ川（Susquehanna River）に臨む。1769年に建設され、土地の領有権をめぐってペンシルベニア植民地とコネチカット植民地が争いを続ける場となり、独立戦争中はイギリスやその同盟軍に焼き討ちにされるなど抗争が続いた。1805年にコネチカットが所有権の主張をやめて争いは収まる。1972年には大きな洪水の被害を受けた。

ウィルクス・ランド　Wilkes Land（南極）

インド洋沿いに伸びる南極の沿岸地域。1839年にアメリカのチャールズ・ウィルクスによって発見された。1908年に*イギリス（United Kingdom）が、1930年代に*オーストラリア（Australia）が領有権を主張した。

ウィルズ・クリーク Will's Creek ⇒カンバーランド² Cumberland（合衆国）

ウィルズボロ　Willsboro（合衆国）

*ニューヨーク（New York）州北東部、*プラッツバーグ（Plattsburgh）の南の村。1765年に入植が始まった。アメリカ独立戦争中の1777年、イギリスのジョン・バーゴイン将軍が自軍をここに駐屯させた。

ウィルソンズ・クリーク　Wilson's Creek（合衆国）

*ミズーリ（Missouri）州南西部、スプリングフィールド近くの川。南北戦争中の1861年8月10日にこの地で起きた戦闘で、南軍の将軍スターリング・プライスが北軍を撃破し、ナサニエル・ライアン将軍を殺害した。

ウィルダーネス　Wilderness（合衆国）

*バージニア（Virginia）州北部、ラピダン川南岸の地域。1864年5月～6月にかけてのウィルダーネス作戦中、ユリシーズ・S・グラント将軍率いる北軍とロバート・E・リー将軍率いる南軍が初めてここで対戦した。決着はつかなかったが、南北戦争中でも屈指の血なまぐさい戦闘が繰り広げられ、北軍は5万5千人、南軍は3万9千人が死亡した。南北戦争中最大の犠牲者が出たのは、一時間に北軍6千人の兵が死亡した*コールド・ハーバー（Cold Harbor）での戦いだと記録されている。

ウィルダネス・ロード　Wilderness Road（合衆国）

*バージニア（Virginia）州西部を起点としうねるように南西に進んで*ケンタッキー（Kentucky）州に入り、その後北西に*オハイオ川（Ohio River）に至る古い開拓道。最初は1775年にダニエル・ブーンが探索し、すぐに移民が西に向かう主要ルートとなった。1840年代には、*ナショナル道路（National Road）や*カンバーランド道

路 (Cumberland Road) ができて、この道路は使われなくなった。

ウィルツ Wilts ⇒ウィルトシャー Wiltshire

ウィールド Weald, The (イングランド)

*ケント (Kent)、*サリー (Surrey)、*サセックス (Sussex) 州の農業地帯。ノースダウンズとサウスダウンズの間にある。かつては深い森林地帯で、ここで伐採された木材が、18世紀にこの地域の鉄鋼業や銃製造業に使われた。

ウィルトシャー Wiltshire [ウィルツ Wilts] (イングランド)

イングランド南西部の州。州内の*ストーンヘンジ (Stonehenge)、*エイブベリー、(Avebury)、*シルベリー・ヒル (Silbury Hill) には先史時代の遺跡が遺る。*オールド・サルム (Old Sarum) には司教座がおかれたが、13世紀に市がソールズベリー (Salisbury) に移った。ソールズベリーには13世紀の有名な大聖堂がある。サクソン人のウェセックス王国の首都は*ウィルトン (Wilton) にあった。ウィルトシャー州の州都はトロウブリッジ。

ウィルトン Wilton (イングランド)

イングランド南部、*ウィルトシャー (Wiltshire) の町。*ソールズベリー[1] (Salisbury) の東5kmに位置する。*ウェセックス (Wessex) の古都で、歴代のウェセックス王が居住していた。871年アルフレッド大王はここでデーン人と戦った。歴史的なウィルトン・ハウスが近隣に遺る。町はカーペット産業で有名。

ウィルナ Wilna ⇒ビリニュス Vilnius

ウィルヘルム皇帝運河 Kaiser Wilhelm Canal ⇒北海 - バルト海運河 Nord-Ostsee Kanal

ウィルヘルムスハーフェン Wilhelmshaven (ドイツ)

*ニーダーザクセン (Lower Saxony) の北海に臨むヤーデ湾の港。*ブレーメン (Bremen) の北西72kmに位置する。1853年に*プロイセン (Prussia) がオルデンブルク大公国から買い取った。1869年に海軍基地ができる。両世界大戦中は注目を集め、第2次世界大戦中には激しい爆撃を受けた。

ウィルミントン[1] Wilmington (合衆国)

*デラウェア[2] (Delaware) 州北部、デラウェア川とクリスティーナ川沿いの都市。*ペンシルベニア (Pennsylvania) 州*フィラデルフィア[1] (Philadelphia) の南西40kmに位置する。1638年にオランダ人のピーター・ミニュイットが率いるスウェーデン人の一団が、ここにクリスティーナ砦を築いた。1643年まで*ニュー・スウェーデン (New Sweden) の行政中心地で、1655年にオランダに、1664年にイギリスに制圧された。独立戦争中の1777年9月11日に町のすぐ外で起こったブランディ-ワインの戦いでは、ジョージ・ワシントンはイギリス軍のフィラデルフィアへの進軍を阻止できなかった。1802年にE・I・デュポンは*ブランディ-ワイン川 (Brandy-Wine Creek) 沿いに製粉所をつくった。1832年に市制が敷かれた。1698年にできたスウェーデンの教会、ヘンドリクソン・ハウス、1798年建造の旧市庁舎が今も遺る。

ウィルミントン[2] Wilmington (合衆国)

*ノースカロライナ (North Carolina) 南東部の港湾都市。*ローリー (Raleigh) の南東216km、ケープ・フィア川に臨む。1732

年に入植が始まり、1866年に市となった。1765～1766年には国内で初めて印紙税法に反対する暴動が起こった。独立戦争中の1781年には、イギリスのコーンウォリス将軍に占領された。南北戦争中は南部の封鎖潜入船の港となり、1865年1月15日、*フィッシャー砦（Fort Fisher）の陥落後、北軍に制圧された。第2次世界大戦中は造船業の中心地だった。コーンウォリスと南軍の本部が残る。

ウィルメット　Wilmette（合衆国）

*イリノイ（Illinois）州北東部、*ミシガン湖（Michigan, Lake）岸にある*シカゴ（Chicago）北部郊外の村。1869年に設立され、現在はとくにバハーイ教の大寺院で知られる。アメリカ国内の総本部としてこの地に建てられた。

ウィレムスタット　Willemstad（オランダ）

*オランダ領アンティル諸島（Netherlands Antilles）の首都で、*キュラソー島（Curaçao）の南西、シント・アナ湾の港。1527年にスペイン人が入植し、1634年にオランダに制圧される。ピーター・ストイフェサントによって、奴隷貿易の中心地に発展した。現在は石油精製業の中心地。

ウィーン　Vienna [古代：Vindobona ウィンドボナ；独：Wien ビン]（オーストリア）

オーストリア共和国の首都。*ハンガリー（Hungary）との国境近くに位置し、*ドナウ川（Danube River）に臨む。*神聖ローマ帝国（Holy Roman Empire）、*オーストリア-ハンガリー帝国（Austro-Hungarian Empire）の首都で、古くからの文化が豊かに遺る。地理的にヨーロッパのほぼ中心に位置するため国際色が豊か。ドイツ人、スラブ人、イタリア人、ハンガリー人と多彩な人種構成は、この都市を訪れる人たちに過去

の帝国時代を思い起こさせる。

初めはケルト人が住んでいたが、ローマ人の重要な駐屯地となりウィンドボナと呼ばれるようになった。2世紀にはローマ皇帝マルクス・アウレリウスの居地となる。4世紀に*ローマ帝国（Roman Empire）が崩壊すると、蛮族の襲撃を受け、5世紀にはアッティラに破壊される。

800年には*フランク王国（Frankish Empire）の国境に築かれたオストマルク砦として再び重要な場所となるも、907年にはマジャール人に占領され、976年にはバーベンベルク家に割譲される。1156年、ハインリヒ2世ヤゾミルゴットがオーストリア公国の都としてからウィーンは商業の中心として発達した。1251～1276年までは*ボヘミア（Bohemia）のオタカル2世に占領され、1282年にはハプスブルク家が生活の拠点とする。1438年、神聖ローマ帝国の都となる。1485～1490年までハンガリー王マーチャーシュ・コルウィヌスの支配下に置かれ、その間オーストリアの首都は*ウィーナー・ノイシュタット（Wiener Neustadt）に移された。

1529年と1683年にウィーンはトルコの包囲攻撃を受けるが持ちこたえた。1679年には疫病により人口が激減し壊滅状態となったが、18世紀にはヨーロッパの一大文化都市として名をなす。建築が進み、モーツァルト、ベートーベン、ハイドン、シューベルトらが活躍した。

ナポレオン戦争中の1805年と1809年にはフランスに占領された。1814～1815年にかけては戦後のヨーロッパ再編のための講和会議が開かれた。1848年の革命では中心的役割を担う。市内での蜂起はアルフレート・ウィンディッシュグレーツ率いる軍隊によって制圧された。19世紀末には再び、ジークムント・フロイト、グスタフ・マーラー、ヨハネス・ブラー

ムス、リヒャルト・シュトラウスなどの知識・文化人が活躍した。

第1次世界大戦でオーストリア‐ハンガリー帝国とドイツが敗北したのち、ウィーンは政治的に帝国領土から切り離され、経済に陰りがでた。それにもかかわらずウィーンは世界の都市で最も早く労働者の住宅問題に着手している。ヒトラーのウィーン到来後、1938年にナチスがオーストリアを併合した。第2次世界大戦中は多くのユダヤ人市民が処刑された。だが、1945年にはロシアによって解放され、1955年まで連合軍の支配下に置かれた。戦後の荒廃から復興したウィーンは、石油輸出国機構（OPEC）、国連工業開発機関（UNIDO）、国際原子力機関（IAEA）の本部が置かれるなど、国際政治の中心の地位を保っている。

ウィンザー[1] Windsor [旧名：Pisiquid ピシクイド]（カナダ）

*ノバスコシア（Nova Scotia）州中部、エイボン川沿いの町。*ハリファックス（Halifax）の北西59kmに位置する。1703年にフランス系アカディア人が入植し、1710年に正式にピシクイドの町として設立された。1750年にイギリスが制圧し、エドワード砦を築く。この国で最古のイギリス系大学であるキングスカレッジは1789年にこの地に設立されたが、1923年にハリファックスに移転した。

ウィンザー[2] Windsor（カナダ）

*オンタリオ（Ontario）州南東部にある港。アメリカの*ミシガン（Michigan）州*デトロイト（Detroit）のデトロイト川対岸に位置する。1701年にデトロイトが設立された直後から、フランス人がこの地に入植を始めた。独立戦争後、王党派の移民が多数流入し、1812年戦争〔アメリカ・イ

ギリス戦争〕ではアメリカ軍に占領された。

ウィンザー[3] Windsor ［正式名：New Windsor ニューウィンザー］（イングランド）

*バークシャー（Berkshire）の*テムズ川[2]（Thames, River）沿いの町。*ロンドン（London）の西32kmに位置する。もともとはローマ人の町で、ウィリアム征服王が建設し、以後王の居城となったウィンザー城を中心に発達した。城にはヘンリ2世が築いた円塔がある。また公園内には、ビクトリア女王とアルバート公が埋葬された霊廟がある。ヘンリ8世やチャールズ1世などの歴代の王は聖ジョージ教会に埋葬されている。この教会はエドワード4世が創始し、イングランドでも有数の壮麗な教会として知られる。ローマ時代の遺跡が発見されている。

ウィンザー[4] Windsor ［旧名：New Dorchester ニュー・ドチェスター］（合衆国）

*コネティカット（Connecticut）州北部、*ハートフォード（Hartford）の北郊外の町。ファーミントン川とコネティカット川の合流地点に位置する。プリマス植民地のピルグリム・ファーザーズが交易所として入植し、のちにマサチューセッツ州ドチェスターの住人が移住してきて、1637年まではニュー・ドチェスターと呼ばれた。コネティカット初の白人入植地で、州内最古の町。

ウィンザー[5] Windsor（合衆国）

*バーモント（Vermont）州東部、コネティカット川沿いの村。*スプリングフィールド[5]（Springfield）の北21kmに位置する。1761年に*ニューハンプシャー（New Hampshire）植民地総督の勅許を受け、1764年に入植が始まった。1777年にここで開

催された会議の結果、新州バーモントの設立が決まった。ウィンザーは 1805 年まで非公式の州都だった。1777 年 7 月 9 日に州法が採択されたオールド・コンスティテューション・ハウス、1808 年に建てられた国内最古の刑務所がある。

ウィンザー・ロックス　Windsor Locks（合衆国）

*コネティカット（Connecticut）州北部、コネティカット川沿いの町。*ハートフォード（Hartford）の北 19km に位置する。1663 年に入植が始まり、1854 年に市制が施行されて、*ウィンザー[4]（Windsor）から分離した。植民地時代の初期から、コネティカットのタバコ産業の売買・出荷の中心地だった。1828 年、コネティカット川の急流を迂回するための閘門つき運河が建設された。

ウィンストン - セーラム　Winston-Salem（合衆国）

*ノースカロライナ（North Carolina）州中北部、*ローリー（Raleigh）の北西 149km に位置するピードモント高原の都市。1766 年にセーラムが、1849 年にウィンストンができ、1913 年に合併した。セーラムには、近隣のベサバラからモラビア教徒が入植した。復元されたオールド・セーラムには、当時からのモラビア教の建築物が数多く現存する。州のタバコ産地の中心にあるウィンストン - セーラムは、世界最大のタバコ生産地である。

ウィンダウ　Windau ⇒ベンツピルス Ventspils

ウィンタートゥール　Winterthur［ラテン語：Vitodurum ウィトドゥルム］（スイス）

スイス北西部、*チューリッヒ（Zurich）州の都市。チューリッヒの北東 19km に位置する。もともとはローマ人の集落ウィトドゥルムで、1180 年にキーブルク伯領となる。1264 年にハプスブルク家が引き継いだ。1415 年に自由帝国都市となり、1467 年にスイス連邦に売却されてチューリッヒ州領となった。

ウィンターパーク　Winter Park（合衆国）

*フロリダ（Florida）州中部、*オーランド（Orlando）の北東 8km にある保養地。1858 年に設立された。1885 年創設のフロリダ最古の高等教育機関、ロリンズ・カレッジがある。

ウィンチェスター[1]　Winchester［古代：Venta Belgarum ベンタ・ベルガラム］（イングランド）

イングランド南部、*ハンプシャー（Hampshire）州の都市。ロンドンの南西 98km に位置する。*ウェセックス（Wessex）王国の首都で、アルフレッド大王やカヌートなど多くのサクソンやデーン人の王が埋葬されている。伝説によると、アーサー王の円卓がこの地のノルマン様式の城に保管されているという。ウィリアム征服王は 1066 年に*ロンドン（London）とここと両方で戴冠した。ウィンチェスターには司教座がおかれ、その司教は歴史上重要な役割をはたしてきた。11 ～ 14 世紀にできた壮麗な大聖堂が遺る。町は、ロンドンが優位に立つまで、中世の学問の中心地として栄えた。14 世紀後半に創設されたウィンチェスター校はイングランド最古のパブリックスクールである。

ウィンチェスター[2]　Winchester（合衆国）

*インディアナ（Indiana）州東部、*マンシー（Muncie）の東 32km の都市。1820 年頃に入植が始まった。インディアンの考古学的遺跡、ファッジ・マウンドがある。

ウィンチェスター[3] Winchester（合衆国）

*バージニア（Virginia）州北部の都市。*ワシントン[1]（Washington,D.C）の西115km、*シェナンドー川流域（Shenandoah Valley）に位置する。1732年に入植が始まった。1748年、ここで測量技師として仕事を始めたジョージ・ワシントンは、フレンチ・インディアン戦争中、ウィンチェスターを本拠地とした。1755年7月9日にエドワード・ブラドック将軍がフレンチ・インディアン軍に敗れると、ワシントンはこの近くにラウドン砦を築いた。南北戦争中には何度か支配者が替わり、大きな戦いでは激しい損害を受けている。1862年5月26日、北軍司令官のナサニエル・バンクスと南軍のトーマス・ストーンウォール・ジャクソンとの戦い、1863年6月14日と15日の北軍の将軍ロバート・ミルロイと南軍のリチャード・ユーエル将軍との戦い、それから1864年9月19日にシェナンドー川流域に攻撃をしかけた北軍のフィリップ・シェリダン将軍とウィンチェスターに駐屯していた南軍司令官ジュバル・アーリーとの戦いなどである。探険家で航空家のリチャード・E・バード提督（1888～1957）、作家のウィル・ケイザー（1876～1947）はここで生まれている。

ウィンチェスター砦 Fort Winchester ⇒デファイアンス Defiance

ウィンチェルシー Winchelsea（イングランド）

イースト・*サセックス（Sussex）州の村。*ヘイスティングズ[1]（Hastings）の北東13kmに位置する。12世紀以降、*五港連盟（Cinque Ports）の一つで、百年戦争中はフランス軍に襲撃された。トマス・ベケットをまつる教会の遺跡が遺る。

ウィンデリキア Vindelicia［ラエティア・セクンダ Raetia Secunda］（ドイツ）

かつてあった*ローマ帝国（Roman Empire）内の地域。現在のドイツの*バイエルン（Bavaria）州、*バーデン - ウュルテンベルク（Baden-Württemberg）州、*ドナウ川（Danube River）南部にあたる。初めはウィンデリキ人が住んでいた。前15年にローマに征服され、*ラエティア（Raetia）とともにローマの支配を受けた。

⇒アウクスブルク Augsburg

ウィンドキヌム Vindocinum ⇒バンドーム Vendôme

ウィントフーク Windhoek［Windhuk］（ナミビア）

アフリカ中部にあるナミビアの首都。1855年、ドイツがコイコイ族から奪い、1892年に南西アフリカのドイツ植民地の首都とした。第1次世界大戦中は、南アフリカ軍に制圧された。現在はナミビア最大の都市で、商業・海運業の中心地。

ウィンドボナ Vindobona ⇒ウィーン Vienna

ウィンド・リバー山脈 Wind River Range（合衆国）

*ワイオミング（Wyoming）州中西部、*ロッキー山脈（Rocky Mountains）中の山脈。この山脈を越える重要な峠がいくつかあり、とくに*オレゴン街道（Oregon Trail）沿いの*サウス・パス（South Pass）は*コロラド川（Colorado River）流域や、*グレート・ソルト湖（Great Salt Lake）、スネーク川の上流につながっている。

ウィンドワード海峡 Windward Passage

西インド諸島東部、*キューバ（Cuba）東部と*イスパニオラ（Hispaniola）島北西部

の間の幅88kmの海峡。合衆国 から*パナマ運河（Panama Canal）を結ぶルート上にあり、1903年以来アメリカ軍に保護されている。
⇒グアンタナモ湾 Guantánamo Bay

ウィンドワード諸島 Windward Islands ⇒西インド諸島 West Indies

ウィンブルドン Wimbledon （イングランド）⇒マートン Merton

ウェアハム Wareham （イングランド）
*ドーセット（Dorset）州ボーンマスの西16km、*パーベック島（Purbeck, Isle of）のかつての港町。サクソン時代以前の集落で、今もイギリスの土塁が残る。フルーム川沿いの戦略的に重要な位置にある。1086年以前に城が建てられた。ウェアハム自体は、中世の重要な港だった。城主は13〜14世紀にかけての戦争中に何度か交代している。1644年、クロムウェル軍の手に落ちる。エドワード殉教王は近隣のコーフ城で暗殺され、棺がこの地のサクソン・ノルマン風の聖メアリ教会に安置されている。

ウェイー Veii ［伊：Veio ベイオ］（イタリア）
*エトルリア（Etruria）の古代都市。*ローマ（Rome）の北西16kmにあった。前9世紀の複数の村の集まりが次第に発達し、やがてエトルリアの都市国家群の中心となり、前7世紀〜前6世紀にかけてローマを威圧する存在となる。しかしローマからの10年にわたる包囲攻撃のあと、395年頃に街は破壊されローマに併合される。ユリウス・カエサルがこの地に築いた植民地が、アウグストゥスの支配下でムニキピウムとなった。2世紀には町は斜陽となるが、3世紀まではまだ宗教

の中心地として重きが置かれていた。砂漠地域の発掘によりこれまでで最古のエトルリア文化のフレスコ画が発見された。発掘された遺物は現在、ローマに所蔵されている。

ウェイ〔渭〕河 Wei ［中国語：Wei-He ウェイホー］（中国）
中国中北部、*カンスー〔甘粛〕（Gansu）省南東部を水源とし、甘粛と*シャンシー〔陝西〕（Shaanxi）省を東に流れて*トンホワン〔敦煌〕（Dunhuang）で*ホワン・ホー〔黄河〕（Huang-He）に注ぐ、全長787kmの川。流域では中国初期の文明が花開いた。たとえば流域から移住した周族が前1025年頃に興した周王朝は、中国史上もっとも長い王朝として前256年まで続いた。

ウェイクフィールド Wakefield （イングランド）
イングランド北部、ウェスト・ヨークシャー大都市圏州南東部のコールダー川沿いの都市。*リーズ 2（Leeds）の南南東13kmに位置する。アングロ・サクソン時代からの町で、14世紀以来、毛織物産業の中心地。薔薇戦争中の1460年、第3代ヨーク公、リチャード・プランタジネットが、この地でランカスター一族に敗れて殺害された。イングランドの奇跡を描いたタウンリー（ウェイクフィールド）聖史劇は、1450年頃にここで初演された。

ウェイホー Wei-He ⇒ウェイ〔渭〕河 Wei

ウェイマス Weymouth （合衆国）
*マサチューセッツ（Massachusetts）州東部、*ボストン 2（Boston）の南東にある郊外の町。1622年に入植が始まり、第2代ジョン・アダムズ大統領夫人となるアビゲイル・アダムズ（1744〜1818）が生ま

234　ウエイマス

れた。この町にある古いインディアン町の通りは、17 世紀からのもの。

ウェイマス・アンド・メルコム・リージス
Weymouth and Melcombe Regis（イングランド）

＊ドーセット（Dorset）州の港町・保養地。ボーンマスの西南西45km、＊イギリス海峡（English Channel）に臨む。中世に栄えた港で、16 世紀にエリザベス 1 世によって自治区として合併された。第 2 次世界大戦中に何度も爆撃を受け、1944 年のノルマンディー上陸作戦の基地となった。

ウェオカ Wewoka（合衆国）

＊オクラホマ（Oklahoma）州中部、＊オクラホマ・シティ（Oklahoma City）の南東104km にある都市。再入植したクリーク族とセミノール族が暮らしていたが、1866 年に白人が入植した。ウェオカは今もセミノール・ネーションの首都として機能しており、人口は 3,500 人程度。

ウェクスフォード[1] Wexford（アイルランド）

＊ウェクスフォード[2]（Wexford）州の海港。デーン人の初期の海軍基地で、のちにアングロ - ノルマン人が定住した。ピューリタン革命中の 1649 年、激しく抵抗したがクロムウェルの軍に制圧された。

ウェクスフォード[2] Wexford（アイルランド）

＊アイルランド（Ireland）南東部、＊レンスター（Leinster）地方の州。かつてはデーン人が居住していたが、アイルランド人の反乱の中心地となる。とくに 1798 年にウルフ・トーン（1763 ～ 98）が起こした統一アイルランド人連盟の運動は有名。アメリカのケネディ一家の祖先はこの州の出身。

ウェクティス Vectis ⇒ワイト島 Wight, Isle of

ウェーク島 Wake Island（合衆国）

太平洋中部、グアムとハワイの間に位置する環礁で、かつてアメリカ軍基地があった。16 世紀に島を発見したのはスペイン人で、1796 年にイギリスのウィリアム・ウェーク船長が訪れている。1899 年にアメリカ領。1934 年、アメリカ海軍の管轄下に置かれ、1939 年から軍事基地が建設されたが、1941 年 12 月 7 日に開始された日本軍の攻撃により同月 23 日に陥落。第 2 次世界大戦中に何度も爆撃を受け、1945 年 9 月 4 日、アメリカ軍に奪還される。現在は＊マーシャル諸島（Marshall Islands）が領有を主張しているが、今もアメリカ軍航空機の滑走路として使われている。

ウェーコ Waco（合衆国）

＊テキサス（Texas）州中東部、＊ダラス[2]（Dallas）の南西 150km に位置する、ブラゾス川沿いの工業都市。1849 年にウェーコ・インディアンの村だった場所に人々が定住し、南北戦争前は、綿花農園と牛の放牧の中心地として栄えた。1870 年につり橋ができ、翌年には最初の鉄道線路が建設され、南北戦争後、経済が復活した。1993 年、近隣で、連邦捜査官とデビッド・コレシュ率いるキリスト教のカルト集団ブランチ・ダビディアンとの間で銃撃戦が起こった。ブランチ・ダビディアンは51 日間籠城したが、火災により 83 人が死亡し、事件は終結した。

ウェザーズフィールド Wethersfield（合衆国）

＊コネティカット（Connecticut）州北部、＊ハートフォード（Hartford）の南の郊外、コネティカット川沿いの町。1634 年の冬に＊マサチューセッツ（Massachusetts）からの入植者によって設立され、州内初の白人の恒久的集落となる。3 年後に町制が施行された。1637 年のウェザーフィールドの虐殺

がきっかけとなり、ピークォット戦争が起きた。植民地時代は商業中心地として栄え、初めて*西インド諸島（West Indies）との交易を行なった港の一つである。サイラス・ディーンやジョゼフ・ウェブなどの植民地時代の家が数多く遣る。なかでもウェブの家では、1781年にジョージ・ワシントンとロシャンボー伯が極秘で*ヨークタウン（Yorktown）の戦いの作戦を練った場所である。

ウエサン島 Île d'Ouessant［アシャント Ushant］（フランス）

フランス北西部、*ブルターニュ（Bretagne）の海岸沖19kmに位置するフィニステール県の島。1778年と1794年に、この島の沖でフランスとイギリスの海戦があった。

ウェスカ Huesca［古代名：Osca オスカ］（スペイン）

スペイン北東部、ウェスカ県の県都。*マドリード（Madrid）の北東333kmに位置する。前77年、クイントゥス・セルトリウスがこの古代ローマの町に、現地の指導者を育成する学校を設立したが、5年後にセルトリウスは校内で暗殺された。8世紀以降ウェスカはムーア人に支配されたが、11世紀に*アラゴン（Aragon）王国のペドロ1世に征服され、1118年までアラゴン王国の首都となった。1936～1939年までのスペイン内乱の数カ月間、共和国政府軍の包囲戦に抵抗した。1354年ここに大学が創設された。15世紀創建の大聖堂、12世紀建造のアラゴン王の王宮、12世紀に建てられたロマネスク様式のサン・ペドロ・エル・ビエホ聖堂がある。

ウェスクラ Vescera ⇒ビスクラ Biskra

ウェスタリー Westerly［旧名：Misquamicut ミスクワミカット］（合衆国）

*ロードアイランド（Rhode Island）州南部、*ニューポート[3]（Newport）の南東43kmに位置するポーカタック川沿いの町。1648年に入植が始まり、その後ニューポートからの入植者が定住した。1728年まで*コネティカット（Connecticut）とロードアイランドの間で争われた。19世紀初頭以降、織物産業の中心地となり、リゾート地としても人気を集めている。

ウェスタン・アイルズ Western Isles［ゲール語：Eilean Siar イーラン・シアー］（スコットランド）

*アウター・ヘブリディーズ諸島（Outer Hebrides）を含む島嶼地域。主要都市はストーノウェイ。

ウェスタン・オーストラリア Western Australia（オーストラリア）

オーストラリア西部の州。1616年にオランダの探検家ディルク・ハルトクが初めて訪れ、1826年にオールバニーが流刑地にされ入植が始まった。3年後、*パース[1]（Perth）に自由植民地が建設される。1880年代に*クールガーディ（Coolgardie）と*カルグーリー（Kalgoorlie）で金が発見された。州の大部分は*ニュー・サウス・ウェールズ（New South Wales）の流刑地だったが、1890年に同州から分かれた。1901年、オーストラリア連邦に加盟。州都はパース。

ウェスト・オレンジ West Orange（合衆国）

*ニュージャージー（New Jersey）州北東部に位置する町。南東の*ニューアーク[2]（Newark）、東の*ニューヨーク市（New York City）の郊外の町。1862年にオレンジから分離して設立された。トーマス・エジソ

ンが 1887 〜 1931 年まで暮らした家、グ
レンウッドがルエリン公園にあり、現在
は国定史跡となっている。

ウェストカペッレ Westkapelle（オランダ）

オランダ南西部、ゼーラント州*ワルヘ
レン（Walcheren）島にある町。第 2 次世界
大戦中の 1944 年 11 月にここが連合軍に
よって解放されたことが、11 月 8 日のワ
ルヘレン島制圧へとつながった。その後、
すでに 9 月に解放されていた*ベルギー
（Belgium）の*アントワープ（Antwerp）ま
で、*スヘルデ川（Schelde）河口域の海上
交通路が開けた。

ウェスト・グラモーガン West Glamorgan（ウェールズ）

ウェールズ南部の旧州。ブリストル海峡
に臨む。グラモーガンシャー州から設立
され、金属加工業で栄えた。旧州都は*ス
ウォンジー2（Swansea）だった。1994 年、
スウォンジーとニース・ポート・トール
ボットに分かれた。

ウェスト・コロンビア West Columbia（合衆国）

*テキサス（Texas）州南東部、ベイ・シテ
ィの北東 30km の都市。1836 年、新たに
形成された*テキサス共和国（Texas, Republic
of）の暫定首都となった。

ウエスト・サセックス Sussex, West ⇒サセックス Sussex

ウェスト・スピッツベルゲン West Spitsbergen（Vestspitsbergen）⇒スピッツベルゲン Spitsbergen

ウェスト・スプリングフィールド West Springfield（合衆国）

*マサチューセッツ（Massachusetts）州南西部、
コネティカット川沿いにある*スプリング
フィールド2（Springfield）郊外の町。1654
年に入植が始まった。州の紙幣発行によ
って負債が軽減されると信じた農民たち
が、1786 年にここでシェイズの反乱を起
こした。

ウェストチェスター郡 Westchester County（合衆国）

*ニューヨーク（New York）州の郡。*ニュ
ーヨーク市（New York City）の北、*ハドソン
川（Hudson River）東岸、パトナム郡の南、
コネティカット州の西に位置する。オラ
ンダの*ニュー・ネーデルラント（New
Netherland）植民地の一部だったが、1664
年にイギリスに制圧された。オランダ統
治下で入植が始まり、1683 年 11 月 1 日、
ウェストチェスターはニューヨーク植民
地を形成する 12 の郡の一つとなった。オ
ランダとイギリスは、348 平方キロメート
ルのバン・コートラント・マナーやフィ
リップスバーグ・マナーなどの広大な土
地を下賜した。アメリカ独立戦争までに
は、郡のほとんどの地域で入植が始まっ
ていた。1776 年 7 月 9 日、ニューヨーク
植民地議会が*ホワイト・プレーンズ（White
Plains）で会合を開き、独立宣言を批准した。
だが、10 月 28 日にワシントン率いる大陸
軍が、ホワイト・プレーンズの戦いでイ
ギリス軍に敗北する。戦争中、この郡では、
愛国派と王党派との間で小競り合いや略
奪が続いた。1780 年 9 月 23 日、イギリス
のジョン・アンドレ少佐がスパイとして
ウェストチェスターで捕らえられて処刑
された。
　19 世紀には、アイルランド人やイタリ
ア人が多数到来し、1837 〜 1842 年にかけ

てニューヨーク市の配水設備となるクロトン・ダムや水道橋を建設し、郡内の専門職の上流中産階級を形成していく。鉄道が敷かれ、自動車が到来すると、ウェストチェスターはニューヨーク市で働く人々のベッドタウンとなった。第2次世界大戦後、郊外への移住が増加したが、多くの大企業もまたウェストチェスターに移転したため、職住接近の機会が増えた。国内初の公園道路となるブロンクス・リバー・パークウェイは、1916年からここに建設された。ウェストチェスターの名はイングランドの都市*チェスター[1]（Chester）にちなむ。歴史的な見所のある都市、*ママロネック（Mamaroneck）、*マウントバーノン[1]（Mount Vernon）、*ニュー・ロシェル（New Rochelle）、*オシニング（Ossining）、*ポート・チェスター（Port Chester）、*ライ[2]（Rye）、*スカーズデール（Scarsdale）、*タリータウン（Tarrytown）、ホワイト・プレーンズ、*ヨンカーズ（Yonkers）がある。

ウェストバージニア West Virginia（合衆国）

アメリカ中東部の州。北は*オハイオ川（Ohio River）をはさんで*ペンシルベニア（Pennsylvania）州と*オハイオ（Ohio）州、南と西は*ケンタッキー（Kentucky）州、東は*バージニア（Virginia）州と接する。1863年に35番目の州として連邦に加盟した。山岳州の異名のとおり、山の多い険しい地形で、全体がほぼアレゲニー高原にある。

最初の居住者として知られているのは、インディアンの《土塁築造人》である。*マウンズビル（Moundsville）のグレーブ・クリーク土塁は、国内最大の土塁である。ヨーロッパの探検家と毛皮商人がこの地を初めて訪れたのは1670年代のことで、当時は居住者も少なく、入植者やインデ

ィアン共通の狩猟場、戦場となった。かつてはバージニア州の一部だったが、ほかの地域とは山で隔てられており、海岸沿いの植民地に比べると発展に時間がかかった。ペンシルベニアからやってきたドイツ人とスコットランド・アイルランド系が最初の入植者で、ドイツ人は1730年頃、東の細長い地域にあるメクレンバーグ（現在のシェパーズタウン）に集落を築いた。

オハイオ・バレーに*フランス（France）が入り込んでくるのを恐れたイギリスは、1749年に*アレゲニー山地（Allegeny Mountains）の西の広大な土地をオハイオ会社に譲り、同社が土地の開拓を進めた。1763年にフレンチ・インディアン戦争が終結し、北アメリカでのイギリスの勝利が決まった。この戦争中、インディアンの虐殺が何度も起こったため、多くの住民がこの土地を離れたが、1758年にイギリスがペンシルベニア州の*ドゥケーン砦（Fort Duquesne）〔現在の*ピッツバーグ[2]（Pittsburgh）〕を制圧し、オハイオ・バレーの支配権を取り戻すと、住民もすぐに戻ってきた。インディアンの反乱を避けるため、イギリスは1763年以降、アレゲニー山地の西への入植を禁じたが、入植者は無視したため、広い範囲でインディアンの反乱が起こった。1774年10月、インディアンはダンモア戦争で征服された。

独立戦争中、この地域は3度、イギリスとインディアンの同盟軍に侵攻されたが、オールド・ノースウェストでのジョージ・ロジャーズ・クラークの勝利で難を逃れた。1803年に*ルイジアナ購入（Louisiana Purchase）によって土地が増え、*ミシシッピ川（Mississippi River）流域の交易網を国が管理するようになったため、*オハイオ川（Ohio River）の交通量も増加した。さらに1818年にメリーランド州*カンバ

ーランド[2] (Cumberland) から*ホイーリング (Wheeling) まで*ナショナル道路 (National Road) が開通し、西部からの移民がやってきた。

　19世紀初頭には、奴隷を所有しない小規模農家と多数の奴隷を使用するバージニア東部の農園主との間で争いが始まった。1830年と1851年の憲法改正により、いくつかの改革が実施されたが、東部では奴隷制が続いた。1859年10月、奴隷反対論者のジョン・ブラウン率いる小隊が*ハーパーズ・フェリー (Harpers Ferry) の連邦武器庫を制圧するが、ブラウンらは海兵隊に捕まった。裁判ののち、ブラウンは1859年12月2日に*チャールズ・タウン[1] (Charles Town) で絞首刑に処された。

　人々は1861年の連邦脱退に強く反対した。6月に開かれた会議でバージニアの連邦脱退を無効とし、独自の政府を樹立することを宣言した。2年後、連邦議会はこの政府をバージニアから分離したウェストバージニア州として承認した。南北戦争中の1861年夏、北軍は州内での戦闘に何度も勝利を収めた。とくに有名なのは*フィリッピ (Philippi) と*リッチ・マウンテン (Rich Mountain) の戦い。9月に南軍のR・E・リー将軍率いる軍が*チート山 (Cheat Mountain) で敗退。その後、東部でも戦闘があり、ハーパーズ・フェリーは何度も支配者が交代した。

　南北戦争後、過激派共和党が支配権を獲得するが、数年後に民主党が奪還する。19世紀後半、大規模な工業化が始まった。化学産業が進出してきて、20世紀前半にはすべての産業が拡大した。第1次および第2次世界大戦で州の石炭と鉄の需要が高まり、さらに産業が発達した。州内で広く炭田の開発が進み、製鉄工場はピッツバーグから北に細長く伸びる地域にまで広がった。

　ウェストバージニア州の炭田では、適切な賃金や安全基準を求める労働争議が発生し、何度もストライキにまで発展した。とくに1912～1913年にかけてと、1920～1921年にかけてが多かった。1930年代の大恐慌は、とりわけ炭鉱労働者に打撃を与えたが、フランクリン・ルーズベルト大統領のニューディール政策が労働組合の組織を支持し、炭鉱の組合は力をつけていった。だが、1950年代に石炭産業が弱体化し、機械化によって多くの職が奪われたため、1960年代には連邦からの財政援助を得て新たな産業が招致された。1970年代、連邦議会は州内に広がる露天採鉱を管理する方向に動き始めた。21世紀初頭、炭鉱事故で数人の炭鉱労働者が命を落としている。

　州都は*チャールストン[2] (Charleston)。最大都市は*ハンティントン[3] (Huntington)。ほかに重要都市として*パーカーズバーグ (Parkersburg) と*ホイーリング (Wheeling)。

ウェスト・ハートフォード　West Hartford（合衆国）

*コネティカット (Connecticut) 州北部、*ハートフォード (Hartford) 郊外の町。1679年に設立され、1854年に町制が敷かれた。アメリカの有名な辞書編纂者、ノア・ウェブスター (1758～1843) の生地。トーマス・ホプキンズ・ギャロデットが1817年にアメリカ聾学校を設立した。

ウェスト・ハノーバー　West Hanover ⇒モリスタウン[1] Morristown

ウェストバラ　Westborough［Westboro］（合衆国）

*マサチューセッツ[2] (Massachusetts) 州中部、アサベット川沿いにある*ウスター[2] (Worcester) 東の郊外の町。1717年に町制

が施行される。紡績機を発明し、大量生産方式を推し進めたホイットニーが 1765 年にここで生まれており、その生地は保存されている。

ウェスト・バンク〔ヨルダン川西岸地区〕 West Bank［ユダヤ Judea, サマリア Samaria］（パレスチナ）

*ヨルダン川（Jordan River）西岸の、かつてイギリスのパレスチナ委任統治領だった地域。第 1 次中東戦争後、西岸地区は*ヨルダン（Jordan）に併合された。1967 年の戦争後、*イスラエル（Israel）に占領される。アラブ人は東*エルサレム（Jerusalem）を西岸地区の一部と見なし、本来のパレスチナの首都と考えているが、イスラエルは全体をイスラエル領と見なしている。西岸地区には*ヘブロン（Hebron）、*ナーブルス（Nablus）、*ベスレヘム[1]（Bethlehem）、*ラムラ（Ramla）、*エリコ（Jericho）の諸都市を含む。1994 年半ば以来、西岸地区の一部に限定パレスチナ自治区が存在している。

ウェストファリア Westphalia［古代：Westfalahi；独：Westfalen ウェストファーレン］（ドイツ）

「西の平原」を意味するウェストファリアは、12 世紀に*ザクセン（Saxony）獅子王ハインリッヒ公が神聖ローマ皇帝の譴責を受けて領地を剥奪されたあとに設立された公国だった。首都の*ミュンスター（Münster）では、1648 年 10 月 24 日にウェストファリア講和条約が結ばれた。プロイセンのウェストファリア侵攻は、17 世紀に*ブランデンブルク（Brandenburg）を手中に収めたときから始まったが、支配するようになったのは 1815 年のウィーン会議以後である。これ以前には、1807 年の*ティルジット（Tilsit）条約の締結により、ナポレオンがかなり拡大したウェストフ

ァリア王国を創設し、弟のジェロームに与えた。当時の首都は*カッセル[2]（Kassel）におかれた。1813 年 10 月の*ライプツィヒ（Leipzig）の戦い後、ロシアがウェストファリアに侵攻し、ジェローム・ボナパルト王を追放し、以前の領土を再構築した。1815 年のウィーン会議で*プロイセン（Prussia）王国がウェストファリア全域を取得し、1945 年までこの地域はプロイセン領だった。ウェストファリアは 1946 年に、*ノルト・ライン - ウェストファーレン（North Rhine–Westphalia）州の一部となった。

ウェストファーレン Westfalen ⇒ウェストファリア Westphalia

ウェストフィールド Westfield（合衆国）

*ニュージャージー（New Jersey）州北東部、*ニューヨーク市（New York City）郊外の町。1700 年にオランダ人が入植し、1794 年に*エリザベス（Elizabeth）から分離した。独立戦争中、ニューヨーク市を制圧したイギリス軍と、ニュージャージーの大部分を支配下においていたアメリカ軍との間で争いが何度も起きた。

ウェストブランチ West Branch ⇒アイオワ Iowa

ウェスト・ヘイバーストロー West Haverstraw（合衆国）

*ニューヨーク（New York）州 南東部、*ニューヨーク市（New York City）の北 54km に位置する、*ハドソン川（Hudson River）沿いの村。アメリカ独立戦争中の 1780 年、この村にある家で、アメリカのベネディクト・アーノルド将軍とイギリスのジョン・アンドレ少佐が*ウェスト・ポイント（West Point）をイギリス軍に明け渡す陰謀

を企てた。

ウェスト・ポイント West Point（合衆国）

＊ニューヨーク（New York）州南東部、＊ニューヨーク市（New York City）の北80km、＊ハドソン川（Hudson River）沿いにあるアメリカ軍駐留地と士官学校本部。1778年に大陸軍に制圧され、独立戦争中はハドソン川流域を守る砦として使われた。ハドソンが川沿いに進軍してくるイギリス海軍を妨害するため、ここからコンスティテューション島まで鉄鎖が張られた。1780年にイギリス人少佐アンドレが捕まり、イギリスと内通してウェスト・ポイントをイギリスに降伏させようと画策していた、アメリカ軍のベネディクト・アーノルドの陰謀が露見した。士官学校は1802年に議会によってここに設立された。
⇒ウェスト・ヘイバーストロー West Haverstraw

ウェストポート Westport［旧名：Saugatuck ソーガタック］（合衆国）

＊コネティカット（Connecticut）州南西部、＊ロング・アイランド海峡（Long Island Sound）とソーガタック川に臨む町。1645年に入植が始まり、植民地時代には密輸業者が好んで潜伏した町である。独立戦争中にトーリー軍に2度攻撃を受けた。1777年に＊ダンベリー（Danbury）を攻撃したトーリー軍のウィリアム・トライオンの本拠地。

ウェストポートの戦い Westport, Battle of ⇒インディペンデンス[2] Independence（ミズーリ）

ウェストマルク Westmark ⇒ザールラント Saarland

ウェストミンスター Westminster［シティ・オブ・ウェストミンスター City of Westminster］［ラテン語：Westmonasterium ウェストモナステリウム］（イングランド）

イギリスの官庁街、ロンドン西部＊テムズ川[2]（Thames, River）に臨むインナー・＊ロンドン（London）の自治区。王宮のバッキンガム宮殿や、10世紀建造で、のちにイングランド国教会の大聖堂となったウェストミンスター寺院はこの地区にある。官庁街にはダウニング街や＊ホワイトホール（Whitehall）からなる。名門パブリックスクールのウェストミンスター校は1179年にベネディクト会の修道士らによって慈善学校として設立され、1540年にヘンリ8世により修道会から独立させられ、1560年にエリザベス1世の勅許を受けて改組された。初期の王宮ウェストミンスター宮殿は14世紀以降国会議事堂として使われていたが、1834年に焼失した。1852年に新しい議事堂が建てられた。

ウェストモナステリウム Westmonasterium ⇒ウェストミンスター Westminster

ウェストモーランド Westmorland（イングランド）

現在は＊カンブリア（Cumbria）州に編入されたかつての州。14世紀にフランドルからの移民が毛織物産業を始め、とくに＊ケンダル（Kendal）で盛んで、現在も操業が続いている。著名な詩人ウィリアム・ワーズワースは1799～1850年までここで暮らし、＊グラスミア（Grasmere）に埋葬されている。
⇒湖水地方 Lake District

ウェスト・ヨークシャー Yorkshire, West（イングランド）

炭田と繊維産業で知られる工業が盛んな

州。州都はウェイクフィールド。
⇒ヨークシャー Yorkshire

ウェスト・ロクスベリー West Roxbury（合衆国）

*マサチューセッツ（Massachusetts）州東部にあった町。1874 年に*ボストン[2]（Boston）に編入された。1841 ～ 1847 年にかけて、ユニタリアン派の牧師ジョージ・リプリーがブルック・ファームに設立したユートピア・コミュニティがあった。このコミュニティの共同生活は、トランセンデンタリズム（超越主義）の哲学思想に基づいていた。1846 年に母屋の一部が焼失し、その後コミュニティは財政難で崩壊した。

ウェストン - スーパー - メア Weston-Super-Mare（イングランド）

エイボンの海浜リゾートと港。*ブリストル[1]（Bristol）の南西 29km、*セバーン川（Severn River）河口のブリストル海峡に臨む。1932 年に市制が敷かれた。鉄器時代には丘の斜面に砦が築かれた。

ウェスナ Vesuna ⇒ペリグー Périgueux

ウェスリウム Vesulium ⇒ブズール Vesoul

ウェスルム Vesulum ⇒ブズール Vesoul

ウェセックス Wessex（イングランド）

ブリテン島のサクソン人の王国で、その版図はおおよそ現在のバークシャー、ドーセット、サマーセット、ハンプシャー、ウィルトシャーにまたがる。王国として確立したのは 560 年にチェウリンが統治を始めたときのことで、キャドワラ（在位 685 ～ 688）とイネ（在位 688 ～ 726）の治世には*ノーザンブリア（Northumbria）や*マーシア（Mercia）より強大だった。ア

ルフレッド大王（在位 871 ～ 899）のもとでは、侵攻してきたデーン人に抵抗し撃退した。10 世紀初頭には、現在のイングランドの大半を支配下に治め、以降はこの地の歴史がイングランドの歴史となる。

ウェソンティオ Vesontio ⇒ブザンソン Besançon

上田 Ueda [Uyeda]（日本）

*長野（Nagano）の南南東 29km に位置する都市。17 世紀以来の城下町で、19 世紀後半に絹産業の中心地として発展した。1910 年に設置された上田蚕糸専門学校（1944 年に上田繊維専門学校と改称）は 1951 年に閉校となった。

ウェッツラー Wetzlar（ドイツ）

ドイツ中部、*ヘッセン（Hesse）州の都市。*フランクフルト・アム・マイン（Frankfurt am Main）の北 48km、ラーン川に臨む。12 世紀からナポレオン戦争までは自由帝国都市で、1693 ～ 1806 年までは*神聖ローマ帝国（Holy Roman Empire）の最高法院がおかれた。1815 年のナポレオンの敗北後、*プロイセン（Prussia）領となる。ヨハン・ボルフガング・フォン・ゲーテ（1749 ～ 1832）は、1770 年代にここで法律家として修業をしていた。このときに出会った若い女性が、1774 年に発表されて人気を博したデビュー小説『若きウェルテルの悩み』のロッテ（シャルロッテ）のモデルになっている。

ウェッティンゲン Wettingen（スイス）

*チューリッヒ（Zurich）の北西 16km に位置する*アールガウ（Aargau）州の都市。神聖ローマ皇帝アルブレヒト 1 世（在位 1298 ～ 1308）の墓があるシトー会の修道院は、1227 年にここに設立された。

ウェドモア Wedmore（イングランド）

イングランド南西部、*サマセット（Somerset）州の村。*トーントン[1]（Taunton）の北東30kmに位置する。ウェセックスのアルフレッド大王と東アングリアのデーン人のガスラム王が、878年のエディントンの戦い後、この地で条約を結んだ。条約はデーン人の支配を*ウォトリング街道（Watling Street）の北の地域に限定するもので、その後、その一帯は*デーンロー（Danelaw）と呼ばれるようになった。

ウェヌシア Venusia ⇒ベノーザ Venosa

ウェネチア Venetia ⇒ベネツィア Venice

ウェブスター Webster（合衆国）

*マサチューセッツ（Massachusetts）州中南部、ウスター郡の町。*ウスター[2]（Worcester）の南24km、ウェブスター湖畔に位置する。かつて湖はインディアンに人気の漁場だった。1715年頃に入植が始まり、1832年にダドリー、オックスフォードと分離されて町となった。1811年に初めて綿紡績が行なわれ、主にニュー・イングランドの織物製造業者の先駆者、サミュエル・スレーターの努力により19世紀には織物産業の中心地として栄えた。

ウェーラウ Wehlau ［1945以降：Znamensk スナメンスク］（ロシア）

ラバ川河口に位置する、プレゴリャ川南岸の町。1657年にこの地で*ブランデンブルク（Brandenburg）と結んだ条約により、ポーランドは*プロイセン（Prussia）公国を手放した。

ウェリア Velia ⇒エレア[2] Elea

ウェリトラエ Velitrae ⇒ベッレトリ Velletri

ウェリン・ガーデン・シティ Welwyn Garden City（イングランド）

*ロンドン（London）の北32kmに位置する*ハー（ト）フォードシャー（Hertfordshire）州の住宅地。田園都市の先駆け的な町で、田園風景に産業を分散させて組み合わせた計画都市である。1920年に田園都市運動を組織したサー・エベネゼル・ハワードによって設立された。第2次世界大戦後、ロンドンの人口余剰を緩和する役目を果たして発展した。

⇒レッチワース Letchworth

ウェリングバロ Wellingborough（イングランド）

*ノーサンプトン[1]（Northampton）の東北東16km、ニーン川沿いにある*ノーサンプトンシャー（Northamptonshire）州の町。古くからの交易、商業の中心地であるとともに、治療効果のある温泉でも知られ、そこからこの名がついた。16世紀以来のグラマースクールがある。

ウェリントン Wellington（ニュージーランド）

ニュージーランドの首都。北島南部、ウェリントン・ハーバー（旧名ポート・ニコルソン）に臨む。1840年に設立された、ニュージーランド入植者の最初の定植地。1865年に*オークランド[1]（Auckland）に代わって首都となる。

ウェルケラエ Vercellae ⇒ベルチェリ Vercelli

ウェルス Wels ［古代：Ovilava オウィラワ］（オーストリア）

オーストリア中北部。オーバーエーステライヒ州の都市。*リンツ（Linz）の南西42km、トラウン川に臨む。先史時代から人が住み、ローマ時代には町、中世には駐屯地だった。1519年、神聖ローマ皇帝

マクシミリアン1世がここの王宮で亡くなった。第2次世界大戦中、激しい爆撃を受けた。

ウェルズ Wells (イングランド)

イングランド南西部、*サマセット (Somerset) 州の都市。*ブリストル[1] (Bristol) の南27kmに位置する。起源は8世紀初めにさかのぼり、10世紀には*ウェセックス (Wessex) の交易中心地だった。909年に司教区となり、1201年に勅許を受けた。13世紀の彫像が数多く収蔵されている12世紀の大聖堂がある。大聖堂の隣には、14世紀の宮殿の濠と城壁が遺る。15世紀の教会もある。

ウェールズ Wales [ウェールズ語：Cimru, Cymru カムリ]

*イギリス (United Kingdom) の一地域で、*イングランド (England) の西、アイルランド海に突き出した半島をなす。政治的には1282年以来イングランドに統合されているが、独自の国としての文化を維持し続けている。ウェールズ語は多くの人々の間で残り、イギリス議会にはウェールズ国民党議員が選出されている。南部に位置する首都の*カーディフ (Cardiff) は、イギリスの工業の中心地である。

　もともとケルト人が住んでおり、ローマ人に完全に征服されたことはなかった。5世紀にアングロ・サクソン人がブリテン島に侵入すると、ウェールズはケルト人とブリトン人の主要拠点となった。アングロ・サクソンの王国との国境争いを続けながら、カドウォロン王率いるウェールズ人はイングランド北部を奪還しようとしたが、615年頃の*チェスター[1] (Chester) の戦いで敗北した。

　7世紀以降、ウェールズは多くの小規模諸侯の支配を受けるが、9世紀には団結してデーン人の襲撃を撃退した。1066年のノルマン人による征服後、ノルマン王はウェールズとの国境沿いに強力な領主を配し、ウェールズへの圧力を強めた。しかし、ウェールズはその後2世紀にわたって独立を維持し、12世紀にも文化の中心地として繁栄した。

　1282～1283年にはルウェリン・アプ・グリフィズの敗北によって、ウェールズはイングランド王エドワード1世に屈し、1284年、独立の政体ではなくなった。エドワード1世はウェールズ人を懐柔するため、1301年、息子をプリンス・オブ・ウェールズとし、以後、その称号はイギリスの男子王位継承者に引き継がれ続けている。

　イングランドの支配下で、ウェールズは厳しい統治を受けて崩壊していった。15世紀初頭、1404年までにウェールズで覇権を握ったオーウェン・グレンダウワーが反乱を起こす。のちに反乱は鎮圧されるが、1536年の統合法により、ウェールズはイギリス議会に代表を出す権利を獲得した。その1世紀前、ウェールズの血を引くオーウェン・チューダーがヘンリ5世の未亡人キャサリンと結婚していたため、チューダーの孫息子がヘンリ7世となる。

　19世紀の産業革命では、ウェールズの鉱物資源が搾取され、19世紀末には南ウェールズが世界最大の石炭輸出地域となった。だが、それ以後は農業と社会変化によって失業と貧困に苦しむようになる。20世紀には民族主義的な思想が復活し、1960年代には多くの爆破事件が起きた。1999年、ウェールズ国民議会が成立し、限定的な自治を行なっている。

ウェルディデナ Veldidena ⇒インスブルック Innsbruck

ウェルニゲローデ Wernigerode（ドイツ）
ドイツ中北部、*ブラウンシュワイク[1]（Brunswick）の南東48kmに位置する、*ザクセン‐アンハルト（Saxony Anhalt）州の都市。9世紀に建設され、13世紀に*ハンザ同盟（Hanseatic League）に加入する。かつてはシュトルベルク‐ウェルニゲローデ伯の居地で、同郡の主要都市だった。1714年に*プロイセン（Prussia）に委譲される。復元された中世の城、15世紀の市庁舎が遺る。

ウエルバ Huelva（スペイン）
スペイン南西部、ウエルバ県の県都で港湾都市。*セビリア（Seville）の西南西85kmに位置し、オディエル川に臨む。カルタゴ人が築き、のちにローマ人の植民地となった。8世紀にムーア人に征服され、15世紀までその支配が続いた。コロンブスが一時的に暮らした修道院がある。古代ローマの水道橋が今も利用されている。
⇒カルタゴ[2] Carthage

ウェルバーノ Verbano ⇒マッジョーレ湖 Maggiore, Lago

ウェルラミウム Verulamium［現代：Saint Albans セント・オールバンズ］（イングランド）
古代ローマの属州ブリタニアの都市。現在の*ハー（ト）フォードシャー（Hertfordshire）州*セント・オールバンズ[1]（Saint Albans）近隣にあった。ロンドンの北北西37kmに位置する。初めはケルト系のカツウェラウニ人の町だったが、ローマ人に征服された。60年頃にボアディケア女王により破壊されたが、ローマ人のブリテン総督アグリコラによって再建され繁栄した。305年頃この地で殉職したローマ兵士の名にちなみセント・オールバンズと改名した。ローマの遺跡が広範に遺る。

ウェレ Uele ［Welle］（コンゴ）
コンゴ北部を水源とし、西に流れてボヌ川と合流し、*中央アフリカ共和国（Central African Republic）との国境でウバンギ川を形成する川。ウバンギ川の源流で、1870年に植物学者ゲオルク・アウグスト・シュバインフルトが発見した。

ウェレステル Velester ⇒ベッレトリ Velletri

ウェロブリガ Velobriga ⇒ビアナ・ド・カステロ Viana do Castelo

ウェワク Wewak（パプアニューギニア）
*ニューギニア（New Guinea）島北東部にある中北部沿岸の港。第2次世界大戦中、日本の軍事基地、飛行場だったが、1943年8月17日に連合軍航空部隊の攻撃を受ける。1945年5月10日にオーストラリア軍に占領された。

ウェンジョウ Wen-chou ⇒ウェンチョウ〔温州〕Wenzhou

ウェーンズバラ Waynesboro（合衆国）
*バージニア（Virginia）州中北部、*ロアノーク（Roanoke）の北東154kmの都市。1730年代半ばに入植が始まり、南北戦争中の1865年3月2日にウェーンズバラの戦いが起きた。ジョージ・カスター将軍率いる北軍が、ジュバル・アーリー将軍指揮下の数で劣る南軍を撃破し遁走させた。

ウェンタ・イケノルム Venta Icenorum ⇒ケイスター・セントエドマンズ Caistor Saint Edmunds

ウェンタ・シルルム Venta Silurum ⇒カイルウェント Caerwent

ウェンチョウ〔温州〕 Wenzhou〔ウェンジョウ Wen-chou〕〔旧名：Yongjia 永嘉〕（中国）
*チョーチヤン〔浙江〕(Zhejiang) 省南東部、ウチアン〔烏江〕に臨む港。*ハンチョウ〔杭州〕(Hangzhou) の南 256km に位置する。起源は 4 世紀にさかのぼる。1876 年に条約により海外との貿易に門戸を開いた港で、第 2 次世界大戦中に日本軍に占領された。古くからの建築物が数多く遺る。

ウェンデン Wenden ⇒ツェーシス Cēsis

ウォエブル Woevre（フランス）
*ベルダン (Verdun) の東の高原。第 1 次世界大戦中、とくに 1914 年と 1918 年の戦闘で有名。

ウォーキーガン Waukegan〔旧名：Little Fort リトル・フォート〕（合衆国）
*イリノイ (Illinois) 州北東部、*シカゴ (Chicago) の北 64km に位置する、*ミシガン湖 (Michigan, Lake) 岸の都市。1763 年にフレンチ・インディアン戦争を終結させたパリ条約が結ばれるまでは、フランスの交易拠点だった。1835 年にリトル・フォートとして入植が始まり、1850 年頃に現在の名に改名した。

ウォークワス Warkworth（イングランド）
*ノーサンバーランド[1] (Northumberland) 州、*アニック (Alnwick) の村。*ニューカッスル・アポン・タイン (Newcastle upon Tyne) の北 42km に位置する。4 世紀にわたってノルマン人の砦だったウォークワスの中心は、1140 年頃にスコットランドのデイビッド 1 世の息子ヘンリが建てたウォークワス城である。セント・ローレンス教会には、1200 年頃の塔が遺る。近隣には 13 世紀創設のベネディクト修道院の遺跡がある。

ウォシタポスト Ouachita Post ⇒モンロー[1] Monroe

ウォーソー Wausau（合衆国）
*ウィスコンシン (Wisconsin) 州中部、*グリーン・ベイ (Green Bay) の北西 134km に位置するウィスコンシン川流域の工業都市。1840 年代初頭に設立され、1872 年に市制が施行された。19 世紀に繁栄したウィスコンシンの製材業の中心地だった。

ウォータータウン[1] Watertown（合衆国）
*マサチューセッツ (Massachusetts) 州北東部、*ボストン[2] (Boston) 西郊外、チャールズ川沿いの町。1630 年に入植が始まり、1634 年に国内最古の製粉所ができた。1775 年の春、植民地議会がこの地で開かれた。1829 年にボストンで創設されたパーキンス盲学校は、1912 年にこの地に移転している。

ウォータータウン[2] Watertown（合衆国）
*ウィスコンシン (Wisconsin) 州南東部、*ミルウォーキー (Milwaukee) の西 72km の町。1836 年に設立された。アメリカのスペイン大使で南北戦争の将軍、のちにミズーリ州上院議員となったカール・シュルツは、1856 年から 10 年ほどこの地に居住した。1856 年、彼の妻がここで国内初の幼稚園を始めた。

ウォーターフォード[1] Waterford（アイルランド）
アイルランド南東部、*ウォーターフォード[2] (Waterford) 州東部の都市。シュア川に臨むアイルランド最古の都市で、9 世紀にバイキングの砦が建設された。1205 年にジョン王が最初の勅許を授けた。のちの勅許は 1618 年、政府の長がイギリスの至上権承認の宣誓を拒否して無効となった。

アイルランドの町で唯一、クロムウェル
に反対の立場をとったが、1650年に議会
派軍の将軍ヘンリ・アイアトンに届した。
11世紀の砦、13世紀のフランシスコ会、
ドミニコ会の修道院の遺跡が遺る。

ウォーターフォード[2] Waterford（アイルランド）

*マンスター（Munster）地方の州。何度も
イギリス支配に反対して立ち上がってき
たが、16世紀後半に起きたデズモンドの
反乱を鎮圧するために送り込まれたイギ
リス軍に、一帯を制圧された。この反乱
の首謀者の一人、第15代デズモンド伯の
ジェラルドは、1583年に捕らえられて処
刑された。

ウォーターブリート Watervliet（合衆国）

*ニューヨーク（New York）州東部、*オ
ールバニー（Albany）の北10kmに位置す
る、*ハドソン川（Hudson River）沿いの都市。
1640年には入植が始まっている。1735年
にオランダ人入植者が到来した。1776年、
アン・リーによってアメリカ初のシェー
カー教コミュニティが設立された。1666
年建造のスカイラー邸がある。

ウォーターベリー Waterbury（合衆国）

*ノーガタック（Naugatuck）川とマッド川
の合流地点に位置する都市。*コネティ
カット（Connecticut）州中部、*ハートフォ
ード（Hartford）の南西37kmに位置する。
1651年に入植が始まった。19世紀に真鍮
産業が栄え、19世紀を通して、時計と腕
時計製造業の中心地として知られた。当
時の1ドルの時計はとくに有名。

ウォータールー Waterloo（合衆国）

*ニューヨーク（New York）州中西部、*オ
ーバーン[2]（Auburn）の西24kmの村。

1790年代に、ジョン・サリバン将軍がセ
ネカ族とイギリス軍に勝利を収めたあと、
入植が始まった。19世紀に女性参政権運
動の中心地となる。

ウォッジェ Wotje（マーシャル諸島）

西太平洋、マーシャル諸島西部、ラタッ
ク列島の中部にある小島。第2次世界大
戦中にアメリカ軍の爆撃を受けたが、占
領は免れた。

ウォットリング Watling ⇒サン・サルバドル[1] San Salvador（バハマ）

ウォットリング島 Watlings Island ⇒サン・サルバドル[1] San Salvador（バハマ）

ウォトリング街道 Watling Street（イングランド）

*ロンドン（London）から北西に*ロクセタ
ー（Wroxeter）まで伸びる古代ローマの街
道。*レスター（Leicester）附近で*フォス
街道（Fosse Way）と交差する。9世紀の*マ
ーシア（Mercia）王国は、この街道で北東
の*デーンロー（Danelaw）地方のデーン人
のマーシアと、アングロ・サクソンのマ
ーシアとに分かれていた。ロンドンから
南東に延びる*ドーバー[1]（Dover）までの
道もウォトリング街道とされることが多
い。

ウォバッシュ Wabash（合衆国）

*インディアナ（Indiana）州北東部、ウォ
バッシュ川に臨む都市。*サウス・ベン
ド（South Bend）の南東102kmに位置する。
1820年にマイアミ・インディアンの粉ひ
き所が建てられた。1830年代になって、
白人の移住者がこの地域に入ってきて、
1835年頃にウォバッシュにも定住した。
市営の電気街灯が整備された世界で初め

ての都市として知られる。

ウォバッシュ川 Wabash River（合衆国）

*オハイオ（Ohio）州西部を水源とし、南西に流れて*インディアナ（Indiana）州を横断してインディアナ州南西部で*オハイオ川（Ohio River）と合流する、全長760kmの川。イリノイ州南側の州境をなす。18世紀に、*カナダ（Canada）と*ニュー・オーリンズ（New Orleans）間を行き来するフランス人毛皮商人が利用した。19世紀初頭から鉄道ができる19世紀半ばまで、蒸気船や大型平底船が東西に行きかう交易ルートとなった。

ウォバーン Woburn（合衆国）

*マサチューセッツ（Massachusetts）州北東部、*ボストン2（Boston）の北西郊外の都市。1640年に入植が始まった。イギリス王党派で物理学者のベンジャミン・トンプソンの生地。トンプソンは1791年にランフォード伯の称号を授与された。

ウォムジャ Łomza ［ロシア語：Lomzha ロムザ］（ポーランド）

ポーランド北東部、ポドラスキェ県の都市。*ワルシャワ（Warsaw）の北東128kmに位置し、ナレフ川に臨む。9世紀に築かれ、16世紀までには商業都市として繁栄を遂げ、1795年に*プロイセン（Prussia）に割譲された。1807〜1918年まで*ロシア（Russia）領となり、1939年に再びソ連軍に、また1941年にはドイツ軍に占領される。1945年にポーランドの領土となった。

ウォーム・スプリングズ1 Warm Springs（合衆国）

*ジョージア1（Georgia）州西部のリゾート地。パイン山の水に治療効果があるこ

とがインディアンによって有名になった。1830年、保養施設ができる。ポリオ患者のためのウォーム・スプリングズ財団が1927年にフランクリン・D・ルーズベルトによって設立された。ルーズベルトは1945年にこの地で亡くなっている。

ウォーム・スプリングズ2 Warm Springs ⇒ フリーモント1 Fremont

ウォラテッラエ Volaterrae ⇒ ボルテッラ Volterra

ウォリス・フトゥーナ諸島⇒ ワリー・エ・フュチュナ諸島〔ウォリス・フトゥーナ諸島〕Wallis and Futuna Islands（フランス）

ウォリック1 Warwick（イングランド）

イングランド中部、*ウォリックシャー（Warwickshire）州の州都。*バーミンガム（Birmingham）の南東32km、エイボン川に臨む。ノルマン風のウォリック城は10世紀の要塞の跡に建てられ、14世紀に大部分ができあがった。現在も川を見下ろす崖の上に遺る。1090年頃にウォリック伯爵位がウィリアム2世赤顔王によって創設される。ボーシャン、ネビル、ダドリー、グレビルなど、イングランドの名家に継承されてきた。

ウォリック2 Warwick（合衆国）

*ロードアイランド（Rhode Island）州中部、*プロビデンス2（Providence）の南16kmにある*ナラガンセット湾（Narragansett Bay）に臨む都市。1642年に、国教反対派の一派を率いていたサミュエル・ゴートンによって設立された。1647年、プロビデンス植民地領となる。1676年、フィリップ王戦争で深刻な被害を受け、1772年には本国イギリスの課税政策をめ

ぐる争いで、イギリスの帆船《ガスピー号》が愛国者により破壊される事件が起きた。19世紀には織物産業の中心地となり、現在はここを中心として一帯が保養地として繁栄している。独立戦争の英雄、ナサニエル・グリーンは1742年にこの地で生まれている。

ウォリックシャー　Warwickshire（イングランド）

イングランド中部の州。1世紀にローマ人が侵攻し5世紀まで占領した。*ケニルワース（Kenilworth）、マックスストーク、*ウォリック[1]（Warwick）などのノルマン様式の城があった場所。メアベールやストーンリー修道院の廃墟もある。ウィリアム・シェイクスピアはウォリックシャー南東部の*ストラトフォード-アポン-エイボン（Stratford-upon-Avon）で生まれ、ロンドンに出るまでの前半生と晩年を過ごした。

ウォリントン　Warrington（イングランド）

イングランド北西部、*チェシャー（Cheshire）州の都市。*リバプール[2]（Liverpool）の東22km、マージー川に臨む。古代、*チェスター[1]（Chester）に至るローマ街道沿いのブリトン人の町だった。1642～1648年までの王党派の拠点として知られ、清教徒革命中、包囲と占領に耐えた。原始メソジスト派がここで宗派を立ち上げ、ジョゼフ・プリーストリーは1757～1783年まで国教反対派のウォリントン学校で教えた。

ウォルサム　Waltham（合衆国）

*マサチューセッツ（Massachusetts）州北東部、*ボストン[2]（Boston）の北西郊外にあるチャールズ川沿いの都市。1636年に定住が始まり、1738年に*ウォータータウン[1]（Watertown）から分割された。1788年

にできたアメリカ初の製紙工場など、この地で新しい産業の改革が進んだ。1883～1885年まで連邦議会議員だったセオドア・ライマンは、1833年にこの地で生まれている。彼の家は今も遺っている。

ウォルサム・アビィ　Waltham Abbey　⇒ウォルサム・ホーリー・クロス　Waltham Holy Cross

ウォルサム・フォレスト　Waltham Forest（イングランド）

ロンドン北部のアウター・*ロンドン（London）の自治区。ここに、ビクトリア時代の詩人、画家、人文科学者のウィリアム・モリスの居宅、ウォーター・ハウスがあった。エリザベス1世の狩猟小屋は博物館として保存されている。

ウォルサム・ホーリー・クロス　Waltham Holy Cross［ウォルサム・アビィ　Waltham Abbey］（イングランド）

*ロンドン（London）の北北東22kmに位置する、*エセックス[1]（Essex）の村。7世紀頃に有名なノルマン人の修道院が建てられ、*サマセット（Somerset）で発見されたといわれる本物の十字架の断片が保管されていた。身廊の跡は現在の教区教会となり、修道院の遺跡も遺っている。修道院の創設者で1066年にヘイスティングズの戦いで戦死したアングロ・サクソンのハロルド王が、この地に埋葬されている。修道院の遺跡の背後には「イングランド王、ハロルド」と刻まれた質素な石があり、目印となっている。

ウォルシニー　Volsinii（イタリア）

*エトルリア（Etruria）にあった古代の町。ウンブリア州テルニ県の*オルビエート（Orvieto）にあった。エトルリアの都市同

盟の中でも力のある都市で12市中最も豊かだったとされる。前294年には*ローマ（Rome）に敗北し、前280年に略奪を受ける。のちに今日の*ボルセーナ（Bolsena）のある場所に新たに都市が築かれた。

ウォルジンガム Walsingham（イングランド）

*ノリッジ（Norwich）の北西42kmに位置する*ノーフォーク[1]（Norfolk）の村。聖母マリアを祀るイングランドでも有数の聖堂、中世の有名なウォルジンガム聖堂がある。16世紀初頭には、イングランドでもっとも人気のある巡礼地だった。

ウォールズエンド Wallsend（イングランド）

イングランド北東部、*タイン・アンド・ウィア（Tyne and Wear）大都市圏州の町。*ニューカッスル・アポン・タイン（Newcastle upon Tyne）の北東5km、タイン川に臨む。古代ローマの軍事拠点で、*ハドリアヌスの長城（Hadrian's Wall）の東端にあたることから、この名（ウォールズエンドは壁の端の意）がついた。

ウォルソル Walsall（イングランド）

イングランド中西部、ウェスト・ミッドランズ大都市圏州北西部の首都自治区。*バーミンガム（Birmingham）の北西13kmに位置する。11世紀の王家の住まいで、1589年に勅許を受けた。中世に始まった市が今も続いている。15世紀の教会や1554年にメアリー女王が建てた学校がいくつか遺る。

ウォルデック Waldeck（ドイツ）

現代の*ヘッセン（Hesse）州内にあったドイツの公国および共和国。中世には*神聖ローマ帝国（Holy Roman Empire）の伯領でピルモントに統合され、1712年に公国に昇格した。1867年、*プロイセン（Prussia）に委譲され、1918年に半独立の共和国となり、第2次世界大戦後にヘッセン州に編入された。

ウォールデン池 Walden Pond（合衆国）

*マサチューセッツ（Massachusetts）州北東部、*コンコード[1]（Concord）近くの池。ヘンリ・デイビッド・ソローが1845〜1847年まで、このほとりに小屋を建てて暮らした。そのときの経験が随筆集『ウォールデン 森の生活』としてまとめられ、1854年に出版される。現在は公園としてマサチューセッツ州が管轄している。

ウォルビス・ベイ Walvis Bay（ナミビア）

ナミビア西部、大西洋岸のウォルビス湾に臨む都市。*ケープ・タウン（Cape Town）の北1,136kmに位置する。長く続いたイギリス保護下で、1922年、飛び領土として*南アフリカ（South Africa）領となる。外洋船が寄稿できるナミビア唯一の港として、長く南アフリカ領だったが、2004年2月28日に正式にナミビアに委譲された。

ウォルフェンビュッテル Wolfenbüttel（ドイツ）

ドイツ北部、*ニーダーザクセン（Lower Saxony）州の都市。*ブラウンシュワイク[1]（Brunswick）近く、オーカー川に臨む。11世紀に建てられた城を中心に発達し、13世紀と14世紀にはゲルフ党員の本拠地となる。1432〜1753年にはブランシュワイク‐ウォルフェンビュッテル公が居住した。17世紀に設立された有名な公爵の図書館には、哲学者で数学者のゴットフリート・ウィルヘルム・フォン・ライプニッツと戯曲家で批評家のゴットホルト・エフライム・レッシングが司書として雇われていた。レッシングが『賢者ナータン』を執筆した家が今も遺る。

ウォルマティア Wormatia ⇒ウォルムス
Worms

ウォルムス Worms〔古代：Borbetomagus ボルベトマグス；ラテン語：Augusta Vangionum アウグスタ・バンジオナム, Civitas Vangionum キビタス・バンジナム, Wormatia ウォルマティア〕（ドイツ）

ドイツ西部、*ラインラント - プファルツ (Rhineland-Palatinate) 州の*ライン川 (Rhine River) に臨む都市。*マンハイム (Mannheim) の北北西 16km に位置する。前 14 年にローマ人によって要塞化されたが、436 年にフン人に破壊された。486 年にクローヴィス 1 世が再建し、*ブルゴーニュ (Burgundy) の最初の王国の首都となる。1122 年、叙任問題に決着をつけたウォルムス協約締結の地として有名になる。約 50 年前の 1076 年、聖職叙任権闘争のさなかに司教会議が教皇グレゴリウス 7 世を追放した。

13 世紀以降は帝国自由都市として 1255 年にライン同盟に加盟 、多くの帝国議会が開催された。なかでも有名なのは 1521 年にカール 5 世がマルティン・ルターの弁明を聴くために開いた会議である。ルターが教えを撤回しなかったため、1521 年 5 月 25 日のウォルムス勅令によってルターは異端者と宣言された。

1689 年、ルイ 14 世率いるフランス軍の襲撃を受けたが、1792 年にもナポレオンによって同じ運命をたどる。1801 年、*リュネビル (Lunéville) の講和によって*フランス (France) に委譲された。1815 年*ウィーン (Vienna) 会議で、ヘッセン - ダルムシュタット領とされる。第 1 次世界大戦後の 1918 ～ 1930 年まで、再びフランスに占領された。第 2 次世界大戦中には甚大な被害を受け、1945 年 5 月 20 日、連合軍に占領される。現在はおおむね復元され、11 ～ 14 世紀に建てられた有名な大聖堂で知られている。

ウォーレン [1] Warren（合衆国）

*ペンシルベニア (Pennsylvania) 州北西部、*ピッツバーグ [2] (Pittsburgh) の北東 200km に位置する都市。この地にあったセネカ・インディアンの村は、独立戦争中の 1781 年、トーリー党のジョセフ・ブラントに従ったインディアンを罰するために、ダニエル・ブロードヘッド大佐によって焼き討ちにされた。

ウォーレン [2] Warren（合衆国）

*ロードアイランド (Rhode Island) 州東部、*プロビデンス [2] (Providence) の南東 16km に位置する、*ナラガンセット湾 (Narragansett Bay) に臨む保養地。1630 年代初頭に設立され、当初は*マサチューセッツ (Massachusetts) 植民地とロードアイランド植民地の両方が領有を主張したが、1746 年にロードアイランド領となる。ブラウン大学は 1764 年にこの地で、ロードアイランド・カレッジとして発足した。独立戦争中、ラファイエットはここを本拠としている。1778 年、イギリス軍に火をつけられる。長年、捕鯨の中心地として栄えた。

ウォーレン [3] Warren（ニューヨーク州）⇒ハバストロー Haverstraw

ウォンサン〔元山〕Wŏnsan（北朝鮮）

カンウォン〔江原〕北部の港湾都市で道庁所在地。日本海に臨む。かつては条約港で、1883 年に海外に門戸を開いた。第 2 次世界大戦中は日本の海軍基地がおかれ、朝鮮戦争中には激しい爆撃を受けた。

ウカヤリ川 Ucayali River（ペルー）

ペルー中部を流れる川で、*アマゾン川

（Amazon River）の源流の一つ。ペルー中部でアプリマク川とウルバンバ川が合流してウカヤリ川となり、北へ流れてマラニョン川と合流し、アマゾン川となる。1641年、フランシスコ会の修道士イエスカスが発見し、1700年に初めて地図に記載された。

ウガリト Ugarit（シリア）

シリア北部、*ラタキア（Latakia）のすぐ北、現在のラス・シャムラにある考古学的遺跡。前5千年紀の新石器時代から人が居住していた。*メソポタミア（Mesopotamia）とつながる重要な商業中心地。前4千年紀までには文明が発達していた。前15世紀～前14世紀にかけて最盛期を迎え、洗練された美術品を生産するも、前12世紀に衰退する。楔形文字の書かれた粘土板から、カナンの詩や宗教について多くのことがわかった。

⇒カナン¹ Canaan（イスラエル）

ウガンダ Uganda

東アフリカの内陸の国。北は*スーダン（Sudan）、そこから時計回りに*ケニア（Kenya）、*タンザニア（Tanzania）、*ルワンダ（Rwanda）、*コンゴ（Congo）と接している。ウガンダの初期の歴史はあまりよく知られていないが、バチェウジ朝の王が統治していたバンツー語族の文明は1500年頃に北方のナイル語系のルオ族の侵略者によって征服されたようである。ルオ族はバンツー文化に同化し、主要なウガンダの王国、アンコーレ、*ブガンダ（Buganda）、ブニョロを創設した。ブガンダはブニョロ族を追放して覇権を確立すると、実質的な官僚制を樹立した。19世紀後半、既存のイスラーム勢力とカトリックやプロテスタントの宣教師の抗争が激化し、ヨーロッパの目がウガンダに向けられた。

虐殺や三つ巴の宗教戦争が相次いだが、1893年にイギリス帝国東アフリカ会社が軍隊を派遣して支配権を握る。同年、*イギリス（United Kingdom）政府が同社から支配権を引き継ぎ、1901年までにアンコーレ、ブニョロ、ブガンダをイギリス保護領とした。

1901年、ケニア‐ウガンダ鉄道が*ビクトリア湖（Victoria, Lake）に到達し、国は商業的な発展を始める。綿栽培が導入されると、植民地はまたたく間に自給できるようになった。ウガンダの土地の大部分はヨーロッパ人入植者に奪われたが、1930年代の大恐慌後、アフリカ人の農場主が生産性の高い農耕地の支配権を取り戻した。コーヒーがもっとも重要な作物となり、ブガンダはその主要供給国として繁栄した。

第2次世界大戦後、イギリスはウガンダの民族主義に対処し始めた。ブガンダがウガンダの他地域からの独立を求めたため、新国家の形成は難しくなったが、1962年、ブガンダが半自治の特権を維持した状態で、ウガンダがついに独立を達成した。1966年、民族運動のリーダー、ミルトン・オボテ首相が新大統領になり、ブガンダの特権を奪う新憲法を押しつけ、軍を派遣してまたたく間にブガンダの抵抗勢力を倒した。

1971年、オボテ政権がイディン・アミン将軍率いる軍によって倒された。アミンは独裁政権を引き継ぎ、容赦なく異常な恐怖政治を行なったため、1977年までに30万人が死亡した。1978年にタンザニアのニエレレ大統領がアフリカの大部分の支持を得てウガンダに侵攻する。1979年、首都*カンパラ（Kampala）がタンザニア軍の手に落ちると、アミンは唯一自分を支持した*リビア²（Libya）に逃亡した。ウガンダ政府はアミン政権に敵対してい

た文民派が取り返したが、1980 年に軍事クーデターが起こり、第 2 次文民政権はわずか 1 年で倒壊した。国は荒廃し、地方では人口が減少し、農業、経済活動、都市部、基盤すべてが混乱状態に陥った。

ウガンダに残されたタンザニア占領軍はカンパラを占領した。少ししてオボテが政権を取り戻し、内戦が始まった。1980 年代初頭、約 20 万人のウガンダ人が隣国のルワンダ、コンゴ、スーダンに亡命した。1985 年、軍事クーデターによってオボテは失脚し、ティトー・オケロ司令官が国家元首となる。1986 年、国民抵抗軍がカンパラを占拠し、そのリーダー、ヨウェリ・ムセベニが新大統領に就任。行政や軍事費の削減、国有企業の民営化など、数々の施策を実施した結果、経済が回復し始めた。1987 年、旧政府軍の軍人が政府軍を攻撃するも失敗に終わった。1980 年代〜 1990 年代初頭にかけて、エイズが国内で猛威をふるった。

ウガンダ軍はスーダンを本拠とする反乱軍と戦いながら、コンゴでカビラ政権と戦う反乱軍を支援し、ルワンダ軍とともに戦った。ムセベニの反政治的な政策は国民投票によって支持を得て、不正選挙の報告にもかかわらず、ムセベニが大統領に再選された。

ウクウ　Unguja Ukuu（タンザニア）

*ザンジバル（Zanzibar）の南南東 27km の村。ザンジバルの古い首都で、16 世紀と 17 世紀には、ポルトガル人やアラブ人に破壊された。

ウクライナ　Ukraine ［ロシア語：Ukraina ウクライナ］

東ヨーロッパの国。旧ソビエト連邦のウクライナ・ソビエト社会主義共和国だった地域。何世紀にもわたって中央アジアからヨーロッパへの通り道として多くの人々が利用してきたが、現在はスラブ系ウクライナ人が居住している。東西はカルパチア山脈からアゾフ海まで、南北はクリミア半島から北に 800km の範囲にかけて広がり、北は*ベラルーシ（Belarus）、北東と東は*ロシア（Russia）、西は*ルーマニア（Romania）、*ハンガリー（Hungary）、*スロバキア（Slovak）と接し、ポーランドの北東に位置する。古都*キエフ（Kiev）が首都。

前 8500 年頃の石器時代から人が居住し、タルドノア文化のあと、前 2750 年頃には、初期のコーカサス人やフィン人がかかわる様々な新石器文化が続いた。前 1850 年頃にトラキア - キンメリア人がウクライナに到来し、前 1300 年頃にはキンメリア人がやってきて、その存在はのちにホメロスの叙事詩にもうたわれている。前 670 年頃に到来したスキタイ人は、前 200 年頃にサルマティア人に追放された。紀元後初期には、アラン人、東ゴート人、375 年にはフン族に侵略された。4 〜 7 世紀にかけて、スラブの種族を代表する部族連合ができたが、間もなく、560 年頃〜 600 年にかけてアバール・ハン国に吸収され、その後 650 年頃にさらに東からやってきた*ハザール帝国（Khazar Empire）の支配を受け、737 年にはマジャール人に占領された。

9 世紀にキエフ大公国ができ、ウクライナ人、ベラルーシ人、ロシア人に共通する血統が一つの文化として統合された。キエフは*スカンジナビア（Scandinavia）から興ったバイキングのバラング人の王朝として、ヤロスラフ大公（在位 1019 〜 1054）のもとで最盛期を迎え、東方正教を取り入れ、強力な政治、文化の中心地として発展した。ヤロスラフの死とともに、公国は小国に分裂し、1050 年頃のペ

チェネグ人、1070年頃のクマン人、1221～1222年のモンゴルの侵攻を経て、それぞれに異なる歴史をたどるようになる。

14世紀半ばまでには＊リトアニア（Lithuania）公国の東と南への拡張によって、ウクライナはモンゴル族の＊黄金軍団（Golden Horde, Khanate of）の支配を逃れて繁栄を始めた。1400年までにポーランドとリトアニアの王朝がゆるやかな連合を結んだことが、1430年までにウクライナに新たな影響をもたらすようになる。この連合から＊ポーランド（Poland）とリトアニアは正式に政治的な共同体となり、その後ポーランドがウクライナの覇権を握った。西側の封建・荘園制度によってウクライナの農民は農奴にされ、カトリックのポーランドはウクライナの正方教会を迫害した。ポーランドの苛酷な支配によって東や南に逃げたウクライナ人は、無法者または冒険者を意味する「コサック」と呼ばれるようになった。彼らはもともとはポーランド支配に抵抗する勇敢な軍事グループとして組織された。1648年、首長のボフダン・フメルニエツキーがコサック軍を率いてポーランドに対して反乱を起こし成功する。しかし、コサックの力も国の独立を維持するのには及ばなかった。1654年、ペラヤースラウ条約によって、フメルニエツキーはモスクワの権力を認めつつもウクライナの独立を保証する調停を求めたが、モスクワの支配は変わらなかった。1658年、ウクライナはもう一度ポーランド共和国と交渉し、ロシア支配を避けるための保護を求める条約を締結した。ところがポーランドとロシアが戦争状態に入り、1667年＊アンドルソボ（Androsovo）条約が結ばれて、ウクライナは二つに分割された。ピョートル大帝の時代には、コサックの首長イワン・マゼパが、縮小するコサック国の統治者としてウクライナのロシア支配からの解放を望み、大北方戦争で＊スウェーデン（Sweden）のカール12世と組んでピョートル大帝と戦った。1709年、コサック軍は＊ポルタバ（Poltava）でスウェーデンに敗れ、マゼパは虐殺された。55年後の1764年、エカチェリーナ2世が最後のウクライナ・コサックの首長を退位させた。1772年、1793年、1795年にポーランドが分割され、ウクライナはロシアに統合された。19世紀には鉱工業が発達すると同時に、民族主義の気運が高まった。

1917年、ロシア革命が勃発し、ウクライナは独立を宣言して独立政府を樹立した。だが、1919年1月には赤軍がウクライナ領域に侵攻し、その後白軍、赤軍、ウクライナの独立軍、ポーランドの4軍が争う戦いとなった。赤軍が勝利し、1922年にウクライナはソビエト連邦を構成する共和国となる。ウクライナの民族主義はレーニンによって鎮まったが、スターリンが容赦なく農業の集産化を強要し、ウクライナの穀物生産をすべて輸出に向けることを命じため、ウクライナの人々は集団的な飢餓状態に陥った。その結果、第2次世界大戦中にナチスが侵攻して占領した当初は、多くのウクライナ人がスターリンの恐怖政治よりは望ましいと熱烈に受け入れたほどだったが、ヒトラーがスラブ的なものすべてを侮蔑していることがわかると、多くが地下抵抗運動に身を投じた。第2次世界大戦後、とくに1960年代以降、ウクライナはソビエト政府内でより積極的な役割を担うようになる。ウクライナ生まれのソ連の故書記長レオニード・I・ブレジネフが権力を握ってからはことにそうだった。1986年チェルノブイリ原子力発電所の原子炉が爆発し、ウクライナの広い地域が汚染された。

1990年、ゴルバチョフ政権の《グラスノスチ》と《ペレストロイカ》政策を経て、ソビエトの連邦共和国への支配力が弱まるとウクライナ議会は1990年7月に主権宣言を採択、翌1991年8月にソビエト連邦からの独立を宣言した。同年12月には独立国家共同体（CIS）の創設メンバーとなる。元共産党のレオニード・クラフシュクがウクライナの初代大統領に就任した。1994年、国会議員と大統領選挙が行なわれ、クラフシュクは首相のレオニード・クチマに敗北した。クチマはいくつかの市場改革を実施したが、経済は依然として大規模かつ非効率的な国営企業に独占されていた。ウクライナは一時的に世界第3位の核保有国だったが、1994年に戦略兵器削減条約と原子力非拡散条約を批准し、核兵器を破壊するようロシアに引き渡した。その見返りとしてウクライナは原子力発電所分の燃料を受け取った。経済改革と軍縮協力の結果、西側諸国からかなりの援助と融資を得ることができた。

元ロシア領で居住者の大半がロシア人という*クリミア半島（Crimea, The）は1954年にウクライナに委譲されたが、以後、ロシアとの争いの火種となっている。1995年、クリミアが離脱を迫るとウクライナはクリミア政府を国の管理下におき、地域としてのまとまりを保とうとした。ロシアとウクライナはクリミア半島のセバストポル港に基地をもつソビエト黒海艦隊の配置についても交渉をしなければならなかった。艦隊の5分の4をロシアの支配下におくという基本協定が1995年に結ばれ、1997年にはロシアが20年間、艦隊の基地としてセバストポリを利用することも認められた。

1998年の選挙では共産党が過半数を占めたが、1999年にはクチマが決選投票で再選された。2000年、不正を暴いた反対派のジャーナリストが殺害され、クチマが彼の殺害や権力乱用にかかわっていたことを示す録音テープが放送された。クチマ支持は減り、2001年初めにはクチマの辞任を求めるデモが行なわれた。2001年4月、改革派の首相ユシチェンコがに議会によって退任に追い込まれ、後任にはクチマの盟友アナトリー・キナフが就任した。2002年の国会議員選挙でユシチェンコ支持派と大統領支持派がそれぞれ約4分の1の議席を獲得。2002年11月、クチマはキナフ首相を罷免し、後任にビクトール・ヤヌコービチを抜擢した。2003年、ウクライナとロシアは国境を定める条約に調印、ウクライナ、ベラルーシ、カザフスタン、ロシアが共通の経済圏をつくる協定に署名した。

2003年12月、ウクライナ最高裁判所はクチマの3期目の立候補を認める判断を下し、議会も裁判所の決定を認める憲法改正を承認したが、反対派と国際社会からの抗議によって、2カ月後、議会は決定を覆す。2004年の大統領選挙でロシアとの緊密な関係を支持する政府支持候補のヤヌコービチ首相が僅差で反対候補の旧首相ユシチェンコに敗北した。ユシチェンコは欧州連合とのより緊密な関係を呼びかけていた。

選挙運動中、ユシチェンコは何者かに毒を盛られ、選挙で過半数を得ることができず、ヤヌコービチとの決選投票を余儀なくされた。11月の投票ではヤヌコービチが勝利したが、海外と国内の監視員の大多数がどちらの投票も不正とし、政府の不正選挙を糾弾した。ユシチェンコ支持派の多いキエフなど西ウクライナの都市の通りでは、オレンジを身に着けたユシチェンコ支持者のストライキが相次いだ。ユシチェンコ自身もこの判決を覆

す判断を裁判所に求めた。一方、ヤヌコービチと大半をその支持者（東部を基盤とするロシア少数民族が占める）がこうした動きを否定したため、ウクライナは分裂の危機を迎えた。議会は選挙結果の無効を宣言したが、法的な意味はなく、2004 年 12 月最高裁判所が投票を無効にし、再度の決戦投票を求めた。投票の結果、ユシチェンコが十分な差をつけて勝利を収め、2005 年 2 月、改革政党の同志であるユリヤ・V・ティモシェンコを首相に指名した。
⇒ サルマティア Sarmatia, スキタイ Scythia, ベラルーシ Belarus, モンゴル帝国 Mongol Empires

ウクライナ・ソビエト社会主義共和国 Ukrainian Soviet Socialist Republic ⇒ウクライナ Ukraine

ウグリチ Uglich（ロシア）
*ヤロスラブリ（Yaroslavl）の西 88km の都市。起源は 1148 年にさかのぼり、1218 年には公国の首都となり、1364 年に*モスクワ（Moscow）の支配下に入る。1591 年にイワン雷帝の息子ドミトリーが、この地の城で殺害されたといわれている。城は 15 世紀の建造で、現在は博物館となっている。14 世紀建造の修道院、15 世紀の大聖堂が遺る。

ウクルール Ukhrul（インド）
*ミャンマー（Myanmar）との国境近く、*インパール（Imphal）の北北東 61km の町。第 2 次世界大戦中の 1944 年、日本軍はここを起点にインドを攻略した。同年 7 月、イギリスが奪還した。

ウクレス Uclés（スペイン）
*クエンカ2（Cuenca）の西 64km の町。

1108 年にこの地でムーア人が復活したスペインの七伯を打ち破った。有名な要塞化された修道院はサンチャゴ修道会によって設立され、のちにイエズス会の大学となった。

ウゲルヌム Ugernum ⇒ボーケール Beaucaire

ウケレウェ Ukerewe ⇒ビクトリア湖 Victoria, Lake

ウサンバラ Usambara（タンザニア）
タンガ地方北東部にある、112km × 48km の高原。1900 年頃、東アフリカでにもっとも早くヨーロッパ人農業従事者が定住し始めた地域の一つ。

ウシー Ouchy（スイス）
*ローザンヌ（Lausanne）のレマン湖〔⇒ジュネーブ湖（Lake Geneva）〕畔の港で、ヴォー州の村。1912 年 5 月、イタリアと*オスマン帝国（Ottoman Empire）間の戦争を調停したウシー条約の仮条約が結ばれた。詩人のシェリーとバイロンが居住していた。

宇治 Uji（日本）
*京都（Kyōto）の南 16km の町。11 世紀建造の寺院、平等院はとくに中央の鳳凰堂が有名である。

ウージェホロド Užhorod ⇒ウジュゴロド Uzhgorod

ウジェラング Ujelang〔旧名：Providence Island プロビデンス島〕（マーシャル諸島）
ラリック列島の クウェゼリン地域にある環礁。マーシャル諸島、*クワジャレン（Kwajalein）の西北西 688km に位置する。第 2 次世界大戦中の 1944 年にアメリカ軍

が攻略した。1947年、アメリカ政府はビキニ環礁の住民をロンゲリック環礁からこの地に移し、さらに1949年にはキリ島へと移住させた。

ウーシカウプンキ Uusikaupunki［スウェーデン語：Nystad ニスタット］（フィンランド）

*トゥルク（Turku）の西56kmの都市。1617年に建設され、1721年に大北方戦争を終わらせるニスタット条約が結ばれた地。この条約により*ロシア（Russia）が*スウェーデン（Sweden）にとって貴重なバルト海沿岸地域を獲得した。17世紀の教会が遺る。

ウジジ Ujiji（タンザニア）

キゴマの南6kmに位置する町。ここで1871年10月28日に、ヘンリ・スタンリーが、探検中に消息を絶っていたデイビッド・リビングストンを発見した。

ウジダ Oujda［Oudjda］［アラビア語：Ujda］（モロッコ）

モロッコ北東部の都市。アルジェリアとの国境附近に位置する。944年に建設され、数世紀にわたってベルベル人とアラブ人の支配を受けたのち、1797年にモロッコに制圧された。1844年、1859年、1907年と断続的に*フランス（France）にも占領されている。

ウジツェ[1] Luzia/Łuzyce ⇒ ラウジッツ Lusatia

ウジツェ[2] Užice［旧名：1947〜1992年：Titovo Užice ティトボ・ウジツェ］（セルビア）

*セルビア（Serbia）西部の町、*ベオグラード（Belgrade）の南南西112kmに位置する。中世には戦略的に重要な土地だった。第2次世界大戦中は、ユーゴスラビア人民解放軍の本部がおかれ、ウジツェ自由共和国の中心となる。1946年、ヨシップ・チトーをたたえて、ティトボ・ウジツェと改名されることになったが、1992年には再びウジツェに戻された。

ウシャ Usha（イスラエル）

*ハイファ（Haifa）の東11kmの古代都市。一時的に*パレスチナ（Palestine）の首都となり、第2神殿が破壊されたあと最高法院のサンヘドリンがおかれた。1936年に現在の集落ができた。

ウジャイン Ujjain（インド）

*アーメダバード（Ahmedabad）の東320kmの都市。前2千年紀には人が居住しており、前6世紀〜前4世紀まではアーリア人の*アバンティ（Avanti）王国の首都だった。サンスクリットの学問の中心地で、ヒンドゥー教徒にとっては非常に神聖な都市とされている。西暦120〜395年にかけては*マールワ（Malwa）の中心地だった。伝説の王ビクラマーディティヤが400年頃にこの地を支配した。13世紀にイスラーム教徒に破壊されたが、15世紀にシンディア家が奪い首都とした。その後、19世紀初頭に衰退した。13世紀建造の寺院跡、11世紀建造の洞窟寺院、18世紀の観測所など、ヒンドゥー教とイスラーム教の有名な建物が数多く遺る。

ウシャク Uşak［Ushak］（トルコ）

トルコ西部、ウシャク県の県都。*アフィヨンカラヒサル（Afyonkarahisar）の西88kmの町。近隣にフラビオポリスの遺跡がある。トルコ独立戦争中には、激しい戦闘が繰り広げられた。

宇治山田 Uji-Yamada ⇒ 伊勢 Ise

ウシュキュダル〔ユシュキュダール〕

Üsküdar〔古代：Chrysopolis クリソポリス；旧名：Scutari スクタリ〕（トルコ）

トルコ北西部、*ボスポラス（Bosporus）海峡に臨む*イスタンブール（Istanbul）対岸の都市。古代*カルケドン（Chalcedon）の一部で、*コンスタンティノープル（Constantinople）への入り口だった。14世紀からのオスマン帝国（Ottoman Empire）時代に最盛期を迎えた。1854～1856年のクリミア戦争中、この地でのフローレンス・ナイチンゲールの働きは有名である。16世紀建造のモスク、8000人のイギリス人兵士が眠る墓地がある。

ウジュゴロド Uzhgorod〔ハンガリー語：Ungvár ウングバル；スロバキア語：Užhorod ウージェホロド〕（ウクライナ）

ウクライナ西部の都市。*ブダペスト（Budapest）の東北東264kmに位置する。長く戦略的な要地にあり、8～9世紀にはスラブ人が居住し、10～11世紀にはキエフ・*ロシア（Russia）領となる。11世紀末にハンガリー人に征服された。1867年*オーストリア-ハンガリー（Austria- Hungary）に吸収される。19世紀後半、ウクライナ民族主義運動の中心地となる。1919年*チェコスロバキア（Czechoslovakia）に、1938年に*ハンガリー（Hungary）に、1945年に*ソビエト連邦（USSR）に委譲された。中世の要塞、16世紀の宮殿、18世紀の教会が遺る。

ウシュマル Uxmal（メキシコ）

*ユカタン（Yucatán）半島*メリダ[1]（Mérida）の南80kmの古都。マヤの都市で600年頃～900年頃まで繁栄したマヤ文明の都で、当時の伝統による記念碑的な様式で石造りの建築物や彫刻が数多く建てられた。今も壮大な遺跡が遺る。都市の建設は1000年頃に終わったものの、その後も1450年頃に放棄されるまで政治の中心地として機能し続けた。

ウジュン・バンダン Ujung Pandang ⇒マカッサル Makasar（インドネシア）

ウースカロガ Oothcaloga ⇒カルフーン Calhoun

臼杵 Usuki（日本）

九州、*大分（Oita）県南東部の都市。大分の東南19kmに位置する。早くからポルトガル人との交易をしていた。9～12世紀にかけて彫られた59体の磨崖仏が有名。

ウスキレ Iskele ⇒ラルナカ Larnaca

ウスター[1] Worcester（イングランド）

イングランド中西部、ウスターシャー州の州都。*バーミンガム（Birmingham）の南西40km、*セバーン川（Severn River）に臨む。680年頃にこの土地のウィッカム族のために司教区が設けられ、聖ピーター聖堂に司教座がおかれた。1084年に聖ウルフスタンがノルマン様式の大聖堂を建てたが、現在遺っている大部分は14世紀の建築である。近くにはピューリタン革命の最後の戦闘が行なわれた場所がある。ここで1651年9月3日、クロムウェル率いる議会軍がチャールズ2世率いるスコットランド軍を破った。王は6週間身を潜めたのち、大陸に亡命した。

ウスター[2] Worcester（合衆国）

*マサチューセッツ（Massachusetts）州中部の工業都市。*ボストン[2]（Boston）の西64km、ブラックストーン川に臨む。1673年に入植が始まり町ができたが、インデ

ィアンの抵抗にあい放棄された。ウスターは1713年に恒久的な入植地となり、1722年に市制が敷かれた。1828年にブラックストーン運河が完成すると、初期工業の中心地として発展した。1786年にはシェイズの反乱が、1854年には奴隷争議が起きたほか、1848年には最初の女性参政権を求める集会が開催された。1953年には竜巻、1955年には洪水で深刻な被害を受ける。ホーリー・クロス大学は1843年の創立。有名なユニタリアン派の聖職者、エドワード・エベレット・ヘイルはこの地で1842～1856年まで牧師を務めた。*ボストン（Boston）地区から広がったハイテク企業の発展により、以前にもまして繁栄している。

ウスチイジョラ　Ust-Izhora［Ust'-Izhora］（ロシア）

ロシアの古戦場。*サンクト・ペテルブルグ（Saint Petersburg）の南東21kmに位置する。1240年にアレクサンドル・ネフスキーが、ここでスウェーデン軍を破った。

ウスチ・ドビンスク Ust Dvinsk ⇒ダウガフグリバ Daugavgriva

ウスティカ　Ustica（イタリア）

*パレルモ（Palermo）の北北西64kmに位置する、ティレニア海の島。古代より人が居住し、中世にサラセン人に奪われた。その後は海賊に略奪され、18世紀後半に放棄された。

ウスティ・ナド・ラベム　Ústí nad Labem［Ústí］[独：Aussig アウシヒ]（チェコ共和国）

*プラハ（Prague）の北北西72kmの都市。10世紀に人が居住し始め、13世紀には市が建設された。中世とルネサンス時代の教会、中世の城と博物館がある。

ウスティルーフ　Ustilug［ポーランド語：Uoecilug］（ウクライナ）

ウクライナ北西部、ボルィーニ州の都市。12世紀に建設された。1431年にポーランドのブワディスワフ2世ヤギェオがリトアニアとタタール軍に勝利した土地。1795年、*ロシア（Russia）が獲得。1921～1945年までは*ポーランド（Poland）領だった。

ウーステッド　Worstead（イングランド）

*ノリッジ（Norwich）の北北東21kmにある*ノーフォーク[1]（Norfolk）州の村。12世紀に村をつくったフランドルからの移民が毛織物産業を興した。中世の教会が遺る。

ウスト - カメノゴルスク　Ust-Kamenogorsk[旧名：Zashchita]（カザフスタン）

*セメイ（Semey）の東160kmにあるカザフスタン東部の町。1720年にロシア前線の軍事基地として設立された。*中国（China）と*モンゴル（Mongolia）との交易で発展し、ロシア革命後は、治金術で重要な地となった。

ウースト・ゼイスク Ust Zeisk ⇒ブラゴベシチェンスク Blagoveshchensk

ウーズナム Uznam ⇒ウーゼドム Usedom

ウスパラータ　Uspallata（アルゼンチン）

*ウスパラータ峠（Uspallata Pass）の東北東72kmの都市。独立戦争中に、ここでホセ・デ・サン・マルティンの軍が野営した。チャールズ・ダーウィンが1835年にこの地を訪れている。

ウスリ 259

ウスパラータ峠 Uspallata Pass［ベルメホ・パス Bermejo Pass, ラ・クンブレ La Cumbre］（アルゼンチン、チリ）

アルゼンチンの*メンドーサ（Mendoza）とチリの*サンチアゴ（Santiago）間の峠。1817 年、チリが独立を求めてスペイン王党派と戦った最中に、ホセ・デ・サン・マルティン軍の一部がこの峠を通った。アルゼンチンとチリ間の平和の象徴として、1904 年にアンデスのキリスト像が建てられた。

ウズベキスタン Uzbekistan［ウズベク・ソビエト社会主義共和国 Uzbek Soviet Socialist Republic］［ペルシア語：Sogdiana ソグディアナ］

かつてはソビエト連邦の 1 共和国だった独立国。北と東は*カザフスタン（Kazakhstan）、東は*キルギス（Kyrgyz）と*タジキスタン（Tajikistan）、南は*トルクメニスタン（Turkmenistan）と*アフガニスタン（Afghanistan）に接する。早くから文明の中心地として栄え、前 4 世紀にアレクサンダー大王に攻略された。遊牧民が居住し、8 世紀にアラブ人に征服されてイスラーム化した。のちにセルジューク・トルコの支配を受ける。13 世紀にチンギス・ハンに、14 世紀にはティムール〔タメルラン〕に屈した。ティムールは首都を*サマルカンド（Samarkand）においた。*黄金軍団（Golden Horde, Khanate of）の子孫であるウズベク人は 16 世紀に攻め入ってきて帝国を築くが、すぐに*ヒバ（Khiva）、*ブハラ（Bukhara）、*コーカンド（Kokand）のハーン国に分裂した。*中国（China）、*ペルシア[1]（Persia）、*インド（India）、ヨーロッパに通じる主要路沿いの大都市――サマルカンド、ブハラ、*タシケント（Tashkent）――は、豊かで高度な文化をもつ交易中心地として何世紀にもわたって繁栄した。

1860 年代～ 1870 年代にロシアがこの一帯を獲得したが、ヒバとブハラでは先住民の統治が許された。1917 年、ウズベク人は民主的な自治政府を樹立しようとしたが、1924 年には元からあった様々な国がウズベク・ソビエト社会主義共和国に統合された。

1990 年 6 月、ウズベク議会は共和国の主権を宣言、1991 年 8 月 31 日に独立を宣言した。独立国家共同体に加盟し、元共産党リーダーでウズベク・ソビエト社会主義共和国 の大統領だったイスラム・カリモフが新共和国の大統領に選ばれた。カリモフは政敵やイスラーム教徒に対して弾圧を始める一方、自由市場経済改革を実施した。1995 年、カリモフは国民投票に勝って大統領職にとどまり、2000 年にも再選された。2001 年、*アメリカ(USA)がウズベクの軍事基地を使って、オサマ・ビン・ラディンとアフガニスタンのタリバン政権への攻撃を始める。2002 年、カリモフはまたしても国民投票で勝利（西側諸国からは批判された）、2007 年まで任期を延ばした。イスラーム過激派によるカリモフ政権への激しい抵抗が続いている。
⇒ホラズム Khorezm

ウズベク・ソビエト社会主義共和国 Uzbek Soviet Socialist Republic ⇒ウズベキスタン Uzbekistan

ウスペンスカヤ Uspenskoye ⇒ボルガル Bolgar

ウスリー Ussuri［Usuri］［中国語：Wu-Shu-li/ Wu-su-li 烏蘇里江］（ロシア、中国）

*ウラジオストック（Vladivostok）の北で、プリモルスキー・クライ（ロシア）の西と中国北東部との国境をなす川。1964 年以来、この沿岸でソ連と中国の衝突が起き

ている。

烏蘇里江 Wu-Shu-Li/Wu-Su-Li ⇒ ウスリー
Ussuri

ウスンブラ Usumbura ⇒ ブジュンブラ
Bujumbura

ウーゼドム Usedom［ポーランド語：Uznam ウーズナム］（ポーランド、ドイツ）
ドイツ北東岸沖の島。1630 年にグスタフ・アドルフが奪い、1648 年に*スウェーデン（Sweden）に、1720 年に*プロイセン（Prussia）に委譲された。第 2 次世界大戦中のドイツのミサイル研究・実験基地*ペーネミュンデ（Peenemünde）はここにあった。ウーゼドムの町にはゴシック様式の門と教会がある。

ウータイ〔五台〕山 Wu Tai Shan［ウータイシャン Wu-T'ai Shan］（中国）
*シャンシー〔山西〕（Shanxi）省北東部と*ホーペイ〔河北〕（Hebei）省北西部にまたがる山。中国の四大仏教名山の一つで、有名な巡礼地だった。紀元 1 世紀頃からの寺院、僧院、ラマ教の修道院が点在する。

ウータイシャン Wu-T'ai Shan ⇒ ウータイ〔五台〕山 Wu Tai Shan

ウダイプル Udaipur［Odeypore, Oodeypore, Udaypur］［旧名：Mewar メーワール］（インド）
インド北西部、*ラージャスタン（Rajasthan）州南部の都市で旧藩王国。*ジャイプール（Jaipur）の南西 336km に位置する。藩王国は 8 世紀頃に*チットゥール（Chittor）を首都として創始された。藩王国はイスラームの侵攻に抵抗し続けたが、対マラーターとの戦いで弱体化し、1818 年にイギリスの支配下に入った。都市としてのウ

ダイプルは 560 年頃に建設され、1568 年にウダイプル藩王国の首都になった。美しい湖上の宮殿はムガールのシャー・ジャハン（在位 1628 ～ 58）が父ジャハーンギールに対する反乱を起こしたときに身を潜めた場所である。多数の寺院と古い要塞が遺る。
⇒マラータ同盟 Maratha Confederacy, ムガル帝国 Mogul Empire

ウダヤプル Udayapur（インド）
インド中部、*ビルサ（Bhilsa）の北北東 46km の村。4 ～ 6 世紀のグプタ朝に作られた洞窟寺院の遺跡がある。

ウチ Uch［ウチ - シャリフ Uch-i-Sharif/Uch Sharif］（パキスタン）
*バハワルプール（Bahawalpur）の西南西 62km の町。中世にはイスラーム教の学問の中心地だった。

ウチ - シャリフ Uch-i-Sharif/Uch Sharif ⇒ ウチ Uch

内蒙古自治区 Nei Mongol Zizhiqu / Nei Monggol Zizhiqu ⇒ 内モンゴル Inner Mongolia

内モンゴル Inner Mongolia［内モンゴル自治区 Inner Mongolian Autonomous Region］［中国語：Nei Mongol Zizhiqu/Nei Monggol Zizhiqu 内蒙古自治区］（中国）
*モンゴル（Mongolia）および*ロシア（Russia）との国境にある自治区。首都は*フフホト〔呼和浩特〕（Hohhot）。勇猛な遊牧民侵略者によって築かれ、チンギス・ハーン（1162 ～ 1227）が興した*モンゴル帝国（Mongol Empires）の一部となったが、1644 年に外モンゴルから分離され、満州族の建てた清に併合された。その後、名目上は中国

の支配を受け、1912年に中華民国の一部
となった。1947年には中国共産党政府が
成立させた最初の自治区となった。
⇒モンゴル国 Mongolia

内モンゴル自治区 Inner Mongolian Autonomous Region ⇒内モンゴル Inner Mongolia

ウーチャン〔武昌〕Wuchang〔Wu-ch'ang〕（中国）
中国中部、*フーペイ〔湖北〕(Hubei) 省の省都*ウーハン〔武漢〕(Wuhan) 特別市東部の区。*揚子江(Yangtze River)に臨む。*シャンハイ〔上海〕(Shanghai) の西680kmに位置する。武漢三鎮の最古の都市で、前206～後220年まで中国を支配した漢王朝が設立した。辛亥革命は、1911年10月10日にこの地で起きた蜂起から始まり、清朝が倒れて中華民国が樹立された。1930年代から第2次世界大戦の終わりまで、日本軍に占領された。

ウーチョウ〔梧州〕Wuzhou〔Wu-Chou〕（中国）
中国南部、*コワンシー〔広西〕・チワン〔壮〕族自治区(Guangxi Zhuangzu) の東部、*コワンチョウ〔広州〕(Guangzhou) の西184km、西江と桂江が合流する地点の港。満州族の政治の中心地で、1897年に条約港となる。第2次世界大戦中はアメリカ空軍基地がおかれていたが、1944年9月22日に日本軍の侵攻を受けたアメリカ軍によって破壊された。

ウーツク Łuck ⇒ルーツク Lutsk

ウッズ・ホール Woods Hole（合衆国）
*マサチューセッツ(Massachusetts) 州南東部、*コッド岬〔ケープ・コッド〕(Cod, Cape) の海港の村。*ニュー・ベッドフォード(New Bedford) の南東26kmに位置する。かつては捕鯨と造船の中心地として栄え、現在はウッズ・ホール海洋研究所がおかれている。同研究所はアトランティス号上の研究施設を運用している。

ウッタラーンチャル Uttaranchal ⇒ウッタルカンド Uttarakhand

ウッタルカンド Uttarakhand〔旧名：Uttaranchal ウッタラーンチャル〕（インド）
インド北西部の州。2000年11月9日に*ウッタル・プラデシュ(Uttar Pradesh) 州北部からウッタラーンチャル州が作られ、2007年にウッタルカンド州に改名。州都は*デラドゥーン(Dehradun)。

ウッタル・プラデシュ Uttar Pradesh〔旧名：United Provinces 連合州, United Provinces of Agra and Oudh アグラ・アワド連合州〕（インド）
インド中北部のもっとも人口が多い州。ネパール、チベットと接する。州都は*ラクナウ(Lakhnau) で、西部には*デリー1 (Delhi)、東部には*パトナ(Patna) の都市がある。インドの初期から重要な地域で、ヒンドゥー教の二大叙事詩、《ラーマーヤナ》と《マハーバーラタ》の舞台とされる。仏教が興ったアショカ王の王国もこの地域にあった。グプタ朝とハーシャの支配を受けたが、16世紀にムガール帝国に征服され、*アグラ(Agra) が主要都市となる。
18世紀後半に*イギリス(United Kingdom) が到来し、1798～1833年までイギリスの支配が急速に広がった。1835年に北西州の一部となり、1856年には*アワド(Oudh) が加わった。1877年から行政が統合されアグラ・アワド連合州となる。
1921年からは単独総督の統治を受け、1937年に二院制議会を有する自治政府がおかれた。1947年のインド独立に伴い、

インドの州となる。1950年、連合州とより小規模な*バラーナーシー（Varanasi）、ラーンプル、*テーリ（Tehri）藩王国を統合して拡大された。
⇒ **グプタ朝 Gupta Empire, マウリヤ朝 Maurya Empire, ムガル帝国 Mogul Empire**

ウッチ Łódź ［独：Litzmannstadt リッツマンシュタット；ロシア語：Lodz ローツ］（ポーランド）
ウッチ県の県都。*ワルシャワ（Warsaw）の西南西120kmに位置する。1423年に勅許を受け、19世紀を通し第1次世界大戦まで*ロシア（Russia）に属した。1870年以降、繊維産業の一大拠点となる。ポーランドにおける労働運動と社会主義運動の中心地となるが、第2次世界大戦中ドイツに占領され、容赦なくドイツ化された。現在はポーランド第2の大都市。

ウッティ Utti（フィンランド）
フィンランド南東部の村で古戦場。旧州都コウボラから7kmの位置。*スウェーデン（Sweden）のグスタフ3世が1789年にこの地でロシア軍を破った。

ウッデバラ Uddevalla ［古代：Odensvold］（スウェーデン）
ベストラ・イェータランド県の町。*イェーテボリ（Göteborg）の北72kmに位置する。1498年に勅許を得た。17～18世紀のデンマーク－スウェーデン間の戦争中、甚大な被害を受けた。

ウッドストック[1] Woodstock（カナダ）
*ニュー・ブランズウィック[1]（New Brunswick）州西部、*フレデリックトン（Fredericton）の北西77kmに位置する、セント・ジョン川（Saint John River）沿いの町。アメリカ独立戦争中、王党派と呼ばれたトーリー党の追放者が設立した。

ウッドストック[2] Woodstock（イングランド）
*オックスフォード[1]（Oxford）の北西13kmにある*オックスフォードシャー（Oxfordshire）州の町。アングロ－サクソン時代に王家の狩猟小屋があった場所に建てられた城で、1330年にエドワード3世の長男で有名な戦士だったエドワード黒太子が生まれた。16世紀半ば、メアリー1世が、のちのエリザベス1世となる異母妹をここに幽閉した。

現在のウッドストックは、マールバラ公爵の居城、ブレニム宮殿で知られる。この邸宅は1702年に初代マールバラ公となったジョン・チャーチルが、1701～1714年のスペイン継承戦争での戦功によりアン女王から授与されたものである。ブレニム・パークの名は、彼が1704年8月13日に*バイエルン（Bavaria）の*ブレナム（Blenheim）でフランスを相手にあげた大勝利を記念してつけられた。広大な宮殿の大部分は現在公開されている。設計は一流建築家のジョン・バンブラ卿によるもので、1705～1724年にかけて建設された。イングランドのバロック様式の典型例である。美しい公園は、当時もっとも有名だった造園家、「ケイパビリティ（可能性）」・ブラウンの設計である。初代公爵の子孫で第2次世界大戦中に決然と国を率いたウィンストン・チャーチル卿は1874年にこの宮殿で生まれた。

ウッドストック[3] Woodstock（合衆国）⇒**アニストン Anniston**

ウッドブリッジ Woodbridge（合衆国）
*ニュージャージー（New Jersey）州中部、*ニューアーク[2]（Newark）の南22kmに位置する工業都市。1664年にニュー・イングランドからのピューリタンが入植し、市制が敷かれた。1751年、州内で初めて印

刷機が設置された場所である。

ウッドベリー Woodbury（合衆国）
*ニュージャージー（New Jersey）州南西部、*カムデン[2]（Camden）の南13kmの都市。1665年頃にクエーカー教徒が入植し、独立戦争中は何度も戦場になった。1777年、イギリスのチャールズ・コーンウォリス将軍が現在も残るクーパーハウスに本部を置いた。1716年にできたフレンド派集会所、1720年の植民地時代風のホテル、1765年のジョン・ローレンスの歴史ある邸宅が遺る。

ウッドヘンジ Woodhenge ⇒ダーリントン[2] Durrington

ウッドラーク Woodlark ［ムルナ Murua］（パプアニューギニア）
*ニューギニア（New Guinea）島の北東に位置する、ソロモン海の島。第2次世界大戦の数年前から相当量の金の採掘が行なわれていた。1943年6月30日、連合軍は抵抗されることなくこの地に上陸し、基地を築いた。

宇都宮 Utsunomiya ［Utunomiya］（日本）
栃木県中部の都市。*東京（Tokyo）の北96kmに位置する。11世紀にできた城下町で、1603〜1867年までの江戸時代には交易拠点となり、1884年に県庁所在地となる。9世紀の寺院に日本最古の磨崖仏がある。岡本家住宅と旧篠原家住宅は国の重要文化財に指定された。

ウッファリーズ Houffalize（ベルギー）
ベルギー南東部、リュクサンブール州の村。*バストーニュ（Bastogne）の北16kmに位置する。第2次世界大戦中の1944年12月、バルジの戦いの初期に*ドイツ（Germany）に占領され、1945年1月16日に連合軍が奪還した。

ウッフェンハイム Uffenheim（ドイツ）
*バイエルン（Bavaria）の町。*アンスバッハ（Ansbach）の北北西24kmにあるウィンズハイムの西北西14kmに位置する。1350年頃に勅許を受けた。中世の要塞が遺る。

ウップランド Uppland（スウェーデン）
スウェーデン東部の地方。東はボスニア湾と*バルト海（Baltic Sea）、南はセーデルマンランド県、西はベストマンランド県、北はイェストリークランド地方と接する。石器時代から人が居住し、前2000年には南方との交易が行なわれていた。古くは多神教のスベーア王国（9世紀にはスウェーデン）の中心地となり、近隣の国をまとめて首都を*ウプサラ（Uppsala）においた。キリスト教が到来すると、宗教的闘争で弱体化したが、その後教会や政府がおかれて復活した。

ウティカ Utica（チュニジア）
古代*カルタゴ[2]（Carthage）の北西24km、現在の*チュニス（Tunis）の29kmに位置する古都。前8世紀頃フェニキア人が建設し、第1、2次ポエニ戦争では、カルタゴと組んで*ローマ（Rome）と戦ったが、第3次ポエニ戦争ではローマと組んだ。カルタゴの敗北後の前145年頃、ウティカはローマのアフリカ属州の首都となる。前46年にカエサルに敗れた小カトーがここで自殺を遂げている。3世紀には司教座がおかれ、439年にバンダル族に、534年にビザンツ帝国に奪われ、700年頃にはアラブに破壊された。8世紀の墓地やローマ人の住宅、円形劇場、浴場、要塞が発掘されている。

ウティナ Utina ⇒ウディネ Udine

ウディネ Udine ［古代：Utina ウティナ］（イタリア）

イタリア北東部、*フリウリ-ベネツィア・ジュリア（Friuli-Venezia Giulia）自治州*ウディネ（Udine）県の県都。ウディネ県は*オーストリア（Austria）、*スロベニア（Slovenia）、アドリア海と接する。ウディネは*ベネツィア（Venice）の北東104kmに位置する。1238～1751年まで*アクイレイア（Aquileia）大司教座が置かれた。1420年にベネツィアに占領され、1797年に*カンポ・フォルミオ（Campo Formio）条約によってオーストリアに割譲され、1866年にイタリア領となる。第1次世界大戦中の1915～1917年まで、イタリア軍の本部がおかれた。14世紀建造の大聖堂、1517年に再建され現在は博物館になっているベネツィア総督の初期の城、15世紀の市庁舎、16世紀建造の開廊と噴水などが遺る。16世紀の大司教宮にはティエポロによるフレスコ画が描かれている。

ウテ峠 Ute Pass （合衆国）

*コロラド（Colorado）州パイクスピーク近くの峠。19世紀後半、クリップル・クリークやレッドビルに向かう金鉱掘りが利用した。

ウデン Houdain （フランス）

フランス北部、パ-ド-カレー県の町。*ベテューヌ（Béthune）の附近。第1次世界大戦で破壊されたが戦後再建が続いている。12世紀創建の教会がある。

鵜戸 Udo （日本）

九州南部、県都宮崎の南16kmにある村。この地の神社は、日本初代の天皇である神武帝を祀っている。

ウドムルト共和国 Udmurt Republic ［旧名：Udmurt–Votskaya ASSR ウドムルト-ボツカヤ自治ソビエト社会主義共和国］（ロシア）

ロシア西部の自治共和国。新石器時代からフィン-ウゴル語族のウドムルト族が居住していたが、8世紀にブルガール族の支配を受けた。13世紀と16世紀には*カザン（Kazan）・ハン国の支配下に、1552年にはロシアの支配を受けている。1920年にボチャーク自治州となり、1932年にウドムルト自治州に改名され、1934年にウドムルト自治ソビエト社会主義共和国に再編される。1991年に共和国となる。首都は*イジェフスク（Izhevsk）。

ウドムルト-ボツカヤ自治ソビエト社会主義共和国 Udmurt-Votskaya ASSR ⇒ウドムルト共和国 Udmurt Republic

ウトラメール Outremer ⇒エルサレム王国 Jerusalem, Latin Kingdom of

ウトリクラ Utricula ⇒ウトレラ Utrera

ウトレラ Utrera ［古代：Utricula ウトリクラ］（スペイン）

*セビリア（Seville）の南南東30kmの町。先史時代から人が居住し始め、ローマ人の集落となった。9世紀には司教座がおかれる。ムーア人の手に落ちるも、13世紀には一時的に*カスティリア（Castille）が奪還し、1340年にはキリスト教化される。中世には無法者の避難地となるが、破壊され、1368年と1808～1814年に再建されている。ムーア文化の影響が色濃く残り、古い邸宅、ムーア人の城、2棟のゴシック教会がある。

ウナラスカ Unalaska （合衆国）

*アラスカ（Alaska）州*アリューシャン列

島（Aleutian Islands）のフォックス列島に属する島とその都市。1741 年にベーリングが発見し、1759 年にアリューシャン列島内でロシア初の入植地となる。1762 年に起きたアリューシャン人による蜂起は、厳しく弾圧された。

ウニアン Uniāo ⇒ウニアン・ドス・パウマレス União dos Palmares

ウニアン・ドス・パウマレス Uniāo Dos Palmares ［旧名：Uniāo ウニアン］（ブラジル）

*マセイオ（Maceió）の北西 64km の都市。16 世紀に建設された。1650 年に奴隷の反乱が起きたが即座に鎮圧された。

ウバ Uva （スリランカ）

スリランカ南東部の州。19 世紀初頭にイギリスが侵攻してくる前は、*カンディ〔キャンディ〕（Kandy）王国の一部だった。1817 年、イギリスの支配に対して反乱を起こす。1886 年にイギリス領となる。

ウバイド Ubayyid, Al-［オベイド Al-Obeid/El-Obeid］（スーダン）

スーダン中南部の町。*ハルツーム（Khartoum）の南西 360km に位置する。1821 年にエジプト人が設立したが、1822 年にマフディーの軍に破壊された。1883 年 11 月 1 日〜4 日にかけて、ウィリアム・ヒックス将軍率いるエジプト軍が、この地でマフディー軍に敗れた。町は 1899 年に再建された。

ウパルコット Uparkot （インド）

*ジュナーガド（Junagadh）東側の考古学遺跡。岩を切り開いてつくった古代のヒンドゥーの王の要塞である。

ウーハン〔武漢〕Wuhan［Wu-Han］（中国）

*フーペイ〔湖北〕（Hubei）省の省都で、工業・商業都市。*シャンハイ〔上海〕（Shanghai）の西 680km、*揚子江（Yangtze River）と漢江の合流地点に位置する。かつての*ハンコウ〔漢口〕（Hankou）、*ハンヤン〔漢陽〕（Hanyang）、*ウーチャン〔武昌〕（Wuchang）からなる。武漢三鎮と呼ばれていた三都市は 1950 年に合併した。

ウーバーン Woburn （イングランド）

イングランド中南部、*ベッドフォードシャー（Bedfordshire）州の村。*ルートン（Luton）の北西 19km に位置する。1145 年にシトー修道会の修道院が建てられた場所に、18 世紀にベッドフォード公の居城ウーバーン・アビーが建てられた。

ウバンギ - シャリ Ubangi-Shari［仏：Oubangi-Chari ウバンギ - シャリ；1910 〜 1920：Oubangi-Chari-Tchad/Ubangi-Shari-Chad ウバンギ - シャリ - チャド］（中央アフリカ共和国）

現在は中央アフリカ共和国となっている、かつてのフランス領地域。1890 年頃にフランスが探査し、1895 〜 1899 年頃に植民地とした。1910 年に*チャド（Chad）とともに*フランス領赤道アフリカ（French Equatorial Africa）に編入された。1946 年、フランス国会に議席を有する海外県の地位を与えられ、1958 年に中央アフリカ共和国となった。

ウバンギ - シャリ - チャド Oubangi-Chari-Tchad/Ubangi-Shari-Chad ⇒ウバンギ - シャリ Ubangi-Shari

ウービデーク Újvidék ⇒ノービ・サード Novi Sad

ウヒハル Ugijar （スペイン）

*グアディクス（Guadix）の南南東38kmの都市。1568年、モリスコ（イベリア半島のキリスト教王朝のもとに居住したイスラーム教徒）の暴動が起きた。厳しい戦いがあったが、フェリペ2世が*オーストリア（Austria）のドン・フアンの援軍とともに鎮圧した。

ウーフー〔蕪湖〕 Wuhu [Wu-Hu, Wu-Na-Mu] （中国）

中国東部、*アンホイ〔安徽〕（Anhui）省東部、*揚子江（Yangtze River）に臨む港湾商業都市。*ナンキン〔南京〕（Nanjing）の南西80kmに位置する。かつての条約港で、1877年に外国に門戸を開いた。有名な寺院が数多くある。とくに、唐代の偉大な詩人、李白（700〜762）を祀った寺院は有名である。李白は近くの揚子江で溺死した。

ウファ Ufa （ロシア）

ロシア西部、バシコルトスタン共和国の首都。クイビシェフの北東400kmに位置する。1574年に*モスクワ（Moscow）の要塞として建設され、その後1586年には属領とされ、*シベリア（Siberia）途上の交易中心地として発展した。バシコルトスタンの文化の中心地で、有名な初期の大聖堂、石油、航空、教育、医学、農業の各大学や各種研究所、美術館、郷土歴史博物館、ロシア革命博物館がある。

ウプサラ Uppsala [Upsala] （スウェーデン）

スウェーデン中東部、ウプサラ県の県都。*ストックホルム（Stockholm）の北北西64kmの都市。多神教時代のスウェーデンの6世紀の首都で、1164年に大司教座がおかれ、スウェーデン国王の戴冠式が行なわれるようになった。大学は1477年の創設で、世界でも有数の大学である。13〜15世紀にかけて建てられた大聖堂には、グスタフ1世、リンネ、スウェーデンボリの墓がある。また、現在は博物館になっている中世の司教宮、16世紀の城、多数の古文書を所蔵する大学図書館がある。

ウプリーヌ Houplines （フランス）

フランス北部、ノール県の町。*アルマンティエール（Armentières）の東に位置する。第1次世界大戦中の1918年4月9日、戦闘のあとにイギリス軍に占領された。

宇部 Ube （日本）

山口県南西部の都市。*下関（Shimonoseki）の東29kmに位置する。17世紀には石炭が採掘されていた。1868年に海底採鉱が導入され、工業の中心地として繁栄した。第2次世界大戦後、炭鉱時代の終焉とともに衰退した。

ウベダ Ubeda [Ubéda] （スペイン）

スペイン南部、*ハエン（Jaén）県の都市。イベリア人の都市だったが、7世紀にアラブ人に占領され、1234年に*カスティリア（Castile）のフェルディナンド3世が奪還した。歴史的な建築物で知られ、ルネサンス時代の教会、邸宅、病院が遺る。

ウヘルスキー・オストロ Uhersky Ostroh [チェコ語：Uherský Ostroh；独：Ungarisch-Ostra ウンガロシュ - オストラ] （チェコ共和国）

*ブルノ（Brno）の東北東77kmにあるゴットバルドフの南西32kmの町。マジャール人の襲撃に対抗するために建てられた初期の砦が遺る。民族的な伝統が色濃くのこる地域の文化の中心地。

ウヘルスケー・フラジシュチェ　Uherske
Hradiste [チェコ語：Uherskè Hradiště；独：
Ungarisch-Hradisch ウンガリッシュ - フラディシ
ュ]（チェコ共和国）

*ブルノ（Brno）の東北東77kmにあるゴ
ットバルドフの南西22kmの町。1257年
に建設され、17世紀の修道院や初期の市
庁舎が遺る。現在の市庁舎には有名なフ
レスコ画がある。

ウペルナビク　Upernavik [Upernivik]（グリー
ンランド）

グリーンランド西部、バフィン湾の小島
の町。1772年、デンマーク人が捕鯨とア
ザラシ猟の拠点として建設した。 近隣の
キンギグトク島で14世紀の遺跡が発見さ
れた。

ウポル　Upolu（サモア）

ツツイラ島の北から西へ61kmの島。作
家ロバート・ルイス・スティーブンソン
の家がここにある。
⇒ **サモア Samoa**

ウマナック　Umanak [Umanaq]（グリーンラン
ド）

ウマナック・フィヨルドの小さな島にあ
る集落。1763年に建設され、狩猟や漁業
が営まれてきた。

ウーマニ　Uman（ウクライナ）

*キエフ（Kiev）の南西200kmにあるウ
クライナの都市。起源は中世にさかのぼ
り、クリミア半島のタタール人から*ポー
ランド（Poland）を守る拠点だった。1834
年まではポーランド貴族が居住していた。
1768年にここで発生したウクライナ人と
コサック人の反乱の結果、18,000人のポ
ーランド人とユダヤ人が死んだ。1793年
に*ロシア（Russia）に委譲され、第2次世

界大戦中の1941〜1943年にかけては*ド
イツ（Germany）に占領された。

ウマルコート　Umarkot（パキスタン）

タール砂漠南西部の町。*カラチ[2]（Karachi）
の東北東280kmに位置する。中世にはラ
ージプート族の砦で、1540年頃〜1544年
にはムガール皇帝フマーユーンがここに
逃亡した。1542年にここでアクバルが生
まれた。
⇒ **ムガル帝国 Mogul Empire**

ウムアヒア　Umuahia（ナイジェリア）

ナイジェリア南部、アビア州の州都。周
囲の地域で生産されるヤムイモ、トウモ
ロコシ、ヤシ油などの集散地。ヤシ油製
造工場、醸造所のほか、教員養成大学も
ある。

ウム・アル - カイワイン　Umm al-Qaiwain
[Umm al-Qaywayn]（アラブ首長国連邦）

ペルシア湾岸、アラビア東部の首長国。
19世紀初頭にはペルシア湾の海賊に支配
されていたが、1820年に*イギリス（United
Kingdom）に和平条約を強制された。その
後イギリスの保護領となり、1971年、ア
ラブ首長国連邦の発足メンバーとなった。

ウムタタ　Umtata [ムタタ Mthatha]（南アフリ
カ）

*東ケープ州（Eastern Cape）*イースト・ロ
ンドン（East London）の北北東182kmの
町。1860年に軍の駐屯地として建設され、
1963年アフリカ人の「ホームランド」で
ある*トランスケイ（Transkei）の首都とな
り、1994年までその役目を果たした。イ
ングランド国教会の大聖堂がある。

ウムタリ Umtali [旧名：Fort Umtali ウムタリ砦]
（ジンバブエ）

*ハラレ（Harare）の東南東208kmの町。
1890年、白人の入植者によって建設され、
何度か移転した。1899年にソールズベリ
ー-ベイラ間に鉄道が開通して以降繁栄し
た。

ウムタリ砦 Fort Umtali ⇒ **ウムタリ** Umtali

ウム・トルマーン Umm Durmān ⇒ **オムド
ルマーン** Omdurman

ウムナク Umnak（合衆国）

*ウナラスカ（Unalaska）島の西8kmにあ
る、*アラスカ（Alaska）州*アリューシャ
ン列島（Aleutian Islands）の島。第2次世界
大戦中の陸空軍基地建設中に、地元の羊
飼いが立ち退かされ、羊は死滅した。新
たに家畜が導入されたのは1944年のこと
である。

ウムブーマ Umvuma ⇒ **ムブーマ** Mvuma

ウムルブロゴル山 Umurbrogol Mountain ⇒
ブラッディ・ノーズ・リッジ Bloody Nose
Ridge

ウーメオ Umeå（スウェーデン）

スウェーデン北部、ベステルボッテン県
の県都。*ストックホルム（Stockholm）の
北北東512kmにある海港。1622年、グス
タフ2世アドルフによってスウェーデン
領となる。1720年、*ロシア（Russia）によ
って焼き払われ、1809年には占領された。
1888年、火災のあとにほぼ完全に再建さ
れ、現在は歴史博物館と大学がある。

ウーメラ Woomerau [ウーメラ-マラリンガ
Woomera-Maralinga]（オーストラリア）

ポート・オーガスタの北西160kmに位
置する*サウス・オーストラリア（South
Australia）州中南東部の町。1945年にミサ
イル試験場ができた。1967年、オースト
ラリアはここから最初の地球衛星を打ち
上げた。

ウーメラ-マラリンガ Woomera-Maralinga ⇒
ウーメラ Woomera

ウユニ Uyuni（ボリビア）

*オルロ（Oruro）の南305kmの町。1890
年に建設され、スラブ人とシリア人が居
住し、鉱山の拠点として急速に栄えた。

ウュルツブルク Würzburg（ドイツ）

*バイエルン（Bavaria）、*フランクフル
ト・アム・マイン（Frankfurt am Main）の南
東96kmに位置するマイン川沿いの都市。
742年以来の司教区で、何世紀にもわたっ
て*フランコニア（Franconia）の支配を受
けた。10世紀にフランコニア公国が崩壊
すると、司教区は*神聖ローマ帝国（Holy
Roman Empire）内でかなりの影響力を発揮
するようになる。司教は諸侯と同等の地
位を得て、17世紀と18世紀にはかなりの
権力を振るうようになった。1801年に市
は教会と切り離され、ナポレオン戦争後
の1815年、バイエルンに委譲された。ウ
ィルヘルム・レントゲンはこの地の大学
で1895年X線を発見している。ナチの
中心地となり、第2次世界大戦中の最初
の爆撃によりほぼ完全に破壊されかけた。
ほとんどすべての歴史的建造物が甚大な
損害を受けたが、大半が復元されている。
13〜18世紀まで司教が居住したマリエン
ブルク城は中世の要塞の典型例である。

ウュルテンベルク　Württemberg ［旧名：Wirtemberg, Würemberg］（ドイツ）

ドイツ南西部の州でかつての王国。バイエルンとスイスと接する。1952 年以来、*バーデン - ウュルテンベルク（Baden-Württemberg）州の一部で、現在の州都*シュトゥットガルト（Stuttgart）は、古くから中心地としての役割をはたし続けている。

古くはケルト人の集落で、のちにスエービー人、ローマ人、アレマン人が征服し居住したが、アレマン人は 496 年にフランク族のクロービスに征服された。400 年間フランク王国領だったが、その後南部が*シュワーベン（Swabia）公国領となる。シュトゥットガルトの北部は*フランコニア（Franconia）領となった。

中世後期には、ウュルテンベルク伯が*神聖ローマ帝国（Holy Roman Empire）の直属となる。11 世紀に伯領と定められた土地は*エスリンゲン（Esslingen）を中心としていた。14 世紀末に拡大し、*フランス（France）の*モンベリヤール（Montbéliard）公国と*アルザス（Alsace）のいくつかの地所を獲得した。1495 年には、勇猛なエーベルハルト 5 世のもとで、公国の地位を手に入れた。

1519 年、シュワーベン同盟はウュルテンベルクの華やかなウルリヒ公の権力が増大するのを恐れて追放し、1520 年に公国領をカール 5 世に売却した。その後ウルリヒの地所をめぐる争いが、ウルリヒの擁するルター派とカトリックのハプスブルク軍との政治的宗教的分裂を招いた。この宗教の確執による分裂は今日に至るまで続いている。

浦賀　Uraga（日本）

*横須賀（Yokosuka）の南 8km の港。1846 年、アメリカからの初の使節、ビドル提督麾下の艦隊がここに上陸したが、追い返された。この出来事が、1853 年のペリーの来航につながった。

ウラジオストック　Vladivostok（ロシア）

日本海に臨むロシアの港湾都市。*ハバロフスク（Khabarovsk）の南南西 608km に位置する。1860 年に駐屯地として建設される。ロシアの極東での植民地化の拠点だった。1903 年にシベリア横断鉄道によりヨーロッパとつながった。1905 年に*ポート・アーサー[1]（Port Arthur）が*日本（Japan）軍の掌中に落ちると、この都市がロシアの太平洋岸における重要な海軍基地となる。第 1 次世界大戦中は連合軍の供給基地となった。1917 年のロシア革命後は、連合国（日本がほぼ独占）が 1922 年まで占領した。第 2 次世界大戦では、再び連合軍の主要供給基地となった。1974 年 11 月、合衆国大統領ジェラルド・フォードとソビエト連邦の国家元首レオニード・ブレジネフがこの地で会談を行ない、軍拡競争を抑制する戦略兵器制限交渉（SALT）が緒に就いた。1992 年、市は公式に外国人の訪問を解禁した。

ウラジカフカズ　Vladikavkaz ［旧名：Dzaudzhikau ザウジカウ , Ordzhonikidze オルジョニキーゼ］（ロシア）

北オセチア共和国の首都であり貿易の中心。テレク川上流、*トビリシ（Tbilisi）の北 147km に位置する。1784 年にロシアのカフカス征服中の砦として建設された。1861 年に町制がしかれ、1864 年に有名なジョージア〔グルジア〕軍用道路によりトビリシとつながる要所となった。第 2 次世界大戦中の 1942 年 11 月 10 日〜19 日にかけて、ドイツ軍はカフカス山地で最も深くまで進軍し、この市のすぐ近くにそびえるカズベク山まで到達した。1931 〜 1944 年にかけてと 1954 〜 1990

270　ウラツハ

年にかけてはオルジョニキーゼと改称、1945 ～ 1954 年にかけてはザウジカウといわれた。ソ連崩壊後は元の名に戻った。

ウーラッハ Urach （ドイツ）

ドイツ南西部、*バーデン - ウュルテンベルク（Baden-Württemberg）州*ロイトリンゲン（Reutlingen）の東13kmの町。12 世紀に設立され、1260 年頃に勅許を受けた。15 世紀の城と教会が遺る。近隣にはホーエンウーラハ要塞の廃墟がある。

ウラディーミル Vladimir （ロシア）

クリャジマ川に臨むロシアの都市。*モスクワ（Moscow）の東176kmに位置する。12 世紀に*キエフ（Kiev）大公ウラディーミル 2 世が築いたロシアの古都の一つ。公国の中心として交易が栄えた。1238 年と 1293 年にタタール人の侵略を受けたが短期間で復興した。1300 ～ 1328 年にかけてはロシア正教会の総本山となった。
⇒ニジニー・ノブゴロド Nizhni Novgorod

ウラディーミル大公国 Vladimir, Duchy of
⇒ウラディーミル - ボルィーンシキー Vladimir-Volynski

ウラディーミル - ボルィーンシキー Vladimir-Volynski ［ポーランド語：Włodzimierz ボジミエシュ］（ウクライナ）

ウクライナ北西部、ボルィーニ州の都市。ルーガ川に臨む。*ルーツク（Lutsk）の西北西 72km に位置する。ウクライナ初期の入植地の一つとして10 世紀に建設され、10 ～ 13 世紀にかけては貿易の要所だった。ウラディーミル大公国の首都で、のちの1300 年にはハールィチ・ボルィーニ大公国 の首都となる。1347 年には*ポーランド（Poland）に譲渡される。何度も覇権が移った末、1795 年に*ロシア（Russia）

領となった。
⇒ガリツィア Galicia, ボルィーニ Volhynia

ウラ - テュベ Ura-Tyube ⇒ イスタラフシャン Istaravshan

ウラリスク Uralsk ［Ural'sk］ ［旧名：Yaitski Gorodok/Yaitsky Gorodok ヤイツキー・ゴロドク］（ロシア）

*サラトフ（Saratov）の東 368km の町。1613 年にウラル・コサック部隊の反乱軍によって設立されて本部がおかれ、ロシアと*カザフスタン（Kazakhstan）間の交易拠点として栄えたが、20 世紀に衰退した。古い大聖堂にはコサックの遺物を収めた博物館がある。

ウラル川 Ural River （ロシア）

ウラル山脈中を水源とし、ロシア中南西部を北から南へと流れる川。移民、侵攻、商取引のルートとして使われた歴史的に重要な水域。

ウラル工業地域 Ural Industrial Region （ロシア）

チェリャビンスク、*スベルドロフスク（Sverdlovsk）、クルガン、*オレンブルグ（Orenburg）、*ペルミ（Perm）州、*ウドムルト共和国（Udmurt Republic）を含む重要な地域。第 2 次世界大戦中、ドイツの攻撃を避けるためにヨーロッパの社会主義共和国から工業がこの地に疎開してきて、とくに発展を遂げた。

ウラル山脈 Ural Mountains ［ロシア語：Uralsky Khnebet］（ロシア）

カラ海から*カザフスタン（Kazakhstan）の*キルギス（Kyrgyz）西部まで、2,624km にわたって連なる山脈。ロシア唯一最大の鉱物産地である。12 世紀に*ノブゴロ

ド（Novgorod）の毛皮猟師がロシア人として初めてこの地に足を踏み入れ、16 世紀に入植が進んだ。1581 年、ロシア軍の遠征隊が初めてこの山脈を越えた。17 世紀にはピョートル大帝のもとで鉱業と冶金業が栄えたが、その後工業生産が盛り返すのは 1930 年代になってからのことである。

ウラルトゥ Urartu ［バン Van］ ［聖書：Ararat アララト］（トルコ）

バン県のバン湖周辺、古代*アッシリア（Assyria）北部にあったかつての王国。その起源は前 1270 年頃にさかのぼる。前 8 世紀に*シリア² (Syria) 北部の大部分を掌握し最盛期を迎えた。度重なるアッシリアの攻撃に悩まされ、ついに前 610 年頃、メディアとスキタイに屈した。高度な文明を誇り、楔形文字を使用し、高度な金属加工や石工技術が発達していた。

ウラン - ウデ Ulan-Ude ［1766 ～ 1783 年：Udinsk, Udinskoye；1783 ～ 1934 年：Verkhne-Udinsk ベルフネウジンスク］（ロシア）

ロシアの*ブリヤート共和国（Buryat Republic）の首都。バイカル湖の南東 112km、*モスクワ（Moscow）の東南東 4,400km に位置する。コサック部隊が 1649 年に冬の野営地として設立した。1689 年以来、要塞となる。のちには流刑地となるが、1775 年までには都市として発展していた。それ以後、最初は*中国（China）や他地域に茶を運ぶルート上の交易都市として、それから 1840 年代の金の発見に伴い、1900 年にはシベリア横断鉄道が敷設されて、発展を遂げた。1920 年に極東共和国の首都となり、ここで独立が宣言された。その後 1923 年にブリヤート自治共和国の首都となった。

ウランバートル Ulan Bator ［Ulaanbaatar, Ulaan Baatar］ ［中国語：K'u-lun；旧名：Da Khure フレー, Urga ウルガ］（モンゴル）

モンゴル国の首都。*中国（China）*ペイチン（ペキン）〔北京〕（Beijing）の西 1,152km に位置する。モンゴル諸侯が季節によって拠点としていた都市。起源は 1649 年に建てられた僧院で、その後 2 世紀はチベット仏教の高僧の居地として発展した。18 世紀には*ロシア（Russia）と中国間の交易の中心地として商業的に重要になった。1911 年にモンゴルの独立が宣言された。1921 年にロシアの反革命軍本部ができるが、ソビエトに占領される。創建時のままの僧院の建物、古代東洋の写本を納めた図書館がある。

ウーリ Uri （スイス）

スイス中部に古くからある州。853 年に*チューリッヒ（Zurich）の修道院所有となり、13 世紀には神聖ローマ皇帝により特権を認められた。1291 年、ウンターワルデン州、シュウィーツ州とともに、スイス同盟の中心となる。16 世紀に宗教改革を拒絶し、1845 年にカトリック分離同盟に加わった。ウィリアム・テルの伝説の舞台。

ウリツク Uritsk ［旧名：Ligovo リゴボ］（ロシア）

*サンクト・ペテルブルグ（Saint Petersburg）の南 13km の都市。第 2 次世界大戦中の 1941 ～ 1944 年にかけての長期にわたるレニングラード包囲戦の際、ドイツ軍はこの場所を前進拠点とした。

ウリッジ Woolwich （イングランド）

*ロンドン（London）東部、*グリニッジ（Greenwich）自治区の町。かつてはロンドンの首都自治区の一つだったが、1965 年に拡大したグリニッジ自治区に吸収された。ローマ時代に定住が始まり、『ドゥー

ムズデイ・ブック』にも記された。16～
19 世紀まではイングランドの主要な海軍
基地だった。1515 年、ヘンリ 8 世が 1000
トンという規模で有名な《アンリ・グラ
ース・ア・デュー号》（別名グレート・ハ
リー号）の進水式を行なった。

ウリヤスタイ Uliastay［ジブハランツ
Dzhibkhalantu, Jobhalanta, Ulasutai, Uliassutai, ウ
リャスタイ Ulyassatay］（モンゴル）

*ウランバートル（Ulan Bator）の西 736km
の町。1765 年に中国の要塞が建てられ、
以後、モンゴルの行政中心地として発展
した。

ウリヤノフスク Ulyanovsk［Ulianovsk］［旧名：
1780 年まで：Sinbirsk；1780 ～ 1924 年：Simbirsk
シンビルスク］（ロシア）

ロシア西部、ウリヤノフスク州の州都。*モ
スクワ（Moscow）の東南東 77km に位置す
る。1648 年にモスクワが前線の砦として
建設した。交易の中心地として発展した
が、1670 年にコサックの反乱軍に襲撃さ
れた。1796 年に勅許を受ける。作家のイ
ワン・ゴンチャロフと政治家のアレクサ
ンドル・ケレンスキーがこの地で生まれ
た。V・I・レーニンはこの地のウリヤノ
フ家に生まれたため、町の名はレーニン
をたたえて改名された。

ウリャンハイ Uriankhai ⇒ トゥバ共和国
Tuva Republic

ウル Ur［アラビア語：Mugheir, Mukayyar/Muqaiyir/
Muqayyar ムカイヤル , Tall al Muqayir テル・アル
ムカイヤル；聖書：Ur of the Chaldees カルデアの
ウル］（イラク）

ナーシリーヤの南西 18km の古代都市。
前 4 千年紀には存在し、長く商業の中心
地として栄えた。前 3200 年頃～前 2600

年まで続いた初代王朝は高度な文明を発
展させた。前 2300 年頃～前 2200 年の第 3
王朝の初めに、ウル‐ナンム王によって壮
大なジッグラトが建設された。前 2000 年
頃、アブラハムがこの地に暮らし、その
後 *カナン[1]（Canaan）に移ったとされてい
る。エラム人、*バビロン（Babylon）など
によって破壊され、様々な変転をたどっ
たのち、前 6 世紀にネブカドネザルによ
って再建されるも、その後すぐに衰退し
た。放置され忘れられていたが、20 世紀
初頭に発掘された。

ウルア川 Ulúa River（ホンジュラス）

ホンジュラス北西部を流れる川。中部の
山地を水源とし、320km 北に流れて、プ
エルト・コルテスの東北東 24km の地点
でホンジュラス湾に注ぐ川。流域はマヤ
文明と同時代に存在したインディオの文
明、チョロテガ文明の中心地だった。こ
の文明はスペイン人によって根絶され、
大規模な遺跡は遺っていない。

ウルアパン Uruapan［Uruapan del Progreso ウル
アパン・デル・プログレソ］（メキシコ）

*モレリア（Morelia）の南西 96km の都市。
1540 年にタラスカ・インディアンが中心
地として設立した。現在はインディアン
の工芸品で知られ、植民地時代の面影と
心地よい公園が観光客の人気を集めてい
る。

ウルアパン・デル・プログレソ Uruapan del
Progreso ⇒ ウルアパン Uruapan

ウルガ Urga ⇒ ウランバートル Ulan Bator

ウルキ[1] Urci ⇒ アルメリア Almeria（スペイン）

ウルキ ² Vulci [エトルリア語：Velch ベルク]（イタリア）

古代*エトルリア（Etruria）の中心となる都市。ラツィオ州ビテルボ県にある。*タルキニア（Tarquinia）の北西 16km に位置する。エトルリアの 12 都市最大の市。前 6 世紀〜前 4 世紀にかけて貿易で賑わった。前 280 年には*ウォルシニー（Volsinii）とともにローマのコルンカニウス兄弟の掌中に落ちた。エトルリア人の広大な墓と貴重なフレスコ画で知られている。

ウルク Uruk ⇒エレク Erech

ウルグアイ Uruguay [初期：Banda Oriental バンダ・オリエンタール]

南アメリカ中東部の国。東は大西洋、北はブラジル、南と西はアルゼンチンと接する。植民地時代にバンダ・オリエンタール（「東岸」の意）と呼ばれていたのは、ラプラタ川沿いの南東部にある沖積平野に由来する。

インディオのチャルア族が居住していたが、ヨーロッパ人の到来後、激しい抵抗ののちに同化した。最初に到来したのはポルトガル軍の探検家、アメリゴ・ベスプッチで、1502 年に*ラ・プラタ川（Plata, Rio de la）を発見した。その後同じ地域を訪れたのは 1516 年にやってきたスペインのフアン・ディアス・デ・ソリス、1526 年のスペイン軍のセバスチャン・カボットである。1624 年、*スペイン（Spain）が初の入植地をソリアーノに設立。*ポルトガル（Portugal）は 1680 年に*コロニア ²（Colonia）を建設するが、これは短命に終わった。ポルトガル人は 1717 年、現在の*モンテビデオ（Montevideo）に砦を建設したが、1724 年にスペイン人に追い出され、以降、ウルグアイが独立するまで、スペインがこの地域を支配した。ウルグアイは 1776

年にリオ・デ・ラプラタ副王領の一部となった。

1810 年の独立運動は、ホセ・ヘルバシオ・アルティーガスを指導者として、アルゼンチン蜂起の一端として始まった。反乱は最初、失敗に終わり、スペイン人支配に戻り、1820 年には*ブラジル（Brazil）がモンテビデオを占領し併合した。1825 年、フアン・アントニオ・ラバジェハに率いられた 33 人の東方人と呼ばれる愛国者の一団が、ウルグアイの独立を宣言する。*アルゼンチン（Argentina）とブラジルが支配権を主張したが、ブラジルは*イトゥサインゴ（Ituzaingó）の戦いでウルグアイとアルゼンチンに敗れ、1828 年の条約でウルグアイの独立を承認した。

フルクトゥソ・リベラが初の大統領となり、1836 年、後継者のマニュエル・オリベに対して反乱を起こす。こうした抗争から二つの永続的な党派が生まれた。リベラ率いるコロラド党（レッズ）とオリベ率いるブランコ党（ホワイツ）である。内戦が始まり、モンテビデオは 1843 〜 1851 年まで包囲され、オリベが敗退した。ブラジルは内戦の損害の補償を要求し、1864 年にコロラド党の支援を得てウルグアイに侵攻した。だが、*パラグアイ（Paraguay）の独裁者、フランシスコ・ソラーノ・ロペスがブランコ党の側にまわると、ブラジル、アルゼンチン、ウルグアイは同盟を結び、1870 年の三国同盟戦争でロペスを倒した。

何度も革命が相次いだ挙げ句、1903 年にバッジェ・イ・オルドーニェスが大統領に就任する。オルドーニェスの治世は安定と社会立法に象徴される。1951 年、ウルグアイは大統領制に代わって、執政委員会制度が採用された。だが、この制度はうまく機能せず、1958 年には、93 年間政権を担ってきたコロラド党がブラン

コ党に制圧された。1960年代は経済の衰退とテロリストグループの台頭に象徴され、1965年には国が破産した。翌年、大統領制が復活し、コロラド党の候補者が選出された。1973年2月、フアン・マリーア・ボルダベリー大統領は軍部の政権掌握に同意し、以後軍事政権が続く。都市部のゲリラ、トゥパマロスも支配下におかれた。1977年軍事政権は1981年の自由選挙を約束したが、1980年になってその計画を撤回した。政府はとくに政治犯に対して人権侵害をしていると告発された。1985年、コロラド党の穏健派フリオ・マリーア・サンギネッティが大統領になり、民政が復活するが、1986年には人権侵害で告発された前大統領らにも恩赦が与えられた。1990年、保守派の国民（ブランコ）党のルイス・アルベルト・ラカージェ・エレーラが大統領に就任した。1994年にはサンギネッティが返り咲き、1999年にはやはりコロラド党のホルヘ・バジェ・イバニェスが就任する。1990年代のウルグアイ経済は、主要な貿易相手国ブラジルとアルゼンチンの経済危機を受けて損失を被り、景気後退が進み、とくに2002年は厳しい状況に陥った。2003年、バジェ・イバニェスは1976～1985年の軍事独裁政権や対立するゲリラ・グループの被害者家族に補償すると宣言した。2004年、前モンテビデオ市長のタバレ・バスケスが大統領に選出され、ウルグアイ初の左派の大統領となる。

　モンテビデオは首都で最大都市。ほかにサルト、*パイサンドゥ（Paysandú）、*ラス・ピエドラス（Las Piedras）がある。

ウルゲンチ Urgench（トルクメニスタン）

中央アジア、*アム・ダリヤ（Amu Darya）川下流に位置し、12世紀には*ホラズム（Khorezm）・シャー朝〔フワーリズム・シ

ャー朝〕の首都。現在はクニャ・ウルゲンチと呼ばれ、ウズベキスタン西部ホラズム州の州都ウルゲンチの北西136kmに位置する。10～13世紀にまで交易の中心地として栄え、13世紀にモンゴルに破壊され、16世紀に放棄された。発掘により11世紀のモスク、墓、店、14世紀の門が出土している。

ウルソ Urso ⇒オスナ Osuna

ウルツィニ Ulcinj ［古代：Olcinium オルシニウム／伊：Dulcigno ドゥルチーニョ］（モンテネグロ）

*ポドゴリツァ（Podgorica）の南56kmの海港。前165年頃にローマ人が攻略した。のちには中世の海賊の要塞となり、1421～1571年までは*ベネツィア（Venice）が占拠し、その後1878年まではトルコが支配した。城の廃墟が遺る。

ウルトライエクトゥム Ultrajectum ⇒ユトレヒト Utrecht

ウールハースナガル Ulhasnagar ［Ulhāsnagar］（インド）

*ムンバイ（Mumbai）の北東40kmの町。1947年、西パキスタンからの避難民のキャンプ地となる。

ウルバーハンプトン Wolverhampton（イングランド）

イングランド中西部、ウェスト・ミッドランズ大都市圏州の都市。*バーミンガム（Birmingham）の北西19km、1204年に教会の所有となり、1553年にノーザンバーランドに譲られたものの、すぐに教会に戻された。1848年に市制が施行された。13世紀建造の聖ペテロ教会、宗教改革時代のグラマースクールが遺る。歴史的な*ブラック・カントリー（Black Country, The）地

帯の工業中心地である。

ウルバンバ川 Urubamba River（ペルー）

ペルー南部を流れる川で、アマゾン川の源流の一つ。*アンデス山脈（Andes, The）山中を水源とし、北北西に72km流れ、アプリマク川と合流してウカヤリ川となる。水源地ではインカ族にとって神聖な川、ビルカノータ川と呼ばれる。古代インカの都市*マチュピチュ（Machupicchu）はウルバンバ渓谷の尾根にある。
⇒インカ帝国 Inca Empire, クスコ Cuzco

ウルピア・トライアナ Ulpia Traiana ⇒サルミセジェツザ Sarmizegetusa

ウルビザーリア Urbisaglia［古代：Urbs Salvia ウルブス・サルビア］（イタリア）

マルケ州マチェラータ県の町。*マチェラータ（Macerata）の南南西13kmに位置する。古代ローマの劇場や円形劇場の遺跡が、現代の町の近くにある。

ウルビヌム・ホルテンセ Urbinum Hortense ⇒ウルビーノ Urbino

ウルビヌム・メタウレンセ Urbinum Metaurense ⇒ウルビーノ Urbino

ウルビーノ Urbino［ラテン語：Urbinum Hortense ウルビヌム・ホルテンセ, UrbinumMetaurense ウルビヌム・メタウレンセ］（イタリア）

*ペーザロ（Pesaro）の南西30kmの都市。ウンブリア人、エトルリア人、ケルト人、ゲール人が居住していたが、前3世紀に*ローマ（Rome）に奪われた。9世紀に教会の所有となり、12世紀にモンテフェルトロ家の手に渡った。一家の統治下で15世紀にはルネサンス文化の中心地となる。その後、1508～1631年まで統治し

たデッラ・ローベレ家のもとで衰退した。1626年*教皇領（Papal States）となり、1860年にイタリアに委譲された。画家のラファエルは1483年にここで生まれた。旧市街には、17～18世紀にかけて建てられた建造物、現在は美術館になっている15世紀の公爵邸、1789年再建の大聖堂、14世紀の教会がある。

ウルファ Urfa ⇒シャンルウルファ Şanlıurfa

ウルブス・ウェトゥス Urbs Vetus ⇒オルビエート Orvieto

ウルブス・サルビア Urbs Salvia ⇒ウルビザーリア Urbisaglia

ウルフビル Wolfville（カナダ）

*ノバスコシア（Nova Scotia）州西部、*ウィンザー[1]（Windsor）の北西24kmに位置するミナス盆地の町。ロングフェローの『エバンジェリン』は、かつてここと近隣の*グラン・プレ[1]（Grand Pré）に入植した友好的なアカディア人をイギリス人が追放した出来事をうたっている。

ウルヘル、セオ・デ Urgel, Seo De［Urgel］（スペイン）

*アンドラ[2]（Andorra）の南南西16kmの町。840年以降、町の司教が*フランス（France）の大統領とともにアンドラ公国の共同大公を務める慣わしとなっている。11世紀建造のロマネスク様式の大聖堂がある。

ウルミエ Urmia ⇒レザーイエ Rezaiyeh

ウルム Ulm［ウルム-アン-デル-ドナウ Ulm-an-der-Donau］（ドイツ）

ドイツ南西部。*バーデン-ウュルテンベルク（Baden-Württemberg）州の都市。*ドナ

ウ川（Danube River）に臨み、＊シュトゥットガルト（Stuttgart）の南東72kmに位置する。854年に王領となり、1027年に勅許を受けた。1155年に帝国都市となる。14～15世紀には交易と織物産業の中心地として繁栄する。1530年に新教を受け入れ、宗教改革ではシュマルカルデン同盟に加わった。16世紀と17世紀にはドイツの宗教戦争の影響を受けて衰退する。1503年に＊バイエルン（Bavaria）に、1810年に＊ウュルテンベルク（Württemberg）に譲渡される。1805年9月25日～10月30日にかけて、ここでナポレオンが＊オーストリア（Austria）と戦い勝利した。アルベルト・アインシュタインは1879年にここで生まれた。14世紀以来の壮麗なゴシック様式の大聖堂、14世紀の市庁舎、16世紀の穀物取引所など歴史的な建築物が遺る。

ウルム‐アン‐デル‐ドナウ Ulm-an-der-Donau ⇒ウルム Ulm

ウルムチ〔烏魯木斉〕Ürümqi［Urumchi, Ürümuchi］［Di-Hua, Ti-Hua, Tihwa 迪化；中国語：Wulu-muchi, Wu-lu-mu-ch'i］（中国）

中国西北地方、＊シンチヤン〔新疆〕ウイグル〔維吾爾〕（Xinjiang Uygur）自治区の首府。前2世紀から中国の影響を受け、7～8世紀と18世紀に中国の支配を受ける。19世紀には中央アジアの大都市に成長し、1911年に清朝が終焉を迎えると、ロシアとイギリスが支配しようとした。

ウルリーセハムン Ulricehamn［1741年以前：Bogesund ボーゲスンド］（スウェーデン）

＊イェンシェーピング（Jönköping）の西48kmの都市。14世紀に建設され、1604年に勅許を受けた。17世紀の教会、18世紀の市庁舎が遺る。

ウルンディ[1] Ulundi（南アフリカ）

＊クワズールー‐ナタール（Kwazulu-Natal）州＊ダーバン（Durban）の北北東184kmにある古戦場。ズールーランドのかつての首都で、1879年7月4日、チェルムスフォード卿率いるイギリス軍が、ケッチワーヨ率いるズールー族との決戦に勝利した地。

ウルンディ[2] Urundi ⇒ブルンジ Burundi

ウレウェラ Urewera（ニュージーランド）

北島中東部の地区。南は ワイカレモアナ湖、東はワイマナ川とワイオカ川、西はランギタイキ川と接する。最初にヨーロッパ人が訪れたのは1841年。1896年に白人の入植拡大を避けるための保護区とされた。

ウレオボルイ Uleaborg ⇒オウル Oulu

ウロツワフ Wrocław［独：Breslau ブレスラウ］（ポーランド）

ウロツワフ州、＊オーデル川（Oder River）に臨む都市。＊ワルシャワ（Warsaw）の南西304kmに位置する。1000年頃から司教座で、1163年に＊シュレジエン（Silesia）の首都となる。1241年にタタールに略奪、破壊されたあと、ドイツが再建した。オーデル川の渡河点という戦略的な位置にあり、14～15世紀にかけて＊ハンザ同盟（Hanseatic League）の一員として栄えた。1335年、＊ボヘミア（Bohemia）領となり、1526年にボヘミアがハプスブルク家の帝国軍に征服されると＊オーストリア（Austria）に吸収され、1742年に＊プロイセン（Prussia）領となる。ナポレオン戦争中はフランス軍に占領された。 第2次世界大戦の1945年、4カ月間の包囲中にロシアの攻撃を受けて多大な被害を受けた。

1945 年、ポーランドに割り当てられた。

ウロナルティ　Uronarti〔アラビア語：Bezira al Melik, Jazurat al-Malik〕（スーダン）
旧ワジ・ハルファの南西 59km に位置する、*ナイル川（Nile River）の島。前 2100 年頃〜前 1700 年までのエジプト中王国時代の要塞の遺跡がある。

宇和島　Uwajima（日本）
愛媛県の県庁所在地である松山の南南西 72km の町。遅くとも 16 世紀には町が存在しており、古い城や有名な神社がある。

運河地帯　Canal Zone〔パナマ運河地帯 Panama Canal Zone〕（パナマ）
*パナマ運河（Panama Canal）に沿った幅 16km ほどの地帯。パナマ運河の利用に不可欠な地域。1903 年、条約によってアメリカが管轄していたが、1926 年、パナマから異議が唱えられ、交渉が続けられた。1978 年、運河と共に正式にパナマに譲渡される。1999 年、統治権の完全な移譲が行なわれた。

ウンガラン　Ungaran〔Oengaran〕（インドネシア）
*ジャワ（Java）島の*スマラン（Semarang）の南 16km の町。1786 年に砦が建てられた。

ウンガリッシュ - フラディシュ　Ungarisch-Hradisch ⇒ウヘルスケー・フラジシュチェ Uherske Hradiste

ウンガルン　Ungarn ⇒ハンガリー Hungary

ウンガロシュ - オストラ　Ungarisch-Ostra ⇒ウヘルスキー・オストロ Uhersky Ostroh

ウンギ〔雄基〕　Unggi〔Unggi-Dong〕（北朝鮮）
ラジン〔羅津〕の北北東 16km の海港。北朝鮮最北の港で、1910 〜 1945 年までは*日本（Japan）に占領されていた。1945 年 8 月 12 日にソビエトが奪った。

ウングバル　Ungvár ⇒ウジュゴロド Uzhgorod

ウンジン　Ungjin ⇒コンジュ〔公州〕Kongju

ウンストルート　Unstrut（ドイツ）
ディンゲルシュテット近くを水源とし、ドイツ中部を東に 184km 流れる川。1813 年 10 月の*ライプツィヒ（Leipzig）の戦いの直後、西に退却中だったナポレオンがウンストルートの戦いで連合軍に敗れた。

ウンタースベルク　Untersberg（オーストリア、ドイツ）
*ザルツブルク（Salzburg）の南南西 8km、ザルツブルク・アルプスの山。伝説によるとシャルルマーニュ〔カール大帝〕がここに眠っており、ドイツの危機には助けにきてくれるとされている。

ウンター・デン・リンデン　Unter Den Linden（ドイツ）
現在は*ベルリン（Berlin）にある、ブランデンブルク門から伸びる通り。かつてはボダイジュ（リンデン）が沿道に並んでいた。1538 年に建造され 1951 年に破壊された皇帝宮殿など多くの宮殿や博物館が集まっていた。第 2 次世界大戦前はベルリンの社会・文化活動の中心だった。

ウンターワルデン　Unterwalden〔仏：Unterwald〕（スイス）
スイス中部の旧州。現在はオブワルデン準州とニートワルデン準州に分かれている。1173 年からハプスブルク家の支配を

受け、1291 年に *ウーリ（Uri）、*シュウィーツ（Schwyz）とともに同盟を結成した。この同盟がのちのスイス連邦のもととなった。

ウーンデッド・ニー Wounded Knee（合衆国）

*サウスダコタ（South Dakota）州南西部を水源とし、北西に流れてホワイト川と合流する川。1890 年 12 月 29 日、バッドランズのここで、前日のアメリカ・インディアンの最後の大きな戦いで捕まったスー族の男女子ども数百人が、アメリカ陸軍に虐殺された。

ウントット Intotto ［伊：Entotto エントト］（エチオピア）

エチオピア中部、オロミア州の町。*アディスアベバ（Addis Ababa）の北 5 km に位置する。1880 年頃からエチオピアの首都となり、1889 年に首都がアディス・アベバに移された。

ウンナ Unna（ドイツ）

*ノルト・ライン-ウェストファーレン（North Rhine–Westphalia）州 *ドルトムント（Dortmund）の東 16km の都市。シャルルマーニュ〔カール大帝〕が設立したが、初めて文献に登場するのは 1032 年のこと。1290 年に勅許を受けた。1618 ～ 1648 年までの三十年戦争後に衰退した。1798 年に、西ドイツ初の蒸気ポンプエンジンを導入して復興した。14 世紀建造の教会と市庁舎、13 世紀の壁が遣る。

雲南 ⇒ クンミン〔昆明〕Kunming（中国）

ウンブリア Umbria（イタリア）

アペニン山脈中の地域。北西を *トスカナ（Tuscany）、南西を *ラツィオ〔ラティウム〕（Latium）と接し、東には *マルケ（Marches, The）がある。前 600 年頃からウンブリア人とエトルリア人が居住し、前 300 年頃に *ローマ（Rome）に征服された。ローマ帝国の終焉ともに、ゴート人、*スポレート（Spoleto）のロンゴバルド王国、その後は *ビザンツ帝国（Byzantine Empire）の支配を受ける。12 世紀からは地域の都市国家が個々に統治を行なっていたが、16 世紀半ばに *教皇領（Papal States）となる。1795 ～ 1800 年までと 1808 ～ 1814 年までは *フランス（France）の支配を受けた。1831 年、1848 年、1859 年には反乱が起こった。1860 年に *サルディニア（Sardinia）王国に、1861 年にはイタリアに加盟した。ローマ時代やエトルリアの遺跡が遣り、町々には中世やルネサンス時代の見事な建築や美術品が数多く遣っている。
⇒アッシジ Assisi, オルビエート Orvieto, グッビオ Gubbio, トーディ Todi, ペルージャ Perugia

ウンマ Umma ［Tell Jokha］（イラク）

ナシリヤの北北西 80km、古代の *エレク（Erech）近くにあった古代都市。前 3 千年紀に繁栄したシュメールの都市。

ウンム・カイス Umm Kais/Umm Qays ⇒ガダラ Gadara

エ

エア Ayr（スコットランド）

スコットランド南西部、サウスエアシャー郡_{カウンシル・エリア}の郡庁所在地。*グラスゴー（Glasgow）の南西 56 km に位置する。1202 年に都市の勅許を与えられ、スコットランドの中心的な大西洋岸の港となる。1652 年、オリバー・クロムウェルにより防備が固められる。1759 年、詩人のロバート・バーンズが近くで誕生。

エアランゲン Erlangen（ドイツ）

ドイツ南東部、*バイエルン（Bavaria）州の都市。*ニュルンベルク（Nuremberg）の北北西 20km、シュバーバッハ川とレグニッツ川の合流点に位置する。8 世紀に建設され、1361 年に*ボヘミア（Bohemia）王に買収され、1402 年にはニュルンベルクに割譲された。1686 年、フランスからユグノーの亡命者が到来してから町が繁栄し始めた。1810 年、バイエルンに割譲。19 世紀に哲学者のフリードリヒ・シェリングとフリードリヒ・シュライエルマッハーが教えた有名な大学がある。

永嘉 Yongjia ⇒ウェンチョウ〔温州〕Wenzhou

エイクホイゼン Enkhuizen（オランダ）

オランダ北西部、*ノルトホラント（North Holland）州の港町。*アムステルダム（Amsterdam）の北東 45km、*アイセル湖（Ijsselmeer）畔にある。17 世紀には商業と漁業で栄え、独立闘争の際には重要な役割を果たした。

営口 Yingkou ⇒インコウ〔営口〕Yingkou（中国）

エイタペ Eitape ⇒アイタペ Aitape

エイナー Aíyina ⇒ アエギナ〔エギナ〕Aegina

エイバリー Abury ⇒ エイブベリー Avebury

エイバル Eibar（スペイン）

スペイン北部、バスク州ギプスコア県の都市。*サン・セバスティアン（San Sebastián）の西南西 43km に位置する。1346 年、*カスティリア（Castile）のアルフォンソ 11 世により都市権が与えられた。16 世紀以来、武器製造の中心地で、スペイン内戦中は民族主義者の爆撃を受けた。⇒ バスク州〔バスク地方〕Basque Provinces

エイブベリー Avebury〔エイバリー Abury〕（イングランド）

*ウィルトシャー（Wiltshire）州の村。スウィンドンの南南西 16 km に位置し、ケネット川に臨む。村にはヨーロッパで屈指の規模を誇る先史時代の儀式の場エイブベリー・サークルがある。この巨石遺跡は前 2000 年～前 3000 年の間に作られた。⇒ストーンヘンジ Stonehenge

エイブラハム高原 Abraham, Plains of（カナダ）

*ケベック¹（Quebec）市の西部に隣接する高原。ケベック州の*セント・ローレンス川（Saint Lawrence River）に臨む。1759 年 9 月 13 日、フレンチ・インディアン戦争の最終決戦の戦場となり、モンカルム侯率いるフランス軍がジェイムズ・ウルフ将

軍の指揮するイギリス軍に敗れた。両国の将軍は共に戦死したが、この戦争によって*イギリス（United Kingdom）がカナダでの覇権を握った。

エイボン Avon（イングランド）

1974年に*グロスターシャー（Gloucestershire）州の一部と*サマセットシャー（Somersetshire）州の一部を合併して出来た旧州。行政の本部は*ブリストル[1]（Bristol）に置かれた。1996年に廃止。

エイボン川 Avon River（イングランド）

同名の川は3本。「エイボン（avon）」という語はケルト語で「川」を意味する。まずアッパー・エイボン川とも呼ばれる1本目のエイボン川はシェイクスピアのエイボン川としても知られ、*ノーサンプトンシャー（Northamptoneshire）州の*ネーズビー（Naseby）附近に発し、南西に154km流れて*グロスターシャー（Gloucestershire）州の*テュークスベリー（Tewkesbury）附近で*セバーン川（Severn River）と合流する。テュークスベリーは薔薇戦争中の1471年にエドワード4世が勝利を収めた土地。河畔にはイングランドで有数の名門パブリックスクールである*ラグビー（Rugby）校がある。*ウォリック[1]（Warwick）は城で有名。*ストラトフォード-アポン-エイボン（Stratford-Upon-Avon）はシェイクスピアが生まれ没した町。

イースト・エイボン川は*ウィルトシャー（Wiltshire）州の*デバイジズ（Devizes）に発し、南に77km流れ、アングロサクソン時代までさかのぼる古い土地である*ドーセット（Dorset）州の*クライストチャーチ[1]（Christchurch）でイギリス海峡に注ぐ。流域には独特の美しさを誇る大聖堂のある*ソールズベリー[1]（Salisbury）がある。

3番目のエイボン川はローワー・エイボンないしブリストル・エイボンとも呼ばれ、グロスターシャー州テットベリーのコッツウォルド丘陵に発し、南そして西へと120km流れて、エイボンのエイボンマウスでセバーン川に合流する。このエイボン川の流域には7世紀に建てられた大修道院のある*マームズベリー（Malmesbury）、ローマ時代からの保養地*バース（Bath）、港で有名な*ブリストル[1]（Bristol）がある。

エイムズベリー[1] Amesbury（イングランド）

*ソールズベリー[1]（Salisbury）の北11kmに位置する*エイボン川（Avon River）に臨む*ウィルトシャー（Wiltshire）州の町。*ストーンヘンジ（Stonehenge）を代表とする先史時代の遺跡が多い。932年、国政審議会、すなわち国王の相談役の高官らの会議が開かれた。10世紀にエドガー王の未亡人エルフスリスが建てた女子修道院がある。アーサー王伝説によると、王妃グイネビアが亡くなった町とされている。

エイムズベリー[2] Amesbury（合衆国）

*ローレンス[2]（Lawrence）の北東26kmに位置する*メリマック川（Merrimack River）に臨む*マサチューセッツ（Massachusetts）州の町。1693年7月19日にスザンナ・マーティンが魔女として絞首刑に処せられたこともあり、エイムズベリーの歴史には怪奇現象にまつわる話が色濃く影響を及ぼしている。1729年、独立宣言の署名者の一人であるジョサイア・バートレットがこの町に生まれた。詩人J・G・ホイッティアーが1836〜1876年まで住んでいた。

⇒セーラム[2] Salem

エイラト Eilat ⇒ エーラト Elat

エイン・ゲディ Ein Gedi ⇒ **エン - ゲディ En-Gedi**

エイン・ゲブ Ein Gev (イスラエル)
イスラエル北部、*ガリラヤ (Galilee) 湖東岸の地域。*ティベリアス (Tiberias) の東10kmに位置する。1937年に建設されたが、1936〜1939年のアラブ人反乱と1948年のアラブ人による侵攻によって大きな被害が出た。*十都市連合〔デカポリス〕(Decapolis) の一つ、ヒッポスはこの地域の南東にあった。

エインシャム Eynsham [エンシャム Ensham] (イングランド)
*オックスフォードシャー (Oxfordshire) 州の古い村。*オックスフォード[1] (Oxford) の北西11kmに位置する。アングロ・サクソンの村があった場所で、のちにベネディクト会の有名な大修道院が建てられ、1005年に初代の大修道院長アルフリックが就任。ノルマン人による征服後、大修道院は再建されたので、事実上1086年の創立になるが、現在はほとんど遺っていない。

エイントリー Aintree (イングランド)
*リバプール[2] (Liverpool) の北8kmに位置するマージーサイドの村。1839年以来毎年3月にグランドナショナル大障害競馬が開催されている。

エイン・ハロッド Ein Harod (イスラエル)
イスラエル北部、*エスドラエロン平原 (Esdraelon, Plain of) の地域。アフラの東南東11kmに位置する。1936〜1939年のアラブ人反乱の際にはイギリス軍のウィンゲート大尉の指揮する特別警察本部が置かれ、1948年のアラブ人侵攻の際にはイスラエルの重要な防衛基地が置かれた。聖書に登場する「ハロドの井戸」が附近にある。

エウク Ełk [独：Lyck リック] (ポーランド)
ポーランド北東部の都市。*ビャウィストク (Białystok) の北西96kmに位置する。14世紀、ドイツ騎士団により要塞化され、第1次世界大戦中の1915年2月のマズリ湖沼地方の戦いでは戦闘の中心となった。1945年、ポーランド領になった時にドイツ人の市民は町を捨てて避難した。
⇒ **マズリ Masuria**

エウグビウム Eugubium ⇒ **グッビオ Gubbio**

エウボイア〔エビア〕Euboea [英語：Negropont ネグロポント；ギリシア語：Évvoia エボイア；伊：Negroponte ネグロポンテ] (ギリシア)
エブリポス海峡によりギリシア本土と隔てられている島。中心都市は*ハルキス (Khalkis)。イオニア人とトラキア人が入植し、七つの都市で島を分け合ったが、その中でカルキスと*エレトリア (Eretria) が中心となった。前8世紀には*マケドニア (Macedonia)、*イタリア (Italy) 南部、*シチリア (Sicily) の一部を植民地とした。前506〜前411年まで*アテネ (Athens) が主導権をにぎっていた。前390年頃、マケドニアのフィリッポス2世がエウボイアを占領し、前194年には*ローマ (Rome) に併合された。のちに*ビザンツ帝国 (Byzantine Empire) に支配され、13世紀初めには*ベネツィア (Venice) の植民地となった。1470年から*オスマン帝国 (Ottoman Empire) の支配下に入り、1830年にはギリシア領となる。

エウモルピアス Eumolpias ⇒ **プロブディフ Plovdiv**

エウロゴメノポリス Eulogomenopolis ⇒カッシーノ Cassino

エウロプス Europus（トルコ）⇒カルケミシュ Carchemish

エウロポス Europos（イラン）⇒ラゲス Rhages

エオリア Aeolia ⇒ アイオリス Aeolis

エオリエ諸島 Aeolian Islands ⇒ リパリ諸島 Lipari Islands

エーガー Eger ⇒ヘブ Cheb（チェコ）

エガステリア Egasteria ⇒ラウリウム Laurium

エカチェリンブルク ⇒ エカテリンブルク〔エカチェリンブルク〕（ロシア）

エガディ諸島 Egadi Islands [Aegadian Isles]〔伊：Isole Egadi；ラテン語：Aegates Insulae アエガテス・インスラエ〕（イタリア）
イタリア南西部、トラパニ県の小島群。*シチリア（Sicily）島西岸の沖合に浮かぶ。前241年、アエガテスの戦いで、カルタゴの艦隊がガイウス・ルタティウス・カトゥルスの指揮するローマ軍に敗れ、第1次ポエニ戦争が終結。旧石器時代の住居跡が発見されている。
⇒ カルタゴ² Carthage, ローマ Rome

エカテリネンシュタット Ekaterinenstadt ⇒ マルクス Marks

エカテリノスラフ Ekaterinoslav ⇒ドニプロペトロフスク Dnipropetrovsk

エカテリノダール Ekaterinodar/Yekaterinodar ⇒クラスノダール Krasnodar

エカテリンブルク〔エカチェリンブルク〕 Ekaterinburg〔旧名：Sverdlovsk スベルドロフスク〕（ロシア）
ロシア中西部、エカテリンブルク州の州都。ウラル山脈中部の東斜面に位置し、イセチ川に臨む。1721年、ピョートル1世により製鉄工場が建設され、1722年には要塞が作られた。1723年、ピョートル1世の妃、のちの女帝エカチェリーナ1世に敬意を表してエカテリンブルクと命名。ロシア革命中、1917年にロシア皇帝ニコライ2世が家族と共にここに幽閉され、1918年7月16日にボルシェビキらによって銃殺された。1924年、ボルシェビキのリーダーY・M・スベルドロフにちなんで改名されたが、1991年、エカテリンブルクに戻された。

エカンフェルデ Eckernförde（ドイツ）
ドイツ北部、*シュレースウィヒ-ホルシュタイン（Schleswig-Holstein）州の港町。州都*キール（Kiel）の北西24km、バルト海の入り江に臨む。1849年、シュレースウィヒ-ホルシュタインが*デンマーク（Denmark）に対して反乱を起こした時に、この町の沿岸で二つの砲兵隊がデンマークの艦隊を破った。

エギナ ⇒ アエギナ〔エギナ〕Aegina（ギリシア）

エクアドル Ecuador
南アメリカ北西部の国。太平洋に臨み、北は*コロンビア¹（Colombia）、南と東は*ペルー²（Peru）と国境を接する。赤道が通っている。
　約5000年前の遺跡が発見されている。

最初のヨーロッパ人が到来した時には、多くのインディオが住んでいた。15世紀末、インディオは勢力を拡大しつつあった*インカ帝国（Inca Empire）に征服された。1533年、スペインの征服者セバスティアン・デ・ベナルカサルが、当時インディオの町だった*キト（Quito）を占領し、1534年にスペインの植民地を建設した。翌年には、*グアヤキル（Guayaquil）市を建設。しかし、宝石も鉱物もないことがわかると、ベナルカサルの一行はこの土地への関心をなくした。17世紀、グアヤキルはいく度も海賊に襲われる。

　1563年、エクアドルには*スペイン（Spain）の植民地帝国の統治機関（アウディエンシア）が置かれた。1717年と1739年にエクアドルは*ニュー・グラナダ〔ヌエバ・グラナダ〕（New Granada）と呼ばれる副王領の一部に暫定的に編入された。ヌエバ・グラナダは現在のエクアドル、コロンビア、*ベネズエラ（Venezuela）、*パナマ（Panama）に相当する地域。1809年、スペインの支配に対する反乱が起こり、鎮圧されたが、1822年に、ともにベネズエラ生まれのシモン・ボリバルとアントニオ・ホセ・デ・スクレの指導のもとで独立を勝ち取った。彼らは1822年5月24日、ピチンチャ火山の斜面でスペイン軍を破った。ボリバルは*グラン・コロンビア（Gran Colombia）の大統領になり、4地域を副王領とした。1830年、エクアドルとベネズエラが脱退して、グラン・コロンビアは崩壊。フラン・ホセ・フロレスがエクアドルの大統領になったが、1843年に反乱が起きて失脚。混乱の時期が続いた。フロレスの大統領時代にエクアドルは太平洋上の西960kmに位置する*ガラパゴス諸島（Galápagos Islands）を占領。1860年代と1870年代はカトリックを信奉するガブリエル・ガルシア・モレノが政権を握り、その後を受

けたアントニオ・フロレスの政権下で国家は平穏な時代を迎え、1895年以降は反聖職主義のフラビオ・エロイ・アルファノが約15年にわたって大統領を務めた。1920年代〜1940年代までは頻繁に大統領が交代し、1931〜1940年までに大統領は10人を超える。自由主義のホセ・マリア・ベラスコ・イバラは1934〜1972年までに5回大統領に選出されているが、任期をまっとうしたのは1度だけで、あとはクーデターなどで失脚した。1948〜1952年までガロ・プラザ・ラソが自由主義の大統領となり、政治を安定させた。1956年、カーミロ・ポンス・エンリケスは60年ぶりの保守派の大統領となる。

　エクアドルは1860年以降、ペルーとの国境紛争が続いていて、*アンデス山脈（Andes, The）東部に位置するエクアドルの一部で、アマゾン川上流のオリエンテが紛争の場となった。1941年、ペルーと戦争になり、翌年にエクアドルはペルーにオリエンテの大半を割譲せざるをえなくなったが、1960年にベラスコ・イバラ大統領は条約の破棄を宣言した。1960年代と1970年代は頻繁にクーデターが起こり、大統領が交代したが、1961〜1963年まで大統領だったカルロス・フリオ・アロセメナ・モンロイの政策により経済は好転した。1972年にアマゾンで石油が発見されてからは、石油が経済発展の主力となっている。長期にわたる軍事政権ののち、1979年にハイメ・ロルドス・アギレーラが大統領に選出され、政権の交代が平穏に行なわれた。1981年5月にアギレーラが航空機事故で死亡すると、副大統領のオスバルド・ウルタード・ラレーアが後継者となり、アギレーラの改革路線を引き継いだ。1981年1月、ペルーとの国境紛争が再燃したが、3月には両国が和解に応じた。

284　エクアトル

1990年、先住民がのちに「蜂起」と呼ばれるボイコット運動とデモを行ない、1992年にエクアドル東部の広大な雨林の所有権を与えられた。1994年、エクアドルは外国の負債の大半を処理。1995年、ペルーと再び国境紛争が起こるが、1998年に和解して協定に同意し、エクアドルはアマゾン川を利用できることになった。1990年代末、原油価格の下落により経済不振。1999年、軍部が政府に介入し、マワ大統領を退陣させ、副大統領のグスタボ・ノボアを大統領とした。2001年、物価の安定を目的に通貨をアメリカドルに変更。2004年、政府の緊縮経済政策への反発から、大統領が退陣に追い込まれた。首都はキト。最大の都市はグアヤキル。

エクアトール Equator ⇒ ムバンダカ Mbandaka

エクサン - プロバンス Aix-en-Provence［ラテン語：Aquae Sextiae アクアエ・セクスティアエ］（フランス）

*マルセイユ（Marseilles）の北29 kmに位置するブーシュ・デュ・ローヌ県の都市。近くには鉱泉がある。前123年にセクティウス・カルウィヌスによって建設された。前102年、将軍マリウスの率いるローマ軍がチュートン人の侵攻を退けた。1189年には*プロバンス（Provence）地方の首都となり、文化の重要な中心地となる。1486年に全国三部会がこの町に集まりプロバンスとフランスの合併を決定した。

エクスムア Exmoor（イングランド）

*サマセット（Somerset）西部から*デボン（Devon）北東部に広がる高原で、標高はほぼ全域で360メートルを超えている。先史時代の土塁が多く見られる。リチャード・ブラックモアの小説『ローナ・ドゥ

ーン』の舞台。

エクス - ラ - シャペル Aix-la-Chapelle ⇒ アーヘン Aachen

エクス - レ - ベン Aix-les-Bains［ラテン語：Aquae Gratianae アクアエ・グラティアナエ］（フランス）

*シャンベリー（Chambéry）の北16 km、ブルジェ湖に臨むサボワ県の都市。前125年にローマ人が築いて以来、温泉保養地として有名。1955年8月22日、フランスと*モロッコ[2]（Morocco）の民族独立主義の指導者らがここで協議を行ない、モロッコがフランスから独立することになる。

エクセター[1] Exeter［ラテン語：Isca Damnoniorum イスカ・ドゥムノニオルム］（イングランド）

*デボン（Devon）州の州都。*プリマス[1]（Plymouth）の北東58km、エクス川に臨む。イングランド南西部の重要都市で、先住民はドゥムノニ族だったが、ローマに征服された。中世にはたびたび攻撃を受けた。926年にアセルスタン王の率いるアングロ・サクソンに占領され、1068年には征服王ウィリアムに占領された。1870年代に修復された大聖堂は1280 ～ 1369年に建設されたもの。10 ～ 18世紀までは羊毛の重要な生産地となり、大内乱のあった1643 ～ 1646年までは王党派の牙城となった。第2次世界大戦時はアメリカ海軍の最大の基地があったために、激しい爆撃を受けた。

エクセター[2] Exeter（合衆国）

*ニューハンプシャー（New Hampshire）州南東部の町。*ポーツマス[2]（Portsmouth）の西南西20km、エクセター川に臨む。1638年、マサチューセッツ湾植民地を出てきた人々により建設され、1643年まで

は他の植民地からは独立していた。アメリカ独立戦争中、愛国者らの拠点となり、ニューハンプシャー州の州都となった。1781年創立の有名な男子校フィリップス・エクセター・アカデミーの本拠地。

エグナティア街道 Egnatian Way ［古代：Via Egnatia ビア・エグナティア］（アルバニア、ギリシア、トルコ）

ローマ時代の幹線道路。ギリシアと*小アジア（Asia Minor）での支配力強化のためにローマが利用した。アルバニアのディラキウム、現在の*ドゥラス（Durrës）から*テッサロニキ（Thessaloníki）を通り、ビザンツ、現在の*イスタンブール（Istanbul）に至る。中世には交易路として広く活用されるとともに、南イタリアからの侵攻や十字軍にも利用された。古代の道路の一部が現在も使われている。

エクバタナ Ecbatana ⇒ハマダーン Hamadan

エクミーム Ekhmim ⇒アクミーム Akhmim

エグ-モルト Aigues-Mortes, The （フランス）

*プロバンス（Provence）地方のガール県にある中世の城郭都市。*ニーム（Nîmes）の南南西35 kmにあり、*地中海（Mediterranean Sea）が近い。1241年にルイ9世により建設され、運河で海と結ばれたために地中海への玄関口となった。第7回（1248年）および第8回（1270年）の十字軍をルイ9世はここから出発させたが、第8回十字軍遠征の間にルイ9世は没した。昔の城壁が今もなお良好な状態で遺っている。

エクリューズ Écluse ⇒スロイス Sluys

エクロン Ekron （イスラエル）

*カナン[1]（Canaan）の古代都市。*地中海（Mediterranean Sea）から近く、*ヤフォ（Yafo）の南東に位置する。前920年頃にカナンを侵略したエジプト王シェションク1世に占領された。ダビデの時代にはペリシテ人の重要な領地であり、イスラエルのアハジア王の治世（前853頃～前851）にはバアル神崇拝の町とされた。中世には姿を消してしまった。

エーゲ海 Aegean Sea ［古代：Archipelago 多島海；ギリシア語：Aigaíon Pélagos；トルコ語：Ege Deniz］（ギリシア、トルコ）

西はギリシア本土、東は*小アジア（Asia Minor）とトルコ、南は*クレタ島（Crete）に挟まれた*地中海（Mediterranean Sea）の入り江。北東で*ダーダネルス（Dardanelles）海峡を経て*マルマラ海（Marmara, Sea of）、そして黒海へとつながる。火山活動によってできた島やギリシアの岬から続いている島など、数多くの島が浮かぶ。青銅器時代初期のクレタ島とギリシアの二つの文明の発祥地で、両者をまとめてエーゲ文明と呼ぶ。ギリシア本土の文明はクレタの強い影響を受けたが、前1400年以降は古代ギリシアの最重要都市*ミケーネ（Mycenae）の名をとってミケーネ文明と呼ばれる。それより古いクレタ島の文明は伝説のミノス王にちなんでミノア文明と呼ばれる。*キクラデス諸島（Cyclades Islands）の青銅器時代の文化はキクラデス文化と呼ばれ、ギリシア本土の古代文化はヘラドス文化という。

前1200年頃にエーゲ文明が崩壊し、暗黒時代が到来すると、古代ギリシア文明が前8世紀～前7世紀に徐々に発達して前6世紀～前5世紀には〈古典期〉で頂点に達する。これがのちのすべての西洋文明に深甚な影響を与えた。古代ギリシアの文化と時に政治力の中心は*アテネ（Athens）にあったが、前5世紀のペルシア

戦争で痛手を受け、前431年と前404年のペロポネソス戦争で衰退に拍車がかかった。エーゲ海の諸島がいずれの場合にも中心的な役割を果たした。北部の諸島は前490年と前479年のペルシア戦争の間は*ペルシア[1]（Persia）の見方をしたが、東部の諸島は*イオニア（Ionia）のギリシアの都市の影響を受けてアテネ側についた。ペルシア戦争後の前478～前404年まで多くの島がアテネの主導下で結束し、やがてデロス同盟となってアテネの支配下に入り、アテネ帝国へと発展する。その後、キクラデス諸島を除く大半の諸島が前2世紀に*ローマ（Rome）に征服されるまで*マケドニア王国（Macedon, Empire of）の支配を受ける。

5～13世紀までは*ビザンツ帝国（Byzantine Empire）に支配される。1147年の第2回十字軍遠征の際には*シチリア（Sicily）のルッジェーロ2世に侵略された島もあった。1207年、*ベネツィア（Venice）はナクソス公国の中心に*ナクソス[1]（Naxos）を据え、13世紀の間にナクソスではベネツィア人とベネツィアの商人が主流となった。1261年、ビザンツがイムブロス島、*サモトラケ（Samothrace）島、*レスボス（Lesbos）島を占領したが、西部の諸島はベネツィア公国の支配下にあった。1261～1329年までジェノバ人が*キオス（Chios）を占領し、1310～1522年まで聖ヨハネ騎士団が*ロードス[1]（Rhodes）島を占領。15世紀と16世紀にはベネツィアが*オスマン帝国（Ottoman Empire）と何度も戦争をして、トルコが徐々に勢力を拡大し、エーゲ海の諸島は1566年にスレイマン1世が死去して以来1821年にギリシアが反乱を起こすまでオスマン帝国の支配下にあった。

諸島の大半は1829年の*アドリアノープル（Adrianople）の条約によって独立した

ギリシアの傘下に入った。第1次世界大戦中、連合国が1915年4月のガリポリ上陸戦でダーダネルス海峡を通って*イスタンブール（Istanbul）に入ろうと企てたが、1916年には撤退を余儀なくされた。

⇒ **アエギナ〔エギナ〕Aegina, エウボイア〔エビア〕Euboea, スポラデス Sporades, タソス Thasos, テラ Thera, デロス Delos, ドデカネス Dodecanese, レムノス Lemnos**

エゲスタ Egesta ⇒セジェスタ Segesta

エゲル Eger［独：Erlau エルラウ］（ハンガリー）

ハンガリー北部、ヘベシュ地方の中心都市。*ミシュコルツ（Miskolc）の南西40km、エゲル川に臨む。東ヨーロッパでマジャール人が建設した最初期の都市。10世紀には司教座がおかれた。13世紀、タタール人により町が破壊される。再建されると、1596年に*オスマン帝国（Ottoman Empire）に征服され、1687年まで占領が続き、イスラーム圏の重要な拠点となった。1804年に大司教座がおかれ、数多くの宗教建築が建ち並ぶために「ハンガリーのローマ」と呼ばれた。

⇒ **オスマン帝国 Ottoman Empire**

エジオン - ゲベル Ezion-geber［エツヨンゲベル Eziongaber］［アラビア語：Tall al-Khalifāh テル・アル - ハリファ］（ヨルダン）

古代パレスチナの港町。アカバ湾の北端に位置する。前10世紀～前4世紀まで城壁に囲まれた町で、旧約聖書（「列王記上」第9章26節）にはソロモン王が船団を編成した土地として記されている。古代世界では最大の銅の精錬所があった。

⇒ **エーラト Elat**

エシハ Écija [旧名：Astigi アスティギ；ラテン語：Colonia Augusta Firma コロニア・アウグスタ・フィルマ]（スペイン）

*アンダルシア（Andalusia）州セビリア県の都市。*セビリア（Seville）の東北東80kmに位置し、ヘニル川に臨む。ローマ時代以前からの町で、ローマの植民地となったために遺跡が遺っている。1240年、*レオン3（León）と*カスティリア（Castile）のフェルディナンド3世に占領された。

エジプト Egypt [アラビア語：Misr ミスル；ラテン語：Aegyptus アエギプトゥス]

古代の地方であり、現代の国家。最古の文明発祥の地の一つ。アフリカ大陸北東岸、*ナイル川（Nile River）の肥沃な流域に広がる。現在はエジプト・アラブ共和国。

前3000年頃にメネスが上エジプトと下エジプトを統合して、首都を*メンフィス1（Memphis）と定め、エジプトが国家として初めて誕生した。その後の400年間、エジプト文明は繁栄し、文字、建築、複雑な官僚制が発達した。前2700～前2200年の時期は古王国時代と呼ばれ、ナイル川沿いの灌漑施設の整備と、巨大なピラミッド群の建設が特徴。古王国は最後には分裂と内乱がおき、その後、前2050年頃に*テーベ1（Tebes）の貴族たちが中王国を作ってエジプトは再び統一され前1800年頃まで続いた。この時期にはエジプトは現在の*ヌビア（Nubia）、*シリア2（Syria）、*イスラエル（Israel）にまで勢力を拡大した。前17世紀、エジプト北東部のセム族であるヒクソスが優れた軍事力を発揮してエジプトに侵攻した。彼らは約100年におよぶ支配ののちに放逐された。

前1570年頃、初期新王国がエジプトに繁栄をもたらした。トトメス〔トゥトモス〕1世の後継者であるハトシェプスト女王は、夫であり異母弟であるトトメス2世と共に前15世紀末のエジプトを治めた。建設された神殿の一つには*プント（Punt）地方までの遠征のようすが描かれている。女王はアメンホテップ2世の母だった。トトメス3世のもとでエジプトの領土は最大になり、ヒッタイトのアナトリアまで支配下におき、東は*メソポタミア（Mesopotamia）にまでおよんだ。この時代には、ラムセス2世の治世と思われるが、聖書の「出エジプト記」にあるようにヘブライ人がエジプトを脱出した。前1370年頃、アメンホテップ4世が即位すると王国は不安定になる。王はアクナトンと改名し、首都をアケタートン、現在の*テル・エル - アマルナ（Tell al-Amarna）に遷都して、太陽神アトンを信仰する一神教をエジプトの宗教にしようとした。王の死後、聖職者らはすぐに従来の宗教を復活し、首都はテーベに戻された。前1300～前1090年までの後期新王国は繁栄し、ヒッタイト、ペリシテ人などの強力な王国からの攻撃を撃退した。新王国末期の王として、有名な「少年王」ツタンカーメンがいるが、実際には支配者としては重要な存在ではなかった。

前11世紀の初めには鉄製の武器で武装した世界の中でエジプトは守勢にまわった。前945年にエジプトは*リビア2（Libya）、*スーダン（Sudan）、*アッシリア（Assyria）、*ペルシア1（Persia）に次々に支配された。*マケドニア（Macedonia）のアレクサンドロス大王がエジプトを支配し、その死後は部下だった将軍の一人が創始したプトレマイオス朝に支配され、エジプトは繁栄し、新首都となった*アレクサンドリア1（Alexandria）が西洋文明の宗教と学問の中心になる。前31年、*アクティウム（Actium）の海戦後にクレオパトラが死ぬとプトレマイオス朝は滅び、エジプトは*ローマ（Rome）の属州となった。

395年、*ビザンツ帝国（Byzantine Empire）がエジプトを占領し、639年まで支配したが、その後は*バグダード（Baghdad）を拠点とするアラブ人の侵攻が始まって、かつてコプト教会の中心だった国がイスラーム教に支配された。*カイロ¹（Cairo）に新首都が築かれ、カイロはすぐにイスラーム教の中心地になった。1171年、イスラームの戦士サラディンが君主となり、その後継者らが1250年まで君臨したが、スルタンの護衛が反乱を起こして、*マムルーク朝（Mamluk Empire）を開いた。マムルーク朝は1517年に*オスマン帝国（Ottoman Empire）に征服されたあとも、エジプトで実権を保持し続けた。1805年、オスマン帝国軍の将校だったメフメット〔ムハンマド〕・アリがマムルークの勢力を抑えてエジプト太守となった。アリの統治下で綿の栽培が始まり、エジプトの軍隊が近代化され、商業と教育の制度が活性化された。

1859～1869年に*スエズ運河（Suez Canal）がフランスのレッセップスの主導のもとで建設された。1875年にイギリスがエジプトの利権を買収し、1881年にはイギリスの国益を脅かすような民族運動を鎮圧するために軍隊をエジプトに派遣した。1882年以降はイギリスに占領され、1914年に第1次世界大戦となり、*オスマン帝国（Ottoman Empire）がドイツと手を結ぶと、エジプトはイギリスの保護領となったが、1922年に独立して王国となった。第2次世界大戦中、イギリス軍とドイツ軍がエジプト西部で戦車戦を展開した。1953年、エジプトは共和国となり、ガマール・アブドゥル・ナセルがすぐに政権を握った。新生イスラエルがアラブ世界の中で存在感を示すようになるにつれ、イスラエルとの対立が現代エジプトの大きな問題となった。

1958年、シリアと*イエメン²（Yemen）がエジプトとともにアラブ連合共和国（UAR）を成立させたが、1961年には崩壊した。1967年、六日戦争〔第3次中東戦争〕はイスラエル軍がエジプト・シリア・ヨルダンの軍隊を破って*シナイ半島（Sinai Peninsula）と*ガザ（Gaza）地区を占領し、スエズ運河は封鎖された。1970年、ナセルが急死し、アンワル・アッ-サダトが大統領に就任。1973年、イスラエルと全面戦争に突入。シナイ半島の一部をエジプトが奪還した。交渉によってイスラエル軍のさらなる撤退が実現わし、スエズ運河の封鎖が解かれた。1979年、サダト大統領はアメリカ大統領ジミー・カーターの説得に応じる形で、イスラエルとの友好関係を樹立し、他のアラブ諸国とは関係を絶つことになった。1981年、サダトはイスラーム過激派により暗殺され、ホスニ・ムバラクが大統領に就任。1989年、イスラエルはシナイ半島で最後まで占領していたタバ地区をエジプトに返還。1991年、湾岸戦争ではエジプトはアメリカを支持し、その見返りにアメリカはエジプトの70億ドルの債務を帳消しにした。1990年代にはイスラム原理主義者のテロにより、千人以上のエジプト人が死亡した。1997年、エジプトの観光地ルクソールのハトシェプスト神殿で観光客70人がテロ攻撃の犠牲となり死亡。エジプト政府は過激派に対して断固たる措置をとり、2万5千人以上を逮捕して投獄し、何十人もが死刑に処せられた。1999年、ムバラクが再選された。2000年代初期、政治改革を求める声が高まり、2005年にムバラク大統領は候補者にはいくつかの制限を設けながらも、複数の政党の候補者名簿から大統領を直接選挙によって選べるように法改正を求めた。

⇒ **ヒッタイト帝国 Hittite Empire, フィリ**

スティア Philistia

エシュウェイラー Eschweiler（ドイツ）

*ノルト・ライン - ウェストファーレン（North Rhine-Westphalia）州の都市。*アーヘン（Aachen）の北東18kmに位置する。9世紀に初めて文献に登場し、1420年に*ユーリヒ[1]（Jülich）公領となり、1815年には*プロイセン（Prussia）領となった。第2次世界大戦中の1944年には激戦地となった。

エシュウェーゲ Eschwege（ドイツ）

ドイツ中西部、*ヘッセン（Hesse）州の都市。*カッセル[2]（Kassel）の東南東40kmに位置する。974年に初めて文献に登場し、1249年に都市権を獲得。1436年にヘッセン方伯領となった。

エシュヌンナ Eshnunna ⇒テル・アスマル Tell Asmar

エショウエ Eshowe（南アフリカ）

南アフリカ東部、クワズール - ナタール（KwaZulu-Natal）州の町。*ダーバン（Durban）の北北東110kmに位置する。ズールー戦争時にはイギリス軍に数カ月占領され、1879年4月3日に解放された。

エショルツ環礁 Escholtz Atoll ⇒ビキニ環礁 Bikini Atoll

エジンバラ Edinburgh ⇒ミッドロジアン Midlothian

エジンバラシャー Edinburghshire ⇒ミッドロジアン Midlothian

エスキ - ザーラ Eski-Zagra/Yeski-Zagra ⇒スターラ・ザゴラ Stara Zagora

エスキシェヒル Eskişehir [Eskishehr]（トルコ）

トルコ北西部、エスキシェヒル県の県都。首都*アンカラ（Ankara）の西173kmに位置する。1097年、ゴドフロア・ド・ブイヨンの率いる十字軍がここでセルジューク・トルコを破った。13世紀末には*オスマン帝国（Ottoman Empire）の支配下に置かれる。1919～1922年までのトルコ独立戦争では町が破壊された。しかし、*イスタンブール（Istanbul）と*バグダード（Baghdad）を結ぶ鉄道の路線上にあるために再建が加速された。古代*ドリュラエウム（Dorylaeum）の遺跡が附近にある。

エスキ・ジュマー Eski Dzhumaya ⇒タルゴビシュテ Targovishte

エスキビアス Esquivias（スペイン）

スペイン中部、トレド県の町。首都*マドリード（Madrid）の南35kmに位置する。『ドン・キホーテ』の作者ミゲル・デ・セルバンテスはこの町で結婚し、しばらく住んでいたことがある。

エスキプラス Esquipulas（グアテマラ）

グアテマラ南東部、キキムラ県の町。キキムラの南東30kmに位置する。植民地時代の聖堂があり、*中央アメリカ（Central America）で最大の巡礼地となっている。この聖堂はスペインの征服者たちのために1594年に制作された木製の《黒いキリスト》像を収めるため1737年にグアテマラの大司教によって建設された。

エスクイリヌスの丘 Esquiline Hill ⇒ローマ七丘 Rome, the Seven Hills of

エスクワイモルト Esquimalt（カナダ）

*ブリティッシュ・コロンビア（British Columbia）州南西部の準都市区。*バンク

290　エスコ

ーバー島（Vancouver Island）の南東端に位置し、フアン・デ・フーカ海峡に臨む海港。世界最大級の乾ドック設備があり、カナダ海軍の太平洋沿岸本部がおかれている。クリミア戦争時にイギリス・フランス連合軍がロシアの*カムチャッカ半島（Kamchatka Peninsula）を攻撃するための海軍基地として町が始まった。

エスコー Escaut ⇒スヘルデ川 Schelde

エスターウェーゲン Esterwegen（ドイツ）

ドイツ北西部、*ニーダーザクセン（Lower Saxony）州の村。パーペンブルクの南東19kmに位置する。ナチスの強制収容所があった。

エスタドス・ウニドス・メヒカーノス
Estados Unidos Mexicanos ⇒メキシコ Mexico

エスダン Hesdin（フランス）

フランス北部、パ-ド-カレー県の町。*アブビル¹（Abbeville）の北東に位置する。1519 ～ 1556 年まで在位した神聖ローマ帝国皇帝カール 5 世によって建設された。小説家のアベ・プレボーは 1697 年にこの町で生まれた。

エステ Este［ラテン語：Ateste アテステ］（イタリア）

イタリア北東部、*ベネト（Veneto）州パドバ県の町。*パドバ（Padua）の南西27kmに位置する。前 200 年頃、*ローマ（Rome）に支配されるまではベネト人の主要都市だった。6 世紀にアディジェ川の流れが変わり町から遠ざかると町から住民が出ていった。中世後期とルネサンス期には*フェラーラ（Ferrara）と*モデナ（Modena）を支配した有名なエステ家発祥の地として知られた。1405 年、パドバと共に*ベネ

ツィア（Venice）に割譲された。

エステパ Estepa［ラテン語：Astapa アスタパ］（スペイン）

セビリア県の都市。*オスナ（Osuna）の東北東 22km に位置する。前 218 ～ 前 201 年の第 2 次ポエニ戦争中はローマ軍の拠点となった。1240 年、*レオン³（Léon）と*カスティリア（Castile）のフェルナンド 3 世がムーア人から取り戻した。

エステラ Estella（スペイン）

スペイン北部、ナバラ自治州の都市。*パンプローナ（Pamplona）の南西 35km、エガ川に臨む。中世には*ナバラ（Navarre）王国第 2 の都市だった。19 世紀のカルリスタ〔カルロス〕戦争中はドン・カルロスの拠点となった。

エステルゴム Esztergom［独：Gran グラン；ラテン語：Strigonium ストリゴニウム；スロバキア語：Ostrihom］（ハンガリー）

ハンガリー北部、コマーロム・エステルゴム県の都市。首都*ブダペスト（Budapest）の北西 40km、*ドナウ川（Danube River）の臨む。ハンガリーで屈指の古い都市で、13 世紀までアールパード朝の首都とされ、王の居地だった。1241 年、モンゴル人に襲撃され、16 ～ 17 世紀にはトルコ人に支配された。1189 年以来、ハンガリーで最も古い大司教の管区となっている。国内で最大の宗教美術のコレクションを収めた美術館がある。19 世紀の大聖堂はハンガリーで最大かつもっとも美しい大聖堂。

エストニア Estonia［旧名：Estonian Soviet Socialist Republic エストニア・ソビエト社会主義共和国；エストニア語：Eesti, Eestimaa］

*ラトビア（Latvia）の北、*ロシア（Russia）の東に位置する共和国。北は*バルト

海（Baltic Sea）とリガ湾と*フィンランド（Finland）に接する。首都は*タリン（Tallinn）。この地域の記録が作成される以前からエストニア人が住み始め、13世紀にデーン人とリボニア帯剣騎士団に攻撃され、分割された。1346年、ドイツ騎士団がデーン人の支配地を買収し、1561年に騎士団が解散するまでエストニアを支配した。1629年、*ロシア（Russia）と*スウェーデン（Sweden）の間にアルトマルク休戦協定が結ばれ、エストニアはスウェーデン領となった。1721年、*ニスタット（Nystad）条約によりロシア領になったが、ドイツ人の市民は都市部の富を管理し続けた。19世紀、大勢のエストニア人がカナダとアメリカに移住した。1918年2月、エストニアは独立したが、すぐに*ドイツ（Germany）に占領された。1920年、*タルトゥ（Tartu）条約により独立が承認された。1939年8月の独ソ不可侵条約によってエストニアは再びロシアの支配下におかれた。第2次世界大戦中はドイツに占領され、戦後はソ連に併合された。1991年に再び独立。1994年、ロシア軍が国内から撤退。1995年、エストニアは欧州連合（EU）に加盟の申請をし、3分の2の賛成を得て承認された。2004年、北大西洋条約機構（NATO）に加盟。

エストニア・ソビエト社会主義共和国
Estonian Soviet Socialist Republic ⇒ **エストニア Estonia**

エスドラエロン平野〔平原〕Esdraelon, Plain of〔イズレエル〔イズレル〕渓谷 Valley of Jezreel〕〔ヘブライ語：'Emeq Yizre'el, Ha-'Emeq〕（イスラエル）

*ガリラア（Galilee）と*サマリア（Samaria）の間の平原。*ヨルダン川（Jordan River）の西に位置する。*エジプト（Egypt）と*肥沃な三日月地帯（Fertile Crescent, The）を結ぶ通路場にあり、前1500～後1918年まで交易路であると同時に戦場ともなってきた。ギデオンがミデアン人とアマレク人を倒した土地。この地域での排水工事が始まったのは20世紀初め。かつては沼沢地帯が多く、マラリアの多い低地だったが、現在はイスラエルで屈指の肥沃な土地になった。

エストレマドゥラ Estremadura〔Extremadura〕（スペイン）

スペイン南西部、カセレス県とバダホス県からなる自治州。*イベリア半島（Iberian Peninsula）の中央地域で、*ポルトガル（Portugal）との国境に接する。12～13世紀にムーア人から奪還し、たびたびスペインとポルトガルの紛争の場になり、ナポレオン戦争の半島方面作戦でも戦場になった。スペイン内戦の時には早々に人民戦線側に占領された。現在は貧困層の多い地域で、住民は国内の経済的に豊かな地域へと移る傾向がある。

エストレモス Estremoz（ポルトガル）

アレンテージョ地方エボラ県の都市。*エボラ（Évora）の北東40kmに位置する。大理石によって世界的に有名。1336年、ポルトガル王妃聖イザベルがここで死去。1663年と1665年にスペインと戦ってポルトガルが勝利を収めた時には重要な軍事基地があった。

エスナ Esna ⇒ イスナ Isna

エスパーニャ España ⇒ スペイン Spain

エスパニョラ Española ⇒ イスパニオラ Hispaniola

エスパルサ Esparza ⇒ エスパルタ Esparta

エスパルタ Esparta ［旧名：Esparza エスパルサ］（コスタリカ）

コスタリカ西部、プンタレナス州の都市。プンタレナスの東 19km に位置する。コスタリカで屈指の古い都市で、1574 年に建設され、太平洋側の前哨基地とされていた 17 世紀には頻繁に海賊に襲撃された。

エスピリトゥ・サント Espíritu Santo ［サント Santo］［旧名：Marina マリナ］（バヌアツ）

太平洋南西部、バヌアツ最大の島。1606 年、ポルトガルの航海者ペドロ・デ・キロスが発見。第 2 次世界大戦中はアメリカ空軍の大規模な基地があった。1980 年には分離独立運動の中心地となる。

エスファハン Eṣfahān ［イスファハーン Isfahan］［古代：Aspadana アスパダナ、旧名：Ispahan イスパハーン］（イラン）

イラン中部、エスファハン州の州都。首都 *テヘラン（Teheran）の南 400km に位置する。ササン朝の重要都市で、642 年にアラブ人に占領され、11 世紀にはセルジューク・トルコの首都となった。13 世紀初めにはモンゴル人に占領され、1387 年にティムール〔タメルラン〕に支配された。ティムールは反乱を起こした住民を 7 万人虐殺した。1597 年、アッバース 1 世はエスファハンを首都として、立派な建物を数多く建て、世界でも屈指の美しい大都市になった。建物の多くは現存する。1722 年にアフガン人に支配されると町は急激に衰退した。住民の大半は虐殺され、町は完全に復興することはなかった。

エスペランス岬 Esperance, Cape （ソロモン諸島）

太平洋南西部、*ガダルカナル島（Guadalcanal Island）北西部の岬。第 2 次世界大戦中の 1942 年、日本軍が上陸。1942 年 10 月 11 日〜 12 日にこの沖合で日本軍とアメリカ軍が戦った。1943 年、アメリカ軍がガダルカナル島に侵攻した際、日本軍最後の足場となった。

エズラ教会 Ezra Church （合衆国）

*ジョージア[1]（Georgia）州 *アトランタ（Atlanta）南西部の戦場跡。南北戦争中の 1864 年 7 月 28 日、南軍はウィリアム・T・シャーマン将軍の進軍をここで阻止しようとしたが多数の戦死者を出した。

エスリンク Essling ［アスペルン - エスリンク Aspern-Essling］（オーストリア）

*ウィーン（Vienna）近郊、ドナウ河畔の村。ナポレオン戦争中の 1809 年 5 月 21 日〜 22 日にここでナポレオンが初めて深刻な敗北を喫した。ウィーン占領作戦のさなか、フランス軍と連合軍がカール大公の率いるオーストリア軍に押されて *ドナウ川（Danube River）を渡った。オーストリア軍の人的被害のほうが大きかったにもかかわらず、フランス軍は *アスペルン（Aspern）とエスリンク周辺の重要な前進基地を蜂起せざるを得なくなった。

エスリンゲン Esslingen ［エスリンゲン・アム・ネッカー Esslingen am Neckar］（ドイツ）

ドイツ南西部、*バーデン - ウルテンベルク（Baden-Württemberg）州の都市。*シュトゥットガルト（Stuttgart）の東南東 10km、ネッカー川に臨む。1220 年頃に都市権を獲得し、1360 〜 1802 年まで帝国直轄都市。その後は *ウルテンベルク（Württemberg）に割譲された。1488 年、シュワーベン同盟がここで結成された。

エスリンゲン・アム・ネッカー Esslingen am Neckar ⇒ **エスリンゲン** Esslingen

エセキボ Essequibo ⇒ **ガイアナ** Guyana

エセックス¹ Essex（イングランド）
イングランド東部の州。南は＊テムズ川²
（Thames, River）の河口、東は＊北海¹（North
Sea）に接する。州都は＊チェルムズフォー
ド（Chelmsford）。

エセックス² Essex（イングランド）
アングロ・サクソン時代の七王国の一つ
で、現在の＊エセックス¹（Essex）、＊ハー（ト）
フォードシャー（Hertfordshire）の大半、そ
して＊ロンドン（London）を含む地域に相
当する。6世紀初めにサクソン人が住みつ
いたのが始まりで、605年頃にエセックス
王サエベルトによりキリスト教に改宗し、
のちに＊マーシア（Mercia）王ウルフヘレの
支配下に入った。825年、＊ウェセックス
（Wessex）王のエグバートに支配され、伯爵
領となる。886年以降、917年までは＊デー
ンロー（Danelaw）の一部となって、その
後はウェセックスのエドワード長兄王が
デーン人から奪還した。

エセックス³ Essex（合衆国）
＊コネティカット（Connecticut）州南部の
町。＊ミドルタウン¹（Middletown）の南
東32km、＊コネティカット川（Connecticut
River）西岸に臨む。1690年に入植。1812
年戦争〔アメリカ・イギリス戦争〕中は
イギリスの攻撃を受けた。

エーゼル Öesel/Ösel ⇒ **サーレマー** Saaremaa

蝦夷 Yezo ⇒ **北海道** Hokkaido

エタ Etah（グリーンランド）
エルズミア島の対岸にあり、スミス海峡
に臨む村。北極探検の基地としてよく使
われる場所。

エタブル Étaples（フランス）
フランス北部、＊ブローニュ（Boulogne）の南、
パ・ド・カレー県の町。1492年、エタプル
の条約により、＊イングランド（England）
王のヘンリ7世が＊カレー（Calais）を除く
フランス領に対するイングランドの歴史
的な権利をすべて放棄した。第2次世界
大戦中、イギリスの重要な基地が置かれ
た。

エタワ Etawah（インド）
インド北部、＊ウッタル・プラデシュ（Uttar
Pradesh）州南西部の町。＊アグラ（Agra）の
東南東110km、ジャムナ川に臨む。12〜
16世紀までラージプート族が占領し、イ
スラーム教徒の総督が住む地となった。
17世紀は金融と商業の中心地。1857年、
インド大反乱の時には暴徒に占領された。

エタンプ Étampes（フランス）
フランス北部、ソンヌ県の町。＊パリ（Paris）
の南南西48kmに位置する。町の歴史は
7世紀までさかのぼる。1130年にインノ
ケンティウス3世を正当な教皇と認めて、
ローマ・カトリック内の分裂に終止符を
打った教会会議の開催地。

エチオピア Ethiopia〔旧名：Abyssinia アビシニ
ア〕
アフリカ東部の国。北は＊紅海（Red Sea）、
西は＊スーダン（Sudan）、南は＊ケニア
（Kenya）、東は＊ソマリア（Somalia）に接し、
周囲は山に囲まれている。船が航行でき
る川は青ナイルのみ。隔絶された環境の
ため、独自の文化を保持してきた。最初

294　エチオヒア

の王国は前1000年頃のアラビアのセム族による*アクスム[1]（Axum）王国。エチオピアの王は代々聖書のソロモンとシバの末裔ということになっていた。聖書に登場するクシはエチオピアとされた。4世紀、アクスムがキリスト教に改宗。しかし、イスラーム教世界の成長がエチオピアを脅かしたため、エチオピアは外界との接触を避け、1000年近くにわたって孤立状態を保った。

　15世紀末、*ポルトガル（Portugal）などから大勢の探検家がエチオピアを再発見し、東方の山国の王だったとされる伝説的な君主プレスター・ジョンの助けを求めてイスラーム教国と*オスマン帝国（Ottoman Empire）と戦おうとした。1527年、イスラーム教徒の攻撃が激烈なために、エチオピア皇帝はポルトガルに支援を求めた。イスラーム軍が撃退されると、ポルトガルは彼らがアビシニアと呼んでいた国をローマ・カトリックに改宗させようとした。イエズス会の宣教師たちはアビシニアで大混乱を引き起こし、1633年に国外退去させられ、再びエチオピアは外界との接触を断った。*ゴンダル（Gonder）が首都となったが、18世紀中期には帝国の支配力は弱まって、内戦が断続的に起こるようになった。

　18世紀末〜19世紀初めにかけてヨーロッパ人が再びアビシニアに入国を始めた。1867年7月、ロバート・ネイピア率いるイギリス軍が自国の捕虜を解放するために侵攻し、*マグダラ[1]（Magdala）でエチオピア軍を破ると撤退した。1885年には*イタリア（Italy）軍がイギリスの了解を得た上でアーセブと*マッサワ（Massawa）の港を占領し、内陸へと進軍した。1887年エチオピア軍はドガリでその進軍を阻止した。1889年、メネリク2世が即位し、イタリアと条約を締結。イタリアはこの条約を利用して、アビシニアを保護領として主張したが、メネリク2世は拒否し、1896年に軍隊を出動させて*アドワ（Adwa）でイタリア軍を撃退。国際的な評価が急激に高まり、新首都*アディスアベバ（Addis Ababa）は外交の要地となった。エチオピアは植民地の拡大を狙うイギリスとフランスを争わせることで自国の独立を維持した。

　イタリアはその後もエチオピア征服を諦めず、1935年、ベニト・ムッソリーニのファシスト体制下にあるイタリアが大規模な攻撃を開始し、6カ月かかったが首都を占領した。皇帝ハイレ・セラシエ1世はイギリスに亡命し、5年後にはイギリスの支援を得て進軍し勝利を収めた。第2次世界大戦中はイギリスがエチオピアの軍隊と官僚の近代化を積極的に後押しした。戦後、完全な独立を回復し、エチオピアは*エリトリア（Eritrea）と*オガデン（Ogaden）を支配した。しかし、エリトリアは占領後も抵抗を続け、1960年代〜1970年代を通じてゲリラがエチオピア政府を攻撃。1974年9月、大飢饉のあと、ハイレ・セラシエ皇帝は軍部により退位させられ、1975年3月に帝制は廃止された。1975年、エリトリアとの全面戦争に突入し、軍事政権は社会主義体制を宣言し、ソ連との関係を強化した。戦闘と政情不安が続く中、エリトリアは独立し、オガデンは*ソマリア（Somalia）と紛争を起こし、エチオピア国内はたびたび飢饉に襲われた。1991年、革命によりマルクス主義軍事政府が倒され、1994年新憲法が発布され、1995年に初めての民主的選挙のもとで政府が誕生した。

エチミアジン Echmiadzin [旧名：Vagarshapat バガルシャパト, Vardkesavan バルツケサバン]（アルメニア）

アルメニア西部の都市。首都*エレバン（Yerevan）の西20kmに位置する。前6世紀にさかのぼる歴史があり、140年頃、ボロガセス3世の治世に*パルティア（Parthia）の首都となった。300年頃にはエチミアジン大聖堂にアルメニア・カトリックの大司教座がおかれ、344年まではアルメニアの首都だった。300年頃、聖グレゴリウスがここに修道院を創設した。修道院にはアルメニア語の文献が数多く収められている。

越 Yüeh ⇒ シャオシン〔紹興〕 Shaoxing

X高地 Hill X（合衆国）

アラスカ州の西、北太平洋上の*アリューシャン列島（Aleutian Islands）にある、*アッツ（Attu）島の丘。第2次世界大戦中の1942年に*日本（Japan）に占領され、1943年5月、激戦の末アメリカ軍が奪還した。

エックミュール Eggmühl [Echmühl]（ドイツ）

ドイツ南東部、*バイエルン（Bavaria）州の村。*レーゲンスブルク（Regensburg）の南に位置する。1809年4月22日、カール大公の率いるオーストリア軍がナポレオンの指揮するフランス・バイエルン・ウュルテンベルクの連合軍にこの村で敗北を喫した。

⇒ アーベンスベルク Abensberg

エッサウィラ Essaouira [旧名：Mogador モガドール]（モロッコ）

モロッコの大西洋岸、エッサウィラ州の州都で港湾都市。*サフィ（Safi）と*アガディール（Agadir）の中間に位置する。古代にはフェニキア人とカルタゴ人に占領

され、衰退したが、1765年にアガディールに対抗する港としてスルタンのシディ・ムハンマド・イブン・アブドゥッラーにより再建された。1844年、アルジェリア人の抵抗運動を支持するモロッコに対してフランスが阻止するためにここを爆撃した。第2次世界大戦中の1942年11月、アメリカ軍が上陸。

エッサルーム As-Sallüm ⇒ サルーム Salûm

エッジヒル Edgehill [Edge Hill]（イングランド）

イングランド中部、*バンベリー（Banbury）の北西11km、オックスフォードシャー州とウォリックシャー州の境界にある山。1642年10月23日、チャールズ1世とルーパート王子の率いる国王軍と第3代エセックス伯の率いる議会軍がピューリタン革命の最初の大規模な戦闘を繰り広げた場所。オリバー・クロムウェルも参戦していた。

エッセン Essen [Essen an der Ruhr エッセン・アン・デル・ルール]（ドイツ）

ドイツ西部、*ノルト・ライン-ウェストファーレン（North Rhine-Westphalia）州の都市。*デュッセルドルフ（Düsseldorf）の北北東30km、ルール川が近くを流れる。*ルール（Ruhr）工業地帯で最大の工業都市であり、クルップ家の鉄鋼業の拠点であり、ドイツ西部の電力供給源にもなっている。9世紀に創設されたベネディクト修道院を中心に発展し、1803年まで女子修道院長の支配する小規模な帝国だったが、*プロイセン（Prussia）に割譲された。19世紀末から工業が発達した。ドイツの軍需工場の中心地となったため、第2次世界大戦中は激しい爆撃を受けた。

エッセン・アン・デル・ルール Essen an der Ruhr ⇒ エッセン Essen

エッチュ川 Etsch ⇒ アーディジェ川 Adige River

エットリンゲン Ettlingen（ドイツ）

ドイツ南西部、＊バーデン - ウュルテンベルク（Baden-Württemberg）州の都市。＊カールスルーエ（Karlsruhe）の南 10km、アルブ川に臨む。古代ローマの集落として始まり、1219 年に＊バーデン³（Baden）に割譲され、1689 年には火事で大きな被害を受けた。

エツヨンゲベル Eziongaber ⇒ エジオン - ゲベル Ezion-geber

エティル Etil ⇒ ボルガ川 Volga River

エディルネ Edirne［旧名：Adrianople アドリアノープル；ラテン語：Adrianopolis アドリアノポリス, Hadrianopolis ハドリアノポリス］（トルコ）

＊トラキア（Thrace）地方エディルネ県の県都。＊イスタンブール（Istanbul）の北西 200km に位置する。＊小アジア（Asia Minor）とバルカン半島を結ぶ主要路の軍事的拠点にあり、かつてはトラキア人が住んでいたとされる土地。125 年頃にローマ皇帝ハドリアヌスが都市を再建した。378 年、西ゴート人がローマ皇帝バレンスをここで破った。皇帝の死により、＊ギリシア（Greece）と東ローマ帝国は周辺からの侵攻を受けるようになった。586 年にはアバール人、10 世紀にはブガール人に占領された。十字軍の略奪を 2 度受け、1362 年に＊オスマン帝国（Ottoman Empire）に征服された。1453 年にオスマントルコが＊コンスタンティノープル（Constantinople）を征服するまで、エディルネはトルコ皇帝の居地だった。1829 年 9 月 14 日、アドリアノー

プル和約（エディルネ条約ともいう）によって、1828 年のロシア・トルコ戦争は終結。ロシアは＊ドナウ川（Danube River）河口を領有し、ギリシアは独立を認められた。ロシア・トルコ戦争中の 1829 年と 1878 年にエディルネはロシア人に占領された。第 1 次バルカン戦争中の 1913 年に＊ブルガリア（Bulgaria）に征服されたが、第 2 次バルカン戦争後はトルコに返還された。

エディンゲン Edingen ⇒ アンギャン¹ Enghien

エディンバラ Edinburgh［ゲール語：Duneideann ダニーディン］（スコットランド）

スコットランドの首都。＊ロジアン（Lothian）州の中心都市。＊グラスゴー（Glasgow）の東 67km、フォース湾の南岸に臨む。ブリトン人かウェールズ人が住んでいたが、617 年頃に＊ノーサンブリア（Northumbria）のエディンが占領。都市名は彼に由来する。11 世紀末、スコットランドのマルカム 3 世がここに城を建設。1329 年、ロバート 1 世により都市権が与えられ、＊イングランド（England）からの攻撃を受けながらも成長を続けて、1437 年に首都となった。1603 年にジェイムズ 6 世がイングランド王ジェイムズ 1 世になってから、町は衰退し始め、1707 年にイングランドに併合され、スコットランド議会が廃止されると、さらに衰退した。18、19 世紀に哲学者デイビッド・ヒューム、経済学者アダム・スミス、詩人ロバート・バーンズ、詩人・小説家サー・ウォルター・スコットを中心とするスコットランド啓蒙主義の拠点として有名になる。スコットランドの文化・金融・行政の中心地として君臨し、1947 年以降毎年、国際音楽演劇祭の開催地となっている。町は昔ながらの風景を残す旧市街と、18 世紀の立派

な新市街に分かれる。エディンバラの中心は11世紀の城と聖マーガレット礼拝堂のあるカッスル・ロック。旧市街の中心を走るロイヤルマイルの一端には15世紀と16世紀に建てられたホリールード宮殿があり、スコットランド女王メアリが使った部屋がある。

エデッサ¹ Edessa［古代：Aegae アエガエ；ギリシア語：Édhessa エデッサ；中世：Vodena ボデナ］（ギリシア）

*マケドニア（Macedonia）西部、ペラ県の中心都市。*テッサロニキ（Thessaloníki）の西北西75kmに位置する。アエガエと呼ばれた時代には、古代マケドニアの最初の首都で、前5世紀末には*ペラ（Pella）に遷都された。前336年、マケドニアのフィリッポ2世がここで暗殺された。古代ローマ人は*アドリア海（Adriatic Sea）と*エーゲ海（Aegean Sea）を結ぶ*エグナティア街道（Egnatian Way）の休憩地点としてこの町を利用した。15世紀に*オスマン帝国（Ottoman Empire）に占領され、1912年にギリシアに割譲された。

エデッサ² Edessa（トルコ）⇒シャンルウルファ Şanlıurfa

エーデンブルク Ödenburg ⇒ショプロン Sopron

江戸 Eddo/Edo/Yeddo ⇒東京 Tokyo

エトナ山 Etna, Mount［ラテン語：Aetna アエトナ；シチリア方言：Mongibello モンジベロ］（イタリア）

イタリア南西部、カターニア県*シチリア（Sicily）島の東岸附近の活火山。*カターニア（Catania）の北北西に位置する。3,320メートルでヨーロッパ最高の活火山。記録

に残る最初の噴火は前475年で、ギリシアのピンダロスとアイスキュロスが記している。1169年と1669年の噴火が最大規模。最近では1971年に噴火している。

エドフ Edfu［Behdet, イドフ Idfu］［コプト語：Atbo アトボ；エジプト語：Djeba；ギリシア語：Apollinopolis Magna アポロノポリス・マグナ］（エジプト）

エジプト南部、アスワン県の町。*アスワン（Aswān）の北96km、*ナイル川（Nile River）に臨む。前3400年頃に栄えたエジプト王朝時代以前の王国の首都だった。ホルス神を祭る砂岩の神殿で有名。この神殿は前237年からプトレマイオス3世が建設を始め、完成したのは前57年。コプト人とビザンツ人の遺跡も発見されている。

エドム Edom［Idumaea, Idumea］（ヨルダン）

*死海（Dead Sea）の南南東、アカバ湾まで広がる古代国家。首都は*ペトラ（Petra）で、ペトラはのちに*ナバテア（Nabatea）王国の首都となる。聖書によるとエサウの子孫とされるエドム人が前13世紀にはエドムを支配していた。好戦的な民族で、近隣のヘブライ人、アッシリア人、シリア人との戦争が絶えなかったが、最後にはユダヤのマカベア家によって制圧された。銅鉱と鉄鉱に恵まれ、*アラビア半島（Arabian Peninsula）から*地中海（Mediterranean Sea）に至る交易路の要所にあるために繁栄した。前5世紀、エドム人はナバテア人によって領土を奪われた。

エドモントン Edmonton（カナダ）

*アルバータ（Alberta）州の州都。*カルガリー（Calgary）の北300km、北サスカチェワン川に臨む。1807年、要塞として建設され、1891年にカナディアンパシフィッ

ク鉄道が敷設されてからは農業の中心地として発達。1905年、アルバータ州の州都となる。近隣には石油・天然ガス・炭鉱があり、カナダ北西部の中心都市となった。

エトラ Etla ［サン・パブロ・エトラ San Pablo Etla］（メキシコ）

オアハカ州の町。*オアハカ（Oaxaca）の北北西18kmに位置する。巡礼地で、古代の水道設備が遺るアステカ族の町。周辺の谷とともに征服者エルナン・コルテスに与えられた土地の一部。

エトルリア Etruria （イタリア）

イタリア中部の古代都市で、現在の*トスカナ（Tuscany）と*ウンブリア（Umbria）の一部に相当する。古代はこの地域の先住民とされるエトルリア人の居地だったが、前900～前800年頃に何度か押し寄せた*小アジア（Asia Minor）からの移民の影響も受けた。前500年までには進んだ文明が確立し、とくに芸術・宗教・交易・海軍がすぐれていた。しだいにイタリア南部から*地中海（Mediterranean Sea）の要所にまで勢力が拡大した。前600～前535年がエトルリアの全盛期で、ギリシア人に対抗して*カルタゴ[2]（Carthage）と同盟を結び、*サルデーニャ（Sardegna）にてギリシア人を破ったが、前524年に*クマエ〔クーマイ〕（Cumae）の沖合の海戦で破れてからは衰退した。前3世紀までにはエトルリアの都市は*ローマ（Rome）に征服された。ローマの衰退後はエトルリアの歴史はそのままトスカナとウンブリアの歴史に重なる。19世紀、ナポレオンがブルボン・パルマ家のためにトスカナにエトルリア王国を建てた。王国は1801～1807年まで続いた。

エドレイ Edrei ⇒ダルアー Dar'ā

エトワー川 Etowah River （合衆国）

アメリカ東部ブルーリッジ山脈に発し、*ジョージア[1]（Georgia）州北部を流れ、南西に向かって*ローム[1]（Rome）でウースタノーラ川に注ぐ。カンタービルの南西5kmの地点の河畔には先史時代のインディアンが築いた20メートルほどの高さの塚がある。

エドワーズ Edwards （合衆国）

*ミズーリ（Missouri）州西部の町。*ミシシッピ（Mississippi）州*ビックスバーグ（Vicksburg）の東250kmに位置する。南北戦争中の1863年5月、グラント将軍がビックスバーグ方面作戦を展開し、エドワーズの近隣で*チャンピオンズ・ヒル（Champion's Hill）の戦いが行なわれた。

エナン-リエタール Hénin-Liétard （フランス）

フランス北部、パ-ド-カレー県の工業が盛んな町。*アラス（Arras）の北6kmに位置する。16世紀に*アルザス（Alsace）のシャルルが興した公国の首都となった。第1次世界大戦では戦禍を被った。

エニウェタク Eniwetak ［エニウェトク Eniwetok, エネウェタク Enewetak］（マーシャル諸島）

太平洋西部、マーシャル諸島北西のラリク列島北西端に位置する環礁。1920年、国際連盟により*日本（Japan）の委任統治領とされる。第2次世界大戦中の1944年2月アメリカ軍に占領され、海軍基地が置かれた。1940年代、1950年代は*ビキニ環礁（Bikini Atoll）と共に原水爆の実験場とされる。1970年代には島民が戻り始め、1977年からアメリカ政府は放射能に汚染された島の土壌などを除去し始めて、

1980 年に安全宣言を出した。

エニウェトク Eniwetok ⇒**エニウェタク Eniwetak**

エニスキレン Enniskillen［イニスキリング Inniskilling］（北アイルランド）

北アイルランド南西部、＊ファーマナ（Fermanagh）州の州都。＊ベルファスト（Belfast）の西南西 110km、アーン湖の南、アーン川の中の島にある。ファーマナのマグワイア家の居地だったが、名誉革命のあと、＊イングランド（England）のジェイムズ 2 世軍をウィリアム 3 世軍が破った 1689 年の戦いでは戦場となった。この時に有名なエニスキレンの竜騎兵連隊が作られた。

エニスコーシー Enniscorthy［ゲール語：Inis Córthaidh］（アイルランド）

アイルランド南東部、ウェックスフォード州の町。ウェックスフォードの北北西 21km、スレーニー川に臨む。1176 年に建てられた城があり、城は 1649 年にオリバー・クロムウェルに占領されたことがある。1798 年、町は統一アイルランド人連盟の襲撃を受けた。

エニセイ Yenisei［Enisei, Yenisey］（ロシア）

ボリショイ・エニセイ川とマールイ・エニセイ川が合流した＊シベリア（Siberia）の主要河川。古代から流域には人が住んでいて、代々受け継がれてきた古墳、石碑、溶鉱炉が点在する。コサックが初めてこの川を訪れたのは 1618 年のこと。

エーヌ川 Aisne River［ラテン語：Axona アクソナ］（フランス）

ムーズ県の＊アルゴンヌの森（Argonne Forest）に発して北西に流れ、さらに西流

して＊コンピエーニュ（Compiègne）の北で＊オアーズ川（Oise River）に注ぐ全長 272km の川。第 1 次世界大戦中はこの川が重要な戦線になった。1914 年 9 月 13 日の戦いでは英仏軍が＊ソアソン（Soissons）の町を奪い返し、1917 年には連合軍が何度か攻撃を行なったが損害が大きく効果はなかった。1918 年 5 月 27 日の戦いではドイツ軍の攻撃が開始され、その攻撃はマルヌ川（Marne River）でかろうじて食い止められた。

エネウェタク Enewetak ⇒**エニウェタク Eniwetak**

エネズ Enez ⇒**エノス Enos**

エノー Hainaut［Hainault］［オランダ語：Henegouwen ヒーニハウェン］（ベルギー）

ベルギー南西部の州。南はフランスに接する。前 57 年にローマ軍が侵攻したとき、この地にはネルビ族が住んでいた。9 世紀に首長公レニエ 1 世の領地となる。フランク王国の分裂後は＊ロタリンギア（Lotharingia）王国領となり、1036 ～ 1278 年まで、婚姻や継承によりたびたび＊フランドル〔フランダース〕（Flanders）伯家に統合された。1345 年には＊バイエルン（Bavaria）公領、1433 ～ 1482 年までは＊ブルゴーニュ（Burgundy）公領となり、その後スペイン、オーストリア、ネーデルラントの支配下に置かれ、17 世紀には現在のノール県にあたる部分が恒久的に＊フランス（France）に併合された。1815 年に＊オランダ（Netherlands, The）王国の一部となり、1830 年にベルギーの州となった。エノー伯ボードアン 6 世は第 4 回十字軍参戦のあと、1204 年に＊コンスタンティノープル（Constantinople）の皇帝となった。
⇒**ロレーヌ Lorraine**

エノス Enos〔ギリシア語：Aenos アエノス；ラテン語：Aenus アエヌス；現代ギリシア語：Ainos アイノス；トルコ語：Enez エネズ〕（トルコ）

トルコ北西部、エディルネ県の村。エーゲ海の入り江に臨み、*ガリポリ² (Gallipoli) の北西 60km に位置する。アイオリス人の入植者により建設され、古代ギリシアの中心的な港だった。のちに*マケドニア王国（Macedon, Empire of）とプトレマイオス朝の支配下に入った。

エバーグレーズ Everglades（合衆国）

*フロリダ (Florida) 州南部の沼沢地。面積は約 1 万平方キロメートル。標高の最高点でも海抜 2 メートルほどしかなく、一帯には沼沢とススキ、マングローブの森が広がる。16 世紀に探検隊が入ると、セミノール族インディアンが住んでいた。

1832 年、アメリカはセミノール族を*オクラホマ（Oklahoma）州に移住させる条約を結んだが、若い酋長オセオラの率いるセミノール族の中には拒否する者もいて、エバーグレーズを隠れ家として、そこからアメリカ軍を攻撃。長期戦となり、1842 年にセミノール族は兵糧攻めにあったすえ、西への移動に同意した。戦いで約 1,500 人のアメリカ兵が死亡。現在、エバーグレーズには 1,000 人を超えるセミノール族とミカスキ族が住んでいるとされる。

20 世紀になり、フロリダ州南部の住宅造成と商業のにわか景気が、この地域には悪影響を及ぼしている。排水施設の整備と建設計画によりエバーグレーズへの水の流れが混乱し、動植物の生態が脅かされることになった。この地域は現在も野生生物の広大な避難場所となっており、狩猟や釣りが盛んに行なわれている場所も多い。南端には面積が 6,105 平方キロメートルのエバーグレーズ国立公園がある。

エビア ⇒ **エウボイア〔エビア〕** Euboea（ギリシア）

エビアン Évian ⇒ **エビアン - レ - バン** Évian-les-Bains

エビアン - レ - バン Évian-les-Bains〔エビアン Évian〕（フランス）

フランス南東部、オート - サボワ県の温泉町。レマン湖〔⇒ジュネーブ湖（Geneva, Lake）〕の南岸、*ローザンヌ (Lausanne) の対岸に位置する。1962 年、フランス政府と*アルジェリア（Algeria）暫定政府の間で独立協定が結ばれた。18 世紀初期からミネラルウォーターで有名。現在は世界中に輸出されている。

エピスコピ Episcopi〔古代：Curium キュリウム, Kourion クリオン〕（キプロス）

南岸のエピスコピ湾を見下ろす古代都市国家の遺跡。リマソルの西 15km に位置する。古代から 647 年にアラブ人に征服されるまで繁栄を続け、町の東側には青銅器時代初期の遺跡がある。再建され現代の演劇に使われているギリシア・ローマ時代の劇場、浴場、後期ローマ時代のモザイクを使った贅沢な住宅、競技場、市のはずれには前 8 世紀～後 4 世紀まで有名な巡礼地だったアポロンの聖域がある。

エピダウロス¹ Epidaurus（ギリシア）

ギリシア南部、*ペロポネソス（Pelóponnesus）半島北東部の古代都市。*アルゴス（Argos）の東 40km、サロニコス湾に臨む。前 4 世紀の医学の神アスクレピオスの神殿で有名。ローマ時代までは半独立都市。現在、ギリシア劇が古代の劇場で上演されている。

エピダウロス [2] Epidaurus（クロアチア）⇒**ツァブタット Cavtat**

エヒタナハ〔エヒテルナハ〕Echternach（ルクセンブルク）

首都*ルクセンブルク [2]（Luxembourg）市の北東30km、シュール川に臨む町。ドイツと国境を接する。この町の鉱泉は古代ローマ人に利用された。698年、ドイツ人への布教のためにやってきた聖ウィルブロルドがベネディクト会の大修道院を創設。その修道院を中心に町が発展した。第2次世界大戦中の1944〜1945年、バルジの戦いではこの町が重要な拠点となった。

エピダムヌス Epidamnus⇒**ドゥラス Durrës**

エピナル Épinal（フランス）

フランス北東部、ボージュ県の県都。*ショモン（Chaumont）の東100kmに位置する。10世紀の修道院を中心に発展し、1465年にロレーヌ公領となった。18、19世紀には、16世紀以来ここで印刷されてきた《エピナールの版画》が有名になった。第2次世界大戦中は被害が大きかった。

エピファニア Epiphania⇒**ハマ Hama**

エフェソス〔エペソ〕Ephesus（トルコ）

*小アジア（Asia Minor）西部、*エーゲ海（Aegean Sea）地方イズミル県の古代都市。*イズミル（İzmir）の南南東56kmに位置する。イオニア人の都市としては最大級で、重要な港として栄えた。前6世紀、リュディアのクロイソス王の治世に、*ペルシア [1]（Persia）に割譲され、前334年にアレクサンドロス大王に占領された。前133年、*ローマ（Rome）の領地となり、*アシア（Asia）州の中心都市となった。アルテミスの大神殿は古代世界の七不思議に数えられる。のちに、エフェソスはキリスト教信仰の中心地となり、聖パウロが訪れた。431年、ネストリウス派の問題を扱う教会会議の拠点となる。港が沈泥で使えなくなると、住民もいなくなった。数多くの遺跡が発掘されている。

エブズフリート Ebbesfleet（イングランド）

イングランド南東部、*ケント（Kent）州北東部の村。*ドーバー [1]（Dover）海峡に臨むペグウェル湾に面し、*ラムズゲート（Ramsgate）の西南西3kmに位置する。449年、ブリテン島南部に侵攻した初期のサクソン人ヘンギストとホルサの上陸地とされる。597年には聖アウグスティヌスがここに上陸した。

エプソム・ユーエル Epsom and Ewell（イングランド）

イングランド南東部、サリー州北部のディストリクト地区。*ロンドン（London）の南南西22kmに位置する。1620年頃、鉱泉が発見されてから、発展し始めた。「エプソム塩」は鉱泉から採取されたことに由来する。ジェイムズ1世（在位1603〜25）の治世以来、エプソム競馬場で競馬が行なわれている。ダービー競馬とオークスはそれぞれ1780年と1779年からここで行なわれている。

エブダエ Ebudae⇒**ヘブリディーズ諸島 Hebrides, The**

エブラ Ebla（シリア）

シリア北西部、*アレッポ（Aleppo）の南西50kmに位置する古代都市の遺跡で、地元ではテル・マルディーフと呼ばれる。1960年代と1970年代の発掘により、前2400〜前2000年頃のカナン人以前のセム族の文化をもった古代都市の存在が明らかになった。この都市国家は人口が26万

もあったらしく、*カナン[1]（Canaan）から、さらに東は*マリ[2]（Mari）までシリアの大半を支配していた。商業王国で、官僚体制をとりつつ、長老議会による選挙で王が選ばれた。青銅器時代初期の都市は前2250年頃に*アッカド（Akkad）のナラム・シンによって破壊されたとされる。前2000年頃に今度はアモリ族に破壊されると、要塞化され青銅器時代中期には再び繁栄した。しかし、前1600年頃にヒッタイト人に完全に滅ぼされた。1975年、宮殿跡から楔形文字の書かれた粘土板文書が1万5千枚以上ある文書庫が発見され、その王国の行政と文学の解明に大きな光が投じられた。粘土板を解読して明らかになった名前の多くは旧約聖書に登場する名前を想起させる。

⇒ヒッタイト帝国 Hittite Empire

エフライム Ephraim（イスラエル）

イスラエル12支族の中のエフライム族が支配していた古代*カナン[1]（Canaan）の地域。パレスチナの中央の丘陵地帯にあった。旧約聖書によると、エフライムはヨセフの息子でエジプトで生まれた。父親は兄弟たちによって売り飛ばされて奴隷になったエジプトに住んでいた。エフライムは兄のマナセとともにヨセフ族から分かれた2支族となる。前1200年をすぎて間もない頃、この地域はエフライムに与えられたが、そこにはカナン人たちが住んでいた。カナン人はエフライムの子孫に労働を強いられる。エフライム族は勢力を拡大し、*シロ（Shiloh）はミズパ、*ベテル（Bethel）、シケム〔現在の*ナーブルス（Nablus）〕と同様に宗教の要地となる。前930年、エフライム族は北方の10部族を率いて南王国に対して反乱を起こし、エフライム族のヤラベアム1世を王として*イスラエル（Israel）王国を建てた。イスラエルの北王国はエフライムと呼ばれることがある。前721年、アッシリア人がイスラエルを支配し、住民を追放した。エフライムは「失われた10部族」の一つとなった。

エフラタ Ephrata ［旧名：Ephrata Cloisters］（合衆国）

*ペンシルベニア（Pennsylvania）州南東部の町。*ランカスター[3]（Lancaster）の北東21kmに位置する。ヨハン・コンラッド・バイセルが設けたドイツのバプテスト派修道会があった。町はエフラタ修道院（クロイスター）の名で知られ、音楽で有名だった。1745年、アメリカで最初期の印刷機が設置された。アメリカ独立戦争中、天然痘で人口が激減した。現在は農業と観光が盛ん。

エブラナ Eblana ⇒ダブリン Dublin

エブリポス Evripos ⇒ハルキス Khalkis

エブルー Évreux ［ラテン語：Civitas Eburovicum キウィタス・エブロウィクム, Mediolanum メディオラヌム］（フランス）

フランス北西部、ウール県の県都。*パリ（Paris）の西北西90kmに位置する。フランスでも屈指の歴史のある街で、ガロ・ローマ時代に繁栄し、4世紀には司教区になった。5〜14世紀までの間に5回襲撃されたり焼き討ちされたが、1584年にフランス王領となる。第2次世界大戦中の1940年にはドイツの爆撃を受けて被害は甚大。のちにほぼ修復された。大聖堂はフランスで最大級で、ステンドグラスの窓が有名。

エブロ川 Ebro River ［ラテン語：Iberus イベルス］（スペイン）

カンタブリア山脈に発し、南東に900km

流れて*バルセロナ（Barcelona）と*バレンシア ² (Vallencia) に挟まれた三角州から*地中海（Mediterranean Sea）に注ぐ。スペインで最長の川だが、船舶が航行できるのは海から24kmほどまで。スペイン内乱の1938年8月〜11月には王党派がこの川で大敗を喫した。現在、エブロ川水系の水力発電によりスペインの約50%の電力が供給されている。

エブロス Evros ⇒マリツァ川 Maritsa River

エブロドゥヌム ¹ Eburodunum（スイス）⇒イベルドン Yverdon

エブロドゥヌム ² Eburodunum（フランス）⇒アンブラン Embrun

エペイロス Epirus（アルバニア、ギリシア）
ギリシア北西部とアルバニア南部の古代地方。*マケドニア（Macedonia）と*テッサリア（Thessaly）の西に位置し、イオニア海に臨む。旧石器時代より集落が発達し、前4世紀にモロッソイ族により王国が形成され、前3世紀、ピュロスの治世に全盛期を迎えた。ピュロスは南は*アカルナニア（Acarnania）、北はアルバニア中央まで支配し、イタリアに侵攻したが失敗に終わった。ピュロスの後継者らがマケドニアを占領しようと企てたあとから、エペイロスは弱体化し始める。*ローマ（Rome）との戦争ではマケドニアに味方し、前167年にはアエミリウス・パウルスに襲撃された。中世になり、*コンスタンティノープル（Constantinople）が十字軍に滅ぼされると、エペイロス専制公国が成立し、1204〜1337年まで続いた。18世紀末、*イオアニナ（Ioánnina）のアリ・パシャによってエペイロスとアルバニアに独立国家がまた作られた。

エペソ ⇒エフェソス〔エペソ〕Ephesus（トルコ）

エペリィエス Eperjes ⇒プレショフ Prešov

エーベルスワルデ Eberswalde（ドイツ）
ドイツ東部、*ブランデンブルク（Brandenburg）の都市。*ベルリン（Berlin）の北東45km、フィノー運河に臨む。1254年に建設され、14世紀初期に都市権を獲得し、18世紀中期にチューリンゲン地方出身の刃物職人が住みつくようになった。1913年、前1050〜前850年頃の金細工が発見された。

エペルネ Épernay［ラテン語：Sparnacum スパルナクム］（フランス）
フランス北東部、マルヌ県の町。*シャロン‐シュル‐マルヌ（Châlons-sur-Marne）の西北西34km、*マルヌ川（Marne River）に臨む。これまで町が破壊されたり焼かれたことが20回以上ある。*ランス ²（Rheims）とともにシャンパンの瓶詰めと保管を行なう中心地で、シャンパンが周辺の丘陵地の地下貯蔵庫に保管されている。5〜10世紀までランスの大司教領となった。第1次世界大戦中は激戦地となった。

エベレスト山 Everest, Mount［チベット語：Chomolungma チョモランマ］（中国、ネパール）
*ヒマラヤ山脈（Himalayas）中央部、ネパールと*チベット（Tibet）の国境上にある山。標高8,848メートルで世界の最高峰。登頂への挑戦は最初の8回は失敗に終わったが、1953年5月28日にニュージーランドのサー・エドマンド・ヒラリーとネパール人シェルパのテンジン・ノルゲイが初登頂に成功。以降、様々な遠征隊が登頂している。ヒマラヤ山脈の測量を行なったイギリス人サー・ジョージ・エベ

レストにちなんで命名された。

エボイア Évvoia ⇒エウボイア〔エビア〕 Euboea

エボト Ebot ⇒アビドス[1] Abydos

エボラ Évora 〔ラテン語：Ebora エボラ, Liberalitas Julia リベラリタス・ユリア〕（ポルトガル）
ポルトガル中南部、アレンテージョ地方エボラ県の県都。首都*リスボン（Lisbon）の南東110kmに位置する。ローマ時代の軍事拠点で、前80～前72年までローマの司令官クイントゥス・セルトリウスの本部が置かれていた。8世紀、ムーア人に占領されたが、1166年に《豪胆ジェラルド》の率いるポルトガル軍が奪還。1385年以降、ポルトガル王室が好んで居地にした。1832年、ポルトガル王位要求者ドン・ミゲルの追放がここで決定された。

エポラ Epora ⇒モントロ Montoro

エボラクム Eboracum/Eburacum ⇒ヨーク[1] York（イングランド）

エボリ Eboli（イタリア）
イタリア南部、*カンパニア（Campania）州サレルノ県の町。*サレルノ（Salerno）の東南東27kmに位置する。第2次世界大戦中、連合軍がサレルノに上陸し、激戦によって町の被害は甚大だった。

エポレディア Eporedia ⇒イブレア Ivrea

エマウス Emmaus 〔エマウス・ニコポリス Emmaus Nicopolis〕〔ヘブライ語：Imwas イムワス〕（イスラエル）
*カナン[1]（Canaan）の古代の町。現在のパレスチナの*ウェスト・バンク〔ヨルダン川西岸地区〕（West Bank）にあった。*エルサレム（Jerusalem）の西北西23kmに位置する。前2世紀のユダヤ人の反乱でマカバイオスのユダがここでゴルギアスを破った。

エマウス・ニコポリス Emmaus Nicopolis ⇒エマウス Emmaus

エマオ Emmaus（パレスチナ）
パレスチナの*ウェスト・バンク〔ヨルダン川西岸地区〕（West Bank）にあった古代の村。*エルサレム（Jerusalem）の北西6kmにあったと考えられるが、正確な位置はわかっていない。

「ルカによる福音書」第24章13節によるとここでクレオパともう一人の弟子が復活したイエスにあったという。

エミラウ島 Emirau Island（パプアニューギニア）
*ニューギニア（New Guinea）の北、*ビスマーク諸島（Bismarck Archipelago）の島。第2次世界大戦中の1944年3月19日、アメリカ海軍は島伝い作戦を展開して、*日本（Japan）軍からこの島を奪取した。

エミリア Emilia ⇒エミリア-ロマーニャ Emilia-Romagna

エミリア街道 Aemilian Way 〔ラテン語：Via Aemilia ビア・エミリア〕（イタリア）
前187年に造られた約280kmの古代ローマの道路。北イタリア、*エミリア-ロマーニャ（Emilia-Romagna）州のアリミヌム〔現在の*リミニ（Rimini）〕に発してプラケンティア〔現在の*ピアチェンツァ（Piacenza）〕に至る。*フラミニア街道（Flaminian Way）から続くこの街道は、古代ローマの総督マルクス・アエミリウス・レピドゥスに

よって造られ、この地域で頻発する洪水の影響を受けないように高くなっていて、のちにメディオラヌム〔現在の*ミラノ（Milan）〕まで延長された。

エミリア-ロマーニャ Emilia-Romagna [旧名：Emilia エミリア；ラテン語：Aemilia アエミリア]（イタリア）
イタリア北東部の州で豊かな農業地域。東は*アドリア海（Adriatic Sea）に臨み、南は*トスカナ（Tuscany）州と*マルケ（Marches, The）州に接し、北は*ベネト（Veneto）と*ロンバルディア（Lombardy）に接する。州都はボローニャ（Bologna）。5世紀、エミリアと*ロマーニャ（Romagna）はランゴバルド人に支配され、6世紀にはロマーニャが*ビザンツ帝国（Byzantine Empire）に占領され、8世紀にエミリアはフランク族に占領された。17世紀にはナポレオン戦争終結まで、エミリアは*モデナ（Modena）公国に割譲され、その後は*パルマ²（Parma）・*ピアチェンツァ（Piacenza）公国に割譲された。ロマーニャは16世紀以降は教皇領。1797〜1814年までこの地域は*フランス（France）に支配された。1859年、*ピエモンテ（Piedmont）州と合併。
⇒ ポー川 Po River

エムデン Emden（ドイツ）
ドイツ北西部、*ニーダーザクセン（Lower Saxony）州の港湾都市。*北海¹（North Sea）に臨む*東フリースラント（East Friesland）地方のエルム河口に位置する。西暦800年頃に建設され、バルト海沿岸諸国との貿易港として発展し、15世紀に東フリースラントの首都となる。16世紀、ヨーロッパで最大級の商船隊を擁していた。1866年、*プロイセン（Prussia）に割譲。1899年、運河により*ルール（Ruhr）と結ばれた。現在、ドイツで第3の規模の港。

1943〜1945年には連合軍の爆撃を再三受けて甚大な被害が出たが、その後再建された。
⇒ フリースラント Friesland

エメサ Emesa ⇒ホムス Homs

エメリタ・アウグスタ Emerita Augusta ⇒メリダ² Mérida（スペイン）

エメリヒ Emmerich（ドイツ）
ドイツ西部、*ノルト・ライン-ウェストファーレン（North Rhine-Westphalia）州の都市。*ミュンスター（Münster）の西南西98km、*ライン川（Rhine River）に臨む。697年に初めて文献に登場し、1402年に*クレーウェ（Kleve）に割譲され、1407年には*ハンザ同盟（Hanseatic League）に加わった。1945年、第2次世界大戦終結間近に連合軍がここでライン川を横断した。

エモナ Emona ⇒リュブリャナ Ljubljana

エラ Ella ⇒エルダ Elda

エライオス Elaeus ⇒メソロンギ Mesolóngion

エラクレア Eraclea ⇒ヘラクレア¹ Heraclea（イタリア）

エラサル Ellasar ⇒ラルサ Larsa

エラス Ellas ⇒ギリシア Greece

エラテ Elath ⇒エーラト Elat

エラテア Elatea [Elatia]［ギリシア語：Elateia エラテイア]（ギリシア）
古代ギリシアの*フォキス（Phocis）の都市。*ラミア（Lamia）の南東42kmに位置

する。ケフィソス川流域の要所にあった。前339年、*マケドニア（Macedonia）のフィリッポス2世に占領され、*ボイオティア（Boeotia）から北に向かう径路が遮断された。現在のエラテイアは古代と同じ場所にある。

エラテイア Elateia ⇒ エラテア Elatea

エーラト Elat ［エイラト Eilat, エラテ Elath, エロテ Eloth］（イスラエル）

イスラエル南部、アカバ湾の最奥にある港湾都市。*ベールシェバ（Beersheba）の南190kmに位置する。ソロモンの時代に港だった*エジオン‐ゲベル（Ezion-geber）があった場所と考えられている。1116年、十字軍に占領されたが、1167年にサラディンが奪還した。1948～1949年のアラブ・イスラエル戦争が終結し、イスラエルはこの都市を占領して、紅海への道を確保するために現在の都市を建設した。1956年と1967年のアラブ・イスラエル戦争ではエジプトがアカバ湾を封鎖したために、港が使えなくなった。イスラエルが勝利を収めてから港が拡張され、人口が1959年の529人から1990年代には5万人を超えるまでになった。

エーラト湾 Gulf of Elat ⇒ アカバ湾 'Aqaba, Gulf of

エラブガ Yelabuga ［Elabuga］（ロシア）

タタールスタン共和国北部のカマ川の河港がある都市。*カザン（Kazan）の東160kmに位置する。1780年に勅許を受ける。1858年に町から5kmの河岸に重要な埋葬塚が発見され、石器時代、青銅器時代、鉄器時代の埋葬品が見つかった。

エラム ¹ Elam ［スシアナ Susiana］（イラン）

アジア南西部の古代都市。ペルシア湾の北、*チグリス川（Tigris River）の東に位置し、現在の*フージスターン（Khuzestan）州にほぼ該当する。首都は*スーサ ¹（Susa）だった。早くも前3000年代には文明が誕生したエラム人の土地。エラム人は前1900年代の初めには*バビロン（Babylon）に侵攻した好戦的な民族で、*ラルサ（Larsa）に王朝を築き、バビロン、*イシン（Isin）、*エレク（Erech）を征服した。前13世紀～前12世紀に全盛期を迎え、文化も隆盛を極めたが、前7世紀にはスーサが*アッシリア（Assyria）王アッシュールバニパルに占領され、町は略奪されて衰退した。

エラム ² Elam（イラン）⇒ フージスターン Khuzestan

エーランズラーフタ ⇒ イーラーンツラーフタ〔エーランズラーフタ〕Elandslaagte（南アフリカ）

エーランド Öland（スウェーデン）

スウェーデンの南東海岸沖にある*バルト海（Baltic Sea）の島。石器時代の墓が発見されている。岩を船の形に並べたものである。歴史にその名が登場したのは8世紀。西海岸には、13世紀に建設され、16世紀に再建、拡大された、かつては壮麗だったスウェーデン人の城の遺跡がある。

エリー Erie（合衆国）

*ペンシルベニア（Pennsylvania）州北西部の港湾都市。*バッファロー（Buffalo）の南西130km、*エリー湖（Erie, Lake）東岸に位置する。1753年、フランス人によってプレスク・アイル砦として建設され、1759年にイギリスが占領したが、1763年のポンティアック戦争中にインディアンによっ

て破壊された。1795年、巨大な海軍造船所と一緒に町が建設された。1812年戦争〔アメリカ・イギリス戦争〕中のエリー湖の戦いでイギリス海軍を破った艦隊はここで造られた。ペンシルベニア州で五大湖に臨む唯一の港。

エリー運河 Erie Canal （合衆国）

*ニューヨーク（New York）州の運河。*エリー湖（Erie, Lake）と*ハドソン川（Hudson River）を結び、五大湖地方を*ニューヨーク市（New York City）で大西洋と結んでいる。運河はニューヨーク州知事をはじめ数多くの公職を歴任したデ・ウィット・クリントンの発案になる。1871年7月4日に工事が始まり、西の*バッファロー（Buffalo）から東の*オールバニー（Albany）まで全長584kmが完成し、盛大な祝典と共に開通した。運河のお陰で中西部の農産物を東部沿岸地方に安く簡単に運ぶルートが切り拓かれ、ニューヨーク州は「帝国州（Empire State）」と呼ばれるまでに発展した。また、中西部に新たな居住地を求める人たちにとっても運河は便利な交通路となった。

運河の支線が数多く造られたが、特に重要な役目を果たすことになったのはシャンプレーン運河、オスウェゴ運河、カユガ・セネカ運河。エリー運河は大成功を収め、絶えず拡張を続けたが、1905年にニューヨーク州運河網の工事が始まり、全面的に近代化されることになった。1918年に完成したが、その時にはすでに鉄道が運河の役割を奪っていた。《艀運河》は支線を含めて全長840kmで、長さ90メートル、幅12.6メートルの艀に対応できたが、現在は主に遊覧船が走っている。西はトナワンダから東は*トロイ[2]（Troy）までで、支線によって*オンタリオ（Ontario）湖、*シャンプレーン湖（Champlain, Lake）、

カユガ湖、セネカ湖がつながっている。

エリオクロカ Eliocroca ⇒ロルカ Lorca

エリクプール Elichpur/Ellichpur ⇒アカルプール Achalpur

エリクール Héricourt （フランス）

フランス東部、オート - ソーヌ県の町。*ベルフォール（Belfort）に近い。*ブルゴーニュ（Burgundy）豪胆公シャルルの*ロレーヌ（Lorraine）占領を受け、1474年にここでスイス軍がブルゴーニュ公を破った。プロイセン・フランス戦争中の1871年1月、フランスのブルバキ将軍がプロイセンのベルフォール包囲を解こうと試みたが、失敗に終わった。

⇒スイス Switzerland

エリコ Jericho ［アラビア語：Arīḥā アリーハー］（パレスチナ）

*エルサレム（Jerusalem）の東北東22km、*死海（Dead Sea）の湖頭に位置する村。重要な考古学遺跡。1967年以来*イスラエル（Israel）に占領されている、*ウェスト・バンク〔ヨルダン川西岸地区〕（West Bank）にある。かつては古代*カナン[1]（Canaan）の都市だった。エリコの遺丘、すなわちテル（テル・エッ・スルタン）は繰り返し発掘されてきたが、最下層から最古の恒久定住地遺跡の一つが見つかっている。日干しれんが造りの住居が並ぶ、周壁に囲まれた町が初めて築かれたのは、前7000年頃とされてきた。以降、ここには城壁都市が繰り返し建設され、その末期にはヨシュアとイスラエルの民に攻略された、後期青銅器時代の都市が築かれる。だが残念ながら、その時代の遺跡は事実上遺っていない。第1次世界大戦中の1918年2月21日には、*イギリス（United

Kingdom) に占領された。1994 年にイスラエル統治からパレスチナ人自治に移行された初の都市となった。

エリー湖 Erie, Lake (カナダ、合衆国)
西と北はカナダの*オンタリオ (Ontario) 州、東は*ニューヨーク (New York) 州、南は*ペンシルベニア (Pennsylvania) 州と*オハイオ (Ohio) 州、南西はミシガン (Michigan) 州に囲まれている湖。1669 年にフランス人探検家のルイ・ジョリエが発見したとされる。17 世紀末、イングランド人とインディアンにより交易が盛んになった。1812 年戦争〔アメリカ・イギリス戦争〕の時には戦場となり、1813 年 9 月 10 日にオリバー・ハザード・ペリーの指揮するアメリカ海軍が*プット-イン-ベイ (Put-in-Bay) にてイギリスの小艦隊を破った。この勝利によってアメリカは*ノースウェスト・テリトリーズ²〔北西部領地〕 (Northwest Territory) を獲得。五大湖の中で面積は 4 番目で、*セント・ローレンス川 (Saint Lawrence River) の一部にもなっている。1960 年代と 1970 年代には水質汚染が深刻化し、近年になって生態系の保持に努める動きが出てきた。港としてはバッファロー (Buffalo)、*エリー (Erie)、*クリーブランド² (Cleveland)、*トレド〔トリード〕 (Toledo) がある。

エリコン Elikón ⇒ヘリコン山 **Helicon**

エリザベス Elizabeth [旧名：Elizabethtown エリザベスタウン] (合衆国)
*ニュージャージー (New Jersey) 州北東部の港湾都市。*ニューアーク² (Newark) の南 8km、ニューアーク湾に臨む。1664 年にインディアンから購入し、1668 ～ 1682 年まで植民者たちの会合場所となった。アメリカ独立戦争時には何度か戦場とな

った。1746 年創立のプリンストン大学発祥の地。1830 年から工業が発達し始め、鉄道輸送の成長によってさらに発達。20 世紀末、ニューアーク湾とエリザベスは海上輸送の起点となり、コンテナを扱うアメリカ東海岸の港の中でトップクラスの集荷量となっている。

エリザベス・シティ¹ Elizabeth City (合衆国)
*ノースカロライナ (North Carolina) 州北東部の都市。*バージニア (Virginia) 州*ノーフォーク² (Norfolk) の南 64km、パスクォタンク川に臨む。17 世紀中期に入植され、1665 年に第 1 回カロライナ州議会の開催地となった。南北戦争中、1862 年に北軍に占領され、町が焼かれた。

エリザベス・シティ² Elizabeth City Corporation ⇒ハンプトン³ **Hampton** (合衆国)

エリザベスタウン¹ Elizabethtown (合衆国)
*ケンタッキー (Kentucky) 州中部の都市。*ルイビル (Louisville) の南 65km に位置する。南北戦争中、ルイスビル・ナッシュビル線の鉄道を破壊しようとしたジョン・モーガン将軍の指揮する南軍の爆撃を受けた。1871 ～ 1873 年までジョージ・A・カスター将軍がこの町に配属された。

エリザベスタウン² Elizabethtown (合衆国、メリーランド州) ⇒ヘイガーズタウン **Hagerstown**

エリザベスタウン³ Elizabethtown (合衆国、ニュージャージー州) ⇒エリザベス **Elizabeth**

エリザベトグラード Elizabetgrad ⇒ キロボフラード **Kirovohrad**

エリザベートビル Élisabethville ⇒ルブンバシ Lubumbashi

エリザベトポリ Elisavetpol ⇒ギャンジャ Gyandzha

エリス Elis［エレア Elea］［ギリシア語：Iliá イリア］（ギリシア）
*ペロポネソス（Pelóponnesus）半島北西部の古代都市国家。前776年からエリスの*オリンピア[1]（Olympia）にてオリュンピア競技が行なわれた。前572～前470年まで*スパルタ（Sparta）と同盟を結んで*ペルシア[1]（Persia）と戦い、民主制を取り入れた。巧みな外交術とオリュンピア競技を主催する中立の立場を強調して、ペロポネソス戦争も切り抜けて、ローマ人に征服されるまで独立を保つことができた。

エリスケイ Eriskay（スコットランド）
スコットランド北西、南ユーイスト島の南、*アウター・ヘブリディーズ（Outer Hebrides）諸島の島。1745年、若僭王チャールズ・エドワードが初めてスコットランドの地を踏んだ場所。

エリス諸島 Ellice Islands ⇒ツバル Tuvalu

エリスタル Héristal ⇒エルスタール Herstal

エリス島 Ellis Island（合衆国）
*ニューヨーク（New York）州南部の島。*ニューヨーク市（New York City）のニューヨーク湾北の*マンハッタン島（Manhattan Island）の南西に位置する。島はハドソン川のニュージャージー州側にあるが、ニューヨーク州が所有する。1834年、ニュージャージー州は島の管轄権をニューヨークに与えることに同意したが、のちにニューヨークの主張に異議を唱えた。両州は何十年もの法廷闘争のあと、共同で島を管理することに同意した。本来は弾薬庫と要塞だったが、1892～1943年までアメリカの入国管理事務所で有名だった。1965年、自由の女神国定史跡の一部となった。1998年、最高裁は島の大半をニュージャージー州に管轄権を認めたが、間もなく両州は管轄権の共有に同意した。

エリダヌス Eridanus ⇒ポー川 Po River

エリチェ Erice ⇒エリュクス Eryx

エリドゥ Eridu［アラビア語：Abu Shahrain アブ・シャーライン］（イラク）
シュメール地方の古代都市。*ウル（Ur）の南西11km、*ユーフラテス川（Euphrates River）とペルシア湾が近い。現在のナーシリーヤにあった。*メソポタミア（Mesopotamia）南部で最古の町で、前5000年頃～前600年まで住人がいた。発掘調査により、*バビロン（Babylon）南部で屈指の重要な都会であったことが判明した。バビロニア神話の水と知恵の神エアの聖地。

エリトリア Eritrea
アフリカ大陸北東部、*紅海（Red Sea）に臨む国。首都は*アスマラ（Asmara）。7世紀までは古代エチオピアの*アクスム[1]（Axum）王国の一部だった。沿岸部の大半は16世紀に*オスマン帝国（Ottoman Empire）に征服された。19世紀末、この地域をめぐってエチオピアは*エジプト（Egypt）、*イタリア（Italy）と戦った。1890年以降は主にイタリアが支配し、エチオピアに侵攻した1935～1936年まではイタリアの基地となり、第2次世界大戦中の1941年にイギリスに占領されるまで

はイタリアが支配していた。1952年まで国際連合の信託統治領となり、その後はエチオピアと連邦を結成し、1962年にはエチオピアと統合した。1962年からエリトリアの分離主義者たちがエチオピアとゲリラ戦を展開し、1975年には戦争となって、深刻な難民問題が生じた。当初からの反乱グループだったエリトリア解放戦線（ELF）にエリトリア人民解放戦線（EPLF）が1970年代に加わった。1980年、EPLFがELFを排除し、1990年にはほとんどの地域からエチオピア人を追い出した。1993年、エリトリアの住民投票によって独立が支持された。1998～2000年までエチオピアとの国境紛争が続いていたが、2000年に国連の平和維持軍が入り、2002年には*ハーグ（Hague, The）国際仲裁裁判所の国境画定委員会が国境を示ししたが、未だに両国の争いは続いている。

エリトン Elton [El'ton]（ロシア）

ロシア南西部の村。*ボルゴグラード（Volgograd）の東北東180kmに位置する。第2次世界大戦の1942～1943年、ドイツが*スターリングラード（Stalingrad）を包囲した時、ロシアの重要な補給基地となった。

エリュクス Eryx [旧名：1934年まで：Monte San Guiliano モンテ・サン・ジュリアー；現代：Erice エリチェ]（イタリア）

*シチリア（Sicily）島の古代の町。*トラパニ（Trapani）の東北東7kmの地点にあった。鉄器時代初期にエリュモス人が住みついた。前405年からカルタゴ帝国の一部となり、長年にわたってギリシアの*シラクサ（Syracuse）が支配しようとねらっていた。前278年、*エペイロス（Epirus）のピュロス王が占領し、ポエニ戦争中の前260年頃に*カルタゴ2（Carthage）に町

が破壊され、第1次ポエニ戦争が終わると*ローマ（Rome）に割譲された。遺跡としては《エリュクスのウェヌス》の有名な神殿や、巨石の壁、塔がある古代ローマの要塞、中世の城、正面がゴシック様式の14世紀初期の大聖堂がある。

エリューセラ Eleuthera（バハマ）

大西洋西部の島。*ニュー・プロビデンス島（New Providence Island）の東に位置する。17世紀にイングランドによってバハマ諸島で最初期に植民地化された地域。現在はアメリカのミサイル追跡基地が置かれている。

エリュトライ Erythrae（トルコ）

古代*リュディア（Lydia）のイオニア人の都市。カラ・ブルン半島の現在のイズミル県にあった。対岸には*キオス（Chios）島がある。前453年、貢ぎ物の奉納を拒否して*アテネ（Athens）との同盟から脱退した。新政府になって再び同盟を結んだが、ペロポネソス戦争ではまたエリュトライが反乱を起こした。前334年、アレクサンドロス大王によってペルシアの支配から解放され、前133年以降はローマの属州*アシア（Asia）の自由都市となる。イオニア人の重要な12都市の一つで、巫女であるヘーロピレーとアテネスで有名だった。*ローマ帝国（Roman Empire）と*ビザンツ帝国（Byzantine Empire）の裕福な都市だったが、15世紀にトルコに併合された。

エリュマンドルス Erymandrus ⇒ヘルマンド川 Helmand River

エリュミア Elymia ⇒レビディ Levidi

エリン Hellín（スペイン）

　スペイン南東部、*アルバセテ（Albacete）の南南東 56 km に位置する、アルバセテ県の町。商取引と流通の拠点。ローマ時代から操業する硫黄鉱山で有名。

エーリングズドルフ Ehringsdorf（ドイツ）

　ドイツ中部、*チューリンゲン（Thuringia）州*ワイマール（Weimar）市南部の郊外。1925 年、ここで頭蓋骨と人骨が発見された。頭蓋骨は前 7 万 5 千年の第 3 間氷期までさかのぼり、多くの専門家はこれまで発見されたネアンデルタール人の化石の中でも最古の部類になるという。

エリンベルム Elimberrum ⇒オーシュ Auch

エール[1] Aire［エール - シュル - ラドゥール Aire-sur-l'Adour］［旧名：Atura アチュラ；ラテン語：Vicus Julii ウィクス・ユリイ］（フランス）

　*モン - ド - マルサン（Mont-de-Marsan）の南東 32 km に位置するランド県の町。中世には西ゴート人の王たちが、5 世紀には司教がこの町に居を定めていた。

エール[2] Eire ⇒アイルランド Ireland

エル - アゲイラ El-Agheila ⇒ アル - アゲイラ Al-Agheila

エル・アラメイン El Alamein［アル - アラメイン Al-Alamein］［アラビア語：Al-'Alamayn アル - アラマイン］（エジプト）

　*アレクサンドリア[1]（Alexandria）の西南西 99 km に位置する*地中海（Mediterranean Sea）に臨む町。第 2 次世界大戦中、エルビン・ロンメル将軍指揮下の枢軸軍がエジプトを攻めてここまで進軍したが、1942 年 6 月 30 日バーナード・モントゴメリー元帥指揮下の連合軍に阻まれ、10 月 23 日には

イギリス第 8 軍団の反撃を受けるに至った。その後、戦いは 1942 年 6 月 30 日まで続くが、連合軍は決定的な勝利を収めてドイツのエジプト占領を阻止する。

エル - アリーシュ El-'Arish ⇒ アル - アリーシュ Al-'Arish

エル・アルガール El Argar ⇒ イベリア半島 Iberian Peninsula

エル・エスコリアル El Escorial［サン・ロレンソ・デ・エル・エスコリアル San Lorenzo de El Escorial］（スペイン）

　スペイン中部、マドリード州マドリード県の町。*マドリード（Madrid）の北西 40km、グアダラマ山脈の南西麓に位置する。有名な修道院があり、院内に宮殿、美術館、霊廟がある。世界でも屈指の大建築で、1557 年に*サン - カンタン（Saint-Quentin）にてスペインがフランスを破った記念にフェリペ 2 世によって、1563 〜 1584 年までサン・ロレンソ・デ・エル・エスコリアル修道院として建設され、のちにフェリペ 2 世の王宮として使われた。建築家はファン・バウティスタ・デ・トレドとフアン・デ・エレラだった。王宮はのちにスペインのハプスブルク王家にも使われた。スペインでも最高の美術蒐集品が収められ、稀覯本や貴重な写本を収蔵する図書館も備えている。

エル・ガザラ El Gazala ⇒ ガザラ Gazala

エルカヤオ El Callao（ベネズエラ）

　ベネズエラ南東部、ボリバル州の町。*シウダード・ボリバル（Ciudad Bolívar）の東南東 220km に位置する。1885 年には世界一の金産出地となった。金鉱は現在も採掘されている。

エルカンタラ El Kantara ⇒**カンタラ** Qantarah, Al

エルギン Elgin（スコットランド）
スコットランド北西部、*マリー [1]（Moray）郡 の都市。*インバネス（Inverness）の東北東58km、ロッシー川に臨む。1234年、都市権を獲得。1291年、イングランドが支配するスコットランドの最北端の地域となる。1224年、「北のランタン」と呼ばれるマリー大聖堂が建設され、1270年と1390年に火災で損傷したが、再建され、スコットランドで屈指のゴシック様式教会となったが、18世紀には荒廃した。1934年に創設されたゴードンスタン校は*エディンバラ（Edinburgh）公フィリップと子息チャールズも学んだパブリックスクール。
⇒**マリー** Moray

エルギンシャー Elginshire ⇒**マリー** Moray

エル - ゲジラ El-Gezira ⇒ **ジャジーラ** Al-Jazirah

エル - ゲッター Al-Guettar［El-Guettar］（チュニジア）
チュニジア中西部、ガフサ県の町。*スファックス（Sfax）の西160kmに位置する。第2次世界大戦中の1943年3月19日、連合軍は*マレス線（Mareth Line）へと進軍中にドイツ軍から町を奪還。

エル・ケネー El Caney（キューバ）
キューバ東部の都市で戦場跡。*サンチアゴ・デ・クーバ（Santiago de Cuba）の北東7kmに位置する。アメリカ・スペイン戦争中の1898年7月1日、ヘンリ・ロートン将軍の指揮するアメリカ軍がここでスペイン軍を破り、*サン・フアン・ヒル（San

Juan Hill）でも勝利を収めて、サンティアゴ占領に至った。

エル - ケフ El-Kef ⇒**ル・ケフ** Le Kef

エルコラーノ Ercolano ⇒ **ヘルクラネウム** Herculaneum

エルザス Elsass ⇒**アルザス** Alsace

エルザス - ロートリンゲン Elsass-Lothringen ⇒**アルザス - ロレーヌ** Alsace-Lorraine

エルサルバドル El Salvador
*中央アメリカ（Central America）中部の共和国。*ホンジュラスの南西に位置し、太平洋に臨む。首都は*サン・サルバドル [2]（San Salvador）。1524年、ペドロ・デ・アルバラードらスペイン人に征服され、のちに*グアテマラ（Guatemala）総督領の一部となり、1821年にグアテマラ総督領がスペインから独立すると、エルサルバドルは一時アグスティン・デ・イトゥルビデ皇帝のメキシコ帝国の領地となった。1823～1839年まで*中央アメリカ連邦（United Provinces of Central America）に加わり、その後、グアテマラと*ニカラグア（Nicaragua）からの干渉により政情不安に陥る。1931～1944年までマルティネス将軍による独裁政治。1969年、4日間だけホンジュラスと戦争。最近は政情不安、政府の腐敗と圧政、反乱、ゲリラ戦に苦しめられている。中央アメリカでは最小の国家であり、人口密度は最大で、最も貧しい国。1979年、カルロス・ウンベルト・ロメロ大統領が暫定軍事政権により倒された。殺人とテロが続き、政府と反政府勢力の中心グループであるFMLNとの間で全面戦争となった。1984年、民主主義共和同盟のホセ・ナポレオン・ドゥアルテが大統領

に就任。FMLNと右翼の暗殺団の間でゲリラ戦が続き、1989年にARENAの主導者アルフレド・クリスティアーニが大統領に就任以後はさらに悪化した。1991年、政府は国際連合の仲介によりFMLNと協議し、1992年には和平合意を実現。7万人以上が死んだ12年間の内戦に終止符が打たれた。FMLNは解散し、1994年の総選挙に参加したが、ARENAは政権を維持した。右翼と左翼の暴力的な活動は沈静化し、政府は大規模な農地改革を実施。経済の発展は1998年のハリケーン「ミッチ」と2001年に起きた2度の地震など自然災害によって減速している。

エルサレム　Jerusalem　[シティ・オブ・デイビッド City of David, シティ・オブ・グレートキング City of the Great King] [古代：Hierosolyma ヒエロソリマ；アラビア語：Al-Quds アル - クドゥス；ヘブライ語：Yerushalayim イェルシャライム；ラテン語：Aelia Capitolina アエリア・カピトリナ] (イスラエル、パレスチナ)

イスラエルの古代都市で、現在の首都。一方、パレスチナ自治政府にとっても地方行政区画の一つエルサレム県であり、さらにはパレスチナ国家独立時の首都と定められている。*地中海（Mediterranean Sea）から56kmの距離にあり、*死海（Dead Sea）北端の西21kmに位置する。ユダヤ教およびキリスト教の聖地。イスラーム教徒にとっても第三の聖都である。

エルサレムの起源はおそらく紀元前4千年紀にさかのぼる。その後、古代*カナン[1]（Canaan）のエブス人の城塞都市となり、*エジプト（Egypt）の*テル・エル - アマルナ（Tell el-Amarna）から出土した、前1370年頃のアマルナ文書に都市の名が初めて現われる。前1000年頃、ヘブライ人（ユダヤ人）の王ダビデに征服され、ダビデの王国の都となった。オフェルの丘の古い都市の遺跡は、現在シティ・オブ・デイビッドと呼ばれ、近年大規模な発掘が進められている。ダビデ王の息子ソロモンは、前970年頃、ここに初めて神殿を建造した。ソロモンの死後、ヘブライ人（ユダヤ人）の王国は分裂し、エルサレムは南の*ユダ（Judah）王国の首都となった。北のイスラエル王国は、前721年に*アッシリア（Assyria）によって滅ぼされるが、ユダ王国とその都は絶え間ないアッシリアとバビロニアの脅威に耐え続けた。だが前586年、バビロニアに征服され、住民は*バビロン（Babylon）へ連行される。*ペルシア[1]（Persia）の初代国王、キュロス大王（前600頃〜前529）のより寛大な処遇によって、ユダヤ人の帰郷が許されたときには、エルサレムは廃墟となっていた。その後、市街や神殿は徐々に再建されるが、ネヘミヤの下で城壁が再建されたのは前450年頃のことだった。

以降、現在に至るまで、エルサレムは重要な都市とされてきた。前332年には*マケドニア王国（Macedon, Empire of）の創始者アレクサンドロス大王に征服され、アレクサンドロスの後継者たち、次いでエジプトのプトレマイオス朝、*セレウコス朝（Seleucid Empire）の支配を受けるが、その後マカベア家に占領されると、前2世紀〜前1世紀にかけて、再びユダヤ人国家の首都となった。前64年、エルサレムを含むユダは*ローマ（Roma）のポンペイウスに征服され、エルサレムはイドマヤ人であるヘロデ王の都となる。王は神殿の丘に、壮麗な神殿を新たに建造した。今も遺る「嘆きの壁」はヘロデ王が建てた巨大な神殿の基礎の一部。*ナザレ（Nazareth）のイエスが宣教を行なった時代、エルサレムは再び人口の多い活気ある都市になったが、西暦66〜73年にかけてユダヤ人の激しい反乱が起こり、ローマ

314 エルサレム

の将軍ティトゥスは70年にエルサレムを包囲して攻め落とし、神殿を破壊して神聖な装飾品をローマへ持ち去った。132〜135年にかけて、バル・コクバの主導で2度目のユダヤ人反乱が起こった際も、エルサレムはハドリアヌス帝の軍隊によって再び破壊され、ローマの都市アエリア・カピトリナが築かれた。ユダヤ人は都市から排除され、嘆きの壁への訪問以外は立ち入りを許されなかった。

西暦313年に、大帝コンスタンティヌスの下で*ローマ帝国（Roman Empire）がキリスト教に改宗すると、エルサレムは聖地巡礼の中心地として栄え、聖堂は修復され、初代の聖墳墓教会が創建された。それ以後も*ビザンツ帝国（Byzantine Empire）時代の初期まで多くの巡礼者が訪れたが、614〜629年にかけて、一時的にササン朝ペルシアに占領された。絶え間ない戦いにより両帝国が互いに疲弊した後、638年にアラブ人が西進し、エルサレムを攻略した。以降、近代まで、エルサレムはイスラーム教の都市となる。

イスラーム教では、ムハンマドが神殿の丘から昇天したとされているため、エルサレムは、ユダヤ教やキリスト教と同様、イスラーム教の聖都となった。691〜692年にかけて、初期イスラーム教の壮麗なモスク、岩のドームがムハンマド昇天の地に建造される。このようにイスラーム教徒の支配下にあっても、中世を通じて、キリスト教徒の巡礼が絶えることはなかった。1077年にエルサレムはセルジューク・トルコに占領される。また、初期の残虐な十字軍の標的ともなった。1099年には十字軍が都市を蹂躙して住民を虐殺し、この地をほぼ1世紀の間、*エルサレム王国（Jerusalem, Latin Kingdom of）の首都とする。1187年、クルド族のサラディンが勝利を収め奪回するが、その際、

無用な殺戮は行なわれなかった。1291年にエジプトの*マムルーク帝国（Mamluk Empire）の支配下におかれ、1516年には*オスマン帝国（Ottoman Empire）に攻略され、3世紀以上にわたって支配された。この間に華やかな都市が再建されたが、とりわけ16世紀に城壁を修復した壮麗帝スレイマン1世の治世には顕著な成果があった。

19世紀後半のシオニスト運動の中で、ユダヤ人が再びエルサレムやその周辺に入植を始め、1900年までには都市で最多の民族となる。エルサレムは、第1次世界大戦中の1917年12月、アラブ人の友軍としてパレスチナのトルコ軍を攻撃するために遠征中だった*イギリス（United Kingdom）によって占領され、1922〜1948年まで、国際連盟の委任統治領の一部として、イギリスの統治下におかれた。だが、ユダヤ人とアラブ人の双方に対してパレスチナの領有を約束していたイギリスは、両者の絶え間ない紛争に業を煮やして、1947年に委任統治領を国際連合に委譲し、国連はパレスチナをユダヤ人国家とアラブ人国家とに分割し、エルサレムと周辺地域を国際的に保証された中立都市とした。しかし1948年、委任統治期限の満了に伴い、ユダヤ人とアラブ人は戦争に突入する。*ヨルダン（Jordan）はエルサレムの旧市街と、イスラエルが新国家の首都と宣言した新市街とを制圧した。1967年の第3次中東戦争では、イスラエルが旧市街を占領し、新市街すなわちイスラエル地区に統合した。1980年には、エルサレム全体が正式にイスラエルの首都とされるが、同じくここを首都と主張するパレスチナ自治政府との間で、現在に至るまで紛争の火種となっている。また、併合を通じて都市は東西に拡大されつつあり、その結果、パレスチナのアラブ人住民とユダヤ教徒住民との間に、今も対立

が生じている。

エルサレム王国　Jerusalem, Latin Kingdom of

[中世：Outremer ウトラメール]（イスラエル、
パレスチナ）

十字軍によってエルサレムに建てられた
キリスト教徒の封建国家。第1回十字軍
が*パレスチナ（Palestine）および*シリア[2]
（Syria）においてイスラーム教徒から奪取
した領土に樹立。1099年に十字軍が*エ
ルサレム（Jerusalem）を包囲攻略し、略奪
と住民の大量虐殺を行なったあと、十字
軍に参加した封建諸侯によって王国が建
てられた。ゴドフロワ・ド・ブイヨンが
王に指名され、ゴドフロワ本人は信仰上
の理由から「聖墳墓守護者」の称号を好
んだものの、弟であり後継者であるボー
ドゥアン1世は王を名乗った。西ヨーロ
ッパが封建制の全盛期にある中で樹立さ
れたこの王国は完全な封建制国家の特性
を備え、大規模な領地を持つ有力諸侯に
よって王が選ばれた。王領地にはエルサ
レム近郊の小規模領地も含まれた。北方
に位置するキリスト教国、エデッサ〔現
在の*ウルファ（Urfa）〕、*アンティオキア
（Antioch）、*トリポリ[1]（Tripoli）は、名目
上はエルサレム王国の封土だったが、実
質的には独立国家だった。

エルサレム攻略後、十字軍の大多数は
次々と故国へ戻ったが、残留者は慎重か
つ柔軟に近隣イスラーム教諸国家との緊
張緩和政策を進めつつ、時にはイスラー
ム教国と明白な同盟を結びつつ、100年近
くにわたってこの王国を存続させた。時
に敵対する住民を屈服させるため、シリ
アの巨大なクラック・デ・シュバリエ城
に見られるような大規模城塞が戦略上の
要衝に（しばしばビザンツ帝国領内に）
造営された。ギリシア風建築やビザンツ
建築とヨーロッパの技術が融合した築城

技術は、変革期を経て、のちのヨーロッ
パの発展に多大な影響を与えた。権力に
実質が伴うようになり、中央集権君主制
が進むと、王はこの地域に利害を持つヨ
ーロッパの主要な支配一族の中から選ば
れるようになった。十字軍後期には、テ
ンプル騎士団や聖ヨハネ騎士団に代表さ
れる騎士修道会が台頭し、この修道士の
戦闘集団が、しばしば要員を配置して先
述の巨大城塞を固守した。

エジプトのイスラーム教徒やセルジュ
ーク・トルコ、またビザンツ皇帝との争
いに加え、少なからぬ内紛があったにも
かかわらず、キリスト教徒の十字軍は、
おおよそ一致した目的を掲げていた。紛
擾の大部分は、しばしば、新たに到来す
る十字軍の波と、ヨーロッパの同盟者に
よってもたらされた。イタリアの都市国
家*ジェノバ（Genoa）、*ピサ[2]（Pisa）など
がその例であり、十字軍後期には*ベネツ
ィア（Venice）も加わる。ジェノバは1099
年にエルサレムへ向かった十字軍のため
に艦隊と輸送隊を派遣したが、やがてエ
ルサレム王国はこれら諸都市との活発な
通商関係を発展させ、諸都市は南方へ手
を広げ紅海貿易に乗り出した。だが、何
世代にもわたってウトラメール（海外領
土）に留まった十字軍戦士の多くが東洋
化し、考え方や慣習の点で、西洋人より
もむしろ東洋人に近い者が出てくると、
王国は徐々に弱体化していく。

1144年にエデッサが陥落すると、イス
ラーム教徒はすぐさま勢力を盛り返した。
だが王国の終焉をもたらしたのは、クル
ド族のイスラーム教徒、サラディンの台
頭だった。サラディンは*エジプト（Egypt）
のファーティマ朝を簒奪した非凡な武将
で、1174年にスルタンとなり、十字軍
国家粉砕のため猛攻を開始した。1147～
1149年にかけての、神聖ローマ帝国皇帝

コンラート3世とフランス王ルイ7世率いる第2回十字軍は、成果を挙げずに終わった。サラディンはシリアを征服した後、南下してパレスチナへ進軍し、1187年に*ヒッティーン（Hattīn）の戦いで十字軍を撃破。その直後にエルサレムを攻め落としたが、1099年の十字軍の虐殺とは対照的に、住民に対して寛大さを示した。エルサレム陥落を受け、教皇の呼びかけで実現わした第3回十字軍は、時期を逸した。1190年に小アジアで溺死した皇帝フリードリヒ（赤髭王）と、イングランド王リチャード1世（獅子心王）、フランス王フィリップ2世の率いるこの十字軍は、かろうじて*アクレ2（Acre）を再奪取したものの、他に戦果はなかった。

エルサレム陥落によって、王国は事実上、国家としての重要性や影響力を失うが、その後も長年にわたり、エルサレム再奪取の試みが繰り返された。ホーエンシュタウフェン朝の神聖ローマ帝国皇帝であり*シチリア（Sicily）王であるフリードリヒ2世は、1229年にエルサレム王の称号を受けて第5回十字軍遠征を開始し、エルサレムを攻略してイスラーム教徒との間に10年間の休戦協定を結ぶ。さらには、リュジニャン家の支配下にあった*キプロス（Cyprus）を王国に併合した。だがこのとき獲得した領土は、1244年の*ガザ（Gaza）での手痛い敗北により、大部分が失われた。フランスのルイ9世の第6回十字軍（1248～54）は、かろうじてかつて王国の領土だった海岸地方の守備を固め、再び安定させたものの、1291年にはキリスト教徒の最後の拠りどころであるアクレがイスラーム教徒に攻め落とされ、破壊された。それでもエルサレム王の称号はその後何世紀も使われ続け、ホーエンシュタウフェン家やアンジュー家をはじめ、ヨーロッパの支配一族に受け

継がれた。
⇒ビザンツ帝国 Byzantine Empire, マムルーク朝 Mamluk Empire

エールシェクーイバール Ersekujvar ⇒**ノベ・ザームキ Nové Zámky**

エルシノア Elsinore ⇒**ヘルシンゲル Helsingør**

エル - ジャディーダ El-Jadida ⇒ **アル - ジャディーダ Al-Jadida**

エルシュ Elx ⇒**エルチェ Elche**

エール - シュル - ラドゥール Aire-sur-l'Adour ⇒ **エール1 Aire**

エルジンジャン Erzincan [Erzinjan]（トルコ）
トルコ中東部、エルジンジャン県の県都。*エルズルム（Erzurum）の西154km、*ユーフラテス川（Euphrates River）に臨む。1071年、セルジューク・トルコが*ビザンツ帝国（Byzantine Empire）から奪取して占領したが、1243年にモンゴル人に支配され、のちには地元のトルクメン人の王朝に支配され、16世紀初めには*オスマン帝国（Ottoman Empire）に併合された。19世紀末、アナトリア東部の重要な中心地になるが、アルメニア人の暴動がおき、第1次世界大戦中にはロシアに占領された。

エルス Oels ⇒**オレシニツァ Oleśnica**

エルス・イン・シュレジエン Oels in Schlesien ⇒**オレシニツァ Oleśnica**

エルスタール Herstal [仏：Héristal エリスタル]（ベルギー）

ベルギー東部、*リエージュ（Liège）州の工業都市。687 ～ 714 年までフランク王国を治めたピピン 2 世の生誕地。ピピン 2 世はカール・マルテルの父であり、シャルルマーニュ（カール大帝）の曽祖父。カロリング朝初期の宮宰と同様、シャルルマーニュもここに住んだ。9 世紀の教会の遺跡がある。

⇒フランク王国 Frankish Empire

エルズルム Erzurum [Erzerum] [ギリシア語：Theodosiopolis テオドシオポリス]（トルコ）

トルコ北東部、エルズルム県の県都。首都*アンカラ（Ankara）の東 720km に位置する。小アジアと*ペルシア[1]（Persia）を結ぶ隊商路にあるため古くから商業の要地であり軍事上の拠点となっている。5 世紀、*ビザンツ帝国（Byzantine Empire）の重要な国境の砦が置かれたが、653 年にアラブ人に占領された。13 世紀初期、セルジューク・トルコの支配下で繁栄し、1515 年に*オスマン帝国（Ottoman Empire）に占領された。1919 年 7 月 23 日～ 8 月 7 日まで、ケマル・アタテュルク将軍のもとで第 1 回目の国民会議がここで開かれ、第 1 次世界大戦でオスマン帝国が破れたあとの連合軍のアナトリア分割に対する協議がなされた。

エル・ソルム El Sollum ⇒ **サルーム Salûm**

エルダ Elda [古代：Idella イデラ：旧名：Ella エラ]（スペイン）

スペイン南東部、アリカンテ県の都市。*バレンシア[2]（Valencia）州*アリカンテ（Alicante）の北西 29km に位置する。古代イベリア人の都市で、8 世紀にムーア人に占領されたが、1265 年にアラゴン王ハイメ 1 世に

よって解放された。18 世紀、スペイン継承戦争中、国王に忠実だったためフェリペ 5 世によって《忠誠心の府》と名づけられた。

エルチェ Elche [古代：Ilici イリキ；アラビア語：Elx エルシュ]（スペイン）

スペイン南東部、アリカンテ県の都市。*バレンシア[2]（Valencia）州*アリカンテ（Alicante）の南西 21km に位置する。最初に住んでいたのはイベリア人で、その後はギリシア人、カルタゴ人、ローマン人が支配し、8 ～ 13 世紀まではムーア人が支配した。1897 年、紀元前 5 世紀頃のイベリア人の有名な彫刻『エルチェの貴婦人』が発見された。

エルツ山脈 Erzgebirge [オア山脈 Ore Mountains] [チェコ語：Krušnéhory クルシュネホリ]（チェコ、ドイツ）

チェコ北西部の*ボヘミア（Bohemia）地方とドイツの*ザクセン（Saxony）地方の境の山脈。人口密度の高い工業地帯で、鉱物の種類が豊富。14 ～ 19 世紀まで鉄と銀が採掘された。1938 年の*ズデーテン地方（Sudetenland）の領土争いのあと、チェコ領だった山脈の部分が*ドイツ（Germany）領になった。最高峰はクリーノベツ山〔ドイツ名はカイルベルク〕の 1,244 メートル。

エルデーイ Erdély ⇒ **トランシルバニア[1] Transylvania**

エル・ティエンブロ Tiemblo, El（スペイン）

スペイン中部アビラ州の町。*アビラ（Ávila）の南東 32km に位置する。この町の南にある修道院の廃墟は、1468 年にイサベルを*カスティリア（Castile）王家の後継者とする条約が結ばれたヒエロニムス会の跡である。トロス・デ・ギサンドとして知

318　エルテケ

られる先史時代の彫刻も、近隣に遺る。

エルテケ Eltekeh （イスラエル）

*エルサレム （Jerusalem） の西、*ダン （Dan）
の古代村。エルサレム地区*エクロン
（Ekron） から近い。前700年頃、サルゴン
2世の息子であり、*アッシリア （Assyria）
王だったセナケリブがここでエジプトを
破った。

エルデナ Eldena （ドイツ）

*メクレンブルク - ウエスタン・ポンメル
ン州（Mecklenburg-Western Pomerania）の町。*グ
ライフスワルト （Greifswald） の東5km。
1199年にデンマーク人の修道士らが創設
したシトー会のヒルダ大修道院の遺跡が
見られる。三十年戦争中に破壊されるま
で大修道院が*ポメラニア （Pomerania） の
文化の中心になっていた。

エルトフィレ Eltville ［旧名：Elfeld エルフェル
ト］ （ドイツ）

ドイツ中西部、*ライン川 （Rhine River） に
臨む*ヘッセン （Hesse） 州の町。*ウィー
スバーデン （Wiesbaden） の南西8kmに位置
する。1332年に都市権を獲得。活版印刷
の考案者で、聖書の初めての印刷本を制
作したヨハネス・グーテンベルクが1465
年にこの町に印刷所を建てた。

エルドラド [1] El Dorado

伝説上の地名で、「金箔でおおわれた人」
を意味し、南アメリカに存在すると信じ
られた。チブチャ族インディオの首長が
金粉を全身に塗り、それを湖で洗い流す
と共に、湖には金細工や宝石類も投げ入
れる儀式からこの伝説が生まれたものと
思われる。16世紀、ゴンサロ・ピサロが
エルドラドを探し求め、その努力は後世
のスペインのコンキスタドールや探検家

たちに引き継がれた。黄金郷の場所は絶
えず変わり続け、北アメリカの西部にあ
ると考えられたこともある。現在、エル
ドラドという言葉は比喩的に途轍もない
富のある場所や夢の世界のような理想郷
を意味するために使われる。
⇒シボラ Cibola

エルドラド [2] Eldorado （カナダ）⇒ポート・
レイディアム Port Radium

エルヌ Elne ［ラテン語：Illiberis イリベリス］ （フ
ランス）

フランス南部、ピレネー - オリアンタル県
の町。*ペルピニャン （Perpignan） の南南東
16kmに位置する。コンスタンティヌス大
帝の第4子でローマ皇帝だったコンスタ
ンス1世が帝位僭称者マグネンティウス
にこの町で殺された。

エルバ Elba ［ラテン語：Aethalia アエサリア, Ilva
イルバ］ （イタリア）

イタリア半島とコルシカ島の間の小島で、
トスカナ州リボルノ県に属する。*トスカ
ナ （Tuscany） の沖合10kmに位置する。エ
トルリア人とローマ人がエルバ島で鉄鉱
を採掘した。古代ローマの海軍基地もお
かれた。中世初期に*ピサ [2] （Pisa） に占領
され、1290年に*ジェノバ （Genoa） に割
譲されたのち、メディチ家のコジモ1世
の領地となり、さらに1548年には*フィ
レンツェ （Florence） 大公領となった。その
後、*スペイン （Spain）、*ナポリ （Naples）、
さらに*フランス （France） が領有し、1814
～1815年にはナポレオンの流刑地となり、
ナポレオンは公国として支配した。*ワー
テルロー （Waterloo） の戦いのあと、ナポレ
オンが*セント・ヘレナ （Saint Helena） に島
流しにされるとトスカナに返還された。

エルバサニ Elbasani ⇒**エルバサン** Elbasan

エルバサン Elbasan ［古代：Scampa スカンパ；
旧名：Elbasani エルバサニ］（アルバニア）
アルバニア中部、エルバサン州の州都。*ティラナ（Tiranë）の南東32km に位置し、シュクンビン川に臨む。古代アルバニア人の中心都市だったアルバノポリスと同一視されることもある。トルコ占領時代にはアルバニア人の民族独立運動の拠点となった。第2次世界大戦初期にはイタリア軍の基地が置かれた。1974年に中国が建設した製鋼工場を初め、共産主義時代に発達した重工業のお陰で、公害問題を処理しなければならなくなっている。

エルバス Elvas ［アラビア語：Balesh バレシュ；
ラテン語：Alpesa アルペサ］（ポルトガル）
ポルトガル中東部、*ポルタレグレ（Portalegre）県の町。ローマ時代には堅固な要塞町で、1640年にスペインの支配にポルトガルが反発して戦争になった時には軍事上の要地となった。ナポレオン戦争時のイベリア半島方面作戦中、1808年に*シントラ（Sintra）協定によってフランスがポルトガルに割譲した。

エル・パソ El Paso （合衆国）
*テキサス（Texas）州西端、*リオグランデ（Rio Grande）川に臨む都市。*メキシコ（Mexico）領の*シウダード・フアレス（Ciudad Juárez）が対岸に位置する。1959年、フランシスコ会修道士が伝道所を設けた。1848年、メキシコ領からアメリカ領になり、重要な国境の町として発展。現在、メキシコと国境を接するアメリカの都市としては2番目の大都市で、工業と商業の中心地。

エル・パソ・デル・ノルテ El Paso del Norte
⇒**シウダード・フアレス** Ciudad Juárez

エルビング Elbing ⇒**エルブロンク** Elbląg

**エル・プエブロ・デ・サン・ホセ・デ・
グアダルーペ** El Pueblo de San José de
Guadalupe ⇒**サンノゼ** San José （合衆国）

エルフェルト Elfeld ⇒**エルトフィレ** Eltville

エル・フェロル El Ferrol ⇒**フェロル** Ferrol

エル・フェロル・デル・カウディーリョ El
Ferrol del Caudillo ⇒**フェロル** Ferrol

エルブフ Elbeuf （フランス）
フランス北部、セーヌ-マリティーム県の港町。*ルーアン[2]（Rouen）の南19km、*セーヌ川（Seine River）に臨む。16世紀以来、毛織物工業の町として有名だった。ローマの都市跡に建設され、百年戦争中にはイングランドに占領された。16世紀に公国となり、第2次世界大戦中には大きな戦禍を被った。

エルフルト Erfurt （ドイツ）
ドイツ中部、*チューリンゲン（Thuringia）州の州都。*ライプツィヒ（Leipzig）の西南西102km、ゲーラ川に臨む。742年、聖ボニファティウスにより司教区とされ、802年には*フランク王国（Frankish Empire）の東部国境地帯の軍事拠点とされた。中世には広大な領土を支配した。15世紀から*ハンザ同盟（Hanseatic League）に加わり、三十年戦争中はスウェーデンに占領され、1664年、*マインツ（Mainz）選挙侯領の一部となった。1802年、*プロイセン（Prussia）に割譲。1808年のエルフルト会議で*ロシア（Russia）のアレクサンドル1世は、*オ

ーストリア（Austria）と対立するナポレオ
ンを支援することを拒否した。1891 年、
ドイツ社会民主党がエルフルト綱領を採
択。1970 年、東ドイツと西ドイツの第 1
回目の首脳会談がここで開かれた。宗教
改革の主導者マルティン・ルターは 1501
〜 1505 年までエルフルト大学で学んだ。

エルブロンク Elblạg［独：Elbing エルビング］
（ポーランド）
ポーランド北部、ワルミンスコ - マズル
スキェ県の港湾都市。ウィスワ川の河口
に近い。*グダニスク（Gdańsk）の東南東
48km に位置する。1237 年、ドイツ騎士
団により建設され、13 世紀末に*ハンザ
同盟（Hanseatic League）に加わった。1450
年、騎士団に対して反乱を起こし、1466
年からポーランド領となった。1580 年に
は*東プロイセン〔オストプロイセン〕（East
Prussia）の主要港となり、*イングランド
（England）と貿易を行なう。1772 年、*プ
ロイセン（Prussia）に割譲された。第 2 次
世界大戦により甚大な戦禍を受け、戦後
はポーランドに返還。

エルベ川 Elbe River［チェコ語：Labe ラベ；ラテ
ン語：Albis アルビス］（チェコ、ドイツ）
チェコ北西部に発し、ドイツを通り*ドレ
スデン（Dresden）と*ハンブルク（Hamburg）
を流れて、*クックスハーフェン（Cuxhaven）
にて*北海[1]（North Sea）に注ぐ川。全長
1,165km、広く発達した運河網によって*ベ
ルリン（Berlin）、*ルール（Ruhr）地方、*オ
ーデル川（Oder River）、*ライン川（Rhine
River）、*バルト海（Baltic Sea）と結ばれて
いる。エルベ川は前 9 年にローマ軍がド
イツへと進軍した際の最遠隔地点であり、
シャルルマーニュ〔カール〕大帝が征服
した地域の最東端でもある。1919 年に*ベ
ルサイユ（Versailles）条約により非沿岸国に

も自由通行権が認められてエルベ川は国
際河川となったが、1938 年の*ミュンヘ
ン（Munich）条約後はドイツにより拒否さ
れることとなった。第 2 次世界大戦の終
戦が近づいた 1945 年 4 月 25 日、アメリ
カ軍とソ連軍がエルベ川に臨む*トルガウ
（Torgau）で出会った。エルベ川の一部は東
西ドイツの国境だったこともある。

エルベルム Elverum （ノルウェー）
ノルウェー南東部、ヘードマルク県の町。
リレハンメルの南東、グロンマ川に臨む。
第 2 次世界大戦中の 1940 年 4 月、ノルウ
ェー議会は最後の議会をこの町で開き、
イギリスへと亡命。その後、侵攻してき
たドイツ軍により町は大きな損害を受け
た。

エルマイラ Elmira （合衆国）
*ニューヨーク（New York）州中南部の都市。
ビンガムトンの西 77km、シマング川に臨
む。1791 年、入植者とイロコイ族同盟と
の戦争に終止符を打つための条約がここ
で調印された。南北戦争中には南軍の捕
虜を収容する施設があった。1876 年に開
設されたエルマイラ矯正院は、刑罰の近
代的方法を実践する先駆的な施設となる。
1855 年に創立されたエルマイラ大学はア
メリカで女子高等教育を行なった最初期
の大学。作家のマーク・トウェインは長
年夏をここで過ごし、現在はこの町に埋
葬されている。

エル - マンスーラ El-Mansūra ⇒ マンスー
ラ Al-Mansūra

エル - ミシュリフェ El-Meshrife/El-Michirfe ⇒
カトナ Qatna

エルミナ Elmina（ガーナ）

ウェスタン州の港町。*ケープ・コースト（Cape Coast）の西11km、西アフリカのギニア湾に臨む。1482年、ポルトガルの商人が建設し、*ゴールドコースト〔黄金海岸〕（Gold Coast）に臨むヨーロッパ人の最初の重要な港となり、金を輸出する主要港として発展した。1637年、オランダ領となり、1872年にはイギリス領となった。

エルムスホルン Elmshorn（ドイツ）

ドイツ北部、*シュレースウィヒ‐ホルシュタイン（Schleswig-Holstein）州の都市。*ハンブルク（Hamburg）の北西32kmに位置する。1141年に初めて記録に登場し、1657年にスウェーデン人によって破壊された。その後再建され、1870年に都市権を獲得した。

エルムポリス Hermoupolis ［エルモポリス Hermopolis、シロス Siros/Syros］（ギリシア）

*キクラデス諸島（Cyclades Islands）の*シロス²（Syros）島東岸に位置する商業港都市。キクラデス県の県都。かつてはエーゲ海の主要港で、1820年頃*キオス（Chios）島とプサラ島からの難民によって建設された。

エルムラント Ermeland ［Ermland］［ポーランド語：Warmia ワルミア］（ポーランド）

ポーランド北部、現在のエルブロンク県とオルシュティン県に相当する地域で、*バルト海（Baltic Sea）から内陸へと広がっている。第2次世界大戦前は*東プロイセン（East Prussia）の一部だった。1250年以降はドイツ騎士団の支配下で司教区となり、1466年にポーランドに割譲され、1772年に*プロイセン（Prussia）領となった。1945年、ポーランドに返還。

エルメキリ El Mechili ⇒ メキリ Mechili

エルモシヨ Hermosillo（メキシコ）

メキシコ北西部、*ソノラ（Sonora）州の州都で、交通の拠点。カリフォルニア湾から約104kmの距離に位置し、ソノラ川に臨む。1700年に設立されたインディアンの町で、後年スペインの将軍ホセ・マリア・ゴンザレス・デ・エルモシヨを称えて、改称された。かつてはイエズス会の伝道所があった。

エルモポリス Hermopolis ⇒エルムポリス Hermoupolis

エルラウ Erlau ⇒エゲル Eger

エル・ラファ Er Rafa ⇒ラファ Rafa

エル・ラムラ Er Ramle ⇒ラムラ Ramla

エルール Eluru ［旧名：Ellore エローラ］（インド）

インド南部、*アンドラ・プラデシュ（Andhra Pradesh）州北東部の都市。*チェンナイ（Chennai）の北北東360kmに位置する。1949年に現在の市名に変更。近くのペッダ・ベギの村には仏教の寺院の遺跡がある。

エル・レアレホ El Realejo（ニカラグア）

ニカラグア北西部、チナンデガ県の町。*コリント（Corinto）の北7km、太平洋岸の湾に臨む。1534年に建設され、ニカラグアの中心港となり、海賊にたびたび襲われた。1858年、コリントの港に中心が移った。

エレア¹ Elea（ギリシア）⇒エリス Elis

エレア² Elea [ウェリア Velia] [ギリシア語：Hyele ヒエレ] (イタリア)

イタリア南部、*ルカニア (Lucania) の古代都市。*カンパニア (Campania) 州サレルノ県*パエストゥム (Paestum) の南東40kmに位置する。前535年、*フォキス (Phocis) のギリシア人によって創設された。イタリアにあったギリシア人の都市の中でルカニア人に占領されなかった唯一の都市。エレア派の本拠地であり、哲学者のゼノーとパルメニデスの居地。前275年、ローマと同盟を結ぶ。中世にはアラブ人の襲撃を受けて廃都となった。

エレウシス Eleusis [ギリシア語：Elevsís エレスシス] (ギリシア)

古代ギリシア、*アッティカ (Attica) の都市。*アテネ (Athens) の北西22km、エレウシス湾の北岸に臨む。前7世紀にこの独立都市をアテネが併合し、伝統的な祭祀をアテネの宗教儀式として吸収し、エレウシス密議を作り出した。395年、西ゴート人の王アラリックに町が破壊された。1882年以降、発掘調査が行なわれて、神聖域の全容が明らかになった。

エレウテロポリス Eleutheropolis [ヘブライ語：Beit Jibrin ベイト・ジブリン, Bet Guvrin ベト・グブリン] (イスラエル)

*カナン¹ (Canaan) の古代都市。南部地区の*ヘブロン (Hebron) の西北西65kmに位置する。何度も襲撃され、破壊されたが、西暦200年にローマ皇帝セプティミウス・セウェルスによって再建された。十字軍の時代にも重要都市だった。ローマ時代の遺跡が見られる。

エレク Erech [ウルク Uruk] [アラビア語：Tall al Warka ワルカ；ギリシア語：Orchoe オルコエ] (イラク)

イラク南東部、シュメール地方の古代都市。*ウル (Ur) の北西、*ユーフラテス川 (Euphrates River) に臨む。現在のナーシリーヤにあった。前5000年頃までさかのぼり、*メソポタミア (Mesopotamia) 南部で最大の都市であり、宗教上の重要都市だった。周囲にはバビロニアの英雄にして王だった伝説のギルガメシュが建設したといわれる約10kmの煉瓦製の市壁がめぐらされていた。数々の遺跡の発掘により、この都市を治めていた為政者たちの遺した様々な建築物が明らかになっている。

エレスシス Elevsís ⇒エレウシス Eleusis

エーレスンド〔海峡〕Øresund [スウェーデン語：Öresund] (デンマーク、スウェーデン)

デンマークのシェラン島とスウェーデン本土間の72kmの海峡。カテガット海峡で*バルト海 (Baltic Sea) につながる。*コペンハーゲン (Copenhagen) と*マルメー (Malmö) はエーレスンドに面している。つねに戦略的な要地として、長きにわたってデンマークとスウェーデン間で争われてきた。

エレツ Yelets (ロシア)

ロシア西部、リペック州の都市。ドン川支流のソスナ川に臨む。*オリョール (Orel) の東160kmに位置する。1146年に初めて記録に登場する。*リャザニ (Ryazan) 公国をクマン人から防御する最前線の砦だった。1239年と1305年にモンゴル人に破壊され、1395年にはティムール〔タメルラン〕族に占領され、1414年にはタタール人の侵攻を受けて占領された。1483年に*モ

スクワ（Moscow）大公国領となる。17世紀になって復興し、19世紀からはレース製品の産地として知られるようになる。第2次世界大戦中の1941年と1942年にはドイツの支配下におかれた。

エレディア Heredia（コスタリカ）

コスタリカ中部、エレディア州の州都。コーヒー栽培と畜産の拠点。*サンホセ[1]（San José）の北西10kmに位置する。1571年に建設されたこの町は、コロニアル様式の建築で知うられる。直径1.6kmのクレーターを持つポアス火山に近い。

エレトリア Eretria［ギリシア語：Néa Psará ネア・プサラ］（ギリシア）

*エウボイア（Euboea）島の南岸の古代都市。*ハルキス（Khalkis）の東南東24kmに位置する。カルキスと共に古代エウボイアの重要都市で、前7世紀～前6世紀には*エーゲ海（Aegean Sea）、イタリア（Italy）、*シリア[2]（Syria）の沿岸と数多くの島を植民地にした。イオニアの諸都市がペルシアの支配に反乱を起こした際に、イオニアを支援したために、前490年にダレイオス1世からの報復を受けて町が破壊された。前445年頃に*アテネ（Athens）の植民地となるが、前411年と前349年にアテネの支配に対して反乱を起こした。発掘された遺跡の中には劇場やいくつもの神殿がある。

エレバン Yerevan［Erevan, Erivan］（アルメニア）

アルメニア西部、ラズダン川に臨むこの国の首都。*トビリシ（Tbilisi）の南176kmに位置する。この地には前8世紀にエレブニ要塞があった。6世紀からはアルメニア王の領地で、ペルシア支配下の*アルメニア[1]（Armenia）では首都だった。その後、覇権が何度も移る中、トランスコーカサスとインドを結ぶ隊商路の交わる場所として歴史的・戦略的に重要な地とされてきた。15世紀にティムール朝が滅ぶとペルシアとトルコの支配を交互に受けるが、1440年には東アルメニアの中心となる。17世紀には隊商の交易地と前線の砦となった。1725年には*ペルシア[1]（Persia）のエレバン汗国の首都となり、1827年に最終的に*ロシア（Russia）領となる。1918～1920年にかけては、短期間存在した誉れ高い独立アルメニア国の首都、1920年には新しく興ったアルメニア・ソビエト社会主義共和国の首都となる。1991年にアルメニアとして独立したあともエレバンが首都となる。16世紀のトルコ人の砦跡は興味深い。

エレファンタ島 Elephanta Island［ヒンディー語：Ghārāpuri ガーラープリ〔「要塞都市」の意〕］（インド）

インド西部、*マハラシュトラ（Maharashtra）州*ムンバイ（Mumbai）港の沖合11kmに位置する島。ヒンドゥー教徒の巡礼地で、西暦800～1000年頃に切り出された石窟群が有名。石窟内にはヒンドゥー教の巨大な神像がある。

エレファンティネ Elephantine［古代：Yeb イェブ；アラビア語：Jazīrat Aswān］（エジプト）

エジプト南部、*ナイル川（Nile River）に浮かぶ島。*アスワン（Aswān）市の対岸にあり、ダムの南に位置する。古代にはエジプト南部の辺境地域を守る駐屯地があった。スーダン人の交易路の出発点であり、ナイル川の水位を測るローマ人の水位計が設置されていた。ユダヤ人傭兵の居留地について記されている前5世紀のパピルスが発見された。

エレブル Örebro（スウェーデン）

スウェーデン中南部、エレブル県の県都。*ストックホルム（Stockholm）の西160km、イェルマル湖畔に位置する。11世紀以降その存在を知られており、多くの国会が開かれた場所。とくにスウェーデンの宗教改革の始まりとなる1529年の会議と、のちにカール14世となるベルナドット元帥がスウェーデンと*ノルウェー（Norway）の王太子に選出された1810年の会議が有名。1854年には、大火ののちにほぼ全面的に再建された。スウェーデンの愛国者エンゲルブレクト・エンゲルブレクトソンの生誕地。15世紀の木造建築《王の館》が見られる。

エレーリ[1] Ereğli ［旧名：Bender-Ereğli；Karadeniz Ereğlisi カラデニズ・エレーリ；ラテン語：Heraclea Pontica ヘラクレア・ポンティカ］（トルコ）

トルコ北西部、ゾングルダク県の港町。*アンカラ（Ankara）の北北西200km、*黒海（Black Sea）に臨む。前560年頃に*メガラ（Mégara）と*ボイオティア（Boeotia）のギリシア人が建設し、間もなく沿岸の地域を支配した。前74年、*ポントス（Pontus）のミトラダテス大王に味方して、*ローマ（Rome）と戦ったが、ローマに占領され焼かれた。1360年頃、トルコ人に占領され、ジェノバの交易の拠点として発展した。伝説では冥界の入り口が近くにあるとされる。現在は中近東で最大の鉄鋼一貫工場を有する。

エレーリ[2] Ereğli ［ラテン語：Heraclea ヘラクレア］（トルコ）

トルコ中南部、コニヤ県の町。*コニヤ（Konya）の東南東135km、*タウルス〔トロス〕山脈（Taurus Mountains）の北麓に位置する。*ビザンツ帝国（Byzantine Empire）の国境地帯を守る要塞となり、タウルス山脈を越える唯一の峠である《キリキアの門》を守って、侵入者を食い止めた。806年と832年にアラブ人に占領されたが、のちにセルジューク・トルコとモンゴル人に支配された。

エーレンブライトシュタイン Ehrenbreitstein（ドイツ）

ドイツ南西部、*ラインラント - プファルツ（Rhineland-Palatinate）州の*ライン川（Rhine River）を望む崖の上にあった町。現在は*コブレンツ（Koblenz）市の一部。中世初期に要塞が建設され、1018年に神聖ローマ帝国皇帝ハインリヒ2世に譲渡され、18世紀には何度も攻撃を受け、補強を繰り返した。フランス革命時にはフランスが占領した。第2次世界大戦中の1945年3月27日、アメリカ軍に占領された。

エロイカ・シタクアロ Heroica Zitácuaro ⇒ シタクアロ Zitácuaro

エロテ Eloth ⇒ エーラト Elat

エローラ[1] Ellora（インド）

インド西部、*マハラシュトラ（Maharashtra）州中西部の村。*アウランガバード（Aurangabad）の北西29kmに位置する。ヒンドゥー教、ジャイナ教、仏教の石窟寺院が34並ぶ。8世紀のカイラーサナータ寺院はシバ神を祀っている。山腹を掘り出した石窟群はインドでも屈指の大規模な建築物となっている。

エローラ[2] Ellore（インド）⇒ エルール Eluru

エン〔燕〕Yen（中国）

中国の極北東にあった古代中国の封建国家。商朝（殷朝）は中国史上初めて存在

が実証された王朝であるが、燕はその次の周朝（前1028～前1221）の中国にあった。1～6世紀にかけての後漢朝と魏朝の国家だったという記録もある。

延安 ⇒ イエンアン〔延安〕Yenan（中国）

エン・ガニム Engannim ⇒ ジェニン Jenin

エンガノ岬 Engaño, Cape（フィリピン）
*ルソン（Luzon）島北東部、カガヤン州北東部の岬。第2次世界大戦中の1944年10月25日、*レイテ湾（Leyte Gulf）海戦でアメリカ海軍の艦隊がこの岬の沖合で日本軍を破った。

エン - ゲディ En-Gedi［エイン・ゲディ Ein Gedi, エン・ゲディ 'En Gedi］［ヘブライ語：Hazazon-Tamar ハザゾン - タマル］（イスラエル）
*死海（Dead Sea）の西岸、*ヘブロン（Hebron）の東南東27kmに位置するオアシスで遺跡がある。前7世紀から*ビザンツ帝国（Byzantine Empire）の時代まで、この地域は聖書のサウルとダビデの物語とのかかわりが多い。前3000年代の銅石器時代の神殿跡が発見されている。温泉でも有名。

エンゲリス Engels［旧名：Pokrovsk ポクロフスク、Pokrovskaya Sloboda ポクロフスカヤ・スロボダ］（ロシア）
ロシア西部、サラトフ州の港湾都市。*ボルガ川（Volga River）に臨み、*サラトフ（Saratov）の対岸に位置する。ウクライナ人の入植者が建設した都市で、1922～1941年まで旧*ボルガ・ドイツ人自治ソビエト社会主義共和国（Volga German Assr）の首都。1931年にフリードリヒ・エンゲルスにちなんで改名された。

エンコミ Enkomi ⇒ サラミス[1] Salamis（キプロス）

エンジェル島 Angel Island（合衆国）
*カリフォルニア（California）州*サンフランシスコ[1]（San Francisco）の北3kmに位置するサンフランシスコ湾の島。1863～1946年までアメリカ軍基地がおかれる。入国管理所もあり、特にアジアからの入国者を扱った。第2次世界大戦中は捕虜を収容する施設として使われた。

エンシナ Encina ⇒ ユバルデ Uvalde

エンシャム Ensham ⇒ エインシャム Eynsham

エンス Enns（オーストリア）
オーストリア中北部、*リンツ（Linz）の南東、エンス川と*ドナウ川（Danube River）の合流点にある町。オーストリアで都市権を獲得した最古の都市で、1212年までさかのぼる。9世紀に要塞として建設された。中世にはドナウ川を渡る交易路上の市場町として繁栄した。ザンクト・フローリアンの有名なアウグスティノ会の修道院が近くにある。

煙台 ⇒ イエンタイ〔煙台〕Yantai（中国）

畹町 ⇒ ワンディン〔畹町〕Wan-Ting（中国）

エンテベ Entebbe（ウガンダ）
ウガンダ中南部の都市。首都*カンパラ（Kampala）の南西30km、*ビクトリア湖（Victoria, Lake）に臨む。1893年、イギリス軍の駐屯地として建設され、1958年までイギリスの支配するウガンダ保護領の中心地だったエンテベ国際空港は、1976年7月3日、テルアビブ・パリ便の乗客258名がパレスチナ・ゲリラの人質にされた

326　エントト

が、イスラエルの特殊部隊に救出された
事件で有名。

エントト Entotto ⇒ウントット Intotto

エンドル Endor [エン・ドル 'En Dor'] (イスラエル)

*カナン[1] (Canaan) の古代都市。*ナザレ
(Nazareth) の南東10km、タボル山の近く
にあった。聖書(「サムエル記 上」第28
章7節、「詩篇」第83章10節) によると、
ここに有名な「口寄せ」が住んでいて、
イスラエルの王サウルが最後の戦いの前
に相談したという。

エンナ Enna [旧名：Castrogiovanni；ラテン語：Enna エンナ, Henna ヘンナ] (イタリア)

イタリア南西部、*シチリア (Sicily) 島中央、
シチリア州エンナ県の県都。*パレルモ
(Palermo) の南東102km に位置する。標高
930 メートルの高原の軍事上の拠点にあ
り、シクリ族の住む古代都市で、デーメ
ーテールとペルセポネーを崇拝するギリ
シア時代以前の文化の中心地だった。前
7世紀に*ジェーラ (Gela) から伝わったギ
リシア文化の影響下に入り、前395年頃
に*シラクサ (Syracuse) のディオニュシオ
ス1世に支配された。前258年、*ローマ
(Rome) に占領され、前134〜前132年の
シチリアの奴隷が大反乱を起こした時の
中心地。附近には、神話でプルートーが
ペルセポネーを誘拐した場所とされるペ
ルグーサ湖がある。

エンヌボン Hennebont (フランス)

フランス北西部、モルビアン県の町。ロ
リアンの北東10 km に位置し、ブラベ川

に臨む。1342 年にシャルル・ド・*ブロ
ワ (Blois) に包囲されるが、激戦の末、ジ
ャンヌ・ド・モンフォールが守り通した。
この地域には 13 世紀に創立されたシトー
修道会の大修道院と、16 世紀創建のゴシ
ック様式の教会がある。

エンプレス・オーガスタ湾 Empress Augusta Bay (ソロモン諸島)

太平洋西部、*ブーゲンビル島 (Bougainville
Island) 西岸に位置するソロモン海の湾。第
2次世界大戦中の 1943 年 11 月 1 日、アメ
リカ海軍がここから上陸して、ブーゲン
ビルの侵攻を展開した。

エンポリ Empoli (イタリア)

*トスカナ (Tuscany) 州フィレンツェ県
の町。*フィレンツェ (Florence) の西南
西 30km、*アルノ川 (Arno River) に臨む。
中世にはフィレンツェの戦争で活躍し、
1260 年にファリナータ・デッリ・ウベル
ティがフィレンツェの破壊に反対した有
名な議会の開催地となった。この出来事
についてダンテが『神曲』の「煉獄編」
で触れている。

エンポリウム Emporium ⇒アンプリアス Ampurias

エンポリオン Emporion ⇒アンプリアス Ampurias

エンボンマ Embomma ⇒ボーマ Boma

エン - ミシュパト En-Mishpat ⇒カデシュ - バルネア Kadesh-Barnea

オ

オア山脈 Ore Mountains ⇒ **エルツ山脈 Erzgebirge**

オアーズ川 Oise River（ベルギー、フランス）
　ベルギー南部の*アルデンヌ（Ardennes）山地の水源に発して、北フランスを南西に流れ、コンフランで*セーヌ川（Seine River）と合流する全長302kmの川。大部分が航行可能で、ほかの河川や運河でつながっている重要な輸送ルート。沿岸の*コンピエーニュ（Compiégne）では、中世初期にメロビング朝の御前会議などが開かれた。12世紀建造の大聖堂がある。15～17世紀には何度も包囲された。第1次世界大戦を終結させた休戦協定は、1918年11月11日、コンピエーニュで調印された。第2次世界大戦中の1940年6月22日、この地でヒットラーはフランス軍を降伏させた。第1次世界大戦中、オアーズ川沿岸では何度か戦闘があり、オワーズ-カンブレー運河が戦線となった。*ラ・フェール（La Fere）は、1914年9月～1918年までドイツ軍に占領された。

オアハカ　Oaxaca［オアハカ・デ・フアレス Oaxaca de Juárez］［アステカ語：Huasyacac］（メキシコ）
　メキシコ南部、*オアハカ（Oaxaca）州の州都。商業、観光の中心地。1486年アステカ・インディアンが設立した町で、近くには*モンテ・アルバン（Monte Albán）と*ミトラ（Mitla）のインディオの都市遺跡がある。サント・ドミンゴ教会と旧修道院がある。町は大地震の被害を繰り返し受けてきた。1810～1821年のメキシコ革命中、対*スペイン（Spain）抵抗運動の中心地となった。1877～1911年までメキシコの独裁者だったポルフィリオ・ディアスの生地。

オアハカ・デ・フアレス Oaxaca de Juárez ⇒ **オアハカ Oaxaca**

オアフ Oahu（合衆国）
　*ハワイ（Hawaii）でもっとも重要な島。カメハメハ1世は1795年までにオアフ島での支配権を確実なものとし、1810年までにはその覇権をハワイ諸島全島に広げた。オアフは19世紀のカメハメハ王家の居地だった。現在はアメリカ軍の重要基地で、南の沿岸部には*真珠湾（Pearl Harbor）海軍基地もある。

オイスター川 Oyster River ⇒ **ダラム³ Durham**（合衆国）

オイスター・ベイ Oyster Bay（合衆国）
　*ニューヨーク（New York）州南東部、*ロング・アイランド（Long Island）の*ロング・アイランド海峡（Long Island Sound）に臨む町。*ニューヨーク市（New York City）郊外の住宅地。セオドア・ルーズベルト大統領の居地として知られるが、大統領のサガモアヒル邸があるのは近隣のコーブネックである。18世紀の家々、ルーズベルトの墓地に隣接する野鳥保護区などがある。

オイティン Eutin（ドイツ）
　ドイツ北部、*シュレースウィヒ-ホルシ

ユタイン（Schleswig-Holstein）州の町。*リューベック（Lübeck）の北 30km に位置する。ドイツ人とウェンド人の戦争の際、国境の駐屯地として 1145 年頃に建設され、1300 年頃にはリューベックの司教の居地、のちに領主司教の居地となった。1773 年、*オルデンブルク（Oldenburg）に割譲され、1936 年にシュレースウィヒ-ホルシュタインの一部となった。1786 年、作曲家カルル・マリア・フォン・ウェーバーがこの町に生まれる。

オイペン Eupen（ベルギー）

リエージュ州の町。*リエージュ（Liège）の東 36km、ベスドル川に臨む。*マルメディ（Malmédy）と共に、ベルギー防御の軍事上の拠点となってきた。1815 年、*ウィーン（Vienna）会議により*プロイセン（Prussia）領とされ、第 1 次世界大戦後はベルギーに返還されたが、第 2 次世界大戦中は一時期ドイツに併合された。

オイル・シティ Oil City（合衆国）

*ペンシルベニア（Pennsylvania）州北西部の都市。*アレゲニー川（Allegheny River）に臨む。*エリー（Erie）の南南東 80km、オイル・クリーク川の河口に位置する。かつてはインディアンの村があった。市の創設は 1860 年。その前年に北方 19km にある*タイタスビル（Titusville）近くで石油が発見され、アメリカ初の生産井が導入されて、町ができた。オイル・シティは 1870 年まで国内初の油田の最盛期に石油の主要出荷地点として栄えた。1990 年代にすべての石油会社がテキサス州に移った。

オイル・リバーズ Oil Rivers（ナイジェリア）

西アフリカ、*ニジェール川（Niger River）のデルタ周辺の広大な領域。境界線は漠然としている。1885 年、イギリスがオイ

ル・リバーズ保護領を創設。1893 年にニジェール海岸保護領と改名。1900 年にはナイジェリアのほぼ全域を保護領とし、北部ナイジェリアと南部ナイジェリアに分離して統治。1914 年に両保護領を合併して、現在のナイジェリアの形へと近づいた。

オイロート自治州 Oirot Autonomous Oblast ⇒ ゴルノ - アルタイ自治州 Gorno-Altai Autonomous Oblast

オウィラワ Ovilava ⇒ ウェルス Wels

オーウェンズバラ Owensboro ［旧名：Rossboro ロッスバラ, Yellow Banks イエロー・バンクス］（合衆国）

*ケンタッキー（Kentucky）州西部、*オハイオ川（Ohio River）に臨む都市。*ルイビル（Louisville）の南西 128km に位置する。1797 年にイエロー・バンクスとして建設され、後年ティペカヌーの戦い〔⇒ティペカヌー川（Tippecanoe River）〕で戦死したエイブラハム・オーウェンズ大佐にちなんで改名された。1800 年頃から入植が始まり、1866 年に市として認可された。南北戦争中の 1864 年、南軍ゲリラの襲撃を受けた。

黄金海岸 ⇒ ゴールドコースト〔黄金海岸〕 Gold Coast（ガーナ）

黄金軍団 Golden Horde, Khanate of ［キプチャク・ハン国 Kipchak Khanate］（ロシア、ウクライナ、カザフスタン）

13 世紀中期にモンゴル人が建設した国で、のちの*ロシア（Russia）の大部分を含む。チンギス・ハン（1162 ～ 1227）の長男ジュチに与えられた領地だったが、実際にはモンゴル人がロシアを征服したあと、

ジュチの息子バトゥ（抜都）が征服し建国した。最初の首都はサライ・バトゥは*アストラハン（Astrakhan）の北110kmに位置し、のちにボルガ川に臨むサライ・ベルケ、現在の*ボルゴグラード（Volgograd）附近に遷都された。

勢力を拡大し、キエフ大公国の興隆を阻止し、1240年には*キエフ（Kiev）を破壊し尽くしたが、それが結局はモスクワ大公国の台頭を招くことになった。14世紀、イスラーム教が国教となる。14世紀末に衰退し始め、1395年、モンゴルのティムール〔タメルラン〕に征服され、サライ・ベルケも襲撃された。ティムールの死により、王国は小さな汗国に分裂した。
⇒モンゴル帝国 Mongol Empires

黄金半島 Golden Chersonese ⇒ マレー半島 Malay Peninsula

おうしゃじょう
王舎城 ⇒ ラージギル Rajgir

おうりょっこう
鴨緑江 ⇒ ヤールー川〔鴨緑江〕（中国、北朝鮮）

オウル Oulu［スウェーデン語：Uleaborg ウレオボルイ〕（フィンランド）

フィンランド中西部の都市。*ヘルシンキ（Helsinki）の北512km、ボスニア湾岸のオウル川の河口に位置する。1590年に建設された城を中心に発達し、1610年に都市権を与えられた。1822年に火災で焼失している。長くフィンランドの森林でとれるタールの輸出港として重要だったが、19世紀には主要商業都市となった。

オウレンセ Orense（スペイン）

*マドリード（Madrid）の北西400km、ミーニョ川沿いにある*ガリシア（Galicia）州オウレンセ県の県都。もともとは人気の

硫黄鉱物泉周辺にあるローマの入植地だった。5世紀と6世紀に西ゴート人配下のスエービー族の王の都として重要だった。713年アラブに破壊され、9世紀にアルフォンソ2世によって再建された。中世末のユダヤ人追放後、商業が衰退した。

オエア Oea ⇒ トリポリ ² Tripoli（リビア）

オエノトリア Oenotria ⇒ ルカニア Lucania（イタリア）

大分 Oita（日本）

*九州（Kyūshū）北東部、大分県中東部の都市で県庁所在地。鉄道網の中心および製造業の中心地。門司から104kmに位置し、別府湾に臨む。かつて九州の大部分を支配した大名の城下町で、16世紀にはポルトガルとの交易の中心だった。この時代の古い市場の跡が残る。

大垣 Ogaki（日本）

*本州（Honshū）中部、*岐阜（Gifu）県南西部の市。岐阜のすぐ西、*名古屋（Nagoya）の北西32kmに位置する。1535年、大垣城が築かれ、関ヶ原の戦いでは西軍の本拠地となったこともある。第2次世界大戦中には5回の空襲を受けて、市街地の大半が焼かれた。

大阪 Ôsaka［旧名：Nanba/Naniwa 難波〕（日本）

*本州（Honshū）南部、大阪湾に臨む大阪府の府都。*京都（Kyoto）の西43km、*神戸（Kobe）の東32kmに位置する。日本屈指の古都で、アジア有数の工業都市。4世紀には難波と呼ばれ、宮があった。1583年に豊臣秀吉が建てた壮大な城は1868年に火災で焼失し、現在は復元されている。秀吉は日本を統一し、大阪を本拠とした。その後大阪は商業都市として発達し

た。1889年に市制。第2次世界大戦中は重要な工業中心地だった。そのため1944年と1945年にアメリカ空軍の爆撃のターゲットとなる。日本文化や劇場の中心で、1970年には世界万国博が開かれた。6世紀の仏教寺院、四天王寺がある。大阪湾の人工島に建設されて1994年に開港した関西国際空港は、20世紀最大かつ費用のかかった公共事業の一つである。

大津 Ōtsu [Ōtu]（日本）
*本州（Honshū）中部の西にある滋賀県の県庁所在地。*京都（Kyōto）から160km、琵琶湖に臨む。城下町として栄え、江戸時代には東海道の宿場町、商業の拠点となる。石山寺と7世紀の三井寺（園城寺）が有名。俳人芭蕉(1640～94)の墓がある。

大牟田 Omuta [Omuda]（日本）
*福岡(Fukuoka)県の天草湾に臨む都市。*九州（Kyūshū）の炭鉱と化学産業の中心地。第2次世界大戦中の1944年、1945年、アメリカ軍が日本本土に攻撃を加え始めると、激しい爆撃を受けた。

オカイル Oqair ⇒ダンマーム Dammam

岡崎 Okazaki（日本）
*本州（Honshū）の南、愛知県中部の都市。*名古屋（Nagoya）の南西34kmに位置する。1603～1867年まで幕藩体制によって日本を統治した徳川幕府の開祖、家康の生地。

小笠原諸島 Ogasawara-Islands ⇒ボニン諸島 Bonin Islands

オーガスタ[1] Augusta（合衆国）
サバンナ川に臨む港湾都市。*ジョージア[1]（Georgia）州*アトランタ（Atlanta）の東224km に位置する。1717年に交易所として築かれ、ジョージア植民地の建設者ジェイムズ・オーグルソープの名を取って命名。1778年、イギリスに占領され、独立戦争時には何度も支配者が交替したが、1781年に《速馬のハリー》ことヘンリ・リーとアンドルー・ピケンズが最終的に制した。1786～1795年までジョージア州の州都。1788年1月2日、ここでジョージア州がアメリカ合衆国憲法を批准する。南北戦争時には南軍の重要な拠点となり、南軍最大の火薬庫があった。

オーガスタ[2] Augusta [旧名：Cushnoc カシュノック, Harrington ハリントン]（合衆国）
*メイン（Maine）州の州都。*ポートランド[3]（Portland）の北東88 kmに位置し、ケネベック川に臨む。1628年に*プリマス[2]（Plymouth）植民地の入植者が設置した交易所だったが、1754年にフォート・ウェスタンが建設され、入植地となる。1831年に州都。チャールズ・ブルフィンチ設計の19世紀初期の議事堂や、現在は知事の公邸になっているが、政治家ジェイムズ・G・ブレインの屋敷だった建物などがある。

オガデン Ogaden（エチオピア）
エチオピア南東部の地域。*ソマリア（Somalia）との国境沿いに広がる。1891年に*イタリア（Italy）の保護領とされたが、同年メネリク2世が奪還。ムッソリーニが獲得を目指し、1934年のワルワルでの不自然な衝突を口実に、1935～1936年にエチオピアに侵攻した。1948年にエチオピアに返還されたが、1960年以来、ソマリアとの国境紛争が耐えない。*キューバ（Cuba）とソ連の援護を得たエチオピアの大攻撃により1978年ソマリア軍は撤退し、1981年までに反乱軍は敗北した。

岡山 Okayama（日本）

*本州（Honshū）の南西部、岡山県の県庁所在地。瀬戸内海に臨む港、工業中心地。かつては池田藩の城下町で、16世紀の城、18世紀造園の後楽園で有名。

オガララ Ogallala ⇒ネブラスカ Nebraska

オキーチョビー湖 Okeechobee, Lake（合衆国）

*フロリダ（Florida）州南東部、*エバーグレーズ（Everglades）湿地帯の北端にある湖。総面積1,813平方キロメートル。1837年12月25日、ザッカリー・テイラー将軍がセミノール・インディアン軍を撃破した、第2次セミノール戦争での激戦地。1926年、破壊的なハリケーンに襲われた。近年の運河と堤防の建設により、湖からエバーグレーズに流れ込む水量が減少し、湖底が露出して乾燥し、火災が起きている。

沖縄 Okinawa（日本）

*九州（Kyūshū）の南西560km、太平洋北部の*琉球諸島（Ryuku Islands）の島で、農業と観光が盛ん。第2次世界大戦中の1945年4月1日〜6月21日まで、アメリカ軍が本州に近い空軍基地を確保しようとして何度も陸海軍作戦を仕掛け、成功はしたものの多くの犠牲者を出した。大戦屈指の悲惨な戦いが繰り広げられ、アメリカ軍の戦艦は特攻隊の攻撃によって深刻な被害を受けた。1972年*アメリカ（USA）は日本に島を返還したが、いくつかの軍事基地は残った。

オクサス Oxus ⇒アム・ダリヤ Amu Darya

オクシリンコス Oxyrhynchus ［アラビア語：Al-Bahnasā/Behnesa バフナサ］（エジプト）

*ナイル川（Nile River）の西岸、支流のバ

ハール・ユーセフ上流の高台にある古代遺跡。*ファイユーム（Faiyum）の南86kmに位置する。現在のバフナサ村の遺跡で発見されたオクシリンコス・パピルスは、前1世紀〜後10世紀にかけてのものと推測される。プトレマイオス朝、ローマ、ビザンツ時代のものがあり、かつては失われたとされていた有名なギリシア作家の作品もある。文献によると、この地には早くからギリシア植民地や、キリスト教修道院を中心とした町などの集落があった。1897年と1903年に発見されたパピルスには、3世紀にさかのぼると思われる、聖書外典のイエス語録の断片が含まれている。

オクソニア Oxonia ⇒オックスフォード[1] Oxford（イングランド）

オクソン Oxon ⇒オックスフォードシャー Oxfordshire

オグデン Ogden（合衆国）

*ユタ（Utah）州北部の都市。*ロッキー山脈（Rocky Mountains）と西海岸の間に位置する山間鉄道の拠点。*ソルト・レーク・シティ（Salt Lake City）の北56kmに位置する。1847年、ブリガン・ヤングとモルモン教徒の構想によって設立され、1851年に市になった。

オグデンズ川 Ogden's River ⇒ハンボルト川 Humboldt River

オグデンズバーグ Ogdensburg（合衆国）

*ニューヨーク（New York）州北東にある工業港湾都市。*ウォータータウン（Watertown）の北東88km、*セント・ローレンス川（Saint Lawrence River）に臨む。1749年に、イロコイ族改宗のための伝道所として設立

され、1868年に市となった。イギリスは独立戦争中にプレゼンテーション砦を築き、1796年まで掌握していた。1812年戦争〔アメリカ・イギリス戦争〕ではイギリス軍に対する重要な防衛拠点となり、1837年に*イギリス（United Kingdom）に対する*カナダ（Canada）の反乱が起きたときには、アメリカ人支持者が集結した。1940年アメリカ大統領ルーズベルトとカナダ首相キングがここで会談し、北米の防衛問題について討議して、オグデンズバーグ協定を結んだ。

オークニー諸島 Orkney Islands [Orkneys] [ラテン語：Orcades オルカデス]（スコットランド）
大西洋と北海に連なる列島で、スコットランド北部から幅10kmのペントランド海峡で隔てられている。70の島からなり、多くは無人島である。古くはピクト人が居住し、9世紀以降は古代スカンジナビアの王に支配された。1231年までにはスコットランド貴族が移住してきていたが、ノルウェーとデンマーク王の領土のままだった。1468年スコットランド王ジェイムズ3世と婚約した*デンマーク（Denmark）王女マーガレットの持参金の担保とされたが、持参金は支払われず、スコットランドが1472年に占領した。メインランド島の南にある*スカパ・フロー（Scapa Flow）は、第1次、第2次世界大戦中、イギリスの主要な海軍基地としての役割を果たした。諸島は1975年に郡となるが、現在は*メインランド[2]（Mainland）島の*カークウォール（Kirkwall）を行政府所在地とする郡（カウンシル・エリア）の一つ。
　諸島には多数の先史時代の遺跡が遺る。ホイ島には有名な石柱オールドマン・ホイ、新石器時代の砂岩墓ドワーフィ・ステイン。ラウゼー島のリンヨーにはピクト人の砦の円塔（ブロッホ）。メインランドのステネ

スには有名な環状列石のリング・オブ・ブロッガー、イギリス屈指の状態のよい玄室*メイズ・ハウ（Maes Howe）の羨道墳。*スカラ・ブレイ（Skara Brae）遺跡には大規模に発掘された新石器時代の石造りの集落がある。

オーク・パーク Oak Park（合衆国）
*イリノイ（Illinois）州北東部、*シカゴ（Chicago）の西16kmの郊外にある都市。
　1899年、作家のアーネスト・ヘミングウェイがここで生まれた。20世紀初頭に建築家フランク・ロイド・ライトが手がけた25軒の家とオークパーク・ユニティ・テンプルがある。

オグボモショ Ogbomosho（ナイジェリア）
ナイジェリア南西部の都市。*イバダン（Ibadan）の北北東80kmに位置する。交易都市として栄えている。17世紀に軍事拠点として設立され、フラニ族の侵攻に対する抵抗運動で重要な役割を果たす。19世紀初頭にフラニから難民が流入してきて以後、成長を遂げた。

オクマルギー Okmulgee（合衆国）
*オクラホマ（Oklahoma）州中東部にある都市。石油と農業の中心地。1868～1907年までクリーク族の中心集落としてできた。1882年以来のインディアン伝道所、1878年に建設されたクリーク族の会議所が残る。1900年に市となり、1907年の石油発見で繁栄した。

オクマルギー川 Ocmulgee River（合衆国）
*ジョージア[1]（Georgia）州中部を流れる川。アルタマハラ川の支流で、全長408km。南東部の先史時代の重要なインディアンの村だった場所に建設された、オクマルギー国定公園のわきを流れる。この地の

遺跡は前1000年以降のもので、復元された会議場もある。国定公園は1936年に設立された。

オクラホマ Oklahoma（合衆国）

アメリカ中南部の州。南は*レッド川（Red River）を境界とし、西は*テキサス（Texas）州、*ニューメキシコ（New Mexico）州、北は*カンザス（Kansas）州、東は*アーカンソー（Arkansas）州と接する。1907年に46番目の州として合衆国に加盟した。オクラホマという語は、チョクトー語の「赤い人」の意味で、1866年チョクトー族の酋長がインディアンの土地内の部族の土地に名づけた。

最初にこの地を訪れたヨーロッパ人は、1541年のフランシスコ・バスケス・デ・コロナド探検隊で、伝説の土地*キビラ（Quivira）を探していた。エルナンド・デ・ソト、フアン・デ・オニャーテなどスペインやフランスの探検隊も到達している。当時、西部にはオセージ、キオワ、コマンシェ、アパッチ族のほか、東部には、ウィチタのような定住性の部族がいた。最初のヨーロッパ人の入植地は、1796年*ミズーリ（Missouri）の*セント・ルイス（Saint Louis）からやってきた毛皮商ジャン・ピエール・シュートウがサリーナに建てた拠点だった。

1803年の*ルイジアナ購入地（Louisiana Purchase）によって、オクラホマはアメリカ領となり、1819年の*スペイン（Spain）とのアダムズ-オニス条約で、アメリカの南西の境界線が定められた。その間に、科学者のスティーブン・H・ロング、作家のワシントン・アーヴィング、画家のジョージ・キャトリンなど、アメリカ人探検家や旅行者がこの地域を訪れるようになった。1812年戦争〔アメリカ・イギリス戦争〕後、アメリカは東部のインディア

ンを*ミシシッピ川（Mississippi River）を渡って西部に移住させようとし、1830年代には武力を行使するようになった。チェロキー族をはじめとする文明化五部族が、現在のオクラホマ、カンザス、ネブラスカを含むインディアン準州に移住させられた。移住してきたインディアンは前は村に定住していた農民で、なかには奴隷を使っていた農園主もいた。彼らはオクラホマで同様の生活を送ろうとしたが、うまくいかなかった。平原インディアンとの衝突もあった。南北戦争中、インディアンの大半は南部連合国に味方した。オクラホマ州内では大きな戦闘はなかったものの、小競り合いや暴力沙汰はあった。

南北戦争後、連邦政府は土地の一部を奪ってインディアンを罰した。同じ頃、*チザム交易路（Chisholm Trail）をたどってオクラホマを横断し、テキサスからカンザスに牛を輸送する牛追い道ができた。鉄道も1870年に開通し、白人をインディアン準州から遠ざけておくことはますます難しくなった。1889年4月22日、広大な地域が入植用に開放され、人々が正午の時報とともに飛び込もうと境界に列をなした。時報前に境界を越えた者は「抜け駆け」と呼ばれた。夜が更ける頃には、6万人が入植していた。1890年、西部がオクラホマ準州となる。

1906年の連邦法は、インディアン保留地を個人保有の区画に分割して、入植者により多くの土地を開放することを意図していた。1907年に州に昇格する際、オクラホマとインディアン準州は統合された。州には大規模な経済発展の下地ができ、数年後の第1次世界大戦によって、急速な都市部の人口増加に伴う農業生産の需要が加速した。1920年代には、旱魃、過剰生産、過剰放牧により、早々に苦難

がもたらされた。1930 年代には*黄塵地
帯（Dust Bowl）に入り、被害を受けた農場
を捨てて西を目指す移動農業労働者「オ
ーキーズ」で知られるようになる。ニュ
ーディール政策による価格支援、灌漑プ
ロジェクト、第 2 次世界大戦、戦後の好
況により、農民にとっては良い時代が戻
った。1980 年代には石油不況を経験した
が、1990 年代になって価格が安定した。
州は伝統的に民主党支持だったが、近年
の大統領選挙では共和党に投票している。
1889 年のランドラッシュ時に入植が進ん
だ*オクラホマ・シティ（Oklahoma City）が
州都で最大の都市。ほかに重要な都市と
しては、1830 年代にクリーク・インデ
ィアンの村として入植が進んだ*タルサ
（Tulsa）がある。

オクラホマ・シティ Oklahoma City（合衆国）

*オクラホマ（Oklahoma）州中部にある州
都で、石油、農業、航空業の中心地。チ
ェロキー、チクソー、チョクトー、クリ
ーク、セミノールら文明化五部族が最初
に定住した土地である。これらの部族は
東部を追われ、1830 年代に悲劇的な長い
死の旅路を経て、この地域に定住した。
1880 年代初期にはインディアン用の保留
地として与えられたにもかかわらず、大
統領の布告により 1889 年 4 月 22 日に入
植者に開放された。一晩にして 1 万人ほ
どが入植し、その後も驚異的なランド
ラッシュが続いた。1890 年に市となり、
1910 年に州都となる。1928 年 12 月に石
油が発見されると、主要な石油産出地域
となった 1995 年、右翼過激派が連邦政府
ビルを爆破し、168 人の犠牲者が出た。

オークランド[1] Auckland（ニュージーランド）

タスマン海に臨む港湾都市。北島の北西
に位置する。1840 年にイングランドの入

植者により築かれ、*インド（India）総督
だったジョージ・オークランドにちなん
で命名される。1841 〜 1865 年までニュー
ジーランドの首都で、その後は*ウェリン
トン（Wellington）に遷都。

オークランド[2] Oakland（合衆国）

*カリフォルニア（California）州中部、*サ
ンフランシスコ湾（San Francisco Bay）東岸の
都市。1820 年にスペイン人が入植し、そ
の後 1849 年には金を求める人々が続いた。
1906 年にはサン・フランシスコ大地震の
被害を受けた 6 万 5 千人の避難所となる。
作家のジャック・ロンドンの故郷。第 2
次世界大戦中には重要な港、造船の中心
地となった。1989 年のロマ・プリータ地
震と 1991 年の火災で大きな被害を受ける。
オークランド港は年間 4 万トンの荷が積
み卸しされる。

オクリダ Ochrida/Okhrida ⇒オフリド Ohrid

オーク・リッジ Oak Ridge（合衆国）

*テネシー（Tennessee）州中東部、*ノック
スビル（Knoxville）の西 27km に位置する都
市。原子力研究と放射性同位元素製造が
行なわれている。1942 年にマンハッタン
計画の本部が置かれ、1945 年までは原子
爆弾製造に必要なウラニウムとプルトニ
ウムの秘密開発が行なわれていた。1959
年に都市として独立が認められた。

オーグリム Aughrim [Aghrim]（アイルランド）

*ゴールウェー[2]（Galway）州の村。*ゴー
ルウェー[1]（Galway）の東 51 km に位置する。
1691 年 7 月 12 日、アイルランドの反乱の
際に、ゴダート・ド・ギンケル将軍の率
いるイングランド軍がジェイムズ 2 世の
フランス・アイルランド連合軍を破った
土地。間もなく*リメリック（Limerick）条

約が調印される。
⇒ ボイン川 Boyne River

オ・クロー An Clá ⇒ クレア Clare

オケアヌス・ブリタニクス Oceanus Britannicus ⇒イギリス海峡 English Channel

オケルダマ Okel Dama ⇒ アケルダマ Aceldama

オサワトミー Osawatomie（合衆国）
*カンザス（Kansas）州東部の農業・交易都市。*カンザス・シティ（Kansas City）の南南西72km、マライス・デ・シグネス川に臨む。1855年にニュー・イングランド移民支援社によって建設され、1883年に市制。かつては地下鉄道の駅で、「オサワトミーのオールド・ブラウン」と呼ばれた奴隷制廃止運動家ジョン・ブラウンが1856年に暮らしていた小屋を含む記念公園がある。1856年8月、ブラウンと支持者たちは奴隷制擁護派とこの地で激戦を交えた。

オシ Osh（キルギス）
キルギス南西部の都市。*フェルガナ盆地（Fergana Valley）にあるオシ州の州都。アンディジャンの南東48kmに位置する。中央アジアの古都で、何世紀もの間、*インド（India）への主要交易路上にあった。その後絹生産の中心地となる。東洋と西洋の接点だった。町のすぐ西には、ソロモンの玉座を意味するタフティスレイマンと呼ばれる岩があり、かつてはイスラーム教徒の巡礼地だった。

オシエク Osijek［古代：Mursa ムルサ；独：Esseg；ハンガリー語：Eszek］（クロアチア）
*ザグレブ（Zagreb）の東南東208kmにあるクロアチアの都市。紀元後初期に、ムルサのローマ植民地と要塞が建設された。351年9月28日、*小アジア（Asia Minor）、*エジプト（Egypt）、シリアを配下に収めたローマ皇帝コンスタンティウス2世が、*ローマ帝国（Roman Empire）西部の将軍で皇帝の地位を強奪しようとしていたゲルマン人マグネンティウスを破った。犠牲者多数で、帝国全体の軍事力に恒久的な損害を与えたともいわれる。また、ローマ軍団の伝統的な歩兵に対して、重騎兵が初めて勝利を収めた戦いでもある。現在の市は、1091年にローマの植民地跡に建てられた城を中心に発達した。市は1526～1687年まで*オスマン帝国（Ottoman Empire）の支配を受け、のちに*オーストリア-ハンガリー帝国（Austro-Hungarian Empire）に併合され、1918年に新しい*ユーゴスラビア（Yugoslavia）の一部となった。

オシニング Ossining［旧名：Sing Sing シン・シン］（合衆国）
*ニューヨーク（New York）州南東部、*ニューヨークシティ（New York City）の北48kmに位置する*ハドソン川（Hudson River）に臨む村。1750年頃に入植が始まり、インディアン名のシン・シンの名で1813年に村になった。1901年に改名。シン・シン州刑務所の名で知られていたオシニング刑務所がある。1825～1828年にオーバーン州刑務所の囚人によって建てられたものである。20世紀半ばに改革が始まるまでは、非常に厳しい管理で知られていた。町にはカトリック海外宣教会の世界的な本部であるメリーノール、1839年に完成したが現在は使われていないニューヨークシティの水道橋の一部などがある。

オシフィエンチム Oświęcim ⇒アウシュビッツ Auschwitz

オシャワ Oshawa [旧名：Skea's Corners スケアズ・コーナーズ]（カナダ）

*オンタリオ（Ontario）州南東部の都市。*トロント（Toronto）の東北東 53km、*オンタリオ湖（Ontario, Lake）畔に位置する。1752年にフランスの交易拠点として設立された。1793年にトロント - キングストン軍事道路が建設されてから入植が始まった。1879年に町、1924年に市となった。1907年以来、自動車生産が行なわれている。カナダ自動車博物館がある。

オーシャン・グローブ Ocean Grove（合衆国）

*ニュージャージー（New Jersey）州中東部の避暑地。*アズベリー・パーク（Asbury Park）に隣接する。牧師が宗教再生と伝道集会のための場として1869年に設立した。

オーシャン島 Ocean Island [バナバ Banaba]（キリバス）

赤道の南 91km、西太平洋の島。1900年イギリスが領有権を主張し、1916年にギルバートおよびエリス諸島植民地の一部とされ、しばらくのあいだ首都だった。1942年に日本に占領される。1979年、ギルバート諸島とともに独立し、現在はキリバス領。

オーシャンビュー Oceanview ⇒バークリー² Berkeley（合衆国）

オーシャン・ポンド Ocean Pond ⇒オラスティー Olustee（合衆国）

オーシュ Auch [ラテン語：Augusta Auscorum アウグスタ・アウスコルム , Elimberrum エリンベルム]（フランス）

ジェール県の町。*トゥールーズ（Toulouse）の西 72km に位置し、ジェール川に臨む。アウシ人のケルトイベリア族の首都だったが、前56年にクラッスス率いる*ローマ（Rome）軍に征服され、732年にはサラセン人に襲撃される。8 ～ 10 世紀まで*アルマニャック（Armagnac）の首都で、17 ～ 18 世紀は*ガスコーニュ（Gascony）の首都。

オシュコシュ Oshkosh（合衆国）

ウィネベーゴ湖の西岸、*ウィスコンシン（Wisconsin）州東部の都市。フランスの毛皮取引拠点として始まり、1836年に入植が始まり、地元のインディアン・メノミニ族の族長の名にちなんで名づけられた。1853年に市制。1875年、市街地が火災で焼失したが、19 世紀後半製材の中心地として成長した。現在はリゾート地の中心地にある木工・革加工業の拠点。

オシュラガ Hochelaga（カナダ）

*ケベック²（Quebec）州南部、モントリオール島東部にあった村。ヒューロン族インディアンの集落で、1535年に探検家のジャック・カルティエが訪れているが、1603年にサミュエル・ド・シャンプランが訪れたときには、なくなっていた。おそらく現地人の襲撃を受けたためと思われる。この地域の発掘で、インディアンの炉床と埋葬地が見つかった。

オショグボ Oshogbo（ナイジェリア）

ナイジェリア南西部の都市。*イバダン（Ibadan）の北東 80km、オシュン川に臨む。植民地になる前にイボクンからの移民が入植し、17 世紀にヨルバ王国の*イレシャ（Ilesha）の町として設立された。1839年、

ヨルバ族の都市国家イバダンがフラニ族の国*イロリン（Ilorin）の南進を止めた古戦場である。その勝利によって多くの避難民が流れ込んだオショクボは、1951年までイバダンに貢物をしていた。

オショルヘユ Osorhei ⇒トゥルグ・ムレシュ Tîrgu Mureş

オスウィーゴ Oswego（合衆国）
*ニューヨーク（New York）州北中部、*オンタリオ湖（Ontario, Lake）に臨む都市。オスウィーゴ川の河口、*シラキュース（Syracuse）の北北西53kmに位置する。1653年、イロコイ族インディアン向けのイエズス会伝道所が建てられた。その後1722年にイギリスの最初の五大湖交易拠点ができ、*オールバニー（Albany）の毛皮取引に欠かせない販路となる。ジョージ砦、オンタリオ砦などが、オスウィーゴ砦附近の戦略的な位置に建てられた。18世紀の植民地戦争では激しく争われ、オスウィーゴ砦は独立戦争中の最後のイギリスの拠点となり、1796年までもちこたえた。1917年のバージ運河、1959年の*セント・ローレンス川（Saint Lawrence River）海路の完成で、湖港としての重要性が高まった。ジェームズ・フェニモア・クーパーの小説『道を拓く者』の舞台。
⇒エリー運河 Erie Canal

オスウィーゴ砦 Fort Oswego ⇒オスウィーゴ Oswego

オズウェストリー Oswestry（イングランド）
イングランド中西部、シュロップシャー州の市場町。*シュルーズベリー（Shrewsbury）の北西26km、ウェールズとの境界に接する。町名は*マーシア（Mercia）王ペンダとの戦いで死んだ7世紀のノーサンブリア

の王聖オズワルドにちなむ。12世紀にノルマン人によって防備を強化された。詩人のウィルフレッド・オーウェンの生地。

オスカ Osca ⇒ウェスカ Huesca

オスカルーサ Oskaloosa（合衆国）
*アイオワ（Iowa）州南東部の都市。*デモイン（Des Moines）の東南東100kmに位置する農業・交易都市。1835年に砦が築かれ、1844年にクエーカー教徒が入植し、1852年に市制。1870年に初めて石炭採掘が行なわれたが、石炭は枯渇すると農業と商業の拠点になる。

オスターフェルト Osterfeld ⇒オーバーハウゼン Oberhausen

オスティア Ostia［オスティア・アンティカ Ostia Antica］（イタリア）
古代*ローマ（Rome）の都市。*ラツィオ〔ラティウム〕（Latium）の*テベレ川（Tiber River）河口に位置する。前4世紀にローマの防衛のために建設された。西暦100年後に大規模な港湾設備を擁したイタリアの主要な港として、プテオリ〔現*ポッツオーリ（Puzzuoli）〕と争った。3世紀以降衰退し、850年頃にマラリアとアラブの襲撃にあって放棄された。テベレ川の河口は以後沈泥が進み、古い町は現在では7kmも内陸にある。大規模な発掘が進められ、古代ローマの町並みや、ほとんどが労働者階級だった人々の生活を今に伝えている。現在の村はすぐ東にある。

オスティア・アテルニ Ostia Aterni ⇒ペスカーラ Pescara

オスティア・アンティカ Ostia Antica ⇒オスティア Ostia

オスティエンセ街道 Ostian Way [ラテン語：Via Ostiensis ビア・オスティエンシス] (イタリア)
*ローマ (Rome) から*テベレ川 (Tiber River) 沿いに*オスティア (Ostia) に向かうローマの旧道。ほぼ同じルートをたどる現在の道路には、古代の橋が数多く遺っている。

オースティン Austin (合衆国)
*テキサス (Texas) 州の州都。*サン・アントニオ[2] (San Antonio) の北東123 kmに位置し、*コロラド川 (Colorado River) に臨む。1835年に築かれ、1839年に*テキサス共和国 (Texas, Republic of) の首都となる。*メキシコ (Mexico) と戦争になりそうになった1842～1845年の間だけ首都がオースティンから*ヒューストン (Houston) に移された。

オステリッヒ Österreich ⇒オーストリア Austria

オーステンデ Oostende ⇒オステンド Ostend

オステンド Ostend [オランダ語：Oostende オーステンデ；仏：Ostende オステンド] (ベルギー)
ベルギー北西部の都市。ウェスト - フランデレン州、*北海[1] (North Sea) に臨む主要商港および漁港。11世紀には開港していたが、1583年にウィレム1世 (沈黙公) によって要塞化され、オランダの*スペイン (Spain) からの独立戦争中にひじょうに重要な役割を果たした。1604年、3年間の包囲網ののち、スペインは市を壊滅状態にして占領した。19世紀にはヨーロッパで流行の最先端を行く町となり、第1次世界大戦でドイツ軍に占領され潜水艦基地として利用されるまで、その状態が続いた。第2次世界大戦中は連合軍の激しい爆撃を受けた。

⇒フランドル〔フランダース〕Flanders

オストゼー Ostsee ⇒バルト海 Baltic Sea

オストフリースラント Ostfriesland ⇒東フリースラント East Friesland

オストプロイセン Ostpreussen ⇒東プロイセン East Prussia

オストラバ Ostrava [旧名：Moravská モラブスカ；独：Märisch-Ostrau] (チェコ共和国)
チェコ北東部、*モラビア[1] (Moravia) 地方の工業、文化、教育都市。*プラハ (Prague) の東272km、*オーデル川 (Oder River) とオストラビツェ川の合流点近くに位置する。中世にはモラビア低地に続く峠、モラビア門を守る立地で知られた。19世紀に炭鉱が開かれ、鉄道が発達するとともに重要な都市となる。第2次世界大戦中の1939～1945年、ナチスの戒厳令によって工場は被害を受けた。

オーストラリア Australia
南半球の大陸であり、*イギリス連邦 (Commonwealth, The) 内の国。東に太平洋、西と南にインド洋、北には*インドネシア (Indonesia) と*パプアニューギニア (Papua New Guinea)。*タスマニア (Tasmania) などの島を含む。面積も形状もアメリカ合衆国に似ており、またアメリカ人と同じく、国民は広大な未開の土地を探検し、住める土地を開拓しなければならなかった。孤立していた時代が長いため、この大陸には独特の動植物が進化した。ヨーロッパ人が到来する前は、4万年ほど前に東南アジアから渡ってきたと思われるオーストラリア先住民が住んでいた。
　1601～1642年の時期にこの大陸を最初に目にしたヨーロッパ人は、ポルトガ

ル人とスペイン人がそれぞれ一人、オランダの航海者が二人だった。17世紀末と18、19世紀にはイギリスの船乗りが探検を続け、1771年4月にジェイムズ・クックがオーストラリアはイギリスの領土であると主張。1802〜1803年にはマシュー・フリンダーズがオーストラリア大陸の周航を果たす。イギリスが流刑になった受刑者の受け入れ先に決めてから入植が始まる。最初の流刑囚は1788年1月26日に現在の*シドニー[1]（Sydney）に上陸。それから次々に犯罪者植民地が造られる。1804年には*ニューカッスル[1]（Newcastle）、1804年にタスマニアに*ホバート（Hobart）、1824年に*ブリズベーン（Brisbane）が築かれる。西部には1829年に最初の流刑地ではない入植地が*パース[1]（Perth）に造られた。さらに多くの入植者が自分の意志でやってきて、刑期を終えた流刑者と力を合わせた。こうして未開の土地での探検が始まる。

1901年、それまでは孤立していた6カ所の入植地が連邦を形成し、1911年に議会制民主主義の政府のもとで*ノーザン・テリトリー（Northern Territory）を加える。1835年に建設された*メルボルン（Melbourne）が1927年まで首都となり、その後は*キャンベラ（Canberra）が連邦政府直轄地区のオーストラリアンキャピタルテリトリーにある連邦首都となる。2度の世界大戦ではオーストラリア軍はイギリスのために地球を半周するほど出兵して戦った。*日本（Japan）と開戦になると、オーストラリアは侵略される危険性が出てきたが、1942年5月4日〜8日までの*珊瑚海〔コーラル海〕（Coral Sea）海戦により危機を脱する。いくつかの都市が日本軍の爆撃と砲撃を受けたが、特に*ダーウィン（Darwin）は被害が大きかった。

第2次世界大戦が終わると、ヨーロッパ人の移民が住むようになり、イギリス人以外の住民が増えて、白人ばかりの社会の質に変化をもたらす。戦後はオーストラリアの天然資源への需要が一気に高まり経済が急成長を遂げる。オーストラリアの外交は徹底した反共主義で、オーストラリア軍は1950年代には韓国で、1960年代はベトナムで戦う。ベトナム戦争と徴兵制度に反対する姿勢が、1972年にゴフ・ホイットラムの率いる労働党政府を成立させた一要因になっている。ホイットラムはオーストラリア軍をベトナムから撤退させ、徴兵をやめ、高等教育の授業料を廃止し、無料の健康保険制度を確立し、先住民の土地所有権を支持した。

1975年、イギリスの総督が議会を解散させ、選挙に勝った自由党のマルカム・フレイザーを首班に暫定内閣を樹立。1983年労働党が再び政権を取ったが、1990年代の景気後退と失業率の上昇を受けて、1996年には保守政権に負ける。イギリスとの法律上の関係を絶ってオーストリアを共和国にする案で国民投票を行なったが否決された。

オーストラリアの内陸は大半が砂漠だが、初期の植民者たちは最初の重要な経済活動となる羊の飼育に適した地域を見つけた。のちには小麦の栽培も大きな役割を果たす。今も農業の果たす役割は大きいが、豊かな鉱物資源をもつ産業国となった。また、1千万人以上が都市部に集まっている都会的な国でもある。

オーストリア Austria [独：Österreich オステリッヒ]

中央ヨーロッパの共和国。西に*スイス（Switzerland）、北に*ドイツ（Germany）、チェコ共和国（Czech Republic）、*スロバキア（Slovakia）、南に*スロベニア（Slovenia）

340 オストリア

と＊イタリア（Italy）、東は＊ハンガリー
（Hungary）。＊アルプス（Alps）山脈が国の
西と南を貫いている。ヨーロッパ諸国の
交差路に位置するためにヨーロッパ大陸
の歴史に重要な役割を果たしてきた。首
都＊ウィーン（Vienna）は荘厳な文化の伝統
を有し、13 ～ 19 世紀いっぱいまで、＊ス
ペイン（Spain）から＊ルーマニア（Romania）
まで時代によって範囲は変わるが広大な
ハプスブルク帝国の中心にあった。現代
になると領土の縮小と永世中立の立場を
打ち出したため、オーストリアの地位は
大幅に低下した。

　本来はケルト人とスエービー族の住む
土地だったが、前 15 ～後 10 年の間にロー
マに征服される。＊ドナウ川（Danube
River）の南の土地がローマ帝国の属州にさ
れた。5 世紀にはフン族に侵略され、788
年にシャルルマーニュ〔カール大帝〕に
征服され、《東の辺境》（Ostmark）の一部
となる。のちにモラビア人とマジャー
ル人に侵略され、955 年に初代神聖ロー
マ帝国皇帝オットー 1 世が＊アウグス
ブルク（Augsburg）から近い＊レヒフェルト
（Lechfeld）にてマジャール人を破り、＊ド
イツ（Germany）に取り戻す。

　976 ～ 1246 年までバーベンベルク家
の支配下で、オーストリアは勢力を拡大
し、1156 年に公国となる。バーベンベル
ク家最後の子孫が死に、渾沌とした状況
の中で 1251 年に、＊ボヘミア（Bohemia）
王オタカル 2 世がウィーンを占領するが、
1278 年にはドイツ王でハプスブルク家の
ルドルフ 1 世に放逐される。ルドルフは
息子のアルブレヒトにオーストリアを治
めさせ、かくして 6 世紀にわたるハプス
ブルク家の支配が始まる。

　翌年、オーストリアは＊チロル（Tyrol）、＊ト
リエステ（Trieste）、＊ケルンテン（Carinthia）、
ボヘミア、ハンガリーを獲得する。1483

年、アルブレヒト 2 世が神聖ローマ帝国
皇帝になると、オーストリアが＊神聖ロー
マ帝国（Holy Roman Empire）の中核とな
る。ハプスブルク家は＊オランダ（Netherlands,
The）を獲得し、婚姻によって＊ブルゴーニ
ュ（Burgundy）の大半を取得し、1519 年に
カール 5 世が即位するとスペインおよび
イタリアの大部分を得る。

　1526 年、オーストリアは＊オスマン帝
国（Ottoman Empire）に脅かされる。ウィ
ーンを包囲されるが、撃退したのはヨー
ロッパ史では画期的な事件である。16 世
紀にカトリックとプロテスタントの宗教
改革が広がると、オーストリアは宗教の
違いによって分裂し、1618 年にはついに
三十年戦争となる。オーストリアは戦争
によって＊モラビア[1]（Moravia）を獲得し、
1699 年にはついにハンガリーからトルコ
人を追い出した。

　18 世紀、1701 ～ 1714 年のスペイン継
承戦争と 1741 ～ 1748 年のオーストリア
継承戦争によりスペインのハプスブルク
家は王位を失う。＊シュレジエン（Silesia）
は＊プロイセン（Prussia）に奪われるが、こ
れはドイツ圏でプロイセンが勢力を増し
ていることを示している。

　1772 年と 1795 年、＊ポーランド（Poland）
が分割され、オーストリアは東部に新し
い領土を獲得するが、ナポレオン時代の
戦争により、1806 年には神聖ローマ帝国
は消滅する。1805 年には＊アウステルリ
ッツ（Austerlitz）で、1809 年は＊ワグラム
（Wagram）でオーストリアはナポレオンに
敗れるが、1815 年のウィーン会議によっ
て＊ダルマチア（Dalmatia）と＊ベネツィア
（Venice）を獲得し、再びヨーロッパの大国
となる。この時期にオーストリア、特に
モーツァルトとベートーベンの活躍した
ウィーンは、目映いばかりの文化の中心
地となる。

オスナ 341

19世紀なると隆盛を誇ったハプスブルク帝国が次第に崩壊していくことになる。様々な民族の間で高まる自由主義と民族主義の機運によって、1848年には暴動が相次ぎ、帝国は烈しく揺すぶられる。1859年、オーストリアはベネツィアをのぞくイタリアをすべて失い、1866年のプロイセン・オーストリア戦争で敗北すると、ドイツでの主導権はプロイセンに奪われる。ハンガリーの民族主義に媚びをうって、1867年に帝国はオーストリア-ハンガリーの二重帝国体制をとって分裂する。しかし、他の民族の問題が残っていて、1914年に*セルビア（Serbia）をめぐる危機的状況から第1次世界大戦が勃発。この戦争はハプスブルク帝国の終焉を告げ、1919年のサンジェルマン条約で成立したオーストリアは現在のような小共和国だった。政治的な安定を欠き、1938年にヒトラーの*ドイツ（Germany）に併合される。第2次世界大戦中はドイツと同じ運命をたどり、1945年には4カ国の連合国に占領される。1955年、*アメリカ（USA）、*ソ連（USSR）、*イギリス（United Kingdom）そして*フランス（France）がオーストリアとの条約に調印して、占領が終了する。戦後は顕著な経済復興と繁栄が実現わし、東西問題ではオーストリアは中立を守り、南北の経済問題では主導権を発揮した。1995年にヨーロッパ連合（EU）に加盟したために、外国からの移住者に反対する政策を打ち出す政党への支持が急に高まった。1999年、極右の自由党が選挙で第3党となり、政権担当連立政府に加わったために、オーストリアはEUから暫定的に制裁を加えられることになった。

オーストリア-ハンガリー Austria-Hungary ⇒ オーストリア Austria

オーストリア-ハンガリー帝国 Austro-Hungarian Empire ⇒ オーストリア Austria

オーストリア領ネーデルラント Austrian Netherlands ⇒ オランダ Netherlands, The

オストロウェンカ Ostrołęka［ロシア語：Ostrolenka］（ポーランド）
ポーランド中東部、マゾフシェ県の工業都市。*ワルシャワ（Warsaw）の北北東99km、ナレフ川に臨む。1373年に都市権を与えられ、1795年に*プロイセン（Prussia）に割譲され、1815年には*ロシア（Russia）に、1920年には*ポーランド（Poland）に割譲された。19世紀と20世紀には*フランス（France）、ロシア、*ドイツ（Germany）を巻き込む戦場となる。

オストロク Ostrog（ウクライナ）
ウクライナ西部の町。ゴリン川上流沿い、*ルーツク（Lutsk）の南東94kmに位置する。9世紀に設立され、17世紀までは独立した公国だった。1921年に*ロシア（Russia）から*ポーランド（Poland）に委譲され、1945年にロシアに返還された。最初のスラブ語完訳版聖書は、1581年にこの地で印刷された。

オストロフ・ウランゲリ Ostrov Vrangelya ⇒ ランゲル島 Wrangel Island

オスナ Osuna［ラテン語：Gemina Urbanorum, Orsona, Urso ウルソ；ムーア語：Oxuna オソナ］（スペイン）
スペイン南部、セビリア県の町。*セビリア（Seville）の東南東83kmに位置する。古代ローマの駐屯地で、711年にムーア人に奪われ、レオンとカスティリア王フェルナンド3世が1239年にムーア人から奪還した。ローマ時代の遺跡、公爵邸、16世

紀のゴシック教会、1549年に創設されたが1820年に閉校となった大学跡が遺る。

オズナバーグ Osnaburgh ⇒デアシー Dairsie

オスナブリュック Osnabrück（ドイツ）

ドイツ北西部、*ニーダーザクセン（Lower Saxony）州の都市。*ミュンスター（Münster）の北東48kmに位置する。793年シャルルマーニュ〔カール大帝〕が、古代ザクセンの集落があった場所に司教座を設立した。1171年に都市権を獲得。*ハンザ同盟（Hanseatic League）に加盟し、リンネル産業の中心地として栄えた。1543年、宗教改革を支持。大部分がこの地で協議された*ウェストファリア（Westphalia）条約による平和の結果、1648年以降司教座はカトリックとルター派の司教が交互に担当することになり、1803年に政教分離が決まり、*ハノーファー（Hanover）の統治が始まるまでこの制度が続いた。1807年ウェストファリア王国に割譲され、1815年*ウィーン（Vienna）会議の決定によってハノーファーに戻された。第2次世界大戦では、1944年と1945年の連合軍の爆撃で深刻な損害を受け、1945年4月に占領された。三つの塔を有する大聖堂は783年設立で、1254年に焼失したが、その後すぐに再建された。ゴシック様式の聖マリア教会もある。市庁舎は1487〜1512年に建設された。

オスマン帝国 Ottoman Empire

*小アジア（Asia Minor）で誕生したかつての王国。最盛期には*バルカン（Balkans）半島、東ヨーロッパの大部分、北アフリカの沿岸部、*アラビア半島（Arabian Peninsula）、*ペルシア湾（Persian Gulf）までを支配した。*地中海（Mediterranean Sea）東部を掌握し、中央ヨーロッパの国々に深刻な脅威を与えた。第1次世界大戦後に崩壊すると、小アジア内の領土は現*トルコ（Turkey）領となった。

オスマン帝国の始祖は、13世紀に小アジアから中央アジアに入ってきたトルコ系部族のオスマン朝である。14世紀にモンゴルの手でセルジューク・トルコ帝国が崩壊すると、小国が次々と興ったが、そのなかでオスマン家が頭角を現わした。

オスマン家はもともと傭兵として*ビザンツ帝国（Byzantine Empire）に入ってきた一族だが、その後14世紀には勢力を西方に伸ばしてビザンツ帝国内での足場を固め、1326年に*ブルサ（Bursa）を、1361年に*アドリアノープル（Adrianople）を手中に収めた。14世紀の終わりには、小アジア全土とバルカン半島の大部分がオスマンの支配下に入ったが、15世紀初頭、今にも*コンスタンティノープル（Constantinople）を攻略するというときに、小アジアの領土を短期間ながらティムールとモンゴル軍に侵略された。ティムールの撤退に伴い、オスマンのスルタンは領土を回復し、1453年、メフメトム2世の時代に、コンスタンティノープルを奪ってビザンツ帝国に致命的な打撃を与えた。コンスタンティノープルはのちにオスマン帝国の都*イスタンブール（Istanbul）となる。ギリシアに残っていたベネツィアの要塞は、1503年に正式に降伏した。

15世紀と16世紀は急速な拡大の時代で、帝国は1520〜1566年のスレイマン大王の時代に全盛期を迎えた。1460年代と1470年代にはボスニアとアドリア海沿岸、*黒海（Black Sea）周辺を手中に収める。16世紀の初頭、*シリア[2]（Syria）、*カイロ[1]（Cairo）、*アルジェ（Algiers）が陥落した。*ロードス[2]（Rhodes）島は長期にわたる包囲戦を経て、1522年に聖ヨハネ騎士団から奪った。*ハンガリー（Hungary）を

1526年＊モハーチ（Mohács）の戦いで撃破し、ブダを制圧、1529年には＊ウィーン（Vienna）を包囲した。同じ頃、スレイマン軍はインド洋をめぐってポルトガルと戦った。1562年には＊オーストリア（Austria）が平和維持のためトルコに進貢するようになっていた。だが、1565年の＊マルタ（Malta）島の包囲戦でキリスト教軍に敗れたのに続き、1571年には＊レパント（Lepanto）の海戦で＊ベネツィア（Venice）、＊スペイン（Spain）、教皇庁軍に敗れ、オスマンの不敗神話は覆された。

オスマン帝国の領土拡大は、ほかには類を見ない強力な軍事力をもって進められた。特徴的なのは、交戦、包囲戦両方で大規模な歩兵隊を利用したことである。徹底的な訓練が施され、捕虜となってスルタンに貢納されたキリスト教徒の奴隷からなる衛兵の精鋭部隊、狂信的なイェニチェリ軍団が率いることが多かった。トルコ艦隊は、本拠地イスタンブールで武器を大量に補給していた。

1638年、オスマン帝国はレパントでの敗戦から立ち直り、16世紀以来の宿敵＊ペルシア1（Persia）に勝利を収めた。1683年には、再び＊ウィーン（Vienna）を包囲してヨーロッパに脅威を与える。だが、オスマン帝国にとっては不利な状況となり、1699年に＊カルロバツ（Karlovac）条約によってウィーンをハンガリーに譲渡せざるを得なくなった。

18世紀以降、帝国はゆっくりと解体していったが、＊ロシア（Russia）などの伸び盛りの勢力と戦いを重ねて破れたことと、帝国内での民族自決主義の高まりによって崩壊への流れが加速した。政府がオスマン社会の腐敗と旧弊な体質にとらわれていたことも、状況を悪化させた。1770年＊モルダビア（Moldavia）と＊ワラキア（Walachia）がロシアに屈し、ナポレオン戦

争中には帝国内の＊エジプト（Egypt）が一時的にフランスの支配下に入った。ロシアと＊イギリス（United Kingdom）が介入し、1828年のアドリアノープル条約によって、オスマンは＊ギリシア（Greece）独立の承認を余儀なくされた。

1833年にスルタンは、反乱を起こした配下のムハンマド・アリーにシリアとエジプトを譲り、帝国南部が解体した。クリミア戦争では名目上の勝利を収めたが、この戦争はすでに泥沼状態にあった帝国経済に重圧をかけた。スルタンはしだいに勢力均衡のために“ヨーロッパの瀕死の病人”である帝国を支持するヨーロッパ諸国の政治、経済支援のおかげで、なんとか生き延びているだけになっていく。

1877～1878年のロシア・トルコ戦争により、バルカン半島に残存する領土に対するスルタンの支配力が弱まり、イスタンブールの政情はますます不安定になった。1908年＊ブルガリア（Bulgaria）が独立を宣言。1912年＊リビア2（Libya）を＊イタリア（Italy）に奪われ、1913年にはバルカン戦争によってオスマン帝国のヨーロッパ支配は終わりを告げた。第1次世界大戦では＊ドイツ（Germany）と同盟を結び、連合軍の＊ガリポリ2（Gallipoli）侵攻を撃退したが、アラビア半島では苦戦する。＊バグダード（Baghdad）と＊エルサレム（Jerusalem）の陥落後、1918年に休戦協定に署名し、これによりオスマン帝国はついに終焉を迎えた。

オスロ Oslo［旧名：Christiania/Kristiania クリスチャニア］（ノルウェー）

ノルウェーの首都。オスロフィヨルドの北端に位置する、アーケシュフース県の文化・商業都市で1050年頃にハラルド3世によって設立され、1299年に首都になった。14世紀以降は＊ハンザ同盟（Hanseatic

League）に支配される。1642年の火災で焼失し、クリスチャン4世によってルネサンス都市として再建され、クリスチャニアと改名された。1716年*スウェーデン（Sweden）に占領された。19世紀には*ベルゲン（Bergen）を抜いてノルウェーの主要都市となり、ルネサンス文化の中心となる。その後は民族主義の波に襲われ、ノルウェーは1905年にスウェーデンと分離した。1925年、市はオスロと改名される。1940年4月9日、ビドクン・クィビスリングが手引きした*ドイツ（Germany）軍に引き渡され、第2次世界大戦の終わりまでナチスの占領下におかれた。12世紀のアーケル教会、13世紀の要塞アーケシュフース城、11世紀にハラール3世のために建てられた最初の大聖堂である聖ハルバルド大聖堂跡など、中世の建築物が遺る。

オスロエネ　Osroene [Osrhoene]（シリア、トルコ）

*メソポタミア（Mesopotamia）北西部にあった古代王国。*ユーフラテス川（Euphrates River）の東に位置する。首都は*エデッサ[2]（Edessa）。前2世紀にセルウコス朝の反乱をきっかけに設立された。のちに*パルティア（Parthia）、*アルメニア[1]（Armenia）、*ローマ（Rome）の支配を受ける。216年ローマ皇帝カラカラに滅ぼされた。

オセチア　Ossetia [Osetia]（ロシア、ジョージア〔グルジア〕）

黒海とカスピ海にはさまれた中央*カフカス〔コーカサス〕（Caucasus）の地方。行政的にはロシアの*オルジョニキーゼ（Ordzhonikidze）を首都とする北オセチアとツヒンバリを首都とするジョージア〔グルジア〕の*南オセチア（South Ossetia）に分かれる。その名はイラン-ヤペテ語系

のオセット人に由来する。前7世紀～後1世紀まで、この地方はおおむねスキタイ人、サルマティア人の支配を受けていた。その後は*黒海（Black Sea）北東部の遊牧民アラニ族に支配された。13世紀にタタールが覇権を奪い、17世紀にはカルバダの王子が北方を統治した。18世紀後半、ロシアがオセチアを征服し始め、1806年までに全体を併合した。第2次世界大戦中ソ連侵攻中のドイツ軍は、1942年11月にオセチア北部まで到達した。*オセチア軍道（Ossetian Military Road）が通っている。
⇒**スキタイ Scythia**

オセチア軍道　Ossetian Military Road（ロシア、ジョージア〔グルジア〕）

*カフカス山脈（Caucasus Mountains）を横断する全長272kmの街道。オセチアの部族民が居住していた未開の地に1889年に建設された道路で、*クタイシ（Kutaisi）とアラギルを結ぶ。マミソン峠を通ってカフカスの峰を越える。
⇒**オセチア Ossetia**

オセラ　Oscela ⇒ドモドッソラ Domodossola

オセール　Auxerre〔ラテン語：Autesiodurum〕（フランス）

ヨンヌ県の県都。*パリ（Paris）の南東152kmに位置し、ヨンヌ川に臨む。古代ローマの重要都市で学問の中心であり、3世紀には司教区となる。オーセロワ郡の郡都だったが、1435年、オーセロワは*アラス（Arras）の和約により*ブルゴーニュ（Burgundy）に併合される。6世紀の地下祭室の上に建てられた13世紀の教会や16世紀の華麗なゴシック様式の大聖堂など重要な建物が数多い。

オーゼンセ〔オーデンセ〕Odense（デンマーク）

デンマーク中部、フィン島の商業、工業、文化の中心地。10 世紀に設立された。北欧神話の神オーディンを祀る古い神殿、12 世紀の教会、13 世紀の聖カヌート大聖堂がある。カヌートは 1086 年にこの市で殺害され、1101 年に保護聖人として列聖された。1805 年にここで生まれた作家ハンス・クリスチャン・アンデルセンの生家は、現在博物館になっている。オーゼンセは第 2 次世界大戦中、*ドイツ（Germany）に対する連合軍の本拠地となった。

オソナ Oxuna ⇒オスナ Osuna

オソリー Ossory（アイルランド）

*レンスター（Leinster）地方の南西にあった古代王国。その境界はおおむね、現在のオソリー・ローマカトリック教区と一致する。王国の支配をめぐって長年争いが続き、1110 年に解体、12 世紀にノルマン人が支配するレンスターの一部となった。14 世紀半ばにはオルモンド伯領となった。

オソルノ Osorno（チリ）

チリ中南部の都市。*コンセプシオン[1]（Concepción）の南 384km に位置する。1553 年に設立され、1602 年にインディアン・アラウカノ族に破壊された。1796 年アンブローシオ・オイギンスの命で再建された。19 世紀後半、ドイツからの移民で人口が増加した。

オタバロ Otavalo（エクアドル）

*アンデス（Andes, The）山中高地にあるインバブラ州の工業都市。首都*キト（Quito）の北北東 67km のインディオ居住地域に

ある。1534 年に入植が始まり、1868 年の地震で大打撃を受けた。

オタヘイティ Otaheite ⇒タヒチ Tahiti

オタムワ Ottumwa（合衆国）

*アイオワ（Iowa）州南東部の農業地帯にある商業・工業都市。*デモイン（Des Moines）の南東 126km に位置し、デモイン川両岸にまたがる。1851 年に市となった。市営空港は第 2 次世界大戦中、海軍の大規模な内陸航空基地として使われた。

オタワ[1] Ottawa〔旧名：Bytown バイタウン〕（カナダ）

カナダの首都。*オンタリオ（Ontario）州南東部、*モントリオール（Montreal）の西 160km に位置する。1613 年にサミュエル・ド・シャンプランが到達した。1827 年にリドー運河が建設されてからジョン・バイ大佐によって恒久的な入植が進められた。1854 年に市となり、1858 年ビクトリア女王がカナダの首都に定めた。1859 ～ 1865 年に建設されたゴシック様式のパーラメントヒルを筆頭に、有名な公共建築物が数多く遺る。オタワ大学の創設は 1848 年である。

オタワ[2] Ottawa（合衆国）

*ジョリエット（Joliet）の西南西 64km、イリノイ川沿いにある*イリノイ（Illinois）州北部の都市。1832 年にジョンソン砦が建設され、1853 年に市となった。1858 年 8 月 21 日、エイブラハム・リンカーンとスティーブン・ダグラスの第 1 回の討論会が行なわれた。

オタワ[3] Ottawa（合衆国）

*トピーカ（Topeka）の南東 59km、メルダジーン川沿いの*カンザス（Kansas）州東部

の工業都市。1832年連邦政府に東側の土地を明け渡して*オハイオ（Ohio）から移住してきたオタワ族の名にちなむ。1866年に市となり、1867年にインディアンは*オクラホマ（Oklahoma）に移住させられた。

オタワ川　Ottawa River　[旧名：Grand River グランド川]（カナダ）

*オンタリオ（Ontario）州南東部と*ケベック[2]（Quebec）州南部を流れる全長1,114kmの川。オンタリオとケベックの州境の下方あたりからケベック州南部を東に横断し、*モントリオール（Montreal）で*セント・ローレンス川（Saint Lawrence River）に流れ込む。1535年にジャック・カルティエが発見。1613～1615年にサミュエル・ド・シャンプランがヨーロッパ人として初めてこの川を探検した。何世紀もの間、毛皮交易、探検、伝道のために多くの人々が航行した。19世紀に製材業が発達した。

オータン　Autun　[ラテン語：Augustodunum アウグストドゥヌム]（フランス）

ソーヌ - エ - ロワール県の町。*ディジョン（Dijon）の南西83 kmに位置し、アルー川に臨む。初代ローマ皇帝アウグストゥスが築き、ローマの*ガリア（Gallia）長官らの居地となり、学問の中心となる。269年にテトリクスに襲われ、406～895年の間には異民族の侵略を受けて破壊され、9世紀のうちに再建された。1379年、百年戦争でイングランド人に焼き討ちされる。今も重要なローマ時代の遺跡があり、12世紀の有名なロマネスク様式の大聖堂が建っている。現在は主に金属と機械を製造する工業の町。

オチャコフ　Ochakov　[ギリシア語：Alektor アレクトル]（ウクライナ）

ウクライナ南部の重要な海港。*オデッサ（Odessa）と*ヘルソン（Kherson）の間に位置し、*黒海（Black Sea）に臨む。前7世紀と前6世紀に古代ギリシアの都市アレクトルがあった場所。当時は近くにギリシア植民市*オルビア（Olbia）があった。1492年に、*クリミア半島（Crimea, The）のタタール人に占領され、カラ - ケルマン（「黒い都市」の意）の名で呼ばれた。16世紀と17世紀にウクライナのコサック人とトルコ人とで争われ、ロシア・トルコ戦争中の1788年に*ロシア（Russia）に奪われる。クリミア戦争中の1855年には連合軍が占領した。

オックスフォード[1]　Oxford　[ラテン語：Oxonia オクソニア]（イングランド）

イングランド中南部、*オックスフォードシャー（Oxfordshire）州の州都で、オックスフォード大学の所在地。*ロンドン（London）の西北西83km、*テムズ川[2]（Thames, River）沿いに位置する。初めて文献に登場するのは912年。12世紀までには城、修道院が建設された。12世紀創設の大学はイングランド最古。16世紀以降、司教座がおかれた。イングランド内戦中は王党派の拠点で、しばらくの間議会派に包囲された。1918年ナフィールド卿ウィリアム・R・モリスがカウリー近くに自動車工場を設立後、工業地帯となる。シェルドニアン劇場、ラドクリフ・カメラ、天文台、中世の教会が遺る。市の大聖堂はクライスト・チャーチ・コレッジの礼拝堂。

オックスフォード[2]　Oxford（合衆国）

*ウスター[2]（Worcester）の南南西16kmに位置する、*マサチューセッツ（Massachusetts）州中部の住宅地。1687年にフランス系プ

ロテスタントが入植し、1693年に市となった。アメリカ赤十字協会の創設者クララ・バートンは1821年にこの地で生まれている。

オックスフォード[3] Oxford（合衆国）

*ミシシッピ（Mississippi）州北部の大学都市。*テネシー（Tennessee）州*メンフィス[2]（Memphis）の南東112kmに位置する。1835年に建設され、1837年に市制。1844年、ミシシッピ大学が創設される。1962年に初の黒人大学生の入学をめぐって暴動が起きた。ノーベル賞作家ウィリアム・フォークナーの故郷。

オックスフォード[4] Oxford（合衆国）⇒フェアヘーブン Fairhaven

オックスフォードシャー Oxfordshire［オックスフォード Oxford, オクソン Oxon］（イングランド）

イングランド中南部の州。北部の先史時代の遺跡がある。ローマ人によるブリテン征服の初期に占領されたことが、ここで発見された川沿いの邸宅跡からわかっている。中世にはアングロ・サクソン人の*マーシア（Mercia）王国領だった。ノルマン人の王の狩猟の場で、イングランド内戦中は1642年の*エッジヒル（Edgehill）の戦い以降王党派の拠点となった。歴史的に名高い*ウッドストック[2]（Woodstock）御料地はここにあり、ヘンリ1世が宮殿を建てた。マールバラ公の居城であるブレンハイム宮殿もある。チャールズ若僭王がスチュワート朝の再興を画策して起こした「四十五年反乱」（「ジャコバイト反乱」ともいう）で、熱心なスチュワート王家支持者はこの地の大地主たちであった。1974年以降バークシャーだった広大な地域がオックスフォードシャーに併合された。

オッターバーン Otterburn（イングランド）

イングランド北東部、*ノーサンバーランド[1]（Northumberland）州の村。*ニューカッスル・アポン・タイン（Newcastle upon Tyne）の北西46kmに位置する。1388年、シェイクスピアの『ヘンリ四世』にも登場する"ホットスパー"サー・ヘンリ・パーシーに率いられたイングランド軍が、ジェイムズ・ダグラス指揮下のスコットランド軍に破れた古戦場。この戦闘はイングランドの民謡「チェビー・チェイス」やスコットランド民謡「オッターバーンの戦い」に歌われた。だが1402年、パーシーは有名なハミルドン・ヒルの戦いでスコットランド軍を撃破した。

オットセイ諸島 Fur Seal Islands ⇒プリビロフ諸島 Pribilof Islands

オッピドゥム・ウビオルム Oppidum Ubiorum ⇒ケルン Cologne

オッフェンバハ Offenbach［オッフェンバハ・アム・マイン Offenbach am Main］（ドイツ）

ドイツ中部、*ヘッセン（Hesse）州の都市。皮革製品で知られる。*フランクフルト・アム・マイン（Frankfurt am Main）から近く、マイン川に臨む。977年に初めて記録に登場。1816年、ヘッセン-ダルムシュタットに占領された。第2次世界大戦中には爆撃により大きな被害を受けたが、再建された。

オッフェンバハ・アム・マイン Offenbach am Main ⇒オッフェンバハ Offenbach

オッロア Orrhoe ⇒シャンルウルファ Şanlıurfa

オデッサ Odessa [ギリシア語：Odessos オデッソス，Ordas；Ordyssos；タタール語：Khadzhi-Bei ハジ-ベイ]（ウクライナ）

ウクライナ南部、*ドニエストル川（Dniester River）河口の北東40kmに位置する港湾都市。オデッサ州のオデッサ湾に臨む。前800年頃に古代ギリシアのミレトスの植民地がここにあったとする説がある。1791年にロシアがトルコから獲得し、要塞、海軍基地、港を建設した。19世紀の労働運動中に重要な役割を果たし、1905年の不成功に終わった革命を引き起こした。この地で起きた戦艦《ポチョムキン号》の反乱もその一環である。1941年伝説的な防衛戦ののちに*ドイツ（Germany）に占領されるが、1944年に解放された。

オデッスス Odessus ⇒バルナ Varna

オデッソス Odessos ⇒オデッサ Odessa

オーデナルド Audenarde ⇒ アウデナールデ **Oudenaarde**

オーデル川 Oder River [チェコ語およびポーランド語：Odra オドラ；初期：Viadua]（チェコ共和国、ドイツ、ポーランド）

ヨーロッパ中部を流れる川。チェコ共和国からポーランドとドイツの国境に沿って流れ、バルト海に注ぐ。全長912km。ポーランドの工業経済にとって重要な輸送路で、古代から南欧や北欧の民族との接触を促進してきた。青銅器時代にはルシタニア文化が伝わり、これがのちにスラブ族の進化に影響した。1919年の*ベルサイユ（Versailles）条約によって国際管理下におかれると、第2次世界大戦では各国の戦場となり、*ポツダム（Potsdam）会談で設定された*オーデル-ナイセ線（Oder-Neisse Line）の一部となった。

オーデル-ナイセ線 Oder-Neisse Line（ドイツ、ポーランド）

1945年に*ポツダム（Potsdam）会談で採択された*ドイツ（Germany）東部と*ポーランド（Poland）西部の国境線。*ズデーテン山地（Sudetenland）から*フランクフルト（Frankfurt）の南で*オーデル川（Oder River）と合流する地点までの*ナイセ川（Neisse River）、その後は北に進んでバルト海に注ぐオーデル川が国境となっている。

オーデンセ ⇒ オーゼンセ〔オーデンセ〕 Odense（デンマーク）

オーデンダールスラス Odendaalsrus（南アフリカ）

南アフリカ共和国中東部、*オレンジ自由州（Orange Free State）北西部の町。クルーンスタッドの南西61kmに位置する。1946年に金鉱が発見されてから急速に発展した。

オトー Wotho（マーシャル諸島）

西太平洋、マーシャル諸島東部、ラリック列島の中北部にある小環礁。第2次世界大戦中の1944年3月、アメリカ軍に制圧された。

オトシーゴー湖 Otsego, Lake（合衆国）

*ニューヨーク（New York）州中部、オトシーゴー郡中北部にある湖。南端に*クーパーズタウン（Cooperstown）がある。ジェイムズ・フェニモア・クーパーの『皮脚絆物語』シリーズの小説に出てくる湖グリマーグラスのモデル。

オートボルタ Upper Volta ⇒ブルキナファソ **Burkina Faso**

オトムバ Otumba（メキシコ）

メキシコ州北東部の町。1520年7月7日、オトムバ平原のこの地で戦闘があり、*メキシコ・シティ（Mexico City）から撤退中のエルナン・コルテス軍が、アステカの大軍を破った。

オドラ Odra ⇒オーデル川 Oder River

オトラント Otranto［ギリシア語：Hydrus；ラテン語：Hydruntum］（イタリア）

*プーリア（Apulia）州南東部、*カラブリア（Calabria）の古都。*レッチェ（Lecce）の南東46kmに位置する。もともとはギリシア人の集落で、その後ローマの港になった。1480年にトルコ人に略奪されるまで、東方との交易の要地としての役割を果たした。第2次世界大戦中は供給拠点となる。現在は廃墟となっているアラゴン人が15世紀に建てた城は、ホレス・ウォルポールの小説『オトラントの城』の舞台となった。

オドン Odon（フランス）

*ノルマンディー（Normandy）地方の川。*カーン（Caen）でオルヌ川に注ぐ。第2次世界大戦中のノルマンディーへの上陸後、1944年6月と7月にこの川岸で激しい戦闘があった。

オーニス Aunis（フランス）

現在のシャラント-マリティーム県にあった古代の地方。*ポワトゥー（Poitou）と*サントンジュ（Saintonge）の間に位置する。*アキテーヌ（Aquitaine）のポワトゥー州の一部だったが、1360年に*ブレティニー（Brétigny）条約よって*イングランド（England）に割譲されるが、1372年、ベルトラン・デュ・ゲクラン率いるフランス軍によって奪還され、*ラ・ロシェル（La Rochelle）をその首都とした。フランス宗教戦争中には1628年10月28日にラ・ロシェルがリシュリュー枢機卿によって陥落させられるまで、プロテスタントの最後の牙城となっていた。

オニチャ Onitsha（ナイジェリア）

ナイジェリア南部の都市。*ニジェール川（Niger River）に臨む交易都市。河口から216kmに位置する。16世紀に*ベナン（Benin）から入植者がやってきて、その後17世紀にはイボ族の入植が続いた。1857年イギリスが交易拠点とキリスト教伝道所を築く。1884年イギリス保護領の一部となる。

オネイダ Oneida（合衆国）

*ニューヨーク（New York）州中部の都市。*ローム²（Rome）の西南西21kmに位置する。1829年に設立され、1848年にジョン・ハンフリー・ノイズとその信奉者によってオネイダコミュニティが創設されて有名になる。ノイズは当初、1839年に*バーモント（Vermont）州*パトニー（Putney）に完全主義者のコミュニティを立ち上げ、人間は正しい生き方によって罪のない存在になれると説いた。一夫多妻の複雑な結婚制度を開発したため、近隣から反対にあい、ノイズは一度町を追われた。オネイダコミュニティの人々はすべての財産を共有し、子どもたちもコミュニティの保育所で育てられた。初期には小動物用の罠の製造で、後年は銀器の生産で栄えた。ほかの多くのユートピアコミュニティと違って30年間存続したが、1879年に再び反対の声が出て、ノイズは*カナダ（Canada）に逃亡した。その後オネイダではコミュニティ風の生活様式は放棄され、1881年に事業組織として再編成された。現在は工業都市となって

350　オネイタコ

いる。

オネイダコミュニティ Oneida Community ⇒ オネイダ Oneida

オネガ Onega （ロシア）

ロシア北西部、アルハンゲリスク州の都市。*アルハンゲリスク（Arkhangelsk）の南144km、オネガ川河口に位置する、白海南西端の町。15世紀に入植が始まり、中世の町が製材の中心地となった。港に入れるのは、海が凍っていない1年の半分ほどの期間に限られる。

オネッリア Oneglia ⇒インペリア Imperia （イタリア）

オノー Auneau （フランス）

ウール-エ-ロワール県の村。*シャルトル（Chartres）の東24kmに位置する。フランス宗教戦争中の1587年11月、プロテスタント軍がギーズ侯率いるカトリック軍にこの村で敗れる。

オノゴスト Onogoste ⇒ニクシチ Nikšić

オノンダガ湖 Onondaga, Lake （合衆国）

*ニューヨーク（New York）州中部の湖。長さ8km、幅1.6km。*シラキュース（Syracuse）の北西に位置する。1654年オノンダガ・インディアンがフランス人宣教師をこの湖畔の塩泉に案内した。1795年ニューヨーク州がこの塩泉と周辺部を購入し、大規模な製塩産業が発展し19世紀半ばまで続いた。シラキュースの塩博物館では、製塩業の道具や工程を見ることができる。リバプール近くの湖畔にも博物館がある。

オーバーアンマガウ Oberammergau （ドイツ）

ドイツ南部、*バイエルン（Bavaria）州の村。*ミュンヘン（Munich）の南西67kmに位置する。10年ごとに上演されるキリスト受難劇で国際的に知られる。1633年、ペスト流行から村が救われた際に立てた誓いを守って実施されている。

オハイオ Ohio （合衆国）

北は*エリー湖（Erie, Lake）、南は*オハイオ川（Ohio River）にはさまれた中西部の州。東は*ペンシルベニア（Pennsylvania）州、南は*ケンタッキー（Kentucky）州、*ウェストバージニア（West Virginia）州、西は*インディアナ（Indiana）州、北西はミシガン（Michigan）州と接している。1803年に17番目に合衆国に加盟した州で、旧北西部領地からの加盟は初めてだった。豊富な天然資源を活用して工業、農業が栄え、すぐれた輸送路としての役割も果たしている。多様な人々が居住しており、もっともアメリカらしい州といわれる。1869年のユリシーズ・グラント将軍を筆頭に、州出身者から7人の大統領を輩出している。

先史時代のインディアン土塁築造族（マウンド・ビルダー）の遺跡が州内に多数点在しているが、植民地時代を迎える頃には、侵略を企てる部族同士の戦場と化していた。17世紀に*フランス（France）が初めて探検を行なったが、1730年代にバージニアを拠点とするオハイオ会社とイギリス植民地の商人と競合することになった。オハイオ会社は1750年にクリストファー・ギストにこの地域の探検を命じている。こうした競合が1754年のフレンチ・インディアン戦争を招き、1763年の戦争終結とともに、北西部全域を*イギリス（United Kingdom）が支配することになった。1763～1764年には大きなインディアンの反乱、ポンティアック戦争が起こる。これは独立戦争中に起きた、*デトロイト（Detroit）のイギ

リス軍に支援されたインディアンと、ピット砦を拠点とするアメリカ軍との激戦の予兆だった。1783年北西部がアメリカ領となった。

1781～1786年まで、東部諸州による領有権要求は連邦議会に委ねられた。ただし、*バージニア（Virginia）州と*コネティカット（Connecticut）州が退役軍人のために保持していたバージニア軍事地域と*西部保留地（Western Reserve）の権利については保持した。連邦議会は1785年の条例によって今後の西部開発の方法を定めた。この条例は、政府所有地の測量と売却を定めたもので、1787年の北西部条例で*ノースウェスト・テリトリーズ[2]〔北西部領地〕（Northwest Territory）が創設された。領土知事がおかれ、人口が増加した場合には、最初の州と同等の条件で領土内に3～5州の創立を認めるという条項がついていた。オハイオ会社のニュー・イングランドの住民は、1788年にまず*マリエッタ[2]（Marietta）に入植し、ニュージャージー州民はシムス・パーチャスに、バージニア州民は1780年代に軍事地域に入植した。1796年モーゼス・クリーブランドが*クリーブランド[2]（Cleveland）を創設する。抵抗するインディアンは、1794年アントニー・ウェイン将軍によって*フォールン・ティンバーズ（Fallen Timbers）でついに撃退された。

1803年に州として認められ、州都は1816年にようやく*コロンバス[4]（Columbus）に決まった。1804年アレゲニー山地以西で初の大学、オハイオ大学が設立される。オハイオにおける1812年戦争〔アメリカ・イギリス戦争〕は、オリバー・H・ペリー大尉率いる海軍がエリー湖で勝利した戦いとして記憶されている。この戦争後、人口は急速に増加し、ドイツ、アイルランド、スイス、ウェールズからの移民があふれた。1832年、最初の鉄道が開通し、オハイオ川では蒸気船輸送が発達、州内を横断する*ナショナル道路（National Road）も開通した。有料道路が整備され、運河が作られ、1850年までに4本の主要鉄道網が完成した。当時のオハイオ州はアメリカ有数の農業州で、人口約200万は国内3位だった。南北戦争では、30万人以上の兵を北部連合軍に送り込んでいる。

1850～1880年までに工業が急速に成長して農業を追い越したが、農業も依然として重要な産業である。1880年以降南欧や東欧からの移民が増え、大都市の多国籍性が強まった。同時に黒人の人口も大幅に増加している。工業の成長により、資本家の政治支配が始まり、オハイオ州出身のウィリアム・マッキンリーが1896年に大統領に就任した。激しいストライキも発生し、1894年には改革を要求する「コクシー軍」が*ワシントン[1]（Washington, D.C）まで行進した。

1912年、自由進歩主義的な動きから1851年の州憲法が修正され、その後数年間は地方自治改革と社会立法に注目が集まった。両世界大戦中、オハイオはかなりの工業力と人力を供給した。その後も国家の問題と実績を反映し続けている。エリー湖の汚染は悪化、1966年には人種間の衝突が発生、1970年にはケント州立大学でのベトナム戦争反対デモで4人の学生が死亡した。だが、1968年にはクリーブランドで黒人市長が選出され、天然資源を保護しながら、都市の成長に伴う問題を解決するための努力も進められている。1980年代以降、州政府の製造業の仕事がなくなり、成長は緩慢になっている。オハイオからは出身者7人と長期居住者1人の計8人をホワイトハウスに送り込んだ実績から、「大統領の近代の母」

として知られる。
⇒エリー運河 Erie Canal

オハイオ・エリー運河 Ohio and Erie Canal（合衆国）

長さ491kmに及ぶ、*オハイオ（Ohio）州の旧運河で、*エリー湖（Erie, Lake）と*オハイオ川（Ohio River）を結んでいた。1825～1832年にかけて建設され、19世紀前半、オハイオ州と東部間の輸送ルートとして繁栄した。オハイオ州が経済的・政治的に南部ではなく東部と連携するのを助け、その後同じルートを走る鉄道開発の下地をつくった。*アクロン（Akron）、*クリーブランド[2]（Cleveland）、*コロンバス[4]（Columbus）などをつないでいた。

オハイオ川 Ohio River（合衆国）

*イリノイ（Illinois）州*カイロ[2]（Cairo）で*ミシシッピ川（Mississippi River）に流れ込む全長1,570kmの川。*ペンシルベニア（Pennsylvania）州西部の*アレゲニー川（Allegheny River）と*モノンガヒラ川（Monongahela River）の合流地点から始まり、北西、南西、西方向に流れる。1669年フランスの探検家のロベール・カブリエ・ド・ラ・サールが到達し、1754年にフランスが*ドゥケーン砦（Fort Duquesne）を、1758年にイギリスがピット砦を築き、どちらも交易と軍事拠点として利用された。18世紀後半～19世紀初頭にかけて、東部と西部を結ぶ主要な旅行・商業ルートとなり、《西部への入り口》として知られた。この時期は平底船、蒸気船、ショーボートが普及した。南北戦争前は、奴隷州と自由州の境界線として知られていた。鉄道の発達とともに水路交通は衰退した。

オーバーエスターライヒ〔上オーストリア〕 Upper Austria〔旧名：Upper Danube 上ドナウ，Oberdonau；独：Oberösterreich オーバーエステライヒ〕（オーストリア）

*ニーダーエスターライヒ〔下オーストリア〕（Lower Austria）と*ドイツ（Germany）の間の州、かつての公国。ローマの*ノリクム（Noricum）属州の一部で、のちの*バイエルン（Bavaria）と*スティリア（Styria）。1156年にオーストリア公国となる。16世紀にトルコに侵略された。1616～1648年までの三十年戦争中とナポレオン戦争中には、何度も戦場になっている。

オーバーエステライヒ Oberösterreich ⇒上オーストリア〔オーバーエスターライヒ〕 Upper Austria

オパバ Opava〔独：Troppau トロッパウ〕（チェコ共和国）

*オストラバ（Ostrava）の北西24kmに位置する、オパバ川沿いのモラビアの市場町。何世紀にもわたって*バルト海（Baltic Sea）からアドリア海に通じる交易路の合流地点に位置する、商業の中心地だった。12世紀に設立され、オーストリア領*シュレジエン（Silesia）の首都になった。1820年にトロッパウ会議が開催された場所で、この会議においてヨーロッパの列強は、ナポレオン戦争後の民族主義運動を武力介入によって制圧する方針を採択した。1938年9月ナチスドイツに制圧されると、チェコ人は市外に追放されたが、第2次世界大戦後、町はチェコスロバキアに返還された。

オーバーハウゼン Oberhausen（ドイツ）

ドイツ西部、*ノルト・ライン-ウェストファーレン（North Rhine-Westphalia）州北部の工業都市。*エッセン（Essen）の西北

西 11km に位置する。1874 年に市となり、1929 年に近隣のシュテルクラーデ、オスターフェルトの町を合併した。14 世紀と 16 世紀の城が残る。

オーバーヘッセン〔上ヘッセン〕Upper Hesse [独：Oberhessen]（ドイツ）
*ヘッセン（Hesse）・*ナッサウ（Nassau）に囲まれた旧州。1945 年に廃止された。

オバラウ Ovalau（フィジー）
太平洋南西部、ビティ・レブ島の東海岸沖 19km に位置するロマイ・ビティ諸島の島。1882 年まではフィジーの首都で、初期に入植したヨーロッパ人に好まれた居地の一つだった。

オーバーランド街道 Overland Trail（合衆国）
19 世紀に移民や合衆国郵便が通ったアメリカの街道。この名称はミズーリ・ミシシッピ川水系と太平洋岸の間を通っていたすべての街道に使われるが、とくに中央部の街道のみを指す場合もある。なかでも有名なのは、*オレゴン街道（Oregon Trail）の代替として南に設けられた街道である。*ネブラスカ（Nebraska）州ノースプラット・シティ附近のノース、サウス両プラット川が合流する地点でオレゴン街道を離れ、サウスプラット川沿いにコロラド州北東部の現在のジュールズバーグまで行き、そこからノースプラット川に出て、*ワイオミング（Wyoming）州南東部の*ララミー砦（Fort Laramie）東でオレゴン街道に再合流する。

　オーバーランド街道は、*カリフォルニア（California）に向かう街道の名でもあり、時にカリフォルニア街道とも呼ばれる。これはワイオミング州南西部の*フォート・ブリッジャー（Fort Bridger）から西に進み*グレート・ソルト湖（Great Salt Lake）

に至るため、一部はモルモン街道と重なり、その後カリフォルニア州*サクラメント（Sacramento）近くの*サッターズ・ミル（Sutter's Mill）に到達する。もう一つの街道は*ユタ（Utah）州*ソルト・レーク・シティ（Salt Lake City）から南西に伸び、カリフォルニア州*ロサンゼルス（Los Angeles）に至る。*ミズーリ（Missouri）州*セント・ルイス（Saint Louis）から南に伸びてカリフォルニア州*サンフランシスコ[1]（San Francisco）に至るルートは、南西にそれてテキサス州*エル・パソ（El Paso）、*アリゾナ（Arizona）州*トゥーソン（Tucson）を通る。

　有名ながらも短命に終わったポニー・エクスプレスは、当時の電信線の終点だったミズーリ州*セント・ジョゼフ[2]（Saint Joseph）から街道を通り、サクラメントまで郵便を運んだ。馬を乗り継ぎ 8 日で 3,200km を走破したという。サービスが始まったのは 1860 年 4 月だったが、1861 年 10 月に大陸横断電信線が開通したため、長くは続かなかった。

オーバリン Oberlin（合衆国）
*クリーブランド[2]（Cleveland）の西南西 48km、*オハイオ（Ohio）州北部の住宅地。南北戦争前は、奴隷反対派の本拠地だった。1833 年創設のオーバリン大学は教員のほとんどがニュー・イングランドの会衆派で、共学の大学としては屈指の古さを誇る。

オパル Opar ⇒モロッコ[2] Morocco

オーバン Oban（スコットランド）
スコットランド西部、アーガイル・アンド・ビュート 郡 の町。*グラスゴー（Glasgow）の北西 98km、ローン湾に臨む。近隣には 12 世紀建造のドノリー城の遺跡がある。

そのなかにはドッグ・ストーンとして知られる巨大な岩が立つ。ケルト民話の巨人フィンガルの犬ブランがつながれた岩だといわれている。サー・ウォルター・スコットの『諸島の王』の舞台。

オーバーン[1] Auburn（合衆国）

*カリフォルニア（California）州東部の都市。*サクラメント（Sacramento）の北東56 kmに位置し、ノースフォーク川に臨む。1848年に築かれ、金採鉱の町となる。1888年に市となる。

オーバーン[2] Auburn（合衆国）

*ニューヨーク（New York）州中部の都市。シラキュースの西南西38kmに位置し、オワスコ川に臨む。1793年、カユーガ族インディアンの居留地に築かれた。現在、1816年に建てられたオーバーン州立刑務所の所在地であり、この刑務所からオーバーン制（独居拘禁制）が生まれた。政治家ウィリアム・H・スーアードの故郷であり、埋葬地である。

オビエド Oviedo ［古代：Asturias アストゥリアス］（スペイン）

スペイン北西部オビエド州の州都。*マドリード（Madrid）の北北西368km、カンタブリア山地の鉱山近くの鉱業都市。760年頃に修道院を中心に町ができ、9世紀にはアストゥリアス王国の都として重要だったが、924年までに都は*レオン[2]（León）に移った。独立を守るための強固な防備で知られたが、1809年にナポレオン時代の反抗を理由に*フランス（France）に破壊された。1934年にはアストゥリアスの鉱山労働者の暴動に苦しみ、スペイン内戦中の1936 〜 1939年にかけては包囲網に苦しんだが、ナショナリスト側に防衛された。1388年建造のゴシック様式の大聖堂には、歴代アストゥリアス王の墓がある。大学は1604年に設立された。

⇒アストゥリアス Asturias

オビエド県 Oviedo Province（スペイン）

*ビスケー湾（Biscay, Bay of）に臨む、鉱山で有名なスペイン北西部の県。歴史的な*アストゥリアス（Asturias）王国の領土と重なる。19世紀の県制度によりアストゥリアスがオビエド県と命名されたが、その後の自治州制度によって1981年末にアストゥリアス州となる。*コバドンガ（Covadonga）の聖地は、722年にアラブ人がキリスト教徒に敗れた出来事を記念する場所である。この戦いが*イベリア半島（Iberian Peninsula）のレコンキスタの始まりとなった。

オビ川 Ob River（ロシア）

西*シベリア（Siberia）の川。アルタイ山中に発し、ほぼ北方向にシベリアを流れ、北極海のオビ湾に注ぐ。主な支流*イルティシ川（Irtysh River）は長さ5,536km。流域は259万平方キロメートル以上に及ぶ。大部分は年の半分は凍っているが、交易・輸送ルートとして重要。1667年以前にヨーロッパ人が訪れ、下流は1733 〜 1743年までの大北方探検でロシア人科学者が調査を行なった。流域で最大の都市*ノボシビルスク（Novosibirsk）は1893年の設立で、バルナウルは1738年の設立。

オピス Opis（イラク）

*バグダード（Baghdad）の北69kmに位置する*チグリス川（Tigris River）西岸の古都。現在はアッシリアの都市の廃墟がある。前539年に*ペルシア[1]（Persia）のキュロス大王がバビロニア軍を撃退した古戦場である。

⇒バビロン Babylon

オピドゥム Oppidum ⇒ヘローナ Gerona

オービニー Aubigny ⇒ レビ Lévis

オービュソン Aubusson（フランス）

　クルーズ県の町。*リモージュ（Limoges）の東北東 80 km に位置し、クルーズ川に臨む。15 世紀以来、絨毯とタペストリーの製造で有名。ルイ 14 世のもとで財務総監だったジャン・バプティスト・コルベールが 17 世紀に王室御用達の町に指定した。

オファの防壁 Offa's Dyke（イングランド、ウェールズ）

　*チェップストー（Chepstow）附近の*セバーン川（Severn River）からデンビシャーのディー川河口に至る古代の溝と堀の遺跡。全長 270km。8 世紀後半にマーシア王オファの命で建設され、*マーシア（Mercia）の西の国境に沿って、ウェールズ人に対する防御の役割を果たした。

オファリー Offaly〔旧名：Kings キングズ；ゲール語：Uibh Failaí〕（アイルランド）

　アイルランド中部の県。*シャノン川（Shannon River）が西の境界となり、県の一部はアレン泥炭地帯に覆われている。一帯は近隣の土地とあわせて、古代アイルランドのオファリー王国だった。548 年、アイルランドで多くの修道院を設立した聖キアランが、シャノンの村*クロンマクノイズ（Clonmacnoise）に一軒の家を建てた。これが有名な学問施設となり、1000 年間襲撃や侵攻に耐えて残ったが、1552 年にイングランド人に破壊された。この廃墟をはじめとする古代の建築物が、今も見られる。553 年、ドニゴールのオドンネル一族の王子だった聖コルンバヌスが、タラモア近くに*ダロウ（Durrow）修道院を

設立した。700 年頃、福音書の写本『ダロウの書』がこの地で書かれた。現在はダブリンのトリニティ・コレッジの図書館に収められている。修道院は 12 世紀に取り壊された。

オーフェルアイセル Overijssel（オランダ）

　オランダ北東部の州。西を*アイセル湖（Ijsselmeer）と東を*ドイツ（Germany）にはさまれる。州都はズウォレ。かつてはユトレヒト司教領で、1527 年にカール 5 世に売却された。1579 年、*ユトレヒト（Utrecht）同盟に加盟し、ネーデルラント*連合州 2（United Provinces）の 1 州となる。附近に最古の人類の集落があったと考えられている。キリスト教以前の慣習の痕跡が今も遺る。

オーフス Århus〔Aarhus〕（デンマーク）

　*ユトランド（Jutland）半島中東部のオーフス湾に臨むオーフス県の港湾都市。シルケボーの東 48 km に位置する。デンマークで有数の古い都市で、中世の間は商業の中心地として繁栄したが、宗教改革後の 16 世紀には衰退した。

オフリド Ohrid〔オクリダ Ochrida/Okhrida〕〔ギリシア語：Lychnidos リクニドス；ラテン語：Lychnidus リュクニドゥス〕（マケドニア）

　マケドニアのオフリド湖畔の町。マケドニアの主要な保養地。前 3 世紀、古代ギリシア植民地のリクニドスが建設された。2 世紀に*ローマ（Rome）に奪われ、のちに司教座がおかれる。9 世紀にはブルガリアの総司教座だった。*ビザンツ帝国（Byzantine Empire）、*オスマン帝国（Ottoman Empire）に占領される。9 世紀の聖ソフィア大聖堂、13 世紀の聖クレメント教会、14 世紀の二つの教会など、古い教会が数多く残る。トルコの要塞の遺跡もある。

オフル〔オフィル〕Ophir (アラビア半島)

正確な位置は不明だが、現在の*サウジアラビア (Saudi Arabia) 南西部か*イエメン (Yemen) にあったと考えられている古代の海港。アフリカ北東部とも考えられてきた。大量の黄金をソロモン王のもとに届けた船の出航地として、旧約聖書にしばしば登場している。船には宝石、ビャクダン、類人猿、クジャク、象牙も積まれていた。

オベイド Al- Obeid/El-Obeid ⇒ウバイド Al-Ubayyid

オペクオン Opequon (合衆国)

*ワシントン¹ (Washington, D.C.) の北西98km、*バージニア (Virginia) 州北部、*シェナンドー川流域 (Shenandoah Valley) の北端に位置する村。*ウィンチェスター³ (Winchester) の戦いとして知られる南北戦争の戦闘があった場所。1864年9月19日、フィリップ・シェリダン将軍配下の北軍が、ジュバル・アーリー将軍率いる南軍を敗り、ここから有名なシェナンドー・バレー作戦が始まった。

オペルーサス Opelousas (合衆国)

*バトン・ルージュ (Baton Rouge) の西85kmに位置する*ルイジアナ (Louisiana) 州中南部の古い農業・畜産業の中心地。1690年に入植が始まり、1765年にフランスが制圧し、ここに軍事、交易拠点を築いた。1821年に町となり、南北戦争中の1863年には州都の役目を果たした。

オーベルニュ Auvergne (フランス)

現在のピュイ‐ド‐ドーム県とカンタル県に相当する旧地域圏。古代にはアルウェルニ族の住む土地だった。アルウェルニ族は*ガリア (Gallia) を支配しようとするローマにウェルキンゲトリクスの指揮で抵抗した部族。前52年、カエサルが*アレシア (Alésia) で勝利を収めると、この地域は*アキテーヌ (Aquitanie) に併合される。13世紀には政治的に分割される。1606年には全地域がフランスに統合。

オペルン Oppeln ⇒オポーレ Opole

オーベンロー Åbenrå [Aabenraa]［独：Apenrade アーペンラーデ］(デンマーク)

オーベンロー・フィヨルドの奥、セナーユラン県の首都で港市。ユトランド半島の南東、*ハーデルスレウ (Haderslev) の南24 kmに位置する。12世紀にベンド族の攻撃を受けたが、17〜18世紀には港として繁栄した。1864〜1920年までは*ドイツ (Germany) の一部だったが、その後は国民投票によってデンマークの町となった。

オーボ Åbo ⇒トゥルク Turku

オボック Obock [Obok]（ジブチ）

ジブチ・シティのほぼ対岸にある、東アフリカの海港の村。1862年、*フランス (France) の東アフリカへの上陸地点となり、1884年に占領された。

オポボ Opobo (ナイジェリア)

*ニジェール川 (Niger River) デルタ地帯のヤシ油の交易中心地。ジャジャといわれる交易仲買人が近隣の*ボニー (Bonny) から人々を率いてきて、1869年に町ができた。町は成長したが、ジャジャはヨーロッパ商人を敵にまわしたために、1887年イギリス人に追放された。オポボの交易は、ボニー同様、後年衰退した。

⇒ポート・ハーコート Port Harcourt

オポルト　Oporto [イベリア語：Cale；ラテン語：Portus Cale；ポルトガル語：Pôrto ポルト]（ポルトガル）

ポルトガル北西部、ポルト県の県都。*リスボン（Lisbon）の北東272km、*ドーロ川（Douro River）の河口近くに位置する、大西洋岸の海港。ローマ時代の前からの古い集落で、716年にムーア人に制圧されたが、1092年にキリスト教徒が奪還した。1174年まで北ポルトガルの都だった。1703年のメシュエン条約後、主要なワインの輸出元となる。1757年には、ポンバル侯爵のワイン独占に反対する民衆の暴動が起きた。1808〜1813年の半島戦争によってポルトガルはフランスに征服されたが、1808年オポルトが最初に蜂起し、1809年に解放されている。ポルトガル内戦中の1832年には、*ブラジル（Brazil）皇帝ドン・ペドロ1世が弟のドン・ミゲルによる長期の包囲戦に耐えた。1891年に共和政府が設立されたが失敗に終わった。

オポーレ　Opole [独：Oppeln オペルン]（ポーランド）

ポーランド南西部の都市。*ワルシャワ（Warsaw）の南西304km、*オーデル川（Oder River）に臨む。10世紀のスラブ人の集落で、中世にポーランドのピアスト王朝の分家が支配したシュレジエンのオポーレ公国の首都になった。1532年以降はボヘミア、その後オーストリア・ハプスブルク家の統治下に入る。1742年*プロイセン（Prussia）に制圧され、1945年の*ポツダム（Potsdam）会談でポーランド領とされるまでドイツの支配下にあった。10世紀の聖アダルベルト教会がある。

⇒シュレジエン Silesia

オマハ　Omaha（合衆国）

*ネブラスカ（Nebraska）州東部の都市。*リンカーン（Lincoln）の北東80km、*ミズーリ川（Missouri River）に臨む。現在は工業、交通の中心地で、主要な家畜・農産物市場でもある。冷戦中はアメリカ空軍戦略航空軍団の本部がおかれていた。1846年にモルモン教徒が野営し、1854年に初めて恒久的な入植が始まり、1854〜1867年までネブラスカ準州の州都の役割を果たした。1869年初めて大陸を横断したユニオンパシフィック鉄道の東部終着駅となり、東西をつなぐ重要な交通と工業の要地となった。

オマハ・ビーチ　Omaha Beach（フランス）

第2次世界大戦中に使われた、*ノルマンディー（Normandy）海岸中西部のコードネーム。空軍と海軍の徹底した援護を受けながら、アメリカ陸軍は1944年6月6日、いわゆるDデイにこの地に上陸し、ドイツに占領されたヨーロッパへの侵攻を開始した。長く激しい戦いののち、連合軍がようやくヨーロッパ北部を奪回する手がかりをつかんだ。

オーマール　Aumale（フランス）

セーヌ-マリティーム県の町。*アミアン（Amiens）の南西48kmに位置し、ブレスルイ川に臨む。征服王ウィリアムが侯爵領とし、1070年に*シャンパーニュ（Champagne）のオドに下賜した。1204年、尊厳王フィリップ2世が*ノルマンディー（Normandy）征服の際にこの町を占領し、1547年にはフランスのアンリ2世が公爵領にした。第2次世界大戦中、甚大な損害を受けたが、その後、再建された。

オマーン　Oman [旧名：Masqat and Oman/Muscat and Oman マスカット・オマーン]

オマーン湾とアラビア海に臨む、*アラビア半島（Arabian Peninsula）南東部のスル

タン国。首都は*マスカット（Masqat）。7世紀にイスラーム教を受け入れた。16世紀に*ポルトガル（Portugal）の支配下に入る。19世紀にはアラビア半島最強の国として、*ザンジバル（Zanzibar）とペルシア沿岸部の大半を支配した。19世紀に衰退後は、イギリス政府の支配を受ける。20世紀には、1960年代のドファール地区の内戦をはじめとして、絶え間なく内戦が続く。1964年に商用化可能な量の石油が発見された。1970年スルタンのサイード・イブン・タイムールが息子のカーブース・ビン・サイードに地位を追われ、息子は石油による収入を近代化に使うと約束した。1971年国際連合とアラブ連盟に加盟。1981年、ほかのペルシア湾岸諸国とともに*サウジアラビア（Saudi Arabia）が主導する湾岸協力会議の創設メンバーとなる。イラクの*クウェート（Kuwait）侵攻後に起きた1991年の湾岸戦争では、国内の基地をイラクに対する多国籍軍に開放した。1996年スルタンは、王位継承権制度を明確にする命令を出し、立法権に制限のある二院制の諮問議会、首相を定め、オマール国民の基本的な市民的自由を保障した。2001年アメリカ軍のアフガニスタンとオサマ・ビン・ラディンに対する地上戦では、オマーンの軍事基地が利用された。2003年諮問議会の下院議員が、初めて自由選挙によって選出された。

オームズカーク Ormskirk （イングランド）

*ランカシャー（Lancashire）の町。*リバプール[2]（Liverpool）の北北東18kmに位置する。戦争に備えて配置された塔のある教会には、*ダービー[3]（Derby）伯が埋葬されている教会堂がある。近隣には12世紀のバースコー修道院の遺跡が遺る。

オムスク Omsk （ロシア）

ロシア中部、*シベリア（Siberia）のオム川と*イルティシ川（Irtysh River）の合流地点にある、オムスク州の州都で工業の中心地。1716年に建設されたこの地方唯一の大都市。19世紀にはシベリアのコサック人の本拠地となる。1917年のロシア革命後の内戦で、反ボルシェビキのA・V・コルチャーク提督率いる軍の本拠地となる。第2次世界大戦中、政府が多くの工場を戦闘地帯からオムスクに移動させたことが、のちの工業発展のきっかけとなった。

オムドルマーン Omdurman ［アラビア語：Umm Durmān ウム・トルマーン］（スーダン）

スーダン中部、白*ナイル川（Nile River）の左岸、*ハルツーム（Khartoum）対岸の都市。重要な交易都市。1884年1月、ハルツームを略奪したマフディー・ムハンマド・アフマドが軍事拠点とし、ここに理想のアフリカ都市の建設を目指した。1885年に建てられたマフディーの墓は、しばらくの間*メッカ（Mecca）に代わってイスラーム教徒必須の巡礼地となり、市が栄えた。1898年9月2日に近隣のケッレーリで起きた戦闘で、キッチナー卿率いるイギリス・エジプト軍がマフディー軍を破った。この戦いで市の大半は破壊されたが、墓は残り、町は再生した。

オヨ Oyo （ナイジェリア）

ナイジェリア西部の都市。*イバダン（Ibadan）の北51kmに位置する。1835年頃にヨルバ人のオヨ王国の首都だった旧オヨ（カトゥンガ）に代わる都市として創設された。旧オヨは19世紀初頭のヨルバ人の内戦で破壊された。1893年にイギリスの保護下に入った。

オライビ Oraibi（合衆国）

*アリゾナ（Arizona）州北部のホピ・インディアン保留地のプエブロ集落。ウィンスローの北96kmの高いメサ（台地）にある。史上最大かつ屈指の古さを誇るインディアンのプエブロ集落で、その起源は1150年にさかのぼる。1540年フランシスコ・コロナドの探検隊が到達した。1629年フランシスコ修道会の伝道所ができたが、1680年のホピの反乱によって消滅した。紛争や経済的な変化によって、プエブロ集落は放棄されていった。残った者は1907年にホテビラやバカビのプエブロ集落に移った。現在メサにはほとんど廃墟となっている。ふもとにはローワー・オライビの村がある。

オラシュル・スターリン Orasul Stalin ⇒ブラショフ Braşov

オラスティー Olustee（合衆国）

*フロリダ（Florida）州北東部の村。*ジャクソンビル[1]（Jacksonville）の南西72kmに位置する。1864年2月20日、オーシャン・ポンドの戦いで、ジョゼフ・フィネガン将軍率いる南軍が、トルーマン・シーモア将軍指揮下の北軍を破った地。南北戦争中フロリダにおいては大きな戦闘で、重要な勝利だった。

オラデア Oradea [Oradea-Mare] [独：Grosswardein グロースバールダイン；ハンガリー語：Nagyvárad ナジバーラド]（ルーマニア）

ルーマニア北西部、ビボール県の県都。クリシャナ-マラムレシュの工業都市および東方正教会の司教座がおかれている。1083年に*ハンガリー（Hungary）のラースロー1世によってカトリックの司教座がおかれた。1241年タタール人に破壊され、15世紀に再建。1556年から短期間*トラ

ンシルバニア[1]（Transylvania）に譲渡され、1660〜1692年までトルコの支配下にあったが、1919年にルーマニアの一部となる。第2次世界大戦中はハンガリー軍に占領されたが、戦後ルーマニアに返還された。

オラニエンバウム Oranienbaum/ Oraniyenbaum ⇒ロモノーソフ Lomonosov

オラニエンブルク Oranienburg [旧名：Bötzow ベッツォウ]（ドイツ）

ドイツ北東部、*ブランデンブルク（Brandenburg）州の都市。ハベル川沿いに広がる果物栽培地域の中心地。12世紀にベトツォウとして初めて記録に登場する。1933年、初期のナチス強制収容所の一つが建てられた。

オラン Oran（アルジェリア）

*アルジェ（Algiers）の西360km、*地中海（Mediterranean Sea）のオラン湾に臨む商業港。先史時代に集落ができ、10世紀には*アンダルシア（Andalusia）から来たムーア商人によって発展し、15世紀には繁栄していた。海賊行為によって繁栄していたが、1509年*スペイン（Spain）が激戦の末にムーア人から奪い、2世紀の間支配した。1790年頃に地震、飢饉、疫病によって滅びたのち、*マスカラ（Mascara）の長官がこの地を首都とする。1831年*フランス（France）が占領して海軍基地としてから、経済の要地となった。第2次世界大戦中はビシー政権下のフランスの支配を受け、1942年11月10日北アフリカ戦線の開始とともに連合国軍に制圧された。1950年代にフランス人テロリストとアルジェリアの民族主義者の暴力的な活動を恐れ、ヨーロッパ人の大半はこの地を離れた。

オーランガバード Aurungabad ⇒ アウラン
ガバード Aurangabad

オランジュ Orange [ラテン語：Arausio アラウシ
オ]（フランス）
　イタリア南東部、ボクリューズ県の町。*ア
ビニョン（Avignon）の北 27km に位置する。
ケルト人の建設した古都で、前 105 年に
ローマ人がキンブリー族とチュートン族
に敗北した古戦場である。のちに*ローマ
（Rome）に征服され、3 世紀に司教座が置
かれる。800 年頃のカール大帝（シャルル
マーニュ）の時代には伯爵領だった。11 世
紀には独立都市だったが、1554 年に*ナ
ッサウ（Nassau）家の沈黙公ウィレム 1 世
が相続した。1672 年にルイ 14 世に征服さ
れてフランス領となり、1713 年*ユトレ
ヒト（Utrecht）条約でフランス領として承
認されたが、オランダのオラニエ公が称
号を保持し続けた。西暦 26 年に建設され
た凱旋門、現在も使われている円形劇場
など、ローマ時代の遺跡が残る。

オランダ Netherlands, The
　*北海 1（North Sea）に臨むヨーロッパ北西
部の王国。*ベルギー（Belgium）の北、*ド
イツ（Germany）の西に位置する。元は
《低地帯》の一部だったが、16 世紀後半
から独立国家として台頭し、重要な海運
国となって多くの海外の領土を獲得し
た。国土の多くが海抜以下で、干拓計画
により土地を拡張してきたものの、今日
のヨーロッパにおいては面積の小さな国
となっている。首都の*アムステルダム
（Amsterdam）はヨーロッパでも重要な港湾
都市で、また多くの美術館がある。
　*ローマ帝国（Roman Empire）時代には*ラ
イン川（Rhine River）以南のみがローマに占
領され、北部にはチュートン系のフリジ
ア人が住んでいた。4～8 世紀までは全域

が*フランク王国（Frankish Empire）の領地
となり、814 年にシャルルマーニュ〔カー
ル大帝〕の死後は東フランク王国に併合
され、その後王国は*神聖ローマ帝国（Holy
Roman Empire）に編入される。中世には*ホ
ラント（Holland）伯の勢力が強大になり、
14 世紀には*ブルゴーニュ（Burgundy）公
領となった。15 世紀にはオランダの多く
の都市が*ハンザ同盟（Hanseatic League）の
一員として繁栄し自治を保っていた。し
かし 1555 年に*スペイン（Spain）のフェリ
ペ 2 世に《低地帯》が割譲されると独立
性が脅かされる。
　カルバン主義を排除するために宗教裁
判が行なわれるようになると、スペイン
による支配はますます耐えられなくなり、
1562 年にオランダ人の暴動が起きる。さ
らにオラニエ公ウィレムが先導した戦い
で北部の 7 州とライン川のすぐ南の地域
が 1579 年の*ユトレヒト（Utrecht）同盟
により《連合州 2（United Provinces）となり、
1581 年にスペインに対して独立を宣言し
た。これが現在のオランダの礎となった。
1618～1648 年までの三十年戦争で再びス
ペインと戦った末、1648 年に*ウェスト
ファリア（Westphalia）講和会議をもってス
ペインに独立を認められた。その一方で
オランダは*西インド諸島（West Indies）や
東インド諸島、*インド（India）、アメリカ
などの海外で版図を拡大していた。自国
ではユダヤ人やユグノーの入植が盛んで、
17 世紀には彼らの商才が連合州の富の基
礎を築いた。
　17 世紀はオランダの芸術の黄金時代で
もあり、画家のレンブラント、フェルメー
ル、フランス・ハルスがそれぞれアム
ステルダム、*デルフト（Delft）、*ハール
レム（Haarlem）で活動していた。世界を股
にかけたオランダの貿易が植民地政策で
競合する*フランス（France）、*イングラ

ンド（England）との軋轢を生み、17世紀末までには度重なる戦争で国は疲弊した。18世紀には植民地を争う国々が力をつけたため連合州の重要性は低下した。フランス革命戦争中の1794～1795年まではフランスがオランダを占領し、*バタビア共和国（Batavian Republic）を設立したが、1806年にナポレオンはオランダ王国としてこの地を弟のルイ・ボナパルトに与えた。

　ナポレオン戦争後の1815年には*ウィーン（Vienna）会議で連合州をオーストリア領ネーデルラントに併合し、ネーデルラント連合王国とすることが決まった。1830年に*ベルギー（Belgium）が謀反を起こし、1839年にこの協定は*ロンドン（London）会議で修正され、現在のベルギー、オランダが建設される。19世紀後半には工業化が広まり、オランダは急激な成長を遂げた。第1次世界大戦では中立を保ったが、第2次世界大戦が始まると正式な開戦宣言もなしに1940年5月に*ドイツ（Germany）に占領された。ナチスの占領下で10万4千人のオランダのユダヤ人が強制送還され殺されたが、匿われたユダヤ人も大勢いた。戦後は、*インドネシア（Indonesia）、*ニューギニア（New Guinea）、*スリナム（Suriname）など多くの植民地を失ったにもかかわらず商業が発達し、EUやNATOでも重要な役割を担っている。

　1980年には王位がユリアナ女王がベアトリクス女王に引き継がれた。1980年代には*アメリカ（USA）が国内に巡航ミサイルを配置したのに抵抗して400万人近いオランダ国民がミサイルに反対する請願書に署名した。1991年の湾岸戦争では*クウェート（Kuwait）解放の同盟軍を海軍が援護した。1995年には主要河川敷きが洪水に見舞われ低地では大規模な避難

を余儀なくされた。2002年には、ボスニア戦争中の平和維持軍への参加と1995年の*スレブレニツァ（Srebrenica）の陥落によりオランダの政権が倒れた。次の選挙では右翼のポピュリスト、ピム・フォルタイン候補が暗殺された。移民に反対するフォルタインの党を含む中道右派の連立が選挙に勝ったが、連立はすぐに崩壊し、2003年に移民に反対する党を含まない別の中道右派の連立政府が誕生した。
⇒スペイン領ネーデルラント **Spanish Netherlands**, ブラバント **Brabant**, フランドル〔フランダース〕**Flanders**, フリースラント **Friesland**, ルクセンブルク[1] **Luxembourg**

オランダ領アンティル諸島　Netherlands Antilles

[旧名：Curacao キュラソー]（オランダ）*カリブ海（Caribbean Sea）*西インド諸島（West Indies）にあるオランダの海外領。南アメリカ大陸沖の*キュラソー島（Curaçao）、ボネール島、*アルバ（Aruba）島とその北のリーワード諸島からなる。オランダ植民地だったが、1954年にオランダ領となった。1969年にキュラソー島で暴動が起きた。首都はキュラソー島の*ウィレムスタット（Willemstad）。
⇒サバ **Saba**, サン・マルタン **Saint Martin**

オランダ領ギアナ Dutch Guiana/Netherlands Guiana ⇒スリナム Suriname

オランダ領ニューギニア Dutch New Guinea / Netherlands New Guinea ⇒イリアン・ジャヤ Irian Jaya

オランダ領東インド Dutch East Indies/ Netherlands East Indies ⇒インドネシア共和国 Indonesia, Republic of

オーランド Orlando（合衆国）

*フロリダ（Florida）州中東部、*タンパ（Tampa）の北東125kmの都市。1843年に建設され、ガトリン砦近辺での最初の入植地となった。その名は第2次セミノール戦争で死んだ兵士、オーランド・リーズにちなむ。1875年に市となる。ウォルト・ディズニー・ワールドから近く、*ケープ・カナベラル（Canaveral, Cape）などへの観光拠点ともなっている。

オーランド諸島 Åland Islands［アフベナンマー Ahvenanmaa］［スウェーデン語：Åland-Söerna］（フィンランド）

*スウェーデン（Sweden）とフィンランドの間にある300ほどの島からなる*バルト海（Baltic Sea）の群島。ボスニア湾の入り口にあり、人の住む島は80ほど。軍事上重要なため、1714年にはピョートル1世の艦隊がスウェーデンから奪取したが、1721年には返還。1809年、フィンランドと共に諸島は*ロシア（Russia）に割譲される。第1次世界大戦後、国民投票により島を再度スウェーデン領とすることになったが、1921年1月29日、国際連盟によりフィンランド領とされ、武装も解除された。

オリウエラ Orihuela（スペイン）

スペイン南東部、アリカンテ県の農業都市。*アリカンテ（Alicante）の南西48km、セグラ川に臨む。前1500年頃から人が居住していた。713～1264年までムーア人の支配下にあった。1829年地震に見舞われる。1516～1701年まで大学が存在した。14世紀の大聖堂と教会は現在も見ることができる。

オリエル王国 Oriel, Kingdom of ⇒ラウズ Louth

オリエンテ Oriente［旧名：Santiago de Cuba サンチアゴ・デ・クーバ］（キューバ）

キューバ最東端にある最も裕福な州。16世紀初頭に*スペイン（Spain）が最初に入植し、この島征服の拠点とした場所。政治紛争のたびに戦闘が起きている。

オリサバ Orizaba（メキシコ）

メキシコ中部、ベラクルス州中部の都市、*ベラクルス[1]（Veracruz）の南西104kmに位置する農業・工業都市。もともとはインディオの村だったが、アステカ人に制圧されて駐屯基地として利用されていた。1550年代に*スペイン（Spain）に征服される。1774年に都市権を与えられる。近くにはメキシコ最高峰の休火山オリザバ山があり、アステカ人はシトラルテペテルと呼んだ。1862年ベニート・フアレスが海外列強とここで会議を開き、メキシコへの他国の介入を抑えようとしたが失敗に終わり、のちに*フランス（France）のメキシコ侵攻の拠点として利用された。1864～1867年までフランスの支援を受けて統治したマキシミリアン皇帝はたびたび保養に訪れた。

オリシポ Olisipo ⇒リスボン Lisbon

オリスカニー Oriskany（合衆国）

*ニューヨーク（New York）州中部、*ユーティカ（Utica）の西北西11km、*モホーク（Mohawk）川沿いの村。西のオリスカニー古戦場は、1777年8月6日に独立戦争の戦闘があった場所。この地で待ち伏せていたイギリスとインディアンの軍がアメリカ大陸軍を破ったが、アメリカ軍はそれでもこの地から撤退しようとしなかった。両軍で多数の犠牲者が出て、アメリカ軍の将軍ニコラス・ハーキマーが戦死した。

オーリッケ Ourique（ポルトガル）

*ベージャ（Beja）の南南西50km、ベージャ県の町。1139年、アルフォンソ1世はこの近隣でムーア人を撃破し、その後ポルトガル王国を建国して初代国王となった。アルフォンソ1世はそれ以前に*レオン[2]（León）王国に支配されていた地域を解放し、1147年にはムーア人から*サンタレン（Santarém）を奪って勢力を拡大した。

オリッサ Orissa（インド）

農業と漁業が盛んなベンガル湾岸の州。総面積は15万5,800平方キロメートル。何世紀にもわたって、強力な*カリンガ（Kalinga）王国の中心だった。前250年頃にはアショカに一時的な支配を受け、ほぼ1世紀にわたって*マウリヤ朝（Maurya Empire）の支配下にあった。その後はヒンドゥー教王朝にとって代わられた。1586年にアフガンに侵略されたが、すぐに*ムガル帝国（Mogul Empire）に譲渡された。1803年にイギリスに制圧され、*ベンガル（Bengal）の配下におかれて統治を受けたが、1936年にベンガルとは別の州となった。1950年インドの州として認められた。州都は*ブバネスワル（Bhubaneswar）。

オーリニー Aurigny ⇒ オールダニー Alderney

オーリニャック Aurignac（フランス）

オート-ガロンヌ県の村。サン-ゴーダンスの北東21kmに位置。1860年、附近の洞窟から石器時代の工芸品、デッサン、彫刻が発見されて有名になる。1906年には考古学者だったブルイユ神父が、村の名前からオーリニャック文化期とその時代を名づけた。
⇒ アルタミラ洞窟 Altamira, ドルドーニュ Dordogne, ラスコー Lascaux

オリノコ川 Orinoco River（ベネズエラ）

全長2,720kmの主要商業河川。*ブラジル（Brazil）国境附近のパリマ山地を水源とし、*コロンビア[1]（Colombia）との国境に向かって北西に流れ、その後北東にベネズエラを横断して大西洋に注ぐ。1498年にクリストファー・コロンブスはこの河口に到達したと思われ、ロペ・デ・アギーレは1560年にほぼ全域を探検した。水源は1944年、航空機による探索で発見された。*トリニダード（Trinidad）から*シウダード・ボリバル（Ciudad Bolívar）間の主要ルートでは、年間を通して船が航行している。

オリーブ山 Olives, Mount of［オリベト Olivet］（イスラエル、パレスチナ）

ヨルダン西岸地方、ユデア高原にある*エルサレム（Jerusalem）東部の尾根。4つの峰で聖書に登場する事件が起きた。ダビデが都市から逃走し、エゼキエルの前に神が出現わし、ゼカリアが予言し、イエスが帰天した地。古代のカタコンベ、*ゲッセマネ（Gethsemane）の庭園があり、ヘブライ大学や教会もある。イスラエルに併合されたエルサレム領内にあり、パレスチナ政府が領有権を主張している。

オリベト Olivet ⇒ オリーブ山 Olives, Mount of

オーリヤック Aurillac［ラテン語：Aureliacum アウレリアクム］（フランス）

カンタル県の県都。*クレルモン-フェラン（Clermont-Ferrand）の南西110kmほどに位置し、ジョルダン川に臨む。895年に建てられたサン・ジェロー大修道院を中心に発達する。宗教戦争中の1569年には襲撃を受ける。19～20世紀初期まではフランスの傘産業の中心地として繁栄。ポー

ル・ドゥメール大統領は 1857 年にこの町
に生まれる。

オリュントス Olynthus（ギリシア）

トロネオス湾の奥、＊カルキディキ
（Chalcidice）半島にある遺跡。マケドニアの
沿岸部ではもっとも重要なギリシアの都
市だった。前 5 世紀後半にはカルキディ
ア同盟の長として、＊アテネ（Athens）や＊ス
パルタ（Sparta）と激しく敵対した。前 379
年と前 348 年にスパルタに制圧され、デ
モステネスの有名なオリュントスの誓い
にもかかわらず、＊マケドニア（Macedonia）
王フィリッポス 2 世によって壊滅させら
れた。破壊されたのちに再建されること
がなかったため、ギリシア本島内で唯一、
当時の都市が完璧な形で発掘されている。
前 5 世紀〜前 4 世紀の独特なギリシア文
化の姿を見ることができる。

オリョール Orel［Orlov, Oryol］（ロシア）

ロシア西部、オリョール州の州都。＊モス
クワ（Moscow）の南 320km、オカ川に臨む
重要な鉄道合流地点。1564 年にイワン 4
世がモスクワ大公国の南の国境を＊クリミ
ア半島（Crimea, The）のタタール人の攻撃
から守るために建設した。18 世紀と 19 世
紀には交易の要地。1919 年のロシア革命
中、デニーキン将軍の白軍が到達した北
限の地。1941 年 10 月 3 日＊ドイツ（Germany）
に制圧されたが、第 2 次世界大戦中の
1943 年＊クルスク（Kursk）とオリョール
の戦いで前線全体からドイツ軍が撤退し、
ソビエトの支配下に入った。戦争中にほ
ぼ壊滅状態になった。イワン・ツルゲー
ネフの生誕地。

オリリア Orillia（カナダ）

＊オンタリオ（Ontario）州南東部＊トロン
ト（Toronto）の北 128km に位置するカウ

チチン湖畔の保養地。元はヒューロン族
インディアンの土地だった一帯を 1615 年
にサミュエル・ド・シャンプランが探検
した。最初の白人の入植者がやってきた
のは 1833 年。1875 年に市となった。1925
年シャンプランの発見を記念する碑が建
てられた。

オリワ Oliwa［独：Oliva］（ポーランド）

現在は＊グダニスク（Gdańsk）の一部にな
っている町。1660 年 5 月 3 日、ここで＊ス
ウェーデン（Sweden）との間に和平条約が
結ばれ、1655 年に始まったスウェーデン
との戦いが終わった。この条約により、
ポーランドのヤン 2 世カジミェシュ王が
この土地の領有権をスウェーデン王家に
譲った。

オーリンズ準州 Orleans Territory ⇒ルイジア
ナ Louisiana

オリンダ Olinda（ブラジル）

ブラジル北東部、ペルナンブーコ州の都
市。州都＊レシフェ（Recife）の北に位置す
る。1796 年に設立されたイエズス会神学
校が基盤となり、学問の中心地としての
評判を確立した。市は 1630 年に焼失した
が、1630 〜 1654 年まで占領していたオラ
ンダ人の手によって再建された。16 世紀
と 17 世紀の有名な建築物がある。

オリンピア[1] Olympia（ギリシア）

＊ペロポネソス（Peloponnesus）半島北西部、
アルフェウス川北岸にある、古代＊エリス
（Elis）地方の谷。19 世紀に始まった発掘で、
多くの神殿や建築物の遺跡が見つかり、
かつてここが宗教的な聖地であり、ゼウ
スをたたえて行なわれた古代オリンピッ
ク大会の会場だったことが明らかになっ
た。オリンピックは前 776 年に初めて開

催され、その後は4年ごとに行なわれた。試合の間、ギリシアの都市国家は戦いをやめた。現在は廃墟となっているゼウスの神殿があり、なかにはペイディアス作のゼウス像が祀られていた。ペイディアスの工房の一部や、プラクシテレスによるヘルメス像が発見されている。

オリンピア² Olympia （合衆国）

アメリカ北西部、*ワシントン²（Washington）州の州都。*ピュージェット湾（Puget Sound）の南端に位置する。1846年に設立され、1853年に新しいワシントン準州の州都となった。1851年ピュージェット湾の最初の港となる。主要産業は製材と漁業である。

オリンボス Ólimbos ⇒オリンポス Olympus

オリンポス Olympus ［ギリシア語：Ólimbos オリンポス］（ギリシア）

*テッサリア（Thessaly）にある山。*テンペの谷（Tempe, Vale of）を見下ろし雲に包まれた頂は、オリンポスの神々の住まいといわれた。

オリンポス山 Mount Olympus ⇒オリンポス Olympus

オー・ルーイン Áth Luain ⇒ アスローン Athlone

オルカデス Orcades ⇒オークニー諸島 Orkney Islands

オルキオニア Olchionia ⇒ソロカ Soroki

オルギオニア Olgionia ⇒ソロカ Soroki

オルギン Holguín （キューバ）

キューバ南東部の都市。*サンチアゴ・デ・クーバ（Santiago de Cuba）の北北西104 kmに位置する。1492年にコロンブスが来航した。1523年に町が築かれ、《十年戦争》（1868～78）とキューバ独立戦争（1895～98）の際には反乱の拠点となり、被害は甚大だった。現在は製糖業、葉巻・靴・家具の製造が盛ん。

オルコエ Orchoe ⇒エレク Erech

オルコメノス Orchomenus （ギリシア）

古代ギリシア、*ボイオティア（Boeotia）の都市。レバデアの北東11km、コパイス湖の北西に位置する。前1600年頃から栄えたミケーネ文明の中心地だが、後年*テーベ²（Thebes）に滅ぼされた。前85年、近隣でスーラがミトリダテス6世の軍に対して大勝利を収めた。先史時代のミニュアース人の集落があり、大規模な発掘が行なわれている。*アルカディア（Arcadia）の同名の町との関連はない。
　⇒ミケーネ Mycenae, ローマ Rome

オルシニウム Olcinium ⇒ウルツィニ Ulcinj

オルシャ Orsha ［旧名：Rsha］（ベラルーシ）

ベラルーシ東部、*ビテブスク（Vitebsk）州の都市。*ミンスク¹（Minsk）の北東195kmに位置する。*ドニエプル川（Dnieper River）とオルシツァ川の合流地点に港がある。1067年に初めて記録に登場し、13世紀には*リトアニア（Lithuania）領だった。16世紀までには、ポーランドの要塞兼交易の要地となっていたが、1772年第1次*ポーランド（Poland）分割で*ロシア（Russia）に併合された。第2次世界大戦中の1941～1944年まで*ドイツ（Germany）に占領された。

オルシュティン Olsztyn［独：Allenstein アレンシュタイン］（ポーランド）

ポーランド北東部、オルシュティン県の県都。*ワルシャワ（Warsaw）の北西192kmに位置する。1348年にドイツ騎士団が設立し、現在も遺る壮大な城（14世紀建造）を建てた。1772年*ポーランド（Poland）に委譲され、1772年*プロイセン（Prussia）に、1920年に*ドイツ（Germany）に制圧されるが、1945年*ポツダム（Potsdam）会談後にポーランドに返還された。以来、ポーランド民族運動の中心地である。第2次世界大戦では深刻な被害を受けたが、旧市街は再建されている。

オルジョニキーゼ Ordzhonikidze ⇒ウラジカフカズ Vladikavkaz

オルジョニキーゼ地方 Ordzhonikidze Krai ⇒スタブロポリ地方 Stavropol Krai

オルスク Orsk（ロシア）

ロシア西部、オレンブルク州の都市。チェリャビンスクの南西494km、*オレンブルグ（Orenburg）の東248km、ウラル川に臨む。1735年、最初のオレンブルグがあった場所に要塞がつくられた。1743年、オレンブルグが下流に移ったあとも成長を続け、19世紀後半にチェリャビンスクやオレンブルグと鉄道でつながって以降、工業・畜産業の要地となっている。

オールダニー Alderney［仏：Aurigny オーリニー］（イギリス）

*イギリス海峡（English Channel）の島。*コタンタン半島（Cotentin Peninsula）の沖合15km、*チャネル諸島[1]（Channel Islands）の最北端に位置する。19世紀にイギリス軍の前哨地点として軍備が強化され、1930年まで大規模な駐屯地があった。第2次

世界大戦中、ドイツ軍の占領前に住民は疎開し、1946年には帰還が叶った。

オルダーマストン Aldermaston（イングランド）

*レディング[1]（Reading）の西南西16km、*バークシャー（Berkshire）の村。原子兵器研究所が置かれ、1956～1963年まで〈核兵器廃絶運動〉の平和行進が行なわれた。

オールダーン Auldearn（スコットランド）

*ハイランド（Highland）の村。*インバネス（Inverness）の東北東27kmに位置する。1645年5月9日、イングランドとの内乱でモントローズ侯がサー・ジョン・アーリ率いるスコットランド盟約派の精鋭部隊を破った村。さらに7月に*オールフォード（Alford）でも敗れ、スコットランドのほぼ全域が一時はモントローズ侯の支配下にあった。
⇒アシント Assynt, ティパミュア Tippermuir

オルテズ Orthez（フランス）

ピレネー-ザトランティック県北部の町。県都*ポー（Pau）の北西40km、ポー川に臨む。5世紀までは*ベアルン（Béarn）の都で、のちにプロテスタント宗教改革派の拠点となった。フランス王アンリ4世の母ジャンヌ・ダルブレがカルバン派の大学を設立したが、1620年にベアルンを併合したルイ13世によって廃止された。半島戦争中の1814年2月27日、スールト元帥はこの地でウェリントン公に敗北した。

オルテニツァ Olteniţa［Oltenitza］［ラテン語：Constantiola］（ルーマニア）

カララシ県の都市。アルジェシュ川が*ドナウ川（Danube River）と合流する地点に位置する。クリミア戦争の前哨戦となる

1853 年 11 月 4 日、トルコがロシアを破った戦いがあった。

オルテルスブルグ Ortelsburg ⇒チュチトノ Szczytno

オルデンブルク Oldenburg（ドイツ）

ドイツ北西部、北海と旧プロイセンの*ハノーファー（Hanover）州に囲まれていたかつての領邦国家。伯領、公国、大公国を経て 1946 年に西ドイツの*ニーダーザクセン州の都市となる。12 世紀には*ザクセン（Lower Saxony）の一部だったが、1676 〜 1773 年には*デンマーク（Denmark）、1773 〜 1777 年には*ロシア（Russia）に割譲された。その後*リューベック（Lübeck）司教領に編入されるが、一時的にナポレオンに奪われ、1813 年に奪還された。1815 年に*ドイツ連邦（German Confederation）に加盟、1871 年に*ドイツ帝国（German Empire）、1918 年に*ワイマール（Weimar）共和国領となる。

オルドゥ Ordu ⇒コテュオラ Cotyora

オールド・カラバル Old Calabar ⇒カラバル Calabar

オールド・クリミア Old Crimea ⇒スターリ・クリム Stary Krym

オールドサラトガ Old Saratoga ⇒スカイラービル Schuylerville

オールド・サルム Old Sarum［ラテン語：Sorbiodunum ソルビオドゥナム］（イングランド）

イングランド南部*ウィルトシャー（Wiltshire）州、*ソールズベリー¹（Salisbury）北の 3.2km にあったかつての都市。広大な遺跡が、古いイギリスの砦、ローマ時代の駐屯地、サクソン人とノルマン人の町だった時代の歴史を物語る。1075 〜 1220 年まで司教座がおかれていた。『サルム典礼』が 1078 〜 1099 年にかけて司教のオズモンドによってまとめられた。司教座は 1220 年代、大聖堂とともにソールズベリーに移された。人口が減少したにもかかわらず、その後も「腐敗選挙区」の一つとして、1832 年の選挙法改正まで議員を出し続けた。

オールド・シトカ Old Sitka ⇒シトカ Sitka

オールド・スターブリッジ村 Old Sturbridge Village（合衆国）

*ウスター²（Worcester）の南西 32km、*マサチューセッツ（Massachusetts）州スターブリッジに再現された農村。1790 〜 1840 年までの時代の*ニュー・イングランド（New England）の生活、美術、手工芸を見ることができる。当時の建物が 35 棟以上遺っている。

オールド・セイブルック Old Saybrook ⇒セイブルック Saybrook

オールド・ディア Old Deer（スコットランド）

アバディーンシャー州の村。*アバディーン（Aberdeen）の北 42km の村。6 世紀に聖コルンバヌスがこの地に修道院を創設したときの様子が、1857 年にケンブリッジ大学で発見された『ディアの書』に描かれている。福音書の一部の写本も含まれている。大部分はラテン語訳のウルガタ聖書だが、欄外の注はゲール語で、ゲール語を含む最古のスコットランド文献である。修道院は 6 世紀の建造だが、現存しない。

オールドデリー Old Delhi ⇒デリー¹ Delhi

オルトナ Ortona （イタリア）
　イタリア中東部、*アブルッツォ（Abruzzi）州の港町。*ローマ（Rome）の東北東160kmに位置する。アドリア海に面し、元はフレンターニ族の故郷だったが、前4世紀にはローマの統治下にあった。紀元11世紀までには重要性が増したが、1447年*ベネツィア（Venice）に艦隊と武器庫を破壊された。18世紀には*ナポリ（Naples）の支配を受ける。第2次世界大戦中には、12世紀の城（現在は再建済み）、15世紀のアラゴンの城などの歴史建造物が被害を受けた。1943年12月27日にイギリスに占領された。

オルドバイ峡谷 Olduvai Gorge （タンザニア）
　タンザニア北部の渓谷。*キリマンジャロ山（Kilimanjaro, Mount）の北西240kmに位置する。化石の宝庫で、1959年、イギリスの人類学者L・S・B・リーキーが、175万年前のホモ・ハビリスの頭蓋骨の化石を発見した。その後人類学的調査や発見が続いている。

オールド・パナマ Old Panama ［スペイン語：Panamá Vieja パナマ・ビエホ］（パナマ）
　パナマ地峡南岸に位置するかつての都市。16、17世紀に*スペイン（Spain）が利用した太平洋岸の港である。1671年に海賊ヘンリ・モーガンに略奪された。都市の廃墟は現在の*パナマ（Panama）市近くにある。

オールドハーバー湾 Old Harbour Bay ⇒ポートランド湾 Portland Bight

オール（ド）バラ Aldeburgh （イングランド）
　*イプスウィッチ[1]（Ipswich）の東北東32kmに位置し、アルデ川の河口の町。16世紀以来商業の重要な中心地で、1908年にはイングランド初の女性町長エリザベス・ガレット・アンダーソンが誕生。現在は作曲家の故ベンジャミン・ブリテンが始めた音楽祭が毎年開催されるので知られる。詩人のジョージ・クラップが1754年に生まれている。

オールド・マッキノー Old Mackinac ⇒マッキノー Mackinac

オールドマルギラン Old Margilan ⇒マルギラン Margilan

オールド・モシ Old Moshi ⇒モシ Moshi

オールド・ライム Old Lyme （合衆国）
　コネティカット川の河口に位置する*コネティカット（Connecticut）州南東の町。1665年に入植が始まり、1885年に市になった。避暑地、住宅地となり、特徴的な建築様式の古い邸宅が数多く立ち並ぶことで知られる。海沿いの家々のほかに、アメリカの印象派画家チャイルド・ハッサムの作品に描かれた、会衆派教会がある。

オルトレ・ジューバ Oltre Giuba ⇒ジュバランド Jubaland

オールトン Alton （合衆国）
　*ミズーリ（Missouri）州*セント・ルイス（Saint Louis）の北29kmに位置し、*ミシシッピ川（Mississippi River）に臨む*イリノイ（Illinois）州南西部の都市。1837年11月7日、奴隷制度廃止を唱える新聞編集者イライジャ・P・ラブジョイが奴隷制度を支持する暴徒にここで殺害され、印刷所は破壊された。その死を悼んでラブジョイ記念碑が建立された。1858年、この都市でリンカンとダグラスの最後の討論が行なわれた。

オールバニー Albany [旧名：Beverwyck ベベウィク, Fort Orange フォート・オレンジ]（合衆国）
*ハドソン川（Hudson River）西岸の*ニューヨーク州（New York State）の都市。*ニューヨーク市の北約220kmに位置する。植民地時代には皮革交易の中心地で、インディアンとヨーロッパ人が集まる場所だった。1609年にヘンリ・ハドソンがハドソン川を遡上し、現在のオールバニー附近の地点にたどり着いた。1614年、オランダの探検家ヘンドリク・クリスティアンセンがオールバニーの少し南にあるハドソン川のキャッスル島にフォート・ナッソーを建設。1617年の洪水でそれが倒壊すると、現在建っている場所にフォート・オレンジが建設された。7年後には植民者の一団が到来。

　1664年にイギリスが*ニュー・ネーデルランド（New Netherland）の植民地を占領し、オールバニーと地名を変えた。1754年、オールバニー会議が開催され、アメリカの入植者が初めて植民地の統合を図った。七つの植民地から代表者が集まってイロクォイ族インディアンと交渉し、ベンジャミン・フランクリンの連合案が可決されたが、各植民地からは承認されなかった。1797年、ニューヨーク州の州都がオールバニーに移される。1825年に完成する*エリー運河（Erie Canal）の建設とともにオールバニーに経済は発展。今日では外洋航海船の入港できる港を擁し、商業の中心地として賑わっている。

オルビア Olbia（ウクライナ）
ウクライナの*ブーク川（Bug River）右岸にある遺跡。前6世紀～前3世紀にかけてギリシアの*ミレトス（Miletus）の主要な植民地で、手工芸、交易、小麦の輸出が主に行なわれていた。前2世紀に、*クリミア半島（Crimea, The）のスキタイ人に占

領され、6世紀には消滅していた。ギリシア風の塔、市の門、要塞の壁の一部、ローマ時代の神殿などが発見されている。
⇒ **ウクライナ Ukraine, オチャコフ Ochakov, サルマティア Sarmatia**

オルビエート Orvieto [エトルリア語：Velsuna ベルズナ, Volsinii ウォルシニー；ラテン語：Urbs Vetus ウルブス・ウェトゥス]（イタリア）
イタリア中部、*ウンブリア（Umbria）州の市場町。*テルニ（Terni）の西北西46km、パーリア川とキアナ川の合流点に位置する。古代*エトルリア（Etruria）の12都市の一つ、*ウォルシニー（Volsinii）があった場所。前280年にローマに破壊された。ローマの崩壊後は、ゴート人、ビザンツ帝国、ロンバルド族の支配を受け、1157年に教皇領となる。12～14世紀には教皇派（ゲルフ）と皇帝派（ギベリン）間の絶え間ない抗争に巻き込まれた。大聖堂をはじめ、多くの優れたロマネスク様式、ゴシック様式、ルネサンス様式の建築が見られる。中世の鉱山が近隣にある。エトルリアの共同墓地が1874年に発見されている。

オールフォード Alford（スコットランド）
*アバディーン（Aberdeen）の西北西34kmに位置する*グランピアン（Grampian）の町。内戦中の1645年7月2日、ウィリアム・ベイリー将軍率いるスコットランドの盟約派がモントローズ侯ジェイムズ・グレアムにこの町で敗北し、モントローズ侯はスコットランドの大半を支配下においた。
⇒ **アシント Assynt, オールダーン Auldearn, ティパミュア Tippermuir, ネーズビー Naseby**

オルベテッロ Orbetello（イタリア）
イタリア中部グロッセートの南40km、ティレニア海に臨む町。古代エトルリアの遺跡や中世の大聖堂が遺る。
⇒コサ Cosa

オルボア Ålborg［オルボルグ Aalborg］［ラテン語：Alburgum アルブルグム］（デンマーク）
*オーフス（Århus）の北北西96kmに位置するノーユラン県のリムフィヨルドに面する港湾都市。1342年に勅許が与えられる。三十年戦争で1629年にデンマーク王クリスティアン4世の軍隊がアルブレヒト・フォン・バレンシュタインの率いるカトリック軍に降伏した土地。第2次世界大戦中、ドイツに占領され、*ノルウェー（Norway）攻撃の空軍基地にされた。

オルボルグ Aalborg ⇒ **オルボア Ålborg**

オルーミーイエ Urumiyeh ⇒ **レザーイエ Rezaiyeh**

オルミュッツ Olmütz ⇒ **オロモウツ Olomouc**

オルムズ Ormuz ⇒ **ホルムズ Hormuz**

オルモック Ormoc［マッカーサー MacArthur］（フィリピン）
*タクロバン（Tacloban）の南西58km、*レイテ（Leyte）島東岸のレイテ州の都市。オルモック湾に臨む。第2次世界大戦中、レイテ島の日本軍供給基地だった。1944年12月11日、激戦の末にアメリカ軍に奪還された。

オルランド岬 Orlando, Cape（イタリア）
*シチリア（Sicily）島北東部の岬。第2次世界大戦中の1943年8月12日、アメリカ軍はイタリア侵攻に先駆けてのシチリア侵攻・征服作戦の一環で、この岬のすぐ東に上陸した。

オルレアネ Orléanais（フランス）
*ロワール川（Loire River）両岸の地域、元は州だった。ローマの*ガリア（Gallia）占領中の前52年、この地域のケルト人がユリウス・カエサルに対して反乱を起こしたが失敗した。*オルレアン（Orléans）周囲の中心地は、紀元10世紀のユー・カペーの支配以来、フランス王家の所有だった。オルレアンの広大な古い森、数々の城、カロリング朝時代の要塞や教会の遺跡がある。先史時代の遺跡も数多い。
⇒シャルトル Chartres, フランク王国 Frankish Empire, ブロワ Blois

オルレアン Orléans［古代：Genabum ゲナブム；ラテン語：Aurelianum アウレリアヌム］（フランス）
フランス中北部、ロワレ県の県都。*パリ（Paris）の南南西112km、パリ盆地の南に位置し、*ロワール川（Loire River）に臨む。かつてはケルト系カルヌテス人の市場町で、ローマの支配下に入り、前52年の反乱後ユリウス・カエサルに焼き払われた。西暦451年、フン族の王アッティラに攻撃され、471年にはゲルマンのオドアケルに攻撃されたが抵抗し、498年にはクロビス1世に屈し、511年オルレアンのフランク王国の首都となる。ジャンヌダルクは、1337～1453年までの百年戦争中の1429年に、イングランドによる包囲網を打開し、オルレアンの乙女と呼ばれた。16世紀の宗教戦争ではユグノー派の本拠地となり、1563年カトリック軍に包囲される。1598年*ナント（Nantes）の勅令でユグノー戦争は終結した。有名なオルレアン大学は14世紀創設、サン・クロワ大聖堂は1567年にユグノー派に破壊され、アンリ

4世と後継者によって再建された。市の大部分は第2次世界大戦中に損害を受けた。

オルレアン島 Orleans, Island of ［Orleans Island］［仏：Orléans, Île d'］（カナダ）

*セント・ローレンス川（Saint Lawrence River）に浮かぶ全長32kmの島。*ケベック¹（Quebec）の下流7kmに位置する。1651年にフランス人が入植した。フレンチ・インディアン戦争中の1759年、ウォルフがケベックを攻撃した際の野営地の一つだった。大部分が農地として残り、多くの観光客が訪れている。

オルロ Oruro ［スペイン語：Real Villa de San Felipe de Austria レアルビラ・デ・サン・フェリペ・デ・アウストリアル］（ボリビア）

ボリビア南西部、オルロ県の県都でスズ鉱山都市。*ラパス¹（La Paz）の南東208km、標高3,658メートルに位置する。1595年に豊富な銀鉱採掘の拠点として建設された。1820年*スペイン（Spain）によって要塞化され、1826年にボリビアが独立を勝ち取った直後に改名された。19世紀に銀の生産が落ち込むとほとんど人がいなくなったが、ほかの鉱物資源の開発によって再建した。

オーレ Auray ［現地：Alre アルル］（フランス）

モルビアン県の町。オーレ川に臨む。1364年9月29日、ブルターニュ継承戦争の最後の戦いがこの町で行なわれ、モンフォール家のジャンがシャルル・ド・ブロワを敗死させる。アメリカ独立戦争中の1776年、ベンジャミン・フランクリンがアメリカ側の委員と共にこの町に滞在している。

オレアイ Woleai ［Uleai］（ミクロネシア）

西太平洋、ミクロネシア共和国のトラック島とパラウ島の中間にある、*カロリン諸島（Caroline Islands）西部の小環礁。第2次世界大戦中、日本軍に占領され、1944年3月31日、アメリカ軍に襲撃された。この襲撃で日本の艦船が数隻沈没した。

オーレイリア Auraria ⇒ デンバー Denver

オレゴン Oregon （合衆国）

太平洋岸の州。北は*ワシントン²（Washington）州、東は*アイダホ（Idaho）州、南は*ネバダ（Nevada）州と*カリフォルニア（California）州と接する。1859年に33番目の州として合衆国に加盟した。名の由来は不明。ヨーロッパから極東に向かう海路である*北西航路（Northwest Passage）探索中に発見された。16～18世紀にはスペイン人の航海者たちは陸地沿いに航行していたが、1579年サー・フランシス・ドレイクがこの極北まで航海し上陸した可能性がある。1778年ジェイムズ・クック船長が沿岸の一部を海図に示した。当時*ロシア（Russia）は*アラスカ（Alaska）から南方への進出をはかり、中国との毛皮交易が重要になるにつれ、イギリス人毛皮商人は*カナダ（Canada）を通ってやってくるようになった。

1792年以降、*イギリス（United Kingdom）のジョージ・バンクーバーが相当な時間をかけてこの地域を探検した。同年、アメリカ人で初めて世界一周したロバート・グレイが、*コロンビア川（Columbia River）の探検に乗り出し、この地域をアメリカ領とした。ルイス・クラーク探検隊は1805～1806年にかけて河口近くで越冬し、野営地をクラトソップ砦と名づけた。1811年ジョン・ジェイコブ・アストールの太平洋毛皮会社が河口に*アストリア（Astoria）を設立したが、1813年にカナダのノースウェスト社に売却。1818年

アメリカとイギリスとの条約により、オレゴン州のほか現在のワシントン州、アイダホ州と、*モンタナ（Montana）州の一部、カナダの*ブリティッシュ・コロンビア（British Columbia）州を含む地域の共同統治が決まる。

1821年のノースウェスト社とハドソン湾会社との合併により、イギリスが毛皮取引を独占するようになったが、ジェデッドアイア・S・スミスのような南東部のマウンテンマンらのアメリカ人も依然として残っていた。アメリカ東部や中西部諸州はこの遠い土地に強い興味を抱き、1829年*ニュー・イングランド（New England）のホール・J・ケリーがオレゴン準州入植推奨のためのアメリカン・ソサエティを設立。ケリーの信奉者の一人ナサニエル・J・ワイエスは1832年に植民地を設立しようとして失敗。1834年に戻ってきて*フォート・ホール（Fort Hall）を設立したほか、コロンビア川沿いにウィリアム砦を建設したが、二年後にまた放棄した。だが、1836年に宣教師のマーカス・ホイットマンがやってきて、同行者の何人かが*ウィラメット川（Willamette River）流域に入植。「オレゴン熱」が中西部を襲い、森林、水、良い土壌に誘われて、1842年*オレゴン街道（Oregon Trail）をやってくる荷馬車が相次いだ。

1846年、アメリカとイギリスは北緯49度を境界とすることで合意し、1848年オレゴン準州が正式に設立された。1859年州憲法は奴隷制を否定したが、自由黒人が入ってくるのも禁じた。農業は繁栄し、1867年には小麦の余剰収穫分が輸出されるようになった。大牧場も建てられた。1850年代以降から1870年代を通して、インディアンとの抗争が続いたが、1880年には終結した。その頃に、東部と南部から*カリフォルニア（California）に向かう鉄道が建設され、鉄道が大規模な製材業を後押しした。

1880年代には、中国人の流入に対する反対が起き、20世紀には日本人の流入に対して同様の感情が示された。政治的には、イニシアティブ、リコール、レファレンダムのような改革着手を主導してきた。1930年代には電力の開発は州によるべきか民間資本によるべきかをめぐって論争がおき、公的電力支持者が勝利した。製材は現在も州の主要な財源だが、オレゴンはハイテク産業の中心地でもある。

重要都市は州都*セーラム[6]（Salem）、最大都市*ポートランド[4]（Portland）、ユージーン（Eugene）。
⇒オレゴン・カントリー Oregon Country

オレゴン街道 Oregon Trail（合衆国）

とくに1842～1860年に、開拓移民が*オレゴン・カントリー（Oregon Country）を目指して西に向かった道。*ミズーリ川（Missouri River）から*コロンビア川（Columbia River）まで3,200kmにわたる道で、開拓道路では最長だった。1805年にルイス・クラーク探検隊が一部をたどり、エライジャ・ホワイト率いるグループが1842年に初めてこの街道を通ってオレゴンに到着した。翌年、900人と1000頭以上の家畜がこの地域に流れ込む「大移民」が発生。鉄道の発達とともに街道を使った移動は減り、1870年代には放棄された。街道では、インディアンの襲撃、川の氾濫、食料や水不足などが日常茶飯事だった。

*ミズーリ（Missouri）州*インディペンデンス[2]（Independence）を出発し、*ララミー砦（Fort Laramie）まで960km。その後サウス・パスを抜けて*フォート・ブリジャー（Fort Bridger）まで688kmまでの道のりは険しい山岳地帯で、馬や雄牛の骨が散らばり、浅く掘った墓に開拓者が埋葬

された。スネーク川沿いの*フォート・ホール（Fort Hall）までの352kmは、荷馬の負担を減らすために荷馬車が放棄されることがよくあった。グランド・ロンド渓谷でひと息つくも、やがてブルーマウンテンが現われる。街道はワラワラ砦を抜けてうねるように続き、コロンビア川を下ってバンクーバー砦と*ウィラメット（Willamette）バレーを経て、初期の入植地の中心部へと至った。
⇒オレゴン Oregon

オレゴン・カントリー Oregon Country（合衆国、カナダ）

北アメリカ北部、太平洋岸と*ロッキー山脈（Rocky Mountains）間、*カリフォルニア（California）の北の州境から*アラスカ（Alaska）までの地域で、19世紀初頭にしばしばこう呼ばれていた。開拓者マーカス・ホイットマンは1836年に*コロンビア川（Columbia River）流域に伝道所を設立したが、1847年に妻やほかの者たちとともに虐殺された。1846年に*イギリス（United Kingdom）が北緯49度線以南の土地の領有から手を引いたのち、1848年にオレゴン準州が設立された。
⇒オレゴン Oregon

オレゴン・シティ Oregon City（合衆国）

ポートランドの南18km、*ウィラメット川（Willamette River）沿いにある*オレゴン（Oregon）北西部の都市。1829年に*オレゴン街道（Oregon Trail）の終着点として設立され、1849〜1852年までオレゴン準州の最初の州都だった。

オレゴン準州 Oregon Territory ⇒オレゴン Oregon

オレシェク Oreshek ⇒シュリッセルブルグ Shlisselburg

オレシニツァ Oleśnica［独：Oels エルス, Oels in Schlesien エルス・イン・シュレジエン］（ポーランド）

*ウロツワフ（Wrocław）の東北東27kmに位置するウロツワフ郡東部の工業都市。10世紀に設立され、14世紀には独立した公国の都だった。第2次世界大戦後の*ポツダム（Potsdam）会談中に、ポーランドが獲得した。

オレホボ - ズーエボ Orekhovo-Zuyevo（ロシア）

ロシア西部、モスクワ州の都市。*モスクワ（Moscow）の東86km、クリャージマ川に臨む。1917年、隣接する17世紀の工業村オレホボとズーエボが合併してできた。18世紀から織物工業が始まり、19世紀には重要な工業都市となる。多数の労働者階級が労働革命運動の中心となり、ロシア革命前には多くのストライキや暴動が発生した。

オレロン Oléron［イル・ドレロン Île d'Oléron］［ラテン語：Uliarus Insula］（フランス）

フランス西部、*ビスケー湾（Biscay, Bay of）にある島。保養地、カキの産地。12世紀にルイ9世が公布したオレロン法は、近代の海事法の基礎となった。宗教改革の時代にはプロテスタントの避難場所だった。先史時代の巨石を使った建造物が遺る。

オレンジ Orange（合衆国）

*オハイオ（Ohio）州北部の村。アメリカ第20代大統領ジェイムズ・A・ガーフィールドの出生地。

オレンジ自由州 Orange Free State [アフリカーンス語：Oranje Vrystaat]（南アフリカ）

南アフリカ共和国の州。*トランスバール（Transvaal）州の南、*ケープ州（Cape Province）の北と南に位置する。19世紀初頭にヨーロッパ人入植者が到来するまで、この地域には主にバントゥ族の部族が点在していた。1820年代にオランダ人アフリカ入植者とフランスのユグノーの子孫であるボーア（ブール）人が、この地域に入植し始めた。移民は1835〜1836年に増加した。多数のボーア人が現在のケープ州におけるイギリス支配を逃れ、雄牛の引く荷馬車を使って移住してきたこの時代は、グレートトレック時代と呼ばれる。しかし1848年、イギリスはこの地域をオレンジ川独立国として併合した。この出来事により、アンドリーズ・プレトリアス率いるボーア人との間で武力抗争が勃発したが、イギリスは即座に制圧した。それにもかかわらず、1854年、イギリスは*ブルームフォンテイン（Bloemfontein）協定によって、この地域をオレンジ自由国として独立させた。その後もイギリスとアフリカ南部のボーア人との間の緊迫した関係は続き、やがて1899年に南アフリカ（ボーア）戦争が勃発する。オレンジ自由国の人々は同志であるボーア人に味方した。1900年5月にはイギリスがこの地域を掌握し、再び併合してオレンジ植民地と名づけた。1907年に自治政府ができ、1910年に南アフリカ連邦を創設した州の一つとなる。首都は1846年創設のブルームフォンテイン。1994年、旧クワクワ黒人居住区と統合されて新しい自由州となった。

オレンジバーグ Orangeburg（合衆国）

*サウスカロライナ（South Carolina）州中部の都市。綿の加工・集散地。*チャールストン[1]（Charleston）の北東120km、エディスト川沿いにある。州内屈指の古い町の一つで、1732年に入植が始まり、1883年に市になった。自由土地払い下げ制度で入植したドイツ系スイス移民が、土地開発を計画し実行した。

オレンブルグ Orenburg [旧名：Chkalov チカロフ]（ロシア）

*ウラル川（Ural River）に臨むオレンブルク州の州都。1735年、ロシアの要塞として*オルスク（Orsk）に建設され、1743年に248km西に移された。オレンブルク・コサック軍が駐留し、侵攻してくる遊牧民から国を守った。1773〜1774年にはE・I・プガチェフの包囲網に耐え、1917年の革命後には激しい戦闘が起きた。1920〜1921年には大飢饉に見舞われる。1937年、モスクワからワシントン州バンクーバーまで無着陸飛行を成功させた飛行士バレリー・チカロフをたたえて、一時的に改名された。

オロテ半島 Orote Peninsula ⇒アプラ港 Apra Harbor

オロネツ Olonets [フィンランド語：Alavoinen；旧名：Aunus アウヌス]（ロシア）

*サンクト・ペテルブルク（Saint Petersburg）の北東180km、*ラドガ湖（Ladoga, Lake）の東岸近くのオロネツ地峡にあるロシアの都市。ピョートル大帝（1672〜1725）が完成させた製鉄所で知られる。

オーロ・プレト Ouro Prêto [旧名：Vila Rica ビラ・リッカ]（ブラジル）

ブラジル南東部、ミナス・ジェライス州の都市。*リオデジャネイロ（Rio de Janeiro）の北280km、*ベロ・オリゾンテ（Belo Horizonte）の南東64kmに位置する、1701

年に金採掘のために設立され、18 世紀にはブラジルの金生産の中心地となった。この頃にチラデンテスがここを拠点にポルトガルからの独立を求める運動を起こしたが、不首尾に終わった。18 世紀は文化的な躍進の時代でもあり、町には多くの建築物、教会、コロニアル・バロック建築の好例となる個人の邸宅が見られる。1933 年、数多くの芸術作品が残っていることから、市は国定史跡に指定され、周辺地域は国定公園に指定された。1980 年にはユネスコの世界遺産に登録された。

オロモウツ Olomouc [独：Olmütz オルミュッツ]（チェコ共和国）

チェコ東部の都市。*ブルノ（Brno）の北西 64km、モラバ川に臨む。工業と文化の中心地で、1640 年まで*モラビア[1]（Moravia）の首都だった。1850 年のオロモウツ協定によって*プロイセン（Prussia）支配下にあったドイツ連邦が解体された出来事は、ドイツでは「オロモウツの屈辱」として知られる。10 世紀と 11 世紀には有数の交易都市で、1469 年には*ボヘミア（Bohemia）王が戴冠した。当時のままのゴシック建築が数多く遺る。

オロラウヌム Orolaunum ⇒アルロン Arlon

オロロン - サント - マリー Oloron-Sainte-Marie [旧名：Iloro]（フランス）

フランス南西部、ピレネー・ザトランティク県の都市。県都*ポー（Pau）の南西 21km に位置する。*ピレネー山脈（Pyrenees）を越える道の北端に位置する古都。サラセン人とノルマン人に破壊され、1080 年に再建された。4 世紀に司教座がおかれ、1790 年まで続いた。

オロ湾 Oro Bay （パプアニューギニア）

*ブナ（Buna）の南 32km に位置する*ニューギニア（New Guinea）島、ダイク・アクランド湾の小さな入り江。第 2 次世界大戦中の 1943 年には連合国の基地があり、日本軍の攻撃にさらされ続けた。

オロンガポ Olongapo （フィリピン）

*バターン（Bataan）との境界近く、スービック湾北東海岸にある、*ルソン（Luzon）島の都市と港。かつてはアメリカ海軍の基地で、第 2 次世界大戦中の 1941 年 12 月〜1945 年 2 月まで日本軍に占領された。1991 年のピナツボ火山の噴火と、1992 年のアメリカ軍事基地の閉鎖で経済的に大打撃を受けた。

オロンテス河畔のアパメア Apamea ad Orontem [アラビア語：Famieh；ギリシア語：Pharnake；Pella]（シリア）

*アンティオキア（Antioch）の南南東 96km に位置するハマー県の町。前 300 年頃にセレウコス 1 世が再建し、*ビザンツ帝国（Byzantine Empire）との戦争中、540 年と 611 年にサザン朝*ペルシア[1]（Persia）の攻撃を受ける。十字軍の時代に有名になり、1111 年にタンクリッドに征服される。1152 年、大地震により破壊された。

オロンテス川 Orontes River [アラビア語：Nahr Al-'Āṣī ナハル・アル - アーシー；トルコ語：Asi Nehri]（レバノン、シリア、トルコ）

レバノン北部を水源とし、北に向かってシリアを抜け、西、南へと進んでトルコ、*地中海（Mediterranean Sea）へと注ぐ全長 400km の川。航行不可能な川で、水源地は古代*バールベック（Baalbek）の近く。ヒッタイトの集落だったシリアの*ハマ（Hama）も流域にある。中世からの巨大な水車があり、現在も平原の灌漑用に使わ

オワイヒー川 Owyhee River （合衆国）

*オレゴン（Oregon）州南東部を流れる全長480kmの川。*アイダホ（Idaho）州南西端から北西方向に流れてオレゴンとの境界を越え、*スネーク川（Snake River）に合流する。1826年に、インディアンに殺されたハドソン湾会社の二人のハワイ人従業員にちなんで、ハワイを意味するこの名がつけられた。1863年にこの一帯で金と銀が発見され、川沿いに多くの採鉱者のキャンプができた。川は現在堰き止められ、埋め立て地となっている。

オワトナ Owatonna （合衆国）

*ミネソタ（Minnesota）州南部、フェアボールトの南24kmに位置する工業都市。1854年に市となった。1908年に建てられた銀行は、多くのモダンな建築設計で知られ、初期の高層建築を手がけてきた有名なアメリカ人建築家ルイス・サリバンの設計によるもの。

オワバ Oława ［独：Ohlau］（ポーランド）

ウロツワフ郡東部の都市。*ウロツワフ（Wrocław）の南東29km、*オーデル川（Oder River）に臨む。1291年に都市権が与えられた。第2次世界大戦中の1945年2月7日、ソビエト軍に制圧され、のちにポーランド領となる。

オン On ⇒ヘリオポリス Heliopolis

温州 ⇒ ウェンチョウ〔温州〕 Wenzhou （中国）

オンタリオ Ontario （カナダ）

*カナダ（Canada）中西部の州。州都は最大都市でもある*トロント（Toronto）。主要な都市としては*オタワ[1]（Ottawa）、*ハ

ミルトン[2]（Hamilton）、ロンドン、*ウインザー[2]（Windsor）など。ヨーロッパ人の到来前は、インディアンの数部族が居住していた。最大の部族はヒューロン族だった。*フランス（France）のエティエンヌ・ブリュレが1610～1612年までオンタリオ南部を探検した。1610年にヘンリ・ハドソンが*ハドソン湾（Hudson Bay）を発見し、*イングランド（England）の領有権を主張したために、ハドソン湾はオンタリオ領となる。フランス人探検家サミュエル・ド・シャンプランは1615年に*ヒューロン湖（Huron, Lake）の東岸に渡り、ほかのフランス人探検家が1640年に*エリー湖（Erie, Lake）に到達した。17、18世紀、フランスは防衛、交易、インディアンへの伝道のために多数の拠点を築いた。一方、イギリスはハドソン湾地帯に交易拠点を築いた。

フランスとイギリスはカナダの支配権をめぐって何度も戦ったが、フレンチ・インディアン戦争後の1763年、フランスはカナダ本土の領地をすべて放棄せざるを得なくなった。1774年、イギリスはオンタリオと*ケベック[2]（Quebec）を一つの州に統合する。アメリカ独立戦争以後、亡命した王党派がオンタリオに入ってきて人口が増加したため、1791年イギリス政府はローワー・カナダ（ケベック）と*アッパー・カナダ（Upper Canada）（オンタリオ）の2地域に分けた。1812年戦争〔アメリカ・イギリス戦争〕では、オンタリオの地でイギリス・カナダ軍とアメリカ軍との間で何度も戦闘があった。とくに*ナイアガラ（Niagara）半島地域での戦闘が多かった。アメリカ軍は1813年に*トロント（Toronto）を焼き払った。19世紀には家族盟約として知られた支配層の貴族ら保守勢力と、改革主義者や過激派のグループとの抗争が発生する。1837年には武装蜂起が起き

たが、すぐに鎮圧された。だが、抗争の結果、1849年の新しいカナダの行政区分において、オンタリオとケベックが再びカナダ・ウエスト（オンタリオ）とカナダ・イースト（ケベック）として一つの州に統合された。1867年、カナダ自治領が成立し、オンタリオは最初の4州の一つとなる。だが、現在の境界線が確定したのは1912年である。

オンタリオ湖 Ontario, Lake [仏：Lac Frontenac ラック・フロントナック]（カナダおよび合衆国）
五大湖の中で最東、最小の湖で、西端はナイアガラ川につながり、東端から*セント・ローレンス川（Saint Lawrence River）が流れ出している。ヨーロッパ人として初めてオンタリオ湖を目にしたのは、フランス人探検家エティエンヌ・ブリュレとサミュエル・ド・シャンプランで、1615年のことであった。北アメリカの広大な地域の一部だったが、1763年のフレンチ・インディアン戦争後、*イギリス（United Kingdom）の支配下に入った。アメリカ独立戦争後、湖を貫く線がアメリカとカナダとの国境線に定められた。戦争が終結すると、湖周辺の入植が進み、商業が発達した。1829年に開通したウェランド運河は以後拡張され、1959年に完成したセント・ローレンス海路プロジェクトもあり、水運用幹線水路としてのオンタリオ湖の存在はより大きなものとなった。

オンダルスネス Andalsnes（ノルウェー）
*クリスチャンサン（Kristiansand）の南西72kmに位置し、ロムスダルス湾の奥、ムーレ・オ・ロムスダール県の町。第2次世界大戦中、*ドイツ（Germany）のノルウェー侵攻後、1940年4月16日に英仏軍がこの町に上陸し、ドイツ軍の攻撃を2週間阻止してから撤退した。

オンフルール Honfleur（フランス）
フランス北西部、カルバドス県の古い港町。*ル・アーブル（Le Harve）の対岸に位置する。11世紀に町が築かれ、百年戦争中にフランスと*イングランド（England）がこの町の領有権をめぐって長く争ったが、1450年にフランスの領地となった。16、17世紀には北アメリカ航路の重要拠点だったが、18世紀に対岸のル・アーブル港の重要性が高まり、通商におけるオンフルールの影響力は衰えた。

オンボス Ombos（エジプト）
*エドフ（Edfu）の南、*ナイル川（Nile River）沿いの古代都市。前4世紀〜前1世紀にローマに征服されるまでエジプトを支配したプトレマイオス朝のもとで、重要都市として発展した。ワニの頭をした水神セベクとハヤブサの頭をした神ホルスをまつる神殿が建てられた。

カ

カアルタ Kaarta ⇒ **ニオロ Nioro**（マリ）

カイアガビ Caergybi ⇒ **ホリーヘッド Holyhead**

ガイアナ Guyana ［旧名：British Guiana イギリス領ギアナ］

南アメリカ北部の共和国。北と北東は大西洋に臨み、東と南東は*スリナム（Suriname）、南と南西は*ブラジル（Brazil）、西はブラジルと*ベネズエラ（Venezuela）と国境を接する。ガイアナは 1620 年頃にオランダ人が建設したエセキボ、1624 年にオランダ東インド会社により建設されたベルビス、1645 年に建設されたデメララの 3 植民地からなる。イギリスの植民地もあったが、1667 年に*ブレダ（Breda）の条約によりオランダに割譲された。18 世紀にはイギリス人をはじめ非オランダ人がこの土地に住みつき、1781 年、イギリス人は一部の土地を占領して*ジョージタウン[1]（Georgetown）を建設。1803 年にはオランダ人から奪還され、1814 年には正式にイギリス領となる。

1831 年、エセキボ、ベルビス、デメララはイギリス領ギアナとして統合される。1834 年、奴隷制の廃止。長年の紛争の種になっているベネズエラとの国境問題が 1895 年に深刻化し、アメリカを巻き込み、オルニー宣言を生む。1899 年、仲裁裁判の裁定によりイギリスの主張がほぼ全面的に認められる。ブラジルとの国境も 1904 年に仲裁により決定される。第 2 次世界大戦が勃発し、アメリカがデメララ川沿いとサディ附近に陸海軍の基地用

地を賃借する。1952 年、独立に向けて動き、1966 年、独立してフォーブズ・バーナムを首相とする。1970 年、イギリス連邦内の共和国となって社会主義政策を打ち出す。

1960 年代は商業を支配する東インドの出身者と黒人の間で緊張関係が続き、衝突と流血が繰り返されるが、1970 年代には争いは下火になる。1970 年にベネズエラと 12 年間の休戦協定が結ばれ、スリナムとは軍隊の撤退で合意が得られて国際的緊張も緩和されるが、ベネズエラとの国境問題は今もなおくすぶっている。1978 年、アメリカ人ジム・ジョーンズを教祖とするカルト教団の信者がジョーンズタウンで集団自殺を行なったためにガイアナは国際的な悪評を被る。1980 年、新憲法が採択され、バーナムは大統領に就任し、報道界と野党を弾圧する。

1985 年、バーナムが死去し、デズモンド・ホイトが大統領に選出される。経済は悪化を続け、1992 年にホイトは元首相で野党・人民進歩党（PPP）のチェディ・ジェイガンに選挙で負ける。1990 年代は経済状態が改善し、とくに農業とボーキサイトが好調となる。1997 年、ジェイガンが死去し、大統領夫人のジャネット・ジェイガンが大統領に選出されるが、1999 年に辞任。PPP のバラット・ジャグデオが大統領となり、2001 年には再選される。2005 年初め、ジョージタウンおよび沿岸部が大洪水に見舞われる。

カイエンヌ Cayenne [旧名：La Ravardière ラ・ラ バルディエール]（フランス領ギアナ）

フランス領ギアナの首都。大西洋に臨む カイエンヌ川河口のカイエンヌ島北西岸 に位置する。1643年にフランス人が建 設し、1777年に現在の名がつけられた。 1848年、フランスの囚人の流刑地となり、 「囚人の町」として知られるようになる。 刑務所は1944年に廃止された。

海峡植民地 Straits Settlements（マレー半島）

東南アジアの旧イギリス植民地。*ペナン （Penang）、シンガポール（Singapore）、*マラ ッカ（Malacca）、*ラブアン（Labuan）が含 まれる。1826年からイギリス東インド会 社の管轄下にあったが、イギリス領イン ドとなり、1867年には植民省が管轄する イギリス王室直轄植民地となった。1912 年にラブアンが他の植民地から分かれ た。第2次世界大戦での日本による占領 後の1946年には、もとのイギリス王室直 轄植民地は解体した。シンガポールとそ の属領は別のイギリス王室直轄植民地と なった。ペナンとマラッカは*マレーシア （Malaysia）に吸収された。1965年、シンガ ポールは独立した。

海口 ⇒ ハイコウ〔海口〕Haikou（中国）

カイザー Keyser [旧名：New Creek ニュークリー ク, Paddy's Town パディズ・タウン]（合衆国）

*マーティンズバーグ（Martinsburg）の西 96kmに位置する*ウェストバージニア （West Virginia）州ミネラル郡の郡庁所在地。 1802年に入植が始まり、南北戦争中には 戦場となり、重要な補給拠点でもあった。 リンカーンの母ナンシー・ハンクスは、 この近くのマイクスランで生まれている。

カイザースラウテルン Kaiserslautern（ドイ ツ）

ドイツ南西部、*ラインラント-プファル ツ（Rhineland-Palatinate）州の都市。カールス ルーエ（Karlsruhe）の南西68kmに位置する。 シャルルマーニュ〔カール大帝〕によっ て築城された地として9世紀の記録に登 場している。1153〜1158年にかけて神聖 ローマ皇帝フリードリヒ赤髭王によって 拡張された。1635年のスペイン軍による 攻撃や三十年戦争によって打撃を受ける。 フランス革命戦争中の1793年に、フラン ス軍が*プロイセン（Prussia）に勝利した地 でもある。1816年に*バイエルン（Bavaria） 王国領となり、1848〜1849年には*プフ ァルツ（Palatinate）の民主主義運動の中心 地だった。宗教改革の発展に重要な役割 を果たした都市は、20世紀には工業と文 化の中心地になった。

カイサル Kaithal（インド）

*デリー[1]（Delhi）の北北西144km *ハリ ヤナ（Haryana）州の町。古代インドの叙事 詩『マハーバーラタ』の王子ユディシュ ティラによって創設されたといわれ、と くにヒンドゥー教のサルの神ハヌマーン の伝説と関係が深い。史跡としては巨大 な浴槽と13世紀以降のヒンドゥー教の聖 人の墓がある。

開城 Kaijo/Kaizyo ⇒ ケソン〔開城〕Kaesŏng

カイシール Caiseal ⇒ カシェル Cashel

カイスター Caistor [古代：Tunna-Ceaster トゥン ナ-ケステル]（イングランド）

*リンカンシャー（Lincolnshire）州の町。*グ リムズビー（Grimsby）の西南西18kmに位 置する。ローマ軍の駐屯地があった場所 で、初期にはブリトン人の要塞があった。

829年、ウェセックス王エグバートがここでマーシア人を破ったとされる。

⇒マーシア Mercia

カイスラーン・アン・バーハ Caisleán an Bharraigh ⇒カースルバー Castlebar

カイセリ Kayseri [Kaiseria] [古代：Caesarea Mazaca カエサレア・マザカ, Mazaca マザカ] (トルコ)

トルコ中部、*アンカラ (Ankara) の東南東264kmに位置する都市で同名県の県都。何世紀にもわたる重要な交易中心地で、*カッパドキア (Cappadocia) の歴代の王が居住する都だった。1世紀にカエサレアと改名されてローマ属州の都となり、帝国の造幣局ができた。近代の都市は4世紀に創設され、聖大バシレイオスが近隣に宗教上の拠点を建てたことから、キリスト教の中心地となる。1080年頃にセルジューク・トルコに、1243年にモンゴルに制圧され、両帝国でも重要な地位にあった。1419年にエジプトのマムルーク朝に占領され、1515年にスルタンのセリム1世によって*オスマン帝国 (Ottoman Empire) に併合される。セルジューク朝時代の古い建築物やモスクが遺る。近隣には*カネシュ (Kanesh) がある。

カイト Cait ⇒ケースネス Caithness

カイナルジャ Kaynardzha [Kainardzha] [ルーマニア語：Cainargeana-Mica, Cainargeava-Mică；トルコ語：Kuchuk Kainarji/Kutchuk Kainarji キュチュク・カイナルジャ/クチュク・カイナルジ] (ブルガリア)

*シリストラ (Silistra) の南東24kmにあるルーセ州の村。1774年にこの地で結ばれた条約により、ロシア・トルコ戦争が終結した。*クリミア半島 (Crimea, The) と*ウ

クライナ (Ukraine) 南部は*ロシア (Russia) に割譲され、貿易、宗教、介入権の点でロシアに有利な条件が定められた。

⇒オスマン帝国 Ottoman Empire

海南 ⇒ハイナン〔海南〕Hainan (中国)

懐寧 Huaining ⇒アンチン〔安慶〕Anqing

カイノ Caïno ⇒シノン Chinon

カイバル峠 Khyber Pass [Khaibar, Khaybar] (アフガニスタン、パキスタン)

現代の*ペシャワル (Peshawar) と*カブール (Kabul) の間に位置する、48kmに及ぶ峠。何世紀もの間、征服者や商人たちはこの有名なルートを通ってインドに入った。前5世紀のダレイオス1世率いるペルシア軍、おそらくはアレクサンドロス大王配下の将軍たち、ティムール、バーブル、ガズナ朝のマフムード、ナーディル・シャーなどである。アショーカの王国が支配していた前3世紀来の仏教遺跡が遺る。19世紀のアフガン戦争では、イギリス軍はここで相当な抵抗にあった。今も戦略的に重要な位置にあり、パキスタンのカイバル部族地域として統治されている。アリー・マスジッド砦とランディ・コタールがある。

カイフォン〔開封〕Kaifeng [K'ai-feng] [旧名：Bianjing ベンケイ〔汴京〕, Bianliang ベンリョウ〔汴梁〕, Dongjing ドンジン〔東京〕] (中国)

中国中北部、*ホーナン〔河南〕(Henan) 省北東部の歴史都市。*ナンキン〔南京〕(Nanjing) の北西544kmに位置する。中国屈指の古都で、魏王朝 (前4世紀) の首都。西暦607年に*ホワン・ホー〔黄河〕(Yellow River) と*揚子江 (Yangtze River) を結ぶ大運河が建設され、海運と商業の中心

地となる。907〜979年の五大十国時代の首都で、960〜1127年の宋の時代には、ベンケイ〔汴京〕、ドンジン〔東京〕として知られたが、1127年の女真族、1234〜1368年のモンゴル族の侵攻により衰退した。12〜15世紀にかけて、中国系ユダヤ人の居留地が栄えた。黄河の氾濫により、何度も被害を受けている。

開封 ⇒ **カイフォン**〔開封〕Kaifeng（中国）

海陽 ⇒ **ハイヤン**〔海陽〕Haiyang（中国）

カイラス〔**カイラーサ**〕Kailas〔中国語：Gangdisi ガンティシ〔岡底斯〕；チベット語：Gang Rimposhe, Gangs-ri Ti-se, Kang Rimpoche カンリンポチェ〔岡林波斉〕〕（中国）

*チベット（Tibet）南西部に位置するカイラス山脈最高峰の聖山。ガル〔噶爾〕の南東120kmのサトレジ川、*インダス川（Indus River）、ブラマプトラ川の源流地に近い。　重要なヒンドゥー教の巡礼地で、サンスクリット語の文献にはシバ神の住まいと記されている。チベット仏教では、ここを宇宙の中心である須弥山としている。チベット侵攻後、中国が外部からの入国者を拒否したため、巡礼できなくなっていたが、1979年に中印関係が改善して巡礼が再開した。

カイラワーン Qairwan ⇒ **ケルアン** Kairouan

カイルア ¹ **Kailua**〔**カイルア - コナ Kailua-Kona**〕（合衆国）

*ケアラケクア（Kealakekua）の北10kmに位置する*ハワイ（Hawaii）島西海岸、コナ地区の村。初期のハワイ王の居地で、1820年にキリスト教宣教師が初めて上陸した土地である。

カイルア ² **Kailua**〔**カイルア - ラニカイ Kailua-Lanikai**〕（合衆国）

ホノルルの北東21kmの*オアフ（Oahu）島東部に位置する*ハワイ（Hawaii）の一地方。海岸沿いの現代的な都市だが、かつてはオアフ島の中世の王の居地だった。西方には、かつて王室用養魚池だったカワイキニ湿地がある。ウルポ・ヘイアウなど数多くの神殿の遺跡がある。

カイルア - コナ Kailua-Kona ⇒ **カイルア** ¹ **Kailua**

カイルア - ラニカイ Kailua-Lanikai ⇒ **カイルア** ² **Kailua**

カイルアン Kairwan ⇒ **ケルアン Kairouan**

カイルーアン Qairouan ⇒ **ケルアン Kairouan**

カイルウェント Caerwent〔古代：Venta Silurum ウェンタ・シルルム〕（ウェールズ）

*モンマスシャー（Monmouthshire）州の町。*チェップストー（Chepstow）の南西6kmに位置する。ローマ時代の都市、ウェンタ・シルルムがあった場所。昔の市壁、門、神殿、円形劇場の一部が今も見られる。

カイロ ¹ **Cairo**〔アラビア語：Al-Qāhirah アル - カーヒラ；旧名：Al Kahira〕（エジプト）

エジプトの首都。*ナイル川（Nile River）の東岸、デルタ地帯のほぼ中心に位置する。アラブ人が征服したのち、西暦641年に建設されたイスラームの町フスタートは、ファーティマ朝が10世紀に建設する都市のすぐそばにあり、この都市がのちにカイロになる。12世紀、サラディンがここを首都に定め、そのまま13世紀にはマムルーク朝の首都となった。中世後期、東西を結ぶ香辛料貿易路の重要な中継点と

して繁栄したが、1517 年にトルコに屈した時にはすでに経済力は衰えていた。19世紀前半、メフメット（ムハンマド）・アリの支配下で、やがて現在のエジプトへと発展する国の首都となった。1882 年、イギリス軍に占領される。イギリス軍が撤退したのは第 2 次世界大戦後で、大戦中は中東のイギリス軍本部が置かれていた。古代エジプトの宝物はカイロの博物館に収められている。14、15 世紀のモスクがトルコ支配時代の建造物と共に現存。古代の*メンフィス[1]（Memphis）はナイル川を挟んでカイロの対岸にあった。カイロはアフリカ大陸で第 1 位の人口を有し、アラビア語圏の文化の中心地。

カイロ[2] Cairo （合衆国）

*イリノイ（Illinois）州南部の都市。*セント・ルイス（Saint Louis）の南東 200km、*オハイオ川（Ohio River）と*ミシシッピ川（Mississippi River）の合流点に位置する。この二つの川の上流を利用するための港として築造されたが、幾度となく洪水にみまわれ、高い位置に土地があって河岸も安全なセント・ルイスに水運業務の大半は奪われた。南北戦争時、ユリシーズ・グラント将軍がここに本部を置いて西部への進軍を図った。北軍への軍需品支給の拠点ともなる。1960 年代末〜1970 年代初め、人種問題で多くの衝突が起きた。

カイロニア Khairónia ⇒カイロネイア Chaeronea

カイロネイア Chaeronea ［ギリシア語：Khairónia カイロニア］（ギリシア）

パルナッソス山の南東、レバディアの北北西 7km、*ボイオティア（Boeotia）の古代都市で古戦場。カイロネイアは要塞都市であることと、ボイオティアの北部平原への入り口を守る位置にあることから、軍事上の重要な拠点にあった。前 338 年、*マケドニア（Macedonia）のフィリッポス 2 世が*アテネ（Athens）と*テーベ[2]（Thebes）を破り、ここでギリシアに対してマケドニアの支配権が確定した。前 86 年、スーラ率いるローマ軍が*ポントス（Pontus）のミトリダテス 6 世を破った。

ガウアー Gower （ウェールズ）

ウェールズ南部、*スウォンジー[2]（Swansea）の西に位置する半島。スウォンジー湾とカマーザン湾に挟まれている。数多くの洞窟には旧石器時代と青銅器時代の遺跡が見られる。風光明媚で知られ、半島は自然景勝地区に指定されている。

カウアイ Kauai ［旧名：Kaieiewaho］（合衆国）

*ハワイ（Hawaii）北西部、*オアフ（Oahu）島北西にある島。死火山で形成され、地質学的にはハワイ諸島最古の島である。ポリネシア人がこの地に上陸したのは 1000 年ほど前と思われる。独立国だったが、1778 年に初めてのヨーロッパ人ジェイムズ・クックが上陸し、1810 年にハワイ王国の一部となる。1835 年には、ハワイ初の大規模な農業開発が試みられ、砂糖プランテーションが設立された。主な町はリフエ。

カウエン Kauen ⇒カウナス Kaunas

ガウガメラ Gaugamela （イラク）

*ニネベ（Nineveh）の北東 30km、アルベラ〔現在の*イルビル（Erbil）〕の西 51km に位置する村。前 331 年に*マケドニア（Macedonia）のアレクサンドロス大王がダリウス 3 世の*ペルシア[1]（Persia）を破った地。このガウガメラの戦いはアルベラの戦いとも呼ばれる。

カウ・コモンズ Cow Commons ⇒サマービル Somerville

カウディネ山道 Caudine Forks（イタリア）
　古代*サムニウム（Samnium）の山道で、古戦場。*カプア²（Capua）とベネベント（Benevento）の間の道で、現在のカンパニア州ベネベント県のモンテサルキオから近い。第2次サムニウム戦争中の前321年、ガイウス・ポンティウス率いるサムニウム人がスプリウス・ポストゥミウスとウェトゥリウス・カルウィヌスの二人の執政官の指揮するローマ軍を相手に大勝利を収めた。

カウナス Kaunas ［独：Kauen カウエン；ポーランド語：Kowno；ロシア語：Kovno］（リトアニア）
首都*ビリニュス（Vilnius）の西北西88kmにあるリトアニアの都市。1030年に要塞として建設された。ドイツ騎士団に対するリトアニアの拠点として争奪戦が繰り広げられ、1410年騎士団の敗北後、商業が発達した。1795年*ポーランド（Poland）の割譲の際に*ロシア（Russia）領となる。第1次世界大戦では、ロシアの強固な防備にもかかわらずドイツ軍に占領された。ビリニュスがポーランド、次いでロシアに占領されていた1918〜1940年まで、リトアニアの暫定首都だった。第2次世界大戦中1941〜1944年までドイツ軍に占領され、撤退前に大部分を破壊された。14、15世紀の城跡、1400年のビタウタス教会、16世紀の市庁舎、17世紀の有名な修道院がある。

ガウハーティ Gauhati ⇒ グワーハーティ Guwāhāti

カウパング Kaupang（ノルウェー）
　ノルウェー南部、オスロフィヨルドの入り口の西側に位置する、ベストフォルドの古代バイキングの交易都市と遺跡。発掘により、小規模ながら豊かなバイキングの交易都市の遺跡が発見された。9世紀に繁栄したが、*ヘゼビュー（Hedeby）のようには発展しなかった。*北海¹（North Sea）交易の市場の役割が、*イングランド（England）の*ヨーク¹（York）や*アイルランド（Ireland）の*ダブリン（Dublin）にあるバイキングの集落にとって代わられたためである。

カウフボイレン Kaufbeuren（ドイツ）
　*ミュンヘン（Munich）の南西88kmに位置する*バイエルン（Bavaria）の都市。800年頃に創設され、1220年頃に勅許を与えられた。1286〜1803年までは帝国自由都市で、その後バイエルンに委譲された。中世の要塞跡や15、16世紀の教会が遺る。1497年に始まった子ども祭が毎年開かれている。

カウペンズ Cowpens（合衆国）
　*サウスカロライナ（South Carolina）州北の州境に近い*スパータンバーグ（Spartanburg）の東北東13kmの町で、国立公園。アメリカ独立戦争中、1781年1月17日、ダニエル・モーガン将軍の指揮するアメリカ軍がバナスター・タールトン大佐の率いるイギリス軍をこの町で破り、サウスカロライナでのコーンウォリスの作戦行動に打撃を与えた。

ガウル〔ゴール〕 Gaur（インド）
　西ベンガル州の廃都。ヒンドゥー王国の古代*ベンガル（Bengal）の首都。1200年頃、イスラーム教徒に占領され、16世紀末に放棄されるまでイスラーム教徒の文化の拠点となる。1537〜1537年にはアフガンの王シェール・シャーにより包囲され焼

き討ちされた。1530年にムハンマドのものとされる遺骨のある場所に建てられたカダム・ラスール・モスクは現在も信仰の場となっている。最も保存状態の良いのがバーラー・ソーナ・モスクとゴールデン・モスク。

カウロニア Caulonia（イタリア）

イタリア南西部、*カラブリア（Calabria）州*レッジョ・ディ・カラブリア（Reggio di Calabria）県のスティロ岬にあった*マグナ・グラエキア（Magna Graecia）の古代都市。現在のカウロニアの東北東15kmの位置にあった。前7世紀、ギリシア人が*クロトーネ（Crotone）の植民地として建設し、しだいに重要都市となった。*エペイロス（Epirus）の王ピュロス（在位前306頃〜前272）が侵攻した際、カンパニア軍に占領された。前215年にはハンニバルの支配下に入った。ハンニバルの支援を受けて、第2次ポエニ戦争では、前209年にローマの包囲戦に堪え忍んだ。古代ギリシアの要塞と神殿が2カ所から発掘されている。
⇒ カルタゴ2 Carthage

カウンシル・ヒル Council Hill ⇒カウンシル・ブラフス Council Bluffs

カウンシル・ブラフス Council Bluffs [旧名：Council Hill カウンシル・ヒル, Kanesville ケインズビル, Miller's Hollow ミラーズ・ホロー]（合衆国）

*アイオワ（Iowa）州南西部の都市。*ミズーリ川（Missouri River）に臨み、対岸は*ネブラスカ（Nebraska）州*オマハ（Omaha）。1804年、ルイス・クラーク探検隊とインディアンが協議を行なった場所であり、1846〜1852年にモルモン教徒が定住。1849〜1850年のゴールドラッシュの期

間には生活物資の重要な供給地となった。1859年、エイブラハム・リンカーンが訪れて、ユニオン・パシフィック鉄道の起点に決定し、鉄道を開設したG・M・ドッジ将軍はここに住んだ。

カエサラ・アウグスタ Caesarea Augusta ⇒サラゴサ Saragossa

カエサリア・パレスチナ Caesarea Palestina [Caesarea, Caesaria Maritima, Caesarea Maritima, Qisaraya, Qisarya, Kaisariy]（イスラエル）

イスラエル中北部、*地中海（Mediterranean Sea）に臨む*パレスチナ（Palestine）の古代都市で港湾都市。*ハイファ（Haifa）の南35kmに位置する。前104年、マカベア家に占領された。前22〜前10年にヘロデ王により建設され、首都となった。ヘロデ王はかつて《ストラトーンの塔》の名で知られたフェニキア人の要塞都市があった場所を海軍基地として使用。初期キリスト教にとって重要な町で、ペテロ、十二使徒のピリポ、パウロのゆかりの地。パウロはここに幽閉されたのち、*ローマ（Rome）に送られ裁判にかけられる。歴史家ヨセフスによると、西暦66年の事件がユダヤ人の反乱を引き起こしたという。135年のバル・コクバの乱のあと、*ユダヤ1（Judaea）の10人の指導者がここでローマ人に殺害された。*エルサレム（Jerusalem）破壊後、カエサリアはローマ属州パレスチナの首都となり、*ビザンツ帝国（Byzantine Empire）の支配下でパレスチナ・プリマの首都。十字軍時代には防御を固めたが、1265年、ついに*マムルーク帝国（Mamluk Empire）に襲撃された。1950年代末、遺跡発掘によって、劇場、水道、神殿、港湾設備、十字軍の要塞が発見された。

カエサレア¹ Caesarea（アルジェリア）⇒シェルシェル Cherchell

カエサレア² Caesarea（イングランド）⇒ジャージー¹ Jersey

カエサレア・アド・アナザルブム Caesarea ad Anazarbum ⇒アナザルベ Anazarbe

カエサレア・アンティオキア Caesarea Antiochia ⇒アンティオケ Antioch

カエサレア・マザカ Caesarea Mazaca ⇒カイセリ Kayseri

カエサロドゥヌム Caesarodunum ⇒トゥール² Tours

カエサロブリガ Caesarobriga ⇒タラベラ・デ・ラ・レイナ Talavera de la Reina

カエサロマグス¹ Caesaromagus（イングランド）⇒チェルムズフォード Chelmsford

カエサロマグス² Caesaromagus（フランス）⇒ボーベー Beauvais

カエセナ Caesena ⇒チェゼーナ Cesena

ガエトゥリア Gaetulia
　*ニジェール川（Niger River）とエチオピアの国境まで広がる北アフリカの古代地域。*ローマ（Rome）では*ローマ帝国（Roman Empire）の一部と見なしていた。ローマの文献にはガエトゥリアにはオーレス山地とアトラス山脈の南斜面の遊牧民が見られると記載されている。この民族はヌミディア人かベルベル人で、前111～前106年のユグルタ王の戦争では、ユグルタ側についてローマと戦い、その後、カエサ

ルと手を結んでユバ1世と戦った。前25年、アウグストゥスは暴徒を抑えるためにガエトゥリアの一部をユバ2世に割譲した。

カエリウスの丘 Caelian Hill ⇒ローマ七丘 Rome, the Seven Hills of

カエル・セイント Caer Seint ⇒カーナーボン Caernarvon

カエルバルズィン Caerfyrddin ⇒カーマーゼン Carmarthen

カエレ Caere ⇒チェルベーテリ Cerveteri

ガオ Gao ⇒マリ Mari, マリ帝国 Mali Empire

カオシュン　Kao-hsiung　[Gao-xiong]　[旧日本名：Takao/Takow 高雄]（台湾）
　台湾の南西海岸にある屈指の港湾都市。15世紀に*フーチエン〔福建〕（Fujian）省からの中国人が定住し、1624～1660年までオランダ人が入植した。1895～1945年までは*日本（Japan）の占領下におかれ、生産拠点かつ原材料と食料を日本に供給する港として重要な役割を果たす。第2次世界大戦前から戦争中、日本の東南アジアと太平洋侵攻作戦の主要拠点であった。1945年に中国人の統治下に入った。

カオラン〔皋蘭〕Kaolan ⇒ランチョウ〔蘭州〕Lanzhou

カオール Cahors [古代：Cadurcum カドゥルクム, Divona ディウォナ]（フランス）
　フランス中南部、ロト県の県都。*トゥールーズ（Toulouse）の北96kmにあるロト川に臨む。カドゥルキー族の中心都市で、ローマ人にはディウォナと呼ばれ、

リンネル布で有名だった。中世初期には西ゴート人とイスラーム教徒に占領された。*ケルシー（Quercy）の首都となり、のちには中世ヨーロッパの金融の中心地となる。1316年からフランス革命まで司教領となった。ローマ教皇ヨハネス22世はカオールの出身で、1322年に故郷に大学を設立した。中世の城塞の遺跡が今も見られる。

カガヤン Cagayan （フィリピン）

*ルソン（Luzon）島北東部の州。州都はトゥゲガラオ。1572～1581年にスペイン人が探検。17世紀には反スペインの暴動が何度もここで起こった。1901年9月、カガヤン州で民主的行政の体制が敷かれた。第2次世界大戦中の1941～1945年、*日本（Japan）軍に占領される。

下関 （か かん） ⇒ ターリー〔大理〕Dali

カカンボナ Kakambona [Kakumbona] （ソロモン諸島）

マタニコ川西方、*ガダルカナル島（Guadalcanal Island）の北西に位置する戦場跡。第2次世界大戦中、1942年8月と10月に激戦が繰り広げられた。1943年1月にアメリカ軍が奪回した。

カキサルミ Käkisalmi ⇒ プリオゼルスク Priozersk

カキナダ Kakinada [旧名：Cocanada コカナダ] （インド）

インド南東部、*チェンナイ（Chennai）の北北東480km、*アンドラ・プラデシュ（Andhra Pradesh）州のベンガル湾を臨む都市。ゴダバリ川三角州地帯の沈泥が深刻化するまでは、重要な港だった。ジャガンナータプラム南部の郊外にはオランダの貿易の拠点があったが、1825年にイギリスに割譲された。

カーキンティロッホ Kirkintilloch [ゲール語：Caerpentulach]（スコットランド）

スコットランド中西部、イースト・ダンバートンシャー郡（カウンシル・エリア）の町。*グラスゴー（Glasgow）の北東11kmに位置する。142年に建設されたローマのアントニヌスの防壁の一部である砦があった。13世紀初め頃に勅許を受けて男爵領の町になった。

カークウォール Kirkwall （スコットランド）

*オークニー諸島（Orkney Islands）のメインランド島北海岸にある、諸島の行政府所在地。北部交易路の港として古くから人が住み、1046年には記録に登場している。1263年の*ラーグズ（Largs）の戦い後、ノルウェー王のホーコン4世が死去した土地である。1486年に王の勅許を受けた。1127年に一部が建設された聖マグナス大聖堂は、古代スカンジナビア人が建てた唯一のノルマン様式の教会と考えられている。

岳州 （がくしゅう） Yuezhou ⇒ ユエヤン〔岳陽〕Yueyang

カークーブリ Kirkcudbright [旧名：Kilcudbrit；ゲール語：Cil Cudbert]（スコットランド）

スコットランド南西部ダンフリーズ・アンド・ガロウェイ郡（カウンシル・エリア）の町。もともとはピクト人が住んでいたが、その後はローマ人、ブリトン人、アイルランドのスコット族、アングル族、古代スカンジナビア人に支配を受けた。修道院や城の廃墟が遺る。1300年にイングランド人に奪われ、1455年に勅許を受ける。名前の由来は、*リンディスファーン（Lindisfarne）から運ばれてきた聖カスバートの遺体が数年間この地にとどまっていたためといわ

れる。古代の壁や濠の遺跡、現在は廃墟となっている1582年建造のマクレラン城と3世紀の教会、16世紀の裁判所が遺る。裁判所は、この土地出身のアメリカ海軍将校ジョン・ポール・ジョーンズが自衛のために乗組員の一人を殺した罪で投獄されていた場所で、彼はのちに脱獄しアメリカ植民地に渡った。

岳陽 ⇒ ユエヤン〔岳陽〕Yueyang（中国）

嘉興 ⇒ チヤシン〔嘉興〕Jiaxing（中国）

鹿児島 Kagoshima〔Kagosima〕（日本）

*九州（Kyūshū）の南部に位置する、*薩摩（Satsuma）半島の鹿児島湾を臨む都市。長年、半島を支配してきた有力な島津家の拠点として重要な場所だった。1867年の王政復古にともなって始まった日本の西欧化に反対し、1877年に西郷隆盛がこの地を本拠にして西南戦争を起こしたが、政府軍に制圧され、鹿児島は破壊された。1549年にはイエズス会宣教師のフランシスコ・ザビエルがこの地に上陸し、2年間日本に滞在し布教に努めた。第2次世界大戦中には、爆撃により大きな被害を受けた。1961年以来、鹿児島県内にはロケット打ち上げ施設が設置されている。大寺院西本願寺の鹿児島別院がある。明治維新の立役者である大久保利通（1830年生）、西南戦争を鎮圧した将軍大山巌（1842年生）、1904～1905年の日露戦争でロシア海軍を破った海軍の英雄東郷平八郎（1847年生）の生まれ故郷。

カーコーディ Kirkcaldy〔ラング・トゥーン Lang Toun〕（スコットランド）

スコットランド東部、フォース湾に臨むファイフ郡の港町。最初に記録に現われたのは1240年頃で、15、16世紀には交易が栄えた。1650年に王国で6番目の町となるが、1707年の連合法によるイングランドとの合併、ジャコバイトの乱、イギリスのアメリカ植民地喪失などでしばらく衰退し、19世紀初頭に再生した。アダム・スミスはこの地で生まれ、カーライルやエドワード・アービングはここで教鞭をとった。歴史的なフランドル様式の建築物の並ぶ地区で、北東のパットヘッドにはスコットの『最後の吟遊詩人の歌』のバラッド「ロザベル」にうたわれた「レイブンズヒューク城」のモデル、レイブンズクレイグ城の跡がある。
⇒ファイフ Fife

カーゴン Khargon〔Khargone〕（インド）

インド中部、*インドール（Indore）の南西104kmの町。ムガル時代の重要な町で、古い要塞、墓、宮殿が遺る。

ガザ Gaza〔アラビア語：Ghazzah, Ghazze, Ghuzzeh〕（パレスチナ）

パレスチナの南西端*ガザ地区（Gaza Strip）の港湾都市で、商業と行政の中心地。*エルサレム（Jerusalem）の南西80kmに位置する。ヘロデ大王が建設した都市で、1917～1948年まではイギリスの委任統治領下のパレスチナに属し、1949～1967年まではエジプト領だったが、1956～1957年までは短期間ながらイスラエル領だった。1967年以降、イスラエルが占領しているが、国連の運営するパレスチナ難民キャンプが数多く見られる。

古代のガザの所在地については議論があるが、エジプトの駐屯地であり、*フィリスティア（Philistia）の5都の一つだった。聖書ではサムソンが神殿を倒壊させた場所とされる。前322年、アレクサンドロス大王に占領される。マカベア戦争では要地となった。

カサグランデ遺跡国定公園 Casa Grande Ruins National Monument (合衆国)

*アリゾナ (Arizona) 州南部、*フェニックス (Phoenix) の南東70kmにある有史前の史跡。カサグランデは14世紀に建設された4階建ての豪壮な住宅で、アリゾナに遺るホホカム・インディアン文化を伝える数多くの史跡の中でも最大で最も保存状態の良い遺跡。ホホカム文化は12～15世紀に複雑で洗練された文化レベルに達している。

カサス・グランデス Casas Grandes (メキシコ)

メキシコ北部、*チワワ (Chihuahua) 州*シウダード・フアレス (Ciudad Juárez) の南西210kmに位置する町。1050年頃に建設されて1340年に焼失したコロンブス到達以前の時代の大きな町の跡地に、1662年、スペイン人が入植して建設。発掘されていない家屋の中には西暦700年頃のものもある。町の遺跡は16世紀の探検家フランシスコ・デ・イバラがパキメと命名した。

ガザ地区 Gaza Strip (パレスチナ)

*シナイ半島 (Sinai Peninsula) 北東の*地中海 (Mediterranean Sea) 沿岸に延びる細長い地域。1948年のアラブ・イスラエル戦争後、*エジプト (Egypt) に占領された。1967年の六日戦争では、*イスラエル (Israel) が占領した。人口密度が高く、多くが難民キャンプで生活を続けており、パレスチナの政情不安の原因にもなった。1987年、抵抗運動(インティファーダ)が始まり、ガザの住民とイスラエル当局との衝突が繰り返された。1993年、イスラエルとパレスチナ解放機構 (PLO) がガザ地区でのパレスチナ人の限定的ながら自治を認める協定を結んだ。*ウェスト・バンク〔ヨルダン川西岸地区〕(West Bank) の一部と共にガザ地区はパレスチナ自治政府により統治されているが、イスラエル人の居留地はイスラエルが管理している。2005年2月、イスラエル政府は2005年の夏の間にガザ地区からの撤退を決め、すべてのイスラエル人を引き上げさせることにしたが、今もなお反対勢力との対立があり、状況は深刻である。

カサトカ Kasatka [日本：Toshimoe 年萌] (ロシア)

千島列島南部、択捉島東岸の港。1945年までは日本領。ここから出航した日本の艦隊が、1941年12月7日に*真珠湾 (Pearl Harbor) を攻撃した。

カザフスタン Kazakhstan [旧名：Kazakh Soviet Socialist Republic カザフ・ソビエト社会主義共和国, Kirghiz/Qirghiz キルギズ]

北は*ロシア (Russia)、東は*中国 (China)、南は*キルギス (Kyrgyz)、*ウズベキスタン (Uzbekistan)、*トルクメニスタン (Turkmenistan)、西は*カスピ海 (Caspian Sea) と接する独立共和国。最初に住んでいたトルコ系の部族が13世紀にモンゴル人の支配下に入ると、人々が定住し始め、*黄金軍団 (Golden Horde, Khanate of) に支配されるようになった。1730～1853年まで徐々にロシアに征服された。西洋式の国家は、1917年のロシア革命時に発展した。1920年以後自治共和国となるが、1936年にソビエト連邦の一員となる。1960年代初頭、カザフスタンの一部は、ソビエト処女地農業開発プログラムの一環として大々的に開発された。

1991年にソビエトからの独立を宣言し、独立国家共同体に加盟した。初代大統領ヌルスルタン・ナザルバエフは、一連の市場改革に着手した。1994年、*アメリカ (USA) はカザフスタンがソビエト時代の大量破壊兵器を取り除き破壊する手助

けをすることに同意した。1994年改革法案に対する議会の反対を受けて、ナザルバエフ大統領は議会を解散し、独裁により統治し、権力を固めた。1996年カザフスタンは、ロシア、キルギス、*ベラルーシ（Belarus）と経済条約を結んだ。1997年、首都が*アルマトイ（Almaty）から、より国の中心に位置する*アスタナ（Astana）に移される。2003年、カザフスタン、ベラルーシ、ロシア、*ウクライナ（Ukraine）は、統一経済圏を形成する協定に署名した。

カザフ・ソビエト社会主義共和国 Kazakh Soviet Socialist Republic ⇒ カザフスタン Kazakhstan

カサブランカ Casablanca ［アラビア語：Dar el Beida ダール・アル・バイダ；旧名：Anfa アンファ］（モロッコ）

モロッコ北西部、カサブランカ地方の港湾都市。*タンジール（Tangier）の南西290km、大西洋に臨む。1468年、ポルトガル人に滅ぼされた町アンファのあった場所に建設され、1515年には暫定的ながら住人が現われ、1757年にムハンマド14世が完全に復興した。20世紀初期、フランス占領下で大規模な都市開発が行なわれた。第2次世界大戦中の1942年11月、連合軍による北アフリカ上陸の大規模な3度の作戦のうちの一つが実行された。1943年1月14日～26日まで、ローズベルト大統領とウィンストン・チャーチル首相がここで会談し、和平にはドイツの無条件降伏しかありえないことを確認した。世界最大級の人口港をもち、世界最長の光塔（ミナレット）（210メートル）がそびえ世界第2位の大きさのモスクであるハッサン2世のモスクがある。

ガザラ Gazala ［El Gazala エル・ガザラ］（リビア）

*トブルク（Tobruk）の西、*地中海（Mediterranean Sea）に臨むデルナ県の村。第2次世界大戦中は枢軸国の物資補給拠点で、連合軍の北アフリカ侵攻後の1942年前半はイギリス軍の防衛線にもなった。

カサール・ノーボ Casal Novo （ポルトガル）

ポルトガル中部、ベイラ・リトラル州*コインブラ（Coimbra）の南に位置する村で古戦場。ナポレオン戦争中、イベリア半島方面作戦を展開していた際の1811年3月14日、ネイ元帥率いるフランス軍の後衛とウェリントン率いるイギリス軍の前衛がここで戦闘を開始した。決着はつかなかったが、フランス軍はカサール・ノーボを撤退せざるを得なくなった。
⇒ コンデイシャ Condeixa

カザルマジョーレ Casalmaggiore （イタリア）

イタリア北部、*ロンバルディア（Lombardy）州クレモナ県の町で古戦場。*クレモナ（Cremona）の東南東35km、*ポー川（Po River）に臨む。1448年、ベネツィア人がここでフランチェスコ・スフォルツァに敗れた。
⇒ ベネツィア Venice

カザーレ・モンフェッラート Casale Monferrato ［旧名：Bodincomagus ボディンコマグス］（イタリア）

イタリア北部*ピエモンテ（Piedmont）州アレッサンドリア県の町*アレッサンドリア（Alessandria）の北北西30kmに位置し、*ポー川（Po River）に臨む。8世紀に古代ボディンコマグスの跡地に建設され、1435年、モンフェッラート侯爵領の首都となった。*マントバ（Mantua）、*サボワ（Savoy）、*フランス（France）、ピエモンテの間で幾度も支配者が代わり、1860年に

イタリア王国に併合された。ロマネスク様式の大聖堂と15世紀の要塞が貴重な史跡。

カザン Kazan [Kasan]（ロシア）

ロシア西部、*ボルガ川（Volga River）の支流沿いにある、*タタールスタン（Tatarstan）の首都。*ゴーリキー（Gorki）の東320km、ボルガ川が南に進路を変える中流に位置する。9世紀から存在する最初の都市は現在地より45km上流にあったが、14世紀末に現在地の河口に移された。15世紀に*黄金軍団（Golden Horde, Khanate of）が分裂すると、1445年にカザン・ハン国の首都となるが、1552年雷帝イワン4世に略奪される。18世紀にはロシアの植民地政策の東方基地となるが、1773～1774年のプガチョフの大農民反乱で襲撃を受け、焼き払われたのち、女帝エカテリーナによって再建された。トルストイ、バラキレフ、レーニンが、1804年創立のこの地の大学で学んでいる。75メートルのスュユンビケ塔のあるタタールの要塞上に築かれたクレムリンや、古くからの多様な建築物が数多く遺る。

カザン峡谷 Cazane Defile [Kazán]（ルーマニア、セルビア）

*トランシルバニア・アルプス（Transylvanian Alps）の*ドナウ川（Danube River）流域の峡谷。ルーマニア西部、セルビア東部、オルショバの南西に位置する。1892年、オーストリアがトルコを破った場所。ドナウ川流域でも屈指の景勝地。

カザンラク Kazanlŭk [Kazanlik]（ブルガリア）

ブルガリア中部、ハスコボ州の都市。州都*スターラ・ザゴラ（Stara Zagora）の北西27kmに位置する町で考古学的遺跡。バラの精油の精製で知られる古代の手工業の中心地で、17世紀にトルコの統治下で発展した。郊外には、無名のトラキア人の統治者が埋葬された、前4世紀～前3世紀の石造りの上部がドーム型の蜂窩状墳墓があり、精巧な壁画が遺る。ロシア・トルコ戦争中の1878年1月7日、ロシア軍に占領された。

火山列島 Kazan-Retto ⇒硫黄列島 Volcano Islands

カーシー Kasi ⇒バラーナーシー〔ワーラーナシー〕Varanasi

カシア Kasia [クシーナガル Kushinagar/Kusinagar]（インド）

ゴラクプールの東54kmにある村の聖地。西1.6kmの位置には、仏陀が入滅し荼毘に付された地として有名なクシナガラがあり、古代の仏教徒の巡礼地であった。グプタ朝時代の320～350年頃につくられた、大きな涅槃仏の像が遺る。

カシアス Caxias ⇒ドゥケ・デ・カシアス Duque de Caxias

カシェル Cashel [ゲール語：Caiseal カイシール]（アイルランド）

*ティペラリー（Tipperary）の東北東19km、ティペラリー州の町。4世紀から*マンスター（Munster）王国の城砦となり、*スカンジナビア（Scandinavia）からの侵入者を撃退した。450年、聖パトリックによって司教座がおかれた。1171年、マンスター王がここでイングランド王ヘンリ2世に降伏した。《カシェルの岩》と呼ばれる遺跡には、崩れた要塞、戴冠式が行なわれた古代の建物、聖パトリック大聖堂、円塔、城が見られる。その下の方には1272年に建立されたシトー会の修道院と13世紀の

ドミニコ修道会の教会がある。

カシカス・デ・ハグア Cacicazgo de Jagua ⇒ シエンフエゴス Cienfuegos

カシーナ Cascina（イタリア）

イタリア中部、*トスカナ（Tuscany）州ピサ県の町で古戦場。*ピサ²（Pisa）の東南東 13km、*アルノ川（Arno River）に臨む。ローマ教皇派と神聖ローマ帝国皇帝派が長期にわたって戦う中で、ピサ人を破ったフィレンツェ人が 1364 年にカシーナを襲撃して略奪。

カシヌム Casinum ⇒カッシーノ Cassino

橿原 Kashihara［Kashiwara］（日本）
かしはら

*大阪（Ōsaka）の南東 32km に位置する古都。先史時代から文化的に重要な土地で、日本でも有数の考古学的遺跡である。日本初代の天皇である神武帝が、この地の宮殿で即位したといわれている。宮殿跡には 1890 年神社が創建された。神武帝をはじめ、初期の天皇の墓や、藤原京跡がある。

ガジプル Ghazipur（インド）

*ウッタル・プラデシュ（Uttar Pradesh）州の都市。*バラーナーシ（Varanasi）の北東 80km に位置する。イギリス領インドの総督コーンウォリスがここで死亡し埋葬されている。

カシミール Kashmir（インドおよびパキスタン）

北は*中国（China）と*アフガニスタン（Afghanistan）と接する古代からの地方および藩王国。1949 年に割譲されて、インドの*ジャンム（Jammu）・カシミール州、北部はパキスタン領となった。カシミールは*ムガル帝国（Mogul Empire）の一部で、西方の美しい谷は歴代皇帝に保養地として愛された。その後アフガンの、さらにのちにはシク教徒の支配下に入った。長い間インドとパキスタンで争われてきた地域で、1965 年と 1971 年に国境紛争が起きている。1980 年代後半、独立支持の活動家やパキスタンとの合併を望む者が加わり、イスラーム教徒のインド人支配への抵抗運動が激化した。1987 年の不正選挙によって暴力に火がつき、カシミール議会は延期され、1990 年大統領の直接統治を課せられた。1995 年に選挙を行なう計画は、*スリナガル（Srinagar）の重要なイスラーム教寺院や周辺の町への放火と暴動に伴い破棄された。1999 年 5 月には再び戦争となり、インドが空爆を行なったのち、パキスタンからの侵攻に対して地上戦を開始した。両国で多数の犠牲を出したあと、1999 年 7 月半ばに休戦の合意に至った。カシミールの 1953 年以前の自治を回復する法律や、インドとイスラーム教徒活動家との交渉は、2000 年までしか続かなかった。2002 年のカシミールのゲリラ攻撃により、インドとパキスタンの国境紛争に火がつきかけたが、10 月には正当な選挙が行なわれ、分離主義者との交渉を支持する新政府が樹立された。2005 年の大地震はパキスタンのこの地域を揺るがし、7 万人以上の死者を出した。

カシミール・サウス Kashmir South ⇒スリナガル Srinagar

カシミール砦 Fort Casimir ⇒デラウェア² Delaware, ニュー・キャッスル¹ New Castle（合衆国）

カシモフ Kasimov［旧名：Gorodets Meshcherskii ゴロデツ・メシチェルスキー］（ロシア）

ロシア西部、*リャザン（Riazan）の東北東

120km、オカ川に臨む町。1152年に建設され、1393年に*モスクワ（Moscow）領となる。1457年に勅許を与えられ命名されて以来タタールの都市として重要視され、1667年までタタールの国の首都であった。ミナレットや王の霊廟など、タタール統治時代の記念建造物が遺っている。

カシャ Kassa ⇒コシツェ Kosice

カシャウ Kaschau ⇒コシツェ Kosice

カシュガル〔喀什〕 Kashgar〔Kashi, Ka-Shih, K'a-shih, Ko-Shih, K'o-Shih, Shi-Fu, Shufu, Shu-fu, Su-Fu〕（中国）

タリム盆地の西端、カシュガル川沿いの*シンチヤン〔新疆〕ウイグル〔維吾爾〕（Xinjiang Uygur）自治区南西部の都市。いくつもの大きな交易ルートが交差する地点に位置し、商業の中心地として歴史的に重要だった。前3世紀に岳池族が居住するようになり、漢王朝（前202～後220）時代の中国の支配を受けた。ローマ帝国時代にはローマ人もこの地で交易を行なっている。7世紀後半～8世紀初頭にかけては唐王朝（618～907）の中国が支配した。テュルク系ウイグル族が制圧し、750～840年まで首都とした。当時はマニ教の中心地であった。1275年にはマルコ・ポーロが訪れている。モンゴルの統治下では、中国と中央アジアとの交易がかつてないほど繁栄した。14世紀後半、ティムールに敗北し、1644～1911年まで清朝の支配を受け、1760年に完全に中国領となった。イスラーム教徒の反乱が繰り返され、ロシアの影響も見られる。

カシュノック Cushnoc ⇒オーガスタ² Augusta

カシーラ Kashira（ロシア）

*モスクワ（Moscow）の南南東104km、オカ川右岸の町。17世紀イワン大帝時代に、要塞として建設された。第2次世界大戦中は、モスクワの戦いでドイツ軍の攻撃に耐えたが、1941年に激戦が繰り広げられた。

カシリヌム Casilinum ⇒カプア¹ Capua

カスカスキア Kaskaskia（合衆国）

チェスターの西10km、カスカスキア川と*ミシシッピ川（Mississippi River）の合流地点に近い*イリノイ（Illinois）州の遺跡で、ミシシッピ川に浮かぶ島内の村。1703年にイエズス会の宣教師によって建設され、地元のインディアンにちなんで名づけられた、アメリカ西部初の町である。フランスの交易拠点として、また農業開拓地として栄えた。1721年、フランスが砦を建設したが、1763年に町を占拠したイギリス軍に破壊された。1778年、ジョージ・ロジャーズ・クラークが制圧してアメリカの手中に収める。1809～1818年までイリノイ準州の都、1818～1820年までは州の州都となる。1844年以降、ミシシッピ川の流れが徐々に変わり氾濫が続き、19世紀末に町は実質的に消滅した。近隣には古い土塁などが遺る、カスカスキア砦州立公園がある。

ガスコーニュ Gascony〔旧名：Wasconia ワスコニア；仏：Gascogne；ラテン語：Vasconial ワスコニアル〕（フランス）

フランス南西部の地域。本来は*アキテーヌ（Aquitaine）の一部で、北はギュイエンヌ、東はラングドック、南東はフォア、南は*ピレネー山脈（Pyrenees）、西は大西洋に囲まれた地域。6世紀、ピレネー山脈を越えてローマ人の領土に侵攻したバスク人が住

みつき、ワスコニアと呼ばれたが、結局メロビング王家の領地と認められた。シャルルマーニュ〔カール〕大帝がガスコーニュ人と戦い、819年に降伏させた。その後、カロリング王家がガスコーニュ公国を設立。しかし、11世紀までガスコーニュはアキテーヌに属していた。その頃までにアキテーヌ王国は幾つかの地域へと分裂を始めていて、ガスコーニュ公国はその一つだった。950年までには*ポワティエ（Poitiers）伯領に吸収。1151年、アキテーヌのアリエノールがのちに*イングランド（England）のヘンリ2世となる*アンジュー（Anjou）のアンリと結婚。領地はフランス王からイングランド王の手に渡り、イングランドのプランタジネット家がガスコーニュと関わりを持つことになった。イングランドもフランスも共に要塞と交易所を兼ねた要塞都市を国境に配した。1294～1303年までの間、両国は国境沿いで勝敗のつかない戦争を始め、1337年には百年戦争へと突入し、フランス王フィリップはイングランド王エドワード3世に対しガスコーニュの領有権の無効を宣言。百年戦争では戦場の中心となった。1451年、戦争が終局を迎え、イングランド軍が撤退した。
⇒ フランク王国 Frankish Empire

ガスコーニュ湾 Golfe de Gascogne ⇒ ビスケー湾 Biscay, Bay of

カズダー Kazdağı ⇒ イダ山² Ida, Moun

ガスタイン Gastein ⇒ バート・ガスタイン Bad Gastein

カスタージャ Castalla（スペイン）
スペイン南東部、アリカンテ県の都市で古戦場。アルコイの南西231kmに位置す

る。ナポレオン戦争でイベリア半島方面作戦中、1812年7月21日にオドンネル将軍率いるスペイン軍がドロール大佐指揮下のフランス軍がここで敗れた。この敗北により、ムルシア軍は何カ月も動きがとれなくなった。1813年4月13日、サー・ジョン・マレー中将指揮する連合軍がシュシェ元帥のフランス軍をここで破り、シュシェはウェリントンの攻撃に歯止めをかけられなくなった。史跡としては11世紀の城壁に囲まれた城、16世紀のカトリック教会、17世紀の庁舎がある。

カスタフ Kastav［伊：Castua］（スロベニア）
クロアチアの*リエカ（Rijeka）の西北西10km、アドリア海に近いスロベニア南西部の小村。古代*リブルニア（Liburnia）の首都で、ローマ時代の遺跡が遺る。

カスタモヌ Kastamonu［Kastamuni］［古代：Castamon カスタモン］（トルコ）
トルコ中北部の都市で、カスタモヌ県の県都。アンカラの北北東176kmに位置し、*ユーフラテス川（Euphrates Rive）に向かう幹線道路上にあり、ビザンツ帝国の重要な町で、11世紀後半にセルジューク・トルコに制圧され、その後は敵対する首長間の係争の地となり、1393年*オスマン帝国（Ottoman Empire）領となる。ビザンツの要塞の廃墟、モスク、16世紀のバザールや貧困者収容所が遺る。

カスタモン Castamon ⇒ カスタモヌ Kastamonu

カスティジェホス Castillejos（モロッコ）
モロッコ北部、*地中海（Mediterranean Sea）に臨むイェバラ地域の町で古戦場。*セウタ（Ceuta）の南南西6kmに位置する。スペイン・モロッコ戦争中の1860年1月1

日フアン・プリム将軍のスペイン軍がムーア人を破り、*テトゥアン（Tétouan）への道を切り開いた。

カスディム Kasddim ⇒カルデア Chaldea

カスティヨン Castillon ［カスティヨン - ラ - バタイユ Castillon-la-Bataille］［旧名：Castillon-et-Capitourlan カスティヨン - エ - カピトゥルラン］（フランス）

フランス南西部ジロンド県、*ドルドーニュ（Dordogne）川河畔の町で古戦場。*ボルドー（Bordeaux）の東 42km に位置する。百年戦争の最後の戦いが 1453 年 7 月 17 日にここで行なわれ、*シュルーズベリー（Shrewsbury）伯率いるイングランド軍がジャン・ビュロー率いるフランスのカスティヨン包囲軍を攻撃し、大敗を喫した。主にフランスが大砲の使い方に秀でていたための敗北だった。イングランド王の領地だった*ガスコーニュ（Gascony）が今や無防備な状態になっていたので、ボルドーが陥落するともう敗戦が決まった。

カスティヨン - エ - カピトゥルラン Castillon-et-Capitourlan ⇒カスティヨン Castillon

カスティヨン - ラ - バタイユ Castillon-la-Bataille ⇒カスティヨン Castillon

カスティリア Castile ［スペイン語：Castilla］（スペイン）

スペイン中北部にあった古代の王国。首都は*ブルゴス（Burgos）。10 世紀、*レオン³（León）国王に仕えていたフェルナン・ゴンサレスによってカスティリアの伯領が統合された。自治権をある程度与えられ、11 世紀にはムーア人の領地へと拡大を始め、ついには*トレド¹（Toledo）王国

を併合。1029 年、カスティリアは*ナバラ（Navarre）のサンチョ 3 世（大王）に支配されたが、のちに再びレオン王の配下に入った。1188 年、アルフォンソ 8 世のもとでレオン王国を支配し、両国は 1230 年にフェルナンド 3 世のもとで統合され、ムーア人には一致団結して立ち向かった。13 世紀半ばには遙か南の*アンダルシア（Andalusia）まで征服して、スペイン全土を支配下においたに等しくなった。近代スペインは、カスティリアがナバラの一部を吸収し、*アラゴン（Aragon）と統合してのち完成した。

カスティリオーネ・デッレ・スティビエーレ Castiglione Delle Stiviere （イタリア）

イタリア北部、*ロンバルディア（Lombardy）南東の*マントバ（Mantua）県の町で古戦場。フランス革命戦争中の 1796 年 8 月 5 日、ナポレオン率いるフランス軍がフォン・ブルムゼー指揮下のオーストリア軍を破った。オーストリアがこの町を占領して二日後のことだった。1 週間で 1 万 5 千人以上の犠牲者を出し、ブルムゼーはチロルへと退却した。
⇒ブレシア〔ブレッシャ〕Brescia

カステッランマーレ・ディ・スタビア Castellamare di Stabia ［古代：Stabiae スタビアエ］（イタリア）

ナポリ湾東端の沿岸にある*カンパニア（Campania）州の古代の港町。*ナポリ（Naples）の南東 26km に位置する。前 90 年、《同盟市戦争》で*ローマ（Rome）への反乱に加わり、前 89 年にスラ将軍に占領され略奪された。のちに富裕層の贅沢な別荘が建ち並ぶ地域になった。西暦 79 年、*ヘルクラネウム（Herculaneum）とポンペイが埋没したベスビオ山の大噴火で町は倒壊した。553 年、ビザンツの将軍ナルセスとゴート

人のテイアスがこの町で戦い、東ゴート人のイタリア支配が終わった。フランス革命の戦時中、1799年にイギリスとナポリの連合軍がここでフランスに敗れた。

カステーリャ・デ・ラ・クエスタ Castilleja de la Cuesta（スペイン）

スペイン南西部、*セビリア（Seville）の西5kmに位置するセビリア県の町。古代イベリア人とローマ人の町があった場所に建設され、遺跡が今も遺っている。征服者のエルナン・コルテスは1547年にこの町で死去した。

カステリョン・デ・ラ・プラナ Castellón de la Plana（スペイン）

*地中海（Mediterranean Sea）から近い*バレンシア[1]（Valencia）の北北東64km、カステリョン県の県都。1233年、*アラゴン（Aragon）のハイメ1世がムーア人と戦って占領。1833年に県都となった。

カステル・ガンドルフォ Castel Gandolfo（イタリア）

*ラツィオ〔ラティウム〕（Latium）州ローマ県にあるアルバーノ湖畔の町。*ローマ（Rome）の南東21kmに位置する。ローマ教皇の避暑地。17世紀、教皇ウルバヌス8世が宮殿を建て、*バチカン（Vatican）の一部として治外法権の特権を獲得。宮殿の向かいには17世紀にベルニーニが設計したビラノバの聖トマス教会がある。

カステル・サン・ジョバンニ Castel San Giovanni（イタリア）

イタリア北部、ピアチェンツァ県の町で古戦場。*ピアチェンツァ（Piacenza）の西24kmに位置する。フランス革命戦争中の1799年、オーストリアとロシアの連合軍がフランス軍をこの町で破った。

カステル・サン・ピエトロ Castel San Pietro ⇒ カッシーノ Cassino

カステルノーダリー Castelnaudary（フランス）

フランス南部、オード県の町で古戦場。*カルカソンヌ（Carcassonne）の西北西35kmに位置する。1632年9月1日、ルイ13世が逆臣のモンモランシー公爵とガストン・ドルレアンをここで破った。

カステルフィダルド Castelfidardo（イタリア）

イタリア中東部、アンコーナ県の県都*アンコーナ（Ancona）の南18kmに位置する町で古戦場。イタリアの統一を目指す紛争中、1860年9月18日、エンリコ・チアルディーニ将軍指揮下のピエモンテ住人がクリストフ・ラモリシエール将軍率いるローマ教皇軍をこの町で破り、その後、南進してガリバルディと合流した。

カステロ・ブランコ Castelo Branco（ポルトガル）

ポルトガル中東部、*スペイン（Spain）と接するカステロ・ブランコ県の県都。*リスボン（Lisbon）の北東190kmに位置する。1209年、テンプル騎士団によって国境の駐屯地として建設されたため、たびたび攻撃を受けた。1807年、ナポレオン戦争中のイベリア半島方面作戦の際に、フランス軍によって猛攻撃を受け、町は荒廃した。

ガズデン購入地 Gadsden Purchase（合衆国）

アメリカが*メキシコ（Mexico）から買い取った7万8000平方キロメートルの領土。ヒラ川の南に位置し、現在の*ニューメキシコ（New Mexico）州と*アリゾナ（Arizona）州にまたがる。1853年にメキシコ駐在公使で鉄道建設を推進していたジェイムズ・

ガズデンが交渉にあたり、1千万ドルで購入。これによりアメリカは太平洋沿岸まで南へと鉄道を通ることが可能になった。ガズデンはメキシコ大統領サンタ・アナと契約交渉を行ない、1854年6月30日に議会に承認された。メキシコ国内には売却に反対する動きもあり、1855年にサンタ・アナの追放を招く引き金の一つとなった。

カスドゥ Kasdu ⇒カルデア Chaldea

カストゥロ Castulo ［近代：Cazlona カスローナ］（スペイン）

スペイン南部、*アンダルシア（Andalusia）州*ハエン（Jaén）県*リナレス（Linares）の北3km、グアダルキビール川に臨む町で古戦場。附近に銀鉱と鉛鉱があったためローマ時代は重要な町で、第2次ポエニ戦争中の前208年、スキピオ・アフリカヌス率いるローマ軍がカルタゴ軍を破った時の戦地となった。

カストラ・アラマノルム Castra Alamannorum ⇒チュービンゲン Tübingen

カストラ・アルビエンシウム Castra Albiensium ⇒カストル Castres

カストラ・デワナ Castra Devana ⇒チェスター[1] Chester（イングランド）

カストラ・バタワ Castra Batava ⇒パッサウ Passau

カストラ・ボネンシア Castra Bonnensia ⇒ボン Bonn

カストラ・レギオニス Castra Legionis ⇒カーリオン Caerleon

カストラ・レギナ Castra Regina ⇒レーゲンスブルク Regensburg

カストリア Kastoria ［Kastorià］［古代：Celetrum ケレトロン；トルコ語：Kesrieh, Kesriyeh］（ギリシア）

ギリシア北部*テッサロニキ（Thessaloníki）の西144km、*マケドニア（Macedonia）西部の町。前200年にローマ人に占拠され、のちにユスティニアノポリスと改名された。1083年、ノルマン人傭兵ロベルト・グイスカルドが*ビザンツ帝国（Byzantine Empire）の小アングロ・サクソンの駐屯部隊から奪った。13世紀には*ニカイア[2]（Nicaea）帝国のビザンツ皇帝が争って手に入れようとしたが、1331～1380年はセルビアに、1385～1912年はトルコの支配を受けた。17世紀には、ユダヤ人が始めた毛皮取引所が繁栄した。ビザンツ時代や中世の教会が多数保存されており、フレスコ画やバシリカ建築の研究拠点となっている。

カストリカム Castricum ［Kastrikum］（オランダ）

*アムステルダム（Amsterdam）の北西26km、*ノルトホラント（North Holland）州の村。フランス革命戦争中の1799年、フランス軍がこの村でイギリス軍を破った。

カストリーズ Castries ⇒セント・ルシア Saint Lucia

カストリモエニウム Castrimoenium ⇒マリノ Marino

カストル Castres ［古代：Castra Albiensium カストラ・アルビエンシウム］（フランス）

フランス南部、タルヌ県の都市で古代

ローマの駐屯地。＊アルビ（Albi）の南38km、アグー川に臨む。7世紀にベネディクト会の修道院が建設されてから繁栄。16世紀、宗教改革が起こると、歴史学者のいう《プロテスタント社会》となった。1629年、ルイ13世により征服された。ルイ14世の治世、1648年にカストルにアカデミーが設立されると、羊毛と毛皮の取引が復活。当時の建物が数多く遺っている。

カストルム・アド・コンフルエンテス Castrum ad Confluentes ⇒コブレンツ Koblenz

カストルム・カシヌム Castrum Casinum ⇒カッシーノ Cassino

カストルム・テメシエンシス Castrum Temesiensis ⇒ティミショアラ Timişoara

カストルム・パレンダラ Castrum Palendara ⇒クラヨーバ Craiova

カストロ・ウルディアレス Castro Urdiales （スペイン）

スペイン北部、＊ビスケー湾（Biscay, Bay of）に臨む港町で古代の町。カンタブリア州の北部サンタンデール市の東南東48kmに位置する。古代ローマの植民地があった地域で、中世には＊フランドル〔フランダース〕（Flanders）との交易が活発な港町だった。ナポレオン戦争でイベリア半島方面作戦中の1813年、フランス軍に町は破壊されたが、その後、再建されている。

ガーズドン Garsdon ⇒マームズベリー Malmesbury

ガズニー Ghazni （アフガニスタン）

＊カブール（Kabul）の南西150kmの都市。7世紀にはアジアでも屈指の大都市として繁栄した。トルコ系のガズナ朝の治世、962～1155年に全盛期を迎えた。マフムードがここに豪奢なモスクを建設。1173年、＊ゴール[2]（Ghor）朝に襲撃され、1221年にチンギス・ハンの息子オゴタイに滅ぼされた。1737年、新たなアフガニスタン王国に併合される。アフガン戦争中の1839年と1842年にはイギリスに占領された。市外にあったマフムードの霊廟と二つの高い石柱は破壊を免れた。

カスバ・タドラ Kasba Tadla （モロッコ）

＊カサブランカ（Casablanca）の南東168kmに位置する、ウム・エル・ルビア川上流の町。17世紀後半にベルベル人の要塞として建設され、モロッコでも屈指の堂々たる城砦（カスバ）を誇る。1913年フランス軍に占領され、1914～1933年まで中アトラス山脈征服の本拠地となる。

カスピアン峠 Caspian Gates ⇒デルベント Derbent

カスピ海 Caspian Sea （ロシア、アゼルバイジャン、カザフスタン、トルクメニスタン、イラン）

世界最大の湖。ヨーロッパ大陸でもっとも標高が低い場所。ヨーロッパとアジアを結ぶ交易路となっている。＊ボルガ川（Volga River）がカスピ海北端の＊アストラハン（Astrakhan）で三角州へと注いでいる。古代にはスキタイ人とサルマティア人が住んでいたが、カスピ海周辺地域には多くの民族が集まり、やがて＊ローマ帝国（Roman Empire）全土にそれが広がっていく。この地にあった強大なイスラーム帝国が＊モンゴル帝国（Mongol Empires）に粉砕された。＊黄金軍団（Golden Horde, Khanate

of) に支配され、のちにカスピ海地域は
ロシアとペルシアの紛争の場となる。南
岸を除きロシアに征服され、カスピ海は
20世紀ソビエト連邦のオイル産出の中心
となった。ソ連が崩壊し、カスピ海は厖
大な原油と天然ガスの埋蔵量を抱え、民
主主義と独裁者による支配とイスラーム
の反撥とが同居するソビエト以後の混乱
した政治情勢の中で一触即発になりかね
ない事態に陥っている。またカスピ海は、
後退する海岸線、塩水の濃度上昇、産業
による汚染といった環境問題にも直面し
ている。

ガズビーン Kasvin [Kazvin, Qazvin]（イラン）

イラン北部、テヘラン州の都市。*テヘラ
ン（Teheran）の北西144kmに位置する。4
世紀に*ペルシア[1]（Persia）王シャープー
ル2世によって建設され、644年にアラ
ブ人に占領された。近隣の要塞が1090年
に奪われ、ハサニ・サッバーフによって
イスマイール派暗殺教団の本拠地とされ
た。市内の美しい建築物の多くは、ペル
シアの首都だった1548～1598年に建設
されたもの。1722年に*アフガニスタン
（Afghanistan）に制圧され、第1次世界大戦
中には*ロシア（Russia）軍に占領された。
第2次世界大戦中にはソ連軍の爆撃を受
け、一時的に占領された。

カスペ Caspe（スペイン）

スペイン北東部、*エブロ川（Ebro River）に
臨むアラゴン州の町。*サラゴサ（Saragossa）
の南東88kmに位置する。1412年、スペ
インの議会が《カスペの妥協》を決議し、
レオン[3]（Léon）と*カスティリア（Castile）
のフェルナンドを王位に就かせることで
アラゴンの継承問題の解決を図った。ス
ペイン内戦の1936～1938年までカスペ
は激戦地となった。

⇒ アラゴン Aragon

ガスペ半島 Gaspé Peninsula（カナダ）

カナダ、*ケベック[2]（Quebec）州南東部の
半島。*ケベック[1]（Quebec）市の北東に
位置するセント・ローレンス湾へと東に
240km伸びている。1534年にフランスの
探検家ジャック・カルティエが半島に上
陸した。現在、720kmに及ぶ沿岸には漁
村が点在し、観光地として有名。

ガスリー Guthrie（合衆国）

アメリカ中南部、*オクラホマ（Oklahoma）
州ローガン郡の郡庁所在地。*オクラホマ・
シティ（Oklahoma City）の北45kmに位置
する。1889年、農業と製油の拠点となる。
1890～1907年までオクラホマ準州の州都
となり、準州が州になると1910年まで州
都だった。

カスル・エル・ケビール Kasr el Kebir ⇒ ア
ルカセルキビール Alcazarquivir

カースルタウン Castletown（イングランド）

*マン島（Man, Isle of）の町。カースルタウ
ン湾に臨む*ダグラス[1]（Douglas）の南西
15kmに位置する。町の中心にある要塞の
ラシェン城は10世紀にデーン人のゴドレ
ッドによって建設されたと言われている
が、実際には14世紀の建築物のようであ
る。18世紀までマン島の支配者らの居地
となっていた。1862年まで議会はマン島
で開かれていたが、その後はダグラスに
移された。

カースルトン・オブ・ブレーマー Castleton
of Braemar ⇒ ブレーマー Braemar

カースルバー Castlebar [ゲール語：Caisleán an Bharraigh カイスラーン・アン・バーハ]（アイルランド）

アイルランド西部、メイヨー州の町で古戦場。*ダブリン（Dublin）の西北西224km に位置し、カースルバー湖に臨む。1641年のアイルランド反乱が始まると、サー・ヘンリ・ビンガム率いるイングランド軍が*メイヨー（Mayo）伯指揮下のアイルランド同盟軍にこの町で屈した。フランス革命戦争中の1798年、J・R・M・ハンバート将軍率いるフランスとアイルランドの連合軍がイギリス軍をここで破った。史跡としてはノルマン様式の城がある。

カースル・ボウルトン Castle Bolton（イングランド）

イングランド北東部、ノース・ヨークシャー州の村。*ダーリントン¹（Darlington）の南西34km に位置する。1568～1569年まで、スコットランド女王メアリがここの14世紀の城に幽閉された。

カスローナ Cazlona ⇒**カストゥロ Castulo**

カーセージ Carthage（合衆国）

*ミズーリ（Missouri）州の都市で古戦場。ジョプリンの北東21km、スプリング川に臨む。1842年に設立され、南北戦争時代には境界をめぐる戦闘での中心地となり、1863年、南軍の襲撃によって壊滅状態にされたが、戦後すぐに再建。

カセリーヌ Kasserine [Al-Kasrayn, Al-Qasrayn]（チュニジア）

チュニジア中西部の町。*チュニス（Tunis）の南西208km、カセリーヌ峠は第2次世界大戦中、初めてドイツ軍とアメリカ軍が戦闘した場所で、1943年2月19日早く

にエルウィン・ロンメル将軍率いるドイツ軍の手に落ちたが、のちに連合軍が奪還した。

カゼルタ Caserta [旧名：Caserta Vecchia カゼルタ・ベッキア , La Torre ラ・トッレ]（イタリア）

*カンパニア（Campania）州*ナポリ（Naples）の北北東26km、カゼルタ県の県都。9世紀、ロンバルディア人に建設され、1860年、ジュゼッペ・ガリバルディの義勇軍本部が置かれ、ナポレオンを破ったボルトゥルノの戦いの場となった〔⇒ボルトゥルノ川（Volturno River）〕。第2次世界大戦中は連合軍の本部がおかれ、1945年4月29日にイタリアのドイツ軍がここで降伏文書に署名。12世紀の大聖堂、スペイン王カルロス3世の建てた18世紀の宮殿がみられる。この宮殿はよく*ベルサイユ（Versailles）宮殿と比較される。

カゼルタ・ベッキア Caserta Vecchia ⇒**カゼルタ Caserta**

カセレス Cáceres [古代：Alkazares, Castra Caecilia, Norba Caesarina]（スペイン）

スペイン西部、エストレマドゥラ自治州カセレス県の県都。*マドリード（Madrid）の南西245km に位置する。ローマ人にはノルバ・カエサリナと呼ばれていた。9世紀から1229年までムーア人に支配され、その後、*レオン³（Léon）王国のアルフォンソ9世に占領された。ローマ時代の要塞、ムーア人支配時代の城壁、ゴシック様式のサン・マテオ教会などの遺跡、附近には大規模なローマ人の駐屯地跡が見られる。

⇒**ルシタニア Lusitania**

カセロス Caseros（アルゼンチン）

アルゼンチン中部、*ブエノスアイレス

(Buenos Aires) の西に位置する郊外で古戦場。1852年2月3日、アルゼンチンの独裁者フアン・マヌエル・デ・ロサスがここで*ブラジル（Brazil）とアルゼンチンの複数の州の連合軍に敗れ、亡命した。

カゼンベ Kazembe（コンゴ, ザンビア）

最盛期には現在のコンゴの*カタンガ（Katanga）〔旧名シャバ〕県とザンビア北部全域を支配していた国。1700年頃に、*ルンダランド（Lundaland）西部からの探検隊が創設した。ルンダランドの王カゼンベ2世（在位1740頃〜60）は、大部分の地域を征服し、交易と貢納の組織を打ち立てた。その孫（在位1805〜50）はポルトガル人との交易を奨励し、一帯をアフリカ中部国家とポルトガルやアフリカ東海岸のアラブ諸国との交易中心地とした。内戦や東部からの侵略により、1850〜1890年の間に崩壊した。

カソンゴ Kasongo（コンゴ）

ブカブの南西320kmに位置する、マニエマ州の町。北東11kmにある伝道所は、アラブの奴隷貿易用の砦の上に築かれた。

カーソン・シティ Carson City（合衆国）

*ネバダ（Nevada）州の州都。タホー湖から近い*リノ（Reno）の南48kmに位置する。1858年に建設され、開拓者キット・カーソンにちなんで命名され、1864年にネバダ州の州都となる。間もなくモルモン教徒が住むようになった。カリフォルニアへと荷馬車が通る街道上にあり、1859年に附近で銀鉱が発見されると経済が刺激された。1870〜1893年まで造幣局が置かれた。1969年、カーソン・シティはオームスバイ郡と合併し、378平方キロメートルの自治体が誕生した。

⇒ コムストック鉱床 Comstock Lode, バー

ジニア・シティ[2] Virginia City

カーゾン線 Curzon Line（ポーランド、ベラルーシ、ウクライナ）

ポーランドとソ連の間の国境線で、*グロドノ（Grodno）から南に延びて*ブレスト-リトフスク（Brest-Litovsk）を通り、ブーグ川に沿ってソカルに至り、そこから西に延び、南下して*プシェミシル（Przemyśl）を過ぎて*カルパティア山脈（Carpathian Mountains）に至る。この国境線は1919〜1920年のポーランド・ロシア戦争中にイギリス外相のカーゾン卿が提案。1945年の*ヤルタ（Yalta）会談以降に守られることになる。

ガーダー Garðar ⇒イガリク Igaliko

カダサ Cadasa〔Qadas〕（レバノン）

レバノン南部、*カナン[1]（Canaan）北部にあった古代の村。*テュロス[1]（Tyre）の南東約40kmに位置した。西暦66〜70年までのローマとの戦争でユダヤ人の襲撃を受けた。

カタサリオン Catasarion ⇒カタンザーロ Catanzaro

カタック Cuttack（インド）

インド東部、*オリッサ（Orissa）州の都市。*コルカタ（Kolkata）の南西350km、マハナディ川に臨む。13世紀、ガンガ朝のアナンガビーマ・デーバ3世により建設された。1568年、アフガニスタン人に占領され、*ムガル帝国（Mogul Empire）とマラータ族の支配下ではオリッサの首都とされた。1803年にはイギリスに占領される。史跡としては17世紀の宮殿と数カ所に寺院がある。現在のカタックは商業中心地で、米と黄麻で知られ、大学も多い。

カタナ Catana ⇒**カターニア Catania**

カターニア Catania [古代：Aetna アエトナ, Catana カタナ, Catina カティナ]（イタリア）
*シチリア（Sicily）島東岸の港湾都市で、カターニア県の県都。*エトナ山（Etna, Mount）の麓、*パレルモ（Palermo）の南東160km に位置する。前 729 年、古代ギリシアのカルキスが築いた植民地で、現在の場所より 80km ほど北にあった。前 5 世紀、*シラクサ（Syracuse）の暴君ヒエロン 1 世に征服され、アエトナと改名された。前 263 年、ローマに屈し、さらにビザンツ人、アラブ人、ノルマン人に次々に占領された。中世後期にシチリア島を支配していたホーエンシュタウフェン家のドイツ皇帝に 2 度略奪された。16 世紀と 17 世紀にはエトナ山の噴火や海賊の襲撃など何度も災難に見舞われた。1676 年、カターニア沖合でデュケーヌの率いるフランス軍がオランダとスペインの艦隊を破った。第 2 次世界大戦ではドイツを防御する地点にあっため、1943 年 7 月と 8 月には連合軍の猛攻撃を受けた。古代ギリシア・ローマの遺跡が数多く残っている。ノルマン様式の要素を取り入れて 18 世紀に修復された大聖堂には、ここで生まれた作曲家ヴィンチェンツォ・ベッリーニが埋葬されている。

カタバトムス・マグナ Catabathmus Magna ⇒**サルーム Salûm**

カタラウヌム〔シャロン〕平原 Catalaunian Plains [古代：Campi Catalauni カンピ・カタラウニ]（フランス）
フランス中部、*シャンパーニュ（Champagne）地方オーブ県*トロワ（Troyes）の北の古戦場。451 年、アエティウス将軍率いるローマ人と西ゴート人がアッティラ王の率い

るフン族をここで破り、*ガリア（Gallia）の破壊に歯止めをかけた。

カタラクイ Cataraqui ⇒**キングストン[1] Kingston**（カナダ）

ガダラ〔ゲラサ〕Gadara [アラビア語：Umm Kais/Umm Qays ウンム・カイス]（ヨルダン）
*パレスチナ（Palestine）の古代都市。*十都市連合〔デカポリス〕（Decapolis）の一つ。*アンマン（Amman）の北 80km に位置する。前 218 年に*シリア[2]（Syria）の王アンティオコス 3 世に占領されたのが最も古い記録で、前 200 年頃にはアレクサンドロス・ヤンナイオスに 10 カ月間包囲された。のちにポンペイウスにより再建され、前 30 年にはアウグストゥスからヘロデ大王に献上された。ヘロデ大王が没すると、ガダラはシリアと統合された。現在、彫刻を施した石棺が収められた墓、二つの劇場、神殿、浴場の遺跡が見られる。

カタール Qatar [Katar]
*ペルシア湾（Persian Gulf）に臨むアラビア半島の首長国。首都はドーハ（旧称はビダ）。1783 年にペルシア人に侵略され、1871 年には*オスマン帝国（Ottoman Empire）軍に占領され、第 1 次世界大戦まで支配を受けた。1971 年に独立するまで*イギリス（United Kingdom）との条約関係を維持した。1972 年、首長のアフマド・イブン・アリ・アル・サーニーがいとこのハリーファ・イブン・ハーマド・アル・サーニーによって退位させられる。1986 年、ハワール諸島と*ペルシア湾（Persian Gulf）のガス田をめぐって*バーレーン（Bahrain）と、1992 年には国境をめぐって*サウジアラビア（Saudi Arabia）と武力衝突があった。1991 年の湾岸戦争では、多国籍軍がカタール領内に配置された。イラク

側についたパレスチナ解放機構（PLO）への報復として、パレスチナ人がカタールから追放されたが、戦後、パレスチナとの関係は通常に戻った。湾岸戦争後、*アメリカ（USA）と防衛条約を結ぶ。1995年、首長が息子で後継者のハマド・ビン・ハリーファ・アル・サーニーによって退位させられる。

ハマドは報道検閲をゆるめイランやイスラエルとの関係改善に努めた。1996年、アルジャジーラのニュース局がカタールに設立され、アラブ世界の報道の自由の推進力となっている。ハマドは国家政府を民主化し、選挙を実施した。2003年、首長の承認下で大部分が選挙によって選ばれた諮問評議会に立法権を付与する憲法が国民投票によって承認された。また、女性にも選挙権・被選挙権が与えられた。憲法は2004年に施行された。2001年後半以来、カタール中南部にあるアル・ウデイド航空基地がアメリカ軍に使用されており、2003年のイラク侵攻に先駆けて、アメリカ中央軍が前線本部を設立した。

ガダルカナル島 Guadalcanal Island（ソロモン諸島）

南西太平洋の火山島。*ニュー・ジョージア（New Georgia）の南東160kmに位置する。1788年、イギリスの航海者が訪れ、1860年以降からヨーロッパ人の商人が入植し、1893年にイギリスの保護領となる。第2次世界大戦中の1942年に*日本（Japan）に占領される。1942年8月7日、日本軍が建設した飛行場をアメリカ空軍が占領し、11月13日まで続くガダルカナルの戦いが始まった。激戦地だったヘンダーソン基地は、現在国際空港になっている。

カタルーニャ Cataluña/Catalunya ⇒カタロニア Catalonia

カダルール Kudalur [Cuddalore]（インド）

インド南東部、*ポンディシェリー（Pondicherry）の南29km、*コロマンデル海岸（Coromandel Coast）にある*タミル・ナードゥ（Tamil Nadu）州の町および古戦場。1748年6月28日、インドにおけるフランス軍とイギリス軍の最初の戦いが起こり、イギリスがフランスを撃退した。第2次*マイソール（Mysore）戦争中の1783年6月13日、イギリスはティプー・スルタンとビュシー・カステルノー侯爵率いるマイソールとフランス軍を駆逐するのに失敗した。1683年にイギリス東インド会社ができたあとで建てられたセント・デイビッド砦の一部が遺っている。

カタロニア Catalonia [スペイン語：Cataluña/Catalunya カタルーニャ]（スペイン）

スペイン北東部、現在の*バルセロナ（Barcelona）、*レリダ（Lérida）、*ヘローナ（Gerona）、*タラゴナ（Tarragona）の4県を含む地域。5世紀にゴート人に占領され、712年にはムーア人に支配された。795年、シャルルマーニュ〔カール大帝〕がカタロニアを征服し、9世紀にはフランク族の独立公国となり、首都をバルセロナにおいた。1137年、*アラゴン（Aragon）と合併し、13～14世紀は*ピレネー山脈（Pyrenees）の北を領地とし、*地中海（Mediterranean Sea）西部の貿易を独占した。1469年、*カスティリア（Castile）の主導でスペインが統一されてからは、カタロニアの地位は下降していった。17世紀、カタロニアはフランス国王ルイ13世からの庇護を約束していたにもかかわらず、1714年にはフェリペ5世のスペインに完全に征服され、独立運動が起こった。19世になっても独立運動の動きは活発で、1931年には共和国を宣言した。しかし、スペイン内戦でフランコが勝利を収めて

からは鎮圧され、カタロニアは反フランコ体制の中核となった。1978年、スペインで民主主義憲法が採択されると、1980年にはカタロニアは独立を回復し、第1回目の議会選挙を行なった。カタロニアの民族運動は、カタロニアでもスペインでも国政選挙で大きな勢力となっている。

カタンガ Katanga ［旧名：1972～1997年：Shaba シャバ］（コンゴ）

コンゴ民主共和国最南端の銅資源の豊富な州。*アンゴラ[1]（Angola）、*ザンビア（Zambia）、*タンガニーカ湖（Tanganyika, Lake）と境界を接する。州都は*ルブンバシ（Lubumbashi）。17～19世紀まで、おおむね*ルバ帝国（Luba Empire）と*ルンダランド（Lundaland）によって支配された。19世紀後半には、現在の*タンザニア（Tanzania）から来たニャムウェジ族の交易商人ムシリが王国を興す。この王国は、ベルギー軍がムシリ王を殺害する1891年まで続き、ベルギー軍は1884～1960年まで支配した。コンゴ独立を機に、1960年7月、カタンガ州はベルギーの支援を受けて、カタンガ共和国としての分離・独立を宣言する。だが国連軍による緊張緩和の動きが効を奏したこともあり、1963年にモイーズ・チョンベ軍が敗走すると、分離独立運動は終息した。1966年、コンゴ政府は、州内で鉱業利権の大部分を掌握していたベルギー企業を国有化した。

カタンザーロ Catanzaro ［古代：Catasarion カタサリオン］（イタリア）

イタリア南部、*カラブリア（Calabria）州の州都でカタンザーロ県の県都。*ナポリ（Naples）の南東292kmに位置する。イオニア海を眺望する丘の上にあり、軍事上の要所にあり、10世紀にビザンツ人によって建設された。1059年、ノルマン人ロベール・ギスカールに占領され、続いてサラセン人、スイス人、ノルマン人、アンジューの住民にも屈した。1528年、フランス軍の4カ月の包囲戦に抵抗し、ナポレオン戦争と第2次世界大戦では重要な位置を占めた。1783年と1908年には大地震で損害を受けたが、その後は復旧した。ただし、多くの歴史ある教会と宮殿は破壊された。

河池 ⇒ ホーチー 〔河池〕 Hechi（中国）

カチェマク湾 Kachemak Bay（合衆国）

*アラスカ（Alaska）州中南部キーナイ半島南西のクック入り江にある。エスキモー文化の原型となる先史時代の文化が発展した土地で、3期に分類される。最古の文化は紀元前8世紀、最新は有史時代まで続いた。多種多様な狩猟と漁獲が可能だったため、沿岸部に集落ができた。集落跡からは、銅や石の道具、陶器、石や丸太の家、石の彫刻、岩絵、埋葬品や墓所が発見されている。

カチャバ Kaczawa ⇒ カッツバッハ Katzbach

カチン州 Kachin State ［カチン語：Jingphaw Mungdan］（ミャンマー）

*中国（China）と*アッサム（Assam）の境界に位置するミャンマー最北端の州。18世紀以降、中国の歴代政府が深い森と豊かなヒスイ鉱を有するこの広大な山岳地帯の所有権を主張してきた。ビルマ王の支配を受けたことはなく、イギリスに直接統治されていた。1947年の憲法により、イギリス統治下の二つの民政管区と北部のプーターオがカチン州となる。1948年のビルマ連邦の独立以来、反政府運動が続いている。

カツィナ Katsina（ナイジェリア）

*カノ（Kano）の北西 136km に位置する
州と州都。*ハウサランド（Hausaland）最
古かつ最大の古代の学問の中心地で、17、
18 世紀には人口 10 万人を誇った。1807
年にフラニ族のイスラーム教徒に制圧さ
れ、カノに遅れをとるようになった。

カッサーノ・ダッダ Cassano d'Adda（イタリア）

イタリア北部、*ロンバルディア（Lombardy）
州ミラノ県のアッダ川に臨む町で古戦
場。*ミラノ（Milan）の東 21km に位置する。
1259 年、教皇党員が皇帝党員を破った戦
いの戦場となった。スペイン継承戦争中、
1705 年 8 月 16 日、バンドーム公指揮下の
フランス軍が*サボワ（Savoy）のオイゲン
率いるオーストリア軍を破った。フラン
ス革命時、1799 年 4 月 27 日、アレクサン
ドル・スボーロフ元帥指揮下のオースト
リア・ロシア連合軍がジャン・モロー将
軍率いるフランス軍をここで破り、つい
でミラノを陥落させた。

カッサラー Kassala（スーダン）

スーダン東部、カッサラー州の州都。首
都*ハルツーム（Khartoum）の東 400km、
エチオピアとの国境近くに位置する。エ
ジプトのムハンマド・アリーの軍が、
1840 年スーダン征服中に野営地として築
いた。1885 〜 1894 年にはマフディー軍
に、1894 〜 1897 年にはイタリア軍に占領
された。1897 年*エジプト（Egypt）に戻さ
れ、その後*アングロエジプト・スーダン
（Anglo-Egyptian Sudan）領となった。

カッサンドレイア Cassandreia ⇒ポティダイア Potidaea

カッシア街道 Cassian Way［古代：Via Cassia ビア・カッシア］（イタリア）

*ローマ（Rome）から*フィレンツェ（Florence）
に至る古代ローマの街道。延長された道
路によって、*ルーナ（Luna）から近い*ア
ウレリア街道（Aurelian Way）ともつながっ
た。

カッシーノ Cassino［古代：Casinum カシヌム, Castel San Pietro カステル・サン・ピエトロ, Castrum Casinum カストルム・カシヌム；旧名：Eulogomenopolis エウロゴメノポリス, San Germano サン・ジェルマーノ］（イタリア）

*ラツィオ〔ラティウム〕（Latium）州フロ
ジノーネ県の町で古戦場。*フロジノーネ
（Frosinone）の東南東 36km に位置する。前
5 世紀、ウォルスキ族の町だったが、前
312 年に*ローマ（Rome）の領地となる。
中世、529 年にヌルシアの聖ベネディクト
ゥスによって、近郊のモンテ・カッシー
ノにベネディクト会の修道院が建てられ、
芸術と学問の中心地となった。9 世紀に築
造された城が 1139 年にシチリア人に包囲
されて占領され、のちにフランス人に破
壊された。1230 年、ローマ教皇グレゴリ
ウス 9 世と神聖ローマ帝国皇帝フリード
リヒ 2 世（大王）の和平協定がここで署
名された。

　ナポレオン戦争中、1815 年 3 月 15 日、
ジョアシャン・ミュラ指揮するフランス
軍がオーストリア軍にここで敗れた。第
2 次世界大戦中、《五一六高地》と呼ばれ
た軍事上の要所に立つ修道院は、ローマ
へとつながる連合国の道を阻むドイツの
《グスタフ・ライン》の一部となっていた。
1944 年 2 月〜 5 月までは激戦地となった。
この戦闘で町も修道院も破壊されたが、
その後、復興。

　大修道院は 3 度破壊されている。1 度目
は 580 年頃にロンバルディア人によって、

2度目は885年頃アラブ人によって、最後は1349年、大地震によってである。貴重な写本や聖ベネディクトゥスの墓、建立以来の塔は無事だった。古代ローマの遺跡としては円形劇場と墓所が遺っている。

カッセル¹ Cassel（フランス）

フランス北部、ノール県の村で古戦場。*サントメール（Saint-Omer）の東北東18kmに位置する。*フランドル〔フランダース〕（Flanders）の平原を見渡せる丘の上にあるため、ローマ軍の要塞となり、マリティーム・フランドルの旧首都ともなった。1328年、フランドルに侵攻していたフィリップ指揮下のフランス軍がここで勝利を収めた。オランダ戦争中の1677年、フランス軍がオレンジ公ウィリアムをここで破る。第1次世界大戦中、1814～1915年までフェルディナン・フォッシュ元帥の本部が置かれた。

カッセル² Kassel ［Cassel］［古代：Casle, Chassala, Chassela］（ドイツ）

*エルフルト（Erfurt）の西北西114km、フルダ川に臨む都市。最初に文献に登場したのは913年で、1198年に勅許を与えられた。*ヘッセン‐カッセル（Hesse-Kassel）方伯の居地で、のちに伯領の首都となる。七年戦争前の1752年から戦争中の1758年までフランスに占領され、アメリカ独立戦争時には植民地と戦うイギリス軍に傭兵を供給した。1807～1813年には*ウェストファリア（Westphalia）王国の首都で、プロイセンの州都となり、ドイツ皇帝の居地であり続けた。第2次世界大戦中はドイツ軍の航空機と戦艦製造の中心地だったため、歴史的な建造物が並ぶ美しい都市は爆撃によって文字通り破壊されたが、1945年以降大部分が修復された。

⇒プロイセン Prussia

カッダパー Kadapa ［旧名：Cuddapah］（インド）

インド南東部、*アンドラ・プラデシュ（Andhra Pradesh）州南部の都市。*チェンナイ（Chennai）の北西210kmに位置する。11～14世紀は*チョーラ（Chola）朝の支配下にあった。1565年、イスラーム教徒に征服され、1800年にはイギリスに支配された。

カッターロ Cattaro ⇒コトル Kotor

カッチ Kachchh ［Kachh, クッチ Kutch/Cutch］（インド）

インド西部、*グジャラート（Gujarat）州の地区で、*パキスタン（Pakistan）との国境にある。アラビア海沿岸の細長い肥沃な一帯以外は不毛の地である。14世紀には*ラージプターナ（Rajputana）のラージプート族の藩王国となる。ラージプターナは現在のインド北西部の*ラージャスタン（Rajasthan）州のあたりである。現在のパキスタンの州である*シンド（Sind）に何度も侵略された。1815年の条約により英国支配下に入る。1960年にグジャラート州の一部となる。北部には荒涼とした不毛の地、2万3,310平方キロメートルの塩の砂漠、カッチ湿地が広がる。1965年インドと*パキスタン（Pakistan）の間で、主に*カシミール（Kashmir）をめぐって国境紛争が勃発。翌年、両国は各軍を紛争前の位置まで撤退させることで合意した。

カッチ大湿原 Rann of Kachchh ［カッチ大平原 Rann of Kutch］（インド、パキスタン）

アラビア海に近いインドとパキスタンの国境にある塩類砂漠。1965年にはここでインドとパキスタンが戦った。この境界は長年の間、2国間の紛争の種となっている。

カッチ大平原 Rann of Kutch ⇒カッチ大湿原 Rann of Kachchh

ガッチナ Gatchina ［旧名：1923 ～ 1929 年：Trotskoye トロツコイ；1929 年まで：Khotchino コチノ；1929 ～ 1944 年：Krasnogvardeisk クラスノグバルジェイスク］（ロシア）

ロシア北西部、*サンクト・ペテルブルグ（Saint Petersburg）州の都市。サンクト・ペテルブルグの南南西 50km に位置する。1766 ～ 1781 年に建てられた王宮を中心に発展し、18 世紀にはパーベル 1 世が夏の居住地にした。19 世紀には皇帝らが好んで夏を過ごした。宮殿は第 2 次世界大戦で損傷したが、修復して博物館になっている。

カッツバッハ Katzbach ［ポーランド語：Kaczawa カチャバ］（ポーランド）

ポーランド南西部で*レグニツァ（Legnica）を越えて北東に流れる川。実際にはレグニツァの南 14km の*ブレムベルク（Bremberg）であったカッツバッハの戦いでは、1813 年 8 月 26 日、ブリュッヘル率いるプロイセン軍がジャック・エティエンヌ・マクドナル指揮のフランス軍に勝利を収めた。

カッバ Kabba （ナイジェリア）

ナイジェリア中南部、オッセ川近くのヨルバ丘陵にあるコギ州の町。19 世紀初頭の奴隷狩りや部族間の抗争によって人口が減少し、フラニ族の首長国である*ヌペ（Nupe）王国による支配が 1897 年*ビダ（Bida）でサー・ジョージ・ゴールディの王立ニジェール会社が勝利を収めるまで続いた。1900 年、イギリスの北部ナイジェリア保護領に併合された。

カッパドキア Cappadocia （トルコ）

トルコ中東部、*タウルス〔トロス〕山脈（Taurus Mountains）の北に広がる境界が不鮮明な広大な古代の地域。ヒッタイト人が支配したあと、*アッシリア（Assyria）の植民地となる。前 6 世紀、*ペルシア[1]（Persia）の太守領となり、アレクサンドロス大王が侵攻しても完全には征服できず、前 3 世紀には独立した王国へと発展する。その首都はマザカ、のちにカエサレア・マザカ、これは現在の*カイセリ（Kayseri）にあたる。ローマと手を結んで独立を保ったが、前 104 年に*ポントス（Pontus）のミトリダテス 6 世に侵略された。西暦 17 年、ローマの属州となり、11 世紀まで*ビザンツ帝国（Byzantine Empire）東部を守り砦となった。

⇒カネシュ Kanesh, ローマ帝国 Roman Empire

ガップ ⇒ ガプ〔ガップ〕Gap （フランス）

カッペル Kappel ［Kappel am Albis］（スイス）

*チューリッヒ（Zurich）の南 16km の村。1531 年 10 月 11 日、宗教改革者のツヴィングリはこの地で、チューリッヒ軍がカトリック諸州軍に敗北を喫した戦闘により戦死した。1531 年 11 月 23 日のカッペル協定により、この村の周辺地域はカトリック支持と決まった。

カーディガン Cardigan ［ウェールズ語：Aberteifi アバタイビ］（ウェールズ）

*スウォンジー[2]（Swansea）の北西 75km にあるセレディジョン州の町。カーディガン湾に近い。ノルマン人が征服を目的に建てた 12 世紀の城を中心に発達。1135 年、ウェールズ人がノルマン人に勝利を収めた。1176 年、リース卿の協賛で最初のアイステズボド（芸術祭）が開催され、3 万

人が集まった。数多くの古代の城址が発見されている。1854年、クリミア戦争で軽騎兵旅団の突撃の際にカーディガン卿が持ち込んだ大砲がこの町に展示されている。

カディシヤ **Kadisiya** ［カデシア Kadesia］［アラビア語：Al-Qādisīyah アル - カーディシーヤ］（イラク）

*バグダード（Baghdad）の南、ヒーラ近くの*ユーフラテス川（Euphrates River）流域に位置する、中世*ペルシア[1]（Persia）の古戦場。636年（637年とする説などもある）にカリフのウマル1世がこの地でササン朝ペルシアの最後の王ヤズダギルド3世を倒し、その後のアラブのペルシア征服を推し進めた。

カディス **Cádiz** ［古代：Gades ガデス, Gadeira ガデイラ, Gadir ガディル］（スペイン）

スペイン南西部、カディス県の県都で港湾都市。*ジブラルタル（Gibraltar）の北西93km、*アンダルシア（Andalusia）のカディス湾に臨む。前1100年頃にフェニキア人がガディルの名で建設し、前501年〜前3世紀までカルタゴに支配され、その後、第2次ポエニ戦争後にローマの傘下に入った。ガデスと名前を変え、5世紀まで繁栄したが、西ゴート人に破壊された。1262年、*カスティリア（Castile）のアルフォンソ10世がムーア人から奪取し、1492年のアメリカ大陸到達後は重要な貿易港となる。1587年、湾内のスペイン船がサー・フランシス・ドレイクによって焼き討ちされ、1596年には町の大部分がイギリスにより破壊された。1810〜1812年のナポレオン戦争中、フランスに占領されていなかった地域のスペインの首都となった。1812年、スペイン議会はこの都市で1820年の革命につながる自由主義憲法を起草した。19世紀、港湾都市としては衰退し、スペイン内戦ではすぐにフランコに屈した。イスラーム建築の屋敷、アルフォンソ10世時代に建てられた大聖堂、1682年に途中で絶筆となったムリリョの絵画が飾られているカプチン会の礼拝堂など見るべき建築がある。

カーディド **Caerdydd** ⇒**カーディフ** **Cardiff**

カティナ **Catina** ⇒**カターニア** **Catania**

ガーディナーズ島 **Gardiners Island**（合衆国）

*ニューヨーク（New York）州*ロング・アイランド海峡（Long Island Sound）の入り江になっているガーディナー湾内の島。*ニューヨーク市（New York City）の東185km、モントーク岬の北西に位置する。1639年、ライオン・ガーディナーにより買収され、ニューヨーク州で最初のイングランド人による入植地となった。島は現在もガーディナー家の私有財産。

カーディフ **Cardiff** ［旧名：Cayrdyf, Kairdif, Keyrdyf；ウェールズ語：Caerdydd カーディド］（ウェールズ）

ウェールズの首都。*ロンドン（London）の西210km、ブリストル海峡に臨む。ローマ時代には要塞があったが、入植は11世紀になってノルマン人が城を築いて以降のこと。1404年、ヘンリ4世に対する反乱の主導者でウェールズの国粋主義者オーウェン・グレンダウアーによりその城の一部が破壊された。1903年には世界最大の石炭輸出港となったが、20世紀の間に石炭産業が衰退。第2次世界大戦で甚大な被害を受けたが、1955年、ウェールズの首都となる。ローマ時代の要塞の遺跡がカーディフ城の外に見られる。20世紀末、経済は衰退を続け、産業もふる

わなくなっていったが、1990 年代にはカーディフ湾の再開発計画が実行されて臨海地区が再建され、ウェールズ文化の中心地であるとともに、政治と商業の中心となった。1996 年、サウス・グラモーガン州が廃止され、カーディフが中心地としての役割を担っている。

カーティヤワール Kathiawar [旧名：Saurashtra サウラシュトラ；ギリシア・ローマ時代：Saurastrene]（インド）

インド中西部、北はカッチ湿原、東は*アーメダバード（Ahmedabad）県、南と西はアラビア海と接する*グジャラート（Gujarat）州西部の半島。古く重要なヒンドゥー教宗派数派の本拠地で、紀元前 3000 年代からの集落の跡が見られる。紀元 1、2 世紀には地中海商人が訪れ、4、5 世紀には*グプタ朝（Gupta Empire）の支配を受けた。5世紀中頃に地元のバラビーを都とするマイトラカ朝がカーティヤワールを支配し、7 世紀以降はいくつかのラージプート族が住みついた。11 世紀にイスラーム教徒の侵攻が始まり、1570 年代に*ムガル帝国（Mogul Empire）に併合される。数百もの半封建的な後進国からなり、その多くが 1820 年以降、イギリスの傘下に入り、1924 年にインド西部諸国連合が成立した。

ガデイラ Gadeira ⇒ **カディス Cádiz**

ガディル Gadir ⇒ **カディス Cádiz**

カティン Katyn（ロシア）

*スモレンスク（Smolensk）の西 19km、ロシア中西部の村。第 2 次世界大戦中の 1941 年 8 月ドイツ軍はこの地を占領し、1943 年 4 月 14 日、近隣の森におよそ 4,250 人のポーランド人士官の遺体の埋葬地を見つけたと発表した。ナチスは、ソ連が 1940 年に殺害したポーランド兵だと告発した。ソ連は 1939 年に*ポーランド（Poland）に侵攻した際に、1 万～1 万 5 千人のポーランド兵を捕らえていたが、殺害を否定し、処刑したのはドイツ人だと主張した。それにもかかわらず、ソ連は国際赤十字による調査が入るのを拒絶した。この事件により、ソ連とロンドンに亡命中のポーランド政府との間の外交関係は断絶した。1951～1952 年に米国議会が調査を実施し、ソビエトに非があるとした。1990 年ソビエトは、スターリンに責任があることを認めた。

ガテ〔ガト〕Gath（イスラエル）

パレスチナ南部の古代都市。*アシュドッド（Ashdod）の東 20km、*ユダ（Judah）の国境に臨む*フィリスティア（Philistia）の 5 都の一つ。ゴリアテの生地であり、アナク人の居地、ダビデの逃亡地となる。のちに王となったダビデが身辺警備にあたらせたガテ人の出身地。

⇒ **フィリスティア Philistia**

カデシア Kadesia ⇒ **カディシヤ Kadisiya**

カデシュ¹ Kadesh（イスラエル）⇒ **カデシュ - バルネア Kadesh-Barnea**

カデシュ² Kadesh〔近代：Tell ân-Nebī Mend タル・アン - ナビ・ミンド〕（シリア）

シリア西部、*オロンテス川（Orontes River）沿岸の古代都市。*ホムス（Homs）の南西 24km に位置する。前 1470 年頃の*メギド（Megiddo）の戦いでは、シリアの反乱を率いていたカデシュの王子がトトメス 3 世に敗北を喫した。その後は前 1300 年頃にヒッタイトに征服されるまで、前哨地点として*エジプト（Egypt）の影響を受ける。前 1290 年頃にこの地でヒッタイトとエジ

プトが戦ったが決着がつかず、講和条約が結ばれた。この戦いについては、ラムセス2世が多くの記念碑に記している。⇒ヒッタイト帝国 Hittite Empire

カデシュ-バルネア Kadesh-Barnea［カデシュ Kadesh］［ヘブライ語：En-Mishpat エン-ミシュパト］（イスラエル）
聖書に登場するアマレク人の国の都市。ツィンの荒野の西のはずれ、*死海（Dead Sea）の南西に位置していたとされているが、所在地は不明。何度も聖書に登場し、とくに*エドム（Edom）との境界の地として知られる。イスラエル人は2度、この地に野営している。

ガデス Gades ⇒**カディス Cádiz**

カテナ Catenna ⇒**テネス Ténès**

カテリネンシュタット Katherinenstadt ⇒**マルクス Marks**

ガト ⇒**ガテ〔ガト〕Gath**（イスラエル）

カトウィツェ Katowice［独：Kattowitz］（ポーランド）
ポーランド南部、シロンスク県の県都。*クラクフ（Kraków）の西64kmに位置する。16世紀末に創設されたが、村の状態が長く続き、1865年に市として勅許を与えられた。第1次世界大戦後、*ドイツ（Germany）からポーランドに委譲される。第2次世界大戦中の1939年9月～1945年1月まで、ドイツ軍に占領された。鉱工業地帯における教育と文化の中心地である。

カトウェイク Katwijk［カトウェイク・アーン・ゼー Katwijk aan Zee］（オランダ）
*ライデン（Leiden）の北西8kmに位置す

るゾイトホラント州の町。1848年以来の海浜保養地で、1世紀のローマ人や7世紀のフランク人の集落跡がある。

カトウェイク・アーン・ゼー Katwijk aan Zee ⇒**カトウェイク Katwijk**

カドゥキョイ Kadiköy ⇒**カルケドン Chalcedon**

カドゥナ Kaduna（ナイジェリア）
ナイジェリア中北部、*カノ（Kano）の南西224km、カドゥナ川に臨むカドゥナ州の州都。1913～1917年にかけて政治の中心地として創設された。1966年1月、イボ族の軍事クーデターにより、北部州知事だった*ソコト（Sokoto）のスルタンのサー・アフマド・ベロが暗殺された場所である。その後1966～1970年のナイジェリア内戦へと発展した。

カトゥリアクム Catulliacum ⇒**サン-ドニ[1] Saint-Denis**

カドゥルクム Cadurcum ⇒**カオール Cahors**

カトゥンガ Katunga ⇒**オヨ Oyo**

カトクチン山 Catoctin Mountain（合衆国）
*メリーランド（Maryland）州の山で、ブルーリッジ山脈の東に延びた部分。「秘密の場所(シャングリラ)」、現在の*キャンプ・デイビッド（Camp David）のある山で、ローズベルト大統領の別荘があり、第2次世界大戦中は重要な会議の場となった。

カードストン Cardston（カナダ）
*アルバータ（Alberta）州の町。レスブリッジの南南西65kmに位置する。19世紀半ば、チャールズ・オラ・カードに率いられて*ユタ（Utah）州から北モルモン教徒が建設し

た町で、カナダで中心となるモルモン教
の神殿がある。
⇒ソルト・レーク・シティ Salt Lake City

カトナ Qatna [Katna] [現代：Al-Mashrafah アル -
マシュラファ, El-Meshrife, El-Michirfe エル - ミシ
ュリフェ, Mecherfe/Mishrifeh/Mushrife ミシュリフ
ェ] (シリア)
シリア中部の古代都市。*ホムス (Homs)
の北東 160km に位置する。前 1000 年代
に繁栄した。シュメールの女神ニン - エ -
ガルを祀った神殿があり、1924 〜 1929 年
に発掘が行なわれた。エジプト王アメン
エムハト 2 世 (在位前 1929 〜前 1895) の
娘イタが奉献した石のスフィンクスと、
ミュケーナイ産の土器から、海外交易が
あったことがわかる。前 1375 年にヒッタ
イト王シュッピルリウマの略奪を受けた。
⇒エジプト Egypt, シュメール Sumer, ヒ
ッタイト帝国 Hittite Empire, ミケーネ
Mycenae

ガドブス Ngesebus (パラオ)
*カロリン諸島 (Caroline Islands) 西部のパ
ラオ諸島にある小さな島。以前はアメリ
カの*太平洋諸島信託統治領 (Pacific Islands,
Trust Territory of) だった。1914 年から*日
本 (Japan) の支配下におかれた。第 2 次世
界大戦中の 1944 年 9 月〜 10 月までパラ
オ全体がアメリカ軍の統治下におかれた。
1944 年 9 月 28 日に海兵が上陸した。1947
年には信託統治下におかれた。
⇒ペレリュー Peleliu

カトマンズ Katmandu [Kathmandu, Khatmandu]
[旧名：Kantipur, Kantipura, Manju-Patan] (ネパ
ール)
インドとの国境から 120km、*パトナ
(Patna) の北 216km、ヒマラヤの渓谷にあ
るネパールの首都。*インド (India) から*チ

ベット (Tibet)、*中国 (China)、*モンゴ
ル (Mongolia) に通じる古代の交易と巡礼
路上に 723 年に建設され、ネワール族に
統治されていた。1768 年女神デビを祀る
年に一度の大祭の最中にグルカー族が侵
攻してきて、この地を首都とした。その
後ほどなくして、イギリス人居留地の中
心となる。16 世紀からある精巧な王宮、
寺院、多くのサンスクリット語の写本が
遺る。西に 3km の地点には、400 段ほど
の石段から入る、有名な仏教寺院がある。

カドモニ人の地 Kadmonites, Land of The (イ
スラエル？)
聖書に登場する地方で、所在は不明。ア
ブラハムの子孫に約束された地 (「創世記」
第 15 章 19 節)。

カートランド・ヒルズ Kirtland Hills (合衆国)
*オハイオ (Ohio) 州*クリーブランド[2]
(Cleveland) 東北東の 32km にある村。1833
〜 1836 年に最初のモルモン教寺院が建て
られた。

カトル・ブラ Quatre Bras (ベルギー)
ベルギー南西部、*ブリュッセル (Brussels)
の南南東 32km に位置するブラバン・ワ
ロン州の村。ナポレオンが*ワーテルロー
(Waterloo) の戦いで敗れる 2 日前の 1815 年
6 月 16 日、ウェリントン卿率いるイギリ
ス軍がネイ元帥率いるフランス軍をこの
地で撃破した。

カナ Cana [ガリラヤのカナ Cana of Galilee] (イ
スラエル)
*ガラリヤ (Galilee) の北部、*ナザレ
(Nazareth) の北東 7km に位置する村。「ヨ
ハネによる福音書」第 1 章 1 節と 11 節に
イエスがこの村で最初の奇跡を行なって、
婚礼の時に水をワインに変えたことが記

されている。

ガーナ Ghana 〔旧名：Gold Coast ゴールド・コースト〔黄金海岸〕〕

西アフリカの共和国。ギニア湾の北に位置し、東は*トーゴ（Togo）、西は*コートジボアール〔象牙海岸〕（Côte d'Ivoire）、北は*ブルキナファソ（Burkina Faso）と国境を接する。ガーナの古い歴史については未知の部分が多い。現在の国民は北と東からやって来た移民。15世紀、沿岸部はアカン人が到来して占領し、小さな集団の部族が成立して、耐えず衝突していた。17世紀に強力な*アシャンティ（Ashanti）王国が台頭し、内陸の森林地帯を支配し始めた。15世紀末からヨーロッパ人が象牙と香辛料と黄金を求め*ギニア[2]（Guinea）に現われるようになったが、間もなく黒人奴隷が輸出の中心となる。アシャンティは沿岸に要塞化した交易所を構えているヨーロッパ人奴隷商人に奴隷を供給して繁栄した。*イギリス（United Kingdom）は1800年には沿岸を支配し、内陸のアシャンティ王国との衝突が増えていった。1873～1874年にサー・ガーネット・ウルジーの率いる軍隊がアシャンティ族の中心都市*クマシ（Kumasi）を焼き討ちにして、イギリスがついに優位に立ち始めた。1874年、アシャンティ王国は植民地となり、イギリスはアシャンティ族の蜂起を決定的に鎮圧し、1901年に北部の奥地を保護領とした。1914年、*トーゴランド（Togoland）西部がイギリスの委任統治領となり、イギリスの*ゴールドコースト（Gold Coast）支配が完結した。

20世紀になり、イギリスが地元の首長らを植民地の行政に参加させるようになり、ココア栽培が経済を支えるようになり、ガーナは国家として徐々にまとまっていった。1948年、様々な層の国民に支えられて都市部で反乱が広範囲に起こり、民族意識が一気に高まっていった。クワメ・エンクルマが民族主義の運動を推し進め、1957年3月6日、ゴールドコーストとイギリス領トーゴランドが合併してガーナとなり独立を果たした。

新生国家は様々な党派が合併に抵抗し、国内の分裂状態は深刻な状況になった。1960年、大統領制の共和国を成立させる新憲法が採択され、エンクルマが大統領に選出された。しかし1966年、大統領が国外滞在中に軍事クーデターが起こり、軍事政権が1969年まで続き、その後、民政に移行。1972年に再度軍事クーデターが起こり、軍部が1979年まで政権を掌握した。ジェリー・ローリングズ空軍大尉によるクーデターのあと、ヒラ・リンマンが第三共和政ガーナの大統領に選出され、民政が回復した。1981年、ローリングズが再び政権を掌握し、1980年代は政治的な支配体制を強化した。ガーナは国際通貨基金（IMF）と世界銀行から援助を受け、1980年代末に経済が成長を始める。1992年、新憲法のもとで複数政党による選挙が実施され、ローリングズが大統領に選ばれた。1994年、ガーナ北部で民族間の紛争が起こり、何千にもの犠牲者が出て、大勢の避難民が発生した。法律によりローリングズは2000年の選挙には出馬できず、新愛国党のジョン・アジェクム・クフォーが大統領に就任し、経済状態がやや改善されて、2004年には再選された。

カナウジ Kannauj 〔Cannauj, Kanauj〕 〔古代：Kanogiza カノギザ〕（インド）

インド北部、*ウッタル・プラデシュ（Uttar Pradesh）州中部の町。*カーンプル（Kanpur）の北西80km、*ガンジス川（Ganges River）に臨む。2世紀にプトレマイオスがカノギ

ザの名で言及している古代都市で、320～480 年の*グプタ朝（Gupta Empire）の重要な都だった。7 世紀にインド北部の大部分を支配していたハルシャ王の国の首都で文化の中心地だったが、王の死後衰退した。9 世紀に詩人が有名だったプラティハーラ朝の首都。1018 年ガズナ朝のマフムードに敗れ、1194 年までラージプート国の首都となるが、その後は衰退が続いた。1540 年、シェール・シャーがこの近隣でフマユーンを倒した。15 世紀のモスクや墓所が遣る。

⇒ラージプターナ Rajputana

ガーナ王国 Ghana Empire［Gana］［ガーナ語：Wagadu ワガドゥ］

*サハラ（Sahara）砂漠と*ニジェール川（Niger River）および*セネガル川（Senegal River）の上流にはさまれた地域を支配していた西アフリカの古代王国。現在の*ガーナ（Ghana）共和国の北 800km に位置する。

アフリカで最初に繁栄した中世の王国で、塩を売る北方のアラブ人とベルベル人の交易商人と金・象牙・奴隷を売り物にする南方の地域を結ぶサハラの交易路を支配した。伝説ではガーナ王国の誕生は 4 世紀とされるが、その正確な起源はわかっていない。9 世紀にはワガドゥの国名で知られ、鉄製の武器を装備した大軍隊を持ち、ガーナの王はサハラ砂漠を通る商人に税金を課したり、多くの小国には貢ぎ物を納めさせた。しかし、歴代の国王は交易の中継点としての地位に満足せず、国境を北方へと拡大してサハラ砂漠南方の*アウダゴスト（Audaghost）の領有権を主張し、南方では金鉱のある地域を直接支配した。

8 世紀にアラブ人が北アフリカを征服し、イスラーム教徒が台頭するとガーナ王国は重大な影響を受けた。当初、アラブ人とベルベル人の交易商人はガーナと友好的に取引を続けていたが、11 世紀になると*ムラービト〔アラモラビド〕朝（Almoravid Empire）のカリフが、イスラーム教に改宗していない周辺の部族に聖戦を仕掛けた。1054 年、ムラービト朝はイスラーム教徒の攻撃に屈した。容赦ない攻撃により激しい抵抗を抑え込み、1076 年に首都のクンビが占領された。ガーナ王国はイスラーム教徒の侵攻を食い止めてはいたが、そのために支配下の部族民への統制力が弱体化した。王国は分裂し始め、1203 年にクンビはそれまで支配していたスス族に占領された。1240 年、マンデ人の首長スンディアタが荒廃した首都クンビを襲撃し、ガーナ王国を強国化し始めた*マリ帝国（Mali Empire）に併合して、ガーナ王国は滅びた。

神奈川 Kanagawa（日本）

神奈川県東部、*横浜（Yokohama）市神奈川区南部の地区。かつては重要な港だった。マシュー・C・ペリー総督が開港を迫った結果、1854 年に日米和親条約が締結された。

⇒ 浦賀 Uraga

カーナーク Qaanaaq［トゥーレ Thule］（グリーンランド）

グリーンランド北西部、ケープヨークの北西にあるトゥーレ地区の町。1910 年にデンマーク人探検家クヌード・ラスムッセンによって設立された。古代と中世に未知の最果ての北の地を指して使っていた《アルティマ・トゥーレ》という言葉にちなんでトゥーレと呼ばれ、その後、初期エスキモー文化の言葉からカーナークの名がついた。第 2 次世界大戦中のアメリカ軍基地で、現在はグリーンランドにおけるアメリカの重要な防衛地域とな

っている。

金沢 Kanazawa（日本）

*本州（Honshū）中央部、石川県の都市で県庁所在地。*名古屋（Nagoya）の北北西160km に位置する。16 〜 19 世紀の徳川時代に最も裕福な大名だった前田家の城下町で、17 世紀に造営された庭園である兼六園をはじめ、古い壁や門、城の一部が遺る。

悲しきデーン人の奥底（ウォウフル・デーンズ・ボトム）Woeful Dane Bottom ⇒ミンチンハンプトン Minchinhampton

カナタ　Kanatha ［現代：El Qanawat, Kanawat カナワット］（シリア）

ジェベルエッドゥルーズ州、*スワイダ（As-Suwayda'）北東の古代都市。*十都市連合〔デカポリス〕（Decapolis）の一員だった古代ローマ時代の都市の遺跡が多数残る。

カナダ　Canada

イギリス連邦を構成する独立国家。《カナダ》は「村」「集落」を意味するインディアンの言葉に由来する。首都は*オタワ[1]（Ottawa）。世界で第 2 位の面積を持ち、*アラスカ（Alaska）を除く北アメリカ大陸の北半分を占める。人口は 31 位だが、国際的には重要な国。英語圏と伝統的に強い結びつきをもつ民主主義国家で国連の活動に積極的に参加し、北大西洋条約機構の有力な一員で、軍事的にも政治的にも貢献している。農業も工業も盛んで、世界経済でも重要国。

最初の住民は現在のインディアンとイヌイット（カナダ語で「最初の国民」の意）の祖先。北アメリカ大陸に足を踏み入れた最初のヨーロッパ人はバイキングで、1001 年にカナダに到達して、*ニュ

ーファンドランド（Newfoundland）の北海岸で越冬した。15 世紀末〜 16 世紀初期、ヨーロッパの探検家たちが極東地方に渡るための*北西航路（Northwest Passage）を探してカナダに到達した。*イングランド（England）のジョン・カボットとヘンリ・ハドソン、*フランス（France）のジャック・カルティエとサミュエル・ド・シャンプランなどである。カボットは 1497 年と 1498 年に新大陸へ航海し、カルティエは 1534 年、1535 年、1541 年、ハドソンは 1601 年と 1603 年である。このような航海によって、イングランドとフランスは現在のカナダを含むどこまで続いているのかもよくわからない広大な土地の権利を主張するようになった。

シャンプランの率いるフランス隊が1608 年に*ケベック（Quebec）に最初の恒久的な入植地を設け、初めてこの地域を植民地にした。フランスが毛皮貿易を始めた。ラ・サル、ルイ・エヌパン、ルイ・ジョリエ、ジャック・マルケットらが五大湖や*ミシシッピ川（Mississippi River）をはじめとして内陸部を探検した先駆者である。1670 年、イギリスはハドソン湾会社を設立して、毛皮貿易でフランスと争った。いずれの陣営にもインディアンの協力者がいて、ヒューロン族はフランスを、イロコイ族はイギリスを支持した。

商売敵同士の紛争が 1613 年に起こり、アメリカの入植者がポート・ロイヤル、*ノバスコシア（Nova Scotia）、現在のアナポリス・ロイヤル（Annapolis Royal）を破壊した。1629 年、イギリスがケベックを占領。1689 〜 1763 年の間にフランスとイギリスは北アメリカでも 4 回の戦争を起こした。1754 〜 1763 年までの最後の戦争がフレンチ・インディアン戦争で、1759 年にイギリスが再びケベックを占領したのちに終結した。1763 年の条約でイギリスはカナ

ダを獲得。1774年のケベック法によって、カナダ東部、ミシシッピ川の東部、オハイオ川北部がケベックの範囲と定められた。

アメリカ独立戦争が始まると、植民地の住民はカナダにも参戦を求めたが、英語圏の住民もフランス語圏の住民も賛同しなかった。1775年、アメリカ人はカナダに侵攻し、*モントリオール（Montreal）を占領したが、のちには撤退。1777年、イギリスはカナダを拠点にして*ニューヨーク（New York）に侵攻しようとしたが、*サラトガ（Saratoga）にて敗北。1812年の戦争中にはアメリカ、イギリス、カナダが何度も交戦し、それぞれ勝ったり負けたりを繰り返したが、いずれも恒久的な結果は得られなかった。カナダとアメリカの極西部地方の国境が画定したのは1846年のことである。

イギリスは19世紀に植民地の国境と政治体制を何度も変え、1867年にやっとイギリス領北アメリカ法によって、民主主義体制のカナダ自治領を確定した。当初、自治領は*ニュー・ブランズウィック[1]（New Brunswick）、ノバスコシア、*オンタリオ（Ontario）、ケベックの4州からなっていた。その後、さらに6州が加わる。1870年に*ブリティッシュ・コロンビア（British Columbia）、1873年にプリンス・エドワード・アイランド（Prince Edward Island）、1905年に*アルバータ（Alberta）と*サスカチェワン（Saskatchewan）、1949年にニューファンドランド。現在はそのほかに*ユーコン準州（Yukon Territory）、*ノースウェスト・テリトリーズ[1]（Northwest Territories）準州、*ヌナブット（Nunavut）準州がある。ユーコン準州の*クロンダイク（Klondike）地方で金鉱が発見されると1897年と1898年に短期間ながらゴールド・ラッシュとなった。第1次世界大戦ではカナダは連合国側に

ついてヨーロッパに派兵。終戦後、国際連盟に加入し、1920年代に独自の外交機関を設置。1931年、イギリス議会のウェストミンスター憲章によりカナダなどの自治領の完全な独立が認められた。カナダの陸海空軍は第2次世界大戦で重要な役割を果たした。

現在のカナダは3千515万人の人口を有する高度な産業国で、多様な経済組織を備えている。主要な都市は*エドモントン（Edmonton）、*カルガリー（Calgary）、モントリオール、オタワ、*トロント（Toronto）、*バンクーバー[1]（Vancouver）、*ウィニペグ（Winnipeg）。近年、英語圏の国民とフランス語圏の国民の間で学校の国語教育をめぐって対立している。また、カナダのエネルギー資源からの利益と税金の分担をめぐっても中央政府と地方自治体の間で対立が起きている。1980年10月、政府はイギリス議会に1867年の北アメリカ法をカナダに移行させて、カナダの政治問題をカナダが管轄して修正できるように求めた。1982年、カナダはこの法律を受け入れたが、ケベックは批准しなかった。1984年、《ミーチレイク合意》によってケベックを文化的に「独自の社会」であるとする法律が提案されたが、1990年にニューファンドランドとマニトバが否決したために、英語圏のカナダは承認できなかった。1992年、フランス系ケベック人に合うように修正した《*シャーロットタウン（Charlottetown）合意》も否決された。

1992年、カナダ、アメリカ、メキシコが《北アメリカ自由貿易協定》（NAFTA）について協議して、1994年から自由貿易が可能になる北アメリカの地域を決めた。1998年、政府はカナダの先住民に対し、150年にわたる不当な扱いについて公式に謝罪し、賠償の基金を設立した。1999年、

カナダはノースウェスト・テリトリーズを分割し、東部をイヌイットが統治するヌナブット準州とした。2000年、ケベックの独立が財政上困難になる法案が可決された。カナダは2001年にテロ攻撃を受けたアメリカに対して、ハイジャックのあと取り残された旅行者を助けたり、のちには*アフガニスタン（Afghanistan）に派兵したりして支援した。ただし、2003年にアメリカが*イラク（Iraq）に侵攻した際には反対した。

カーナータ Karnattah ⇒**グラナダ**² Granada

ガーナータ Gharnatah ⇒**グラナダ**² Granada
（スペイン）

カナダ・ウエスト Canada West ⇒**アッパー・カナダ**〔上カナダ〕Upper Canada

カナノーレ Cannanore ⇒**カヌール** kannur

カーナーボン Caernarvon［古代ローマ：Segontium セゴンティウム；ウェールズ語：Caernarfon カーナーボン, Caer Seint カエル・セイント］
メナイ海峡南西端の町。*グウィネズ（Gwynedd）州*バンガー²（Bangor）の南西13kmに位置する。新石器時代には集落ができ、地中海からの交易路にあるため青銅器時代には重要な村になった。ローマがウェールズを征服し、西暦75年にここにセゴンティウムの城砦を築いた。セゴンティウムのあとに建設されたのが、カエル（＝要塞）・セイントで、ここがセゴンティアキー族の首都となり、1098年には*チェスター¹（Chester）伯が城砦によって町の防備を固めた。
　1284年、エドワード1世の治世にイングランド人がこの地域を支配し、強靱な

要塞も築造されて、カーナーボンが北ウェールズの首都となる。同年、エドワードの息子であるエドワード2世がこの町で誕生。ウェールズ人に敬意を表して、プリンス・オブ・ウェールズと呼ばれることになり、この称号はイングランド王の跡継ぎである最年長の男子に継承され、皇太子の即位式はカーナーボン城で行なわれる。ほぼ無傷のままの城は中世の要塞の代表的な姿を今に伝えている。城は不規則な横長で城壁に囲まれ、多角形の塔が13並んでいる。
⇒**コンウェー** Conway

カナラ Kanara［旧名：North Kanara 北カナラ；カナラ語：Karnatak カルナータカ］（インド）
*カルナータカ（Karnataka）州西部、アラビア海に臨むマラバル海岸沿いの地域。*デカン（Deccan）高原南部の主に旧*マイソール²（Mysore）藩王国内に位置する。東側には西ガーツ山脈が連なる。9世紀から文献に登場するカナラ語族にちなんで名づけられ、16世紀には*ビジャヤナガル（Vijayanagar）王国の中心であった。1563年*ターリコータ（Talikota）の戦いで敗北したビジャヤナガルの王族は、高原の南東への移住を余儀なくされる。1670年代には、シバージーが強力なマラータ族を統治する重要な地方であった。1956年にインドが言語州による再編を行なって、カナラはマイソール県に吸収された。
⇒**カルナータカ** Karnataka

カナリア諸島 Canary Islands［Canaries］［スペイン語：Islas Canarias イーズラーズ・カナリアーズ］（スペイン）
アフリカ大陸北西の大西洋上にある山の多い群島。*ラス・パルマス（Las Palmas）と*サンタ・クルス・デ・テネリフェ（Santa Cruz de Tenerife）が中心の町。大プリニウス

の『博物誌』にも登場し、伝説の「幸福の島々」と見なされていた可能性がある。前40年、マウレタニアの王ユバがここまで遠征している。西暦999年からアラブ人がカナリア諸島を交易所として利用し、中世にはヨーロッパ人が訪れるようになった。1404年、ノルマン人のジャン・ド・ベタンクールが自ら王となる。15世紀、先住民のグアンチェ族がスペインに破れた。1479年、アルカソバス条約によってスペイン領であると認められた。コロンブスをはじめ探検家たちはカナリア諸島を大西洋横断のための補給基地として利用。1936年、フランコの軍隊がスペイン領のモロッコに向かう前、ここに駐留した。

カナワット Kanawat ⇒カナタ Kanatha

カナン[1] Canaan [Chanaan]（イスラエル）
イスラエル人に占領される前のイスラエルの古代の名称。新石器時代以来、人が住みつき、前2000〜前1550年までセム系民族のアモリ人が支配した。北部の地域は前1200年までヒッタイトが占領。カナンは＊エジプト（Egypt）と＊メソポタミア（Mesopotamia）のお陰で高度な文化を発展させ、＊ハゾル（Hazor）、＊エリコ（Jericho）、＊メギド（Megiddo）のような市壁に囲まれた裕福な都市と統制された軍隊をもっていた。この文化は遊牧民だった古代イスラエル人に吸収された。彼らはカナンを《約束の地》と呼び、前1250年頃にエジプトから出ると徐々に征服していった。同じ頃、カナンの沿岸は、エーゲ海からの侵略者ペリシテ人の《海の民》が襲ってきて定住していた。前10世紀になってやっとダビデ王の下でイスラエル人は彼らを鎮圧できた。カナンはイスラエル人の土地となったが、北部はカナン

人に支配されたままで、のちに＊フェニキア（Phoenicia）の名で知られるようになる。
⇒ ウガリト Ugarit, ヒッタイト帝国 Hittite Empire, フィリスティア Philistia

カナン[2] Canaan（合衆国）
＊ニューハンプシャー（New Hampshire）州グラフトン郡の町。＊コンコード[2]（Concord）の北西65kmに位置する。1770年に町となり、のちにアンダーグラウンド鉄道の停車駅ができる。1907年、列車事故が起き、＊ケベック[1]（Quebec）・＊ボストン[2]（Boston）間を走る急行列車とボストン・アンド・メイン貨物列車が衝突して25人が死亡した。

河南 ⇒ホーナン〔河南〕Henan（中国）

カナンガ Kananga [旧名：Luluabourg ルルアブール]（コンゴ）
アフリカ中南部コンゴ中南部の都市。カサイオクシデンタル州の州都。＊キンシャサ（Kinshasa）の東南東760kmに位置する。ドイツ人探検家、ヘルマン・フォン・ウィスマンが1884年に建設した駐屯地から発展。1885年首長を処刑されたバテテラ族の部隊が、コンゴ植民地のベルギー政府に対してこの地で反乱を起こした。最初は成功したが、1901年に敗北を喫する。20世紀になると、＊ルバ（Luba）族がこの地に定住し、先住のルルア族を圧倒した。1960年にコンゴがベルギーから独立したのち、両部族間で戦闘となり、ルバ族の多くが逃亡した。1961年と1962年には、中央政府に反旗を翻した赤道州の反乱軍に制圧された。

カナンデーグア Canandaigua（合衆国）
＊ニューヨーク（New York）州中西部、フィンガー湖地方の都市。＊ロチェスター[3]

（Rochester）の南東 40km、カナンデーグア湖の北端に位置する。1789 年に入植、主に農地と行楽地。地元の博物館には 1794 年にティモシー・ピカリングがここで署名したイロコイ族同盟との条約の写しが収められている。ピカリングは政治家でアメリカ独立戦争時の将校だったが、1790 ～ 1795 年までインディアン担当の責任者となり多くの部族と条約のための交渉をした。1872 年、フェミニストの先駆者スーザン・B・アンソニーが、女性グループと共にロチェスターで選挙の投票をしようとして、1983 年に裁判にかけられた。彼女は罰金刑に処されたが、罰金の支払いを拒否。最高裁まで争って、敗訴した。

河南府 Henanfu ⇒ルオヤン〔洛陽〕Luoyang

カニア Canea [Kanea]〔古代：Cydonia シドニア；ギリシア語：Khania/Chania/Khanià ハニア〕（ギリシア）

*クレタ島（Crete）の南西岸に臨む港湾都市。*イラクリオン（Herakleion）の西 120km に位置する。ハニア県の県都で、島内でも屈指の古い都市。ギリシア人がシドニア（キドニア）と呼んだ集落が始まりで、前 69 年に*ローマ（Rome）に支配され、西暦 826 年、アラブ人の支配下におかれる。961 年、ニケフォロス 2 世の*ビザンツ帝国（Byzantine Empire）に占領され、13 ～ 17 世紀まで*ベネツィア（Venice）の治世に繁栄し、1645 年に*オスマン帝国（Ottoman Empire）に敗れる。1841 ～ 1971 年までクレタ島の州都で第 2 次世界大戦中、ドイツ軍が侵攻し破壊されたが、その後、再建された。中世以来の防壁とベネツィア人が使用した兵器庫が遺っている。1878 年、郊外の*ハレパ（Halepa）でクレタ島民にある種の権利を認める協

定が締結された。

カニェテ Cañete（チリ）

レブの南東 32km、アラウコ県の町。チリでも最古の部類に入る町で、1557 年にガルシア・ウルタード・デ・メンドーサが建設し、インディアン戦争の舞台となった。

カニジャ Kanizsa ⇒ナジカニジャ Nagykanizsa

カーニー砦 Fort Kearney（合衆国）

*ネブラスカ（Nebraska）州中南部、バッファロー郡の要塞。1848 ～ 1871 年まで*オレゴン街道（Oregon Trail）を守った。現在、要塞の遺跡がネブラスカ州カーニー市の州立公園にある。公園には博物館もある。

カヌシウム Canusium ⇒カノーザ・ディ・プーリア Canosa di Puglia

カヌール Kannur [カナノーレ Cannanore, Kananur]（インド）

インド南部*コジコーデ（Kozhikode）の北北西 80km、アラビア海に臨む*ケララ（Kerala）州の港と町。 12、13 世紀、カヌールはペルシアやアラビアとの交易の要地だった。1498 年バスコ・ダ・ガマが訪れ、7 年後にポルトガル人によって要塞化された。17 世紀にオランダが正式に支配権を得る。1783 年イギリスに攻略されたが、1656 年にオランダが建設した要塞は遺った。

カネオヘ湾 Kaneohe Bay（合衆国）

*ハワイ（Hawaii）*オアフ（Oahu）島東岸、*ホノルル（Honolulu）の北に位置する古戦場。1941 年 12 月 7 日、ここの海軍航空基地が日本軍による*真珠湾（Pearl Harbor）攻撃に

418　カネシユ

よって打撃を受けた。

カネシユ　Kanesh［Kanes, Kanish］［現代：Kultepe/Kültepe キュルテペ］（トルコ）

*カッパドキア（Cappadocia）の*カイセリ（Kayseri）の北東に位置する古代都市。アッシリアのカルム（国境の交易拠点）で最も重要なものと思われ、*アリシャル・ヒュユク（Alisar Hüyük）やヒッタイトの首都*ボガズキョイ（Boğazköy）で発見されたものと似た、前2000年の古代アッシリアの粘土板が数千点出土している。前1900年頃には、この地で採掘された銀がアッシリアに供給されていた。

カネム　Kanem（チャド）

かつてチャド湖北東岸と *サハラ（Sahara）砂漠南東端の間に位置した王国で、現在は県。9～15世紀まで存在した、セフワ移民による強大なブラックアフリカの王国で、*スーダン（Sudan）から*エジプト（Egypt）にまで及んだ。11世紀にはイスラーム教を受け入れた。*ボルヌ（Bornu）王国を支配していたが、1380年頃に両王国が統合され、ボルヌを首都として19世紀まで存続した。1901年フランスの占領により、多様な部族からの襲撃は収まった。

カノ　Kano（ナイジェリア）

ナイジェリア北部の都市。*ラゴス[1]（Lagos）の北東800kmに位置する。2～3世紀以降、重要な交易の中心地となり、10世紀には記録に登場している。15、16世紀には七つの*ハウサランド（Hausaland）の中心地で、1600年頃に短期間*ボルヌ（Bornu）王国の支配を受けた。1809年に*フラニ帝国（Fulni Empire）に征服されたが、1820年代～1880年代にかけて西アフリカ最大の商業地として復活する。1903年にイギリスに制圧された。

カノギザ　Kanogiza ⇒カナウジ　Kannauj

カノーザ・ディ・プーリア　Canosa di Puglia［古代：Canusium カヌシウム］（イタリア）

*プーリア（Apulia）州バーリ県の町。*バルレッタ（Barletta）の南西21kmに位置する。カヌシウムはローマの支配を進んで受け入れ、交易の中心地として繁栄した。ローマ人は第2次ポエニ戦争中、*カンナエ（Cannae）で負けると、前216年にここから撤退。9世紀にはサラセン人に破壊され、11世紀にノルマン人によって復旧され、*ナポリ（Naples）王国の一部となる。墓地の発掘により、数多くの壺が出土した。町にはロマネスク様式の大聖堂と12世紀の興味深い霊廟がある。

カノッサ Canossa ⇒チアノ・デンツァ Ciano D'Enza

カノプス Kanopus ⇒カノープス Canopus

カノープス　Canopus［Canobus］［エジプト語：Pe Gewat ペ・ゲワト；ギリシア語：Kanopus カノプス］（エジプト）

*アレクサンドリア[1]（Alexandria）の東19kmに位置する都市。現在の*アブキール（Abkir）村に近い。古代にはアレクサンドリアの住民のリゾート地であり、4世紀までは巡礼の目的地だった。セラピス神の神殿をはじめ、数多くの遺跡が見られる。

カパア　Kapaa（合衆国）

*ハワイ（Hawaii）の*カウアイ（Kauai）島東海岸の都市。近くには、1933年に復元された、ハワイ最古の神殿 ホロホロク・ヘイアウがある。聖なる誕生の石が祀られ、ここで歴代のカウアイの女王が出産した。人を生贄に奉げる儀式で知られる、

戦いの神クーの神殿でもある。

カパイシアン Cap Haitien ［Cap-Haïtien］［旧
名：Cap-Français カプフランセ；現地：Le Cap ル
カプ］（ハイチ）

西インド諸島中部、ハイチ北部の港湾都
市で、大西洋に臨む。*ポルトープラン
ス（Port-Au-Prince）の北 136km に位置する。
ハイチで第 2 の大都市で、1670 年にフラ
ンス人が建設。アンティル諸島のパリと
して知られ、1770 年までフランスの植民
地サンドマングの首都で、1791 年に奴隷
の暴動が起きた土地。1798 ～ 1800 年ま
でと南北戦争時にはアメリカ船が港を利
用した。1802 年、ハイチとフランスの軍
隊に破壊されたが、解放された奴隷での
ちにハイチの王となったヘンリ・クリス
トフによってかなりの部分が再建された。
1811 ～ 1820 年までのクリストフ王国時代
の宮殿などが遺っている。1842 年に大地
震に襲われ、1992 年以来、政情不安によ
ってクーデターと反乱が何度か起こって
いる。2004 年 2 月、カパイシアンはハイ
チ大統領ジャン‐ベルトラン・アリスティ
ドに反撥する軍隊に占領され、大統領は
失脚した。

カバカン Kabacan （フィリピン）

*ミンダナオ（Mindanao）島中央部北東、
プランギ川左岸の町。第 2 次世界大戦中
に日本軍に占領されたが、1945 年 4 月に
アメリカ軍に奪回された。

カバッロ Caballo ［プロ・カバッロ Pulo Caballo］
（フィリピン）

*コレヒドール（Corregidor）島の南東
1.5km ほど、マニラ湾の入り口にある要
塞で防御を固めた島。第 2 次世界大戦中
の 1942 年 5 月、カバッロの要塞都市フォ
ート・ヒューズを占領していたアメリカ

軍が日本軍に降伏。1945 年 3 月、再び占
領される。

ガバナーズ島 [1] Governors Island （合衆国）

*マサチューセッツ（Massachusetts）州*ボス
トン [2]（Boston）湾内の島。マサチューセッ
ツ湾植民地の初代総督ジョン・ウィンス
ロップの名にちなんだウィンスロップ要
塞の所在地。

ガバナーズ島 [2] Governors Island ［Nutten Island］
［オランダ語：Nooten Eylandt ヌッテン島］（合衆
国）

*ニューヨーク市（New York City）イースト
川の*マンハッタン島（Manhattan Island）南
端に位置する島。1625 ～ 1664 年に入植し
たオランダ人によりヌッテン島と命名さ
れたのが始まり。1664 年に*ニューアム
ステルダム（New Amsterdam）がイギリスに
占領される。1698 年、イギリスは島をニ
ューヨーク総督専用の領地とする。1798
年、島の北端にジェイ要塞が建設され、
1806 年に再建され、1808 ～ 1904 年まで
はコロンバス要塞と改称された。1807 ～
1811 年、湾を望むウィリアムズ城が建設
されるが、戦争で使用されることはなか
った。1912 年に城は軍の刑務所に改築さ
れる。

　1966 年、島にはアメリカの沿岸警備隊
の施設がおかれた。現在、島には 1708 年
の総督公邸、1840 年の提督館、1905 年の
聖コーネリウス礼拝堂などの歴史的建造
物がある。2003 年、島のほぼ全域がニュ
ーヨーク州に復帰したが、ガバナーズ島
国定史跡は内務省の管轄になっている。

カバナトゥアン Cabanatuan （フィリピン）

*マニラ（Manila）の北 100km、*ルソン
（Luzon）島の都市。1942 年 5 月、*バタ
ーン半島（Bataan Peninsula）と*コレヒドー

ル（Corregidor）島の陥落後、アメリカ軍とフィリップ軍が日本軍によって近くのカブの村に閉じ込められ、解放されたのは1945年の初めだった。1945年1月30日、ヘンリ・メイシー中佐とロバート・プリンス大佐の指揮によりカバナトゥアンに大攻撃を仕掛けて、500人以上の捕虜を日本軍の手から救出した。

カハマルカ Cajamarca ［古代：Caxamarca］（ペルー）

ペルー北西部、カハマルカ県の県都。*リマ（Lima）の北西590km、カハマルカ川に臨む。1532年、インカ帝国の皇帝アタワルパがスペイン人征服者（コンキスタドール）フランシスコ・ピサロに捕らえられ処刑された。インカ帝国の遺跡が見られる。

⇒ **インカ帝国 Inca Empire**

カバラ Kavalla ［Cavalla］［古代：Neapolis ネアポリス；ビザンツ帝国時代：Christopolis クリストゥポリス］（ギリシア）

ギリシア北部、*テッサロニキ（Thessaloníki）の東120km、タソス島の対岸に位置する*マケドニア（Macedonia）の海港。元は前5世紀に失われたタソス人の植民地だった。ブルートゥスは前42年の*フィリッピ（Philippi）の戦いの前に、艦隊をここに配置した。使徒パウロは*サモトラケ（Samothrace）島からフィリッピに赴く途中で、ここに上陸した。*ビザンツ帝国（Byzantine Empire）時代にはクリストゥポリスといわれ、マケドニア内の主要な要塞の役割を果たした。1387～1913年までのオスマントルコの支配下では、1769年にこの地で生まれたトルコの*エジプト（Egypt）総督、ムハンマド・アリーによって装飾を施された。海への出口を求めていたブルガリアは、1912～1913年、1916～1918年、1942～1944年にここを占領

した。ローマ時代の水道橋が遺っているほか、博物館には数多くのローマ時代やビザンツ時代の工芸品が収められている。

カパラ Caparra （合衆国）

*サン・フアン[2]（San Juan）に近い*プエルトリコ（Puerto Rico）北部の集落跡。1509年に作られ、プエルトリコで最初の入植地となったが、1521年に住む者がいなくなった。*バヤモン（Bayamón）から近い。

カバルダ - バルカル共和国 Kabardino-Balkar Republic （ロシア）

ロシア南西部、*カフカス〔コーカサス〕山脈（Caucasus Mountains）北部の地方。その起源を9世紀のバルカル人、ウクライナ人、ロシア人にさかのぼるカバルダ人の平原の国。1557年にモスクワ大公国の保護領となり、1774～1827年までロシアに併合されていた。ロシア帝国のテレク・コサック地区の一部となり、ロシアの要塞が建設された。1921年カバルダ自治州、1922年カバルジン - バルカル自治州、1936年に同自治共和国、1991年カバルダ - バルカル共和国となる。独立強硬派のバルカル人はドイツに協力したことを非難されて、1943年に国外追放されたが、1956年に復帰した。

カバン〔キャバン〕Cavan ［ゲール語：ア・カウン An Cabhán］（アイルランド）

アイルランド共和国北部の州および州都の名。州都は*ベルファスト（Belfast）の南西112kmに位置する。カバン州は1584年に*アルスター（Ulster）の一部として作られ、オニール家の権勢の中心となった。1300年に創設されたフランシスコ会の修道院を中心に発展。イングランド王ウィリアム3世の支持者らは、退位させられたジェイムズ2世の軍勢を破り、1690年

には町を焼き討ちにした。19 世紀、カバンは重要な鉄道の乗換駅となった。

ガビイ Gabii （イタリア）

*ラツィオ〔ラティウム〕(Latium) の古代都市。*ローマ (Rome) の東 21km、古くはガビナ街道の名で知られていたプラエネステ街道上にあった。ローマ時代初期には重要な都市で、エトルリア人のタルクィニウスの包囲戦には耐えたが、タルクィニウス・スペルブス（前 534 〜前 510）の策略にかかり占領された。*ローマ帝国 (Roman Empire) の興隆と共に衰退。浴場が有名でハドリアヌス帝に厚遇され、議事堂と水道橋が建設された。多くの遺跡はガビイからローマのボルゲーゼ公園に移され、さらにナポレオン 1 世により *パリ (Paris) のルーブルに収められた。伝説によると、ローマの創設者の一人とされるロムルスはここで育てられたという。古代ローマの建設に使用された石材の大半はこの附近から切り出された。ユーノーの神殿の遺跡がある。

カビエン Kavieng [Kaewieng]（パプアニューギニア）

*ビスマーク諸島 (Bismarck Archipelago) の *ニュー・アイルランド (New Island) 島北西端の町と港。*ラバウル (Rabaul) の北西259km に位置する。同名の州の州都でもある。1942 年に日本軍に占領され、連合軍に爆撃されたが、連合軍は 1943 〜 1944年の日本軍占領基地に対する北部侵攻の際には、この地を迂回した。

カービス Qābis ⇒ ガベス Gabès

カビッロヌム Cabillonum ⇒ シャロン‐シュル‐ソーヌ Chalon-sur-Saône

カビテ Cavite [City of Cavite]（フィリピン）

*ルソン (Luzon) 島のカビテ州の元州都。アメリカ海軍基地がある。マニラ湾を挟んで *マニラ (Manila) から 13km に位置する。植民地時代には反スペイン運動の中心地だった。1898 年 5 月 1 日、マニラ湾での戦争でスペイン艦隊がジョージ・デューイ提督のアメリカ艦隊に敗れた。1898 〜 1941 年までカビテはアジアでのアメリカ海軍基地の中心だった。1941 年 12月 10 日、日本軍によって壊滅状態にされ、1942 年 1 月 2 日〜 1945 年 2 月 13 日まで日本が占領した。1971 年、アメリカはカビテの海軍基地を閉鎖し、フィリピン政府は基地の跡地をフィリピンの陸軍基地にした。

⇒ コレヒドール Corregidor, バターン半島 Bataan Peninsula

カピトリアス Capitolias （ヨルダン）

*パレスチナ (Palestine) 東部の都市。ヨルダンの首都 *アンマン (Amman) の北 75kmに位置する。キリスト教以前にさかのぼるナバテアの古代都市で、のちに *十都市連合〔デカポリス〕(Decapolis) に編入される。紀元 1 世紀末、トラヤヌスにより自治権が宣言された。

カピトリヌスの丘 Capitoline Hill [Capitol]

[古代：Mons Capitolinus モンス・カピトリヌス]（イタリア）

*ローマ七丘 (Rome, the Seven Hills of) の中で一番高く、歴史と宗教の中心。前 509 年、丘の南側の頂きにユピテル・カピトリヌスに捧げた神殿が建立された。北側の頂きにはローマの城砦があり、犯罪者はタルペーイアの岩から丘の南面へと投じられた。現在、ローマの市政の中心。近代建築の計画は 16 世紀にミケランジェロが立案した。

⇒ パラティヌスの丘 Palatine Hill

カピラ Kapila ⇒ハルドワール Hardwar

カピラバストゥ Kapilavastu (ネパール)

インド北部ゴラクプールの北 75km、*ウッタル・プラデシュ (Uttar Pradesh) 州との境に位置する、パデリアに近い古代の町。シャーキャ王国の首都で、のちに仏陀となったシャーキャの王子シッダールタが前 463 年頃に誕生した地である。古代仏教徒の七大巡礼地の一つだった。

カビリア Kabylia [仏：Kabylie カビリエ] (アルジェリア)

アルジェ北東、コンスタンティーヌ県北部の山岳地帯。スーマーム川の河谷によって、西部の大カビリアと東部の小カビリアに分かれる。ローマ人、アラブ人、トルコ人、そしてフランス占領に激しく抵抗したことで知られるベルベル族のカビル人の故郷である。カビル人はアブデルカーデル降伏後も 1850 年代を通してフランス軍と戦い続け、1871 年の反乱失敗によって鎮圧されたが、1954 〜 1962 年まで民族解放戦線の中心地となった。

カビリエ Kabylie ⇒カビリア Kabylia

カピンガマランギ Kapingamarangi (ミクロネシア)

ミクロネシア連邦に属する*カロリン諸島 (Caroline Islands) の環礁と古戦場。日本統治下にあったカロリン諸島の中で、第 2 次大戦中初めてアメリカ軍の爆撃を受け、*太平洋諸島信託統治領 (Pacific Islands, Trust Territory of) としてアメリカの統治を受けることになった。

カビンダ Cabinda [Kabinda] (アンゴラ)

アンゴラ北西部、*コンゴ川 (Congo River) 北の飛び地の州。州都カビンダ。大西洋に臨み、コンゴの海岸線によってアンゴラから切り離されている。1470 年、ディエゴ・カンがこの地域を探検し、要塞を築いて以来、*ポルトガル (Portugal) の影響力が及び始めた。1784 年、要塞はフランスによって破壊されたが、1885 年に地元の首長らがポルトガルの庇護を受け入れる条約に調印。翌年、*ベルギー領コンゴ (Belgian Congo) (現在の*コンゴ〔Congo〕) との協定により、カビンダはポルトガル領西アフリカ (現在の*アンゴラ[1]〔Angola〕) から分離され、コンゴはコンゴ川下流から大西洋への出口を得た。1960 年代〜 1970 年代はアンゴラの独立運動に荷担。1975 年、ポルトガルがアンゴラの独立を認めると、カビンダでは豊かな石油資源を守るために独立を目指そうとする動きが活発になった。

カブ Cabu ⇒カバナトゥアン Cabanatuan

ガプ 〔ガップ〕 Gap [古代：Vapincum ウァピンクム] (フランス)

*マルセイユ (Marseilles) の北北東 154km に位置する都市。前 14 年にローマ皇帝アウグストゥスにより建設され、中世にはガペンケスの中心都市となったが、1512 年にフランスに併合された。フランスの宗教戦争中、1567 年と 1577 年にはユグノーに襲撃されて町が荒らされた。17 世紀の大聖堂と 1613 年にジャコブ・リシエが彫刻を施した墓がある。

カファ[1] Caffa/Kaffa (クリミア) ⇒フェオドシヤ Feodosiya

カファ² Kafa/Kaffa（エチオピア）⇒ケファ
Kefa

カプア¹ Capua［古代：Casilinum カシリヌム］（イ
タリア）
　カンパニア州カゼルタ県、*ナポリ（Naples）
の北30kmに位置し、*ボルトゥルノ川
（Volturno River）に臨む町。ローマ時代、カ
シリヌムは*アッピア街道（Appian Way）の
要地にあたり、第2次ポエニ戦争中にハ
ンニバルとローマ軍に征服された。856年、
カシリヌムの跡地に古代*カプア²（Capua）
の市民によってカプアが建設された。中
世には何度も争奪戦が繰り広げられたが、
1860年まではナポリ王国の領土。9世紀
の大聖堂の一部、ノルマン様式の城、ロ
ーマ時代の遺跡が特に名所として興味を
ひく。第2次世界大戦中は、何度か戦場
となった。

カプア² Capua［Santa Maria Capua Vetere］（イタ
リア）
　カンパニア州の古代都市。カゼルタ県*ナ
ポリ（Naples）の北30kmに位置する。前
600年頃、エトルリア人により建設され、
前440年頃にサムニウム人に占領された。
カプアが支持していたラテン同盟が負け、
前340年にはローマ人に支配された。*ロ
ーマ（Rome）の治世で繁栄し、イタリア
で第2の都市となり、特権を与えられた。
第2次ポエニ戦争では*カルタゴ²（Carthage）
に味方したが、前211年に再びローマに
負けて、特権を失った。前73年、スパル
タクスの奴隷の反乱がカプアで始まった。
西暦456年、ガイセリック〔ゲンセリッ
ク〕の率いるバンダル人に町は略奪され、
さらに840年にサラセン人に襲撃された。
エトルリア人が建てた前6世紀の神殿の
遺跡が現在も見られる。
　⇒エトルリア Etruria, サムニウム

Samnium, ローマ帝国 Roman Empire

カファジェ Khafaje［Khafajak, Khafaji］［古代：
Tutub］（イラク）
　*バグダード（Baghdad）の東にある古代シ
ュメールの都市。1930年代に、楕円周壁
と大寺院、個人の住宅、都市部の遺跡、
小石像など多数の歴史的に貴重な遺物が
発掘された。前2900年頃〜前2334年ま
での初期王朝時代に全盛期を迎えたとさ
れる。
　⇒メソポタミア Mesopotamia

カフカス Kavkaz ⇒コーカサス Caucasia

カフカス〔コーカサス〕山脈 Caucasus
Mountains［ロシア語：Kavkazski Khrebet］（ロシ
ア、ジョージア〔グルジア〕、アゼルバイジャン、
アルメニア）
　*黒海（Black Sea）に注ぐクバン川河口か
ら*カスピ海（Caspian Sea）に臨むアプシェ
ロン半島まで南東に走るカフカスの山脈。
この山脈はヨーロッパとアジアを分ける
南東の境界と見なされていて、北カフカ
スと南のトランスコーカシアを分けてい
る。鉱物が豊富で、第2次世界大戦中は
軍事上の要所だった。

カフカス峠 Caucasian Gates ⇒ダリヤル山道
Daryal Pass

カプサ Capsa ⇒ガフサ Qafsah

ガフサ Qafsah［Gafsa］［古代：Capsa カプサ］（チ
ュニジア）
　チュニジア中西部にあるオアシス町。*ガ
ベス（Gabès）の北西80kmに位置する。古
代にヌミディア人の町だったカプサがあ
った場所に建設され、のちにローマの支
配下におかれた。北アフリカや南ヨーロ

ッパの上部旧石器時代（カプサ）文化の人工遺物が発掘されている。

⇒ヌミディア Numidia

カープスタド Kaapstad ⇒ケープ・タウン Cape Town

カプッツォ Capuzzo（リビア）

*キレナイカ（Cyrenaica）東部の村。デルナ県の*エジプト（Edypt）との国境に近い*バルディア（Bardia）の南に位置する。第2次世界大戦中はエジプトのイギリス軍を攻撃するイタリアの基地となった。1940〜1942年、勝ったり負けたりを繰り返す砂漠での戦闘で、頻繁に支配者が交代した。

⇒イタリア Italy

カプフランセ Cap-Français ⇒カパイシアン Cap Haitien

カブラ Cabra［古代：Aegabro アエガブロ, Baebro バエブロ, Igabrum イガブルム］（スペイン）

スペイン南部、*コルドバ[3]（Córdoba）の南東60kmに位置するコルドバ県の町。ローマ人と西ゴート人が支配していた時代には、司教座のある重要な町だった。1244年、*レオン[3]（Léon）と*カスティリア（Castile）の王フェルナンド3世によってムーア人から奪取したが、1331年にはムーア人に奪還され、15世紀にスペインに併合された。

カフラリア Kaffraria（南アフリカ）

*東ケープ州（Eastern Cape）東端の地方の旧名。南のグレートケイ川、北の*ナタール[2]（Natal）、ドラケンスバーグ山脈と海岸に囲まれている。アラブ語で異教徒を意味する kāfir から派生した語で、最初にポルトガル人がアフリカ南沿岸地帯全域を

こう呼んだ。19世紀には、コーサ語を話す地元民の土地をさす言葉だった。kaffirはその後、ヨーロッパ人がアフリカ黒人をさす蔑称となった。コーサ族は1846〜1847年、1850〜1853年、1877〜1878年に、イギリス支配に抵抗して戦った。

⇒キング・ウィリアムズ・タウン King William's Town

カプリ Capri［Isola de Capri カプリ島］［古代：Capreae カプレアエ］（イタリア）

ナポリ湾への南東の入り口附近にある島。ナポリ県*ナポリ（Naples）の南32kmに位置する。*ギリシア（Greece）の旧植民地で、歴代ローマ皇帝の保養地となる。ナポレオン戦争時にはフランスとイギリスが何度も奪い合ったが、1813年に*両シチリア王国（Two Sicilies, Kingdom of The）に返還された。ローマ時代の別荘が数多くここから発掘されている。

カプリ島 Isola de Capri ⇒カプリ Capri

カプリビ地区 Caprivi Strip［独：Caprivi Zipfel カプリビ・ツィップフェル］（ナミビア）

ナミビア北東の細長く伸びる地帯。ナムビア本土から*ザンベジ川（Zambezi River）まで170kmにわたる。この領域は1890年にドイツの首相レオ・カプリビがイギリスから獲得したもので、この領地があるおかげでドイツ領南西アフリカからザンベジ川が利用できるようになった。

カプリビ・ツィップフェル Caprivi Zipfel ⇒カプリビ地区 Caprivi Strip

カブル Cabul［Kabul］（イスラエル）

聖書に登場するイスラエルの*カナン[1]（Canaan）北部の町。*ハイファ（Haifa）の北東24kmに位置する。旧約聖書ではソ

ロモンがツロ〔*テュロス（Tyre）〕の王ヒラムにこの町を与えている（「列王記上」第9章10〜13節）。

カブール　Kabul　[カーブル Kābul]（アフガニスタン）

*ペシャワル（Peshawar）（パキスタン）の西北西224km、カブール川流域の西端にあるカブール州の州都でアフガニスタンの首都。3000年以上前から存在し、前1500年のリグ・ベーダに記述があり、2世紀にはプトレマイオスも言及している。西方からパキスタンに入る峠を管理下におく戦略的な位置にあるため、アレクサンドロス大王、ガズナ朝のマフムード、チンギス・ハン、バーブル、ナーディル・シャー、アフマド・シャーら偉大な侵略者の通り道となった。*ムガル帝国（Mogul Empire）の創始者バーブルは、1504年から皇帝に即位する1526年までの間、ここを首都とした。1738年に*ペルシア[1]（Persia）のナーディル・シャーに征服されるまで、帝国領だった。1773年に*カンダハール（Kandahar）に次いでアフガニスタンの首都となる。アフガン戦争中、イギリス駐屯兵虐殺の報復として1842年にはイギリス軍に一部を焼かれ、1879年には占領された。バーブル、ナーディル・シャー、ティムール・シャーの霊廟、第3次アフガン戦争後1919年に建立された独立記念塔など、数多くの遺跡がある。1979年、アフガニスタンに侵攻したソ連に占領された。1992年に反政府勢力の手に落ち、1996年にタリバーンに制圧された。2001年のアメリカの侵攻後、タリバーンは潰走、その後アフガニスタン新政府の首都となった。

カプレアエ　Capreae　⇒カプリ　Capri

カプレーラ　Caprera（イタリア）

ティレニア海にある島。*サルデーニャ（Sardegna）島の沖1.6kmほどにあり、サッサリ県に属する。1856〜1882年に亡くなるまで、イタリアの愛国者ジュゼッペ・ガリバルディの本拠だった。1860年、ガリバルディは*シチリア（Sicily）と*ナポリ（Naples）を征服したあと、彼による統治を求める民衆の声をよそに、この島に隠棲し、埋葬された。

カープロビンシー　Kaapprovinsie　⇒ケープ州　Cape Province

ガブロボ　Gabrovo　⇒シプカ峠　Shipka Pass

ガブロンツ　Gablonz　⇒ヤブロネツ・ナド・ニソウ　Jablonec Nad Nisou

ガブロンツ・アン・デア・ナイセ　Gablonz an der Neisse　⇒ヤブロネツ・ナド・ニソウ　Jablonec Nad Nisou

カフン　Kahun（エジプト）

*カイロ[1]（Cairo）南西に位置する考古学的遺跡。前1897〜前1878年の王セソストリス2世建造のイルラフーンのピラミッドの建設に携わった現場監督や労働者のための町である。ピラミッド完成後、放置されていたが、1888〜1890年にフリンダーズ・ピートリーが発掘した。碁盤の目状の街路、レンガ造りの家々、木製の柱、クレタやキプロスの陶器が発見されている。

ガベス　Gabès　[古代：Tacape タカペ；アラビア語：Qābis カービス]（チュニジア）

チュニジア中南部、ガベス湾岸の町。*チュニス（Tunis）の南320kmに位置する。ローマ時代のタカペの跡地。12世紀、短

期間ながらノルマン人に支配された。塩水湖の奥のナツメヤシの繁るオアシスに建設され、かつてはチュニジア南部の軍事基地があった。19世紀後半、*地中海（Mediterranean Sea）から塩水湖まで水路を設けて*サハラ（Sahara）砂漠に海を造ることはフランソワ・エリー・ルデールの計画には欠かせない事業だった。1943年3月、ガベスはフランスの防御線*マレス線（Mareth Line）を迂回してきた連合軍に占領された。

カベソン Cabezón（スペイン）
スペイン中部、*バリャドリード（Valladolid）の北東4km、バリャドリード県の町で古戦場。ナポレオン戦争でイベリア半島方面作戦を展開中の1808年6月12日、ラ・サール将軍の率いるフランスの騎兵隊が、グレゴリオ・デ・ラ・クエスタ将軍のスペイン軍をこの町で破り、やがてバリャドリードはフランスに奪われることになる。

カヘティア Kakhetia（ジョージア〔グルジア〕）
8世紀から存在した独立国で、ジョージア〔グルジア〕の一地方。1010年にジョージア領となるが、1468年に再び独立。1762年に東グルジア王国領となり、1801年に東グルジアが*ロシア（Russia）に併合された。
⇒ テラビ Telavi

カペナウム Capernaum〔カペルナウム Capharnaum〕〔現代：Kefar Nahum ケファル・ナフム〕（イスラエル）
パレスチナの古代都市。*ガラリヤ（Galilee）の*ティベリアス（Tiberias）の北北東10km、*ガラリヤ湖（Galilee, Sea of）の北岸に臨む。ローマ軍の駐屯地で行政の中心地。四福音書に登場し、イエスの第2の

故郷。イエスはカペナウムでペテロ、アンドレア、マタイを弟子に選び、布教活動の大半をここで行なった。イエスが教えを広めたとされる集会堂の遺跡が、発掘された2世紀の建造物の下に埋まっていると信じられている。

カーベリー・ヒル Carberry Hill（スコットランド）
イースト・ロジアン 郡（カウンシル・エリア）の丘。*エディンバラ（Edinburgh）の東、*マッセルバラ（Musselburgh）の南東5kmに位置する。スコットランド女王メアリは前夫ダーンリーの殺害者と疑われるボスウェルと結婚したあと、1567年6月15日にこの丘で諸侯の反乱軍に降伏。メアリはロッホ・リーベン城に幽閉された。

カペルナウム Capharnaum ⇒ カペナウム Capernaum

ガベローネス Gaberones ⇒ ガボローネ〔ハボローネ〕Gaborone

ガペンケス Gapençais ⇒ ガプ〔ガップ〕Gap

カホキア Cahokia（合衆国）
*イリノイ（Illinois）州南西部の村。*イースト・セント・ルイス（East Saint Louis）の真南に位置する。1699年、フランス人によって築かれ、イリノイで最初の恒久的なヨーロッパ人の入植地となり、*ミシシッピ川（Mississippi River）上流域でフランスの影響が顕著な地域となった。1765年はイギリス人に、1778年はアメリカ人に屈した。附近のカホキア・マウンド遺跡には、アメリカで最大の先史時代の土塁もある。
⇒ カスカスキア Kaskaskia

河北 ⇒ ホーペイ〔河北〕Hebei（中国）

カポディストリア Capodistria ⇒コペル Koper

カボ・デ・オルノス Cabo de Hornos ⇒ホーン岬 Horn, Cape

カーボ・デ・サン・ビセンテ Cabo de São Vincente ⇒サン・ビセンテ岬 Saint Vincent, Cape

カーボ・ベルデ Cape Verde [ポルトガル語：Cabo Verde]

大西洋上、アフリカ西海岸の沖合に浮かぶ 10 の島群で共和国。*ダカール（Dakar）の西 480km に位置する。1462 年、最初のポルトガル人入植者が到着し、熱帯地方で最古の都市となるリベイラ・グランデを建設。奴隷貿易の成長と共に島は発展したが、16 世紀、リベイラ・グランデは海賊とイングランドの攻撃を受ける。1712 年、フランスに攻撃されたのち、ついに住人がいなくなった。奴隷制度の廃止と共に島はさびれた。第 2 次世界大戦後に復興。1975 年 7 月 5 日、*ポルトガル（Portugal）から独立。独立後もギニアビサウとの結び付きが強かったが、1980 年にギニアビサウ政府（大半がカーボ・ベルデ人）がクーデターで倒され、1981 年に完全な独立をとげた。1993 年、初めて複数の政党による選挙を実施。民間企業を成長させ外国からの投資を得られる経済改革を行なってきたが、長期間の旱魃で大規模な出国と食糧難を招いたために、発展に時間がかかっている。

カーポルナ Kápolna [Kapolna]（ハンガリー）

ハンガリー中央部、*エゲル（Eger）の南西 19km に位置する、へべシュ県の古戦場。1849 年 2 月 26 日～27 日、ウィンデッシュ - グレーツ侯爵率いるオーストリア軍が、ヘンリク・デンビンスキ将軍指揮下のハンガリー革命軍を打ち破った。

カポレット Caporetto ⇒コバリード Kobarid

ガボローネ〔ハボローネ〕 Gaborone [旧名：Gaberones ガベローネス]（ボツワナ）

アフリカ大陸南部、ボツワナの首都。*プレトリア（Pretoria）の北西 290km に位置する。1890 年頃、アフリカ黒人の族長だったガボローネ・マトラピンにより建設され、1965 年に*マフェキング（Mafeking）に代わってイギリス保護領ベチュアナランドの行政中心となる。旧ベチュアナランドのボツワナが 1966 年に独立すると、その首都となった。

ガボン Gabon [Gabun] [仏：République Gabonaise]

アフリカ大陸西岸中部、赤道直下の共和国。西は大西洋に臨み、北は*赤道ギニア（Equatorial Guinea）と*カメルーン（Cameroon）、東と南は*コンゴ共和国（Congo, Republic of）と国境を接する。15 世紀に初めて*ポルトガル（Portugal）がガボンの沿岸を探検したが、赤道の密林に阻まれて内陸には至らず、また植民地としても不適と判断された。19 世紀中期、*フランス（France）がこの地域で植民地を拡大し、1849 年に*リーブルビル（Libreville）を首都とした。1890 年、ガボンは正式にフランス領コンゴに編入。1910 年、*フランス領赤道アフリカ（French Equatorial Africa）の 4 地域の一つとなる。

フランスはガボンの硬材から利益を搾取していたのだが、1913 年からアルベルト・シュバイツァー博士が始めた*ランバレネ（Lambaréné）での伝道と医療活動で有名になった。1958 年、ガボンは共和国になり、*フランス共同体（French Community）の一員となった。1960 年に独立。アフリ

カの新興国の大半が苦しんでいる貧困と社会の混乱をガボンは免れた。厖大な埋蔵量のマンガン、鉄鉱石、ウラニウム、石油が発見されたために国が豊かになった。これらの資源を踏査し、熱帯雨林の硬材を輸出して利益を上げ続けて強固な経済基盤を築いたのである。豊かな石油資源と少ない人口のお陰で、国民一人あたりの所得はアフリカで最高になっている。1967 ～ 2009 年までオマール・ボンゴが大統領を続けたが、1990 年からは複数政党制が導入されている。

カマグエイ Camagüey [旧名：Santa Maria de Puerto Principe サンタ・マリア・デ・プエルト・プリンシペ]（キューバ）

キューバ中東部、カマグエイ州の州都。*ハバナ（Havana）の東南東 480km に位置する。1514 年に建設され、1528 年にインディアンの居住地を設けるために若干の移動をして改称。植民地時代はイングランド、フランス、オランダの海賊に襲撃された。19 世紀初期、スペイン領西インド諸島の首都。今日でも植民地時代の建築の大半が遺っている。

鎌倉 Kamakura（日本）

*本州（Honshū）の南東部、*横浜（Yokohama）の南 16km に位置する都市。日本で屈指の歴史的に重要な町で、7 世紀には建設されていたと思われる。1180 年に源頼朝が鎌倉入りして以来、北条氏が滅びる 1333 年まで、日本の政治の中心地となる。かつては百万人の人口を誇ったが、1603 年に江戸（現在の*東京（Tokyo））が都になると、村程度の規模となる。宗教的に重要で、1252 年には高さ 15 メートルの青銅の大仏が鋳造されたほか、9 メートルの観音像もつくられた。頼朝の墓や、多くの歴史的遺物を収めた博物館がある。

カーマーゼン Carmarthen [古代：Maridunum マリドゥヌム, Moridumum モリドゥヌム；ウェールズ語：Caerfyrddin カエルバルズィン]（ウェールズ）

*スウォンジー[2]（Swansea）の北西 35km、ウェールズ南西部、カーマーゼンシャー州の州都。ティヴィ川に臨む。川を渡れる場所にあり、軍事上の拠点となったために、ローマ人とノルマン人の要塞が築かれた。中世のあいだ、ウェールズで重要度の高い都市となり、羊毛を扱う重要な港となった。随筆家・劇作家のサー・リチャード・スティールは 1729 年に他界するまでここに住んでいた。大内乱の時、カーマーゼンの城がクロムウェルに占領された。当時の土塁の砦の痕跡が残っている。

カマタプル Kamatapur [Rajpat] [旧名：Comotay コモタイ]（インド）

西*ベンガル（Bengal）北東の廃墟となった都市。*コルカタ（Kolkata）の北北東 360km、*クーチビハール（Kuch Bihar）の南南西 19km に位置する。15 世紀初頭にはケーン王国の首都として建設されていたが、15 世紀後半アフガン人に征服されたのちに廃墟となった。インドの古い地図には、コモタイの名で記載されている。

カマリーナ Camarina [現代：Santa Croce Camerina サンタ・クローチェ・カメリーナ]（イタリア）

*シチリア（Sicily）島の古代都市。ラグーザ県の県都*ラグーザ[1]（Ragusa）の南西 21km に位置する。前 599 年に*シラクサ（Syracuse）が建設したが、前 6 世紀～前 4 世紀の間に幾度も廃都となったり占領されたりを繰り返した。前 258 年、第 1 次ポエニ戦争の時にローマ人によって破壊。アテナ神殿をはじめ数多くの遺跡がある。

カマルパ Kamarupa ⇒アッサム Assam

ガマルーン Gamaroon ⇒バンダル・アッバ
ース Bandar Abbas

カミエンナ・グラ Kamienna Góra 〔独：
Landeshut, Landeshut in Schlesien〕（ポーランド）
*ウロツワフ（Wrocław）の西南西83km、
ブブル川沿いの古戦場。1745年プロイセ
ン軍がこの地でオーストリア軍を破った。
七年戦争中の1760年には、オーストリア
軍がプロイセン軍を破っている。1945年
のポツダム協定により、ポーランド領と
なった。
⇒ プロイセン Prussia

上ドナウ Upper Danube ⇒オーバーエスター
ライヒ〔上オーストリア〕Upper Austria

カミナ Kamina（コンゴ）
アフリカ中南部、コンゴ南部の都市。カ
タンガ（Katanga）州リカシの北西304km
に位置する。1960年7月のコンゴ共和国
の独立後、カタンガが分離して内戦が起
こった。カミナはベルギー軍によって分
離派支援の中心地として使われた。1960
～1963年まで、外国軍の撤退を監視する
国際連合の本部となった。

カミナルフユ Kaminaljuyu（グアテマラ）
現在の*グアテマラ・シティ（Guatemala
City）のはずれにあった古代都市。マヤ高
原の中心地として、前1500年頃～前100
年の形成期から人が居住していたが、後
300年頃～後900年の古典期後に廃墟とな
った。前300年頃～後300年の約200の
埋葬地のほか、300～600年に*テオティ
ワカン（Teotihuacán）文化の影響を受けてい
たことを裏づける、より精巧な墓などが
遺っている。

⇒マヤ帝国 Maya Empire

幹線道路 Camino Real（スペイン、合衆国）
〔カミーノ・レアル〕
「王道」を意味するスペイン語で、最初は
16世紀に造られた*マドリード（Madrid）
を含む数多くの重要都市を結ぶスペイン
の街道を示した。同じ16世紀のうちにス
ペインは中南米の新たな植民地にも道路
を敷き始め、その大半は大平原や森林を
切り開いて通した道だった。やがて、重
要な道路はすべてカミーノ・レアルと呼
ばれるようになった。1542～1821年まで
長期支配を続けたスペインが*サンディエ
ゴ（San Diego）から*サンフランシスコ[1]（San
Francisco）に至る960kmのエル・カミーノ・
レアルの名で知られる沿岸道路を*カリフ
ォルニア（California）に造った。この道路
は1770年頃～1825年頃まで沿道に設け
られた21カ所の伝道所と4カ所の砦を結
んでいた。現在、サンディエゴとサンフ
ランシスコを結ぶカリフォルニア州の82
号線はこの旧道をそのまま活かして造ら
れた。

カムチャツカ半島 Kamchatka Peninsula（ロ
シア）
ロシア北東部、*シベリア（Siberia）にある
半島。全長1,200kmで、西のオホーツク
海、東の*ベーリング海（Bering Sea）と太
平洋の間を南に延びる。ロシア人探検家
アトラゾフによって1697年に発見された。
1725年ピョートル大帝はロシア海軍のデ
ンマーク人ウィトゥス・ベーリングを派
遣して、シベリア北東部を探検させた。
1728年、風に吹かれて船が針路をはずれ
たときに、ベーリングはカムチャッカを
まわる南航路を発見し、1741年南東部沿
岸にペトロパフロスク-カムチャッキーを
建設した。1850年にロシアによって半島
は完全に征服され、大規模な入植が進ん

だ。わな猟、漁業の基地として、また海軍施設として重要である。

カムデン[1] Camden（イングランド）

*ロンドン（London）の北西、インナー・ロンドンの区。ハムステッド、ホルボーン、セント・パンクラスの旧自治区が合併してできた。チャールズ・プラットが所有していた土地を、1791年に宅地として提供したカムデン・タウンの名にちなむ。ハムステッドにはアングロ・サクソン時代より村があり、ハムステッド・ヒースの緑地が広がる。かつて二つの村があったホルボーンにはイギリス法曹界の心臓部である法学院（インズ・オブ・コート）がある。人気の高級住宅地であり、ジョージ王朝様式の建物が並ぶ区域が数カ所あり、リージェンツパーク界隈には有名な建築家ジョン・ナッシュが1812〜1820年に設計した屋敷がある。

特にハムステッドには著名な芸術家や作家が住み、チャールズ・ディケンズ、ジョン・コンスタブル、カール・マルクス、H・G・ウェルズ、ジョージ・バーナードショーも住民だった。首相となったベンジャミン・ディズレイリは1804年にホルボーンに生まれる。現在は記念館になっている詩人ジョン・キーツの自宅がある。ホルボーンには大英博物館、ロンドン大学もあり、セント・パンクラスにはロンドンで有名な駅が三つ、すなわち1849年からはユーストン、1852年からはキングズクロス、1874年からはセント・パンクラスがある。ローマ時代の道路だった*ウォトリング街道（Watling Street）が西端を走っている。

カムデン[2] Camden［旧名：Cooper's Ferry クーパーズ・フェリー］（合衆国）

*ニュージャージー（New Jersey）州西部の都市。*デラウェア川（Delaware River）に臨み、対岸には*フィラデルフィア[1]（Philadelphia）がある。1680年頃に入植。1773年、イギリスの課税政策に反対したカムデン伯にちなんで改名。独立戦争中は何度かイギリスに占領された。南北戦争後は産業が発達し、カムデンスープ社もここで誕生した。ウォルト・ホイットマンが埋葬されており、自宅も保存されている。

カムデン[3] Camden［旧名：Pine Tree Hill パイン・ツリー・ヒル］（合衆国）

*サウスカロライナ（South Carolina）州の都市で古戦場。附近をウォーターリー川が流れる。*コロンビア[2]（Columbia）の東北東50kmに位置する。アメリカ独立戦争中はイギリスの重要拠点で、1780年8月16日、コーンウォリス卿の率いるイギリス軍がホレイショー・ゲイツ将軍のアメリカ軍をここで破った。1781年4月25日、アンドルー・ジャクソン青年は拘置所の柵から近くの*ホブカークス・ヒル（Hobkirk's Hill）でナサニエル・グリーン将軍のアメリカ軍がイギリス軍に敗れる重要な戦いを見ていた。その直後、襲いかかる敵軍に業を煮やしたイギリス軍が町を焼き払った。南北戦争中、南軍の兵站基地だったために、1865年2月にウィリアム・T・シャーマン将軍にカムデンが占領され、焼かれた。現在、町は冬期の行楽地として人気を集め、障害物競走で有名。

カムボドゥヌム Cambodunum ⇒ケンプテン Kempten

ガムラカーレビー Gamlakarleby ⇒コッコラ Kokkola

カムラン湾 Camranh Bay [Kamranh Bay]［ベトナム語：Vjhn Cam Ranh ビン・カム・ラン］（南ベトナム）

ファン・ランの北、南シナ海沿岸に位置する。第 2 次世界大戦中の 1941 年、日本軍に占領され、海軍基地として使われた。ベトナム戦争中、1965 ～ 1972 年までアメリカ軍の基地が置かれ、のちにはソビエトの海軍基地が置かれた。2002 年、ロシアが基地を撤退。

カムリ Cymru ⇒ウェールズ　Wales

ガムル Gamru ⇒バンダル・アッバース
Bandar Abbas

カムロドゥヌム Camulodunum ⇒コルチェスター Colchester

カメイロス Camirus（ギリシア）

ロードス島西海岸の古代都市。*ロードス[1]（Rhodes）市の南西 30km に位置する。ロードス市が築造されるまでは、島の中心都市で《ドーリス人 6 ポリス》の一員だった。

カメネツ - ポドルスキー Kamenets-Podolski [Kamenets-Podol'skiy]［1944 年以前：Kamenets-Podolsk］（ウクライナ）

*ホティン（Khotin）の北 19km、*ドニエストル〔ドネストル〕川（Dniester River）の支流沿いの都市。11 世紀に流域にあった中で最大かつ最古の町で、14 世紀以降は大きな教会のある町として栄えた。1434 年にポーランド人が*ポジーリャ（Podolia）の主要都市とした。15、16 世紀と侵略者に苦しんだ挙句、1672 年にトルコ領、1699 年に*ポーランド（Poland）領、その後 1795 年に*ロシア（Russia）領となる。第 2 次世界大戦中の 1941 ～ 1943 年にはドイツ軍に占領された。15 ～ 16 世紀建造

の要塞、14 世紀の教会、修道院が遺る。

カメラクム Cameracum ⇒カンブレー
Cambrai

カメリヌム Camerinum ⇒カメリーノ
Camerino

カメリーノ Camerino［古代：Camerinum カメリヌム］（イタリア）

イタリア中東部の町。マチェラータ県*ファブリアーノ（Fabriano）の南南東 26km に位置する。*マルケ（Marches, The）州に属し、*神聖ローマ帝国（Holy Roman Empire）とローマ教皇がイタリアのこの地域を支配しようと争った際に重要な役割を果たした。10 世紀、カメリーノは神聖ローマ帝国の国境地帯に設けられた 3 カ所の領地の一つだった。教皇アレクサンデル 6 世の息子で軍人のチェザーレ・ボルジアが 1502 年についにカメリーノを占領し、*教皇領（Papal States）とした。1336 年、大学が創設されている。

カーメル Carmel［カーメル - バイ - ザ - シー Carmel-by-the-Sea］（合衆国）

太平洋に面したカーメル湾に臨む*カリフォルニア（California）州の村。*モンテレー（Monterey）の南西 5km に位置する。1602 年にスペインの探検家セバスチャン・ビスカイノが発見し、探検に参加していたカルメル会の修道士たちがカーメルと命名。1770 年、有名なスペインのフランシスコ会の宣教師フニペロ・セラが近くのモンテレーに伝道所を設け、サン・カルロス・ボロメロと名づけた。1771 年、セラは伝道所をカーメルに移し、そこを終生、伝道の拠点とし、没後は埋葬された。現代のカーメル村は 1905 年頃に芸術家のグループが作り、以来、作家と芸術家が

住むようになった。作家のジャック・ロンドン、詩人・劇作家のロビンソン・ジェファーズなどの居地となっている。自然の美しさも有名で、観光客に人気がある。

カーメル - バイ - ザ - シー Carmel-by-the-Sea ⇒カーメル Carmel

カーメル岬 Carmel, Cape （イスラエル）

*ハイファ（Haifa）市の西、*地中海（Mediterranean Sea）に臨む岬。ナポレオンが中東遠征中の 1799 年 5 月 18 日、サー・シドニー・スミス指揮下のイギリスの*アクレ² （Acre）駐屯部隊がペレ海軍少将のフランス艦隊をカーメル岬の沖合で破った。この勝利によって、ナポレオンはアクレ占領の機会を逸して、退却せざるを得なくなった。

カメルン Cameroun/Kamerun ⇒カメルーン Cameroon

カメルーン Cameroon ［仏：Cameroun カメルン；独：Kamerun カメルン］

*ナイジェリア（Nigeria）の南東、ビアフラ湾に臨む共和国。首都は*ヤウンデ（Yaoundé）。初期の時代には移民と侵略が繰り返されていた。1472 年にポルトガル人が到来すると奴隷貿易が始まる。19 世紀、イギリスが沿岸地域の貿易を支配するが、のちにドイツがそれに代わる。第 1 次世界大戦中、ドイツ領はフランスとイギリスに占領され、1919 年にフランス領とイギリス領に分割された。1960 年 1 月 1 日、フランス領が独立し、アマドゥ・アヒジョが大統領に就任。1961 年、イギリス領の北部がナイジェリアと合併し、南部はすでに独立したカメルーンと合併。1972 年、南部と北部が統合し、アヒジョが大

統領となった。1982 年、アヒジョは辞任し、後任のポール・ビヤは 2005 年いっぱいまで大統領を続けた。1990 年代、ギニア湾バカシ半島の豊かな原油をめぐってカメルーンとナイジェリアが争い、1994 年と 1997 年に紛争が起きた。2002 年、国際司法裁判所はバカシ半島をカメルーン領としたが、ナイジェリアはその決定にすぐには従わなかった。

カメンカ Kamenka ［Kamenka-Dneprovskaya］（ウクライナ）

ウクライナの*ザポリージャ（Zaporizhzhya）州西部にある古代の集落。ドニエプル川の*ニコポリ（Nikopol）対岸に位置する。前 5 世紀にはこの地にあったスキタイ人の集落は、アテアスの広大な王国の中心地だった。アテアスは前 339 年、マケドニアのフィリッポス 2 世との戦いで戦死した。
⇒ マケドニア王国 Macedon, Empire of

カメンツ Kamenz （ドイツ）

*ドレスデン（Dresden）の北東 40km、シュバルツェ・エルスター川沿いにある*ザクセン（Saxony）州の都市。創設は 1200 年前後で、東南東 10km の地点に、13 世紀に建てられたシトー会の修道院がある。1729 年に、劇作家のゴットホルト・レッシングがこの地で誕生している。

カモテス海 Camotes Sea （フィリピン）

*レイテ（Leyte）島と*セブ（Cebu）島の間の戦場。1944 年、第 2 次世界大戦中、日本が占領していたレイテ島に連合軍が作戦行動を起こして、何度も空中戦と開戦の舞台となった。

ガヤー Gaya （インド）

インド北東部、*ビハール（Bihar）州の都

市。*パトナ（Patna）の南88kmに位置する。ヒンドゥー教の寺院が数多くあるが、特にビシュヌパド寺（サンスクリット語で「ビシュヌの足跡」の意）が有名。ブッダが悟りを開いた場所であり、仏教の重要な聖地である*ボード・ガヤー（Bodh Gaya）がガヤーの南10kmほどの地点にある。

カヤオ Callao （ペルー）

ペルー中西部、カヤオ湾に臨むカヤオ特別区の中心都市。*リマ（Lima）の西13kmに位置する。1537年、フランシスコ・ピサロによって創建され、*インカ帝国（Inca Empire）から*スペイン（Spain）へと金を輸送する主要港となった。1578年、サー・フランシス・ドレイクに襲撃される。1746年、津波と地震により甚大な被害を受けるが、少し離れたレアル・フェリペ要塞のある場所に再建された。この要塞は独立戦争中にスペインの攻撃に耐え、1825年にはスペインが最後に降伏した場所となった。1866年、スペインの砲撃を受け、1881～1883年の太平洋戦争中は*チリ[1]（Chile）に占領された。1940年、再び地震によって大きな被害を受けたが、近代化されて、重要な港となった。

ガヤック Gaillac （フランス）

フランス南部、*アルビ（Albi）の西24km、タルヌ川の右岸に臨む町。*トゥールーズ（Toulouse）に至る街道沿いにある。10世紀に創設されたベネディクト会の大修道院を中心に発展。凝った彫刻の施された扉で有名なメゾン・イベルセンなどルネサンス期の屋敷が遺っている。

カヤーニ Kajaani ［スウェーデン語：Kajana］（フィンランド）

フィンランド中部、*オウル（Oulu）の南東144km、オウル川の河口に位置する都市。1651年に都市権を獲得。1716年にロシア軍が占領したカヤーニ城塞で知られる。城塞は現在復元されている。フィンランドの民族叙事詩『カレワラ』の編纂者リョンロートは、しばらくここに暮らした。

カヨ・ウェソ Cayo Hueso ⇒キー・ウエスト Key West

カラ Calah ［カラフ Kalakh、カルフ Kalhu］［現代：Nimrud ニムルド］（イラク）

古代*アッシリア（Assyria）の首都。イラク北部、現代の*モースル（Mosul）の南南東30km、*チグリス川（Tigris River）の東岸に臨む。前3世紀、シャルマネセル3世により建設され、聖書の「創世記」第10章11～12節に登場する。アッシュールナシルパル2世（在位前884～前859）の治世にアッシリアの軍事的中心都市となった。前7世紀、サルゴン王朝が*ニネベ（Nineveh）を居地とすることが多かったため、カラはしだいに衰退し始め、前614年には襲撃された。現在、発掘された象牙と彫像により、カラの遺跡は世界でも屈指の規模を誇っている。

カーライル[1] Carlisle ［古代：Caer Luel, Karliol, Luguvallium］（イングランド）

イーデン川に臨む*カンブリア（Cumbria）州の州都。*スコットランド（Scotland）との境界の南13kmに位置する。ローマ時代には一般市民の集落だった。*ハドリアヌスの長城（Hadrian's Wall）の総本部となる要塞が近くのスタンウィクスにある。875年、町は*スカンジナビア（Scandinavia）からの侵略者により破壊された。1092年、赭顔王ウィリアム2世がスコットランドに対して領有権を主張して領地とし、ヘンリ1世（在位1100～35）の治世にスコ

ットランドとの境界を守る拠点として軍事的な重要性をもった。絶えず戦争と境界地域の襲撃が起こり発展が阻害された。1157年、ヘンリ2世がついにイングランド領として支配。大内乱の時期には1644年10月から議会軍が包囲し、1645年6月に陥落。名所としては1090年頃に建てられ、その後さらに防御を固めた城、ノルマン様式の身廊がある大聖堂、14世紀の市庁舎がある。

カーライル[2] Carlisle（合衆国）

*ペンシルベニア（Pennsylvania）州の町。*ハリスバーグ（Harrisburg）の西30kmに位置する。植民地時代は、インディアンとの紛争が絶えない場所で、1753年にベンジャミン・フランクリンによってインディアンとの協定が締結された。1756年に要塞が作られ、フレンチ・インディアン戦争の基地として使われた。アメリカ独立戦争の間は軍需品の保管庫となった。《ウィスキー暴動》の際、1794年にワシントンの本部となった。南方戦争前はアンダーグラウンド鉄道の駅があり、逃亡した奴隷を北部の諸州と*カナダ（Canada）に送っていた。南北戦争中の1863年6月と7月、フィッツヒュー・リー将軍の指揮する南軍に砲撃され、占領された。

カラウェ Carahue［旧名：Imperial インペリアル］（チリ）

カウティーン県の県都*テムコ（Temuco）の西51km、インペリアル川に臨む町。1551年にペドロ・デ・バルディビアによって入植された地域で、スペイン人とインディオの衝突が絶えない土地だった。

カラウリ Karauli（インド）

かつてインド北東部にあった国で、現在は*ラージャスタン（Rajasthan）州の一部。

11世紀に藩王国として設立された。1348年に同名の都市が建設され、首都となる。17世紀に*ムガル帝国（Mogul Empire）の手に落ち、18世紀には*マラータ同盟（Maratha Confederacy）の支配を受けた。1817年にイギリスが統治権を得た。

カラエ[1] Calae（フランス）⇒シェル Chelles

カラエ[2] Carrae/Carrhae（トルコ）⇒ハラン Haran

ガラエキア Gallaecia ⇒ガリシア Galicia

カラオラ Calahorra［古代：Calagurris Nassica カラグリス・ナッシカ］（スペイン）

スペイン中北部、*エブロ川（Ebro River）に臨むラ・リオハ州の都市。ログリョーノの南東42kmに位置する。前76～前72年、この町でポンペイウスは、反乱を起こしたルシタニ族を支援したローマの将軍クィントゥス・セルトリウスを包囲しようとしたが失敗に終わった。9～11世紀、キリスト教徒とイスラーム教徒の間で何度も支配者が代わった。改修された5世紀の大聖堂、ローマ時代の遺跡、二人の殉教者セレドニオとエメテリオの遺体が納められているとされるサンタ・マリア・デ・カラオラ大聖堂などの史跡がある。

カラカス Caracas［旧名：Santiago de León de Caracas サンチアゴ・デ・レオン・デ・カラカス］（ベネズエラ）

ベネズエラの首都。*バルキシメト（Barquisimeto）の東280km、*カリブ海（Caribbean Sea）に近く連邦区の首都でもある。1567年、ディエゴ・デ・ロサーダにより建設され、1595年はイギリスによる略奪、1766年はフランスによる略奪を受けた。1811年7月、スペインからのベネ

ズエラの独立がこの都市で宣言されたが、大地震と軍部の介入で、実質的な独立は1821年に*カラボボ（Carabobo）でシモン・ボリバルが勝利を収めた時になる。1950年代の原油を中心とするにわか景気後、驚異的な発展を遂げた都市。

カラガンダ Karaganda（カザフスタン）

カザフスタン中部、カラガンダ州の州都。*アスタナ（Astana）の南南東216kmに位置する。石炭と銅が豊富な地域にあり、1857年に建設され、1920年代には瀝青炭の大規模な生産地に発展した。都市部のまわりに50ほどの炭鉱町が点在する。旧市街と新市街に分かれ、新市街は1934年に近代的な都市計画によって設計された。第2次世界大戦中、ドイツ侵攻が迫ったロシア西部から、採鉱機械をつくる器具がこの地に運ばれた。

カラグリス・ナッシカ Calagurris Nassica ⇒ カラオラ Calahorra

カラコルム¹ Karakorum［Karabalghasun］（モンゴル）

*カラコルム²（Karakorum）の北西24〜32kmに位置するモンゴル国アルハンガイ県の遺跡。カラコルムより歴史が古く、8世紀半ば〜9世紀半ばに*ウイグル国（Uigur Empire）の首都だったが、キルギズ族の侵攻によりその統治は終わりを告げた。その後ウイグル族は*高昌（Gaochang）に移った。都市の初期の基盤が遺る。

カラコルム² Karakorum［Qaraqorum］［モンゴル語：Har Horin, Khara-Khorin ハラホリン〔喀喇和林〕］（モンゴル）

モンゴル国*ウランバートル（Ulan Bator）の西南西320km、オルホン川上流右岸に位置する、アルハンガイ県の古代都市の

遺跡。1世紀から断続的にテュルク族が居住していた。1220年チンギス・ハンがここを中国侵攻の本拠地と定めたために、*モンゴル帝国（Mongol Empires）の首都となる。後継者オゴタイ（在位1229〜41）によって宮殿とともに再建されると、1264年忽必烈汗が首都を*カーンバリク（Khanbalik）〔*ペイチン（ペキン）〔北京〕（Beijing）〕に移すまで繁栄した。1245〜1247年、1253〜1255年にローマ教皇の使節団が、1275年頃にはマルコ・ポーロが訪れている。1388年農民で仏僧でもあった朱元璋率いる中国軍に破壊され、7万人のモンゴル人が捕らえられた。現在は博物館となっている有名なラマ教修道院が、この近隣に1586年頃に建てられた。1889年この遺跡を発見したロシアの考古学者は、8世紀のトルコ語のオルホン碑文を発見している。

カラタフィーミ Calatafimi（イタリア）

*シチリア（Sicily）の北西、*トラパニ（Trapani）県の町で古戦場。トラパニの東南東35kmに位置する。イタリア独立戦争中の1860年5月15日、ジュゼッペ・ガリバルディの率いる赤シャツ千人隊がここでランディ将軍の指揮するナポリ軍を破り、オーストリアの*ナポリ（Naples）支配に対する反乱を支援した。

カラタユー Calatayud（スペイン）

スペイン北東部、*サラゴサ（Saragossa）県の町。サラゴサ市の南西72kmに位置する。8世紀にムーア人アユーブによって建設され、1120年、*アラゴン（Aragon）のアルフォンソ1世に占領された。史跡としてはムーア人の城とテンプル騎士団のサント・セパルクロ教会があり、古代ローマの都市ビルビリスの遺跡が近くにある。

カラチ ¹ Kalach（ロシア）⇒カラチナドヌー Kalach-na-Donu

カラチ ² Karachi（パキスタン）

パキスタン南東部、*シンド（Sind）州の州都。*ハイデラバード ³（Hyderabad）の南西147km、*インダス川（Indus River）河口の北西、アラビア海の入り江に位置する海港。18世紀初頭には入植が始まった沿岸の要塞で、ヒンドゥー教商人の交易の中心地となる。1843年イギリスが制圧し、シンドの政府をおいた。19世紀後半には、インド屈指の港となる。1947年のパキスタンの独立後、首都がおかれたが、1959年に*ラワルピンディー（Rawalpindi）に移された。優れた考古学出土品を納めた博物館、パキスタン建国の父、ムハンマド・アリー・ジンナーの墓がある。港は1971年のインド・パキスタン戦争で爆撃、砲撃を受けた。1990年代には、宗教派閥の対立に悩まされ、経済が停滞したが、21世紀になって経済の躍進と人口増加により再生した。

カラチナドヌー Kalach-na-Donu［カラチ Kalach, Kalach-on-Don］（ロシア）

ロシア南西部、ボルゴグラード州の都市。州都*ボルゴグラード（Volgograd）の西72kmのドン川東岸にある古戦場。第2次世界大戦の重要な橋頭堡として、1942年7月には激戦が繰り広げられ、1942年11月にはこの近くでドイツ軍による*ボルゴグラード（Volgograd）包囲網が完成した。

カラチャイ - チェルケス共和国 Karachayevo-Cherkess Republic（ロシア）

ロシア・ソビエト連邦社会主義共和国の旧自治州。大カフカス山脈の*カフカス〔コーカサス〕山脈（Caucasus Mountains）の北斜面にあり、南は*ジョージア ²〔グルジア〕（Georgia）と接している。14世紀に*クリミア半島（Crimea, The）から移住してきたカラチャイ人が、人口の大部分を占める。カラチャイ人はトルコ語を話すイスラーム教徒である。16世紀にはカフカス山脈を支配していたカバルダ族の統治下にあった。1733年トルコ領となるが、1828年にはロシアがこの地域を制圧した。

第1次世界大戦後の1921年、一時的に山岳自治ソビエト社会主義共和国の一部となるが、翌年ソ連に制圧され、カラチャイ・チェルケス自治州の一部となる。1924年に分割され、一部がカラチャイ自治州となった。第2次世界大戦中、ドイツ軍との協力を非難されたカラチャイ人は*シベリア（Siberia）に送られ、自治州は放棄された。1957年、流刑者の更正が宣言され、再びカラチャイ - チェルケス自治州が設置された。

唐津 Karatsu（日本）

*九州（Kyūshū）佐賀県北部の都市。*佐世保（Sasebo）の北北東38kmに位置する。古代日本と朝鮮や中国との交流があった重要な地で、16世紀の朝鮮出兵時に豊臣秀吉が建てた名護屋城が遺る。

ガガラツ Galatz［旧名：Galati ガラツィ］（ルーマニア）

ルーマニア東部、*ドナウ川（Danube River）に臨む都市。*ブカレスト（Bucharest）の北東に位置する。1856〜1945年までドナウ川を管理する国際委員会の本部が設置されたが、第2次世界大戦により中断。ギリシア正教とローマ・カトリックの古い教会が多いが、なかでも有名なコサックの頭目マゼッパの墓がある17世紀の大聖堂は注目に値する。

ガラツィ Galati ⇒ガラツ Galatz

カーラック Ceatharlach ⇒カーロー Carlow

カラッハ Curragh, The [Currach]（アイルランド）

*キルデア（Kildare）の東、キルデア州の平野。古代の集会場所で、1世紀以来、競馬場となり、アイリッシュ・ダービーが毎年開催されている。1646年以降、軍の駐屯地があり、1913年にはイギリス人将校たちがアイルランド統治法に反対し、カラッハ反乱が起きた。

ガラティーナ Galatina（イタリア）

*プーリア（Apulia）州レッチェ県、サレント半島〔サレンティーナ半島〕の町。*レッチェ（Lecce）の南16kmに位置する。中世には*ビザンツ帝国（Byzantine Empire）の植民地で、近代初期までギリシア語圏の文化を維持していた。1384年にライモンデッロ・デル・バルゾ・オルシニにより建設が始められ、1460年に完成したアレクサンドリアの聖カタリナ教会の所在地。教会には壮麗な霊廟と1435年にフランチェスコ・ダレッツォが描いた教会内のフレスコ画が特に観光客の目をひいている。

カラデニズ Kara Deniz ⇒黒海 Black Sea

カラデニズ・エレーリ Karadeniz Ereğlisi ⇒エレーリ[1] Ereğli

カラデニズ海峡 Karadeniz Boğazi ⇒ボスポラス Bosporus

カラテペ Karatepe（トルコ）

トルコ東南部の古代城塞都市。*アダナ（Adana）の北東80km、カディルリに近いセイハン川沿いの考古学遺跡。1945年にこの地で発見されたフェニキア文字とヒッタイト文字の碑文によって、ヒッタイトの文字と言語の理解が深まった。紀元前8世紀から存在した、壮大な門や石のレリーフを備えた後期ヒッタイトの城塞都市は、前700年頃にアッシリア人によって破壊されたと考えられている。

ガラテヤ Galatia（トルコ）

現在の*アンカラ（Ankara）附近の地域で、かつては*フリギア（Phrygia）と呼ばれた。前278年にヨーロッパからアジアへと侵入したガリア人にちなんでギリシア人はガラタイと呼んでいた。前239年、*ペルガモン（Pergamum）王のアッタロスがガリア人を破り、フリギアの東部へと追いやったが、そこからガリア人はギリシアの諸都市を襲撃。前189年にはローマ人に敗れて、前25年にはローマ皇帝アウグストゥスがガラテヤを属州にし、首都をアンキュラ、すなわち現在の*アンカラ（Ankara）に定めた。使徒パウロはこの地のキリスト教徒を2度訪れて、ガラテア人への手紙を残した。

カラート Kalat [Kalat-i-Baluch, Kelat, Khelat]（パキスタン）

パキスタン南西部、*バルチスタン（Baluchistan）州カラート県の県都。*クエッタ（Quetta）の南南西130kmに位置する。15世紀以降、1839年にイギリスに占領されるまで、ミルワリ族の町で、18世紀に最盛期を迎えた。旧城塞には族長の宮殿跡がある。1876年、イギリスはこの地域を藩王国とした。1948年にパキスタン領となり、1952〜1955年までバルチスタン藩王国連合の本部がおかれたが、1955年に西パキスタンの新州となる。

カラトラバ Calatrava [ラ・ビエハ La Vieja]（スペイン）

スペイン中部、*シウダード・レアル[1]

(Ciudad Real) 県の県都シウダード・レアルの東北東にあった古代の要塞。1158年、シトー修道会によって建設され、1197年にムーア人に占領されたが、1212年に奪還。現在は廃墟となっている要塞は、スペイン最古の軍人の階級となっている《カラトラバ・ナイト》の称号に名を残している。

カラニシュ Callanish [Callernish] (スコットランド)

*ヘブリディーズ諸島 (Hebrides, The) のルイス島の港で遺跡がある。ローグ湖の東、ストーノウェイの西21kmに位置する。カラニシュの立石はイギリスでも屈指の精巧な先史時代の完全な遺跡で、47の石が十字形に配列されている。

カラノー Kalanaur (インド)

インド北西部、グルダースプルの西22km、*パンジャブ (Punjab) 北西のグルダースプル地区にある歴史的な村。1556年にアクバルがこの地でムガル皇帝に即位した。

カラノーボ Karanovo (ブルガリア)

ソフィアの東168km、マリツァ川流域の*カザンラク (Kazanlūk) 近くの考古学的遺跡。バルカン半島東部の文明の遺跡としてよく知られ、この地域の編年の規準として使われている。前5000年頃から新石器時代の人々が居住していた。

カラバカ Caravaca (スペイン)

スペイン南東部ムルシア州の州都*ムルシア (Murcia) の西北西70kmに位置する都市。1241年までムーア人に支配され、*レオン[3] (León) と*カスティリア (Castile) の王フェルナンド3世に占領されて、ドイツ騎士団に移譲された。17世紀の教会には奇跡が起こったとされる《カラバカの十字架》がある。

ガラパゴス諸島 Galápagos Islands [Tortoise Islands] [スペイン語：Archipelago de Colón コロン諸島] (エクアドル)

エクアドルの西1,040kmの太平洋上に並ぶ諸島。海賊には《惑わしの島々》の名で知られたこの15の島々は野生の動物の宝庫として知られ、特に巨大なカメは有名。1535年に*スペイン (Spain) の探検により発見され、1832年にエクアドルに占領された。小説ではロビンソン・クルーソーが訪れたことになっている。1835年、イギリス海軍のビーグル号で航海中のチャールズ・ダーウィンは島の野生動物を観察し、それをもとに『種の起源』を書き上げる。第2次世界大戦中の1942年からパナマ運河を守るためアメリカ海軍の基地として利用されたが、1946年にはエクアドルに返還された。1968年、エクアドルの国立公園に指定される。1978年、世界遺産の自然遺産に登録され、1985年に生物圏保護区域となり、2001年には海洋保護区も含めて自然遺産に登録された。

カラバフ Karabagh ⇒シュシャ Shusha, ナゴルノ - カラバフ Nagorno-Karabakh

カラバフ山岳地帯 Karabakh Mountain Area ⇒ナゴルノ - カラバフ Nagorno-Karabakh

カラハリ砂漠 Kalahari Desert (ボツワナ、ナミビア、南アフリカ共和国)

オレンジ川と*ザンベジ川 (Zambezi River) の間に広がる93万平方キロメートルの乾燥した高原地帯。ごく少数のサン人とコイコイ人が暮らす。ヨーロッパ人にそれぞれブッシュマン、ホッテントットと呼ばれる人々で、17～18世紀に、抵抗もむ

なしく、オランダ人植民者によってカラハリ砂漠を含むアフリカの内陸部に追いやられた。この砂漠に暮らす人々は、狩猟や食料採集で生計を立てている。カラハリ砂漠を最初に横断したヨーロッパ人は、スコットランドの宣教師で探検家のデイビッド・リビングストンと、イギリス人探検家のウィリアム・C・オズウェルで、1849年に砂漠が横断可能であることを証明し、現在のボツワナにあるヌガミ湖を発見した。

カラバル Calabar [旧名：Old Calabar オールド・カラバル]（ナイジェリア）

ナイジェリア南東部の港湾都市。*ラゴス[1]（Lagos）の東南東560km、カラバル川に臨む。クロス・リバー州の州都。18世紀にイビビオ族が定住し、市場の中心と奴隷貿易の拠点となり、ゆるやかなまとまりをみせていたオールド・カラバルの一部となった。1884年にイギリス保護領が認められるようになって、カラバルは1903年まで3カ所のイギリス保護領の首都となった。1903年、首都はラゴスに移る。さらに*ポート・ハーコート（Port Harcourt）の発展により一段と影が薄くなった。現代のカラバルは教育の中心地であり、ナイジェリアの大観光地となっている。

カラヒサル[1] Kara Hisar ⇒アフィヨンカラヒサル Afyonkarahisar（トルコ）

カラヒサル[2] Karahisar ⇒シェビンカラヒサル Şebinkarahisar（トルコ）

カラフ Kalakh ⇒カラ Calah

カラファト Calafat（ルーマニア）

ルーマニア南西部、ドルジュ県の町で古戦場。*ドナウ川（Danube River）を挟んで対岸には*ブルガリア（Bulgaria）の*ビディン（Vidin）がある。14世紀、ジェノアの入植者が築造し、19世紀のロシア・トルコ戦争で戦場となった。

カラブシャ Kalabsha [Kalabshah]（エジプト）

*ナイル川（Nile River）西岸*アスワン（Aswān）の南64kmにある古代の神殿。前27～後14年までのアウグストゥスの治世に、ローマ風の神殿が建てられた。元は前1450年頃にトトメス3世によって建てられた古い神殿があった。

樺太 Karafuto ⇒サハリン Sakhalin

ガーラープリ Ghārāpuri ⇒エレファンタ島 Elephanta Island

カラブリア Calabria [古代：Bruttium ブルッティウム]（イタリア）

現在の州名であり、古代の地域名だが、場所は別。元来は*アドリア海（Adriatic Sea）とタラント湾に挟まれたイタリア南部の地域で、現在の*プーリア（Apulia）州南部にあたる。この地域は前272～前209年の間に*ローマ（Rome）に占領された。670年にロンバルディア人に征服され、《カラブリア》という地名は、*カタンザーロ（Catanzaro）*コゼンツァ（Cosenza）、*レッジョ・ディ・カラブリア（Reggio di Calabria）からなるイタリア南西部の半島を示すように変わった。

この地方はローマ人が征服するまでは、豊かで力のあるギリシアが植民地政策の焦点にしていた。9世紀になると*ビザンツ帝国（Byzantine Empire）に吸収され、11世紀、ロベール・ギスカールの率いるノルマン人に屈する。イタリア共和主義の拠点となり、1860年、イタリア王国に吸収された。第2次世界大戦中、イタリア

の物資供給の要となり、レッジョ・ディ・カラブリアは頻繁に爆撃を受けた。有史以前から集落があった証拠は古代のカンブリア、特に*ガリポリ 1 (Gallipoli) と*レッチェ (Lecce) に数多く見られる。
⇒タラント Taranto

カラブリタ Kalavryta [Kalavrita] ［古代：Cynaetha；ギリシア語：Kalávrita］（ギリシア）

パトラス (Patras) の南東38km、*ペロポネソス (Peloponnesus) 半島北部の町。10世紀にこの地に建設された聖ラブラ修道院は、1821年の独立戦争でギリシア人が初めて集結した場所である。北東8kmの洞窟にある聖メガ・スピレオ（大洞窟）修道院は、4世紀創設と歴史が古く、1827年にトルコ軍の防衛に成功したことで知られる。

カラホージョ Karakhoja ⇒高昌 Gaochang

カラ・ホト Khara Khoto [Karakhoto] ［中国語：Heichen 黒城、Heich'eng；モンゴル語：Hara Hoto ハラ・ホト］（中国）

ゴビ砂漠の南端、*内モンゴル (Inner Mongolia) の*ニンシア〔寧夏〕(Ningsia) ホイ〔回〕族自治区にある廃墟。前1000年頃から存在した町で、*タングート王国 (Tangut Kingdom) の交易の中心地だった。マルコ・ポーロがエチナと記した町と思われるが、14世紀に破壊されている。ロシア人探検家コズロフが1909年に遺跡を発見し、2,500冊もの文書が見つかった。

カラボボ Carabobo （ベネズエラ）

ベネズエラ北西部、カラボボ州*バレンシア 3 (Valencia) の南30kmにある村で古戦場。1821年6月24日、ラテンアメリカの独立戦争中、シモン・ボリバル率いる革命軍がミゲル・デ・ラ・トーレ将軍のスペイン軍を破り、ベネズエラをスペインの支配から解き放った。

カラマタ Kalamata ［ギリシア語：Kalámai カラメ］（ギリシア）

*ペロポネソス (Peloponnesus) 半島南部の都市。*パトラス (Patras) の南南東136kmに位置するメッセニア〔メシニアコス〕湾の港。古代都市ファライのあった場所に近く、10世紀にはビザンツの中心地で、1204年には近隣の城を建てたフランスの十字軍が封建国家を建設した。その後1459〜1821年までベネツィア、トルコの支配を受け、1770年と1821年にはギリシア人の革命の本拠地となる。1825年、イスラーム教徒によって略奪される。第2次世界大戦中の1941年には、ギリシアにいたイギリス軍が主にこの地から撤退した。

カラマン Karaman [Caraman] ［古代：Laranda ラレンダ；旧名：Darende ダレンデ］（トルコ）

*コニヤ (Konya) の南東104kmに位置するトルコ中部の町。古代は*イサウリア (Isauria) の海賊が拠点としていたが、前4世紀にマケドニアのペルディッカスに包囲され、自ら破壊した。13世紀、アルメニア人の独立国家カラマン候国の首都となる。当時の小アジアの大部分を占め、アジアの様々な国と戦闘を交えながらも、1466年にメフメト2世の*オスマン帝国 (Ottoman Empire) に征服されるまで残った。城跡とモスクで知られる。

カラメ Kalámai ⇒カラマタ Kalamata

カラーラ Carrara ［古代：Apuania アプアニア］（イタリア）

イタリア中西部、*トスカナ (Tuscany) 州マッサ‐カラーラ県の都市。*ラ・スペツ

ィア（La Spezia）の東南東 21km に位置する。イタリアの大理石産業の最も重要な中心地であり、公国の中心地でもあり、1633年以降はマッサ - カラーラ公国の中心。12世紀の大聖堂がある。
⇒ マッサ[1] Massa

カラリス Caralis ⇒カリアリ Cagliari

カラーリト・ヌナート Kalaalit Nunaat ⇒ グリーンランド Greenland

カラレス Carales ⇒カリアリ Cagliari

カラン Charan/Charran ⇒ハラン Haran

カランキ Caranqui（エクアドル）
インバブーラ県*イバラ（Ibarra）の南西にあるアンデス山脈の村。古代インカの遺跡がインカ最後の王アタワルパの生誕地として地元民から崇拝されている。
⇒ インカ帝国 Inca Empire

カランセベシ Caransebes（ルーマニア）
ルーマニア南西部、カラシュ - セベリン県*ルゴジ（Lugoj）の南東 40km、ティミシュ川に臨む町。12 〜 13 世紀に建設され、*バナート（Banat）の最初の統治者が居地とした。

カランタニア Carantania ⇒ケルンテン Carinthia

カランタン Carentan（フランス）
*バイユー（Bayeux）の西 37km、マンシュ県の町。第 2 次世界大戦の*ノルマンディー（Normandy）侵攻では戦略上の拠点となった。1944 年 6 月 8 日〜 12 日までの激戦の末、アメリカ軍が占領し、*ユタ（Utah）と*オマハ（Omaha）の上陸拠点が連結さ

れた。

カリア Caria（トルコ）
トルコ南西部、マエアンデル川の南、*小アジア（Asia Minor）の古代地方。現在の*アイドゥン[1]（Aydin）とムーラにあった。ドーリア人とイオニア人が入植し、前 499年のイオニアの反乱時には中心となった。前 377 〜前 353 年、マウソロス総督によりペルシア帝国の属州にされた。*ハリカルナッソス（Halicarnassus）にあるマウソロスの霊廟は古代世界の《七不思議》に数えられている。前 334 年、アレクサンドロス大王がペルシアに勝って占領し、前129 年にはローマの属州*アシア（Asia）に編入された。
⇒ クニドス Cnidus, ミレトス Miletus

ガリア Gallia ⇒ゴール Gaul, フランス France

ガリア・キサルピナ Gallia Cisalpina ⇒シサルパイン・ゴール Cisalpine Gaul

ガリア・キテリオル Gallia Citerior ⇒シサルパイン・ゴール Cisalpine Gaul

ガリア・ナルボネンシス Gallia Narbonensis ⇒ナルボネンシス Narbonensis

カリアーノ Caliano（イタリア）
イタリア北部、トレント県の村で古戦場。*ガルダ湖（Garda, Lake）北端の北東に位置する。フランス革命戦争中の 1796 年9 月 5 日、ナポレオンの軍隊がパウル・ダビドビッチ将軍率いるオーストリア軍を破り、オーストリア軍はトレントを捨て、*アルプス（Alps）まで退却せざるをえなくなった。

カリアリ Cagliari [古代：Carales カラレス, Caralis カラリス]（イタリア）

イタリア西部、*サルデーニャ（Sardegna）島南岸の港湾都市。*ローマ（Rome）の南西420kmに位置する。フェニキア人によって築かれ、サルデーニャでのカルタゴ人の拠点となり、第1次ポエニ戦役ではローマ人に占領された。中世初期には独立していたが、11〜14世紀までは*ジェノバ（Genoa）と交戦中だった*ピサ²（Pisa）に支配される。第2次世界大戦中は中枢となる海軍基地だったために激しい爆撃を受けた。歴史的名所として5世紀のサン・サトゥルニーノ教会、ローマ時代の円形劇場、1304年のサン・パンクラツィオの塔などがある。

⇒ **カルタゴ² Carthage**

カーリオン Caerleon [Caerllion] [古代：Castra Legionis カストラ・レギオニス, Isca Silurnum イスカ・シルルヌム]（ウェールズ）

*ニューポート⁴（New Port）の北東の町。*グウェント（Gwent）州のアスク川に臨む、*チェスター¹（Chester）、*ヨーク¹（York）と並んでイスカの要塞はローマ軍の恒久駐屯地だった。皇帝クラウディウスがウェールズに送り込んだ《第2軍団》が西暦75年から3世紀半ばまで駐留していた。ノルマン人による征服まで、ウェールズの首都であり、アーサー王の*キャメロット（Camelot）の在所とされる。円形劇場の跡と古代の要塞の大半が見られる。

⇒ **カーナーボン Caernarvon**

カリカット Calicut ⇒ **コージコード Kozhikode**

カーリカール Karikal（インド）

インド南東部、*コロマンデル海岸（Coromandel Coast）に臨む地域。*チェンナイ（Chennai）の南南西240km、タンジャブールの東に位置する。1739年、タンジョール（現在の*タンジャブル（Thanjavur）の藩王が、フランスに割譲した。何度か統治者が変わったのち、1817年にフランス領となる。1947年*フランス領インド（French India）の五つの自由都市の一つとして再編成され、1954年にインドに返還された。

カリクラ Callicula（イタリア）

イタリア南西部、*カンパニア（Campania）州カゼルタ県の山で古戦場。*カプア（Capua）の西に位置する。前217年、第2次ポエニ戦争中、*プーリア（Apulia）に戻る途中、ファビウス・マクシムス・クンクタトルの率いるローマ軍をここで破った。

カリサル Carrizal（メキシコ）

*シウダード・フアレス（Ciudad Juárez）の南136km、*チワワ（Chihuahua）州の村で古戦場。1916年6月21日、この村での戦いでメキシコ政府軍がジョン・J・パーシングの指揮するアメリカ派遣軍を破った。革命軍にアメリカ人が襲撃されたあと、パーシングは首謀者のパンチョ・ビヤを追ってメキシコまで遠征している。

カリシア Calisia ⇒ **カリシュ Kalisz**

ガリシア Galicia [古代：Gallaecia ガラエキア]（スペイン）

スペイン北西部にあった旧王国。*ラコルニャ（La Coriña）、*ルーゴ（Lugo）、*オウレンセ（Orense）、*ポンテベドラ（Pontevedra）の4県からなる。前137〜前36年までローマに占領され、アウグストゥスの治世（前27〜後14）にはローマ人に支配された。*サンチアゴ・デ・コンポステラ

（Santiago de Compostela）が中世の首都で、使徒ヤコブにちなんで命名された大聖堂があり、ヤコブの墓がそこで発見されたとされる。現在の教会は1075年に建設が始まり、1122年に完成。中世以来、巡礼の地となっている。734年、ムーア人に占領されたが、ムーア人は739年に*アストゥリアス（Asturias）のアルフォンソ1世に放逐された。1072年、*カスティリア（Castile）のアルフォンソ6世に占領されてからはカスティリアか*レオン³（León）のいずれかの王国の領地となった。9世紀と10世紀には沿岸部がノルマン人の襲撃を受けた。

カリシュ　Kalisz [独：Kalisch；ラテン語：Calisia カリシア, Calissia；ロシア語：Kalish]（ポーランド）

ポーランド中部、ウィエルコポルスカ県の都市。*ポズナン（Poznań）の南東104km、プロスナ川に臨む。先史時代の村の跡が遺るポーランド屈指の古い町で、プロスナを渡る古代ローマのいわゆる琥珀の道沿いにあり、2世紀にはプトレマイオスが言及している。13世紀に始まった織物業で繁栄した。1343年にはこの地で、ポーランド王カジメシュ3世（カシミール大王）がドイツ騎士団に東*ポメラニア（Pomerania）を譲渡する条約が結ばれた。1706年にはロシア、ポーランド軍がスウェーデンに勝利を収め、1813年には*プロイセン（Prussia）と*ロシア（Russia）の間でナポレオンに対抗する同盟が結ばれた。1815年にプロイセンからロシアに渡り、1919年にポーランドに戻された。第1次および第2次世界大戦中には、ドイツ軍に占領された。

カリストラウアカ　Calixtlahuaca（メキシコ）

メヒコ州の遺跡の町。トルカの北西7km

に位置する。前7世紀にマトラシンカ族と思われる民族が定住し、蛇神ケツァコアトルの神殿、トラロク神のピラミッド、骸骨の館などコロンブス以前の様々な文化の遺跡が見られる。
⇒ **アステカ帝国 Aztec Empire**

カリスブルック　Carisbrooke（イングランド）

*ニューポート¹（Newport）の西南西、*ワイト島（Wight, Isle of）の村。大内乱での敗北後、1647〜1648年までチャールズ1世がカリスブルック城に幽閉された。2度脱出を試みたが失敗。城はローマン様式、ノルマン様式、16世紀の様式が混じり合っている。

ガリタ　Galita ⇒ヤルタ Yalta

ガリツィア　Galicia [独：Galizien；ポーランド語：Halicz ハーリチ；ロシア語：Gallich, Galitsiya]（ポーランド、ウクライナ）

ウクライナ南西部からポーランド南部にかけてのヨーロッパ中部の地域。面積約8万3,700平方キロメートル。主要都市は*クラクフ（Kraków）と*リビウ（Lviv）。東部の住民は大半がルテニア人で、西部にはポーランド人が多い。1175年には独立した公国になっていたが、1230年には*ボルィーニ（Volhynia）公国に吸収された。1241〜1242年に*キプチャク・ハン国（Kipchak Khanate）に征服されたが、支配は恒久的なものではなかった。1360年、ポーランドに編入され、1772年に最初のポーランド分割により*オーストリア（Austria）領となる。さらにオーストリア-ハンガリー帝国の一部となり、1867年にはハンガリー王国の建設にともなって国内問題についての支配権を獲得。第2次世界大戦後、ソ連がガリツィア東部、ポーランドがガリツィア西部を支配した。

ガリー砦 Fort Garry ⇒ウィニペグ Winnipeg

ガリーナ Galena [旧名：Fever River フィーバー・リバー, La Pointe ラ・ポワント]（合衆国）

*イリノイ（Illinois）州北西部の町。*シカゴ（Chicago）の西北西 160km に位置する。ガリーナ河口附近に入植したフランスの貿易商人ル・フェーブルにちなんでフィーバー・リバーと呼ばれていた交易所から発展し、1835 年に町になった。南北戦争の将軍で大統領になったユリシーズ・S・グラントの家が遺っている。1838 年、アメリカの俳優ジョゼフ・ジェファーソンの同名の父親がこの町で劇場を開いた。

カリーニ Carini （イタリア）

パレルモ県*パレルモ（Palermo）の西 16km に位置する*シチリア（Sicily）の町で古戦場。1860 年、シチリアの革命軍がブルボン家の軍勢に破れた。

カリニカム Callinicum （シリア）

シリア北部、アレッポ県エデッサの南、*ユーフラテス川（Euphrates River）の左岸に臨む古代都市で古戦場。531 年、ビザンツ帝国の将軍ベリサリオスはここで*ペルシア[1]（Persia）王カワード 1 世に破れた。

カリーニン Kalinin ⇒トベリ Tver

カリーニングラード Kaliningrad [独：Königsberg ケーニヒスベルク]（ロシア）

ロシアの西端、カリーニングラード州の州都で、プレゴリャ川河口の港湾都市。*グダニスク（Gdańsk）の東北東 128km に位置する。1946 年までケーニヒスベルク。1255 年*ボヘミア（Bohemia）王オタカル 2 世によってドイツ騎士団の要塞として建設され、1340 年に*ハンザ同盟（Hanseatic League）に加わった重要な都市。1457 年、騎士団国の首都になる。1525 〜 1618 年プロイセン公の居地となり、1701 年にはプロイセン王の戴冠地となった。イマヌエル・カントは 1724 年にこの地で生まれ、1544 年に創設された大学で教えた。第 2 次世界大戦中のソ連軍の包囲攻撃によって、城、大学、カントの墓は大きな被害を受けた。バルト海岸に長期にわたり存在した重要なドイツ海軍基地は、ポツダム協定によって 1945 年にソ連に譲渡され、共産主義政治家のミハイル・イワノビッチ・カリーニン（1875 〜 1946）をたたえてこの名がつけられた。カリーニングラードは冷戦中、ソ連の重要な海軍基地で、1991 年までは外国人の立ち入りが制限される閉鎖都市だった。*リトアニア（Lithuania）と*ベラルーシ（Belarus）の独立後は、*ロシア（Russia）の他地域から隔絶され、軍事基地としての重要度は低減している。

カリーニンスク Kalininsk ⇒ペトロザボーツク Petrozavodsk

カリフォルニア California （合衆国）

合衆国で最大の人口を有し、1850 年の和解により 31 番目の州となる。太平洋に臨み、北は*オレゴン（Oregon）州、南は*メキシコ（Mexico）州に接する。《カリフォルニア》という語はあるスペイン語の詩に初めて使われ、それがスペインの探検家たちによってこの地域の地名として使われるようになった。

ヨーロッパ人到来以前のインディアンが 100 部族で 3 万 1 千人だったことをもとに土地の収容力を踏まえてシャーバーン・クック教授は 1978 年に、先史時代のカリフォルニアの人口は 13 万 3 千〜 35 万人程度と推定している。最初に足を踏み入れたヨーロッパ人はフアン・ロドリ

ゲス・カブリロで、彼は 1541 年にサンディエゴ湾を発見し、スペイン領とした。1579 年、イングランドの探検家サー・フランシス・ドレイクが現在の*サンフランシスコ[1]（San Francisco）の北に上陸し、ニュー・アルビオンと命名し、イギリス領とした。1602 年、セバスチャン・ビスカイノがモンテレー湾を見つけ、1769 年にはガスパル・デ・ポルトーラがサンディエゴ湾に最初の植民地を築き、その後、モンテレー湾に要塞を建設。*モンテレー（Monterey）はアルタ・カリフォルニアの首都となる。*幹線道路（Camino Real）にはフランシスコ会が伝道所を設けて、インディアンを連れてきては改宗させ、農業労働を強制した。1776 年、フアン・バウティスタ・デ・アンザがサンフランシスコを創建。

1812 年、北からロシア人が到来し、サンフランシスコの北にロス砦を建設。1826 年、アメリカ人が初めて陸路でカリフォルニアに到達。1820 年代にメキシコは独立すると、伝道所を国有化し、1833 年と 1834 年には宗教と分離した。1845 年、地元民はメキシコ政府を拒絶し、翌年、探検家ジョン・C・フレモントの率いるアメリカ人の一団がソノマを占領して《ベア・フラッグ》を掲げてベア・フラッグ共和国の独立を宣言。1846 年 7 月 7 日、アメリカ海軍将校がモンテレーを占領し、カリフォルニアを合衆国領と宣言した。1848 年、メキシコ戦争が終わり、メキシコはカリフォルニアを合衆国に割譲。同年、*サクラメント（Sacramento）の渓谷で金鉱が発見された。翌年、探鉱者が押し寄せた。これを《49 年組》（Forty-Niners）と呼ぶ。にわか景気に沸き、インフレが起こり、無法状態と暴力が横行した。

1869 年、カリフォルニアは初めて鉄道で他の地域と結ばれた。ゴールドラッシュと鉄道建設のため大勢の中国人労働者が集まり、ヨーロッパ人労働者の怒りを招いた。1882 年に中国人の移民を禁ずる連邦法が成立。1906 年 4 月、大地震と火災によりサンフランシスコは壊滅的な被害を受けたが、迅速に再建された。20 世紀初頭、野菜栽培用の土地を買収していた日本人に対する偏見も強まり、1913 年には日本人には農地の所有が認められなくなった。1920 年代の不動産ブームによりカリフォルニアの人口は増加したが、1930 年代の大恐慌が不景気を招き、新生活を求めてホームレスの移民が町にあふれた。

第 2 次世界大戦になると、船と飛行機の製造が一気に増加して景気がよみがえり、カリフォルニアは太平洋戦争では戦場への出発点となった。カリフォルニアの日本人住民は「強制収容所」に退去させられた。第 2 次世界大戦後、カリフォルニアはアメリカで屈指の高度成長を遂げる州となり、豊かなアメリカ生活の象徴となり、1950 ～ 1970 年までの間に人口がほぼ 2 倍になった。

1960 年代、このにわか景気の結末として、チャンスを活かし成功する者とそうでない者が現われ、不平等な社会が生まれた。人種間の緊張が高まり、1965 年 8 月、*ロサンゼルス（Los Angels）の黒人街*ワッツ（Watts）で人種暴動が起こった。6 日間で 34 人が死亡し、何百万ドルという経済損失が出た。1960 年代末には、移民労働者が組合組織の認可と平等な利益を求めてストライキを続け、暴徒と化した。1960 年代～ 1970 年代は学生運動も盛んになり、初めは*バークリー[2]（Berkeley）のカリフォルニア大学が中心だった。ロナルド・レーガン大統領はこのような新たな時代の趨勢に立ち向かって国民の政治的な関心を喚起した。1966

年、レーガンは2期務めることになる知事の第1期目に当選し、1970年代にカリフォルニアで高まる保守主義への道を拓いた。1970年代末、カリフォルニア州は《提案13号》、すなわち固定資産税を低く制限する提案が住民投票によって可決された。航空機の製造を中心とする製造業が盛んな州だが、野菜と果物の生産も盛んで、ワインも国内で随一の生産高。マイクロエレクトロニクスとコンピュータ、ソフトウェア、バイオテクノロジーをはじめとするハイテク産業の分野でも国内でトップ。1990年代、インターネット関連企業の好不調は州の経済に打撃を与えることもあったが、カリフォルニア州は今も世界のインターネットビジネスのリーダーとしての地位を保っている。*ハリウッド（Hollywood）は75年近く映画産業の中心地であり続けている。サクラメントが州都で、ロサンゼルスが最大の都市。サンフランシスコ、バークリー、*フレズノ（Fresno）、ロング・ビーチ、*オークランド[2]（Oakland）、*サンディエゴ（San Diego）、*サンノゼ（San José）などの大都市を抱えている。

カリブ海 Caribbean Sea

南は南アメリカ、西は中央アメリカ、北と東は*西インド諸島（West Indies）と接する太平洋の縁海。1493年、クリストファー・コロンブスが初めて渡航し、*スペイン（Spain）が領有権を主張。スペインの探検隊が通る主航路となり、のちに新大陸、特に*サント・ドミンゴ[1]（Santo Domingo）と*イスパニオラ（Hispaniola）から富を運ぶ輸送船の航路となった。従って、激しい植民地争いの場となり、海賊の出没する海となった。スペインと争って、ヨーロッパ諸国の多くは西インド諸島に植民地を設けた。カリブ海の軍事上の重要性

は1914年、*パナマ運河（Panama Canal）の開通でさらに高まった。第2次世界大戦では、ドイツ潜水艦の攻撃を受けて多くの船が沈没した。アメリカはカリブ海に数多くの基地をもっているが、ソビエトがカストロの*キューバ（Cuba）支援を強化したために緊張が高まり、この地域でのアメリカの勢力に影響が及び、1962年にはキューバ危機を招いた。

ガリポリ[1] Gallipoli ［ギリシア語：Callipolis, Kallipolis カリポリス；ラテン語：Anxa アンクサ］（イタリア）

*プーリア（Apulia）州レッチェ県の港町。*レッチェ（Lecce）の南西34km、タラント湾に臨む。19071年、ノルマン人が*ビザンツ帝国（Byzantine Empire）から奪取。1266〜1285年まで*ナポリ（Naples）王となったアンジュー（Anjou）のシャルル1世の建てた城によって厳重に守られていたが、1484年に*ベネツィア（Venice）に襲撃され荒らされた。現在の町は岩場の多い島にあり、橋で本土とつながっている。壮美な大聖堂は1629年の建設。1861年にプーリアがイタリア王国に編入されるとガリポリも吸収された。*ビザンツ帝国（Byzantine Empire）の要塞の一部が城砦の壁などに遺っている。

ガリポリ[2] Gallipoli ［古代：Gallipolis ガリポリス；トルコ語：Gelibolu ゲルボル］（トルコ）

*ダーダネルス（Dardanelles）海峡の北西端に位置する港湾都市。*イスタンブール（Istanbul）の西南西300km、*アドリアノープル（Adrianople）の南145kmに位置する。*ビザンツ帝国（Byzantine Empire）皇帝ユスティニアヌス（483〜565）の兵器庫や*オスマン帝国（Ottoman Empire）のバヤジッド1世（在位1389〜1403）の方形城をはじめとするローマ帝国とビザンツ

帝国の遺跡が数多く見られる。クリミア戦争時の 1854 年にはダーダネルス海峡への要所として、イギリス・フランスの連合軍に占領された。第 1 次世界大戦中の 1915 年、ダーダネルス海峡を支配下に置こうと連合軍が作戦行動をガリポリで展開したが失敗に終わり、1916 年 1 月には撤退。

カリポリス Kallipolis ⇒ガリポリ¹ Gallipoli（イタリア）

ガリポリス Gallipolis ⇒ガリポリ² Gallipoli

ガリポリ半島 Gallipoli Peninsula［ギリシア語：Chersonesus Thracia ケルソネソス・トラキア］（トルコ）

*ダーダネルス（Dardanelles）海峡に臨む半島。*地中海（Mediterranean Sea）から*黒海（Black Sea）に通じる水路上の要諦にある。クリミア戦争中の 1854 ～ 1857 年には戦場となった。第 1 次世界大戦中は 1915 ～ 1916 年にイギリス、*オーストラリア（Australia）、フランス、*ニュージーランド（New Zealand）の連合軍がオスマントルコの支配するダーダネルス海峡北側のガリポリ半島の攻略を目指したが、反撃されて失敗。海軍大臣のウィンストン・チャーチルが解任され、上陸作戦を指揮したイアン・ハミルトン将軍ら敗戦に責任のある将校も解任。ガリポリ半島上陸はオーストラリアとニュージーランドでアンザック・デイ（4 月 25 日）と呼ばれて記念日になっている。トルコの司令官の一人、ケマル アタチュルクは戦後、近代トルコの建国の父となった。

カリマンタン Kalimantan ⇒ボルネオ Borneo

カリム・シャヒル Karīm Shahīr（イラク）

*キルクーク（Kirkuk）の東 48km に位置する、*ジャルモ（Jarmo）の古代遺跡附近の古代の塚。炭素測定法で前 8750 年頃のものとされる人工遺物が出土しており、食物採集から食物生産文化への移行期の始まりを示すものと思われる。
⇒メソポタミア Mesopotamia

カリヤーニ Kalyani（インド）

*グルバルガ（Gulbarga）の西 64km に位置する*マイソール（Mysore）王国北部の町。10 ～ 12 世紀にかけて、強大な*チャールキヤ朝（Chalukya Empire）の最後の都だった。カリヤーニ王国は 1189 年、とくにトルコとアラブの侵略者との長い戦いの末に滅亡した。

カリヨン砦 Fort Carillon ⇒タイコンデロガ Ticonderoga

ガリラヤ Galilee（イスラエル）

イスラエル北部の地域。東は*ヨルダン川（Jordan River）に臨み、南は*エスドラエロン平原（Esdraelon, Plain of）に接する。*ナザレ（Nazareth）のイエスの布教活動の中心地。前 1 世紀、ローマの属州で、北と南に分けられていた。ヘロデ王の時代には 4 分割された。古代の中心都市は*セフォリス（Sepphoris）、ローマ時代には*ティベリアス（Tiberias）が中心になった。ナザレの重要な町だったが、西暦 70 年に*エルサレム（Jerusalem）が崩壊すると、*パレスチナ（Palestina）におけるユダヤ教の中心地となる。また、キリスト教の大規模な社会もこの地域にはあって、中世から近代まで存続した。十字軍のベルボワール城がある。1187 年、*ヒッティーン（Hattin）の戦いで、サラディンが十字軍を破り、エルサレム王国が倒れた。19

世紀末からシオニストによる植民地化が始まる。1948年の戦争が終わるとイスラエルがこの地域を支配し、*シリア²（Syria）による爆撃が断続的に行なわれたが、1967年にイスラエルが*ゴラン高原（Golan Heights）を占領。1979年、イスラエルが*レバノン¹（Lebanon）に侵攻し、レバノン南部に緩衝地帯の設置を目指して戦った。2000年、イスラエル軍が撤退。

ガリラヤ湖 Galilee, Sea of ［キンネレト湖 Lake Kinneret, ティベリア湖 Lake Tiberias］［聖書：Sea of Chinnereth キネレテの海；アラビア語：Buḥayrat Ṭabayīyā ブハイラト・タバリーヤー］（イスラエル）

イスラエル北東部の淡水湖。南北に22km、東西に8km、海抜マイナス213メートル。東岸の一部がシリアとの国境になっている。聖書との関わりが深く、現在、湖畔は*マグダラ²（Magdala）、*カペナウム（Capernaum）、現存しないがベッサイダといった古都が並ぶ考古学的な土地として観光客で賑わっている。

ガリラヤのカナ Cana of Galilee ⇒カナ Cana

カリンガ Kalinga （インド）

インド中東部の古代の地域で、南方はゴダバリ川まで及ぶ。現在の*アンドラ・プラデシュ（Andhra Pradesh）州北部、*マディヤ・プラデシュ（Madhya Pradesh）州の一部、*オリッサ（Orissa）州のほぼ全域を占めた。*マガダ国（Magadha）のナンダ朝の創始者マハーパドマに征服され、前360〜前322年まで支配を受けた。前260年頃には激しい戦闘の末*マウリヤ朝（Maurya Empire）のアショーカに征服された。11世紀半ばには、東ガンガ朝の統治下に入る。12世紀の統治者アナンタバルマン・チョーダガンガはとくに有名で、*プー

リー（Puri）のジャガンナート寺院を建てた。ナラシンハ1世の時代（1238〜64）には、有名な太陽神の寺院が*コナーラク（Konarak）に建てられた。東ガンガ朝はしばらくの間イスラーム教徒の攻撃に耐え続けたが、1324年北方から侵攻してきた*デリー¹（Delhi）朝のスルタンに屈した。

カリンジャル Kalinjar ［Tarahti］（インド）

バンダの南東85kmに位置する*ウッタル・プラデシュ（Uttar Pradesh）州の町。シバ神崇拝者の巡礼地で、『マハーバーラタ』にも登場する有名な要塞の町。

高名なアフガニスタンの支配者シェール・シャーは1545年にこの地で殺された。1569年アクバルの軍の攻撃を受け、1812年にはイギリス軍に占領された。碑文の刻まれた大きな洞窟や12世紀の廃墟がある。

ガル Galle ［仏：Point de Galle］（スリランカ）

スリランカ南西岸の港湾都市。*コロンボ（Colombo）の南東90km、インド洋に臨む。前100年、中国とアラブの交易拠点として知られた。1597年にポルトガルに占領され、1643年にはオランダに征服された。1687年に設置されたオランダ東インド会社時代の古い教会と要塞のほか、仏教の僧院も数多く見られる。1869年に*スエズ運河（Suez Canal）が完成し、コロンボに防波堤が設けられると港としての重要性が低下した。

カルウス・モンス Calvus Mons ⇒ショモン Chaumont

カルーガ Kaluga （ロシア）

ロシア西部、カルーガ州の州都。*モスクワ（Moscow）の南南西約170kmに位置する。1389年にモスクワ大公国の前哨地点とし

て建設されたが、17世紀にコサック人の攻撃、疫病、火災によって荒廃した。偽ドミトリー2世が居住し、1610年に殺害された場所。ナポレオンがモスクワを包囲したときには、カルーガが抵抗軍の基地となった。ロケット工学のパイオニアK・E・ツィオルコフスキーの故郷で、現在は住居が博物館として保存されている。第2次世界大戦中の1941年、モスクワ進軍途中のドイツ軍に占領された。

カルカ川 Kalka River [現代：Kalmius カルミウス] (ウクライナ)

南方に下り、ウクライナ南東のタガンログ湾に流れ込む川。1223年、モンゴル軍がこの河畔でロシアに勝利を収めた。

カルカソ Carcaso ⇒ カルカソンヌ Carcassonne

カルカソンヌ Carcassonne [古代：Carcaso カルカソ] (フランス)

オード県*トゥールーズ (Toulouse) の南東91km、オード川に臨む都市。前5世紀、イベリア人に占領され、前1世紀にはローマ人が丘の頂きに要塞を築造。485年、西ゴート王エーリック1世が防壁で守りを固めた。8世紀には2度占領され、12世紀にカルカソンヌ子爵によりさらに要塞化された。1209年、アルビジョア十字軍がこの地域の異教徒と戦っていた時、シモン・ド・モンフォールが占領。1247年、フランス王ルイ9世に譲渡され、1659年に国境が南に変更されるまで、難攻不落の国境の駐屯地だった。中世の要塞の遺跡が19世紀にビオレ-ル-デュクにより修復され、現在はヨーロッパでも屈指の見事な要塞となっている。

カルカッタ Calcutta ⇒ コルカタ Kolkata

カルガリー Calgary [旧名：Fort Calgary フォート・カルガリー] (カナダ)

カナダ南西部、*アルバータ (Alberta) 州の都市。*エドモントン (Edmonton) の南290kmに位置する。1875年、ノースウェスト騎馬警察隊によって建設されたフォート・カルガリーから始まる。1883年、カナディアン・パシフィック鉄道の開通によって発展し始めた。近隣に油田とガス田があるところから、エドモントンと肩を並べるほどの重要な都市となった。

カルカル Karkar [Qarqār] (シリア)

シリア西部、*ハマ (Hama) の北西25km、*オロンテス川 (Orontes River) に臨む古代の要塞。前854年、ここで*アッシリア (Assyria) のシャルマネゼル3世とハマ防衛軍との間で一進一退の攻防が繰り広げられた。防衛軍にはイルフレニ王、*イスラエル (Israel) のアハブ、*ダマスカス (Damascus) のベンハダドもいた。シャルマネセルが勝利を宣言したモノリスは、現在大英博物館に収蔵されている。前720年にはアッシリアのサルゴン2世がハマの別の王を破り、カルカルを制圧して火をつけ、ハマをアッシリアの州とした。

カルガン Kalgan ⇒ チャンチヤコウ〔張家口〕Zhangjiakou

カルキス Chalcis/Chalkis ⇒ ハルキス Khalkis

カルキディキ Chalcidice [ギリシア語：Khalkidhiki ハルキディキ] (ギリシア)

ギリシア北部の半島、*テッサロニキ (Thessaloníki) から*エーゲ海 (Aegean Sea) へと南東に延びる。前7世紀、カルキスからの入植者が定住。前5～前4世紀、最初は*アテネ (Athens) に、次に*マケドニア (Macedonia) に対抗して結成したカルキ

ディア同盟の中心となる。同盟の*オリュントス (Olynthus) と*ポティダイア (Potidaea) は前 348 年にマケドニアのフィリッポス 2 世に征服された。前 2 世紀、半島は*ローマ (Rome) の支配下に入った。

カルグーリー　Kalgoorlie [旧名：Hannan's Find ハナンズ・ファインド]（オーストラリア）

*ウェスタン・オーストラリア (Western Australia) 州南部の町。*パース[1] (Perth) の北東 600km に位置する。ゴールデンマイル・リーフとして知られるようになる豊かな金鉱が発見され、1893 年から採鉱が始まった。旧名はハナンズ・ファインドで、1895 年に町になったときに現在の名に変わった。オーストラリアで最も豊かな金鉱を有する地域。生産量は 1903 年のピークを境に衰退したが、1929 年に新しい採鉱技術が導入されて生産量が安定した。現在オーストラリアの金の 75% を産出する。クリスチャン・ブラザーズ・カレッジとウェスタン・オーストラリア鉱業校がある。
⇒クールガーディ Coolgardie

カルケドン　Chalcedon [Calchedon] [現代：Kadıköy カドゥキョイ]（トルコ）

*ボスポラス (Bosporus) 海峡入り口の東側に位置する古代都市。現在は*イスタンブール (Istanbul) の郊外。前 685 年、*メガラ (Megara) のギリシア人が建設した都市で、前 616 年、*ペルシア[1] (Persia) に占領され、前 133 年にはローマに占領された。*ビザンツ帝国 (Byzantine Empire) に支配されていた時期、西暦 451 年に初期キリスト教会の 4 回目の公会議がカルケドンで開催され、イエス・キリストについての定義が示された。

カルケミシュ　Carchemish [ローマ時代：Europus エウロプス]（トルコ）

シリア国境附近のガジアンテップの南東 56km、*ユーフラテス川 (Euphrates River) 西岸の古代都市で古戦場。紀元前 1000 年代、ミタンニ人の王国の都市だったが、前 1375 〜前 1335 年にヒッタイトの王シュッピルリウマによって緩衝国にされた。*ヒッタイト帝国 (Hittite Empire) 滅亡後、カルケミシュは新ヒッタイトの中心都市となる。前 716 年、*アッシリア (Assyria) 王サルゴン 2 世に征服された。軍事的な要所にあり、ユーフラテス川を渡る地点に位置していたが、前 605 年に戦場となり、*バビロン (Babylon) のネブカドネザル 2 世がネコ 2 世を破り、エジプトのアジア支配が終わった。発掘により、新石器時代の集落跡が発見された。新ヒッタイト時代とアッシリア時代の城砦と壮麗な宮殿も発見されている。
⇒エジプト Egypt

カルシー　Karshi [1925 〜 1937 年：Bek-Budi]（ウズベキスタン）

ウズベキスタン南東部、カシュカダリア州の州都。ブハラの南東 144km に位置。少なくとも 1000 年前から存在していた。*インド (India)、*ブハラ (Bukhara)、*サマルカンド (Samarkand) への隊商ルート上にあり、ティムール、のちにはブハラ・ハーン国の統治者が居住した。14 世紀からの要塞と、16 世紀の霊廟やモスクがある。

カールシュタット[1]　Karlstadt（ドイツ）

*ウュルツブルク (Würzburg) の北西 21km、マイン川沿いの町。ドイツの宗教改革者カールシュタット（アンドレアス・ボーデンシュタイン）が 1480 年頃にこの地で生まれた。川の対岸にはカール・マルテルによって建設され、1524 〜 1526 年

の農民戦争で破壊された城跡がある。町は城壁で囲まれ、ゴシック様式の教会と15世紀建築の市庁舎がある。

カールシュタット² Karlstadt（クロアチア）⇒カルロバツ Karlovac

カルス Kars [Qars]［古代：Chorsa］（トルコ）
トルコ北東端の都市。カルス県の県都。*エルズルム（Erzurum）の北東176kmに位置する。当初は強力な軍事拠点で、9世紀と10世紀には独立したアルメニア王国の首都だった。11世紀にセルジューク・トルコに制圧され、13世紀にモンゴルに屈した。1387年ティムールの支配下に入り、1514年には*オスマン帝国（Ottoman Empire）領となる。1825年と1855年にロシアがトルコから奪い、1878年の条約により併合したが、1921年アタテュルクとの条約で返還された。11世紀のアルメニアの教会、16世紀の要塞が残る。**⇒アルメニア Armenia**

カールスクルーナ Karlskrona（スウェーデン）
スウェーデン南部、*バルト海（Baltic Sea）に臨む海港で、ブレーキンゲ県の県都。*マルメー（Malmö）の東北東160kmに位置する。スウェーデンの主要な海軍基地で、1680年にカール11世によって建設され、17、18世紀の建築物や1685年に海軍のために建てられたスウェーデン最大の木造教会がある。

カールスタード Karlstad ［旧名：Thingvalla/Tingvalla ティングバラ］（スウェーデン）
スウェーデン南西部、ベーネルン湖畔に位置するベルムランド県の県都。中世の交易の拠点で、ティング（議会）が開催されていた場所だったために初めはティングバラと呼ばれた。1584年にカール9

世によって勅許が下され、その名にちなんで改名された。1865年、火災で大部分を焼失。1905年、ここでスウェーデン・*ノルウェー（Norway）連合王国の分離が決定した。

カルスト Karst ⇒クラース Kras

カールスバート Carlsbad ⇒カルロビ・バリ Karlovy Vary

カールスブルク Karlsburg ⇒アルバ・ユリア Alba Iulia

カールスルーエ Karlsruhe［Carlsruhe］（ドイツ）
ドイツ南西部、*マンハイム（Mannheim）の南56kmに位置する*ライン川（Rhine River）沿いの都市。バーデン-デュルラハ辺境伯カール・ウィルヘルムが1715年に居城として建設し、1717年以降は伯領の、後年には*バーデン³（Baden）の都となる。19世紀には、新古典様式の建築物が並ぶ通りが、城から放射状に延びる形で整備された。第2次世界大戦中には、大きな被害を受けた。1825年に設立されたドイツで最古の工科大学がある。ハインリッヒ・ヘルツはこの地で電波を発見した。現在は、連邦憲法裁判所がおかれている。

カールソー Carso ⇒クラース Kras

カルタゴ¹ Cartago（コスタリカ）
カルタゴ州の州都。首都サンホセ（San José）の南東22kmに位置する。1563年に建設され、1823年までコスタリカの首都。17世紀の間、頻繁に海賊の攻撃、地震、火山噴火に苦しめられた。豊かな自然環境と雨林で知られ、中央アメリカで屈指の名門校コスタリカ工科大学の所在地で

もある。

カルタゴ² Carthage [古代：Cartago カルターゴー, Karchedon カルチェドン, Kart Hadasht カルト・ハダシュト, Qarthadasht カルタダシュト]（チュニジア）

現在の*チュニス（Tunis）のすぐ外にあった古代都市で、チュニス湾に臨む。前814年、*テュロス（Tyre）のフェニキア人によって建設されたとされ、前6世紀にはカルタゴは、*サルデーニャ（Sardegna）島、*マルタ（Malta）島、*バレアレス諸島（Balearic Islands）を次々に占領し始めた。しかし前480年、*シチリア（Sicily）ではハミルカル将軍指揮下のカルタゴ軍が、ギリシアは*シラクサ（Syracuse）の僭主ゲロンに敗れた。前3世紀半ばからカルタゴは*ローマ（Rome）を相手にポエニ戦争で100年間戦い続けることになる。ハスドルバル将軍のもとで*スペイン（Spain）を征服し、ハンニバル将軍のもとではイタリアをほぼ全滅させるところまでいったが、*ザマ（Zama）でスコピオに敗れた。第3次ポエニ戦争により、前146年にカルタゴはローマに完全に滅ぼされたが、前44年、新しいローマの都市がそこに建設され、重要な行政の中心地となった。西暦439〜533年までバンダル王国の首都となり、698年、アラブ人に破壊されたが、その後も住民が絶えることはなかった。全盛期のカルタゴは古代で屈指の有名な都市となり、極めて高度な文化的生活が送られていた。古代の霊廟、ローマの水道、神殿、彫刻が今も遺っている。

カルターゴー Cartago ⇒カルタゴ² Carthage （チュニジア）

ガルダ湖 Garda, Lake [伊：Lago di Garda]（イタリア）

*ロンバルディア（Lombardy）州東部の湖。東岸が*ベネト（Veneto）州との境界に接する。ローマ時代と中世の遺跡が多く、風光明媚であると共に歴史的に貴重な地域となっている。湖畔のシルミオーネはローマの詩人カトゥルスの故郷で、彼の詩にはこの地方の美しさが謳われている。同じく湖畔には、イタリアで失脚したムッソリーニが樹立した短命の共和国の所在地サロがあり、ともにローマの植民地だったトスコラーノ-マデルノとリーバ、中世の中心地だったガルニャーノとワインで有名なバルドリーノもある。ガルダにはケルト、ローマ、ランゴバルドの各時代の遺跡がある。

カルタゴ・ノウア Carthago Nova ⇒カルタヘナ² Carthagena （スペイン）

カルタダシュト Qarthadasht ⇒カルタゴ² Carthage （チュニジア）

カルタニセッタ Caltanissetta （イタリア）

*シチリア（Sicily）島中部、カルタニセッタ県の県都。*カターニア（Catania）の西90kmに位置する。古代都市のギブル・ガビブとサブチーノが、のちにカルタニセッタになったとされることがある。1086年、ノルマン人に征服された。第2次世界大戦では激戦によって損害を受け、1943年7月連合軍に占領された。ノルマン様式の教会と城がとくに有名。

カルタヘナ¹ Cartagena [旧名：Cartagena de Indias カルタヘナ・デ・インディアス]（コロンビア）

コロンビア北部、ボリバル県の県都で港湾都市。*バランキヤ（Barranquilla）の南

西 96km に位置する。1533 年に建設され、スペイン領アメリカの中では最重要都市となり、特に黄金をスペインに輸送する港としても奴隷売買の大市場としても重要度を増した。16 世紀にはさらに防備を固めて、サー・フランシス・ドレイクなども含めて私掠船を追い払った。1697 年、フランス軍に 3 週間の包囲戦を展開され、壊滅直前にまで追いつめられた。1811 年*スペイン（Spain）からの独立を宣言し、1821 年にボリバルが占領するまで、戦場となった。

カルタヘナ² Cartagena [Cartagena] [古代：Carthago Nova カルタゴ・ノウァ, Colonia Victrix Julia Nova Carthago コロニア・ウィクトリクス・ユリア・ノウァ・カルタゴ]（スペイン）

*地中海（Mediterranean Sea）に臨む港湾都市。ムルシア州*ムルシア（Murcia）の東南東 45km、海軍基地がある。前 3 世紀にカルタゴの将軍ハスドルバルによって建設され、第 2 ポエニ戦争中、前 209 年にプブリウス・コルネリウス・スキピオ指揮下のローマ軍に征服された。425 年、ゴート人に襲撃され、さらにビザンツ人、西ゴート人、ムーア人に次々に占領され、1269 年には*アラゴン（Aragon）のハイメ 1 世に支配された。16 世紀、海軍の大軍港となり、1585 年にサー・フランシス・ドレイクに略奪された。1874 年に反乱が起き、政府軍によって砲撃され、支配された。スペイン内戦では 1936 〜 1939 年まで人民戦線政府の軍港となった。
⇒ **カルタゴ² Carthage, ビザンツ帝国 Byzantine Empire, ローマ Rome**

カルタヘナ・デ・インディアス Cartagena de Indias ⇒カルタヘナ¹ Cartagena（コロンビア）

カルチェドン Karchedon ⇒カルタゴ² Carthage（チュニジア）

カルデア Chaldea [Chaldaea] [アッシリア語：Kaldu カルドゥ；バビロニア語：Kasdu カスドゥ；ヘブライ語：Kasddim カスディム]（イラク）

古代*バビロニア（Babylonia）南部の地方。イラク南部とアラビア砂漠、ペルシア湾、ユーフラテス・デルタの間に位置する。前 1000 年頃、セム人によって建設され、前 850 年に*アッシリア（Assyria）のアッシュールナシルパル 2 世に襲撃された。前 721 年、カルデアのメロダク・バルアダン〔マルドゥク・アプラ・イディナ〕がバビロニアの王位についたが、戦いに破れて敗走し、前 625 年までアッシリア人が王位についた。ナボポラッサルがカルデア人の王朝、新バビロニア帝国を建国し、前 539 年にペルシアの侵攻を受けるまで続いた。前 586 年にはネブカドネザル 2 世が*ユダ（Judah）王国を征服し、*エルサレム（Jerusalem）を占領し、カルデアはそのままバビロニアを意味するようになった。
⇒ **バビロン Babylon**

カルデアのウル Ur of the Chaldees ⇒ウル Ur

カルディエーロ Caldiero（イタリア）

イタリア北部、*ベローナ（Verona）県の町で古戦場。ベローナの東 15km に位置する。ナポレオン戦争中、2 度戦場となった。1 度目は 1805 年 10 月 30 日、マセナ率いるフランス軍がカール・ルートウィヒ大公のオーストリア軍を破った戦いで、2 度目は 1805 年 11 月 12 日で、今度はフランスがオーストリアに敗れた。

カルディ島 Caldy Island ［Caldey Island］［ウェールズ語：Ynys Bŷr イニス・ビュア］（ウェールズ）
カーマーゼン湾入り口の島。*ディベド〔ダベッド〕(Dyfed) 州*スウォンジー²(Swansea) の西34kmに位置する。5世紀に建てられた修道院には聖デイビッド（ウェールズの守護聖人）が居留していたことがある。1127年、ベネディクト会士によって大修道院が創建された。島の遺跡から新石器時代とローマ時代に集落があったことがわかっている。大修道院の敷地で発見された石碑によって、オガム文字の解読が進んだ。

ガルディナス Gardinas ⇒フロドナ Hrodna

カルテイヤ Carteia（スペイン）
スペイン南岸の古代の港町。カディス県*ジブラルタル（Gibraltar）の西に位置する。フェニキア人によって最初に建設され、前170年頃、ローマの植民地にされた。**⇒ローマ Rome**

カルデデウ Cardedeu（スペイン）
バルセロナ県*バルセロナ（Barcelona）の北東30kmに位置する町で古戦場。ナポレオン戦争中の1808年12月16日、イベリア半島方面作戦でローレン・グービオン - サン - シール将軍率いるフランス軍がビーベス将軍のスペイン軍を破り、翌日、バルセロナを解放した。

カルデラ Caldera（チリ）
太平洋に臨むアタカマ州の町。*コピアポ（Copiapó）の北西64kmに位置する。州の主要港であり、1849年にウィリアム・ホイールライトがコピアポまで敷いた、南米で最も歴史ある鉄道を有している。

カルデロン橋 Calderón Bridge（メキシコ）
メキシコ中西部、*ハリスコ（Jalisco）州の古戦場。*グアダラハラ¹（Guadalajara）の東、サンチアゴ川に臨む。メキシコ独立革命中の1811年1月16日、ドン・ミゲル・イダルゴ・イ・コスティリャ司祭とホセ・イグナシオ・アジェンデの率いるメキシコ人反乱民が、フェリックス・マリア・カリェハ・デル・レイの指揮するスペイン軍にここで敗れた。4日後にデル・レイはグアダラハラを占領した。

カルドゥ Kaldu ⇒カルデア Chaldea

カルト・ハダシュト Kart Hadasht ⇒カルタゴ²Carthage（チュニジア）

カルトレ Carteret（フランス）
*イギリス海峡（English Channel）に臨む村で古戦場。マンシュ県*シェルブール（Cherbourg）の南西32kmに位置する。第2次世界大戦中、1944年6月17日、*ノルマンディー（Normandy）方面作戦を展開していたアメリカ軍がカルトレを占領し、シェルブールのドイツ軍を孤立させた。**⇒コタンタン半島 Cotentin Peninsula**

カルナータカ Karnataka ［カルナティックCarnatic, カーナティック Karnatik］（インド）
インド南西部、ベンガル湾に臨む*コロマンデル海岸（Coromandel Coast）と東ガーツ山脈との間にある州。*アンドラ・プラデシュ（Andhra Pradesh）州と*タミル・ナードゥ（Tamil Nadu）州に接している。何世紀にも渡ってインドの様々な地方を統治してきた数々の王朝が、カーナティック地方をその領土に含んでいた。4世紀には*パッラバ王国（Pallava Empire）が*カーンチプラム（Kanchipuram）を首都とし、543年に開かれた*チャールキヤ朝（Chalukya Empire）と何度も戦った。ほかにこの地を都とした古い王朝には、850頃～1279年

まで栄えた*チョーラ（Chola）朝がある。その支配は*タンジャブル（Thanjavur）を都とし、コロマンデル海岸を中心としたものだった。1192〜1398年のインド初のイスラーム国家である*デリー・スルタン朝（Delhi Sultanate）は、その支配をカーナティックにまで広げたが、過酷な慣習によってヒンドゥー教徒の反乱を招き、それが*ビジャヤナガル（Vijayanagar）王国の興隆へとつながった。ビジャヤナガル王国はカナラ人の指導者によって1336年に開かれた。この王国は2世紀に渡って、北方のイスラーム教徒から南部のヒンドゥー教徒を保護したが、1565年に*デカン（Deccan）高原のイスラーム教徒に倒された。

ヨーロッパ人が到来して先住の統治者との戦闘が始まり、この地方の支配をめぐってイギリスとフランスも争うようになった。この抗争は18世紀に頂点に達する。カーナティックのイスラーム太守の首都*アルコート（Arcot）が、1751年イギリスに制圧された。世界各地で戦闘が起こった1756〜1763年までの七年戦争は、主にイギリスとフランスの戦いだったが、ほかと同様インドでもイギリスが勝利した。*マイソール[2]（Mysore）の統治者ハイダル・アリーは1780年にカーナティックに侵攻し、その息子のティプー・サヒーブが1782年に後を継いだが、両者ともに敗北し、1799年にこの地方はイギリスに併合された。1858年イギリス領インド、1956年インド連邦の一州となり、マイソールと呼ばれた。1973年、マイソールの名に反対する声が長く続いたため、カルナータカに改名された。州都は*バンガロール（Bangalore）。

カルナック [1] Carnac （フランス）

*ブルターニュ（Bretagne）半島南岸モルビアン県の村で有史前の遺跡がある。*バンヌ（Vannes）の西南西26km、キブロン湾に臨む。新石器時代初期の巨石記念物が数多く遺っている。特に天文か宗教上の目的のために建てたと思われる立石（メンヒル）の列が有名。ローマ時代の町の遺跡が附近に見られる。

カルナック [2] Karnak （エジプト）

古代都市*テーベ [1]（Thebes）北部、上エジプトを流れる*ナイル川（Nile River）東岸の町。東部は広大な中庭とアメン神殿で、大列柱室は新王国初期の宗教建築の傑作と見なされることが多い。第18王朝（前1570〜前1342）の計画により、さらに古い中王国時代（前2000〜前1786）の土台の上に建設したもので、前322年からのプトレマイオス朝の時代まで増築が続いた。西部は、多くの回廊や神殿からなる複合体。中王国時代のものが多い。
⇒ルクソール Luxor

カルナティック Carnatic ⇒カルナータカ [2] Karnataka

カルナール Karnal （インド）

インド北西部、ハリヤナ州東部の町。*ニューデリー（New Delhi）の北130km、ヤムナー川から11kmのヤムナー運河に臨む。町の名は、おそらくは創設者であると思われる『マハーバーラタ』の英雄カルナにちなんだもの。12世紀のゴール朝の王ギャースッディーンの大理石の墓が遺る。周囲には多くの古代遺跡が見られる。1739年2月24日、この地での戦闘で、侵攻してきたペルシアのナーディル・シャーが戦いに悩まされ続け不意をつかれた皇帝ムハンマド・シャーの軍を倒した。この戦いでムガル帝国の弱体化が証明された。

⇒デリー[1] Delhi

カルニオラ Carniola [クロアチア語：Kranj クラーニ；独：Krain クライン] （スロベニア）
スロベニアの首都*リュブリャナ（Ljubljana）を中心に、アドリア海の北端から北東方向に広がる地域。ローマの属州*パンノニア（Pannonia）の一部だったが、6世紀にスロベニア人に占領され、1335年にハプスブルク家に譲渡された。1809〜1813年の時期を除いて1918年まで*オーストリア（Austria）の支配下にあり、その後はナポレオンに割譲されて、*イリュリア州（Illyrian Provinces）に併合。スロベニア人の民族主義運動が盛んな土地で、1848年、スロベニア人の独立王国を成立させようとする運動の場となった。
⇒ **ケルンテン Carinthia**

カルヌントゥム Carnuntum （オーストリア）
古代ローマの属州*パンノニア（Pannonia）の駐屯地。現在のニーダーエスターライヒ州*ウィーン（Vienna）の東30km、*ドナウ川（Danube River）河畔にあった。ペトローネルから近い。ケルト人の居地だったが、ドナウ川上流のローマ軍の最重要駐屯地となった。西暦6年、ティベリウスがマルコマンニ族を攻撃した際の拠点となった。1世紀末まで琥珀を売るために商人はここから「琥珀の道」に出発した。171〜173年までマルクス・アウレリウス帝がさらにマルコマンニ族を攻撃するための基地を置いた。400年頃、ゲルマン人が駐屯地をついに破壊したが、のちに民間人の集落が発達。

カルネージ湾 Carenage Bay （セントルシア）
*西インド諸島（West Indies）セントルシア北東の湾で海戦の舞台となった。アメリカ独立戦争中の1778年12月13日、サー・サミュエル・バリントン提督とサー・ウィリアム・メドーズ少将の率いるイギリスの上陸部隊が、エスタン伯の指揮するフランス海軍をここで破り、支配権を強化した。この勝利によってイギリスはフランスを攻撃する上で西インド諸島での重要な拠点を得た。

カルパチ・メリディオナリ Carpaţii Meridionali ⇒ **トランシルバニア・アルプス Transylvanian Alps**

カルパティア山脈 Carpathian Mountains [カルパート山脈 Carpathians] [古代：Carpates カルパテス；ルーマニア語：Carpatii；ウクライナ語：Karpatyi] （スロバキア、ポーランド、ルーマニア、ウクライナ、モルドバ）
スロバキアとポーランドの国境沿いに走り、南下してウクライナを通り、ルーマニア東部に至る山脈。全長約1,500km、*ビスワ川（Vistula River）と*ドニエストル〔ドネストル〕川（Dniester River）の水源がある。19世紀に初めて地図が作成された。ルーマニア側はローマ帝国の属州*ダキア（Dacia）の領地だった。12世紀、ザクセン人が肥沃な地域を初めて農地として開拓し、十字軍が駆け抜けていくと、集落が次々にできた。ドイツ人とハンガリー人はハプスブルク家の跡を追って入ってきたが、大半の土地は人口がまばらな状態にある。地勢上、戦時には山脈が避難所にされた。両大戦中は、幾度も戦場となった。

カルパテス Carpates ⇒ **カルパティア山脈 Carpathian Mountains**

カルパート山脈 Carpathians ⇒ **カルパティア山脈 Carpathian Mountains**

カルバドス Calvados（フランス）

フランス北西部、*ノルマンディー（Normandy）地方の県。北部は*イギリス海峡（English Channel）に臨む。県都は*カーン[1]（Caen）。第2次世界大戦中の1944年6月6日、アメリカ軍が*オマハ・ビーチ（Omaha Beach）に上陸し、連合軍の攻撃が開始された場所。

カルパトス Karpathos［古代：Carpathos, Carpathus；伊：Scarpanto スカルパント；トルコ：Kerpe ケルペ］（ギリシア）

*ロードス[2]（Rhodes）島と*クレタ島（Crete）の間に位置する*ドデカネス（Dodecanese）諸島で2番目に大きな島。古代と中世にはロードス島と密接な関係にあり、1306年からベネツィアの支配を受けたが、1540年頃にトルコ領となる。1912年に*イタリア（Italy）に制圧されるが、第2次世界大戦後、ギリシアに返還された。この孤島には、多くの古い慣習や方言が残っている。

⇒ベネツィア Venice

カルバラー Karbalā［ケルベラー Kerbelā］（イラク）

イラク中部、カラバラー県の県都。*バグダード（Baghdad）の南南西88kmに位置するシーア派の聖地。680年にイスラーム教のスンニ派とシーア派の争いが起き、反乱軍シーア派の指導者フサインが殺害された場所である。*メッカ（Mecca）に次ぐシーア派の巡礼地で、メッカ巡礼の出発点である。巡礼者は死者が天国に到達できるように、遺骨をこの地にもってきて埋葬する。金箔のドームと3本の光塔（ミナレット）を備えた壮麗なシーア派の指導者フサインの霊廟は、1801年にワッハーブ派に破壊されたが、寄付金によってすぐに再建された。1991年、独裁者だったサダム・フセインによって反乱が鎮圧された際に、大きな被害を受ける。2004年3月2日、アーシュラーの祭りで爆破テロが発生し、170人の死者と500人以上の負傷者が出た。

カルバリ Calvary［ヘブライ語：Golgotha ゴルゴタ］（イスラエル）

新約聖書の中でイエス・キリストが捕えられて十字架にかけられた場所とされる*ユダヤ（Judaea）の土地。正確な場所は不明だが、古代*エルサレム（Jerusalem）の外にあったことはわかっており、現代のエルサレムの中にあったと考えられている。326年～335年、ローマ皇帝コンスタンティヌス大帝がカルバリだったとされている土地に聖墳墓教会を建設。

カルパントラ Carpentras［古代：Carpentoracte カルペントラクテ］（フランス）

ボークリューズ県*アビニョン（Avignon）の北西19kmに位置する都市。ローマ人に占領され、その時の凱旋門が現在でも立っている。3世紀以降、フランス革命まで司教座がおかれていて、中世後期には異端信仰の中心地となった。ローマ教皇ヨハネス12世を選出した教皇選挙会議はここで1314～1316年に行なわれた。1229～1791年まで*コンタ-ベネサン（Comtat-Venaissin）の首都。

カルビ Calvi（フランス）

*コルシカ（Corsica）島の北西海岸の港町。*アジャクシオ〔アヤッチオ〕（Ajaccio）の北72kmに位置する。1268年の創建。1553年、フランスのアンリ2世の軍隊を撃退。フランス革命戦争中の1794年、イギリス軍がカルビを7週間の包囲の末、占領した。この包囲戦の間にネルソン提督は右目を失明。

カルピ Kalpi （インド）

*ウッタル・プラデシュ（Uttar Pradesh）州*カーンプル（Kanpur）の南西72kmに位置するヤムナー川沿いの要塞都市。4世紀に設立され、1196年にはアフガン人に占領され、イスラーム勢力の重要な拠点となった。1477年には*デリー[1]（Delhi）朝のスルタンと*ジャウンプル（Jaunpur）王国間の激しい戦いの場となり、1527年にはムガル皇帝フマーユーンに制圧され、1540年にはアフガンのシェール・シャーの攻撃を受けた。1803年にはイギリスに占拠される。1858年インド大反乱中、イギリス軍がこの近くで、*ジャーンシー（Jhansi）の反乱軍に勝利を収めた。

カルビナー Karviná ［Karvinná］ ［独：Karwin；ポーランド：Karwina］（チェコ）

チェコ北東部、*オストラバ（Ostrava）の東13kmの都市。かつては*オーストリア（Austria）領だった重要な炭鉱町で、1918年に*ポーランド（Poland）と*チェコスロバキア（Czechoslovakia）間の紛争の原因となった。1920年、チェコスロバキアに割譲されたが、1938年にポーランドに併合される。1945年にチェコスロバキアに戻される。

カルフ Kalhu ⇒カラ Calah

カルプス・ヒル Culp's Hill ⇒セメトリー・リッジ Cemetery Ridge

カルプラルパム Calpulálpam （メキシコ）

メキシコ中部、*トラスカラ（Tlaxcala）州の都市で古戦場。*メキシコ・シティ（Mexico City）の北西61kmに位置する。メキシコで自由主義を求める暴動が起きた時、ベニート・パブロ・フアレスの率いる自由主義者は1860年12月22日にここで政府

軍を破り、メキシコ・シティへの道を切り開いた。

カルフーン Calhoun ［旧名：Oothcaloga ウースカロガ］（合衆国）

*ジョージア[1]（Georgia）州北西部の都市。*ローム[1]（Rome）の北北東35kmに位置する。南北戦争中、ウィリアム・テカムセ・シャーマン将軍の北軍によって破壊されたが、のちに再建。附近には*ニュー・エコタ（New Echota）がある。

ガルベストン Galveston （合衆国）

*テキサス（Texas）州南部の港湾都市。*ヒューストン（Houston）の南南東77km、ガルベストン島東端から3kmに位置する。1785年に*メキシコ（Mexico）総督になったベルナルド・デ・ガルベス伯にちなんで命名された。テキサス州人がメキシコに対して1835年に反乱を起こした際にガルベストンは海軍基地として利用された。1836年の*サン・ジャシント（San Jacinto）の戦いの前後には*テキサス共和国（Texas, Republic of）の暫定的首都となった。1862年、北軍に一時占領された。現在はテキサス州の主要港の一つ。1900年のハリケーンはアメリカ史上最悪の自然災害をもたらし、8千人が死亡。そのうちガルベストン島で6千人、ガルベストン湾周辺で2千人が亡くなった。

カルペニシ Carpenisi ⇒カルペニシオン Karpenísion

カルペニシオン Karpenísion ［カルペニシ Carpenisi, Karpenesion, Karpenission］（ギリシア）

ギリシア中部、*ラミア（Lamia）の西56kmの町。1823年8月20日、この近くの戦闘でギリシアの指揮官マルコス・ボツァリスがトルコ軍に敗れ殺された。

カルベン Calven（イタリア）

*ロンバルディア（Lombardy）州ソンドリオ県の峡谷で古戦場。*スイス（Switzerland）東部の*グラウビュンデン（Graubünden）州との境界に近い。1499年5月22日、グラウビュンデンのスイス人が*神聖ローマ帝国（Holy Roman Empire）のマクシミリアン1世を破り、当時スイス連邦を構成していた州が事実上の独立を獲得。

カルペントラクテ Carpentoracte ⇒ カルパントラ Carpentras

カルマニア Carmania ⇒ ケルマーン Kermān

カルマル Kalmar［Calmar］（スウェーデン）

*ストックホルム（Stockholm）の南南西304kmに位置するバルト海を臨む海湾都市でカルマル県の県都。8世紀以来交易の中心地として栄えた港で、12世紀の城は「スウェーデンの鍵」と呼ばれ、14〜17世紀には何度も包囲攻撃に耐えた。しかし、1611〜1613年のカルマル戦争でデンマーク軍に攻略される。スカンジナビアを一君主のもとで統一しようとしたカルマル同盟は、1397年にこの地で結成され、1523年までここを本拠地としていた。

カール‐マルクス‐シュタット Karl-Marx-Stadt ⇒ ケムニッツ Chemnitz

カルミウス Kalmius ⇒ カルカ川 Kalka River

ガルミッシュ‐パルテンキルヘン Garmisch-Partenkirchen（ドイツ）

ドイツ南東部、*バイエルン（Bavaria）州南部のアルプス山麓の都市。*ミュンヘン（Munich）の南西80kmに位置する風光明媚な国際的な観光地。1936年の冬季オリンピック開催地。ナチスの指導者らが逃げ込んだ最後の地とされ、1945年4月30日に連合軍に占領された。

カルムイキア Kalmykia［カルムイク自治共和国 Kalmyk Autonomous Republic］（ロシア）

*ボルガ川（Volga River）下流西部、*カスピ海（Caspian Sea）北西岸の地域。17世紀に中央アジアからやってきたラマ教徒でモンゴルの遊牧民だったカルムイク人が、ボルガ川河口西部のステップに定住し、ピョートル1世のもとでロシアと同盟を結んだ。1771年、多数のカルムイク人が故郷に戻ろうとしたが、苦しい旅で多くの死者が出た。1917年には、飢饉と内戦に苦しむ。第2次世界大戦ではドイツ軍とともに戦った者がいたため、カルムイク人は*シベリア（Siberia）に送られ、共和国は1943年に崩壊した。シベリアに送られていた人々がフルシチョフの時代に帰国し、1958年に自治共和国としての地位が回復した。1992年に共和国となり、ロシア連邦の一員となった。

カルムイク自治共和国 Kalmyk Autonomous Republic ⇒ カルムイキア Kalmykia

カルムナ Karmuna ⇒ カルモナ Carmona

カルメル山 Carmel, Mount［ヘブライ語：Ha-Karmel］（イスラエル）

*ハイファ（Haifa）市の南、現在のハイファ地区にあるイスラエルの聖山。前16世紀、エジプトの記録に聖なる山として記載されている。聖書でエリヤがバアルの預言者たちと対決した山。初期キリスト教徒にとって聖地であり、1156年に創設されたローマ・カトリックの修道会であるカルメル会に名を残している。その修道院はエリヤが奇跡を起こした場所の近くに建っている。ナポレオンは中東遠征

時に、修道院を兵士のための病院として使った。山中の洞窟から発見された人骨はネアンデルタール人とホモサピエンスをつなぐ重要な手がかりとなった。

⇒ **カーメル岬 Carmel, Cape**

カルモ Carmo ⇒カルモナ Carmona

カルモイ Karmøy〔Karmoy〕（ノルウェー）

*北海[1]（North Sea）のボクン・フィヨルドの口に位置するローガラン県の島。石器時代、青銅器時代の塚や墓が数多く遺る。ノルウェー初のキリスト教徒の王、オーラフ1世（在位995～1000）が島の北端のアバルズネスに居住していた。その附近には13世紀の教会とルーン文字が刻まれた8メートルの石碑がある。

カルモナ Carmona〔古代：Carmo カルモ；旧名：Karmuna カルムナ〕（スペイン）

スペイン南部、*アンダルシア（Andalusia）州セビリア県の古代の町。*セビリア（Seville）の東北東30kmに位置する。カルモはローマの属州ヒスパニア・ウルテリオルの重要都市。*レオン[3]（León）と*カスティリア（Castile）の王フェルナンド3世が長期の包囲戦の末、1247年にムーア人を破って町を占領。ローマ時代の防壁と要塞が町内に見られ、古代の共同墓地が附近にある。

カルーラ Karla ⇒カールリー Kārlī

カールリー Kārlī〔カルーラ Karla, Karle〕（インド）

インド西部、*プネー（Pune）の北西51km、*マハラシュトラ（Maharashtra）州西部、*ムンバイ（Mumbai）中部の村。2世紀初頭に造られた仏教石窟群で知られる。最も有名な石窟はインド最大で、保

存状態の良い柱や優れた彫刻などが遺る。

カルール Karur（インド）

インド中南部、*タミル・ナードゥ（Tamil Nadu）州の都市。*マドゥライ（Madurai）の北176kmに位置する。1565年に*ビジャヤナガル（Vijayanagar）朝が敗北すると、カルールはマドゥライを首都とするナーヤカ朝の配下に入った。1760年にイギリスに占領される。ヒンドゥー経の伝説では、ヒンドゥーの三大神の一つブラフマーがこの地で創造を始めたとされる。「聖なる牛の地」と呼ばれる。

カルルスバート Karlsbad ⇒カルロビ・バリ Karlovy Vary

カルローツァ Karlocza ⇒スレムスキ・カルロブツィ Sremski Karlovci

カルロバツ Karlovac〔独：Karlstadt カールシュタット；ハンガリー語：Károlyváros〕（クロアチア）

クロアチア中部の都市。*ザグレブ（Zagreb）の南西48kmに位置する。1579年、トルコ軍の侵攻を食い止めるための要塞が築かれたときに創設され、前線の初代指揮官だったハプスブルグ家のインナーエスターライヒ公カール2世にちなんで名づけられた。トルコは16世紀と17世紀に占領を試みたが、失敗に終わった。

⇒ **オーストリア - ハンガリー帝国 Austro-Hungarian Empir**

カルロビッツ Carlowitz/Karlowitz ⇒スレムスキ・カルロブツィ Sremski Karlovci

カレツシハ　461

カルロビ・バリ Karlovy Vary [カールスバート Carlsbad] [独：Karlsbad カルルスバート] (チェコ)

*プラハ (Prague) の西 113km、*エルベ川 (Elbe River) の支流オフジェ川沿いの町。その存在はローマ人にも知られていたと思われる。最初の温泉は、1370 年に町に勅許を与えた神聖ローマ帝国皇帝カール 4 世によってつくられた。中世の時代から多くの著名人が訪れ、ベートーベン、ショパン、ブラームス、スメタナ、ゲーテ、シラー、プーシキンらが度々滞在するなど、第 1 次世界大戦まで、裕福な湯治客が集う場所だった。1819 年、メッテルニッヒの指揮の下この地で起草されたカールスバート決議は、ドイツとオーストリアの大学の学生組織や自由主義を抑圧した。

ガルワール Garhwal [Gurhwal] (インド)

インド北部、*ウッタル・プラデシュ (Uttar Pradesh) 州北部の山岳地帯。かつてはそれぞれ族長が支配する 52 の小さな集落からなっていたが、ガルワール王国の創始者アジャイ・パールにより 1450 年頃に統一された。

カールーン湖 Qārūn, Lake [古代：Moeris, Lake モエリス湖；アラビア語：Birkat Qarun ビルカト・カルン] (エジプト)

上エジプト北部、*カイロ[1] (Cairo) の南にあるファイユーム県の湖。前 5 世紀にヘロドトスがこの湖を説明しているが、現在は当時より遥かに小さくなっている。古代エジプトを支配したギリシア系のプトレマイオス朝は、クロコディロポリスに居を定めた。ここはのちに*アルシノエ[2] (Arsinoë) と呼ばれるようになった。1920 年代に古代の灌漑システムが発掘された。
⇒ファイユーム Faiyum

カレー Calais (フランス)

フランス北東部、*ドーバー海峡 (Dover, Strait of) に臨むパ-ド-カレー県の港湾都市。*アラス (Arras) の北西 100km に位置する。1224 年、*ブローニュ (Boulogne) 伯により要塞が築造された。《百年戦争》の際、*クレシー (Crécy) の戦いのあと、1346 年はほぼ 1 年間、イングランド軍の包囲戦に抵抗したが、最後には降伏。1558 年、フランスにおける最後のイングランド領だったが、*ロレーヌ (Lorraine) のフランソワにより奪還されてフランス領となり、1596 〜 1598 年までは*スペイン (Spain) 領。1805 年、イングランド侵攻を目指すナポレオンがここに軍隊を集めた。2 度の世界大戦中、ドイツ軍は大攻撃を行ない、1940 〜 1944 年までカレーを占領し、イングランド空爆の拠点にした。町は一度ほぼ全壊したが、その後は再建されている。13 世紀の塔が戦禍を免れた。

カレ-イ・スルタニイエ Kale-i Sultanie ⇒チャナッカレ Çanakkale

カレー海峡 Pas de Calais ⇒ ドーバー海峡 Dover, Strait of

カレス Calais (合衆国) ⇒セント・スティーブン Saint Stephen (カナダ)

カレッジパーク College Park (合衆国)

*メリーランド (Maryland) 州中西部の都市。*ワシントン[1] (Washington, D. C.) の北東 13km に位置する。1745 年に入植。1856 年創立のメリーランド農科大学を中心に町が発達。現在はメリーランド大学の一部となっていて、キャンパスの中心は 1920 年にここに作られた。

カレドニア Caledonia （スコットランド）

古代の地域名で、ほぼ現在のスコットランド全土に相当する。古代ローマが支配する以前はカレドニア人が住んでいて、グラウピウス山の戦いのあと、西暦82年にローマ人に属した。ローマ軍団の要塞が*インチトゥトヒル（Inchtuthil）に建設され、同時に他の地域にも補助的な要塞が建設された。トラヤヌス帝の治世（98〜117）にローマ人はカレドニアから撤収し、*ハドリアヌスの長城（Hadrian's Wall）まで退却。142年、フォース湾まで再び併合し、新たな境界をアントニヌスの防壁によって守った。現在、《カレドニア》という語はスコットランドを示す詩語として用いられる。

カレミ Kalemi ［Kalemie］［旧名：1915〜1966年：Albertville アルベールビル］（コンゴ）

アフリカ中部、ルクガ川河口の*タンガニーカ湖（Tanganyika, Lake）湖畔に位置するコンゴ民主共和国南東の都市。1892年にアラブの奴隷貿易に反対したベルギー人が軍事拠点として設立した。その年と翌年、奴隷商人に包囲された。

⇒ ベルギー Belgium

カレリア Karelia ［1940〜1956年：カレロ-フィン・ソビエト社会主義共和国 Karelo-Finnish Soviet Socialist Republic；1956〜1991年：カレリア自治共和国 Karelian Autonomous Republic］（ロシア）

ロシア北西部の共和国。首都*ペトロザボーツク（Petrozavodsk）。*フィンランド（Finland）から白海、コーラ半島から南へボログダ州と*サンクト・ペテルブルグ（Saint Petersburg）連邦市までの地域に広がる。フィンランド人の大部分を占めるカレリア人の民話は、19世紀に編纂されたフィンランドの叙事詩『カレワラ』の原点となっている。カレリアには独立心の強い中世国家があったが、1323年以降東部はロシア領となる。西部は1721年にピョートル大帝が*スウェーデン（Sweden）から獲得。1917年のロシア革命後、フィンランドは独立を宣言し、1920年の条約によりカレリア東部はソビエト領、西部はフィンランド領となる。しかし、1939〜1940年の第1次ソ連・フィンランド戦争後、カレリア西部はソビエト連邦に併合される。第2次世界大戦中の1941〜1944年にはフィンランドとドイツがこの地域を占領したが、戦後、それ以上の範囲がソビエト連邦の手に渡った。

カレリア自治共和国 Karelian Autonomous Republic ⇒カレリア Karelia

カレロ-フィン・ソビエト社会主義共和国 Karelo-Finnish Soviet Socialist Republic ⇒ カレリア Karelia

カレワ・アトレバトゥム Calleva Atrebatum ⇒シルチェスター Silchester

カーレンベルク Kahlenberg （オーストリア）

*ウィーン（Vienna）から北西8km、*ウィーナーバルト（Wienerwald）丘陵地帯内の山。1683年のカーレンベルクの戦いでは、ポーランド王ヤン3世ソビエスキ指揮下のヨーロッパ連合軍が、トルコの包囲網からウィーンを救った。ヨーロッパのキリスト教世界にとっては重要な戦いで、ここから*オスマン帝国（Ottoman Empire）の衰退が始まった。

カロ Kallo ［Calloo, Kalloo］（ベルギー）

*アントワープ（Antwerp）の西北西11km、*スヘルデ川（Schelde）に臨む町。1583年、アントワープ包囲中に、*パルマ（Parma）

公はここにスヘルデ川を渡る 720 メートルの橋をかけた。16 世紀建造の要塞が 2 カ所ある。

カーロー Carlow［ゲール語：Ceatharlach カーラック］（アイルランド）

バロー川に臨むカーロー州の町。*ダブリン（Dublin）の南西 72km に位置する。軍事上の拠点で、アングロ・ノルマンの牙城だった。1361 年、城壁がめぐらされたが、1405 年には*レンスター（Leinster）王ダーマット・マクモローに、1577 年には反乱軍の主導者ロリー・オーモアに占領され、焼かれた。大内乱中の 1650 年、クロムウェルに占領され、1798 年にはアイルランド人の流血の暴動が起こった。アイルランドでは初めて建てられた 13 世紀初期の塔ある城の遺跡がある。

カロチャ Kalocsa（ハンガリー）

*ブダペスト（Budapest）の南 112km に位置する、*ドナウ川（Danube River）近くの都市。初代ハンガリー王イシュトヴァーン 1 世（975 ～ 1038）によって司教管区となった都市で、1135 年に大司教座が置かれる。16 世紀には、再三トルコ軍の攻撃を受けた。

カロデン・ムーア Culloden Moor（スコットランド）

*インバネス（Inverness）の東、*ハイランド（Highland）州の荒野。1745 年の反乱で最後の戦いが行なわれた場所。1746 年 4 月 16 日、チャールズ・エドワード・ステュアートの率いる王家支持軍がカンバーランド公の率いるイングランド軍にここで敗れた。この敗北により、ステュアート朝を復活させようとする王家支持派の夢が消えた。地元ではドゥルモシーの戦いの名で知られる。1.5km ほど離れたク

ラバでは先史時代の石造建築物が発見されている。

カロライナ Carolina（合衆国）

大西洋と太平洋にはさまれた 31 度線から 36 度線までの土地からなる旧植民地。1663 年、イングランド王チャールズ 2 世によってこの領地は 8 人の植民地領主に下賜された。しかし、1711 ～ 1712 年、および 1715 ～ 1716 年のタスカローラ戦争とヤマシー戦争で領主が領地を守れなかったため、勅許は取り上げられ、*ノースカロライナ（North Carolina）と*サウスカロライナ（South Carolina）に分離され、それぞれに政府が置かれた。

カロリング朝 Carolingian Empire ⇒ フランク王国 Frankish Empire

カロリン諸島 Caroline Islands［Carolines］（ミクロネシア）

赤道のすぐ北側にある西太平洋の列島。550 ～ 680 の島があり、無人島が大半だが、何百年も前には住人がいた形跡が残っている。7 世紀には群島と中国の間に商取引が行なわれていた。1686 年、スペインに併合されたが、植民地にされたのは 19 世紀になってからだった。スペイン・アメリカ戦争のあと、1899 年に諸島はドイツに買収されたが、1914 年、日本軍に占領され、第 2 次世界大戦中は日本軍が島の防備を固めた。1947 年、アメリカの信任統治領となり、1979 年にはミクロネシア連邦に加わる。

カロロポリス Carolopolis ⇒ シャルルビル - メジエール Charleville-Mézières

カロンガ Karonga（マラウイ）

マラウイ北部、ムジンバの北北東 64km、

ニアサ湖の北端にある町。1877年以降、悪名高いアラブの奴隷商人ムロジの拠点となった。1883年にイギリスの交易拠点がここに開かれ、1895年にハリー・ジョンストンがこの町を植民地とし、奴隷貿易を終わらせた。第1次世界大戦中は重要な軍事基地で、1914年にドイツ軍の攻撃を受けた。

ガロンヌ川 Garonne River ［スペイン語：Rio Garona リオ・ガローナ］（フランス）

フランス南西部を流れ大西洋に注ぐ川。全長575km。スペイン側の*ピレネー山脈（Pyrenees）に発し北西へと流れる。*ボルドー（Bordeaux）の北22kmの地点で*ドルドーニュ（Dordogne）川と合流してジロンド三角州を形成する。ボルドーと*トゥールーズ（Toulouse）が流域の最重要都市。下流域は有名なボルドーのブドウ栽培地帯で、ワインがボルドーの経済を支える最も重要な柱になっている。トゥールーズは中世には特に重要な都市だった。トゥールーズに発するミディ運河によりガロンヌ側は東部の*地中海（Mediterranean Sea）と結ばれている。

カロンボー Kalundborg （デンマーク）

シェラン島北西部の都市。*コペンハーゲン（Copenhagen）の西93kmに位置する。1170年頃にフィヨルドの港として築かれ、現在は工業の中心地。この地の城は、中世には王家に好まれ、しばしばダーネホフ（国会）が開かれた。のちには刑務所となり、1549～1559年までクリスチャン2世がクリスチャン3世に監禁された。

カワ Kawa ［El Kawa］（スーダン）

スーダン中東部、*ナイル川（Nile River）の東岸にあった古代エジプトの植民地。*ドゥンクラ（Dunqulah）の北6～8kmに位置する。前2040年頃～前1780年まで*エジプト（Egypt）を支配した中王国時代に建設され、肥沃な農地から、近隣のケルマに次ぐ重要な植民地だった。中王国時代後半、ヒクソスに征服され、前1380年頃、アメンホテプ3世によってアモン神の神殿とともに再建されたが、アクエンアテンに破壊され、ツタンカーメンによって復興される。1930～1936年、オックスフォード大学の調査隊が古代の遺跡を発掘した。

川崎 Kawasaki （日本）

*本州（Honshū）中央、*東京（Tokyo）の南、東京湾を臨む都市で、密集した工業地帯。1150年頃に建設された川崎には、仏教の一派真言宗の開祖である日本の僧侶、空海（弘法大師）（774～835）を本尊とする平間寺（川崎大師）がある。第2次世界大戦では爆撃にあい、ほぼ全市が破壊された。

カン〔贛〕Kan ⇒ チャンシー〔江西〕Jiangxi

カーン¹ Caen （フランス）

フランス北西部、*ノルマンディー（Normandy）地方カルバドス県の県都で港湾都市。*ル・アーブル（Le Havre）の南西、*イギリス海峡（English Channel）から15kmに位置する。11世紀、バス-ノルマンディーの首都で、征服王ウィリアムが好んで居地とし、現在も聖エティエンヌ教会に埋葬されている。《百年戦争》中、1346年と1417年の2回、イギリスに占領され、1450年まで支配された。フランス革命時にはジロンド党の拠点。第2次世界大戦ではノルマンディー上陸後、連合軍の進軍に対し抵抗するドイツ軍には重要な都市となった。その後引き続き起こった戦

闘で町の3分の2は破壊されたが、再建されて現在に至っている。ノルマン様式の二つの教会とウィリアム王の威容を誇る城の一部が遺っている。近隣にはウェストミンスター修道院をはじめ、記念碑などを建設するための石材が運び出された昔の石切場がある。

カーン[2] Calne（イングランド）

スウィンドンの南西21km、*ウィルトシャー（Wiltshire）州の昔の市場町。ウェセックス王の王宮があった。1086年にはノルマン人の支配下で自治都市となる。エドワード2世の治世（1307～27）には羊毛取引の中心地。

ガンガ Ganga ⇒ガンジス川 Ganges River

カンガス・デ・オニス Cangas de Onís（スペイン）

スペインの北西部、*オビエド（Oviedo）県の町。オビエドの東56kmに位置する。8世紀以降、10世紀に首都が*レオン[2]（León）に移るまで、*アストゥリアス（Asturias）王国の王の居地。

カンガバ Kangabu ⇒マリ帝国 Mali Empire

カンカン Kankan（ギニア）

西アフリカ、ギニア東部の都市。*マリ[1]（Mali）の首都*バマコ（Bamako）の南西280kmに位置する。河港で、ダイヤモンド採掘地域。大西洋岸と東部の*スーダン地方（Sudan）とを結ぶ交易の中心地として、18世紀に建設されたと思われる。隊商は金、塩、コーラ・ナッツを運んだ。イスラーム教指導者サモリは、この地方で帝国建設を始め、1873年にカンカンを攻略した。1883～1898年までの長い抗争ののち、フランス軍が勝利しサモリを捕らえ

た。フランス軍は1891年にカンカンを占領している。
⇒フランス France

ガンガン Guingamp（フランス）

フランス西部、コート-ダルモール県の町。*サン-ブリユー（Saint-Brieuc）の西北西30kmに位置する。のちに公領となる*パンティエーブル（Penthièvre）伯領の首都だったこともある古都。史跡としては町を囲んでいた壁の名残り、15世紀の城、巡礼で有名な教会がある。

カングラ Kangra〔旧名：Nagarkot ナガラコット〕（インド）

パタンコットの東南東約64kmに位置する、*ヒマーチャル・プラデシュ（Himachal Pradesh）州の町。7世紀から*ラージプターナ（Rajputana）の重要な要塞だったが、1009年にトルコのガズナ朝のマフムードに敗れ、その後ムガル朝の配下におかれる。18、19世紀には、細密画の重要な流派の拠点となった。

ガングラ Gangra ⇒チャンクル Çankiri

カングリ Kangri ⇒チャンクル Çankiri

咸興 Kanko ⇒ハムフン〔咸興〕Hamhŭng

漢口 ⇒ハンコウ〔漢口〕Hankou（中国）

韓国 South Korea〔大韓民国 Republic of Korea〕

アジア北部の国。*日本（Japan）の西、*北朝鮮（North Korea）の南に位置する。首都は*ソウル（Seoul）。第2次世界大戦後、*朝鮮（Korea）は単一国家となるはずだったが、半島は38度線で2分され、半島の北部をソビエト軍が、南部をアメリカ軍が占領した。1948年、大韓民国が南部で建国を

宣言し、1949年にアメリカ軍が半島から撤退する。1950年に北朝鮮が南へ侵攻し、アメリカ軍および国連軍が反撃して北朝鮮軍を北へ押し戻した。北朝鮮軍および中国軍がアメリカ軍および国連軍と衝突した朝鮮戦争は1953年まで続き、38度線上の国境に非武装地帯が設けられた。李承晩（イ・スンマン）が初代韓国大統領となるが、1961年に朴正煕（パク・チョンヒ）が政府を転覆させて政権を握るが、1979年に暗殺される。国内が混乱したのち、1980年に全斗煥（チョン・ドファン）が大統領に選出された。同年、*クアンジュ〔光州〕(Gwangju)で行なわれた民主化デモは武力によって鎮圧され、多数の死者を出した。経済は発展したが、この事件が契機となって1987年に憲法が改正され、5年ごとの大統領直接選挙が定められた。

1988年、盧泰愚（ノ・テウ）が大統領に選出される。盧は対立する政治家や北朝鮮との関係改善を試み、さらに1990年にソビエト連邦、1992年には中国と国交を樹立する。1992年、朝鮮戦争以降初めてとなる民間人の指導者、金泳三（キム・ヨンサム）が大統領に就任した。金大統領は政治・行政の腐敗を排除するキャンペーンを始め、北朝鮮との経済協力を推進する。1996年、全および盧元大統領と14名の元将官が、汚職や1979年の朴大統領暗殺後のクーデター、さらに1980年の光州事件での虐殺に関与した容疑で起訴された。1997年のアジア金融危機では国内経済が悪化し、国際通貨基金への援助要請を余儀なくされる。同年、野党の指導者金大中（キム・デジュン）が大統領に選出され、金大統領は2000年に北朝鮮の金正日（キム・ジョンイル）と会談した。2002年には、金政権での多数の汚職疑惑にも関わらず、与党候補の盧武鉉（ノ・

ムヒョン）が大統領に選ばれる。盧は大統領中立の原則に反して、2004年の選挙で新たなリベラル政党、ウリ党を支援し、同年弾劾訴追された。だが罷免を免れ、ウリ党は2004年の国政選挙で議席の過半数を獲得する。新たな首都を国の中部に建設すると公約したが、憲法裁判所は、首都移転の前に国民投票もしくは改憲が必要との判断を下した。韓国は北朝鮮の軍備縮小計画について北朝鮮、中国、ロシア、アメリカとの協議を続け、北朝鮮の譲歩と引き換えに、しばしば食糧、エネルギー、資源を提供している。

⇒北朝鮮 North Korea

カンザス　Kansas（合衆国）

1861年に34番目の州として連邦に加わった合衆国中部の州。東は*ミズーリ川(Missouri River)、南は*オクラホマ(Oklahoma)、西は*コロラド(Colorado)、北は*ネブラスカ(Nebraska)と接する、ほぼ長方形の州。地理的には*大平原〔グレート・プレーンズ〕(Great Plains)に位置する。名称は先住民のカンサ族の複数形。

1541年、謎の*キビラ(Quivira)王国を探していたフランシスコ・バスケス・デ・コロナドがカンザスに到達した。当時この地には、主にカンサ、ウィチタ、ポーニーのプレーンズ・インディアンが居住していた。60年後、スペイン人探検家ファン・デ・オニャーテがカンザスに現われた。オニャーテがこの地方に馬を持ち込み、インディアンも利用するようになったため、生活様式が変化した。探検家ラ・サールは一度もカンザスを訪れなかったが、1682年に*ミシシッピ川(Mississippi River)水系流域の土地はすべてフランス領だと主張し、18世紀にはフランス商人がインディアンと交易を行なった。1803年の*ルイジアナ購入地(Louisiana Purchase)に

含まれていたため、アメリカ領となる。1803～1806年にかけて、メリウェザー・ルイスとウィリアム・クラークはミズーリ川を使ってこの地域を探索した。ゼブロン・M・パイクは1806年にアーカンサス川を航行し、スティーヴン・H・ロングは1819年にこの地域で科学調査を実施した。1830年代、カンザスは「インディアン保留地」に指定され、北部と東部の部族が強制的に移住させられた。同時に前線防御と*サンタフェ街道（Santa Fe Trail）保護のために、1827年に*レブンワース砦（Fort Leavenworth）、1842年に*フォート・スコット（Fort Scott）、1853年にライリー砦が建設された。

　1854年に準州となったものの、大部分は*カリフォルニア（California）や*オレゴン（Oregon）に向かう人々が通過する土地に過ぎなかった。だが間もなく、奴隷制をめぐる論争と大陸横断鉄道の配置をめぐる議論から、入植が進められた。1854年のカンザス・ネブラスカ法により、1820年のミズーリ協定が破棄され、「公有地定着者」の主権が認められ、奴隷制の可否は入植者の投票によって決定されることになった。*ニュー・イングランド（New England）では移民支援社が組織され奴隷制反対の移住者を支援したが、ミズーリと南部では、奴隷制擁護派が支持者の入植を進めていた。1854年自由土地党員が*ローレンス[1]（Lawrence）と*トピーカ（Topeka）を建設する一方、奴隷制擁護派は*アチソン（Atchison）と*レブンワース（Leavenworth）を建設した。投票は1854年と1855年に行なわれ、違反によって奴隷制擁護派が勝利した。その結果を受けて*ルコンプトン（Lecompton）に政府が設立されたが、奴隷制反対勢力はトピーカに対立政府を組織した。

　その後「流血のカンザス事件」と呼ばれる暴動が発生する。1856年5月、奴隷制擁護勢力がローレンスを襲撃すると、数日後、狂信的な奴隷制廃止論者のジョン・ブラウン率いる一団が5人の奴隷制擁護者を殺害した。この事件はポタワトミの虐殺と呼ばれる。1857年、奴隷制擁護政府は奴隷制を認めるルコンプトン憲法を提出するが、議会は承認しなかった。2年後、奴隷制廃止論者による奴隷制を禁止するワイアンドット憲法が議会で承認される。南北戦争中、カンザスから連邦軍（北軍）に参戦した兵は、どの州よりも死亡率が高かった。

　戦争後鉄道が敷設されると、*アビリーン[1]（Abilene）と*ドッジ・シティ（Dodge City）は牛の町として栄えた。1874年ロシア移民のメノー派教徒がもたらしたターキーレッドという小麦の品種が冬小麦となり、カンザスを有名にした。20世紀には干ばつや土砂嵐、イナゴの被害、洪水に苦しんだが、豊かな農業地帯を維持しつつ、工業地帯としても発展した。政治的には保守派の拠点である。トピーカは州都、*ウィチタ（Wichita）が最大の都市で、*カンザス・シティ[2]（Kansas City）も重要である。

カンザス・シティ[1]　**Kansas City**［旧名：City of Kansas シティ・オブ・カンザス］（合衆国）
*カンザス（Kansas）州の北東端と*ミズーリ（Missouri）州の西端、ミズーリ川とコー（カンザス）川の合流地点に隣接する2都市が、実質的に1都市を形成している。1821年、フランス人の毛皮商人が入植した場所で、*サンタフェ街道（Santa Fe Trail）と*オレゴン街道（Oregon Trail）上に位置し、多くの人が西部への探検の出発点とした歴史的な場所が数多く遺る。1951年の大洪水により大きな損害を被った。設立されたのは1853年だが、1839年来のショー

ニー族の伝道所があるほか、博物館、数多くの大学を有する。ミズーリ州人口最多の都市で、通信や金融の中心である。

カンザス・シティ[2] Kansas City〔旧名：Wyandotte ワイアンドット〕（合衆国）

ミズーリ川とカンザス川の合流地点にある*カンザス（Kansas）州北東部の都市。ミズーリ州の*カンザス・シティ[1]（Kansas City）と合わせて、巨大な商業・文化圏を形成している。西部探検への出発点となった地域で、*オレゴン街道（Oregon Trail）や*サンタフェ街道（Santa Fe Trail）が通っていた。1804年、*ルイジアナ購入地（Louisiana Purchase）への探検の最初に、メリウェザー・ルイスとウィリアム・クラークが訪れ、その後太平洋岸に到達している。1839年にショーニー族の伝道所が創設され、1843年にはワイアンドット・インディアン居留地が建設された。1855年に白人に土地を売却したインディアンの居留地は、ワイアンドットと呼ばれた。1854年のカンザス・ネブラスカ法によって準州となると、入植が進んだ。さらに1863年、西部に向かう鉄道の東の終着地点となり、いっそう活性化する。1859年ワイアンドットで起草された憲法により、1861年州になった。1886年ワイアンドットは近隣の地区と統合されカンザス・シティとなる。

ガンジス川 Ganges River〔ヒンディー語、サンスクリット語：Ganga ガンガ〕（バングラデシュ、インド）

ヒマラヤ山脈中部に発してベンガル湾に注ぐ全長2,510kmの川。流域に広がる肥沃な平原は*ヒンドスタン（Hindustān）の中核となり、前3世紀の*マウリヤ朝（Maurya Empire）から16世紀の*ムガル帝国（Mogul Empire）に至るインド文明が生ま

れた。ガンジス川はヒンドゥー教徒にとって最も神聖な川となっており、*アラハバード（Allahabad）、*バラーナーシー〔ワーラーナシー〕（Varanasi）、*ハルドワール（Hardwar）では数十万人を超えるヒンドゥー教徒の沐浴する姿が見られる。ヒンドゥー教徒は死者を川に流すことも珍しくないが、これは天国に送る最短の道だと考えられているためである。

ガンジャ Gandja/Gandzha ⇒ギャンジャ Gyandzha

贛州 ⇒ カンチョウ〔贛州〕Ganzhou（中国）

甘粛 ⇒ カンスー〔甘粛〕Gansu（中国）

カンスー〔甘粛〕Gansu [Kansu, Kan-su]（中国）

北は*ニンシア〔寧夏〕（Ningsia）ホイ〔回〕族自治区、南は*チンハイ〔青海〕（Qinghai）に挟まれて細長く伸びている省。*トルキスタン（Turkistan）、*インド（India）、*ペルシア[1]（Persia）へと至る*シルクロード（Silk Road）の回廊地帯であり、昔から中国の中央政府とは関わりをもたず、またほとんどどこからも支配されることがない地域だった。古代王国の魏が何世紀も占領していたが、13世紀にはフビライ・ハンが支配し、1368〜1644年まで明朝の時代には*シャンシー〔陝西〕（Shaanxi）省に属した。1920年の大地震と1929〜1930年の大飢饉で壊滅的な打撃を受けた。⇒ランチョウ〔蘭州〕Lanzhou

カーンズタウン Kernstown（合衆国）

*バージニア（Virginia）州*ウィンチェスター[3]（Winchester）の南6kmにある古戦場。南北戦争中の1862年3月23日、ストーンウォールの異名をとったジャクソン率いる南軍がこの地で攻撃をかけ、ネイサ

ン・キンボール指揮下の北軍に敗北した。

カンソー Canso（カナダ）

*ノバスコシア（Nova Scotia）州東部の町。*ハリファックス[1]（Halifax）の東北東 210km に位置する。植民地時代は漁業の町で、何度も支配者が代わった。1720 年代にイングランドがフランスから奪取し、要塞を設けた。1812 年、私掠船に町の大部分が破壊された。20 世紀になって再び重要な漁港として復活した。

ガンダー Gander（カナダ）

*ニューファンドランド（Newfoundland）島東部の町で国際空港の所在地。1839 年、イギリス政府により空港が建設され、第 2 次世界大戦中は*ドイツ（Germany）を攻撃する*アメリカ（USA）とカナダの戦闘機がここから発進した。

カンダハール Kandahar [Qandahar]［古代：Alexandria Arachosiorum アレクサンドリア・アラコシオルム］（アフガニスタン）

*カブール（Kabul）の南西 480km に位置するカンダハール州の州都。前 4 世紀にインドと中央アジアへの主要経路上にアレクサンドロス大王が建設したと思われる。テュルク系の歴代の王朝の支配を受けたが、7 世紀にアラブ人の手に渡った。10 世紀にはテュルク系のガズナ朝の支配を受け、1222 年にはチンギス・ハーンに、15 世紀にはティムールに侵略される。16 世紀にムガル帝国に制圧され、1625 年にはペルシアの支配下に入るが、1706 ～ 1708 年まで反乱が起き、1737 年までは独立を保った。アフマド・シャー・ドゥラーニー（1724 ～ 73）がアフガニスタンを統一すると、最初の首都となる。1839 ～ 1842 年、1879 ～ 1881 年、第 1 次及び第 2 次アフガン戦争中、イギリス軍に占領される。旧市街にはアフマド・シャーが建設した霊廟や市壁が遺る。1979 ～ 1989 年までソ連に占領されて支配下に入った。アメリカ軍によってタリバンが追放されると、軍閥支配に戻った。

カンタブリギア Cantabrigia ⇒ケンブリッジ[1] Cambridge（イングランド）

カンタベリー Canterbury［古代：Durovernum Cantiacorum ドゥロウェルヌム・カンティアコルム, Cantuaria カントゥアリア, Cantwaraburn カントワラバーン, Cantwarabyrig カントワラビリグ］（イングランド）

ロンドンの東南東 85km、*ケント（Kent）州の都市で、イングランドの宗教上の中心地。要塞に守られた集落は前 200 年までさかのぼり、ユリウス・カエサルがすぐ近くまで来たが、ローマ人の町ドゥロウェルヌムが建設されたのは西暦 43 年になってからだった。6 世紀には聖アウグスティヌスに出会って改宗したケント王国の王エセルバートが首都とした。王は 598 年に修道院を建て、さらに建設した大聖堂にはイングランドの大司教座が置かれることになる。1011 年、カンタベリーはデーン人の襲撃を受けて損傷する。1170 年 12 月 29 日、大司教トマス・ベケットが大聖堂内で殺害されると、町はチョーサーの『カンタベリー物語』により伝えられるような巡礼の目的地となった。1550 年代、メアリ 1 世の治世に多くの新教徒が火刑に処せられた。16 世紀の宗教改革の時代には、町は衰退。しかし、ヨーロッパから逃れてきたワロン人の織工たちと 17 世紀に造られた新しい要塞によって復活。第 2 次世界大戦中、とくに 1942 年 6 月は、爆撃を受けて被災した。イングランドで最大のローマ時代の劇場跡と、3 世紀に建設され始めた城壁が遺っ

ている。ほかに史跡としてはイングラン
ドの母なる教会と呼ばれている聖マーテ
ィン教会やキングズ・スクールなどがあ
る。

カンタラ Qantarah, Al ［エルカンタラ El Kantara］（エジプト）

エジプト北東部、*スエズ運河（Suez Canal）
の東岸に位置するイスマイリヤ県の町。
古代のエジプトと*シリア 2 (Syria) 間の
軍事ルート上に建設された。第1次世界
大戦中にイギリスの遠征軍のために建設
された*パレスチナ（Palestine）行き鉄道の
終着点となった。1967 年の第 3 次中東戦
争中に*イスラエル（Israel）が占領したが、
1969 年に撤退、1974 年にエジプトに返還
された。エジプト時代とローマ時代の遺
跡が遺る。

ガンダーラ Gandhara (パキスタン)

*インダス川（Indus River）中流の両岸に広
がる地域。本来は古代*ペルシア 1 (Persia)
の領地だったが、前 327 年に*マケドニ
ア（Macedonia）のアレクサンドロス大王が
侵攻。前 4 世紀末に*マウリヤ朝（Maurya
Empire）の創始者チャンドラグプタの支配
下に入り、前 3 世紀にはアショーカ王の
もとで仏教に改宗した。前 3 世紀～前 1
世紀まで*バクトリア（Bactria）に属した。
紀元 1～3 世紀まで仏教の様式とギリシ
ア・ローマの美術様式を融合した仏教彫
刻が盛んになり、この美術は 5 世紀に白
フン族に征服されるまで続いた。

カーンチ Kanchi ⇒ カーンチプラム Kanchipuram

カーンチプラム Kanchipuram ［Conjeevaram, Conjeeveram, カーンチーブラム Kancheepuram］

［古代：Kanchi カーンチ］（インド）

*チェンナイ（Chennai）の西南西 64km、
*タミル・ナードゥ（Tamil Nadu）州北東の町。
古代からヒンドゥー教の聖地で、3～8 世
紀までは*パッラバ王国（Pallava Empire）の
首都として、長い間バラモン教と仏教文
化の中心だった。*チャールキヤ朝(Chalukya
Empire) に奪われたが、11～13 世紀には
最初の統治者だった*チョーラ（Chola）朝
に戻された。その後、15 世紀初頭には*ビ
ジャヤナガル（Vijayanagar）朝、15 世紀後
半には*オリッサ（Orissa）王国の領土とな
り、1481 年以降は何人ものイスラーム教
のスルタンの支配を受けた。後年フラン
スの拠点となるが、1752 年イギリスのロ
バート・クライブに制圧された。

カーンチーブラム Kancheepuram ⇒ カーンチプラム Kanchipuram

カンチャ・ラヤダ Cancha Rayada (チリ)

*サンチアゴ 1 (Santiago) の南東に位置す
る古戦場。1818 年 3 月 16 日、チリの独立
戦争でホセ・デ・サン・マルティン率い
るチリとアルゼンチンの愛国者の軍勢が
マリアーノ・オソリオ将軍率いる王党軍
にここで敗れ、サンチアゴに撤退せざる
を得なくなった。

カンチョウ〔贛州〕Ganzhou ［Kanchow］［旧名：Kanhsien, Kan-Chou］（中国）

*コワンチョウ〔広州〕（Guangzhou）の北
北東 320km に位置する*チヤンシー〔江
西〕（Jiangxi）省の都市。第 2 次世界大戦中
にはアメリカの空軍基地が置かれ、1945
年に日本に占領されたが、同年、すぐに
中国が奪還した。

カンデ Candé（フランス）

メーヌ - エ - ロワール県のシャトーブリアンの東南東 30km、エルドル川河畔の村。1800 年、この村でナポレオンとみみずく党員の間で協定に署名がなされた。この協定によりジャン・コトローの率いた農民の反乱が収まる。コトローは*バンデー（Vendée）での反乱の際に秘密の合図としてみみずくの鳴き声を使ったため「みみずく」と綽名された。最終的に反乱が収まったのは 1815 年。

カンディ〔キャンディ〕Kandy［シンハラ語：Senkadagala Mahanuwara センカダガラ・マハヌワラ］（スリランカ）

スリランカ中西部の都市。*コロンボ（Colombo）の東北東 96km、マハウェリ川に臨む。かつては王国だった。その起源は前 5 世紀にさかのぼり、*セイロン（Ceylon）のシンハラ人の最後の独立国家の首都となった。16 世紀にはポルトガルに、1763 年にはオランダに一時的に占領されたが、その後 1815 年にイギリスが最後の王をインドに亡命させるまでは独立を保った。1806 年に建造された人工湖を中心に、世界でも屈指の仏教寺院であるダラダー・マーリガーワ（佛歯寺）、古代の英雄の納骨堂、墓所、有名な植物園を有する。何世紀も前に仏陀の歯がこの地にもたらされたとされて以来、祭の舞台や巡礼地となっている。

カンディア Candia ⇒ イラクリオン Herakleion, クレタ島 Crete

ガンディア Gandía（スペイン）

*バレンシア[2]（Valencia）州の南南東 60km に位置する港町。16 世紀に聖フランシスコ・ボルハの創立したイエズス会の大学は、ガンディア公爵だったボルジア家の宮殿にもなっている。

ガンティシ〔岡底斯〕Gangdisi ⇒ カイラス〔カイラーサ〕Kailas

カンティニ Cantigny（フランス）

*アミアン（Amiens）の南 29km、ソンム県の村で古戦場。1918 年 5 月 28 日、第 1 次世界大戦開戦後、初めてアメリカ軍がここで攻撃に出た。

ガンデルスハイム Gandersheim（ドイツ）

*ブラウンシュワイク[1]（Brunswick）の南西 77km に位置する町。856 年に*ザクセン（Saxony）のルドルフ公により設立されたガンデルスハイム大修道院で有名。ルドルフ公の娘たちが最初期の女子大修道院長となり、ザクセンの公爵家から修道院長は代々選出される特権を得た。教会内では論議がもちあがったが、大修道院は*神聖ローマ帝国（Holy Roman Empire）直属の施設であると認定され、女子大修道院は帝国議会の投票権を認められることになった。1568 年にプロテスタント主義が導入されると、プロテスタントの女子大修道院長が任命された。10 世紀のラテン語詩人・劇作家ロスウィータはこの大修道院に属し、テレンティウスに基づく古典主義の作風で有名だが、キリスト教の倫理観に迎合させられていた。

カントゥアリア Cantuaria ⇒ カンタベリー Canterbury

ガントク Gangtok ⇒ シッキム Sikkim

カンドワ Khandwa（インド）

インド中部、*ナグプル（Nagpur）の西北西 296km、*マディヤ・プラデシュ（Madhya Pradesh）州南西部の都市。12 世紀には、前

6世紀にインドに興ったジャイナ教の中心地だった。現在も巡礼地で、主に14～18世紀のジャイナ教、ヒンドゥー教シバ派、ビシュヌ派の寺院が遺る。2世紀の有名なギリシアの天文学者兼地理学者プトレマイオスがコグナバンダと記した都市が、カンドワだったと思われる。北北西50kmの*マンダータ（Mandhata）（別名ゴダルプラ）には、ラージャの宮殿のほかに有名な寺院がある。

カントワラバーン Cantwaraburn ⇒カンタベリー Canterbury

カントワラビリグ Cantwarabyrig ⇒カンタベリー Canterbury

カントン Canton （合衆国）

*オハイオ（Ohio）州北東の都市。鉄鋼産業地域の*アクロン（Akron）の南南東38kmに位置する。1805年に入植され、1822年に合衆国に編入。ウィリアム・マッキンリー大統領の自宅が1867～1901年に暗殺されるまでこの都市にあった。墓地と記念碑が建てられているマッキンリー州立記念館が1907年に建設された。隣接するスターク郡歴史博物館にはマッキンリー博物館も併設されている。1920年、アメリカンフットボールリーグが設立され、カントンが発祥の地となる。1963年、プロフットボールの殿堂が設立。

広東 ⇒ コワントン〔広東〕Guangdong （中国）

カントン環礁 Canton Atoll 〔旧名：Mary Island メアリー島；近代：Kanton〕（キリバス）

*ハワイ（Hawaii）の南西2,600km、太平洋中西部の珊瑚礁。19世紀にイギリスに併合され、1930年代には太平洋横断飛行の中継点として重要になる。領有権をめぐって論争が起こったのち、1939年に英米が共同で管理。第2次世界大戦中は空軍基地が置かれた。糞化石の宝庫。1979年、アメリカが島をキリバスに割譲した。

カンナエ Cannae （イタリア）

*プーリア（Apulia）州バーリ県の村で古戦場。*バルレッタ（Barletta）から近い。第2次ポエニ戦争中の紀元前216年8月2日、ローマ軍がハンニバルの率いるカルタゴ軍にここで敗れた。ハンニバルは変則的な包囲作戦で勝利を収め、そこからイタリア中部と南部を占領した。中世には司教座がおかれたが、1276年に村は破壊された。

⇒ カルタゴ² Carthage, ローマ Rome

カンヌ Cannes （フランス）

*地中海（Mediterranean Sea）に臨むアルプ-マリティーム県の港湾都市。*ニース（Nice）の南西30kmに位置する。古代にはリグリア人、フォキス人、ケルト人、ローマ人が次々に入植。中世にはムーア人によって2度略奪された。ナポレオンは*エルバ（Elba）島から帰還し、1815年3月にカンヌの附近で野営した。第2次世界大戦中の1944年8月15日、アメリカ軍が上陸。フランス領の*リビエラ（Riviera）沿岸の国際的なリゾート地で、有名な映画祭の開催地。初めはシュバリエ山にあった町で、12世紀の教会の遺跡が発見されている。沖合のレランス諸島には聖ホノラトゥスの創建した修道院をはじめ、古くから住人がいたことを示す跡が遺っている。

カンヌン Kangnŭng 〔日本語：Koryo 江陵〕（韓国）

*ソウル（Seoul）の東168km、チュンチョン〔春川〕の東104kmの東海岸近くに位置するカンウォン〔江原〕道の都市。古代から行政の中心地で、李氏朝鮮では江

陵大都護府。数多くの遺跡が遺る。

カンバスケネス Cambuskenneth（スコットランド）

スコットランド中部、*スターリング（Stirling）の東、フォース川河畔の修道院。スコットランドのデイビッド1世が1140年頃にここに修道院を建て、それがスコットランドでも屈指の豊かな修道院となった。1604年にマー伯が解体するまでスコットランド議会が何度かそこで開かれた。

カンバート Khambat［カンベイ Cambay］（インド）

ボンベイの北384km、カンベイ湾を臨む*グジャラート（Gujarat）州の町。1293年マルコ・ポーロが訪れた当時は、インド屈指の重要な海港だった。かつてのカンベイ藩王国の首都で、1780年にイギリス軍に占領され、1803年の条約でイギリスに委譲された。

カンパニア Campania（イタリア）

イタリア南部の州。*ベネベント（Benevento）附近の*アペニン山脈（Apennine Mountains）から*ナポリ（Naples）と*サレルノ（Salerno）を経てティレニア海まで広がる。肥沃な農業地帯で、前5世紀末にエトルリア人を征服したサムニウム人や、ナポリを含む沿岸地域に集落を作ったギリシア人に占領された。前4世紀末までにローマの傘下に入る。*ローマ帝国（Roman Empire）のもとで、カンパニアの諸都市はローマ人の行楽地となった。ローマ滅亡後はゴート人、ビザンツ人、ロンバルディア人、そしてノルマン人に占領され、1282年に*両シチリア王国（Two Sicilies, Kingdom of The）の一部となり、1860年にイタリア王国に併合された。

⇒ カプア[2] Capua, シチリア Sicily, ポッツオーリ Pozzuoli

カンパラ Kampala（ウガンダ）

エンテベの北北東34kmに位置する首都。16世紀のブガンダ朝の王が居住していた。現在ウガンダ最大の都市で経済と文化の中心である。1890年にフレデリック・ルガードがイギリス東アフリカ会社のために建てた要塞を中心に、町が開けた。1962年に*エンテベ（Entebbe）に替わってウガンダの首都となる。その名は、「インパラが草を食む場所」を意味する。

カンバラオ Cambarao ⇒バンダル・アッバース Bandar Abbas

カンバーランド[1] Cumberland（イングランド）

イングランド北西部の旧州。西はアイリッシュ海、北はソルウェー湾に臨む。1974年以後、*カンブリア（Cumbria）州の一部。古代から集落があったことは、《のっぽのメグと娘たち》（Long Meg and Her Daughters）の名で知られるリトル・サルケルドのストーンサークルなどの遺跡が証拠になる。ローマによる占領時代にハドリアヌス皇帝が、現在*ハドリアヌスの長城（Hadrian's Wall）の名で知られる壁の建設を命じ、カンバーランドを通ってイングランドを最短距離で横断する部分に築かれた。4世紀、聖ニニアンによってキリスト教がこの地域に伝えられた。ケルト人の王国*カンブリア（Cumbria）の一部だったが、945年頃にサクソン人に支配された。イングランド人とスコットランド人の間で国境争いが長年続き、カンバーランドの中心都市でローマの駐屯地があった*カーライル[1]（Carlisle）がスコットランドの標的にされた。1092年、イングランドの赭顔王ウィリアム2世がカーライルを奪還。

大内乱中に議会派軍がチャールズ1世の軍隊を相手にカーライルを攻め落とした。

カンバーランドには15の湖と国内で最高峰の山並みを擁するイングランドで屈指の風光明媚な*湖水地方（Lake District）がある。また、古城と教会の古い遺跡が見られる。古来、芸術家と作家に愛されてきた地方であり、ロマン派の詩人ウィリアム・ワーズワスはカンバーランドの生まれで、サミュエル・テイラー・コウルリッジ、ロバート・サウジーは湖畔詩人の名で知られる。

カンバーランド² Cumberland ［旧名：Will's Creek ウィルズ・クリーク］（合衆国）

*メリーランド（Maryland）州の都市。*ペンシルベニア（Pennsylvania）州*ジョンズタウン²（Johnstown）の南72km、*アパラチア山脈（Appalachian Mountains）の中に位置する。1750年、オハイオ会社の交易所として始まったカンバーランド要塞は、フレンチ・インディアン戦争時にはエドワード・ブランドック将軍とジョージ・ワシントンの司令本部となった。南北戦争中は北軍に占領されたが、1865年2月21日、マクニールの奇襲部隊により北軍の将軍2名がこの町で身柄を拘束された。

⇒ カンバーランド道路 Cumberland Road

カンバーランド・ギャップ Cumberland Gap （合衆国）

*テネシー（Tennessee）州北東部、カンバーランド山脈中の山道。*バージニア（Virginia）州、*ケンタッキー（Kentucky）州との州境も近い。1750年に発見され、開拓時代初期の道、*ウィルダネス・ロード（Wilderness Road）となり、軍事上の拠点だったために、南北戦争中はたびたび支配者が代わった。

カンバーランド道路 Cumberland Road （合衆国）

アメリカで最初の国道。*メリーランド（Maryland）州*カンバーランド²（Cumberland）が起点。1811年から建設が始まり、最初の国道として最終的には*イリノイ（Illinois）州*バンデーリア（Vandalia）まで延長された。1775年にダニエル・ブーンが切り開き、*カンバーランド・ギャップ（Cumberland Gap）を通り、南北戦争時に軍事上の重要性をもった*ウィルダネス・ロード（Wilderness Road）とは別の道である。

⇒ ナショナル道路 National Road, ネマコリンズ・パス Nemacolin's Path

カンバーランド砦 Fort Cumberland （カナダ）
⇒ボーセジュール砦 Fort Beauséjour

カンバーランドハウス Cumberland House ⇒ サスカチェワン Saskatchewan

カンバーランド要塞 Fort Cumberland （合衆国）
⇒カンバーランド² Cumberland （合衆国）

カーンバリク Khanbalik ⇒ カンバルーク Cambaluc

カンバルー Cambalu ⇒ カンバルーク Cambaluc

カンバルーク Cambaluc ［カンバルー Cambalu, カーンバリク Khanbalik］（中国）

マルコ・ポーロが中国の首都、現在の*ペイチン（ペキン）〔北京〕（Beijing）を呼ぶのに用いた地名。

カンパルディーノ Campaldino （イタリア）

*トスカナ（Tuscany）州*フィレンツェ（Florence）の東北東、アルノー川河畔の村で古戦場。1289年6月11日、ホーエン

シュタウフェン家を支持する*アレッツォ（Arezzo）の軍勢が、神聖ローマ帝国皇帝オットー4世を支持するフィレンツェ軍とここで戦って大敗を喫した。

ガンビア Gambia [The Gambia]

アフリカで最小の独立国。ガンビア川沿いに300km内陸へと広がり、*セネガル（Senegal）に三方を囲まれている。13〜15世紀まで*マリ帝国（Mali Empire）の一部。1455年にポルトガルの探検家が到来し、1588年にイングランドがポルトガルから交易権を勝ち取った。イングランドは17世紀まであまり積極的に支配はしていなかったが、その後は交易を目的とする入植地を設置した。1783年のベルサイユ条約によりイギリスの領有権が認められ、1816年にイギリスはバサーストを汎奴隷貿易の拠点にした。1894年からガンビアはイギリスの保護領となっていたが、1963年には自治権を獲得し、1965年に独立。1970年に共和国となりバサースト〔現在のバンジュル〕を首都とした。『ルーツ』の著者アレックス・ヘイリーの祖国として有名にもなった。1981年、セネガルと共に*セネガンビア（Senegambia）連邦を結成したが、1989年に解体。1994年、ヤヒヤ〔ヤヤ〕・ジャメが軍事クーデターを主導して軍部が政権を掌握し、1996年と2002年に野党を排除したまま選挙でジャメが大統領に選出される。

ガンビエ諸島 Gambier Islands（フランス）

南太平洋の島群。トゥアモトゥ諸島の南東部に近い。1797年にイギリス人のヘンリ・ウィルソンが初めて来航し、1844年にフランスが領有権を主張して、1881年に併合。現在は*フランス領ポリネシア（French Polynesia）に属し、行政庁所在地はマンガレバ島のリキテア。フランスはこの島群で核実験を行なってきた。

カンピ・カタラウニ Campi Catalauni ⇒カタラウヌム平原 Catalaunian Plains

カンピル Kampil（インド）

カイムガンジ近く、*ウッタル・プラデシュ（Uttar Pradesh）州中部のファルーカバード地区にある古都。『マハーバーラタ』に登場する古代パンチャーラ王国の都で、近隣には多数のヒンドゥー教の遺跡やアフガン人が立てた13世紀の要塞の廃墟が遺る。

カンファ Kanghwa [Kanghoa]［日本語：Koka-To 江華島]（韓国）

韓国の南西部、*ソウル（Seoul）の北西48km、漢江河口に位置する島。13世紀に短期間首都がおかれ、ソウル域外の防御施設として強化された。1866年にはフランス軍に、1871年にはアメリカ軍の攻撃を受けた。

カンプチア Kampuchea ⇒ カンボジア Cambodia

カンブリア Cumbria［旧名：Cambriaケンブリア］（イングランド）

イングランド北西部の古代の王国、現在の州。前2500年から集落のある地域で、古代ケルト人のカンブリア王国がイングランド国境から*スコットランド（Scotland）南西部まで広がっていた。ローマ人が初めは一連の要塞を建築し、のちにウォールズエンドからバウネス-オン-ソルウェーまで壁〔*ハドリアヌスの長城（Hadrian's Wall）〕を築いた。*カーライル[1]（Carlisle）が非軍事的な中心地だった。また、聖ニニアンがこの地域でキリスト教の布教を始めた。長年ウェールズを表わすラテン

語のキャンブリアが地名として使われていたが、7世紀には*ノーサンブリア（Northumbria）によって支配された。スカンジナビア人とアイルランド人の襲撃を2世紀にわたって受けたのち、945年には王国の南部がアングロサクソン人の支配下に入った。1068年、北部がスコットランドに割譲。現在の*カンバーランド[1]（Cumberland）州が成立したのは1177年で、何世紀もの間、国境をめぐる紛争が続いた。1974年、かつてのカンバーランドに*ウェストモーランド（Westmorland）州、ファーネス半島（かつてはランカシャー州の一部）、そして*ヨークシャー（Yorkshire）の各地を加えて、カンブリアの地名が復活した。

カンブリク Kambryk ⇒カンブレー Cambrai

カーンプル Kanpur［Cawnpore］（インド）

インド北部、*ウッタル・プラデシュ（Uttar Pradesh）州中部の都市。*デリー[1]（Delhi）の南東392km、*ガンジス川（Ganges River）に臨む。長く、*アワド（Oudh）と*ベンガル（Bengal）の境界だったが、1801年にイギリス領となる。インド大反乱中の1857年7月15日、ナナ・サヒブはこの地で女性と子どもを含めたイギリス駐屯軍を虐殺した。

カンブレー Cambrai［古代：Cameracum カメラクム；フラマン語：Kambryk カンブリク；旧名：Cambray カンブレイ］（フランス）

フランス北部、ノール県南部の都市。*リール[2]（Lille）の南南東55km、エスコー川に臨む古戦場。ローマ時代にはカメラクムと呼ばれ、445年までにはフランク族の中心都市となっていた。1508年、*ベネツィア（Venice）に対抗してカンブレー同盟が結成され、1510年に神聖同盟（Holy

League）が結成されるまで続いた。1529年、カンブレーの和約により神聖ローマ帝国皇帝カルル5世とフランスのフランシス1世との抗争が一時的ながら休止。近隣の*イングランド（England）とフランスは長年カンブレーをめぐり争いを続けていたが、1698年、*ナイメーヘン（Nijmegen）の講和条約によってフランスに割譲された。4世紀以来、司教座がおかれ、1695～1715年まで大司教で作家だったフランソワ・フェネロンが住んでいた。2度の世界大戦中には激戦地となった。

カンブレイ Cambray ⇒カンブレー Cambrai

カンベイ Cambay ⇒カンバート Khambat

カンペチェ Campeche［旧名：Kimpech キンペチュ］（メキシコ）

メキシコ東部、カンペチェ州の州都で港湾都市。*メリダ[1]（Mérida）の南西150kmに位置し、カンペチェ湾に臨む。1540年、スペイン人によって築造された古い植民地の港で17世紀にイングランドの艦隊と海賊により頻繁に襲撃され略奪された。18世紀にはメキシコ湾に臨む三港の一つとなる。1862～1864年の間はフランスによって2年間封鎖された。16世紀の教会などの旧蹟が遺っている。

カンヘーリー Kanheri ⇒サルセット Salsette, ボリバリ Borivli

カンペール Quimper［ブルトン語：Kemper ケンペール］（フランス）

フランス北西部、*ブルターニュ（Bretagne）地方フィニステール県の県都。ビスケー湾近くに位置する。中世にはコルヌアイユ地方のブレトン郡の中心地で、6世紀にはアングロサクソン人から逃げてきた*コ

ーンウォール（Cornwall）のブリトン人が居住した。495年に司教座となり、11世紀にブルターニュ伯領となった。

カンペン Kampen（オランダ）
オランダ中部、*ズウォレ（Zwolle）の西北西13km、アイセル川沿いの町。13世紀には文献に登場していた。15世紀には*ハンザ同盟（Hanseatic League）の一員だったが、16世紀には*アムステルダム（Amsterdam）に商業の中心地としての地位を奪われた。14、15世紀に建てられた多くの教会や建築物、小塔つきの中世の門3カ所が遺っている。

カンポサント Camposanto（イタリア）
*エミリア-ロマーニャ（Emilia-Romagna）州モデナ県の村で古戦場。*モデナ（Modena）の北東22kmに位置する。オーストリア・スペイン戦争中の1743年2月8日、オットー・フォン・トラウン元帥の指揮するオーストリア人とピエモンテ住人の軍勢がスペイン軍を破った。スペインは*ナポリ（Naples）王国まで退却せざるを得なくなった。

カンボジア Cambodia［カンボジア王国 Kingdom of Cambodia］［旧名：Kampuchea カンプチア, Khmer Republic クメール共和国, Camboja カンボジャ］
*インドシナ（Indochina）半島南部、シャム湾に臨む国。東は*ベトナム（Vietnam）、西は*タイ（Thailand）、北はラオス（Laos）と国境を接する。*メコン川（Mekong River）は大きく国を二分して流れ、肥沃な氾濫原がかつてこの国を支えていた豊かな農業の基盤となっていた。

カンボジアの有史以前の姿については不明な点が多いが、次々に人の波が押し寄せて、川沿いに農村ができたようだ。

早くも前4世紀には金属細工があった。

最初の大きな文化は扶南国の文化で、1～6世紀の間に栄え、*インド（India）と中国（China）の間の大交易路にあったために富を得、文化を吸収した。7世紀初めには扶南は新興の真臘に吸収される。さらに真臘は現在のラオスのメコン地域中央を中心地とするクメール人に倒される。その治世はジャヤーバルマン2世（在位802～850）のその後継者らの主導のもとで、真臘の崩壊後、*アンコール（Angkor）で隆盛を極めた。統一国家としてのカンボジアという考えが、初めてクメール人の意識にのぼり、それ以来、常に消えることはなくなった。ジャヤーバルマン2世とその後の君主たちは、統治者が偉大な力をそなえた神であり王である新しい国教を育んでいった。彼らのもとでカンボジアには大規模な灌漑システムが構築され、高い人口密度に対応できるようになり、アンコール一帯には荘厳な建築物が建ち並んだ。ヤショダラプラは41平方キロメートルの面積を有し、大規模な給水設備が整っていた。12世紀の間にクメール人は権力も領土も拡大していった。スールヤバルマン2世（在位1113～50）はベトナムに圧力をかけ、タイと*マレー半島（Malay Peninsula）には大きな影響力を与えた。さらにアンコール・ワット、ベン・メリア、バンテアイ・サムレなどの大規模な建築計画を打ち出した。その死後、反乱を繰り返していたが、クメール人に抑えられていた*チャンパ（Champa）が自由になり、延々と小競り合いを繰り返しているうちに、1177年にはアンコールを占領するまでに至り、クメール人の新たな支配者が死ぬと、国情は渾沌となる。1181年、ジャヤーバルマン7世が国王となり、チャム族を再び支配下に置き、大規模な寺院の建築計画を実行に移し、

アンコール・トムが誕生。王国の財政は逼迫し、国王の死後、クメール人の帝国は衰退し始める。

シャムがこの地域を支配し始め、アンコールは 1369 年、1389 年、1444 年に攻撃を受けてついに屈し、やがては廃都となる。クメール人は*プノンペン（Phnom Penh）に遷都し、勢力を失い続けていく。シャムは拡張を続け、カンボジアは国防のために導入したスペイン軍に 1596 ～ 1603 年まで支配され、17 ～ 18 世紀には衰退を続け、ベトナムとシャムから圧力を受け続けた。

*フランス（France）がベトナムで植民地を拡大してカンボジアを支配するようになり、1863 年、国王ノロドムにフランス保護領となる協定に調印させた。1884 年、フランスはカンボジアを植民地とし、2 年にわたる反乱を鎮圧して支配を強めた。カンボジアは第 2 次世界大戦までは平穏なままフランスに支配されていたが、大戦になると*日本（Japan）に占領された。日本の占領下でも大きな変化はなかった。1953 年、シアヌークはフランスが第 1 次インドシナ戦争に深入りしている機に乗じて独立を訴えた。第 2 次インドシナ戦争では、シアヌークは昔からの仇敵である南ベトナムとタイが脅威であると見て、北ベトナムと中国の側についた。

1970 年、アメリカがカンボジア及び反ベトナム勢力に対して空爆を行ない、シアヌーク政権は倒れた。ロン・ノルの政権下でカンボジアはアメリカの支援を受けて北ベトナムの反乱軍と戦ったが、1975 年、プノンペンはポル・ポトの革命軍に占領された。ここで国名がカンプチアとなる。何百万人もの大量虐殺、農村への強制移住、過去の農業社会への強引な回帰をねらった国策により、世界各国の視界から消えることになった。1979 年、

ベトナムの支配下にある反乱軍がカンボジアを制圧すると、ベトナム軍もあとに続いた。しかし、シアヌーク殿下は今度はポル・ポト軍の残党と手を結び、反ベトナムのカンボジア体制を復活させようとした。

1989 年、ベトナム軍は撤退し、ベトナム寄りのフン・センを首相とするカンボジア政府は、中国とタイに支援された（共産主義のクメール・ルージュも含む）反動勢力と対決しなければならなくなった。1991 年、すべての勢力が停戦と国連監視下の選挙に合意した。シアヌークはクメール・ルージュを批判し、フン・センと協力して、再び政権を担当。クメール・ルージュは和平の道を離れ、政府に対してゲリラ戦を始めた。1993 年、国連の支援を受けた選挙によって、再び君主を頂く新体制が誕生し、シアヌークがカンボジア王国の国王に復帰した。1993 ～ 1994 年、政府主導の大赦により、クメール・ルージュから大勢の離脱者がでた。

シアヌークの息子ラナリットとフン・センのカンボジア人民党による脆弱な連合政府は 1997 年 7 月に内部対立で衝突し、フン・センはラナリットがクメール・ルージュの離反者を取り込んでいると主張。週末にプノンペンにてフンシンペック党とカンボジア人民党の軍隊が衝突し、フン・センが単独で主導者となった。1998 年の選挙後、フン・センが首相の座につく。1998 年 4 月、ポル・ポトの死が確認され、クメール・ルージュの勢力は消えた。

カンボジャ Camboja ⇒**カンボジア Cambodia**

カンボージャ Kamboja（アフガニスタン；パキスタン）

古代の*ガンダーラ（Gandhara）国北西に存在した古代国家で、*インダス川（Indus

River）の両岸にまたがり、現在のパキスタンの*ペシャワル（Peshawar）を含む。インド亜大陸北部を支配した主要な十六大国の一つで、ヴェーダ聖典や、前6世紀～前5世紀の仏教の経典に登場している。

カンポバッソ Campobasso（イタリア）

イタリア中部、カンポバッソ県の県都。*アペニン山脈（Apennine Mountains）の山中にあり、*ナポリ（Naples）の北東1,590kmに位置する。1732年、それまでの古い町を捨て、中世の市壁の外に新しい町を建設。第2次世界大戦中、1943年10月に英米がここで手を結び、*ボルトゥルノ川（Volturno River）方面作戦を展開した。史跡としては15世紀の城がある。

カンポ・フォルミオ Campo Formio［現代：Campo Formido］（イタリア）

イタリア北東部、*フリウリ-ベネツィア・ジュリア（Friuli-Venezia Giulia）自治州*ウディネ（Udine）県の村。ウディネの南西8kmに位置する。フランスが*オーストリア（Austria）を破り、1797年10月17日、カンポ・フォルミオ条約が締結され、ナポレオン戦争の第一局面が終結。この条約により、フランスは領土を獲得し、*ベネツィア（Venice）は1100年の独立に終止符が打たれた。条約締結後、イングランドだけがフランスに対して敵愾心を持ち続けた。

カンポ・マイオル Campo Maior（ポルトガル）

スペインとの国境に近い町。アルト・アレンテージョ地方*エルバス（Elvas）の北北東16kmに位置する。ローマ時代より城壁に守られ、ナポレオン戦争時のイベリア半島方面作戦中、1811年にフランス軍に包囲されたが抵抗した。

漢陽 ⇒ ハンヤン〔漢陽〕Hanyang（中国）

カンリンポチェ〔岡林波斉〕Kang Rimpoche ⇒カイラス〔カイラーサ〕Kailas

キ

ギアナ Guiana [スペイン語：Guayana グアヤナ]
南アメリカ北東部の地域で、*ベネズエ
ラ（Venezuela）南東部、*ブラジル（Brazil）
北部の一部、*フランス領ギアナ（French
Guiana）、*スリナム（Suriname）、*ガイア
ナ（Guyana）が含まれる。1498 年にコロン
ブスが海岸に到達し、1499 〜 1500 年ま
でスペインの探検家たちにより調査され
る。この地域には伝説の黄金郷*エルドラ
ド [1]（El Dorado）があると考えられていて、
サー・ウォルター・ローリーも 1595 年に
やってきた。ボルテールの『カンディー
ド』にもこの伝説が登場する。ロペ・デ・
アギーレは反乱を起こしたあと、1559 〜
1561 年までエルドラドを求めて、ペルー
側の*アンデス山脈（Andes, The）からアマ
ゾン川を下り、その一行は途中で略奪と
大量殺人を繰り返した。最初にこの地域
に移民したのはオランダ人だが、所有者
は次々変わった。内陸にはインディオと
マルーンと呼ばれる解放奴隷の子孫が住
んでいる。

キアリ Chiari [古代：Clarium クラリウム]（イタ
リア）
イタリア北部、ブレシア県の町。*ロンバ
ルディア（Lombardy）州*ブレシア〔ブレ
ッシャ〕（Brescia）の西 26km に位置する。
スペイン継承戦争中、1701 年 9 月 1 日に
プリンツ・オイゲン率いるオーストリア
軍がフランソワ・ド・ビルロワ率いるフ
ランス軍をここで破った。

**キウィタス・ウェトゥス Civitas Vetus ⇒ツ
ァブタット Cavtat**

**キウィタス・エブロウィクム Civitas
Eburovicum ⇒エブルー Évreux**

**キウィタス・カルヌトゥム Civitas Carnutum
⇒シャルトル Chartres**

**キウィタス・ネメントゥム Civitas Nementum
⇒シュパイアー Speyer**

キー・ウエスト Key West [スペイン語：Cayo
Hueso カヨ・ウェソ]（合衆国）
*マイアミ（Miami）の南南西 208km、*フ
ロリダ（Florida）・キーズ諸島最西端の島
と都市。1822 年以来の通関港で、1844 〜
1846 年にかけて設置された沿岸警備隊基
地、1846 年来の灯台、南北戦争時の 2 カ
所の要塞が今も遺る。オーデュボン、ウ
ィンスロー・ホーマーはここで製作し、
ヘミングウェイはこの地を舞台にした作
品を書いた。1851 年時のヘミングウェイ
の家は現在博物館となっている。キュー
バ人、スペイン人、黒人、イギリス系と、
多様な人々が居住している。1935 年のハ
リケーンでは深刻な被害を受けた。

キウーシ Chiusi ⇒クルシウム Clusium

キエティ Chieti [古代：Teate Marrucinorum テア
テ・マルキノルム]（イタリア）
イタリア中東部、*アブルッツォ（Abruzzi）
州キエティ県の県都。*ペスカーラ（Pescara）
の南西 15km、ペスカーラ川に臨む。古代
マルキニ族の中心地だったテアテが前 305
年頃にローマ人に占領され、6 世紀には
東ゴートの王テオドリックに占領された。

その後、ロンバルディア家に割譲される。ノルマン人の支配下ではアブルッツォの首都となった。さらにホーエンシュタウフェン家とアンジュー家の領地となる。ナポレオン戦争中の 1802 年にフランスに占領された。ローマ時代の遺跡とロマネスク様式の大聖堂がある。
⇒ ナポリ Naples

キエフ Kiev ［ロシア語：Kiyev；ウクライナ語：Kyiv, Kyyiv］（ウクライナ）
*モスクワ（Moscow）の南西 752km に位置する、ウクライナの首都と港。*ロシア（Russia）の歴史に重要な役割を果たした町で、5 世紀には存在し、*スカンジナビア（Scandinavia）半島から*ビザンティウム（Byzantium）への水上交易路の要地となった。862 年にバイキングのバラング人に制圧され、880 ～ 912 年まではキエフ大公国の首都となり、988 年に始まったロシア正教の中心地となる。11 世紀に栄えたが、12 世紀には衰退した。他国に争われ、1240 年にモンゴルに侵略されたのち、14 世紀には*リトアニア（Lithuania）領、16 世紀には*ポーランド（Poland）領となり、1686 年にロシアに併合された。1918 ～ 1920 年のロシア革命中には、何度も占領され衝突が起きた。第 2 次世界大戦中にキエフを占領したドイツは、ここで 5 万人のユダヤ人を殺害し、1941 ～ 1943 年までに市の大部分を破壊した。ヨーロッパでも屈指の美しい都市で、多くの有名な歴史的建築物がある。9 世紀の聖ボロディームィル聖堂、11 世紀の黄金の門の廃墟、モザイク、フレスコ画、イコンで知られる聖ソフィア聖堂、ウスペンスキー聖堂、11 世紀の洞窟大修道院などである。1991 年、キエフは独立したウクライナの首都となり、ウクライナ語名に沿った Kyyiv 表記を採用した。

キェルツェ Kielce ［ロシア語：Keltsy, Kel'tsy］（ポーランド）
ポーランドの南部、シフィエントクシスキェ県の県都。*クラクフ（Kraków）の北北東 136km に位置する。1173 年に建設され、1360 年に都市権を獲得した。18 世紀後半まで市場町として栄え、クラクフ司教領だった。1795 年からオーストリア、1815 年からロシアの属国になっていたポーランドに編入されるが、1919 年にポーランドに返還された。1914 ～ 1915 年にはドイツとロシアの戦場となり、第 2 次世界大戦中にはドイツの 4 つの強制収容所がおかれた。

キオス Chios ［ヒオス Khíos］［伊：Scio］（ギリシア）
*エーゲ海（Aegean Sea）東部、*トルコ（Turkey）西海岸の沖合の島。ホメロスが住んでいたとされ、前 8 世紀にパンイオニア同盟に加わり、前 546 年、*ペルシア[1]（Persia）のキュロス 1 世に征服される。前 480 年にペルシアがギリシアに敗れると、キオスはデロス同盟に加わり、ギリシアで最も政治的に安定している地域と見なされた。前 412 年、*アテネ（Athens）に対して反乱を起こして失敗したが、前 354 年に独立が認められた。ローマ人、ビザンツ人、セルジューク・トルコ人、ベネツィア人、ジェノバ人に次々に占領された。19 世紀のギリシア独立戦争ではキオス島のキリスト教徒がトルコ人に虐殺された。1913 年、バルカン戦争後にギリシアに併合された。

キオッジャ Chioggia ［古代：Fossa Clauda フォッサ・クラウダ］（イタリア）
イタリア北部、*ベネト（Veneto）州ベネツィア県の港町。*ベネツィア（Venice）の南 24km のベェネタ潟の島にある。ローマ時

代に始まり、漁業の町として建設された。1378年、ジェノバがキオッジャを占領したが、1380年に最終的にはベネツィアに降伏。この勝利によってベネツィアは、その後200年にわたって海を支配する。

キガリ Kigali ⇒ルワンダ Rwanda

ギギア Gigia ⇒ヒホン Gijón

キクラデス諸島 Cyclades Islands［ギリシア語：Kikládhes］（ギリシア）
*ペロポネソス（Pelóponnesus）半島と*ドデカネス（Dodecanese）諸島の間、*エーゲ海（Aegean Sea）南部の220からなる島群。青銅器時代の中心地で、*デロス（Delos）島をはじめどの島にも考古学的に重要な遺物がみられる。1829年、*オスマン帝国（Ottoman Empire）からギリシアに割譲された。

キゴマ Kigoma ⇒ウジジ Ujiji

ギザ Giza［ギゼー Al-Gizeh, ジーザ Al-Jizah］（エジプト）
*カイロ¹（Cairo）の郊外、*ナイル川（Nile River）の西岸に臨むギザ県の県都。スフィンクス、クフ王のピラミッドをはじめとする大ピラミッド、クフ王の母と娘の墓などがギザの西8kmに位置する。カイロ大学の所在地でもある。

キサンガニ Kisangani［旧名：Stanleyville スタンリービル］（コンゴ）
*キンシャサ（Kinshasa）の北東1,200km、コンゴ中北部の*コンゴ川（Congo River）流域の都市。1883年、現在のキサンガニ近くの島に、探検家でジャーナリストだったイギリス系アメリカ人のヘンリ・モートン・スタンリーが設立した。*ベルギー（Belgium）のレオポルド2世の命を受けて探検に向かう途中のことである。キサンガニはアラブの奴隷商人の攻撃を受けて焼き払われ、その後1898年に現在の都市ができた。1950年代後半、1960年6月に独立するコンゴ民主共和国の初代首相となるパトリス・ルムンバが拠点を置いた。内戦が始まり、1961年2月にルムンバが暗殺されると、キンシャサの中央政府に対抗して政府を樹立したアントワーヌ・ギゼンガが本拠地とする。ギゼンガの政府は失敗に終わり、その後1964年、1966年、1967年にも、キサンガニでは暴動が続いたが成功はしなかった。

キジコス ⇒ **キュジコス〔キジコス〕Cyzicus**（トルコ）

キシナウ Chişinău［キシニョフ Kishinev/Kishinyov］（モルドバ）
モルドバの首都。*オデッサ（Odessa）の北西145kmに位置する。15世紀には修道院の町だったが、16世紀にトルコ人に占領され、たびたび攻撃を受けたが、1788年の*ロシア（Russia）とオスマン・トルコの戦争の時には特に攻撃の的にされた。1812年、ロシアに併合され*ベッサラビア（Bessarabia）の首都となってから繁栄した。1820～1823年まで詩人のプーシキンが亡命してここに住んだ。1903年、ロシア人がユダヤ人を大虐殺。1918～1940年まで*ルーマニア（Romania）の支配下に置かれ、第2次世界大戦では甚大な被害を受けた。

キシニョフ Kishinev/Kishinyov ⇒キシナウ Chişinău

キシマイオ Chisimaio ⇒キスマユ Kismayu

キシャンガル Kishangarh〔Kishengarh〕（インド）

インド北西部、*ラージャスタン（Rajasthan）州中部の町で、かつてのキシャンガル藩王国の首都。*ジャイプール（Jaipur）の南西80kmに位置する。1611年に建設された。藩王国は1948年にはラージャスタン州の一部となる。宮殿と要塞が遺る。

キシュ Kish〔近代：Tall Al-uhaimer タル・アル - ウハイミル〕（イラク）

*バグダード（Baghdad）の南96km、*バビロン（Babylon）の遺跡の東13kmにあった古代都市。大洪水後の主要都市だったと考えられている。1922年までに完全に発掘された遺跡は、紀元前4千年紀と前3千年紀に栄えたシュメールの重要都市の跡だった。発掘の結果、この地域で最長期間続いた考古学的記録が明らかになった。この地で生まれたサルゴン1世の城は、前2600年頃に建てられた。また、バビロンのネブカドネザル2世（在位前605〜前562）とナボニドゥス（在位前556〜前539）が建てた大寺院もある。
⇒アッカド Akkad, シュメール Sumer, メソポタミア Mesopotamia

宜昌⇒イーチャン〔宜昌〕Yichang（中国）

キシラ島⇒キュテラ〔キシラ〕島 Cythera（ギリシア）

ギーズ Guise（フランス）

フランス北部、エーヌ県の町。*ラン¹（Laon）の北37km、オアーズ川に臨む。*ロレーヌ（Lorraine）公家の分家で権勢をふるったギーズ公の16世紀の居城の遺跡がある。1527年、フランソワ1世からクロード・ド・ロレーヌが爵位を与えられ初代ギーズ公となる。ギーズ公はイングランド軍から*カレー（Calais）を奪取。2代目ギーズ公のフランソワ・ド・ロレーヌは国王フランソワ1世と神聖ローマ帝国皇帝カール5世との戦争で司令官を務める。第3代ギーズ公アンリ1世はユグノーとの宗教戦争でカトリック側の首領となり、1572年の*パリ（Paris）でのサン・バルテルミの虐殺では首謀者となり、1576年にはブルボン家に対抗するカトリック同盟を結成。ギーズの町は空想的社会主義者フーリエの弟子J・B・A・ゴダンが1859年に建設した集合住宅でも有名。2度の世界大戦で町は大規模に被災した。

ギスカール Guiscard（フランス）

フランス北部、オアーズ県の町。*コンピエーニュ（Compiègne）の北北東30kmに位置する。第1次世界大戦が始まり、1914年8月にドイツに占領される。ドイツは1917年3月に連合軍に町を奪われるが、すぐに1918年9月に奪い返して終戦となる。町は大きな被害を受けた。

キストナ Kistna⇒クリシュナ川 Krishna River

ギーズバラ Guisborough（イングランド）

イングランド北東部、クリーブランドの町。ミドルズバラの東南東13kmに位置する。史跡としては1119年にジョン・ベイリオルに対してスコットランドの王位継承権を主張したロバート・ド・ブルースが創設した小修道院の遺跡がある。ロバート・ド・ブルースはロバート・ブルース王の祖先。

キスマユ Kismayu〔伊：Chisimaio キシマイオ〕（ソマリア）

ソマリア南部、インド洋に臨む港町。*モガディシュ（Mogadishu）の南西400kmに

484　キスリ

位置する。*ザンジバル（Zanzibar）のスルタンが1872年に建設した。1887年にイギリスに占領され、1927〜1941年にはイタリア領。モスクとスルタンの宮殿が遺る。

キースリー Keighley（イングランド）

イングランド中北部、*リーズ² (Leeds)の西北西21kmに位置するウェスト・ヨークシャー大都市圏州、ブラッドフォード首都自治区（メトロポリタン・バラ）の町。1938年以来*ハワース（Haworth）を併合している。ヘンリ2世（在位1154〜89）時代にさかのぼる教会は、1710年と1847年に再建された。

ギゼー Al-Gizeh ⇒ギザ Giza

議政府（ぎせいふ） ⇒ ウイジョンブ〔議政府〕Ŭijŏngbu

（韓国）

ギーセン Giessen（ドイツ）

ドイツ中部、*ヘッセン（Hessen）州の都市。*フランクフルト・アム・マイン（Frankfurt am Main）の北55km、ラーン川に臨む。12世紀、セルテル、アステル、クロパッハの3村が合併して成立。町を守るために現在は遺跡となっているギーセン城が建設された。1203年、婚姻により*チュービンゲン（Tübingen）のルドルフに割譲されたが、ルドルフは1265年にヘッセンのハインリヒに売却。1607年、ヘッセン方伯ルートウィヒ5世により勅許を与えられたギーセン大学には貴重な蔵書を誇る大図書館が併設されている。

北アイルランド Ireland, Northern

イギリスすなわち*グレート・ブリテンおよび北アイルランド連合王国（United Kingdom of Great Britain and Northern Ireland）を構成する国。*アイルランド（Ireland）島の北東部を占め、アイルランド史上*ア

ルスター（Ulster）と呼ばれてきた地方9州のうち、*アントリム（Antrim）、*アーマー（Armagh）、ダウン、*ファーマナ（Fermanagh）、*ロンドンデリー（Londonderry）、*ティローン（Tyrone）の6州からなるため、しばしばアルスターとも呼ばれる。首都は*ベルファスト（Belfast）。従来どおり連合王国の一部であることを望む多数派のプロテスタントと、アイルランド共和国との統合を望む少数派のカトリック教徒アイルランド人との抗争により、近年、北アイルランドは引き裂かれてきた。カトリック教徒によるアイルランド共和軍（IRA）と、プロテスタントによる北アイルランド防衛軍という、いずれも非合法の組織が、数々のテロ行為によって社会秩序を混乱させる間、数千人単位のイギリス軍が統制維持を試みた。

16世紀および17世紀初頭、アルスターを支配する一族、ティローン伯オニール家がイングランドとの戦いに敗れ、1607年に他の貴族とともにフランドル地方へ逃れる。*イングランド（England）王ジェイムズ1世は、1603〜1625年にかけて、ティローン伯らが残した領地の大半を占領し、プロテスタントのイングランド人、スコットランド人、ウェールズ人を移住させた。17世紀の半ばにオリバー・クロムウェルがイングランドを支配すると、先のような移住がさらに進められ、アイルランドのこの地域は明らかにプロテスタントの特性を持つようになった。

19世紀に「アイルランド自治（Home Rule）」が提言されるが、これは祖国の自治を求めるアイルランド民族主義者のスローガンでもあった。しかし北アイルランドでは、アイルランドの他の部分を占める多数派カトリックに実権を握られてしまうという危機感が生じた。また、この時までに北アイルランドは工業化が進

み、アイルランド南部よりイギリスとの経済的な結びつきが強かった。自治を求める運動が長引くにつれ、内乱の脅威が高まったが、1920年にイギリスが、アイルランドを二つに分割してそれぞれに自治権を認めるアイルランド統治法を制定し、その結果、北アイルランドが正式に成立した。1922年、南部にアイルランド自由国が成立し、先のアイルランド分割承認を拒否。以来、暴力事件が断続的に続いている。

1972年1月、ロンドンデリーでイギリス軍がデモ行進中のカトリック教徒13人を殺害するという、デリー虐殺事件が起こる。この事件が発端となり、3月にはロンドンのイギリス政府が北アイルランド統治を引き継ぐこととなった。1973年に、プロテスタントとカトリックの連立政府が成立したものの、プロテスタント過激派主導のゼネストの結果を受けて1974年5月に崩壊。北アイルランドは再びイギリス政府の直接統治下におかれた。1970年代には、マイレッド・コリガンとベティ・ウィリアムズが北アイルランド問題の平和的解決に取りくむ組織を設立し、1977年に和解への努力が認められて、二人はノーベル平和賞を授与された。1980年代と1990年代の大半を通じ、IRAとプロテスタント武装勢力によるテロ行為が続いた。1982年に議会が成立するが、問題解決に進展が見られず、1986年に解散された。1985年にアングロ・アイリッシュ協定が結ばれ、北アイルランドおよびアイルランド共和国間の協議の基礎が築かれた。1993年、イギリスとアイルランド共和国の両政府は、武力行為を進んで放棄する全ての政党に対し、開かれた交渉の機会を提供する共同宣言を発表する。1994年にはIRAが、次いでプロテスタントの準軍事諸団体が、停戦を宣言した。1995年に公式な協議が開始されるが、1996年のIRAの武力行為によって停滞する。1997年にIRAが停戦を宣言し、IRAの政治部門であるシン・フェイン党を交えて、協議が再開された。

1998年には、新生北アイルランド議会と南北閣僚評議会を規定した新たな合意に達する。この南北閣僚評議会において、北アイルランドおよびアイルランド共和国間の相互の利害に関する問題が協議されることとなった。またアイルランド共和国は、北アイルランドの領土権主張の放棄を宣言する。1999年に複数政党による連立政府が誕生し、イギリス政府による直接統治に終止符が打たれた。アルスター統一会議のデイビッド・トリンブルが北アイルランド政府の首相となる。2000年にIRAが武装解除の合意を拒否したため、イギリスは北アイルランドへの自治権限委譲を一時停止するが、同年IRAの譲歩により自治が再開された。2001年、IRAの武装解除開始を促す動きの中で、トリンブル首相は一時的に辞任する。シン・フェイン党の政府関係者がIRAのための秘密情報収集の容疑で逮捕され、イギリスは再び北アイルランドへの自治権限の委譲を停止した。2003年に行なわれた選挙により、急進的なプロテスタント政党とカトリック政党が議席の多数を占め、アイルランド自治は中断されたままとなる。2005年、IRAの暫定派は武力闘争の終結を宣言した。

キタイ Khitai ⇒キャセイ Cathay

北イロコス〔イロコスノルテ〕Ilocos Norte
（フィリピン）

＊ルソン（Luzon）島北西部の州。州都はラオアグ。1572年にファン・デ・サルセード率いるスペイン軍が植民地化しようと

したが、住民はスペイン支配に敵対し続け、1589年、1660年、1788年に反乱の舞台となった。また、1898〜1899年の革命にも関与した。

北インゲルマンランド North Ingermanland（ロシア）

*イングリア（Ingria）地域の北部。のちに*サンクト・ペテルブルグ（Saint Petersburg）県となる。1920年にロシア革命後の新革命政府から離脱するが、間もなく併合された。

北オセチア - アラニヤ共和国 North Ossetia-Alania［アラニヤ Alania, 旧北オセチア自治州 Formerly North Ossetian Autonomous Oblast］（ロシア）

ロシア南部、*カフカス〔コーカサス〕山脈（Caucasus Mountains）中北部の共和国。古代スキタイ人の子孫であるアラン人が5世紀から住んでいた。15世紀に住民はキリスト教に改宗。1802年にロシアに占領される。ソビエトの支配を受けたあと、1921年1月20日〜1924年7月7日まで山岳自治ソビエト社会主義共和国となった。1924年に北オセチア自治州となる。1991年に現在の名が与えられ、*ロシア連邦（Russian Federation）の共和国となった。ソビエト連邦の崩壊によりオセチア人は、北オセチアがロシア内、*南オセチア（South Ossetia）は*ジョージア²〔グルジア〕（Georgia）にあるという問題に直面した。迫害を逃れるため南オセチアから多数が北オセチアに逃亡した。2004年、北オセチア共和国ベスランで、テロリストが学校を襲撃し生徒らを人質にとる事件が起きた。硬直状態が続いたあとに314人が死亡する結果となった。首都はウラジカフカス。
⇒**オセチア Ossetia, オセチア軍道 Ossetian, Military Road, スキタイ Scythia**

北カナラ North Kanara ⇒カナラ Kanara

北九州 Kitakyūshū ⇒八幡 Yawata

北ケープ Northern Cape（南アフリカ）

1994年、*ケープ州（Cape Province）北部が分離されて出来た州。最大都市でもある州都は*キンバリー（Kimberley）。

北朝鮮 North Korea ［朝鮮民主主義人民共和国 Democratic People's Republic of North Korea］

アジア北東部の国。*日本（Japan）の西、*韓国（South Korea）の北、中国旧*満州（Manchuria）の南東、極東ロシア*シベリア（Siberia）の南に位置する。第2次世界大戦後には統一*朝鮮（Korea）であったが、38度線を境にソ連軍が半島北部を占領し、アメリカ軍が南部を占領した。1948年、南部が大韓民国、北部が朝鮮民主主義人民共和国設立を宣言。1950年に北朝鮮が韓国に侵攻したときには、アメリカ軍と国連軍が応戦し北に押し戻した。朝鮮戦争は、中国軍と北朝鮮軍がアメリカ軍と国連軍と戦う形で1953年まで続いた。緩衝となる非武装地帯が設けられ38度線が採用された。首都は*ピョンヤン〔平壌〕（Pyŏngyang）。

1948年からは金日成が支配者となった。金はスターリン主義の国家を築き、自分を崇拝の対象とさせて国を支配した。チュチェ思想という指導理念を育み、北朝鮮を誇り、国のために尽くすことを説いた。鎖国、テロの支持、大量破壊兵器の開発研究などのために北朝鮮は世界で最も孤立した国となった。1994年に金日成が死亡し、息子の金正日が跡を継いだ。息子の代になり北朝鮮は韓国との関係を多少軟化させたため、2000年には南北サミットが実現わした。また、日本との関係改善にも努め、スパイ育成のために日本人を拉致したことを認めた。さらに戦

後別離していた北朝鮮の家族への韓国人の訪問を制限付きで許可した。

チュチェ思想に基づいた軍国主義と極度の工業化は国の経済発展の大きな障害となった。1990年代後半には旱魃による食料不足から多数が餓死し、食料を求め中国への不法侵入者が増加。金正日は韓国、日本、中国、*アメリカ（USA）、*ロシア（Russia）からの食料援助と電力供給を強要しようと核兵器を使った瀬戸際政策をとった。2005年には核兵器の保持を宣言した。

北ドイツ連邦 North German Confederation（ドイツ）

マイン川の北に位置するドイツの22州からなる連邦。1866年のオーストリア-プロイセン戦争後の1867年に、*ドイツ連邦（German Confederation）に替わって設立された。プロイセン首相のビスマルクが設立した、*プロイセン（Prussia）が主力の連邦であり、統一ドイツに向けて*オーストリア（Austria）にプロイセンが一歩先んじた形となった。1871年に*ドイツ帝国（German Empire）となった。

⇒ドイツ Germany

北フリジア諸島 North Frisian Islands ⇒フリジア諸島 Frisian Islands

北ベトナム North Vietnam ⇒ベトナム Vietnam

北ボルネオ North Borneo ⇒サバ Sabah

キタリー Kittery [旧名：Piscataqua ピスカタカ]（合衆国）

*ニューハンプシャー（New Hampshire）州*ポーツマス²（Portsmouth）の対岸にある*メイン（Maine）州南西部の町。州最古の町で、1622年に入植が始まった。1777年にここでジョン・ポール・ジョーンズが軍艦《レンジャー号》を建造したほか、南北戦争中には有名な《キサアージュ号》がつくられた。1682年来のウィリアム・ペッパーレルの家、18世紀の家々が遺る。

北ローデシア Northern Rhodesia（ザンビア）

中央アフリカにあった旧イギリス領で、現在の*ザンビア（Zambia）共和国。初期の歴史については不詳。16〜17世紀にマラウィ湖と*ザンベジ川（Zambezi River）源流の間の地域にバンツー語を話す様々な移民が集まった。19世紀にはいくつかの民族が国の主要な地域を支配した。ルンダ族が北部の大部分を、バンバ族が東部の大部分を、ルヤナ族がザンベジ川流域の西端部を支配。19世紀中頃にはンゴニ族が南からザンベジ川を渡って、一大勢力となる。1863〜1864年にはコロロ族が発祥の地*バストランド（Basutoland）を出て、西部のバロツェランドに侵攻するが、その後、*ロジ王国（Lozi Kingdom）に排除された。

ヨーロッパ人の関心がこの地域に向けられ始めるのはスコットランドの宣教師デイビッド・リビングストンが探検してからだが、じつはその20年以上前に*ポルトガル（Portugal）の探検家たちが北東部を探検していたのである。19世紀後半には伝道所が何カ所か設けられた。1890年にはセシル・ローズが設立したイギリス南アフリカ会社が地元の部族の族長らと協定を取り付けた。*ローデシア（Rhodesia）はローズの名に由来する。協定を理由に1891年、*イギリス（United Kingdom）はこの地域の領有権を主張し、抵抗するルンダ族とンゴニ族を制圧するため軍を送った。1911年、イギリスは保護領の北東ローデシアと北西ローデシアを統合し北ロ

ーデシア保護領とした。

　1923～1924年には北ローデシアで埋蔵量の豊富な銅山が発見される。6年後には鉱山景気で都市や町がいくつもできて、アフリカ南部から黒人と白人の労働者が集まった。人種差別と分離政策が*南アフリカ（South Africa）からもたらされ、北ローデシアのアフリカ人はよりよい待遇を求めて常に戦い続けた。1925年、1940年、1956年にストライキと暴動が突然起こった。

　アフリカで初めての組織的な民族運動は第2次世界大戦後に起こり、白人主体のローデシア・ニヤサランド連邦に抵抗したが、失敗に終わった。ハリー・ヌクンブラはアフリカ民族運動の最初の主導者だったが、1958年にはケネス・カウンダが頭角を現わした。イギリスは支配権をアフリカの多数派民族に漸次譲渡することを1960年までには決定していたが、北ローデシア在住の7万人の白人が猛反対したためなかなか進展しなかった。1964年、初の普通選挙が行なわれ、カウンダが首相に選出された。1964年10月24日、北ローデシアは独立してザンビア共和国となり、ケネス・カウンダが初代大統領となった。
⇒ジンバブエ Zimbabwe, マラウイ Malawi, ルンダランド Lundaland

きったん
契丹 Ch'i-Tan/Khitan ⇒キャセイ Cathay

ギッチン Gitschin [チェコ語：Jičin イチーン]（チェコ）
　*プラハ（Prague）の北東105kmに位置する町で戦場跡。1302年、ワーツラフ2世により建設された。1813年、*オーストリア（Austria）のフランツ1世はここで条約に署名して、ナポレオンに対抗する連合国に加入した。1866年6月29日、*プ

ロイセン（Prussia）軍がここでオーストリア軍を破った。1655年、スペインのサンチアゴ・デ・コンポステーラ大聖堂をモデルにした教会が完成。

キッツビュール Kitzbühel [旧名：Chizbühel]（オーストリア）
　オーストリア西部、*インスブルック（Innsbruck）の東北東77kmの町。初期青銅器時代の集落の遺跡がある。最初に記録に登場したのは1165年で、1271年に町となり、1338年バイエルン公ルートウィヒ4世により勅許を下された。1504年に*チロル（Tyrol）領となり、その後2世紀の間、銅の採鉱で栄えた。現在はホテルになっている中世の城、14、15、16世紀に建てられた教会が遺る。

きつりん
吉林 ⇒チーリン〔吉林〕Jilin（中国）

キティウム Citium [聖書：Kittim；ギリシア語：Kition キティオン]（キプロス）
　*ラルナカ（Larnaca）から近いキプロス南沿岸の古代都市。前1400～前1100年まで*ミケーネ（Mycenae）の植民地で、フェニキア文化をキプロスとエーゲ海に伝えるパイプ役を果たした。前709～前668年までのアッシリアの保護領時代には、キプロスの首都。前499年、前386年、前353年にギリシア人が*ペルシア[1]（Persia）に反乱を起こした際には、キティウムはペルシア側についた。前449年、アテネがキティウムを攻撃。中世には港が沈泥で塞がり始めたため、住民はラルナカへと移住した。

キティオン Kition ⇒キティウム Citium

キティホーク Kitty Hawk［Kittyhawk］（合衆国）

*ノースカロライナ（North Carolina）州デア郡の村、*エリザベス・シティ[1]（Elizabeth City）の南東51kmに位置する。1901～1903年に近隣のキルデビルヒルズで、ライト兄弟がグライダーの実験を行ない、最初の航空機による飛行を成功させた。

キト Quito［ビラ・デ・サン・フランシスコ・デ・キト Villa de San Francisco de Quito］（エクアドル）

エクアドルの首都でピチンチャ州の州都。太平洋から182km、*グアヤキル（Guayaquil）の北東272kmに位置する。かつてはキト族が住んでいたが、1487年にインカに奪われ、1534年にスペインのセバスチャン・デ・ベナルカサールに征服された。1822年、アントニオ・ホセ・デ・スクレによってスペイン支配から解放される。すぐれたスペイン植民地建築が数多く見られる。⇒ インカ帝国 Inca Empire, グラン・コロンビア Gran Colombia, ニュー・グラナダ〔ヌエバ・グラナダ〕New Granada, ピチンチャ Pichincha

キドウェリー Kidwelly［ウェールズ語：Cydweli］（ウェールズ）

ウェールズ西部、カーマーゼーンシャー州の町。*カーマーゼン（Carmarthen）の南13kmに位置する。2本の水路の合流地点に位置していたため、1084年にノルマン人のウィリアム・ド・ロンドレスか、1106年にソールズベリー司教が大きな城を建てたといわれている。1230年頃にウェールズのルウェリン大王に略奪、破壊されたが、1270年頃に再建された。最初の勅許はイングランド王ヘンリ1世（在位1106～35）による。13世紀の教会が遺る。

キナー Qina［ケネー Keneh］［古代：Caene ケーネ, Caenepolis ケネポリス］（エジプト）

エジプト中東部、*ナイル川（Nile River）に臨むキナー県の県都。古代の交易都市ケーネがあった場所に設立された。最初の集落の遺跡が数多く遺る。

ギニア[1] Guinea［仏：Guinée；ポルトガル語：Guiné；スペイン語：Guinea］（アフリカ）

アフリカ大陸西部、*アンゴラ[1]（Angola）から*セネガル（Senegal）に至る歴史的な地域で、植民地時代の交易品は、*穀物海岸〔グレイン・コースト〕（Grain Coast）*コートジボアール〔象牙海岸〕（Ivory Coast）*ゴールド・コースト〔黄金海岸〕（Gold Coast）、*奴隷海岸（Slave Coast）などの地名に示されている。アフリカ西海岸を示す古い地名にもなっている。

ギニア[2] Guinea

アフリカ西海岸の国。北は*ギニア‐ビサウ（Guinea-Bissau）と*セネガル（Senegal）、北西は*マリ[1]（Mali）、西は*コートジボアール〔象牙海岸〕（Ivory Coast）、南は*リベリア（Liberia）と*シエラレオネ（Sierra Leone）と国境を接する。10～15世紀までは*ガーナ（Ghana）王国、マリ帝国、*ソンガイ（Songhai）王国の一部だった。フランス人が16世紀に来航したが、軍隊が内陸まで侵攻を始めたのは19世紀中期から。1880年代、フランスとの協定に支えられてマリンケ族の指導者サモリ・トゥーレが東進政策を打ち出す。トゥーレはトゥクロール王国およびシカソ王国と同盟を結んで、フランス人を追い出そうとするが、1898年に敗北を喫して、フランスがギニアと象牙海岸を支配。

1958年、ギニアはアフメド・セク・トゥーレとギニア民主党（PDG）のもとで独立。トゥーレがフランスの植民地主義

批判を行なったために、トゥーレ政権下のギニアは他のフランス語圏の西アフリカ諸国の中で孤立する。1960年代末、25万人のギニア人が難民生活を送る。1970年、ポルトガルの支援を受けたギニア人民兵がギニア攻撃を行なったが失敗。政府は外国からの援助を受けた見返りに改革を行なう。1984年、トゥーレの没後、ランサナ・コンテ大佐がクーデターにより政権を掌握しギニアを世界に開き始める。1985年、トラオレ副大統領のクーデターが失敗し、トラオレは処刑され、コンテ大統領の権力が強化される。1990年、リビアとシエラレオネの内戦を逃れてきたギニア人と難民の流入により経済状態が悪化し、民主化の改革が進まないことへの不満から暴動が起こる。1993年の大統領選挙では不正への批判が起こり、1996年には兵士の給料をめぐる暴動、2002年は野党によるボイコットがあり、選挙の実施には数々の問題が生じている。

ギニア - ビサウ Guinea-Bissau 〔旧名：ポルトガル領ギニア Portuguese Guinea〕

アフリカ西海岸に臨む小国。北は*セネガル（Senagal）、東は*ギニア² （Guinea）と国境を接する。1446年に*ポルトガル（Portugal）の探検家たちが海岸に到達して以来、ポルトガルの植民地となる。17～18世紀までは奴隷貿易の拠点となり、ポルトガルはアフリカ人の悲惨な状況を改善しようともしなかった。

1960年代初期、植民地支配に対する反乱が起き、1970年までには反乱者らがこの地域の大半を支配下に治めた。1974年、ポルトガルの「幸福な革命」の結果としてギニア - ビサウが独立。アフリカのポルトガル領で最初の独立を果たす。独立以後、植民地時代の遺産を処理しながら医療と教育制度を改善し、喫緊の課題で

ある基幹施設（インフラ）の整備を続けている。1975年、*カーボ・ベルデ（Cape Verde）にギニア - ビサウからの独立が認められるが、ギニア - ビサウとしては賛成ではなかった。

1980年、クーデターによりジョアン・ベルナルド・ビエイラが政権を掌握。新体制ではカーボ・ベルデとの統一に反対だったため、両国の関係が正常化するのは1983年になってからだった。ビエイラは反対勢力を一掃したが、医療・農業・経済の改革に着手する。1991年、野党が法律により認められ、1994年には初めての自由選挙でビエイラが大統領に当選する。1998年、ビエイラに対するクーデターは近隣のセネガルとギニアの支援により未遂に終わる。1999年、再度クーデターが起こり、ビエイラは失脚し、2000年に社会革新党（PRS）の候補クンバ・ヤラが大統領に就任。2003年、ヤラはクーデターにより失脚。暫定政府を経て、2004年にカルロス・ゴメス・ジュニオルの政権下で新しい統一政府が誕生。同年、賃金をめぐる暴動で将軍が殺されたが、協議により反乱の平穏な終結が実現わった。

キニク Kınık ⇒クサントス Xanthus

ギヌガスト Guinegaste ⇒アンギヌガット Enguinegatte

ギヌガト Guinegate ⇒アンギヌガット Enguinegatte

絹の道 ⇒シルクロード〔絹の道〕Silk Road
（中国、インド、トルキスタン）

キネレテの海 Sea of Chinnereth ⇒ガリラヤ湖 Galilee, Sea of

キパリシア Kipparisia [Kyparissia]〔ビザンツ時代：Arcadia アルカディア〕（ギリシア）

ペロポネソス半島の南西、キパリシア湾南東岸の古代都市。前4世紀に*テーベ**2**(Thebes) の統治者エパメイノンダスによって*メッセニア (Messenia) 地域の港として建設された。

キビタス・バンジナム Civitas Vangionum ⇒ **ウォルムス** Worms

キビニウム Cibinium ⇒**シビウ** Sibiu

キビラ Quivira（合衆国）

*カンザス (Kansas) 州中部、グレートベンド近郊にあるといわれていた地域。キビラは1541年にフランシスコ・バスケス・デ・コロナドが捜し求めて発見した土地で、のちの1593～1601年にかけてスペインによる探検が行なわれた。

岐阜 Gifu（日本）

*名古屋 (Nagoya) の北北西30km、長良川に臨む都市。中世日本の城下町で、1600年頃まで大名たちの戦闘の中心地だった。1564年、織田信長に占領され、*京都 (Kyoto) と*東京 (Tokyo) の間の軍事上の拠点にあったために信長の本拠地となった。1896年創設の名和昆虫研究所がある。

ギブソン砦 Fort Gibson ⇒ **マスコギー** Muskogee

キプチャク・ハン国 Kipchak Khanate ⇒**黄金軍団** Golden Horde, Khanate of

キフト Qift ⇒**コプトス** Coptos

ギブル・ガビブ Gibil Gabib ⇒**カルタニセッタ** Caltanissetta

キプロス Cyprus〔ギリシア語：Kypros；トルコ語：Kibris クブルス〕

*トルコ (Turkey) の南64km、*シリア**2** (Syria) の西96km、*地中海 (Mediterranean Sea) 東部の島国。首都は*ニコシア (Nicosia)。前4000年には早くも集落があったことを示す証拠も発見されていて、古代ギリシア人が植民地にしていた。地の利により交易の中心地となり、古代西洋文明が幾重にも重なり合って広がり、商業活動が活発に行なわれる場となった。前9世紀にはフェニキア人の存在が際立っているが、前709年以降はおよそ50年にわたってアッシリア人が主導権を握り、前6世紀半ばからはエジプト人、その後はペルシア人の時代となった。さらにそれからアレクサンドロス大王の支配下に入り、のちにはまたエジプトに支配された。

前58年～後4世紀の末までは、*ローマ帝国 (Roman Empire) の傘下に入る。その後の700年はおおむね*ビザンツ帝国 (Byzantine Empire) の支配下にあったが、イスラーム教徒に支配された時期も幾度かある。1191年、十字軍を率いたイングランド王リチャード2世に屈し、リチャードからギー・ド・リュジニャンに譲渡された。リュジニャンの建てた王国は、14～15世紀にジェノバ人とベネツィア人に占領されるまでの200年間は十字軍のための基地となった。1573年、トルコ人に占領され、1878年にはイギリス領とされた。

20世紀を迎える頃にはキプロスの人口は80％がギリシア人、20％がトルコ人となったために、これが現代キプロスの諸問題の根源となっている。19世紀末にはすでにギリシア人の住民が本国との統合を要求していた。ギリシア人とトルコ人の争いが1955年には大きな紛争となった。キプロス島のギリシア人の民族意識を象

徴するのがギリシア正教の大主教マカリオス3世で、その軍事的政治組織となっていたのはゲオルギオス・グリバス大佐の率いる準軍事組織《エオカ》だった。治安を求めるイギリスがマカリオス大主教を追放。最終的には、イギリス、*ギリシア（Greece）、*トルコ（Turkey）が合意して、ギリシア人とトルコ人の人口に見合った割合の議員数を擁する中立の独立したキプロスが誕生することになった。1960年、新国家の大統領はマカリオスになった。紛争が再燃し、1964年には国連軍が治安維持のために配備された。テロ活動は収まらず、1974年、クーデターによりマカリオス政権が倒れた。トルコがキプロスに侵攻し、島の30%を占領。トルコ人の支配する地域は、ギリシア人の住む地域からの独立を宣言し、国は分裂したまま、現在も膠着状態が続いている。2004年、ギリシア人側のキプロスがヨーロッパ連合（EU）に加盟し、トルコ人の支配するキプロスは境界線を解除した。2004年、国家の統一を目指して国民投票が実施されたが、ギリシア人側に否決された。
⇒ **アッシリア Assyria, エジプト Egypt, ジェノバ Genoa, フェニキア Phoenicia, ベネツィア Venice, ペルシア Persia, マケドニア王国 Macedon, Empire of**

キブロン湾 Quiberon Bay （フランス）

フランス北西部、*ブルターニュ（Bretagne）地方モルビアン県にあるキブロン半島の湾。七年戦争中の1759年11月20日に海戦が行なわれ、フランス艦隊がホーク卿率いるイギリス軍に敗退し、フランスは*イギリス（United Kingdom）への侵攻計画を断念した。フランス革命戦争中の1795年7月20日～21日、フランス王党軍がイギリス船によってこの地に降り立ち侵攻を試みたが、撃退された。

ギベア Gibeah ［アラビア語：Tall al Ful タル・アル・フール］（パレスチナ）

*エルサレム（Jerusalem）の北6km、パレスチナの*ウェスト・バンク〔ヨルダン川西岸地区〕（West Bank）にある古い町。古代イスラエル初代の王サウルの故郷で、イスラエルで初めて政治の中心となった。聖書の「士師記」「サムエル記」「イザヤ書」に登場する。発掘された城塞はサウルの居城だった可能性がある。

ギベオン Gibeon ［アラビア語：Al-Jib アル - ジブ］（パレスチナ）

*エルサレム（Jerusalem）の北西10km、パレスチナの*ウェスト・バンク〔ヨルダン川西岸地区〕（West Bank）の町。*カナン¹（Canaan）の都市で、聖書の「ヨシュア記」にはギベオンがイスラエルと契約を結んだために滅ぼされずに済んだが、服従させられたことが記されている。現在、発掘により古代の水道設備が発見されている。

喜望峰 Good Hope, Cape of ［ポルトガル語：Cabo da Boa Esperaça, Cabo Tormentoso］（南アフリカ）

*西ケープ（Western Cape）州南西岸の岬。*ケープ・タウン（Cape Town）の南50km、フォールス湾の西に位置し、大西洋と太平洋に挟まれている。特にポルトガル人をはじめとするヨーロッパ人探検家には昔から知られた岬だった。1488年、バルトロメウ・ディアが到達して命名した。16世紀ポルトガルの歴史家ジョアオ・ド・バロスによると、ディアスは最初に「嵐の岬」と命名したが、ポルトガル王ジョアン2世が世間受けを狙って改名した。ただし、東方への交易路を独占するために、岬の存在は長年にわたって*ポルトガル（Portugal）以外には知られていなかった。

1497 年、バスコ・ダ・ガマが*インド（India）
への航海中に岬を通過した。1652 年、南
アフリカに入植した最初のオランダ人た
ちがテーブル湾の附近に住みついた。

ギマランイス Guimarães [Guimarãis]（ポルトガル）

ポルトガルの北西部、ブラガ県の町。*ブ
ラガ（Braga）の南東 20km に位置する。十
字軍を率いてムーア人と戦った*ブルゴー
ニュ（Burgundy）公アンリの居地であり、
その息子で初代ポルトガル王となるアル
フォンソの生地。1127 年、アルフォンソ
7 世により包囲され占領される。ポルト
ガル王アルフォンソはアルフォンソ 7 世
に忠誠の誓いを立てさせられる。その後、
ポルトガルは再び独立する。ギマランイ
スは王族が好んで住む町となる。ノッサ・
セニョーラ・ダ・オリベイラ教会をはじ
めとする優美な教会や有名な古城がある。

キー・マルコ Key Marco（合衆国）

*フロリダ（Florida）州、フロリダキーズの
考古学的遺跡。これまでに発見された中
で最古の北アメリカ先住民による木彫り
が発掘されている。15 世紀のものとされ、
写実性の点でメキシコやさらに南方で発
見された物に匹敵する唯一のものである。

キャスティン Castine（合衆国）

*ペノブスコット湾（Penobscot Bay）に臨
む*メイン（Maine）州南東部の町。*バン
ゴー（Bangor）の南 56km に位置する。メ
イン州で最古の都市に数えられ、フラン
ス、イギリス、オランダ、アメリカの間
で何度も支配者が交替した。独立戦争中
と 1812 年戦争〔アメリカ・イギリス戦争〕
の時にはイギリスに占領された。

キャスパー Casper [旧名：Fort Caspar フォート・キャスパー]（合衆国）

*ワイオミング（Wyoming）州中東部の都
市。州都*シャイアン（Cheyenne）の北西
225km に位置する。1847 年、モルモン教
徒がこの地域のノース・プラット川に渡
船場を設けた。渡し船は 1850 年代に橋が
架かるまで利用された。1888 年、都市が
建設され、附近でインディアンに攻撃さ
れた開拓者を救って命を落とした兵士の
名にちなんでキャスパーと命名された。2
年後に原油が発見され、それ以来、何度
かにわか景気に沸いてきたが、特に 1948
年とエネルギー危機のあった 1970 年代に
さらに原油が発見された時は一段と盛り
上がった。修復されたキャスパー砦が見
られる。

キャセイ Cathay [中国語：Ch'i-tan/Khitan 契丹；ペルシア語：Khitai キタイ]（中国）

中世ヨーロッパで中国はキャセイの名で
知られていて、*揚子江（Yangtze River）上
流の中国北部を示した。13 世紀に中国を
訪れ、キャセイの文化が西洋文化を上回
っていると説明したマルコ・ポーロによ
って広くヨーロッパに紹介された。14 世
紀、陸路が閉ざされ、ヨーロッパとの接
触が途絶えると、どこにある国なのかが
よくわからなくなった。ロシアでは今で
も中国を「キタイ」と呼ぶ。

キャッスルダーモット Castledermot [ゲール語：Diseart Diarmada]（アイルランド）

*カーロー（Carlow）の北東 10km、キルデ
ア州の町。*レンスター（Leinster）の歴代
国王の居地で、西暦 800 年頃、聖ディア
ミドにより創設された修道院が建ってい
た。1316 年、アイルランド王エドワード・
ブルースはこの町でサー・エドマンド・
バトラーに敗れた。1499 年、ここで議会

494 キヤツスル

が開かれた。

キャッスル・ヒル Castle Hill（イタリア）

イタリア中南部、*ラツィオ〔ラティウム〕（Latium）州フロジノーネ県の古戦場。フロジノーネの東南東 45km、モンテ・カッシーノの修道院からも遠くない。第 2 次世界大戦中は、近隣の修道院と共にドイツ軍に占領された。《一九三高地》の名で知られ、イタリア半島に連合軍が進軍し、1944 年 3 月 15 日〜20 日には、イギリス軍とインド軍に占領された。

⇒ カッシーノ Cassino

キャッスル・ピンクニー国定史跡 Castle Pinckney National Monument（合衆国）

*サウスカロライナ（South Carolina）州*チャールストン[1]（Charleston）湾に浮かぶ島の要塞。1798 年、フランスとの戦争に備えて建設され、南北戦争時には 1865 年まで南軍に占領され、1924 年に国定史跡に指定された。

キャット Cat ⇒ケースネス Caithness

キャノンズバーグ Canonsburg（合衆国）

*ペンシルベニア（Pennsylvania）州の町。*ピッツバーグ[2]（Pittsburg）の南南西 30km に位置する。1794 年、蒸留酒に対する消費税に抗議して《ウイスキー暴動》が起こった。

⇒ マッキーズポート Mckeesport

キャバン ⇒ カバン〔キャバン〕Cavan（アイルランド）

キャピトル・リーフ国定公園 Capitol Reef National Monument ⇒ユタ Utah

キャメロット Camelot（イギリス）

アーサー王伝説でアーサー王の宮廷と城があったとされる土地。正確な場所はわからないが、専門家によると*カーリオン（Caerleon）、キャメルフォード、*ウィンチェスター[1]（Winchester）そしてサウス・キャドバリーの城がキャメロットの場所であろうとされている。キャドバリーを発掘すると、アーサー王時代の遺跡が現われ、その下にはローマ時代以前の丘上砦があった。

ギャラップ Gallup（合衆国）

*ニューメキシコ（New Mexico）州北西部の町。*アルバカーキ（Albuquerque）の西 215km に位置する。インディアンの中心都市であり、南西部の部族の交易の拠点であり、周囲にはナバホ族、ズニ族、ホピ族の指定居住地がある。*シボラ（Cibola）の黄金の七都市の一つ、ズニ族の古代集落ハウィクーがギャラップの南にある。インディアンの各部族が毎年 8 月にここに集まって儀式を行なう。

キャリックファーガス Carrickfergus（北アイルランド）

ベルファスト湾に臨むキャリックファーガス区の港町。*ベルファスト（Belfast）の北東 15km に位置する。ノルマン様式の城があり、1315 年、この町が*スコットランド（Scotland）のエドワード・ブルースに占領された。大内乱の期間、1641 年以降は*アントリム（Antrim）の新教徒には避難場所となった。1689 年、イングランド王ジェイムズ 2 世の支持者らに占領されたり、オレンジ公ウィリアムの*アルスター（Ulster）方面作戦展開中はションバーグ公に占領されたりした。1760 年、短期間ながらフランス軍に占領される。城は良好な状態で遺っている。

ギャロウェー Galloway〔古代：Novantae ノワンタエ〕（スコットランド）

スコットランド南西部の*ダムフリース・アンド・ギャロウェー（Dumfries and Galloway）郡の地域。*グラスゴー（Glasgow）の南110kmに位置する。7世紀にアングロ・サクソン人に占拠されるまではブリトン人が住んでいた。9世紀、*アイルランド（Ireland）からの侵略者が住みついて「ゲール人の国」を意味する国名を命名。12世紀、アレクサンダー2世の治めるスコットランドに編入された。1623年にギャロウェー伯領が設けられ、スチュアート王家が支配した。

キャロウモア Carrowmore ⇒スライゴー Sligo

ギャンジャ Gyandzha〔1935～1989年：Kirovabad キロババード；1920～1934年：Gandja/Gandzha ガンジャ；1804～1914年：Elisavetpol エリザベトポリ, Yelizabetpol イェリザベトポリ〕（アゼルバイジャン）

アゼルバイジャン西部の都市。*トビリシ（Tbilisi）の南東180kmに位置する。9世紀に現在の所在地から東に6.5kmの地点に建設され、1139年の大地震後に移転された。特に織物とワインの交易により繁栄したが、1231年にモンゴル人に征服された。ギャンジャ・ハン国の首都となり、1804年にロシア人に占領され、さらに1826年にはここでロシア人がペルシア人と戦って勝利を収めた。12世紀、ペルシアの詩人ニザーミーが生まれ暮らした土地で、市内にはその墓と17世紀のモスクがある。1988年、カラバフでアゼリー人が迫害されたという流言が引き金になって、アルメニア人の虐殺が起こった。

⇒ペルシア Persia

キャンディ ⇒ カンディ〔キャンディ〕Kandy（スリランカ）

キャンパーダウン Camperdown〔オランダ語：Camp, Kamp, Kamperduin〕（オランダ）

*北海[1]（North Sea）での海戦に名を残している村。*ノルトホラント（North Holland）州*アルクマール（Alkmaar）市の北13kmに位置する。フランス革命時の1797年10月11日、アダム・ダンカン提督率いるイギリス艦隊がヤン・ウィレム・デ・ウィンテル提督のオランダ艦隊をこの村の沖合で破った。

キャンバラク Cambaluc ⇒ ペイチン（ペキン）〔北京〕Beijing

キャンプタウン Camptown ⇒アービントン[1] Irvington

キャンプ・デイビッド Camp David（合衆国）

*メリーランド（Maryland）州カトクチン山脈国立公園にある大統領の別荘地。ローズベルト大統領が週末および休暇用に設けた。ローズベルト大統領とトルーマン大統領は秘密の場所と呼んでいたが、アイゼンハワー大統領がキャンプ・デイビッドと改称。近年では外交問題の会談の場に使われることが多くなっている。有名なのはカーター大統領と*イスラエル（Israel）のベギン首相、*エジプト（Egypt）のサダト大統領の会談で、1978年9月のキャンプ・デイビッド合意に至ったことと、1979年3月にエジプト・イスラエルの平和条約締結に結びついたこと。

キャンプ・ハンコック Camp Hancock ⇒ビスマーク Bismarck

キャンベラ Canberra [旧名：Canberry/Canbury キャンベリ]（オーストラリア）

オーストラリアの首都。*シドニー[1]（Sydney）の南西240km、モロングロ川に臨む。1820年代に初めて入植され、新たな連邦国家のための首都としてキャンベラが開発するために選ばれた。1927年5月9日、国王ジョージ5世が議会の開会を行ない、正式にキャンベラが首都とされた。1936年、オーストリア国立大学が創設。

キャンベリ Canberry/Canbury ⇒キャンベラ Canberra

キュー Kew（イングランド）

アウター・*ロンドン（London）の*リッチモンド・アポン・テムズ（Richmond Upon Thames）ユニタリー・オーソリティ自治区内の地区ディストリクト。1759年に開設され1841年に王室から国に寄贈されたキュー・ガーデンズは、総面積1,166平方キロメートルを誇る。2万5000種の植物があり、種の保存のための植物バンクの役割を担う。第2次世界大戦中の爆撃では希少種が失われ、温室が被害を受けた。高さ50メートルの有名な中国風のパゴダは、1761年にウィリアム・チェンバーズが設計したもの。キュー・パレスはジョージ3世とシャーロット王妃の居城だった。1714年設立の聖アン教会の墓地には、画家トマス・ゲインズバラの墓がある。

ギュイエンヌ Guienne [Guyenne] [古代：Aquitania Secunda アキタニア・セクンダ]（フランス）

フランス南西部の地方。旧州で、北は*リムーザン（Limousin）、北東は*オーベルニュ（Auvergne）、東南東は*ラングドック（Languedoc）、南は*ガスコーニュ（Gascony）に接し、西は大西洋に臨み、州都は*ボルドー（Bordeaux）だった。かつては*アキテーヌ（Aquitaine）の一部で1453年に百年戦争が終結するまでアキテーヌと同義だった。1453年にガスコーニュと離れて独立した公国となる。17世紀～1789年までボルドーの管轄するギュイエンヌ・ガスコーニュ総督管区の一部となる。フランス革命以降は政治的統一体としては消滅する。

ギュイモ Guillemont（フランス）

フランス北部、ソンム県の村。1914年、ドイツに占領され、第1次世界大戦中はドイツに対する抵抗運動の拠点となり、1916年9月3日にイギリスに占領される。

旧北オセチア自治州 Formerly North Ossetian Autonomous Oblast ⇒ 北オセチア‐アラニヤ共和国 North Ossetia-Alania

九江きゅうこう ⇒ チウチヤン〔九江〕Jiujiang（中国）

九州 Kyūshū（日本）

日本列島の主要4島のうち最南端にあり、3番目に大きい島。*下関（Shimonoseki）海峡のトンネルを通る鉄道により、*本州（Honshū）とつながっている。気候は亜熱帯気候。モンゴルは1274年と1280年に、*福岡（Fukuoka）の港湾部である博多から九州に侵攻しようとしたが、撃退された。16世紀半ば、主要港である*長崎（Nagasaki）が、最初に海外交易港として開かれた。イエズス会宣教師の聖フランシスコ・ザビエルは、1549年九州南部の*鹿児島（Kagoshima）に上陸し、その後2年間日本に滞在してキリスト教の布教に務めた。1945年8月9日、長崎は原子爆弾を投下される2番目の標的となった。九州は、薩摩焼や肥前吉田焼などの陶器で知られる。伊万里焼は古都有田で生産されてい

た。

旧南オセチア自治州 Formerly South Ossetian Autonomous Oblast ⇒ **南オセチア South Ossetia**

キューゲ Køge [Kjoge, Koge]（デンマーク）
*コペンハーゲン（Copenhagen）の南南西 35km に位置する、キューゲ湾岸の港湾都市。11 世紀には記録に登場しており、13 世紀には商業の中心地だった。1677 年にニールス・ユール提督率いるデンマーク軍が、エイバト・フーアン指揮下のスウェーデン軍を下した重要な海戦のあった場所。14 ～ 16 世紀に建てられた教会、16 世紀建造の市庁舎、古い屋敷が数多く遺る。

キュジコス〔キジコス〕Cyzicus [トルコ語：Kapidaği]（トルコ）
トルコ北西部、*マルマラ海（Marmara, Sea of）へと突き出した半島（当時は島）にあった古代都市。*ブルサ（Bursa）の西 560km に位置する。前 757 年頃、*ミレトス（Miletus）のギリシア人によって建設された。ペロポネソス戦争中の前 410 年、キュジコス沖合で*アテネ（Athens）のアルキビアデスがスパルタの艦隊を破る海戦があった。同時に、附近ではスパルタ・ペルシアの連合軍がアテネ軍に完敗した。町は*セレウコス朝（Seleucid Empire）の時代まで商業の中心都市として繁栄。遺跡が市内に散在している。

キュステンジャ Küstenja ⇒ **コンスタンツァ Constanţa**

キュステンディル Kyustendil [Keustendil, Köstendil, Kustendil, Küstendil] [古代：Pautania パウタニア, Ulpianum, Ulpia Pautania；ブルガリア語：Velbuzhd ベルブジド；ビザンツ時代：Justiana Secunda]（ブルガリア）
*ソフィア（Sofia）の南西 69km の都市。古代トラキア人が居住し、ローマの支配下では保養地だった。1018 年までに第 1 次ブルガリア帝国の一部となり、その後 1018 ～ 1186 年までは*ビザンツ帝国（Byzantine Empire）領、14 世紀には独立したブルガリア公国の首都だった。1330 年、セルビア人がこの地でブルガリア人を破る。14 世紀以降トルコが支配したが、1878 年ロシアに奪われ、その後ブルガリアに譲渡された。ローマ時代の神殿跡が遺る。

キュストリン Cüstrin/Küstrin ⇒ **コストシン Kostrzyn**

ギュストロー Güstrow（ドイツ）
ドイツ北東部、*メクレンブルク - フォアポンメルン州（Mecklenburg-Vorpommern）の都市。*シュトラールズント（Stralsund）の南西 80km に位置する。商業の拠点として発達し、1228 年に都市権を獲得。1235 ～ 1436 年までウェンデン侯の居地、1520 ～ 1695 年までメクレンブルク - ギュストロー公の居地となる。1628 年、ワレンシュタイン将軍率いる神聖ローマ帝国軍に占領され、三十年戦争中の 1628 ～ 1629 年まで将軍がここに住む。史跡としては 13 世紀の大聖堂、16 世紀の侯爵の居城、市庁舎などがある。教区教会ではみごとな祭壇画が見られる。

ギュータースロー Gütersloh（ドイツ）
ドイツ北部、*ノルト・ライン - ウェストファーレン（North Rhine-Westphalia）州北

東の都市。*ミュンスター（Münster）の東50kmに位置する。1815年、*オスナブリュック（Osnabrück）主教区から*プロイセン（Prussia）に割譲され、1825年に都市権を与えられる。有名な植物園がある。

キュチュク・カイナルジャ/クチュク・カイナルジ Kuchuk Kainarji/Kutchuk Kainarji ⇒カイナルジャ Kaynardzha

ギュテイオン Gytheion〔ギリシア語：Yithion イシオン〕（ギリシア）

*ペロポネソス（Pelóponnesus）半島南部の都市。ラコニア湾奥にあり、*スパルタ（Sparta）の南南東43kmに位置する。古代ギリシアでの戦時にはスパルタの重要な軍事基地となり、前455年にはトルミデス将軍率いるアテネ軍に襲撃され荒らされる。スパルタ衰退後は、自由ラコニア人同盟の中心となる。伝説によると、港も兵器庫もヘラクレスとアポロンが建設した。小さな劇場と町を見おろす中世の城がある。

キュテラ〔キシラ〕島 Cythera〔ギリシア語：Kíthira；現代：Cerigo〕（ギリシア）

*ペロポネソス（Pelóponnesus）半島南東の沖合にある島。マレア岬の南13kmに位置する。*イオニア諸島（Ionian Islands）の最南端の島。古代にはアフロディーテ信仰の中心地で、伝説によるとこの女神はここの海で誕生したという。

キュノスケファライ Cynoscephalae（ギリシア）

ギリシア中部、*テッサリア（Thessaly）の二つの丘。*ラリッサ（Lárissa）の南南東30kmに位置する。ここで戦闘が2度あった。1度目は前364年、テーベの将軍ペロピダスが*ペライ（Pherae）の暴君アレクサンドロスを破った戦い。2度目は前197年、第2次マケドニア戦争を終結させた戦いで、フラミニウス将軍の率いるローマ軍が*マケドニア（Macedonia）のフィリッポス5世を破った。

キュノスセマ Cynossema（トルコ）

チャナッカレ県、*ガリポリ[2]（Gallipoli）半島東側の岬。前411年、アルキビアデスとトラシュブロスの率いるアテネ人がここの沖合の海戦でスパルタ人を破った。⇒アテネ Athens, スパルタ Sparta

キュノスラ Cynosura ⇒サラミス[2] Salamis（ギリシア）

キューバ Cuba

*西インド諸島（West Indies）最大の島を占める国。メキシコ湾の入り口に位置し、南は*カリブ海（Caribbean Sea）、北は大西洋に接する。周辺の無数の小島も含まれる、その中で最大の島がユース島（1978年まではパインズ島と呼ばれた）。亜熱帯気候で肥沃な土地では、18世紀末からサトウキビの単一栽培による経済社会が作られた。アメリカとの関係が100年以上にわたってキューバの歴史で大きな役割を果たしてきた。小国ながら最近は世界の情勢に大きな存在として現われている。

島は1492年にクリストファー・コロンブスにより発見され、1511年にディエゴ・デ・ベラスケスが征服してスペイン領とした。ベラスケスはいくつかの町を建設しており、一番古いバラコアは1512年、現在最大の都市で首都の*ハバナ（Havana）が1515年、*サンチアゴ・デ・クーバ（Santiago de Cuba）は1514年に建設された。植民地時代にはキューバは*ヌエバ・エスパーニャ（New Spain）副王領の一部だった。アラワク族インディアンが死んだり殺された

りして、土地は輸入された黒人奴隷に占領された。キューバは繁栄したが、スペイン人が奴隷の反乱を容赦なく抑えつけ、19世紀初期は不穏だった。アメリカ、特に奴隷州（南北戦争まで奴隷制度のあった南部15州）の領土拡張主義者はキューバを獲得しようとし、1854年、三人のアメリカ大使が決議したオステンド宣言により、キューバをスペインから買収するように提案された。結果的には何もできなかったが、独立を目指した闘争は、1868～1878年までの《十年戦争》により続いた。この戦争は主にゲリラ戦で、改革は約束されたが、実行されることはなく、キューバはスペイン領のままだった。

　1898年、ハバナ湾で謎めいた状況の中、アメリカの戦艦メイン号が撃沈されたのが引き金となり、スペイン・アメリカ戦争が勃発。7月3日、サンチアゴ湾でアメリカの戦艦がスペインの艦隊を撃破し、7月17日にはアメリカ軍がキューバのサンチアゴを占領。1901年5月20日、キューバは独立を果たすが、アメリカ議会のプラット修正条項により、アメリカはキューバへの介入権が認められた。この権利は1934年に廃止されるが、1906年に反乱が起きた時には行使された。アメリカ軍の占領は1909年まで続いた。1959年、フルヘンシオ・バティスタ・イ・サルディバルの腐敗した独裁体制が、フィデル・カストロの率いる革命軍によって崩壊。

　カストロは一連の社会と経済の大規模な改革に着手。すぐにソ連と緊密な関係を結び、ソビエトから経済的軍事的援助を受けた。1961年、カストロは自らマルクス・レーニン主義者であると宣言し、独裁者として統治した。1961年4月14日、アメリカで訓練を受けた反カストロのキューバ軍が、*ピッグズ湾（Bay of Pigs）からキューバ島に侵攻を試みたが撃退された。1962年の夏、アメリカ空軍の偵察隊はソ連がキューバにミサイル基地を建設中であることを明らかにした。これを受けてジョン・F・ケネディ大統領はキューバ周辺の海上封鎖を行なって、戦争の危機が高まったが、ソ連が譲歩し、計画を中止した。

　1976年、カストロはソビエトの支持する体制や反乱軍を支援するために特に*アンゴラ[1]（Angola）など海外に大勢のキューバ軍兵士を派遣し始めた。1978年には5万人ものキューバ人がアフリカにいるとされた。1980年、カストロは突然、他国への移住禁止を解除したため、9月までに約12万5千人のキューバ人がアメリカに亡命。1990年代、ソビエトの支援を失って経済問題が生じ、世界の砂糖市場が不振であることと長期にわたるアメリカの経済制裁のために、社会主義による経済政策を部分的に転換せざるを得なくなった。1994年、さらに大勢のキューバ人亡命者が船でアメリカを目指し、アメリカは年間の移民の受け入れを2万人に制限することに同意した。1998年、アメリカはキューバへの食糧と医薬品の販売を許可し、2000年には食糧と医薬品は貿易禁止項目から外された。アメリカは1903年に条約によって租借権を得たキューバ南東部の*グアンタナモ湾（Guantánamo Bay）に現在も海軍基地を置いているが、カストロは返還を求めている。グアンタナモの基地は2001年以降、*アフガニスタン（Afghanistan）での戦争で捕らえたタリバンとアルカイダの収容所として使用されている。

キュミエール Cumières ［キュミエール-ル-モール-オム Cumières-le-Mort-Homme］（フランス）

フランス北東部、ムーズ県にあった村。*ベルダン（Verdun）の北西10km、*ムーズ川

（Meuse River）に臨む。第 1 次世界大戦中、ベルダン周辺での戦闘で村が完全に破壊された。

キュミエール - ル - モール - オム Cumières-le-Mort-Homme ⇒ キュミエール Cumières

ギュミュルジネ Gioumoultzina ⇒ コモティニ Komotini

ギュムリ Gyumri [Kumayri クマイリ；旧名：Alexandropol アレクサンドロポリ；Leninakan レニナカン；トルコ語：Gumri グームリー]（アルメニア）

アルメニア北西部の都市。首都*エレバン（Yerevan）の北西 90km に位置する。前 401 年にギリシア人により建設されたとされる。1837 年、ロシア人により要塞が建設され、1840 年にアレクサンドロポリが建設される。1924 年にレニナカンと改名され、ソ連から独立後、1990 年にはクマイリと改名。アルメニア第 2 の都市で、繊維工業の中心地。

キュラソー Curacao ⇒ オランダ領アンティル諸島 Netherlands Antilles

キュラソー島 Curaçao （オランダ）

*ベネズエラ（Venezuela）の北西岸から北に 95km の沖合にある*オランダ領アンティル諸島（Netherlands Antilles）の島。1527 年、スペイン人が入植し、1634 年にオランダが占領。ナポレオン戦争中の 1807 ～ 1815 までイギリスが支配した。1929 年、中心都市*ウィレムスタット（Willemstad）がベネズエラの革命勢力に占領された。1969 年、人種間の激しい闘争の場となった。

キュリウム Curium ⇒ エピスコピ Episcopi

キュルテペ Kultepe/Kültepe ⇒ カネシュ Kanesh

キュルノス Cyrnos ⇒ コルシカ Corsica

キュレネ Cyrene [伊：Cirene]（リビア）

リビア北東部、*キレナイカ（Cyrenaica）沿岸にあった古代ギリシアの植民市。*アポロニア[1]（Apollonia）の南西 10km に位置する。前 630 年頃、*テラ（Thera）のギリシア人が建設し、キレナイカの首都となり、前 440 年までバットス家が支配した。前 331 年、アレクサンドロス大王に占領され、のちにプトレマイオス朝のもとで学問の中心地となった。前 96 年以降、ローマに支配され、西暦 642 年にアラブ人に占領されてからは消滅した。広範囲に遺る遺跡が今も発掘されている。1982 年に世界文化遺産に登録された。

教皇領 Papal States [Pontifical States, States of the Church] [旧名：Patrimony of Saint Peter ペテロ世襲領；伊：Lo Stato della Chiesa ロ・スタート・デッラ・キエザ]（イタリア）

ローマ教皇庁の所領で、ローマ・カトリック教会や司教に寄進された地所。教会史の初期から存在していた。地所は寄付や寄贈によって 5 世紀までに拡大し、イタリア全土、地中海の諸島、ガリア、アフリカ、バルカン半島にまで広がった。ローマ帝国の分裂に伴い、領地は徐々にイタリア内に限定されるようになったが、教皇が直接統治できるようになった。とくにグレゴリウス 1 世（在位 590 ～ 604）は直接統治を行なった。*ビザンツ帝国（Byzantine Empire）との争いでさらに南部の領土を失い、教皇庁の領土はやがて*ローマ（Rome）周辺に集中し、ローマと周辺地域が、使徒ペテロとその後継者である教皇の領土と見なされるようになった。

8世紀になる頃、教皇はランゴバルド族の侵攻の脅威にさらされて、フランク族の王子、小ピピンや息子のシャルルマーニュ（カール大帝）に保護を求めた。754年、ピピンはランゴバルド族から奪還した*ラベンナ（Ravenna）の総督領をステファヌス3世に献上した。この有名な《ピピンの寄進》が教皇領の基礎となり、ピピンは見返りとして、フランク族の正式な王として承認を受けた。息子のシャルルマーニュ（カール大帝）は774年、父の寄進の範囲をさらに拡大し支配権を確立した。教皇の権威を強化するため、《コンスタンティヌスの寄進状》といわれる文書が偽造され、8世紀には発行されていたようである。この文書は、西ローマ帝国のコンスタンティヌス皇帝が*コンスタンティノープル（Constantinople）に向けて出発する際、教皇にあてた寄進を記したものといわれ、その後の教皇が世俗的権力を主張する際の根拠とされた。

教皇の権威が確立すると、世俗財産や権威をめぐる紛争の必然の結果として、政治的権力も安定した。ところが、1305〜1378年の*アビニョン（Avignon）における教皇のバビロン捕囚と、1378〜1417年の大分裂時代を経て、教皇領は混乱に陥った。現在のラベンナとローマの間にあたる領内を平定する試みが何度かなされた。もっとも有名なのは、枢機卿のアルボルノス（在位1360〜1367）によるものだが、教皇による本格的な支配が復活するのは16世紀のことである。しかしそれも、アレクサンドル6世の息子チェーザレ・ボルジア（1476〜1507）の生涯に象徴されるような著しい縁故政治という代償を伴うものだった。縁故政治が終わったのは、16世紀の後半になってカトリック改革が行なわれてからである。教皇庁はルネサンス時代を通して、最初はイタリア、

のちにはヨーロッパ内で軍事と外交の均衡をはかる主要な役目を果たしたが、神聖ローマ皇帝や*ナポリ（Naples）王国のスペイン王として権力を振るうハプスブルク家の支配下に置かれ、教皇の政治権力は衰退。17、18世紀にはスペインがイタリアを支配したため、教皇領は弱い立場におかれ続けた。18世紀後半にナポレオンがイタリアに侵攻した頃には、教皇庁の傭兵軍はほとんど抵抗せず、1796年と1814年には、ピウス6世、7世がそれぞれ占領に耐え、教皇領を失った。

1815年、ウィーン会議での取り決めにより、教皇領は教皇庁に返還され、オーストリアの保護下におかれる。教皇庁は初め、19世紀の民族主義や革命に同情的だったが、民族主義者が教皇権を脅かし始めると、運動への支持は弱まった。1848〜1849年のガリバルディ革命後は、フランスがローマに介入したため、イタリア統一運動初期段階での教皇領の没収は免れたが、オーストリアが*ボローニャ（Bologna）と*ロマーニャ（Romagna）から離れ、この二つの州が*サルディニア（Sardinia）王国と同盟し、いよいよイタリアは統一に近づいた。統一の最終段階で、ガリバルディは残った教皇領に侵攻したが、2度ローマ制圧を阻まれた。1度は1862年、統一運動派のビットーリオ・エマヌエーレ2世によって、もう1度は1867年、ナポレオン3世によってである。その後ローマはフランス軍の保護下におかれたが、1870年にナポレオン3世が失脚すると、ビットーリオ・エマヌエーレ2世がローマを占領する道が開かれた。ピウス9世は世俗の地所を失ったことを認めようとせず、以降代々の教皇は1929年のラテラン条約までバチカンの囚人として残った。ベニート・ムッソリーニとの交渉で締結されたこの条約で、*バチカン市（Vatican

City）は教皇庁の世俗の中心地となり、独立国家となった。この結果、いわゆるローマ問題が決着した。

京都　Kyōto（日本）

*東京（Tokyo）の西南西368kmの都市。都の創設後まもなく、794年に首都となり、1868年まで天皇家が居住した。1192～1333年まで政治の中心は関東の鎌倉に、1603年以降は江戸（現在の東京）に移り、1868年には東京が正式に首都となったが、京都は何世紀にも渡って日本の宗教と文化の中心地だった。1467～1477年の応仁の乱では、町の大部分が破壊され、何度も再建された。16世紀後半、有名な神社や庭園が造営された。古くからの有名な仏教寺院、御所、著名人の墓、壮麗な文化財が遺る。

ギョクチェアダ　Gökçeada　〔旧名：İmroz Adası イムロズ島〕（トルコ）

トルコ北西部、ガリポリ半島の南端から16kmの沖に浮かぶ*エーゲ海（Aegean Sea）の島。チャナッカレ県に属す。ギリシアの歴史家ヘロドトスによると、ギリシア以前のペラスギ人が住んでいたという。15世紀後半に*コンスタンティノープル（Constantinople）を征服した*オスマン帝国（Ottoman Empire）に占領され、1912年の第1次バルカン戦争ではギリシアに占領される。第1次世界大戦中の*ダーダネルス（Dardanelles）海峡方面作戦では連合国軍の重要な基地となった。1923年、トルコに返還された。

曲阜 ⇒ チュフー〔曲阜〕Qufu（中国）

玉門 ⇒ ユーメン〔玉門〕Yumen（中国）

許昌 ⇒ シュイチャン〔許昌〕Xuchang（中国）

キョプリュリュ　Köprülü ⇒ ベレス Veles

キョンジュ〔慶州〕Kyongju〔古代：Sorabol ソラボル〔徐羅伐〕〕（韓国）

韓国南東部、キョンサンブク〔慶尚北〕道の都市。*テグ〔大邱〕（Taegu）の東55kmに位置する。前57～後935年までの*シラ（シンラ）〔新羅〕（Silla）王国の首都で、歴史的建造物や遺物の宝庫である。有名な8世紀の石窟寺院、6世紀の修道院、7世紀の寺院、7世紀の天文台、霊廟、パゴダ、墳墓などが見られる。

キラーニー湖　Killarney, Lakes of（アイルランド）

アイルランド南西部、*ケリー（Kerry）州の湖。三つの湖からなり、*トラリー（Tralee）の南27kmに位置する。有名な美しい湖のあるイニスファレン島には、7世紀に聖フェイスリンによって建立され、『イニスファレン年代記』が書かれた修道院の廃墟が、ロス島にはピューリタン革命中に破壊されたオドノヒュー一族の城が遺る。近くにはマクロス修道院もある。

キラホ Chiarraighe ⇒ ケリー Kerry

キラロー　Killaloe〔ゲール語：Cill Dalua〕（アイルランド）

*リメリック（Limerick）の北東21kmにあるクレア州の町。聖モルアが6世紀に建立した教会の上に築かれた12世紀の聖堂の大部分が遺る。地域には*マンスター（Munster）の歴代の王の居城である、10世紀のブライアン・ボルーの城、キンコラもある。

ギーラーン Gilan〔Ghilan, Guilan〕（イラン）

イラン北西部の州。北東部は*カスピ海（Caspian Sea）に臨み、北部は*アゼルバイ

ジャン[2]（Azerbaijan）と国境を接する。州都は*ラシト（Rasht）。13〜14世紀はモンゴル人に支配され、16世紀後半にサファビー朝の*ペルシア[1]（Persia）に編入された。1722年、サファビー朝第10代シャーのタフマースプ3世により*ロシア（Russia）のピョートル1世に割譲された。1731年までロシアが支配したのち、撤退した。1920〜1921年までの短期間、ソビエトの構成共和国となった時期がある。

キリアテ - サナ Kirjath-Sannath ⇒キルアテ - セペル Kirjath-Sepher

キリウィナ諸島 Kiriwina Islands ⇒トロブリアンド諸島 Trobriand Islands

キリキア Cilicia（トルコ）

*タウルス〔トロス〕山脈（Taurus Mountains）の南、*地中海（Mediterranean Sea）沿岸を*シリア[2]（Syria）へと広がるトルコ南部の古代地方。キリキア東部は前14世紀、前13世紀には独立していたが、その後はヒッタイト、アッシリア、アケメネス朝ペルシア、マケドニア、セレウコス朝シリアに次々に支配された。セレウコス朝シリアは*セレウキア（Seleucia）・トラケオティスを建設。前67年にはキリキア全土がポンペイウスによって*ローマ（Rome）に併合された。布教活動をしていた聖パウロがキリキアを訪れ、アラブ人に支配されるまで600年間キリスト教の重要な拠点だった。1080年、アルメニアの亡命者たちによってレッサー・アルメニアがこの地域に建設された。1300年頃、モンゴル人に侵略されたが、1375年にマムルーク朝に征服された。1918年以降、一部の地域がフランスの支配下に入ったが、トルコ人の猛烈な反撥によってフランスは退散した。

⇒ タルスス Tarsus

キリキア・アルメニア Cilician Armenia ⇒小アルメニア Little Armenia

キリグア Quiriguá（グアテマラ）

グアテマラ東部、*ホンジュラス（Honduras）との国境附近にあるモタグア川流域の古代都市の遺跡。8世紀のマヤの後期古典時代を起源とする都市の廃墟が遺る。建築的には見所は少ないが、彫刻が施された石碑や石柱で知られる。

キリークランキー Killiecrankie（スコットランド）

*パース[2]（Perth）の北北西40kmにあるピットロッホリー〔ピトロクリー〕の北6kmに位置する峠。この近辺で1689年、ジャコバイトの乱の指導者、ダンディー子爵のジョン・グレアム・オブ・クレイバーハウスが、不利な兵力にもかかわらず、マッケイ率いるウィリアム3世のスコットランド軍を破ったが、グレアム自身は戦死した。スコットとマコーリーがこの戦いについて書いている。

ギリシア Greece［古代：Hellas ヘラス；ギリシア語：Ellas エラス；ラテン語：Graecia グラエキア］

ヨーロッパ南東部、バルカン半島の南端を占める山の多い国。首都は*アテネ（Athens）。北は*アルバニア（Albania）、*マケドニア（Macedonia）、*ブルガリア（Bulgaria）、東は*トルコ（Turkey）と国境を接する。西にイオニア海、南に*地中海（Mediterranean Sea）、東に*エーゲ海（Aegean Sea）が位置する。*クレタ島（Crete）、*イオニア諸島（Ionian islands）、*キクラデス諸島（Cyclades Islands）、ドデカネス諸島（Dodecanese Islands）〔*ロードス[2]（Rhodes）島を含む〕、*レスボス（Lesbos）島、*サ

モス（Samos）島、*サモトラケ（Samothrace）島など多くの島が含まれる。現在のギリシアには、*アッティカ（Attica）、*ボイオティア（Boeotia）、*エペイロス（Epirus）、マケドニア、*ペロポネソス（Pelóponnesus）半島、*テッサリア（Thessaly）、*トラキア（Thrace）など数多くの歴史的な地域が含まれる。前7世紀までにギリシアで発達した高度な文化は今日の西洋文明、とくに政治・文学・哲学・芸術・建築の基盤になっている。

　住人の痕跡は紀元前4万年までさかのぼる。判明している限りでは、ギリシアの歴史は前7000年頃の新石器時代に始まる。前2800年頃から始まる青銅器時代までには、すでに幾つかの優れた文化が発達していたが、それらはエーゲ文明と総称される。ヨーロッパで最初期に開花した文明としては、前1600年頃に最盛期を迎えるクレタ島のミノア文明や、前2000年頃に北方あるいは北東からギリシアに侵入した人々がミノア人の影響を受けながら発達させた本土のミケーネ文明がある。これらの侵入者は（クレタ島人は別として）最初期のギリシア人であることが明らかになっている。ミケーネ人はアテネおよびペロポネソス半島の*ミケーネ（Mycenae）、ティリンス（Tiryns）、*アルゴス（Argos）、*ピロス（Pylos）に集まっていて、前1450年頃にミノア帝国が崩壊すると勢力を拡大し、前1400年頃に全盛期となる。ミノア帝国滅亡の原因は地震とエーゲ海で火山島*テラ（Thera）が爆発して生じた津波によるものとされている。ミノア人と同様にミケーネ人の集落は石造の宮殿を中心として周辺の農業社会を支配したが、どちらの社会も交易が盛んで、しかも大半は海上貿易だった。

　ミケーネ帝国は前1200年頃に崩壊する。原因は内紛の可能性もあるが、北方から繰り返し攻撃してきたギリシア人、とりわけ前1100〜前950年に最後に侵入したドーリア人に滅ぼされたものと思われる。アテネ以外のミケーネ人の拠点はことごとく占領される。その後の暗黒時代初期には文明はほとんど失われ、古い文化の影響のもとで古典ギリシア時代が前8世紀に到来し、ホメロスが叙事詩を著わす。叙事詩にはアカイア人をはじめとするギリシア人によるトロイ攻撃など、エーゲ文明初期から衰亡までの時代が描かれている。

　ギリシアは多くの谷と深い入り江や小島が並んでいる地形のため、一人の支配者のもとに統一されることはほとんどなく、比較的狭い領地を占める多くの都市国家で形成されてきた。代表的な都市国家としては初期の頃はアテネ、*コリントス〔コリント〕（Corinth）、*スパルタ（Sparta）、*テーベ[2]（Thebes）、ミケーネがあった。都市国家の数と武力が増大するにつれて、人口も増え、資源が乏しくなる。そこで、前750〜前650年頃は植民地を広範囲に建設するため海上交通路を利用し始めた。西部の植民地群は*マグナ・グラキア（Magna Graecia）の名で知られる。ギリシアの植民地は地中海の島々に限らず、*黒海（Black Sea）の沿岸、*小アジア（Asia Minor）、*シリア[2]（Syria）の沖合、さらに*イタリア（Italy）、*シチリア（Sicily）島、北アフリカにまでおよんだ。シチリア島の*シラクサ（Syracuse）、イタリアの*ナポリ（Naples）と*ターラント（Taranto）、北アフリカ沿岸の*キュレネ（Cyrene）、*スペイン（Spain）の*サグント（Sagunto）と*マラガ（Malaga）、フランスの*マルセイユ（Marseilles）はギリシアの植民地だった。

　前500〜前449年まで続く大国*ペルシア[1]（Persia）との戦争は小アジアの*イオニア（Ionia）に住むギリシア人の都市が

反乱を起こし、それに続いてペルシアが2度にわたって侵攻したことから始まる。前490年、ダレイオス王による最初の侵攻は*マラトン（Marathon）で退けられた。前480年のクセルクセースによる侵攻により、スパルタの防御は*テルモピュライ（Thermopílae）で破られ、アテネは破壊される。同年、ギリシア人は結集して陸上では*プラタイアイ（Plataea）で、海戦では*サラミス²（Salamis）でペルシアを破る。この勝利によってギリシアは古典時代の幕開けとなり、ギリシア文明が最初の大きな花を咲かせる。戦争ではアテネが中心的な役割を果たし、デロス同盟と呼ばれる沿岸都市国家のゆるやか同盟の盟主となりギリシアの中心都市ともなる。アテネ文化は頂点に達し、ペリクレスの時代以降にはソクラテス、プラトン、アイスキュロス、ソフォクレス、エウリピデス、ピンダロス、ヘロドトス、トゥキディデス、フェイディアス、ポリュクレイトスなど芸術・哲学の巨匠を輩出した。スパルタはアテネと敵対関係になり、前431～前404年にはペロポネソス戦争となって、前413年にシラクサでアテネが負け、それ以降アテネは文化の中心地ではあったが、政治力を回復することはなかった。

前395～前386年のコリント戦争では、コリントスがアテネ、テーベ、アルゴスと手を結んでスパルタを破る。前371年、テーベは*レウクトラ（Leuctra）にてスパルタを破って覇権を握る。ギリシアではこのような覇権争いが絶えず、都市国家は弱体化して、マケドニアのフィリッポス2世の餌食にされる。前338年の*カイロネイア（Chaeronea）の戦い以降、フィリッポス2世がギリシア全土を支配し、封建制を確立。しかし、アカイアとアイトリアが軍事同盟を結んで、マケドニアの強力な支配から若干の独立を果たす。フ

ィリッポスの跡を継いだ息子のアレクサンドロス大王（前356～前323）は父の仕事を継続して、*マケドニア王国（Macedon, Empire of）を建設し、連戦連勝を続けてギリシアの文化、すなわちヘレニズム文化を地中海世界から東方は*インド（India）国境まで広めた。大王の後継者たちも大帝国を建設し、*エジプト（Egypt）ではプトレマイオス朝、前305年にはシリアにセレウコス朝、マケドニアにはマケドニア朝が誕生した。

西洋では都市国家に分裂しているギリシア人とは違い、まとまりのある*ローマ（Rome）がしだいに国力を強化していた。前197年、ローマはキュノスケファライでマケドニアのフィリッポス5世を破り、前168年には*ピュドナ（Pydna）でも勝利を収める。コリントスが破壊された前146年にはすでにローマはギリシアを征服していたが、征服しながらもギリシア文化とギリシア語までも吸収し、それが*ローマ帝国（Roman Empire）の強みとなる。ギリシア世界の思想・哲学・著作・建築は、ローマを通じて現代文明にまで伝えられた。ギリシアからのもう一つの遺産は4年ごとに開催されるオリンピックで、初回は前776年に*オリンピア¹（Olympia）で行なわれた。競技はローマ帝国の末期に中断されたが、1896年にアテネで復活。ギリシアはローマ帝国の無力だが尊敬されている属州となり、ハドリアヌス帝の治世（117～138）には多少の庇護も受ける。

ギリシアは何度も外敵からの攻撃にさらされた。267年、ゴート人が侵攻し、アテネを攻撃し、396年には西ゴート人の王アラリックの襲撃を受ける。395年にローマ帝国が東西に分裂したあとは、ギリシアは*ビザンツ帝国（Byzantine Empire）の一部となり、帝国内ではギリシアの文化と言葉がキリスト教と結びつき、ローマと

東方の政治の伝統も融合して、長期にわたって影響力を保持する強力な国家となり、1453年まで続く。首都は旧ギリシア植民市ビザンチウムを330年にコンスタンティヌス1世が＊コンスタンティノープル（Constantinople）と改名。

　中世ギリシアの歴史はほぼビザンツ帝国の歴史と重なる。首都がコンスタンティノープルに遷都されると、アテネは文化の主導権を失い、529年にはユスティニアヌスが異教徒の学校を閉鎖。6世紀、スラブ人とアバール人に襲撃され、810～961年まではサラセン人がクレタ島を支配する。867～1056年までのマケドニア朝のもとでギリシアは繁栄するが、十字軍とともに災難に見舞われ、1204年に第4回十字軍がコンスタンティノープルを占領し、指導者たちはビザンツ帝国を分割してラテン帝国を建設。ギリシアも分断された。北東の＊テッサロニキ（Thessaloníki）王国はアテネ公国やペロポネソス半島からアンドラビダまで支配した＊アカイア（Achaea）公国と同じようにラテンの公国となった。＊ベネツィア（Venice）はコンスタンティノープルの大部分とイオニア諸島を支配し、クレタ島の＊カンディア（Candia）とナフパクトスも含めて沿岸に並ぶ要塞も占領した。

　ギリシア人自体は北西部のエペイロス専制侯国を拠点として地歩を固めていた。1262年、パレオロゴス家がペロポネソス半島の＊ミストラ（Mistra）をフランク人から奪い、専制侯国を建設して、1430年にペロポネソス半島を含め帝国の再征服を成し遂げる。1311年、アテネ公国はカタロニア大傭兵団に征服され、1360年にはコリントス地峡の北に位置するギリシア全土がセルビア帝国の領地となっていた。ベネツィアはトルコの侵攻中でも＊モネンバシア（Monemvasia）、＊コロー

ネ（Korone）、＊メトネ（Methone）など多くの前哨基地を保持した。

　コンスタンティノープル陥落後、1460年にはギリシアはオスマン帝国のトルコとイスラームの支配下におかれ、経済をはじめ様々な面で何世紀も悲惨な状態が続く。1669年、ベネツィアはクレタ島を失い、1690～1715年にペロポネソス半島をやっとの思いで奪還する。1821年、ギリシアの独立戦争が始まり、西洋諸国の支援を得てアドリアノープル〔現在の＊エディルネ（Edirne）〕の条約によって独立を勝ち取った。戦争中、ギリシアの中世の遺産が大半は破壊された。1832年に完全独立。ロンドンでの列強の会議にて選出されたバイエルン公オソン1世のもとで君主国となるが、1862年にオソン1世は追放される。クレタ島をトルコの支配から解放させようとして、1897年にギリシア・トルコ戦争が起こるが、ギリシアが敗北。しかし、1913年に島は再びギリシア領となる。

　1912年と1913年のバルカン半島戦争の結果、ギリシアはマケドニア南東部、テッサリア西部、エペイロスの一部を獲得。第1次世界大戦では、サロニカ方面作戦のために連合軍がテッサロニキ（サロニカ）に上陸し、1917年にギリシアは連合軍に加わる。戦後、ギリシアはブルガリアとトルコに領地を得たが、1921年にトルコが侵攻し、ギリシアは破れてマリッツァ川を両国の国境とすることが決められた。それぞれ本国に戻ることになったが、トルコに長年住み慣れたギリシア人は本国に送還され辛酸をなめた。1920年代と1930年代は政治的な動乱の時代で、クーデターが相次ぎ、1936年にイオアニス・メタクサスが首相になり独裁体制が敷かれた。1934年にギリシアが中心となって＊ユーゴスラビア（Yugoslavia）、＊ルーマ

ニア（Romania）、トルコとバルカン三国同盟を結んで、ブルガリアの領土政策に対抗した。

第2次世界大戦中の1940年10月、イタリアがギリシアに侵攻するが、撃退される。その後、ドイツ軍が攻勢をかけ、ギリシアは1941年3月にイギリスの援軍を上陸させたが、4月末にはナチスに支配される。強い抵抗運動が起こったが、1943年には共産主義者と国王支持派のゲリラグループによる内戦状態に陥る。1944年12月、イギリス軍と共産主義者の戦闘が起こる。戦後、1946〜1949年までは内戦が続いたが、ギリシア政府が*アメリカ（USA）の支援を受けたこともあり、共産主義者が最後には敗れる。ただし、その後も経済状況は低迷し、政情不安も続いた。1967年、軍事クーデターにより右派の独裁政権が台頭して1973年11月まで続く。1920年代から断続的に続いていた君主制が1973年6月に廃止され、ギリシアは文民政治による共和国となる。1981年10月、全ギリシア社会主義運動（PASOK）がアンドレアス・パパンドレウのもとで総選挙に勝ち、35年間の保守支配に終止符を打った。1981年、EUに加盟。1994年、パパンドレウは選挙で勝利を収めるが、1989年にはPASOKは敗れ、1990年にコンスタンディノス・カラマンリスが保守連合の指導者として大統領に返り咲く。赤字とインフレに直面し、政府は財政緊縮策を打ち出し、産業の民営化を図る。

1995年、パパンドレウが再度首相に選出され、政府は民営化の政策を転換。1995年、ギリシアは長年にわたる隣国マケドニアとの紛争に決着をつけ、マケドニアは国旗を変更し、ギリシアに対する領有権を放棄し、ギリシアはマケドニアを新国家として認めることになった。

1996年、パパンドレウが辞任し、穏健な社会主義者のコスタス・シミティスが首相になる。シミティスはギリシアがヨーロッパの統一通貨（ユーロ）の使用を目指して、緊縮財政政策など経済改革を続ける。2001年、ギリシアはユーロを導入。2000年の選挙でもPASOKが勝利を収めるが、経済状況は改善されず、2004年には元大統領コンスタンディノスの甥コスタス・カラマンリスのもとで新民主党が勝つ。ギリシアは依然としてトルコのEU加盟に難色を示し続けている。

キリバス Kiribati

赤道直下、ソロモン諸島の北東にある太平洋西部の共和国。ギルバート諸島の16島と*オーシャン島（Ocean Island）、ライン諸島の数島、*フェニックス諸島（Phoenix Islands）の数島からなる。オーシャン島以外はすべて環礁。首都は*タラワ（Tarawa）環礁にある。ギルバート諸島に最初にやってきたヨーロッパ人は、スペイン人探検家フェルナンド・デ・グリハルバの配下にいて1537年に謀反を起こした乗組員であろうといわれている。1764〜1798年にかけて、この環礁には数人のイギリス人航海士が訪れた。ジョン・バイロン、ジェイムズ・クック、ジョン・マーシャル、そして諸島の名の元にもなったトマス・ギルバートである。アメリカ人のエドモンド・ファニングは1798年に、チャールズ・ウィルクスは1846年に訪れている。ハイラム・ビンガム2世が1857年にアメリカ人伝道所を設立した。

1870年頃までにこの地域は、マッコウクジラ猟で有名になっていた。*イギリス（United Kingdom）は1892年にギルバート諸島の保護権を主張し、1915年にエリス諸島と統合してギルバート・エリス諸島植民地を設立した。その後、オーシャン島、

ライン諸島とフェニックス諸島の一部も含められた。第2次世界大戦中の1941〜1943年まで*日本（Japan）がギルバート諸島を占領。1943年11月の激戦を経てアメリカ海軍がタラワ環礁を奪還する一方、陸軍も同月*マキン（Makin Island）島を取り戻した。1971年、植民地に自治政府ができ、1976年初頭にエリス諸島〔現*ツバル（Tuvalu）〕が植民地から分離された。

1979年7月12日、ギルバート諸島をはじめとする前述の島々は、国名をキリバスとして独立。アメリカは*カントン環礁（Canton Atoll）やエンダーベリーなど数島の領有を主張する新国家に島を割譲した。人が居住する島々は人口過多になり、1988年に本島グループの4,700人に人口の少ない島への移住を指示する声明が発表される。1994年、テブロロ・シトが大統領に選出される。1995年国際日付変更線が、横に広がる国の東端に変更された。これにより国内の時差がなくなり、2000年1月1日に真っ先に新世紀を迎えたいという観光客も見込めるようになった。シトは1998年と2002年にも再選されたが、2003年3月に不信任投票によって職を追われ、国政評議会議長が代理を務めた。ティトの後任にはアノテ・トンが選ばれた。

キリマーネ Kilimane/Quilimane ⇒ケリマネ Quelimane

キリマンジャロ山 Kilimanjaro, Mount

*タンザニア（Tanzania）北東部、*ケニア（Kenya）との国境附近、*ナイロビ（Nairobi）の南225kmに位置する火山。中央のキボ、東のマウェンジ、西のシラの三つの死火山からなり、東西に約80km広がる。最高峰のキボは海抜5,895メートル。1848年、ドイツ人宣教師ヨハネス・レープマンと

ヨハン・ルートウィヒ・クラプフがヨーロッパ人として最初に山頂の雪を目にしたが、赤道附近の山に雪があるという話は何年も信じてもらえなかった。1889年、ドイツ人地理学者ハンス・マイヤーとオーストリア人の登山家ルートウィヒ・プルトシェラーがキボの初登頂に成功。山と周辺の森林は20世紀初頭に鳥獣保護区となり、1973年には高木限界線より上の山岳地帯などを保護する目的でキリマンジャロ国立公園に指定された。公園は1987年に世界遺産の自然遺産に登録。キリマンジャロ南麓の都市モシが登山と観光の拠点。現在では最高峰のキボでも特別な登山用具は不要で、大勢の観光客が徒歩で登頂している。

キーリング諸島 Keeling Islands ⇒ココス諸島 Cocos Islands

キール Kiel ［旧名：Kyle］（ドイツ）

バルト海の海港で、*シュレースウィヒ・ホルシュタイン（Schleswig-Holstein）州の州都。1242年に市になり、*ホルシュタイン（Holstein）公が居住した。1284年に*ハンザ同盟（Hanseatic League）に加盟し、14世紀には交易が栄えた。1773年に*デンマーク（Denmark）王国領となり、1814年にはここで、デンマークが*ノルウェー（Norway）を*スウェーデン（Sweden）に割譲するキール条約が結ばれた。1866年*プロイセン（Prussia）の手に渡り、ドイツの主要な海軍基地となり、1918年にはドイツ革命のきっかけとなるドイツ水兵の反乱が起こった。第2次世界大戦では連合軍の爆撃を受ける。13世紀の教会、公爵の宮殿（1280年頃）、ピョートル3世の生地が保存されている。1665年にキール大学が創設されている。

キルアテ - セペル Kirjath-Sepher ［キリアテ - サナ Kirjath-Sannah］ ［後年：Debir デビル］（パレスチナ）

聖書に登場する古代パレスチナの町。パレスチナ西岸、ヘブロンの西南西 20km に位置する。「ヨシュア記」と「士師記」に、*カナン[1]（Canaan）から*エジプト（Egypt）への交易路上にあり、ヨシュアに攻略された可能性があると書かれている。1926～1932 年までアメリカ人考古学者 W・F・オールブライトが発掘したテル・ベイト・ミルシム遺跡と見なされている。オールブライトはここで、前 2300 年頃の地層からパレスチナの陶器を発見。前 14 世紀～前 13 世紀に存在したカナン人のこの町は、前 13 世紀頃にイスラエル人に、その後、前 590 年頃にバビロニア人に破壊された。

キルウィニング Kilwinning（スコットランド）

スコットランド南西部、ノースエアシャー郡（カウンシル・エリア）の町。*グラスゴー（Glasgow）の南西 40km に位置する。ここに住んでいたと思われる聖ウィニンの修道院（1140 年頃創立）は、1561 年に破壊されるまで重要な拠点として繁栄した。町はスコットランド・フリーメイソンの発祥の地で支部があったと考えられている。ウォルター・スコットが『古老』に描いた弓勝負で知られる。1839 年には近隣で、古い騎士の儀式を復活させようという試みとして、馬上槍試合が開催された、。

キール運河 Kiel Canal ⇒バルト海 Baltic Sea, レンズブルク Rendsburg

ギルガ Girga ［Girgeh, Jirja］（エジプト）

エジプト中部、*スーハージュ（Sawhaj）の南東、*ナイル川（Nile River）に臨む町。コプト教会の司教座がおかれ、町名は聖ジョージに献納したコプト教会のマル・ギルギス修道院の名にちなむ。エジプトで最古といわれるローマカトリックの修道院もある。古代エジプトの都市*アビドス[1]（Abydos）から近い。

ギルガル Gilgal ［アラビア語：Arīḥā アリーハー］（パレスチナ）

昔の*カナン[1]（Canaan）、現在のパレスチナの*ウェスト・バンク〔ヨルダン川西岸地方〕（West Bank）にあった町。*エリコ（Jericho）の北東 3km に位置する。旧約聖書でギルガルと呼ばれている町の一つだが、*ヨルダン川（Jordan River）の東にはその名の土地は見当たらない。イスラエル人がヨルダンの西、*ロド（Lod）の北で初めて宿営した場所。旧約聖書によると預言者エリヤはギルガルを出て、旋風と共に天に昇っていったという。

キルキス Kilkis ［マケドニア語：Kukush；トルコ語：Kilkich］（ギリシア）

*テッサロニキ（Thessaloníki）の北 40km の都市。15 世紀から 1912～1913 年のバルカン戦争までトルコの支配を受け、1913 年ブルガリアがギリシア軍に敗北を喫する戦場となった。

キルギス Kyrgyz ［Kirghiz, Kirgizia, Kirghizstan, キルギス・ソビエト社会主義共和国 Kirgiz Soviet Socialist Republic］

*カザフスタン（Kazakhstan）、*中国（China）、*タジキスタン（Tajikistan）、*ウズベキスタン（Uzbekistan）に囲まれた独立共和国。7 世紀には、遊牧民のモンゴル人、トゥルク語系のキルギス人が居住していた。19 世紀には*コーカンド（Kokand）・ハン国の配下にあり、1864 年に*トルキスタン（Turkistan）とともに*ロシア（Russia）に併合された。1916 年には皇帝の、1917～1921 年にはボリシェビキの徴兵令に

抵抗した。1921〜1922年には約50万人が飢饉で死亡した。1990年、共和国の科学アカデミー総裁アスカル・アカエフが議会によって大統領に選ばれた。1991年、キルギスはソビエト連邦からの独立を宣言し、独立国家共同体の一員となる。1995年アカエフが再選され、ロシア、*ベラルーシ（Belarus）、カザフスタンとの経済協力条約を締結した。1990年代後半、イスラーム教徒の活動家や部族グループとの内戦が起きた。2000年、アカエフは不正選挙の容疑を受けながらも再選された。2005年、国会議員選挙が野党の反対にあい、民主主義者が都市を占領、アカエフはロシアに亡命して辞任。アカエフとは反対の立場をとる、2002年に辞任した前首相クルマンベク・バキエフが首相に指名され大統領となる。2010年、反大統領の大規模なデモが起こり、バキエフは辞職して亡命。元外相のローザ・オトゥンバエバが暫定大統領をへて正式に大統領に就任する。2011年には大統領選でアルマズベク・アタンバエフが6割以上の得票を集めて当選した。

キルギズ Kirghiz/Qirghiz ⇒カザフスタン Kazakhstan

キルギス・ソビエト社会主義共和国 Kirgiz Soviet Socialist Republic ⇒ キルギス Kyrgyz

ギルギット Gilgit（パキスタン）

*ヒマラヤ山脈（Himalaya, The）北西部の地域。*インダス川（Indus River）の支流ギルギット川に臨む同名の町が中心地。かつては仏教の信仰の拠点で、現在は西の*チトラル（Chitral）と北の*フンザ（Hunza）地方と*ヒンドゥークシュ（Hindu Kush）の峠を結ぶ幹線路上の要所となっている。住民の中心はダルド族とシン族。2世紀、古

代の地理学者クラウディオス・プトレマイオスによってダルド族はインダス川上流の西側に住んでいたことが正確に特定されている。

キルクーク Kirkuk [Kerkuk]［旧名：Karkuk, Korkuk, Kurkuk]（イラク）

*モースル（Mosul）の南144kmの都市。塚の上に築かれた町で、紀元前3000年来の町の遺跡が遺る。イラクの油田の中心地で、クルド人とアラブ人間の民族紛争が多発している。

キルクホルム Kirkholm（ラトビア）

ラトビアの*リガ（Riga）近くの古戦場。1600〜1611年のポーランド・スウェーデン継承戦争中の1605年に、ホトケビチのポーランド軍が摂政カール9世率いるスウェーデン軍相手に重要な勝利を収めた。⇒ポーランド Poland

キルケニー Kilkenny［ゲール語：Cill Chainnigh]（アイルランド）

アイルランド東部、*ダブリン（Dublin）の南西104kmの州と州都。古代の*オソリー（Ossory）王国に一致する地方で、多くの先史時代の遺跡、中世の城、円塔、宗教建築が遺る。町のイングランドから特許状を受けた町区には、1175年に破壊されたストロングボウの要塞の場所に1192年にペンブローク伯が建てた城があり、第3代のオーモンド伯が1391年にここを買った。アイルランドから特許状を受けた町区のほうは1202年にオソリー司教によって設立された。1293年〜17世紀まで国会や議会が何度も開かれた場所である。この議会で、1342年にはエドワード3世に対するアングロ・アイルランド人の抗議が承認され、1366年にはイングランド人にアイルランド人との結婚やアイルラ

ンドの慣習が禁止された。アイルランド系とアングロ・ノルマン系の宗教指導者の同盟により、1642〜1648年までこの地に暫定自治政府ができた。町には6世紀来の聖カニス教会の場所に1190年頃に設立された聖堂、1225年頃設立の聖ドミニコ会修道院、13世紀の2教会、16世紀の救貧院、1210年に建てられ、現在は裁判所になっている城がある。16世紀に設立されたプロテスタント・カレッジは、スウィフト、コングリーブ、ファーカー、バークリー司教らを輩出している。

ギルゲンブルク Gilgenburg ⇒**ドンブルブノ Dąbrówno**

キルコルマン Kilcoman（アイルランド）
バトバントの北3.2km、コーク州北部の城。エドマンド・スペンサーが8年間を過ごし、『妖精の女王』の最初の3巻を執筆した。城は1598年に破壊され、遺跡が遺る。

キルシス Kilsyth（スコットランド）
*グラスゴー（Glasgow）と*スターリング（Stirling）の間に位置する町で古戦場。近隣で1645年、モントローズ候がベイリー指揮下の盟約派を撃破した。ローマ人が建てたアントニヌスの防壁が通っている。

キルタ Cirta/Kirtha ⇒**コンスタンティーヌ Constantine**

キルデア Kildare［ゲール語：Cill Dara］（アイルランド）
*ダブリン（Dublin）の南西48kmの州と町。5世紀に聖ブリジットが建てたといわれる庵のそばにオークの木があったことから、ゲール語で「オークの教会または庵」を意味する Cill Dara の名がついた。古代の集落の証拠や、後年の円塔、ノルマン人の

城、中世の修道院などの遺跡が遺る。ネースと*メイヌース（Maynooth）に荘園をもつフィッツジェラルド家が、12世紀にヘンリ2世に正式に認められ、14世紀にキルデア伯となった。ほかの伯爵との競合ののち、フィッツジェラルド家はダブリン政府の支配権を手中に収め、1477〜1513年までアイルランドで王同然の権力を振るった。しかし、のちに一族内で発生した反乱で失墜する。1229年建設の町の聖堂は1641年クロムウェルに破壊され、1683年に再建された。
⇒**カラッハ Curragh, The**

ギルナール Girnar［ジュナガ Junaga, ジュナガド Junagadh, Junagarh］（インド）
*ムンバイ（Mumbai）の北西380km、*カティヤワール（Kathiawar）半島にある聖山。数多くのジャイナ教の古い寺院、昔の要塞、洞窟住居のほか、初期ヒンドゥー教とイスラーム教が支配した時代の遺跡がある。1278年に修復されたネミナータ寺院はこの山のジャイナ教寺院の中で最大にして最古と思われる。前2世紀アショーカ王の碑文のほか、150年と455年の歴史的に重要な碑文もある。
⇒**マウリヤ朝 Maurya Empire**

ギルバート・エリス諸島植民地 Gilbert and Ellice Islands Colony ⇒**キリバス Kiribati, ツバル Tuvalu**

キルバト・サイルーン Khirbat Saylūn ⇒**シロ Shiloh**

キル・ハレセト Kir Hareset ⇒ **アル‐カラク〔カラク〕Al-Karak**

ギルフォード¹ Guildford（イングランド）
イングランド南部、*サリー（Surrey）州の

都市。*ロンドン (London) の南西 45km、ウェイ川に臨む。ノルマン様式の古城の遺跡がある古い町で、グラマースクールは 1509 年の創設で、サリー大学は 1966 年に設立された。作家ルイス・キャロルの埋葬地。

ギルフォード² Guilford (合衆国)

*コネティカット (Connecticut) 州南部の町。*ニュー・ヘイブン (New Haven) の東、*ロング・アイランド海峡 (Long Island Sound) に臨む。1639 年に入植。歴史のある建物が遺っていて、1639 ～ 1640 年に建設された石造りのホィットフィールド・ハウスが 1936 年に修復され、州立歴史博物館になっているほか、1660 年のハイランド・ハウス、1735 年のトマス・グリズウォルド・ハウス博物館がある。

ギルフォード郡庁舎 Guildford Courthouse (合衆国)

*ノースカロライナ (North Carolina) 州の戦場跡で、グリーンズボロから近い。アメリカ独立戦争中の 1781 年 3 月 15 日、ナサニエル・グリーン将軍率いるアメリカ民兵軍がチャールズ・コーンウォリス将軍率いるイギリス軍にここで敗れた。しかし、すぐにカロライナはイギリスから取り戻され、*ヨークタウン (Yorktown) の戦いによりアメリカが勝利を収めて終戦となる。現在、戦場跡は国立軍事公園になっている。

キルベト・クムラン Khirbat Qumran (パレスチナ)

パレスチナの*ウェスト・バンク〔ヨルダン川西岸地区〕(West Bank)、*死海 (Dead Sea) の北西岸に近い区域。ユダヤ教徒の町で、前 100 年頃～後 68 年頃のエッセネ派の人々の集落だったと考えられている。エッセネ派の人々はローマの攻撃を受けて、一連の洞窟にいわゆる死海文書を隠したとされる。これらの文書の一部が 1947 年に発見された。1967 年にイスラエル人がこの地を占領した。

キルベト・セイルン Khirbet Seilun ⇒シロ Shiloh

ギルボア山 Gilboa, Mount (イスラエル)

*ヨルダン (Jordan) の西、*エスドラエロン平野 (Esdraelon, Plain of) の南に位置する山。キション川の水源から近い。旧約聖書によるとサウルがペリシテ人に敗れた場所であり、深い傷を負ったサウルは自らの命を絶った。

キルマーノック Kilmarnock (スコットランド)

スコットランド南西部、イースト・エアシャー郡（カウンシル・エリア）の郡庁所在地。*エア (Ayr) の北東 19km に位置する。その起源は 15 世紀にさかのぼり、1591 年にボイド家の統治下に入った。キルマーノック領主となる予定だったボイド家の最後の一人は、ジャコバイトの反乱に加担したためロンドン塔で処刑された。17 世紀にはスコットランド帽の一種のキルマーノック帽（ボウル）で有名になる。1820 年食料品店のジョニー・ウォーカーは、ここにウイスキー・ブレンド工場を設立した。1786 年、詩人ロバート・バーンズの詩集が初めて出版された土地でもあり、バーンズ記念碑と博物館がある。

キルマロック Kilmallock 〔ゲール語：Cill Mocheallóg〕(アイルランド)

*リメリック (Limerick) 州の南部の町。聖マロックによって 7 世紀に教会が建てられ、エドワード 3 世統治下の 14 世紀に勅許を受けた。歴代の*デズモンド (Desmond)

伯の拠点として重要で、町の歴史はそのまま伯爵家の歴史になる。古代の防御を固めた門と 13 世紀の修道院がある。近隣のグル湖畔には先史時代の遺跡が遺る。

キルメイン Kilmain ⇒ケリマネ Quelimane

キルメナム　Kilmainham［ゲール語：Cill Mhaighneam］（アイルランド）
*ダブリン（Dublin）郊外。アイルランド内のイギリス軍本拠地で、1882 年にパーネルが幽閉され、キルメナム協定が署名された場所。1870 年の抑圧的な国土法について、グラッドストーンが規制をゆるめる努力をすると約束したため、パーネルがこれを受け入れる方向で合意した協定である。

キル・モアブ Kir Moab ⇒アル - カラク〔カラク〕Al-Karak

キルヤト - アルバ Kirjath-Arba ⇒ヘブロン Hebron

キルリモント Kilyrmount ⇒セント・アンドルーズ Saint Andrews

キルロナン　Kilronan［ゲール語：Cill Rónáin］（アイルランド）
*ゴールウェー[1]（Galway）の西南西 45km、*アラン諸島（Aran Islands）最大の町で、イニシュモア島にある。有名な初期キリスト教教会や大きな先史時代の砦がある。

キルワ Kilwa［キルワ・キシワニ Kilwa Kisiwani］（タンザニア）
アフリカ東部、首都*ダルエスサラーム（Dar es Salaam）の南 300km、インド洋の小島にある都市遺跡。975 年にペルシア人が建設した町で、アラブのザンジバル国の

首都となり、アラビア、インド、中国と、とくに奴隷、象牙の取引を盛んに行なっていた。1505 ～ 1512 年までポルトガルに占領されたのち、徐々に衰退した。ポルトガルの砦、モスク、13 ～ 14 世紀の宮殿など、多くの歴史的遺跡が遺る。1981 年、南方のソンゴ・ムナラ島のソンゴ・ムナラ遺跡とともに世界遺産の文化遺産に登録。
⇒ザンジバル Zanzibar

キルワ・キシワニ Kilwa Kisiwani ⇒ キルワ Kilwa

キールン Chilung［Keelung, Kilung］［日本語：基隆］（台湾）
*タイペイ〔台北〕（Taipei）の東北東 25km、東シナ海の港湾都市。1626 年、スペインに占領され、ついでオランダ、中国(恒久的な入植を開始した)が支配した。清仏戦争中の 1883 ～ 1885 年まで、フランスが港を占領した。1895 ～ 1945 年まで日本の統治下で都市として発展した。

ギレアデ Gilead（ヨルダン）
古代パレスチナのヨルダン川東の地域。ザルカの南、*死海（Dead Sea）の北東に位置する。旧約聖書によると、ダビデ王は反乱を起こした息子アブサロムから逃れてここに避難した。*イスラエル（Israel）の分裂後は北部の王国に吸収された。預言者ホセアからは非難され、ついには*アッシリア（Assyria）に占領された。

ギレスン Giresun［Keresun, Kerasunt］［古代：Cerasus ケラスス］（トルコ）
トルコ北東部、*黒海（Black Sea）に臨む港湾都市。*トラブゾン（Trabzon）の西 110km に位置する。前 1 世紀にローマの将軍ルクルスが桜をここからイタリアへ

持ち帰ったとされる。英語の「桜（cherry）」は「ケラスス（Cerasus）」「ケラスン（Keresun）」からフランス語・ラテン語・ギリシア語を経て生まれたという説があるが、古代ギリシア語やラテン語、ゲルマン語にも桜を意味する語が見られるので、この説は疑わしい。

キレナイカ Cyrenaica [Cirenaica] [古代：Pentapolis ペンタポリス；アラビア語：Barqah バルカ]（リビア）

リビア北東部の地域。西はスルト湾、北は＊地中海（Mediterranean Sea）、東は＊エジプト（Egypt）と接する。前7世紀にギリシア人が入植し、地中海に臨み、＊アレクサンドリア **1**（Alexandria）からの交易路にあることから重要な土地となる。ギリシア人が＊ベンガジ（Benghazi）、＊キュレネ（Cyrene）をはじめとする5都市を建設。前67年、ペンタポリスがローマの属州となり、さらに＊ビザンツ帝国（Byzantine Empire）に割譲される。643年、アラブ人に占領された。15世紀に＊オスマン帝国（Ottoman Empire）の支配下に入り、イタリア・トルコ戦争後、1912年に＊イタリア（Italy）に割譲。第2次世界大戦中は激戦地となって、＊エル・アラメイン（El Alamein）の戦い後、イギリスに占領され、1951年にリビア連合王国の自治州となった。

キレニア Kyrenia（キプロス）

＊ニコシア（Nicosia）の北19kmに位置する古代の港。＊アカイア（Achaea）の古代ギリシア人によって植民地化され、その後もビザンツ、フランク、ベネツィアの人々が居住し、要塞化した。町の大部分は、12世紀に建造され幾多の包囲戦にも耐えた大きな城が占める。13世紀の修道院、10世紀の城、中世の要塞も遺っている。1974年、トルコが＊キプロス（Cyprus）

北部を占拠すると、ギリシア人はこの地を離れた。

キロババード Kirovabad ⇒ギャンジャ Gyandzha

キーロフ Kirov [旧名：Khlynov フルイノフ；1780〜1934年：Viatka, Vyatka ビャトカ]（ロシア）

ロシア西部、キーロフ州の州都。＊カザン（Kazan）の北320kmに位置する。最初の名フルイノフは、1181年にこの町を建設した＊ノブゴロド（Novgorod）からの入植者がつけたもの。のちにタタール人に略奪される。1489年＊モスクワ（Moscow）大公国に編入される。モスクワから＊シベリア（Siberia）へのルート上に位置し、17世紀には盛んに交易が行なわれた。1780年にビャトカに改称され、1934年にソ連初期の共産党指導者にちなんでキーロフとされる。1837年、流刑中だったA・I・ゲルツェンが図書館を建設した。

キロボフラード Kirovohrad [Kirovograd] [1775〜1919年：Elisavetgrad エリザベトグラード, Yelizavetgrad イェリザベトグラード；1917〜1935年：Zinovievsk ジノービエフスク]（ウクライナ）

＊キエフ（Kiev）の南東248kmに位置するウクライナの都市。1754年に要塞として建設され、1881年、1905年、1919年にユダヤ人大虐殺（ポグロム）が起きた。

ギワン Guiuan（フィリピン）

フィリピン東部、サマル島の町。カトバロガンの南東122km、＊レイテ湾（Leyte Gulf）の南東岸に位置する。第2次世界大戦中、アメリカ軍が＊ビサヤ諸島（Visayan Islands）を再占領した際の1944〜1945年には重要な基地となった。

金華 ⇒ チンホワ〔金華〕Jinhua（中国）

キンカーディン Kincardine ⇒ キンカーディ
ンシャー Kincardineshire

キンカーディンシャー Kincardineshire［キ
ンカーディン Kincardine, ザ・メアンズ The
Mearns］（スコットランド）
スコットランド北東部、*アバディーン
（Aberdeen）南部の*北海[1]（North Sea）沿岸
に広がる旧州。現在のアバディーンシャ
ー郡の一部に相当する。ピクト人の要
塞とローマ人の野営地跡が遺る。1296 年
にスコットランド王位をエドワード 1 世
に譲るとする巻物が書かれた城がある。
ダノッター城はスコットランドの紋章院
総裁の代々の居城だった。一帯は、ステ
ュアート朝を再興しようとするジャコバ
イト運動の中心地で、ストーンヘイブン
近くのフェッテレッソ城では、老僭王ジ
ェイムズが1715 年に即位を宣言した場所。

キンギセップ Kingisepp［旧名：Yam, Yama,
Yamburg ヤムブルク］（ロシア）
*サンクト・ペテルブルグ（Saint Petersburg）
の南西 138km に位置する、ルーガ川沿い
の都市。9 世紀には人が住むようになり、
13 世紀の砦はノブゴロドの前哨地点だ
った。*リボニア（Livonia）戦争後の 1585
年、*スウェーデン（Sweden）に割譲され
たが、北方戦争中の 1703 年にロシアに占
領され、ヤムブルクと改名された。1922
年に共産主義革命の指導者の名にちなん
で改名された。

キング King ⇒キング・ウィリアムズ・タ
ウン King William's Town

キング・ウィリアムズ・タウン King
William's Town［キングウィリアムズタウン
King Williams Town/Kingwilliamstown］［現地：
King キング］（南アフリカ）
*東ケープ州（Eastern Cape）南部の町。*イ
ースト・ロンドン（East London）の西 50km
に位置する。1826 年、布教活動の拠点と
して建設され、1835 年以降はイギリス
領*カフラリア（Kaffraria）の軍事拠点とな
り、ドイツ人の入植地となる。イングラ
ンド王ウィリアム 4 世にちなんで命名さ
れ、1861 年に正式に町となる。現在はカ
フラリアン博物館がある。

キング・ウィリアム島 King William Island（カ
ナダ）
*ヌナブト（Nunavut）準州の島。ブーシ
ア半島の南西にある。1831 年にサー・ジ
ェイムズ・C・ロスが発見した。1847 ～
1848 年のジョン・フランクリン探検隊が
消息を絶ち、1903 ～ 1904 年にロアール・
アムンゼンの探検隊が越冬した場所。

キングズ Kings ⇒オファリー Offaly

キングスウッド Kingswood（イングランド）
*ブリストル[1]（Bristol）の東 6km の町とそ
の郊外。メソジストのジョン・ウェズレ
ーとジョージ・ホウィットフィールドが
18 世紀にここに学校を設立して説教を行
なった。有名な野外教会がある。

キングズタウン[1] King's Town ⇒ニューカッ
スル[1] Newcastle（オーストラリア）

キングズタウン[2] Kingstown（アイルランド）⇒
ダン・レアラ Dún Laoghaire

キングズタウン³ Kingstown（セント・ビンセント）

*西インド諸島（West Indies）、*バルバドス（Barbados）の西 160km、*セント・ビンセント・グレナディーン（Saint Vincent and The Grenadines）諸島の首都。1763 年設立の西半球最古の植物園がある。1793 年ウィリアム・ブライ船長が太平洋からパンノキをもたらした。その前の 1789 年、ブライ船長は西インド諸島にパンノキを運ぼうと太平洋に航海し、有名なバウンティ号の反乱の被害を受けている。古いフォート・シャーロットが遺る。

キングズタウン⁴ Kingstowne（合衆国）⇒ノース・キングズタウン North Kingstown

キングストン¹ Kingston［イロコイ語：Cataraqui カタラクイ］（カナダ）

*トロント（Toronto）の東北東 240km、*セント・ローレンス川（Saint Lawrence River）の水源近くに位置する*オンタリオ（Ontario）州の都市。1673 年この地にフランス人が建設したフォート・フロンテナックは、フレンチ・インディアン戦争で重要な役割を果たし、1758 年にイギリス軍によって破壊された。1783 年に市が創設され、王党派によってキングストンと名づけられる。1812 年戦争〔アメリカ・イギリス戦争〕でカナダ国内のイギリスの主要海軍基地となり、1841 ～ 1944 年までカナダの首都になった。

キングストン² Kingston（ジャマイカ）

ジャマイカの首都。*ポート・ロイヤル¹（Port Royal）が 1692 年の地震で浸水したあとに設立され、1703 年にはジャマイカの交易中心地として頭角を現わし、1872 年に首都となった。とくに 1907 年の火事と地震で、大きな損害を受けた。1699 年に建設され、1907 年に再建された教会、濠をめぐらせた 17 世紀の要塞、歴史的な建造物が遺る。

キングストン³ Kingston［旧名：Esopus；1661 ～ 1669 年：Wiltwyck］（合衆国）

*ニューヨーク（New York）州*オールバニー（Albany）の南 80km、*ハドソン川（Hudson River）沿いの都市。1610 年に毛皮取引の拠点となり、1651 年にはオランダ人が住み始め、1661 年に勅許を受けた。1669 年にイギリス領となる。初代知事にジョージ・クリントン、初代州最高裁長官にジョン・ジェイが就任し、初の州政府ができたのはこの地である。1777 年にここで開かれた議会は、10 月にイギリスが町を焼き払うまで続いた。1805 年に再建、1872 年に勅許を受ける。初期のオランダ人の家、1689 年設立のオランダ教会、1661 年来の墓地、初代州上院集会所などの建造物が遺る。

キングストン⁴ Kingston（合衆国）⇒**キンストン Kinston**

キングストン⁵ Kingston［旧名：Rest Hill レスト・ヒル］（合衆国）

*ロードアイランド（Rhode Island）州*プロビデンス²（Providence）の南 38km の村。1700 年頃にレスト・ヒルとして設立され、1825 年に改名された。フィリップ王戦争中の 1675 年には、この近くで激戦が繰り広げられた。入植者とインディアンとの戦いの中では屈指の激しい流血戦で、1000 人のインディアンが命を落とし、*ニュー・イングランド（New England）南部のインディアンの勢力を粉砕するものだった。1752 ～ 1854 年まで、ロードアイランド州の議会が開催される 5 都市の一つとなったが、その後は衰退する。ロードア

イランド大学の所在地。18、19 世紀の歴史的な屋敷が数多く遺る。

キングストン・アポン・テムズ Kingston upon Thames［キングストン・オン・テムズ Kingston on Thames］［サクソン語：Cyningestun］（イングランド）

*テムズ川 2 (Thames, River) の南、アウター・*ロンドン (London) の特別区。838 年にエグバートによって大会議が開かれ、アングロ・サクソン王の戴冠が行なわれた場所。アングロ・サクソン王戴冠の石とされる物がここに保存されている。

キングストン・アポン・ハル Kingston Upon Hull ⇒ハル Hull 3

キングストン・オン・テムズ Kingston on Thames ⇒キングストン・アポン・テムズ Kingston upon Thames

キングズ・ハットフィールド Kings Hatfield ⇒ハットフィールド 1 Hatfield（イングランド）

キングズポート Kingsport（合衆国）

ホルストン川沿いの*テネシー (Tennessee) 州北東部の都市。*ジョンソン・シティ 1 (Johnson City) の北西 35km に位置する。1761 年建設のフォート・ロビンソンと 1775 年建設のフォート・パトリック・ヘンリを基盤としている。1775 年、開拓者ダニエル・ブーンが切り開いたウィルダネス・ロード上にある。印刷・製本業の中心地。

キングズ・マウンテン Kings Mountain（合衆国）

*サウスカロライナ (South Carolina) 州、*シャーロット (Charlotte) の西南西 48km に

位置する古戦場。1780 年 10 月 7 日の激戦で、約 2,000 人の開拓者が、ファーガソン指揮下の 1,100 名の王党軍を取り囲み撃破した。この敗戦によって、アメリカ独立戦争におけるイギリスの勢いが下降線をたどり始めた。

キングズ・ミル King's Mill ⇒モリノ・デル・レイ Molino del Rey

キングズ・リン King's Lynn［Lynn Regis］［旧名：Lynn リン］（イングランド）

イングランド東部、*ロンドン (London) の北北東 144km、グレート・ウーズ川沿いでウォッシュ湾近くにある、*ノーフォーク 1 (Norfolk) 州西部の都市。その起源はアングロ・サクソン時代にさかのぼり、中世にはイングランドの主要港の一つだった。1204 年に自由都市として王の勅許を受け、1537 年ヘンリ 8 世の勅許によりキングズ・リンの名になった。15、16 世紀に巡礼者が訪れていた 1482 年設立のレッド・マウント・チャペル、1100 年頃にロシンガ司教が創設した有名な真鍮記念牌_{はい}のある聖マーガレット教会、15 世紀のグレイフライヤーズ・タワー、1683 年の税関など見所は多い。熱心なキリスト教神秘主義者のマージェリー・ケンプ（1485 年頃没）はこの地で生まれた。小説家のファニー・バーニーは 1752 年、探検家のジョージ・バンクーバーは 1757 年にここで生まれている。

キングユーシー Kingussie（スコットランド）

*インバネス (Inverness) の南南東 46km の町。近隣のルースベンには、1718 年に建設され、1747 年に破壊されたハイランダーに対する要塞の遺跡が遺る。1746 年カロデン・ムーアの戦い後、この地で最後の集会が開かれた。『オシアンの詩』を翻

訳したという詩人ジェイムズ・マクファーソンの生誕地。

錦縣(きんけん) ⇒ チンチョウ〔錦州〕Jinzhou

キンザイ〔行在〕Kinsai ⇒ ハンチョウ〔杭州〕Hangzhou

キンシャサ Kinshasa〔旧名：Léopoldville レオポルドビル〕（コンゴ）
コンゴ川のマレボ湖（旧スタンレー湖）の河口、コンゴ民主共和国の西の国境に位置する首都。1881年に探検家のヘンリ・スタンリーが開発し、援助を受けていたベルギー王の名をとってレオポルドビルと名づけた。1926年に*ボーマ（Boma）に代わって、*ベルギー領コンゴ（Belgian Congo）の首都となる。*ベルギー（Belgium）からの独立のきっかけとなった反乱は、1959年この地で発生して広まった。現在の名は1966年、スタンリーが到着したときにここにあった部族の村の名にちなんだもの。1974年ボクシングの世界ヘビー級王座決定戦が行なわれ、ジョージ・フォアマンとモハメド・アリが対決した。

錦州(きんしゅう) ⇒ チンチョウ〔錦州〕Jinzhou（中国）

金繡平原(きんしゅうへいげん) Field of Cloth of Gold（フランス）
*グイネス²（Guines）と*アルドル（Ardres）両村の間に広がる平原。*カレー（Calais）近郊。1520年、イングランドのヘンリ8世とフランスのフランソワ1世が公式に会見を行なった場所で、それぞれ豪華な宮殿を建て、会見は華美を極めたために「金繡」と形容された。しかし、この会見からは重要な外交上の成果は上がらなかった。

キンストン Kinston〔旧名：Kingston キングストン〕（合衆国）
*ノースカロライナ（North Carolina）州、ゴールズボロの東南東40kmの都市。1740年に入植が始まり、1764年に町となり、1784年に愛国派によって改名された。ノースカロライナの初代知事リチャード・キャズウェルの故郷。南北戦争中には小競り合いがあり、南軍の装甲艦《ニュース号》はこの地で建造された。

キンセール Kinsale〔ゲール語：Cionn tSaile〕（アイルランド）
*コーク（Cork）の南22km、バンドン川河口の町。アングロ・ノルマン人が建設した町で、1223年にコーシー男爵領となる。フランスとの海戦から100年ほどして、1488年にイギリス領となった。1601年アイルランドの反乱を援護するためにスペイン軍が上陸し、10週間町を占領した。名誉革命後フランスに逃れていたジェイムズ2世がこの地に上陸したが、1690年マールバラ公爵に町を奪われ、アイルランドをスチュアート家に奪還しようとするもくろみは潰えた。1677建造のチャールズ・フォートは何度か包囲され、1922年にアイルランド民族主義者に放火された。12世紀の教会と13世紀の城が遺る。

銀川(ぎんせん) ⇒ インチョワン〔銀川〕Yinchuan（中国）

キンタナ・ロー Quintana Roo（メキシコ）
*ユカタン半島（Yucatán Peninsula）の半分を占める深い森林地帯に位置するメキシコの州。マヤ時代、後期マヤ時代の考古学遺跡が数多く遺る。最後期のトゥルムの集落やコバの中心地で、まだほとんど発掘が進んでいない地域。マヤの抵抗と深い森林のために、16世紀中スペインは侵攻できなかった。州都はチェトゥマル。

キンダーフック Kinderhook（合衆国）

*ニューヨーク（New York）州*オールバニー（Albany）の南南東27kmの村。第8代大統領マーティン・バン・ビューレンの生地で、墓地、歴史博物館、バン・ビューレン家の家屋敷がある。

禁断の都 Forbidden City ⇒ ラサ〔拉薩〕 Lhasa

キンネレト湖 Lake Kinneret ⇒ガリラヤ湖 Galilee, Sea of

キンバリー Kimberley（南アフリカ）

*ブルームフォンテイン（Bloemfontein）の西北西138km、*北ケープ（Northern Cape）州の州都。1871年にこの地の農場でダイヤモンドが発見されたときに設立され、鉱山は1888年にセシル・ローズのデビアス鉱山会社の管理下におかれた。南アフリカ産のダイヤモンドのすべてがここで保管され、キンバリー・ハウスを通して販売されている。1899～1900年の南アフリカ戦争中はボーア（ブール）軍に4カ月間包囲されたが、ジョン・フレンチに救われた。多くの記念碑と二つの博物館がある。

キンペチュ Kimpech ⇒カンペチェ Campeche

金門海峡 ⇒ ゴールデンゲート〔金門海峡〕 Golden Gate（合衆国）

金門島 ⇒ チンメン〔金門〕島 Quemoy Island（台湾）

ク

グアイマス Guaymas（メキシコ）

メキシコ北西部、*ソノラ（Sonora）州の港湾都市で、カリフォルニア湾に臨む。1539 年に探検され、18 世紀初期にイエズス会の宣教師らによって都市が建設される。メキシコ戦争中の 1846 年、アメリカ軍により占領され、1865 ～ 1866 年には傀儡皇帝マクシミリアンのもとでフランスに支配される。

クアウトラ Cuautla［シウダード・モレロス Ciudad Morelos］（メキシコ）

メキシコ南部、*メキシコ・シティ（Mexico City）の南南東 72km、*モレロス（Morelos）州の町。メキシコ独立戦争中、1812 年 1 月 18 日～ 5 月 2 日までモレロス司祭の率いる愛国者たちがフェリックス・マリア・カリェハ・デル・レイ将軍の指揮するスペイン軍と王党軍を相手にここで抵抗した。最終的には夜陰に乗じて撤退。

グアスタッラ Guastalla［中世：Wardastalla ワルダスタッラ］（イタリア）

イタリア北部、*エミリア-ロマーニャ（Emilia-Romagna）州の町。*レッジョ・ネレミリア（Reggio Nell'Emilia）の北北西 22km、*ポー川（Po River）に臨む。7 世紀にランゴバルド人により建設され、その後、次々にレッジョ、*クレモナ（Cremona）、*ミラノ（Milan）に支配される。1406 年、グアスタッラ伯領の中心地となり、1538 ～ 1539 年まで*マントバ（Mantua）のフェッランテ・ゴンザーガに買収される。1621 年、公国の中心地となるが、1746 年にゴンザーガ家の分家であるグアスタッラ家が消滅すると、公国はスペインの*パルマ[1]（Parma）公の所領となる。1805 ～ 1806 年、ナポレオンが妹のポーリーヌ・ボルゲーゼにグアスタッラを贈与し、1847 年まではナポレオン家が支配し、1847 ～ 1860 年までは*モデナ（Modena）公が支配、その後はイタリア王国の一部となる。歴史的建造物としてはゴンザーガ家の宮殿と大聖堂がある。

グアダラハラ[1] Guadalajara（メキシコ）

メキシコ南西部、*ハリスコ（Jalisco）州の州都。*メキシコ・シティ（Mexico City）の西北西 450km に位置する。メキシコ第 2 の規模の都市で、スペイン植民地時代の遺物が多く見られ、その美しさから「西部の真珠（La Perla del Occidente）」と呼ばれる。1530 年頃、クリストバル・デ・オニャーテにより建設され、インディオの襲撃を受けたために、2 度移転されたが、1542 年に最終的に現在地に落ち着き、*ヌエバ・ガリシア（Nueva Galicia）の「アウディエンシア」（高等司法裁判所）が設置される。

スペインとの戦争中の 1810 年、イダルゴ・イ・コスティリャに占領され、改革運動の拠点となる。1858 年、レフォルマ戦争中にベニート・フアレス率いる自由主義者に占領される。歴史的建造物としては、1618 年に完成した大聖堂、1643 年に建設が開始したスペイン植民地時代の代表的な建築である知事邸。知事邸には現代メキシコを代表する画家 J・C・オロスコの壁画がある。大聖堂には宗教画家ムリリョの『聖母被昇天』が収められている。

グアダラハラ² Guadalajara [古代：Arriaca アリ
アカ；アラビア語：Wādī al-Hijārah ワーディ・アル - ヒジャーラ] (スペイン)

スペイン中部、カスティリア - ラ - マンチャ州グアダラハラ県の県都。*マドリード (Madrid) の北東55km、エナレス川に臨む。ローマの植民地として繁栄し、南西のエブロ渓谷からトレドまでのアウグスタ街道あるいはマクシマ街道の重要な中継地となる。714～1081年はムーア人が支配。メンドーサ公家の宮殿、ローマ時代の橋と水道橋が遺っている。

グアダルーペ Guadalupe (スペイン)

スペイン中西部、*エストレマドゥラ (Estremadura) 州カセレス県の町。歴史的建造物としては、かつてヒエロニムス修道会だったが、現在はフランシスコ修道会の修道院となっている建物と聖母グアダルーペを祀った聖堂がある。この聖母信仰は16世紀にメキシコの*グアダルーペ・イダルゴ (Guadalupe Hidalgo) へと伝わった。

グアダルーペ・イダルゴ Guadalupe Hidalgo
[Guadalupe] (メキシコ)

メキシコ北東部、*ヌエボ・レオン (Nuevo León) 州の都市。*モンテレイ (Monterrey) の東16kmに位置する。グアダルーペ聖母聖堂があり、巡礼地として有名。1513年、テペヤックの丘の上にいたインディオのフアン・ディエゴのもとに聖母マリアが3度現われたことから、*スペイン (Spain) の*グアダルーペ (Guadalupe) の聖母聖堂にちなんでグアダルーペと改名された。そこに革命の指導者であり司祭だったイダルゴ・イ・コスティリャの名を加えた。1848年2月2日、アメリカとメキシコの戦争を終結させるグアダルーペ・イダルゴ条約に調印された。

グアダレーテの戦い Guadalete, Battle of (スペイン)

スペイン南西部、カディス県を流れ大西洋に注ぐグアダレーテ川の河畔で711年、イスラム軍北アフリカ総督ムーサー・イブン・ヌサイルの解放奴隷だったターリク・イブン・ジヤードがスペインの西ゴート王国最後の王ロデリックを破る。このターリクの勝利によってムーア人がイベリア半島征服を成し遂げた。

⇒ **西ゴート王国 Visigothic Kingdom**

グアディクス Guadix [古代：Acci アッキ；アラビア語：Wādī-Ash ワジ - アシュ] (スペイン)

スペイン南部、*アンダルシア (Andalusia) 州東部の町。*グラナダ² (Granada) の東北東42kmに位置する。かつてローマの植民地であり、西ゴート人の支配下でスペインで最初期の司教座が設けられた町。ローマ時代の遺跡、ムーア人の城砦、18世紀の大聖堂など名所がある。近くのバリオデサンチアゴは洞窟住居として有名。

グアテマラ Guatemala

*中央アメリカ (Central America) 北西部の国。東海岸はわずかながら*カリブ海 (Caribbean Sea) に臨み、南は太平洋に臨む。北は*メキシコ (Mexico)、東は*ベリーズ² (Belize)、南東は*ホンジュラス (Honduras)、南は*エルサルバドル (El Salvador) と国境を接する。過半数がインディオ、他は混血人で、人口の大半が東から西に広がる高地に住む。沿岸は熱帯地域。経済は主として農業に依存。ヨーロッパ人の来住以前は*マヤ帝国 (Maya Empire) の中心地で、特に北部の*ペテン (Petén) 地方の中心地だった。1523年、スペイン人の征服者ペドロ・デ・アルバラードが太平洋航路の発見を目指して派遣され、1524年に南部のマヤ族であるキチェ族を征服。

1527年、シウダー・ビエハの名で知られるサンチアゴ・デ・ロス・カバレロス・デ・グアテマラが、のちにグアテマラ総督領となる地域の首都として建設される。総督領には現在のエルサルバドル、ホンジュラス、ニカラグア、*コスタリカ（Costa Rica）が含まれた。1541年、シウダー・ビエハが火山噴火により破壊され、1542年に*アンティグア（Antigua）に新首都が建設される。アンティグアは新大陸で有数の豊かな都市となるが、1773年に地震により破壊され、1776年、新首都として現在まで続く*グアテマラ・シティ（Guatemala City）が建設された。

1821年、この地域が*スペイン（Spain）から独立すると、グアテマラはメキシコ帝国の一部となるが、1823年までしかその状態は続かず、1825年にかつての総督領と共に、グアテマラは中央アメリカ連邦の一部となり、1838年には同連邦から各国が分離した。1840〜1909年までグアテマラの大統領たちは隣国に干渉し、中央アメリカ連邦を再結成しようと画策する。ニカラグアのホセ・サントス・セラーヤ大統領も連邦の再結成に動き、1907年に*ワシントン[1]（Washington, D. C.）で会議が開かれ、紛争に対処するため中央アメリカ司法裁判所の設置が決められる。

20世紀になってからの政府はおおむね独裁的だが、物質的な繁栄と改革を国にもたらすこともあった。1951年に始まるハコボ・アルベンス・グスマン大統領の政権下でグアテマラは左傾化し、外国人の所有する地所が買い上げられる。1954年、*アメリカ（USA）の支持を得て、グスマン政権が倒される。1960年代は右翼、左翼の両陣営からのテロが激化し、1968年にはアメリカ大使が暗殺される。1976年2月、大地震により、死傷者は10万人にのぼった。

1978年に政権を掌握したフェルナンド・ロメオ・ルカス・ガルシア大統領の時代にはさらに内紛が激化して、政府は左翼と中道派を弾圧し、5千人を殺害したとも言われる。1982年、エフライン・リオス・モント将軍がクーデターにより政権を握るが、1983年、オスカル・メヒア・ビクトレス将軍に地位を奪われる。1985年、新憲法のもとでマルコ・ビニシオ・セレソ・アレバロが大統領に選出されるが、軍部はグアテマラ民族革命連合（URNG）の左翼ゲリラと戦いながら政権を握り続けた。1990年、ホルヘ・サラノ・エリアスが大統領に就任するが、1993年に軍部の圧力により辞任を余儀なくされる。人権オンブズマンのラミーロ・デ・レオン・カルピオが議会によりエリアスの後継大統領に選出され、腐敗した政治を正す改革案が議会で可決される。

1996年の選挙でグアテマラ・シティの元市長で外務大臣のアルバロ・アルスー・イリゴージェンが大統領に当選。大統領は軍首脳部の粛清を行ない、URNGのゲリラと国連監視下の和平協定に調印する。1999年、それまで独裁政治を行なってきたエフライン・リオス・モントと連携して保守派の弁護士アルフォンソ・ポルティジョ・カブレラが大統領に当選。2002年、グアテマラとベリーズは長年にわたる国境問題に関して合意に達する。2003年、オスカル・ベルシェ・ベルドモが大統領に当選。モントは支持者らが暴力と脅迫に訴えたが3位にとどまった。2004年、ポルティジョ元大統領が汚職により告発され、メキシコに亡命。グアテマラは平和な社会の広がりにともなって軍縮が続いている。

クアヤキル　523

グアテマラ・シティ Guatemala City〔Santiago de los Caballeros de Guatemala La Nueva〕（グアテマラ）

グアテマラの首都で、*中央アメリカ（Central America）で最大の都市。グアテマラの南部に位置する。1776年、地震で壊滅状態になった*アンティグア（Antigua）に代わって建設され、1779年に首都となる。1917～1918年、地震によりグアテマラ・シティも破壊されたが、再建された。近隣ではマヤ文明の貴重な遺跡が数多く発掘されている。サン・カルロス・デ・グアテマラ大学は1676年の創立。

グアドループ Guadeloupe（フランス）

*西インド諸島（West Indies）東部、*リーワード諸島（Leeward Islands）にあるフランスの海外県で、バス‐テール島とグランド・テール島のほか北の*サン・マルタン（Saint Martin）島の半分など多くの属島から構成される。県都はバス・テール。

　1493年11月にコロンブスが到達し、短期間ながら*スペイン（Spain）が支配した。1635年、フランスが入植を始めて、先住民のカリブ族を追い出し、農園の労働力としてアフリカから奴隷を輸入。17世紀末にはサトウキビの一大生産地となり、フランスの重要な植民地となる。七年戦争中の1759～1763年までと、1794年およびナポレオン戦争中の1810～1813年まではイギリスに占領される。1813年、*スウェーデン（Sweden）に割譲され、1816年にフランスに返還。第2次世界大戦中、1943年7月までフランスのビシーの支配下に置かれる。1946年にフランスの海外県となり、1974年に地域圏となる。

グアナハニ Guanahani ⇒サン・サルバドル¹ San Salvador（バハマ）

グアナフアト Guanajuato（メキシコ）

メキシコ中部の州およびその州都。*メキシコ・シティ（Mexico City）の北西270kmに位置する。金鉱および銀鉱で長年有名だった。*スペイン（Spain）領アメリカで有数の銀産出地として経済的に重要だったため、19世紀～20世紀初期にメキシコを悩ませた戦争と革命で中心的な役割を果たす。植民地時代の教会や建物が遺っていて、本来は穀物倉庫だったアロンディガ・デ・グラナディタスはスペインとの戦争が始まったばかりの1810年、イダルゴ・イ・コスティリャに包囲され占領された。

グアム Guam〔Guahan〕（合衆国）

西太平洋、*マリアナ諸島（Mariana Islands）南端に位置する同諸島最大の島でアメリカ領。1521年、マゼランが発見。1565年に*スペイン（Spain）が占領するが、完全に支配するのは130年後。スペイン・アメリカ戦争でアメリカが占領。第2次世界大戦中の1941年、*日本（Japan）軍が攻撃して占領するが、1944年にアメリカ軍が奪還し、日本本土への攻撃の基地となる。1960年代にはアメリカ軍基地が置かれ、*ベトナム（Vietnam）と*ラオス（Laos）への軍事行動の拠点となる。1976年と1992年には台風、1993年には大地震により大きな被害がでた。また、大型の毒ヘビ、ミナミオオガシラが島に持ち込まれたために、現地の鳥類がほとんど姿を消すことになった。

グアヤキル Guayaquil〔サンチアゴ・デ・グアヤキル Santiago de Guayaquil〕（エクアドル）

エクアドル南西部、グアヤス州の州都。太平洋岸から内陸に65km、グアヤス川に臨む。1535年、スペイン人の征服者セバスティアン・デ・ベラルカサルにより建

設される。17 世紀、海賊にたびたび襲わ
れ、18、19 世紀には頻発する火災により
破壊される。1821 年、エクアドルの独立
を目指すアントニオ・ホセ・デ・スクレ
を中心とする愛国軍に占領され、1882 年
にはシモン・ボリバルとホセ・デ・サン・
マルティンが会談する歴史的な場となる。
植民地時代の建物と大学が名所。

グアヤナ Guayana ⇒ギアナ Guiana

クアラルンプール Kuala Lumpur（マレーシ
ア）
*シンガポール（Singapore）の北西 320km
に位置する都市。1857 年に中国の錫鉱業
者が建設した都市で、1882 年以後、イギ
リスの影響下で拡張し、1895 年に*マレ
ー連合州（Federated Malay States）の首都とな
る。第 2 次世界大戦中の 1942 ～ 1945 年
まで*日本（Japan）に占領されたが、1963
年マレーシアの首都となる。

クアンジュ〔光州〕Gwangju [Kwangju]（韓国）
韓国南西部、全羅南道（チョルラナム
ド）の道庁所在地。*ソウル（Seoul）の南
320km に位置する。1980 年、民主化を求
める学生の抗議運動が政府の戒厳軍によ
り制圧され、多くの死傷者が出る。

グアンタナモ Guantánamo（キューバ）
キューバ南東部の都市。グアンタナモ湾
の北 16km に位置する。アメリカ・スペイ
ン戦争中、1898 年 6 月にアメリカ海軍が
上陸。グアンタナモ湾は「大西洋の真珠湾」
と呼ばれることがあり、1903 年に租借さ
れてアメリカ海軍基地が置かれ、1934 年
に租借が更新された。1960 年以降、キュ
ーバのカストロ政権との争いの種になっ
ており、アメリカからの年間賃貸料 5 千
ドルを拒否して基地の返還を求めている。

19 世紀にスペイン人によって建設された
が、*ハイチ（Haiti）での奴隷の反乱を逃
れて亡命したフランス人の影響でフラン
ス風の建築が多く遺っている。2001 年 9
月 11 日の同時多発テロ事件後、アメリカ
はグアンタナモを特別な軍の収容所とし
て利用し、*アフガニスタン（Afghanistan）
と*イラク（Iraq）で身柄を拘束したテロ
の被疑者を監禁している。グアンタナモ
は法律上はアメリカの一部ではないため、
基地にはアメリカの憲法が適用されない
とのブッシュ政権の判断により収容所が
設置された。しかし、その論理は 2004 年
にアメリカの最高裁判所により却下され
た。

**グアンタナモ湾 Guantánamo Bay ⇒グアンタ
ナモ Guantánamo**

クアンティコ Quantico（合衆国）
*バージニア（Virginia）州北東部、フレデ
リクスバーグ近郊、プリンス・ウィリア
ム郡の*ポトマック川（Potomac River）に臨
む町。アメリカ独立戦争中、植民地軍の
軍艦の基地として設立され、1918 年に恒
久的な海兵隊訓練基地となった。現在は
連邦捜査アカデミーの本部がある。

**クィニピアック Quinnipiac ⇒ニュー・ヘイ
ブン New Haven**

クイ・ニョン Qui Nhon [Quinhon]（ベトナム）
ベトナム南東部、南シナ海に臨む港湾都
市。かつては古代*チャンパ（Champa）王
国の首都だった。1874 年に小さな港がフ
ランスとの交易に門戸を開いた。ベトナ
ム戦争中の 1965 年に、*アメリカ（USA）
が軍事用に港を開発した。

グイネス¹ Güines（キューバ）

キューバ北西部、ハバナ州の都市。1737年、豊かな農業地帯の商業と金融の拠点として建設され、1835〜1838年にキューバで最初に敷設された鉄道の終点となる。

⇒ ハバナ Havana

グイネス² Guînes（フランス）

フランス北部、パ‐ド‐カレー県の町。*カレー（Calais）の南東11kmに位置する。1352〜1558年までイングランドに占領され、1520年にイングランド王ヘンリ8世とフランスのフランソワ1世が金繍平原（きんしゅう）で会見した時にはヘンリ8世の居地になっていた。

⇒ アルドル Ardres

クイブイシェフ Kuybyshev ⇒ サマーラ Samara

クイリナリス Quirinal ⇒ ローマ七丘（しちきゅう）Seven Hills of Rome

クイリン〔桂林〕Guilin［Kuei-Lin、Kweilin、Lin-Guei、LinKuei〕（中国）

中国*コワンシー〔広西〕・チワン〔壮〕族自治区（Guangxi Zhuangzu）の都市。*コワンチョウ〔広州〕（Guangzhou）の北西380kmに位置する。3世紀から行政の中心地となり、7世紀には僧院の建ち並ぶ仏教の拠点となる。カルスト地形でタワーカルストの見られる観光地となっている。

クイーン・エリザベス諸島 Queen Elizabeth Islands［旧名：Parry Islands パリー諸島］（カナダ）

カナダ最北部の諸島。*ノースウェスト・テリトリーズ¹（Northwest Territories）のフランクリン地区に属し、*北極（Arctic, The）諸島の北部を占める。1819〜1820年にイギリス人探検家サー・ウィリアム・パリ

ーに発見され、1954年まではその名にちなみパリー諸島と呼ばれていた。1960年代に油田が発見された。

クインシー¹ Quincy［旧名：Bluffs ブラフス］（合衆国）

*イリノイ（Illinois）州西部、アダムズ郡の郡都。*ミシシッピ川（Mississippi River）の東岸に位置する。1822年に設立され、1825年3月4日にジョン・クインシー・アダムズ大統領にちなんで改名された。1830年代には、カナダに向かう逃亡奴隷がたどる地下鉄道の重要な駅となり、1858年10月13日には第6回目のリンカーン‐ダグラス会談が行なわれた。

クインシー² Quincy（合衆国）

*マサチューセッツ（Massachusetts）州東部、*ボストン²（Boston）の南13kmに位置するノーフォーク郡の都市。反ピューリタン派のトーマス・モートンが1625年頃に交易所として設立し、1634年に再度入植が行なわれた。ジョン・アダムズ大統領とジョン・クインシー・アダムズ大統領の生地で、両者とも市内の第一教区教会に埋葬されている。1826年にアメリカ初の線路が敷かれた地でもある。

クイーン・シャーロット諸島 Queen Charlotte Islands ⇒ ハイダ・グワイ Haida Gwaii

クイーンズ Queens（合衆国）

*ニューヨーク市（New York City）の五つの区の一つで、*ロング・アイランド（Long Island）西部の行政区。*マンハッタン（Manhattan）区のイースト川の対岸に位置する。もともとは*ニュー・ネーデルラント（New Netherland）の一部で、1635年にオランダ人が入植した。初期の入植地は1636年設立のフラッシング・ベイ、1642

年のニュータウン、1644 年のファー・ロックアウェイ、1645 年の*フラッシング[2](Flushing)、1656 年のジャマイカがある。1664 年、ニュー・ネーデルラント植民地総督のピーター・ストイフェサントがイギリス人にこの地を譲渡した。1776 年のロング・アイランドの戦い後、アメリカ革命中はイギリス軍がこの地を支配した。住民の多くは王党派で、革命後に*ニューファンドランド（Newfoundland）への移住を選んだ。1909 年のクイーンズボロ橋の建設と、1910 年の鉄道トンネルの建設により、クイーンズ地区は急速に拡大した。1939 年と 1964 年の 2 度、万国博覧会が開催されている。

クイーンズタウン Queenstown ⇒クイーンズトン Queenston

クイーンズトン Queenston ［クイーンズタウン Queenstown］（カナダ）

*オンタリオ（Ontario）州リンカーン郡にある古戦場の村。*ナイアガラ瀑布（Niagara Falls）のすぐ北にある。1812 年戦争〔アメリカ・イギリス戦争〕中の 1812 年 10 月 13 日、スティーブン・バン・レンセァール少将率いるアメリカ軍が侵攻し、アイザック・ボロック少将指揮下のイギリス軍に敗北した。この戦いはクイーンズトン・ハイツの戦いと呼ばれる。

クイーンズランド Queensland （オーストラリア）

オーストラリア北東部の州。州都は*ブリズベーン（Brisbane）。沿岸部は 1770 年にジェームズ・クック船長が探検した。*ニュー・サウス・ウェールズ（New South Wales）州の管轄下で、1824 ～ 1843 年に流刑植民地となる。1901 年、オーストラリア連邦の一部となる。現在、観光、鉱業、農業

の発展により、国内でもっとも成長を遂げている。

クイーン・モード山脈 Queen Maud Mountains （南極大陸）

南極大陸の山脈。ロス棚氷の南、ロス属領（ニュージーランド）の南にある。1911 年、ノルウェー人探検家のロアール・アムンセンに発見された。世界でも有数の大氷河アムンセン、リブ、ソーンの 3 氷河を有する。

グウィネズ Gwynedd ［Gwneth］（ウェールズ）

ウェールズ北西部の州。州都は*カーナーボン（Caernarvon）。旧カーナーボンシャー州と旧*メリオネス（Merioneth）州の大半の地域を占める。1974 年の自治体再編により、*アングルシー（Anglesey）島、旧カーナーボンシャー州、旧デンビシャー州を含むグウィネズ州が誕生。1996 年にはアングルシー島が独立した州となる。

グウィネド Gwened ⇒バンヌ Vannes

クウェート Kuwait ［Koweit, Kuweit］

*アラビア半島（Arabian Peninsula）、ペルシア湾北西に位置する首長国。*サウジアラビア（Saudi Arabia）、*イラク（Iraq）と国境を接する。人が住む地域はまばらで、大半は不毛の地である。18 世紀初頭にアラブの部族が住みついた。現在も統治しているサバーフ朝は 1756 年の成立。かつては*オスマン帝国（Ottoman Empire）の一地方で、18 世紀後半～ 19 世紀初期にかけてイスラーム教改革運動のワッハーブ主義者に何度も脅かされた。当時の首長は、トルコがより直接的な統治をもくろんでいることを恐れ、1897 年クウェートをイギリスの保護下においた。イギリスは 1961 年保護領を放棄したが、イラクに

侵略されそうになった際には支援を与えた。1973年の中東戦争では、*イスラエル（Israel）を支持する国々に対する石油輸出禁止に加わった。1963年新しい憲法が公布されたが、シークと諮問議会が実権を握り続けた。

1990年、イラクがクウェートに侵攻して占領した。イラクの大統領サダム・フセインは歴史的な領有権を主張し、イラクがクウェートを併合したと宣言した。アメリカが率いる連合軍が1991年湾岸戦争でクウェートを解放したが、イラクはそれまでにクウェートを略奪してインフラを破壊し、多くの油井に火をつけた。80％以上の油井が破壊されるなどの損害を受けた。首長が政府の長として戻り、イラクを支援した報復として、パレスチナからの労働者の全員追放を命じた。1992年選挙が行なわれ、野党が国会に多数の議席を獲得したが、変わらず王家が支配権の大部分を掌握し続けた。クウェートは1990年代にインフラを再建した。1999年首長は、女性の参政権と官職に就ける権利を与える勅令を出したが、議会がこれを批准しなかった。2003年アメリカと連合軍は、イラク侵攻の際にクウェートを中間準備・支援地域として利用した。

クウェートの石油埋蔵量は膨大で、1946年以降主要な輸出品となっている。石油によって築かれた巨万の富は、国民の生活改善に活用されている。首都はクウェート市。

クウェドリンブルク Quedlinburg（ドイツ）

ドイツ中北部、*ザクセン - アンハルト（Saxony-Anhalt）州の都市。*マクデブルク（Magdeburg）の南南西53kmに位置するドイツ屈指の古い都市で、922年ドイツの狩猟王ハインリヒ1世によって要塞化さ

れた。1477年まで*ハンザ同盟（Hanseatic League）の都市だった。1968年に*ブランデンブルク（Brandenburg）に譲渡される。10〜14世紀に建てられた城、教会、修道院が遺る。

グウェル Gweru［旧名：Gwelo グウェロ］（ジンバブエ）

ジンバブエ中部の都市。*ブラワヨ（Bulawayo）の東北東145kmに位置する。1894年に建設され、1896年にヌデベレ族による反乱が起きた際に、ヨーロッパ人の防衛拠点となる。

グウェロ Gwelo ⇒グウェル Gweru

グウェント Gwent（ウェールズ）

ウェールズ南東部の旧州。1974〜1996年までは旧*モンマスシャー（Monmouthshire）州のほぼ全域を含む州の名称にもなった。

グウォグフ Głogów［独：Glogau グローガウ］（ポーランド）

ポーランド西部、ドルヌィ・シロンスク県の都市。*オーデル川（Oder River）に臨む。1010年頃に建設され、1742年に*オーストリア（Austria）が*プロイセン（Prussia）に割譲した。第2次世界大戦中の1945年2月、ソ連に占領され、1945年の*ポツダム（Potsdam）会談によりポーランド領となる。

クウォツコ Kłodzko［独：Glatz グラッツ］（ポーランド）

ポーランド南西部、ドルヌィ・シロンスク県の都市。*ウロツワフ（Wrocław）の南南西80kmに位置する。現在は商業・工業都市。10世紀に建設され、1642年に設置された県の県都となった。*プロイセン（Prussia）王のフリードリッヒ2世がオース

トリア継承戦争中に制圧し、その後 1745 年、正式に*オーストリア（Austria）から譲り受けた。第 2 次世界大戦が勃発した 1939 年 9 月にドイツに占領された。1945 年 7 月 17 日〜8 月 2 日までアメリカ、イギリス、ソ連が出席して開かれたポツダム会談で、*ドイツ（Germany）からポーランドに委譲される範囲に含められた。

クエッタ Quetta（パキスタン）

パキスタン西部、バルチスタン州の都市。*ラホール（Lahore）の西南西 720km に位置する。*アフガニスタン（Afghanistan）から南パキスタン、*インダス川（Indus River）流域、*インド（India）への交易・侵入路を監視するボラン峠近くの戦略的に重要な地域にある。1839 〜 1842 年の第 1 次アフガン戦争中にイギリスが占領し、1876 年の第 2 次アフガン戦争後に併合し、強力な要塞を築いた。1935 年の地震でほぼ壊滅状態に陥り、その後再建された。

クエラ Cuera ⇒クール Chur

クエルナバカ Cuernavaca［古代：Cuauhnáhuac クワウナワク］（メキシコ）

メキシコ中南部、*モレロス（Morelos）州の州都。*メキシコ・シティ（Mexico City）の南 60km に位置する。トラウイカ族インディアンの中心集落があったが、1521 年にエルナン・コルテスによって占領され、スペインの重要な植民地の町となった。附近にはコロンブス到達以前の遺跡が数多く見られる。

クエルパート島 Quelpart Island ⇒チェジュ Cheju

グエルフ Guelph（カナダ）

カナダ、*オンタリオ（Ontario）州南部の都市。スピード川に臨む。1827 年、スコットランド人小説家ジョン・ゴールトにより建設される。1964 年創立のグエルフ大学がある。1827 年に創設されたオンタリオ少年院の所在地。

クエンカ[1] Cuenca［サンタ・アナ・デ・クエンカ Santa Ana de Cuenca］［古代：Tumibamba トゥミバンバ］（エクアドル）

エクアドル南部、アスアイ州の州都。*キト（Quito）の南 300km に位置する。1557 年、インカ帝国皇帝ワイナ・カッパクの城址にヒル・ラミレス・ダバロスが建設した都市。スペインの植民地時代の典型的な建築が今も遺っている。

クエンカ[2] Cuenca［古代：Conca コンカ］（スペイン）

スペイン中東部、クエンカ県の県都。*マドリード（Madrid）の東南東 142km、フカール川に臨む。ローマ人により建設され、コンカと名づけられた。1177 年、*カスティリア（Castile）のアルフォンソ 8 世がムーア人から奪還。ナポレオン戦争中のイベリア半島方面作戦と第 2 次カルリスタ戦争で大きな損害を受けた。ロマネスク様式とゴシック様式の大聖堂は 14 〜 16 世紀のこの都市の繁栄を物語っている。

クカワ Kukawa［Kuka］（ナイジェリア）

ナイジェリア北東部、ボルノ州の町。マイドゥグリの北北東 128km に位置する。1814 〜 1835 年にかけて*ボルヌ（Bornu）のイスラーム国を統治していたムハンマド・アル-カネミが、1814 年に創設した。ボルヌの首都で、主要な交易地となった。*サハラ（Sahara）砂漠を越えて地中海沿岸の*トリポリ[2]（Tripoli）まで 2,240km におよぶ隊商ルートの南の終着点でもある。1893 年スーダンの将軍で奴隷商のラ

ービ・アズ - ズバイルに奪われ、破壊された。イギリスは 1902 年この地に駐屯地を築いた。

ククタ Cúcuta [旧名：San José de Cúcuta サン・ホセ・デ・ククタ, San José de Guasimal サン・ホセ・デ・グアシマル] （コロンビア）

コロンビア北東部、ノルテ・デ・サンタンデル県の都市。ベネズエラとの国境に近いブカラマンガの北東 80km に位置する。1773 年に建設され、シモン・ボリバルが *カラカス（Caracas）へと進軍する際に基地として利用した。1875 年、地震で破壊されたが、再建された。

クサンシ Xanthi [Xanthe] ［ブルガリア語：Skatchia クサンチ；ギリシア語：Xánthi クサンシ；トルコ語：Eskije イスケチェ］（ギリシア）

ギリシア北東部、*トラキア（Thrace）地方クサンシ県の県都。ネストス川東岸、コモティニの西 48km に位置する。中世のビザンチン様式の城砦跡が遺り、南の平原には古代ギリシアの遺跡がある。

クサンチ Skatchia ⇒クサンシ Xanthi

クサンテン Xanten （ドイツ）

*ライン川（Rhine River）左岸の町。以前はプロイセン王国の *ライン州（Rhine Province）だった。現在は *ノルト・ライン - ウェストファーレン（North Rhine-Westphalia）州に属する。*ベーゼル（Wesel）の西 11km に位置する。『ニーベルンゲンの歌』で伝説的英雄、ジークフリートの生誕地として歌われている。1614 年にこの地で結ばれたクサンテン条約により長年の *ブランデンブルク（Brandenburg）選定侯の継承者争いに決着がついた。第 2 次世界大戦ではこの地で激戦になり有名なゴシック様式の聖ビクトール大聖堂が甚大な被害を受けた。

クサントス Xanthus ［トルコ語：Kınık キニク］（トルコ）

古代ギリシア、*リュキア（Lycia）の都市。現在のトルコのキニク。ムーラ県南東部に位置する。クサントス川（現在のコジャ川）の河口から 8km 離れた地中海岸に遺跡がある。前 7 世紀からビザンツ帝国の時代まで繁栄したが、港が堆積物で埋まり衰退した。前 546 年に *ペルシア[1]（Persia）の、前 42 年にマルクス・ユニウス・ブルトゥス率いる *ローマ（Rome）の包囲攻撃を受け破壊された。発掘された遺跡にはローマの劇場、城壁、広場、多くのリュキア産の切石でできた墓がある。中でも古典様式の彫刻がされた墓がすばらしく、ハーピーの墓のフリーズ部分とネレイスの墓の全体は大英博物館に移された。

クシーナガル Kushinagar/Kusinagar ⇒ カシア Kasia

クシャーナ朝 Kushan Empire

*アフガニスタン（Afghanistan）、*中央アジア（Central Asia）の一部、*インド（India）北部からなる古代のアジアの帝国。種々雑多な文化をもち、クシャーナ硬貨の発見により、インド、ペルシア、ギリシア、ローマの多くの神を信仰していたことが明らかになった。東西の架け橋となっていたのである。クシャーナ族はもともとは遊牧民で、前 100 年に *バクトリア（Bactria）を征服し、部族間で土地を分配した。1 世紀後、土地が統合され、仏教に改宗した 2 世紀のカニシカ 1 世のもとで、帝国は世界四大文明の一つに成長した。*タキシラ（Taxila）と *マトゥラ（Mathura）に本拠をおき、*ローマ帝国

（Roman Empire）と交易を行ない、西洋文化を東洋に紹介する役目を担った。ペルシアのササン朝の興隆と、地元のインド人支配者の勢力拡大により、帝国は3世紀に消滅した。

グジャラート Gujarat [Gujerat]（インド）

インド西部の州。旧*ボンベイ（Bombay）州の一部でグジャラート語圏の地方からなり、*カーティヤワール（Kathiawar）半島のほぼ全域を占める。発掘調査により前3000～前1500年頃のインダス文明とのつながりが明らかになり、また前320～前185年頃の*マウリヤ朝（Maurya Empire）の一部だった可能性も示された。755年頃に成立して1297年には*デリー・スルタン朝（Delhi Sultanate）に併合されるアンヒルバーダ朝のもとでジャイナ教の中心地となる。1401年、イスラーム教徒が独立王国を建設し、その領土が*アーメダバード（Ahmedabad）を建設するアフマド1世により拡張される。1572～1573年にムガル帝国の皇帝アクバルに併合され、18世紀にはマラータ族に侵略され、さらに旧グジャラート王国の大半がイギリスに割譲される。1947年、インドの独立とともにボンベイ州に吸収され、1960年にボンベイ州はグジャラート州と*マハラシュトラ（Maharashtra）州に分離された。

クシュ Kush [Cush]

*ヌビア（Nubia）の古代王国。*ナイル川（Nile River）の3番目の大滝の南を中心に、現在の*エジプト（Egypt）と*スーダン（Sudan）の国境附近まで広がっていた。前2000年のエジプトの記録には、南方にクシュと呼ばれる黒人のアフリカ人の国があると記されている。前1500年頃までには、エジプトの文化的、軍事的影響はナイル川をさかのぼってクシュにまで及ぶようになり、首都*ナパタ（Napata）の建築、宗教、文字も影響を受けた。エジプトの勢力が衰えると、クシュはその勢いを発揮しはじめる。前8世紀にエジプトに侵攻し、*メンフィス[1]（Memphis）とデルタ地帯を制圧した。クシュ王朝が100年間、統合されたエジプトを支配したが、前7世紀半ばに鉄器で武装したアッシリア軍が侵略してきてエジプトを攻略し、クシュをナパタに退却させた。前6世紀、ナパタはエジプトやペルシアの軍に略奪され、王家はナイルをさかのぼって*メロエ（Meroë）、現在の*ハルツーム（Khartoum）附近まで退却した。メロエは国際交易、製鉄、文化の中心地となった。

　勢力が拡大するにつれ、クシュは独自の文化を発達させ、エジプト文化の影響は薄れていった。クシュ文明は強力で重要な地位を保っていたが、紀元2世紀、敵対するエチオピア高原の*アクスム（Aksum）の成長とともに衰え始める。4世紀初頭、メロエとクシュ王国はアクスムに破壊され、文明は消滅した。

衢州 ⇒ チユーシエン〔衢州〕Quxian（中国）

グジラート Gujrat（パキスタン）

パキスタン北東部、*パンジャブ（Panjab）州の都市。*ラホール（Lahore）の北110km、チェナブ川が附近を流れる。1500年頃に建設され、1580年にムガル帝国皇帝アクバルが建設した要塞の跡地に現在は町があり、1849年のイギリスとシク教徒の戦争では戦地となった。

グジランワーラ Gujranwalla [Gujranwala]（パキスタン）

パキスタン北東部、*パンジャブ（Panjab）州の都市。*ラホール（Lahore）の北60kmに位置する。シク教徒が多く、マハン・

シン朝時代には首都となる。1848〜1849年の第2次シク戦争後、イギリスに併合される。この都市出身のランジート・シンの治世にグジランワーラは繁栄する。この偉大なシク教の君主の遺灰は父マハン・シンの遺灰と共にこの町の霊廟に収められている。

クスコ Cuzco [Cusco] (ペルー)

ペルー南部、クスコ県の県都。首都*リマ (Lima) の南東560km、*アンデス山脈 (Andes, The) 中の都市。古代*インカ帝国 (Inca Empire) の首都で、《太陽の都》として知られ、伝説では初代インカ帝国皇帝とされるマンコ・カパクによって11世紀に建設された。1533年、フランシスコ・ピサロに占領されて略奪され、1650年に大地震によってほぼ全壊。インカ帝国の大規模な遺跡があるが、1950年の地震で損傷した部分もある。*マチュピチュ (Machu Picchu) が附近にある。

グスタフ線 Gustav Line (イタリア)

*ローマ (Rome) の南側を横断する防衛線。第2次世界大戦でドイツが中心的防衛線として用いた。1944年2月、リリ川 (Liri River) が背後に流れる*カッシーノ (Cassino) の中心に連合軍は到達するが、制圧は同年5月になってからだった。

クストーザ Custozza ⇒クストツァ Custoza

クストツァ Custoza [クストーザ Custozza] (イタリア)

イタリア北部、ベローナ県の村。ベネト州*ベローナ (Verona) の南西18kmに位置する。イタリア独立戦争中に2度の戦闘があった場所。1回目は1848年7月24日、ヨーゼフ・ラデツキー元帥のオーストリア軍がサルデーニャ王カルロ・アルベル

トの率いる*ピエモンテ (Piedmont) 軍をここで破り、休戦に結びついた。2回目は1866年6月24日、ビットリオ・エマヌエレ2世の率いるイタリア軍が、アルブレヒト大公の率いるオーストリア軍に敗れた。その後、オーストリア軍はフランスとプロイセンの圧力によりイタリアから撤退する。

クズネツク・シビルスキ Kuznetsk Sibirski ⇒ノボクズネツク Novokuznetsk

グース・ベイ Goose Bay (カナダ)

カナダ東部、メルビル湖西岸の*ラブラドル (Labrador) 地方南東の町で空軍基地の所在地。1942年に建設され、基地は第2次世界大戦中にヨーロッパに向かうアメリカ空軍の拠点だった。

クズルアダラル Kizil Adalar ⇒クズル諸島 Kizil Islands

クズル諸島 Kizil Islands [プリンスイズ諸島 Princes Islands] [古代：De-monesi Insulae；トルコ語：Kizil Adalar クズルアダラル] (トルコ)

*イスタンブール (Istanbul) の南24km、*マルマラ海 (Marmara, Sea of) の島。ビザンツ時代の修道院があり、流刑地として使われていた。多くの古い教会、墓地、家々、建築物が遺る。

グセフ Gusev (ロシア)

ロシア西部、カリーニングラード州の都市。*カリーニングラード (Kaliningrad) の東110kmに位置する。第1次世界大戦中の1914年8月19日〜20日にここでロシアがドイツを破った。第2次世界大戦後、1945年の*ポツダム (Potsdam) 会談によりソビエト連邦の領土とされる。

クタ Cuthah [現代：Tall Ibrahim テル・イブラヒム]（イラク）

イラク中部、バビロニアの古代都市。*バビロン（Babylon）から近い。黄泉の国の帝王ネルガル信仰の中心地で、キリスト教の時代が到来する数百年前まではシュメール人とセム族の統治者たちが治めていた。*アッシリア（Assyria）は住民の一部を*カナン[1]（Canaan）の*サマリア（Samaria）へと移して、サマリアを植民地化した。古代には運河があったが、現在は大きな塚が見られるだけになった。

クタイシ Kutaisi [旧名：Kutais]（ジョージア〔グルジア〕）

ジョージア〔グルジア〕西部の都市。*トビリシ（Tbilisi）の西北西176kmに位置する。前6世紀には人が居住していたザカフカスでも屈指の古い都市で、古代*コルキス（Colchis）と、13～16世紀の*イメリティア（Imeritia）王国を含む、その後の国家の首都だった。歴史を通して何度となく攻撃を受け、1804年に*ロシア（Russia）に譲渡された。イメリティア時代の城の廃墟、11世紀建造のバグラティ大聖堂がある。

グダニスク Gdańsk [独：Danzig ダンチヒ]（ポーランド）

ポーランド北部、ポモージェ県の県都でバルト海（Baltic Sea）に臨む港湾都市。*ビスワ川（Vistula River）の西に位置し、ダンチヒ湾を擁する。925年頃、スラブ人により建設され、10世紀末より現在のポーランド語の名称で知られるようになった。13世紀、*ポメラニア（Pomerania）〔当時の*ポメレリア（Pomerelia）公の居地となるが、1309年にはドイツ騎士団に割譲される。14世紀中期、*ドイツ（Germany）から商人が渡ってくると、グダニスクは*ハンザ同盟（Hanseatic League）に加盟し、中世

後期には同盟の4主要港の一つとなってポーランドの貿易を支配した。ハンザ同盟が衰退し、1466年に*プロイセン（Prussia）の西部で反乱が起こると、グダニスクはポーランド領の自治都市となった。1576年、ポーランド王ステファン・バトールイにより包囲戦が展開されたが、グダニスクはよく抵抗し、ポーランドによる支配をはねのけて自治権を守った。

　17、18世紀は三十年戦争に始まり、ポーランド継承戦争へと突入して、グダニスクは疲弊し衰退する。ポーランド継承戦争中は国王スタニスワフを守って、果敢に抵抗したが、1734年に*ロシア（Russia）と*ザクセン（Saxony）に敗れた。1772年、ポーランドの第1次分割と共に、自由都市となった。1793年の第2次分割により、プロイセン領となる。ナポレオンの東進により、1807年に自由都市権を回復。しかし、1814年にナポレオンが敗れると、グダニスクは再びプロイセン領となり、ダンチヒと改名され、西プロイセンのダンチヒ地方の行政庁所在地となった。

　第1次世界大戦が終結すると、ベルサイユ条約により、独自の議会をもった自由都市の地位を回復。しかし、ポーランドに海港を設けるために、国際連盟によって任命された高官が管轄する関税地域の一部にされた。1935年以降、国際連盟が解散すると、ナチスドイツの支配下に置かれた。ヒトラーはグダニスクの返還要求を口実にポーランドに侵攻し、第2次世界大戦勃発へと至った。1939年9月1日、ドイツに併合されたが、9月7日までポーランドの駐屯軍がドイツに抵抗した。1945年初めにソビエトが奪還したが、すぐに連合国はポーランドに返還し、都市名も元に戻された。第2次世界大戦で壊滅状態になったが、ほぼ復旧されている。近隣のグディニアと共に、現在は造

船業では世界で有数の都市になっている。

1970年末、労働者の暴動が起こり、ポーランドの共産党第一書記ゴムルカが失脚した。深刻な食糧難と労働者の不満が1980年にさらなる活動を生み、とりわけグダニスクのレーニン造船所でのストライキは、レフ・ワレサ〔バウェンサ〕の率いる独立自治労働組合《連帯》の結成につながり、1981年12月にここで《連帯》の大会が行なわれ、現政権への国民投票による不信任決議が要求され、ポーランドの政治経済は改革運動が起こると、労働組合は解散させられ、戒厳令が敷かれた。グダニスクはポーランド国民の民族自決を象徴となっている。この町のシンボルであるゴシック様式の教会は、1343年建設の総レンガ造りで、現存するプロテスタント教会では最大級。ゴールデン・ゲート、ゴシック様式の市庁舎、復元されたルネサンス様式のドゥーガ通りが有名。

百済 （くだら／ひゃくさい）Paekche（韓国）

朝鮮半島の南西部を占めていたかつての王国。建国神話では、前18年に伝説的な王、温祚が建国したとされる。3世紀までに古尔王（在位234～280）のもとで先進的な王国として発達し、4世紀半ばに半島中央部の漢江流域の支配権を確立した。5世紀後半、北方の敵国*高句麗（Koguryu）が漢江流域を奪い、その後南方に攻めてきた。この地域を奪還するため、百済は朝鮮南部の*シラ（シンラ）新羅（Silla）王国と同盟したが、のちに新羅は中国の力を借りて高句麗と百済を制圧、百済王朝は660年に終焉を迎えた。中国の仏教や文化は、百済を経て6世紀の*日本（Japan）に伝わった。

クタンス Coutances ［古代：Constantia コンスタンシア, Cosedia コセディア］（フランス）

フランス北部、*ノルマンディー（Normandy）地方マンシュ県の古代都市。*サン‐ロー（Saint-Lo）の西南西27kmに位置する。ローマによる支配以前のガリアの中心地で、ケルト人のウネッリー族が住んでいた。ローマ人によって要塞が建設され、コンスタンシアと呼ばれた。中世には子爵領となり、たびたび包囲された。第2次世界大戦では、サン‐ローの戦いのあと、連合軍に占領され、甚大な被害を受けた。13世紀の大聖堂が11世紀の教会の一部が遺る場所に建設された。

⇒ **コタンタン半島 Cotentin Peninsula**

クーチ橋 Cooch's Bridge（合衆国）

*デラウェア[2]（Delaware）州北部、アメリカ独立戦争中に小規模な戦闘があった場所。ウィルミントンの西南西21km、クリスティアナ川に臨む。独立戦争中の1777年9月3日、ウィリアム・マックスウェル准将の指揮するアメリカ軍がチャールズ・コーンウォリス率いるイギリス軍の縦隊に対してここで攻撃したが、ほとんど負傷者もでない戦いだった。

クーチビハール Kuch Bihār ［コチビハール Cooch Behār/Koch Bihār］（インド）

インド東部、西ベンガル州にある*ヒマラヤ山脈（Himalayas, The）南部の旧藩王国。かつては*アッサム（Assam）の強力な国で、カマルパ王国の一部を形成していた。1772年にイギリスの支配下に入り、1947年以来西ベンガル州の県となった。

クチャ 〔庫車〕Kuqa ［Kucha, K'u-Ch'e］（中国）

*シンチヤン〔新疆〕ウイグル〔維吾爾〕（Xinjiang Uygur）自治区北西部のオアシスの町。アクス〔阿克蘇〕の東北東224km

に位置する。古代のアーリア人の植民地で、*シルクロード（Silk Road）の交易の中心地だった。3〜7世紀にかけて仏教を中国にもたらした多くの僧や、7〜10世紀に唐王朝の有名な楽師たちの生地だった。9世紀以降、*ウイグル国（Uigur Empire）の一部だった。

クチン Kuching ⇒サラワク Sarawak（マレーシア）

クック諸島 Cook Islands［南クック諸島 Southern Cook Islands］［旧名：Hervey Islands ハービー諸島］（ニュージーランド）

南太平洋中部、*ニュージーランド（New Zealand）の北東3,200kmに点在する15の島からなる群島。1595年に初めてアルバロ・デ・メンダーニャによって発見された。一部の島にはキャプテン・クックが訪れ、何十年もロンドン宣教師協会が布教活動を行なった末に、1888年にイギリスの保護領とされた。1901年、ニュージーランドに併合され、1965年には自治領となった。

クックスハーフェン Cuxhaven（ドイツ）

ドイツ北西部、ニーダーザクセン州、*エルベ川（Elbe River）河口の都市。*ブレーマーハーフェン（Bremerhaven）の北北東35kmに位置する。商業港で、夏には行楽地となる。1394年、*ハンブルク（Hamburg）に征服され、長年支配され続けた。1907年、近隣のデーゼと合併。第2次世界大戦中は連合軍の爆撃を頻繁に受け、1945年5月には占領された。歴史的な建造物としては14世紀のリッツェビュッテル城と、ドイツ沿岸で最古の14世紀の灯台がある。

クックタウン Cooktown（オーストラリア）

*クイーンズランド（Queensland）州北東部、

グレート・バリア・リーフの中にある珊瑚海に臨む町。町が建設されたのは附近で金鉱が発見された1873年だが、1768〜1771年に世界周航中だったキャプテン・クックがすでに1770年に来航している。クックはエンデバー号の修理のために寄港したのである。町の人口は3万人に達したこともあるが、大火事が何度か起きたり、サイクロンの被害もあって、1885年以降は減少。第2次世界大戦では、オーストラリア軍とアメリカ軍の重要な軍事基地が置かれた。

クッチ Cutch/Kutch ⇒カッチ Kachchh

クッテンベルク Kuttenbergu ⇒クトナー・ホラ Kutná Hora

クーツ・パラダイス Coote's Paradise ⇒ダンダス Dundas

グッビオ Gubbio［古代：Eugubium エウグビウム, Iguvium イグウィウム］（イタリア）

イタリア中部、*ウンブリア（Umbira）州ペルージャ県の都市。*ペルージャ（Perugia）の北東37kmに位置する。ローマ時代以前のイグウィウムの銅板がここで発見されている。ローマの支配下で繁栄するが、5世紀にゴート人の襲撃を受けて町が破壊される。11〜12世紀は自由都市として繁栄。1384年、*ウルビーノ（Urbino）伯領となり、1624〜1860年まで*教皇領（Papal States）となる。14〜16世紀に有名な美術学校があった。

13世紀の大聖堂と聖フランチェスコの教会があり、今も中世の町の面影を保持している。ゴシック様式のコンソリ宮殿と荘厳なドゥカーレ宮殿が名所。前1世紀のローマの円形競技場と霊廟もある。
⇒教皇領 Papal States

グディニア Gdynia ⇒グダニスク Gdańsk

クテシフォン Ctesiphon [アラビア語：Al Madain アル・マダイン, Taysafun タイサフン]（イラク）

バグダード（Baghdad）の南東32km、*チグリス川（Tigris River）に臨む古代の廃都。*セレウキア（Seleucia）の遺跡の対岸にあり、セレウコス朝の中心都市だった。前129年以降は*パルティア（Parthia）帝国の冬期の首都で、西暦115年に*ローマ（Rome）との激しい戦争中に一時占領された。225年、ササン朝*ペルシア1（Persia）帝国の首都となり、宮殿の大広間の遺跡はこの時代のもの。637年、アラブ人に襲撃され、バグダードが建設された時には衰退していた。1915年11月21日、トルコはチャールズ・タウンゼント将軍率いるイギリス軍をここで破ったが、第1次世界大戦中に*オスマン帝国（Ottoman Empire）へと侵攻したイギリス軍が到達した最奥地点となる。

クート Al-Kūt [クッテル - アマラ Kūt al-'Amārah]（イラク）

*バグダード（Baghdad）の南東160km、*チグリス川（Tigris River）沿いにある*メソポタミア（Mesopotamia）の町。第1次世界大戦中のメソポタミア侵攻作戦で、1915年9月28日にイギリスが制圧、5カ月間の包囲戦の末、1916年4月29日にトルコに陥落するまで支配した。1917年2月25日、フレデリック・モード将軍のバグダード進軍の際に、再びイギリスが攻略した。

グドゥクール Gueudecourt（フランス）

フランス北部、ソンム県の村。*バポーム（Bapaume）の南南西5kmに位置する。第1次世界大戦中の1916年9月、イギリス軍

と戦い、占領された。

クトナー・ホラ Kutná Hora [独：Kuttenberg クッテンベルク]（チェコ共和国）

*プラハ（Prague）の東72kmにある古都。有名な銀鉱山は13世紀に開かれ、14世紀には造幣局が*ボヘミア（Bohemia）王に富をもたらした。王家の居地で、1409年にはボヘミア人に特権を与える勅令が下された。1422年激戦後にフス派に敗れ、その後鉱業も衰退し、18世紀に完全に終焉を迎えた。14世紀建造の壮麗なゴシック様式の大聖堂、14世紀の教会、王宮が遺る。

グドブランスダール Gudbrandsdal [グドブランスダーレン Gudbrandsdalen]（ノルウェー）

ノルウェー南部、オプラン県の渓谷地。ミエーサ湖とリレハンメルの北側を北西から南東に220km続く。1940年4月、激戦の場となり、ドイツ軍によってイギリス軍は軍事上も重要な交易路を通りノルウェー南部を抜けて北へと追いやられた。由緒ある土地で農民の多くは先祖を北欧伝説の時代にまでさかのぼる。イプセンの『ペール・ギュント』は主にこの土地を舞台にしている。

グドブランスダーレン Gudbrandsdalen ⇒グドブランスダール Gudbrandsdal

クートラ Coutras（フランス）

フランス南西部、ジロンド県の古戦場。*ボルドー（Bordeaux）の北東90kmに位置する。宗教戦争中、1587年10月20日、ナバラ王アンリ〔アンリ・ド・ナバル〕の率いるユグノーがカトリックをここで破ったが、その勝利を活かすことはなかった。

クードル島 Île-Aux-Coudres（カナダ）

*セント・ローレンス川（Saint Lawrence

River）の島。＊ケベック²（Quebec）州南東部にある、ベ・サン・ポールの南東 6 km に位置する。1535 年、カナダで初めてとなるローマカトリックのミサが、ここで執り行なわれた。

クナクサ Cunaxa（イラク）

バビロンの北西 140km、＊ユーフラテス川（Euphrates River）の東に位置する＊バビロニア（Babylonia）の古代都市。前 401 年にアナトリアの州総督<small>サトラップ</small>キュロスとアケメネス朝ペルシアの王でキュロスの兄アルタクセルクセス 2 世とがアケメネス朝の王位をめぐってここで戦った。キュロスは戦死し、その軍隊も総崩れになったが、ギリシア人傭兵は再び隊を組んで＊黒海（Black Sea）へと北進。これがギリシアの歴史家クセノフォンが『アナバシス』で描いた《一万人の退却》である。

グニェズノ Gniezno［独：Gnesen グネーゼン］（ポーランド）

ポーランド西部、ポーランド国民の伝説上の発祥地であり、ポーランドで最初の首都となった。＊ポズナン（Poznań）の東北東 45km に位置する。初代ポーランド王ボレスワフ勇敢王が 1025 年にここで戴冠すると、1320 年までポーランド王戴冠の地となった。1793 年、＊プロイセン（Prussia）に割譲されたが、1919 年にはポーランドに返還。14 世紀のゴシック様式の大聖堂には、ポーランドの守護聖人である聖アダルベルトの遺骨が納められている。数多くの中世の芸術品や 10 世紀の円形建築などの遺跡が見られる。

クニドス Cnidus［Cnidos］（トルコ）

トルコ南西部、ムーラ県の古代都市。レシャディエ半島のムーラの南西 130km に位置する。スパルタの植民地だったが、《ド

ーリス人 6 都市》の一つとなる。前 545 年頃、ペルシア人に支配されたが、前 479 年に＊ペルシア¹（Persia）に対抗して＊デロス同盟（Delian League）に加盟。前 4 世紀にクニドスは民主主義の都市となる。前 394 年、コノンの指揮するアテネがクニドス沖合の海戦でスパルタを破った。クニドスはローマの属州＊アシア（Asia）の一部となるが、自由都市だった。

グニブ Gunib（ロシア）

＊ダゲスタン（Dagestan）共和国西部、＊カフカス〔コーカサス〕山脈（Caucasus Mountains）東部の村。19 世紀のカフカス戦争では要塞の役目を果たした。チェルケス人の指導者シャミーリはグニブで最後の抵抗をし、1859 年に捕らえられた。

クニン Knin（クロアチア）

＊シベニク（Šibenik）の北北東 42km に位置する、クロアチア東部の村。中世のクロアチアの都で、1699 年に＊トルコ（Turkey）から＊ダルマチア（Dalmatia）の手に渡り、その後＊ベネツィア（Venice）に支配された。初期の教会、城、宮殿跡、博物館がある。

クヌーツフォード Cunetesford ⇒ナッツフォード Knutsford

クネイトラ Al-Kuneitra［El Kuneitra, El Quneitra］［アラビア語：Al-Quuaytirah］（シリア、イスラエル）

＊ダマスカス（Damascus）の南西 64km、＊ゴラン高原（Golan Heights）にあるクネイトラ県の県都。もともとはシリアの軍事拠点で、六日間（第 3 次中東）戦争中の 1967 年 6 月 10 日にイスラエル軍に占領され、ヨム・キプール（第 4 次中東）戦争で破壊された。

クネオ Cuneo（イタリア）

イタリア北西部、*ピエモンテ（Piedmont）州クネオ県の県都。*ジェノバ（Genoa）の西110kmに位置する。赤髭王フリードリヒ1世によって破壊された*ミラノ（Milan）から逃げ出した亡命者らが1200年頃に建設した都市。オーストリア継承戦争中の1744年9月30日〜10月22日まで、フランスのルイ・ド・コンティ公とスペインのフェリペ王子の率いるフランス・スペイン連合軍がクネオを包囲しようとしたため、サルデーニャのカルロ・エマヌエーレ1世とオーストリアのロブコウィッツ公の率いるサルデーニャ・オーストリア連合軍がそれを撃退。その後、フランスは1796年に*ケラスコ（Cherasco）で、1800年には*マレンゴ（Marengo）で勝利を収めてクネオを占領した。史跡としては10世紀の大聖堂などがある。

クネカストル Cunecastre ⇒チェスター - ル - ストリート Chester-le-Street

グネーゼン Gnesen ⇒グニェズノ Gniezno

クーネルスドルフ Kunersdorf ⇒クノウィツェ Kunowice

クノイス Xoïs（エジプト）

古代エジプトの都。*ナイル川（Nile River）流域、ブーシーリスの北西32kmに位置する。前17世紀に第14王朝の都だった。

クノウィツェ Kunowice［独：Kunersdorf クーネルスドルフ］（ポーランド）

*フランクフルト・アン・デア・オーデル（Frankfurt an der Oder）の東6kmにある古戦場。七年戦争中の1759年8月12日のクネルスドルフの戦いで、*プロイセン（Prussia）のフリードリヒ大王がオーストリア軍とロシア軍に敗れた。

クノッソス Knossos ［Cnossus, Cnosus, Gnossus, Knossus］（ギリシア）

*クレタ島（Crete）*カンディア（Candia）〔現*イラクリオン（Herakleion）〕の南東6kmにある古代遺跡。前3000年以前〜後4世紀まで人が居住し、前2000年頃〜前1400年までは青銅器時代のミノア文明の中心として栄えた。ギリシア神話のミノタウロスの伝説に出てくる迷宮と思われる、広大なミノス宮殿が発掘されている。

クーパーズタウン Cooperstown（合衆国）

*ニューヨーク（New York）州中東部の村。*オールバニー（Albany）の西96km、*オトシーゴー湖（Otsego Lake）に臨む。湖の南端から*サスケハナ川（Susquehanna River）が発する。ウィリアム・クーパーが建設した町で、1787年にクーパーは家族を連れてきた。それ以前、アメリカ独立戦争中の1779年8月9日、ジェイムズ・クリントンと彼の率いるアメリカ軍がここに集結して、川を下って*ペンシルベニア（Pennsylvania）州タイオガでジョン・サリバン将軍と合流した。サリバン将軍は、ニューヨーク州とペンシルベニア州の入植者を苦しめているイロコイ族インディアンを鎮圧するためにジョージ・ワシントン将軍が派遣した遠征軍を指揮していた。

クーパーの息子で小説家のジェイムズ・フェニモア・クーパーは1833年以降、この村に住んだ。この地域が小説『皮脚絆物語』の舞台となっていて、オトシーゴー湖はクーパーの作品ではグリマーグラスとして登場する。南北戦争で北軍の将軍だったアブナー・ダブルデイは1839年にこの村で野球を考え出したといわれるが、この説は一般には眉唾物とされている。いずれにせよ、国立野球殿堂の所在

地で、観光名所となっている。農業博物館があり、フェニモア・ハウスにはニューヨーク州歴史協会の本部がおかれている。

クーパーズ・フェリー Cooper's Ferry ⇒カムデン² Camden

グビン Gubin［独：Guben グーベン］（ポーランド）
ポーランド西部の都市でナイセ川に臨む。初めはウェンド人かソルブ人の町だったが、1311 年以降は*ブランデンブルク（Brandenburg）、1367 年以降は*ボヘミア（Bohemia）、1635 年以降は*ザクセン（Saxony）、1815 年以降は*プロイセン（Prussia）に占領される。第 2 次世界大戦中、1945 年 2 月〜4 月までは激戦地となる。1945 年の*ポツダム（Potsdam）会談後はポーランド領となる。

クファルサバ Kfar Sava［ケファルサバ Kefar Saba/Kefar Sava］（イスラエル）
イスラエル中西部、テルアビブの北東 18km の都市。テルアビブより 6 年早い 1903 年、シャロン平原南部に初めてユダヤ人が入植した地で、オスマントルコから激しい抵抗を受けた。第 1 次世界大戦中および 1921 年のアラブの反乱では多大な被害を受け、1922 年に再建される。すぐ北に、第二神殿時代（前 538 〜前 70）のアレクサンドロス・ヤンナイオス（在位前 103 〜前 76）が創設したクファルサバの遺跡がある。

クフィジン Kwidzyń［独：Marienwerder マリエンウェルダー］（ポーランド）
ビスワ川近く、ポモージェ県の古都。*グダニスク（Gdańsk）の南南東 72km に位置する。1233 年にドイツ騎士団によって創設された。騎士団は近くのビスワ川の島に城を築いたが、のちに町に移り住んだ。1920 年、町一帯は国民投票によって*東プロイセン（East Prussia）領にとどまることが決定したが、1945 年のポツダム会談でポーランド領になった。第 2 次世界大戦中に町の半分が破壊されたが、ゴシック様式の大聖堂と 14 世紀の城は遺っている。

グプタ朝 Gupta Empire（インド）
320 〜550 年頃までインドのほぼ全土を支配した古代インドの王朝。320 〜330 年頃まで支配したチャンドラグプタ 1 世が婚姻と征服によりグプタ朝を興す。インド北東部の*マガダ（Magada）王国がグプタ朝の中心で、やがて*ベンガル（Bengal）の一部を占領する。チャンドラグプタ 1 世の息子サムドラグプタは 330 〜380 年頃まで君臨し、21 の諸王国を征服して、インド北部のほぼ全域と*デカン（Deccan）高原の相当部分を支配する。領土は 5 世紀後半にチベット系あるいはトルコ系と思われるエフタル族がインドに侵攻するまで版図を広げる。エフタル族は初めは撃退されたが、のちにインド北部をほぼ支配下に収める。なお、グプタ朝はその後も 550 年頃までベンガルでは支配力を保持する。
　グプタ朝時代は古代インド文化の黄金時代で、その作品は*アジャンタ（Ajantā）と*エローラ¹（Ellora）の石窟寺院で見られる。詩聖と呼ばれるカーリダーサは 5 世紀の宮廷で活躍した詩人で劇作家。ヒンドゥー教の最古の経典『ベーダ』とその哲学の研究が奨励される。この時代には数学も盛んになる。グプタ朝は使者をはるかローマまで派遣し、インド全土に法律を定めた。

クフト Kuft ⇒コプトス Coptos

クブルス Kibris ⇒キプロス Cyprus

グーベン Guben ⇒グビン Gubin

クマイリ Kumayri ⇒ギュムリ Gyumri

クマエ〔クーマイ〕Cumae〔ギリシア語：
Kyme〕（イタリア）
　イタリア中部、*ナポリ（Naples）の西
20km、*カンパニア（Campania）州ナポ
リ県の古代都市。前750年、*ハルキス
（Khalkis）のギリシア人によって建設され、
次第に勢力を拡大し、エトルリア人とウ
ンブリア人の攻撃にも反撃していたが、
前425年頃にサムニウム人に屈した。前
338年、*ローマ（Rome）の支配下に入った。
1205年、ナポリによって町は破壊される。
アポロンの巫女クマエのシビュラの洞窟
があった場所。ギリシア人の支配以前お
よび以後の墓所から貴重な工芸品が発掘
されている。

クマシ Kumasi〔旧名：Coomassie〕（ガーナ）
　ガーナ中部、首都*アクラ（Accra）の北西
184km の都市。カカオの生産地で、*アシ
ャンティ（Ashanti）州の州都。1700年頃
にアシャンティ王オセイ・トゥトゥが創
設し、国の首都とした。アシャンティ王
国の中心地だったが、1874年にイギリス
に制圧され、イギリスが開いた新たな交
易ルートのために、クマシの重要性は低
下した。第4次アシャンティ戦争で、再
びイギリス軍に占領される。1900年4月
～7月、アフリカ人の暴動でイギリス軍
がこの地で包囲された。1897年にイギリ
ス人が建てた砦が遺る。
⇒イギリス帝国〔大英帝国〕British Empire

クマナ Cumaná〔旧名：Nueva Toledo ヌエバ・ト
レド〕（ベネズエラ）
　ベネズエラ北東部、*カラカス（Caracas）
の東200km、スクレ州の州都。南アメリ
カ本土で最初にヨーロッパ人の拠点とな
った町で、1520年、ラス・カサスが入植
して、模範となるインディアンの町を造
った。1523年に破壊されて、再建されたが、
16～17世紀はオランダとイギリスにたび
たび襲撃された。1766年、大地震により
ほぼ全滅し、さらに1929年にもまた地震
で壊滅状態になった。

クマノボ Kumanovo（マケドニア）
　マケドニア北部の都市。*スコピエ（Skopje）
の北東24km に位置する。ここの平原で
1912年にセルビア人がトルコに対して
決定的な勝利を収めた。クマノボの東方
13km には1318年にセルビア王ミルティ
ンの建てた修道院があり、有名なフレス
コ画を所蔵する。
⇒セルビア Serbia

熊本 Kumamoto（日本）
　*九州（Kyūshū）、熊本県中部の都市で県庁
所在地。城は16世紀後半に建設された。
町と城は1632～1868年まで強力な大名
だった細川家の所有だった。1890年代初
期には作家のラフカディオ・ハーン（小
泉八雲）が3年ほど住んだ。

グミュント Gmünd〔シュウェービッシュ-グミ
ュント Schwäbisch-Gmünd〕（ドイツ）
　ドイツ南西部、*バーデン-ウュルテンベル
ク（Baden-Württemberg）州の都市。*シュ
トゥットガルト（Stuttgart）の東45km に位
置し、レムス川に臨む。1162年に都市権
を獲得。1268～1803年まで自由帝国都
市となり、その後は*ウュルテンベルク
（Württemberg）に編入された。史跡として

は 1783 ～ 1785 年に建設された市庁舎と
1210 ～ 1230 年の後期ロマネスク様式の聖
ヨハネス教会がある。

クム Kum/Qum ⇒ コム Qom

**クーム・アル・アフマル Kom al Ahmar ⇒ ヒ
エラコンポリス Hierakonpolis**

クムガンサン〔金剛山〕Diamond Mountains
（北朝鮮）

北朝鮮の南東沿岸に延びる山脈。コソン
〔高城〕から近い。朝鮮仏教の霊地で古刹
が多い。仏僧がこの地を訪れたのは 4 世
紀とされる。16 世紀には衰退した。

**クムツィナ Koumoutzina ⇒ コモティニ
Komotini**

クムラン Qumran（パレスチナ）

＊ウェスト・バンク〔ヨルダン川西岸地区〕
（West Bank）の＊死海（Dead Sea）の北西岸に
あった、古代＊ユダヤ（Judaea）の村。前 2
世紀以降ローマ時代まで信心深いユダヤ
人、おそらくはエッセネ派の人々が居住
し、西暦 68 年にローマ人に破壊された。
この宗派によって書かれた文書の第一群
が 1947 年に近隣の洞穴で発見され、「死
海文書」として知られるようになった。

グームリー Gumri ⇒ ギュムリ Gyumri

クムル Kumul ⇒ ハミ〔哈密〕Hami

**クメール王国〔クメール帝国〕Khmer
Empire ⇒ カンボジア Cambodia**

**クメール共和国 Khemer Republic ⇒ カンボジ
ア Cambodia**

**グライウィッツ Gleiwitz ⇒ グリウィツェ
Gliwice**

**クライストチャーチ[1] Christchurch〔古
代：Twineham トゥィナム；旧名：Christchurch
Twynham クライストチャーチ・トワイナム〕（イ
ングランド）**

イングランド南部、＊ドーセット（Dorset）
州の町。ボーンマスの東北東 7km、エイ
ボン川とストゥール川の合流点に位置す
る。青銅器時代末期から鉄器時代初期に
はヨーロッパとの交易を行なう上で重要
な拠点だった。＊ウェセックス（Wessex）の
支配者らに占領された時期もある。1086
年の土地台帳『ドゥームズデイ・ブック』
に王立特別区として記載されている。ノ
ルマン様式の小修道院の教会が見られる。

**クライストチャーチ[2] Christchurch（ニュージ
ーランド）**

南島の東海岸に臨むカンタベリー地方の
都市。＊ウェリントン（Wellington）の南西
300km に位置する。1850 年、カンタベリ
ー協会により入植地とされ、イングラン
ド教会の理想の集落として計画された。
やがて発展してニュージーランドで最も
重要な工業都市となり、行政の中心地と
なった。

**クライストチャーチ・トワイナム
Christchurch Twynham ⇒ クライストチャー
チ[1] Christchurch**

クライスラー農園 Chrysler's Farm（カナダ）

＊モントリオール（Montreal）の南西
80km、＊セント・ローレンス川（Saint
Lawrence River）に臨む＊ケベック[2]（Quebec）
州の古戦場。1812 年戦争〔アメリカ・イ
ギリス戦争〕中、1813 年 11 月 11 日に、
ジョン・パーク・ボイド将軍率いるアメ

リカ軍がJ・W・モリソン大佐率いるイギリス軍にここで敗れ、それを契機にイギリス軍が戦争の主導権を握った。

グライツ Greiz [旧名：Grewcz]（ドイツ）

ドイツ中部、*チューリンゲン（Thuringia）州の都市。*ツウィッカウ（Zwickau）の西南西22kmに位置する。発祥はスラブ人の町と思われるが、12世紀から地元の役人が治めていたが、1236年に*ゲーラ（Gera）の領地となる。1550年には*プラウエン（Plauen）城代家の所領となり、1918年まで*ロイス（Reuss）-グライツ侯国の首都。かつてのロイス家の居城が遺っている。1494年、大火により町は破壊され、1802年にも火事でほぼ全焼した。

クライド川とクライド湾 Clyde River and Firth of Clyde（スコットランド）

スコットランドで最も重要な川と入り江。クライド川は南部の高地に発して、北西に流れて入り江に至る。川は全長170km、入り江の部分の長さは102km。*フォース（Forth）湾と運河でつながっている。この地域には人口が集中し、産業、特に造船業の中心地になっている。河岸にはスコットランド最大の都市であり、海港を備え、産業と造船業の中心地である*グラスゴー（Glasgow）があるが、近年、造船業は衰えてきた。世界最大の客船クイーン・メアリー号とさらに2隻のクイーン・エリザベス号はここで造られた。クライド川流域には、古代の城の遺跡がある*ダヌーン（Dunoon）、ナチスのルドルフ・ヘスが1941年5月に小型飛行機で*ドイツ（Germany）から逃れて着陸した*ハミルトン[4]（Hamilton）、19世紀初期にクライド川の水力を利用しようと織物工場が立ち並んだ*ラナーク（Lanark）、12世紀以来賑わっている港町レンフルー、1126年以来の

自治都市*ラザグレン（Rutherglen）がある。クライド湾には1306年にスコットランドの英雄ロバート・ブルースが身を隠した*アラン（Arran）島がある。荷馬として普及したクライズデール種はクライド川流域で品種改良されて誕生した。

グライフスワルト Greifswald（ドイツ）

ドイツ北東部、*メクレンブルク-フォアポンメルン（Mecklenburg-Vorpommern）州の都市。*シュトラールズント（Stralsund）の南東30km、*バルト海（Baltic Sea）が近い。1240年、*オランダ（Netherlands, The）の商人らによって建設され、1250年に都市権を獲得。1278年にシュトラールズント、*ロストク（Rostock）、*ウィスマール（Wismar）、*リューベック（Lübeck）の*ハンザ同盟（Hanseatic League）に加わり、*デンマーク（Denmark）王と*ノルウェー（Norway）王を相手とする同盟の戦争に加わる。三十年戦争中、ハプスブルク家とカトリック側の要塞となったが、1631年には*スウェーデン（Sweden）に明け渡され、*ウェストファリア（Westphalia）条約の締結までスウェーデン領となる。1678年、*ブランデンブルク（Brandenburg）選帝侯に占領されるが、翌年にはスウェーデンに返還。1715年、デンマークに占領されるも、再びスウェーデンに返還されるが、1815年にスウェーデン領*ポメラニア（Pomerania）と共に*プロイセン（Prussia）領となる。

クライペダ Klaipeda [Klaypeda] [旧名および独：Memel メーメル, Memelburg メーメルブルク]（リトアニア）

リトアニア西部、バルト海に臨む港湾都市。*カリーニングラード（Kaliningrad）の北北東120kmに位置する。リトアニア屈指の古い町で、7世紀には住人がいた。

1252 年ドイツ騎士団が町を焼き払い、騎士団の要塞と町を建設してメーメルブルクと名づけた。17 世紀には*ハンザ同盟（Hanseatic League）の重要な構成都市で、1629 〜 1635 年まで*スウェーデン（Sweden）に占領され、1757 年と 1813 年には*ロシア（Russia）に 2 度にわたって占領されたが、17 世紀以降は*プロイセン（Prussia）領となる。1807 年にプロイセンのフリードリッヒ・ウィルヘルム 3 世が避難してきて、王国の農奴解放に署名し、イギリスと和平を結んだ。第 1 次世界大戦中はロシアが占領し、1919 年以降はメーメルの一部となる。第 2 次世界大戦中の 1939 〜 1945 年まではドイツ領、1945 〜 1991 年までソ連領だった。

クライン Krain ⇒カルニオラ Carniola

クラウセントゥム Clausentum ⇒サウサンプトン Southampton

クラウゼンブルク Klausenberg ⇒クルージュ Cluj

クラウディア・ケレイア Claudia Celeia ⇒ツェリエ Celje

グラウデンツ Graudenz ⇒グルジョンツ Grudziadz

グラウピウス山 Graupius, Mount［Grampius, Mount］［古代：Mons Graupius モンス・グラウピウス］（スコットランド）

古代カレドニア（現在のスコットランド）の山で正確な位置は不明。西暦 84 年、ガルガクスがアグリコラ率いるローマ軍に敗れた戦いの場となり、タキトゥスの『アグリコラ』にその言及がある。グランピウス山と誤って呼ばれることもあるが、

スコットランドにはグランピアン山脈が別にある。

グラウビュンデン Graubünden［仏：Grisons グリソン］（スイス）

スイス東端の州。州都*クール（Chur）。エンガディン渓谷、ライン川とイン川の水源がある。古代ローマの属州*ラエティア（Raetia）の中で最大の面積を占める地域だった。6 世紀、フランク人に征服される。10 世紀初期、*ドイツ（Germany）に併合され、1526 年には宗教改革を受け容れる。1803 年にスイス連邦に加わる。

クラウン・ポイント Crown Point（合衆国）

*ニューヨーク（New York）州東部の町。*タイコンデロガ（Ticonderoga）の南 11km、*シャンプレーン湖（Champlain, Lake）に臨む。ニューヨーク市（New York City）から*カナダ（Canada）に続く道の途上にあり、軍事上の拠点となるため、1609 年にイロコイ族インディアンとサミュエル・ド・シャンプランとの間で戦いがあった。1731 年にここに建てられたフランスの要塞が、1759 年にイギリスに占領され、アメリカ独立戦争が始まるとセス・ウォーナー大佐と義勇軍のグリーン・マウンテン・ボーイズが占領した。1777 年、短期間ながらイギリス軍が取り戻した。

グラエキア Graecia ⇒ギリシア Greece

グラエキア・マグナ Graecia Magna ⇒マグナ・グラエキア Magna Graecia

クラオンヌ Craonne（フランス）

フランス北東部、エーヌ県の村。*ラン[1]（Laon）の南東 24km に位置する。ナポレオン戦争中の 1814 年 3 月 7 日、ゲープハルト・フォン・ブリュッヒャー元帥の率

いるプロイセン・ロシア連合軍がこの村でナポレオンに敗れ、ランまで退却。第1次世界大戦中、軍事的な拠点となる*シュマン・デ・ダム（Chemin des Dames）をめぐる攻防の中で、1917～1918年までの期間に3度占領と解放が繰り返され、ほぼ壊滅状態になった。

クラカウ Cracow/Krakau ⇒クラクフ Kraków

クラカタウ Krakatau ［Krakatao, クラカトア Krakatoa/Krakatoea］［マレー語：Rakata ラカタ］（インドネシア）

*ジャカルタ（Jakarta）の西144km、*スマトラ（Sumatra）と*ジャワ（Java）間のスンダ海峡にある火山島。1883年に近代で最大の噴火があり、風に乗った火山灰が12日間で地球をほぼ1周し、世界の気象に影響を及ぼしたとされる。その後の津波により、近隣の島々で3万6000人の死者が出た。

クラカトア Krakatoea/Krakatoa ⇒クラカタウ Krakatau

クラグイェバツ Kragujevac ［Kragujevats］（セルビア）

*ベオグラード（Belgrade）の南96kmの都市。*セルビア（Serbia）の中心地で、トルコに対する最初のセルビア人蜂起はこの地で発生した。1818～1839年までセルビアの首都、1868～1880年まで立法府がおかれた。 1941年にドイツ軍に虐殺されたセルビア人男性7000人を追悼する碑が遺っている。

クラークスドープ Klerksdorp（南アフリカ）

*ヨハネスバーグ（Johannesburg）の西南西160kmに位置する*ノース・ウエスト〔北西〕州（North West）の町。*トランスバール（Transvaal）における最初のボーア（ブール）人入植地で、初期のヨーロッパ人入植地の一つ。1837年に創設された。南アフリカ（ボーア／ブール）戦争中の1902年、激しい戦闘が行なわれた。

クラークスバーグ Clarksburg（合衆国）

*ウェストバージニア（West Virginia）州中部の都市。*パーカーズバーグ（Parkersburg）の東110kmに位置する。1765年に入植され、南北戦争時には北軍の重要な兵站の基地となった。1824年、石壁ジャクソン（南北戦争などで活躍した軍人）^{ストーンウォール}がここで生まれた。

クラーク砦 Fort Clark ⇒ピオリア Peoria

クラクフ Kraków ［クラカウ Cracow/Krakau］（ポーランド）

*ポーランド（Poland）南部、マウォポルスキェ県の県都。*ワルシャワ（Warsaw）の南南西250km、*ビスワ川（Vistula River）に臨む。もともとはビスワ人の地で、1138年にポーランドのボレスワフ3世によって主要公国の首都とされた。1241年にモンゴルに破壊される。1320年に短身王ブワディスワフ1世によってポーランドの首都と定められ、国の政治、経済の中心地、さらにはヨーロッパ文化の中心地として成長した。ポーランドの首都は1609年にワルシャワに移り、クラクフは17世紀に*スウェーデン（Sweden）に占領され、疫病や火事で打撃を受けた。1795年の第3次ポーランド分割で*オーストリア（Austria）に委譲され、1809～1815年のナポレオンのワルシャワ大公国だった時代と、1815～1846年の独立共和国だった時代をのぞいて、1918年までオーストリア領だった。1918年にポーランドに返還されるも、第2次世界大戦中にはドイツ軍に占領され、5万5000人のクラクフ在

住のユダヤ人がナチスによって*アウシュ
ビッツ（Auschwitz）の強制収容所に送られ
た。現在クラクフはポーランド第3の都市。
1364年創設の大学があり、天文学者のニ
コラウス・コペルニクス（1473 ～ 1543）
の故郷である。

クラーゲンフルト Klagenfurt（オーストリア）
オーストリア南部*ケルンテン（Carinthia）
州の州都。*グラーツ（Graz）の西南西
99km に位置する。1252年に都市権を獲
得し、1335年にハプスブルク家領となる。
1514年の大火により焼失し、現存するの
はそれ以降の建築物が多い。18世紀には
商業が全盛期を迎えた。16世紀の建築物
にはイタリアの影響が残っている。

クラシス Classis ⇒ラベンナ Ravenna

クラース Kras [独：Karst カルスト；伊：Carso
カールソー]（イタリア、スロベニア）
*トリエステ（Trieste）の北、*イゾンツォ
川（Isonzo River）東にある古戦場。第1次
世界大戦中にこの高原でイタリア軍がオ
ーストリアと戦い、1916年5月と1917年
5月の2度勝利を収めている。
　　　　⇒コバリード Kobarid

グラース Grasse（フランス）
フランス南東部、アルプ - マリティーム
県の町。*ニース（Nice）の西27kmに位
置する。ローマ時代からの町で、中世に
は商業が発達。サラセン人に破壊される
ことが度重なったが、12世紀から独立し
た小規模な共和国となり、1226 ～ 1227年
には*プロバンス（Provence）伯領に併合さ
れる。1536年、ハプスブルクのカール5
世の進出を阻止するためにフランスのフ
ランソワ1世によって町が破壊される。
現在はフランスの香水産業の中心地。名

所旧跡としては初期ゴシック様式の大聖
堂、一部が中世に建てられた庁舎、この
町で生まれた画家フラゴナール（1732 ～
1806）の美術館がある。

グラスゴー Glasgow [ゲール語：Glas Chu グラ
ス・フ]（スコットランド）
スコットランド南西部の都市。クライド川
に臨み、クライド川河口から30km、*エ
ディンバラ（Edinburgh）の西南西67kmに
位置する。スコットランド最大の都市で、
世界で屈指の工業都市。18世紀後半から
始まった産業革命の初期の中心地。世界
でも最大級の造船業を誇る港湾都市だっ
たこともある。イギリスの産業が衰え始
めるのにともなってグラスゴーも衰えは
したが、今も豊かな都市で、悪名高かっ
たスラム街も近年は大半が解消されてい
る。グラスゴーには石器時代人と青銅器
時代人が住みついていたが、6世紀末には
初期キリスト教の伝道師だった聖ケンテ
ィゲルン（聖マンゴーの名でも知られる）
が教会堂を建て、集落を設けた。
　1115年、デイビッド1世がグラスゴー
を復興し、スコットランド王となり、
1180年頃に獅子王ウィリアム1世（在位
1165 ～ 1214）により都市権が与えられた。
1568年5月13日、現在の*ラングサイド
（Langside）郊外で、マレー伯がイングラン
ド人とプロテスタントの側について、王
位を回復しようとしていたスコットラン
ド女王メアリの軍隊を破った。大内乱中
の1645年、チャールズ1世の支持者で王
党派のモントローズ侯爵がグラスゴーを
占領し、その1世紀後にはイングランド
王の王位を要求した「若僧王」が短期間
ながらグラスゴーを占領。
　グラスゴーは*ハイランド（Highlands,
The）とスコットランド低地地方を結ぶ径
路の途中にあるため昔から交易の要所と

なってきた。18世紀初期、アメリカの植民地との交易が重要になると、グラスゴーはさらに繁栄した。独立戦争でこの交易は不可能となったが、造船、港の改善、さらに綿貿易の成長もあって、経済的に豊かになった。第2次世界大戦中は造船所などの施設がドイツの爆撃機の絶好の的にされた。20世紀末、ビジネス、金融、文化、観光の拠点として再開発された。名所としては12世紀に作られた部分もある大聖堂、1471年に建設された市内で最古の屋敷であるプロバンド領主館、1451年の創立であるグラスゴー大学がある。

グラストンベリー Glastonbury（イングランド）

イングランド南西部、サマセット（Somerset）州*バース（Bath）の南西35kmに位置する町。数多くの伝説が残っていて、アリマタヤのヨセフはここにイングランドで最初のキリスト教の教会を建てたとされ、ヨセフがウェアリーオール・ヒルで持っていた杖を地面に置くと、杖から根が生えてサンザシになり、毎年、クリスマスイブに花が咲いた。一説にはアーサー王伝説のアバロン島はグラストンベリーだという。現在は遺構となっているグラストンベリー大修道院は中世には学問の中心地であり、巡礼の目的地となった。鉄器時代の湖上集落の遺跡が近くから発見されているほか、ローマ時代以前の遺物が数多く見つかっており、ケルト人の集落があったことを示している。

クラスノエ・セロ Krasnoye Selo ［旧名：Krasny］（ロシア）

*サンクト・ペテルブルグ（Saint Petersburg）の南南西24kmの町。1654年に創設され、サンクト・ペテルブルグの住人に保養地として好まれ、革命前は皇帝の夏の居地だった。二つの王宮が遺る。第2次世界大戦中の1941～1944年、*レニングラード（Leningrad）包囲中のドイツ軍に制圧された。

グラスノグバルジェイスク Krasnogvardeisk ⇒ガッチナ Gatchina

クラスノダール Krasnodar ［旧名：1920年まで：Ekaterinodar/Yekaterinodar エカテリノダール］（ロシア）

ロシア南西部、北カフカス、クラスノダール地方の都市で行政庁所在地。*ロストフ-ナ-ドヌー（Rostov-na-Donu）の南256kmの都市。1793年、女帝エカテリーナ2世が黒海コサック軍に砦を建てさせたのが起源で、カフカス戦争の軍事拠点として使われ、終戦後の1867年に市となる。

グラス・フ Glas Chu ⇒グラスゴー Glasgow

グラスミア Grasmere（イングランド）

イングランド北西部、*カンブリア（Cumbria）州*湖水地方（Lake District）の村。*ランカスター¹（Lancaster）の北北西46kmに位置する。イングランドの数多くの詩人や作家に愛された地方にあり、ダブ・コテージは詩人ウィリアム・ワーズワースが1799～1808年まで住んだ家で、現在はワーズワースの記念館になっている。ワーズワース一家はこの村のセント・オズワルド教会の墓地に埋葬されている。トマス・ド・クインシーとサミュエル・テイラー・コールリッジもこの村に住んだ。

クラゾメナイ Clazomenae（トルコ）

トルコ西部、イズミル湾に臨むイズミル県の古代都市。*イズミル（İzmir）の西32kmに位置する。クレオナイと*プリ

ウス（Phlius）のギリシア人入植者が建設
し、イオニア十二都市連合（ドデカポリ
ス）に加わり、前6世紀には極彩色のテ
ラコッタの石棺で有名。前5世紀、アテ
ネの支配下に入り、前412年に反乱を起
こし、前387年にはアケメネス朝*ペルシ
ア[1]（Persia）に支配された。前133年、ロ
ーマの属州*アシア（Asia）に併合。哲学者
アナクサゴラスはクラゾメナイの出身。

グラーツ Graz [Gratz]（オーストリア）

オーストリア南東部、シュタイアーマル
ク州の州都。*ウィーン（Vienna）の南南西
140km、ムール川に臨む。9世紀頃、シュ
ロスベルクの丘を中心に建設された。丘
の上には15世紀の要塞の遺跡と有名な時
計塔が立つ。天文学者ヨハネス・ケプラ
ー（1571～1630）が16世紀に創設され
たここの大学で1594～1600年まで教え
ていた。皇帝フリードリヒ3世が15世紀
に建てたゴシック様式の大聖堂、中世の
教会、画家ティントレットの『聖母被昇天』
を収めるゴシック様式の教区教会がある。
神聖ローマ帝国皇帝フェルディナント2
世の埋葬地。

クラック・デ・シュバリエ Crac des Chevaliers ⇒アル・カラク〔カラク〕Al-Karak

クラックマナン Clackmannan（スコットランド）

スコットランドの旧州。最小の州だった
が、現在はセントラル州に吸収されてい
る。ケルト系のダムノン人が住む地域だ
ったが、7世紀に聖サーフ〔聖セルワヌス〕
によりキリスト教に改宗。844年、スコッ
トランド王ケネス・マカルピンがタリバ
ディ附近でピクト人を破った。

グラッツ Glatz ⇒クウォツコ Kłodzko

クラットソップ砦 Fort Clatsop（合衆国）

*オレゴン（Oregon）州北西部*コロンビア
川（Columbia River）河口にあるルイス・ク
ラーク探検隊が1805～1806年に越冬し
た宿営地。トマス・ジェファーソン大統
領の指示により、獲得して間もない*ルイ
ジアナ購入地（Louisiana Purchase）の調査た
め、メリウェザー・ルイスとウィリアム・
クラークを中心に結成された探検隊が、
1805年11月7日にここに到着し、探検中
の2度目の冬を越して1806年の春に東部
へと帰還した。現在は国定史跡。

グラッパ山 Grappa, Mount [伊：Monte Grappa モンテ・グラッパ]（イタリア）

イタリア北東部、ビチェンツァ県、ベッ
ルーノ県、トレビーゾ県の3県にまたが
る*ベネト（Veneto）州の山。*バッサーノ
（Bassano）の北16kmに位置する。第1次
世界大戦中、1918年10月24日～30日ま
で激戦地となった。

グラティアノポリス Gratianopolis ⇒グルノーブル Grenoble

グラディスカ・ディゾンツォ Gradisca d'Isonzo（イタリア）

イタリア北東部、*フリウリ・ベネツィア・
ジュリア（Friuli-Venezia Giulia）州ゴリツィ
ア県の町。イゾンツォ川に臨む。15世紀
末、トルコ人の攻撃に備えて*ベネツィア
（Venice）が要塞として建設。1511年、要
塞は*オーストリア（Austria）に割譲され、
1754～1918年までオーストリア帝冠領キ
ュステンラントの*ゲルツ・グラディスカ
（Görz-Gradisca）の一部となる。第1次世界
大戦中の1915年、イタリアに占領され、
1918年にはイタリア領となる。

グラード Grado（イタリア）

イタリア北東部、*フリウリ-ベネツィア・ジュリア（Friuli-Venezia Giulia）州ウーディネ県の町。*アドリア海（Adriatic Sea）北部、トリエステ湾北東部の小島にあり、*トリエステ（Trieste）の西30kmに位置する。フン族のアッティラの時代、*アクイレイア（Aquileia）から逃れてきた人々によりアクレイアの外港がある場所に建設された。570年頃～1451年までアクレイア総大司教座が置かれ、その後はベネツィアに移された。モザイクの舗道があり、4世紀の建築部分も遺っている大聖堂は571～586年に改修された。サンタマリア・デッレ・グラツィエ聖堂は6世紀の建設。

グラナダ¹ Granada（ニカラグア）

ニカラグア南西部の都市。ニカラグア湖の北西岸に臨む。1523～1524年にフランシスコ・デ・コルドバにより建設された。当初は海賊の襲撃を繰り返し受けた。1821年以降、*スペイン（Spain）から独立してからは、保守的性格を強め、地主階級の牙城となり、自由主義者の多い*レオン¹（León）市との争いが絶えなくなる。その争いの中から1885年に*マナグア（Managua）が建設される。1855年にはアメリカ人の革命扇動家ウィリアム・ウォーカーに占領され、町は焼かれたが、大聖堂をはじめ多くの美しい建物が今も遺っている。

グラナダ² Granada［古代：Illiberis イリベリス；アラビア語：Gharnatah ガーナータ, Karnattah カーナータ（Hill of Strangers）］（スペイン）

スペイン南部、*アンダルシア（Andalusia）州グラナダ県の県都。*コルドバ³（Córdova）の南東128km、シエラ・ネバダ山脈の麓、ダロ川とヘニル川の合流点に位置する。ローマの支配下にあったが、8世紀にムーア人に征服される。*ムラービト〔アルモラビド〕朝（Almoravid Empire）と*ムワッヒド〔アルモハド〕朝（Almohad Empire）の時代に繁栄。1238年、ナスル朝によりグラナダ王国が建てられる。キリスト教徒の国土回復運動により南へと追われたムーア人の最後の避難地となり、他のムーア人の拠点が失われてからはイスラームの学問と文明の中心となる。グラナダ王国は現在の*アルメリア（Almería）県と*マラガ（Málaga）県の全域と*ハエン（Jaén）県と*カディス（Cádiz）県の一部に相当する。セグリ家とアベンセラーヘ家の抗争など貴族同士の争いが絶えず、ついにボアブディルの治世の1481～1492年にフェルディナンド2世とイサベル1世のカトリック夫婦王によりグラナダは征服され、キリスト教徒の支配下におかれる。1238年に建設が始まった有名なアルハンブラ宮殿が丘の上から市街を見下ろす。カルロス5世の宮殿も同じ丘に建つ。16世紀のカルトジオ会の修道院とゴシック様式の大聖堂、フェルディナンドとイサベルの墓所がある礼拝堂もあり、ムーア人の支配者らが避暑のために利用したヘネラリーフェ離宮がある。

クラーニ Kranj ⇒カルニオラ Carniola

グラニコス川 Granicus［現代：Kokabas コカバス川］（トルコ）

トルコ北西部を北流して*マルマラ海（Marmara, Sea of）に注ぐ短い川。ペルシア帝国全土の征服を成し遂げるアレクサンドロス大王がペルシア人を相手に最初に大勝利を収めた土地。前334年、グラニコス川の河口が戦場となり、3万2千人の歩兵隊と5千人の騎馬兵に海軍が加わったアレクサンドロス軍に*ペルシア¹（Persia）が大敗した。

⇒ マケドニア王国 Macedon, Empire of

グラヌム Glanum ⇒サン - レミ Saint-Rémy

クラノン Crannon [Cranon]（ギリシア）
ギリシア中部、*テッサリア（Thessaly）の古代都市。*ラリッサ（Lárissa）の南西21kmに位置する。ラミア戦争では*マケドニア（Macedonia）に反旗を翻した*アテネ（Athens）とギリシアの都市が、前322年にここでアンティパトロスとクラテロスによって壊滅させられた。
⇒ ラミア Lamia

クラバ Clava ⇒カロデン・ムーア Culloden Moor

グラハムスタッド Grahamstad ⇒グレアムズタウン Grahamstown

グラビーナ・イン・プーリア Gravina in Puglia [古代：Sidion, Silvium]（イタリア）
イタリア南東部、*プーリア（Apulia）州バーリ県の町。*バーリ（Bari）の南西48kmに位置する。壁と塔に囲まれ、中世に建設された町と思われるが、*アッピア街道（Appian Way）上の宿場だった古代ブレラの跡地とする説もある。本来はプエケティア地方の町だったが、ローマ人が占領してシルウィウムと命名。伝説によると、外敵の侵攻を受けて、住人が近くの峡谷（gravine）に避難したという。983年に町はサラセン人に破壊され、11世紀にはノルマン人に支配される。1420年、*ローマ（Rome）のオルシニ家の領地となり、1807年までその支配が続く。名所旧跡としては地下墓地、大聖堂、15世紀の教会堂がある。

グラーフェンベーア Grafenwöhr（ドイツ）
ドイツ南東部、バイエルン（Bavaria）州の村。*バイロイト（Bayreuth）の南東35kmに位置する。ナチスの強制収容所があった。

グラフトン Grafton（合衆国）
*マサチューセッツ（Massachusetts）州中部、ウスター郡の町。*ウスター 2（Worcester）市の東南東10kmに位置する。《インディアンへの使徒》の別名で知られるジョン・エリオットにより1654年に建設されたインディアンの村があった。

グラーフ - ライネ〔グラーフ - リネット〕 Graaff-Reinet（南アフリカ）
*東ケープ州（Eastern Cape）北西部の町。サンデーズ川に臨む。1786年に建設され、1795～1796年の短命に終わったボーア（ブール）人の共和国の首都となった。ボーア（ブール）人の指導者アンドリース・プレトリウスは1799年にこの町で生まれた。

グラブロット Gravelotte（フランス）
フランス北東部、モーゼル県の村。*メス（Metz）に近い。1870年、フランス・プロイセン戦争では重要な戦いの場となり、バゼーヌ元帥率いるフランス軍が*プロイセン（Prussia）王ウィルヘルム1世率いるドイツ軍によりメスへと退却を余儀なくされた。

クラムシー Clamecy（フランス）
フランス中部、ニエーブル県の町。*ヌベール（Nevers）の北北東58kmに位置する。1188年、サラディンに*エルサレム（Jerusalem）が占領されたあと、1798年までクラムシーに*ベスレヘム 1（Bethlehem）の名義司教座がおかれた。

グラームズ Glamis （スコットランド）

スコットランド中東部の村。*ダンディー[1]（Dundee）の北15kmに位置する。1034年、スコットランド王マルコム2世が附近で死に、村にはマルコム王の墓石とされている十字架がある。シェイクスピアのマクベスはグラームズの領主。11世紀の城址に建てられた17世紀の城はストラスモア伯の居城だった。シェイクスピアの劇でダンカンが殺人を犯した場所と誤解されるが、実際にはダンカンはマクベスと戦って殺されたのである。

グラモーガン Glamorgan ⇒ミッド・グラモーガン Mid Glamorgan, サウス・グラモーガン South Glamorgan, ウェスト・グラモーガン West Glamorgan

グラモン Gramont ⇒ヘラールツベルヘン Geraardsbergen

クラヨーバ Craiova （ルーマニア）

ルーマニア南西部、*ワラキア（Walachia）地方ドルジュ県の県都。*ブカレスト（Bucharest）の西南西190kmに位置する。トラヤヌスの城壁に接するローマの植民地カストルム・バレンダラの近くに建設された。1790年の大地震、1795年の疫病や、1802年にはトルコ人の襲撃もあったが、17、18世紀は交易の中心地として繁栄した。ローマ時代の遺跡が数多く見られる。

クラリウム Clarium ⇒キアリ Chiari

クラリェボ Kraljevo [Kraljevo] [旧名：Rankovicevo/Ranković evo/Rankovichevo ランコビチェボ] （セルビア）

*ベオグラード（Belgrade）の南120kmの町。近隣にセルビア初の大司教区となった13世紀のジツァ修道院がある。中世のセルビア王はここで戴冠した。セルビアの統治者が12〜14世紀に建てた教会のある、有名なストゥデニツァ修道院も近くにある。
⇒セルビア Serbia

グラリス Glaris ⇒グラールス Glarus

グラールス Glarus [仏：Glaris グラリス] （スイス）

スイス中東部の州。州都グラールスはリント川に臨み、*ルツェルン（Lucerne）の東58kmに位置する。前15年頃にローマ人があちこちに住み始めた。500年頃からアレマン人が定住。6世紀、アイルランドの修道士フリドリンがこの地域をキリスト教に改宗させた。1352年、スイス同盟に加盟し、1388年に*ネーフェルス（Näfels）の戦いでハプスブルクの軍隊を破って独立を勝ち取った。宗教改革期には、早々にプロテスタントに改宗したが、地元のチューディ家がカトリックにとどまって分裂状態が続き、1798年にプロテスタント側はグレゴリオ暦をはじめとするカトリックの慣習を認めた。同年、住民がナポレオンの侵攻に抵抗して、さらに地域の結束が強まった。

20歳を超えた男性全員が構成員となる州民集会は、何世紀もの歴史を有し、今も5月の第1日曜日にグラールス市の野外で開催されている。プロテスタントとカトリックが共有している有名な教区教会は、1506〜1516年までこの教区の司祭を務め、のちに宗教改革の主導者となったツヴィングリが管理していたこともある。

クラレンスタウン Clarencetown ⇒マラボ Malabo

クラレンドン・パーク Clarendon Park（イングランド）

*ソールズベリー[1]（Salisbury）の南東3km、*ウィルトシャー（Wiltshire）州の歴史的な村。ヘンリ2世の治世、1164年に司教の協議会がここで開催され、《クラレンドン法》が制定され、それによって聖職者に対する国王の権力が拡大し、国王とトマス・ア・ベケットの間に不和が生ずることになった。

クラロ Cularo ⇒ グルノーブル Grenoble

クラ湾 Kula Gulf ⇒ ベラ・ガルフ Vella Gulf

グラン Gran ⇒ エステルゴム Esztergom

グランキビラ国定史跡 Gran Quivira National Monument（合衆国）

*ニューメキシコ（New Mexico）州中部の地域。面積は約2.5平方キロメートル。*アルバカーキ（Albuquerque）の南東112kmに位置する。プエブロ族インディアンの遺跡があり、南西部で最初期のスペインの伝道所の遺跡もある。

グランクール Grandcourt（フランス）

*アルベール（Albert）の北、ソンム県の村。第1次世界大戦中、*ソンム（Somme）の戦いで激戦地となる。1917年2月7日、イギリスに占領される。

グラン・クロンヌ Grand Couronné（フランス）

*ナンシー（Nancy）の東から北東に至る地域。第1次世界大戦中、1914年9月5日～12日にここを戦場として、ドイツ軍がナンシーの占領を企てたが、カステルノー将軍率いるフランス軍に反撃され撤退を余儀なくされた。

グラン・コロンビア Gran Colombia

南アメリカ北西部にかつてあった国。現在の*コロンビア[1]（Colombia）、エクアドル（Ecuador）、*パナマ（Panama）、*ベネズエラ（Venezuela）からなる。1739年から独立する1821年までスペインの副王領*ニュー・グラナダ〔ヌエバ・グラナダ〕（New Granada）の一部を構成し、その後はシモン・ボリバルを大統領とするグラン・コロンビアとなる。《解放者》の名で知られるボリバルはラテンアメリカをスペインの支配から解放するためにそれまでのどんな指導者よりも大きな力を尽くした。1830年、エクアドルとベネズエラが脱退し、現在のパナマを含むコロンビアがヌエバ・グラナダとなり、1863年に現在のコロンビアとなる。

グランサム Grantham（イングランド）

*リンカンシャー（Lincolnshire）州南西部の町。*ノッティンガム（Nottingham）の東37km、ウィザム川に臨む。1643年3月、オリバー・クロムウェルがここで初めて王党軍に勝った。主に13世紀に建てられた聖ウルフラム教会、1483年にリチャード3世が*バッキンガム（Buckingham）公に死刑を宣告したエンジェル・イン、グランサムのキングズ校に通ったサー・アイザック・ニュートンの銅像、ディケンズの小説『ニコラス・ニクルビー』に登場するジョージ・ホテルなどの名所がある。

グランシュット Grand Chute ⇒ アップルトン Appleton

クランストン Cranston（合衆国）

*ロードアイランド（Rhode Island）州北部の都市。*プロビデンス[2]（Providence）の郊外。1636年、ロードアイランド州を創設したロジャー・ウィリアムズの仲間だったウ

ィリアム・アーノルドの主導のもとで建設された。植民地の総督だったサミュエル・クランストンにちなんで命名された。1824年に発足し、重要な織物製造の中心となった。1729年から《フレンド派集会所》があり、1800年頃建てられた《スプレーグ・マンション》など独立戦争以前の建物が遺っている。

グランソン Grandson [Granson] [独：Grandsee] （スイス）

スイス西部、*ボー（Vaud）州の町。*ヌーシャテル湖（Neuchâtel, Lake of）の南西端に位置する。中世には重要な町となり、1476年に*ブルゴーニュ（Burgundy）の勇胆公シャルルがスイス軍の捕虜を処刑したのち、スイス軍に大敗した地として知られる。

⇒ ナンシー Nancy, モラ Morat

グランタブリジ Grantabridge ⇒ケンブリッジ¹ Cambridge （イングランド）

クランタン Kelantan （マレーシア）

北は*タイ王国（Thailand）、北東は南シナ海、東はトレンガヌ州、南はパハン州と接する州。13世紀まで*シュリービジャヤ帝国（Srivijaya Empire）の統治下にあった。14世紀にジャワ人の植民地となったため、マレーシアのほかの地方とは異なる方言や伝統が根づいた。のちに*マラッカ（Malacca）に従属し、その後激しい争奪戦が繰り広げられたが、1780年にシャムの支配下におかれた。1909年、マライ非連合州として*イギリス（United Kingdom）の保護領となり、第2次世界大戦中の1943～1945年にタイに占領されたのち、マレーシア領となった。

グラン・チャコ Gran Chaco [チャコ Chaco] （アルゼンチン、ボリビア、パラグアイ）

パラグアイ川とパラナ川の西に広がる平原地帯。アルゼンチン北部とパラグアイ西部にほぼ収まるが、ボリビア南部にも及ぶ。1932～1935年のチャコ戦争ではボリビアとパラグアイがこの平原の領有権をめぐり激戦を繰り広げた。境界問題は1938年に決着した。

グランテブリゲ Grantebryege ⇒ケンブリッジ¹ Cambridge （イングランド）

グランド川 Grand River ⇒オタワ川 Ottawa River

グランド・キャニオン Grand Canyon （合衆国）

*アリゾナ（Arizona）州北西部を流れる*コロラド川（Colorado River）流域の峡谷。800万年間の浸食作用により形成された。1540年、スペインの軍人ガルシア・ロペス・デ・カルデナスがヨーロッパ人として初めて訪れる。1869年、アメリカの探検家ジョン・パウエル一行がボートで川下りをしてこの峡谷を通り抜けた。1908年、国定史跡に指定され、さらに範囲を拡大して1919年に国立公園に指定された。

グランド・バンクス Grand Banks （カナダ）

カナダ東部、*ニューファンドランド（Newfoundland）の東と南に広がる浅瀬。海域は東西に670km、南北に560kmにおよぶ。世界最大の鱈漁の漁場。霧と氷山で危険な海域だが、カナダ、*アメリカ（USA）、*フランス（France）、イギリスの漁船団が何世紀にもわたって漁を続けている。1497～1498年にジョン・カボットが航海した時には、すでにポルトガル人を筆頭にヨーロッパの漁師には知られた浅瀬だった。現在、この海域での原油の採

掘計画をめぐり、漁業への影響が懸念されて論議の的となっている。

グランド・フォークス Grand Forks（合衆国）

*ノースダコタ（North Dakota）州東部の都市。*ファーゴ（Fargo）市の北 120km に位置する。1801 年、フランスの商人が入植し、野営地および毛皮の交易所として建設し、レッド川とレッド・レイク川の合流地点であるところから《大合流点》と名づけた。1880 年代、グレート・ノーザン鉄道の重要な駅となり、大農業地帯のための輸送と取引の拠点となっている。

グランド・ラピッズ Grand Rapids（合衆国）

*ミシガン（Michigan）州西部、ケント郡の郡庁所在地。*ランシング（Lansing）の西北西 100km、グランド川に臨む。元来はオタワ族インディアンの村だったが、1826 年に交易の拠点となり、1850 年に市となり、製材と家具の街となった。

グランピアン Grampian（スコットランド）

スコットランド北東部の旧州。1975 ～ 1996 年までアバディーンシャー州とキンカーディン州の全域およびバンフ州とマリー州の一部から構成されていた。州都は*アバディーン（Aberdeen）。1996 年に分割されて、*マリー² （Moray）、アバディーンシャー、アバディーン市の 3 自治体が誕生した。

グランビル ¹Granville（カナダ）⇒バンクーバー¹ Vancouver

グランビル ² Granville（フランス）

フランス北西部、マンシュ県の港町。*サン・ロー（Saint-Lô）の南西 48km、*シェルブール（Cherbourg）の南西 136km、サン・マロ湾に臨む。1437 年、イングランド人によって要塞化されたが、百年戦争中の 1441 年にフランス人が占領。1695 年、イングランド人に砲撃され、焼かれ、1793 年にはバンデー王党員に包囲された。ナポレオン戦争中の 1803 年および 1808 年、イギリスの砲撃を受ける。第 2 次世界大戦中、1944 年 7 月 30 日にアメリカ軍に占領される。ロマネスク様式と後期ゴシック様式の部分を併せもつ 12 世紀の教会がある。

⇒ バンデー Vendée

グラン・プレ ¹ Grand Pré（カナダ）

*ノバスコシア（Nova Scotia）州の村。ファンディ湾の奥、ミナス湾の南岸に臨み、ウルフビルに近い。1675 年頃に建設され、フランス系アカディア人の初期の入植地となったが、1755 年にイギリス人により退去を余儀なくされ、その時のようすがヘンリ・ロングフェローの詩『エバンジェリン』に詠われた。1911 ～ 1920 年までカナダの首相を務めたサー・ロバート・ボーデンの生地。

⇒ アカディア Acadia

グラン・プレ ² Grand Pré（フランス）

フランス北東部、*アルデンヌ（Ardennes）県の村で戦場跡。ブージェの南東 16km、エール川に臨む。第 1 次世界大戦中、ムーズ・アルゴンヌ攻撃が行なわれた 1918 年 10 月、激戦地となった。

⇒ アルゴンヌ Argonne, ムーズ川 Meuse River

クリアカン Culiacán（メキシコ）

メキシコ西部、シナロア州の州都。太平洋から内陸に約 40km、クリアカン川に臨む。1531 年、スペインの植民地時代に建設され、北部を目指す探検隊の重要な基地となった。特に有名なのは 1540 年

のフランシスコ・バスケス・デ・コロナードの探検隊で、＊ニューメキシコ（New Mexico）からさらに先まで遠征した。壮麗な大聖堂がある。

クリア・ラエトルム Curia Rhaetorum ⇒クール Chur

グリウィツェ Gliwice ［独：Gliwitz グライウィッツ］（ポーランド）

ポーランド南部、＊カトウィツェ（Katowice）の西22kmに位置する都市。1276年に都市権を獲得し、1742年に＊オーストリア（Austria）から＊プロイセン（Prussia）に割譲された。第2次世界大戦中、＊ドイツ（Germany）に占領され、1945年1月25日にソ連に占領された。1945年の＊ポツダム（Potsdam）会談でポーランド領となった。

グリエフ Guryev ⇒アティラウ Atyraū

クリオン Kourion ⇒ エピスコピ Episcopi

グリカタウン Griquatown（南アフリカ）

南アフリカ共和国、＊北ケープ（Northern Cape）州の町。＊キンバリー（Kimberley）の西145kmに位置する。南アフリカ戦争中にはボーア（ブール）人に何度も占領された。当時の古い要塞が遺っている。

グリカランド・イースト Griqualand East（南アフリカ）

南アフリカ共和国南東部、＊クワズールー‐ナタール（KwaZulu-Natal）州の地域。1862年にアダム・コクを指導者とするグリカ族が住みつき、1879年に＊ケープ植民地（Cape Colony）に併合される。中心となる町はコクスタッド。

グリカランド・ウェスト Griqualand West（南アフリカ）

南アフリカ共和国、＊北ケープ（Northern Cape）州の地域。オレンジ川の北、＊自由州（Free State）の西に位置する。18世紀末〜19世紀初めにグリカ族が住みついた。1867年にダイヤモンドが発見されると、＊オレンジ自由州（Orange Free State）とイギリスの間で紛争が起こり、1871年にイギリスに併合され、1880年には＊ケープ植民地（Cape Colony）に併合される。ダイヤモンドの産地＊キンバリー（Kimberley）が中心地。

クリクム Curicum ⇒クルク Krk

クリクレード Cricklade（イングランド）

ウィルトシャー州の町。スウィンドンの北西11km、＊テムズ川 **2**（Thames, River）に臨む。西暦69年にローマ軍の偵察基地が設置された。871年、アルフレッド大王により自治都市とされ、10世紀には貨幣鋳造所をもっていた。

クリコボ Kulikovo（ロシア）

＊ドン川（Don River）の水源近くに位置する、ロシア連邦トゥーラ州東部の古戦場。1380年、ドミートリー・ドンスコイ公指揮下のロシア軍が、＊黄金軍団（Golden Horde, Khanate of）のママイ・ハーン率いるタタール軍に決定的な勝利を収めた。ドミートリーは、この勝利によってドン川にちなんでドンスコイと呼ばれるようになった。しかし1382年、次代のハーンが報復し、タタールがその後1世紀間ロシアを支配した。

クリサ Crisa（ギリシア）

ギリシア中部、＊デルポイ（Delphi）と＊コリントス〔コリント〕（Corinth）湾の間に

ある *フォキス (Phocis) の古代都市。前590 年頃、《第 1 次聖戦》中に神殿を守るために結成されたアンフィクチオン同盟によって町が破壊された。前 339 年、アンフィッサが再建したために、《第 4 次聖戦》へとつながった。

クリシュナガル Krishanagar (インド)

インド中西部、*コルカタ (Kolkata) の北80km、ジャランギ川に臨む西ベンガル州の都市。かつての藩王国ナディアのラージャの居地だった。

クリシュナ川 Krishna River [旧名：Kistna キストナ] (インド)

インド南部の *デカン (Deccan) 高原を1,280km に渡って流れる川。アラビア海から64km ほどの西ガーツ山脈を水源とし、南南東、東、北東、そしてまた南東へと流れてベンガル湾に注ぎ込む。河口は *コロマンデル海岸 (Coromandel Coast) の北端。水源はヒンドゥー教徒にとっての聖地で、広く知られるヒンドゥー教の神クリシュナにちなんでその名がついた。水源近くには、年間降水量が 7,600 〜 10,000 ミリメートルの、マハバレーシュワの村がある。クリシュナのデルタ地帯の先端に位置する *ビジャヤワーダ (Vijayawada) は、古くからの宗教の中心地で、石窟寺院の遺跡がある。1611 年、クリシュナ川河口の一つにある *マチリパトナム (Machilipatnam) が、コロマンデル海岸で初めてのイギリス人入植地となった。

クリス Klis [伊：Clissa クリッサ] (クロアチア)

クロアチア南部、*スプリト (Split) の北東 8km の村。初めて記録に現われたのは850 年のこと。ローマ時代に建造され、トルコ軍がスプリト攻撃時に利用していた城の廃墟が遺る。

グリスウォルド砦 Fort Griswold ⇒グロトン Groton

クリスチャニア Christiana/Kristiania ⇒オスロ Oslo

クリスチャンサン Kristiansand [Christiansand] (ノルウェー)

*オスロ (Oslo) の南西 240km の都市。1641 年にデンマーク・ノルウェー連合国のクリスティアン 4 世が創設した都市で、1682 年には司教座がおかれたが、王が意図したような商業港として栄えたのは 19世紀になってからだった。11 世紀の教会、二つの 17 世紀の教会、18 世紀の城が遺る。

クリスチャンスタード Kristianstad (スウェーデン)

*マルメー (Malmö) の北東 88km の都市。1614 年にデンマーク・ノルウェー連合国のクリスティアン 4 世がスウェーデンに対する要塞として創設したが、200 年間デンマークとスウェーデンの間を行き来した挙句、1678 年にスウェーデンが獲得した。ポーランド王スタニスラウスが 1711〜 1714 年までここに暮らした。17 世紀の教会があるほか、近隣には 12 世紀の教会が遺る。17 世紀建造の王宮には博物館がある。

クリスチャンステッド Christiansted (合衆国)

*西インド諸島 (West Indies)、アメリカ領 *バージン諸島 (Virgin Islands) 南部の *セント・クロイ (Saint Croix) 島の都市。1733 年に建設され、旧デンマーク領西インド諸島の首都だったこともある。1765 〜 1772 年まで、アメリカの財務長官アレグザンダー・ハミルトンが少年期に過ごした町。

クリスティーナ砦 Fort Christina ⇒ **ウィルミントン**[1] Wilmington, **デラウェア**[2] Delaware, **ニュー・スウェーデン** New Sweden

クリストゥポリス Christopolis ⇒ **カバラ** Kavalla

クリスマス島 Christmas Island （キリバス）
太平洋中西部、*ハワイ（Hawaii）の南にあるライン諸島の中の島。1777年、キャプテン・クックが発見。肥料の原料となるグアノが採取され、1856年にアメリカが領有権を主張したが、1888年にイギリスが占領。1936年、アメリカが異議を唱えて、1956年以降はイギリスとアメリカの核実験基地となった。現在はキリバス領。

クリソポリス Chrysopolis ⇒ **ウシュキュダル〔ユシュキュダール〕** Üsküdar

グリソン Grisons ⇒ **グラウビュンデン** Graubünden

クリッサ Clissa ⇒ **クリス** Klis

クリッパートン Clipperton （フランス領ポリネシア）
東太平洋の島。*パナマ（Panama）の西2,900kmに位置する。フランス領ポリネシア諸島の中で最東端に位置する。1705年、イギリスの海賊ジョン・クリッパートンに発見され、1858年にフランスが領有権を主張したが、1897年に*メキシコ（Mexico）が強引に占領。*パナマ運河（Panama Canal）が完成すると、島は重要度を増した。イタリア国王の仲裁によって、1930年に島はフランスに与えられた。
⇒ **フランス領ポリネシア** French Polynesia

クリップル・クリーク Cripple Creek （合衆国）
*コロラド・スプリングズ（Colorado Springs）の南西、*コロラド（Colorado）州中部の都市。1891年、金鉱採掘地域としては屈指の豊かな町だったが、1920年以降はゴーストタウンと化した。1893年にここで鉱山労働者のストライキが起き、1904年に暴力事件となって終わった。

クリティ Kriti ⇒ **クレタ島** Crete

グリナイオン Gryneion （トルコ）
*小アジア（Asia Minor）の北西岸、キュメに近い古代アイオリス地方の町。アポロン信仰の盛んな土地だった。
⇒ **アイオリス** Aeolis

グリニッジ Greenwich （イングランド）
イングランド南東部、アウター・ロンドンの自治区の一つで、*テムズ川[2]（Thames, River）に臨む。エセルレッド王の治世に初めて記録に登場し、1011～1014年までデーン人の艦隊の基地となる。1675～1958年まで王立グリニッジ天文台があった。グリニッジ子午線は世界の標準時の基準となり、経度の基点となっている。現在、天文台の機能は*サセックス（Sussex）州ハーストモンスーに移された。海との結びつきが強く、現在の王立海軍兵学校の場所には、かつてグリニッジ病院があり、病院はサー・クリストファー・レンが一部設計した建物の中にあった。さらにそれ以前には1426～1434年に*グロスター[1]（Gloucester）公ハンフリーの建てたプラセンティア宮殿があった。宮殿はチューダー朝の王たちの居城で、ヘンリ8世、メアリ1世、エリザベス1世が生まれ、エドワード6世が亡くなった城。海事博物館の一部は17世紀初めにイニゴ・ジョーンズが*デンマーク（Denmark）のアンのた

めに設計したクリーンズ・ハウスの中に
ある。最後の快速帆船となったカティ・
サーク号は商船学校と博物館としてここ
に碇泊している。ハンフリー公によって
作られたグリニッジ公園は*ブラックヒ
ース（Blackheath）へとつながり、ブラック
ヒースには 1381 年にワット・タイラー、
1450 年にはジャック・ケイドを中心とし
てロンドンを攻撃するために農民が集結
した。

グリニッチ Greenwich（合衆国）

*コネティカット（Connecticut）州南西部、
フェアフィールド郡の町。ニューヨーク
州との境界に位置する。1640 年、*ニュ
ー・ヘイブン（New Haven）植民地の住人
により入植されるが、オランダは 1614 年
にアドリアン・ブロックが*ロング・ア
イランド海峡（Long Island Sound）を探検し
たことを理由にグリニッチの領有権を主
張。ニュー・ヘイブンは入植者を支援す
ることは一切しなかったので、入植者は
1642 年に*ニュー・ネーデルラント（New
Netherland）との連合に同意し、グリニッ
チはオランダ領となる。1650 年の条約に
より、オランダはグリニッチの領有権を
放棄するが、町は 1656 年までニュー・ヘ
イブンへの編入を拒否し続けた。アメリ
カ独立戦争時にはトライオン将軍率いる
イギリス軍に襲撃される。アメリカ軍が
頻繁にこの町で宿営するために戦禍を被
った。町には国王派の感情が強かった。
1731 年に建設され、イズラエル・パット
ナム将軍が援軍を呼ぶために一度は撤退
したとされる家が保存されている。

グリニッチ・ビレッジ Greenwich Village（合衆国）

*ニューヨーク市（New York City）*マンハ
ッタン島（Manhattan Island）南西部の住宅地

区。14 番街からハウストン通りまでとワ
シントン・スクエアから西へ*ハドソン川
（Hudson River）まで広がる。近年は 7 番街
西側のウェスト・ビレッジ、ブロードウ
ェイの西のグリニッチ・ビレッジ中心部、
ブロードウェイの東側でかつてローワ
ー・イースト・サイドと呼ばれていたイ
ースト・ビレッジの三地区に分かれてい
る。アルゴンキン系部族のサポカニカン
族の村だったが、1626 年にオランダ人に
占領された。植民地時代には独立した村
だったが、1730 年以降は住宅地となった。
1880 年移行、国外からの移民が定住する
ようになり、1910 年以降、とくに 1950 年
代のビート族（ジェネレーション）の時代から 1960 年代には
画家・詩人・作家・自由思想家たちが集
まるようになり、カフェ、画廊、ジャズ・
フォーク・ロックのクラブが建ち並んだ。
19 世紀初期から中期までの建物が数多く
遺っている。住人として有名なのはアー
ロン・バー、アレグザンダー・ハミルト
ン、ジョン・アダムスなど。作家のポー、
メルビル、マーク・トウェイン、ヘンリ・
ジェイムズ、ミレー、ウォートン、ハウ
ェルズ、ドス・パソス、オーデンや画
家のホッパー、ケント、スローンをはじ
め、ジョン・リード、ユージン・オニール、
バンダービルトら多彩な人物が住んだ。

グリーノック Greenock（スコットランド）

スコットランド中西部の港湾都市。*グラ
スゴー（Glasgow）の北北西 30km、クライ
ド湾の南岸に位置する。機械技師ジェイ
ムズ・ワットの生地、詩人ロバート・バ
ーンズの「ハイランドのメアリ」（メアリ・
キャンベル）の埋葬地。メアリは 1591 年
に設置されたノース・カークの共同墓地
に眠っている。教会にはウィリアム・モ
リス、サー・エドワード・バーン=ジョー
ンズ、D・G・ロセッティ、フォード・マ

ドックス・ブラウンらの作成したステンドグラスの窓がある。教会は造船所の拡張にともない近隣のシーフィールドに移転された。

グリハルバ Grijalva [Rio Grande de Chiapas]（メキシコ）

*グアテマラ（Guatemala）南西部に発し、北西に流れてメキシコ南部に入り、北上して*チアパス（Chiapas）州と*タバスコ（Tabasco）州を抜けて*カンペチェ（Campeche）湾に注ぐ川。ゴンサロ・デ・コルドバの探検をさらに推し進めるために探検隊を率いて1518年にこの川を発見したスペインの探検家フアン・デ・グリハルバにちんで命名された。グリハルバはモンテスマ皇帝の支配する*アステカ帝国（Aztec Empire）の存在を知った最初のスペイン人となる。

クリビイ・リフ Kryvyi Rih [クリボーイ・ログ Krivoy Rog]（ウクライナ）

*ドニプロペトロフスク（Dnipropetrovsk）の南136kmに位置する、ウクライナの都市。17世紀にコサックが建てた小さな村だったが、19世紀に鉱業が始まり発展した。近隣にはスキタイ人の墳墓があり、スキタイ人がこの地の鉄鉱石を使っていた証拠となっている。
⇒スキタイ Scythia

クリーブランド[1] Cleveland（イングランド）

イングランド北東部、ティーズ川下流域の州。1974年にそれまで*ダラム[2]（Durham）と*ヨークシャー（Yorkshire）のノース・ライディングの一部だった地域を州に定めた。州都はミドルズバラ。

クリーブランド[2] Cleveland [旧名：Cleveland]（合衆国）

*オハイオ（Ohio）州北東部の港湾都市。カイホーガ川の河口にあり、*エリー湖（Erie, Lake）に臨む。*シカゴ（Chicago）の東480kmに位置する。オハイオ州で第2の規模の都市で、主要港を擁する。1796年にモーゼズ・クリーブランドが*コネティカット（Connecticut）の土地会社のために町の設計と開発を行なった。1827年にオハイオからエリーまでの運河が完成し、1851年には鉄道が開通すると、町は急速に発展した。1960年代、クリーブランドは人種問題に苦しんだ。現在、アメリカで中心的な鉄鋼業の都市であり、ジョン・D・ロックフェラーが起業した土地となっている。古い臨海工業地区の再開発でも目覚ましい進展を遂げた。

クリボーイ・ログ Krivoy Rog ⇒クリビイ・リフ Kryvyi Rih

グリマルディ洞窟 Grimaldi（イタリア）

イタリア北西部、*リグリア（Liguria）州西部のインペリア県にある洞窟。フランスのマントンと国境を接する。後期旧石器時代のニグロイドの一種であるグリマルディ人の洞窟遺跡で、現在は小さな博物館がある。

クリミア半島 Crimea, The [古代：Chersonese ケルソネソス, Tauri タウリ；ロシア語：Krim クリム, Krym クルイム]（ウクライナ）

*黒海（Black Sea）北部の半島。ウクライナのアゾフ海の南西に位置する。最初の住人はキンメリオス人のタウロイ族で、前5世紀にこの土地にギリシアの影響を受けたボスポラス王国を作った。前6世紀、*ギリシア（Greece）のドーリス人とイオニア人によって沿岸地域が植民地にされ、ク

リミア半島はギリシアに小麦を供給する柱となった。ギリシア人はこの半島をケルソネス、文字通りには「島同然」の意であり、他の地域にも使われた言葉である。

前2世紀、*ポントス（Pontus）王国の一部となって、紀元1世紀には*ローマ（Rome）に支配され、保護領にされた。のちに多くの民族に占領されるが、南岸は6〜12世紀まで*ビザンツ帝国（Byzantine Empire）の支配下にあった。1475年、クリミア半島北部と中部にタタール人によって独立したハーン国が作られたが、15世紀には半島すべてが*オスマン帝国（Ottoman Empire）に占領される。タタール人はトルコの家臣のようになって、1572年に*モスクワ（Moscow）を襲撃し、桁外れの戦力を示した。

1783年、*ロシア（Russia）のエカチェリーナ2世がクリミア半島を併合。1854〜1856年まで、クリミア半島はロシアとフランス・イギリス・トルコの連合軍の戦いの場となる。ロシア革命後、独立して共和国となったが、第2次世界大戦ではドイツに8カ月包囲されたのちに占領された。1945年、クリミア共和国はナチスドイツに協力したとされ、終戦とともに解体され、ソ連のウクライナ共和国に編入された。
⇒ アリマ川 Alma River, インケルマン Inkerman, ケルチ Kerch, シンフェローポリ Simferopol, セバストポリ² Sevastopol, バラクラバ Balaklava, フェオドシヤ Feodosiya, ヤルタ Yalta

クリミソス Crimisus（イタリア）

*シチリア（Sicily）島西部の川。前340年、シチリアの*シラクサ（Syracuse）の救援に来たコリントス人のティモレオンがこの川で*カルタゴ²（Carthage）を破った。

クリミッチャウ Crimmitschau［クリミットシャウ Krimmitschau］（ドイツ）

ドイツ南東部、ザクセン州の都市。*ライプツィヒ（Leipzig）の南58kmに位置する。18世紀以来の産業都市で、19世紀には労働者運動の中心地となった。1903年8月〜1904年1月までここで起こった繊維業労働者のストライキが、ドイツ全国の同業者の支援を得た。女性たちは女性運動の先駆者クララ・ツェトキンを指導者として活動した。

クリミットシャウ Krimmitschau ⇒クリミッチャウ Crimmitschau

クリム¹ Krim ⇒クリミア半島 Crimea, The

クリム² Krym/Qrım ⇒スターリ・クリム Stary Krym

グリムズビー Grimsby［Great Grimsby］（イングランド）

イングランド北東部、*ハル³（Hull）の南東25km、ハンバー川の河口附近に位置する町。8世紀末にデーン人が初めてブリテン島に侵攻した際の上陸地点とされる。1950年代には世界でも屈指の大規模な漁港となる。

グリュイエール Gruyères［独：Greyerz］（スイス）

スイス西部、フリブール州の地方。*フリブール（Fribourg）の南西25kmに位置する。古城はグリュイエール伯の居城だった。チーズで有名。風光明媚な町でスイスでは結婚式場として人気がある。

クリュスマ Clysma ⇒スエズ Suez

クリュニー Cluny（フランス）

フランス中部、ソーヌ - エ - ロワール県の町。*マコン（Mâcon）の北西 20km に位置する。910 年、*アキテーヌ（Aquitaine）公ギョーム１世によりベネディクト会の修道院が創設され、クリュニー会の拠点となった。クリュニーはヨーロッパの宗教と文化の中心の一つとなり、凝った儀式で知られるようになった。修道院は何度も改修され、世界で最大の修道院になった時期もある。フランス革命中、1790 年に破壊され、翼廊の一部だけが遺っている。また、博物館もある。

グリューンベルク Grünberg ⇒ジェロナ・グーラ Zielona Góra

グリューンベルク・イン・シュレジエン Grünberg in Schlesien ⇒ジェロナ・グーラ Zielona Góra

グリーリー Greeley（合衆国）

*コロラド（Colorado）州北部の都市。*デンバー（Denver）の北 80km に位置する。1870 年、『ニューヨークトリビューン』紙の編集者で、当時一流のジャーナリストだったホレス・グリーリーの後押しがあって禁酒と共同農業の社会として建設された。建設を実施したのはグリーリーの代理人ネイサン・C・ミーカーだったが、1879 年のユート族インディアンの反乱で落命。現在、グリーリー市は灌漑農業地域の交易の拠点となっている。

クリル列島 Kurilskiye Ostrova ⇒千島列島 Kuril Islands

クリン Klin（ロシア）

*モスクワ（Moscow）の北西 50km の町。モスクワと*トベリ（Tver）間の要塞で、1234 年に設立され、1318 年に勅許を下された。第２次世界大戦中の 1941 年、モスクワ侵攻中のドイツ軍が到達した最東端。かつてチャイコフスキーが暮らしていたため、チャイコフスキー博物館がある。

グリーンウッド Greenwood（合衆国）

*ミシシッピ（Mississippi）州北西部、レフロア郡の郡庁所在地。チョクトー族インディアンの居住地だったが、世界で最大規模の綿花市場を傘下におく交易の拠点となった。チョクトー族の族長で綿花の農園主だったグリーンウッド・レフロアの名から都市名も郡名もつけられた。1830 年、ダンシング・ラビット・クリーク条約により、アメリカに割譲される。1863 年２月 24 日〜４月８日まで近くのペンバートン砦で南北戦争の戦いがあった。

グリーンズバーグ Greensburg（合衆国）

*ペンシルベニア（Pennsylvania）州南西部の都市。*ピッツバーグ²（Pittsburgh）の東南東 43km に位置する。1763 年、ヘンリ・ブーケ大佐がポンティアック族長率いるインディアン軍を破り、ペンシルベニア西部を白人の入植地として開発し始める。1770 年頃に建設された都市で、リゴニアー砦とピット砦の中間に位置する。

グリーンズバラ Greensboro（合衆国）

*ノースカロライナ（North Carolina）州中北部の工業都市。*ウィンストン - セーラム（Winston-Salem）の東 42km に位置する。1749 年に入植。アメリカ独立戦争の戦場となった*ギルフォード郡庁舎（Guildford Courthouse）があり、現在は国立軍事公園になっている。大統領夫人ドリー・マディソンと作家 O・ヘンリの生地。1979 年、反クー・クラックス・クラン集会の場となり、デモ参加者５人が殺害され、犯人

はクランおよびアメリカのナチ党の一味
とされる。大学の集まっている都市でも
ある。

グリンデルワルト Grindelwald (スイス)

スイス中南部、ウェッターホルンの北、*イ
ンターラーケン (Interlaken) の東に位置す
るベルンアルプスの町。最初の教会は洞
窟内に作られた礼拝堂だったが、1146 年
には木造の教会が作られ、1180 年には石
造の教会になったが、それも 1793 年に
取り壊されて、現在の教会が建てられた。
町は世界でも最初期の冬の行楽地となり、
現在も人気の観光地となっている。

クリントン Clinton (合衆国)

*サウスカロライナ (South Carolina) 州北部
の町。*スパータンバーグ (Spartanburg) の
南 53km に位置する。アメリカ独立戦争
中は、1780 年の近隣でのマスグローブ・
ミルの戦いを始め、何度か小規模な戦争
があった。

グリーンビル[1] Greeneville (合衆国)

*テネシー (Tennessee) 州北東部の町。*ジ
ョンソン・シティ[1] (Johnson City) の西南西
50km に位置する。1785 〜 1788 年まで*フ
ランクリン[2] (Franklin) 州の州都。南北戦
争では戦地となる。ここで戦死したジョ
ン・H・モーガン将軍や北軍兵士の記念碑
が立っている。アンドルー・ジョンソン
大統領の屋敷があり、その屋敷と仕立屋、
埋葬地が国立史跡になっている。

グリーンビル[2] Greenville (合衆国)

*オハイオ (Ohio) 州西部、ダーク郡の都
市で郡庁所在地。*デイトン[1] (Dayton) の
西 50km に位置する。1793 年に建設さ
れたグリーンビル砦の跡地にあり、砦で
は 1795 年にアンソニー・ウェインがイ

ンディアンと条約を結んだ。また、テカ
ムセを族長とするショーニー族インディ
アンの村があった。ウェインがインディ
アンへの攻撃作戦を展開した拠点であり、
1794 年に*フォールン・ティンバーズ (Fallen
Timbers) の戦いで勝利を収め、インディア
ンと交渉してオールド・ノースウェスト
の大半をアメリカに割譲させた。その後、
砦は廃止され、1805 年にテカムセとショ
ーニー族の預言者だった弟がここに住
んだ。インディアンが退去させられてか
ら、白人の入植が始まる。協定の締結を
示す記念碑が立っている。*コロンバス[4]
(Columbus) の州議会議事堂に飾られている
ハワード・チャンドラー・クリスティの
壁画には締結の時の模様が描かれている。
1812 年戦争〔アメリカ・イギリス戦争〕
の時にも、1814 年にここで条約の署名が
行なわれた。

グリーンビル砦 Fort Greenville ⇒グリーンビ
ル[2] Greenville

グリーンフィールド Greenfield (合衆国)

マサチューセッツ (Massachusetts) 州北西の
町。*スプリングフィールド[2] (Springfield)
の北 55km、*コネティカット川 (Connecticut
River) に臨む。1686 年の創立で、*モホー
ク・トレイル (Mohawk Trail) の東端に位置し、
1735 年にインディアンに襲撃され破壊さ
れる。*ディアフィールド (Deerfield) の町
の一部だったが、1753 年に分離。植民地
時代の建築家アッシャー・ベンジャミン
はこの町の生まれで、彼の設計した建物
がいくつか遺っている。

グリーンフィールド・ビレッジ Greenfield
Village (合衆国)

*ミシガン (Michigan) 州*ディアボーン
(Dearborn) にある初期アメリカ様式の村

を再現わした施設で、エディソン学会が管理している。1933年、ヘンリ・フォードにより設立され、典型的なニュー・イングランドの芝生の中に白い塔のある教会、町役場、宿、学校、店などの建物が建ち並ぶ。トマス・エディソンの*メンローパーク（Menlo Park）の仕事場や*フォート・マイヤーズ（Fort Myers）の研究所、ノア・ウェブスターの生家、スティーブン・フォスターの家、ルサー・バーバンクの生家と事務所、ライト兄弟の自転車屋と家など数多くの歴史的な建築物を集めた。近くにはアメリカ文化の大コレクションを収めたヘンリ・フォード博物館もある。

グリーン・ベイ Green Bay（合衆国）

*ウィスコンシン（Wisconsin）州東部の*ミシガン湖（Michigan, Lake）に臨む工業都市。グリーン湾の南端、*フォックス川（Fox River）の河口に位置する。1634年に、ジャン・ニコレットにより交易所が開設される。*五大湖（Great Lakes）と*ミシシッピ川（Mississippi River）をフォックス川とウィスコンシン川で結ぶ重要な連水陸路の先端に入り江がある。1745年、ラングレードにより入植され、ウィスコンシン州で最古の入植地であり、毛皮の交易所となる。フレンチ・インディアン戦争後の1763年、イギリスに支配されるも、1783年にはアメリカに割譲される。1812年戦争〔アメリカ・イギリス戦争〕では再びイギリスに占領される。1816年、アメリカ軍の駐屯地フォート・ハワードがここに建設される。五大湖の港としては屈指の良港を擁する。ワシントン公園のタンク・コテッジは市内で最古の家屋。

グリンマ Grimma（ドイツ）

ドイツ中東部、ムルデ川に臨む旧*ザクセン（Saxony）王国の都市。*ライプツィヒ（Leipzig）の南東26kmに位置する。1170年頃に建設され、*マイセン（Meissen）辺境伯とザクセン選帝侯の居地となる。ソルビア人が住む土地で、1203年に初めて文献に登場し、間もなくザクセンに割譲され、ザクセン王国の一部となる。13世紀の城と15世紀の庁舎が遺っている。

グリーンランド Greenland［グレンラン Grønland, カラーリト・ヌナート Kalaalit Nunaat］（デンマーク）

北アメリカ南東部の沖合にある世界最大の島で、その大部分は*北極（Arctic, The）圏内にある。その存在は古代ギリシア（マッシリアのピュテアス）にも知られていた可能性があり、中世の地理学者、アイルランドの修道士らには知られていた。982年、ノルマン人の「赤毛のエーリック」が発見し、入植して住人を集めるために「緑の地」と命名。その息子のレイフ・エリクソンは北アメリカの発見者とされている。1110年頃、司教区となり、12世紀の教会の遺跡がある。その頃には人口が1万を数えるまでになり、独自のアイスランド国会を持つようになっていた。1261年、*ノルウェー（Norway）の支配下におかれるが、14、15世紀にはその存在は忘れられたも同然となり、寒さが厳しくなるにつれて入植者は死に絶えるかイヌイットの社会に溶け込むかだった。行方不明のキリスト教徒たちの捜索をインノケンティウス4世（在位1484～92）が命じて、司教を任命したが、島からは何の報告も得られず、最後に残った入植者らが餓死した証拠が発見された。イギリスの探険家マーティン・フロビシャーとジョン・デービスが16世紀にグリーンランドを再発見し、ヘンリ・ハドソンとウィリアム・バフィンも上陸したが、入植者がいた形跡すら発見できなかった。

1721年にノルウェーの宣教師ハンス・エーゲデが植民地の開拓を始める。間もなくデンマークの交易所が設置され、グリーランドへの入植が活発になる。1815年、ウィーン会議にて*デンマーク (Denmark) はグリーンランドの植民地を保持することになったが、これは会議の代表者らがノルウェーをデンマークから分離しておきながら、ノルウェーの領地については見落としていたためだった。19、20世紀には多くの探検家がグリーランドを踏査して地図も作成。1919年、デンマーク東グリーンランド会社が設立され、グリーランドに交易の拠点が設けられる。1924年、デンマークはグリーンランドを直轄植民地にするが、1931年にグリーランド東部はノルウェーに併合される。しかし、1933年の国際司法裁判所の裁定によりデンマークに返還される。第2次世界大戦中は連合軍の基地が置かれ、1953年にはデンマーク領とされ、1966年からは大規模な開発計画が始まる。首都は*ゴットホープ (Godthåb) 〔ヌーク〕。グリーランドはデンマーク議会に2議席を保有しているが、内政に関してはほぼ自治権を維持している。

クル Kulu (インド)

*ヒマーチャル・プラデシュ (Himachal Pradesh) 州、ベアス川上流域にあるヒマラヤ山中の渓谷。主要な町スルタンプールは*アラハバード (Allahabad) の北96kmにある。中世のラージプート国のあった場所。珍しい9世紀の真鍮のビシュヌ像が発見されている。

クール Chur [古代：Curia Rhaetorum クリア・ラエトルム；仏：Coire クワール；伊：Coira コイラ；ロマンシュ語；Cuera クエラ] (スイス)

スイス東部、*グラウビュンデン (Graubünden) 州の州都 *アルトドルフ (Altdorf) の東70kmに位置する。ローマの属州*ラエティア (Raetia)・プリマの中心地で、中世には司教が支配した。1376年、領主司教とハプスブルク家の権力に対抗して結成されたゴッテスハウスブント（神の家の同盟）の中心地となる。史跡は8世紀の教会、レティッシュ博物館、ロマネスク様式の大聖堂などがある。

グール Gur ⇒フィルザーバード Firuzabad

クルーイド Clwyd (ウェールズ)

1974年にフリントシャー、デンビシャーの大半の地域、メリオネスシャーの一部を統合して作られた州。1996年にそれが分割されて、フリントシャー、デンビシャー、レクサム、*コンウィ (Conwy)、ポーイスとなった。

クルイム Krym ⇒クリミア半島 Crimea, The

グルカ Gurkha (ネパール)

ネパール中東部の町。*カトマンズ (Katmandu) の西北西70kmに位置する。旧ネパール王家の居地。グルカ族は*ラージプターナ (Rajputana) の*チットゥール (Chittoor) の王侯の末裔であると名乗っていて、ヒンドゥー教を信仰しているが、モンゴル人の血も受け継いでいる。

クルーガーズドープ Krugersdorp (南アフリカ)

*ヨハネスバーグ (Johannesburg) の西32km、*ハウテン (Gauteng) 州の町。1886年に創設され、*トランスバール (Transvaal) 共和国の大統領ポール・クルーガーにちなんで名づけられた。1880年にこの近くでボーア（ブール）人がズールー族酋長のディンガーンに勝利を収めて、*トラン

スバール共和国〔南アフリカ共和国〕（South African Republic）の復興を宣言し、イギリスによるトランスバール支配の終わりを誓った。戦場を示す記念碑がある。

クールガーディ Coolgardie〔旧名：Bayler's Reward, Fly Flat, Gnarlbine〕（オーストラリア）

*ウェスタン・オーストラリア（Western Australia）州の町。*パース[1]（Perth）の東560kmに位置する。1892年、金鉱が発見され、町が建設され、1894年には自治体となり、先住民の言葉で「水の穴」を意味するクールガーディが町の名になった。1910年、人口が約2万人になったが、その後は金が多く産出される、東に40km離れた*カルグーリー（Kalgoorlie）のゴールデンマイルへと働きに行く者が多くなった。クールガーディはその後、オールド・キャンプと呼ばれるようになり、金鉱の町としては衰退した。1951年、62kgの天然の金塊が見つかったが、町は現在では鉄道と幹線道路上の田舎町となっている。

クルク Krk〔古代：Curicum クリクム；伊：Veglia〕（クロアチア）

*リエカ（Rijeka）の南、アドリア海北部の島。先史時代から古代ギリシア人、ローマ人が住み、7世紀にはスラブ人が住んだ。1059年に*クロアチア（Croatia）が*ベネツィア（Venice）から奪ったが、15世紀～1797年までは再びベネツィアが、以降1918年までは*オーストリア（Austria）が支配した。1920年に*ユーゴスラビア（Yugoslavia）に譲渡される。ここでは19世紀まで、ギリシア・ローマ方言が残っていた。13世紀の教会、12世紀の城、中世の城壁、古いベネツィア風の家が遺る。

クルグ Coorg/Kurg ⇒コダグ Kodagu

クルクシェトラ Kurukshetra〔Kuruksetra〕（インド）

インド北西部、ハリヤナ州北東部の町。*カルナール（Karnal）の北北西32kmに位置する。古代の重要な巡礼地で、『マハーバーラタ』のクル族とパーンドゥ族の祖先がつくったといわれている浴場があった。歴史的な寺院やイスラーム教徒の砦がある。近くには、その起源を前1500年頃にさかのぼる、インドで最も古いアーリア人の入植地の一つがある。

クルクラーレリ Kirklareli〔旧名：Kirk-Kilise, Kirk-Kilissa, Kirk-Kilisseh〕（トルコ）

*イスタンブール（Istanbul）へ向かう道上、*エディルネ（Edirne）の東54kmに位置するクルクラーレリ県の町。第1次バルカン戦争中の1912年10月22日に、ブルガリアがトルコに勝利を収めた場所で、多くのモスクやギリシア教会で知られる。

グル湖 Lough Gur ⇒キルマロック Kilmallock

グルジア Gruziya ⇒ジョージア[2]〔グルジア〕共和国 Georgia, Republic of

グルジア・ソビエト社会主義共和国 Georgian Soviet Socialist Republic ⇒ジョージア[2]〔グルジア〕共和国 Georgia, Republic of

クルシウム Clusium〔エトルリア語：Chamaras, Clevsia；伊：Chiusi キウーシ；エトルリア以前：Camars〕（イタリア）

イタリア中部、シエーナ県の古代都市。*トスカナ（Tuscany）州のシエーナの南東65kmに位置する。*エトルリア（Etruria）の12都市連合の一つで、前7世紀～前6世紀に繁栄した。前500年頃、ラルス・ポルセンナはここから*ローマ（Rome）に

向かって進軍した。のちにローマと合併し、205年には多くの兵士を派遣してハンニバルと戦った。初期キリスト教の拠点で、司教座がおかれたが、中世には衰退。前8世紀の陶器や工芸品が墳墓から数多く発見されている。

クルシェヴァツ　Kruševac〔Krushevats〕（セルビア）
＊ベオグラード（Belgrade）の南東152kmの町。1389年までセルビア王の居地で、1839～1842年までは＊セルビア（Serbia）の首都だった。中世の城の廃墟がある。
⇒コソボ Kosovo

クルシェヒル　Kırşehir（トルコ）
＊アンカラ（Ankara）の南東136kmの町。527～565年にかけてユスティニアヌス帝が統治していた＊カッパドキア（Cappadocia）の重要な町、古代の＊ユスティニアノポリス（Justinianopolis）だったと考えられている。12世紀のモスクや古い建築物がある。

グルジャ Gulja ⇒ イーニン〔伊寧〕Yining

クルージュ　Cluj〔旧名：Culus；独：Kalusenberg クラウゼンブルク；ハンガリー語：Kolozsvár コロジュバール〕（ルーマニア）
＊ブカレスト（Bucharest）の北西320km、クルージュ県の県都。古代ダキアの跡地で、のちにローマ人の要塞が建てられた場所に、12世紀にゲルマン人の入植者が建設した都市で、中世には商業と文化の中心地として繁栄。16世紀、＊トランシルバニア [1]（Transylvania）公領の首都となる。1867～1920年までは＊オーストリア-ハンガリー帝国（Austria-Hungary Empire）の一部となった。史蹟としては11世紀の教会と、14世紀の聖ミカエル教会がある。

クルシュネホリ Krušnéhory ⇒ エルツ山脈 Erzgebirge

グルジョンツ　Grudziadz〔独：Graudenz グラウデンツ〕（ポーランド）
ポーランド北部、クヤフスコ・ポモルスキェ県の都市。＊トルン（Toruń）の北48km、＊ビスワ川（Vistula River）に臨む。ドイツ騎士団により創設され要塞化された。1291年に都市権を獲得。1466年、ポーランドに割譲されるが、1772年には＊プロイセン（Prussia）領となり、1919年にポーランドに返還される。名所としてはゴシック様式の教会、18世紀のイエズス会の神学校がある。第2次世界大戦中はドイツに占領された。

クルスク　Kursk（ロシア）
＊モスクワ（Moscow）の南南西448kmにある古代の町。1095年に記録に登場しているが、1240年にはタタールに壊滅させられ、1586年に前哨基地となるまで廃墟のままだった。第2次世界大戦中の1943年夏、史上最大の戦車戦がこの地で繰り広げられた。戦いはドイツの敗北で終わった。

クルズム Qulzum ⇒ スエズ Suez

クルスレット　Courcelette（フランス）
フランス北部、＊アルベール（Albert）の北東8km、ソンム県の村。第1次世界大戦中、1916年にカナダ軍に占領され、1918年には一進一退の接戦の場となった。

クルゼメ Kurzeme ⇒ クールラント Kurland

クルディスタン　Kurdistan〔アラビア語：Kurdestān；ペルシア語：Kordestān〕
大部分が＊トルコ（Turkey）領内で、＊アル

メニア[2] (Armenia) の南、*イラン (Iran) 北西部、*イラク (Iraq) 北東部、*シリア[2] (Syria) 北東部にまたがる山岳・高原地帯。クルド人の様々な部族が住み、初期*メソポタミア (Mesopotamia) の時代から知られ、ローマ・ギリシア時代にはクセノフォンも知っていた。7 世紀にイスラームに改宗したクルド人は、11 世紀にセルジューク・トルコの、13 ～ 15 世紀まではモンゴルの支配下に入った。第 2 次世界大戦まではトルコの支配を受けている。戦後は自治を約束されたにもかかわらず、認められていない。以来、数々の反乱が起き、トルコ、イラン、イラクの武力制圧を受けている。

グルート・シューア Groote Schuur（南アフリカ）

南アフリカ南西部、*西ケープ (Western Cape) 州の屋敷で、「大きな納屋」の意。*ケープ・タウン (Cape Town) から近い。ケープ植民地の首相を務めたセシル・ローズの住居だったこともあり、現在の建物は 1657 年に納屋があった場所に建っている。オランダ植民地建築を代表する建物で、現在は首相官邸。敷地内にはケープ・タウン大学があり、1967 年にクリスチャン・バーナード博士が世界で初めて心臓移植手術を行なった。

クールトレ Courtrai ⇒コルトレイク Kortrijk

クルナ[1] Al-Qurnah（イラク）

イラク南東部、バスラ県の町。*バスラ[1] (Basra) の北西 60km に位置し、*チグリス川 (Tigris River) と*ユーフラテス川 (Euphrates River) が附近で合流しシャットル‐アラブ (Shaṭṭ al-'Arab) 川となる。旧約聖書のエデンの園があったとされ、「アダムの木」もある。

クルナ[2] Khulna（バングラデシュ）

バングラデシュ南西部の都市で、クルナ管区の首府。ガンジスデルタの中央部に位置し、バイラブ川に臨む。造船所のある重要な河港であり、交易の拠点となっている。スンダルバンスと呼ばれる大湿地帯にはマングローブの密林もあり、製材と製紙が盛ん。

クルニア Clunia ⇒フェルトキルヒ Feldkirch

グルニア Gournia（ギリシア）

*クレタ島 (Crete) 北東岸に臨む古代ミノアの町。低い丘の上にあり、通りの幅は 1.5 メートルで、階段がついている道もある。前 1600 年頃の宮殿跡と神殿跡が 1901 ～ 1904 年の発掘で見つかった名所。

クルヌール Kurnool（インド）

インド南東部、*ハイデラバード[1] (Hyderabad) の南 192km に位置する、*アンドラ・プラデシュ (Andhra Pradesh) 州の都市。18 世紀にはパターン族の太守の半独立領だったが、その後 1838 年に反逆罪を理由にイギリスに没収された。旧太守領はマドラス管区の州となり、クルヌールはその州都となる。1947 年インドが独立すると、マドラス州の一部となる。1953 年、マドラス州北部の 11 地区が新たにアンドラ・プラデシュ州となると、クルヌールが州都に定められた。1956 年アンドラ・プラデシュ州が旧ハイデラバード州の一部であるテランガナ地方を併合して拡大すると、州都はハイデラバードに移った。

クルネガラ Kurunegala（スリランカ）

*カンディ〔キャンディ〕(Kandy) の北西 37km の町。14 世紀のシンハラ人の国*セイロン (Ceylon)、現在のスリランカの首都

だった。エレファント・ロックと呼ばれる有名な要塞がある。

クルノス Kurnos ⇒コルシカ Corsica

グルノーブル Grenoble [古代：Curaro クラロ, Gratianopolis グラティアノポリス] （フランス）

フランス南東部の都市。*マルセイユ（Marseilles）の北北東113km、*リヨン（Lyons）の南東96kmに位置し、イゼール川に臨む。ケルト系のアロブロゲス族の古代都市だったが、ローマの都市となる。5世紀、*ブルゴーニュ（Burgundy）の配下に入り、6世紀はフランク族に支配され、9～11世紀までは*プロバンス（Provence）王国の一部となる。プロバンス王国が解体すると、グルノーブルはビエノワの王太子領となる。1450年まで*ドーフィネ（Dauphiné）の首都となるが、1349年にドーフィネも首都もフランスに割譲された。フランス革命時にはグルノーブル議会は強硬な反王権派となる。

　名所としては1339年創設の大学の建物、12～13世紀のノートルダム大聖堂、13世紀と14世紀に建てられたサンタンドレ教会。サンタンドレ教会には騎士の英雄ピエール・バヤールの墓がある。ルネサンス様式の王太子の宮殿は現在裁判所になっている。スタンダールの生地であり、記念館もある。1084年に創設されたカルトジオ会の修道院グランド・シャルトルーズが近くにある。

クルパイティ Curupayty （パラグアイ）

パラグアイ南西部、パラグアイ川とパラナ川合流点に近いニェンブク県の古戦場。パラグアイ戦争中の1866年9月22日、フランシスコ・ロペス将軍率いるパラグアイ軍が*アルゼンチン（Argentina）・*ブラジル（Brazil）・*ウルグアイ（Uruguay）の連合軍をここで破った。そのため、アルゼンチンは一時的に戦線を離脱せざるを得なくなった。

グルバルガ Gulbarga （インド）

インド南西部、*カルナータカ[2]（Karnataka）州北部の都市。*ハイデラバード[1]（Hyderabad）の西170kmに位置する。1347～1430年頃まで*デカン（Deccan）のバフマニー朝の王の居地となる。その時期の遺跡が多く遺っており、*スペイン（Spain）の*コルドバ[3]（Córdova）のモスクを模した13世紀のモスクも有名。トゥグルク朝のスルタン、フィールズ・シャーの埋葬地。

グルベショフ Grubeshov ⇒フルビェシュフ Hrubieszów

グルマンビーン Grumantbyen （ノルウェー）

*スピッツベルゲン（Spitsbergen）島の町。1919年にイギリスとロシアの企業により建設された炭鉱の町で、1931年以降はロシアが採掘を行なっている。1943年、ドイツの軍艦の砲撃により町が破壊されたが、すぐに再建された。

クルミエ Coulmiers （フランス）

フランス中部、*オルレアン（Orléans）の西、ロワレ県の町。プロイセン-フランス戦争中の1870年11月9日、オーレル・ド・パラディーヌ将軍の率いるフランス軍がバイエルン軍をこの町で破り、その結果、ドイツ軍はオルレアンから撤退した。

クルム[1] Khulm ⇒タシュクルガン Tashkurghān （アフガニスタン）

クルム[2] Kulm ⇒フルメツ Chlumec （チェコ）

クルムバッハ Kulmbach（ドイツ）

*バイロイト（Bayreuth）の北北西21kmの町。1035年に記録に登場し、1248年より前に勅許を受けた。1340〜1603年までバイロイト辺境伯の居地だった。1791年に*プロイセン（Prussia）に、1807年にフランスに、1810年に*バイエルン（Bavaria）に譲渡された。13世紀に要塞として建造され、1560〜1570年にかけて再建されたプラッセンブルク城、15世紀のゴシック様式の教会、17世紀のバロック様式の修道院がある。

グルメントゥム Grumentum（イタリア）

イタリア南部、*ルカニア（Lucania）地方の古代の町。*ポテンツァ（Potenza）の南53kmに位置する。前215年、カルタゴ[2]（Carthage）の将軍ハンノがここで*ローマ（Rome）に破れる。前207年、ハンニバルが司令本部をこの町に置く。ローマ時代の遺跡としては大規模な円形競技場がある。スラ（前138〜前78）の時代にはローマの植民地になっていた可能性があるが、アウグストゥスの治世には間違いなく植民地になっていた。

クールラント Kurland [Courland]［ラトビア語：Kurzeme クルゼメ]（ラトビア）

ラトビアのバルト海と西ドビナ川の間の地方。レット語族のクール人が住みつき、1237年にリボニア騎士団に占領された。1561年*ポーランド（Poland）宗主国下の大公国となる。ロシアの影響力が増し、1795年に*ロシア（Russia）に併合される。1918年ラトビア領となる。

クルーリ Koulouri/Kuluri ⇒ サラミス[2] Salamis（ギリシア）

クルン・カオ Krung Kao ⇒ アユタヤ Ayutthaya

クルンクン Klungkung [Kloengkeng]（インドネシア）

*バリ（Bali）州デンパサール市の北東24kmの町。17世紀〜1908年まで、バリの都だった。ヒンドゥー教遺跡が遺る。

クルーン・テーブ Krung Theb ⇒ バンコク Bangkok

グレ Gray（フランス）

フランス東部、オート‐ソーヌ県の町。*ブズール（Vesoul）の西48km、*ソーヌ川（Saône River）に臨む。7世紀に建設された。ルイ14世に町も要塞も破壊される。フランス・プロイセン戦争中、アウグスト・フォン・ウェルダー将軍率いるドイツ軍が*ディジョン（Dijon）、*ラングル（Langres）、*ブザンソン（Besançon）を攻撃する際の宿営と拠点となった。13〜15世紀にかけて建設されたゴシック様式の教会と17世紀の城が現存する。

クレア Clare [ゲール語：an Clá オ・クロー]（アイルランド）

アイルランド西海岸の州。*シャノン川（Shannon River）の北側に位置する。新石器時代および青銅器時代より住人のいる地域。4世紀には*マンスター（Munster）の一部だったが、16世紀までソーモンド王国の一部となり、エリザベス1世の治世に州になった。1828年のクレアでの選挙でダニエル・オコンネルが勝利を収めたところから、アイルランドでカトリックが解放される道が開けた。先史時代の遺跡が数多く見られる。

グレアムズタウン Grahamstown ［アフリカーンス語：Grahamstad グラハムスタッド］（南アフリカ）

*東ケープ州（Eastern Cape）の町。*ポート・エリザベス（Port Elizabeth）の東北東120kmに位置する。1812年、駐屯地として建設され、19世紀初期にはコーサ族などから再三攻撃された。1820年、イギリス人が入植し、*ケープ植民地（Cape Colony）東部の中心地となる。20世紀に入り、1904年にローズ大学と先史時代の遺物と博物学的資料が収められたオールバニー博物館が創設され、教育と文化の中心地となる。

グレアム・ランド Graham Land ［旧名：Graham Coast, North Graham Island, South Graham Island］（イギリス）

*南極大陸（Antarctica）の半島で、南緯65°から南緯16°15′までのイギリス領南極地域。1831〜1832年、ジョン・ビスコーによりイギリスに併合された。*アルゼンチン（Argentina）と*チリ[1]（Chile）も領有権を主張し、複数の島と考えられていたが、調査の結果、南極大陸の一部であることが判明。

クレイグアバド Craigavad （北アイルランド）

*ベルファスト（Belfast）の郊外。1913年7月12日、15万人の北アイルランド人がアイルランド自治法案に対して反対集会を行なった場所。

グレイタウン Greytown ⇒サン・フアン・デル・ノルテ San Juan del Norte

グレイタームンテニア Greater Walachia ⇒ムンテニア Muntenia

クレーウェ Kleve ［Cleve］ ［英：Cleves クレーブズ；仏：Clèves］（ドイツ）

*ミュンスター（Münster）の西南西106km、*ノルト・ライン-ウェストファーレン（North Rhine–Westphalia）州の町および旧公国。11世紀以降伯爵領で、1242年に勅許を受けた。1417年に公国となり、1521年に領土が拡大される。1450年にイングランドのヘンリ8世と結婚したアン・オブ・クレーブズは、ドイツのプロテスタントのリーダー、ヨハン3世の娘だった。1614年以降町は*ブランデンブルク（Brandenburg）選定侯の統治を受け、1609〜1666年まで公爵の後継者争いが繰り広げられた。革命戦争中にフランスに奪われたのち、1815年には*プロイセン（Prussia）の手に渡る。1919〜1925年までは*ベルギー（Belgium）の支配を受けた。歌劇ローエングリンの伝説にまつわるシュワーネンブルクの城、15世紀の塔、14世紀と15世紀の教会が遺る。

グレウム Glevum ⇒グロスター Gloucester

クレシー Crécy ［クレシー・アン・ポンティユー Crécy en Ponthieu, クレシー Cressy］（フランス）

フランス北部、*アブビル[1]（Abbeville）の北20km、ソンム県の町。1346年8月26日、《百年戦争》で最初の本格的な戦いが行なわれ、エドワード3世のイングランド軍がフィリップ6世のフランス軍をここで破った。この戦いでイングランドは軍事大国としての地位を確立するとともに、長弓隊と歩兵隊が騎士軍を相手に戦果を挙げた最初の戦いとなった。フランス貴族の3分の1が戦死し、勝利を挙げたイングランド軍は*カレー（Calais）を占領するために北進した。

クレシー・アン・ポンティユー Crécy en Ponthieu ⇒クレシー Crécy

クレス Cures（イタリア）

イタリア中西部、ローマ県の古代都市。*ラツィオ〔ラティウム〕（Latium）州*ローマ（Rome）の北東に位置する。伝説ではローマの*クイリナリス（Quirinal）の丘に住むサビニ人の本拠地だった。第2代ローマ王ヌマ・ポンピリウス（在位前715～前673）の生誕地。

クレスウェル・クラッグズ Creswell Crags（イングランド）

チェスターフィールドとワークソップの間にある*ダービーシャー（Derbyshire）州の峡谷で考古学的遺跡。絶滅した脊椎動物の重要な化石や、旧石器時代の狩猟の道具が発見されている。化石は前1万3千年～前9千年までのもの。発掘地にちなんでクレスウェル文化と呼ばれる。

クレスピ Crespy ⇒クレピ Crépy

クレタ島 Crete〔古代：Candia カンディア, Creta クレタ；ギリシア語：Krete クレテ, Kriti クリティ〕（ギリシア）

*地中海（Mediterranean Sea）東部、ギリシアの南南東、トルコの西に位置する島。エーゲ文明の発祥の地とされる。初期の時代には伝説のミノス王にちなみミノアと呼ばれて、前2800年頃～前2100年頃までの前期ミノア文明、前2100年頃～前1500年頃までの中期ミノア文明、前1500年頃～前1000年頃までの後期ミノア文明に分けられる。前期の時代には新石器時代の文化を基本に、金属の輸入、青銅器の使用、神聖文字が見られ大きく文化が発展した。*クノッソス（Knossos）とフェイストスを中心とする数多くの集落ができ

てきたのはこの時代である。クレタ島独自の壺、印章、織物がカフーン〔ラフーン〕で発見されたエジプト第12王朝時代の遺跡から出てきたということは、この時期に外国と広く交易を行なっていた証拠となる。

中期と後期には大宮殿が建設され、線状文字A型が使用された。前1500年頃、大地震と*テラ（Thera）の噴火についで、*ミケーネ（Mycenae）からギリシア人が侵攻し、島の文化は破壊されたり、傷つけられたりした。クレタ島の文明は間もなく衰退する。後期ミノア文明の時期になると、島には豪勢な宮殿がいくつも建てられて再び繁栄するが、ミケーネのギリシア人に支配されることも珍しくなかった。この時期が終わりに近づくと、クレタ島はエーゲ文化の中心からはずれ、文化はギリシア本土へと移動する。暗黒時代、アルカイック期、古典期、ヘレニズム時代のクレタ島の歴史はギリシアの歴史に吸収された。

前67年、クレタ島はクィントゥス・メテッルスによって*ローマ（Rome）に併合された。395年には*ビザンツ帝国（Byzantine Empire）に支配されたが、824年アラブ人に占領され、9世紀の間はサラセン人の海賊の本拠地となった。960～961年、ニケフォロス・フォカスによって再びビザンツ帝国の支配下に入れられた。1202～1204年の第4回十字軍の指導者だったモンフェラート侯ボニファチオがクレタ島を*ベネツィア（Venice）に売却。1669年、*オスマン帝国（Ottoman Empire）に征服され、ベネツィア人は1715年までには島から完全に追放された。

19世紀末、クレタ島は*トルコ（Turkey）からの独立を目指し、ギリシアに編入しようとして、1896年にギリシアから支援を受け、1897年にギリシア・トルコ

570 クレテ

戦争が起こった。トルコが勝利を収めたが、ヨーロッパ列強の圧力によってクレタ島から撤退させられた。クレタ島は名目上、トルコ領だったが、*イングランド（England）、*フランス（France）、*ロシア（Russia）、*イタリア（Italy）の監督下に置かれた。半独立国となり、1908年にギリシアに暫定的に合併し、最終的には1913年に編入した。第2次世界大戦では1941年5月20日～30日までドイツの空挺部隊によって占領された。1944年、連合軍により解放される。

クレテ Krete ⇒クレタ島 Crete

クレディット島 Credit Island ⇒ダベンポート Davenport

グレート・アドミラルティ島 Great Admiralty Island ⇒マヌス Manus

グレート・サーペント・マウンド Great Serpent Mound（合衆国）

*オハイオ（Ohio）州南部、アダムズ郡にある先史時代のインディアンの土塁。現在はサーペント・マウンド州立公園の中にある。長さ400メートル、底部の幅は60メートル、高さは1メートル程度。何の目的で作られたかは謎。防塁として、あるいは宗教儀式に用いられた可能性がある。

グレート・サルティ島 Great Saltee Island ⇒サルティ諸島 Saltee Islands

グレート・ジンバブエ遺跡 Great Zimbabwe（ジンバブエ）

ビクトリアの南東27km、旧*ローデシア（Rhodesia）の大規模な遺跡。二つの大きな囲壁をはじめとする遺跡は14世紀末～

15世紀初めのショナ族が支配していた時代のもので、彼らは「石の家」を意味する「ジンバブエ」を国名とした。ジンバブエで最初期の集落は11世紀頃に誕生。14世紀までには農業・牧牛を基盤とし鉄器を使用する安定した文化をもつショナ族が金を*キルワ（Kilwa）やソファラなど沿岸の町に輸出して繁栄していた。輸出された金はさらにインド洋を経て東洋へと再輸出される。

グレート・ジンバブエは宮殿でも要塞でも都市でもなく、首長の配下にある民衆の活動拠点として建てられた石造りの囲壁がいくつも並んでいる遺跡で、囲壁と塔を作ったのは地元民だったが、20世紀初期のヨーロッパ人はアフリカ人が作ったとは思いたがらず、フェニキア人かアラブ人、あるいはシバの女王が作ったものと考えた。しかし、近年の考古学の研究により、その制作時期と制作者が明らかにされた。16世紀初期にポルトガル人が到来した時には、北部のムワナムパタがまだ勢力を維持してはいたが、文化はすでに衰退していた。この地元文化の名残も好戦的なズールー族を避けて北進したングニ族により破壊される。ングニ族はショナ族最後の王を捕まえて生皮を剥いだ。

グレート・スモーキー山脈 Great Smoky Mountains（合衆国）

東部の*ノースカロライナ（North Carolina）州*アッシュビル（Asheville）と西部の*テネシー（Tennessee）州*ノックスビル（Knoxville）に挟まれたアパラチア山系の西部を占める山地。地質学上は世界でも最古の部類に入る山地で1,800メートルを超える山頂が25カ所以上あり、動植物の種類も豊かで、アメリカで最大面積の原始林が広がる。山脈の名前は煙のような霞

が立ちこめているところからつけられた。

　この山脈はアメリカが西部へと拡張する際の障壁となったが、現在では標高1,538メートルのニューファウンド峠を通って道が走っている。本来はチェロキー族インディアンの土地で、造山をめぐる伝説が彼らの信仰では重要な話になっている。1540年代、スペイン人探検家エルナンド・デ・ソトが山脈の南部を踏破。のちに白人開拓者が渓谷に居住。その時代の粗末な住居が保存されている。1761年、グラント大佐がチカソー族とカトーバ族インディアンを率いてチェロキー族の居住地に侵攻し、彼らの高度に整備された町を破壊し、住人を追い出した。1838〜1839年に最高裁の判決によってチェロキー族は退去させられる。1791年に出版されたウィリアム・バートラムの文章により初めてこの山脈が有名になる。19世紀になるとノースカロライナ州出身の上院議員トマス・L・クリングマンとスイス生まれの地理学者アーノルド・H・ギョーが探検し、山脈は広く知られるようになる。1828年、*ジョージア[1]（Georgia）州が山中のチェロキー族領を併合。1930年、その領地の一部を原始林保護のためにグレート・スモーキー山脈国立公園とする。人気のハイキング道、アパラチア山道は*メイン（Maine）州からジョージア州まで山脈の尾根を走る。露天掘りと伐採が山地の自然環境を脅かしている。

グレート・スレーブ湖 Great Slave Lake（カナダ）

*ノースウェスト・テリトリーズ[1]（Northwest Territories）、マッケンジー地区南部にあるカナダで2番目に大きな湖で、北アメリカでは最大の深度。インディアンのスレーブ族（ドグリブ族）にちなんで命名。1771年、イギリスの毛皮商人サミュエル・ハーンにより発見され、1930年代に金鉱が見つかると注目を集めた。現在も重要な金の産出地域。この地域のインディアンにちなんで命名された町である*イエローナイフ（Yellowknife）が湖畔に鉱業の拠点として建設され、現在はノースウェスト・テリトリーズの州都となっている。

グレート・スワンプ Great Swamp ⇒サウス・キングズタウン South Kingstown

グレート・ソルト湖 Great Salt Lake（合衆国）

*ユタ（Utah）州北西部の湖。この有名な湖は流出河川がなく、長さは133km、幅は82km。1824年、ジェイムズ・ブリッジャーが発見。ジョン・C・フリーモントが湖周辺の塩の砂漠を初めて探索した。*ソルト・レーク・シティ（Salt Lake City）は1847年に湖の東端近くにモルモン教徒により建設された。

グレート・ソルト・レーク・シティ Great Salt Lake City ⇒ソルト・レーク・シティ Salt Lake City

グレート・ディズマル湿地 Great Dismal Swamp ⇒ディズマル湿地帯 Dismal Swamp

グレート・トレイル Great Trail（合衆国）

*アレゲニー川（Allegheny River）と*モノンガヒーラ（Monongahela）川の合流点のピット砦から現在の*デトロイト（Detroit）のある土地まで続いてたインディアンの道。*カンバーランド道路（Cumberland Road）が開通するまではこの道が西部への移動に使われていた。

グレトナ・グリーン Gretna Green（スコットランド）

*ダムフリース・アンド・ギャロウェー

（Dumfries and Galloway）郡の村。*カーライル[1]（Carlisle）の北北西15km、イングランドとの国境が近く、サーク川に臨む。イングランドで婚姻の法律が厳しくなった1745年から、駆け落ちしたカップルが結婚できる場として有名になる。1856年からは結婚する二人のいずれかがスコットランドに21日以上居住していなければ結婚許可証は発行されなくなった。

グレート・バリントン Great Barrington（合衆国）

*マサチューセッツ（Massachusetts）州の町。*ピッツフィールド（Pittsfield）の南30km、*フーサトニック川（Housatonic River）に臨む。バリントン子爵ジョン・シュート（1678～1734）の名にちなんで命名。シェイズの反乱（負債と重税に苦しんだ農民の反乱）の中心地となり、1786年9月12日には裁判所の開廷を阻止した。1758～1765年までジョゼフ・ドワイトが住んだ。ドワイトは商人・弁護士・マサチューセッツ軍の准将で、フレンチ・インディアン戦争では1745年の*ルイスバーグ（Louisburg）遠征に加わった。アメリカの詩人で新聞編集者のウィリアム・カレン・ブライアントは1815～1825年までこの町で弁護士と町役場の役人を務めた。

グレート・フォールズ Great Falls（合衆国）

*モンタナ（Montana）州中部の都市。*ミズーリ川（Missouri River）に臨む。ミズーリ川の大滝の北19kmに位置する。アメリカ西部開拓時代の著名な画家チャールズ・M・ラッセルの丸太小屋が博物館として保存されている。

グレート・ブリテン王国 Kingdom of Great Britain

1707年、連合法によりにイングランドと

スコットランドが統合して成立した国家。1701年5月1日～1800年12月31日まで存続した。この国名は1604年以来連合関係にあった両国で使用されることもあった。1801年以降は「グレート・ブリテンおよびアイルランド連合王国」、1921年アイルランド自由国が成立してからは「グレート・ブリテンおよび北アイルランド連合王国」がイギリスの公式名称となる。

グレート・ブリテンおよび北アイルランド連合王国 United Kingdom of Great Briatin and Nothern Ireland ⇒ イギリス United Kingdom, グレート・ブリテン島 Great Britain

グレート・ブリテン島 Great Britain

ヨーロッパ北東部、近隣の島を含むイギリス諸島中で最大の島。21世紀初めにノーフォーク[1]（Norfolk）州で発見された石器により、グレート・ブリテン島には80万年～100万年前には人類が生存していたと考えられるようになった。

現在は*イギリス（United Kingdom）を形成。グレート・ブリテンの歴史は、そのまま*イングランド（England）、*ウェールズ（Wales）、*スコットランド（Scotland）の歴史でもある。1603年、スコットランドのジェイムズ6世のもとにスコットランドとイングランドの王位が統合される。1707年、連合法によりイングランドとスコットランドが合併。1801年には両者の議会が統合され、グレート・ブリテンは正式名称を「グレート・ブリテンおよび北アイルランド連合王国」とするイギリスの一部となる。

グレート・プレーンズ ⇒ 大平原〔グレート・プレーンズ〕 Great Plains（カナダ、合衆国）

グレート・ベア湖 Great Bear Lake（カナダ）

カナダ北西部にあるカナダ最大の湖で、北アメリカでは4番目の大きさ。*ノースウェスト・テリトリーズ[1]（Northwest Territories）マッケンジー地区にある。1800年頃、ここに交易所を設置したノースウェスト会社の貿易業者たちにより発見された。1825年、イギリスの探検家サー・ジョン・フランクリンが南西沿岸にフランクリン要塞を建設。1929年に東岸で発見されたラジウム鉱石で有名になったが、現在は枯渇した。

グレート・マーロー Great Marlow ⇒マーロー Marlow

グレート・ヤーマス Great Yarmouth ⇒ヤーマス[2] Yarmouth（イングランド）

グレナダ Grenada［スペイン語：Concepción コンセプシオン］

*西インド諸島（West Indies）東部、ウィンドワード諸島の島国で、カリアク島などのグレナディーン諸島南部を含む。グレナダ島は*トリニダード（Trinidad）の北145kmに位置する。1498年、コロンブスが到達して命名したが、先住民のカリブ族が植民地化に抵抗を続け、1650年に*マルティニーク（Martinique）島のフランス人総督の下で入植を開始。1674年、フランス領となるが、1762年にイギリスが占領し、1763年にイギリスに割譲される。1779～1783年までフランスが支配するが、その後は再びイギリス領となる。1783年にイギリスの植民地にされたのち、アフリカから奴隷が投入され、農場で砂糖の栽培が始まる。1795年、先住民の蜂起があるが、イギリスが鎮圧。1958～1962年まで西インド諸島連邦の一員となり、1967年に西インド諸島連合州の州と

なる。1974年、独立してイギリス連邦に属する。1983年10月、軍部のクーデターによりマルクス主義者とキューバの連合政府が誕生。島内の1千名のアメリカ人医学生の安全確保とキューバ軍による飛行場建設への危機感から、*アメリカ（USA）は東カリブ諸国機構の支持を得てグレナダに侵攻。若干の抵抗はあったが、左翼政権は倒れ、キューバ人の顧問も排除された。1994年の選挙でハーバート・ブレーズが首相に選出される。1995年の選挙では新国民党の党首キース・ミッチェルが首相となり、1994年に再選。2004年、ハリケーンにより被害は甚大。

クレピ Crépy［クレピ-アン-ラノワ Crépy-en-Laonnois］［旧名：Crespy クレスピ］（フランス）

フランス北東部、エーヌ県の町。*ラン[1]（Laon）の北西10kmに位置する。1544年9月18日、フランソワ1世とカール5世の4度目の戦争が、この町で条約を締結して終戦となった。神聖ローマ帝国皇帝カール5世は*ブルゴーニュ（Burgundy）の領有権を放棄し、フランス王フランソワ1世は*アルトワ（Artois）、*ナポリ（Naples）、フランドル（Flanders）の領有権を放棄し、プロテスタントに対抗して皇帝を密かに支援することに同意した。

クレピ-アン-ラノワ Crépy-en-Laonnois ⇒クレピ Crépy

グレフ Gurev ⇒アティラウ Atyraū

クレーフェルト Krefeld［旧名：Crefeld, Krefeld-Uerdingen］（ドイツ）

*エッセン（Essen）の西南西30kmの都市。1373年に勅許を受け、17世紀と18世紀にはプロテスタントの亡命者が始めた絹織物産業が栄えた。七年戦争中の1758年

に近隣で戦闘があり、ブラウンシュワイク公フェルディナンドがフランス軍に対して勝利を収めた。13世紀の教会が遺る。

クレブクール砦 Fort Crèvecoeur ⇒イリノイ Illinoi, ピオリア Peoria

クレーブズ Cleves ⇒クレーウェ Kleve

グレーブゼンド Gravesend（イングランド）

イングランド南東端、*ケント（Kent）州の町。*ロンドン（London）の東35km、*テムズ川[2]（Thames, River）河口に位置する。ロンドン港の玄関口として知られ、何世紀にもわたってロンドンの来賓を公式に迎え入れる場であり、探検隊の出発点ともなった。1617年、インディアンの族長の娘ポカホンタスはこの町で亡くなり、教区の墓地に埋葬された。

クレーマ Crema（イタリア）

*ロンバルディア（Lombardy）州クレモナ県の町。*クレモナ（Cremona）の北西37km、セリオ川に臨む。ケルト人の町だったと思われるが、1159年に神聖ローマ帝国皇帝フリードリヒ1世に略奪される。その後、ビスコンティ家、ミラノ人、ベネツィア人、フランス人、オーストリア人に次々に占領され、1860年にイタリア領となった。

クレムシール Kremsier ⇒クロメリッツ Kroměříž

クレムス Krems［クレムス・アン・デア・ドナウ Krems an der Donau］（オーストリア）

*ウィーン（Vienna）の西北西61km、*ドナウ川（Danube River）沿いの都市。995年に記録に登場し、12世紀に勅許を受けた。近隣にローマの野営地跡があり、中世の要塞、ゴシック様式の教会、オーストリア初期のバロック様式の教会など、古い建築物が数多く残る。

クレムス・アン・デア・ドナウ Krems an der Donau ⇒クレムス Krems

クレメネチ Kremenets［ポーランド語：Krzemieniec］（ウクライナ）

ウクライナ西部、テルノーピリ州の都市。*ルーツク（Lutsk）の南南東75kmに位置する。11世紀以降スラブ人が居住していた町で、13世紀にモンゴルの攻撃を受けた。15世紀と16世紀には支配権が*ポーランド（Poland）と*リトアニア（Lithuania）の間を行き来した。1569年両国の合併後は、王家の居地として存続。ポーランド女王ボナ・スフォルツァは15世紀にここに暮らした。1795年*ロシア（Russia）に併合され、1919～1945年までポーランドの一部となる。19世紀には有名なポーランドの学園があった。

クレメンチューク Kremenchug（ウクライナ）

*キエフ（Kiev）の南256km、*ドニエプル〔ドネプル〕川（Dnieper River）沿いの都市。1571年に要塞として建設され、1765年に都市権を獲得。1917～1921年と第2次世界大戦中には深刻な被害を受けたが、再建されている。注目すべき教会が多数遺る。近隣には石器時代の墳墓がある。

クレモナ Cremona［ゲール語：Cenomani ケノマニ］（イタリア）

*ロンバルディア（Lombardy）州クレモナ県の県都で古代ローマの都市。*ミラノ（Milan）の東南東78km、ポー川（Po River）に臨む。前218年、ローマ人によりガリア系ケノマニ人の集落跡に建設された。ウェルギリウスが通学したのはこの土地だった。5世紀になりゴート人とフン族に

略奪され、7世紀にランゴバルド人が再建し、学問の中心地として有名になる。独立は1098年以降で、クレモナは当初、フリードリヒ1世を支持していたが、1167年に反旗を翻して、ロンバルディア都市同盟に加わった。ビスコンティ家、ミラノ人、ベネツィア人、スペイン人、オーストリア人に次々に占領され、1860年にイタリアの支配下に入った。ロマネスク様式とルネサンス様式のみごとな建築が市の中央部に見られる。17、18世紀にはバイオリンの製作で有名だった。*マントバ（Mantua）から近い。

クレルボー Clairvaux（フランス）

フランス中東部、オーブ県の村。*トロワ（Troyes）の東南東65kmに位置する。1115年にクレルボーの聖ベルナールによって創設された大修道院がシトー会の拠点となった。1808年に刑務所に転用された。

クレルモン - フェラン Clermont-Ferrand［古代：Augustonemetum アウグストネメートゥム］（フランス）

ピュイ・ド・ドーム県の県都。1731年にクレルモンとモンフェランが合併してできた都市。*リモージュ（Limoges）の東140kmに位置する。ローマ時代からの町で、クレルモンはアルウェルニ族の首府となった。中世には司教座が置かれキリスト教の拠点となる。ローマ教皇ウルバヌス2世が1095年にここで第1回十字軍の必要を説いた。1556年、*オーベルニュ（Auvergne）公国の首都。現在は工業都市として繁栄し、タイヤメーカーのミシュランの本社がある。

グレンコー Glencoe［Glen Coe］（スコットランド）

スコットランド西部、*ハイランド（Highlands, The）の谷。*グラスゴー（Glasgow）の北北西100kmに位置する。1692年2月、初代ブレッドオールベン伯ジョン・キャンベルと初代ステア伯ジョン・ダルリンプルの率いる*グレンリヨン（Glenlyon）のキャンベル一族の軍隊がグレンコーのマクドナルド一族を虐殺したことで知られる土地。

グレーンジマス Grangemouth（スコットランド）

スコットランド中部の港町。*エディンバラ（Edinburgh）の西北西35km、フォーズ湾に臨む。フォース・アンド・クライド運河の終点。1777年、運河の終点として建設され、運河は1790年に開通。蒸気船の様々な実験が行なわれ、1802年に世界初の外輪蒸気船シャーロット・ダンダス号がここで進水した。

グレンズ・フォールズ Glens Falls（合衆国）

*ニューヨーク（New York）州東部の町。*ハドソン川（Hudson River）上流で、18メートルの滝がある。1762〜1763年に入植され、独立戦争中の1780年にイギリス軍に破壊された。滝のそばにあるクーパーズ・ケイブは作家ジェイムズ・フェニモア・クーパーの名にちなみ、クーパーの『モヒカン族の最後の者』に登場する。

グレンダロッホの谷 Glendalough, Vale of（アイルランド）

アイルランド東部、ウィックロー州の谷。*ウィックロー（Wicklow）の西に位置する。6世紀に聖ケビンが創設した修道院をはじめ、初期キリスト教の教会の遺跡が見られるほか、11〜12世紀の教会の遺跡や円塔、聖ケルビンの十字架がある。小さな湖を見下ろす山腹の岩棚にケルビンが隠棲していたと言われる。

576 クレンテル

グレンデール¹ Glendale（合衆国）

*カリフォルニア（California）州南西部、サンファーナンド峡谷の都市。*ロサンゼルス（Los Angeles）の北東13kmに位置する。カリフォルニアで最初の払い下げ公有地の一部で、1784年にスペインのベルドゥゴ家に与えられた120平方キロメートルの土地が元になっている。長年、牧場として使われ、1847年1月13日にここでカフエンガ条約に署名され、カリフォルニアはアメリカ・メキシコ戦争から手を引いた。1883年にサザン・パシフィック鉄道が開設された時に、ここに住んでいた白人は13家族のみだった。

グレンデール² Glendale ⇒フレーザー農園 Frayser's Farm

グレンフィナン Glenfinnan ⇒シエル湖 Shiel, Loch

グレンラン Grønland ⇒ グリーンランド Greenland

グレンリヨン Glenlyon（スコットランド）

スコットランド中部、*パース²（Perth）の西北西60km、*テイサイド（Tayside）の谷。谷の東端にはキャンベル一族が昔住んでいたグレンリヨン・ハウスがある。

クロアチア Croatia［セルボ‐クロアチア語：Hrvatska フルバツカ］

*アドリア海（Adriatic Sea）に臨む独立国家で、1991年まで*ユーゴスラビア（Yugoslavia）を構成する共和国で、ユーゴスラビアの北西部に位置する。クロアチア、*スラボニア（Slavonia）、*ダルマチア（Dalmatia）、*イストリア（Istria）半島の大部分からなる。古代にはローマの属州*パンノニア（Pannonia）の一部だった。7世紀、*ウク

ライナ（Ukraine）から移住したスラブ系民族のクロアチア人が定住。10世紀には王国となって、近隣の地域を武力によって獲得したが、1091年には*ハンガリー（Hungary）王ラディスラウス1世に征服された。1526年までハンガリー領だったが、*モハーチ（Mohács）の戦いでトルコ人が勝利を収めたために、大半は*オスマン帝国（Ottoman Empire）の支配下に入れられた。17世紀末までにオスマン帝国は衰退したが、クロアチアの独立は*オーストリア（Austria）のハプスブルク家に抑えられた。

クロアチアの一部は1809年にナポレオン1世が設けた*イリュリア州（Illyrian Provinces）に編入されたが、1815年には再びオーストリアの支配下に置かれた。クロアチア人の民族主義は、常に激しいものだが、1848年にはそれが暴動となり鎮圧された。1867年、オーストリア・ハンガリー帝国が形成されると、クロアチアはハンガリーに編入され、首都は*ザグレブ（Zagreb）となった。翌年、クロアチアとスラボニアはある程度の自治権を与えられる。第1次世界大戦によりオーストリア・ハンガリー帝国が崩壊すると、クロアチアはセルビア人、クロアチア人、スロベニア人の王国の一部となって、1929年に再びユーゴスラビアが国名となる。しかし、第2次世界大戦まではクロアチアの愛国主義者の中にはさらなる自治権の拡大、さらには独立をも求めて激しく抵抗する者もいた。1941年、ナチスドイツがユーゴスラビアに侵攻し、クロアチアは名目上は独立国家ながら、ドイツとイタリアの支配下に置かれ、1945年にはユーゴスラビアだけが解放された。

1991年、クロアチアが独立宣言。クロアチアのセルビア人がセルビア軍の支援を得て、集結して自治を宣言した。1995

年までにはクロアチアはセルビア軍から支配権を奪取した。クロアチアの経済状態は改善されてきたが、国内およびクロアチア周辺の*スロベニア（Slovenia）、*ハンガリー（Hungary）、*ボスニア・ヘルツェゴビナ（Bosnia and Herzegovina）、*モンテネグロ（Montenegro）との間で民族間の摩擦がなくならない。2003 年、クロアチアがヨーロッパ連合（EU）への加盟を申請。⇒リエカ Rijeka

クロイツナハ Kreuznach ⇒**バート・クロイツナハ** Bad Kreuznach

クロイランド Croyland ⇒**クローランド** Crowland

クロイン Cloyne［ゲール語：Cluain クロイン］（アイルランド）
　アイルランド南部の昔の司教区。*コーク（Cork）の南東 25km に位置する。6 世紀に建設され、823 年、*スカンジナビア（Scandinavia）のバイキングに攻撃され、さらには派閥争いによっても何度か破壊の憂き目に遭った。有名なアイルランド人哲学者ジョージ・バークリーは 1734 ～ 1753 年までクロインの司教だった。14 世紀の大聖堂が現在も建っている。

グロイン Groyne, The ⇒**コランナ** Corunna

クロイン・ベク・ノーシュ Cluain Mic Nois ⇒**クロンマクノイズ** Clonmacnoise

グローガウ Glogau ⇒**グウォグフ** Głogów

クロコダイル川 Crocodile River ⇒**リンポポ川** Limpopo River

クロコディロポリス Crocodilopolis ⇒**アルシノエ** [2] **Arsinoë**

クロス・キーズ Cross Keys（合衆国）
　*バージニア（Virginia）州北部の村。*ストーントン（Staunton）の東北 30km に位置する。南北戦争中の*シェナンドア川流域（Shenandoah Valley）方面作戦で、1862 年 6 月 8 日に R・S・ユーエル将軍率いる南軍がジョン・フレモン将軍の北軍をこの村で破った。

グロースゲルシェン Grossgörchen［Gross Görchen］（ドイツ）
　ドイツ東部、*ザクセン（Saxony）州の村。*リュッツェン（Lützen）から近い。1813 年 5 月 2 日、この村でナポレオンがロシア軍とプロイセン軍を破ったが、リュッツェンの戦いと呼ばれている。

グロスター [1] **Gloucester**［古代：Glevum グレウム］（イングランド）
　イングランド南西部、*グロスターシャー（Gloucestershire）州の州都。*ロンドン（London）の西北西 150km、*セバーン川（Severn River）に臨む。現在地は西暦 96 ～ 98 年にローマ皇帝ネルウァが建設した都市グレウムの跡地にあたる。アングロ・サクソン時代には*マーシア（Mercia）王国の首都だった。681 年に建てられた大修道院の跡地に 1089 年に建設された有名な大聖堂にはエドワード 2 世が埋葬されている。大聖堂の塔は 1450 年代に建設されたもの。世界で最初の日曜学校が 1780 年にロバート・レイクスによってグロスターに創設された。

グロスター [2] **Gloucester**（合衆国）
　*マサチューセッツ（Massachusetts）州北東部の都市。*ボストン [2]（Boston）の北東

43km に位置する漁港。1605 年にフランスの探検家サミュエル・ド・シャンプランが来訪し、1623 年に入植が始まった。1713 年にアメリカで最初のスクーナー船がここで作られたとされ、それ以来、漁港となった。19 世紀末から行楽地となり、芸術家も集まるようになった。独立戦争以前の家屋が数多く遺っている。

グロスター・シティ Gloucester City（合衆国）

*ニュージャージー（New Jersey）州南西部、*デラウェア川（Delaware River）に臨む。対岸には*フィラデルフィア[1]（Philadelphia）が位置する。1623 年、ここにオランダ人がナッソー砦を建設し、その後、砦を放棄したが、スウェーデン人が入植を試みると、再び占領した。オランダ人とスウェーデン人が協力してイングランドに対抗した時期もあるが、1655 年に*ニュー・ネーデルラント（New Netherland）植民地総督のピーター・ストイフェサントが、毛皮貿易の商売敵になるのではと恐れて、デラウェアのすべてのスウェーデンの要塞を占領した。スウェーデン人が出ていくと、オランダ人はナッソー砦を破壊した。1682 年、クエーカー教徒が入植。アメリカ独立戦争時には何度か小規模な戦いの場となった。

グロスターシャー Gloucestershire（イングランド）

イングランド南西部の州。州都は*グロスター[1]（Gloucester）。*セバーン川（Severn River）が南西に流れ、東にはコッツウォルズ丘陵、西にはディーンの森が広がる。修道院と教会が多く、ローマ時代の遺跡も見られる。

クロスターノイブルク Klosterneuburg［古代：Asturis アストゥリス］（オーストリア）

オーストリア北東部、*ウィーン（Vienna）の北西 13km *ドナウ川（Danube River）に臨む都市。ローマの要塞だったが、1136 年レオポルド 3 世によって、オーストリア最古の聖アウグスティノ修道院が創設された。豪華な修道院には、有名な博物館と図書館、ワイン貯蔵室、1181 年に*ベルダン（Verdun）のニコラスがつくった有名なエナメルと金の祭壇がある。1298 年に都市権を獲得。1938 年からウィーンの一部となるが、1954 年に*ニーダーエスターライヒ〔下オーストリア〕（Lower Austria）に返還された。

クローステル - ツェーフェン Kloster-Zeven ⇒ ツェーフェン Zeven

グロズヌイ Groznyy［Groznyi］（ロシア）

ロシア南西部、*チェチェン〔チェチニア〕（Chechnya）共和国の首都。大*カフカス〔コーカサス〕山脈（Caucasus Mountains）の北麓に位置し、テレク川の支流に臨む。*オルジョニキーゼ（Ordzhonikidze）の東北東 80km に位置する。1818 年に建設されたロシアの要塞として始まり、1893 年に石油が発掘され、ロシアでも屈指の古い産油地域となる。第 2 次世界大戦中には侵攻するドイツ軍の重要な戦略上の目標とされたが、市内に入る直前にソビエト軍に阻止された。1990 年にはソビエトから分離独立したチェチェン共和国の首都となり、ロシア軍と分離独立派軍が衝突する戦場となってきた。

グロースバールダイン Grosswardein ⇒オラデア Oradea

グロースベーレン Grossbeeren（ドイツ）

ドイツ北東部、ブランデンブルク州中部の村。ナポレオン戦争中の 1813 年 8 月 23 日、フリードリヒ・フォン・ビューロー将軍が初めてプロイセンの国民軍を用いて、ニコラ・ウディノー元帥率いるフランス軍を破り、*ベルリン（Berlin）を守った。

グローセンハイン Grossenhain（ドイツ）

ドイツ東部、*ザクセン（Saxony）州の町。*ドレスデン（Dresden）の北 32km に位置する。ドイツでの戦争では必ず大きな戦禍をこうむった。ソルブ人（ウェンド人ともいう）の集落から始まり、ボヘミア人が占領して、防備を厳重に固めた。その後、*マイセン（Meissen）辺境伯領となり、さらに 1312 年に*ブランデンブルク（Brandenburg）辺境伯に占領される。1744 年、大火でほぼ全焼し、ナポレオン戦争中の 1813 年 5 月 16 日にはフランス軍とロシア軍の戦いの場となる。

グロック Gourock（スコットランド）

スコットランド南西部、インバークライド郡の町。*グラスゴー（Glasgow）の西北西 40km、クライド湾の南岸に臨む。現在は海港で避暑地。ヨットが盛ん。第 2 次世界大戦中、アメリカ軍の上陸地点となり、1942 年 5 月〜 1943 年末までに約 131 万 7 千人のアメリカ兵が上陸した。

グロッセート Grosseto（イタリア）

イタリア中西部、*トスカナ（Tuscany）州グロッセート県の県都。*ローマ（Rome）の北西 150km、ティレニア海に近く、オンブロネ川に臨む。附近には 935 年にサラセン人に襲われ、12 世紀には住む者がいなくなった古代エトルリアの町がある。グロッセートのある地域はかつて浅瀬の湾の中にあり、それが湿地のマレンマ・トスカナとなり、中世には疫病が蔓延した。現在、マレンマは農業地帯となり、牧牛も行なわれている。名所として 13 世紀のゴシック様式の大聖堂、要塞、エトルリア人の遺物を収めた博物館がある。

町は 1574 〜 1593 年にメディチ家のトスカナ大公が建てたレンガ造りの城壁に囲まれている。*ルッカ（Lucca）の場合と同様に公園になっている集落がある。

グロッタフェッラータ Grottaferrata（イタリア）

*ローマ（Rome）の南東 21km、*フラスカティ（Frascati）の南 3km に位置するアルバン・ヒルズの村。神聖ローマ帝国皇帝オットー 3 世の治世である 1002 年、聖ニーロスによって建てられたバシレイオス修道会士の修道院の所在地であり、そこはローマ時代にはキケロの屋敷と思われる大邸宅があった場所でもある。修道院は 15 世紀にジュリアーノ・デッラ・ロベーレ枢機卿、のちの教皇ユリウス 2 世によって要塞化され、巨大な塔が造築された。教会は 12 世紀築で、聖ニーロスの礼拝堂には 1610 年にドミニコ・ザンピエーリが完成させた重要なフレスコ画がある。

フランシスコ会の聖ボナベントゥラ大学、フランシスコ会の図書館、『フランシスカン歴史古文書』誌を発行する出版局もある。いずれも 1966 年 11 月に*フィレンツェ（Florence）を冠水させたアルノー川の洪水のあとでフィレンツェからここに移転されたもの。

グロット・デ・コンバレル〔コンバレル洞窟〕Grotte des Combarelles ⇒レ・コンバレル Les Combarelles

クロップリーディー Cropredy（イングランド）

*オックスフォードシャー（Oxfordshire）州

の村。*バンベリー（Banbury）の北5kmに位置する。大内乱中の1644年6月29日、チャールズ1世の王党軍がサー・ウィリアム・ウォラー率いる議会軍をこの村で破った。

クロト Croto ⇒クロトーネ Crotone

クロトナ Crotona ⇒クロトーネ Crotone

クロトーネ Crotone ［コトロネ Cotrone］［古代：Croto クロト, Croton クロトン, Crotona クロトナ］（イタリア）

イタリア南西部、*カラブリア（Calabria）州カタンザーロ県の古代都市で港町。*カタンザーロ（Catanzaro）の北東、ラーラント湾に臨む。前710年、アカイア人によって*マグナ・グラエキア（Magna Graecia）にギリシアの植民地として建設され、港として発展し、*レギオン（Rhegion）と*タレントゥム（Tarentum）を結ぶ唯一の港だったために繁栄した。前530年、ピュタゴラスの活動拠点であり、医学の中心地となった。前510年に敵対するシバリス（Sybaris）を滅ぼした。前4世紀～前3世紀にはシラクサ人と*エペイロス（Epirus）の王ピュロスに攻撃され、前227年には*ローマ（Rome）に届したが、第2次ポエニ戦争ではローマに反旗を翻した。982年、ドイツのオットー2世がここでビザンツ人とサラセン人に敗れた。

グロドノ Grodno ⇒フロドナ Hrodna

クロトン Croton ⇒クロトーネ Crotone

グロトン Groton （合衆国）

*コネティカット（Connecticut）州南東部、ニュー・ロンドン郡南部の町。テムズ川の河口に位置し、*ロング・アイランド海峡（Long Island Sound）に臨む。1649年に入植。*ニュー・ロンドン（New London）市とともにニュー・ロンドン海軍潜水艦基地の所在地。1954年、世界初の原子力潜水艦『ノーチラス号』がここで進水。1781年、ベネディクト・アーノルド率いるイギリス軍に攻撃され占領されたグリスウォルド砦がある。植民地時代の指導者サイラス・ディーンの生地。

クロトン - オン - ハドソン Croton-on-Hudson （合衆国）

*ニューヨーク（New York）州南東部、*ウェストチェスター郡（Westchester County）の村。*ニューヨーク市（New York City）の北55km、*ハドソン川（Hudson River）の東岸に臨む。1609年に入植が開始。1697年にステファヌス・バン・コートランドに授与された地所の中にこの村があり、地所の面積は8万7千エーカー、南はクロトン川から北は*ピークスキル（Peekskill）、東はコネティカット州の州境まで広がる。19世紀、ニューヨーク市に給水するクロトンダムと送水設備を1837～1842年まで建設するためクロトンには大勢のアイルランド人とイタリア人が住むようになった。1885～1891年には新たな《クロトン送水管》が増設され、1905年に新しいダムも建設された。

第1次世界大戦後、前衛的な文学者や芸術家、革新派の政治家たちが集まるようになり、編集者で左翼の文筆家マックス・イーストマン、女性詩人・劇作家のエドナ・セント・ビンセント・ミレー、ジャーナリストのジョン・リード、画家のボードマン・ロビンソン、経済学者のスチュアート・チェイスなどがこの村に住んだ。1930年代、建築家のウィリアム・レスケーズが現代建築の簡素さを示す有名な例の一つとされるヘッシアン・ヒル

ズ校を設計した。現在、クロトンは主と
してベッドタウンになっている。バン・
コートランド邸は保存され、修復されて、
一般公開されている。

グロホフ Grochów（ポーランド）

*ワルシャワ（Warsaw）の東の郊外。*ビス
ワ川（Vistula River）に臨む。1831年2月25
日、ポーランド革命中にハンス・カール・
フォン・ディービッチ元帥率いるロシア
軍とポーランド軍がここで戦った。

クロマニョン Cro-Magnon ⇒ドルドーニュ Dordogne, レゼジー Les Eyzies

クロメリツ Kroměříž［Kromeriz］［独：Kremsier クレムシール］（チェコ共和国）

*ブルノ（Brno）の東56kmに位置する*モ
ラビア[1]（Moravia）の都市。その起源は
1110年にさかのぼり、大司教の居地だっ
た。1848年初の*オーストリア（Austria）
議会が行なわれた場所である。13世紀の
教会、図書館を有する18世紀の大司教宮
がある。

クローランド Crowland［クロイランド Croyland］（イングランド）

*ピーターバラ[2]（Peterborough）の北北東
11km、*リンカンシャー（Lincolnshire）州
の村。*マーシア（Mercia）のエセルバルド
王により720年に創設されたベネディク
ト会の大修道院がデーン人のバイキング
に破壊された。再建されたが、大内乱中
の1643年に議会軍に包囲され、その後、
荒廃して今は一部見られるのみとなっ
た。

クロンシュタット[1] Cronstadt/Kronshtadt/Kronstadt ⇒クロンシュロット Kronshlot（ロシア）

クロンシュタット[2] Kronstadt ⇒ブラショフ Braşov（ルーマニア）

クロンシュロット Kronshlot［旧名：Cronstadt/Kronshtadt/Kronstadt クロンシュタット］（ロシア）

*サンクト・ペテルブルグ（Saint Petersburg）
の西40kmにある、コトリン島の海軍基
地。ロシアのピョートル大帝が1703年に
フィンランドから獲得し、サンクト・ペ
テルブルグ防御の要塞を建てた。1825年、
1882年、1905年にこの地で起きた反乱
が、1917年の革命の前兆となり、革命で
はこの基地の水兵が重要な役割を果たし
た。1920年、ボルシェビキに対する反乱
が起こるが鎮圧され、1921年にレーニン
の新経済政策施行に結びついた。第2次
世界大戦中の1941〜1944年は、*ドイツ
（Germany）からレニングラード（Leningrad）
を守る防衛基地として重要な存在だった。

クロンダイク Klondike（カナダ）

オギルビーの南、ユーコン川流域にあ
る*ユーコン準州（Yukon Territory）中部の地
域。1896年この地域のボナンザ・クリー
クで金が発見されると、1897〜1899年に
かけて何万人という人々が押し寄せ、金
の生産は1900年に最盛期を迎えた。
⇒ドーソン Dawson

クロンターフ Clontarf（アイルランド）

*ダブリン（Dublin）の北東、ダブリン湾
北岸の郊外で、古戦場。1014年4月23日、
アイルランド人がここで*スカンジナビア
（Scandinavia）のバイキングを破り、スカン
ジナビア人によるアイルランド支配に終
止符を打った。アイルランドの王ブライ
アン・ボルーはこの戦いで戦死。

クロンマクノイズ Clonmacnoise [ゲール語：Cluain Mic Nois クロイン・ベク・ノーシュ]（アイルランド）

アイルランド中部、オファリー州の初期キリスト教の拠点。*アスローン（Athlone）の南15km、*シャノン川（Shannon River）に臨む。545年、聖キアランによってここに大修道院が設立され、クロンマクノイズはアイルランドでもっとも重要な修道院のある町となり、9世紀には学問の中心地となった。再三、攻撃され略奪される歴史を繰り返し、1552年にはイングランド人に破壊された。現在遺っている遺跡は12世紀の塔で、国の記念物として保存されている。

クワウナワク Cuauhnáhuac ⇒クエルナバカ Cuernavaca

クワジャレン Kwajalein（マーシャル諸島）

西太平洋のマーシャル諸島に属するラリク列島の島。*真珠湾（Pearl Harbor）の南西3,840kmに位置する。マーシャル諸島最大の環礁で、小島が世界最大規模の礁湖を囲んでいる。かつてはアメリカ太平洋諸島信託統治領だった。マーシャル諸島をヨーロッパ人が初めて目にしたのは1529年。その後イギリスとドイツの探検家が訪れ、ドイツが1885年に併合した。第1次世界大戦中の1914年に日本が制圧。1920年に国際連盟に委任統治領として認められると、1935年には完全な支配権を得て、強力な空・海軍基地とした。第2次世界大戦中の1944年1月30日と2月6日、アメリカ軍が侵攻して征服した。1982年、アメリカとマーシャル諸島の住人との間で自治の合意が成立した。アメリカのミサイル追跡、試験設備がある。

クワズールー-ナタール KwaZulu-Natal（南アフリカ）

1994年に*ナタール[2]（Natal）州とクワズールーの黒人のホームランド（自治区）が統合してできた州。州都は*ピーターマリッツバーグ（Pietermaritzburg）で、最大の都市は*ダーバン（Durban）。

グワダル Gwādar [Gwadur] パキスタン

パキスタン南西部、アラビア海に臨む港湾都市。*バルチスタン（Baluchistan）南西部のマクラーン沿岸に位置する。18世紀前半、カラート藩王国から*マスカット（Musqat）のスルタンに与えられた領地。19世紀初めから*オマーン（Oman）領となり、近隣の約780平方キロメートルの領地を含んだ。1958年、パキスタンに割譲される。

グワーハーティ Guwāhāti [旧名：Gauhati ガウハーティ]（インド）

インド北東部、*アッサム（Assam）州の都市。ブラマプトラ川に臨む。*コルカタ（Kolkata）の北東535kmに位置する。1826年、イギリスに割譲され、1826～1874年までアッサム政庁が置かれる。400年頃はヒンドゥー教国カーマルーパ王国の首都。17世紀にはイスラーム教徒と中国雲南省からの移民であるアホーム族の間で領土の奪い合いが繰り返され、1681年にアホーム族による下アッサム統治の拠点となり、1786年にはアホーム朝の首都となる。1826年にイギリス領。カマキャ寺院とブラマプトラ川に浮かぶ島はヒンドゥー教徒の巡礼の場となっている。

グワリオル Gwalior（インド）

インド中部、*マディヤ・プラデシュ（Madhya Pradesh）州北部の都市。*アグラ（Agra）の南120kmに位置する。グワリオル藩王国の中心地だった。西の*ラージプ

ターナ（Rajputana）と連合州（ウッタル・プラデシュ州の旧名）から東のインド中部まで広がる地域。18世紀後半にインド北西部を支配したマラータ王国のシンディア家の領地だった。マハーダージー・シンディアのもとでグワリオル藩王国は全盛期を迎えるが、1803年と1818年にマラータ戦争でイギリス軍に負けて、イギリス領となる。

1947年、インドの独立とともに、グワリオルをはじめとする藩王国が合併してマディヤ・バーラト州となり、さらに1956年にはマディヤ・プラデシュ州と合併。町にはムガル帝国の建築遺跡が多く見られ、平地から90メールほどの高さの断崖の上に立つ城が遺跡を見おろしている。城郭の壁内にはマン・シン王の宮殿がある。断崖にはジャイナ教の巨大な浮き彫り彫刻が施されている。
⇒ マラータ同盟 Maratha Confederacy, ムガル帝国 Mogul Empire

クワール Coire ⇒クール Chur

クワントン Kuang-tung ⇒コワントン〔広東〕Guangdong

クングエルブ Kungälv〔Kungalv〕〔旧名：Konghelle〕（スウェーデン）
*イェーテボリ（Göteborg）の北18kmの都市。9世紀に創設された中世*ノルウェー（Norway）屈指の重要都市で、ノルウェーの伝説にしばしば登場する。1135年ウェンド族に制圧され、1368年には*ハンザ同盟（Hanseatic League）に加盟し、1612年にスウェーデン領となった。14世紀の城跡がある。

グントゥール Guntur（インド）
インド中南部、*アンドラ・プラデシュ（Andhra Pradesh）州の都市。*チェンナイ（Chennai）の北350km、クリシュナ川河口の北西に位置する。18世紀、フランス人により建設され、1788年にイギリスに占領され、1823年に正式に割譲が認められる。タバコと綿の貿易で重要な都市となっている。

クンバコナム Kumbakonam〔Combaconum〕（インド）
インド南東部、タミル・ナードゥ州中東部の都市。*チェンナイ（Chennai）の南東304kmに位置する。7世紀には*チョーラ（Chola）朝の首都で、その後の王朝でも重要な都市だった。数多くのビシュヌ派とシバ派の寺院がある。

クンビ Kumbi ⇒ガーナ王国 Ghana Empire

クンプルング Cîmpulung（ルーマニア）
ルーマニア中部、アルジェシュ県の町。*ブカレスト（Bucharest）の北西130kmに位置する。かつては*カルパティア山脈（Carpathian Mountains）を横断する軍事上重要な径路にある辺境の駐屯地であり、14世紀までは*ワラキア（Walachia）の最初の首都だった。

クンミン〔昆明〕Kunming〔K'un-ming〕〔旧名：Yunnan ユンナン〔雲南〕〕（中国）
*ベトナム（Vietnam）の*ハノイ（Hanoi）の北西544kmに位置する、中国ユンナン〔雲南〕省の都市。古代の王の居地で交通の要地でもあった。マルコ・ポーロも訪れたと考えられている。1910年までに徐々に衰退したが、第2次世界大戦では輸送・軍事の拠点となり、現在は中国南西部の主要都市となっている。

ケ

ケア¹ Cahir [Caher]（アイルランド）

スーア（Suir）川に臨む町。*ティペラリー（Tipperary）州クロンメルの西 16km に位置する。1142 年、古代要塞の跡地にコナー・オブライエンが城を建設。1599 年、城は*エセックス（Essex）伯によって包囲され、1647 年にはインチクウィンによって、そして 1650 年、大内乱が終盤に入った時にオリバー・クロムウェルによって包囲戦が展開された。

ケア² Kéa ⇒ ケオス Keos（ギリシア）

ケアフィリー Caerphilly [Caereffili]（ウェールズ）

ウェールズ南部、旧グラモーガン州ケアフィリー州区_{カウンティ・バラ}の町。*カーディフ（Cardiff）の北北西 11km に位置する。13 世紀にギルバート・ド・クレアが建てた城を中心に発達。1270 年、ルウェリン・アプ・グリフィズに破壊され、再建されたが、1640 年頃、《大内乱》で議会派軍に再び破壊された。現在、城はイングランドとウェールズで 2 番目の大きさを誇り、町は石炭とチーズで有名。

ケアラケクア Kealakekua（合衆国）

*ハワイ（Hawaii）島ケアラケクア湾のコナ地区の上陸地点。1779 年ハワイ諸島を再度訪れたジェイムズ・クック船長がこの地に上陸し、地元民との戦闘で殺された。

慶州_{けいしゅう} ⇒ キョンジュ〔慶州〕Kyongju（韓国）

京城_{けいじょう} Kyongsong ⇒ ソウル Seoul

ケイスター・セントエドマンズ Caistor Saint Edmunds [古代：Venta Icenorum ウェンタ・イケノルム]（イングランド）

*ノーフォーク¹（Norfolk）州*ノリッジ（Norwich）の北 5km に位置する村。ウェンタ・イケノルムは、西暦 62 年に起きたイケニ族の反乱を受けて、ローマ人が徹底したローマ化を実施しようと開発。現在も大規模なローマ軍の駐屯地跡が見られる。

⇒ **コルチェスター Colchester**

景徳鎮_{けいとくちん} ⇒ チントーチェン〔景徳鎮〕Jingtezhen（中国）

ケイマン諸島 Cayman Islands [旧名：Las Tortugas ラス・トルトゥガス]

*カリブ海（Caribbean Sea）の群島。3 島からなり、*ジャマイカ¹（Jamaica）の北西 320km に位置する。1503 年、クリストファー・コロンブスが発見し、1670 年、マドリード条約によってイングランド領となり、1734 年、イギリスが入植地を築いた。現在はイギリスの保護領で、海外の銀行が集まるオフショア金融業の中心となっている。

ケインズビル Kanesville ⇒ カウンシル・ブラフス Council Bluffs

桂林_{けいりん} ⇒ クイリン〔桂林〕Guilin（中国）

ゲインズビル Gainesville（合衆国）

*フロリダ（Florida）州北部の都市。アラチュア郡の郡庁所在地。*ジャクソンビル¹

（Jacksonville）の南西 105km に位置する。セ
ミノール族インディアンの中心集落があ
った場所。1905 年にレーク・シティに創
設され、1906 年にゲインズビルに移転さ
れたフロリダ大学の所在地。

**ゲインズミル Gaines's Mill ⇒コールド・ハ
ーバー Cold Harbor**

ケオクク Keokuk（合衆国）
＊アイオワ（Iowa）州南東端、リー郡の都
市。1829 年に交易所ができ、ソーク・イ
ンディアンの酋長にちなんでその名がつ
いた。酋長ケオククは 1812 年の戦いでブ
ラック・ホークとイギリスの連合軍に加
わらなかったことで、合衆国政府から表
彰され、この地の公園内の記念碑の下に
埋葬されている。ケオククはミシシッピ
川と急流デ・モイン川の合流地点に近く、
急流をさかのぼれない荷物が、ここで陸
上輸送用に切り替えられた。南北戦争中
には 5 カ所に北軍の病院があった。印刷
工として滞在していたマーク・トウェイ
ンゆかりの品が保管されている。

**ゲオク‐テペ Geok-Tepe ⇒中央アジア
Central Asia**

**ケオス Keos［ケア Kéa］［古代：Cea, Ceos；ビザ
ンツ：Zea, Zia, Tzia］（ギリシア）**
スーニオン岬の南東 21km に位置す
る、＊キクラデス諸島（Cyclades Islands）の島。
ケオスの町は古代のイウリスで、前 480
年のアルテミシウムと＊サラミス[2]（Salamis）
の戦いではアテネ＊（Athens）の同盟軍とし
て戦い、のちに＊デロス同盟（Delian League）
に加盟。前 363 ～前 362 年に反乱が起こ
ると、アテネが島に侵攻してきて赤色顔
料の代赭石の独占権を手に入れた。詩人
のバッキュリデースとシモーニデースは

ここで生まれている。中世には海賊が利
用していた。1537 年までには＊ナクソス[1]
（Naxos）公爵領の一部となっていたが、
1566 年にトルコに制圧され、1912 年にギ
リシア領となった。

**ケグズゴルム Keksgolm ⇒プリオゼルスク
Priozersk**

ケサルテナンゴ Quezaltenango（グアテマラ）
グアテマラ南西部、西部高原地帯にある
ケサルテナンゴ県の県都。古くはシェラ
フというキチェー王国の中心地で、現在
はグアテマラ第 2 の都市。その名は「ケ
ツァールの王宮」を意味する。ケツァー
ルはマヤ族にとって重要な象徴で、現在
はグアテマラの国鳥となっている熱帯の
鳥である。

**ケーシュマールク Késmárk ⇒ケジュマロク
Kezmarok**

**ケジュマロク Kezmarok［ハンガリー語：
Késmárk ケーシュマールク；スロバキア語：
Kežmarok］（スロバキア）**
＊コシツェ（Kosice）の北西 75km の町。ハ
ンガリー人の反乱軍指揮者テケリ・イム
レの遺体がここに埋葬されている。この
地の城はテケリ家の住居で、15 世紀の礼
拝堂がある。町にはルネサンス様式の建
築物や 15 世紀のゴシック様式の教会が遺
る。

ゲシュル Geshur［Geshuri］（イスラエル）
＊ガリラヤ湖（Galilee, Sea of）の北東岸にあ
った古代王国。アラム人の＊ダマスカス
（Damascus）王国に併合され、ダビデの時代
にはアラム人の王国となった。

ゲジラ Gezira ⇒ジャジーラ Al-Jazirah

ケズウィック Keswick (イングランド)

*カーライル[1] (Carlisle) の南南西 35km に位置する、*カンブリア (Cumbria) 州の市場町、観光地。*湖水地方 (Lake District) 散策の中心地である。この地に埋葬されているロバート・サウジーが 1803 ～ 1843 年まで住んだグレタホールが遺る。コールリッジが在住し、シェリーが新婚旅行に訪れた。ワーズワス、ラム、ラスキンも訪れている。博物館、ノルマン様式の教会のほか、近隣にはドルイドの城もある。

ケースネス Caithness 〔古代：Cait カイト, Cat キャット〕(スコットランド)

スコットランドの旧州。現在はハイランド 郡に吸収された地域。新石器時代より集落があり、先史時代の遺跡が多い。ピクト人の住む地域だったが、古代スカンジナビア人に侵略された。ケースネス伯領は 1231 年までスカンジナビア人のオークニー伯が支配した。1680 年、スコットランド人氏族同士の最後の大抗争がここで起こった。

⇒ サーソー Thurso

ケスリーン Köslin ⇒ コシャリン Koszalin

ゲゼル Gezer (イスラエル)

古代パレスチナの都市。*エルサレム (Jerusalem) の北西、海岸沿いに広がる*シャロン平原 (Sharon, Plain of) のテルゲゼルにあった。*ロド (Lod) の南 10km に位置する。旧約聖書でヨシュア、ダビデ、マカベア家が争い、中世には十字軍の運動でも重要な都市となる。遺跡の発掘により、前 1900 年頃はエジプトの入植地だったことが明らかになった。青銅器時代中期には穴居人が住んでいた証拠もある。前 17 世紀末の水利施設や農事暦も発見さ

れた。1945 年、ゲゼルの名称を復活させた集落が作られた。

ゲソリアクム Gesoriacum ⇒ ブローニュ Boulogne

ケソン〔開城〕 Kaesŏng [Kaisong] 〔旧名：Songdo ソンド〔松都〕；日本語：Kaijo/Kaizyo 開城〕(北朝鮮)

北朝鮮南西部の都市および地区。*ソウル (Seoul) の北西 70km に位置する古代の都市で、918 ～ 1392 年までの高麗王朝の首都だった時代には、ソンド〔松都〕と呼ばれることもあった。38 度線と交差しているため、1945 ～ 1951 年までは北朝鮮と韓国間の行き来が見られ、朝鮮戦争の間には何度か国連軍から北朝鮮軍の手に渡った。1951 年にこの地で休戦交渉が始まった。歴代の王墓、古い城壁、高麗王宮跡がある。

⇒朝鮮 Korea

ケソンシティ Quezon City (フィリピン)

ルソン島中部、*マニラ (Manila) の北東に隣接する都市。かつては私有地だったが、1948 ～ 1976 年までフィリピンの首都。大統領のマニュエル・ケソンにちなんで命名された。

ケダ Kedah (マレーシア)

北東で*タイ (Thailand) と接する*マレー半島 (Malay Peninsula) 中部の州。400 年頃の初期のヒンドゥー教国の中心地だった。中国語、サンスクリット語、アラビア語の文献によると、8 ～ 13 世紀に半島を*シュリービジャヤ帝国 (Srivijaya Empire) が支配していた時代の重要な海軍基地であり、交易拠点だった。1811 年まで*マラッカ (Malacca) の支配下にあったが、実質的な独立を維持し、盛んに交易を行なってい

た。19世紀にオランダ、シャム、ポルトガルと地元のグループとがこの地の支配権をめぐって争い、スルタンは1786年と1800年にイギリスに2地方を割譲してシャムを遠ざけた。激しい侵攻の末にシャムが1821年から支配するようになるが、1909年にイギリスの保護領となる。1941年*日本（Japan）軍に侵略され、1957年にマラヤ連邦が独立し、その州となる。

ケタティア・アルバ Cetatea Alba ⇒ ビルホロド-ドニストロフスキー Bilhorod-Dnistrovskyi

ケタマ Ketama（モロッコ）

モロッコ沿岸部、*リフ山脈（Rif Mountains）の標高の高い地帯。1936年にこの地でフランコが指揮した反乱が、スペイン内戦につながった。

ケチケメート Kecskemét（ハンガリー）

ハンガリー中部の都市。*ブダペスト（Budapest）の南東83kmに位置。4世紀には存在し、14世紀にはトルコも手を出せない特権都市だった。17世紀にスルタンのメフメト4世の特別許可で建設された改革派教会、博物館や重要な建築物が多数遺る。ハンガリー人の劇作家カトナは1791年にこの地で生まれ没した。

ケックスホルム Kexholm ⇒ プリオゼルスク Priozersk

ゲッセマネ Gethsemane（イスラエル）

*エルサレム（Jerusalem）の東方、*オリーブ山（Olives, Mount of）のふもとの聖書ゆかりの土地。イエスが苦難を味わい、裏切られ、捕縛された場所。4世紀の教会と十字軍時代の教会の遺跡が見つかっている。

ケッセルスドルフ Kesselsdorf（ドイツ）

*ドレスデン（Dresden）の西11kmの古戦場。第2次*シュレジエン（Silesia）戦争中の1745年12月、プロイセンがザクセンを破った地。
⇒プロイセン Prussia

ゲッティンゲン Göttingen（ドイツ）

ドイツ北西部、*ニーダーザクセン（Lower Saxony）州南部の都市。*ブラウンシュワイク（Brunswick）の南南西90km、ライネ川に臨む。10世紀から記録に名前が見られ、1210年に都市権を獲得し、*ハンザ同盟（Hanseatic League）に加わる。1737年、有名なゲッティンゲン大学がハノーバー選帝侯、のちのイギリス王ジョージ2世により創設。1837年、ハノーバー王エルンスト・アウグストが自由主義的憲法を廃止したため、それに反対した比較言語学の創始者で童話作家のグリム兄弟、歴史学のF・ダールマン、G・ゲルビヌスら七人の教授が罷免される事件が起こる。この事件のため大学の名声は失墜するが、19世紀に数学と物理学の分野で業績を上げて復活し、近年はローマ・カトリックの神学者ハンス・キュングの研究拠点として注目を集めている。第2次世界大戦中も被害はなく、14世紀の市庁舎、木骨造りの家、博物館など数多くの歴史的建造物が遺っている。

ゲッピンゲン Göppingen（ドイツ）

ドイツ南西部、*バーデン-ウュルテンベルク（Baden-Württemberg）州の都市。*シュトゥットガルト（Stuttgart）市の東南東40kmに位置する。12世紀中期、ホーエンシュタウフェン家により都市権が与えられた。1425年と1782年に大火に見舞われ、大きな被害を受けた。15世紀の有名な教会と1559～1569年の城が遺ってい

ケッレーリ Karari ⇒オムドルマーン Omdurman

ゲディ Gedi ⇒マリンディ Malindi

ゲティスバーグ Gettysburg（合衆国）
*ペンシルベニア（Pennsylvania）州の町。*ハリスバーグ（Harrisburg）の南西 56km に位置する。アメリカ史上屈指の有名な戦場跡。1863 年 7 月 1 日、ロバート・E・リー将軍率いる南軍がジョージ・G・ミード将軍率いる北軍が交戦。この戦いが南北戦争の山場となったとされる。3 日間の戦いのすえに南軍が退却。1863 年 11 月 19 日、エイブラハム・リンカーン大統領がここで有名な「ゲティスバーグの演説」を行なった。現在、戦場跡はゲティスバーグ国立軍事公園になっている。

ケディリ Kediri［古代：Kadiri］（インドネシア）
*スラバヤ（Surabaja）の南 104km に位置する東*ジャワ（Java）州の州都。11 〜 13 世紀、ヒンドゥー教国ケディリの首都だった。1830 年以降、オランダ領東インドの中心地となる。ヒンドゥー教の遺跡が数多く遺る。

ケデシュ Kedesh［ケデシュ-ナフタリ Kedesh-Naphtali］（イスラエル）
聖書に登場する都市の考古学的遺跡で、*サフェド（Safed）の北 16km に位置する。聖書で何度も言及されている逃れの町で、ローマ時代にも重要だった。ローマ様式のシナゴーグの遺跡が発掘されている。おそらくはキションと同一、または混同されていると思われる。

ケデシュ-ナフタリ Kedesh-Naphtali ⇒ケデシュ Kedesh

ゲデレー Gödöllö ⇒シュベヒャート Schwechat

ケーテン Köthen［Cöthen］（ドイツ）
*デッサウ（Dessau）の南西 19km に位置する、*ザクセン-アンハルト（Saxony-Anhalt）州の都市。1115 年に初めて記録に登場した古い市場町で、1200 年に勅許を受けた。1603 〜 1847 年までアンハルト-ケーテン侯国の首都だった。1717 〜 1723 年まで J・S・バッハがこの地で宮廷楽長を務めた。

ケ・ドルセー Quai D'orsay（フランス）
*パリ（Paris）の*セーヌ川（Seine River）南岸沿いの街路。エッフェル塔とブルボン宮の間に位置する。フランスの将軍にちなんで名づけられた。ここにおかれているフランスの外務省は、地名をとってケ・ドルセーと呼ばれる。

ゲドロシア Gedrosia（イラン、パキスタン）
アジア南西部の古代都市。アラビア海の北、*インド（India）の西に位置する*ペルシア[1]（Persia）と*マケドニア王国（Macedon, Empire of）の一地方。前 325 〜前 324 年にインドから戻ってきたアレクサンドロス大王の軍隊がゲロドシアの砂漠を通った時には、町が攻撃され苦しめられたことはよく知られている。

ゲナブム Genabum ⇒オルレアン Orléans

ケニア Kenya［旧名：East African Protectorate 東アフリカ保護領］
アフリカ中東部、赤道上に位置する共和国。南東はインド洋、北東は*ソマリア（Somalia）、北は*エチオピア（Ethiopia）、西

は*ウガンダ（Uganda）、南は*タンザニア（Tanzania）と接する。首都は*ナイロビ（Nairobi）。ケニア沿岸の交易は2世紀には始まっていた。10世紀までには、アラビアやペルシアの商人が活動しており、*モンバサ（Mombasa）、パテ、*マリンディ（Malindi）の商業都市ではスワヒリ文化が繁栄していた。*ポルトガル（Portugal）の探検家が1498年に上陸したが、海岸の支配権は*オマーン（Oman）の手に渡った。19世紀初頭までにオマーン人が未知の内陸部に通じる交易路を開くと、ヨーロッパ人がケニア内陸部を探検し始め、1887年にはイギリスの民間会社がオマーンの沿岸部を租借した。1895年イギリス政府が引き継ぎ、ナイバシャ湖までの内陸部を含む東アフリカ保護領の領有を主張した。イギリス人は1903年、この地域の戦略拠点を強化するためにモンバサとウガンダ間に鉄道を敷いた。これがケニアの急速な発展の鍵となる。イギリスと南アフリカの入植者が利益になる農地を所有するようになり、インド人商人の大コミュニティも発達した。1920年沿岸部以外のケニアは、イギリス王の直轄植民地となる。第2次世界大戦では、ケニアは*ソマリランド（Somaliland）と*エチオピア（Ethiopia）に拠点を置く*イタリア（Italy）に対する準備基地となった。戦後アフリカ民族主義が高揚し、植民地政府はアフリカ人代表団に対して譲歩し始めた。1952～1956年には、ジョモ・ケニヤッタを指導者とするマウマウ団の乱と呼ばれる大きな反乱が起き、国は痛手を受けた。イギリス政府と民族主義者との妥協案がしだいに形をなし、1963年ケニアはイギリス連邦の一員として独立した。1964年ケニヤッタを大統領とする共和国となり、西側よりの立場を維持した。国家は安定していたが、1968年に商業の大部分を支配するアジア商人のコミュニティに対して攻撃を始め、1972年全アジア人が追放された。1978年ジョモ・ケニヤッタが死に、副大統領のダニエル・アラップ・モイが大統領に就任した。モイは1970年代後半～1980年代、反対勢力の粛清と抑圧によってその権力を固めた。1988年と1992年に民主化推進の暴動が発生し、初めて複数政党による選挙が行なわれたが、不正選挙の告発にもかかわらず、モイが再選された。モイは1997年にも再選。1998年、ナイロビのアメリカ大使館へのテロ爆撃で250人が死んだ。2002年、憲法の規制でモイが再出馬できない中、モイが後継者として選んだ初代大統領の息子ウフル・ケニヤッタをおさえて、反対派の指導者ムワイ・キバキが当選した。政府は今も汚職問題に直面しており、イギリス政府が先住のケニアの人々に課した長期租借に基づく土地問題の改革にも取り組んでいる。

ケーニッツ Köniz（スイス）

現在は*ベルン（Bern）の南西郊外にあたる町。10世紀に*ブルゴーニュ（Burgundy）のルドルフ2世が創設した教会があり、14世紀に窓と壁画が加わった。13世紀に建造されたドイツ騎士団の城もある。

ケニトラ Kenitra［旧名：Port Lyautey ポール・リョーテ］（モロッコ）

北アフリカ、モロッコ北西部、ケニトラ州の州都。*ラバト[1]（Rabat）の北東35kmに位置する。セブー川沿いの、大西洋から16kmの地点にある港湾都市。フランス人に建設され、旧名のポール・リョーテは軍人で植民地行政官だったルイ・H・G・リョーテにちなむ。リョーテは、1912年にモロッコがフランス保護領となったときの総督。1942年11月8日合衆国軍が

近隣に上陸し、モロッコで唯一コンクリートの滑走路を備えたケニトラ空港を制圧、1948年までアメリカ空軍基地とした。10km南西にはメディヤ遺跡がある。17世紀には*スペイン（Spain）がこの一帯を支配し、1911年にはフランスが占領したが、放棄してケニトラだけを支配した。⇒フランス France

ケーニヒグレーツ Königgrätz ⇒サドワ Sadova, フラデツ・クラーロベー Hradec Kralové

ケーニヒスビンター Königswinter（ドイツ）
*ボン（Bonn）の南西10kmに位置する、*ライン川（Rhine River）沿いの町。*ケルン（Cologne）大司教が建てた12世紀の城の廃墟が、ドラゴンズロック（ドラッヘンフェルス）と呼ばれる丘に立っている。この丘は、ニーベルンゲンの伝説でジークフリートに殺されたドラゴンが住んでいた場所といわれている。

ケーニヒスベルク Königsberg ⇒カリーニングラード Kaliningrad

ケニルワース Kenilworth（イングランド）
イングランド中部、*ウォリックシャー（Warwickshire）州の町。*コベントリー（Coventry）の南南東8kmに位置する。1120年頃にジェフリー・デ・クリントンによって建てられた城は、13世紀にはシモン・ド・モンフォールが所有していた。1327年、この城の大広間で、エドワード2世が退位させられている。城は婚姻によってヘンリ4世の父ジョン・オブ・ゴーントに譲られ、のちにエリザベス1世がレスター伯ロバート・ダドリーに与えた。1575年ダドリーがエリザベスをここで歓待した場面が、スコットの小説『ケニルワースの城』に描かれている。城は17世紀に居住者がいなくなった。ケニルワース裁定は1266年にこの地で発布された。1122年頃に創設されたアウグスティノ会の小修道院の遺跡もある。

ゲヌア Genua ⇒ジェノバ Genoa

ケネー Keneh ⇒キナー Qina

ケーネ Caene ⇒キナー Qina

ケネソー山 Kennesaw Mountain［Kenesaw］（合衆国）
*ジョージア[1]（Georgia）州*アトランタ（Atlanta）北西24kmにある古戦場。1864年6月27日、南北戦争の決定的な戦いがこの地であり、シャーマン将軍率いる北軍が2度、ジョンストン指揮下の南軍を攻撃し失敗している。側面攻撃で南軍をアトランタまで退却させたが、犠牲者を2,500人出したあとのことだった。現在は同名の国立戦場記念公園となっている。

ケネバンク Kennebunk（合衆国）
*メイン（Maine）州ポートランドの南南西35kmの町。1650年に入植が始まり、重要な造船と商業の中心地となった。1803年製造のポール・リビアの鐘のある独立戦争時代の教会、有名なウェディングケーキ・ハウスがある。

ケネバンクポート Kennebunkport［1821年以前：アランデル Arundel］（合衆国）
*メイン（Maine）州*ケネバンク（Kennebunk）の南東、大西洋を臨む町。1629年に入植が始まった町で、1764年からの教会が遺る。ケネス・ロバーツの歴史小説の舞台として何度も描かれた地域で、作家のブース・ターキントンなど、多くの芸術家、

俳優、作家が避暑に訪れていた。ジョージ・H・W・ブッシュ第41代統領はこの地に夏の別荘を持っていた。

ケネベック川 Kennebec River（合衆国）

*メイン（Maine）州ムースヘッド湖から南に向かって大西洋へと流れ込む川。河口にはセント・ジョージ砦がある。1604〜1605年にシャンプランが探検し、1775年ベネディクト・アーノルドは対*ケベック（Quebec）の遠征でこの川を利用した。

ケネポリス Caenepolis ⇒キナー Qina

ケノーシャ Kenosha［1833〜1837年：パイク・クリーク Pike Creek；1837〜1850年：サウスポート Southport］（合衆国）

*ウィスコンシン（Wisconsin）州ラシーンの南16kmに位置する、*ミシガン湖（Michigan, Lake）畔の港町。1849年にウィコンシン初の公立学校が設立された場所で、1850年に町となり、1850年代にリベラル派のドイツ難民が入植した。影響力のある都市計画家ダニエル・バーナム（1846〜1912）が設計した有名な図書館がある。

ケノマニ Cenomani ⇒クレモナ Cremona

ケノーラ Kenora［旧名：Rat Portage ラット・ポーティッジ］（カナダ）

*ウィニペグ（Winnipeg）の東192km、ウィニペグ川沿いにある*オンタリオ（Ontario）州西部の町。1879年創設で、オンタリオ州と*マニトバ（Manitoba）州の間で境界が争われ、1883年7月に深刻な暴動が発生した。

ゲバル Gebal ⇒ビュブロス Byblos

ケファ Kefa［カファ Kafa/Kaffa］（エチオピア）

*エチオピア（Ethiopia）南西部に1995年まであった州。16世紀にイスラーム教徒に征服されたアフリカの王国だが、1897〜1899年までエチオピア帝国に併合されていた間に、中心地はキリスト教に改宗させられた。しばらくの間、奴隷の主要供給源となっていた。

ケファリニア Cephalonia［古代：Cephallenia ケファレニア；ギリシア語：Kefallinia］（ギリシア）

ギリシア西海岸の沖合にある島。*イオニア諸島（Ionian Islands）の一つ。古代ミケーネ文化の重要な中心地で、のちにアイトリア同盟に加わる。前189年、ローマに占領され、さらに*ビザンツ帝国（Byzantine Empire）に併合される。11世紀にはノルマン人ロベール・ギスカールに征服された。その後、*ナポリ（Naples）、*ベネツィア（Venice）、*トルコ（Turkey）、*フランス（France）にも支配され、1809年にはイギリスに占領された。1864年、ギリシアに割譲。古代ギリシア・ローマの遺跡が数多く遣り、特に霊廟と風呂跡が多く見られる。

ケファルサバ Kefar Saba/Kefar Sava ⇒クファルサバ Kfar Sava

ケファル・ナフム Kefar Nahum ⇒カペナウム Capernaum

ケファレニア Cephallenia ⇒ケファリニア Cephalonia

ケファロエディウム Cephaloedium ⇒チェファル Cefalú

ケファロブリソン Kephalovryson ⇒テルモン Thermon

ケープ・オブ・グッド・ホープ州 Cape of Good Hope Province ⇒ **ケープ州** Cape Province

ケープ・カナベラル Canaveral, Cape [1963～1973年：Cape Kennedy ケープ・ケネディ]（合衆国）

＊フロリダ（Florida）州＊オーランド（Orlando）の東65kmに位置し、大西洋に臨む砂州島の岬。1947年以来、弾道ミサイルと宇宙ロケットの発射基地。1961年5月5日、アメリカ初の有人宇宙飛行となるロケットがアラン・B・シェパード・ジュニアを乗せてここから打ち上げられた。1969年7月16日、最初の月着陸船もここから打ち上げられ、1981年4月12日に最初のスペースシャトルも打ち上げられた。

ケープ・ケネディ Cape Kennedy ⇒ **ケープ・カナベラル** Canaveral, Cape

ケープ・コースト Cape Coast [旧名：Cape Coast Castle ケープ・コースト・カースル]（ガーナ）

セントラル州の州都。ギニア湾に臨む＊アクラ（Accra）の西南西45kmに位置する。ガーナでも屈指の古い町で1610年にヨーロッパ人が入植し、1652年にスウェーデン人が城郭を築いた。1664年、イングランドに割譲され、1877年までイギリス領＊ゴールドコースト〔黄金海岸〕（Gold Coast）の首都であり、商業の中心地だった。

ケープ・コースト・カースル Cape Coast Castle ⇒ **ケープ・コースト** Cape Coast

ケープ・コッド ⇒ **コッド岬**〔ケープ・コッド〕Cod, Cape（合衆国）

ケープ州 Cape Province [ケープ・オブ・グッド・ホープ州 Cape of Good Hope Province]［アフリカーンス語：Kaapprovinsie カープロビンシー；旧名：Cape Colony ケープ植民地]（南アフリカ）

アフリカ大陸南端の州。オレンジ川の南、南西の沿岸に＊喜望峰（Good Hope, Cape of）がある。＊ケープ・タウン（Cape Town）が州都であり、南アフリカ共和国の首都。1652年4月7日、オランダ東インド会社のヤン・ファン・リーベックによってテーブル湾に臨むこの場所にオランダの植民地が設けられた。17、18世紀に人口が徐々に増加し、アフリカーンスと呼ばれる南アフリカのオランダ人に特有の方言と文化が発達した。

現在ケープ・タウンになっている植民地だけが、この広大で人がまばらにしか住んでいない土地で唯一の大規模なヨーロッパ人入植地だった。1799～1877年までヨーロッパ人と先住民のコーサ族の間で時折、紛争が起こった。これをカフィール戦争という。1795～1803年までと1806～1814年までの間はオランダがケープ植民地をイギリスに譲り、イギリスが支配した。オランダ人の入植者は労働力を奴隷に頼っており、奴隷制は重要な関係を築いていると擁護したが、自由主義の政府が奴隷制を脅かすような改革を制定し始めたので、オランダ出身の多くのボーア（ブール）人が1835～1843年の《大移動》（Great Trek）でケープ植民地から出ていき、北へと移動して、のちに＊オレンジ自由州（Orange Free State）と＊トランスバール（Transvaal）となる地域に定住した。

イギリスの統治下でケープ植民地は、この地域で最も豊かで最もヨーロッパ的な社会となった。イギリス人とボーア（ブール）人の衝突が頂点を迎えるのは、1899～1902年の南アフリカ戦争の時である。1910年、ケープ植民地はケープ州と

改名し、南アフリカ連邦、現在の南アフリカ共和国に編入された。1994年、ケープ州は＊東ケープ州（Eastern Cape）、＊北ケープ（Northern Cape）州、＊ノース・ウェスト州〔北西州〕（North West）の一部、そして＊西ケープ（Western Cape）州に分割された。⇒ イースト・ロンドン East London, キンバリー Kimberley, プレトリア Pretoria, ポート・エリザベス Port Elizabeth, ユイテンハーグ Uitenhage

ケープ植民地 Cape Colony ⇒ケープ州 Cape Province

ケープ・タウン Cape Town ［Capetown］［アフリカーンス語：Kaapstad カープスタド］（南アフリカ）

南アフリカ共和国の首都で港湾都市。＊西ケープ（Western Cape）州の州都。州の南西部、テーブル湾に臨む。1652年、オランダ東インド会社のヤン・ファン・リーベックによって設立され、1795年、イギリスに支配される。1803年、＊アミアン（Amiens）の条約により、オランダに返還されたが、1806年にイギリスが取り返し、ケープ植民地の首都とした。1910年、南アフリカ連邦、現在の南アフリカ共和国の誕生後、立法府所在地となり、＊プレトリア（Pretoria）が行政府の所在地となった。

ケープ・ブレトン島 Cape Breton Island ［仏：Île Royale イール・ロワイヤル］（カナダ）

＊ノバスコシア（Nova Scotia）州の北東部を構成する島。カンソー海峡によってノバスコシア半島南部と隔絶されている。1497年、ジョン・カボットに発見され、1632 〜 1763年までフランス領で、その後はイングランドに割譲された。1713年、＊ユトレヒト（Utrecht）条約締結後、アカディア人の難民が流入し、＊ルイスバーグ（Louisburg）に要塞を築いた。1820年、ノバスコシアの一部となり、1955年からは堤道によって本土と結ばれている。

ケープ・メイ Cape May （合衆国）

＊ニュージャージー（New Jersey）州のケープ岬にある都市。＊アトランティック・シティ（Atlantic City）の南西65km、大西洋に臨む。1623年、オランダの探検家コーネリウス・ヤコブセン・メイが訪れ、1644年に入植された。18世紀、重要な捕鯨の港となる。アメリカでも最古に属する海浜リゾートで、19世紀には非常に人気があり、のちに歴代の大統領、ジェイムズ・ブキャナン、エイブラハム・リンカーン、ユリシーズ・グラント、ラザフォード・ヘイズ、チェスター・アーサー、ベンジャミン・ハリソンがここで過ごしたために、「大統領の行楽地」と呼ばれた。1850年代、市が誇るアメリカ最大のリゾートホテル、マウントバーノンには2,000人を収容できた。のちに焼失したが、市内には数多くのビクトリア朝様式の屋敷やホテルが遺っている。

ケベック¹ Quebec ［仏：Québec］（カナダ）

カナダ東部、＊ケベック²（Quebec）州の州都。＊セント・ローレンス川（Saint Lawrence River）北岸に位置する。その名は狭い土地を意味するアルゴンキン語に由来するとされる。最初にこの地を訪れたヨーロッパ人はフランス人探検家のジャック・カルティエで、彼は1535 〜 1536年の冬をこの地で過ごし、インディアンの住むスタダコナ村を見つけた。ケベックはカナダで最初の恒久的入植地となり、1608年に別のフランス人探検家、サミュエル・ド・シャンプランによって交易所が建設された。1663年に正式に市となり、＊ニュー・フランス（New France）の首都となる。

594　ケヘツク

1629 年、イギリスに占領されるが、1632 年にサンジェルマン‐アン‐レーの条約によりフランスに返還。1690 〜 1711 年までイギリスの包囲に耐えたが、フレンチ・インディアン戦争中の 1759 年 9 月 19 日、*エイブラハム高原 (Abraham, Plains of) での戦いの 5 日後についにイギリスに降伏した。1763 年、ケベックを含むフランス領カナダはイギリスに譲渡された。アメリカの独立戦争中の 1775 〜 1776 年、アメリカ軍が市を攻略しようとしたが失敗した。

1791 〜 1841 年まではローワー・カナダ州の、1851 〜 1855 年までと、1859 〜 1865 年まではカナダ州の首都となる。1867 年以来、ケベック州の州都。1864 年 10 月、2 回目の会議の結果、現在のカナダ自治領となる連邦が誕生する。第 2 次世界大戦中の 1943 年 8 月と 1944 年 9 月、この地でアメリカのフランクリン・D・ルーズベルト大統領とイギリスのウィンストン・チャーチル首相が主要な軍人、文民とともに連合国の戦略会議を開催した。

植民地時代の古い要塞や建造物によって、ケベックは景観に優れた観光地として人気を集めている。古い砦のラ・シタデルは 1820 〜 1832 年の時代の姿に復元されている。人口は圧倒的にフランス系が多く、フランス語が公用語である。

ケベック² Quebec [仏：Québec]（カナダ）
カナダ自治領東部の州。この地域に初めて訪れたヨーロッパ人は、1534 年に*ガスペ半島 (Gaspé Peninsula) に上陸したフランスのジャック・カルティエ。翌年彼は*セント・ローレンス川 (Saint Lawrence River) を探検した。1608 年、フランスのサミュエル・シャンプランが*ケベック¹ (Quebec) の場所に交易所を設立し、この最古のカナダ入植地から、交易者や探検

家、宣教師が北アメリカの未知の内陸部への危険な旅に出発していった。1663 年、フランスのルイ 14 世が*ニュー・フランス (New France) と呼ばれていたこの地域を王領植民地とする。その後、最初はイロコイ族と、その後はイギリスとの長い抗争が続く。イギリスは 1759 年にケベック市を、1760 年に*モントリオール (Montreal) を攻略する。1763 年のフレンチ・インディアン戦争の終結時に、フランスはこの地域をイギリスに譲渡した。

1774 年、融和策としてイギリスはケベック法を制定し、フランス人居住者が信仰と法律を維持することを認めた。ケベック植民地は拡大されて、*ミシシッピ川 (Mississippi River) 東部と*オハイオ川 (Ohio River) 北部の土地を含むようになった。アメリカ独立革命中の 1775 年、植民地軍はモントリオールを攻略するも、ケベック市攻略に失敗し、1777 年にイギリス軍は*ニューヨーク (New York) 州への侵攻途中に敗北する。1791 年、イギリスは*オタワ川 (Ottawa River) 以西のケベックを分離し*アッパー・カナダ (Upper Canada)〔現在の*オンタリオ (Ontario) 州〕とし、ケベックをローワー・カナダとした。1837 年、フランス人コミュニティの首謀者たちがイギリスやシャトー・クリークとして知られるフランス人支配者層に対して反乱を起こすが、制圧された。その結果、1841 年にカナダ東部（ケベック）とカナダ西部（オンタリオ）を含むカナダ州が形成される。自治の動きは 1849 年に始まり、1867 年にケベックは自治領の初代 4 州の一つとなる。

フランス文化は根強く残り、1974 年にフランス語が唯一の公用語と定められた。1960 年代には独立を推進するグループが立ち上がるが、1980 年 5 月の国民投票では独立反対に票が集まった。1995 年に行

なわれた第2回の国民投票でも、ケベック独立派は僅差で敗北している。

ゲヘナ Gehenna ⇒ヒンノム Hinnom

ケベンナ Cebenna ⇒セベンヌ Cévennes

ケーベンハウン København ⇒コペンハーゲン Copenhagen

ゲマップ Guémappe（フランス）
フランス北部、パ-ド-カレー県の村。*アラス（Arras）の東南東11kmに位置する。第1次世界大戦中、1917年5月～1918年3月まで戦地となる。

ケマドス・デ・マリアナオ Quemados De Marianao ⇒マリアナオ Marianao

ケミス Chemmis ⇒アクミーム Akhmim

ケムニッツ Chemnitz［カール-マルクス-シュタット Karl-Marx-Stadt］（ドイツ）
*ライプツィヒ（Leipzig）の南東70km、ケムニッツ川に臨む都市。塩の輸送路にあるウェンド人の商業中心地として始まり、1143年に都市権とともに、麻織物の独占権を与えられた。1292年、*ボヘミア（Bohemia）に割譲され、さらに1308年には*マイセン（Meissen）辺境伯領となる。《三十年戦争》中には壊滅状態になった。1639年、ヨハン・バネール陸軍元帥の指揮するスウェーデン軍に皇帝軍がここで敗北を喫した。戦後、綿織物業が導入されて復興し、ドイツで最初の紡績機がここで造られた。第2次世界大戦での甚大な被害からも復興した。市内には1496年建設の市庁舎、中世の塔、1136年のベネディクト会の修道院があり、1540年に要塞化され、ゴシック様式の教会と貴重な

彫刻も遺っている。1953年、カール-マルクス-シュタットと改名されたが、1991年にはもとのケムニッツに戻された。

ゲーラ Gera（ドイツ）
ドイツ中東部、*チューリンゲン（Thuringia）州の都市。*ライプツィヒ（Leipzig）の南南西56kmに位置する。記録には西暦995年に初めて登場し、1237年に都市権を獲得。1547年、*マイセン（Meissen）の一部となり、1562年にはロイス家に割譲され、1918年までロイス家が保持した。1686～1735年に建てられたオステルステイン城が有名。18世紀の市庁舎もある。

ケライナイ Celaenae［現代：Dinar ディナール］（トルコ）
マエアンデル川の水源附近、古代*フリギア（Phrygia）の要塞都市。*アフィヨンカラヒサル（Afyonkarahisar）の南南西80kmに位置する。クセノフォンの『アナバシス』に描かれているキュロスが兄であるペルシア王アルタクセルクセス2世に反旗を翻してギリシアの傭兵1万人を率いて行なった紀元前401年の有名な行軍の出発地となった。この戦いは*クナクサ（Cunaxa）でキュロスが敗れて戦死に終わった。前333年、アレクサンドロス大王に征服される。やがて、住人は*アパメア・キボトゥス（Apamea Cibotus）新興商業都市へと転居させられた。

ケラク Kerak ⇒アル-カラク〔カラク〕al-Karak

ゲラサ¹ Gerasa［Gerash, Jarosh, ジェラシュ Jerash］（ヨルダン）
*十都市連合〔デカポリス〕（Decapolis）の一つに数えられる古代都市。*アンマン（Amman）の北35kmに位置する。ローマ

時代のパレスチナの都市としては最も保存状態がよく、ユダヤの歴史家ヨセフスによると、前83年にハスモン朝の王アレクサンドロス・ヤンナイオスに占領された。西暦65年にローマ人が再建し、その後2度破壊されたが、2～3世紀には繁栄した。ローマ時代の遺跡としては列柱式の大通り、大小の劇場、凱旋門と数多くの神殿が見られる。初期キリスト教の発展に重要な役割を果たしたことは、当時の教会がいくつも存在していることからもわかる。

10世紀の文化的黄金期を経て、インドやイスラーム教徒の王朝に属する。1498年にバスコ・ダ・ガマがこの地に上陸したが、ポルトガル人もオランダ人もこの地を制圧することはなかった。1766年と1790年の*マイソール2（Mysore）の侵攻がきっかけで、イギリスが容易に奪取したが、1800～1805年と1809年に反乱が起こった。言語的分類によって1956年に制定された現在の州は、インドでも屈指の文化的先進地域である。州都は*ティルバナンタプラム（Thiruvananthapuram）。

ゲラサ2 ⇒ ガダラ〔ゲラサ〕Gadara（ヨルダン）

ケラスコ Cherasco（イタリア）

イタリア北西部、クネオ県の町。*ピエモンテ（Piedmont）州*クネオ（Cuneo）の北東33km、タナロ川に臨む。1631年4月26日、*フランス（France）と*スペイン（Spain）がこの町で条約に署名し、マントバ継承戦争に終止符を打った。フランス革命戦争中の1796年4月28日、フランスと*サルデーニャ（Sardegna）がここで停戦協定に署名して、サルデーニャの*オーストリア（Austria）支援は中止となった。

ケラスス Cerasus ⇒ ギレスン Giresun

ケララ Kerala ［古代：Chera, Keralaputra ケララプトラ〕（インド）

アラビア海を臨むインド南西部にあった元王国で現在は州。前3世紀の石碑に言及されており、紀元5世紀まで強力な王朝のもとで独立を維持していた。アジア諸国や地中海諸国と交易を行ない、移民が仏教、ヒンドゥー教、ジャイナ教をもたらし、シリア教会やユダヤ人居留地ができた。7世紀か8世紀には、アラブ商人とともにイスラーム教ももたらされた。9、

ケララプトラ Keralaputra ⇒ ケララ Kerala

ゲランド Guérande（フランス）

フランス北西部、ロワールアトランティック県の古い市場町。*サン-ナゼール（Saint-Nazaire）の西15kmに位置する。保存状態が極めて良い中世の壁は百年戦争中の1431年に*ブルターニュ（Bretagne）公ジャン5世によって建設された。大部分が12世紀のままのサン・トーンバン教会と15世紀の城が名所。

ケリー Kerry ［ゲール語：Chiarraighe キラホ〕（アイルランド）

アイルランド南西部、マンスター地方の州。先史時代の遺跡や初期の修道院、城、円塔、要塞、ドルメンが遺る。修道院には、1448年に建てられたマクロス修道院、イニスファレン修道院がある。今もゲール語を話す人が多い。土地の支配は、13世紀のアングロ・ノルマン人の侵攻、16世紀のフィッツジェラルドの反乱、クロムウェル派とウィリアム派の土地資産処分、19～20世紀の土地法によって移り変わってきた。

⇒ キラーニー湖 Killarney, Lakes of, トラリー Tralee

ゲーリー Gary（合衆国）

*インディアナ（Indiana）州北西部の都市。*シカゴ（Chicago）の南東18km、*ミシガン湖（Michigan, Lake）の南岸に臨む。世界有数の鉄鋼業都市で、ユナイテッド・ステーツ・スチール社の創業者エルバート・H・ゲーリーにちなんで命名された。1905年に都市が計画され、同社により建設された。

ゲリジム Gerizim［アラビア語：Jabal et Tur］（パレスチナ）

パレスチナ、*ウェスト・バンク〔ヨルダン川西岸地区〕（West Bank）のサマリア地方の山。*エルサレム（Jerusalem）の北40kmに位置する。アブラハムがここで息子イサクを生贄として捧げたとされる山で、サマリア人の聖地。前128年、300年の歴史を持つサマリア人の神殿がマカベア族のヨハンネス・ヒュルカノスによって破壊された。1967年、この地域がイスラエルに占領された。

⇒ サマリア Samaria

ケリマネ Quelimane［キリマーネ Kilimane/Quilimane, キルメイン Kilmain］（モザンビーク）

モザンビーク中東部、ザンベジア州の州都。インド洋に臨む。1544年にポルトガル人が交易所として設立し、18世紀と19世紀には奴隷貿易の中心地となった。

ケルアン Kairouan［カイルアン Kairwan, カイルーアン Qairouan］［アラビア語：Al-Qayrawān, Qairwan カイラワーン］（チュニジア）

チュニジア中部、*チュニス（Tunis）の南120kmにある歴史都市。イスラーム教の聖地で、670年シディ・ウクバによって*ビザンツ帝国（Byzantine Empire）の要塞の地に築かれた。イスラーム軍の*マグレブ（Maghreb）制圧のための戦闘で野営地の中心となり、800～909年までアグラブ朝の首都となった。その後ファーティマ朝、ズィール朝の首都として、イスラーム世界の商業と文化の一大中心地となるも、1057年にベドウィン族によって破壊された。9世紀に完成したシディ・ウクバの大モスクは、この地の数多くの壮大なモスクの中で最も有名である。

ケルキト Kelkit ⇒リュクス Lycus

ケルキュラ Kérkyra ⇒コルフ Corfu

ケルキラ Kérkira ⇒コルフ Corfu

ケルクラーデ Kerkrade（オランダ）

*マーストリヒト（Maastricht）の東27kmに位置する町。ヨーロッパでも屈指の古い炭鉱町で、1118年に生産が始まった。1104年にさかのぼる修道院、有名なロマネスク様式の教会、古い城を利用した炭鉱博物館がある。

ケルケナ諸島 Kerkenna Islands［Kerkenna］［古代：Cercina；アラビア語：Juzur Qarqannah］（チュニジア）

チュニジアの東岸沖、地中海中部の島々。カルタゴのハンニバルやローマの将軍マリウスの避難所だった。

ケルゲレン諸島 Kerguelen Islands［Desolation Islands］［仏：Îles de Désolation, Kerguélen］（フランス）

インド洋南部の*南極大陸（Antarctica）本島沖2,253kmに位置する、フランス領南方南極地域内の諸島。ケルゲレン・トレマレックが1772年に発見した。栄養価の高いキャベツが育っていることがわかり、キャベツが有名になったが、今では数が減っている。様々な方法で入植が試みら

れたが、失敗に終わった。現在は観測と
アザラシ・クジラ猟の基地となっている。

ゲルゴウィア Gergovia ⇒ジェルゴビ
Gergovie

ケルシー Quercy [Cahorsin]（フランス）
フランス南西部、現在のロト県とタルヌ -
エ - ガロンヌ県にまたがる地方で、かつて
の郡。主要都市は＊カオール（Cahors）。そ
の起源はガリア - ローマ時代にさかのぼ
り、9 世紀に＊トゥールーズ（Toulouse）伯
領となる。1337 ～ 1453 年の百年戦争と、
1562 ～ 1598 年の宗教戦争では、この地
をめぐって激しい戦闘が繰り広げられた。
1472 年にフランス王領となり、＊ギュイ
エンヌ（Guienne）地方に編入された。

ケルズ Kells [古代およびゲール語：Ceanannus
シアナナス, Ceanannus Mór シアナナスモー,
Ceanannus Osraighe]（アイルランド）
＊ドローイダ（Drogheda）の西 40km に位
置する＊ミーズ〔ミース〕（Meath）州の町。
550 年頃に聖コルンバヌスによって設立さ
れ 1551 年に解散したこの地の修道院で、
有名な『ケルズの書』が完成され、のち
に発見された。彩色を施されたラテン語
の福音書で、地元の記録も含まれている。
この種の初期ケルト系キリスト教美術の
最高傑作といわれる。町には修道院の遺
跡と円塔、古代ケルトの十字架が遺る。

ゲールズバーグ Galesburg（合衆国）
＊イリノイ（Illinois）州南西部の豊かな農
業地帯の町。＊シカゴ（Chicago）の南西
260km に位置する。1837 年、＊ニューヨ
ーク（New York）州＊オネイダ（Oneida）か
ら来た入植者の一団によりゲールズバー
グとノックス・カレッジが創設された。
1858 年にノックス・カレッジで行なわ

れた第 5 回リンカーン・ダグラス論争は
アメリカ政治史で重要な位置を占める。
1878 年、詩人のカール・サンドバーグが
この町で誕生。

ケルソー Kelso（スコットランド）
スコットランド南西部、スコティッシ
ュ・ボーダーズ 郡 の町。＊セルカーク[1]
（Selkirk）の東北東 26km に位置するツイー
ド川に臨む。＊ロンドン（London）と＊エ
ディンバラ（Edinburgh）を結ぶ街道上にあっ
た古代の市場町。1128 年にデイビッド 1
世がフランスのピカルディ出身の僧のた
めに創設した修道院は、スコットランド
でも屈指の強大な修道院だったが、のち
にイングランドの襲撃にあい、1522 年に
略奪され、1545 年に破壊された。作家の
サー・ウォルター・スコットはこの地の
学校に通った。1803 年に土木技師ジョン・
レニーがツイード川に架けた橋は、1811
年にレニーがつくるロンドン橋のモデル
となった。北西には 1718 年に建てられた
フロアーズ城がある。ロックスバラ公の
居城で、イギリス国内で人が居住する最
大の邸宅である。

ケルソネスス・アウレア Chersonesus Aurea
⇒マレー半島 Malay Peninsula

ケルソネスス・タウリカ Chersonesus, Tauric
（ウクライナ）
現在の＊クリミア半島（Crimea, The）の古代
都市。ウクライナ南部、＊セバストポリ[2]
（Sevastopol）の西 5km に位置する。前 6 世
紀、ギリシアのイオニア人が最初に建設
し、現在のトルコの＊エレーリ[1]（Eregli）
にあったヘラクレア・ポンティカから来
たギリシア人が再建した。ドーリス人の
都市となり、スキタイ人やタウロイ人な
どに対して独立を維持。＊ポントス（Pontus）

など沿岸の都市や*アテネ（Athens）と穀物貿易を行なった。前110年、スキタイ人の攻撃に対抗して、ミトリダテス王のポントスと合併する。*ローマ（Rome）の支配下で自由都市となり、*ビザンツ帝国（Byzantine Empire）のもとで繁栄したが、14世紀以降は住民がいない。

ケルソネソス¹ Chersonese ⇒クリミア半島 Crimea, The

ケルソネソス² Chersonesus ⇒セバストポリ² Sevastopol

ケルソネソス・トラキア Chersonesus Thracia ⇒ガリポリ半島 Gallipoli Peninsula

ケルチ Kerch［旧名：Cherzeti, Korchev；ギリシア語：Panticapaeum パンティカパイオン；伊：Cerco, Chercio, Cherkio］（ウクライナ）
ウクライナ南部、*クリミア半島（Crimea, The）東端の港湾都市。*シンフェローポリ（Simferopol）の東北東192km、黒海に臨む。ウクライナ屈指の古い町で、前6世紀にミレトスのギリシア人入植者が建設した。前5世紀〜後4世紀まで、キンメリアのボスポラスの大商業都市であった。*ポントス（Pontus）王国のミトリダテス王が前110年頃に征服し、ローマとビザンツ帝国が支配した。9世紀には*ノブゴロド（Novgorod）が支配している。何度か侵攻してきたクリミア半島のタタール人は、この地をジェノバに与え、ジェノバが13〜15世紀に交易に利用していたが、15世紀にトルコに征服された。1774年にはロシアが手中に収めた。有名なギリシア・スキタイ様式の遺物や遺跡、8世紀の洗礼者ヨハネ教会が遺る。

ゲルツ Görz ⇒ゴリツィア Gorizia

ゲルツ - グラディスカ Görz-Gradisca［伊：Gorizia ゴリツィア］（イタリア）
*オーストリア（Austria）の旧州で帝冠領。現在はイタリア北東部の*フリウリ - ベネツィア・ジュリア（Friuli-Venezia Giulia）州ゴリツィア県。*イゾンツォ川（Isonzo River）に臨み、スロベニアと国境を接する。県都は*ゴリツィア（Gorizia）。10世紀、神聖ローマ帝国皇帝がアクイレイアの総大司教に下賜し、11世紀にはエッペンシュタイン家の領地となる。12〜16世紀までルンガウ家に支配されていたゴリツィア領は1500年にハプスブルク家に返還され、1754年にグラディスカと合併し、ゲルツ - グラディスカ伯領となる。ナポレオン戦争後、1861年までキュステンラントの一部となり、その後はオーストリアの王領となった。

　第1次世界大戦中、イゾンツォ川方面作戦の激戦地となる。1916年、イタリアに占領され、1917年にはオーストリアとドイツの猛攻撃により奪還するが、1918年、再びイタリアに奪い返される。1919年、サンジェルマン条約によりイタリアに割譲。第2次世界大戦後、1947年に*フリウリ（Friuli）東部がユーゴスラビアに割譲されたが、ゴリツィアはイタリア領にとどまった。

ケルトイベリア Celtiberia（スペイン）
*エブロ川（Ebro River）とタホ川に挟まれたスペイン北東部の古代地方。前3世紀からイベリア人とケルト人の混血民族が住んでいて、前195年、*ローマ（Rome）に占領されたが、完全な支配はスキピオ・アエミリアヌスが、前133年に苦戦しながら軍事作戦を展開し、占領体制を強化してやっと実現わした。ローマの属州*タッラコネンシス（Tarraconensis）の一部だったが、現在のほぼ*ソリア（Soria）に相当

する地域。

ゲルニカ Guernica〔Guernica y Luno ゲルニカ・イ・ルノ〕(スペイン)

スペイン北部、*バスク州(Basque Provinces)ビスカヤ県東部の町。*ビルバオ(Bilbao)の北東 43km に位置する。かつてはバスク議会が置かれていた。1937 年、スペイン内戦でドイツ軍機による空爆を受ける。空爆は軍事目的を果たすことなく、無差別に市民を犠牲にした。敵を恐怖に陥れて降伏させるだけの目的で一般市民に対して行なう前代未聞の空爆は全世界に衝撃を与え、パブロ・ピカソの『ゲルニカ』を生む。スペインが空爆を行なったファシスト体制から脱すると、ピカソの遺言により、死後の 1981 年 9 月に作品がニューヨーク市の現代美術館からマドリードのプラド美術館に返還された。

ゲルニカ・イ・ルノ Guernica y Luno ⇒ ゲルニカ Guernica

ケルハイム Kelheim (ドイツ)

*レーゲンスブルク(Regensburg)の南西 19km に位置する、*ドナウ川(Danube River)沿いの町。最初はケルト人の、のちにはローマ人の集落で、1191 年に勅許が与えられた。15 世紀の教会や、*バイエルン(Bavaria)王マクシミリアン 2 世(在位 1848 ~ 64)がナポレオンからの解放戦争の英雄をたたえるために建てた近隣の円形建物が遺る。

ケルハム Kelham (イングランド)

*ニューアーク[1](Newark)の西 3km、*ノッティンガムシャー(Nottinghamshire)の村。ピューリタン革命中の 1646 年に、チャールズ 1 世が降伏した地。15 世紀の教会がある。

ケルペ Kerpe ⇒カルパトス Karpathos

ケルベラー Kerbelā ⇒カルバラー Karbalā

ゲルベルト Gheluvelt (ベルギー)

西フランドル州の町で戦場跡。*イープル(Ypres)の東 8km に位置する。第 1 次世界大戦中の 1914 年と 1917 年に戦場となった。

ゲルボル Gelibolu ⇒ガリポリ Gallipoli

ゲルマニア Germania

ヨーロッパ中部、*ドナウ川(Danube River)の北、*ライン川(Rhine River)の東に位置する古代の地方。*ローマ帝国(Roman Empire)に征服されなかったゲルマン人の地域を示す名称。前 2 世紀にゲルマンはケルト人を抑えて南と西に進出し始めたが、前 1 世紀~後 1 世紀の間にローマ人はゲルマン人をこの地域に封じ込めた。ローマ人がライン川の西の*ガリア(Gallia)を征服し、そこに接する地域を上ゲルマニアと下ゲルマニアの 2 属州とした。上ゲルマニアには*フランシュ - コンテ(Franche-Comté)、*アルザス(Alsace)、*スイス(Switzerland)西部が含まれ、下ゲルマニアは*オランダ(Netherlands, The)南部、*ベルギー(Belgium)東部、ライン地方からなる。

ゲルマニクム海 Mare Germanicum ⇒北海[1] North Sea

ゲルマニケイア - カエサラ Germaníkeia-Caesara ⇒マラシュ Maraş

ゲルマニケイア - マラシオン Germanikeîa-Marasíon ⇒マラシュ Maraş

ゲルマニコポリス Germanicopolis ⇒チャンクル Çankiri

ケルマーン Kermān [Kirman] [古代：Carmana, Carmania カルマニア]（イラン）

イラン南東部の州と州都。*パルティア（Parthia）、*ドランギアナ（Drangiana）、*ゲドロシア（Gedrosia）、*パールス（Pars）と接する古代の州で、アレクサンドロス大王の帝国領内にあった。3世紀には建設されていたと考えられており、10世紀には首都になっている。11、12世紀はセルジューク・トルコの支配を受けた。13世紀にはマルコ・ポーロが言及している。アラブに抵抗し、数世紀にわたって独立を守り繁栄した。16世紀のサファビー朝時代が全盛期。18世紀にカージャール朝のアーガー・ムハンマド・シャーに破壊され、数万人が奴隷とされた。

ゲルマン海 German Ocean ⇒北海¹ North Sea

ケルマーンシャー Kermanshāh [Kirmanshah]（イラン）

イラン西部、ケルマーンシャー州の州都。ササン朝ペルシアが前4世紀に建設した。ササン朝やその後西暦786〜809年まで統治したアラブの*アッバース朝（Abbasid Capiphate）のカリフ、ハールーン・アッラシードが、夏の居地として利用した。16世紀にはサファビー朝のもとで栄え、18世紀には対オスマントルコの要塞として再び繁栄した。オスマントルコはその時代と、第1次世界大戦中の1915〜1917年にこの地を支配している。近隣のビソトゥーンとターク・イ・ブスタンには古代の碑文や彫刻が遺る。

ゲルリッツ Görlitz（ドイツ）

ドイツ東部、*ザクセン（Saxony）州の都市。*ドレスデン（Dresden）の東86km、ナイセ川の西岸に臨み、ポーランドとの国境が近い。1200年頃に建設され、*ラウジッツ（Lusatia）の大都市となり、1377年にゲルリッツ公国の首都となる。1526年、ハプスブルク家に割譲され、1635年にはザクセン大公国に編入され、1815年に*プロイセン（Prussia）に併合される。キリスト教神秘主義者のヤーコプ・ベーメ（1575〜1624）はハプスブルク時代にここに住んでいた。第2次世界大戦後、ナイセ川右岸に臨む地域がポーランドの支配下に置かれ、ズゴジェレツと呼ばれる。市内には保存状態の良い18世紀のバロック様式の家が数多く見られる。

ケルン Cologne [古代：Colonia Agrippina コローニア・アグリッピナ, Oppidum Ubiorum オッピドゥム・ウビオルム；独：Köln ケルン]（ドイツ）

ドイツ西部、*ノルト・ライン-ウェストファーレン（North Rhine-Westphalia）州の都市。*デュッセルドルフ（Düsseldorf）の南南東32km、*ライン川（Rhine River）に臨む。前1世紀、ローマ軍の駐屯地となり、西暦50年にクラウディウスによってローマの植民地にされ、低地ゲルマニア〔ゲルマニア・インフェリオル〕の首都となった。258年以降、*ガリア（Gallia）、ブリタニア、*ヒスパニア（Hispania）からなるポスツムの帝国の首都となる。456年、フランク族に占領され、シャルルマーニュ〔カール大帝〕により大司教座がおかれた。*ハンザ同盟（Hanseatic League）に加わって繁栄したが、17世紀の《三十年戦争》後は衰退。1794年、フランスに支配され、1815年には*プロイセン（Prussia）に割譲された。第2次世界大戦では連合軍の空爆によって壊滅状態になり、その後、復興して重要な産業と商業の中心地となった。今も遺っている大聖堂は1248年に建設が始まり、

602　ケルンテン

完成は 1824 年だった。

ケルンテン Carinthia［古代：Carantania カランタニア；独：Kärten ケルンテン］（オーストリア）

オーストリア南部の州。*イタリア（Italy）と*スロベニア（Slovenia）に接する旧公国。州都は*クラーゲンフルト（Klagenfurt）。古代にはケルト人の王国があり、ローマ時代には属州*ノリクム（Noricum）となった。*ローマ帝国（Roman Empire）衰退後、ゲルマン人とスラブ人に支配された。*バイエルン（Bavaria）に併合されたのち、8世紀に*フランク王国（Frankish Empire）に編入され、976 年、独立した公国となり、1335 年にはハプスブルク家の手に渡った。1918 年、オーストリアのケルンテン州となり、一部は*ユーゴスラビア（Yugoslavia）の領地となる。第 2 次世界大戦中、1938 ～ 1945 年はナチスドイツの支配下に置かれた。

ゲレ Guéret（フランス）

フランス中部、クルーズ県の県都。*オルレアン（Orléans）の南 198km に位置する。13 世紀、*マルシュ 2（Marche）州の州都となる。史跡としては、現在古文書館になっている 15 世紀のオテル・ド・モルネーや 13 ～ 15 世に建設され、19 世紀に再建された聖ペテロ聖パウロ教会がある。

ケレタロ Querétaro（メキシコ）

メキシコ中部、ケレタロ州の州都。*メキシコ・シティ（Mexico City）の北西 256km に位置する。 オトミ族やチチメカ族の居住地だったが、1446 年に*アステカ帝国（Aztec Empire）領となり、1531 年に*スペイン（Spain）に征服された。1810 年にスペインに抵抗するメキシコの反乱がこの地で策謀された。オーストリア生まれのハプスブルク家のメキシコ皇帝マキシミリア

ンが 1867 年にここで処刑された。

ケレトロン Celetrum ⇒カストリア Kastoria

ゲレロ Guerrero（メキシコ）

メキシコ南部、太平洋に臨む州。かつては*ミチョアカン（Michoacán）州、*メキシコ（Mexico）州、*プエブラ（Puebla）州、*オアハカ（Oaxaca）州の 4 州に分かれていた。1810 ～ 1821 年まで*スペイン（Spain）との独立戦争で激戦地となり、その時の英雄ビセント・ゲレロにちなんで地名がつけられ、1849 年に州となった。

ケンクレアエ Cenchreae ⇒コリントス〔コリント〕Corinth

元山（げんざん）Genzan ⇒ウォンサン〔元山〕Wŏnsan

ケンジントン Kensington（合衆国）

*ミネソタ（Minnesota）州ダグラス郡の郡庁所在地アレクサンドリアの西南西 29km に位置する考古学的遺跡。1898 年に発見されたケンジントン・ルーンストンには、1362 年に古代スカンジナビア人がこの地域を探索したことを示す記述が刻まれている。発見から 100 年後も、言語学者や歴史学者が石の真贋について議論している。

⇒ビンランド Vinland

ケンジントン・チェルシー Kensington and Chelsea（イングランド）

*テムズ川 2（Thames, River）北岸のインナー・*ロンドン（London）の自治区。西はハマースミス、北はブレント、東は*ウエストミンスター（Westminster）と接する。しゃれたショッピング街のある住宅地。ケンジントン・ガーデンズは、かつてはケンジントン宮殿の敷地だった総面積 1.1 平

方キロメートルの公園で、大部分はウエストミンスター区内にある。宮殿は 1689 年にウィリアム 2 世が購入し、1660 年以前にノッティンガム宮殿があった場所にクリストファー・レンが再建したもので、ウィリアム 2 世と妃メアリー、アン女王、ジョージ 1 世、ジョージ 2 世、ここで生まれたビクトリア女王の居城だった。サウスケンジントンには自然史博物館、ビクトリア＆アルバート博物館、ロイヤル・アルバート・ホール、ロンドン大学のチェルシー・コレッジがある。チェルシーは何世紀にもわたって、画家、作家、音楽家、政治家に愛され続けてきた土地で、ロセッティ、ホイッスラー、トマス・モア、ディケンズ、T・S・エリオット、オスカー・ワイルドなどがここに暮らした。トマス・カーライル邸もある。ヘンリ 8 世は 1535 年にトマス・モアの屋敷とともにチェルシーのマナーを入手し、キャサリン・パーに与えた。チェルシー・オールド教会は 13 世紀からあり、1528 年にトマス・モアの建てた礼拝堂を含むが、第 2 次世界大戦中の爆撃で大きな損害を受けた。1682 ～ 1692 年にかけてレンが建てた退役軍人のためのチェルシー王立病院も同様の被害を受けている。病院の敷地内にあるラネラ庭園は、ジョージ 3 世（在位 1760 ～ 1820）時代には上流階級の社交場だった。

ケンタッキー Kentucky （合衆国）

アメリカ中東部に位置し、1792 年に 15 番目の州として連邦に加盟した州で、*アパラチア山脈 （Appalachian Mountains） 以西では初めての州となった。西は*ミズーリ（Missouri）、北の境は*イリノイ （Illinois）、*インディアナ （Indiana）、*オハイオ （Ohio） 州の*オハイオ川 （Ohio River）、東は*ウェストバージニア （West Virginia） と*バージニア （Virginia）、南は*テネシー （Tennessee） と接している。名前は「牧草地」を意味する語の "Kentake" から来たものと思われる。17 世紀には人が踏み込めない未開の土地だった。最初に*フランス （France） が所有権を主張し、のちに*イギリス （United Kingdom） が興味を示した。最初の大規模なケンタッキー探検は、1750 年に王立土地会社のトマス・ウォーカー博士によって行なわれた。猟師や斥候が、オハイオ社のクリストファー・ギストのように、深くまで入り込もうとし始めたが、探検は 1763 ～ 1766 年のフレンチ・インディアン戦争とポンティアック戦争で中断された。どちらの戦いもイギリスが勝利を収め、アパラチア山脈以西への入植を禁ずる国王の布告にもかかわらず、入植者が入ってきた。有名な探険家のダニエル・ブーンは 1767 年と 1769 年にケンタッキーにいたが、恒久的な入植地を築いたのは 1774 年の*ハロッズバーグ （Harrodsburg） が最初だった。1775 年、ブーンがトランシルバニア社に雇われ、テネシーからケンタッキーまでの*ウィルダネス・ロード （Wilderness Road） を切り開き、*ブーンズボロ [1] （Boonesboro） を設立した。*カンバーランド・ギャップ （Cumberland Gap） を抜けて今も有名なブルーグラス・カントリーに入り、オハイオ川に向かう道は、1790 ～ 1840 年まで陸路の入植者がたどる主要ルートだった。初期の開拓者が何度もインディアンと戦ったため、ケンタッキーは「暗い血まみれの土地」といわれた。1795 年の*スペイン （Spain） とのピンクニー条約、1803 年の*ルイジアナ購入地 （Louisiana Purchase） が、アメリカの船舶や商品の輸送に*ミシシッピ川 （Mississippi River） を利用する道を開き、ケンタッキーの発展を促した。1798 年の外国人法・治安法への反対から、ケンタッキー州およ

びバージニア州決議が書かれた。ケンタッキー州の宣言は、実はトマス・ジェファーソンが起草している。これらの決議は州権論を初めて宣言したものとして重要であった。1812年の戦争後の財政問題から、ケンタッキーのヘンリ・クレイ支持者とテネシーのアンドルー・ジャクソン支持者は政治的に袂を分かった。1830年以降奴隷制は衰退し、1833〜1850年までは奴隷輸入が禁止されたが、状況が変わり、ケンタッキーは低南部に奴隷を供給する奴隷市場になった。だが州内では奴隷制をめぐって深刻な意見の対立があり、南北戦争が始まったときには、ケンタッキーは中立の立場をとり、侵攻しようとする両軍に警告した。1861年南軍が警告を無視してケンタッキーに侵攻するが、ユリシーズ・S・グラント将軍に撃退された。1862年にはケンタッキー内で三つの戦闘があったが、その後は収まった。3万人ほどのケンタッキー人が南軍に従軍したのに対し、その2倍以上が北軍として戦った。戦後、鉄道の助けもあって産業が栄えたが、タバコを単一作物とする農業はあまり成功しなかった。20世紀初頭、タバコ栽培者と買い手との確執から、買い手をボイコットしようとするブラック・パッチ戦争が起こった。州兵によって強制的に協定が成立したのは1908年のことである。第1次世界大戦後、ケンタッキー、とくにハーラン郡の炭鉱で労働問題が発生した。炭鉱労働者を組織しようとした炭鉱労働者組合の試みは暴力的な反対にあったが、1939年になって組合が正式に認められた。ケンタッキーはそのほかに、ハットフィールド家とマッコイ家の争いのような家同士の抗争でも古くから知られている。政治では民主党が長年優勢だったが、現在は大統領選挙で共和党に投票することも多い。1956年の騒動をのぞけば、学校統合はほとんど問題になっていない。州都は*フランクフォート（Frankfort）で、最大の都市は*ルイビル（Louisville）。ほかに、*ボウリング・グリーン（Bowling Green）、*コビントン（Covington）、*レキシントン[1]（Lexington）、*オーウェンズバラ（Owensboro）、*パデューカ（Paducah）などの都市がある。

ケンダル Kendal（イングランド）

イングランド北西部、*ランカスター[1]（Lancaster）の北32km、*カンブリア（Cumbria）州のケント川に臨む町。リチャード1世（在位1189〜99）に認可された週市、14世紀から始まった見本市がある。フランドルの織物職人がやってきた1331年から、町は「ケンダルグリーン」という毛織物で知られるようになった。キャサリン・パーは14世紀に建てられた城で生まれた。古代ローマの駐屯地跡の遺跡、1200年来の教会、16世紀の家々が遺る。

ケンツ洞窟 Kent's Cavern ［Kent's Hole］（イングランド）

*デボンシャー（Devonshire）州トーキー〔⇒トーベイ（Torbay）〕近くの洞窟で考古学的遺跡。19世紀にこの地で発掘された骨や道具は、イングランド最古の人類の居住を示す証拠である。現在では絶滅した、主に更新世の動物種の化石も発見されている。

ケント Kent（イングランド）

現在のケント州とほぼ同じ地域にあったかつての王国で、都はメイドストーン。*テムズ川[2]（Thames, River）河口と*ドーバー[1]（Dover）海峡の間に位置する。*五港連盟（Cinque Ports）のうちドーバー、*サンドウィッチ[1]（Sandwich）、*ニュー・ロムニー（New Romney）、*ハイズ（Hythe）がケントにある。

旧石器時代から人が住み、海岸では古くから対外交易が行なわれ、外敵の侵入口になった。前55年にカエサルが上陸したときには、カンティー族が居住していた。ローマ人はこの地を征服して西暦43年頃に入植すると、ここから放射状に広がる道路を築き、*カンタベリー（Canterbury）に浴場や劇場をつくった。一帯は、5世紀にジュート族の侵攻を受けた。エセルバートのもと、ケントはのちのアングロ・サクソン七王国の最初の王国となり、ハンバー川以南で権力を振るった。597年エセルバートは、初代カンタベリー大司教アウグスティヌスによる初めてのローマ・キリスト教の布教を受け入れた。ケントはじきに七王国の*マーシア（Mercia）と*ウェセックス（Wessex）の一部となるが、準王国としての地位と特有のジュート文化を9世紀まで守り続けた。中世には多くの教会が建てられ、中世後期には、ワット・タイラー、ジャック・ケイド、サー・トマス・ワイアットらの反乱が起きた。沿岸部は、第1次、第2次世界大戦中、厚い防備が敷かれた。

ケントゥム・ケラエ Centum Cellae ⇒チビタベッキア Civitavecchia

ケントゥリパエ Centuripae ⇒チェントゥリペ Centuripe

ケント島 Kent Island（合衆国）

*メリーランド（Maryland）州*アナポリス（Annapolis）の東、*チェサピーク湾（Chesapeake Bay）の歴史的な島。1631年にこの島をバージニア領と主張したイギリス人ウィリアム・クレイボーンが、イギリス植民地を建設した。メリーランドとバージニアとで所有権が争われたが、1658年にメリーランド領と決着。結果、ケント島はメ

リーランド初のイギリス植民地となる。スティーブンズビルの近くには、1640年頃に建てられたケント・フォート・マナーがある。

ケントルビ Centorbi ⇒チェントゥリペ Centuripe

ゲンフ Genf ⇒ジュネーブ Geneva

ケンプテン Kempten［ラテン語：Cambodunum カムボドゥヌム］（ドイツ）

ドイツ南部、*バイエルン（Bavaria）州の都市。*ミュンヘン（Munich）の南西110km、イラー川に臨む。ケルト人の集落やローマの植民地として栄え、アラマンニ王やフランク国王の居地となる。ベネディクト会の修道院が752年に設立され、シャルルマーニュ〔カール大帝〕の妃ヒルデガルドの庇護を受けた。1289年以降帝国自由都市となり、三十年戦争中の1632年にはスウェーデン軍の攻撃により多大な被害を受け、1712年に再度勅許を与えられた。1803年に*バイエルン（Bavaria）に吸収される。1426年設立の教会、1474年来の石造りの市庁舎、1651～1674年の修道院長侯の居城、1652年設立の修道院附属の教会、18世紀の穀物倉庫など、数多くの歴史的な建築物が遺る。
⇒神聖ローマ帝国 Holy Roman Empire

ケンブリア Cambria ⇒カンブリア Cumbria

ケンブリッジ¹ Cambridge［古代；Cantabrigia カンタブリギア, Grantabridge グランタブリジ, Grantebryege グランテブリゲ］（イングランド）

イングランド中東部、ケム川に臨む大学都市。*ロンドン（London）の北北東80kmに位置する。*ケンブリッジシャー（Cambridgeshire）州の州都。ローマ軍の要塞

とノルマン人の城砦があった場所で、731年にベーダの文献に初めて名前が出て来る。1284年、ピーターハウス学寮が設立された時に大学が創設された。1318年、ローマ教皇ヨハネス22世がケンブリッジを大学都市と認定。現在は学寮の建物とサクソン人とノルマン人の教会が立ち並ぶ壮観を誇っている。大学は*オックスフォード[1]（Oxford）大学と並んでイングランドの最高峰。先史時代の土塁とローマ時代の集落跡がカースルヒルとマーケットヒルの地域に遺っている。

ケンブリッジ[2] Cambridge（合衆国）

*マサチューセッツ（Massachusetts）州東部の大学都市。*ボストン[2]（Boston）の西5km、チャールズ川に臨む。1636年、ハーバード・カレッジ、のちのハーバード大学が、この地域で主流だったピューリタンの教会の牧師を養成するために設立された。現在はアメリカで最古の名門大学となっている。ハーバード大学はのちに本来のピューリタンの教会から分かれた正統派とリベラル派との論争の舞台となる。独立戦争が始まるとジョージ・ワシントンが1775年7月3日にケンブリッジ・コモン（ケンブリッジ市の共有地）で大陸軍の指揮をとった。1916年、マサチューセッツ工科大学がケンブリッジに移転。市内には様々な教育施設がある。

ケンブリッジシャー Cambridgeshire（イングランド）

低地帯の州。旧ハンティンドン・アンド・ピーターバラ州を吸収。州都は*ケンブリッジ[1]（Cambridge）。

ケンペール Kemper ⇒カンペール Quimper

ケンペン Kempen（ドイツ）

*ケルン（Cologne）の北西64kmの町。890年に初めて文献に登場し、1294年に勅許を受けた。ゴシック様式の教会と14世紀の城がある。聖トマス・ア・ケンピスの生地である。

コ

呉 Wu ⇒ チャンスー〔江蘇〕Jiangsu

ゴア Goa ［ポルトガル語：Gôa］（インド）
インド西海岸の州。旧ポルトガル領。*ムンバイ（Mumbai）の南 400km に位置する。1312 年、イスラーム教徒に征服される。1370 年にヒンドゥー教の*ビジャヤナガル（Vijayanagar）王国に併合されるが、1470 年、再びイスラーム教徒に征服される。1510 年、ポルトガル王国の基礎を築いたアフォンソ・デ・アルブケルケが*ビジャープル（Bijapur）王国のスルタンから奪取し、ゴアはポルトガル王国の一部となったが、 1961 年、インドが侵攻し、1962 年に併合した。1987 年、州になり、*ダマン・ディウ（Daman and Diu）は連邦直轄地となった。1542 年、フランシスコ・ザビエルがここで布教活動を始めた。1552 年、ザビエルが亡くなると、遺骸は首都ノバゴア、現*パナジ（Panaji）のボン・ジェズ教会に埋葬された。
⇒ ダマン・ディウ Daman and Diu

コア川 Côa River（ポルトガル）
ポルトガル北東部、ベイラ・アルタ州の川。*シウダード・ロドリゴ（Ciudad Rodrigo）の西北西、スペインとの国境近くを流れる。ナポレオン戦争でイベリア半島方面作戦中の 1810 年 7 月 24 日、ロバート・クロフォード准将指揮するイングランド・ポルトガル軍がネイ元帥の率いるフランス軍に押されて、コア川を渡って*アルメイダ（Almeida）から撤退させられた。

コイビスト Koivisto ⇒ プリモルスク Primorsk

コイラ Coira ⇒ クール Chur

コイル - アリガル Koil-Aligarh ⇒ アリガル Aligarh

コインバトール Coimbatore ［コングナード Kongunad, コバイ Kovai］（インド）
インド南部、*タミル・ナードゥ（Tamil Nadu）州西部の都市。*コチ（Kochi）の北東 120km に位置する。「南インドの*マンチェスター（Manchester）」として知られる繊維産業の中心地。2～3 世紀にはコングナードの名で存在し、初期チョーラ朝のカリカラン王が支配していた。偉大な王としてはラシュトラクタ、チャールキヤ、パーンディヤ、ホイサラ、ビジャヤナガルがいた。コングナードが他の地域と共にイギリスに支配された時にコインバトールと改名された。

コインブラ Coimbra ［古代：Aeminium アエミニウム, Conimbriga コニンブリガ］（ポルトガル）
ポルトガル中北部、コインブラ県の県都。*リスボン（Lisbon）の北北東 173km に位置する。ローマ時代にまでさかのぼる古い都市で、878 年に*アストゥリアス（Asturias）と*レオン 3（León）の王アルフォンソ 3 世に占領されるまでムーア人の本拠地だった。11 世紀、レオンと*カスティリア（Castile）の王フェルディナンド 3 世がムーア人と戦った時の本部となった。1139～1260 年までポルトガルの首都。ま

た、マリア2世を退位させようとしたドン・ミゲル（1802〜66）とその支持者らの拠点となった。1290年に創設されたポルトガル最古の大学が1537年にリスボンからコインブラに移転した。

コウイヌー Kho-i-Nuh ⇒ **アララト山 Ararat, Mount**

コウォブジェク Kołobrzeg［独：Kolberg コルベルク］（ポーランド）

*コシャリン（Koszalin）の西40km、ポメラニア湾岸の都市。8世紀のスラブの要塞で、10世紀にポーランドの町となり、1255年に勅許を受けた。*ハンザ同盟（Hanseatic League）の一員で、塩の交易で栄えた。1648年に*ブランデンブルク（Brandenburg）に制圧され、七年戦争では3度包囲されたのち、1761年にロシアに占領された。第2次世界大戦では実質的に壊滅したが、現在はほぼ完全に再建されている。

黄河 ⇒ **ホワン・ホー**〔黄河〕**Huang He**（中国）

紅海 Red Sea［旧名：Sinus Arabicus アラビア湾；アラビア語：Al-Baḥr Al-Aḥmar バフル・アル・アフマル（紅海）；中世：Mare Rubrum マレ・ルブルム］

*アラビア半島（Arabian Peninsula）とアフリカ北東部に挟まれた全長1,920kmの細長い海域。古代の主要貿易路だったが、1488年に*喜望峰（Good Hope, Cape of）を回る航路が発見され、17世紀に地中海貿易が衰えをみせると重要度が落ちた。1869年に*スエズ運河（Suez Canal）が開通するとヨーロッパ、極東、オーストラリア間の航路として再び活気を取り戻した。

江華島 Koka-To ⇒ **カンファ Kanghwa**（韓国）

合江 ⇒ **ホーチアン**〔合江〕**Hejiang**（中国）

高句麗 Koguryu [Koguryŏ]［後年：Koryo 高麗］（韓国、中国）

最盛期には朝鮮半島の北半分、遼東半島、*満州（Manchuria）の一部までを支配していた古代王国。1世紀か2世紀に興った、朝鮮の古代三王国〔⇒ 百済（Paekche）、シラ（シンラ）〔新羅〕（Silla）〕の一つ。688年に新羅に征服された。372年に仏教が国教となると、強力な中央集権制が発達した。のちの高麗はこの国の名にちなんで名づけられた。この時代に描かれた墓の壁画が数多く遺る。

光州 ⇒ **クアンジュ**〔光州〕**Gwangju**（韓国）

広州 ⇒ **コワンチョウ**〔広州〕**Guangzhou**（中国）

公州 ⇒ **コンジュ**〔公州〕**Kongju**（韓国）

杭州 ⇒ **ハンチョウ**〔杭州〕**Hangzhou**（中国）

衡州 ⇒ **ホンヤン**〔衡陽〕**Hengyang**

高昌 Gaochang [Khocho, Kao-Ch'ang]［現代：Karakhoja カラホージョ, Kara Khoja］（中国）

*シンチヤン〔新疆〕ウイグル〔維吾爾〕（Xinjiang Uygur）自治区の行政中心地*ウルムチ〔烏魯木斉〕（Ürümchi）の南西170kmに位置する都市。850年頃〜1250年まで安定して繁栄した*ウイグル王国（Uigur Empire）の首都。乾燥した気候のために、多くの建物、壁画、様々な言語で書かれた写本が遺っている。

黄塵地帯 Dust Bowl（合衆国）

1933〜1939年に旱魃になった*カンザス（Kansas）州南西部、*コロラド（Colorado）

州南東部、*ニューメキシコ（New Mexico）州北東部、そして*オクラホマ（Oklahoma）州と*テキサス（Texas）州の一部地域からなる。第1次世界大戦中、この地域の農業主は牧畜業をやめて穀物の生産に切り替えたが、1930年代の旱魃期には広範囲にわたって風塵に襲われた。1929年からの大恐慌では約60％の住民が他の土地に転出。嵐は毎年続いているが、降雨と土地管理の改善によって黄塵地帯の面積は縮小している。ジョン・スタインベックの小説『怒りの葡萄』はこの地域を背景に移住する農民の苦境を描いている。

江西 ⇒ チアンシー〔江西〕Jiangxi（中国）

広西チワン族自治区 ⇒ コワンシー〔広西〕・チワン〔壮〕族自治区 Guangxi Zhuangzu（中国）

江蘇 ⇒ チアンスー〔江蘇〕Jiangsu（中国）

江寧 Chianning/Kiang-ning ⇒ ナンキン〔南京〕Nanjing

ゴウバニアム Gobannium ⇒ アバガベニー Abergavenny

甲府 Kōfu〔Kohu〕（日本）
　*東京（Tokyo）の西104kmに位置する山梨県の県庁所在地。城跡だけになっている16世紀の城は、強力な武田家の居城だった。

幸福の島々 Fortunate Islands ⇒ カナリア諸島 Canary Islands

神戸 Kōbe（日本）
　*本州（Honshū）中西部、大阪湾に臨む都市。兵庫県の県庁所在地。*大阪（Ōsaka）の西

29km、文化の中心地であるとともに、重要な港、工業地帯でもある。1889年に市制。古くからの港、兵庫港とともに発展してきた。14〜16世紀の室町時代に国際的な港として栄えていた兵庫港は、その後江戸幕府の鎖国政策のもとで以前ほどの繁栄は見られなくなっていたが、幕府が崩壊して王政復古が行なわれた1867年に、海外との貿易港として再びその門戸を開いた。第2次世界大戦で激しい爆撃を受けたが、再建された。1995年の大震災では6000人以上の死者が出て、市の各所が損壊した。

黄埔 ⇒ ホワンプー〔黄埔〕Huangpu（中国）

衡陽 ⇒ ホンヤン〔衡陽〕Hengyang（中国）

高麗 Koryo ⇒ 高句麗 Koguryu

皋蘭 ⇒ ランチョウ〔蘭州〕Lanzhou

江陵¹ Koryo ⇒ カンヌン Kangnŭng（韓国）

江陵² ⇒ チアンリン〔江陵〕Jiangling（中国）

香料諸島 Spice Islands ⇒ モルッカ Moluccas

コーカサス Caucasia〔Caucasus〕〔古代：Colchis コルキス；ロシア語：Kavkaz カフカス〕（ロシア、ジョージア〔グルジア〕、アゼルバイジャン、アルメニア）
　*黒海（Black Sea）から*カスピ海（Caspian Sea）までの*カフカス〔コーカサス〕山脈（Caucasus Mountains）を含む地域。ギリシア神話にはイアソンが金の羊毛を求めて行く国として描かれている。紀元前1000年までには文献に登場し、ミレトスのギリシア人が初めて入植し、前100年頃に*ポントス（Pontus）のミトリダテス王に征服

されるまで独立を保っていた。ローマに占領されてからは、指名された地元の王が支配していたが、独立の動きがでてきて、ラジカ王国が誕生。ラジカは*ビザンツ帝国（Byzantine Empire）と*ペルシア[1]（Persia）の間で長年にわたって紛争の原因となる。10世紀にはジョージア〔グルジア〕と統合。

他民族が集まっている地域で、19世紀には*トルコ（Turkey）、ペルシアとの戦争を経てロシアの支配下に入ったが、アゼルバイジャンのイスラーム教徒の反撥が激しく、ロシアの影響はあまり強くなかった。カフカスで広大な油井が発見され、第2次世界大戦でのソ連にとってはきわめて重要な資源となった。1942年7月、ドイツがカフカスに侵攻。最初は順調だったドイツの攻撃が、1943年1月に反撃によって撃退された。ソ連の崩壊を受け、カフカスは民族を基本に小さな国に分けようと闘争する分離主義運動と武力による反乱の場となった。

コーカサス山脈 ⇒ **カフカス〔コーカサス〕山脈 Caucasus Mountains**

コカナダ Cocanada ⇒**カキナダ Kakinada**

コカバス川 Kocabas ⇒**グラニコス川 Granicus**

コーカンド Kokand [Khokand, Khoqand]〔古代：Kharakand〕（ウズベキスタン）
ウズベキスタン東部の都市およびかつてのハン国。*タシケント（Tashkent）の南東160kmに位置する。10世紀以降、13世紀にモンゴル軍の攻撃を受けるまで繁栄が続いた。1732年に要塞を中心に再建され、1820年代と1830年代に繁栄した強力なハン国の首都となる。300ものモスクが遺る。1876年、中央アジアのハン国の中で

は最後に*ロシア（Russia）に制圧され、*トルキスタン（Turkistan）の一部となった。1917〜1918年にかけては、反ソビエトのイスラーム政府ができた。

コキアビル Coquilhatville ⇒**ムバンダカ Mbandaka**

コーク Cork〔ゲール語：Corcaigh コルケキ〕（アイルランド）
アイルランド南西部、コーク州の自治都市。*ダブリン（Dublin）の南西210km、リー川に臨む。821年、846年、1012年に古代*スカンジナビア（Scandinavia）人が襲撃し、町を焼き、最終的には住みついたが、1172年にはダーモット・マッカーシーが彼らを追い出した。1649年、オリバー・クロムウェルがコークを占領し、1690年には*モールバラ〔マールバラ〕（Marlborough）公が占領。1919〜1920年、コークはイギリスの支配に対する抵抗運動の拠点となった。史蹟としては、15世紀のブラーニー城のブラーニー石（この石にキスするとお世辞がうまくなるとされる）、多数の先史時代の石碑、昔の大修道院の遺跡がある。
⇒ **キンセール Kinsale, マンスター Munster**

こく が
黒河 ⇒ **ヘイホー〔黒河〕Heihe**（中国）

国際連盟 League of Nations ⇒**ジュネーブ Geneva**

コクスタッド Kokstad ⇒**グリカランド・イースト Griqualand East**（南アフリカ）

コクスンズ・ホール Coxin's Hole ⇒**ロアタン Roatán**

コクスン・ホール Coxen Hole ⇒**ロアタン Roatán**

国分寺 Kokubunji（日本）

東京駅の西 24km にある都市。＊東京（Tokyo）都郊外にあり、奈良時代には地名の由来となる武蔵国分寺が建立された。1923 年の関東大震災以降は、首都圏の住宅地として発達した。

穀物海岸〔グレイン・コースト〕Grain Coast（リベリア）

西アフリカ、ギニア湾に臨む沿岸地域。パルマス岬から＊シエラレオネ（Sierra Leone）の国境に至る。15 世紀、《楽園の穀物》といわれたメレゲッタコショウが交易品の中心となり、胡椒海岸、穀物海岸の名で知られた。

黒龍江 ⇒ アムール川 Amur River, ヘイロンチャン〔黒龍江〕Heilongjiang（中国）

呉県 Wuhsien ⇒ スーチョウ〔蘇州〕Suzhou

五港連盟 Cinque Ports（イングランド）

＊サセックス（Sussex）州とケント州の港湾都市の連盟で、最初は＊ドーバー[1]（Dover）、＊サンドウィッチ[1]（Sandwich）、＊ロムニー〔⇒ニュー・ロムニー（New Romney）〕、＊ヘイスティングズ[1]（Hastings）、＊ハイズ（Hythe）の五港だったが、のちに＊ウィンチェルシー（Winchelsea）と＊ライ[2]（Rye）も加えられた。これらの港は 11 世紀、エドワード証聖王の治世にイングランド沿岸を防御する目的で連合を結んだ。ノルマン人による征服のあと、五港連盟は特権を与えられたが、14 世紀には制海権を失っていた。現在は大きな港はドーバーだけになった。

ココス諸島 Cocos Islands〔キーリング諸島 Keeling Islands〕（オーストラリア）

インド洋の群島。＊ジャワ（Java）の南西930km に位置する。1609 年、ウィリアム・キーリングが発見し、1823 年に入植が始まり、1857 年にイギリスの保護領となる。第 1 次世界大戦中、1914 年 11 月 9 日にドイツの巡洋艦エムデンがココス諸島の沖合でオーストラリアの巡洋艦シドニーに撃沈された。1955 年、オーストラリア領になる。

ココノール Koko Nor ⇒ チンハイ〔青海〕Qinghai

ココポ Kokopo ［旧名：Herbertshöhe］（パプアニューギニア）

＊ラバウル（Rabaul）の南東 22km、＊ビスマーク諸島（Bismarck Archipelago）＊ニュー・ブリテン[1]（New Britain）島の町。1884 年に島がドイツ植民地の一部となってからは、ドイツ領ニューギニア（ノイ・ポンメルン）の首都だった。

ココモ Kokomo（合衆国）

＊インディアナ（Indiana）州＊インディアナポリス（Indianapolis）の北 80km の都市。その名は、先住民のマイアミ族のリーダーの名にちなむ。かつてラ・フォンテーヌ酋長が支配していた土地に、インディアンの商人が 1844 年に建設した。1886 年に天然ガスが発見されて、開発に拍車がかかる。自動車の第 1 号を製作したエルウッド・ヘインズは、ここに居住し仕事をしていて、1894 年に試乗を行なった。

コサ Cosa ［古代：Orbetello オルベテッロ；ラテン語：Cosae コサエ；現代：Ansedonia アンセドニア］（イタリア）

＊トスカナ（Tuscany）州南西部、グロッセート県のティレニア海に臨む遺跡。＊グロッセート（Grosseto）の東 40km に位置する。エトルリア人の都市オルベテッロがあった場所で、ブルキ族の中心地だった

と思われる。*マグナ・グラエキア（Magna Graecia）の諸都市と密接な関係をもっていたが、前273年に*ローマ（Rome）に支配され、ローマはこの地域を支配するために植民地を築いた。第2次ポエニ戦争の間、ローマに従っていたが、戦争で甚大な被害を受けて、しだいに衰退した。最後に記録にコサの名前が登場するのは前49年で、紀元5世紀までにはこの地域はアンセドニアと呼ばれるようになっていた。遺跡としては18の塔を頂き、3カ所に門が設けられた多角形の城壁がある。3部構成の神殿であるカピトリウム、小さな広場、議事堂など市の建物の基礎部分が発掘されている。

コサエ Cosae ⇒コサ Cosa

コザニ Kozáni（ギリシア）
ギリシア北部、マケドニア地方西部の都市。*テッサロニキ（Thessaloníki）の西107kmに位置する。*オスマン帝国（Ottoman Empire）の支配下でギリシア文化の中心地として栄え、古い写本を収めた中世からの図書館が残存する。

コサム Kosam［古代：Kausambi］（インド）
*アラハバード（Allahabad）の西南西45kmの都市。前2世紀と前1世紀にはヒンドゥー教の王国の首都だった。古代の砦の遺跡や、11世紀の多数の硬貨など、ジャイナ教の遺物が見つかっている。

ゴサム Gotham（合衆国）⇒ニューヨーク市 New York City

コーサラ Kosala（インド）
その領土が*アワド（Oudh）地方とほぼ重なる、かつての王国。*アヨーディヤー（Ayodhya）を都として興り、前6世紀には北インド最強の王国として、*ガンジス川（Ganges River）交易ルートの支配権を獲得した。『ラーマヤーナ』をはじめとして、多くのサンスクリット語の物語の舞台となった。北部の部族に前560年頃生まれたブッダは、ここで何度も説教を行なっている。ジャイナ教の開祖マハービーラも同様である。前4世紀、近隣の*マガダ国（Magadha）との戦いに敗れて吸収された。

コザン Kozan ⇒シス Sis

ゴザン Gozan（シリア）
現在のシリア北東部の地域で、ハブール川に臨む。旧約聖書の「列王記」と「イザヤ書」によると、前722年にアッシリア人が北部の王国*イスラエル（Israel）の住民2万7千人以上を連れ去って虜とした肥沃な土地。その住民はのちにイスラエルの《失われた部族》として知られる。

ゴシェン ⇒ ゴゼン [1] 〔ゴシェン〕 Goshen（エジプト）

コジコーデ Kozhikode［カリカット Calicut］（インド）
インド南西部、*チェンナイ（Chennai）の西南西662km、*ケララ（Kerala）州の*マラバール海岸（Malabar Coast）沿いの町。1498年にバスコ・ダ・ガマが訪れ、1513～1525年までは要塞化されたポルトガルの交易所だった。その後はイギリス、フランス、オランダの交易所となり、1765年にハイダル・アリーに破壊された。1792年の条約でイギリス領となる。キャラコ発祥の地で、色彩豊かな綿布は2000年前に訪れた人々に見出され、17世紀にイングランドに輸入されるまでは、カリカットと呼ばれていた。

コシツェ Kosice [独：Kaschau カシャウ；ハンガリー語：Kassa カシャ；スロバキア語：Košice コシツェ]（スロバキア）

スロバキア東部、*ブダペスト（Budapest）の北東 216km の都市。9 世紀に町ができ、1241 年に勅許を受けた。中世のスロバキア - ポーランドでは有数の町だった。のちにオーストリア、ハンガリー、ロシア、トルコに占領される。1920 年にチェコスロバキアに併合され、第 2 次世界大戦後に国民戦線がここを拠点とし、1945 年チェコスロバキア臨時政府を樹立した。14 ～ 16 世紀に建造された壮麗な聖エリザベート大聖堂、14 ～ 15 世紀の建築物が遺る。

ゴージナ Gorgeana ⇒ヨーク² York

コジャエリ Kocaeli ⇒イズミット İzmit

コシャリン Koszalin [独：Köslin ケスリーン]（ポーランド）

ポーランド北西部、西ポモージェ県の都市。*シュチェチン（Szczecin）の北東 136km に位置する。1188 年に記録に登場し、1266 年に勅許を受けた。都市の商船隊を擁して 14 世紀以降商業が栄えた。三十年戦争中は、*ポメラニア（Pomerania）大公の本拠地で、大きな被害を受けた。1648 年に*ブランデンブルク（Brandenburg）領となり、1945 年にドイツから*ポーランド（Poland）に譲られた。

梧州 ⇒ ウーチョウ〔梧州〕Wuzhou（中国）

ゴジュフ・ウィエルコポルスキ Gorzów Wielkopolski [独：Landsberg ランツベルク]（ポーランド）

ポーランド西部、ルブシュ県の二つの県都の一つ〔もう一つは*ジェロナ・グーラ（Zielona Góra）〕。ワルタ川に臨む。1257 年、

ドイツの都市として建設され、三十年戦争でスウェーデン人に破壊される。18 世紀、*プロイセン（Prussia）の*ブランデンブルク（Brandenburg）の一部として再興。ナポレオン戦争中の 1813 年 2 月、ロシアがフランスとポーランドを破った戦いでは戦場となった。第 2 次世界大戦中は大きな被害を受けた。1945 年の*ポツダム（Potsdam）会談でポーランド領となる。

⇒ **スウェーデン Sweden, プロイセン Prussia**

コシーラ Cosyra ⇒パンテレリア Pantelleria

コス Kos [Cos] [古代：Cos コス；伊：Coo；トルコ語：İstanköy イスタンコイ]（トルコ）

*ロードス²（Rhodes）島西北西 80km に位置する*ドデカネス（Dodecanese）諸島の島。古代には*エピダウロス¹（Epidaurus）の植民地となり、《ドーリア人六都市》の一員だった。後年*アテネ（Athens）、*マケドニア（Macedonia）、*シリア²（Syria）、*エジプト（Egypt）に制圧される。アスクレピオス神殿や、前 460 年にここで生まれたヒポクラテスの建てた医学校があった。エジプトのプトレマイオス朝との同盟中は、海軍基地、文化の中心地となり、詩人のテオクリトスとフィレタスが暮らした。14 ～ 16 世紀の聖ヨハネ騎士団の城址がある。

湖水地方 Lake District（イングランド）

*カンブリア（Cumbria）州にある湖の多い山岳地方。*カーライル¹（Carlisle）の南西に位置する。かつてローマ軍に征服され、今では人気の観光拠点となっているこの地方は、ワーズワース、コールリッジ、サウジーら「湖畔詩人」をはじめ、芸術家、文筆家に好まれてきた保養地として非常に有名。1951 年に湖水地方国立公園が創

614 コスタテモ

設された。

コスタ・デ・モスキトス Costa de Mosquitos
⇒モスキトス海岸 Mosquito Coast

コスタリカ Costa Rica [旧名：Nueva Cartago ヌ
エバ・カルタゴ]

*中央アメリカ（Central America）南東部の
共和国。*ニカラグア（Nicaragua）の南に位
置する。首都は*サンホセ[1]（San José）。ク
リストファー・コロンブスが発見し、沿
岸で金を見つけたところから、「豊かな
海岸」の意味でコスタリカと命名したと
される。1563年、*スペイン（Spain）に
征服され、*グアテマラ（Guatemala）総督
領とされるが、1821年にスペインから独
立。アグスティン・デ・イトゥルビデの
治めるメキシコ帝国の一部となり、さら
に1823〜1838年まで*中央アメリカ連
邦（United Provinces of Central America）に加盟。
1838年に独立して共和国となった。

1917年、フェデリコ・ティノコを支持
した無血クーデターにより、アメリカと
の間に摩擦が生じ、1919年にティノコは
退陣させられた。1941年12月、枢軸国
と開戦。大統領選挙の結果が問題となり
1948年には内戦となった。1949年、新憲
法が採択され、以来、民主主義国家とな
っている。2004年、歴代の大統領の汚職
が申し立てられてコスタリカ政府への信
頼が揺るがされた。コスタリカは武装し
た軍隊をもたず、現在もラテンアメリカ
の中では屈指の安定した豊かな国となっ
ていると同時に、世界に先駆けて自然環
境保護を意識した観光事業でも有名。

コストシン Kostrzyn [独：Cüstrin/Küstrin キュ
ストリン]（ポーランド）

*フランクフルト・アン・デア・オーデ
ル（Frankfurt an der Oder）の北北東29kmの
都市。13世紀に記録に登場し、のちに*ブ
ランデンブルク（Brandenburg）に制圧され、
1535年に統治領の中心となると要塞化さ
れた。1730年にフリードリッヒ大王は父
によってこの地に幽閉されていたことが
あり、七年戦争中の1758年にロシアの攻
撃を受けた町を再建した。1806〜1814年
までフランス軍が占領した。第2次世界
大戦中の1945年にはソ連軍に対するドイ
ツの防衛拠点となった。
⇒ プロイセン Prussia

コストロマ Kostroma（ロシア）

*モスクワ（Moscow）の北東304km、*ボ
ルガ川（Volga River）沿いの都市。ロシア
屈指の古い町で、その起源は12世紀に
さかのぼる。13世紀には何度もトルコに
略奪された。後年はモスクワ、*トベリ
（Tver）、*ノブゴロド（Novgorod）に争われ
たのち、1364年にモスクワに併合され、
公国の強力な商業中心地、都となる。こ
の地で1613年、ミハイル・ロマノフがロ
マノフ朝最初の皇帝に選ばれる。16世紀
の修道院、13世紀の大聖堂が遺る。

コスピークワ Cospicua（マルタ）

港を挟んで首都*バレッタ（Valletta）の対
岸に位置するマルタ島の町。セングレ
ア、*ビットリオーザ（Vittoriosa）と並ぶマ
ルタの三都市の一つ。1565年、*オスマ
ン帝国（Ottoman Empire）による《大包囲戦》
により甚大な被害を受けた。エルサレム
の聖ヨハネ騎士団により復興。第2次世
界大戦中にも空襲により被害を受けた。

ゴスポート Gosport（イングランド）

イングランド南部、*ハンプシャー
（Hampshire）州南東部の都市。*ロンドン
（London）の南西107km、ポーツマス港に
臨み、対岸には*ポーツマス[1]（Portsmouth）

が位置する。1944 年、*フランス（France）
への進軍する際の拠点となった。ホーリ
ー・トリニティ教会にはジョージ・フレ
デリック・ヘンデルが弾いたオルガンが
ある。

ゴスラル Goslar（ドイツ）

ドイツ北西部、*ニーダーザクセン（Lower
Saxony）州南東部の都市。ハルツ山地の
北、*ブラウンシュワイク[1]（Brunswick）の
南 37km に位置する。922 年に創設され、
13 世紀に*ハンザ同盟（Hanseatic League）に
加盟。1802 年に*プロイセン（Prussia）に
併合されるまで自由帝国都市。1807 年、*ウ
ェストファリア（Westphalia）に編入され、
1866 年にプロイセンに返還された。1290
年に有名な都市法が制定された。初期の
ドイツ皇帝の居住地となり、帝国議会が
幾度か開催された。市内にはハインリヒ 3
世のために建設された 11 世紀の宮殿、ロ
マネスク様式の教会、ゴシック様式の教
会と市庁舎、1526 年建設の有名なブラス
トッハをはじめとする木骨構造の家など、
中世の面影が強く遺っている。

コズロフ Kozlov ⇒ミチューリンスク Michurinsk

コセディア Cosedia ⇒クタンス Coutances

ゴセン[1]〔ゴシェン〕Goshen（エジプト）

エジプトの肥沃な地域。*ナイル川（Nile
River）デルタ地帯の東に位置する。旧約聖
書によるとヤコブ一家にエジプト王が下
賜した土地でヤコブの子孫が出エジプト
まで住んでいた。「ヨシュア記」第 10 章
41 節と第 11 章 16 節によればヨシュアが
征服した*カナン[1]（Canaan）南部の地域も
ゴシェンと呼ばれているが、正確な場所
はわからない。「ヨシュア記」第 15 章 51

節の*ユダ（Judah）の町もゴシェンと呼ば
れている。

ゴセン[2] Goshen［ステラランド Stellaland］（南ア
フリカ）

*トランスバール（Transvaal）西部にあっ
たボーア（ブール）人の共和国。1882
年に建設され、ボーア人が拡張した西
方領土の一部を形成。共和国は 1885 年
に*イギリス領ベチュアナランド（British
Bechuanaland）の一部となり、現在は*ケー
プ州（Cape Province）の一部。

コゼンツァ Cosenza［古代：Consentia コンゼン
ティア］（イタリア）

イタリア南西部、*カラブリア（Calabria）
州コゼンツァ県の県都。*ナポリ（Naples）
の南東 240km に位置する。ブルッチ人の
古代の首都だったが、前 204 年に*ロー
マ（Rome）に占領された。西ゴート人の
王アラリックは 410 年にここで死んだと
される。その後、ビザンツ人、サラセン
人、ノルマン人、スペイン人などに次々
に占領された。1799 年に共和国となる。
ブルボン家の*両シチリア王国（Two Sicilies,
Kingdom of The）の一部でありながら、イタ
リア民族主義の反乱が幾度となく起こっ
た。大地震による被害も頻繁に受けてい
る。ロマネスク様式とノルマン様式を兼
ね備えた大聖堂とホーエンシュタウフェ
ン家の城がある。

コソボ Kosovo［Kossovo］［セルビア語：Kosovo
Polje, Kosovo Polye］（セルビア）

*コソボ（Kosovo）自治区の*プリシュティ
ナ（Priština）西方の古戦場。7 世紀にスラ
ブ人が住み始め、12 世紀にセルビアに譲
渡された。1389 年にはトルコがここでセ
ルビア帝国を破り、その大勝利は何度も
賞賛された。1448 年再びここでトルコが

ハンガリーに勝利した。スルタンのムラド1世やセルビアの英雄ミロシュ・オビレノビッチの墓が遺る。1915年11月、ブルガリアがセルビアに決定的な勝利を収める。1946年コソボはセルビアの一部となるが、その後セルビアがユーゴスラビア領となった。1992年のユーゴスラビアの解体後、コソボ市民は独立に票を投じ、これにより、すでに緊迫していたアルバニア人とセルビア人との間の関係がさらに悪化した。人口の大半を占めるアルバニア人は独立を支持したのに対し、コソボをセルビアの歴史的要地とみなしているセルビア人は、コソボのセルビアからの独立に反対していたのである。両者の対立が激化し、1999年NATOがセルビア軍に対して空爆を開始した。この結果1999年に平和協定が結ばれたが、現在も民族間の衝突は起きている。現在は国際連合の統治下にあり、国際的にはセルビアの一部と考えられている。
⇒オスマン帝国 Ottoman Empire, セルビア Serbia

コーター Kota [Kotah]（インド）

インド北西部、*ラージャスタン（Rajasthan）州南東部の都市で旧藩王国。1625年頃に*ブーンディ（Bundi）から興り、しじゅう*ジャイプール（Jaipur）と戦争状態にあった。1817年藩王国の中で最初にイギリスに降伏した。8世紀の碑文の遺る遺跡がある。町ができたのは14世紀で、壮大な城壁、王宮、寺院が遺る。

コーダー Cawdor [Calder]（スコットランド）

*ハイランド（Highland）郡の村。城の名にもなっている。*インバネス（Inverness）の東北東19kmに位置する。シェイクスピアの作品では、コーダーの領主マクベスがスコットランド王ダンカン1世を殺

害している。それは1040年頃のことと思われる。15～17世紀の城がある。*カロデン・ムーア（Culloden Moor）もこの地域にある。

ゴータ Gotha（ドイツ）

ドイツ中部、*チューリンゲン（Thuringia）州の都市。*エルフルト（Erfurt）の西24kmに位置する。1189年に都市権を獲得し、1247年にチューリンゲン地方伯領、1264年にザクセン大公ウェッティン家領となる。1640～1825年まで*ザクセン-ゴータ（Saxe-Gotha）公の居地、1826～1918年までは*ザクセン-*コーブルク（Coburg）-ゴータ公の居地。地理の研究・出版の中心地で、『ゴータ年鑑』の版元である1785年創立の出版社ユストゥス・ペルテス（現在のヘルマン・ハーク）もある。15世紀の教会、17世紀のドゥカーレ宮殿、18世紀のフリーデンシュタイン宮殿などすぐれた歴史的建造物がある。

ゴーダ ⇒ ハウダ〔ゴーダ〕Gouda（オランダ）

五大湖 Great Lakes, the ⇒エリー湖 Erie Lake, オンタリオ湖 Ontario Lake, スペリオル湖 Superior Lake, ヒューロン湖 Huron Lake, ミシガン湖 Michigan Lake

五台山 ⇒ ウータイ〔五台〕山 Wu Tai Shan（中国）

コタ・キナバル Kota Kinabalu [旧名：Jesselton ジェッセルトン]（マレーシア）

南シナ海の入り江に臨む*ボルネオ（Borneo）島北部、*サバ²（Sabah）州の州都。1899年に設立され、イギリス北ボルネオ会社の総督だったサー・チャールズ・ジェッセルトンにちなんで名づけられた。第2次世界大戦で深刻な被害を受けたが、

再建され近代化された。1947年サンダカンに代わって、当時のイギリス領北ボルネオの首都となる。1963年にマレーシア連邦の一部となり、1968年に現在の名が採用された。歴史博物館がある。

コダグ Kodagu [クルグ Coorg/Kurg] (インド)

インド南西部、西ガーツ山脈の南端、*マイソール[1] (Mysore) 州内に存在したかつての王国。首都はマカラ。9世紀から存在した独立国だったが、17世紀以降はヒンドゥー教系の王朝の支配を受け、1834年にイギリス領となった。

コタバル Kota Bahru [Kota Baharu] (マレーシア)

*クアラルンプール (Kuala Lumpur) の北北東160kmに位置する、*クランタン (Kelantan) 州の古戦場。1941年12月に*日本 (Japan) に占領された。第2次世界大戦中に日本が*シンガポール (Singapore) 侵攻作戦で征服した土地の一つ。

コタ・バル Kota Baru ⇒ ジャヤプラ Djadjapura

ゴタム Gotham (イングランド)

イングランド中北部、*ノッティンガムシャー (Nottinghamshire) 州の村。*ノッティンガム (Nottingham) の南南西11kmに位置する。国王ジョン1世が宮殿の建設地を求めて村にやって来たが、この村の住人は「頭が弱い」という評判だった。村人たちは国王のために多額の費用を負担させられるの嫌って、愚かなふりをしたのである。

ゴタムはニューヨーク市の別称として、ワシントン・アービングがイングランドのゴタムを踏まえて諷刺新聞『サマルガンディ』で最初に用いた。ニューヨーク人が賢人気取りだと思われて、諷刺されたのである。

コータヤム Kottayam (インド)

*コラム (Kollam) の北80kmに位置する*ケララ (Kerala) 州西部の町。西暦53年に聖トマスが訪れたと信じられていたため、シリア・キリスト教の中心地だった。

コー・ダレイン Coeur d'Alene (合衆国)

*アイダホ (Idaho) 州北部の都市。*ワシントン[2] (Washington) 州*スポーカン (Spokane) の東48kmに位置する。1876年、のちにシャーマン砦と呼ばれるコー・ダレイン砦が築造され、砦を中心に交易所と町が発展した。都市名はこの地域に住んでいたインディアンの部族名にちなむ。1883年に銀・銅・亜鉛の豊かな鉱脈が発見され、翌年からは大勢の人が採鉱のために押し寄せて、にわか景気となった。1890年代、労使紛争が起こる。1893年に結成された《西部鉱員連合》が過激な運動を展開し、鎮圧のために軍隊が投入された。現在、人気の観光地への入り口となっている。

コタンタン半島 Cotentin Peninsula (フランス)

フランス北東部、*ノルマンディー (Normandy) 地方西部、*チャネル諸島[1] (Channel Islands) とセーヌ湾に挟まれたマンシュ県の半島。初期の時代には*クタンス (Coutances) が県都だった。中世後期にはイングランドとフランスが領有権を盛んに争った。第2次世界大戦中、アメリカ軍が目指したモンテブール附近の*オマハ・ビーチ (Omaha Beach) の上陸拠点は、1944年6月6日～27日まで激戦地となり、ドイツが占領していた*シェルブール (Cherbourg) は陥落した。

618　コチ

コチ　Kochi ［コチン Cochin］（インド）

インド南西部、*チェンナイ（Chennai）の南西560km、*マラバール海岸（Malabar Coast）沿いにある*ケララ（Kerala）州の港湾都市で旧藩王国。16世紀にポルトガル人が建設し、インドで初めてヨーロッパ人が入植した。1663年にオランダに征服され、1795～1947年まではイギリスの支配を受けた。

コーチシナ Cochin China ［現地：Nam Phan ナム・ファン］（ベトナム）

*サイゴン（Saigon）とメコンデルタ〔⇒メコン川（Mekong River）〕を中心に*カンボジア（Cambodia）まで西に広がっている東南アジアの地域。元来はクメール帝国の一部だったが、1471年にベトナムのレ・タン・トン皇帝に占領された。1859年、コーチシナの首都サイゴンがフランスに支配され、1862年にコーチシナはフランスの植民地となる。1949年にベトナム領となる。

コチノ Khotchino ⇒ ガッチナ Gatchina

コチビハール Cooch Behār/Koch Bihār ⇒ クーチビハール Kuch Bihār

コチン Cochin ⇒ コチ Kochi

黒海 Black Sea ［古代：Pontus Euxinus ポントス エウクセイノス；ルーマニア語：Marea Neagră マレア・ネアグラ；ロシア語・ブルガリア語：Chernoye More チョルノエモーレ；トルコ語：Kara Deniz カラデニズ］

*ブルガリア（Bulgaria）、*ルーマニア（Romania）、*ウクライナ（Ukraine）、*ロシア（Russia）、*ジョージア〔グルジア〕（Georgia）、*トルコ（Turkey）に囲まれた海。長さ1,200km、幅560km、戦略的に

重要な海だったが、現在は主に経済上の役割に重きが置かれている。沿岸地域は古代にはギリシア・ローマが植民地とした。ハドリアヌス帝の支配するローマは2世紀に黒海の海図を作製した。ギリシアの植民市は*小アジア（Asia Minor）の*トレビゾンド（Trebizond）まで東に広がった。小アジアはクセノフォンの描く1万人のギリシア人傭兵が*ペルシア[1]（Persia）を出発して辿り着いた終点である。中世には*ジェノバ（Genoa）が東アジアとの交易を目的に*クリミア半島（Crimea, The）に交易所を設置した。そこからジェノバの船が1347年に黒死病をヨーロッパに広めることになった。15～18世紀には*オスマン帝国（Ottoman Empire）が周辺地域を支配したために、黒海の重要度は低くなり、トルコの湖みたいなものになった。1783年、ロシアがクリミア半島を占領すると、黒海は南方からロシアに入る径路として重要度が高まり、1853～1856年までのクリミア戦争では連合軍が黒海を活用した。20世紀なって黒海はソ連の支配下にあるようなものだったが、現在はクリミア半島の海軍基地がウクライナにあるため、状況は変わった。カスピ海の原油を運ぶパイプラインが黒海の東岸まで敷かれると黒海はまた重要な拠点になる可能性がある。ギリシア神話ではイアソンは《金の羊毛の国》*コルキス（Colchis）を目指して黒海を船で渡っている。

国家連合セルビア・モンテネグロ State Union of Serbia and Montenegro ⇒ セルビア・モンテネグロ Serbia and Montenegro

コッコラ　Kokkola ［スウェーデン語：Gamlakarleby ガムラカーレビー］（フィンランド）

*バーサ（Vaasa）の北北東112km、ボスニア湾に臨む都市。1620年に建設され、18

世紀には屈指の港だった。クリミア戦争中の1854年、イギリス軍がここに上陸を試みた。15世紀の教会が遺る。

コッシーラ Cossyra ⇒ パンテレリア Pantelleria

コッテ Kotte［シンハラ語：Kōṭṭe］（スリランカ）かつての王国。セイロン（現スリランカ）全土を統合した最後の王国で、15世紀に繁栄したが、1505年に王が＊ポルトガル（Portugal）に進貢した頃には衰退が始まっていた。セイロンの王がヨーロッパ人に進貢したのは、これが初めてだった。

コットブス Kottbus ⇒ コトブス Cottbus

ゴットホープ Godthåb［Godthaab］［イヌイット語：Nuuk ヌーク］（デンマーク）＊グリーンランド（Greenland）最大の都市で首都。ゴットホープ・フィヨルドに臨む。1721年、デンマークとノルウェーの宣教師ハンス・エーゲデの伝道所として設立された。1728年に創設されたグリーランド最古のデンマーク人の居住地であり、一年を通して氷結しない不凍港がある。フィヨルドにはバイキング時代の遺跡が遺っている。

コッド岬〔ケープ・コッド〕Cod, Cape（合衆国）

＊マサチューセッツ（Massachusetts）州南東の半島。大西洋へと105kmほど突き出している。1602年、バーソロミュー・ゴズノールドの率いるイギリス探検隊が発見。1620年、《メイフラワー号》のピューリタンがコッド岬の＊プロビンスタウン（Provincetown）に初めて上陸。現在、コッド岬は人気の観光地。史蹟としては、アメリカで最初のグリエルモ・マルコーニ

の無線局跡がある。

ゴットランド Gotland［Gothland, Gottland］（スウェーデン）

スウェーデン南東部、＊バルト海（Baltic Sea）最大の島。周辺の島々と共に県を構成。県都は＊ビスビュー（Visby）。石器時代より住人がいたことを示す遺跡がある。9～11世紀までバイキングの影響下で広範囲の地域と交易を行なって、その時に使用されていたローマ、ビザンツ、アラビアの数多くの硬貨が出土している。11～14世紀まで北ヨーロッパの交易の中心地として繁栄。12世紀、ドイツの商人がビスビューに住みつき、＊ハンザ同盟（Hanseatic League）の中心都市の一つとなる。しかし、ハンザ同盟の商人と地元の商店主が対立したために衰退。1280年、スウェーデン国王マグヌス1世に征服され、1361年、＊デンマーク（Denmark）のバルデマール4世に占領されたのち、1370年にはハンザ同盟に占領される。1570年、＊シュチェチン（Szczecin）条約によりデンマークの支配下に置かれる。1645年、ブレムゼブロの和約によりスウェーデンに返還。数多くの壮麗な教会があり、城址も多い。ビスビューの市壁は今もほぼ往時のまま遺っている。

ゴットルフ Gottorf ⇒ ゴットルプ Gottorp

ゴットルプ Gottorp［ゴットルフ Gottorf］（ドイツ）ドイツ北部、＊シュレースウィヒ（Schleswig）市の北西に位置する城。1268年からシュレースウィヒ公の居城。＊デンマーク（Denmark）王フレゼリク1世の息子アドルフ公が1586年に創設したホルシュタイン-ゴットルプ家の家名はこの城にちなんだもの。1948年、城は博物館になった。

620 コツホ

⇒ホルシュタイン Holstein

ゴッホ Goch（ドイツ）

＊ノルト・ライン－ウェストファーレン（North Rhine-Westphalia）州の町。＊ミュンスター（Münster）の西南西105km、オランダとの国境に接する。1250年に都市権を獲得し、長年ゲルダー公の所領だった。第2次世界大戦中の1945年2月18日〜21日には激戦地となった。

⇒ヘルダーラント Gelderland

コッレ・デル・ピッコロ・サン・ベルナルド Colle del Piccolo San Bernado ⇒小サン・ベルナール峠 Little Saint Bernard Pass

コーディ Cody（合衆国）

＊ワイオミング（Wyoming）州北西部の町。イェローストーン国立公園の東90km、ショショニー川に臨む。ワイオミング州が「バッファロー・ビル」ことウィリアム・F・コーディに土地を提供すると、この開拓者で派手な演出家は1901年にそこに町を作った。町は観光用の牧場を備えて西部開拓時代の雰囲気をかもしだし、観光の名所となっている。《バッファロー・ビル歴史センター》にはコーディ縁（ゆかり）の品が展示されている。《ホイットニー西部美術館》もあり、毎年、ロデオ大会が開催される。ショショニー国立森林公園の管理本部がおかれている。

コディアク Kodiak（合衆国）

＊アラスカ（Alaska）州の南沖にある、アラスカ湾の島と町。アラスカ半島とはシェリコフ海峡で隔てられている。コディアクが島内最大の町。島の大部分は、国の野生動物保護区になっている。ロシアの毛皮商人ステパン・グロトフが1763年に島を発見した。1784年、別の商人グリゴ

リー・シェリホフが、スリー・セインツ湾に臨む場所にアラスカ初のロシアの恒久的入植地をつくった。1792年、入植地はコディアク村に移され、ロシアの毛皮貿易の中心地となった。アメリカが＊ロシア（Russia）からアラスカを買い取った1867年に、島もアメリカ領となる。現在の産業はサケ漁が中心である。コディアククマとコディアクタラバガニは、この島の固有種である。

コテュオラ Cotyora［現代：Ordu オルドゥ］（トルコ）

＊黒海（Black Sea）に臨む古代都市で港町。＊サムスン（Samsun）の東130km、現在のオルドゥの場所にあった。前500年頃にギリシアの入植者が建設。ここからクセノフォンの描く1万人のギリシア人傭兵がギリシアへと船で向かった。彼らは＊ペルシア¹（Persia）のキュロスと共にアルタクセルクセス2世と戦って惨敗した。その模様はクセノフォンの『アナバシス』に語られている。

コトゥジッツ Chotusitz［チェコ語：Chotusice ホトゥシツェ］（チェコ）

チェコの村。＊チャスラウ（Czaslau）の北3kmに位置する。オーストリア継承戦争で、1742年5月17日、フリードリヒ2世（大王）の率いるプロイセン軍がここでオーストリア軍を破り、マリア・テレジアに＊シュレジエン（Silesia）のほぼ全域を割譲させた。

⇒ **オーストリア Austria, プロイセン Prussia**

コドク Kodok ⇒ファショダ Fashoda

コートジボアール〔象牙海岸〕Côte d'Ivoire

＊ガーナ（Ghana）の西、ギニア湾に臨む

西アフリカの共和国。首都はヤムスクロだが、旧首都で最大の都市 *アビジャン (Abidjan) が現在も行政の中心地。16 世紀、奴隷と象牙を扱うポルトガルの交易所が設けられていた。19 世紀には *フランス (France) の影響力が強く、1893 年にはフランスの保護領となり、1904 年にフランス領西アフリカに編入。1958 年、フランスによって象牙海岸に自治権が与えられ、1960 年、フェリックス・ウフェ - ボワニ大統領のもとで独立して共和国となった。一党独裁体制だったが、国民の反対運動が広がり、1990 年に野党が法律で認められるようになった。

1993 年、ウフェ - ボワニが死去し、国会議長だったアンリ・コナン・ベディエが大統領に就任し、1995 年に再選された。1990 年代末から経済状態が改善されたが、キリスト教徒が中心の南部とイスラーム教徒が中心の北部の宗教的な対立により、国が分裂し始めた。1999 年、軍部によるクーデターが起こる。2000 年の選挙はイボアール人民戦線のローラン・バグボが勝利を収めたが、これまで候補者が政府当局から抑えつけられていた北部のイスラーム教徒であるアラサン・ワタラから選挙結果に異議が唱えられた。2002 年、北部と南部の間に内戦が勃発する。2004 年、国連の平和維持軍が到着。ここでフランス軍を攻撃したことから、フランス軍はコートジボアールの空軍機を空港で破壊する。反フランスの暴動が起こり、外国人はアビジャンから避難することになった。2005 年、南アフリカのタボ・ムベキ大統領の仲介によって、停戦協定が結ばれ、新たな選挙の実施が約束された。

コート・ダジュール Côte d'Azur ⇒リビエラ Riviera

コドーニョ Codogno（イタリア）

イタリア北部、*ロンバルディア (Lombardy) 州ローディ県の町。*ミラノ (Milan) の南東 55km に位置する。フランス革命戦争中の 1796 年、フランスはオーストリアをここで破った。

コトヌー Cotonou [Kotonou]（ベナン）

西アフリカ、ベナンの都市、*ポルト - ノボ (Porto-Novo) の西南西 24km、ギニア湾に臨む。フランス領ダオメー（現在のベナン）の旧首都。18 世紀に始まるアフリカのダオメー王国に支配される小国だったが、1851 年にフランスがダオメー国王ゲゾと協定を結び、ここに交易所を開設。1883 年、フランスはイギリスが占領しようとしていると判断して、武力でコトヌーを占領。1885 年、イギリスはフランスの領有権を認めた。1960 年代からコトヌーの港は拡張され近代化されて、商業と行政の重要な拠点となっている。
⇒フランス France

コトブス Cottbus [コットブス Kottbus]（ドイツ）

ドイツ東部、ブランデンブルク州の都市。*ベルリン (Berlin) の南 102km、スプリー川に臨み、ポーランドの国境から近い。ヨーロッパの中央に位置しているために、列強の支配を受け続けてきた。12 世紀には交易の盛んな町となり、1445 年に *ブランデンブルク (Brandenburg) に支配され、1635 年には *ザクセン (Saxony)、1815 年に *プロイセン (Prussia) に占領された。中世の要塞の塔が今も立っている。

コトル Kotor〔ギリシア語：Decateron デカテロン；伊：Cattaro カッターロ；ラテン語：Acruvium アクルヴィウム, Ascrivium アスクルヴィウム〕（モンテネグロ）

*ポドゴリツァ（Podgorica）の西40km、モンテネグロのアドリア海の入り江にある古代の海港。ギリシアの植民地で、ローマとビザンツの町だったが、1186〜1271年まで*セルビア（Serbia）の自由都市だった。何度か*ベネツィア（Venice）と*ハンガリー（Hungary）に占領されたが、ベネツィアが1420年に支配権を握り、1797年まで統治した。それ以降は*オーストリア（Austria）の支配を受けたが、1918年にスラブ民族の反乱が勃発し、*ユーゴスラビア（Yugoslavia）に譲渡された。中世の要塞や教会、多くの古い建築物が遺る、歴史的な名所である。

コトロネ Cotrone ⇒ **クロトーネ** Crotone

コナ Kona ⇒ **カイルア** [1] Kailua, **ケアラケクア** Kealakekua

ゴナイブ Gonaïves〔仏：Les Gonaïves レ・ゴナイブ〕（ハイチ）

ハイチ北西部の港湾都市。*ポルトープランス（Port-au-Prince）の北北西110km、ゴナブ湾に臨む。1804年1月1日、ゴナイブにてハイチの独立が宣言された。2004年、アリスティド大統領の反対勢力が全国規模の反乱を起こしてゴナイブを占領。2004年9月、ハリケーン「ジャンヌ」に襲われて、ほぼ全域が破壊され、3千人以上が犠牲になり、25万人以上が家を失った。

コナクリ Conakry〔Konakri〕（ギニア）

西アフリカ、ギニア南西部、大西洋沿岸のトンボ島の港湾都市で、ギニアの首都。

ギニア最大の都市。1849年、フランスがギニア沿岸地域を保護領として主張し、1884年にスス族の村がある地域にコナクリを建設。1891年、フランス領ギニアの首都となる。1970年代初期、現在は独立国となっている北部の地域、*ギニア-ビサウ（Guinea-Bissau）の独立を求めるグループの拠点となった。

コナハト Connacht ⇒ **コノート〔コンノート〕** Connaught

コナーラク Konarak〔Kanarak, Kanark, Kanarka〕（インド）

インド東部、*オリッサ（Orissa）州中東部の村。*プーリー（Puri）の東北東29kmに位置する。オリッサ派寺院建築の代表例であるヒンドゥー教のスーリア寺が有名。この寺院は13世紀の建立で太陽神に捧げられ、太陽神の馬車の車輪と馬が刻まれた巨大な石の彫刻のほか、多くの装飾的な彫刻がある。1984年、世界遺産の文化遺産に登録。

湖南 ⇒ **フーナン〔湖南〕** Hunan（中国）

コニッツ Konitz ⇒ **ホイニツェ** Chojnice

コニヤ Konya〔Konia, Konieh〕〔古代：Iconium イコニウム〕（トルコ）

トルコ中部*アンカラ（Ankara）の南232kmの都市。紀元前3千年紀には人が住み始め、その後フリギア人の都市となった。前3世紀にはギリシアの影響を受け、使徒パウロも訪れている。前25年までにローマ領となり、370年頃に*リカオニア（Lycaonia）の首都となった。11世紀後半にセルジューク・トルコに制圧され、*ルーム・セルジューク朝（Rum, Sultanate of）の都が置かれた。13世紀にモンゴルとアル

メニアの手に渡るまでは壮麗な文化の中
心地で、当時の建築や美術が今も多数遺
る。1470年頃には*オスマン帝国（Ottoman
Empire）領となる。13世紀建造の多数の建
築物のほか、この地で興った旋舞教団の
スーフィズム派の創始者の墓がある。

コニャック Cognac［古代：Compniacum］（フランス）

フランス西部、シャラント県の町。*アン
グレーム（Angoulême）の西38km、シャラ
ント川に臨む。1526年にここで署名され
た協約によって、神聖ローマ帝国皇帝カ
ルル5世とスペインに対して、フランス・
ローマ教皇・スフォルツァ・*ベネツィ
ア（Venice）・*フィレンツェ（Florence）が同
盟を結成。宗教戦争中の16世紀末、コニ
ャックはユグノーの拠点となる。1651年、
フロンド党の指導者が町を包囲したが失
敗に終わった。第2次世界大戦中、1940
〜1944年までドイツに占領された。

コーニング Corning（合衆国）

*ニューヨーク（New York）州南部の都
市。*エルマイラ（Elmira）の西22km、シ
マング川に臨む。1788年に入植され、鉄
道事業の推進者エラスタス・コーニング
にちなんで1837年にコーニングと名づけ
られた。1868年創業のコーニング・ガラ
ス会社で有名。*カリフォルニア（California）
州パロマ山天文台の200インチ望遠鏡の
反射鏡はここで制作され、1951年にガラ
ス博物館が設立された。1972年、ハリケ
ーン・アグネスによる洪水で博物館を含
め町の被害は甚大だった。

コニンブリガ Conimbriga ⇒ コインブラ Coimbra

コーヌ - シュル - ロワール Cosne-sur-Loire

［古代：Condate コンダテ］（フランス）
フランス中部、ニエーブル県の町。*ヌベ
ール（Nevers）の北北西60km、*ロワール
川（Loire River）に臨む。中世には重要なフ
ランスの町で、《百年戦争》中の1420年
にイングランドに占領された。

コネアンギウム Coneangium ⇒ チェスター - ル - ストリート Chester-le-Street

コネティカット Connecticut（合衆国）

*ニュー・イングランド（New England）の
諸州の中で最南端に位置する州で、いわ
ゆる独立13州の一つ。1788年1月、合衆
国憲法を批准した5番目の州となる。州
名は最初にコネティカット川につけられ
たインディアンの言葉からとられ、「潮の
干満の大きい川」の意。州はこの川によ
って東部と西部に分かれている。

　コネティカットに来た最初のヨーロッ
パ人はオランダ人アドリアン・ブロック
で、1614年に*ロング・アイランド海峡
（Long Island Sound）を船で通過していて、コ
ネティカット川を見つけた。1633年、オ
ランダが現在*ハートフォード（Hartford）
のある土地に要塞を建設したが、1654年
には撤退。この地域に足を踏み入れた最
初のイングランド人は1633年の*プリマ
ス2（Plymouth）植民地のエドワード・ウ
ィンスローだったようだ。翌年、この植
民地の住人が*ウィンザー4（Windsor）に
交易所を設けると、すぐにそれが*マサチ
ューセッツ（Massachusetts）湾会社に吸収さ
れ、1634年、ジョン・オールダムを中心
とするグループが*ウェザーズフィールド
（Wethersfield）に交易所を設置。1636年に
はトマス・フッカー牧師が信徒たちと*ケ
ンブリッジ2（Cambridge）からやって来て、
オランダの交易所の近くに居を構えたが、

彼らは信仰上の理由よりも、広く快適な土地を求めて移住したのだった。1637年、ピーコット族インディアンが惨敗して四散し、翌年にハートフォード、ウィンザー、ウェザーフィールドの三つの町がコネティカット植民地を構成し、選挙と官職には宗教上の制限を設けた基本法を定めた。この頃、植民地とは別に*ニュー・ヘイブン（New Haven）が建設され、1643年にコネティカット、マサチューセッツ湾、プリマスと共にニュー・イングランド同盟を結成して、インディアンとオランダの攻撃に対抗した。

1662年、コネティカット植民地は国王チャールズ2世に勅許状の要請をして認可され、市民権が与えられた。大族長の名から《フィリップ王戦争》と呼ばれる1675〜1676年のワンパノアグ族インディアンとの壮絶な戦いは、インディアンの完敗で集結した。イギリス政府は1687〜1689年まで植民地の支配権を主張しようとしたが、不首尾に終わった。1703年、会衆派教会が公認の教会とされ、平穏な状態が続いたが、1730年代になると《大覚醒》（Great Awakening）の宗教運動により、教会は急進派と保守派に分裂。政治・経済面での見解の相違から分裂することも1750〜1776年には増えた。

アメリカ独立戦争中、コネティカットでは小競り合い程度の争いがわずかにあっただけだが、愛国者を輩出する点では中心的存在だった。戦後、コネティカットは勅許により与えられた西部の土地の領有権は、オハイオ州の*西部保留地（Western Reserve）を除き放棄した。保留地の一部は1792年にコネティカットの住民に与えられ、残りは1794年に売却された。1812年戦争〔アメリカ・イギリス戦争〕はコネティカットでは支持されず、ニュー・イングランドの他の州と共に1814年12月〜1815年1月までハートフォード会議を開いて、アメリカからの脱退が検討された。1848年、奴隷制度がコネティカットで廃止され、また南北戦争では北軍を協力に支援した。

コネティカットといえば昔から「ヤンキーの独創性」を意味してきた。アメリカの大量生産は1798年にニュー・ヘイブンのイーライ・ホイットニー銃工場から始まった。コネティカットは19世紀末の産業革命の先駆的存在で、コネティカット川流域の水力と肥沃な土地に多くの産業が集まってきた。時計や銀食器から原子力潜水艦まで何でも生産した。1810年、ハートフォードに保険会社が誕生し、ハートフォードは保険業の全国的な中心地となっている。近年、大企業が本社を州の南西部、特に*グリニッチ（Greenwich）と*スタンフォード2（Stamford）に移転させている。

コネティカットの田舎の町と村では、典型的なニュー・イングランドの生活が見られる。沿岸の多くの町では長年にわたって釣り人、行楽客、富裕層の人たちをもてなしてきた。南西に広がる地域はニューヨークの大都市圏のベッドタウンになっている。州とハートフォードは州で最大の都市。*ブリッジポート（Bridgeport）、*ニュー・ロンドン（New London）、*ウォーターベリー（Waterbury）といった大都市もある。

コネティカット川 Connecticut River ⇒コネティカット Connecticut

コネティカット・ファームズ Connecticut Farms ⇒ユニオン1 Union

コネティカット保留地 Connecticut Reserve ⇒西部保留地 Western Reserve

コノート〔コンノート〕Connaught〔コナハト　Connacht〕（アイルランド）

*アイルランド（Ireland）西部から北西部に広がる古代王国。4世紀に支配者が代わり、*タラ（Tara）の王が支配を続けるが、12世紀にアングロ・ノルマン人に占領された。1227年、ヘンリ3世によってコノートはリチャード・ド・バーグに下賜され、1576年に州に分割された。

コバ Coba ⇒**キンタナ・ルー Quintana Roo**

コバイ Kovai ⇒**コインバトール Coimbatore**

コーパス・クリスティ Corpus Christi（合衆国）

*テキサス（Texas）州南部の都市。*サン・アントニオ（San Antonio）の南東200km、コーパス・クリスティ湾の南西部に臨む。1838年、開拓民と金鉱の掘削を目指す人たちのための交易所として建設されたが、少なくともその100年前から知られている土地だった。メキシコ戦争と南北戦争では戦場となる。ハリケーンによる被害を何度も受けているが、特に1970年は被害が甚大だった。

コバドンガ Covadonga（スペイン）

スペイン北西部、オビエド県の村。*カンガス・デ・オニス（Cangas de Onís）から8km。720年頃、西ゴート人の王、*アストゥリアス（Asturias）のペヨラがここでムーア人を破った。この戦争によりキリスト教徒のスペイン征服が始まった。附近の銅洞穴にある礼拝堂は、ペラヨの隠れ家だったとされ、8世紀にまでさかのぼる。

ゴバビス Gobabis（ナミビア）

ナミビア中東部の町。*ウィントフーク（Windhoek）の東200kmに位置する。1840年、ドイツの伝道所として創設され、ヘレロ族とドイツ人の戦争中の1904年には戦場となった。

コハラ Kohala〔Kapaau〕（合衆国）

*ハワイ（Hawaii）州ハワイ島の北端にある村。ハワイ初代の王、カメハメハ1世の生地で、埋葬地でもある。地域には多くの古代神殿や洞窟墓が遺る。

コバリード Kobarid〔独：Karfreit；伊：Caporetto カポレット〕（スロベニア）

スロベニアの*リュブリャナ（Ljubljana）の西北西72kmに位置する古戦場。第1次世界大戦中の1917年、この地でカドルナ率いるイタリア軍が、オットー・フォン・ベロウ率いるのオーストリア軍に壊滅的な敗北を喫した。

コパル Kopar ⇒**コペル Koper**

コパロポリス Copperopolis ⇒**アナコンダ Anaconda**

コパン Copán（ホンジュラス）

ホンジュラス西部、コパン県の遺跡。サンタ・ロサ・デ・コパンの西北西　35kmに位置する。肖像彫刻で有名なこのマヤの荘厳な都市は西暦300〜900年までの古典期に繁栄し、学問と天文の中心となった。遺跡は16世紀初期にスペイン人が発見。

⇒**マヤ帝国 Maya Empire**

コピアポ Copiapó〔旧名：San Francisco de la Selva〕（チリ）

チリ中北部、アタカマ州の州都。*サンチアゴ[1]（Santiago）の北680kmに位置する。1540年、ペドロ・デ・バルディビアにより入植された。19世紀、ここを拠点に探検が行なわれて、豊かな鉱物資源が発見さ

れて、町は政治力と経済力を増していった。1819 年、1822 年、1851 年、1939 年に大地震によって壊滅状態になった。現在、周辺地域で発見された銅・金・銀を加工したり輸送したりする産業が中心。

コヒマ Kohima （インド）

インド北東部、*ナガランド （Nagaland） 州の州都。*シロン （Shillong） の東 222km に位置する。第 2 次世界大戦の激戦地で、1944 年 3 月～6 月に日本軍が占領したが、1944 年 6 月 30 日にイギリス・インド軍がこの地で勝利を収め、日本軍のインド侵攻を食い止めた。

五一六高地 Hill 516 ⇒カッシーノ Cassino

コビントン Covington （合衆国）

*オハイオ川 （Ohio River） に臨む*ケンタッキー （Kentucky） 州北部の都市。対岸はオハイオ州シンシナティ。1800 年頃、渡船場と宿場が並び、1812 年に町が建設された。町の名は 1812 年戦争〔アメリカ・イギリス戦争〕で戦死したレナード・コビントン将軍にちなむ。1819 年、コビントンとジョージタウンを結ぶ有料道路の開通により、町は繁栄し、商業の中心地となった。現在は産業都市であり、また、ジョン・A・ローブリングの設計で 1867 年に完成した橋によって結ばれたシンシナティの郊外にもなっている。ローブリングは*ブルックリン （Brooklyn） 橋の設計者でもある。画家のフランク・ドゥベネックは 1848 年にこの町で誕生し、その作品が展示されている美術館がある。挿絵画家で自然愛好家、ボーイスカウトアメリカ連盟の創設者の一人であるダニエル・カーター・ビアードは 1850 年にここで生まれた。

コブキッド Cobequid ⇒トルロー Truro

コプトゥス Coptus ⇒コプトス Coptos

コプトス Coptos ［コプトゥス Coptus］［現代：Kuft クフト, Qift キフト］（エジプト）

エジプト中東部、ケナ県の古代都市で、*テーベ[1] （Thebes） の北東 32km、*ナイル川 （Nile River） の右岸の都市。古代の重要な商業の拠点で、ナイル川から*紅海 （Red Sea）、*インド （India）、*アラビア半島 （Arabian Peninsula） に至る交易路の途上にあった。第 1 王朝から第 2 王朝時代に近隣から金と斑岩が産出された。292 年、反乱に続き、ローマのディオクレティアヌス帝によって町が破壊された。のちにコプトスは初期キリスト教の中心地となり、エジプトのコプト協会にその名を残すことになった。現在、古代エジプトの神殿など遺跡が数多く見られる。

コーブリッジ Corbridge （イングランド）

タイン川に臨むノーサンバーランド州の村。*ニューカッスル・アポン・タイン （Newcastle Upon Tyne） の西 25km に位置する。*スコットランド （Scotland） との境界にある*ハドリアヌスの長城 （Hadrian's Wall） の南側にあったローマの補給基地・要塞・入植地であるコルストピトゥムから近い。のちに*ノーサンブリア （Northumbria） 王国の重要な町となり、8 世紀には首都となった。914 年には戦場となり、スコットランド軍の攻撃をたびたび受けた。現在、8 世紀の教会があり、ローマ時代の要塞、兵舎、穀倉の遺跡が数多く見られる。

コーブルク Coburg ［Koburg］（ドイツ）

*ドイツ （Germany） 中部、*バイエルン （Bavaria） 州の都市。*バイロイト （Bayreuth）

の北西 58km に位置する。1056 年に初めて史料に登場する。1353 年にウェッティン家の領地となり、15、16 世紀には防御の固い城があるために軍事上重要な都市になった。1618 ～ 1648 年の《三十年戦争》中には何度も包囲戦に耐えた。1826 ～ 1918 年まで*ゴータ（Gotha）と共にザクセン - コーブルク - ゴータ公国の首都となった。1920 年、バイエルンの一部となる。

コブルスキル Cobleskill（合衆国）

*アムステルダム（Amsterdam）の南西、*ニューヨーク（New York）州東部の村。アメリカ独立戦争時、1778 年 5 月 30 日に愛国者とインディアン・王党派連合軍がここで戦った。

コブレンツ Koblenz［Coblenz］［ラテン語：Castrum ad Confluentes カストルム・アド・コンフルエンテス］（ドイツ）

ドイツ南西部、*ラインラント - プファルツ（Rhineland-Palatinate）州の都市。*ケルン（Cologne）の南南東 80km、ライン川とモーゼル川の合流地点に位置する。前 9 年のローマの将軍ドルススによって建設され、6 世紀にはフランク国王の居地だった。1018 年から*トリール（Trier）大司教領となり、1214 年に勅許を受けた。フランス革命戦争中の 1794 年にはフランス軍に占領され、多くの亡命者が住みついた。1815 年に*プロイセン（Prussia）に譲渡され、1822 ～ 1945 年までプロイセンのラインラント州の州都だった。1919 ～ 1923 年までアメリカに、1923 ～ 1929 年まではフランスに占領された。第 2 次世界大戦中は相当な被害を受ける。9 世紀に建てられ 1200 年頃に再建された教会、13 世紀の教会や要塞、メッテルニッヒの生家、*エーレンブライトシュタイン（Ehrenbreitstein）要塞など歴史的な建築物が遺る。

コーブロング Covelong（インド）

インド南東部、*タミル・ナードゥ（Tamil Nadu）州の要塞。ベンガル湾に臨む*チェンナイ（Chennai）の南 48km に位置する。第 2 次カルナータカ戦争中、1752 年 9 月 16 日、フランス軍のコーブロング駐屯部隊がロバート・クライブ指揮下のイギリス軍に降伏した。

コペル Koper ［コパル Kopar］［古代：Aegidia, Justinopolis ユスティノポリス；伊：Capodistria カポディストリア］（スロベニア）

*トリエステ（Trieste）の南西、トリエステ湾に臨む町。10 世紀以降、*ベネツィア（Venice）と*ジェノバ（Genoa）に交互に支配され、1278 ～ 1797 年まではベネツィア領*イストリア（Istria）の都だった。1797 年に*フランス（France）に奪われ、1813 ～ 1918 年までは*オーストリア - ハンガリー帝国（Austro-Hungarian Empire）、1918 ～ 1947 年まではイタリア領。1954 年に*ユーゴスラビア（Yugoslavia）の一部となる。総督邸、13 世紀の鐘楼、ゴシック様式の開廊、15 世紀の大聖堂など、ベネツィアの影響を受けた初期の建築物が遺る。

コベル Kovel ［ポーランド語：Kowel］（ウクライナ）

*ルーツク（Lutsk）の北西 69km に位置するウクライナの都市。リトアニア人の都市として 14 世紀に文献に登場しており、1569 年にポーランドに譲渡されたのち、1795 年にはロシアに占領された。1921 ～ 1945 年にかけてはポーランド領で、第 2 次世界大戦中のほとんどはドイツの支配下におかれた。

コベントリー Coventry ［旧名：Coventre コベントル, Coventreu コベントルー］（イングランド）

イングランド中部、*バーミンガム

628　コベントル

（Birmingham）の東南東 30km、ウェスト・ミッドランズ大都市圏州（メトロポリタン・カウンティ）の都市。1043年、*マーシア（Mercia）伯レオフリックと妻ゴダイバによりベネディクト会の修道院が創設された。1400年にはミッドランズの毛織物工業の中心となり、ヘンリ4世とヘンリ6世の治世には議会の開催地とされた。重要な産業の中心地となったために、第2次世界大戦中はドイツ軍の空爆の標的となり、1940年11月14日と15日には壊滅状態となる。戦禍を免れた聖マイケル教会の尖塔が現在の荘厳な大聖堂の一部として活かされている。

コベントル Coventre ⇒ コベントリー Coventry

コベントルー Coventreu ⇒ コベントリー Coventry

コペンハーゲン Copenhagen ［デンマーク語：København ケーベンハウン；旧名：Havn ハウン］（デンマーク）

デンマークの首都で港湾都市。シェラン島の東岸、アマゲル〔アマエル〕島の北部に位置し、*エーレスンド〔海峡〕（Øresund）に臨む。6000年前から集落があり、11世紀には交易と漁業の中心地となった。*ハンザ同盟（Hanseatic League）によって2度破壊されたが、1443年、*ロスキレ（Roskilde）に代わってデンマークの首都となった。16世紀の戦争の間はたびたび攻撃を受け、1658～1659年まで*スウェーデン（Sweden）軍に包囲され、1660年にはここで調印された和平条約によって、現在のスウェーデンの南端が割譲されてスウェーデン国王領になった。フランス革命戦争中の1801年4月2日、コペンハーゲンの海戦では、スウェーデン、*プロイセン（Prussia）、*ロシア（Russia）、デン

マークの連合軍と戦うために派遣されたサー・ハイド・パーカーとホレイショー・ネルソン提督の指揮するイギリス軍に攻撃された。激戦の後、ネルソン提督はデンマークと交渉を始めた。1807年、コペンハーゲンはイギリス軍の攻撃を受ける。第2次世界大戦中、1940～1945年までドイツに占領された。クリスチャンスボー城には12世紀の古い要塞の一部も活用されている。

⇒ マルメー Malmö

湖北（こほく）⇒ フーペイ〔湖北〕Hubei（中国）

コホーズ Cohoes（合衆国）

*ニューヨーク（New York）州東部の都市。*オールバニー（Albany）の北 16km に位置する。1665年、オランダが入植し、*レーク・ジョージ（Lake George）へと続く軍用道路の中継点にあり、軍用道路はアメリカ独立戦争前から戦中に活用された。独立戦争中、ホレイショー・ゲイツ将軍の司令本部があった。1863年、世界初の自動編み物工場が稼働。

コマナ Comana ［現代：Shahr サール］（トルコ）

アダナ県にあった*カッパドキア（Cappadocia）の古代都市。正確な場所は不明だが、*タウルス〔トロス〕山脈（Taurus Mountains）のセイハン川河畔にあった。紀元前1世紀、コマナは女神マー・エニュオを崇拝する宗教上重要な拠点で、神殿の財政を支えた。紀元3世紀にはカラカラ帝の治めるローマの植民地となり、ローマ帝国東部の辺境へと通じる軍事幹線道路の途上に位置する都市となった。

コムストツ　629

コマヤグア　Comayagua［旧名：Valladolid la Nueva バリャドリード・ラ・ヌエバ］（ホンジュラス）

ホンジュラス中西部の町。首都＊テグシガルパ（Tegucigalpa）の北西56kmに位置する。1537年に建設され、19世紀にテグシガルパと政治闘争を展開した。1821年、ホンジュラスが＊スペイン（Spain）から独立を勝ち得ると、コマヤグアは保守派の拠点となり、政敵は自由主義者となった。1827年、革命派グループによって町が大きく破壊された。1880年まで首都はコマヤグアとテグシガルパが交互になったが、その後はテグシガルパが首都となった。現在、コマヤグアは鉱業・農業地帯の中心。植民地時代の大聖堂など当時の建物が遺っている。

コマールノ　Komárno［独：Komorn；ハンガリー語：Komárom コマーロム］（スロバキアおよびハンガリー）

バーフ川との合流地点に位置する、＊ドナウ川（Danube River）両岸にまたがる町。ローマ人によって要塞化された。1331年以来の自由都市で、15世紀以降は＊オーストリア‐ハンガリー帝国（Austro-Hungarian Empire）の重要な拠点だった。1526～1564年にかけてはヨーロッパの対トルコ抵抗運動や、17世紀と19世紀初期の紛争の舞台となった。1920年に分割された。

コマーロム　Komárom ⇒コマールノ　Komárno

コーマンタイン　Kormantine［Cormantyne］（ガーナ）

＊ケープ・コースト（Cape Coast）の東北東24km、ソルトポンドの西5kmに位置する港。イギリスが＊西インド諸島（West Indies）に初めて送り出した奴隷船は、ここから出航した。1631年にできたオラン

ダの砦の廃墟がある。

コム　Qom［Kum/Qum クム；現代：Ghom ゴム］（イラン）

イラン中北西部、コム州の州都。＊テヘラン（Teheran）の南147kmに位置する。古くからシーア派イスラーム教徒の巡礼地だった。816年に死んだシーア派イスラーム教の聖人イマーム・レザーの妹ファーティマの廟がある。1221年にモンゴル人が、1722年にアフガン人が侵攻した。1970年代に宗教・政治の指導者、アヤトラ・ホメイニの居地として知られるようになった。

ゴム　Ghom ⇒コム　Qom

コムストック鉱床　Comstock Lode（合衆国）

1857年、＊ネバダ（Nevada）州西部のデイビッドソン山で発見された豊かな銀の鉱脈。最初に発見した二人は権利を届け出る前に死亡。牧羊業者で鉱脈を探索していたヘンリ・T・P・コムストックらが1859年に利権を記録に残したが、コムストックは1万1千ドルで利権を売却。膨大な銀の鉱脈があるという噂が広がると、大勢が押しかけてきたが、大規模な採掘ができるほどの資金がある者は少なかった。そのうち4人が《銀鉱王》と呼ばれるようになった。ジェイムズ・C・フラッドとウィリアム・オブライエンは酒場を一緒に経営していて、ジェイムズ・G・フェアとジョン・W・マッケイは採掘権に投資していた。20年間に3億ドルの銀が採掘されたが、1898年にはコムストックはほぼ廃鉱になった。非効率な採掘方法と銀の価値が下落したのが原因だった。近隣の＊バージニア・シティ[2]（Virginia City）がその地域の中心地で、鉱脈のお陰と、採掘者が大金をばらまいてくれるお

630　コムム

陰で華美な町として有名だった。

コムム Comum ⇒コモ Como

コムル Qomul ⇒ハミ〔哈密〕Hami

ゴーメリ Gomel ⇒ホメリ Homyel

コメンスメント・シティ Commencement City ⇒タコマ Tacoma

コモ Como [古代：Comum コムム]（イタリア）
イタリア北部、*ロンバルディア（Lombardy）州*コモ県の県都。*ミラノ（Milan）の北38km、コモ湖の南西端に位置する。インスブレス族の町だったが、前196年にローマの植民地となる。11世紀、自由都市となったが、1127年にミラノに破壊され、神聖ローマ帝国皇帝フリードリヒ1世が再建して、要塞を建設した。その後、ミラノ、スペイン、フランス、オーストリアに次々に占領され、1859年にイタリア王国の支配下に入った。ベニト・ムッソリーニはここで逮捕され1945年4月28日に処刑された。コモ湖はウェルギリウスと大プリニウス、小プリニウスの作品に登場する。史蹟としては6世紀のサン・カルポフォロ教会、13世紀の市庁舎、14世紀に建設が始まった大理石の大聖堂がある。

コモティニ Komotini [Komotiné, クムツィナ Koumoutzina, Komotina, ギュミュルジネ Gioumoultzina] [トルコ語：Glimlcne]（ギリシア）
ギリシア北東部、クサンシの西48km、*トラキア（Thrace）地方の都市。東マケドニア・トラキア地方のロドピ県の県都。クサンシとコモティニ間の古い街道沿いには、ローマ時代のマクシミアノポリスの廃墟が遺る。バルカン戦争（1912～13）

までオスマン帝国領。その後ブルガリア領を経て1920年ギリシア領となる。

ゴモラ Gomorrah [Gomorrha]（イスラエル）
古代*カナン[1]（Canaan）、*ヨルダン川（Jordan River）流域の低地にあった町。正確な位置は不明だが、現在の*死海（Dead Sea）の底にあった可能性がある。旧約聖書によると、*ソドム（Sodom）と共にその罪悪で悪名が高く、天からの火と硫黄によって滅ぼされた。

コモラオ Comorao ⇒バンダル・アッバース Bandar Abbas

コモロ Comoros [コモロ連合 Union of the Commoros] [旧名：Islamic Federal Republic of the Comoros コモロイスラム連邦共和国；仏：Îles Comores イル・コモール, Union des Comores ユニオン・デ・コモール]
*マダガスカル（Madagascar）の北東480km、インド洋の*モザンビーク海峡北端に位置する島国。主要4島と小島からなる。
　初期の住人はアフリカ大陸から到来したが、この群島の存在は*フェニキア（Phoenicia）の探検家たちには知られていた可能性がある。最初の詳しい情報は全島の様子を掌握し、15世紀には文化の中心を担うアラブ人の航海者たちによってもたらされた。16世紀、*フランス（France）、*オランダ（Netherlands, The）、*ポルトガル（Portugal）、マダガスカルからの探検家が到来した。
　19世紀、フランスはマヨット島の軍事上の重要性を認識し、スルタンと交渉して領有権を獲得した。1886年、フランスはドイツの植民地拡張政策の機先を制するために、グランドコモロ、アンジュアン、モエリの3島の領有権も主張した。20世紀になり、コモロはしだいに自由を

獲得し、1961 年には完全に自治権を獲得。1975 年に独立を宣言したが、マヨット島はフランス領に留まる選択をした。新政府はその選択に異議を唱え、1979 年に国連総会で全島の支配権が支持された。クーデターによる政権交代がたびたび起こり、政情不安が続いている。1997 年、アンジュアンとモエリがコモロからの独立を宣言したが、協議の結果、2002 年に新憲法が成立し、各島で統治権を順に持ち回りにすることになった。2004 年の選挙では、各島の自治権を認める政党が支持を集めた。

コモロイスラム連邦共和国 Islamic Federal Republic of the Comoros ⇒ コモロ Comoros

コモロ連合 Union of the Commoros ⇒ コモロ Comoros

虎門 ⇒ フーメン〔虎門〕Bogue, The（中国）

コヨアカン Coyoacán（メキシコ）
メキシコ中部の都市。*メキシコ・シティ（Mexico City）の南 10km に位置する。*ヌエバ・エスパーニャ（New Spain）の最初の首都で、1521 年にエルナン・コルテスがアステカ族の首府*テノチティトラン（Tenochtitlán）を攻撃する際の軍事基地となった。コルテスが使った屋敷が今も遺っている。画家フリーダ・カーロの生誕地であり、終生の居地。

コラ Kola（ロシア）
ロシア連邦ムルマンスク州北西部、*ムルマンスク（Murmansk）の南 19km にある都市。1264 年に*ノブゴロド（Novgorod）からのスラブ人入植者が建設した。ロシア極北部で屈指の古い町。

ゴラセッカ Golasecca（イタリア）
イタリア北部、*ロンバルディア（Lombardy）州西部の村。*ミラノ（Milan）に近く、*マッジョーレ湖（Maggiore, Lake）の南端附近に位置する。重要な骨壺墓地の遺跡があり、この遺跡は*ポー川（Po River）上流のロンバルディア州と*ピエモンテ（Piedmont）州の鉄器時代のゴラセッカ文化に属するとされる。

コラート[1] Corato（イタリア）
イタリア南東部、*プーリア（Apulia）州バーリ県の町。*バーリ（Bari）の西 38km に位置する。ノルマン人によって建設され、15 世紀末に*アラゴン（Aragon）王アルフォンソ 5 世の支配下に置かれる。13 ～ 15 世紀の有名な教会が建ち並ぶ。

コラート[2] Khorat/Korat（タイ）⇒ナコーン・ラーチャシーマー Nakhon Ratchasima

コラム Kollam [Quilon]　[旧名：Coilum, Elancon, Kaulam Mall]（インド）
インド南部*マラバール海岸（Malabar Coast）、マドゥライの南西 208km に位置する、*ケララ（Kerala）州南東部の都市。マラバル海岸最古の町で、7 世紀にネストリウス派のキリスト教が伝わった最南端といわれた。17 世紀にはポルトガル人が入植し、1662 年にオランダに占領される。その後まもなく、イギリス東インド会社の統治下に入った。

コラル Corral（チリ）
チリ南部、バルディビア県の港。*バルディビア（Valdivia）の南西 19km、コラル湾に臨む。チリ独立戦争中の 1819 年、トマス・コクラン海軍中将の率いるチリ海軍がここでスペインを破った。

コーラル海 ⇒ 珊瑚海〔コーラル海〕Coral Sea

コラロフグラード Kolarovgrad ⇒ シュメン Shumen

ゴラン高原 Golan Heights（イスラエル）
*シリア²（Syria）南西部の丘陵地帯。イスラエルを見下ろす。旧約聖書の「申命記」「歴代誌略」「ヨシュア記」には避難場所として登場する。長年にわたり中東の紛争地となっている。ドルーズ派の本拠地で、シリアはイスラエルとの戦争でゴラン高原を砲撃の拠点として利用した。1967年の六日戦争でイスラエルはゴラン高原を占領し、1981年には併合したが、国際社会からは併合は認められなかった。シリアへの返還については、軍事上の価値とヨルダン川の源流としての価値があるために複雑な状況にある。

コランナ Corunna［古代：Coronium コロニウム；旧英語名：The Groyne グロイン；スペイン語：La Coruña ラコルニャ］（スペイン）
スペイン北西部、大西洋に臨むラコルニャ県の県都で港湾都市。*マドリード（Madrid）の北西510kmに位置する。ローマ時代以前の古い町で、中世には*コルドバ³（Córdova）・カリフ国〔後ウマイヤ朝〕の一部として繁栄。1588年、スペイン艦隊がここで終結したために、1589年にイギリスはサー・フランシス・ドレイクの指揮する艦隊を派遣し、この町をほぼ焼き尽くした。ナポレオン戦争中の半島方面作戦では1809年1月16日にサー・ジョン・ムーア指揮するイギリス軍がポルトガルへの戻る途中、ここでニコラ・スルト元帥率いるフランス軍の進軍を阻止し、ムーアは戦死してアイルランドの挽歌に歌われた。ローマ時代の塔と12～15世紀の教会が建っている。

ゴーリ Gori［旧名：Tontio トンティオ］（ジョージア〔グルジア〕）
ジョージア〔グルジア〕中部の都市。首都*トビリシ（Tbilisi）の北西65km、クラ川に臨む。7世紀にはトンティオの名で知られ、12世紀にアルメニア人難民の砦となって、現在の名前がつけられる。18世紀、*ペルシア¹（Persia）のナーディル・シャーにより破壊された。現在は避暑地となっている。ソ連の独裁者スターリン（1879～1953）の生地。

ゴーリアド Goliad［旧名：La Bahia ラ・バイア］（合衆国）
*テキサス（Texas）州の行楽地。1749年に*スペイン（Spain）の宣教師らが設けた伝道所と要塞を中心に発展。1812～1813年のスペインに対するメキシコ人の反乱および1835年から始まる*メキシコ（Mexico）に対するテキサスの反乱の際に重要な場所となった。1836年、J・W・ファニン大佐率いるテキサス軍に占領された。その後、ファニン大佐は撤退し、1836年3月20日にはメキシコに降伏。3月27日、捕虜の多くがメキシコ人に銃殺された。サン・ジャシントで勝利を収めたテキサス軍の「アラモを忘れるな！ゴリアードを忘れるな！」という鬨（とき）の声の中にゴーリアドの名が見られる。復元された伝道所と昔の要塞の遺跡が州立公園の中にある。

コリエンテス Corrientes（アルゼンチン）
アルゼンチン北東部、*ブエノスアイレス（Buenos Aires）の北770km、パラナ川に臨むコリエンテス州の州都。*パラグアイ（Paraguay）の国境から近い。1588年以来要塞化され、1762年にはスペインの支配に対し、1844年にはフアン・マヌエル・デ・

ロサスの独裁に対し、反旗を翻した最初の町となる。1865年、パラグアイの侵略軍が決定的な敗北を喫した場所ともなった。

コリオリ Corioli（イタリア）

イタリア中部、*ラツィオ〔ラティウム〕（Latium）州 ウォルスキ人の古代都市。正確な場所は不明。伝説では前493年、この町の名前のもととなったガユス・マルキウス・コリオラヌスによって包囲されたといわれている。

ゴーリキー Gorki/Gorky ⇒ニジニー・ノブゴロド Nizhni Novgorod

コリダム川 Kollidam River ⇒ コールルーン川 Coleroon River

ゴリツィア Gorizia［独：Görz ゲルツ］（イタリア）

イタリア北東部、フリウリ - ベネツィア・ジュリア州ゴリツィア県の県都。*ベネツィア（Venice）の東北東120km、イゾンツォ川に臨み、スロベニアと国境を接する。由緒ある*フリウリ（Friuli）の地にあり、1000年頃～1500年までは伯領。1508年にハプスブルク家の支配下に入ったが、旧オーストリアの*ゲルツ - グラディスカ（Görz-Gradisca）公国の首都として18世紀まで事実上の独立を保ち続ける。1815～1918年までゲルツ - グラディスカはキュステンラントに編入される。第1次世界大戦中の1916年、イタリアがゴリツィアを占領し、1917年に撤退したが、1918年に激戦の末、再び占領した。16世紀の要塞、14世紀ゴシック様式の大聖堂、1680～1725年の聖イグナチウス教会がある。

コリッツァ Corizza ⇒コルチャ Korçë

コリッポ Collippo ⇒レイリア Leiria

コリト Corito ⇒コルトーナ Cortona

コリドン Corydon（合衆国）

*インディアナ（Indiana）州南部の町。*ニュー・オールバニー（New Albany）の西南西30kmに位置する。1805年に入植、1813～1825年までインディアナ準州の州都、1826～1825年までインディアナ州の州都。南北戦争で、インディアナ州唯一の戦場となったのがコリドンで、1863年7月9日、ジョン・ハント・モーガンが指揮する南軍に短期間ながら占領された。史跡としてはインディアナ州で最初に建てられた州議事堂がある。

コリニウム Corinium ⇒サイレンセスター Cirencester

コリン Kolín［独：Kolin］（チェコ共和国）

*プラハ（Prague）の東72kmの古戦場。七年戦争中の1757年6月18日、*プロイセン（Prussia）のフリードリッヒ大王に対してダウン伯率いるオーストリア軍が大きな勝利をあげた場所。13世紀にできた町で、13世紀と14世紀の教会のほか、歴史的な建築物が遺る。

コリンス Corinth（合衆国）

*ミシシッピ（Mississippi）州北東部の都市。*メンフィス[2]（Memphis）の東南東130kmに位置する。南北戦争時、軍事上重要な鉄道の接続点となった。1862年5月、北軍のH・W・ハレク将軍が容易に攻め落として占領。1862年10月3日と4日にE・バン・ドーン将軍率いる南軍の攻撃に対し、ローズクランズ将軍の北軍がここで反撃して撃退した。

コリント Corinto（ニカラグア）

ニカラグア北西部、チナンデガ県の港湾都市。*レオン[1]（Léon）の西北西30kmに位置し、太平洋に臨むニカラグアの主要港。コーヒー、砂糖、木材、綿花などニカラグアの輸出品の大半を扱う。1998年10月下旬、ハリケーン「ミッチ」により甚大な被害が出た。

コリントス〔コリント〕Corinth [ギリシア語: Kórinthos コリントス]（ギリシア）

*ペロポネソス（Pelóponnesus）半島北東部、コリントス湾に臨む。古代ギリシアの最古にして最大、最強の最も富裕な都市に数えられた。新石器時代より集落があり、前9世紀にギリシアのドーリス人が侵攻してこの都市を建設。前7世紀〜前6世紀、僭主キュプセルスとペリアンドロスの支配下で繁栄。*コルフ（Corfu）、*シラクサ（Syracuse）、*ポティダイア（Potidaea）を植民地にした。ペロポネソス戦争は*アテネ（Athens）が主にこれらの植民地を助けようとしたのが原因。前395〜前387年のコリント戦争ではコリントスがアテネと共に*スパルタ（Sparta）と戦った。前338年の*カイロネイア（Chaeronea）の戦いではマケドニア軍がコリントスに駐留して守備を固めた。前146年、ローマ軍によって町は破壊された。前46年、カエサルが再建し、西暦52〜54年にコリントスおよび近隣のケンクレアエに聖パウロが訪れた。ゴート人、ビザンツ人、十字軍、トルコ人、ベネツィア人に占領され、1822年にはギリシアがトルコから奪取した。大地震によって破壊され、1858年に新たな都市が建設された。1941〜1944年までドイツに占領された。古代都市のあった地域は大半が発掘された。
⇒ **シキュオン Sicyon**

ゴール[1] Gaul [古代：Gallia ガリア]（ベルギー、フランス、ドイツ）

ヨーロッパ西部の地域で、前1850年頃からケルト人とリグリア人が住み始め、前1200年には骨壺葬を行なった時期のケルト人、前560年には*ハルシュタット（Hallstatt）文化期のケルト人、前400年には*ラ・テーヌ（La Tène）文化期のケルト人、すなわちこの地名の由来となるガリア人が住みついた。このガリア人は近代のゲール語、ウェールズ語、ブルターニュ語などの言語を話すケルト人だった。ガリア人は古代世界に突然出現わし、前410〜前390年の間に*アルプス（Alps）を越えて*イタリア（Italy）に侵入。前278年には*ギリシア（Greece）と*小アジア（Asia Minor）にも現われ、小アジアには*ガラテヤ（Galatia）王国を建てた。しかし、彼らの中心は依然としてヨーロッパ北西部に置かれていて、そのまま前1世紀まで支配力を維持した。

ガリア人は*地中海（Mediterranean Sea）の都市に似た城壁町と呼ばれる宗教と儀式の拠点を中心にして一種の同盟を形成した。その宗教的な指導者がドルイドという司祭で、オークの森と天空の神々を崇拝し、大きな影響力を行使した。ドルイドの妖精にまつわる伝説は今日にも伝わっている。前3世紀までにはローマ人がイタリア北部のガリア人を征服し、属州ガリア・キサルピナ（アルプスのこちら側のガリア）を形成した。前58〜前52年の間にユリウス・カエサル率いるローマ人は属州ガリア・*ナルボネンシス（Narbonensis）から北へと移動して、ガリア全域を支配した。カエサルの『ガリア戦記』によると、この地域はそれまで北のベルガエ族の土地、西のアクイタニア、中部および北西ガリアのケルト人の土地に分かれていた。前52年、カエサルが*アレ

シア（Alesia）にてウェルキンゲトリクスを破り、この地域を征服。

ローマ領ガリアは、ガリア・ナルボネンシス、*ロワール川（Loire River）の南のアクイタニア、*ローヌ川（Rhône River）河畔の*リヨン（Lyons）から*ブルターニュ（Bretagne）と*イギリス海峡（English Channel）まで広がる*ルグドゥネンシス（Lugdunensis）、現在の北フランスと*ライン川（Rhine River）西側の低地帯であるベルギカの4地域に再編された。ガリア人はしだいにローマ人の法律と宗教に支配され、古代の都市の快適な設備を小規模に取り込んだ新たなローマ人の町の魅力にも負けた。何世紀にもわたって豊かな農業地帯であり、兵士の供給源であり、*ローマ帝国（Roman Empire）の文化の中心地であり続けた。西暦258年、マルクス・カッシアニウス・ラティニウス・ポストゥムスがローマ帝国の混乱に乗じて、北方と東方の異邦人に対する防御を固めるためにガリアを分離国家にした。この謀反は長続きせず、4世紀にはローマ帝国の4地域の一つである皇帝直轄領の中に編入された。5～6世紀に異邦人が侵攻し、ガリアは南西部の*西ゴート王国（Visigothic Kingdom）と南東部のブルゴーニュ人の領地、ライン川上流の東部のアレマン人の領地、ライン川下流のフランク人の領地に分割された。ローマの支配が崩れると、主要な古代都市——リヨン、*トリール（Trier）、北東部の*メス（Metz）、ブルゴーニュの*オータン（Autun）、南部の*ビエンヌ 3（Vienne）と*ナルボンヌ（Narbonne）——はほとんど衰退した。9世紀までにフランク人と*フランク王国（Frankish Empire）が興隆すると、ガリアは近代のフランスへと発展し始めた。フランス語にはガリア起源の固有名詞や言葉が多く見られる。フランス語自体、ローマ時代のガリア人の言葉の直系の子孫である。

ゴール 2 Ghor [Ghur]（アフガニスタン）

アフガニスタン北西部にあった古代王国。ガズニー朝と関わりの深かった王たちの関係で11世紀に初めて記録に登場する。12世紀にイスラームの強大な王朝がここに成立し、1215年にホラズム・シャー朝〔フワーリズム・シャー朝〕に滅ぼされた。1221年、チンギス・ハンの率いるモンゴル人に占領され、1245年頃～1379年までモンゴルのカルト家が支配した、その後はしだいに衰退した。ギヤース・ウッディーン・ムハンマド王が1173年に*ガズニー（Ghazni）を占領し、1186～1206年まではインド北部の全域を征服した。

ゴール 3 ⇒ ガウル〔ゴール〕Gaur（インド）

ゴールウェー 1 Galway [Gailliah]（アイルランド）

アイルランド北西部の港湾都市で、*ゴールウェー 2（Galway）州の州都。*ダブリン（Dublin）の西190km、ゴールウェー湾の北岸に臨む。中世末期に始まった*スペイン（Spain）との交易の名残りである狭い通りと、スペイン様式の建物が並んだ古い地区がある。14世紀末、イングランドのリチャード2世により併合。1651年には議会軍に占領され、1691年には*オーグリム（Aughrim）の戦い後、ウィリアム3世に占領された。14世紀の聖ニコラス教会、チューダー朝のゴッシク様式のユニバーシティ・コレッジが有名。

ゴールウェー 2 Galway（アイルランド）

アイルランド北西部の州。1579年に設置。1588年にスペインの無敵艦隊が沿岸で坐礁し、生存者はこの地域に住みついたとされる伝説もあるが、実際には女王エリ

ザベス 1 世の命令で処刑された。しかし、この事故により、スペイン人の末裔とされる「黒いアイルランド人」の伝説が誕生。1691 年、名誉革命の決戦は*オーグリム（Aughrim）が戦場となった。州内には野営地跡、修道院、アングロ・ノルマン人の古城などの遺跡が多く見られる。特に珍しいのは円形の城とロマネスク様式の立派な戸口を誇るクロンファートの教会。

コルカタ Kolkata [旧名：カルカッタ Calcutta]（インド）

ベンガル湾から 136km、フーグリ川に臨む。インド北東部、西ベンガル州の州都。1690 年頃にイギリス東インド会社のジョブ・チャーノックによって設立された。カリカタを含む村の集まりから成長した。1696 年にウィリアム砦が建設されたのち、1707 年にベンガル管区の首都となる。

18 世紀の*ベンガル（Bengal）太守のシラージュ・ウッダウラの包囲を経て、都市の悪名が広まった。1756 年シラージュは残っていたイギリス系住民を狭い密室に閉じ込め、その多くを酸素不足で死に追いやり、そこから「コルカタのブラックホール」という伝説が生まれた。1757 年、市はロバート・クライブによって奪還され、1773 ～ 1912 年までイギリス領インドの首都としての役割を果たした。1900 年には、イギリス帝国〔大英帝国〕の中でコルカタ以上に人口が多いのはロンドンだけになっていた。現在はインド第 3 の都市。1940 年代後半にはイスラーム教徒とヒンドゥー教徒との軋轢から、深刻な暴動が起きた。1960 年代と 1970 年代には政府への不満からさらに多くの動乱へとつながった。市のインド博物館には有名な自然史コレクションが保管されている。川沿いの美しい公園マイダンは重要な政府の庁舎や市内でもっとも美しい居住区

に囲まれている。市の名前は 2001 年にカルカッタからコルカタに正式に変更された。

ゴルガーン Gorgān [Gurgān, Jurjan] [旧名：Astarabad, Asterabad, Astrabad アストラバード；ペルシア語：Varkana]（イラン）

イラン北部、マーザンダーラン州の都市。*カスピ海（Caspian Sea）から内陸方向 37km に位置する。古代ヒルカニアでは、716 年にアラブ人に占領され、13 世紀にはモンゴル人に征服される。*ペルシア[1]（Persia）のカジャール朝の創始者アーガ・ムハンマドの生地。1800 年頃、カジャール朝の興隆と共に重要な都市となった。
⇒ モンゴル帝国 Mongol Empires

コルキス Colchis ⇒コーカサス Caucasia, ミングレル〔メグレル〕Mingrelia

コルキュラ Corcyra ⇒コルフ Corfu

コルケキ Corcaigh ⇒コーク Cork

ゴルゴタ Golgotha ⇒カルバリ Calvary

ゴルコンダ Golconda（インド）

インド南東部、*アンドラ・プラデシュ（Andhra Pradesh）州の古代都市遺跡。*ハイデラバード[1]（Hyderabad）の西 8km に位置する。1365 頃 ～ 1512 年までバフマニー朝の首都。その後、クトゥブ・シャーヒー朝が支配した古代王国であり*デカン（Deccan）のイスラーム 5 王国の一つだったゴルコンダ王国の首都となる。12 メートルの高さの丘の上に要塞を備え、ダイヤモンドの産出で知られる都市だったが、1687 ～ 1688 年にムガル皇帝アウラングゼーブによりデカン高原全域が征服され、ゴルコンダは*ムガル帝国（Mogul Empire）

に併合された。その後は衰退した。

コルサバード Khorsabad [古代：Dur Sharrukin ドゥル・シャルキン]（イラク）
イラク北部、*モースル（Mosul）の北19kmにある古代アッシリアの都市の遺跡。前717〜前707年にかけてサラゴン2世によって建設されたが、705年の王の死後間もなく住む者がいなくなった。外壁に囲まれた2.6平方キロメートルの敷地には、現在はルーブルにある大きな彫刻や、防御を固めた門があった。19世紀半ばに*メソポタミア（Mesopotamia）で初めて発掘された遺跡の一つで、1932年、エラム語で書かれた楔形文字の石板数百枚とアッシリア王の統治期間を示す貴重な年表が発見された。
⇒**アッシリア Assyria**

コルシカ Corsica [古代：Cyrnos キュルノス, Kurnos クルノス；仏：Corse コルス]（フランス）
フランス本土の南岸から170km沖合にある*地中海（Mediterranean Sea）のフランスの島。軍事上の拠点となるため、多くの列強に占領されてきた。前3000年までには文明が発達し、その後ギリシア人、エトルリア人、カルタゴ人が島を支配しようと争い、前259年に*ローマ（Rome）が*アレリア（Aleria）を征服し、島はローマの支配下に入り始めた。長い戦いが続いた末に、前163年に陥落。その後バンダル人、ランゴバルド人、サラセン人に支配された。13世紀、ジェノバの支配下に入るが、1553年にはフランスのアンリ2世に征服された。1559年、*ジェノバ（Genoa）に返還。島民が1729〜1769年まで反乱を起こし、ジェノバ人を島から排斥した。1769年、フランスに併合され、革命の目的を支持し、1794〜1796年と1814〜1815年までイギリスに占領された。第2次世界大戦中、1942〜1943年まで枢軸国に抵抗を続けたが、その後は連合国の重要な基地にされた。1769年、フランスに併合された年に、ナポレオン・ボナパルトがこの島で生まれたために、彼はフランス人となった。島には15世紀の石像および青銅器時代の遺物が数多く発見されている。

コルス Corse ⇒**コルシカ Corsica**

コルストピトゥム Corstopitum ⇒**コーブリッジ Corbridge**

コールズバーグ Colesberg（南アフリカ）
*北ケープ（Northern Cape）州の町。*ブルームフォンテイン（Bloemfontein）の南西210kmに位置する。南アフリカ戦争中、1899年と1900年にボーア（ブール）人とイギリス人がここで何度か交戦した。

コルスン‐シェフチェンコフスキー Korsun-Shevchenkovski（ウクライナ）
*キエフ（Kiev）の南南東128km、1648年にコサックのリーダー、ボグダン・フメルニツキーがポーランド軍を破った古戦場。第2次世界大戦中の1941年にドイツに制圧され、1944年まで占領されていた。

コルチェスター Colchester [古代：Camulodunum カムロドゥヌム；サクソン語：Colneceaster]（イングランド）
イングランド南東部、*エセックス¹（Essex）州の町。*ロンドン（London）の北東85kmに位置する。ベルガエ族の王クノベリヌスがこの町を首府とし、43年にはクラウディウスによってブリテン島で最初のローマの植民地となった地域。60年、ブーディカ〔ボアディケア〕によって破壊されたが、ローマ時代のブリテン島では中心的な町となる。《大内乱》の際には、長

期間包囲された末、1648年にフェアファックス率いる議会軍に占領された。11世紀の教会と、ローマ時代のクラウディウスの神殿の上に建てた1070年の荘厳なノルマン様式の城のほか、数多くのローマ時代の遺跡や古代の土塁が遺っている。

コルチャ　Korçë［Korça, Korcha, Kortcha］［旧名：Korrçë；ギリシア語：Koritsa, Korytsa；伊：Corizza コリッツァ］（アルバニア）

首都*ティラナ〔ティラネ〕(Tiranë) の南112kmの町。1280年に初めて記録に登場している。1440年トルコの略奪を受けるが、今も遺るモスクを中心に再建された。モスクは1453年に*コンスタンティノープル (Constantinople) 包囲から帰還した兵士が建てたものである。バルカン戦争中の1912 ～ 1913年にはギリシアが占領し、以後領有を主張。第2次世界大戦中の1940 ～ 1941年にも再度占領したが、1920年にはアルバニアに譲られていた。

コルチュラ　Korčula［古代：Corcyra Melaina, Corcyra Nigra，伊：Curzola；セルビア・クロアチア語：Korcula］（クロアチア）

*クロアチア (Croatia) 南部、ダルマチア海岸沖、アドリア海に浮かぶ島と町。前4世紀にギリシアの植民地となり、その後ローマ人、ビザンツ人などの植民者が住んだ。13世紀には*ジェノバ (Genoa) と*ベネツィア (Venice) の係争の地となる。1815 ～ 1918年までは*オーストリア (Austria) 領。マルコ・ポーロの出生地と考えられている。中世の壁や塔、12世紀の大聖堂、ベネツィアの要塞、そのほかの歴史的建築物が遺る。

コルテ　Corte（フランス）

*コルシカ (Corsica) 島中部の町。*アジャクシオ〔アヤッチオ〕(Ajaccio) の北東

85kmに位置する。ヴィンチェンテッロ・ディストリアの建設した15世紀の要塞は、ジェノバ人と戦うコルシカ人の砦となった。1755 ～ 1769年、コルシカの民族主義者パルカル・パオリの政治活動の拠点となった。

ゴルディオン　Gordium（トルコ）

*アンカラ (Ankara) の西南西80km、サカリヤ川の右岸に位置する古代都市の遺跡。前1000 ～前800年まで*フリギア (Phrygia) の首都。フリギアの伝説の王でありミダス王の父とされるゴルディオスが建設したと言われる。アレクサンドロス大王が剣でゴルディオスの結び目を切断した土地。伝説ではこの結び目を解いた者が全アジアを支配するとされていた。アレクサンドロスの行為は彼が東方を征服する予兆となった。1950年以降の発掘により、ヒッタイト、フリギア、ギリシア、ローマの遺跡が発見されている。

コルディレラ・デ・ロス・アンデス　Cordillera de los Andes ⇒アンデス山脈 Andes

コルディング　Kolding（デンマーク）

*ユトランド (Jutland) 半島東部の都市。バイレの南24kmに位置する。10世紀には存在し、1248年建造の王宮（現在は博物館）を中心に発達した。1644年にはデンマークがスウェーデンに勝利を収め、1849年には*シュレースウィヒ - ホルシュタイン (Schlesweg-Holstein) にデンマークが敗れた、重要な古戦場。13世紀にできた初期の石造りの教会がある。

コルテヌオーバ　Cortenuova（イタリア）

イタリア北部、*ロンバルディア (Lombardy) 州ベルガモ県の町。*ベルガモ (Bergamo)

の南南東20kmに位置する。ロンバルディア同盟と神聖ローマ帝国皇帝フリードリヒ2世との戦いで、ロンバルディアは1237年11月27日にここで敗れた。

ゴルテュナ Gortyna〔ゴルテュン Gortyn〕（ギリシア）

*クレタ島（Crete, The）の中南部の古代都市。古代*クノッソス（Knossos）に南西、*イラクリオン（Herakleion）の南南西53kmに位置する。城砦には新石器時代から青銅器時代後期にも居住者がいた。ホメロスはこの都市が城壁に囲まれていると書いている。ギリシア時代にはクレタ同盟に加わった。前189年、東へと逃れるハンニバルの隠れ場所となる。前67年、ローマに征服され、属州クレタ・キレナイカの州都となる。聖パウロの友人テトスはキリスト教の最初の司教。825年頃、サラセンが*ビザンツ帝国（Byzantine Empire）からゴルテュナを奪った。1884年に発見されたゴルテュン法は現存するギリシア語の最長の文献で、前450年までさかのぼる。ローマ時代、とくに2世紀以降の神殿と遺跡が多い。

ゴルテュン Gortyn ⇒ ゴルテュナ Gortyna

ゴールデン Golden（合衆国）

*コロラド（Colorado）州中部の町。*デンバー（Denver）の西16kmに位置する。1859年、鉱山町として建設され、1862〜1867年までコロラド準州の州都とされる。現在は1874年創立のコロラド鉱業学校、国立再生可能エネルギー研究所、ビール会社クアーズの所在地。

ゴールデンゲート〔金門海峡〕Golden Gate（合衆国）

太平洋から*サンフランシスコ湾（San Francisco Bay）へと通じる*カリフォルニア（California）州の海峡。1579年、サー・フランシス・ドレイクが附近を通ったが、1772年にヨーロッパ人として初めてゴールデンゲートを見たのはスペイン人だった。命名者はアメリカ人探検家ジョン・C・フリーモントとされる。ゴールド・ラッシュ以前からゴールデンゲートの名で知られていたが、正式な地名となったのはゴールド・ラッシュが始まった1849年で、ここから新たにゴールド・ラッシュを連想させる名称となる。

ゴールデン・スパイク国立史跡 Golden Spike National Historic Site ⇒ ブリガム・シティー Brigham City

コルドゥバ Corduba ⇒ コルドバ³ Córdova（スペイン）

コル・ドゥ・プティ - サン - ベルナール Col du Petit-Saint-Bernard ⇒ 小サン・ベルナール峠 Little Saint Bernard Pass

ゴールドコースト〔黄金海岸〕Gold Coast（ガーナ）

西アフリカ、*ギニア²（Guinea）湾に臨む地域。西の*アシム（Axim）から東の*ボルタ川（Volta River）まで広がる。地名が示す通り、かつてはここで発見された金が重要な貿易品だった。1482年、この土地に足を踏み入れた最初のヨーロッパ人となったポルトガル人が金と奴隷の貿易のために沿岸に*エルミナ（Elmina）を建設。そこにイングランド人、デンマーク人、オランダ人が加わった。しかし、奴隷貿易が衰退すると、1850年にはデンマーク人、1872年にはオランダ人が撤退した。イギリスはとどまって*ファンティ国家連合（Fanti Confederacy）と同盟を結び、1874

年には*アシャンティ（Ashanti）を破った。沿岸地域はゴールドコーストの名で知られるようになったが、アシャンティとの戦いは1896年まで続いた。1957年3月6日、独立国ガーナの一部となる。

コールドストリーム Coldstream （スコットランド）

スコットランド南東部、*ボーダーズ（Borders）州の町。*ベリック‐アポン‐トウィード（Berwick-upon-Tweed）の南西21km、*トウィード川（Tweed River）に臨む。昔から宗教上の拠点であり、軍事上も重要な町だった。エドワード1世が1296年にスコットランドに侵攻した際に、ここを通った。また1660年、ジョージ・マンク将軍はここで軍隊を招集して、チャールズ2世の王位回復を支援するために*イングランド（England）に進軍した。その連隊はコールドストリーム近衛師団と呼ばれた。

コルトーナ Cortona ［古代：Corito コリト］（イタリア）

イタリア中部、*トスカナ（Tuscany）州アレッツォ県の古代都市。*アレッツォ（Arezzo）の南南東22kmに位置する。軍事上の拠点となる山腹にあり、*エトルリア（Etruria）の12古都の一つ。前310年、*ローマ（Rome）と同盟国になる。405年、バンダル人が大挙して押し寄せ、町を荒らす。1529年、ローマ教皇クレメンス7世と神聖ローマ帝国皇帝カール5世に包囲されたのち、トスカナ大公国の一部となった。エトルリアの要塞が断片的に遺っている。

コルドバ[1] Córdoba （アルゼンチン）

アルゼンチン中北部、*ブエノスアイレス（Buenos Aires）の北西620km、コルドバ州の州都。1573年に建設され、スペインの植民地の重要都市となり、トゥクマン州の州都となった。独立戦争時にはスペインの抵抗運動の拠点となった。のちにたびたび暴動の中心となり、1955年にはフアン・ペロン大統領の打倒にもかかわることになり、エドゥアルド・アバロス将軍に町が占領されたことから、大統領の失脚が始まった。現在も植民地時代の建物が多く遺っている。

コルドバ[2] Córdoba （メキシコ）

メキシコ中部、ベラクルス州の都市。*ベラクルス[1]（Veracruz）の南西西90kmに位置する。1618年に入植。1821年8月24日、メキシコの*スペイン（Spain）からの独立を決めたコルドバ条約がここで調印された。1973年8月、大地震により被災する。

コルドバ[3] Córdova ［古代：Corduba コルドゥバ］（スペイン）

スペイン南部、*アンダルシア（Andalusia）自治州コルドバ県の県都。*セビリア（Seville）の北東138kmに位置する。ムーア人支配時代にはスペインでのムーア人文化の中心地だった。

*カルタゴ[2]（Carthage）によって建設されたとされていて、前206年に*ローマ（Rome）に占領され、*ローマ帝国（Roman Empire）のもとで繁栄するが、572年に西ゴート人に占領され、711年までその支配下にあったが、その後はウマイヤ朝のムーア人に征服される。アブドゥル・ラフマーン1世の治める*ダマスカス（Damascus）から独立したあと、スペインでもっとも重要な都市となり、芸術と学問の中心として繁栄した。アブドゥル・ラフマーン2世の治世に全盛期を迎え、ヨーロッパ中に「西のアテネ」として知られ、学問上の業績で名を轟かせた。イスラーム教

とユダヤ教の拠点として知られたあと、1031年にウマイヤ朝が倒れると、町は衰退。1078年、セビリアに併合される。

1236年、*レオン³（León）と*カスティリア（Castile）の王フェルナンド3世に占領されると、8世紀の大モスクが1238年にはカトリックの大聖堂にされてしまった。ナポレオン戦争中、1808年と1811年にフランス軍に襲撃される。また、スペイン内戦中にはフランシスコ・フランコ将軍側についた。セネカ、ルカヌス、アベロエス、マイモニデスの生地で、現在はコルドバ大学の所在地として知られる。

コールド・ハーバー Cold Harbor（合衆国）
*バージニア（Virginia）州東部の古戦場。*リッチモンド²（Richmond）の北東16kmに位置する。南北戦争中に2度、戦場となった。1度目は1862年6月27日の《ゲインズミルの戦い》で、ロバート・E・リー将軍率いる南軍が、ジョージ・B・マクレラン将軍とフィッツ・ジョン・ポーターの指揮する北軍を退けた。この戦いによって半島作戦は終結。2度目は1864年6月3日～12日までの戦いで、ユリシーズ・S・グラント将軍率いる北軍が塹壕に潜んでいたリー将軍指揮下の南軍の撃退に失敗。この戦いで北軍としては最悪ともいえる悲惨な敗北を喫した。

ゴールドフィールド Goldfield（合衆国）
*ネバダ（Nevada）州エスメラルダ郡の郡庁所在地。史上最大級のゴールド・ラッシュが起きた町。1902年、金鉱が発見されると1903年には市内に劇場、大ホテル、高級住宅が建ち並び絢爛豪華な都市となった。1910年に金の産出量が最大となったが、1918年ににわか景気が去り、急速に衰退していった。

コルトリアクム Cortracum ⇒コルトレイク Kortrijk

コルトレイク Kortrijk ［古代：Cortracum コルトリアクム；仏：Courtrai クールトレ］（ベルギー）
ベルギー西部、フランスの*リール²（Lille）の北北東24kmにあるウェスト‐フランデレン（Flanders）州の町。ローマ人の入植地で、7世紀には礼拝堂ができ、1190年に勅許を受けた。1302年に有名な金拍車の戦いで、地元の抵抗軍が侵攻してきたフランス軍を破った。1382年、*フランス（France）のシャルル6世が、その報復として略奪した。1793年にはフランスに占領された。第1次世界大戦中は*イープル（Ypres）前線のドイツ軍の主要基地だった。ファン・ダイクの『十字架昇架』がある14世紀の礼拝堂や、ゴシック様式の建築物がある。

コルニッシュ Corniche（フランス、モナコ）
フランス南東部、*ニース（Nice）から*マントン（Menton）まで*リビエラ（Riviera）を並行して30kmほど走っているアルプ‐マリティーム県の3本の沿岸道路。一番内陸寄りのグランド・コルニッシュは1806年にナポレオンが敷いた軍用道路。モワイエンヌ・コルニッシュは中間にある町をつないでいる道路。バス・コルニッシュは海岸沿いに走る道路である。

コルネト Corneto ⇒タルキニア Tarquinia

ゴルノ‐アルタイ自治州 Gorno-Altai Autonomous Oblast ［Mountain Altai］［旧名：Oirot Autonomous Oblast オイロート自治州］（ロシア）
シベリア南東部の州。モンゴルと国境を接し、アルタイ山地の大半を占める。州都ゴルノ・アルタイスク。前3000年に原始的な共同社会の存在を示す証拠がある。

前5世紀からモンゴル人が住みつき、6〜10世紀までトルコに支配された。13〜18世紀までは様々なモンゴル人の支配者に占領され、1756年にロシアの傘下に入った。ロシア革命後、1918〜1922年までボルシェビキとロシア農民の間で内戦が起こり、この地域で戦いがあった。1991年に共和国となり、ロシア連邦に加わる。

ゴルノ‐バダフシャン Gorno-Badakhshan [Mountain Badakhshan] (タジキスタン)

タジキスタン東部の州。*パミール高原 (Pamir) の大半を占め、東は*中国 (China)、東と西は*アフガニスタン (Afghanistan) と国境を接する。モンゴル人とアラブ人に支配されていたこともあるが、1895年にロシアの支配下に入った。1925年、自治州となり、州都はホローグ。

コルハプール Kolhapur (インド)

*マハラシュトラ (Maharashtra) 南西部にある都市およびかつての国。都市は*ムンバイ (Mumbai) の南南東288kmに位置する。古代の仏教の中心地で、前3世紀の聖堂、9世紀の寺院、そのほかにも宗教的に重要な場所がある。1765年と1792年にイギリスの侵攻を受け、1812年に占領された。

コルビロ Corbilo ⇒ サン‐ナゼール Saint-Nazaire

コルフ Corfu [古代：Corcyra コルキュラ；ギリシア語：Kérkira ケルキラ, Kérkyra ケルキュラ] (ギリシア)

ギリシア北西部、*アルバニア (Albania) 南西の沖合、イオニア海の島。ホメロスの『オデュッセイア』に描かれたスケリア島がこの島であるとされ、前735年頃にコリント人の植民地となる。独立を目指したが、前664年、記録に残る最初の海戦に巻き込まれ、前600年にペリアンドロスに支配された。*アテネ (Athens) に助けを求めたところから、ペロポネソス戦争が始まる。前229年、*ローマ (Rome) に占領され、5〜11世紀まで*ビザンツ帝国 (Byzantine Empire) の支配下に入った。立地条件の良さから、ノルマン人や*ベネツィア (Venice) をはじめ、次々に列強に支配された。1815〜1864年までイギリスの保護領とされたが、ギリシアに返還された。1917年7月20日、ここでコルフ協定が調印され、セルビア人・クロアチア人・スロベニア人の国家、のちの*ユーゴスラビア (Yugoslavia) が誕生。1923年、国際的な事件のため、イタリアがコルフ島を1カ月占領し、国際連盟が対応した初めての大きな事件となった。1941〜1944年までイタリアとドイツに占領された。現在、16世紀のベネツィア人の要塞が島に遺っている。

コルフィニウム Corfinium [バルバ Valva] (イタリア)

イタリア中部、*アブルッツォ (Abruzzi) 州ラクイラ県*サムニウム (Samnium) の古代都市。スルモナの北11kmに位置する。コルフィニウムは自分たちが支援したローマ人と同じ権利を得ようと結束したイタリア人が紀元前1世紀に築いた短命に終わるイタリア共和国の首都だった。前90〜前88年までの間にマッシリア包囲戦、あるいは同盟市戦争を行なった。前49年、ユリウス・カエサルに占領され、町が衰退したあと、新たにバルバの町ができた。サン・ペリノの教会は5世紀にまでさかのぼる。

コールブルックデール Coalbrookdale (イングランド)

イングランド西部、*サロップ (Salop) の

町。＊シュルーズベリー（Shrewsbury）の東南東 18km、＊セバーン川（Severn River）から近い。1709 年、エイブラハム・ダービーによって製鉄所が設立され、イングランドで初めてコークスを用いて銑鉄が精錬された。これがイングランドの初期産業革命に大きな役割を果たした。＊アイアンブリッジ（Ironbridge）の最初の鉄橋と共にこの地区は広大な野外の博物館となっている。

コルベイユ - エソンヌ Corbeil-Essonnes ［古代：Corbolium コルボリウム］（フランス）

＊パリ（Paris）の南南東 16km、エソンヌ県の町。カロリング王朝時代は伯領の首都となり、1108 年、ルイ 6 世によってフランスに併合された。1258 年、この町でルイ 9 世と＊アラゴン（Aragon）を征服したジェイムズ 1 世が条約に署名。

コルペディウム Corupedium ⇒コルベディオン Corupedion

コルベディオン Corupedion ［コルペディウム Corupedium］（トルコ）

トルコ西部、＊イズミル（İzmir）の北、マニサ県古代＊リュディア（Lydia）の古戦場。前 281 年、マケドニアの将軍セレウコスがここで＊トラキア（Thrace）総督リュシマコスを破り、リュシマコスは戦死。
⇒ **セレウコス帝国 Seleucid Empire**

コルベルク Kolberg ⇒コウォブジェク Kołobrzeg

コルボリウム Corbolium ⇒コルベイユ - エソンヌ Corbeil-Essonnes

コルマール Colmar ［Kolmar］［古代：Columbaria コルンバリア］（フランス）

フランス東部、＊アルザス（Alsace）地方南部のオー - ラン県の県都。＊ストラスブール（Strasbourg）の南南西 70km に位置する。シャルルマーニュ〔カール大帝〕がサクソン人に対して攻撃を仕掛けた時に重要な役割を果たした。1226 年、神聖ローマ帝国皇帝フリードリヒ 2 世によって帝国自由都市に認定された。《三十年戦争》中の 1632 年、＊スウェーデン（Sweden）に占領された。1673 年、アルザスの首都となる。1871 ～ 1919 年までと 1940 ～ 1945 年までドイツに占領された。現在、13 世紀のドミニコ会女子修道院が博物館になり、15、16 世紀の有名な絵画などを収蔵している。市内には中世の建物が数多く見られる。

コールム Kholm ⇒ヘウム Chelm

ゴルリツェ Gorlice（ポーランド）

ポトカルパチェ県南西の町で戦場跡。＊クラクフ（Kraków）の南東 93km に位置する。ポーランドの石油産業の中心地であり、第 1 次世界大戦中の 1915 年 5 月には＊ドゥナイェツ（Dunajec）方面作戦で戦場となり、ここでロシア軍はオーストリア・ドイツ連合軍に撃退された。

コールルーン川 Coleroon River ［現代：Kollidam River コリダム川］（インド）

＊タミル・ナードゥ（Tamil Nadu）州の川。ベンガル湾へと注ぐカーベリ川の北部の支流で、＊カダルール（Kudalur）の南 40km を流れる。第 2 次＊マイソール（Mysore）戦争中、1782 年 2 月 18 日にジョン・ブレイスウェイト大佐の指揮するイギリス軍が、ティプ・スルターン王のマイソール軍とアンリ・ラリー少佐指揮下のフランス軍にここで敗れた。この敗北はイギリ

スにはかなりの痛手となった。

コルレオーネ Corleone (イタリア)

*シチリア (Sicily) 島西部、パレルモ県の町。*パレルモ (Palermo) の南34kmに位置する。ビザンツ人あるいはサラセン人が建設した町で、12世紀にシチリアのホーエンシュタウフェン家によって軍事的な拠点にされた。19世紀には反ブルボン家の民族主義の中心になる。1960年代あたりからマフィアの温床として悪名高くなった。

コルンバリア Columbaria ⇒ コルマール Colmar

ゴレ Gorée (セネガル)

セネガル西部、ベール岬の半島の湾内にある島であり都市。最初はオランダ人に占領され、1677年にはフランスが占領。奴隷貿易の拠点となり、*フランス領西アフリカ (French West Africa) の最初の首都となる。ナポレオン戦争中はイギリスに占領され、1817年に*フランス (France) に返還された。*ダカール (Dakar) が建設されると、重要性を失い、やがてダカールに編入される。1946年、セネガル領となる。

ゴレスターン Gulistan (アゼルバイジャン)

アゼルバイジャン北西部の村。1813年10月12日、*ロシア (Russia) と*ペルシア[1] (Persia) の間で条約に署名された場所。その条約により、1804年のロシア・ペルシア戦争が終結し、ペルシアは*ジョージア[2]〔グルジア〕(Goergia) とその周辺地域を割譲した。ペルシアは現在のアゼルバイジャンに相当する領土を割譲して、と*ダゲスタン (Dagestan) の領有権を放棄。

コレヒドール Corregidor (フィリピン)

*ルソン (Luzon) 島西部バターンの南、*マニラ湾 (Manila Bay) の入り口に位置する島。18世紀にスペインによって要塞が築かれ、1900年にはアメリカ軍の基地にされ、第2次世界大戦中はフィリピンの防衛の拠点となった。1942年5月6日、ジョナサン・ウェインライト中将の指揮下で27日間抵抗のあと陥落。

⇒ カバッロ Caballo, カバナトゥアン Cabanatuan

コレンソ Colenso (南アフリカ)

*クワズールー-ナタール (KwaZulu-Natal) 州の村。州都*ピーターマリッツバーグ (Pietermaritzburg) の北西104kmに位置する。南アフリカ戦争中の1899年12月15日、サー・レドバス・ブラー率いるイギリス軍が*レディースミス (Ladysmith) 市の解放を目指して進軍したが、ルイス・ボータ将軍の指揮するボーア（ブール）人にここで敗れた。イギリスは1900年2月20日にやっとコレンソを占領した。

コロ Coro [旧名：Santa Ana de Coriana サンタ・アナ・デ・コリアーナ] (ベネズエラ)

ベネズエラ北西部、ファルコン州の州都。*カラカス (Caracas) の西北西320kmに位置する。1527年、先住民インディオのコロス族が住んでいた土地に都市を建設。ドイツの銀行の拠点となって、ベネズエラ西部の権利を握った。黄金郷*エルドラド[1] (El Dorado) を求めるスペイン探検隊の基地となり、1578年まで短期間ながらベネズエラの首都となった。1806年、フランシスコ・デ・ミランダがここで*スペイン (Spain) に対して反乱を起こした。失敗に終わったが、独立に向けての最初の一歩となった。

コロサイ Colossae（トルコ）

トルコ細部、*フリギア（Phrygia）地方の古代都市。デニズリ県の県都*デニズリ（Denizli）から近い。前5世紀のヘロドトスの時代には商業都市として栄えていたが、近くに*ラオディケア（Laodicea）が建設されると衰退した。西暦62年の使徒パウロの「コロサイ人への手紙」はこの土地の初期キリスト教会に宛てたもの。

コロジュバール Kolozsvár ⇒ **クルージュ Cluj**

コロステン Korosten［Korosten'］［旧名：Ikorosten]（ウクライナ）

*キエフ（Kiev）の北西130kmの都市。9世紀から存在し、14世紀にリトアニア領となる。1569年から*ポーランド（Poland）の支配を受けるが、1793年に*ロシア（Russia）に譲渡される。1919～1920年のロシア革命中と、第2次世界大戦中1943年後半のソビエト進軍のときには多くの戦闘が起きた。

ゴロデツ・メシチェルスキー Gorodets Meshcherskii ⇒ **カシモフ Kasimov**

ゴロドク Gorodok［ポーランド語：Gródeck Jagielloński]（ウクライナ）

ウクライナ西部、リビウ州の町。*リビウ（Lviv）の西南西25kmに位置する。*ポーランド（Poland）領だったが、第1次世界大戦中はロシアの重要な砦となった。1915年6月12日には戦場となり、ロシア軍が負けた。

コロニア¹ Colonia（トルコ）⇒ **シェビンカラヒサル Şebinkarahisar**

コロニア² Colonia［コロニア・デル・サクラメント Colonia del Sacramento]（ウルグアイ）

ウルグアイ南部、コロニア県の県都で港湾都市。*ラ・プラタ川（Plata, Río De La）に臨み、対岸に*ブエノスアイレス（Buenos Aires）がある。1680年にポルトガル人が建設したウルグアイで最初の定住地だが、スペイン人が占領し、その後、*モンテビデオ（Montevideo）へと拠点を移した。1777年と1778年の条約によってスペインが正式に領有権を得た。

コローニア・アウグスタ・アローエ・パトレンシス Colonia Augusta Aroë Patrensis ⇒ **パートレ Pátrai**

コロニア・アウグスタ・フィルマ Colonia Augusta Firma ⇒ **エシハ Écija**

コローニア・アグリッピナ Colonia Agrippina ⇒ **ケルン Cologne**

コロニア・ウィクトリクス・ユリア・ノウァ・カルタゴ Colonia Victrix Julia Nova Carthago ⇒ **カルタヘナ² Carthagena**（スペイン）

コロニア・デル・サクラメント Colonia del Sacramento ⇒ **コロニア² Colonia**

コロニア・フリア・アウグスタ・デルトサ Colonia Julia Augusta Dertosa ⇒ **トルトゥーザ Tortosa**

コロニア・フリア・ビクトリクス・トリウムファリス Colonia Julia Victrix Triumphalis ⇒ **タラゴナ Tarragona**

コロニア・ユリア・フェリクス・クラシカ Colonia Julia Felix Classica ⇒ **セッサ・アウルンカ Sessa Aurunca**

コロニウム Coronium ⇒コランナ **Corunna**

コローネ Korone [Koroni] [古代：Asine] (ギリシア)

*カラマタ (Kalamata) の南南西27km、メッセニア湾の港。1300年頃にベネツィアの港となり、16世紀に入ったところでトルコの手に落ちた。ベネツィア風の城が遺る。

コロネア Coronea [ギリシア語：Koroneia コロネイア] (ギリシア)

ギリシア中部、*レバディア (Lebadea) の南11km、*ボイオティア (Boeotia) の古代都市。前447年、ボイオティア人がここでアテネ人を破った。コリント戦争中の前394年、アゲシラオス2世の指揮するスパルタ軍がテーベ人、アテネ人、ボイオティア人、アルゴス人、コリントス人の同盟軍をここで破ったが、その勝利を活かして支配することはなかった。
⇒ **アテネ Athens, スパルタ Sparta**

コロネイア Koroneia ⇒コロネア **Coronea**

コロネル Coronel (チリ)

チリ中南部、コンセプシオン県の都市。*コンセプシオン[1] (Concepción) の南27km、アラウコ湾に臨む。第1次世界大戦中、1914年11月1日、グラフ・フォン・シュペーの率いるドイツ軍の東アジア艦隊がコロネル沖合でサー・クリストファー・クラドックの率いるイギリス軍を破った。

コロノス Colonus (ギリシア)

現在の*アテネ (Athens) の北、古代*アッティカ (Attica) の村。ソフォクレスの生誕地で、ソフォクレスの戯曲『コロノスのオイディプス』ではオイディプス王が流浪の末にたどり着いた土地。

コロポン Colophon (トルコ)

トルコ西部、イズミル県*リュディア (Lydia) の古代都市。*エフェソス〔エペソ〕(Ephesus) の北西24kmに位置する。前8世紀～前7世紀には商業都市として繁栄。前3世紀には騎兵隊で有名だった。前665年、リュディアのギーゲースに占領され、ペロポネソス戦争では、最初は*ペルシア[1] (Persia) に、次に*アテネ (Athens) に支配された。前3世紀には、コロポンの港だった*ノティウム (Notium) が独立した都市になると、コロポンは衰退した。
⇒ **イオニア Ionia**

コロマ Coloma ⇒サッターズ・ミル **Sutter's Mill**

コロマンデル海岸 Coromandel Coast (インド)

インド南東部、ベンガル湾に臨む海岸。カリメル岬から北へとクリシュナ川の三角州地帯まで約720km続く。長い歴史の中で、東ガーツ山脈からコロマンデル海岸に至る*カルナータカ[2] (Karnataka) の地域を支配した帝国や民族の中には、この海岸地帯を支配したものもあった。その代表的な存在は*チョーラ (Chola) 朝で、9～13世紀末までこの海岸地域を支配した。カーベリ川の三角州にあった*タンジャブル (Thanjavur)〔タンジョール (Tanjore)〕がその首都で、11世紀にはインドで最古の灌漑施設と運河となる《グランド・アニカット》を建設した。

コロマンデル海岸はインド南東部を支配しようとするヨーロッパ諸国の紛争の場となった。16世紀初期、ポルトガルが*ナガパティナム (Nagapattinam) に港を建設。これが1660～1671年までオランダに占領された。1616年、デンマークが*トランケバル (Tranquebar) に進出し、*マドラス (Madras) は1640年に完成したイギリス

のセント・ジョージ要塞を中心に発達した。イギリスとフランスは何度もこの地域を支配しようとして戦った。1674年、*ポンディシェリー（Pondicherry）にフランスが初めて恒久的な入植地を築いた。*カーリカール（Karikal）も1739年にフランスが獲得した飛び領地である。しかし、フランス領を除くと、インド南部はイギリスが支配し、マドラスはその行政本部となった。フランスの2カ所の飛び領地が独立したインドに返還されたのは1954年のことだった。コロマンデル海岸は新設された*タミル・ナードゥ（Tamil Nadu）州と*アンドラ・プラデシュ（Andhra Pradesh）州の一部となった。

コロムナ Kolomna（ロシア）

*モスクワ（Moscow）の南東104kmの都市。1177年には文献に登場し、モスクワの対タタールの拠点となったが、4度略奪されている。16世紀の城砦の塔の遺跡が複数遺る。

コロラド Colorado（合衆国）

アメリカ中西部の州。1876年、38番目の州として合衆国に加わる。コロラドはスペイン語で「赤みをおびた」の意。最初期の住人はアナサジ族初期の文化に属するバスケット・メーカー族で、初期キリスト教の時代にこのあたりに住んでいた。その後、岩窟住居に住むプエブロ族インディアンが登場し、その住居跡が*メサ・ベルデ〔メサ・バーデ〕国立公園（Mesa Verde National Park）で見られる。16世紀、フランシスコ・バスケス・デ・コロナドがこの地域に足を踏み入れた最初のヨーロッパ人と思われる。1706年、*スペイン（Spain）が領有権を主張したが、入植はしなかった。1765年、金鉱を探してファン・マリア・リベラがやってくる。1776

年にはフランシスコ会の修道士が二人訪れた。現在のコロラド州の一部を*フランス（France）が*ルイジアナ（Louisiana）準州の一部として領有権を主張した。1763年、フランスはこの地域をスペインに割譲したが、1800年にはまた取り返して、1803年にアメリカに売却した。アメリカはメキシコ戦争後、1848年に*メキシコ（Mexico）から州の残りの地域を獲得した。

1806年、ゼブロン・M・パイクの率いるアメリカの探検隊がこの地域を探検し、さらに1819～1820年まではスティーブン・H・ロング、1842～1843年と1845年にはジョン・C・フリーモントの率いる同じくアメリカの探検隊が探検した。*ベンツ・フォート（Bent's Fort）が交易所として有名になったが、1858年に*パイクス・ピーク（Pikes Peak）附近と現在の*デンバー（Denver）がある地域で金が発見されるまではコロラドにはほとんど人はいなかった。その翌年には*セントラル・シティ（Central City）でも金鉱が発見された。その地域は*カンザス（Kansas）準州の一部だったが、1861年、コロラド準州が設置された。しかし、大勢のインディアンの部族が住んでいたので、1840年代には先住民と入植者の間で紛争が起こり、1861～1869年にはインディアン戦争、1873～1874年にはバッファロー戦争があり、最後に1879年にも戦争が起こった。

金脈が尽き、採鉱地区の大半がゴーストタウンとなったが、1870年に*ワイオミング（Wyoming）州*シャイアン（Cheyenne）まで鉄道が開設されると農業が盛んになった。牛の大牧場ができ、羊の飼育が重要になり、金属の精錬も多少は行なわれた。1870年代に*レッドビル（Leadville）で銀が発見され、1890年代初期に*クリップル・クリーク（Cripple Creek）で新たな鉱脈が見つかると、またしてもにわか景気

が起こった。しかし、1893年、政府が銀の買い取りをやめると、市場は崩壊。20世紀になる頃には鉄道の経営権をめぐる争いやら、牧羊業者と牧牛業者の争い、労働争議も起こった。1903年にロックフェラーが所有する炭鉱では労働者の暴動が起き、軍隊が主導する騒ぎにまでなった。10年後に同様のストライキがあった時にはさらに大きな流血事件になった。

　20世紀初めに国立公園が設置され、大勢の旅行客が集まり、また、第1次世界大戦になると銀の価格が高騰した。いずれもコロラド州を豊かに発展させる原動力となる。しかし、その繁栄にも旱魃と1930年代の大恐慌により終止符が打たれた。第2次世界大戦が始まると食糧、鉱物、金属製品への需要が高まって、再び好景気を回復。戦後、多くのアメリカ人が西へと移動したために、景気は続いた。コロラド州の人口は1950〜1970年までに90万人増加している。1970年代初めのエネルギー危機で、州の経済はさらに好調になった。現在は高層ビルの林立する都市となったデンバーは*ロッキー山脈（Rocky Mountains）の石油と天然ガスを求める企業の本部が集まる西部の拠点となっている。

　コロラド州東部は*大平原〔グレート・プレーンズ〕（Great Plains）の高原地帯の一角を形成し、西部はロッキー山脈が占める。*コロラド川（Colorado River）、南北の*プラット川（Platte River）、アーカンソー川、リオグランデ川はすべてこの州に水源を持つ。コロラド州は豊かな鉱物資源のみならず、農業と製造業の州でもある。デンバーが州都であり最大の都市である。アメリカ空軍士官学校が*コロラド・スプリングズ（Colorado Springs）にある。主要な都市として、ボールダー、*フォート・コリンズ（Fort Collins）、*プエブロ（Pueblo）、*グ

リーリー（Greeley）がある。

コロラド川 Colorado River（メキシコ、合衆国）

*コロラド（Colorado）州北部の*ロッキー山脈（Rocky Mountains）に発し、コロラド、*ユタ（Utah）、*アリゾナ（Arizona）の各州を南西に2,300km流れて、アリゾナ、*ネバダ（Nevada）、*カリフォルニア（California）の州を分ける境となり、メキシコに流れ込み、カリフォルニア湾に注ぐ。北アメリカ大陸の代表的な大河で、流域には深い峡谷が多いが、中でも有名なのがアリゾナ州の*グランド・キャニオン（Grand Canyon）。1539年、スペインのフランシスコ・デ・ウリョアが河口に到達し、1540年、エルナンド・デ・アラルコンが下流域を探検した。1869年、ジョン・ウェズリー・パウエルが小舟で*ワイオミング（Wyoming）州のグリーン川を出発し、グランド・キャニオンを抜けてバージン川の河口まで至り、初めて船でグランド・キャニオンを横断した。グランド・キャニオンとコロラド川流域には、アナサジ族インディアンの岩窟住居やレンガ造りの住居が数多く建っていた。近年、コロラド川には*フーバーダム（Hoover Dam）、デイビスダム、パーカーダム、グレンキャニオンダム、インペリアルダムなどの巨大ダムが建設されるなど、その水力が活用されている。流域には国立公園や娯楽施設も多い。アメリカとメキシコで大規模な灌漑のために河水を利用しているために、今やカリフォルニア湾まで水が流れていかないこともある。

コロラド・シティ Colorado City ⇒コロラド・スプリングズ Colorado Springs

コロラド・スプリングズ Colorado Springs [旧名：Fountain Colony ファウンテン・コロニー]（合衆国）

コロラド州中部の都市。デンバーの南、*パイクス・ピーク（Pikes Peak）のふもとに位置する。1871年、ファウンテン・コロニーの名で創設され、1890年代に*クリップル・クリーク（Cripple Creek）で金鉱が発見されると発展が始まった。1859年に鉱山業者が住みつきエルドラドと名づけられていた都市、コロラド・シティを1917年に吸収。現在は重要な軍事拠点となり、近くにはアメリカ空軍基地や北アメリカ航空宇宙防衛司令部、オリンピックのトレーニングセンターもある。かつては温泉保養地として栄え、今もミネラルウォーターは有名。

コロン諸島 Archipelago de Colón ⇒ ガラパゴス諸島 Galápagos Islands

コロンバス¹ Columbus（合衆国）

*ジョージア¹（Georgia）州中西部の都市。*メーコン（Macon）の西南西130km、チャタフーチー川に臨む。1827年、クリーク族インディアンの交易所があった場所に建設され、国内の綿織物取引の主要港となる。南北戦争時は南軍の武器庫が置かれる重要な拠点となり、1865年4月16日にジェイムズ・H・ウィルソン将軍の北軍に占領されたのが、*ミシシッピ川（Mississippi River）の東では最後の戦いとなった。

コロンバス² Columbus（合衆国）

*ミシシッピ（Mississippi）州東部の都市。アラバマ州の境界線の西11km、トンビグビー川に臨む。1817年に入植され、現在はこの地域の商業と輸送の拠点。アメリカで初めてのフリースクール、フランク

リン・アカデミーが1812年にここで開校した。現在は公立学校の制度の中に組み込まれている。コロンバスは1863年に北軍*ジャクソン²（Jackson）を占領した際、一時的に州都とされた。第1回目の戦没将兵追悼記念日は1866年4月25日にここで設けられ、追悼式が行なわれた。南北戦争前の美しい屋敷が多く遺っていて、毎年春の巡礼期間には一般公開される。

コロンバス³ Columbus（合衆国）

*ニューメキシコ（New Mexico）州南西部の村。*テキサス（Texas）州*エル・パソ（El Paso）の西110kmに位置する。金・銀・銅・縞瑪瑙（オニキス）が採掘される。1916年3月9日、*メキシコ（Mexico）の革命家フランシスコ・パンチョ・ビヤの支援者らが国境を越えて村を襲い、19人のアメリカ人を殺害した。ビヤ本人が同行していたかどうかは不明。ウィルソン大統領は報復措置としてビヤを捕らえて処分するためアメリカ軍をメキシコに送り込んだ。しかし、11カ月間追跡したが、身柄を確保することはできなかった。

コロンバス⁴ Columbus（合衆国）

*オハイオ（Ohio）州の州都。*シンシナティ（Cincinnati）の北東155km、シオト川に臨む。1812年、州都として設計され、輸送機関が発達する19世紀には製造業の町として発展。オハイオ州で最大の都市となった。オハイオ州立大学がある。

コロンビア¹ Colombia

南アメリカ大陸北西部の国家。西は太平洋、北は*カリブ海（Caribbean Sea）に面している。国名はクリストファー・コロンブスにちなむ。

コロンビアでは約5千年前の陶器が発見されている。西暦500〜1000年の間に

650　コロンビア

キンバヤ族の文化が栄え、そのあとには1200年頃に興隆するチブチャ族が続く。ヨーロッパ人がこの地域に最初にやって来たのは、カリブ海の南西岸を探検していたスペインの征服者アロンソ・デ・オヘダで、1499年だった。その2年後、同じくスペイン人のロドリゴ・デ・バスティーダスが*マグダレナ川（Magdalena River）の河口を見つけた。さらに彼は1525年にはサンタ・マルタ（Santa Marta）を建設。コロンビアで最古の都市となる。1536年、ゴンサロ・ヒメネス・デ・ケサダがチブチャ族を征服し、1538年には彼らの拠点である*ボゴタ（Bogotá）をスペイン人の居住地にした。セバスチャン・デ・ベナルカサルは1536年にカリと*ポパヤン（Popayán）を建設し、1539年に*パスト（Pasto）を作った。この二人の征服者はドイツの探検家ニコラウス・フェーダーマンと同様に《エル・オンブル・ドラード》（黄金人）を探していた。これは新しい首長の全身に砂金を塗るチブチャ族の習慣がもとになっている話で、《黄金郷》の伝説もそこから生まれた。コロンビアの古い都市としては、ほかに1533年に建設された*カルタヘナ¹（Cartagena）と、1539年創設の*トゥンハ（Tunja）がある。

1717〜1722年までと1739年以降、コロンビアは現在の*エクアドル（Ecuador）、*ベネズエラ（Venezuela）、*パナマ（Panama）と共にスペインの副王領*ニュー・グラナダ〔ヌエバ・グラナダ〕（New Granada）の一部となった。独立を求める最初の反乱が1810年にボゴタで起こるが、自由が獲得されるのは1819年8月7日、ベネズエラのシモン・ボリバルが軍を率いてに勝利を収めた時である。1821年、副王領の4地域がボリバルを大統領として新国家*グラン・コロンビア（Gran Colombia）となった。しかし、1830年、エ

クアドルとベネズエラは脱退し、現在のパナマを含むコロンビアがニュー・グラナダとなった。1863年、国名をコロンビア合衆国に変更。

19世紀は政治的動乱の時代となり、右翼と左翼の内戦になることもあった。1878年、コロンビアはフランスの企業にパナマ地峡に運河を建設する許可を与えたが、建設計画は失敗に終わった。1903年のヘイ−エラン条約によって、運河建設の権利がアメリカに移譲され、見返りにコロンビアは1千万ドルに加えて、毎年25万ドルを与えられることになった。しかし、コロンビア上院が条約の批准を拒否すると、11月3日に暴動が起こり、アメリカの支援を得て、パナマが独立。1921年、アメリカが2千500万ドルを支払うと、コロンビアはパナマの独立を認めた。

1932年、*レティシア（Leticia）の領有権をめぐって*ペルー²（Peru）と紛争が起こり、1934年に国際連盟がコロンビアに領有権を認めた。1940年代末〜1950年代末までは「暴力（ラ・ビオレンシア）」の時代といわれ、激しい内戦状態になった。1957年、疲弊した自由党と保守党が連立し、それが1978年まで続いて、暴力沙汰は減少した。1978年、自由党のフリオ・セサル・トゥルバイ・アヤラが大統領に選出され、中心的なゲリラグループの一掃を宣言したが、1980年代になっても治安は回復できなかった。1982年、保守党の候補ベリサリオ・ベタンクールが大統領になる。1980年代と1990年代は右翼と左翼の軍隊と政府軍の間で衝突が続いた。麻薬カルテルがコカイン売買の保護の見返りに支持政党を変える*メデリン〔メデジン〕（Medellín）とカリの「麻薬貴族」の存在が事情をさらに複雑にした。1993年、メデリンの麻薬カルテルが崩壊し、のち

にはカリのカルテルも中心人物たちが逮捕されて弱体化していった。

1998年、ボゴタの元市長で保守党のアンドレス・パストラーナ・アランゴが大統領に選ばれた。パストラーナは左翼のコロンビア革命軍（FARC）と交渉を始め、70億ドルの社会援助と、主にアメリカからの軍事援助を得るための13億ドルを支柱とする「コロンビア計画」を実行した。2002年、FARCによる飛行機のハイジャック事件後、パストラーナは軍隊を投入して山中にある革命軍の基地を攻撃。FARCは報復にコロンビアの電力と通信の基幹施設を攻撃した。右翼で強硬派のアルバロ・ウリベ・ベレスが2002年の選挙に勝ち、FARCに武力による弾圧を継続したが、大きな成果は上がらなかった。反麻薬政策によって資金源を絶たれた「麻薬軍人」たちが除隊の交渉を始めた。2005年、ベネズエラの賞金稼ぎたちがFARCのリーダーの一人を捕まえて、コロンビアに引き渡したのだが、それがコロンビアとベネズエラ政府との間に摩擦を生じることになった。

首都はボゴタで国内最大の都市。大都市としてはメデリン、カリ、*バランキヤ（Barranquilla）がある。

コロンビア[2] Columbia（合衆国）

*サウスカロライナ（South Carolina）州の州都。*シャーロット（Charlotte）の南130km、コンガリー川に臨む。1786年、*チャールストン[1]（Charleston）に代わる州都として設計され、南北戦争時には南軍の兵站組織が置かれた。1865年2月17日、ウィリアム・テクムセ・シャーマン将軍の北軍部隊がコロンビアを占領し、ほぼ壊滅状態にした。

コロンビア川 Columbia River（カナダ、合衆国）

カナダの*ブリティッシュ・コロンビア（British Columbia）州南東部に発する川で、カナダ南西部とアメリカ北西部を1,900kmほど流れて*オレゴン（Oregon）州*ポートランド[4]（Portland）の西で太平洋に注ぐ。水源から740kmの地点で*ワシントン[2]（Washington）州に入り、そこからワシントン州と*オレゴン（Oregon）州の州境を流れる。太平洋に注ぐ水量では北アメリカ最大の河川であり、ヨーロッパ人の到来以前はインディアンがサケを釣っていた。

コロンビア川は1792年5月11日、アメリカ商船の船長ロバート・グレイによって発見された。川の名はその商船の名前からとられた。同年、イギリスの海軍将校ウィリアム・R・ブロートンも川を航行した。ルイスとクラークは獲得したばかりの*ルイジアナ購入地（Louisiana Purchase）を探検していて、1805年に陸路を東からこの川にたどり着き、河口の*クラットソップ砦（Fort Clatsop）で越冬した。1811年、カナダ人のデイビッド・トンプソンが川を遡上して水源に至り、そこから全長をたどって海岸に至った。同年、ジョン・ジェイコブ・アスターの毛皮貿易会社が河口に*アストリア（Astoria）砦を建設。これは定住地としては最初の入植地となり、アメリカが領有権を主張する際の根拠となる。19世紀初期、コロンビア川が流れる広大な地域の領有権がイギリスとアメリカで問題となった。1846年に現在の境界が同意され、コロンビア川は両国の間で分断された。1850年代には汽船が定期運行を始めた。1948年に始まったコロンビア盆地計画は、アメリカ政府の灌漑・水力発電・洪水管理に関する計画で、グランド・クーリーダムが主軸となっている。

コロンビア特別区 District of Columbia（合衆国）

アメリカ東部、*メリーランド（Maryland）州と*バージニア（Virginia）州に挟まれた*ポトマック川（Potomac River）東岸の連邦政府直轄地。首都の*ワシントン[1]（Washington, D. C.）市と区域は同一。1790年と1791年に議会は別個の一区域を国家の首都とする法案を通し、ジョージ・ワシントン大統領がその区域を選択できることになった。メリーランド州とバージニア州が、ポトマック川の両岸に16km四方の土地を提供。そこにはメリーランド州*ジョージタウン[2]（Georgetown）とバージニア州*アレクサンドリア[2]（Alexandria）〔現在の*アーリントン[2]（Arlington）〕も含まれていた。1846年、アレクサンドリアの住民がバージニア州への復帰を求めたため、その要求通りに復帰。1862年、奴隷制度が廃止されるとともに、所有者には補償金が支払われた。1871年、連邦議会はワシントンの都市権を剥奪し、1874年には直接統治を始めた。1878年、ジョージタウンを統合。

1961年、アメリカ合衆国憲法修正第23条により初めて大統領選挙で3人の選挙人を選出することが認められた。1970年、議会は投票権のない下院議員を選出する権利をコロンビア特別区認め、1974年には市長と市議会議員の選挙を認めた。しかし、今も議会は予算案と法案については権限を認めていない。特別区の中には州への移行を目指す動きもある。州の法律を起草したのだが、1995年に債務超過に陥り、議会は財政管理委員会を設けて、特別区の財政を監督した。2001年9月11日、アルカイダによるテロ攻撃で旅客機が国防総省に突入させられた。

コロンベ Colombey〔コロンベ-ヌイイ Colombey-Nouilly〕（フランス）

フランス東部、モーゼル県の村。*メス（Metz）の東7kmに位置する。プロイセン・フランス戦争中、1870年8月15日、アシル・バゼーヌ元帥率いるフランス軍がカール・フォン・スタインメッツ将軍率いるプロイセン軍によって退却を余儀なくされ、ここで*モーゼル川（Moselle River）を越えて退却した。この戦いは近くの村にちなんでボルニーの戦いとも呼ばれる。

コロンベ-ヌイイ Colombey-Nouilly ⇒コロンベ Colombey

コロンボ Colombo〔旧名：Kalantott, Kolambu〕（スリランカ）

スリランカ西海岸の港湾都市で首都。インド洋に臨む。8世紀にアラブの商人が建設したが、アラブ人や中国人、ローマ人にはその千年前から知られていた土地だった。1505年11月、ポルトガル人が*コチ（Kochi）から漂着して、ポルトガルの交易所を設けた。1551年、シンハリ人の首府が*コッテ（Kotte）からコロンボへと遷都される。17世紀にはオランダに支配され、1796年にイギリスに割譲された。第2次世界大戦中は連合軍の海軍基地が置かれ、1948年にセイロン、現スリランカの首都になった。1951年6月、コロンボで開催された国際会議で経済開発の計画である《コロンボ計画》が確定された。史跡としてはポルトガル支配時代の港と、広く遺されている昔の街路がある。

コワンシー〔広西〕・チワン〔壮〕族自治区 Guangxi Zhuangzu〔Kwangsi Chuang, Guangxi Zhuang-zu〕（中国）

中国南東部、クイチョー〔貴州〕省と*フーナン〔湖南〕（Huan）省の南に位置する

1級行政区。南西部は*ベトナム（Vietnam）と国境を接する。1958年に自治区となる。タイ諸族の民族であるチワン族が住む。前214年、秦に征服されるが、秦の末期に独立した王国、南越が興隆。しかし、前112～前11年に漢朝に併合される。明朝がチワン族の生活様式を変えさせようとしたために、1465年にこの地域では史上最悪の紛争が起こる。

1650年、満州人王朝の支配下に置かれる。1851年に始まり1864年まで続く政治的宗教的な動乱、太平天国の乱の中心地となる。1906～1916年まで地元の指導者らは中華民国の成立を支持していたが、1927年以降は蒋介石の国民政府に反対。1939年、日本がコワンシー〔広西〕南部に侵攻し、1944年にはアメリカ空軍基地があった*クイリン〔桂林〕（Guilin）を短期間ながら占領する。1949年、中国共産軍の支配下に置かれる。行政中心地の*ナンニン〔南寧〕（Nanning）は、1950年代初期に共産党軍が*インドシナ（Indochina）でフランス軍と戦った際の物資供給の拠点となった。

コワンチョウ〔広州〕Guangzhou〔Kuang-chou, Kwangchow〕（中国）

中国南東部の港湾都市。*コワントン〔広東〕（Guangdong）省の省都。*ナンキン〔南京〕（Nanjing）の南西1,120km、珠江に臨む。前3世紀に中国の一部となり、明代にコワントンの省都となる。何世紀にもわたってヨーロッパの商人が交易を行なった。1511年に始まるポルトガルによる貿易の独占が17世紀末にはイギリスにより破られる。1842年、南京条約によりアヘン戦争後には外国貿易の門戸が開かれる。1856～1861年までフランスとイギリスに占領される。1911年、孫文の革命運動の中心地となり、ここで中華民国の成

立が宣言された。1927年、わずか3日で壊滅したが、中国で最初期の共産党政府を樹立した土地。1938年から第2次世界大戦終結まで日本軍に占領される。1949年10月、共産主義者に支配され、共産党による中国支配のさきがけとなる。現在、中国南部で最も重要な都市。

コワントン〔広東〕Guangdong〔Kwangtung, クワントン Kuang-tung〕（中国）

中国南部の省。前210年頃の秦代から中国の支配下にあり、1368～1644年まで続く明朝に省となる。ローマ帝国、アラブから始まり、16世紀にはヨーロッパとの貿易を行なう拠点となり、1842年まで唯一の開港だった*コワンチョウ〔広州〕（Guangzhou）が主な交易の場となる。アヘンの密輸がイギリスとの戦争を招き、中国は他の港もヨーロッパ諸国に対して開港することとなる。1911年、孫文がここで国民党を結成し、1920年代には蒋介石が政治運動を始めた。

コンウィ Conwy ⇒コンウェー Conway

コンウェー Conway〔旧名：Aberconwy アバーコンウェー；ウェールズ語：Conwy コンウィ〕（ウェールズ）

*グウィネズ（Gwynedd）州、コンウェー川河口の町。*チェスター[1]（Chester）の西240kmに位置する。1283年、エドワード1世が城郭を建設し、新たに征服したウェールズ北部に次々に建設された城塞で守られた町の一つとなった。1399年、リチャード2世はこの町でボリングブルック（のちのヘンリ4世）に敗れて譲位した。現在、13世紀の城もあり、ヨーロッパでも屈指のみごとな城壁に囲まれた中世の町の典型とされる。

コーンウォール Cornwall（イングランド）

イングランド南西端の州で、*シリー諸島（Scilly Isles）を含む。北・西・南の三方を大西洋に囲まれ、東は*デボン（Devon）州に接する。先史時代から集落があり、完全にローマの文化に染まることなく、サクソン人に征服されたのもブリテン島のケルト人としては最後だった。1066年、征服王ウィリアムによって伯領とされた。1337年、エドワード3世により侯爵領とされ、現在は皇太子（プリンス・オブ・ウェールズ）の所領となっている。州都は*トルロー（Truro）。前2500年からの先史時代の石碑や遺跡、石製の十字架など、先史時代の文化やケルト人の文化が数多く残っている。珍しいコーンウォールのレスリングは紀元前1000年にまでさかのぼるものとされている。この土地の荒野は多くの伝説に登場する。ランズエンドとコーンウォールの海岸は大西洋を航海する船には昔から重要な陸地の目印となっていて、現在は飛行機にも利用されている。*ファルマス¹（Falmouth）やトルローのような主要都市は多くの場合、アメリカでの植民地建設に関わって、地名を遺している。

コンカ Conca ⇒ クエンカ² Cuenca（スペイン）

コング Kong（コートジボアール）

首都*アビジャン（Abidjan）の北416kmにある町。かつては王国だった。11世紀に創設され、16世紀に商業が栄えた。王国と首都は17世紀以降イスラーム教徒の支配下に入る。軍人で探検家のジャン-バプティスト・マルシャンはフランス政府の命を帯びて1898年にここを訪れたが、それが*ファショダ（Fashoda）事件のきっかけとなった。

コングナード Kongunad ⇒ コインバトール Coimbatore

コンゴ Congo［コンゴ民主共和国 Democratic Republic of the Congo］[旧名：Belgian Congo ベルギー領コンゴ, Congo コンゴ, Congo Free State コンゴ自由国, Zaïre ザイール]

アフリカ中部の内陸国。*コンゴ川（Congo River）河口の北岸から大西洋へと通じる。1960年、*ベルギー領コンゴ（Belgian Congo）が独立を認められると、国政選挙により脆弱な連立政権が誕生して国を治めようとした。しかし、1週間もたたないうちにベルギー人将校に対しコンゴ人兵士たちが反乱を起こし、全国的にベルギー人への攻撃が広がって、新国家の安定は一気に粉砕された。ベルギー人の役人が逃げ出したために行政は崩壊し、渾沌たる状況に陥った。拡大する混乱に対して、*ベルギー（Belgium）は緊急に軍隊を空輸して鎮圧を図った。政府の崩壊に乗じて、モイセ・チョンベが鉱物資源の豊かなカタンガ州〔*シャバ（Shaba）州〕の独立を宣言。

　自立を目指すコンゴ政府は国連に訴えて、ベルギーの再占領に抵抗し、アフリカ人の国際平和維持軍がベルギー軍に代わって治安維持にあたった。豊かな鉱物資源がありコンゴの繁栄の鍵を握っているカタンガは国連に無視され、ベルギーが直接援助したために、カタンガの分離独立は後押しされることになった。1961年には対立する三者が政権争いを展開。ジョゼフ・モブツ大佐は*レオポルドビル（Léopoldville）〔現在の*キンシャサ（Kinshasa）〕を支配下に置き、チョンベはカタンガを支配し、パトリス・ルムンバの支援者らは*スタンリービル（Stanleyville）を拠点に集結した。ルムンバはカタンガで身柄を拘束され、謎の死をとげた。これが世界

的な反撥を招き、国連はカタンガの暴動を支援する諸外国に強硬な姿勢をとることになる。1963年、国連軍によってカタンガの分離状態は破られたが、暴動と騒乱は続き、都心を離れた地方を震撼させた。

1966年、モブツ将軍が政権を握り、著しく弱体化していた暴動運動を一掃し、自ら大統領となって強力な中央集権体制を確立。モブツ政府はヨーロッパとの絆を維持しつつ、経済を支える資源は国有化を図った。1971年、コンゴは国名をザイールに変え、モブツは可能な限りザイール人の伝統と習慣を重んじてヨーロッパの影響を抑える政策をとった。1975〜1976年の*アンゴラ[1] (Angola) 内戦ではソビエトの援助を得て優勢になっている勢力と戦い、1977年には旧カタンガの反乱分子がアンゴラから侵攻を開始した。この攻撃に対し、モブツはフランスにより手配され空輸された1,500人のモロッコ兵の支援を得て勝利を収めた。1978年、再度の侵攻に対し、フランス、ベルギー、アメリカが直接軍隊を派遣して阻止した。アメリカは背後にソビエトとキューバが支援している脅威を察知しての措置だった。

キンシャサでは給料未払いの兵士が暴動を起こし、1991年にモブツは対立する勢力の指導者たちと連立政権の樹立に同意。国の基本的な施設は老朽化し、給料をもらえない公務員が汚職と盗みに走り、国の経済状況は悪化を続けた。ザイールの内政問題に加えて、*ルワンダ (Rwanda) から何十万人というフツ族の難民が流入し、フツ族とツチ族の民族紛争がザイールに広がった。1994年、経済改革派のケンゴ・ワ・ドンドが議会で首相に選出された。1996年と1997年にモブツがヨーロッパで癌の治療をしている間に、ルワンダとウガンダの支援を受けて反乱者たちが東部の大部分を占領。さらに*ザンビア (Zambia) とアンゴラの支援を得て、1997年にはキンシャサを占領した。反乱の指導者ローラン・カビラは大統領として宣誓し、国名をコンゴ民主共和国と定めた。

1999年、選挙実施の公約を破り、カビラはすべての野党を排除して政権を保持した。経済は改善されず、1990年代半ばにはコンゴのツチ族が近隣のフツ族に大虐殺され、革命初期の紛争中にルワンダのフツ族がカビラの軍隊に虐殺されたために、カビラ政権は国内でも国外でも支持を失った。1998年、東部ではコンゴのツチ族がルワンダ人に援助されている中央政府に対し叛乱を起こした。*ジンバブエ (Zimbabwe)、アンゴラ、*ナミビア (Namibia) はカビラ政権を支持して、軍隊を派遣し、ルワンダとウガンダは反乱分子の支援を続けた。1999年、ザンビアの*ルサカ (Lusaka) で和平会談が開催され、6カ国が停戦協定に署名し、のちに反乱の中心になっていたコンゴの二つのグループの協定に署名。コンゴは南西部の政府軍勢力と北東の反乱軍勢力に二分された。2000年に入っても戦争は収まらず、ウガンダとルワンダが戦いを続け、また、政府は北西部への侵攻を企てた。2001年、カビラが暗殺され、息子のジョゼフ・カビラ少将が後継者に指名された。ジョゼフ・カビラは野党に対する禁圧を解き、協調路線の交渉を開始。2002年までには外国軍はコンゴから撤退し、2003年に反乱の中心となった二つの組織が和平に合意した。民族間の抗争は続き、国連がフランス軍を中心とする平和維持軍を派遣している。

⇒ **カビンダ Cabinda**

金剛山 ⇒ **クムガンサン**〔金剛山〕**Diamond Mountains**（北朝鮮）

コンゴ王国 Kongo, Kingdom of the（アフリカ）

北はコンゴ川から南はロジェ川まで、西は大西洋から東はクワンゴ川を越える一帯までに及ぶ、かつてアフリカ中西部にあった国。14 世紀に創設されたと考えられている国で、1482 年にポルトガルと初めて友好的な接触をしたのち、キリスト教化され欧化された。ヨーロッパ人はすぐに奴隷交易に目をつけた。その後の戦乱と分割によって王国は弱体化し、1665 年にポルトガルが勝利を収めた決戦後に瓦解した。王国の大部分は現在の*アンゴラ [1]（Angola）となっている。
　⇒**コンゴ Congo**

コンゴ川 Congo River［ザイール川 **Zaïre River**］
（アンゴラ、コンゴ共和国、コンゴ）

ルアパラ川とルアラバ川がアフリカ大陸*コンゴ（Congo）で合流してできる川で、北上してから東へと流れ、マタディで大西洋に注ぐ。世界でも有数の大河で、アフリカ大陸の広大な土地から水を集め、水力発電の最大の水源となっている。コンゴ川の全流域を H・M・スタンリーが 1874 ～ 1884 年までかけて初めて探検した。

コンゴ共和国 Congo, Republic of［旧名：The Middle Congo 中央コンゴ, Peoples Republic of the Congo コンゴ人民共和国］

アフリカ中西部の国で、国土は熱帯雨林と湿地が多い。

　15 世紀末にポルトガル人探検家が到来する以前のコンゴの歴史がどのようなものだったかは、推測の域を脱しない。当時は*コンゴ王国（Kongo, Kingdom of the）、ロアンゴ王国、バテケ王国など王国が数カ国存在していた。16、17 世紀の間にポルトガル人は沿岸の民族に働きかけて内陸部の民族を大勢集めさせては、待ちかまえていたフランス・イギリス・オランダの奴隷商人の手に渡した。

　19 世紀末、フランスは植民地獲得の目を中央アフリカの奥地へと向けた。1880 年、フランスは地元の王に*コンゴ川（Congo River）北岸の地区をフランスの保護領とすることに同意させ、1885 年にはフランスの領有権を国際的に認めさせ、その保護領を*フランス領赤道アフリカ（French Equatorial Africa）の一部とした。保護領はフランス政府から営業許可を得た個人企業などに食い物にされ、政府は企業から税金や賃貸料を徴収することにだけに満足して、保護領がどう管理されているかには目を向けなかった。1907 年には国際的な反発を招き、フランスは私企業の利権を規制せざるを得なくなったが、現地の国民と象牙やゴムの貿易に与えた損害は短期間に回復できるものではなかった。その上、第 1 次世界大戦後、フランスはコンゴ - オセアン鉄道の建設のためにコンゴのアフリカ人に強制労働をさせ、地元民を悲惨な状況に追い込んだ。その建設中に 1 万 7 千人が死亡したと推定されている。

　首都*ブラザビル（Brazzaville）は第 2 次世界大戦中、自由フランスのレジスタンス運動の重要な拠点となった。戦後、コンゴはしだいに自治権を拡大していき、1960 年 8 月 15 日に独立。1968 年、軍事クーデターにより民主政治が断ち切られ、マリアン・ングアビが政権を握り*ソビエト連邦（Soviet Union）との関係を強めた。1977 年、ングアビが暗殺され、新たな軍事政権がすぐに方向転換して、欧米との外交を再開する一方で、ソビエト、中国との関係を維持して、マルクス・レーニ

ン主義国家の立場は変えなかった。1992年、民主的な選挙を実施し、パスカル・リスーバ教授が大統領に当選したが、間もなく議会を解散して、翌年に選挙の実施を要求。1993年の選挙は野党側から異議が唱えられて、国際的な仲裁のお陰で内戦だけは回避できた。1997年、アンゴラの支援を得たサス前大統領が政権交代を実現。今もなお政情不安が続いている。

コンゴ自由国 Congo Free State ⇒ コンゴ Congo

コンゴ人民共和国 Peoples Republic of the Congo ⇒ コンゴ共和国 Congo, Republic of

コンコード¹ Concord [旧名：Musketaquid マスケタキッド]（合衆国）

*マサチューセッツ（Massachusetts）州東部の町。*ローウェル（Lowell）の南19km、コンコード川に臨む。1635年、マサチューセッツ湾入植地の一部として建設。アメリカ独立戦争の最初の戦い、コンコードの戦いの場となった。1775年4月19日、植民地軍の武器庫を破壊するためにコンコードへと進軍していたイギリス軍に対して*レキシントン²（Lexington）で最初の攻撃が行なわれ（「一発の銃声が世界を変えた」〈the shot heard 'round the world〉という有名な詩句がここから生まれる）、イギリス軍はコンコードにたどり着くと、ノース・ブリッジで民兵の攻撃を受け、撃退される。町にはラルフ・ウォルドー・エマソン、ヘンリ・デイビッド・ソロー、ナサニエル・ホーソンなど19世紀の多くの作家が住む知的な環境にあった。
⇒ ボストン Boston

コンコード² Concord [旧名：Rumford ラムフォード]（合衆国）

*ニューハンプシャー（New Hampshire）州の州都。*マンチェスター²（Manchester）の北24km、*メリマック川（Merrimack River）に臨む。1727年、ペナクック農園として入植され、1733年に*マサチューセッツ（Massachusetts）州の都市ラムフォードとなる。1765年、ニューハンプシャー州のコンコードとなって、1808年に州都となった。1842年以降、フランクリン・ピアスがここに住み、弁護士として名をあげ、メキシコ戦争では将校になり、最後にはアメリカ大統領になった。

コンゴ民主共和国 Democratic Republic of the Congo ⇒ コンゴ Congo

コンコン Concón（チリ）

チリ中部、太平洋に臨むバルパライソ州の町。*バルパライソ（Valparaiso）の北北東20kmに位置する。チリ内戦中、1891年8月21日、カント将軍率いる議会派がバルボス将軍率いるバルマセダ派からコンコンを奪取。ホセ・バルマセダ大統領はプラジージャでも敗れて辞任せざるを得なくなり、自ら命を絶った。

ゴンザレス Gonzales（合衆国）

*テキサス（Texas）州中南部の都市。*サン・アントニオ²（San Antonio）の東96kmに位置する。1835年のテキサス革命で最初の戦場となった。

コンジュ〔公州〕Kongju [旧名：Ungjin ウンジン]（韓国）

*ソウル（Seoul）の南125km、チュンチョンナム〔忠清南〕道中部の古都。コンジュ郡の郡庁所在地。朝鮮の初期の歴史において重要な存在だった。5世紀後半、*百

済（Paekche）時代はコムナル〔熊津〕と呼ばれ、百済王国の漢江一帯を制圧した*高句麗（Koguryu）は、都を南のウンジン（現コンジュ）に移した。

コンスタンシア Constantia（フランス）⇒**クタンス Coutances**

コンスタンチア Constantia（西ドイツ）⇒**コンスタンツ Constance**

コンスタンチアナ Constantiana⇒**コンスタンツァ Constanţa**（ルーマニア）

コンスタンツ Constance [古代：Constantia コンスタンチア；独：Konstanz コンスタンツ]（ドイツ）ドイツ南西部、*バーデン - ウュルテンベルク（Baden-Württemberg）州の港湾都市。

*シュトゥットガルト（Stuttgart）市の南120km、コンスタンツ湖に臨む。ローマの要塞があった土地で、3世紀にアラマン部族同盟に占領され、1183年には赤髭王フリードリヒ1世がここでロンバルディア同盟と14世紀には強力な都市連盟の中心となり、1414～1418年にはコンスタンツ公会議が開催された。公会議ではフス、ウィクリフ、*プラハ（Prague）のジェロームの唱える教義が異端として糾弾された。プロテスタントのシュマルカルデン同盟の一員となったが、1547年に*オーストリア（Austria）に敗れて、カトリックになった。1805年、*バーデン³（Baden）に割譲される。中世の城壁の門のほか、14世紀の市場の建物が遺っている。コンスタンツ湖（ドイツ語ではボーデン湖）畔には先史時代の集落跡がある。

コンスタンツァ Constanţa [古代：Constantiana コンスタンチアナ, Tomi トミ, Tomis トミス；トルコ語：Küstenja キュステンジャ]（ルーマニア）ルーマニア南東部、*黒海（Black Sea）に臨むコンスタンツァ県の県都で港湾都市。古代*スキタイ（Scythia）のギリシア人の都市で、前6世紀、*ミレトス（Miletus）のギリシア人により建設され、前72年に*ローマ（Rome）に併合された。ローマの詩人オウィディウスの流刑地として知られる。4世紀、コンスタンティヌス1世により再建されたが、長期にわたる国外からの侵攻により衰退し、最後はトルコに占領された。その後、現在のルーマニアの一地域として再び姿を現わした。ギリシア・ローマ時代の遺跡が数多く見られる。

コンスタンツ湖 Lake Constance⇒**コンスタンツ Constance**

コンスタンティーヌ Constantine [古代：Cirta/Kirtha キルタ, Sarim Batim サリム・バティム；現地：Blad el-Hawa ブラド・エル - ハワ]（アルジェリア）アルジェリア北東部、コンスタンティーヌ県の県都。*アルジェ（Algiers）の東南東320kmに位置する。カルタゴ人が建設した都市で、前3世紀に*ヌミディア（Numidia）の中心地となり、のちにアフリカ沿岸のローマの4植民地で構成される同盟の中心となる。西暦311年に破壊されたが、313年にコンスタンティヌス1世が再建。7世紀、アラブ人に占領され、16世紀にはトルコ人に支配された。19世紀初頭に事実上の独立を果たすが、1837年にフランス領となった。第2次世界大戦中は*セティフ（Sétif）と共に連合軍の基地が置かれた。中世の市壁に囲まれ、現地人の居住地区も市壁（カスバ）の中に見られる。

コンスタン 659

コンスタンティノープル Constantinople [旧名：Byzantium ビザンティウム；ギリシア語：Constantinopolis コンスタンティノポリス；トルコ語：Istanbul イスタンブール]（トルコ）
*ボスポラス（Bosporus）海峡のヨーロッパ側に位置する都市で、現在の*イスタンブール（Istanbul）。ボスポラス海峡の小さな入り江である金角湾を擁し、アジアとヨーロッパを分けているこの海峡から*マルマラ海（Marmara, Sea of）へとつながる。ビザンツ帝国（Byzantine Empire）の首都であり、ヨーロッパで最大にして最も美しい都市で、文化の面でも商業の面でも最重要都市だった。前667年に*メガラ（Mégara）のギリシア人によって建設され、*黒海（Black Sea）ともつながるボスポラス海峡に臨む位置にあることから重要度を増していき、ビザンティウムとして発展した。前431～前404年までペロポネソス戦争中に支配者が幾度も代わった。少なくとも前74年から*ローマ（Rome）がボスポラス海峡周辺を支配したが、この都市を占領したのは西暦196年、*ローマ帝国（Roman Empire）の皇帝セウェルスだった。324年に皇帝となったコンスタンティヌス1世が330年に首都をここに移し、コンスタンティノープルとして再建し、キリスト教徒の都市となった。395年にローマ帝国が東西に分裂し、ビザンツ帝国が誕生する。

7世紀になると毎年のようにアラブ人に攻撃され、それが678年まで続いた。1054年、ローマ・カトリック教会と東方正教会に分裂後、コンスタンティノープル総大主教が東側で最大の勢力を持った。中世になると*ギリシア（Greece）、ローマから受け継いだ文化の擁護者となり、芸術と文学では西ヨーロッパを遙かにしのぐ隆盛ぶりを示した。しかし、1204年、第4回十字軍のフランス諸侯とベネツィアの輸送部隊が、聖地でイスラーム教徒との戦いを継続するよりも、この豊かな都市で略奪を目的にしたため、コンスタンティノープルは簒奪の犠牲になった。かくして、ラテン民族のコンスタンティノープル帝国が誕生する。

ビザンツ帝国は諸王国に分裂したが、1261年に*ニカイア²（Nicaea）帝国皇帝ミカエル8世がコンスタンティノープルを占領して再建。一方、ビザンツ帝国の威光に陰りが出てくると、イスラーム教徒のトルコ人の*オスマン帝国（Ottoman Empire）が勢力を拡大してきた。15世紀半ばになるとコンスタンティノープルの支配力は近隣地域にしか及ばなくなった。しかし、1453年にオスマン帝国第7代スルタンのメフメット2世の包囲された時には、コンスタンティノープルはトルコの新型大砲によって昔からの古い城壁が崩されるまで50日間も持ちこたえた。メフメット2世は占領すると首都をここに移転し、トルコ語のイスタンブールの名で知られるようになる。コンスタンティノープルが陥落し、キリスト教世界と西洋の文化を守り続けたその長い歴史に幕が閉じられた。これは決定的な大事件であり、これをもって中世の終焉でありルネサンスの始まりと受け止める者が多かった。多くのギリシア人学者は貴重な写本をもってコンスタンティノープルから逃げ出したが、西洋との文化的な交流が途絶えることはなく、現在ではイタリアのルネサンスはビザンツ帝国の影響を受けながら、100年前から始まっていたと見られている。1930年、トルコの初代大統領ケマル・アタテュルクのもとで正式に都市名がイスタンブールに変更された。

コンスタンティノポリス Constantinopolis ⇒ コンスタンティノープル Constantinople

660 コンセフシ

コンセプシオン[1] Concepción［スペイン語：Concepción de la Madre Santísima de la Luz コンセプシオン・デ・ラ・マドレ・サンティシマ・デ・ラ・ルス］（チリ）

チリ中南部の都市。ビオビオ州コンセプシオン県の県都。*サンチアゴ[1]（Santiago）の南西 420km に位置する。チリで第 3 の大都市。1550 年、現在ペンコのある土地に建設されたが、すぐにインディオのアラウカニ族に破壊された。1557 年、そのすぐ南に再建されたが、1570 年、1730 年、1751 年、1835 年、1939 年、1960 年に大地震に襲われ甚大な被害を受けた。

コンセプシオン[2] Concepción ⇒ グレナダ Grenada

コンセプシオン・デ・ラ・ベガ Concepción de la Vega ⇒ ラ・ベガ La Vega

コンセプシオン・デ・ラ・マドレ・サンティシマ・デ・ラ・ルス Concepción de la Madre Santísima de la Luz ⇒ コンセプシオン Concepción

コンセプシオン・デル・ウルグアイ Concepción Del Uruguay （アルゼンチン）

アルゼンチン北東部、ウルグアイ川に臨むエントレ・リオス州の都市。*ブエノスアイレス（Buenos Aires）の北 240km に位置する。1813 ～ 1821 年および 1860 ～ 1883 年の革命と内戦の時期にはアルゼンチン連邦の首都だった。

コンセンティア Consentia ⇒ コゼンツァ Cosenza

コンダテ Condate ⇒ コーヌ - シュル - ロワール Cosne-sur-Loire

コンダトゥ Condate ⇒ モントロー Montereau

コンタ - ベネサン Comtat-Venaissin （フランス）

フランス南東部、ボークリューズ県*アビニョン（Avignon）附近の地域。ローヌ川の東に位置する。*カルパントラ（Carpentras）が首都。カバリ族の住む土地だったが、ローマの支配下で繁栄し、のちに 1229 年まで*トゥールーズ（Toulouse）伯領となり、その後はレイモン 7 世がローマ教皇グレゴリウス 9 世に譲渡。1791 年まで教皇の飛び領地だったが、国民投票によってフランスに割譲された。

ゴンダル Gonder ［Gondar］（エチオピア）

エチオピア北西部の都市。タナ湖の北 35km に位置する。かつてはエチオピア最大の都市で、1632 ～ 1855 年まで首都。18 世紀中期に全盛期を迎えた。宗教と芸術の拠点で、たびたび襲撃され、19 世紀には衰退。最後の襲撃は 1887 年、スーダンのマフディーによるもの。ポルトガルの影響により中世ヨーロッパの要塞に似た建物などの遺跡が見られる。

コンタルメゾン Contalmaison （フランス）

フランス北東部、ソンム県の村。*アルベール（Albert）の東北東 5km に位置する。第 1 次世界大戦中、1916 年 7 月 11 日にソンムでの初期の戦いでイギリス軍がこの村をドイツ軍から奪取した。

コンチェ砦 Fort Concho ⇒ サン・アンジェロ San Angelo

コンデイシャ Condeixa （ポルトガル）

ポルトガル中部、ベイラ・リトラル州の町。*コインブラ（Coimbra）の南南西 13km に位置する。ナポレオン戦争の半島方面作戦中、1811 年 3 月 10 日～ 13 日ま

でウェリントン公アーサー・ウェルズリーのイギリス・ポルトガル連合軍が、ミシェル・ネイ元帥の指揮するフランス軍をコンデイシャから退却させ、*カサール・ノーボ（Casal Novo）と*スペイン（Spain）へと撃退。これよりフランス軍はポルトガル中部では戦線を維持できなくなった。

コンディティ Condate ⇒ レンヌ Rennes

コンデウィクヌム Condivincum ⇒ ナント Nantes

コンデ-シュル-ノワロー Condé-sur-Noireau（フランス）

フランス北部、カルバドス県の町。*カーン[1]（Caen）の南南西53kmに位置する。中世には重要な町となり、《百年戦争》中の1417〜1449年までイギリスに占領された。第2次世界大戦では町は完全に破壊されたが、その後、再建された。

ゴンドコロ Gondokoro（スーダン）

スーダン南部、白ナイルの東岸に臨む町。1841年にヨーロッパ人が初めて到来してからは象牙と奴隷の貿易の拠点となる。1898年、イギリスに占領され、*ウガンダ（Uganda）保護領に編入された。1914年、スーダン領となる。
⇒ ナイル川 Nile River

コンドール Condore（インド）

インド中東部、*アンドラ・プラデシュ（Andhra Pradesh）州の村。*ラジャムンドリ（Rajahmundry）の北65kmに位置する。第3次カルナータカ戦争中、1758年12月7日、フランシス・フォード中佐の率いるイギリス・インド連合軍がコンフラン侯の指揮するフランス軍のこの村で破り、ラジャムンドリを占領した。

コントレラス Contreras（メキシコ）

メキシコ中部、*メキシコ・シティ（Mexico City）の南南西22kmに位置する町。メキシコ戦争中の1847年8月19日〜20日、ウィンフィールド・スコット将軍率いるアメリカ軍がガブリエル・バレンシア将軍指揮下のメキシコ軍をここで破った。
⇒ セロ・ゴルド Cerro Gordo, チュルブスコ Cherubusco

ゴンドワナ Gondwana（インド）

インドの古代地方。*アンドラ・プラデシュ（Andhra Pradesh）、*マディヤ・プラデシュ（Madhya Pradesh）、*マハラシュトラ（Maharashtra）の各州にまたがる。12世紀からこの地域に居住していたゴンド族にちなんだ地名。大陸生成期に存在していたとされる大陸を示す名称としても使われている。

コンドン Condom（フランス）

フランス南西部、ジェール県の町。*アジャン（Agen）の南西32kmに位置する。8世紀に建設され、1317〜1790年まで司教座がおかれた。1569年、ユグノーに攻撃され損害を受けた。

コンノート ⇒ コノート〔コンノート〕 Connaught（アイルランド）

コンピエーニュ Compiégne〔古代：Compendium コンペンディウム〕（フランス）

フランス北東部、オアーズ川に臨むオアーズ県の都市。*ボーベー（Beauvais）の東55kmに位置する。ローマ時代からの町で、中世初期にはメロビング朝の御前会議などが開かれた。1430年、ジャンヌ・ダルクがここでブルゴーニュ公に捕らえられた。1624年、枢機卿リシュリューがこの町でオランダのと条約に署名した。プロ

イセン・フランス戦争では、侵攻してきたドイツ軍の本部が置かれ、第1次世界大戦を終結させた休戦条約の署名もこの町で行なわれ、さらに1940年6月22日にヒトラーとの休戦条約の署名もされ、それに続いて第2次世界大戦でフランスが降伏することになった。休戦条約の署名には同じ鉄道の客車が使用された。

コンブ - カペル Combe-Capelle（フランス）
フランス南西部、*ドルドーニュ（Dordogne）県の遺跡。*ベルジュラック（Bergerac）から近い。1909年、旧石器時代オーリニャック期の頭蓋骨が発見され、コンブ - カペル人と名づけられた。

コンブル Combles（フランス）
フランス北東部、*ペロンヌ（Péronne）の北北西10km、ソンム県の古戦場。第1次世界大戦の激戦地で町は大きな戦禍を被った。

コンプルトゥム Complutum ⇒ アルカラ・デ・エナレス Alcalá de Henares

ゴンブルン Gombrun ⇒ バンダル・アッバース Bandar Abbas

ゴンブルーン Gombroon ⇒ バンダル・アッバース Bandar Abbas

コンペンディウム Compendium ⇒ コンピエーニュ Compiégne

コンポステラ[1] Compostela（メキシコ）⇒ ナヤリト Nayarit

コンポステラ[2] Compostela（スペイン）⇒ サンチアゴ・デ・コンポステラ Santiago de Compostela

コンマゲネ Commagene（トルコ）
トルコ中南部、*ユーフラテス川（Euphrates River）に臨む古代*シリア[2]（Syria）の地域。*タウルス〔トロス〕山脈（Taurus Mountains）の南に位置する。*アッシリア[1]（Assyria）と*ペルシア[1]（Persia）に支配されていたが、前62年頃にセレウコス朝シリアから独立し、アンチオコス1世の治世に全盛期を迎えた。アンチオコス王は近隣のパルティア人とローマ人を互いに反目させて、コンマゲネの独立を維持した。西暦17年、ティベリウス皇帝の*ローマ（Rome）に併合されたが、実際にローマの一部となったのは72年だった。542年、ペルシアのホスロー1世が侵攻したが、ベリサリオスに阻止された。首都は*サモサタ（Samosata）。

昆明 ⇒ **クンミン〔昆明〕Kunming**（中国）

コンモー Conemaugh ⇒ ジョンズタウン[2] Johnstown

サ

サアグン Sahagún（スペイン）

スペイン北西部、レオン県の町。*レオン²（León）の東南東53kmに位置する。10〜15世紀まで、カスティリア文化の中心地となった。アルフォンソ6世が埋葬されたベネディクト会大修道院の遺跡が遺る。ナポレオン戦争中の半島方面作戦において、*マドリード（Madrid）防衛をはかるスペイン軍の掩護に失敗したサー・ジョン・ムーアが、1808年12月にここから*コランナ（Corunna）への撤退を開始した。

サアチラ Zaachila［旧名：Teozapotlán テポツォトゥラン］（メキシコ）

*オアハカ（Oaxaca）の南14kmに位置する町。滅亡したモンテアルバンを引き継いだあと、サポテカ族最後の首都としての役割を担った。1100〜1521年まで栄えたが、終盤はミステク族に征服され、メキシコ人の支配下でスペイン人の到来を迎える。

サイ Say（ニジェール）

西アフリカにある、*ニジェール川（Niger River）沿いの町。*ニアメー（Niamey）の南東48kmに位置する。1890年以降、イギリス領とフランス領の境界となるが、1898年には*フランス（France）に併合された。

サイイ - サイゼル Sailly-Saillisel（フランス）

ソンム県の村。*ペロンヌ（Péronne）の北に位置する。第1次世界大戦中の1916〜1918年にかけて主戦場となり、特に1916年7月1日〜11月18日まで続いたソンムの戦いでは、ここで行なわれた戦闘によって連合国軍がドイツ軍を僅かに後退させた。

ザイエチャル Zaješar［Gamzigrad］［ラテン語：Felix Romuliana フェリクス・ロムリアーナ］（セルビア）

セルビアの都市と行政区名。ツルニチモク川とベリチモク川の合流点にある。*ベオグラード（Belgrade）の南東160kmに位置する。近隣にはローマ皇帝ガイウス・ウァレリウス・マクシミアヌス・ガレリウス（在位293〜311）の夏の住居の遺跡《フェリクス・ロムリアーナ》がある。

ザイオン Zion（合衆国）

*イリノイ（Illinois）州北東部の都市。*ミシガン湖（Michigan, Lake）に臨み、*ウォーキーガン（Waukegan）の北8kmに位置する。1901年にクリスチャンカトリック教会のジョン・アレグザンダー・ダウイーによって建設された。クリスチャンカトリック教会は神政主義の共同体で1935年まで存続した。1902年建設のザイオンホテルが有名。国内でも屈指の規模を誇るフレーム構造の建物で正面幅は112mにもなる。

ザイオン峡谷 Zion Canyon（合衆国）

ザイオン国立公園にある考古学遺跡。*ユタ（Utah）州の南西に位置する。1850年代にこの地を発見したモルモン教徒らが最初に命名した。渓谷の崖には無数の化石と有史以前にほら穴に住んでいた人々の暮らしの痕跡が埋まっている。

サイゴン Saigon ⇒ホー・チ・ミン市 Ho Chi Minh City

サイゴン川 Saigon River ⇒メコン川 Mekong River

済州島 Saishu To ⇒チェジュ Cheju

サイス Saïs（エジプト）
　*ナイル川（Nile River）デルタ地帯の中西部に存在した、古代下エジプトの都市。*アレクサンドリア¹（Alexandria）の南東88kmの位置にあった。前663～前525年まで続く第26王朝の王宮がおかれたが、同王朝は、前525年にカンビュセスの治下にあったペルシア軍の侵攻を受けて倒れた。サイスはネイトおよびオシリス崇拝の中心地であり、第26王朝の治世にはこの2神が重視されたが、オシリスはローマ世界においても主要神とされた。

サイダ Saida ⇒シドン Sidon

サイダー Saydā ⇒シドン Sidon

サイパン Saipan［旧名：Saypan］（合衆国）
　西太平洋、*マリアナ諸島（Mariana Islands）の火山島。面積122平方キロメートル。かつてはアメリカの太平洋信託統治領の一部だった。1565～1899年までスペイン領、1899～1914年まではドイツ領。1920年にマリアナ諸島の他の島とともに国際連盟によって*日本（Japan）の委任統治領となる。第2次世界大戦中は日本の主要航空基地がおかれるが、1944年にアメリカ軍によって占領され、日本本土攻撃の拠点となった。1953～1962年には台湾人ゲリラがこの島を訓練基地として利用した。

済物浦 ⇒ インチョン〔仁川〕Inchon（韓国）

サイモンズタウン Simonstown［アフリカーンス語：Simonstad シモンスタッド；旧名：Simon's Town サイモンズ・タウン］（南アフリカ）
　*西ケープ（Western Cape）州の海軍基地の町。*ケープ・タウン（Cape Town）の南32km、フォールス湾の西岸に位置する。1741年、オランダ軍によって補給基地として建設され、1679～1697年までケープ植民地の総督を務めたシモン・ファン・デル・ステルにちなんで命名された。1814年にはイギリス軍の南アフリカ艦隊基地となり、1957年にこの基地の権限が南アフリカに移譲されたものの、イギリス軍が使用を続けている。1967年の第3次中東戦争により*スエズ運河（Suez Canal）が一時的に閉鎖されたため、この町が新たな重要性を帯びることとなった。1814年に献堂され1834年に再建された南アフリカ最古のイングランド教会がある。

サイラ Syra ⇒シロス²Syros

ザイール Zaïre ⇒コンゴ Congo

ザイール川 Zaïre River ⇒コンゴ川 Congo River

サイレンセスター Cirencester［古代：Corinium コリニウム］（イングランド）
　イングランド南西部、*グロスターシャー（Gloucestershire）州の町。スウィンドンの南西21km、コッツウォルズのはずれに位置する。ローマの占領下でコリニウムは重要な道路の交差点にあり、ドブニ族の拠点となる町で、ブリテン島で最大級の町だった。577年、サクソン人に占領される。1530年代、ヘンリ8世の修道院解体命令により、大修道院が破壊された。現在、

15世紀のグラマースクールが1校、ローマ時代の城壁の遺跡、円形劇場が建っている。

ザウ Sau ⇒**サバ川 Sava River**

ザウアー川 Sauer River（ベルギー、ルクセンブルク、ドイツ）
全長171kmの川。ベルギー南東部に源を発し、東に流れてルクセンブルクを通り、ドイツの都市*トリール（Trier）の南3kmの地点で*モーゼル川（Moselle River）に注ぐ。第2次世界大戦中の1944年12月〜1945年1月まで続いたバルジの戦いにおいて、激戦の舞台となった。

ザウィ・シェミ - シャニダール Zawi Chemi-Shanidar（イラク）
大ザーブ川沿岸にある考古学遺跡。*ザグロス（Zagros）山脈のラワンドズの北西、*モースル（Mosul）の東北東128kmに位置する。遺跡は前9000年頃に*メソポタミア（Mesopotamia）周辺に現われた最初の集落の典型といえる。新石器時代の生活の特徴である、定住、農耕、家畜の飼育への緩やかな移行の初期の様子を示す。羊の飼育の跡と野生または栽培穀物を挽く石臼が発見されている。近隣の*シャニダール（Shanidar）洞窟からも同様の証拠が良好な状態で発見されている。

サウォー Savo（イタリア）⇒**サボーナ Savona**

サーウカルクンドラン Tirukalikundram
[Tirukkalikkunram, Pakshitirtham]（インド）
インド南東部、*タミル・ナードゥ（Tamil Nadu）州東部の町。*チェンナイ（Chennai）の南南西56kmに位置する。シバ神とビシュヌ神の巡礼地で、14km東の*マハーバリプラム（Mahabalipuram）には有名な石

窟寺院がある。

サウサンプトン Southampton［古代：Clausentum クラウセントゥム；初期英語：Hanwih；中期英語：Hamtune ハンプトゥネ，Suhampton スハンプトン，Hamtun ハムトゥン］（イングランド）
イングランド南部、*ハンプシャー（Hampshire）州の港湾都市。*ロンドン（London）の西南西112km、サウサンプトン湾の最奥部に位置する。古代ローマ人、およびアングロ・サクソン人の集落跡に築かれた。リチャード1世率いる十字軍、1415年のヘンリ5世率いる*フランス（France）遠征軍、さらにマサチューセッツに*プリマス（Plymouth）植民地を建設したピルグリム・ファーザーズを乗せたメイフラワー号がここから出航した。中世には羊毛を輸出しフランスの*ボルドー（Bordeaux）からワインを輸入する港として繁栄。17、18世紀には港も都市も衰退したが、19世紀に鉄道が敷設され、ロンドンとサウサンプトンが結ばれると再び活況を呈するようになった。第2次世界大戦中はアメリカ海軍の主要基地とされ、ドイツ軍の爆撃により甚大な被害を受けた。現在は大西洋航路におけるイングランドの主要港となっている。歴史的な建築物として、ジョン王の宮殿、14世紀建造の市門、聖マイケルズ教会などがある。

サウジアラビア Saudi Arabia
アラビア半島の大部分を占める国。西はアカバ湾および*紅海（Red Sea）、東は*ペルシア湾（Persian Gulf）および*バーレーン（Bahrain）、*カタール（Qatar）、*アラブ首長国連邦（United Arab Emirates）のペルシア湾岸諸国、北は*ヨルダン（Jordan）、*イラク（Iraq）、*クウェート（Kuwait）と二つの中立地帯、南は*オマーン（Oman）、*イ

エメン（Yemen）、ルブアルハリ砂漠に接する。18世紀、*アラビア半島（Arabian Peninsula）にイスラーム教の改革運動、ワッハーブ派が起こり、対立を生んだ。同派は1811年および1891年に粉砕されるが、20世紀初頭、初期ワッハーブ派指導者の子孫であるイブン・サウードが改革運動を復活させる。イブン・サウードは1902年に*リヤド（Riyadh）を占領し、1906年には*ナジュド（Nejd）を制圧した。また1914年には*オスマン帝国（Ottoman Empire）から*ハサー（Hasa）を奪取し、支配地域をさらに広げた。親イギリス派ではあったが、そのイギリスからの圧力にもかかわらず、第1次世界大戦中ほとんど貢献していない。1925年、イブン・サウードは聖都*メッカ（Mecca）および*メジナ（Medina）を含む*ヒジャーズ〔ヘジャーズ〕（Hejaz）を占領する。1926年にナジュドとヒジャーズを統合してサウジアラビア王国を築き、1932年に現在の国名に改称して、リヤドを首都に定めた。

1936年に国内で埋蔵石油が発見されると、サウジアラビアは急速に経済・政治大国へと変貌する。第2次世界大戦では終結直前まで中立を維持し、最終的に連合国軍支持を表明して、戦後は国際連合の原加盟国となった。1953年にイブン・サウードが死去すると、王位を継承した長子サウードは、経済・外務大臣である王太子ファイサルに極度に依存するようになった。またサウードは、汎アラブ連合を主導する*エジプト（Egypt）のナセル大統領と関係を断ち、1962年にはヨルダンのフセイン国王に協力して*イエメンアラブ共和国（Yemen Arab Republic）に派兵し、王制派を支援して、親エジプト革命軍の共和国樹立を阻もうとした。1964年、サウードはファイサルにより廃位されるが、1975年にはファイサルが暗殺され、ハリ

ドがそのあとを襲った。

*イスラエル（Israel）とアラブ諸国の紛争において、サウジアラビアは反イスラエル勢力に多大な財政支援を行なったものの、大きな役割は果たしていない。だが1973～1974年にかけての西側諸国への石油禁輸において主導的役割を果たした。その後、1979年のイラン革命、またイスラーム教原理主義の台頭によって脅かされる。1979年11月、サウジ政府打倒を求めるイスラーム原理主義者が、メッカの大モスクを占拠。戦闘は2週間続き、サウジ兵士27人と100人以上の暴徒が殺害された。1980年にはシーア派イスラーム教徒が主導する一連の反乱が起こって政府に鎮圧され、政府はサウジにおける富の分配の改革を約束した。

1980年代に続いたイラン・イラク戦争において、サウジアラビアはイラクを支持する。1981年5月には、湾岸協力会議を構成するペルシア湾諸国に加わり、参加国間の経済協調を進めた。1982年にハリド国王が死去すると、異母弟の王太子ファハド・イブン・アブドゥル・アジーズが王位を継承した。1980年代初期、石油会社アラムコの全所有権を国家が獲得し、石油産業におけるサウジアラビアの主導権を不動のものとする。1987年のハッジ（メッカ巡礼）期間中、イラン人巡礼者がメッカで暴動を起こし、イランとの対立が深まった。また、イラン海軍がペルシア湾でサウジ籍船舶を攻撃したため、サウジアラビアはイランとの外交を断絶した。

1990年、イラクがクウェートに侵攻すると、ファハド国王はアメリカ軍および多国籍軍の国内駐留を認める。1991年には数千名のサウジ部隊が、湾岸戦争においてイラクと戦い、クウェート王室と40万人以上のクウェート難民がサウジア

ラビアに避難した。国内での地上戦はほとんど無かったが、イラクのスカッドミサイルがリヤドとダーランに着弾する。1995年および1996年にはリヤドとダーランで、爆弾テロにより数名のアメリカの兵士が死亡した。

　湾岸戦争後、政府は国民の権利を拡大する多くの改革を目指したが、王族の権力が弱まることはなく、実際には保守的イスラーム分子の影響をある程度制限するに留まった。1982年に王太子に立てられたファハド国王の異母弟アブドゥッラーは、国王の体調不良のため、1990年代後半に事実上、国家の指導者となる。2000年にはイエメンと条約を締結し、長く続いた両国の国境紛争が終結した。アメリカ軍による2001年のアフガニスタン侵攻および2003年のイラク侵攻中、サウジアラビア政府は国内のアメリカ基地の使用を制限する。アメリカのイラク侵攻に対するサウジ政府の無言の抵抗により、アメリカ軍の全ての戦闘部隊がサウジアラビアから撤退した。2004年および2005年には、イスラーム教過激派による多数のテロが国家を揺るがす。2005年、地方議会選挙が行なわれ（有権者は男性のみ）、定員の半数が選ばれた。

　産油シェアの大部分を占めるため、産油国機構のOPECにおいて、議長を務めるなど主導的な立場にある。また、毎年世界中から来訪する多数のメッカ巡礼者から巨額の税収を得ている。

ザウジカウ Dzaudzhikau ⇒ウラジカフカズ
Vladikavkaz

サウスウェル Southwell （イングランド）
*ノッティンガムシャー（Nottinghamshire）州の町。司教区。*ノッティンガム（Nottingham）の北東19kmに位置する。1884年以降、ノッティンガムシャーにおける大聖堂の町として知られる。7世紀にパウリヌスが建てたとされる教会の跡に、1110年頃、現在の大聖堂が築かれた。1646年、チャールズ1世はこの町の「キングズアームズ亭」（現在は「サラセンズヘッド亭」に改称）で、スコットランド軍に投降した。

サウスウォルド Southwold （イングランド）
*サフォーク[1]（Suffolk）州の町。海辺の保養地。*イプスウィッチ[1]（Ipswich）の北東46kmに位置する。1672年5月28日、サウスウォルド（ソール）湾は海戦の舞台となり、*ヨーク（York）公ジェイムズ率いるイギリス海軍が、デ・ロイテル提督麾下のオランダ艦隊を撃破した。

サウス・オーストラリア South Australia （オーストラリア）
オーストラリア中南部の州。南はインド洋に接する。州都は*アデレード（Adelaide）。1627年にF・ジーセン率いるオランダの探検隊が初めて到達したとされる。1802年、イギリスの探検家マシュー・フリンダーズが入植可能と思われる土地を発見した。1830年にスタート船長が南部地域を探査し、1834年の南オーストラリア植民地法制定に伴って、入植への道が開かれた。1836年に最初の入植者が到来し、この地域を植民地と宣言する。*ウェスタン・オーストラリア（Western Australia）とは異なり、ここでは囚人の入植は認められなかった。1901年にサウス・オーストラリアは連邦州となった。1894年には女性にも公民権が与えられ、1896年の選挙で初めて女性が投票した。
⇒アデレード Adelaide

サウスカロライナ South Carolina（合衆国）

アメリカ南東部の州。東は大西洋に臨み、北は*ノースカロライナ（North Carolina）州、南と西は*ジョージア[1]（Georgia）州と州境を接する。1788年5月に合衆国憲法を批准した最初の13州のうち、8番目の州。

ヨーロッパ人による大西洋岸への入植は、1526年のルーカス・バスケス・ド・アイリョンによる南北カロライナ州への入植が初めての試みとされているが、この入植地は同年中に放棄された。1540年にはエルナンド・デ・ソトがサバンナ川流域に到達する。1562年にフランス人ジャン・リボーが*ポート・ロイヤル（Port Royal）湾の*パリス島（Parris Island）にユグノーの入植地を築くが、長くは続かなかった。その後、スペインによる宣教活動が、北はフロリダから現在の*チャールストン[1]（Charleston）近くまで広がるが、1629年にイングランドのチャールズ1世が南北カロライナ州に相当する地域を下賜し、同地域はチャールズにちなんで命名された。1663年にチャールズ2世が改めてこの地を寵臣らに下賜し、1670年にアルベマール・ポイントに入植地が築かれた。10年後、入植者は移住して、現在のチャールストンの前身であるチャールズ・タウンを建設した。

植民地は大農園制と奴隷制経済によって繁栄を始める。タバコが栽培され、1680年頃には稲作が導入された。1713年に植民地はノースカロライナとサウスカロライナに分割される。1715～1716年にかけて、かつて友好だったヤマシー族インディアンの攻撃を受けるも、これを撃退した。特権階級にあった沿岸地域の大農園主に対する、小規模農家や新来の移住者による反発から、1760年代後半にレギュレーター運動が起こり、ある程度は改革が行なわれた。

サウスカロライナの住民はイギリスの印紙税法をはじめ一連の法律に憤り、アメリカの独立を強く支持する。イギリス軍は1776年にチャールストン制圧に失敗したものの、1780年には成功し、1782年まで占領を続けた。またイギリス軍は独立戦争中のカロライナ方面作戦において、南北カロライナの獲得を狙った。1780年8月、アメリカ軍は*カムデン[3]（Camden）で大敗したが、同年10月にキングス・マウンテン（Kings Mountain）で勝利を収め、さらに1781年1月にはカウペンズ（Cowpens）で再び勝利を手にする。1781年4月には*ホブカークス・ヒル（Hobkirk's Hill）で敗北を喫し、同年9月にユートー・スプリングス（Eutaw Springs）で辛うじて勝利を収めた。イギリス軍はついにチャールストンに撤退した。独立戦争中、「沼の狐」の異名を取るフランシス・マリオンらの主導により、イギリス軍に対するゲリラ戦が展開された。

19世紀初期に当時発明されたばかりの綿繰り機によって綿花生産が促進され、州は引き続き大農園者の強い影響力の下におかれた。1832年に制定された連邦政府の関税法に不満を抱いた農園主層はこれに対し、サウスカロライナ州における連邦法実施拒否法を可決して州内での無関税と関税法無効を宣言し、連邦の権限に対抗する州権論を示した。ジャクソン大統領は議会の承認を得て軍事力行使の構えを見せたものの、同州の顔を立て、1833年に妥協関税法を成立させた。

1860年12月、サウスカロライナ州は他州に先駆けて連邦から脱退する。1861年4月12日には南軍がチャールストンにあった連邦軍の*サムター要塞（Fort Sumter）を砲撃して降伏させ、南北戦争が勃発した。同戦争末期の1865年、シャーマンの部隊が州内を進軍して甚大な損害を与え

た上、＊コロンビア[2]（Columbia）を焼失
させた。終戦後、北部出身の渡り政治家
が州の政権を握り、サウスカロライナは
1868年に再び連邦への加入を認められる。
州政府は学校や鉄道を整備したものの、
汚職と浪費が蔓延していた。1877年には
民主党が政権を奪回し、白人至上主義が
復活した。

　同州の経済は南北戦争と、のちの1873
年恐慌により大きな打撃を受けた。1890
年には民主党内の農民を支持基盤とする
勢力が保守派から政権を奪い、一定の改
革を実施するが、同時に複数の黒人差別
法が可決された。1920年代〜1930年代に
かけて農業が低迷する一方、繊維産業が
成長を遂げた。1950年代に入って、黒人
が段階的に参政権を獲得するが、学校統
合については白人による根強い抵抗があ
った。1960年代〜1970年代にかけて一定
の進歩があった。同州は大統領選におい
て長く民主党に票を投じてきたが、1960
年代以降は共和党に投票するようになっ
た。

　サウスカロライナ州の州都コロンビア
は州内最大の都市でもある。チャールス
トンは州の要港であり、他にグリーンビ
ル、＊スパータンバーグ（Spartanburg）など
の都市がある。

サウス・キャドバリー城 South Cadbury Castle ⇒キャメロット Camelot

サウス・キングズタウン South Kingstown （合衆国）

＊ロードアイランド（Rhode Island）州、ワ
シントン郡南東部の町。かつてはナラガ
ンセット族インディアンの本拠地で、フ
ィリップ王戦争では、町の郊外にあるグ
レート・スワンプにおいてナラガンセッ
ト族が最後の抵抗を試みた。海軍の英雄

オリバー・ハザード・ペリー（1785〜
1819）は、現在博物館になっているウェ
イクフィールドハウスで生まれた。

サウス・グラモーガン South Glamorgan （ウェールズ）

ブリストル海峡に臨むウェールズ南東部
の旧州。1974年にかつてのグラモーガン
シャー州の南部を分離して、新設される。
州都は＊カーディフ（Cardiff）。1996年には、
カーディフおよびベイル・オブ・グラモ
ーガンの二つの自治区に分割された。

サウス・シェトランド諸島 South Shetland Islands （イギリス）

南極圏におけるイギリス領の島群。＊南
極大陸（Antarctica）半島沖にあり、半島と
の間をブランスフィールド海峡によって
隔てられている。1819年にイギリスの船
長ウィリアム・スミスにより発見された。
1946年以降、イギリス、＊チリ[1]（Chile）
共和国、＊アルゼンチン（Argentina）共和国
が諸島の領有権をめぐって対立している。
⇒グレアム・ランド Graham Land

サウスジョージア島 South Georgia Island ⇒ フォークランド諸島 Falkland Islands

サウス・シールズ South Shields （イングランド）

イングランド北東部、タイン・アンド・
ウェア大都市圏州、サウス・タインサイ
ド地区の町。＊北海[1]（North Sea）に臨む海
港で、＊ニューカッスル・アポン・タイン
（Newcastle upon Tyne）の東10km、タイン川
の河口に位置する。13世紀にダラム修道
院によって建設された。ロー・ヒルには
ローマ軍の要塞跡がある。1790年、ウィ
リアム・ウォールドヘブによって、世界
初の自動復元装置を備えた救命艇がここ

670　サウスタコ

で進水した。

サウスダコタ South Dakota （合衆国）

アメリカ中北部にある州。1889年に連邦
加入を認められた、40番目の州。州都は*ピ
ア（Pierre）。スー族インディアンの1部族
の名に由来し、北は*ノースダコタ（North
Dakota）州、東は*ミネソタ（Minnesota）州
と*アイオワ（Iowa）州、南は*ネブラス
カ（Nebraska）州、西は*モンタナ（Montana）
州と*ワイオミング（Wyoming）州に接する。

　ヨーロッパ人が初めて到来した時、こ
の地域には農耕民のアリカラ族と遊牧民
のスー族が居住していたが、1830年代
までにはスー族が他の部族を放逐した。
1742～1743年にかけてフランス人探検家
であり交易商人でもあるシウール・デ・ラ・
ベランドリの息子たちがこの地に到達し
た。この地域は*ルイジアナ購入地（Louisiana
Purchase）に含まれていたため、1803年に
アメリカ合衆国の一部となり、1804～
1806年にかけてルイス・クラーク探検隊
が*ミズーリ川（Missouri River）流域を調査
した。1817年にはピエール・シュートゥ
とアメリカ毛皮会社によって、最初の交
易所となるフォート・ピアが設立された。
1831年にミズーリ川上流に導入された蒸
気船により、毛皮交易が促進されたもの
の、実際に入植が始まったのは農民や土
地の投機家がミネソタやアイオワから西
部に移り住むようになった1850年代のこ
とだった。

　1856年までには、*スーフォールズ（Sioux
Falls）に二つの土地投機会社が設立され、
1859年には*ヤンクトン（Yankton）、バナム、
バーミリオンが設計された。この頃スー
族との間に結ばれた条約により、ミズー
リ川とビッグスー川に挟まれた地域への
入植が可能となった。1861年にダコタ準
州が設立され、州域には現在の南北のダ

コタ州、モンタナ州の東部およびワイオ
ミング州の東部が含まれた。害虫の大発
生、干ばつ、インディアンによる襲撃の
不安などから入植は滞りがちであったが、
1872年にヤンクトンまで鉄道が開通する
と、主にドイツ、スカンジナビア、ロシ
アからの移住者が流入するようになった。
2年後、*ブラックヒルズ（Black Hills）で金
が発見されると、ここをスー族の保留地
にするという1868年の条約にもかかわら
ず、白人がこの地域に強引に入り込んだ。
1876年までには有名な鉱山町*デッドウッ
ド（Deadwood）が建設され、ワイルド・
ビル・ヒコックやカラミティー・ジェー
ンなど、開拓地の有名人で知られるよう
になった。ゴールドラッシュが原因とな
って、インディアンとの一連の戦争が勃
発し、1890年12月の悪名高い*ウーンデ
ッド・ニー（Wounded Knee）の戦いに至って、
ようやく終結を見た。酋長のシッティン
グ・ブルが逮捕に抵抗したとして殺害さ
れたあと、スー族はバッドランズに逃亡
したが、その後ウーンデッド・ニーに連
行されて兵士に包囲され、大部分が非武
装の男性、女性、子どもからなる計200
人が殺された。

　鉱業の発展により食料供給のための牧
場経営が奨励され、1878～1886年にかけ
て鉄道がさらに建設されると土地ブーム
が続いた。だが1886～1887年にかけて
の厳冬で畜牛が大きな被害を受け、巨利
を得ていた諸牧場が破綻したために、好
況は終わりを告げる。困難な時代に入る
と農民同盟と人民党が設立され、1896年
の選挙で勝利を収めて改革を断行した。
また1898年には、他州に先駆けて住民投
票と国民発案（直接発案）の制度を導入
した。

　大陸横断鉄道の開通により、同州は活
気を取り戻す。だが1901～1911年まで

の旱魃によってまたもや政治改革が求められ、1917 〜 1919 年まで州立の炭鉱やセメント工場などが建設された。1930 年代の世界的な大恐慌のために再び困難な時代となるが、第 2 次世界大戦とそれに続く平和によって、農産物価格の高騰が緩和されて農業が繁栄し、多くの農場が合併して大規模農場が生まれた。1968 年以降、同州は大統領選で共和党に票を投じるようになった。

　1973 年 2 月、アメリカ・インディアン運動の運動員がウンデッド・ニーの交易所を占拠し、アメリカ上院に対しインディアン条約についての公聴会の開催を要求した。何度か戦闘状態に陥ったが、交易所の占拠は 5 月まで続いた。

　主な都市としては他にアバディーン、ラピッドシティ、スーフォールズが挙げられる。州西部にはラシュモア山国定記念公園がある。

サウス・ダンバーズ South Danvers ⇒ピーボディ Peabody

サウス・パス South Pass （合衆国）

*ワイオミング（Wyoming）州中南西部、*ウィンド・リバー山脈（Wind River Range）の南端にある国定史跡で、歴史上有名な*オレゴン街道（Oregon Trail）の一部をなす。1824 年に発見され、1832 年にベンジャミン・ボンネビルの探検隊がここを通行した際、初めて荷馬車に利用された。

サウス・ハドリー South Hadley （合衆国）

*マサチューセッツ（Massachusetts）州西部の町。*スプリングフィールド²（Springfield）の北 19km に位置する。1684 年に*ハドリー（Hadley）の一部として入植が始まり、1753 年にハドリーから分離して、独立した自治体となった。1792 〜 1796 年にか

けて、全長 3km にわたる国内初期の運河が開削される。女性の教育機関草創期に創立されたマウント・ホリヨーク大学は 1836 年に勅許を受け、1837 年にマウント・ホリヨーク女子神学校として開校した。創立者のメアリー・ライアンは校長としても 12 年間務めた。

サウス・ビクトリアランド South Victoria Land ⇒ビクトリア・ランド Victoria Land

サウス・プラット川 South Platte River ⇒プラット川 Platte River

サウス・ベンド South Bend （合衆国）

*インディアナ（Indiana）州北部の都市。イリノイ州*シカゴ（Chicago）の東南東 120km に位置し、セント・ジョゼフ川に臨む。農業地帯における工業都市。1679 年にフランスの探検家シウール・デ・ラサールがセント・ジョゼフ川からカンカキー川まで陸上移動した際、この地域で野営した。この場所には初めフランスの伝道所および交易所があったが、ジョン・ジェイコブ・アスターの創立したアメリカの毛皮産業における最大企業、アメリカ毛皮会社が 1820 年頃ここに交易所を設立した。1831 年、マイアミ族インディアンの集落跡に町が設計された。馬車製造業を始め、のちに車両製造業者となったスチュードベーカー・ブラザース・マニュファクチャリング社は、1852 年にここで創業された。1855 年建造のセント・ジョゼフ郡庁舎には博物館がある。近郊には 1842 年創立のノートルダム大学がある。

サウスポート Southport ⇒ケノーシャ Kenosha

サウスポートランド South Portland （合衆国）

*メイン（Maine）州南西部にある*ポートランド[3]（Portland）の郊外都市。1633 年に定住が始まる。1812 年戦争〔アメリカ・イギリス戦争〕以前に築かれたプレブル砦があった。砦跡附近にあるポートランド・ヘッドライトはメイン州沿岸で最古の灯台である。

サウス・マウンテンの戦い South Mountain, Battle of ⇒バーキッツビル Burkittsville（合衆国）

サウス・ヨークシャー Yorkshire, South （イングランド）

*シェフィールド（Sheffield）が州都の工業が盛んな州。
⇒ヨークシャー Yorkshire

サウラシュトラ Saurashtra ［Soruth, Sorath］（インド）

インド西部、*カーティヤワール（Kathiawar）半島に存在した旧州。現在はグジャラート州の一部となっている。1947 年のインド独立後、カーティヤワールの諸藩王国が統合されて、サウラシュトラ州となり、*ラージコート（Rajkot）が州都に定められた。1956 年 11 月 1 日、同州はボンベイ州に併合される。1960 年にはボンベイ州が言語境界線に沿って分割され、新たにグジャラート州とマハラシュトラ州が誕生した。
⇒カーティヤワール Kathiawar

沙河（さか／しゃか）⇒ シャーホー〔沙河〕Sha He（中国）

佐賀 Saga（日本）

*九州（Kyūshū）西部、佐賀県の県庁所在地。肥前半島東部にあり、*長崎（Nagasaki）市の北東 69km に位置する。かつての肥前藩の一部で、焼き物で知られる城下町。1874 年には反乱の拠点となった。今も城址が遺る。

境 Sakai（日本）

*本州（Honshū）南部、大阪府の都市。大阪湾に臨み、大和川の河口、*大阪（Ōsaka）市の南 10km に位置する。古代において、また*中国（China）および*ポルトガル（Portugal）との交易が行なわれていた 15 ～ 17 世紀にかけて、重要な港とされた。だが港に沈泥が堆積して大型船舶の入港の妨げとなったため、1635 年以降、都市は衰退する。また周辺には、5 世紀に築かれた仁徳天皇陵（大仙古墳）をはじめ、多くの大型古墳が遺る。

ザガイン Sagaing （ミャンマー）

上ミャンマー中部、ザガイン管区の町。管区の行政中心地。*イラワジ川（Irrawaddy River）の右岸、廃墟となった*アバ[2]（Ava）の対岸にあり、*マンダレー（Mandalay）の南西 16km に位置する。交易の中心地だったこの町は、14 世紀にシャン族の小王国の都とされ、16 世紀には*ペグー（Pegu）の支配下におかれた。1760 ～ 1764 年までビルマの首都。ここにある重要なアバ鉄橋は、第 2 次世界大戦中に日本軍に攻撃され破壊された。

サガウリ Sagauli ⇒セガウリ Segauli

ザガジグ Zagazig ［Az Zagazig］（エジプト）

1820 年に建設され、現在はシャルキーヤ県の県都。*カイロ[1]（Cairo）の北東 80km に位置する。ナイルデルタの穀物と綿花貿易の中心として発展した。すぐ南に*ブバスティス（Bubastis）の遺跡がある。

サカスタン Sakastan ⇒ セイスタン Seistan

ザカタラ Zaqatala [Zakatala]（アゼルバイジャン）

*カフカス〔コーカサス〕山脈（Caucasus Mountains）にある都市。*バクー（Baku）の北西 720km に位置する。かつては絹の産地の中心だった。1830 年代にロシア人が築いた砦は、1905 年に謀反を起こした戦艦《ポチョムキン》乗組員の収監所となった。ザカタラ自然保護区への入り口となっている。

サカテカス Zacatecas（メキシコ）

メキシコ中央の広大な高原にある州と州都名。1541 年にミシュトン戦争で反乱を起こし破れたインディオがこの地に避難した。フアン・デ・オニャーテ総督麾下のスペイン軍は苦戦しながらもこの反乱を鎮圧した。1548 年には銀鉱が発見され、19 世紀には世界の銀の 5 分の 1 をこの地で産出するまでになった。市は 1848 年に建設された。19 〜 20 世紀にかけてはメキシコ戦争で激戦地となり、革命の嵐が吹き荒れた。メキシコ革命中の 1914 年 6 月 23 日には有名な戦いがこの地で勃発。親衛隊《ロス・ドラド》を率いるフランシスコ・ビリャがウエルタ大統領の軍と 1 日交戦したあとに市を占拠した。

サカテコルカ Zacatecoluca（エルサルバドル）

エルサルバドル中南部にあるラパス県の都市。中央アメリカの奴隷のために戦い、1825 年に奴隷解放を果たしたホセ・シメオン・カニャスの生誕地。1932 年の地震で大きな被害を受けた。

サカネセット Succanesset ⇒ ファルマス[3] Falmouth（マサチューセッツ）

サカプ Zacapu（メキシコ）

*ミチョアカン（Michoacán）州の都市。*モレリア（Morelia）の北西 64km に位置する。11 〜 16 世紀にかけてこの地を中心にタラスコ帝国の儀式が行なわれていた。1522 年にスペイン人に征服される。1548 年に修道士ハコボ・ダシアノが建設した教会を中心に現在の市街が発展した。

ザカフカス Transcaucasia ⇒ ザカフカス連邦 Transcaucasian Federation

ザカフカス・ソビエト連邦社会主義共和国 Transcaucasian Soviet Federated Socialist Republic ⇒ ザカフカス連邦 Transcaucasian Federation

ザカフカス連邦 Transcaucasian Federation [ザカフカス Transcaucasia, ザカフカス・ソビエト連邦社会主義共和国 Transcaucasian Soviet Federated Socialist Republic]

ヨーロッパ・ソ連の南部にあった現在の*アルメニア[2]（Armenia）、*ジョージア[2]〔グルジア〕（Georgia）、*アゼルバイジャン[2]（Azerbaijan）の 3 共和国からなるかつての連邦。首都は*トビリシ（Tbilisi）だった。1917 年 9 月 20 日のロシア革命後に結成され、1919 〜 1920 年にはトルコ民族主義者が一帯の覇権をめぐってボルシェビキと戦った。1923 年 7 月 6 日にソビエト連邦の一部となり、1936 年 12 月に現在の 3 共和国に分かれた。

相模灘 Sagami Sea

*本州（Honshū）南東岸の海域。*東京（Tokyo）の南西、神奈川県沖に位置する。第 2 次世界大戦中の 1945 年夏に、アメリカ海軍による奇襲攻撃がここで展開された。

サーガル Sagar［Saugor］（インド）

インド中部、*マディヤ・プラデシュ（Madhya Pradesh）州中部の都市。*ボパール（Bhopal）の東北東150kmに位置する。1660年に建設され、1867年に自治権を与えられる。1857年の反乱では、サーガルのイギリス軍は8カ月にわたって包囲され、サー・ヒュー・ローズによって解放された。

サカルトベロ Sakartvelo ⇒ジョージア²〔グルジア〕共和国 Georgia, Republic of

ザカルパッチャ Zakarpatska ⇒ルテニア Ruthenia

さきしま
先島諸島 Sakishima Islands（日本）

沖縄県西部の諸島。沖縄諸島と合わせて*琉球諸島（Ryukyu Islands）を形成する。*台湾（Taiwan）北部沖に位置する。第2次世界大戦中は日本の航空基地が複数おかれ、1945年4月〜6月まで、連合国軍の激しい空爆を受けた。

サギノー Saginaw［旧名：East Saginaw イースト・サギノー, Fort Saginaw フォート・サギノー, Saginaw City サギノー・シティ］（合衆国）

*ミシガン（Michigan）州南部、サギノー郡の都市。*フリント¹（Flint）の北北西51kmに位置し、サギノー川に臨む。*ヒューロン湖（Huron, Lake）の通関港で、工業の中心地。1816年、インディアン道やインディアン集落の散在するこの地域に、入植が始まった。1819年にはルイス・カスの交渉によってインディアンとの条約が締結され、ミシガン州の多くの土地が合衆国領となった。19世紀には毛皮交易およびマツ製材業の重要拠点となり、1889年、川の対岸にあるイースト・サギノーと統合され、現在の都市が成立した。

サギノー・シティ Saginaw City ⇒サギノー Saginaw

ザキュンソス Zakynthos ⇒ザキンソス Zákinthos

ザキンソス Zákinthos［ザキュンソス Zakynthos］［伊：Zante ザンテ；現代ギリシア語：Zacynthus ザキントス］（ギリシア）

古代と現在の町および*イオニア諸島（Ionian Islands）に属する島の名。ペロポネソスの北西海岸沖のイオニア海にあり、*ケファリニア（Cephalonia）の南13kmに位置する。ギリシア神話によるとアルカディア地方の王ダルダノスの息子ザキントスがこの地に住み着いた。ホーマーの時代には現在の名で知られていた。トゥキディデスによるとこの島は*ペロポネソス（Pelóponnesus）のアカイア人に植民地にされた。*アテネ（Athens）、*ローマ（Rome）、そして*シチリア（Sicily）のノルマン人の王たち、その後のイタリアの支配者たちが征服し、しばしば軍事基地とした。その後、*ベネツィア（Venice）が1484〜1797年まで統治。それから*フランス（France）、*ロシア（Russia）、*イギリス（United Kingdom）が支配し、1864年にギリシアに譲渡した。1514年、1893年、1953年の地震で島は壊滅状態になったが、最後の地震のあとに完全に復興した。

ザキントス Zacynthus ⇒ザキンソス Zákinthos

サーク Sark［仏語：Sercq セルク］（イギリス）

*イギリス海峡（English Channel）南部、*チャネル諸島¹（Channel Islands）の島。面積は5平方キロメートルで、ガーンジー島の東に位置する。地峡によってグレート・サークとリトル・サークに分かれる。中世の封建制度が維持され続けてきたが、

2008年からは普通選挙が導入されて、28人の議員による統治が始まった。初めて記録に登場するのは1040年頃、ノルマンディー公ウィリアム（のちの征服王ウィリアム1世）によって*モン-サン-ミシェル（Mont-Saint-Michel）大修道院に寄進された。以降、たびたび所有者が交替したが、最終的には1558年にイングランド領となる。第2次世界大戦中はドイツ軍に占領された。

ザグーアン Zaghouan ［Zaghwan］（チュニジア）

チュニジア北東部の町。*チュニス（Tunis）の南80kmに位置する。近隣には、*地中海（Mediterranean Sea）沿岸の*カルタゴ² (Carthage）に飲料水を送っていたローマ時代の水道橋の水源がある。

サクサ・ルーブラ Saxa Rubra（イタリア）

*フラミニア街道（Flaminian Way）上にあった古代*エトルリア（Etruria）の村。ローマの北14km、*テベレ川（Tiber River）の西に存在した。西暦312年にコンスタンティヌス帝とここで戦って敗北退却し、テベレ川を越えて*ローマ（Rome）へ逃れようとしたマクセンティウスは*ミルビオ橋（Milvian Bridge）を渡る際に溺死した。戦いの名はこの橋に由来する。キリスト教歴史家のエウセビウスによれば、コンスタンティヌス帝は、「これによりて征服せよ」という文字が刻まれた、空に輝く十字架のビジョンを見たという。伝説や絵画に描かれてきた輝く十字架は、のちにコンスタンティヌス帝がキリスト教に改宗したことの象徴とされている。

サクサワマン Sacsahuaman（ペルー）

巨大なインカ要塞。かつてのインカ帝国の首都*クスコ（Cuzco）の外縁に位置し、首都を防衛した。15世紀に巨大なモノリスを用いて建造されたが、これらの単一石塊は、車両の力を用いずにこの場所へ輸送され、完全に隙間なく組み合わされた。要塞の遺跡は現在も威容を誇る。*インカ帝国（Inca Empire）の崩壊後、1536～1537年にかけて、マンコ・カパクの主導によりインディオの反乱が起こったが、クスコで包囲されたスペイン軍駐屯部隊は、苦心の末にこの要塞を攻略してインディオ軍を破った。

サクス Saxe ⇒ザクセン Saxony

ザクセルン Sachseln（スイス）

スイス中部、*ウンターワルデン（Unterwalden）州の町。ザルネンの近郊にある。有名なスイスの愛国者で隠修士のニコラウス・フォン・デア・フリューエ（1417～87）はこの近郊で生まれた。ニコラウスの尽力によりスイス諸州は結束し*オーストリア（Austria）からの自由のために戦い、その結果として生じた平和は、彼が仲介して1481年に結ばれたスタンス協約により保たれた。

ザクセン Saxony ［ザクセン自由州 Free State of Saxony］［仏：Saxe サクス；独：Sachsen ザクセン］（ドイツ）

歴史的地域。かつての公国。その領域は何世紀もの間に大きく変化した。もとはゲルマン語派サクソン人の住む土地で、サクソン人は8世紀に*エルベ川（Elbe River）とエムス川に挟まれたドイツ北西部の大部分を占領した。772～804年まで西ヨーロッパの皇帝シャルルマーニュ〔カール大帝〕がサクソン人を征服し、9世紀後半に初めてザクセン公領が成立。その領土はもともとザクセンと呼ばれる地域より、ある程度広く、中世ドイツにおけ

676 サクセン

る最初の諸部族公領の一つとなった。ザクセン公ハインリヒ1世は919年にドイツ国王に選ばれ、初代神聖ローマ皇帝となったその息子オットー1世は961年にザクセン公国をザクセンの貴族であるヘルマン・ビルングに与えた。1106年、公国はロタール2世（1133年に皇帝即位）に引き継がれ、さらにハインリヒ尊大公が継承した。だが1180年に尊大公の息子であるハインリヒ獅子公が公国を失い、大規模だった公国が多数の独立した領邦に分割される。ザクセン公の称号はアスカーニエン系ザクセン公の祖となったアンハルトのベルンハルトが受け継ぎ、1260年にはアスカーニエン家も二つの遠く離れた所領、ザクセン - ラウネンブルクとザクセン - ビッテンベルクに分かれることとなった。

1365年にザクセン - ビッテンベルク公国はザクセン選帝侯領となる。1423年にはこの時期すでに*ラウジッツ（Lusatia）と*チューリンゲン（Thuringia）の大部分を占領していたウェッティン家のフリードリヒ辺境伯（好戦公）に征服された。こうして「ザクセン」の名はドイツ北西部よりもむしろ、現在の通りドイツ中東部の地名に用いられるようになった。1485年、エルネスティン家の開祖であるエルンストがザクセン選帝侯を継承する。16世紀にはその子孫がマルティン・ルターと宗教改革を擁護することとなった。1531年にはザクセン選帝侯ヨハン・フリードリヒ1世を含むプロテスタントの諸侯がシュマルカルデン同盟を結ぶが、1547年に皇帝カール5世に敗れ、ヨハン・フリードリヒは選帝侯位を剥奪された。選帝侯位はアルブレヒト系のザクセン公モーリッツに与えられ、モーリッツの子孫であるウェッティン家の分枝アルブレヒト系が1806年の*神聖ローマ帝国（Holy

Roman Empire）崩壊まで選帝侯位を保持した。1618～1648年の三十年戦争中、ザクセン選帝侯ヨハン・ゲオルグ1世がドイツ・プロテスタント諸侯の中で指導的な役割を果たしたが、この時期からブランデンブルク - プロイセンが次第に勢力を拡大してドイツ・プロテスタントの主導権を握っていく。

七年戦争開戦当初の1756年、*プロイセン（Prussia）のフリードリヒ2世がザクセンに侵攻する。1763年の条約によって国境は回復するが、ザクセンの地位は低下し、ポーランドとの同君連合も解消された。1806年、ナポレオン1世がザクセンを征服してザクセン王国を成立させる。ナポレオンが没落すると、1814～1815年のウィーン会議により領土の半分を失った。1866年のプロイセン・オーストリア戦争で敗戦国となったため、プロイセンに対する多額の賠償金支払いと、*北ドイツ連邦（North German Confederation）への加盟を余儀なくされた。1871年には*ドイツ帝国（German Empire）の一部となり、1918年の帝国崩壊までその状態を維持し、その後*ワイマール（Weimar）共和国に加わった。第2次世界大戦以降、この地域はドイツ民主共和国（東ドイツ）の一部とされ、1990年の東西ドイツ統一によりザクセン自由州となった。

主要都市としては、学問の中心地である*ライプツィヒ（Leipzig）、ザクセンの支配者たちが美しく飾り立ててきた、マイセン磁器の故郷でもある*ドレスデン（Dresden）がある。

⇒ ザクセン - アルテンブルク Saxe-Altenburg, ザクセン - ゴータ Saxe-Gotha, ザクセン - コーブルク Saxe-Coburg, ザクセン - マイニンゲン Saxe-Meiningen, ザクセン - ワイマール Saxe-Weimar, シュマルカルデン Schmalkalden, フランク王国 Frankish

Empire

ザクセン - アルテンブルク Saxe-Altenburg

［独：Sachsen-Altenburg ザクセン - アルテンブルク］
（ドイツ）

ドイツ中部、*チューリンゲン（Thuringia）
州にかつて存在した公国。1603 ～ 1672 年
まで独立した公国としてウェッティン家
に支配され、1672 年に*ザクセン - ゴー
タ（Saxe-Gotha）公国に併合されるが、1826
～ 1918 年まで再び独立した公国となり、
1920 年にチューリンゲン州に併合された。
⇒アルテンブルク Altenburg, ザクセン
Saxony

ザクセン - アンハルト Saxony-Anhalt

［Sachsen-Anhalt］（ドイツ）

旧*アンハルト（Anhalt）公国と旧プロイセ
ン王国のザクセン州からなる現ドイツの
州。1990 年に成立した。州都は*マクデ
ブルク（Magdeburg）。

ザクセン - ゴータ Saxe-Gotha

［独：Sachsen-Gotha ザクセン - ゴータ］（ドイツ）

*チューリンゲン（Thuringia）州にかつて
存在した公国。ウェッティン家の分枝で
あるエルネスティン家の所領で、16 世紀
に*ザクセン - ワイマール（Saxe-Weimar）公
の支配下におかれた。1825 年、ゴータ -
アルテンブルクの家系が途絶えると、エ
ルンスト 1 世が 1826 年の所領再編によっ
て、*ザールフェルト（Saalfeld）の代わり
にゴータを獲得してザクセン - コーブル
ク - ゴータ公となった。
⇒ゴータ Gotha, ザクセン Saxony

ザクセン - コーブルク Saxe-Coburg

［独：Sachsen-Coburg ザクセン - コーブルク］（ドイツ）

旧公国。1353 年以降、ウェッティン家の
分枝であるエルネスティン（エルンスト）

家の所領。家系が同じザクセン - ザールフ
ェルト公に継承され、1918 年までその子
孫により統治された。1826 年の所領再編
の結果、ザールフェルトと*ザクセン - マ
イニンゲン（Saxe-Meiningen）が統合され、
ザクセン - コーブルクは*ザクセン - ゴー
タ（Saxe-Gotha）と統合された。ザクセン -
コーブルク - ゴータ公エルンスト 1 世［*ベ
ルギー（Belgium）のレオポルド 1 世の兄で、
イギリスのアルバート公の父］はイギリ
スの王朝を創始することとなったが、第 1
次世界大戦中、イギリスの政治宣伝上の
理由で、この王朝はウィンザー朝と改称
された。1920 年、ザクセン - ゴータは*チ
ューリンゲン（Thuringia）州に、ザクセン -
コーブルクは*バイエルン（Bavaria）州に
併合された。
⇒コーブルク Coburg, ザクセン Saxony

ザクセン - ザールフェルト Saxe-Saalfeld ⇒ ザクセン - コーブルク Saxe-Coburg, ザクセン - マイニンゲン Saxe-Meiningen, ザールフェルト Saalfeld

ザクセン自由州 Free State of Saxony ⇒ ザクセン Saxony

ザクセンハウゼン Sachsenhausen （ドイツ）

*ベルリン（Berlin）の北 8km に位置する*ブ
ランデンブルク（Brandenburg）州の村。ナ
チスの 6 大強制収容所の一つがあり、こ
の収容所は 1939 年にはすでに運営されて
いた。1945 年 4 月、ソビエト軍のベルリ
ン急襲を受けて、ドイツ軍はこの収容所
を破棄し、ソビエト軍の進路から離脱す
るため、病気や飢餓に苦しむ囚人 4 万人
を強制的に徒歩で移動させた。

ザクセン - ビッテンベルク Saxe-Wittenberg ⇒ザクセン Saxony

ザクセン - マイニンゲン Saxe-Meiningen

[独：Sachsen-Meiningen ザクセン - マイニンゲン]
（ドイツ）

*チューリンゲン（Thuringia）州にかつて
存在した公国。ウェッティン家の所領で、
1825 年にウェッティン家の分枝エルネス
ティン（エルンスト）家の男系が途絶え
たため、所領が再編され、ザクセン - マ
イニンゲン公が*ザクセン - コーブルク（Saxe-
Coburg）公からザクセン - ザールフェルトを
得た一方で、ザクセン - コーブルク公は*ザ
クセン - ゴータ（Saxe-Gotha）を得た。プロ
イセン・オーストリア戦争中の 1866 年、
ザクセン - マイニンゲン公国は*オースト
リア（Austria）に与する。公国の最後の君
主は 1918 年に退位し、1920 年、公国はチ
ューリンゲン州に併合された。

⇒ザクセン Saxony

ザクセン - ラウネンブルク Saxe-Lauenburg

⇒ザクセン Saxony

ザクセン - ワイマール Saxe-Weimar ［独：

Sachsen-Weimar ザクセン - ワイマール］（ドイツ）

*チューリンゲン（Thuringia）州にかつて
存在した公国。ウェッティン家の分枝エ
ルネスティン（エルンスト）家の所領
だったザクセン公国が分裂して誕生した
小公国の一つ。1741 年以来*アイゼナハ
（Eisenach）を領土に加えていたことから、
ザクセン - ワイマール - アイゼナハ公国
とも称し、1815 年に大公国に昇格した。
1918 年に最後の君主が退位し、1920 年に
はチューリンゲン州に併合された。

⇒ザクセン Saxony

サクソン海岸 Saxon Shore, The （イングランド）

3 世紀にアングロ・サクソン人の襲撃
からブリテン島を防衛するため、イン
グランド南東岸（サクソン海岸）に沿っ
て築かれたローマ帝国時代後期の一連
の要塞。最も保存状態が良いのは*ペベ
ンシー（Pevensey）、*ポートチェスター
（Portchester）、*リッチバラ（Richborough）の
要塞で、それぞれ高さ 9 メートルの巨大
な壁は稜堡が備えられている。

この防備体制が始まったのは、*ロー
マ（Rome）に反逆し皇帝を僭称したカラウ
シウスとアレクトゥスの治世で、両者は
287 ～ 296 年までブリテン島とベルギカを
独立国として支配した。*ノーフォーク[1]
（Norfolk）から*ワイト島（Wight, Isle of）に
かけて要塞が配置され、《ピクタエ》と呼
ばれる海緑色に塗装した小型警備艇の船
団が編成された。この船団は、アングロ -
サクソン海賊の跡を追尾してローマ艦隊
に通報する役割を果たした。

この守備体制が非常に効果的であった
ため、367 年にサクソン海岸を攻撃するに
あたり、アングロサクソン人、ピクト人、
スコット人は例外的に協力して戦った。
彼らはサクソン海岸の長官とブリタニア
の君主、つまり海岸および内陸地域のロー
マ軍司令官を殺害し、のちのアングル
人、サクソン人、ジュート人による征服
に道を開いた。ブリテン島西部にも同様
の要塞が複数築かれ、*カーディフ（Cardiff）
では、再建された巨大な壁と塔が見られ
る。

⇒ローマ帝国 Roman Empire

サグ・ハーバー Sag Harbor （合衆国）

*ニューヨーク（New York）州南東部、サフ
ォーク郡の村。*ロング・アイランド（Long
Island）の東端、サウスフォーク半島の中ほ
どにあり、ガーディナーズ湾に臨む。ま
た*モントーク（Montauk）の西 40km の地
点に位置する。1720 ～ 1730 年にかけて入
植され、19 世紀に捕鯨基地として活況を
呈したが、現在では夏の保養地となって

おり、魚釣りと帆走が盛んである。ロング・アイランド初の新聞《ロングアイランド・ヘラルド》紙は、1791年にここで発刊された。捕鯨博物館がある。

ザグラビア Zagrabia ⇒ザグレブ Zagreb

ザーグラーブ Zágráb ⇒ザグレブ Zagreb

サクラメント Sacramento ［旧名：Fort Sutter サッター砦, New Helvetia ニュー・ヘルベティア］（合衆国）

*カリフォルニア（California）州の州都で、商業の中心都市。*サンフランシスコ [1]（San Francisco）の北東115kmに位置し、*サクラメント川（Sacramento River）に臨む。1839年、ヨハン・サッターの主導によって入植地が設立された。1840年に砦が建設され、1848年までには移住者流入の中心地となっていた。附近の*サッターズ・ミル（Sutter's Mill）で金が発見されたことを受け、成長を始める。やがて重要な交易拠点となり、さらにポニー・エクスプレス路線の西の終端となった。その後サクラメント出身の事業家4人が同地にセントラル・パシフィック鉄道を創業し、また州内に強い影響力を持つ共和党を創設した。前述のサッター砦は今も遺っている。1964年、ノースサクラメント市が、サクラメント市に統合された。2002年、タイム誌は同市を「アメリカで最も多人種が統合された都市」と評した。

サクラメント川 Sacramento River （合衆国）

*カリフォルニア（California）州最大の川。シャスタ山から南西へ576km流れ、河口でサンウォーキーン川に合流して*サンフランシスコ湾（San Francisco Bay）に注ぐ。流域には州内でも屈指の肥沃な渓谷が含まれる。この川と、東方の山麓にあるマザ

ーロード・カントリーが、有名な1848年のカリフォルニア・ゴールドラッシュの舞台となり、川沿いにある町の成長が促進された。河畔最大の都市は*サクラメント（Sacramento）である。

サクリフィシオス Sacrificios ［サクリフィシオス島 Islas de los Sacrificios］（メキシコ）

メキシコ湾の島。*ベラクルス（Veracruz）の南5kmに位置する。古代アステカの人身供儀が盛んに行なわれた場所で、古代神殿の遺跡が今も遺る。

サクリフィシオス島 Islas de los Sacrificios ⇒サクリフィシオス Sacrificios

サグレシュ Sagres （ポルトガル）

ポルトガル南西端の村。サン・ビセンテ岬の南東5kmに位置する。1416年、ポルトガルのエンリケ王子がここをアフリカ西岸探検航海の拠点として、その船団は近郊*ラゴス [2]（Lagos）港を利用した。エンリケはヨーロッパで最も名高い航海支援者となり、その援助を受けた船長らが航路を開拓して、わずか1世紀後には世界中で新たな島や陸地が発見された。

大西洋上*モロッコ（Morocco）沖の*マデイラ諸島（Madeira Islands）は、ローマ時代にも存在を知られていたが、1418～1420年の間に、エンリケの派遣した航海者によって改めて発見された。1427年あるいは1431年に、ポルトガルの西1,440kmに位置する*アゾレス諸島（Azores）が発見される。アフリカ西岸は徐々に探査され、1444～1446年には30～40隻の船がこの航路を通り、最終的には1460年、現在の*シエラレオネ（Sierra Leone）附近の地点まで到達した。獲得した金や奴隷を本国にもたらすようになると、エンリケの航海は評価され、ヨーロッパにおける

ポルトガルの地位が非常に高まった。

　エンリケ航海王子として知られるようになったこの王子は、ポッジョ・ブラッチョリーニら、イタリアの多くの新しい人文主義者の関心をひきつけたが、エンリケ自身はすぐれた学者というわけではなく、その功績は、船乗りと漁師の実用的な知識・技術と学者のそれとを融合させた点にある。あくまで敬虔かつ理想主義者であったエンリケは 1455 年に黒人の拉致を禁じ、その後サグレシュに海軍工廠、天体観測所、地理学および航海術の学校を創設したといわれている。1460 年のエンリケ死去のあと、サグレシュでのこの活動が直接の契機となって、バスコ・ダ・ガマが*喜望峰（Good Hope, Cape of）回りの*インド（India）航路を発見し、ポルトガル帝国が築かれることとなった。

ザグレブ　Zagreb［古代：Zagrabia ザグラビア；独：Agram アグラム；ハンガリー語：Zagrab ザーグラーブ］（クロアチア）

サバ川に臨むクロアチアの首都。起源は古代ローマの町アンダウトニアの郊外にある。1093 年に司教区となったというのが文献での最初の登場となる。中世には近隣のグラデツと反目し合っていたが、1557 年に合併した。1242 年にはモンゴル人に蹂躙され、13 世紀には*ハンガリー（Hungary）の州だった*クロアチア（Croatia）と*スラボニア（Slavonia）の中心都市となる。周囲の地域はトルコの支配と、その後の*オーストリア（Austria）による汎ゲルマン主義の波をくぐり抜けた。

　1867 年、ザグレブは独立したクロアチアの首都となった。19 世紀にはユーゴスラブ民族主義運動の中心となる。1918 年にはクロアチア議会がこの地で開かれ、オーストリア - ハンガリー帝国との関係を一切断ちクロアチア、スラボニア、*ダル

マチア（Dalmatia）の独立を宣言した。その後まもなく*セルビア（Serbia）、*スロベニア（Slovenia）、*モンテネグロ（Montenegro）も併合し*ユーゴスラビア（Yugoslavia）の核となった。第 1 次世界大戦と第 2 次世界大戦の間には、中央集権化を狙うセルビア人に対抗するクロアチアの民族主義者の拠点となった。第 2 次世界大戦中の1941 年には枢軸国がザグレブを傀儡政府の首都としたが、1945 年にドイツが降伏するとすぐこの政府は崩壊する。1948 年からはユーゴスラビアのチトー政権の下、クロアチアの首都となる。1948 〜 1990 年にかけてはクロアチア人の文化と国民意識の拠り所となる。1991 年以降は独立国クロアチアの首都となる。ザグレブ大学は 1669 年に創設された。何世紀にもわたり文化の中心であったこの都市にはいくつかの博物館があり、また中世の建物が数多く遺る。

ザグロス　Zagros（イラン）

イラン南西部の山脈。北西のシールワン川から南東の*シーラーズ（Shīrāz）までを走る山脈。古代には*アッシリア（Assyria）と*メディア²（Media）の国境をなしていた。様々な遊牧民がこの地を放浪していたが、なかにはクルド族のように現在は定住している部族もある。西の山麓にあるザグロス中央部にはイラン随一の油田がある。⇒クルディスタン Kurdistan

サクロ・モンテ Sacro Monte ⇒アメカメカ Amecameca（メキシコ）

サグント　Sagunto［古代：Murbiter ムルビテル、Saguntum サグントゥム；アラビア語：Murviedro ムルビエドロ］（スペイン）

スペイン東部、バレンシア州バレンシア県の町。*バレンシア（Valencia）の北北東

24km に位置する。初めはギリシア人の植民地で、その後*ローマ（Rome）と同盟し、前219～前218年にかけての攻撃でハンニバル率いるカルタゴ軍に征服され、第2次ポエニ戦争勃発の契機となった。前214年にローマが勝利を収めると、サグントはムニキピウム（古代ローマの地方自治都市）とされる。713年には、抵抗の末にムーア人に征服され、1877年までムルビエドロと呼ばれた。ローマ時代やギリシア時代の遺跡に加え、中世の要塞やムーア人の城塞が遺る。1874年には、ブルボン王朝はここでスペインの王政復古を宣言した。

⇒カルタゴ² Carthage

サグントゥム Saguntum ⇒サグント Sagunto

サケッツ・ハーバー Sackets Harbor（合衆国）
*ニューヨーク（New York）州北部、*オンタリオ湖（Ontario, Lake）に臨む保養地の村。*ウォータータウン（Watertown）の南西18kmに位置する。1801年に定住が始まった。1812年戦争〔アメリカ・イギリス戦争〕中、アメリカ海軍基地として発展し、同戦争中は何度か戦場となった。

ザコパネ Zakopane（ポーランド）
ポーランド中南部、マウォポルスカ県の都市。タトラ山脈にあるリゾート地。*クラクフ（Kraków）の南83kmに位置する。16世紀に人が住み始めた。1889年にポーランド愛国者のウワディスワフ・ザモイスキがベルリンの実業家から購入しポーランド領となった。第2次世界大戦では地方の抵抗分子が重要な密書をこの地からタトラ山脈をぬけて*スロバキア（Slovakia）や*ハンガリー（Hungary）に運んだ。1982年と1997年に教皇ジョン・ポール2世がこの地を訪れた。毎年6月には、1997年に教皇が通ったザコパネからルジミエシュに至る道をたどる巡礼が行なわれる。

ザゴルスク Zagorsk ⇒セルギエフ・ポサード Sergiyev Posad

ザザウ Zazzau ⇒ザリア Zaria

サザン Sazan〔古代：Saso サソ；伊：Saseno サゼーノ〕（アルバニア）
オトラント海峡にある、全長6kmの小島。*ブローラ（Vlorë）湾の湾口に位置し、対岸にはイタリア半島のかかと部分がある。1914年に*イタリア（Italy）に占領され、同国の海軍基地とされたが、1947年の条約締結でアルバニアに返還された。

ササン朝 Sassanid Empire ⇒ペルシア Persia

サザンプトン Southampton（合衆国）**⇒ロング・アイランド Long Island**

莎車 ⇒ ヤルカンド〔葉爾羌〕Yarkand

サーシューティ Sashti ⇒サルセット Salsette

サスカチェワン Saskatchewan（カナダ）
カナダ中部の州で、プレーリー諸州の一つ。ヨーロッパ人が到来するまで、この地域にはチペワイアン族、ブラックフット族、アシニボイン族のインディアンが居住していた。1670年に*イングランド（England）王チャールズ2世がハドソン湾会社に下賜した広大な土地には、現在のサスカチェワン州の大部分が含まれた。同社のヘンリ・ケルシーは、1691年にこの地に到達した最初のヨーロッパ人とされるが、毛皮交易所を設立したのはフランス人が最初で、1750年頃のことだった。

1874年、ハドソン湾会社のためにサミュエル・ハーンによって最初の恒久的定住地カンバーランドハウスが建設される。その後、他にも交易所が建設された。

1868年、ルパーツランド法により、この地域はイギリス国王に返還される。1870年に旧ハドソン湾会社の所領がカナダ自治領に委譲されると、この地域は*ノースウェスト・テリトリーズ[1]（Northwest Territories）の一部となった。1884〜1885年にかけて、ルイ・リエルの主導の下、定住地の権利喪失を恐れるインディアンとメティス（白人とインディアンの混血）の反乱が起こるが、軍により鎮圧された。1905年、この地域はサスカチェワン法により州となった。州都は*レジャイナ（Regina）。

サスカトゥーン Saskatoon （カナダ）

*サスカチェワン（Saskatchewan）州中南部の都市。*レジャイナ（Regina）の北西240kmに位置し、サウス・サスカチェワン川に臨む。1883年に禁酒主義を宗とする植民地の行政中心地として建設された。都市の名はクリー族インディアン語で、この地に自生するベリーを意味する。1890年の鉄道開通により成長を遂げた。現在は州最大の都市で、州中部および北部における製造業と流通業の主要拠点である。

サスケハナ川 Susquehanna River （合衆国）

*ニューヨーク（New York）州中央部の*オトシーゴー湖（Otsego, Lake）を源とし、南東、その後南西に流れ*ペンシルベニア（Pennsylvania）州中東部を抜け、*メリーランド（Maryland）州ハバードグラス近くで*チェサピーク湾（Chesapeake Bay）に注ぐ全長710kmの川。主たる支流はペンシルベニア州西部を源とするウエスト川。船舶は通行できないが、水力発電が行なわれている。無煙炭の産地であり流域には、ビンガムトン、ニューヨーク、*ハリスバーグ（Harrisburg）、ピッツトン、*ウィルクス-バレ（Wilkes-Barre）、ペンシルベニアなど炭鉱や工業の都市が集まっている。*ワイオミング・バレー（Wyoming Valley）はペンシルベニア州北東部の流域32kmに渡る地域で、1778年には大虐殺の起きたワイオミングの戦いの舞台となった。

アメリカ独立戦争中の1779年には、ジョン・サリバン率いる遠征隊がこの川をさかのぼりニューヨーク州西部に入り、入植者を襲撃したイロコイ族に報復した。サリバンは遠征の途中で、オトシーゴー湖から別の軍を率いて川を下ってきたジェイムズ・クリントンと合流した。1972年6月にはハリケーン・アグネスの襲来により洪水が起き、沿岸の市町が被害に見舞われた。1979年3月にはアメリカ史上最悪の原子炉事故がこの川のハリスバーグ近郊に浮かぶスリーマイル島で起きた。

サスケハナ・ローワー・フェリー Susquehanna Lower Ferry ⇒ハバー・ド・グラス Havre de Grace

ザ・スロット Slot, The （ソロモン諸島）

西太平洋上を北西から南東へ480kmにわたって続く長い水道。この呼称はアメリカ軍の命名によるもので、第2次世界大戦中の1942年8月〜1943年1月まで日本の軍艦や航空機は通常この水道を通行して*ガダルカナル島（Guadalcanal Island）の日本軍駐屯地に向かった。多数の軍事行動の舞台となった。

サセックス Sussex （イングランド）

イングランド南東部の旧州。現在はイー

スト・サセックス州〔州都は*ルイス[1]（Lewes）〕とウエスト・サセックス州〔州都は*チチェスター（Chichester）〕、ブライトン・アンド・ホーブ自治区に分けらている。中世にはアングロ・サクソンの王国だった。伝説によるとサセックスのエール王が5世紀後半に建設した国で、ローマ時代にブリトン人を破り独立を維持していたが、6世紀、7世紀には幾度にも渡り*ケント（Kent）と*マーシア（Mercia）の支配下におかれた。771年にはマーシアのオッファに征服され、825年には*ウェセックス（Wessex）のエグバートがマーシアから奪った。1066年には征服王ウィリアムがこの地方の*ペベンシー（Pevensey）に上陸し、*ヘイスティングズ[1]（Hastings）でイングランド王ハラルドを倒した。多くの有史以前の遺物と鉄器時代に丘の上に築かれた砦が遺る地域である。

サゼーノ Saseno ⇒サザン Sazan

佐世保 Sasebo（日本）
*九州（Kyūshū）北西部、長崎県の港湾都市。*長崎（Nagasaki）市の北北西88kmに位置し、大村湾の外海に臨む。1886年、水深の深い港を擁するこの小村に第3海軍区の鎮守府がおかれ、1894〜1895年にかけての*中国（China）との戦争（日清戦争）、1904〜1905年にかけての*ロシア（Russia）との戦争（日露戦争）、1914〜1918年にかけての*ドイツ（Germany）との戦争（第1次世界大戦）において日本軍の主要基地として機能した。第2次世界大戦中の1944〜1945年にかけて激しい爆撃を受けたが、その後再建された。

サソ Saso ⇒サザン Sazan

サーソー Thurso（スコットランド）
ハイランドの ケースネスの港。*アバディーン（Aberdeen）の北北西182km、サーソー川の河口に位置する。*イギリス（United Kingdom）本土の最北端の町で、スコットランドの古代スカンジナビア人権力者の居地だったが、1262年に古代スカンジナビア人は*ラーグズ（Largs）で敗北した。1633年に自由都市になった。

サターラ Satara（インド）
インド西部、*マハラシュトラ（Maharashtra）州南部の町。*ムンバイ（Mumbai）の南東192kmに位置する。14世紀にイスラーム教徒に侵略され、*マラータ同盟（Maratha Confederacy）の拠点として繁栄を遂げた。19世紀半ばにイギリスの保護下におかれる。12世紀建造の要塞が遺る。

サタリア Satalia ⇒アンタルヤ Antalya

ザダル Zadar〔伊：Zara ザラ；ラテン語：Iadera, Jadera ヤデル〕（クロアチア）
ダルマチア地方の港湾都市。スプリトの北西112kmに位置する。19世紀後半までは*アドリア海（Adriatic Sea）で最も防御力のある町だった。前4世紀にイリュリア人が建設、前100年にはローマの植民地となる。ビザンツ帝国の庇護の下、自然の良港をもつこの都市は文化と芸術の中心として栄えたが、1001年以降は覇権が何度も移った。1202年には第4回十字軍の包囲攻撃を受け陥落した。これはインノケンティウス3世の意思に逆らい*ベネツィア（Venice）が扇動した攻撃であり、キリスト教徒の都市を十字軍が意図的に襲撃した初めての例となった。この後、十字軍は*コンスタンティノープル（Constantinople）を攻略した。1815〜1918年にかけて、ザダルはハプスブルク領*ダ

ルマチア（Dalmatia）王国の首都となる。第1次世界大戦後はイタリア領となり、第2次世界大戦では一部が壊滅した。ローマ時代のいくつかの記念建造物と公共広場、中世の複数の教会、また複数の宮殿も遺る。1991〜1993年にかけて市はセルビア軍に包囲され、砲撃されたが、観光地と港のある都市として復興した。

⇒ イリリア Illyria, ビザンツ帝国 Byzantine Empire, ローマ Rome

ザチュ Dzāchu ⇒メコン川 Mekong River

ザーツ Saaz ⇒ジャテツ Zǎtec

サッカラ Saqqara [Sakhara, Sakkara, Saqqarah] （エジプト）

古代エジプトの都市＊メンフィス[1]（Memphis）のネクロポリス（墓所）。＊カイロ[1]（Cairo）の南24kmに位置し、＊ナイル川（Nile River）に臨む。初期エジプトの首都。第5・第6王朝のピラミッド群や、有名な階段式ピラミッドなどが遺る。この階段ピラミッドは、前2630年頃に建築家宰相イムホテプが第3王朝のジェゼル王のために建造した、エジプト最古のピラミッドである。また、サッカラ近郊には、のちの時代に建造された聖牛の墓所セラペウムがある。

サックビル Sackville （カナダ）

＊ニュー・ブランズウィック[1]（New Brunswick）州南東部の町。マンクトンの南東40km、＊ノバスコシア（Nova Scotia）州との境界附近、ファンディ湾の入り江であるシグネクト湾奥に位置する。1760年にフランス系アカディア人がここに入植してタントラマー湿原の所有権を主張し、農地として開墾するために堀を設けて排水した。1770年代にはカナダで初めてと

なるバプテスト派教会がここに創建された。

⇒アカディア Acadia

サッサリ Sassari [旧名：Tathari タタリ]（イタリア）

イタリア西部、＊サルディニア（Sardinia）島、サッサリ県の県都。＊カリアリ（Cagliari）の北北西176kmに位置する。中世にはタタリの名で知られ、初めは1284年に＊ジェノバ（Genoa）によって、次いで1323年には＊アラゴン（Aragon）王国によって占領された。11〜13世紀に創建されたバロック様式のファサードを持つ大聖堂、ロマネスク様式のサンタマリア・ディ・ベトレム教会がある。1718年、サッサリは＊ピエモンテ（Piedmont）に割譲された。現在はサルディニアにおける農業、鉱業、貿易の中心地。第2次世界大戦中は甚大な被害を受けた。

サッソフェッラート Sassoferrato ⇒センティヌム Sentinum

サッターズ・ミル Sutter's Mill （合衆国）

開拓者ジョン・A・サッターが建設した入植地。サッターは1839年に現在の＊サクラメント（Sacramento）を含むメキシコの土地の払い下げを受けた。同じく開拓者のジェイムズ・W・マーシャルはサッターを引き継ぎ、＊アメリカン川（American River）の岸にある自分の払い下げ地に製材所を建設した。製材所建設中の1848年1月24日にマーシャルは川床で金を発見。秘密裏にしておいた情報は漏れ、1849年までには国中を沸かすゴールドラッシュが訪れた。押し寄せた探鉱者がサッターの土地を侵し、家畜を殺し製材所を破壊。1852年にはサッターもマーシャルも破産に追い込まれた。その間にサクラメ

ントが建設され*サンフランシスコ[1]（San Francisco）の人口は約800〜2万5000人に増加していた。サクラメントの北東58kmにあるコロマはサッターズ・ミル内にできた村である。

サッター砦 Fort Sutter ⇒サクラメント Sacramento

サットン・フー Sutton Hoo（イングランド）
*サフォーク[1]（Suffolk）州の遺跡。デベン川を挟んでウッドブリッジの対岸にある。*イプスウィッチ[1]（Ipswich）の東北東13kmに位置する。第2次世界大戦前後には7世紀の*イースト・アングリア（East Anglia）王の舟葬が発見された。この墓に実際に埋葬はされていないらしく、おそらくレッドウォールド王を偲ぶ記念塚だと思われる。墓にはイギリスでこれまで発見された中で最も多くの埋葬品があったといわれる。船からは宝石、兜、軍旗、金で装飾された剣、装飾された盾、メロビング朝の硬貨、ビザンツの職人による銀の大皿などの生活用品、器具、兵器、用具などがでてきた。なかでもガーネット、金、銀が多く見られた。これらの埋蔵品は大英博物館に展示してある。

札幌 Sapporo（日本）
*北海道（Hokkaidō）の道庁所在地。*函館（Hakodate）港の北東150kmに位置する。1871年に北海道開拓の拠点として日本政府により建設された。現在は日本有数の急成長都市となっている。有名な複数の植物園と、1918年創立の北海道大学がある。寒冷多雪の気候により、1972年の冬季オリンピック開催地に選ばれた。

薩摩 Satsuma（日本）
現在の*九州（Kyūshū）南西部、*鹿児島（Kagoshima）県に存在した旧藩。また同名の半島。16世紀の磁器、薩摩焼でよく知られる。幕藩体制では島津氏の強力な支配の下におかれたが、幕藩体制廃止と単一国家確立を目指す天皇を国内の武士階級が強く支持し、1869年の明治維新では諸藩領地が天皇に返還されることとなった。1877年に薩摩で起こった唯一の反乱（西南戦争）は明治維新に深刻な脅威をもたらす最後の抵抗となった。

ザッラーカ Al-Zallāqah ⇒サラカ Zalaka

サディヤ Sadiya（インド）
インド北東部、*アルナチャル・プラデシュ（Arunachal Pradesh）州の町。第2次世界大戦中、補給基地とされ、1942年に*ビルマ・ロード（Burma Road）を失ったあと、*中国（China）への輸送ルートの重要な起点となった。

佐渡 Sado ［日本語：佐渡島］（日本）
*本州（Honshū）北西岸沖の大きな島。1601年以降、金および銀採掘業の中心地となり、高名な日本人の流刑地としても知られている。1197〜1242年まで順徳天皇が、1222〜1282年まで日蓮大僧正がここに流された。

サトゥマール Szatmár ⇒サトゥ・マーレ Satu Mare

サトゥマール-ネメティ Szatmár-Németi ⇒サトゥ・マーレ Satu Mare

サトゥ・マーレ Satu Mare ［ハンガリー語：Szatmár サトゥマール, Szatmár-Németi サトゥマール-ネメティ］（ルーマニア）
ルーマニア北西部、サトゥ・マーレ県の県都。*ブカレスト（Bucharest）の北西

472km、ハンガリー国境附近に位置し、ソメシュ川に臨む。14世紀に都市の名が初めて文献に現われ、サトゥ・マーレはローマ・カトリックの司教区、また商業と文化の中心地となった。ワラキア人によるハンガリー領*トランシルバニア[1] (Transylvania) の征服はここから始まった。古い宮殿、三つの巨大な教会、ビンセンシオ・ア・パウロ会の修道院が今なお遺る。1711年にはここでサトゥ・マーレの和議が結ばれて、*オーストリア (Austria) に対するハンガリー人の反乱が終結し、*ハンガリー (Hungary) に信仰上の権利が認められた。

⇒ワラキア Walachia

サトガオン Satgaon （インド）

インド東部に存在した古代の村。現在の西ベンガル州、*コルカタ (Kolkata) の北西42kmの位置にあった。約1500年間、*ベンガル (Bengal) 南部の商業中心地として栄えた。16世紀に、それまで面していたフーグリ川の流路が変わると衰退し、1537年にポルトガル人が南東10kmの位置にフーグリを建設すると、衰退が速まった。サトガオンの跡地には墓地およびモスクの遺跡が遺っている。

サドベリー[1] Sudbury （イングランド）

イングランド東部、東アングリア地方、*サフォーク[1] (Suffolk) 州のストゥール川に臨む町。*コルチェスター (Colchester) の北西21kmに位置する。14世紀にフラマン人の織工がこの町に毛織物産業を導入した。1491年にはグラマースクールが創設される。15世紀の教会が3棟と、それと同時期に建設された市庁舎がある。風景画と肖像画の画家トマス・ゲインズバラが1727年に生まれた。

サドベリー[2] Sudbury （合衆国）

*マサチューセッツ (Massachusetts) 州北東部の町。*ボストン[2] (Boston) の西29kmに位置する。マサチューセッツ湾植民地が建設されてわずか数年後の1638年に入植があった。アメリカ独立戦争では戦場となった。ヘンリ・W・ロングフェローの詩集『ウェイサイド・イン物語』の舞台となり、かつては「ハウズ・ターバン」または「レッド・ホース・ターバン」といわれていた宿ウェイサイド・インが遺されている。

サドワ Sadova ［Sadowa］［独：Königgrätz ケーニヒグレーツ］（チェコ共和国）

チェコ共和国北部、*ボヘミア (Bohemia) 地方の村。フラデツの近郊にある。プロイセン・オーストリア戦争中の1866年7月3日、サドワ（ケーニヒグレーツ）の戦いの舞台となり、*プロイセン (Prussia) が決定的な勝利を収めた。

⇒フラデツ・クラーロベー Hradec Kralové

ザドンスク Zadonsk （ロシア）

*ドン川 (Don River) に臨む町。*ボロネジ (Voronezh) の北160kmに位置する。ザドンスクの聖ティホーンは1768年に聖職を離れこの地の修道院に隠棲し、1783年に亡くなった。

サナバド Sanabadh ⇒マシュハド Mashhad

サニーベール Sunnyvale ［マーフィーズ・ステーション Murphy's Station］（合衆国）

*カリフォルニア (California) 州西部の都市。*シリコンバレー (Silicon Valley) にある*サンフランシスコ[1] (San Francisco) の南西72kmに位置する。1840年代にマーフィーズ・ステーションとして入植が始まり、その後は果樹産地の中心地として発

達。第2次世界大戦後は航空宇宙産業と超小型電子工学の中心地となった。多くのハイテク企業の本拠地であり、また衛星管制所、オニヅカ空軍基地（ブルー・キューブともいわれる）がある。

サヌア Sana [San'a, Sanaa] [旧名：Azal アザル, Umal] （イエメン）

*イエメン[2]（Yemen）の首都。*紅海（Red Sea）に臨む港*ホデイダ（Hodeida）から64kmの位置にあり、同港とは道路で結ばれている。*アラビア半島（Arabian Peninsula）南部最大の都市で、イスラーム文化の重要な中心地。グムダーン城塞が築かれた1世紀以前に建設され、その起源は古く不確かで、伝説の域を出ない。八つの門を備える城壁に囲まれ、複数のモスクを擁するこの都市は、6世紀にエチオピアの支配下におかれ、8世紀には遊牧民の襲撃の標的となった。1918年にイエメンが*トルコ（Turkey）から独立すると、イエメンのイマームが君臨する首都となり、1962年にはイエメンアラブ共和国の首都に定められた。

サネット島 Thanet, Isle of （イングランド）

イングランド南東端、*ケント（Kent）州北東部の一角となっている地域。3世紀に築かれたローマの二つの砦が、かつてこの地域を島として隔てていた海峡を守っていた。450年頃にアングロ・サクソンのヘンギストが侵攻してきた際に上陸した地とされる。教皇聖グレゴリウス1世がブリテン島に派遣した使節団は、*カンタベリー（Canterbury）のアウグスティヌスに率いられて597年にここに上陸した。後年デーン人のバイキングはここを襲撃し、850年にこの地で越冬したのがイングランドでの初の越冬とされ、その後の征服の足がかりとなった。中世には、*五港連盟（Cinque Ports）の管区となった。

⇒**マーゲート Margate**

サバ[1] Saba （オランダ領アンティル諸島）

*西インド諸島（West Indies）北東部にある、リーワード諸島北西部の島。面積13平方キロメートル。*セント・ユースティシャス（Saint Eustatius）島の北西26kmに位置する。休火山を擁す文字通り円錐形の島で、主な集落ザ・ボトムは、火山の噴火口にある。1632年にオランダ人が初めて入植した。主要産業は漁業および造船業。

サバ[2] Sabah [旧名：British North Borneo イギリス領北ボルネオ, North Borneo 北ボルネオ] （マレーシア）

*ボルネオ（Borneo）島北端の南シナ海に臨む州。この地域には早くも17世紀にイングランド人が来航している。その後、入植が行なわれたものの、試みはどれも失敗に終わり、1841年にサー・ジェイムズ・ブルックが現地の領主となった。1881年に北ボルネオ会社が設立され、*ブルネイ（Brunei）および*スールー（Sulu）のスルタンが大幅な譲歩をした。1888年、イギリス保護領にされるが、第2次世界大戦開戦までは北ボルネオ会社が統治し、1941〜1945年まで日本軍に占領された。1946年にイギリスの植民地となるが、1963年にはマレーシア連邦に加わり、現在名に改称された。

⇒**サラワク Sarawak**

サバ[3] Saba （イエメン）⇒**シバ Sheba**

ザバー Zabbar [チッタ・ホムペシェ Citta Hompesch, ハズ-ザバー Haz-Zabbar] （マルタ）

マルタ島南部の町。*バレッタ（Valetta）の南西3kmに位置する。マルタ騎士団の最後の団長フェルディナント・フォン・ホ

688　サハイカリ

ムペシュを称えるアーチ型門がある。ホムペシュは 1798 年にこの地で*フランス（France）に降伏しマルタ島を引き渡した。

ザバイカリスク Zabaikalsk ［Zabaykalsk］（ロシア）

*シベリア（Siberia）南西部の国境の町。シベリア横断鉄道を挟んで*満州（Manchuria）の*マンチョウリー〔満州里〕（Manzhouli）と隣接する。ロシアから*中国（China）に入ることのできる主要な町の一つで、貿易地帯の中心地。

サバ川 Sava River ［独：Sau ザウ；ハンガリー語：Száva ツァバ］（スロベニア、クロアチア、ボスニア・ヘルツェゴビナ、セルビア）

*バルカン諸国（Balkans）西部を流れる全長 940km の川。スロベニアのジュリア・アルプス山脈に源を発し、ほぼ南東へ流れ、*ベオグラード（Belgrade）で*ドナウ川（Danube River）に注ぐ。旧ユーゴスラビア領土のほぼ半分を流域とし、可航水域は 583km にわたる。河畔にはベオグラードをはじめ、*リュブリャナ（Ljubljana）、*シサク（Sisak）、スレムスカ、ミトロビツァ、*ザグレブ（Zagreb）など多くの古代・現代都市がある。

サハ共和国 Sakha ［旧名：Yakutsk Autonomous Soviet Socialist Republic ヤクート自治ソビエト社会主義共和国］（ロシア）

ロシア東部、*シベリア（Siberia）北東部にある共和国。13 〜 15 世紀までレナ川流域にヤクート人が住み着いたのが始まり。1632 年にロシア人がこの地に要塞を築き、ロシアの植民地支配が幕を開けた。モンゴル語の混じったチュルク語を話すヤクート人の多くがキリスト教に改宗させられたが、シャーマニズムも残っている。1850 年にはこの地で金鉱業が開まった。

1922 〜 1991 年はヤクート自治ソビエト社会主義共和国となる。金、ダイヤモンド、原油、ガスなどの天然資源が経済を支えている。

サバスティーヤ Sabastiyah ⇒サマリア Samaria

サバデル Sabadell （スペイン）

スペイン北東部、*カタルーニャ（Cataluña）州バルセロナ県の都市。*バルセロナ（Barcelona）の北西 13km に位置する。繊維産業の主要拠点で、13 世紀から毛織物および綿織物の製造が行なわれてきた。

サバナ Savannah （合衆国）

*ジョージア[1]（Georgia）州南東部の都市。サバナ川の河口附近、サウスカロライナ州の対岸に位置する。1732 年 6 月、イギリスの将軍で慈善家のジェイムズ・オグルソープは、*サウスカロライナ（South Carolina）州とスペイン領*フロリダ（Florida）との間に緩衝地となる植民地を設立し、債務者にとっての新世界の避難場所を築くために、土地を下賜された。そして 116 人の入植者をこの地に伴い、1733 年 2 月 12 日に、ジョージア州最古の都市となるサバナを建設する。アメリカ独立戦争中、イギリス軍はここを制圧し、1778 年 12 月 〜 1782 年 7 月まで占領した。1779 年、フランス・アメリカ連合軍がサバナ奪還を試みるが、10 月 9 日の急襲は完全な失敗に終わった。

1782 〜 1785 年までジョージア州の州都となり、徐々に成長して商業の重要拠点となる。アメリカ初の大西洋横断蒸気船《サバナ号》は 1819 年にここから出航してイングランドの*リバプール[2]（Liverpool）に到着した。南北戦争中の 1864 年 12 月 21 日、北軍の攻撃によってサバナは陥落し、ウィリアム・T・シャーマン将軍の部

隊は*アトランタ（Atlanta）から海までの行
軍を成し遂げた。サバナは現在、運送業
および工業の盛んな都市だが、その一方
で、広い街路や多くの公園、歴史ある邸宅、
教会をはじめとする古い建築物を誇って
いる。1754年に建設されたハーブハウス
はジョージア州最古の建物。1966年には
旧市街地区が国定史跡に指定された。

サハラ Sahara ［アラビア語：ṣaḥarāʾ サハラゥ］（アフリカ）

アフリカ大陸北部の世界最大の砂漠。東
西は紅海から大西洋までの4,800kmにわ
たり、南北は1,920kmにわたる。砂漠の
北方にはアトラス山脈と地中海、そして
わずかな草原地帯が控え、南には*サヘル
（Sahel）〔*セネガル（Senegal）から*エチオ
ピア（Ethiopia）に及ぶ半乾燥気候の地域〕
がある。

　サハラ砂漠の気候は極めて厳しく、降
雨はほとんどない。気温は非常に高く、
点在するオアシスを除けば、植生もほと
んどない。定住人口は常に少なく、古代
には大半が黒人のスーダン人だった。1世
紀頃にラクダが導入されると、ベルベル
人およびアラブ人が多数を占めるように
なる。彼らは井戸を掘ってナツメヤシを
植え、オアシスを改良した。サハラはさ
ながら砂の海となり、大洋を航海する船
団のように、隊商が行き来した。中世に
は、*フラニ帝国（Fulani Empire）、*ハウサ
ランド（Hausaland）、*マリ¹（Mali）帝国、*ボ
ルヌ（Bornu）王国、*ソンガイ（Songhai）
帝国などの西アフリカの諸王国やその民
が、サハラを通行して交易を行ない、奴
隷、金、塩、象牙などをあらゆる方向へ
運んだ。伝説に名高い謎の都市*ティンブ
クトゥ（Timbuktu）（現在のマリにあったと
される）と、地中海沿いの*アルジェリア
（Algeria）との間を通る南北間の交易路は、

19世紀に奴隷貿易が廃止されるまで、著
しい繁栄を遂げた。

　現在では砂漠の海を渡る船は、大半が
ラクダから特別装備付きの自動車に変わ
った。19世紀初頭、サハラはこの砂漠
を横断して勇気を証明しようとする、ま
た砂漠の中や外縁部の古代都市を発見し
ようとする多くのヨーロッパ人を惹きつ
けた。初期の冒険家としては、1805年
のフリードリヒ・ホルネマンと1806年
のマンゴー・パークがいた。また初めて
砂漠を完全に横断したのはフランスのル
ネ・カイエで、彼はティンブクトゥに到
達した最初のヨーロッパ人となった。そ
の他、この砂漠の探検家としては、イギ
リス軍で軍務に就いていたドイツ人ハイ
ンリヒ・バルト、1869年にサハラ中部を
訪れ*ハルツーム（Khartoum）に到達した
グスタフ・ナハティガル、またヨーロッ
パ人としては初めてチャド湖（大部分が
現在の*チャド（Chad）領内にある）に到
達した、イギリスのヒュー・クラッパー
トン、さらに1823年にボルヌ地方に到達
したイギリス人ディクソン・デンハムな
どの名が挙げられる。この砂漠には、東
から西にかけて現在のセネガル、*モー
リタニア（Mauritania）、アルジェリア、マ
リ、*ニジェール（Niger）、*チュニジア
（Tunisia）、*リビア²（Libya）、チャド、*エ
ジプト（Egypt）、*スーダン（Sudan）各国の
全土、あるいは大部分が含まれる。

サハラーゥ ṣaḥarāʾ ⇒サハラ Sahara

サハーランプル Saharanpur（インド）

インド北部、*ウッタル・プラデシュ（Uttar
Pradesh）州北西部の都市。*デリー¹（Delhi）
の北北東160kmに位置する。1340年頃建
設され、イスラーム教の聖者シャー・ハ
ランにちなんで命名され、ムガル宮廷の

夏の離宮とされた。

⇒ムガル帝国 Mogul Empire

サバリア Sabaria ⇒ソンバトヘイ Szombathely

サハリャン Sakhalyan ⇒ヘイホー〔黒河〕 Heihe

サハリン Sakhalin [旧名：Saghalien；日本語：樺太]（ロシア）

ロシア東部の太平洋沖、オホーツク海と日本海の間にある島。古くは中国の影響下にあったが、その後ロシアも探査を始め、18～19世紀にかけてロシアおよび*日本（Japan）によって入植が行なわれた。1855年の*下田（Shimoda）条約により、2国の共同統治下におかれるが、1875年に日本は*千島列島（Kuril Islands）の獲得と引き換えに樺太を放棄する。この島には初め、日本の先住民族アイヌが住んでいたが、1875年以降は住民の大半がロシア人となり、帝政ロシアにおける流刑地に、ソビエトにおける極東の重要拠点とされた。日露戦争後の1905年、南サハリンが日本に割譲され、1918～1924年にかけて残りの部分も占領された。第2次世界大戦後、日本の領有部分はロシア連邦（ソ連）に返還されたが、日本側は現在も南サハリンの帰属は「未確定」とみなしている。1995年にこの島は大地震の被害を受け、死者の数は2千名に上った。

ザハレ Zahlah [Zaleh]（レバノン）

レバノン中部の都市。*ベイルート（Beirut）、*ダマスカス（Damascus）間のベカー渓谷にあるバルドゥアン川に臨む都市。300年前に建設され、果物、ワイン、アラク酒で有名。レバノンのギリシア正教会の拠点で、レバノン最大のキリスト教都市である。1981年にシリアがザハレの

マロン派の軍に対し爆撃、包囲攻撃をしかけ市から追放した。これがきっかけで、イスラエルがシリアのヘリコプターを撃墜し、シリアがレバノン内に地対空ミサイルを設置する「ザハレ危機」が勃発した。イスラエルはこれらのミサイルを破壊すると脅したが、アメリカの圧力で実力行使はせず、それがベギン首相のリクード政府に圧力をかけることとなった。

サバン Sabang（インドネシア）

ウェー島北岸の港町。*スマトラ（Sumatra）島北西端沖22kmに位置する。第2次世界大戦中日本軍に占領され、戦争末期の1945年には連合国軍の激しい空爆を受けた。

サーバントバーディ Savantvadi [サーワントワーディ Sawantwadi]（インド）

インド西部に存在した、かつての国。面積は2,427平方キロメートルにわたり、現在は*マハラシュトラ（Maharashtra）州の一部となっている。このマラータ族国家の歴史は6世紀にさかのぼる。16～17世紀には*ゴア（Goa）のポルトガル人と対立し、大きな被害を受けた。

⇒マラータ同盟 Maratha Confederacy

サビジズ・ステーション Savage's Station（合衆国）

*バージニア（Virginia）州*リッチモンド[2]（Richmond）の東13kmに位置する古戦場で、南北戦争中の七日戦争における戦いの舞台となった。1862年6月29日、南軍がここでエドウィン・サムナー将軍麾下の北軍を攻撃するが、不首尾に終わる。その後南軍は、北軍の*ジェイムズ川[2]（James River）到達を阻止するため、*フレーザー農園（Frayser's Farm）において再び攻撃を行なった。

⇒マルバーン・ヒル Malvern Hill

ザビード Zabīd [Zebid]（イエメン）

ホデイダ県にある中世の王国の都。ザビード川に臨み、*紅海（Red Sea）の海岸線から 16km 内陸に位置する。イスラーム支配期には、ムハンマド・イブン・ザイドが 820 年にザビードを建設してからのち、このあたりからアラブ南西部にかけての広範囲をジャード王朝が治めていた。スンニ派の中心地であり、1230 年頃からはラスール朝の都となった。ラスール朝はイエメンに留まらない広大な範囲の統治権を主張した。

サビーン交差点 Sabine Crossroads（合衆国）

*ルイジアナ（Louisiana）州マンスフィールドの古戦場。*シュリーブポート（Shreveport）の南 64km に位置する。1864 年 4 月 8 日、サビーン交差点の戦いの舞台となり、リチャード・テイラー将軍麾下の南軍が、ナサニエル・P・バンクス将軍率いる北軍に対し重要な勝利を収めた。

サーファキス Safaqis/Ṣafāqis ⇒スファックス Sfax

サファド Safad ⇒ツェファト Zefat

サファル Saphar ⇒ザファール Zafar

ザファール Zafār [聖書：Sephar セパル；古典：Sapphar, Saphar サファル]（イエメン）

イエメン南部、ヤリームの南西部にある考古学遺跡。アラブ人歴史学者・地理学者や、ギリシア・ローマの作家たちによると、アラビア半島南部で最も名高く重要な地であった。前 115 年頃～後 525 年頃にかけて、この場所を拠点にヒムヤル族が半島の大部分を支配していた。

⇒アラビア半島 Arabian Peninsula

ザーブ・アル・カビール Zāb Al Kabīr ［大ザーブ Great Zab］（イラク）

イラク北部の川。*モースル（Mosul）の東を流れるチグリス川の支流。750 年のザーブ川の戦いでは、ウマイヤ朝最後のカリフであるマルワーン 2 世が、アッバース朝軍に敗北し、その後のウマイヤ朝滅亡の原因となる。ウマイヤ朝の崩壊でカリフの権力の中心はダマスカスからアッバース朝の首都バグダッドに移った。

サフィ Safi ［アスフィ Asfi, サフィー Saffi］（モロッコ）

アフリカ北西部の大西洋に臨むモロッコ西部の都市。*カサブランカ（Casablanca）の南西、またマラケシュの北西 136km に位置する。13 世紀に要塞化された。のちにポルトガルの支配下におかれ、1660 年に*マラケシュ（Marrakech）の主要港とされた。第 2 次世界大戦中の 1942 年、アメリカ軍がここに上陸した。ポルトガル占領時代の古い要塞が今も遺る。

⇒ポルトガル Portugal

サフィー Saffi ⇒サフィ Safi

サフェド Safed ⇒ツェファト Zefat

サフォーク[1] Suffolk（イングランド）

インランド東部、*イースト・アングリア（East Anglia）の州。*ノーフォーク[1]（Norfolk）州とこの州のあたりには、古代のイケニ族の王国があった。イケニ族のブーディカ女王は 60 年にローマ人に対して反乱を起こした。アングロ・サクソン語で「南の人々」を意味するこの地は、中世初期には*イースト・アングリア（East Anglia）国の領土だった。中世後期には毛織物の

一大産地となる。行政の中心は*イプスウィッチ[1]（Ipswich）。
⇒ コルチェスター Colchester, ベリー・セント・エドマンズ Bury Saint Edmunds, ミルデンホール Mildenhall, ローストフト Lowestoft

サフォーク[2] Suffolk（合衆国）
*バージニア（Virginia）州南東部の町。ナンセモンド川に臨み、*ポーツマス[5]（Portsmouth）の西南西29kmに位置する。1742年に建設され、アメリカ独立戦争中の1779年にはイギリス軍に焼き払われる。南北戦争中の1862年には北軍の占領を受ける。

ザ・フォールズ The Falls ⇒ **トレントン Trenton**

サブカ・アル - クルジーヤー Sabkhat al-Kurzīyah〔Sebkret el Kourzia〕（チュニジア）
北アフリカのチュニジア中北部にある湖。第2次世界大戦中の1943年4月～5月にかけて激戦の舞台となり、重大なアフリカ戦方面作戦において連合国軍は最終的に枢軸国軍を破った。

サブチーノ Sabucino ⇒ **カルタニセッタ Caltanissetta**

サブネ Savenay（フランス）
フランス西部、ロワール - アトランティーク県の村。*サン - ナゼール（Saint-Nazaire）の東北東21kmに位置する。1793年、クレベール将軍がここで*バンデー（Vendée）軍に対し決定的な勝利を収めた。

サフラ Zafra（スペイン）
バダホス県*メリダ[2]（Mèrida）の南58kmに位置する町。1437年に建設された要塞

宮殿はファリア公の居城であった。

サブラタ Sabrata〔アブロトナム Abrotonum, サブラータ Sabratha〕（リビア）
リビア北東部、ローマ支配下のアフリカにおけるトリポリタニア3都市の一つ。*トリポリ[2]（Tripoli）の西77km、現在のサブラタ郊外に位置する。前4世紀にカルタゴ人により交易拠点として建設され、前146年の*カルタゴ[2]（Carthage）滅亡後はローマの支配下におかれた。紀元5世紀にバンダル族の支配の下で著しく衰退し、643年のアラブ人による征服までには、ほぼ廃市となっていた。現在は考古学博物館があり、ローマ時代の神殿や要塞、劇場、またビザンツ様式の二つのキリスト教聖堂が遺る。ウェスパシアヌス帝の妻フラウィア・ドミティアの出身地であり、ルキウス・アプレイウスは魔術を用いた容疑によりここで裁判にかけられた。

サブラータ Sabratha ⇒ **サブラタ Sabrata**

サブラトン Sabraton（合衆国）
かつての町。1949年に*ウェストバージニア（West Virginia）州*モーガンタウン（Morgantown）の一部となった。1785年にトマス・デッカーがここに入植地を築いたが、1年後ミンゴ族インディアンにより破壊された。

サブリナ Sabrina ⇒ **セバーン川 Severn River**

サフロン・ウォールデン Saffron Walden（イングランド）
イングランド東部、*エセックス[1]（Essex）州北西端の町。*ロンドン（London）の北北東66kmに位置する。町の名は、エドワード3世（在位1327～77）時代から

18世紀まで栄えたサフラン栽培に由来する。ローマ時代の遺跡、12世紀の城跡、またヘンリ8世の大法官オードリー卿の墓がある15世紀創建の教会が遺る。町の西2kmの地点には、ジャコビアン様式の大邸宅オードリー・エンドがある。

ザーヘダーン Zahidan [Zahedan]（イラン）

ザボールの東南東19kmに位置した古代都市。かつては*セイスタン（Seistan）の首都だった。1383年にティムールに破壊され滅びた。ザボールの南184kmにある現在の都市ザーヘダーンは1930年代にこの古代都市の名をとって命名された。

サヘル Sahel（アフリカ）

西は*セネガル（Senegal）から東は*エチオピア（Ethiopia）に至る、北の*サハラ（Sahara）砂漠と南のサバンナに挟まれた地域。1960年代に干ばつが長く続いたため、もともと乏しかった水資源が枯渇してこの地域の農業経済が完全に崩壊し、その結果、大規模な飢饉が起こり、大規模な南部への移住が行なわれた。

サベルダン Saverdun（フランス）

フランス南部、アリエージュ県の村。パミエの北13kmに位置し、アリエージュ川に臨む。かつては*フォア（Foix）伯爵家の支配下にある強固な町だったが、のちに南部におけるプロテスタント信仰の中心地となった。

サベルヌ Saverne [古代：Tres Tabernae トレス・タベルナエ；独：Zabern ツァベルン]（フランス）

フランス東部、バ-ラン県の町。*アルザス（Alsace）地方にあり、*ストラスブール（Strasbourg）の北西37kmに位置する。ローマ時代はトレス・タベルネの名で要地とされ、現在は1913年のツァベルン事件の舞台として記憶されている。同事件はドイツ人少尉が公の場でアルザス人について侮蔑的な発言をし、それが暴動の引き金となって29人の民間人が逮捕されたもので、国際問題に発展した。ドイツ帝国議会は293対55票で軍部に対する譴責（けんせき）を決議したが、宰相ベートマン‐ホルウェークおよび皇帝ビルヘルム2世はこの票決を無視した。サベルヌは金属製品、ガラス製品で昔から知られ、18世紀建造の城や古い家屋も数多く遺る。

サボ Savo（ソロモン諸島）

西太平洋上にあるソロモン諸島南東部の島。フロリダ島の西30kmに位置する。第2次世界大戦中の*ガダルカナル（Guadalcanal）方面作戦において激戦地となった。1942年8月8日～9日にかけての戦いで連合国軍は巡洋艦4隻を失うが、同年11月12日～13日にかけて激戦の末ここで日本軍に対し勝利を収めた。

サボイア Savoia ⇒サボワ〔サボイ〕Savoy

サボーナ Savona [古代：Savo サウォー]（イタリア）

イタリア北西部、*リグリア（Liguria）州サボーナ県の県都。ジェノバ湾に臨む主要港で、*ジェノバ（Genoa）の西南西5kmに位置する。ローマの支配下にあるガリア地方の中心地で、前205年頃、第2次ポエニ戦争におけるカルタゴ軍の基地として初めて記録に現われる。西暦641年にランゴバルド人によって破壊され、中世には侯爵の居所となった。絶えずジェノバと対立し、最終的に1528年に攻略された。1805～1815年までナポレオン時代のフランスに占領され、1815年には*サボワ（Savoy）に割譲された。16世紀建造の独特な城郭や一部16世紀建造の大聖堂

がある。

ザポラン Zapotlán ⇒シウダード・グスマン Ciudad Guzmán

ザポリージャ Zaporizhzhya 〔旧名：1921年まで：Aleksandrovsk アレクサンドロフスク；ロシア語：Zaporozhye ザポロージェ〕（ウクライナ）

ウクライナ南東部の都市。*ドニエプル〔ドネプル〕川（Dnieper River）に臨む。*ドニプロペトロフスク（Dnipropetrovsk）の南72kmに位置する。対岸はコルティーツァ島。初めて*ウクライナ（Ukraine）に住みついたコサックであるザポロージエ・コサックの司令部があった。16～18世紀にかけてはウクライナ人迫害に抵抗する戦士が集結する地であった。16世紀後半にポーランドがウクライナをタタール人の襲撃から庇護できなくなると、ウクライナのコサックが立ちあがり庇護の役を担った。17世紀には独立国を設立。1654年に*ロシア（Russia）への帰属を受け入れたが、19世紀までこの地域はロシアにとって頭痛の種となる。1775年、女帝エカテリーナ2世の命でザポロージエ・コサックの司令部は破壊された。

ザボール Zabōl ⇒セイスタン Seistan

ザポロージェ Zaporozhye ⇒ザポリージャ Zaporizhzhya

サボワ〔サボイ〕Savoy 〔仏：Savoie サボワ；伊：Savoia サボイア〕（フランス、イタリア）

フランス南東部からイタリア北西部にわたる歴史的地域名。現在のフランスのサボワ県とオート-サボワ県、イタリアの*ピエモンテ（Piedmont）州を含む。11世紀から*アルル[1]（Arles）王国の一部としてサボワ伯家の支配下におかれたが、実質的には独立し、ピエモンテの平野部や*ジュネーブ湖（Geneva, Lake）周辺地域の大部分を包含するまでに版図を広げた。多くの戦争に関与し、同盟相手もフランス、*スペイン（Spain）、イタリアと、その都度交替した。スペイン継承戦争中の1704年に大同盟に加わり、1713年のユトレヒト条約で*シチリア（Sicily）を獲得して支配下に収め、1720年にはシチリアを*サルディニア（Sardinia）と交換する。その際に、ピエモンテ、サボワ、サルディニア島を含むサルディニア王国が形成された。サルディニア王国はフランス革命で王党派を支持し、1792年にサボワを、1796年にピエモンテを失う。だがウィーン会議において、両地はビットーリオ・エマヌエーレ1世に返還され、さらに*ジェノバ（Genoa）が領土に加えられた。1860年、サルディニア、ピエモンテ、ジェノバは他のイタリア諸国を次々と併合し、サボワ家の王を戴くイタリア王国が誕生した。しかしもともとサボワ家の所領であったサボワ自体は、*ニース（Nice）とともにフランスの領土となった。
⇒シャンベリー Chambéry

サボンリンナ Savonlinna 〔スウェーデン語：Nyslott ニュースロット〕（フィンランド）

フィンランド南東部、南サボ県の都市。ミッケリの東88kmに位置する。1475年建造の城塞オラビ城の周囲に都市が建設され、1639年に勅許を受けた。1812年まで続くロシア-スウェーデン戦争において戦略上の要地となる。

ザマ Zama （チュニジア）

エル-ケフの南東にある古戦場。*チュニス（Tunis）の南西160kmに位置する。ローマの歴史家ネポスによると、前202年にこの地でスキピオ・アフリカヌス麾下

の*ローマ（Rome）軍が、ハンニバル麾下の*カルタゴ 2（Carthage）に打ち勝った。第2次ポエニ戦争を左右する戦いだった。

サマイパタ Samaipata（ボリビア）

サンタクルス県、フロリダ郡の中心都市。*サンタ・クルス 1（Santa Cruz）の南西88kmに位置する。1620年に築かれた。油田を有し、附近には前インカ文明遺跡もある重要な都市。

サマーズ諸島 Somers Islands ⇒バミューダ Bermuda

サマセット Somerset ［サマセットシャー Somersetshire］（イングランド）

イングランド南西部、ブリストル海峡に臨む州。州都は*トーントン 1（Taunton）。

北東部の主にメンディップ丘陵には先史時代の遺跡があり、西暦43〜44年にローマ軍が征服し、温泉の出る場所に*バース（Bath）の町を建設した。ウェールズ人およびアングロ・サクソン人がこの地域をめぐって争い、最終的にアングロ・サクソン人の*ウェセックス（Wessex）王国の西端部を構成した。伝説のアーサー王、またアルフレッド大王とも深い関わりがある。州内の*グラストンベリー（Glastonbury）はイングランドの宗教史や伝説において重要な町。バースおよび*ウェルズ（Wells）の大聖堂は州内に数ある有名な教会の中でも一際すぐれている。

⇒トーントン 1 Taunton

サマセットシャー Somersetshire ⇒サマセット Somerset

サーマッラー Samarra（イラク）

イラク中北部、*チグリス川（Tigris River）に臨む町。*バグダード（Baghdad）の北北西104kmの位置にあった。836年にアッバース朝のカリフによって築かれ、バグダードに替わって首都となったが、その後テュルク系傭兵がサッマーラー宮廷を完全に支配下においた。カリフは876年までここを居地としたが、同年首都がバグダードに戻され、サーマッラーは放棄された。現在もチグリスの河畔32kmにわたって壮大な都市遺跡が広がり、中央には巨大なミナレット（塔）が聳えている。またこの地には、シーア派イスラーム教徒の聖所とされる、黄金の円蓋を頂いた17世紀建造のモスクもある。一方、サーマッラーは先史遺跡でもあり、紀元前5千年紀にさかのぼる新石器時代の土器の一種がその名で呼ばれている。2006年、爆破テロによってアスカリ聖廟が破壊され、この事件がシーア派およびスンニー派間の報復殺害の応酬を招いた。

⇒アッバース朝 Abbasid Caliphate

サマービル Somerville ［旧名：Cow Commons カウ・コモンズ］（合衆国）

*マサチューセッツ（Massachusetts）州の都市。*ボストン 2（Boston）の北西5kmに位置し、ミスティック川に臨む。1630年に入植が始まり、アメリカ独立史において要地となった。1776年、イズラエル・パットナム将軍がサマービルのプロスペクト・ヒル・タワーに初めて13植民地の旗を掲揚した。この場所はのちの南北戦争中に、捕虜収容所とされた。独立戦争時に使用された旧弾薬庫（オールド・パウダーハウス）が遺る。1776年のボストン包囲戦においてアメリカ軍が使用した、要塞化された丘の一つ、プラウド・ヒルもある。

サマーラ Samara [旧名：1935～91：Kuybyshev クイブイシェフ]（ロシア）

ロシア西部、サマーラ州の州都。*モスクワ（Moscow）の南東880km、*ボルガ川（Volga River）中流にサマーラ川が注ぐ地点に位置する。1586年、ボルガ川交易路防衛のために建設されたが、1615年にタタール人、1644年にはカルムイク人に占領された。1773～1774年にプガチョフの反乱が起こる。1918年には反ボルシェビキ派政府の拠点となった。第2次世界大戦中、モスクワがドイツ軍の脅威にさらされると、ソビエト政府は1941～1943年までここにおかれた。

サマライ Samarai（パプアニューギニア）

サマライ島にある商業の町。第2次世界大戦中の1942年、日本軍によって完全に破壊された。

サマリア Samaria [セバステ Sebaste]［現代：Sabastiyah サバスティーヤ]（パレスチナ）

パレスチナの*ウェスト・バンク〔ヨルダン川西岸地区〕（West Bank）に存在した古代都市とその周辺地域。古代のシェケム、現在の*ナーブルス（Nablus）の北西に位置する丘の上にあった。都市の名は、この地を所有していたシェメルに由来する。前887年にイスラエル王オムリによって築かれ、北王国*イスラエル（Israel）の南部に位置する首都となった。近隣にあった*フェニキア（Phoenicia）の豊かな文化の強い影響を受け、オムリの息子アハブ王とその王妃であるフェニキア人イゼベルの行ないにより堕落し偶像崇拝に走ったため、聖書では糾弾されている。前721年に*アッシリア（Assyria）のサルゴン2世に征服されたのち、住民は捕囚され、この出来事から、失われたイスラエル10支族の伝説が生まれた。最終的には前107

年にマカベア朝のヨハネ・ヒュルカノスによって破壊される。その後、*ユダヤ[1]（Judaea）のヘロデ大王によって都市が再建され、セバステと命名された。

洗礼者ヨハネはこの地に埋葬されたといわれる。また、十字軍が建てた教会の遺跡が遺る。20世紀初期の発掘によって、複数の砦、オムリ王ならびにアハブ王の宮殿、ローマ時代の遺跡が出土した。もともとの都市サマリアは、サマリア人の聖地とされ、「善きサマリア人」の話もここから生まれた。

⇒**ゲリジム** Gerizim

サマルカンド Samarkand [古代：Maracanda マラカンダ]（ウズベキスタン）

ウズベキスタン中部、サマルカンド州の州都。*タシケント（Tashkent）の南西288kmに位置する。中央アジアで最古の都市の一つであり、現在は工業の中心地。古代ギリシア人にマラカンダと呼ばれ、紀元前4千年紀頃の集落アフラシアブの跡に築かれ、*ソグディアナ（Sogdiana）の主要都市となった。前329年にはアレクサンドロス大王に制圧される。古くから東西交易と文化の合流点であり、*ローマ帝国（Roman Empire）の時代に発展した*中国（China）と西ヨーロッパ世界を結ぶ交易路、*シルクロード（Silk Road）上の要地となった。8世紀にはアラブ人に征服され、とりわけ*アッバース朝（Abbasid Caliphate）の下で、中央アジアにおけるイスラーム文化の主要拠点となった。1160年頃の旅行記には、5万人のユダヤ人人口を擁する栄華の都と記されている。モンゴルのチンギス・ハンによって1221年に破壊されたものの、再建され、*ベネツィア（Venice）のマルコ・ポーロが来訪した1270年頃には、再び重要な都市となっていた。1370年にティムールの首都となって最盛期を

迎え、ティムールおよびティムール朝後継者の治世に、壮麗な庭園やモスク、広い街路などが建設され、整備された。その後は衰退し、15世紀末から数世紀の間はウズベク族の支配下に、次いで*ブハラ（Bukhara）・ハン国の支配下におかれ、最後には1868年に*ロシア（Russia）に占領された。ティムールの霊廟をはじめ、ティムール朝時代のすぐれた建築が多数遺る。現在の都市の外縁部では、古代ギリシア人の植民地跡を見ることができる。
⇒マケドニア王国 Macedon, Empire of, モンゴル帝国 Mongol Empires

サマル島 Samar （フィリピン）

フィリピン東部にある*ビサヤ諸島（Visayan Islands）の島。1521年に来航したスペインの探検家により、ビサヤ諸島のうちで最初に発見された。その後数世紀にわたり、しばしばモロ海賊の襲撃を受けた。第2次世界大戦中の1942年、日本軍に占領され、1944年末にアメリカ軍によって解放された。

サマロブリウア Samarobriva ⇒ アミアン Amiens

サーミ Sarmi （インドネシア）

*イリアン・ジャヤ（Irian Jaya）の北岸にある村。*ジャヤプラ（Djadjapura）の西280kmに位置する。第2次世界大戦中の1944年5月17日の侵攻時に、連合国軍は日本軍からこの村を奪取した。

ザムア Zamua （イラク）

*ザグロス（Zagros）山脈の古代王国。*キルクーク（Kirkuk）の東96km、イランとの国境近くに位置する。最後の*アッシリア（Assyria）帝国を築いた実力者ティグラト-ピレゼル3世（在位前745～前727）に征

服される。帝国の隆盛により支配を逃れてはまた征服されることを繰り返しながら一度は繁栄をみせた地域であった。

サムイェー Samye ［中国語：Sang-yüan Ssu 桑耶寺］（中国）

中国南東部のチベットで最初に建立された仏教僧院。*チベット（Tibet）の都市*ラサ〔拉薩〕（Lhasa）の南東58km、ブラマプトラ川附近に位置する。この巨大な寺院は8世紀に建造され、現在は巡礼の重要な目的地になっている。

サムサト Samsat ⇒サモサタ Samosata

サムスン Samsun ［古代：Amisus アミソス］（トルコ）

トルコ北部、サムスン県の県都。*黒海（Black Sea）に臨むトルコ屈指の要港。*シワス（Sivas）の北北西176kmに位置する。6世紀にギリシア人入植者によって建設され、近郊の*シノーペー（Sinope）とともに、黒海沿岸におけるギリシアの主要都市となり、*ポントス（Pontus）王国および*ローマ帝国（Roman Empire）の支配下で大都市に発展し、しばしば中央アジア貿易の拠点として利用された。その後、*ビザンツ帝国（Byzantine Empire）、セルジューク・トルコ、*ジェノバ（Genoa）、*トレビゾンド（Trebizond）帝国の支配を経て、16世紀に*オスマン帝国（Ottoman Empire）に征服された。1919年5月19日、ケマル・アタテュルクは、トルコ民族主義運動の支持者と補給品を集めるため、ここに上陸した。

サムスンカレ Samsun Kale ⇒プリエネ Priene

サムスン・ダイ Samsun Daği ⇒ ミカレ Mycale

698　サムソント

サムソン島 Samson Island ⇒シリー諸島 Scilly Islands

サムター要塞 Fort Sumter（合衆国）

*サウスカロライナ（South Carolina）州南東部、*チャールストン[1]（Charleston）湾に臨む要塞。1860年12月、サウスカロライナは合衆国を脱退し、チャールストン湾の要塞の引き渡しを合衆国に求めたが、司令官だったロバート・アンダーソン少佐が拒否して、兵士をサムター要塞に撤退させた。1861年4月、要塞の兵士に食糧を供給しようとする合衆国政府の計画を阻止するために、南部連合はサムター要塞の即時引き渡しを要求。再度、拒否されて、南部連合は要塞を攻撃して南北戦争が始まり、4月14日にアンダーソンを降伏に追いやった。南軍は1865年2月にチャールストンを撤退するまで要塞を占領していた。1865年4月14日、アンダーソンは再びサムター要塞に合衆国の旗を立てるために戻ってきた。現在は、近隣の*ムールトリー要塞（Fort Moultrie）と共に国定史跡になっている。

サムニウム Samnium（イタリア）

古代イタリア中部から南部にわたる地域。その大部分はアペニン山脈南部、*カンパニア（Campania）および*ラツィオ〔ラティウム〕（Latium）の東、また現在の*プーリア（Apulia）州の北西に位置した。ラティウム人とともにイタリアに流入してきたサビニ人の系統である古代イタリア人が住んでいた。サムニウム人はオスク語方言を話し、もとはアペニン山脈中部の丘上砦や周壁のない村に居住していた。しかし人口が増加し、前5世紀にはギリシア植民地と争いながら西進する。やがて、サムニウム進出を図るローマ軍と対立し、前343～前290年のサムニウム戦争へと

突入するが、*センティヌム（Sentinum）（現サッソフェッラート）で敗れ、前290年に事実上*ローマ（Rome）に併合された。同戦争中、ローマ軍はサムニウムに極めて近い場所を通る既存の*ラティーナ街道（Latin Way）（ウィア・ラティーナ）に替えて、*アッピア街道（Appian Way）（ウィア・アッピア）を建設した。
⇒カウディネ山道 Caudine Forks, センティヌム Sentinum, ベノーザ Venosa

ザ・メアンズ The Mearns ⇒キンカーディンシャー Kincardineshire

サモ Samo ⇒スロベニア Slovenia

サモア Samoa〔西サモア Western Samoa, サモア独立国 Independent State of Samoa〕

太平洋上の島国。ハワイと、オーストラリアの都市シドニーとの間に位置する。サモア独立国（西サモア）はサモア諸島のうち西経171度以西の島々からなり、サモア諸島の東部は*アメリカ領サモア（American Samoa）を構成する。西サモア最大の2島は、サバイイと*ウポル（Upolu）。1899年の*ドイツ（Germany）、イギリス、アメリカ合衆国間の協定により、現在の西サモアにあたる地域をドイツが領有した。第1次世界大戦中の1914年、*ニュージーランド（New Zealand）に占領され、1921年に国際連盟委任統治領西サモアとなってニュージーランドの統治下におかれた。

1946年にはニュージーランドを施政権者とする国際連合信託統治領となる。だがニュージーランドによる統治は、ヨーロッパ系・ポリネシア系両住民の不満を招いた。1961年に国際連合の管理下で行なわれた国民投票により、1962年1月1日、西サモアは立憲君主国として独立し、*イ

ギリス連邦（Commonwealth, The）に加えられた。1997年には憲法を改正し、国名を西サモアからサモア独立国と改めた。首都はウポル島のアピアで、アピアは国内唯一の港湾都市でもある。スコットランドの有名作家ロバート・ルイス・スティーブンソンは晩年をウポル島で過ごし、1894年に死去してこの島に埋葬された。

サモア独立国 Independent State of Samoa ⇒ サモア Samoa

サモギティア Samogitia ［リトアニア語：Žemaitija ジェマイティヤ]（リトアニア）

歴史上の地域。現在のリトアニアの大部分、ネマン川以北を占めた。中世にはサモギティア人として知られるリトアニア人の1部族が住んでいたが、14世紀にドイツ騎士団によって征服され、1411年には*トルン（Torún）の和約により*ポーランド（Poland）に降伏した。ドイツ騎士団はサモギティア人殲滅を図って長く容赦ない戦いを続け、サモギディア人は森林集落を拠点として反撃した。サモギディアが抵抗を止め、この地域の住民がキリスト教に「改宗」するまで、騎士団は無差別に殺戮と拷問を繰り返し、村を焼き払い、農地や森を荒廃させ、武力に訴えて農民を強制移住させた。

サモコフ Samokov ［Samakov]（ブルガリア）

ブルガリア南西部、ソフィア州の町。*ソフィア（Sofia）の南南東43kmに位置し、イスカル川に臨む。現在は織物産業と農業の中心地。ブルガリア・ルネサンス建築の好例を示す、歴史ある教会や修道院などの建物が遺る。15～19世紀までトルコの支配下におかれたが、その間、家畜取引が主要産業となった。

⇒オスマン帝国 Ottoman Empire

サモサタ Samosata ［サムサト Samsat]（トルコ）

トルコ南東部、アドゥヤマン県の村。*ユーフラテス川（Euphrates River）に臨む。古代のサモサタは現*シャンルウルファ（Şanıurfa）の北北西48kmの位置にあった。初めは重要な渡河点とされ、のちに辺境の砦と隊商宿が築かれ、前3世紀にはセレウコス朝の支配下にあったギリシア人の王国*コンマゲネ（Commagene）の首都となった。西暦72年にローマ軍に占領されてからも、7世紀にアラブ軍に征服されるまでは、ある程度の重要性を保ち続けた。風刺作家のルキアノス、またサモサタのパウロスの生誕地。アンティオキアの司教だったサモサタのパウロスは、イエス・キリストは神ではなく神の霊《ロゴス》を宿した人間であるとする異端説により、西暦268年に有罪宣告を受け、272年に司教の座を追われた。

⇒セレウコス朝 Seleucid Empire

ザモシチ Zamość ［ロシア語：Zamoste ザモステ, Zamostye ザモステイ]（ポーランド）

ポーランド東部、ルブリン県の都市。ビエプシュ川に臨む町。*ルブリン（Lublin）の南東77kmに位置する。ポーランド宰相であり、400年もの間国の政治と歴史を動かした一族の出であったヤン・ザモイスキが1579年に建設した。ザモイスキの地所であるこの地は*黒海（Black Sea）と北ヨーロッパ及び西ヨーロッパを結ぶ貿易路に位置した。ザモイスキは大学も創設し、そのためにこの町は何百年にもわたり文化と科学の中心であった。

1578年にパドヴァのベルナルド・モランドが設計を手掛け施工管理も自ら行なったこの市街は、現在でも都市計画の手本とされている。17世紀初期の公会堂、ポーランド屈指のルネサンス様式の教会であるモランド設計の聖トマス大聖堂が

知られている。

サモス Samos [トルコ語：Susam-Adasi スサム-アダシ〔スサム島〕]（ギリシア）

*スポラデス（Sporades）諸島の島。*エーゲ海（Aegean Sea）東部、*トルコ（Turkey）本土附近に位置する。紀元前3千年紀から青銅器時代まで人が住み、その後、前11世紀にイオニア地方のギリシア人が植民地とした。前6世紀にポリュクラテスの支配下で繁栄し、ギリシア有数の商業・文化拠点となる。この時代には詩人アナクレオン、彫刻家ロイコス、高名な寓話作家イソップなどがこの島に住み、ピュタゴラス並びにコノンもここで生まれた。前6世紀の末頃、*ペルシア[1]（Persia）に征服されるが、前479年に独立してデロス同盟に加わり、ペロポネソス戦争では*アテネ（Athens）陣営に与した。前390年にアテネに対して反乱を起こすが、前365年にはアテネに再征服され、住民は全て追放される。だが前321年、アレクサンドロス大王の許しを得て、サモス島民はここに再定住した。

その後、島の支配者は、アンティゴノス朝*マケドニア（Macedonia）、プトレマイオス朝*エジプト（Egypt）、*ペルガモン（Pergamum）の間で何度も交替する。そして前129年にローマ属州*アシア（Asia）に併合された。前1世紀には、数度にわたりローマ総督あるいはローマの各党派による略奪を受ける。のちに*ビザンツ帝国（Byzantine Empire）の支配下におかれ、キクラデス（Cyclades）属州の一部となった。中世後期の大部分を通じて*ジェノバ（Genoa）に占領され、その後1475年に*オスマン帝国（Ottoman Empire）に征服された。1832年には半独立領邦となり、1913年にギリシアの領土となった。
⇒イオニア Ionia

ザモステ Zamoste ⇒ザモシチ Zamość

ザモステイ Zamostye ⇒ザモシチ Zamość

サモスラキ Samothraki ⇒サモトラケ Samothrace

サモトラキア Samothracia ⇒サモトラケ Samothrace

サモトラケ Samothrace [古代：Samothracia サモトラキア；現代ギリシア語：Samothrake, Samothraki サモスラキ]（ギリシア）

*エーゲ海（Aegean Sea）北東部の島。エプロス川河口から40kmほど沖にあり、*アレクサンドルーポリス（Alexandroúpolis）の南南西45kmに位置する。ギリシア史およびギリシア神話における重要な島で、エーゲ海島嶼部の最高峰を擁する。叙事詩『イーリアス』で、ポセイドンはここから*トロイ（Troy）の平原を見守った。また、トロイを興したダルダノスは、この島に住んだとされる。古くはペラスギ人によるカビリ信仰の中心地であり、モルタルを用いず巨石をそのまま積み上げるサイクロプス式を用いて建てられた名高いカビリ神殿で知られる。現在遺っている広大な遺跡は前6世紀のもの。新石器時代および青銅器時代には、トラキア人が住んでいた。トラキア人の宗教的伝統は、前700年頃*レスボス（Lesbos）島からギリシア人が到来したあとも廃れず、前1世紀まで存続する。*サラミス[2]（Salamis）の海戦ではギリシア陣営に分遣隊を送るが、その名高い神秘崇拝にもかかわらず、前5世紀に斜陽を迎えた。その後、*アテネ（Athens）、アンティゴノス朝、プトレマイオス朝、セレウコス朝の基地とされたが、前168年のピュドナの戦いのあと、*ローマ（Rome）に降伏した。

1444年、*ジェノバ（Genoa）に占領される。1456年に*オスマン帝国（Ottoman Empire）によって征服されるが、1913年には同帝国からギリシアに譲渡された。名高い有翼のサモトラケのニケ（勝利の女神）像は、前306年にギリシア艦隊がキプロスでエジプト軍に対し勝利を収めた記念に建てられ、1863年に発見されて、現在はパリのルーブル美術館に所蔵されている。また、聖パウロはマケドニアへの伝道旅程で、最初にこの島を訪問した。

サモラ Zamora （スペイン）

スペイン北西部、カスティリア‐レオン自治州サモラ県の県都。*マドリード（Madrid）の北西206kmに位置する。キリスト教徒がイスラーム教徒からスペインを奪還したレコンキスタ（国土回復運動）初期には戦略的な要地であった。1065年には*カスティリア（Castile）のフェルナンド1世の息子であるサンチョ2世の軍による包囲攻撃を受ける。同軍には名高い戦士エル・シッド（ロドリーゴ・ディアス・デ・ビバール）がいたにもかかわらずサモラは陥落しなかった。1143年にこの地で結ばれた条約により*ポルトガル（Portugal）の正式な独立と、教皇による統治王国継承の保護が約束された。

サーヤプール Suryapur ⇒スラト Surat

ザラ Zara ⇒ザダル Zadar

ザラ・アンベッサ Zala Anbessa ［Zala Ambessa］ （エチオピア、エリトリア）

エチオピアとエリトリアの国境にあるティグレ州の北端の町。*アスマラ（Asmara）の南西104kmに位置する。1998年にバドメ三角地帯紛争から勃発したエチオピア、エリトリア間の国境を巡る武力衝突の前線となった町。

サライナ Salina （合衆国）

*カンザス（Kansas）州中部のサライナ郡の都市。*ウィチタ（Wichita）の北北西120kmに位置し、スモーキーヒル川に臨む。奴隷制反対論者が1858年に創設し、インディアンやライリー砦の騎兵隊の交易拠点となった。1867年に鉄道が開通し、発展を遂げる。附近にはインディアンの重要な墓穴がある。

サラエボ Sarajevo ［Serajavo］［古代：Vrh-Bosna ブルフ‐ボスナ；トルコ語：Bosna-Seraj ボスナ・セライ］（ボスニア・ヘルツェゴビナ）

ボスニア・ヘルツェゴビナ中東部の都市で、首都。*ベオグラード（Belgrade）の南西200kmに位置し、ボスナ川に臨む。もとはローマの駐屯地だった。1429年にトルコ軍の攻撃によって城塞が陥落したあと、軍事・商業の要衝として力を強め、16世紀後半に最盛期を迎える。1697年、サボイア家のオイゲンによる焼き討ちに遭い、1878年にはオーストリアに占領され、セルビア人による民族主義運動の拠点となった。1914年6月28日、フランツ・フェルディナンド大公および大公妃がここで暗殺されたことを契機として、第1次世界大戦が勃発した。1918年にはユーゴスラビアに割譲される。市街の大部分がイスラーム風建築からなり、100を超えるモスクがある。サラエボ近郊には新石器時代のブトミル文化の遺跡がある。1984年に冬季オリンピックの開催地となり、1990年代のバルカン紛争により甚大な被害を受けたが、2003年までに都市の大部分が再建された。

サラカ Zalaka [Salaca, Zalaca, Zallaka] [アラブ語：Al-Zallāqah ザッラーカ；スペイン語：Sacralias]（スペイン）

バダホス県＊バダホス（Badajoz）市の北にある古代の町。ポルトガルとの国境近くにあるカセレスの南西83kmに位置する。1086年10月23日にこの地で重要な戦いが繰り広げられ、＊ムラービト〔アルモラビド〕朝（Almoravids Empire）のユースフ・イブン・ターシュフィーンが＊レオン³（León）と＊カスティリア（Castile）を治めるキリスト教徒のアルフォンソ6世に勝利した。

サラキア・インペラトリア Salacia Imperatoria ⇒アルカセル・ド・サル Alcácer do Sal

サラクスタ Sarakusta ⇒サラゴサ Saragossa

サラゴサ Saragossa [古代：Caesarea Augusta カエサラ・アウグスタ, Salduba サルドゥバ；アラビア語：Sarakosta, Sarakusta サラクスタ；スペイン語：Zaragoza サラゴサ]（スペイン）

スペイン北東部、アラゴン州中部、サラゴサ県の県都。＊マドリード（Madrid）の北東272kmに位置し、＊エブロ川（Ebro River）に臨む。前1世紀末、ケルトイベリア人の町サルドゥバが＊ローマ（Rome）の占領下で要所となり、アウグストゥス帝によってカエサラ・アウグスタと改称された。5世紀には西ゴート人によって、715年頃にはムーア人によって占領されたが、778年のシャルルマーニュ〔カール大帝〕の攻撃に耐えた。1031年にコルドバ³（Córdova）・カリフ国〔後ウマイヤ朝〕が滅亡すると、サラゴサはスペイン北東部に新しく興った首長国（タイファ諸国）の中心地となった。この国は北方のキリスト教徒軍にも、北アフリカのベルベル人系＊ムラービト〔アルモラビド〕朝（Almoravid Empire）にも抵抗したが、徐々に北方の＊アラゴン（Aragon）王国に圧倒され、ついに1118年、アラゴン王アルフォンソ1世によって再征服される。その後サラゴサは15世紀末まで、アラゴン王国の首都となった。1529年4月23日のサラゴサ条約によって、神聖ローマ皇帝カール5世（スペイン王カルロス1世）は、＊ポルトガル（Portugal）の有利になるよう、香料諸島に対するスペインの領有権主張を全て断念した。

バイロンの詩『チャイルド・ハロルドの巡礼』は、1808～1809年までの半島戦争で、サラゴサがフランス軍に対し英雄的な抵抗を行なったことに触れている。初期キリスト教の詩人アウレリウス・プブリウス・クレメンツ・プルデンティウスは西暦348年にここで生まれた。サラゴサは常に文化の中心地であり続け、芸術と教会で知られている。

サラス・デ・ロス・インファンテス Salas de los Infantes （スペイン）

スペイン北部にあるブルゴス県の都市。＊ブルゴス（Burgos）の南東48kmに位置し、アルランサ川に臨む。市街の聖マリア教会には以前、熱心な崇拝の対象とされているララの七人の貴公子の骨壺が安置されていたが、1924年にブルゴス大聖堂に移された。他に史跡としては、二つの有名な修道院、美しい回廊で知られる6世紀創設の古いベネディクト会修道院がある。

サラトガ Saratoga ⇒スカイラービル Schuylerville

サラトガ・スプリングズ Saratoga Springs （合衆国）

＊ニューヨーク（New York）州中東部、サラ

トガ郡の都市。*オールバニー（Albany）の北48km、*ハドソン川（Hudson River）の西方に位置する。都市名は「急流」を意味するインディアン語「サ・ラグ・ト・ガ（Sa-ragh-to-ga）」に由来するという説が有力。1684年にインディアンからオランダ人に譲渡された。17世紀には、しばしばイングランド軍対フランス・インディアン連合軍の戦場となる。アメリカ独立戦争で最初の、かつ最も決定的な勝利となった戦いであるサラトガ方面作戦の最後の戦いは、1777年にこの都市の東19kmにある、スティルウォーター附近の*ビーミスハイツ（Bemis Heights）で行なわれた。9月19日、この地のフリーマンズ農場で、ベネディクト・アーノルド将軍率いるニュー・イングランド軍が、ジョン・バーゴイン麾下のイギリス軍に対し決定的な勝利を収める。包囲されたバーゴインは10月7日に同地で攻撃を再開するが、アーノルドが再び敵軍を敗走させ、イギリス軍は10月17日に降伏した。だが、サラトガの戦いでの戦功の大部分は、アーノルドの上官であるホラティオ・ゲイツ将軍に帰され、アメリカの偉大なる勝利はアーノルドにとっていささか苦いものとなった。

市内の大邸宅や歴史的建築は19世紀のもので、当時サラトガ・スプリングズは、競馬、賭博、スポーツ競技などを催す富裕層の娯楽場であり、炭酸鉱泉のある保養地としても知られていた。グラント大統領は人生最期の数週間、この都市の近郊で回顧録を執筆した。また、エドガー・アラン・ポーは、1843年にこの地で『大鴉』の草稿を執筆した。

サラトガの戦い Saratoga, Battle of ⇒サラトガ・スプリングズ Saratoga Springs, ビーミスハイツ Bemis Heights, フリーマンズ・ファーム Freeman's Farm

サラド川 Salado, Rio （スペイン）

スペイン南部、カディス県の*タリファ（Tarifa）附近にある川。1340年10月30日、この川を挟んで起こったサラド川の戦いにおいて、*カスティリア（Castile）のアルフォンソ11世が*ポルトガル（Portugal）、*ナバラ（Navarre）、*アラゴン（Aragon）と手を結び、ムーア人に対するキリスト教世界の大勝利ともいうべき戦果を上げた。

サラトフ Saratov （ロシア）

ロシア西部、サラトフ州の州都。*ボルゴグラード（Volgograd）の北352km、*ボルガ川（Volga River）に臨む。1590年頃、*サマーラ（Samara）と現在のボルゴグラードの間に位置するボルガ川の河岸に交易路を遊牧民の攻撃から守るための要塞として築かれ、1616年に場所が移され、1674年にはさらに最初の地点の近郊に移された。19世紀に鉄道が開通してヨーロッパロシアの中部と結ばれると、貿易増加に拍車がかかり、サラトフの軍事的重要性は徐々に低下していった。現在は重要な大工業都市である。

サラトフ州 Saratov Oblast （ロシア）

ロシア西部の州。先史時代から人が住んでいたとされ、のちにスキタイ人によって占領された。8〜9世紀にかけて、ハザール族に支配され、18世紀以降ロシア領土とされ、1934年に州となった。
⇒スキタイ Scythia, ハザール帝国 Khazar Empire

サラナ Sarana （合衆国）

*アラスカ（Alaska）州*アリューシャン列島（Aleutian Islands）西部に位置する、*アッツ（Attu）北東部の谷および峠の名。第2次世界大戦中の1942年5月、アメリカ軍対日本軍の激戦地となった。

サラナツク

サラナック・レーク Saranac Lake（合衆国）

*ニューヨーク（New York）州北東部の村。アディロンダック山脈中、マローンの南58kmに位置する。夏冬の保養地として好まれ、19世紀には結核の療養地として知られた。1884年、エドワード・トルドーがここに有名な外気療養所と研究施設を創設し、療養所は1954年に閉鎖されたが、研究は現在も行なわれている。

ザラパテ〔ツァレファテ〕Zarephath〔現代：As-Sarafand アズ - サラファンド, Sarafand サラファンド〕（レバノン）

*フェニキア（Phoenicia）にかつてあった海岸の町。*ベイルート（Beirut）の南53kmに位置する。*シドン（Sidon）と*テュロス（Tyre）の間にあった。かつてはシドンの支配下にあった。現在はサラファンド村となっている。

サラファンド Sarafand ⇒ ザラパテ〔ツァレファテ〕Zarephath

サラプル Sarapul（ロシア）

ロシア西部、ウドムルト共和国の都市。*イジェフスク（Izhevsk）の南東56kmに位置し、カマ川に臨む。16世紀後半に建設され、1773年にプガチョフの乱で破壊され、その後再建された。農業地域における工業および輸送の重要拠点で、現在はモスクワ - スベルドロフスクを結ぶ鉄道路線の連絡駅であり、19世紀初期には、*シベリア（Siberia）への経路上にある貿易の中心地だった。

サラマウア Salamaua（パプアニューギニア）

*ニューギニア（New Guinea）島、フオン湾西岸の町。*ラエ（Lae）の南30kmに位置する。第2次世界大戦中の1942年3月8日に日本軍がここを占領し、開発して軍事基地をおいた。のちに激戦の末、1943年9月11日に連合国軍が攻略した。

サラマンカ¹ Salamanca（メキシコ）

メキシコ中部、グアナフアト州の都市。*グアナフアト（Guanajuato）の南48kmに位置する。19世紀のレフォルマ（改革）戦争において、自由主義派と保守派による最初の戦いがあった。

サラマンカ² Salamanca〔古代：Helmantica ヘルマンティカ, Salmantica サルマンティカ〕（スペイン）

スペイン西部、カスティリア - レオン自治州、サラマンカ県の県都。*マドリード（Madrid）の西北西176kmに位置し、トルメス川に臨む。歴史的にも美術の観点でも、スペイン有数の重要都市。前220年、ハンニバルがローマ人から古代のこの都市を奪取したが、のちにローマの都市となり、6世紀に西ゴート人によって、8世紀にはムーア人によって占領され、11世紀にキリスト教軍により征服された。アルフォンソ9世によって13世紀初期に創立された大学で知られ、この大学がアラビア哲学を西ヨーロッパへ伝える一助となった。やがて、サラマンカはスペイン文化と哲学の中心地となり、15世紀後半～16世紀にかけてはルネサンス人文主義研究の拠点となる。都市の印刷機は専ら古典やスペイン人文主義者作家の版本を印刷していた。

半島戦争中の1808年にここを占領したフランス軍は、都市を著しく破壊したあと、1812年にここでウェリントン麾下のイギリス軍に敗れる。スペイン内戦中の1937～1938年にかけて、サラマンカは反乱軍の拠点となった。ローマ時代の橋、ルネサンス様式の極めて美しいマヨール広場、12世紀建立のゴシック様式の大聖

堂、また貴重な写本を収めた図書館を併設する有名な大学がある。

サラミス¹ Salamis（キプロス）

キプロス東部の古代都市。*ファマグスタ（Famagusta）の北10kmに位置し、ファマグスタ湾に臨む。起源はミュケーナイ文明にさかのぼるとされ、トロイア戦争の英雄テウクロスが築いたと伝えられる。ギリシア人の要塞であり、*フェニキア（Phoenicia）、*エジプト（Egypt）、*キリキア（Cilicia）との重要な交易港だった。近郊にはさらに古い都市エンコミの跡があり、ミュケーナイ文明遺跡が遺る。前306年、*マケドニア（Macedonia）アンティゴノス朝のデメトリオス1世が、この沖で行なわれた海戦において、エジプトのプトレマイオス1世に対して大勝利を収めた。

紀元1世紀に聖パウロと聖バルナバが来訪。近郊には、サラミス出身のバルナバの墓所が遺る。647〜648年にかけてイスラーム軍の侵攻を受けたのち衰退した。大規模な発掘により、ギリシア時代の劇場や、前7世紀〜前8世紀にかけて築かれた王家の壮大な墓など、多数のギリシアおよびローマ時代の遺跡が出土した。

サラミス² Salamis　［クルーリ Koulouri/Kuluri］（ギリシア）

アッティカ州、サロニコス湾内の島。アテネの西に位置する。初めは附近の*アエギナ［エギナ］（Aegina）島に服属していたが、その後は、前600年頃*メガラ（Mégara）に占領された時期をのぞき、*アテネ（Athens）領とされた。前480年9月、島北東部のキュノスラ岬は、この岬と本土に挟まれた狭い水道で行なわれたとされる海戦で有名。サラミス島が都市アテネから退避した住民の避難所となる一方で、テミス

トクレス率いるギリシア連合艦隊は、侵入してきたペルシア軍を岸から見守るペルシア王クセルクセスの眼前で撃破した。その後、支配者がアテネから*マケドニア（Macedonia）に交替し、前318年に島はカッサンドロスによって要塞化されるが、前229年にはアテネによって奪還された。現在はギリシア海軍基地がおかれている。⇒テルモピレー〔セルモビレー〕Thermopylae, ペルシア Persia

サラメア・デ・ラ・セレナ Zalamea de la Serena（スペイン）

アルメンドラレホの東64kmに位置する町。ローマ皇帝トラヤヌスの設計によるアーチ跡を尖塔としたすばらしい教区教会、ムーア人の城、サラメアの村長が住んでいたとされる住宅がある。この住宅はカルデロンがかいた演劇により後世まで伝えられることになった。

サラリア街道 Salarian Way　［古代・伊：Via Salaria ウィア・サラリア］（イタリア）

全長240kmにわたる古代ローマ街道。*ローマ（Rome）を起点として北東に延び、レアテ〔*リエティ（Rieti）〕、アスクルム・ピケヌム〔*アスコリ・ピチェーノ（Ascoli Piceno）〕を経由してアドリア海に至る。ローマ街道として整備される前は、サビニ人が海で取れた塩の運搬に利用していたため、ラテン語で塩を意味する《sal》にちなんで、この名がついた。

サラワク Sarawak（マレーシア）

マレーシア南部、南シナ海上の*ボルネオ（Borneo）島北西部にある州。1841年以降、イングランド人のブルック家によって三代にわたり支配されたため、白人王国として知られる。1888年にはブルック家の支配下でイギリスの保護国となった。第2

次世界大戦中、＊日本（Japan）に占領され、1946年には国王直轄植民地として＊イギリス（United Kingdom）に割譲された。1963年にマレーシア連邦が成立するまで、サラワクは対マレーシア反乱の中心地だった。州都はクチンで、この都市は1839年に建設され、かつてサラワクと呼ばれた。

サラン Salang ⇒プーケット Phuket

サランダ Sarandë ［旧名：Porto Edda ポルト・エッダ, Santi Quaranta サンティ・クアランタ］（アルバニア）

アルバニア南部のアドリア海に臨む商業港都市。サランダ県の県都。第2次世界大戦中の1939年、イタリア軍はアルバニアに侵攻して占領し、サランダに商業港を建設した。

サリー Surrey （イングランド）

イングランド南東部の州。州都は＊キングストン・アポン・テムズ（Kingston upon Thames）。＊ロンドン（London）周辺諸州の一つ。アングロ・サクソン時代にはその時々で＊マーシア（Mercia）と＊ウェセックス（Wessex）に支配されてきた。9世紀にはデンマークのバイキングの侵略を受ける。この州の＊ラニミード（Runnymede）では、1215年にジョン王が《マグナカルタ》に署名した。リングフィールドにある鉄器時代の土塁で知られる。

ザリア Zaria ［旧名：Zakzak, Zazzau ザザウ, Zegzeg ゼグゼグ］（ナイジェリア）

旧王国、首長国。現在はカドゥナ州の都市。＊カノ（Kano）の西139kmに位置する。1000年頃建設され、七つのハウサ諸王国の一つとなった。奴隷の捕獲に従事しており、サハラ砂漠から塩を出荷する拠点でもあった。イスラーム教が伝わったの

は1455年頃。レオ・アフリカヌスの記録によると、この国は1510年頃には大王アスキア・ムハンマドに征服された。1734年には＊ボルヌ（Bornu）王国の属国となる。1835年にはイスラーム教国である＊ソコト（Sokoto）に拠点をおくフラニ帝国における首長国となる。1901年にはイギリスに征服される。

⇒ハウサランド Hausaland

ザリアスパ Zariaspa ⇒バクトリア Bactria

サーリス Thurles ［ゲール語：Dúrlas Éile デューラス・エイラ］（アイルランド）

アイルランド中南部、＊ティペラリー（Tipperary）州の町。クロンメルの北北西38kmに位置する。強弓リチャードとして知られる第2代ペンブローク伯のリチャード・ド・クレアが、1174年にこの地でドナル・オブライアンとロデリック・オコナーに敗れた。ローマ・カトリック教会の＊カシェル（Cashel）大司教座がおかれている。

サリスク Salsk （ロシア）

州南部の町で、交通の要衝。第2次世界大戦中、1942年7月～11月にかけて行なわれた軍事作戦において、埋蔵量豊富なコーカサス地方の油田獲得を意図するドイツ軍により、同年7月31日に占領された。1943年にはソビエト軍によって奪還された。

サリーナ Salina （オクラホマ）⇒オクラホマ Oklahoma

サーリ・バーイア Sari Bair ［トルコ語：Sari Bayir サーリ・バーイア］（トルコ）

＊ガリポリ半島（Gallipoli Peninsula）中部の丘陵地帯。第1次世界大戦中のガリポリ半

島方面作戦において、1915年8月6日～10日にかけて、アンザック軍団がここにあったトルコ軍の要塞を急襲したが、退却を余儀なくされた。

サリム・バティム Sarim Batim ⇒コンスタンティーヌ Constantine

サリュー諸島 Îles du Salut ⇒セーフティ諸島 Safety Islands

サリュス Saluces ⇒サルッツォ Saluzzo

サール Shahr ⇒コマナ Comana

ザール Saar ⇒ザールラント Saarland

サルアファタ Saluafata（サモア）
太平洋南西部、西サモアの*ウポル（Upolu）島北岸の港。1879年、ここにドイツ船舶の給炭港が開かれ、その後1899年に西サモアはドイツの植民地となった。後年、1962年のサモア独立までこの港はアメリカの海軍基地とされた。

サルウィン Salween ［Salwin］［中国語：Nu Chiang ヌー〔怒〕江；タイ語：Mae Nam Khong；チベット語：Chiama Ngu Chu］（ミャンマー、中国、タイ）
東南アジアの川。チベット高原に源を発し、*チベット（Tibet）を東へ流れ、中国を南下して*ミャンマー（Myanmar）に入り、下ビルマのモールメインでマルタバン湾に注ぐ。第2次世界大戦中の1942年には、この川の下流域が、また1944年5月には北ビルマの河岸が戦場となった。

ザルカ Zarqa ［Zerka］（ヨルダン）
全長160kmの川。*アンマン（Amman）の西の山地が水源でほぼ北に向かって流

れたあと西進し、*死海（Dead Sea）の北40km附近で*ヨルダン川（Jordan River）に注ぐ。旧約聖書ではヤボク川といわれ、この南岸でヤコブが天使と格闘した。かつての*ギレアデ（Gilead）に位置し、アモリ人の地の北の境界であった。

サルガッソー海 Sargasso Sea
大西洋の一部をなす、広さ518万平方キロメートルの海域で、*西インド諸島（West Indies）と*アゾレス諸島（Azores）の間に位置し、名前は海面に漂うサーガサン（浮遊性の海草）に由来する。海草に絡まれて船が進めなくなる類の古い言い伝えには欠かせない場所。クリストファー・コロンブスも航海中にこの現象があったことを報告している。

サルカムシュ Sarikamis ［Sarikamish］（トルコ）
トルコ北東部、カルス県南西部の町。*カルス（Kars）の南西48kmに位置する。かつてはロシア領*アルメニア[1]（Armenia）に属した。第1次世界大戦中の1914年12月、ロシア軍がここでの重要な戦いにおいてトルコ軍に対し決定的な勝利を収めた。

ザール川 Saar River ⇒ザールラント Saarland

サルキアエ Saluciae ⇒サルッツォ Saluzzo

サルグレーブ Sulgrave（イングランド）
ノーサンプトンシャーの村。*ノーサンプトン[1]（Northampton）の南西24kmに位置する。チューダー朝の質素な邸宅サルグレーブ・マナーがある。1539～1610年にかけてジョージ・ワシントンの祖先がこの屋敷に住んだ。現在は修復されて博物館となっている。

ザールゲビート ⇒ ザール地域〔ザールゲビート〕Saargebiet（ドイツ）

サルザーナ Sarzana（イタリア）

イタリア北西部、*リグリア（Liguria）州、ラ・スペツィア県の町。*ラ・スペツィア（La Spezia）の東11kmに位置する。少なくとも11世紀までには、この地に要塞が築かれていたが、要塞を建造したのはサラセン人によって破壊された*ルーナ（Luna）からの避難民だとされている。この歴史あるコムーネには、14世紀創建の大聖堂がある。

サルシナ Sarsina（イタリア）

古代*ウンブリア（Umbria）地方北部、すなわち現在の*エミリア-ロマーニャ（Emilia-Romagna）州、フォルリ県にある町。*リミニ（Rimini）の西南西38kmに位置し、サビオ川に臨む。ローマの高名な詩人で戯曲作家のプラウトゥス（前254〜前184）は、この山上の町で生まれた。共和国期から帝政初期にかけてのローマ人の墓碑を展示する、小さな博物館がある。アペニン山脈の主要横断ルート上にあり、*テベレ川（Tiber River）源流と、サビオ川および*ルビコン（Rubicon）川源流との間に位置する。

サルセット Salsette［マラーティー語：Sashti サーシューティ〕（インド）

インド西部、アラビア海上、*ムンバイ（Mumbai）沖にある面積648平方キロメートルの島。複数の土手道と鉄道用盛土により本土とつながっている。17世紀にポルトガル軍に占領され、1782年にはイギリスに併合された。島内の町*ボリバリ（Borivli）の南東6kmには有名なカンヘーリー石窟寺院群がある。

サルタ Salta（アルゼンチン）

アルゼンチン北西部、サルタ州の州都。レルマ渓谷にあり、*サンミゲル・デ・トゥクマン（San Miguel de Tucumán）の北西224kmに位置する。現在は重要な商業中心地であるサルタは1582年にインディオの攻撃を防ぐ砦として築かれ、植民地の主要都市となった。17世紀の建築群や司教宮殿、劇場などがあり、今なお植民地当時の雰囲気を留めている。1813年にはベルグラーノ将軍がここでスペイン王党軍に対し決定的な勝利を収めた。

サルダエ Saldae ⇒ベジャイア Bejaïa

ザール地域〔ザールゲビート〕Saargebiet ⇒ ザールラント Saarland

ザルツカンマーグート Salzkammergut（オーストリア）

オーストリア中北部、*シュタイアーマルク（Steiermark）州とザルツブルク州にまたがる、オーストリア西部の保養地域。美しい湖と山々、また先史時代から利用されてきた岩塩鉱で知られるが、19世紀までは塩の密輸を防ぐために、外来者の立ち入りが禁じられていた。主要都市は*ザルツブルク（Salzburg）。近郊のいくつかの町では古代の文化遺物が発見されている。
⇒ザンクト・ボルフガング Sankt Wolfgang, バート・イシュル Bad Ischl, ハルシュタット Hallstatt

サルッツォ Saluzzo［古代：Saluciae サルキアエ；仏：Saluces サリュス〕（イタリア）

イタリア北西部、ピエモンテ州クネオ県の町。*クネオ（Cuneo）の北西29kmに位置する。1142年にサルッツォ侯国の首都とされるが、1548年には*フランス（France）

に割譲された。また、重要な司教区だった。1481～1511年に建設されたゴシック様式の大聖堂には侯爵家の墓所がある。1601年に*サボワ（Savoy）家の支配する*ピエモンテ（Piedmont）の一部となった。13世紀建造の城をはじめ、多数のすぐれた建築物が残る。天文学者ジョバンニ・スキアパレッリは1835年にここで生まれた。

ザルツブルク Salzburg ［古代：Juvavum ユウァウム］（オーストリア）

オーストリア中北部の都市。*ミュンヘン（Munich）の東南東114kmに位置する。絵のように美しい自然に囲まれ、多数のすぐれた建築物が並ぶ古い都市で、現在は音楽の都であると同時に人気の観光地でもある。長年、岩塩の産地として人を集めた。《ザルツブルク》とは「塩の砦」の意。この地にあったケルト人集落跡に、ローマ属州*ノリクム（Noricum）の町ユウァウムが建設された。7世紀末にベネディクト会の大修道院が創建され、798年には大司教座がおかれる。その後1000年近い間、大司教の専制支配を受けることとなった。大司教は1278年に*神聖ローマ帝国（Holy Roman Empire）の貴族に叙せられ、ドイツ語圏の聖職者の中でも突出した権威を持っていたが、極めて不寛容であり、15世紀にはユダヤ人を追放した。また18世紀にはプロテスタントを迫害したため、数千人のプロテスタントがここを去っている。

　ナポレオン1世に強いられた1809年のシェーンブルン条約により、ザルツブルクは*バイエルン（Bavaria）王国に併合されるが、1815年のウィーン会議での決議によりオーストリアに返還された。ザルツブルクにはベネディクト会の大修道院、11世紀建造の要塞、現在コンサートホールとして利用されているかつての司教宮

殿など、歴史的にも建築学的にも貴重な建物が遺る。ウォルフガング・アマデウス・モーツァルトは1756年にここで生まれ、ザルツブルク宮廷楽団の首席バイオリン奏者を2度務めたが、生前は故郷でほとんど評価されなかった。音楽と演劇の両方が呼び物となる年中行事のザルツブルク音楽祭は、1877年から不定期に開催されていた祭典を前身とし、1920年に発足した。スイスの医師、錬金術師のフィリップス・アウレオールス・パラケルススは1541年にここで死去した。近郊には最初の製塩所があり、今も公開されている。

ザルツベーデル Salzwedel （ドイツ）

*ザクセン - アンハルト（Saxony-Anhalt）州の都市。*マクデブルク（Magdeburg）の北北西88kmに位置する。8世紀に建設され、780年頃シャルルマーニュ〔カール大帝〕によって築かれたとされる城の遺跡が遺る。1117年に初めて都市の名が文献に現われ、1134年には、この地からアルブレヒト熊公の*ブランデンブルク（Brandenburg）征服が始まった。1247年に勅許を獲得、13世紀半ばには*ハンザ同盟（Hanseatic League）に加わった。13～15世紀の間に創建された複数の教会で知られる。

サルティ諸島 Saltee Islands （アイルランド）

アイルランド北部、*ウェクスフォード（Wexford）州の南の沖合5km、セント・ジョージ海峡に位置する二つの島。*ウォーターフォード（Waterford）の東にあるクロスフェアノジ岬沖に位置する。1798年の内乱後、反乱の主導者たちはサルティ諸島の島、グレート・サルティ島に潜伏した。

サルディス Sardis ［サルデス Sardes］（トルコ）

*小アジア（Asia Minor）、*リュディア（Lydia）

の有名な古代都市。ヘルモス川流域、現*イズミール（İzmir）の北東56kmの位置にあった。古代*リュディア王国の首都で、都市の跡は1958年に発見され、現在まで大規模な発掘が行なわれている。前7世紀に世界初の貨幣がここで鋳造された。前650年頃以降、クロイソス王の治世に最盛期を迎えるまでは、小アジアの政治・文化の中心地であったとされるが、前547年に*ペルシア[1]（Persia）のキュロス2世に征服された。その後はアレクサンドロス大王によって「解放」されるまで、ペルシア帝国の一部とされた。前332年にアンティゴノス朝、前301年に*セレウコス朝（Seleucid Empire）、前190年に*ペルガモン（Pergamum）王国の領土となり、前133年にはペルガモン最期の王から遺贈され、*ローマ帝国（Roman Empire）の領土となった。

新約聖書時代の小アジア七教会の一つとして、ローマ帝国の支配下における初期キリスト教の伝道拠点となり、のちに*ビザンツ帝国（Byzantine Empire）の領土となった。1390年に*オスマン帝国（Ottoman Empire）に降伏したあと、1402年、ティムールに破壊された。リュディアの市場、ネクロポリス（墓所）、ヘレニズム様式のアルテミス神殿、アクロポリス、複数の巨大なローマ式大浴場など、広範囲にわたって遺跡が遺る。

サルディニア Sardinia ［伊：Sardegna サルデーニャ］（イタリア）

*地中海（Mediterranean Sea）のサルディニア島と附近の小島群からなる州で、かつての王国。*コルシカ（Corsica）島の南、イタリア本土の西方に位置する。州都は*カリアリ（Cagliari）。州一帯には先史時代の集落遺跡、特に起源不詳のヌラーゲ文化の遺跡が多く遺る。ヌラーゲ人は独特な

形状をした石積みの塔ヌラーゲを数多く建造したが、今も6,500ほどのヌラーゲがある。前800年頃にフェニキア人が、前500年頃にはカルタゴ人がこの地に到来した。カルタゴ人は前238年にローマ軍によって征服され、サルディニアはローマにとって穀類と塩の重要な供給源となった。

西暦455年頃、バンダル人によって征服されるが、533～534年にかけて*ビザンツ帝国（Byzantine Empire）がバンダル人を放逐する。次いでゴート人により短期間占領されるが、552年にはビザンツ帝国によって奪還された。その後、ローマ教皇がサルディニアの宗主権を主張し、8～11世紀まで続くアラブ人の攻撃を積極的に撃退する。また*ピサ[2]（Pisa）と*ジェノバ（Genoa）が同盟し、1016～1022年にはイスラーム教徒から島を奪還するが、その後14世紀まで両都市はこの島をめぐり繰り返し争った。1297年、教皇ボニファティウス8世はサルディニアを*アラゴン（Aragon）王家に与えるが、この王家はのちに*スペイン（Spain）およびイタリア南部の大部分を支配することとなり、1323～1334年までアラゴン王アルフォンソ4世がサルディニア全島を治めた。

1713年、*ユトレヒト（Utrecht）講和条約によりスペインはこの島を*オーストリア（Austria）に割譲するが、1717年にはスペイン軍が島を占領。のちに合意に達して*サボワ（Savoy）公ビットーリオ・アメデオ2世に譲渡され、ビットーリオ・アメデオは1720～1730年までサルディニア王として島を統治した。当時の王国首都は*トリノ〔チューリン〕（Turin）だった。王国領土はサボワ、*ピエモンテ（Piedmont）、*ニース（Nice）を包含し、1815年にはジェノバを含む*リグリア（Liguria）も併合。この期間は、文化的・

政治的改革運動リソルジメントの時代として知られ、この運動がイタリアを国家統一へと導くことになる。リソルジメントの影響でサルディニアでも 1821 年に反乱が起こり、1848 年にはサルディニア王国がこの運動を主導することとなった。1859 年、サルディニア王ビットーリオ・エマヌエーレ 2 世（在位 1849 ～ 61）はフランス軍の助勢を得たオーストリア軍を撃破し、1860 年にはイタリアの他地域をサルディニア王国に併合、1861 年には統一国家イタリアの初代国王と宣言された。

第 2 次世界大戦中、サルディニアはドイツ軍の航空基地となるが、1943 年 9 月にイタリアが連合国軍に降伏すると、ドイツ軍は撤退。リソルジメントの主導者ジュゼッペ・ガリバルディはサルディニア島の北東に位置する＊カプレーラ（Caprera）島に埋葬されている。

⇒カルタゴ 2 Carthage, ビザンツ帝国 Byzantine Empire, フェニキア Phoenicia, ローマ Rome

サルティーヨ Saltillo（メキシコ）

メキシコ北東部、コウアイラ州の州都。＊メキシコ・シティ（Mexico City）の北北西 608km に位置する。現在も農業および商業の中心地だが、植民地時代はスペイン並びにフィリピンからの輸入品とメキシコ商品との交易が行なわれる年次市で有名だった。1846 ～ 1848 年にかけてのメキシコ戦争で、ザッカリー・テイラー将軍の部隊によって占領され、1860 年代のフランスによるメキシコ干渉の際には一時的にフランス軍に占領された。

サルデス Sardes ⇒サルディス Sardis

サルデーニャ Sardegna ⇒サルディニア Sardinia

サルドゥバ Salduba ⇒サラゴサ Saragossa

サールナート Sarnath（インド）

インド北部にある仏跡。＊ウッタル・プラデシュ（Uttar Pradesh）州の都市＊バラーナーシー〔ワーラーナシー〕（Varanasi）の北 5km に位置する。ゴータマ・ブッダ（釈迦）は、この地の鹿苑で初めて説法したとされる。僧院の区画跡や、高さ 40 メートルを誇るアショーカ王の仏舎利塔（ストゥーパ）、アショーカ王の石柱の遺跡などが遺る。

⇒マウリヤ朝 Maurya Empire

ザルネン Sarnen ⇒ザクセルン Sachseln

サルバドル Salvador ［サン・サルバドル・ダ・バイア・トドス・オス・サントス São Salvador da Bahia de Todos os Santos］［旧名：Bahia バイア、São Salvador サン・サルバドル］（ブラジル）

ブラジル東部、バイア州の州都。大西洋に臨む商港。1549 年、＊ポルトガル（Portugal）のトーメ・デ・ソウザによって建設される。砂糖プランテーション拡大に必要とされたアフリカ黒人奴隷貿易によって発展し、植民地ブラジルの中心地として発展した。オランダ軍に占領された 1624 ～ 1625 年の間を除き、1549 ～ 1763 年までポルトガル領ブラジルの首都とされたが、1763 年には首都が＊リオデジャネイロ（Rio de Janeiro）に移転された。サルバドルは 1551 年以来の司教区で、市内には 16 世紀の大聖堂や多くの教会をはじめ、植民地時代の建築物や要塞が多数遺る。19 世紀初期にはブラジル独立運動の拠点となった。1912 年、連邦軍の攻撃により被害を受けた。

サルビノボ Sarbinovo [独：Zorndorf ツォルンドルフ；Torbarmstorp, Tzorbensdorf] （ポーランド）

ポーランド北西部、西ポモージェ県の村。西スラブ人の居住地として始まり、1261年に初めてテンプル騎士団の領地として記録に登場する。1758年8月25日、七年戦争中の激戦地となり、プロイセン王フリードリヒ2世（大王）の軍がフェルモルの率いるロシア軍をかろうじて退却させた。

サルファー・アイランド Sulphur Island ⇒硫黄島 Iwo Jima

ザールフェルト Saalfeld [ザールフェルト・アン・デル・ザーレ Saalfeld an der Saale] （ドイツ）

*チューリンゲン（Thuringia）州の都市。*ワイマール（Weimar）の南40kmに位置し、州内のザーレ川に臨む。899年に、王宮として初めてその名が文献に現われる。1074年、ここにベネディクト会修道院が創建された。1200年頃に都市が建設され、1680～1735年までザクセン-ザールフェルト公領の中心都市とされ、1826年に、*ザクセン-コーブルク（Saxe-Coburg）公の所領*ゴータ（Gotha）と引き換えに、*ザクセン-マイニンゲン（Saxe-Meiningen）公国に譲渡された。ナポレオン戦争中の1806年、フランス軍がここで*プロイセン（Prussia）軍と戦い、勝利を収めた。13世紀創建の教会、16世紀建造の城、現在は博物館となったフランシスコ会の修道院、14世紀創建の教会、16世紀建造の市庁舎、18世紀に築かれた城など、多数の歴史的建築物が遺る。

ザールフェルト・アン・デル・ザーレ Saalfeld an der Saale ⇒ザールフェルト Saalfeld

サルフォード Salford （イングランド）

イングランド北西部、グレーター・マンチェスター大都市圏州の町。マンチェスターの西5kmに位置し、アーウェル川に臨む。1230年に自由都市となり、1360年頃にフランドルの織工が移住して、織物産業の拠点となる。中世には*マンチェスター1（Manchester）を領域内に含んだが、現在はマンチェスター運河の船着場となっている。また、イングランドで初めて創設された無料の市営図書館がある。新石器時代の石器やローマ人の居住地跡が出土している。

サルプスボルグ Sarpsborg （ノルウェー）

ノルウェー南東部、エストフォル県の港湾都市。*オスロ（Oslo）の南南東72km、オスロフィヨルドの湾口附近に位置し、グローマ川に臨む。1016年にオーラフ2世（聖オーラフ）によって建設された。1567年、*スウェーデン（Sweden）の焼き討ちに遭うが、1839年に中世の町の跡地に再建された。近郊には中世の石造建築シェーベルグ教会がある。

サルブリュック Sarrebruck ⇒ザールブリュッケン Saarbrücken

ザールブリュッケン Saarbrücken [仏：Sarrebruck サルブリュック] （ドイツ）

ドイツ西部、*ザールラント（Saarland）州の州都。*トリール（Trier）の東62km、フランス国境附近に位置し、ザール川に臨む。ローマ時代はザール川の渡河点であり、1～3世紀にかけてのローマ時代の遺跡が遺る。のちにゲルマン人のフランク族の王が移住し、999年に築かれたフランク族の城の周囲に都市が発展した。1321年までに勅許を受ける。1381年に*ナッサウ（Nassau）-ザールブリュッケン伯家の

拠点となるが、1793年にはフランス軍に占領された。1815年、事実上*プロイセン（Prussia）に譲渡される。第1次世界大戦終結後の1919～1935年まで、また第2次世界大戦終結後の1945～1957年まで、フランス管理下のザール保護領の中心都市となった。フランク族の城のほか、ローマ要塞の遺跡、15世紀に建てられたゴシック様式の教会、18世紀の市庁舎がある。

⇒フランク王国 Frankish Empire

ザール保護領 Saar Territory ⇒ザールラント Saarland

サルマティア Sarmatia（ロシア、ベラルーシ、ウクライナ）

*ビスワ川（Vistula River）と*カスピ海（Caspian Sea）に挟まれた古代地方のローマ名。現在の中央ロシアおよび南ロシアにあたる。前3世紀～後2世紀までサルマート人が居住した。前4世紀にウラル山脈の東の地方に存在した文化の名ごりが、初期サルマート人と関連があるとされている。前3世紀後半、スキタイ人やイラン人の流れを汲むこれらの人々はアラル海の北からボルガ川の西に広がるロシアの草原地帯へと進出し、その際にスキタイ人を西へ追い立てた。その勢力については前179年にポリュボスが記している。サルマート人は槍を巧みに操り、小札の甲冑と円錐状の兜に身を固めた騎馬民族で、その拵えはウィリアム征服王の騎士にも似ていた。この遊牧民族は前200年まで*ドン川（Don River）の東方に住み、そこでローマ人と衝突してのちに同盟を結んだ。*ローマ（Rome）のトラヤヌス戦勝記念柱には、西暦105年頃のローマ軍と完全武装したサルマート人との戦いが描かれている。3世紀にはサルマート美術が、東洋の花文様や幾何学文様を用いるギリシア・ローマ様式と融合し、中世初期にゴート人やゲルマン人の諸部族に伝えられる。

⇒スキタイ Scythia

**サルマンティカ Salmantica ⇒サラマンカ²
Salamanca**（スペイン）

サルミセジェツザ Sarmizegetusa［古代：Ulpia Traiana ウルピア・トライアナ］（ルーマニア）

山上に築かれた古代*ダキア（Dacia）の首都。現在のルーマニア西部、*ルゴジ（Lugoj）の東南東に位置する。西暦101年～106年まで続いたダキア戦争中の102年、トラヤヌス帝率いるローマ軍によってこの都が包囲攻略されると、ダキア王デチェバルは虜囚となることを潔しとせず、廷臣とともに自裁した。*ローマ（Rome）のトラヤヌス戦勝記念柱に記録されたこの戦役には若き日のハドリアヌス帝も加わっていた。

のちに、新たに築かれたローマ属州の中心都市がサルミセジェツザの名を継承し、ウルピア・トライアナ・サルミセジェツザと命名された。この後継都市が現在のサルミセジェツザである。ダキアの旧都跡は、現在まで発掘が行なわれている。現サルミセジェツザの北東48kmの位置に、サルミセジェツザ・レギアがあり、ここがダキアの旧都だったと、ほぼ確認されている。

サルーム Salûm［エッサルーム As-Sallüm；ソルム Sollum］［古代：Catabathmus Magna カタバトムス・マグナ；アラビア語：El Sollum エル・ソルム］（エジプト）

エジプト北西部の村。*アレクサンドリア¹（Alexandria）の西440kmに位置し、*地中海（Mediterranean Sea）に面した入り江、サ

714　サルモネミ

ルーム湾に臨む。第2次世界大戦中、北アフリカ方面作戦において砂漠地帯の重要な基地となり、順に*イタリア (Italy)、*イギリス（United Kingdom）、*ドイツ（Germany）に制圧され、のちに再びイギリスに占領された。

サルモネ岬 Cape Salmone ⇒プラカ岬 Pláka, Cape

ザールラウテルン Saarlautern ⇒ザールルイ Saarlouis

ザールラント Saarland ［ザール Saar, ザール保護領 Saar Territory, ウェストマルク Westmark］ ［仏：Sarre サール；独：Saargebiet ザール地域〔ザールゲビート〕］（ドイツ）

ドイツ南西部の州。*フランス（France）と境界を接し、ザール川の流域にある。州都は*ザールブリュッケン（Saarbrücken）。1957 年にドイツ連邦共和国の 10 番目の州となる。州成立以前、この地方には政治的結束がほとんどなかった。1797 年、*カンポ・フォルミオ（Campo Formio）条約により、かつてフランス領だった地域、すなわちザールブリュッケン伯領およびプファルツ・ツワイブリュッケン（Zweibrücken）公国がフランスに割譲される。だがこの地域は 1815 年の*パリ（Paris）条約により、*バイエルン（Bavaria）と*プロイセン（Prussia）の間で分割された。その後 1919 年より 15 年間、ザール炭田が国際連盟の委任統治下でフランスに割り当てられ、1935 年に住民投票によってドイツに返還される。ヒトラーは 1940 年にこの地域を*ロレーヌ（Lorraine）に併合し、ウェストマルクと呼んだ。第 2 次世界大戦中、1944 年 12 月のザール川沿いの戦いをはじめ、激戦の舞台となる。1945 年にはフランスに占領され、フランスによる

経済的統合の折衝が行なわれたが、1957 年に経済的にも西ドイツに統合された。

サールリーブル Sarrelibre ⇒ザールルイ Saarlouis

サールルイ Sarrelouis ⇒ザールルイ Saarlouis

ザールルイ Saarlouis ［旧名：Saarlautern ザールラウテルン, Sarrelibre サールリーブル；仏：Sarrelouis サールルイ］（ドイツ）

*ザールラント（Saarland）州の町。*ザールブリュッケン（Saarbrücken）の北西、フランスとの国境附近に位置し、ザール川に臨む。現在の町の名は、1680 年にここに要塞として町を築いたフランス国王ルイ 14 世に由来する。要塞はボーバンによって設計され、フランス領ザールの中心地となり、フランス革命中はサールリーブルと呼ばれた。1815 年に*プロイセン（Prussia）に割譲され、1889 年には要塞が破壊された。1936 ～ 1945 年まで町はザールラウテンと呼ばれた。ナポレオン軍の元帥ミシェル・ネイの生地。

サレ Salé ［アラビア語：Sla スラ］（モロッコ）

モロッコ北西部の都市。ブー・レグレグ川の河口、首都*ラバト¹（Rabat）の対岸に位置し、大西洋に臨む。11 世紀に築かれ、中世にモロッコ沿岸の主要港となった。共和国として独立していた 17 世紀に「サレの海賊」として名高いバーバリ地方の海賊が好んで拠点とした。イングランド軍およびフランス軍の攻撃に耐えた。⇒バーバリ諸国 Barbary States

サーレ Saare ⇒サーレマー Saaremaa

ザレク Zarek ⇒ブレムベルク Bremberg

サーレマー Saaremaa ［サーレ Saare］［独：Ösel エーゼル；ロシア語：Sarema サレマ；スウェーデン語：Ösel エーゼル］（エストニア）
＊バルト海（Baltic Sea）東部の島。エストニア西岸沖、リガ湾の北西に位置する。1227年にリボニア帯剣騎士団によって征服され、ドイツ騎士団の支配下におかれるが、1560年に＊デンマーク（Denmark）に割譲され、1645年には＊スウェーデン（Sweden）領となった。その後1721年に＊リボニア（Livonia）の一部となり、同時に＊ロシア（Russia）に統合される。1918年にエストニアの領土となった。

サレマ Sarema ⇒**サーレマー** Saaremaa

サレーミ Salemi ［古代：Halyciae ハリュキアエ］（イタリア）
＊シチリア（Sicily）島西部、トラパニ県の町。トラパニの南東34kmに位置する。オリーブオイルと、近隣にある砂岩の採石場で知られる。3～6世紀の複数のキリスト教聖堂、またノルマン時代の城跡がある。1860年5月14日、ガリバルディはここで自らがシチリアの支配者であることを宣言した。

サレルヌム Salernum ⇒**サレルノ** Salerno

サレルノ Salerno ［古代：Irnthi イルンティ, Salernum サレルヌム］（イタリア）
イタリア南部、＊カンパニア（Campania）州サルレノ県の県都。＊ナポリ（Naples）の東南東46kmに位置し、サルレノ湾に臨む。初めはギリシア人の入植地で、前195年頃にローマの植民市となった。都市の名は塩を意味するラテン語の「サル」と市内を流れる川「イルノ」に由来する。6世紀にランゴバルト族の国＊ベネベント（Benevento）公国に併合され、839～1076

年は独立の侯国となるが、1076年にノルマン人ロベール・ギスカールに占領された。10世紀にサレルノに創立された有名な医学校はギスカールの力で発展し、11世紀に最盛期を迎える。その後は12世紀から閉校となる1817年まで名門大学とされた。1150年頃に書かれた医学読本『レジメン・サニタティス・サレルニタトゥム（サレルノ養生訓）』は中世の時代に広く普及した。「朝食後にしばし散策を、夕食後にしばし休息を」など、その養生訓の多くは現在も用いられている。1194年、ホーエンシュタウフェン家に略奪され、1419年にコロンナ家、さらにオルシニ家などに割譲されたのち、ナポリ王国に返還された。9世紀建造のシチリア・ノルマン様式の大聖堂には11世紀作の青銅の扉、12世紀に造られた説教壇、そしてローマから逃れて1085年にこの地で客死した教皇グレゴリウス7世の墓や、アンジュー家のマルグリッドの墓がある。また、使徒聖マタイのものと伝えられる墓もある。第2次世界大戦中の1943年9月、連合国軍の上陸作戦後、サレルノの浜はドイツ軍と連合国軍による激戦の舞台となった。

サロップ Salop （イングランド）
＊ウェールズ（Wales）に接する現在の＊シュロップシャー（Shropshire）州の別称で旧正式名。州都は＊シュルーズベリー（Shrewsbury）。

サロップスベリ Salopsbury ⇒**シュルーズベリー** Shrewsbury

サロドゥルム Salodurum ⇒**ゾロトゥルン** Solothurn

サロナ Sálona ⇒**アンフィッサ** Amphissa

サローナ Salona ［ソリン Solin］［古代・ビザンツ：Salonae サロナエ］（クロアチア）
*ダルマチア（Dalmatia）の古代都市。後継都市である現在の*スプリト（Split）の北東5kmに位置する。前78年に築かれた重要なローマ植民市で、前1世紀にはローマ属州*イリュリクム（Illyricum）の州都とされた。アドリア海に臨むこの港湾都市は、後年ディオクレティアヌス帝の居所となり（後305～後313）、同帝の宮殿がサローナの南5kmに位置するスパラトゥム〔現*スプリト（Split）〕に築かれた。その後、639年にアバール人が侵攻してくると、スパラトゥムはサローナ住民の避難先となった。広大なサローナの遺跡は現在までにその一部が発掘されている。

サロナエ Salonae ⇒サローナ Salona

サロニカ Salonica/Salonika ⇒テッサロニキ Thessaloníki

サロニキ Saloniki ⇒テッサロニキ Thessaloníki

サワリア Savaria ⇒ソンバトヘイ Szombathely

サワンカローク Sawankhalok ［Savankalok；Swankalok］（タイ）
タイ北部、スコータイ県の町。*スコータイ（Sukhothai）の北32kmに位置し、ヨム川に臨む。1800年頃に現在の地点に建設された。町の北方10kmほどの地点にかつて市壁で囲まれていた旧サワンカロークの遺跡がある。旧都は国内で最も重要な3寺院の一つで知られている。

サーワントワーディ Sawantwadi ⇒サーバントバーディ Savantvadi

サン・アグスティン・デ・イレスタ San Agustin de Isleta ⇒イスレタ Isleta（ニューメキシコ）

サン・アグスティン・デ・タルカ San Agustín de Talca ⇒タルカ Talca

サン・アグスティン・デ・ラス・クエバス San Agustín de las Cuevas ⇒トラルパン Tlalpán

サン・アンジェロ San Angelo（合衆国）
*テキサス（Texas）州中西部の都市。*アビリーン[2]（Abilene）の南南西123kmに位置する。1866年に建設されたコンチェ砦（現在は博物館となっている）の周囲に発展した。1870年代には、畜牛の移送経路、また陸上交通の中心にある辺境の町として活況を呈し、1888年の鉄道開通後はさらに急成長した。現在は畜産市場の一大拠点であり、灌漑農場、油田およびガス田がある。

サン・アントニオ[1] San Antonio（フィリピン）
*ルソン（Luzon）島のサンバレス州南西部にある都市。*マニラ（Manila）の北西104kmに位置する。第2次世界大戦中の1945年1月29日、この都市とサンナルキッソとの中間地域にアメリカ遠征軍が上陸した。

サン・アントニオ[2] San Antonio ［旧名：San Antonio de Béjar サン・アントニオ・デ・ベハール］（合衆国）
*テキサス（Texas）州中南部の都市。*オースティン（Austin）の南西120kmに位置する。広大な農業地帯にある商業の中心地で、極めて多くの軍事施設がおかれているが、市街にはスペイン風の趣がある。インディアン集落の存在は長らくスペイ

ン人に知られていたものの、入植が始まったのは 1718 年にマルティン・デ・アラルコンがここにベハール砦とサン・アントニオ・デ・バレロ伝道教会〔のちの*アラモ（Alamo, The）砦〕を築いてからだった。

1731 年に初の民間人共同体が設立されて、サン・フェルナンドと命名され、1795 年頃に、三つの植民地が統合されてサン・アントニオとなる。1835 年 12 月にテキサス革命が始まると、テキサス軍がアラモ砦を占領し、1836 年 3 月まで占拠していたが、13 日間の包囲戦後にメキシコ軍により皆殺しにされる。南北戦争後に鉄道が開通すると、家畜とくに牛の取引が盛んになり町は発展した。メキシコ系アメリカ人が多く、1750 年頃建設された総督邸やアラモ砦など、スペイン統治時代の遺物が今も遺る。

サン・アントニオ・デ・ベハール San Antonio de Béjar ⇒サン・アントニオ **San Antonio**（合衆国）

サン・アンドレス・トゥストラ San Andrés Tuxtla ［旧名：Los Tuxtlas ロス・トゥストラス］（メキシコ）

メキシコ中南部、ベラクルス州南東部の都市。*ベラクルス[1]（Veracruz）の南東 144km に位置する。西暦 300 年頃〜600 年頃にかけて存在した古代文明、*マヤ帝国（Maya Empire）時代の彫刻遺跡が発見されている。

サン・イシドロ San Isidro（フィリピン）

レイテ州の自治体。*レイテ（Leyte）島の北西岸にあり、*タクロバン（Tacloban）の北西 72km に位置する。第 2 次世界大戦中の 1944 年 12 月 7 日、サンイシドロ湾でアメリカ合衆国軍の航空機が日本の護送艦隊を全滅させ、完全勝利を収めた。

サン・イルデフォンソ San Ildefonso ［ラ・グランハ La Granja］（スペイン）

スペイン中部、カスティリア - レオン自治州南部、セゴビア県の町。*マドリード（Madrid）の北西 61km に位置する。1721〜1723 年にかけて、フェリペ 5 世によりこの地にベルサイユ宮殿を模した夏の王宮ラ・グランハ宮が築かれ、1724 年にこの王宮でフェリペ退位の儀が執り行なわれた。フランス革命戦争中の 1796 年、*イギリス（United Kingdom）に対する*フランス（France）とスペインの同盟条約がこの王宮で調印され、さらに 1800 年にはイタリア内の領土と引き換えに*ルイジアナ（Louisiana）をナポレオン 1 世に譲渡する秘密条約が同宮で調印される。1832 年、フェルディナンド 7 世が国事勅書をここで廃止し（廃止により女性の王位継承が認められた）、1836 年には国母である摂政クリスティーナがカディス憲法の回復を受諾した。1918 年、火事により王宮の一部が焼失した。

サーン・イル - ハガル Šān al-Ḥaǧar ⇒タニス **Tanis**

サン・エリザリオ San Elizario（合衆国）

*テキサス（Texas）州西部、エル・パソ郡の村。*エル・パソ（El Paso）の南東 21km に位置し、リオグランデ川に臨む。テキサスで最も古い入植地の一つで、1680 年代に砦の町として建設された。1877 年に、近郊の塩湖の使用権をめぐってメキシコ系アメリカ人とイギリス系アメリカ人との間に、塩戦争と呼ばれる暴動が起こったが、その際、局地的な戦いの舞台となった。かつてはエル・パソ郡の郡庁所在地だった。

サン・オーガスティン San Augustine（合衆国）

*テキサス（Texas）州東部の町。ラフキン

の東北東59kmに位置する。1716～1719年まで、また1721～1773年までスペインの伝道所があり、1756～1773年まではスペイン領とフランス領の境界を守る砦があった。1818年にイギリス系アメリカ人が入植を始めた。

サンカ Sanquhar （スコットランド）

スコットランド南部、ダンフリーズ・アンド・ガロウェイ州の村。ダンフリーズの北西38kmに位置する。1680年に盟約者リチャード・キャメロンが、次いで1685年に同じく盟約者のジェイムズ・レンウィックがチャールズ2世およびジェイムズ7世（イングランド王としてはジェイムズ2世）への臣従拒否を表明した「サンカ宣言」は、この村の十字塔に掲示された。十字塔のあった場所に、現在は記念碑がある。サンカの南南東4kmの位置にあるエリオックの村には城の廃墟がある。

山海関 ⇒ シャンハイコワン〔山海関〕Shanhaiguan （中国）

サンカサシャ Sankisa ⇒ ファルーカバード Farrukhabad （インド）

サン・ガブリエル San Gabriel （合衆国）

*カリフォルニア（California）州南部、ロサンゼルス郡の都市。*ロサンゼルス（Los Angeles）中心街の東方14kmに位置する。植民地開拓の足がかりとして1771年に創設されたサンガブリエル大天使伝道所には、貴重な絵画や遺物が多数所蔵されている。地震のあと、1812年に再建された。毎年フェスティバルが開催される。

サン-ガル Saint Gall ⇒ ザンクト・ガレン Saint Gall

サン・カルロス・デ・アンクー San Carlos de Ancud ⇒ アンクー Ancud

サン川 San River （ポーランド）

全長395kmの川。*カルパティア山脈（Carpathian Mountains）から北西に流れ、ポーランド南東部で*ビスワ川（Vistula River）に合流する。第1次世界大戦中の1915年5月、この川を挟んで複数の戦いが行なわれた。

サン-カンタン Saint-Quentin ［古代：Augusta Viromanduorum アウグスタ・ウィロマンドゥオルム］（フランス）

フランス北部、エーヌ県の都市。*パリ（Paris）の北東128kmに位置し、*ソンム川（Somme River）に臨む。起源はローマ時代にさかのぼり、3世紀にこの地に埋葬された殉教者の一人にちなんで改称された。1080年に勅許を受けて、中世に*ベルマンドワ（Vermandois）の中心地となり、1191年にフランスの国王直轄領とされた。中世の時代には芸術と文学で知られ、羊毛産業が盛んなことでも有名だった。

また、昔から数多くの軍事行動の舞台となってきた。主なものとして、宗教戦争中に起こった1557年のスペインとの戦い、プロイセン・フランス戦争中の1870年と1871年の二つの重要な戦いがある。また、第1次世界大戦中の1918年9月～10月には、イギリス軍がこの地に敷かれたドイツ軍の防衛線を突破して決定的な勝利を収め、間もなくドイツは休戦を求めることとなった。13～15世紀に創建されたゴシック様式の教会、16世紀建造の市庁舎が遺る。パステル画家のモーリス・カンタン・ド・ラ・トゥールの生地。

サン・ククイルコ San Cuicuilco ⇒ トラルパン Tlalpán

サンクティ・スピリトゥス Sancti Spiritus（キューバ）

キューバ中部の都市。*サンタ・クララ[1]（Santa Clara）の南東72kmに位置する。キューバ内陸部の最古の都市で、1516年に建設され、今も植民地時代の街路、広場、教会が遺る。1516年にバルトロメ・デ・ラス・カサスがここで先住民に対する宥和を説いた。19世紀にはキューバの主要都市とされ、1958年、カストロ軍に占領された最初の都市となった。

ザンクト・ガレン Saint Gall ［仏：Saint-Gall サン - ガル；独：Sankt Gallen ザンクト・ガレン］（スイス）

スイス北東部の州。北は*アッペンツェル（Appenzell）州とコンスタンツ湖、東は*ライン川（Rhine River）と接する。州都は同名の都市ザンクト・ガレンで、*チューリッヒ（Zurich）の東62kmに位置する。初期の伝道者であるアイルランド人修道士、聖ガルスの隠遁所だった小屋を719年に聖オトマールが修道院に改修し、それがこの地名の由来となった。同州および都市は、中世初期に、アルプス以北における学問の重要拠点となった。大修道院は750年に再建され、併設される図書館には有名な中世の文書が現在も保管されている。中でも最も有名な『ザンクト・ガレン大修道院平面図』は、ローマ時代の都市計画に基づいた修道院の総合設計図であり、675年頃に完成されて、その後、作業所・居室・厨房・排下水設備・診療所・管理所・研究所などの機能を備えた中世の新たな設計案と融合された。この設計案は近代の修道院の模範となっている。

　13世紀初期までザンクト・ガレン大修道院長によって統治されたが、その後、自由帝国都市となり、大修道院長は*神聖ローマ帝国（Holy Roman Empire）の侯爵に叙せられた。1453年、都市は大修道院長に反逆し、スイス連邦と同盟を結ぶ。1803年、ナポレオン調停法の下でスイス連邦の1州として統合され、1846年から司教区とされている。また、中世の時代から織物産業で知られている。

ザンクト・ゴアール Sankt Goar（ドイツ）

*ラインラント - プファルツ（Rhineland-Palatinate）州の町。*ライン川（Rhine River）の左岸、*ローレライ（Lorelei）附近のザンクト・ゴアールハウゼンの対岸にあたる地点にあり、ボッパルトの南東13kmに位置する。古い町の上にはラインフェルス城塞が聳えるが、この城塞は1797年にフランス軍によって破壊された。町は1497年に*ヘッセン（Hesse）方伯領とされ、その後1567～1583年まで独立した領邦ヘッセン - ラインフェルス方伯領の一部となった。同方伯領は後に2分され、それぞれヘッセン - ダルムシュタット方伯領とヘッセン - カッセル方伯領とに併合された。

ザンクト・ゴットハルト峠 Saint Gotthard Pass ［独：Sankt Gotthard ザンクト・ゴットハルト；仏：Col du Saint-Gothard サン・ゴタール峠；伊：Passo del San Gottardo サン・ゴッタルド峠］（スイス）

スイス南東部、レポンティーネ・アルプスの峠。ルイス川、*ライン川（Rhine River）、ティチーノ川、*ローヌ川（Rhône River）の水源地。中世の時代から往来の多い重要な峠で、もともとこの峠に続く経路は永久同盟3州によって防御されていた。遅くとも14世紀までには、ここに旅行者の救護のために宿泊所が設立されていた。この宿泊所は1800年にフランス軍によって破壊され、その後再建されたが、1905年に完全に焼失した。

ザンクト・ファイト・アム・プフラウム
Sankt Veit am Flaum ⇒リエカ Rijeka

ザンクト・ファイト・アン・デア・グラン
Sankt Veit an der Glan（オーストリア）

オーストリア南部の町。*クラーゲンフルト（Klagenfurt）の北16kmに位置し、グラン川に臨む。16世紀まで*ケルンテン（Carinthia）公国の首都とされた城壁に囲まれたこの町には14世紀創建の教会や1468年に建てられた市庁舎、重要な博物館が遺る。シュッセルブルンネンの噴水にはローマ時代の町ウィルヌムにあった大きな大理石の水盤が使われている。この地域にはホッホオスタービッツ城をはじめ、注目すべき城郭が多数ある。高い岩山の頂上に山塊の一部をなすように立っているホッホオスタービッツ城は、トルコ軍の侵攻を防ぐために建造された城塞で、14カ所の城門を備える。

ザンクト‐フィート **Saint-Vith**［独：Sankt Vith ザンクト・フィート］（ベルギー）

リエージュ州の町。ドイツ国境附近のマルメディ地域にあり、*リエージュ（Liège）の南東56kmに位置する。かつてはドイツ領だったが、1919年にベルギーに割譲され、第2次世界大戦中に道路と鉄道の合流点として重要な役割を果たした。1944年12月のバルジの戦いによってドイツ軍に占領され、1945年1月にアメリカ軍によって奪還された。

サンクト・ペテルブルグ **Saint Petersburg**［旧名：1914～1924年：Petrograd ペトログラード：1924～1991年：Leningrad レニングラード］（ロシア）

ロシア北西部の都市。フィンランド湾東端のネバ川両岸と河口のデルタ地帯に位置する。古くからロシアの領土で、9世紀に*ノブゴロド（Novgorod）公国の一部となった。ゲルマン人とスウェーデン人の王がこの地をめぐって絶えず争ったが、最終的には1700～1721年の大北方戦争において、ピョートル大帝がスウェーデン軍を撃破し、*バルト海（Baltic Sea）に通じる出口、さらに*北海[1]（North Sea）および大西洋に通じる出口を確保した。1703年5月16日、ピョートルはこの地を固守するためザヤチ島にペトロパブロフスク要塞の礎石を置いたところから、この日が同市の建都記念日とされている。

ピョートル大帝はこの都市を西側の気質を備えた「ヨーロッパへの窓」とすることを意図し、市街の大半を完全な石造りとした。また1712年までには*モスクワ（Moscow）からこの地への帝都移転を合理的と判断した。国際的な文化の中心地となったサンクト・ペテルブルグには芸術家、作家、作曲家、音楽家らが集り、19世紀後半～20世紀初期にかけて最盛期を迎えた。また*アルハンゲリスク（Arkhangelsk）に替わり、北の主要港の地位を得た。

1905年、十二月党員（デカブリスト）が蜂起するが、失敗に終わる。1914年にはペトログラードと改称された。1917年、同市はロシア革命の中心地となり、革命は成功する。1918年には首都が再びモスクワに戻され、ペトログラードの政治的重要性はほとんど失われたが、依然モスクワと並ぶ文化都市の地位を維持し、1924年にレニングラードと改称された。

1941年9月8日、ヒトラーのソ連侵攻後、ドイツ軍はこの都市を孤立させ、包囲網を敷いた。ドイツ軍の激しい空爆と絶え間ない攻撃に晒されながらも防衛軍は抵抗を続けるが、包囲戦の間少なくとも100万人が戦闘、飢え、寒さ、孤立による極度の困難のために命を落とした。レニン

グラードは凍結した＊ラドガ湖（Ladoga, Lake）を通じて持ち込まれる物資によって872日間持ちこたえ、1944年1月27日、ドイツ軍の包囲から解放された。以来、都市は大規模に再建されている。多数の価値ある建築物や文化財が遣り、その例としては冬宮、エルミタージュ美術館、ファルコネ作の堂々たるピョートル大帝騎馬像、アレクサンドル・ネフスキー修道院、芸術アカデミー、タブリーダ宮殿などが挙げられる。1991年のソビエト連邦崩壊を受けて、同市は再びサンクト・ペテルブルグと改称された。
⇒ガッチナ Gatchina, プーシキン Pushkin

ザンクト・ペルテン Sankt Pölten ［古代：Aelium Cetium アエリウム・ケティウム］（オーストリア）

オーストリア北東部、＊ニーダーエスターライヒ〔下オーストリア〕（Lower Austria）州の州都。＊ウィーン（Vienna）の西48kmに位置。ローマ時代の町の跡に聖ヒッポリュトスを記念する大修道院が創建された。1159年に勅許を与えられ、司教座がおかれる。11世紀に創建され18世紀に再建されたロマネスク様式の大聖堂や16〜17世紀にかけて建設された市庁舎がある。

ザンクト・ボルフガング Sankt Wolfgang（オーストリア）

＊オーバーエスターライヒ〔上オーストリア〕（Upper Austria）州の町。＊バート・イシュル（Bad Ischl）の西13kmに位置し、＊ザルツカンマーグート（Salzkammergut）地方の美しいボルフガング湖の湖畔にある。白馬亭で有名だが、この町のゴシック様式の教会には1481年にミヒャエル・パッハーが精緻な彫刻を施した祭壇が遣る。また、町は古い巡礼路上にある。

ザンクト・モリッツ Sankt Moritz ⇒サン・モリッツ Saint Moritz

ザンクト・ヨアヒムシュタール Sankt Joachimstal ⇒ヤーヒモフ Jáchymov

ザンクト・ラーデグント Saint Radegund ［Sankt Radegund］（オーストリア）

オーストリア北部、オーバーエスターライヒ〔上オーストリア〕（Upper Austria）州の村。ブラウナウ・アム・インに近く、＊ザルツブルク（Salzburg）の北48kmに位置する。1370年頃、＊バイエルン（Bavaria）公大シュテファンの庇護の下で建設された。1420年、ここにシトー会修道院が創建された。1943年、この村の住人、フランツ・イエーガーシュテッターがナチスドイツの兵役を拒否して抵抗を示し、同年中にベルリンで処刑された。村にはイエーガーシュテッターの記念館がある。

サングリー Sangli ［ナチャパンダーリ Natyapandhari］（インド）

インド西部、＊マハラシュトラ（Maharashtra）州南部の都市。＊プネー（Pune）の南208kmに位置し、＊クリシュナ川（Krishna River）に臨む。＊チャールキヤ朝（Chalukya Empire）の都として、かつてサングリー県に属した。市内の歴史あるガナパティ寺院には、世界中の敬虔な信者が集まっている。

サン・クリストバル San Cristóbal （ドミニカ共和国）

ドミニカ共和国南部の都市。＊サント・ドミンゴ[1]（Santo Domingo）の西南西40kmに位置する。この地で金を発見したスペイン人入植者によって、1575年に築かれた。1844年に最初のドミニカ憲法がここで署名され、1891年に、のちの独裁者ラファ

エル・トルヒーヨがここで生まれたため、重要な都市とされた。

サン・クリストバル・デ・ラ・アバナ San Cristóbal de la Habana ⇒ハバナ Havana

サン・クリストバル・デ・ラス・カサス

San Cristóbal de Las Casas 〔旧名：Ciudad Real シウダード・レアル〕（メキシコ）

メキシコ南部、*チアパス（Chiapas）州中部の都市。標高 2,100 メートルのチアパス高地にあり、トゥストラの東方 51km に位置する。1530 年に建設されビジャ・レアルと命名されるが、先住民を保護した初代教区司教バルトロメ・デ・ラス・カサスにちなんで、のちに改称された。16 世紀と 17 世紀に建てられたサント・ドミンゴ教会がある。ほかに名所としては、劇場、芸術科学研究所、大聖堂などが挙げられる。1891 年まで州都。インディオが制作する銀の鞍が有名。

サン - クルー Saint-Cloud （フランス）

フランス北部、オード・セーヌ県の町。*パリ（Paris）郊外、*セーヌ川（Seine River）に臨む。町名はクロービス 1 世の孫で、6 世紀にここに修道院を創設した聖クロドアルド（クルー）に由来する。1572 年に建てられ、シャルル 10 世、ナポレオン、ナポレオン 3 世など多くのフランスの為政者の住居となった王宮の廃墟がある。1589 年にはアンリ 3 世がここで殺害された。ナポレオンは 1804 年にこの宮殿で帝政を宣言し、ナポレオン戦争中の*ワーテルロー（Waterloo）戦役では、ゲプハルト・フォン・ブリュッヘル元帥の司令部がこの町におかれた。王宮はプロイセン・フランス戦争中の 1870 年に破壊された。

ザンクレ Zancle ⇒メッシーナ Messina

サン・クレメンテ San Clemente （合衆国）

*カリフォルニア（California）州南西部の都市。*ロサンゼルス（Los Angeles）の南東に位置する。1969 ～ 1974 年まで第 37 代アメリカ大統領を務めたリチャード・M・ニクソンは、1974 年 8 月 9 日に辞任に追い込まれるまで、西のホワイトハウスと称される邸宅をここに所有していた。

サン - クロード Saint-Claude （フランス）

フランス東部、*フランシュ - コンテ（Franche-Comté）のジュラ県にある町。*ジュネーブ（Geneva）の北西 30km、ビエンヌ川とタコン川の合流点に位置する。ローマ帝国支配下のガリア時代に起源を持つ歴史ある町で、その名は、7 世紀にこの地で没した*ブザンソン（Besançon）の司教クロードに由来する。14 ～ 18 世紀にかけて築かれた大聖堂には、15 世紀に造られた聖歌隊席が備えられているが、この聖歌隊席は、現在は取り壊された 5 世紀創建の大修道院にあったものである。

珊瑚海〔コーラル海〕Coral Sea

太平洋南西部の縁海。*ソロモン諸島（Solomon Islands）の南、*オーストラリア（Australia）の東から*ニューギニア（New Guinea）まで広がる。第 2 次世界大戦中、1942 年 5 月 4 日～ 8 日までニューギニアの*ポート・モレスビー（Port Moresby）を目指していた日本軍をアメリカ軍の艦隊が迎え撃ち、海戦と空中戦の場となった。

サン - ゴタール峠 Col du Saint-Gothard ⇒ザンクト・ゴットハルト峠 Saint Gotthard Pass

サン・ゴッタルド峠 Passo del San Gottardo ⇒ザンクト・ゴットハルト峠 Saint Gotthard Pass

サン - ゴバン Saint-Gobain （フランス）
フランス北部、エーヌ県の村。*ラン¹
(Laon) の北西 11km に位置する。1685 年
に創設された鏡と光学ガラスの工場で知
られ、また第 1 次世界大戦中は、1918 年
10 月まで、*ヒンデンブルク線 (Hindenburg
Line) 上のドイツ軍の重要な防御拠点とさ
れた。

サン・ゴン Saint Gond ⇒セザンヌ Sézanne

サン・サクラマン湖 Lac Du Saint Sacrement ⇒
ジョージ湖 George, Lake

サンサポール Sansapor （インドネシア）
*ニューギニア (New Guinea) 島の*イリア
ン・ジャヤ (Irian Jaya) 北西部、ドベライ半
島北西岸にある村。第 2 次世界大戦中の
1944 年 7 月 30 日、アメリカ軍がここに上
陸した。アメリカ軍は日本軍の意表をつ
き、わずかな時間で村を確保すると、そ
の直後、さらに進撃して*モロタイ (Morotai)
島を攻略した。

サン・サルバドル¹ San Salvador ［旧名：
Guanahani グアナハニ, Watling ウォットリング,
Watlings Island ウォットリング島］（バハマ）
イギリス領*西インド諸島 (West Indies) 北
部の島。*ナッソー (Nassau) の東南東
320km に位置する。先住民にグアナハニ
と呼ばれていたが、コロンブスによりサ
ン・サルバドルと改称された。コロンブ
スは 1492 年 10 月 12 日に発見したこの島
に新大陸探検の第一歩を記した。初認陸
地は島の南東に位置する小島、ハイ・ケ
イの白い断崖だった。一方、実際のコロ
ンブスの上陸地点である島の南西岸には、
記念の十字架が立っている。

サン・サルバドル² San Salvador （エルサルバ
ドル）
エルサルバドルの首都。また国内最大の
都市。ラ・リベルタードの港から 37km
の地点にあり、*グアテマラ・シティ
(Guatemala City) の南東 176km に位置する。
16 世紀初期に火山の斜面に建設され、地
震の被害を多数受けてきた。最も被害が
甚大だったのは 1854 年と 2001 年の地震
である。1831 ～ 1838 年まで*中央アメリ
カ連邦 (United Provinces of Central America) の
首都がおかれた。震災で首都が一時的に
移転された 1854 ～ 1859 年までの期間を
のぞき、1841 年から現在までエルサルバ
ドルの首都とされている。パンアメリカ
ン・ハイウェイが横貫する、国内の金融・
商工業の中心地。1980 年 12 月 4 日、サン・
サルバドル近郊で、アメリカから来訪し
た修道女三人が政府軍により殺害され、
後日、エルサルバドル国家保安部隊の隊
員 5 人がこの犯行に対して有罪判決を受
けた。

サン・サルバドル³ São Salvador （ブラジル）
⇒サルバドル Salvador

**サン・サルバドル・ダ・バイア・トドス・
オス・サントス** São Salvador da Bahia de
Todos os Santos ⇒サルバドル Salvador

サンサルバドル・デ・バヤモ San Salvador
de Bayamo ⇒バヤモ Bayamo

サン・サルバドル・デ・フフイ San Salvador
de Jujuy ⇒フフイ Jujuy

サン・サルバドル・ド・コンゴ São Salvador
do Congo ⇒ムバンザ・コンゴ M'banza
Congo

サンシエル

サン・ジェルマーノ San Germano ⇒カッシーノ Cassino

サン‐ジェルマン‐アン‐レー Saint-Germain-En-Laye （フランス）

フランス中北部、イブリーヌ県の町。＊パリ（Paris）の西北西18kmに位置し、＊セーヌ川（Seine River）に臨む。現在は保養地で、フランス革命以前に王宮だった城が、紀元前の遺物を所蔵する博物館として利用されている。ルイ14世はこの城で生まれ、フランスに亡命してきたメアリー・スチュアートと＊イングランド（England）王ジェイムズ2世はこの城を使用した。ジェイムズ2世はここに埋葬されている。12世紀に初めてルイ6世によって建てられたこの城は、1346年にイングランド軍の焼き討ちに遭い、その後再建された。ここで1570年、1632年、1679年と複数の条約が調印され、最近では第1次世界大戦終結時の1919年に＊オーストリア（Austria）とのサン‐ジェルマン条約が結ばれている。クロード・ドビュッシーの生地。

三司教領 ⇒レ・トロワ・ゼベシェ〔三司教領〕Les Trois-Évêchés （フランス）

ザンジバル Zanzibar （タンザニア）

アフリカ東海岸沖のインド洋に浮かぶ島の町の名、またザンジバル諸島とトゥンバトゥ島のサンゴ礁の島々からなる地域の名。1世紀頃にはすでにアラビア地域、イランのペルシア湾岸地域〔特に＊シーラーズ（Shīrāz）〕、＊インド（India）西部からの貿易商が自然の良港（現在のザンジバル）から上陸していたものと思われる。11〜12世紀にかけてペルシア湾岸の貿易商が定住、アフリカに従来から住んでいた民族との混血が進んだ。そこからアフリカ内外の血の混じる二つの氏族による

支配が始まった。

初めてこの地を訪れたヨーロッパ人はポルトガル人のバスコ・ダ・ガマで、1499年のことだった。1503年にはポルトガルがザンジバルとアフリカ大陸東岸の大半を支配していた。しかし、1698年には＊オマーン（Oman）からきたアラブ人がポルトガル人を追放する。アラブ人の一人サイイド・サイード・ビン・スルターン・アル‐サイード（在位1806〜56）は東アフリカでの貿易の可能性を見込んで、1841年に宮廷をザンジバルに移転、原住民を東方に強制移住させるか、クローブ農園で強制労働させるかした。ザンジバルは象牙と奴隷貿易の中心になり、サイイドはさらにアフリカ大陸東岸の支配を拡大していった。オマーン人が組織する隊商が内陸を目指し、その多額の資金源は在住インド人だった。インド人の多くは＊ムンバイ（Mumbai）の企業の代理人だった。

1841年からはイギリスの代表がスルタンに助言するなどの干渉を始める。1890年にイギリスがドイツとアフリカの広大な地域を2国間で分け合う協定を結び、この地域をイギリス保護領とするとその影響力が強まった。イギリス支配下ではアラブ民族が他民族より優遇され、スルタン国はほぼ有名無実でありながら維持された。1963年にザンジバルは元首も首相もアラブ人の独立国家となった。しかし1964年に左翼のアフリカ系黒人がアラブ人政府を打倒し共和国を宣言する。スルタンは亡命、領地は国有化され、二つの主要なアラブ系の党は禁圧される。革命評議会とアフリカ系黒人のアフロ・シラジ党が独裁政治を行なった結果、多くのアラブ人とインド人が国を出た。1964年、ザンジバルと＊タンガニーカ（Tanganyika）が合併し、＊タンザニア（Tanzania）

連合共和国が誕生した。

サン・ジミニャーノ San Gimignano （イタリア）

イタリア中西部、*トスカナ（Tuscany）州、シエナ県の町。*シエナ（Siena）の南西29kmに位置する。美しい中世の町で、4世紀にこの地域を異邦人の支配から解放した司教、聖ジミニャーノにちなんで命名された。13世紀の市壁、ポポロ宮、ポデスタ宮、また中世に建てられた72の塔のうち13の塔、諸宮殿、美術の結晶である12世紀の大聖堂、ベノッツォ・ゴッツォリのフレスコ画を有する13世紀創建の聖アゴスティーノ教会がある。12～13世紀にかけてのフィレンツェ、ピサ、シエナ間によるトスカナ支配権争いの間、この町はかろうじて平衡を保ち独立を守った。1250年までには*フィレンツェ（Florence）に屈し支配を許していたが、再び自由を得る。ゲルフ党対ギベリン党の争いの渦中におかれ、1300年にはダンテがここでゲルフ党を支持する演説を行なった。1350年には再びフィレンツェに占領される。かつてサンジミニャーノの互いに反目する諸貴族が、それぞれ自己の権力の象徴として建てた塔の群れは、遠方から見た現代アメリカの都市にも似ている。

サン・ジャシント川 San Jacinto River （合衆国）

*テキサス（Texas）州の古戦場。*ヒューストン（Houston）の東26km、ガルベストン湾につながるサン・ジャシント川の河口附近に位置する。1836年4月21日、現在国定史跡となっているこの場所で、サム・ヒューストン率いるアングロ - テキサス軍が、サンタ・アナ麾下のメキシコ部隊に対して決定的勝利を収め、テキサスの独立を勝ち取った。

⇒ディアパーク Deer Park （テキサス）

サン・シャルル Saint Charles （カナダ）

*ケベック[2]（Quebec）州南部の村。サンティアサント〔セント・ハイアシンス〕の西北西22kmに位置し、リシュリュー川に臨む。1837年にローワー・カナダ反乱の中心地となり、同年10月、ここで6地域同盟（リシュリュー、サンティアサント、ルービル、アカディア、シャンブリー、ベルシェールの6地域）が宣言されたが、その後反乱軍はイギリス軍によって鎮圧され、村は焼き討ちに遭った。

サン - ジャン Saint-Jean ［セント・ジョンズ Saint Johns］［旧名：Fort Saint-Jean サン - ジャン要塞］（カナダ）

*ケベック[2]（Quebec）州南部の都市。*モントリオール（Montreal）の南東34kmに位置し、リシリュー川に臨む。1748年建造のサン - ジャン要塞（セント・ジョンズ要塞）とそれ以前に築かれた要塞は、17～18世紀にかけて、とりわけアメリカ独立戦争中にイギリス軍の基地として、重要な役割を果たした。1775年にイギリス軍は、ケベック方面作戦遂行中のリチャード・モンゴメリー将軍の進軍を阻止し、同作戦は失敗に終わった。1836年にカナダ初の鉄道が敷設され、*ラプレーリー（Laprairie）を始発とし、サン - ジャンが終着駅となった。

サン - ジャン - ダクル Saint-Jean-d'Acre ⇒アクレ Acre

サン - ジャン - ダンジェリー Saint-Jean-d'Angély （フランス）

フランス西部、シャラント - マリティーム県の町。*サント[1]（Saintes）の北北東24kmに位置し、ブトンヌ川に臨む。現在は商業の中心地となったこの町は、16世

紀の宗教戦争において重要な役割を果たした。プロテスタントの拠点とされ、最終的には 1621 年、ルイ 13 世の包囲攻撃に遭って陥落した。15 世紀の時計塔とルネサンス様式の噴水が遺る。

サンジャン島 Île-Saint-Jean ⇒プリンス・エドワード・アイランド Prince Edward Island

サン - ジャン - ド - モーリエンヌ Saint-Jean-de-Maurienne（フランス）
フランス南東部、サボワ県の町。*シャンベリー（Chambéry）の南東 45km に位置する。古来、アルプスにあるモーリエンヌ渓谷の中心地だったが、6 世紀以降は教会の町となり、現在も司教座がおかれている。1917 年 4 月 19 日、連合国軍の会議が開かれた。町には 15 世紀建造の大聖堂がある。

サン - ジャン - ド - リュズ Saint-Jean-de-Luz（フランス）
フランス南西部、ピレネー - ザトランティック県の町。*ビスケー湾（Biscay, Bay of）に臨む保養地。スペインとの国境に近く、中世には商業の中心地として繁栄し、14 ～ 17 世紀にかけて重要な漁業・貿易港となる。1520 年に*ニューファンドランド（Newfoundland）のグランド・バンクス（タラの大漁場）を初めて開拓したのは、このバスク地方の漁師たちだった。ルイ 14 世は 1660 年に、この町でスペイン国王フェリペ 4 世の娘マリア・テレサと結婚した。16 世紀創建のバスク地方の教会がある。
⇒バスク州〔バスク地方〕Basque Provinces

サン - ジャン - ピエ - ド - ポール Saint-Jean-Pied-de-Port ［バスク語：Donibane Garazi ドニバネ・ガラシ, Donajouna ドナジュナ］（フランス）
フランス南西部、ピレネー - ザトランティック県の村。*バイヨンヌ（Bayonne）の南南東 42km に位置し、ニーブ川に臨む。中世の時代に、村の南西 18km の位置にある*ロンセスバリェス（Roncesvalles）峠を経てスペインに至る街道の、北の終端とされた。村の塁壁と城塞は、ボーバン元帥によって築かれた。1589 年にフランス領となり、フランス領*ナバラ（ナバール）（Navarre）王国の中心地となった。

サン - ジャン要塞 Fort Saint-Jean ⇒サン - ジャン Saint-Jean

サン・ジョゼ・ド・リオ・ネグロ São José do Rio Negrinho ⇒マナウス Manaus

サン - ジル Saint-Gilles（フランス）
フランス南部、ガール県の町。*ニーム（Nîmes）の南南東 19km に位置する。中世には*トゥールーズ（Toulouse）伯の支配下におかれた。エルサレムの聖ヨハネ騎士団が、ヨーロッパにおける騎士団初の小修道院をここに創建した。12 世紀に建てられた教会の西側正面と聖堂地下室のみが今も遺る。

サン - シール - レコール Saint-Cyr-L'ecole（フランス）
フランス北部、イブリーヌ県の町。*ベルサイユ（Versailles）の西 5km に位置する。1685 年、困窮した貴族の子女を教育するため、ルイ 14 世とマントノン夫人によって学校が創設された。1808 年にナポレオンがこれを士官学校に転用するが、第 2 次世界大戦中に破壊され、戦後、士官学校は*ブルターニュ（Bretagne）地方のコエ

キダンに移転された。

サンス Sens [サンス - シュル - ヨンヌ Sens-sur-Yonne] [古代：Agedincum アゲディンクム，Agendicum] (フランス)

フランス北東部、ヨンヌ県北部の町。*オセール (Auxerre) の北西51kmに位置し、ヨンヌ川に臨む。古代ガリアにおけるセノネス族の本拠だったが、前1世紀にローマ軍によって占領され、ローマ支配下の*ガリア (Gallia) における要衝となった。4世紀には司教区とされて、8世紀には大司教座がおかれ、その権限の及ぶ区域にはシャルトルやオルレアンが含まれ、1622年までは*パリ (Paris) も含まれた。731年にサラセン人の、886年にノルマン人の攻撃を受け、1055年にはフランス国王領となる。1121年にここで開かれた会議において、クレルボーのベルナルドゥスが哲学者ピエール・アベラールの教説を糾弾した。また1152年の教会会議で、国王ルイ7世とアキテーヌのアリエノールの婚姻無効が宣言された。ローマを追われた教皇アレクサンデル3世が、1163～1164年までここに避難する。16世紀の宗教戦争中は神聖同盟の拠点となり、1562年にはユグノーの虐殺が起こった。

1130年頃起工された最盛期ゴシック様式の聖エティエンヌ大聖堂は、その大部分が、工匠ギヨーム・ド・サンスの作で、完全にゴシック様式で統一され、ゴシック様式のリブ・ボールト天井が建物全体に用いられた初めての大聖堂である。ギヨーム・ド・サンスは、イングランドの*カンタベリー (Canterbury) 大聖堂の再建にも寄与している。

サンス - シュル - ヨンヌ Sens-sur-Yonne ⇒サンス Sens

ザーンスタット Zaanstad [旧名：Zaandam ザーンダム] (オランダ)

オランダ西部、*ノルトホラント (North Holland) 州の町。*アムステルダム (Amsterdam) の北西10km、ザーン川と北海運河の合流点に位置する。1697年、*ロシア (Russia) のピョートル大帝が当時の造船の中心地であったこの町に住み造船について学んだ。大帝の滞在した小屋が遺る。

サンステファノ San Stefano ⇒イェシルキョイ Yesilköy

さんせい
山西 ⇒シャンシー 〔山西〕 Shanxi (中国)

サン・セバスチャン・ド・リオデジャネイロ São Sebastião do Rio de Janeiro ⇒リオデジャネイロ Rio de Janeiro

サン・セバスティアン San Sebastián (スペイン)

スペイン北部、ギプスコア県の県都。*ビルバオ (Bilbao) の東77km、*マドリード (Madrid) の北北東352kmに位置し、*ビスケー湾 (Biscay, Bay of) に臨む。1014年に都市の名が初めて文献に現われ、12世紀末に勅許を得た。20世紀までスペイン王室の夏の居地とされ、今もなおスペイン有数の保養地。イベリア半島方面作戦中の1813年、ウェリントン将軍率いるイギリス軍とフランス軍との戦いにより市街は焼失して甚大な被害を受け、その後、19世紀の間に再建された。1930年にはスペイン君主制の崩壊に先立って、共和制宣言「サン・セバスティアン協定」が締結された。

サン - セルバン Saint-Servan ⇒サン - マロ Saint-Malo

サン・ソブール・ル・ビコント Saint-Sauveur-le-Vicomte（フランス）

フランス北西部、マンシュ県の村。*シェルブール（Cherbourg）の南南東29kmに位置する。古いノルマン人の町で、かつては*イングランド（England）のサー・ジョン・シャンドスの所領とされた。第2次世界大戦中の1944年6月、*ノルマンディー（Normandy）侵攻作戦において、*コタンタン半島（Cotentin Peninsula）を横断して進軍したアメリカ軍により、この村にあった12世紀建造の城が破壊された。

サンタ・アナ Santa Ana（エルサルバドル）

エルサルバドル西部の都市。サンタ・アナ県の県都。*サン・サルバドル[2]（San Salvador）の北西51kmに位置する。エルサルバドル第2の大都市で、商工業の中心地であると同時に、歴史的にも重要な都市。1708年にサンタ・アナと命名され、1855年に県都となる。スペイン・ゴシック様式の大聖堂、エル・カルバリオ教会、市庁舎、劇場、美術学校、守備隊が駐屯する要塞など、歴史的建造物が残る。西方14kmの位置には*チャルチュアパ（Chalchuapa）がある。

サンタ・アナ・デ・クエンカ Santa Ana de Cuenca ⇒クエンカ[1] Cuenca（エクアドル）

サンタ・アナ・デ・コリアーナ Santa Ana de Coriana ⇒コロ Coro

サンタ・イザベル Santa Isabel（赤道ギニア）⇒マラボ Malabo

サンタ・イサベル Santa Isabel ［イサベル Isabel］［スペイン語：Ysabel イサベル］（ソロモン諸島）

西太平洋上にあるソロモン諸島の島。

1886～1899年まで*ドイツ（Germany）の統治下におかれた。第2次世界大戦中の1943年、島の北西岸にあるレカタ湾に日本軍の基地が建設された。

サンダカン Sandakan（マレーシア）

*ボルネオ（Borneo）島北東部、*サバ[2]（Sabah）州の港町。スールー海の入海、サンダカン湾に臨む。1947年までイギリス保護国北ボルネオ（現在のサバ州）の首都とされたが、同年、首都はジェッセルトン（現在の*コタ・キナバル（Kota Kinabalu））に移された。第2次世界大戦中に日本軍によって占領され、町の大部分が破壊された。

サンタ・クララ[1] Santa Clara ［ビジャ・クララ Villa Clara］（キューバ）

キューバ中西部、ビジャ・クララ州の州都。*ハバナ（Havana）の東南東264kmに位置する。古くからキューバ土着のインディオが住んでいた。コロンブスは西廻りに世界周航して到着した場所が中国であると思い、ここを忽必烈汗の居所だと思い込んだ。1689年に建設され、19世紀には畜牛取引からサトウキビ栽培、タバコ加工へと産業を拡大する。美しい建築物で知られ、1958年、カストロが主導しバティスタ政権を倒した革命中に、ゲリラ軍によって占領された。

サンタ・クララ[2] Santa Clara（合衆国）

*ニューメキシコ（New Mexico）州北部、グラント郡の村。リオアリバ郡、サンドバル郡、サンタフェ郡の3郡にまたがり、*サンタフェ[3]（Santa Fe）の北西34kmに位置する。1700年に定住が始まった。また、ここで作られる土器で有名。近郊には15世紀のテワ族インディアンのプエブロ跡であるプエ遺跡があり、断崖洞穴住居や

キバ（宗教儀式場）、またメサ（周囲が崖で頂部が水平なテーブル状の巨大な岩山）の上に建つ4軒棟割の共同住宅などが現存する。ここに遺る象形文字や土器遺物から、かつての住民について多くを知ることができる。600年頃〜16世紀のスペイン人到来まで、アナサジ文化地域の中心地だった。

サンタ・クルス[1] Santa Cruz（ボリビア）
ボリビア中東部、サンタ・クルス県の県都。＊スクレ（Sucre）の北東288kmに位置し、ピライ川に臨む。1560年にニュフロ・デ・チャベスによりイエズス会の伝道拠点として建設されたが、度重なるインディオの襲撃により、1595年に現在地へ移転された。独立運動初期の主要拠点の一つで、1811年の独立宣言のあと、一時的にスペイン軍に占拠された。現在は商取引と加工業の中心地で、多数の歴史的建造物が遺る。1962年に建設された鉄道により、ここから太平洋と大西洋のどちらへも到達が可能となった。

サンタ・クルス[2] Santa Cruz（アメリカ領バージン諸島）⇒**セント・クロイ** Saint Croix

サンタ・クルス[3] Santa Cruz（モロッコ）⇒**アガディール** Agadir

サンタ・クルーズ Santa Cruz（合衆国）
＊カリフォルニア（California）州中西部の都市。サンタ・クルーズ郡の郡庁所在地。＊サンフランシスコ[1]（San Francisco）の南96km、モンテレー湾の北端に位置する。創設は1791年。同年創建のサンタ・クルーズ伝道所と、都市計画に基づき1797年に建設されたモデルタウン入植地ブランシフォルテが合併し、都市が形成された。特に興味深い場所としては、再現された

伝道所、カリフォルニア大学サンタクルーズ校、また1913年に建設された市の大桟橋などが挙げられる。1989年、ロマ・プリータ地震によって甚大な被害を受けた。現在、サンタ・クルーズは＊シリコンバレー（Silicon Valley）の郊外都市として活況を呈し、カリフォルニア大学サンタ・クルーズ校の所在地となっている。

サンタ・クルーズ諸島 Santa Cruz Islands（ソロモン諸島）
太平洋南西部の離島群。＊ニュー・ヘブリディーズ（New Hebrides）諸島の北に位置する。1595年に発見された。第2次世界大戦中の1942年10月26日、ここでの海戦でアメリカ軍の航空母艦《ホーネット》が破壊されたものの、アメリカ軍は日本軍を撃破した。

サンタ・クルス・デ・テネリフェ Santa Cruz de Tenerife（スペイン）
＊カナリア諸島（Canary Islands）西部の港湾都市。スペインの島嶼県サンタ・クルス・デ・テネリフェ県の県都。1494年に建設された。1657年および1797年にイングランド軍の攻撃を受け、1797年の戦いでは、ホレイショ・ネルソン提督が片腕を失った。フランシスコ・フランコ将軍がここで組織した反乱は、のちにスペイン内戦へと発展した。16世紀創建の教会が遺る。

サンタ・クローチェ・カメリーナ Santa Croce Camerina ⇒**カマリーナ** Camarina（イタリア）

サンタグロリア Santa Gloria ⇒**セント・アンズ・ベイ** Saint Ann's Bay

サン - タシュール Saint-Acheul（フランス）
フランス北部、ソンム県の＊アミアン

(Amiens)附近にある集落。また砂利採取場。ここで旧石器時代の遺跡が発見され、この場所にちなんで命名された。アシュール文化期は、前期旧石器時代の末期、前5万年頃〜前3万年頃までを指す。

サンダスキー Sandusky ［旧名：Portland ポートランド］（合衆国）

*オハイオ（Ohio）州北部の都市。クリーブランドの西80kmに位置し、*エリー湖（Erie, Lake）のサンダスキー湾に臨む通関港。1763年、砦が築かれたが、ポンティアック戦争開戦中の同年5月16日、ワイアンドット族インディアンに焼き討ちにされた。1812年戦争〔アメリカ・イギリス戦争〕中の1813年、ここから19kmの地点で、オリバー・ハザード・ペリー提督が指揮官を務めた*プット-イン-ベイ（Put-In-Bay）の戦い（別名エリー湖の戦い）があった。その後、1817年にポートランドの名で都市が設計され、1824年に市制が施行され、1844年にサンダスキーと改称された。19世紀以降は観光地・保養地として人気を博し、現在ではエリー湖を利用して大規模な通商が行なわれている。

サンタテクラ Santa Tecla ⇒ヌエバ・サン・サルバドル Nueva San Salvador

サン-タドレス Sainte-Adresse （フランス）

フランス北部、セーヌ-マリティーム県、*ル・アーブル（Le Havre）附近の町。第1次世界大戦中の1914年10月13日〜1918年12月まで、*ベルギー（Belgium）亡命政権の本部がおかれた。

サンタ・バーバラ Santa Barbara （合衆国）

*カリフォルニア（California）州南部の都市。*ロサンゼルス（Los Angeles）の西北西136kmに位置し、太平洋に臨む。16世紀にフアン・カブリロによって発見、探査、命名された地域にあり、カリフォルニア史初期における重要都市となった。1782年建造のスペイン要塞と1786年創建の伝道所は同種の建築例としては、カリフォルニア屈指の美しさを誇る。町並みの大部分はスペイン風で、ムーア様式の城を模した裁判所（郡庁舎）がその好例といえる。また、この都市の港は1942年に日本軍の潜水艦による攻撃を受けた。初期インディアンの遺物が豊富に遺り、その多くが自然史博物館に所蔵されている。地理学科で有名なカリフォルニア大学サンタ・バーバラ校がある。

サンタ・バーバラ諸島 Santa Barbara Islands ［チャネル諸島 Channel Islands］（合衆国）

*カリフォルニア（California）州南部の群島。岩がちで起伏の多い八つの島からなり、コンセプション岬からサンディエゴまでの240kmにわたる海岸に沿って浮かぶ。1542年にポルトガルの探検家フアン・カブリロによって発見された。カブリロは同諸島の島、サンミゲル島に埋葬されたといわれる。ほかにアナカパ島、サンタ・クルス島、サンタ・ローザ島などがある。1969年の原油流出事故の油膜により、この水域の海洋生物が大きな被害を受けた。

サンタフェ[1] Santa Fe ［旧名：Santa Fe de Vera Cruz サンタフェ・デ・ラ・ベラクルス］（アルゼンチン）

サンタフェ州の州都。*ブエノスアイレス（Buenos Aires）の北西384kmに位置する。運河によりパラナ川と結ばれる内陸の河港都市であり、アルゼンチン北西部への重要な積出港とされている。1573年にスペインの探検家フアン・デ・ガライによって建設され、イエズス会の伝道拠点、また対インディオ抗争の前哨地となった。

1853年、アルゼンチンの憲法を起草するため、ここで初の憲法制定会議が開かれた。二つの広場の周囲には、歴史ある教会群や大学など、すぐれた建築物が並ぶ。

サンタフェ[2] Santa Fe（フィリピン）

*ルソン（Luzon）島のヌエバ・ビスカヤ州の村。バレテ峠の北、バヨンボンの南西40kmに位置する。第2次世界大戦中、アメリカ軍のルソン島侵攻時に、激戦の舞台となった。1945年5月27日、アメリカ軍はこの村を制圧し、*カガヤン（Cagayan）川流域への経路を確保した。

サンタフェ[3] Santa Fe（合衆国）

*ニューメキシコ（New Mexico）州中北部の都市で、同州の州都。アメリカ最古の州都。現在は行政の中枢であり、人気の観光保養地でもある。また、インディアン工芸を含む様々な生産物の販売拠点となっている。1610年頃、スペイン軍によってインディアンの集落跡に町が建設され、以降200年間以上スペイン人とインディアンの交易地となった。1680年にプエブロ族インディアンの反乱により、スペイン人住民はこの地を追われ、その後10数年間戻らなかった。

1821年のメキシコ独立後、ここを起点として東に延びる*サンタフェ街道（Santa Fe Trail）を通じ、アメリカとの幅広い商取引が発展する。メキシコ戦争中、サンタフェは、スティーブン・W・カーニー率いるアメリカ軍により無血占領され、1848年には他の広大なメキシコ領とともにアメリカに割譲された。南北戦争中、一時的に南軍に占領される。歴史的な見所としては、1635年頃に創建されたサンミゲル教会、アメリカ合衆国最大の日干しレンガ造り建築であるクリスト・レイ教会、1610年頃に建設された総督邸など

が挙げられる。総督邸は建設以来、順にスペイン人、インディアン、メキシコ人、イギリス系アメリカ人の官公吏に使用され、1914年に博物館となった。サンタフェはアメリカ人画家のジョージア・オキーフの生誕地で、現在はオキーフの名を冠した美術館がある。

サンタフェ[4] Santa Fe（コロンビア）⇒ボゴタ Bogotá

サンタフェ街道 Santa Fe Trail（合衆国）

全長1,248kmにわたるアメリカ西部の通商路。*ミズーリ（Missouri）州の*インディペンデンス[2]（Independence）から*ニューメキシコ（New Mexico）州の*サンタフェ[3]（Santa Fe）に至る。初めこの道を利用していたのは、スペイン統治下にあるサンタフェでの交易を禁じられていた、わな猟師の小集団だったが、1821年11月に*メキシコ（Mexico）がスペインの支配から解放されると、メキシコの領土となったサンタフェは交易商人に開かれ、この街道は商人にとって莫大な利益を生む鉱脈となった。1855年だけでも500万ドルを超える商取引があった。1850年には月に一便の駅馬車が運行を開始し、その後1880年にサンタフェ鉄道が開通した。

サンタフェ・デ・ボゴタ Santa Fe de Bogotá ⇒ボゴタ Bogotá

サンタフェ・デ・ラ・ベラクルス Santa Fe de Vera Cruz ⇒サンタフェ[1] Santa Fe（アルゼンチン）

サンダー・ベイ Thunder Bay［旧名：Fort William フォート・ウィリアム, Port Arthur ポート・アーサー］（カナダ）

*オンタリオ（Ontario）州南西部の都市。*ス

ペリオル湖（Superior, Lake）の北西岸にある。1679 年に毛皮の交易所ができ、1717 年にフランスはカミニスティクウィアという砦を建設したが、その後に放棄している。毛皮の交易を行なう北西会社が 1801 年にここを本拠地とし、フォート・ウィリアムと改名した。1866 年に軍事拠点のポート・アーサーが同じ地域に建てられた。どちらも都市に成長し、1970 年に合併してサンダー・ベイとなった。カナダの主要港の一つ。

サンタマウラ Santa Maura ⇒レフカダ Leukas

サンタ・マリア Santa Maria （ポルトガル）

＊アゾレス諸島（Azores）南東部の島。ポルトガル本土沿岸から 1,280km の距離に位置する。コロンブスは第 1 回新大陸探検からの帰路、この島に寄航した。第 2 次世界大戦中、連合国軍の基地が建設された。

サンタ・マリア・デ・プエルト・プリンシペ Santa Maria de Puerto Principe ⇒カマグエイ Camagüey

サンタ・マリア・デ・ベレン・ド・グラン・パラ Santa Maria de Belém do Gráo Pará ⇒ベレン Belém

サンタ・マリア・ラ・アンティグア・デル・ダリエン Santa Maria la Antigua del Darién ⇒ダリエン[3] Darién

サンタ・マルタ Santa Marta （コロンビア）

マグダレナ県の沿岸都市で、同県の県都。＊ボゴタ（Bogotá）の北 720km に位置する。南アメリカにおける最も古い都市の一つで、国内では最古の都市である。1525 年にスペインの探検家ロドリゴ・デ・

バスティダスによって建設され、19 世紀後半以降バナナの積出拠点として機能した。16 世紀に海賊の襲撃を受け、革命中は王党派に与したが、1821 年に解放された。市内の大聖堂には、かつてシモン・ボリバルの墓があった。サン・フェルナンド砦と、サント・ドミンゴ修道院の廃墟が今も遺る。近郊には＊カルタヘナ[1]（Cartagena）がある。

サンタマン Saint-Amand ［サンタマン・レゾー Saint-Amand-les-Eaux］（フランス）

ノール県の製造業がさかんな小都市。温泉保養地。＊リール[2]（Lille）の東 35km に位置する。18 世紀に装飾陶器の製造で広く知られるようになった。647 年に創設された大修道院を中心に発展した。

サンタマン・レゾー Saint-Amand-les-Eaux ⇒サンタマン Saint-Amand

ザーンダム Zaandam ⇒ザーンスタット Zaanstad

サンタレン Santarém ［古代：Praesidium Julium プラエシディウム・ユリウム；アラビア語：Scallabis スカラビス］（ポルトガル）

ポルトガル中部、サンタレン県の県都。テージョ川上流の右岸、リスボンの北東 69km に位置する。＊リスボン（Lisbon）に近いため、ローマ時代から重要な町とされた。715 ～ 1093 年にかけてムーア人の要塞がおかれ、1147 年に初代ポルトガル王アルフォンソ 1 世により、ムーア人から奪還された。13 世紀創建の教会、17 世紀創立の神学校がある。

サンタ・ローザ Santa Rosa （合衆国）

＊カリフォルニア（California）州西部の都市。＊サンフランシスコ[1]（San Francisco）の

北西 80km に位置する。1868 年に定住が始まった。ジャック・ロンドンのウルフハウスや、かつての住民であるルーサー・バーバンク（1849 ～ 1926）の保存された庭園で有名。近郊にはロス砦跡がある。

サンタ・ロザ・デ・コパン Santa Rosa de Copán ⇒**コパン Copán**（メキシコ）

サンタンティオコ Sant'Antioco ［古代：Sulci スルキ］（イタリア）
*サルディニア（Sardinia）島の南西沖合に位置する*地中海（Mediterranean Sea）のサンタンティオコ島の港町。島は古代にプルンバリア島と呼ばれた。古くはカルタゴ人の町で、現在も古代の周壁やローマ人とカルタゴ人の墓などが遺る。

サンタンデル Santander ［古代：Portus Victoriae ポルトゥス・ウィクトリアエ］（スペイン）
スペイン北部、カンタブリア州の州都。*マドリード（Madrid）の北 339km、*ビルバオ（Bilbao）の西北西 75km に位置し、*ビスケー湾（Biscay, Bay of）に臨む。古くからの港で、ローマの植民市ポルトゥス・ブレンディウムだったとする説もある。中世以降、旧カスティリア地方の歴史や商業の中心地とされている。アメリカ大陸の発見後、スペイン北部で最も出入航の多い港となった。1808 年にフランス軍の攻撃により壊滅状態に陥る。近郊のマグダレナ半島には王室のかつての夏の離宮が遺る。1941 年の火事で被害を受けた 13 世紀創建の大聖堂および商業地区が再建されている。近郊には先史時代の洞窟遺跡*アルタミラ（Altamira）がある。

サン - タンヌ・ド・ベルビュー Sainte-Anne De Bellevue（カナダ）
*ケベック 2（Quebec）州南部、モントリオール島の町。*モントリオール（Montreal）の西南西 32km に位置する。初めは毛皮取引の交易所がおかれ、西部へ向かうカヌーの起点としても利用された。トマス・ムーアの詩『カナダの舟歌』はここで生まれた。

サン - タンヌ・ド・ボープレ Sainte-Anne De Beaupré（カナダ）
*ケベック 2（Quebec）州南部の町。*ケベック 1（Quebec）の北東 32km、オルレアン島の対岸に位置し、*セント・ローレンス川（Saint Lawrence River）に臨む。1650 年頃に建設され、ここに上陸したフランスの難破船の船員らによって最初の教会堂が建てられた 1658 年以来カトリックの有名な巡礼地となっている。教会堂には聖遺物が納められており、奇跡による病人の治癒が数多く報告されていて、カナダとアメリカから巡礼者が訪れている。

サンタンヌポワン Saint Anne's Point ⇒**フレデリックトン Fredericton**

サーンチー Sanchi（インド）
インド北部、*マディヤ・プラデシュ（Madhya Pradesh）州西部の村。*ボパール（Bhopal）の北東 37km に位置する。国内最初期の建築で原始仏教の極めてすぐれた遺構が遺る。これらの遺構には、仏舎利を安置する仏舎利塔（ストゥーパ）が複数含まれ、中でも「大塔」（第一ストゥーパ）の最古の部分は、前 3 世紀の*マウリヤ朝（Maurya Empire）アショーカ王の治世にさかのぼり、他の部分は西暦の初めに造られた。仏舎利塔を飾る浮彫りには、国内における同種の装飾の極めてすぐれた例を示すものがある。

サンチアゴ¹ Santiago ［サンチアゴ・デ・チレ Santiago de Chile］［旧名：Santiago del Nuevo Estremo サンチアゴ・デル・ヌエボ・エストレモ］（チリ）

チリの首都で、サンチアゴ県の県都。*バルパライソ（Valparaíso）の南東112kmに位置し、マポチョ川に臨む。1541年に建設され、植民地時代以来、チリ文化の中心地となってきた。1541年のインディオ虐殺、1647年の地震、1863年の洪水と政治暴動、さらにはカンパーニャ教会が焼失して2000人の信徒が犠牲となった火災など、数々の惨事に見舞われている。1973年9月、クーデターにより、ここでアジェンデ大統領が殺害されて社会主義政府が倒され、チリにおける右派軍事独裁政権が確立した。

サンチアゴ² Santiago ［サンチアゴ・デ・ロス・カバリェロス Santiago de los Caballeros］（ドミニカ共和国）

ドミニカ北西部の都市、サンチアゴ州の州都。*サント・ドミンゴ¹（Santo Domingo）の北西136kmに位置し、ヤケ・デル・ノルテ川に臨む。かつての植民地都市であり、現在ドミニカ共和国第2の大都市。1494年にクリストファー・コロンブス（一説には1495年に弟のバルトロメオ・コロンブス）によって建設され、1564年の地震後に再建された。重要な建築物としては、サンルイ要塞、大聖堂、複数の教会、総督官邸などが挙げられる。1844年3月30日にここで起こった戦いは、ドミニカ独立の転換点となった。

サンチアゴ³ Santiago（スペイン）⇒サンチアゴ・デ・コンポステラ Santiago de Compostela

サンチアゴ・デ・グアヤキル Santiago de Guayaquil ⇒グアヤキル Guayaquil

サンチアゴ・デ・クーバ Santiago de Cuba（キューバ）

キューバ南東部の海港都市。*オリエンテ（Oriente）州の州都。*ハバナ（Havana）の東南東736kmに位置する。1514年にディエゴ・デ・ベラスケスによって建設され、ベラスケスはこの地の大聖堂に埋葬された。サンチアゴは1522年に現在の位置に移転され、1589年までキューバの首都とされた。初代総督ヘルナン・コルテスは1518年に、ここから*メキシコ（Mexico）遠征に出発する。*西インド諸島（West Indies）における密輸の拠点となり、フランス、イギリス両国の海賊に繰り返し占領された。

1898年のスペイン・アメリカ戦争中、すぐ東に*サン・フアン・ヒル（San Juan Hill）を臨むサンチアゴ港はアメリカ軍によって封鎖され、同年7月3日、スペイン艦隊がここで撃破された。1953年7月、フィデル・カストロがサンチアゴ攻略を試みて失敗し、ここで投獄される。だが最終的には1959年にカストロ軍によって制圧された。サンチアゴの狭い街路と歴史的な建築物は、その植民地的背景を反映している。
⇒オリエンテ Oriente

サンチアゴ・デ・コンポステラ Santiago de Compostela ［サンチアゴ Santiago］［古代：Campus Stellae］（スペイン）

スペイン北西部、*ガリシア（Galicia）州、ラコルニャ県の都市。*ラコルニャ（La Coruña）の南西51kmに位置し、サール川に臨む。9世紀に十二使徒の一人であるサンチアゴ（聖大ヤコブ）の墓所が奇跡的に見つかったとされる。アストゥリアス

王国のアルフォンソ2世により聖堂が建設され、西ヨーロッパにおけるキリスト教巡礼の拠点、三大巡礼地の一つとなった。巡礼路の終着点として非常に好まれたため、全ての巡礼者が標準的な巡礼の記章として聖ヤコブの象徴である帆立貝の殻を帽子につけるようになった。コンポステラへの巡礼路には十分な宿泊所があった。また、フランス南部から*ピレネー山脈（Pyrenees）を横断し*ブルゴス（Burgos）を経てコンポステラへ向かう主要巡礼路には、とりわけクリュニー会によって数々の修道院や教会が創建された。のちに、ムーア人支配下にあったスペインの《レコンキスタ（再征服）》時代には、この巡礼路が十字軍の主要進軍路となった。

10世紀にムーア人の攻撃によって先の聖堂が破壊されると、その跡に1077～1122年に美しいロマネスク様式の大聖堂が建設された。1501～1511年には巡礼者のための王立病院が、16世紀には総合大学の一部であるコレシオ・フォンセカが増築された。コンポステラの芸術・建築は、リモージュの聖マルシャル修道院、トゥールーズの聖セルナン教会、クリュニーのクリュニー修道院、コンクの聖フォワ修道院など、クリュニー会の教会建築と共通点が多い。

サンチアゴ・デ・チレ Santiago de Chile ⇒**サンチアゴ**[1] Santiago（チリ）

サンチアゴ・デル・エステロ Santiago del Estero（アルゼンチン）

アルゼンチン北西部、サンチアゴ・デル・エステロ州の州都。*ブエノスアイレス（Buenos Aires）の北西920km、*サンミゲル・デ・トゥクマン（San Miguel de Tucumán）の南東144kmに位置する。1553年に*ペルー[2]（Peru）から来たスペイン人によって

建設され、1556年には現在地に移転された。アルゼンチンにおける最古の継続的定住地。16世紀建造の二つの教会や市庁舎など、すぐれた建築物がある。

サンチアゴ・デル・ヌエボ・エストレモ Santiago del Nuevo Estremo ⇒**サンチアゴ**[1] Santiago（チリ）

サンチアゴ・デ・レオン・デ・カラカス Santiago de León de Caracas ⇒**カラカス** Caracas

サンチアゴ・デ・ロス・カバリェロス Santiago de los Caballeros ⇒**サンチアゴ**[2] Santiago（ドミニカ共和国）

サンチアゴ・デ・ロス・カバレロス・デ・グアテマラ Santiago de los Caballeros de Guatemala ⇒**グアテマラ** Guatemala

ザンテ Zante ⇒**ザキンソス** Zákinthos

サン - ディエ Saint-Dié（フランス）

フランス東部、*ロレーヌ（Lorraine）地方ボージュ県の町。ムルト川に臨む。*エピナル（Épinal）の東北東40kmに位置する。市内の歴史的建築物としては、7世紀に聖デオダトゥスによって建てられた修道院、ロマネスクとゴシックの両様式が混在する大聖堂、14～16世紀に建てられた複数の修道院、17世紀に築かれ第2次世界大戦中に破壊された司教宮殿が挙げられる。同大戦中には、住民の大半が殺害されるか、あるいは強制移送された。1507年、マルティン・バルトゼーミュラーがここで史上初めて、新発見された大陸をアメリカの名で表記する地図を出版した。

サンディエゴ San Diego （合衆国）

*カリフォルニア（California）州南部の太平洋沿岸都市。メキシコ国境附近に位置する。*スペイン（Spain）の依頼を受けたポルトガルの探険家ファン・ロドリゲス・カブリリョが、1542年にこの地を発見してサンミゲルと名づけ、地域一帯をスペイン領と宣言した。1602年にはスペインのドン・セバスティアン・ビスカノが来航する。1769年には*メキシコ（Mexico）から来たガスパル・デ・ポルトラ率いる探検隊が到達して7月16日に要塞を建設し、デ・ポルトラに随行したフニペロ・セラ神父が同日、カリフォルニアで最初の伝道所をここに築いた。植民地は徐々に拡大し、牛革の取引が開始された。

1864年、ロバート・フィールド・ストックトン准将がアメリカのためにこの地を占領する。メキシコ戦争終結時の1849年に締結された条約によって、サンディエゴは永久にアメリカの領土となった。1849～1850年にユタ州からモルモン教徒の大集団が陸路を経てこの地に入植する。1850年に町制が施行され、この時期、捕鯨が重要産業となりつつあった。だが捕鯨による好況は1870年頃に終焉を迎える。サンディエゴは、1915年にパナマ-カリフォルニア博覧会、1935年にカリフォルニア太平洋国際博覧会と、二つの博覧会の開催地となった。出入航の多いサンディエゴ港は、現在、アメリカ海軍の主要基地とされている。サンディエゴには航空宇宙産業や電子工学の研究施設が多数集まり、退職後の移住先としても人気がある。また主な名所としては、入植時の町の一部と、復元された伝道所が挙げられる。

サンティ・クアランタ Santi Quaranta ⇒サランダ Sarandë

サン - ディジエ Saint-Dizier ［古代：Desiderii Fanum デジデリイ・ファヌム］（フランス）

フランス北東部、オート - マルヌ県の町。*ショモン（Chaumont）の北62kmに位置し、*マルヌ川（Marne River）に臨む。ローマ時代にはここに集落があった。皇帝カール5世とフランスのフランソワ1世の間に長く続いた戦いにおいて、1544年に包囲攻撃され占領された。またナポレオン戦争中の1814年にも戦場となった。サン - ディジエ博物館にはローマ時代と初期キリスト教の遺物が展示されており、15～18世紀にかけて建てられた、すぐれた建築物が多く遺る。

サンディ・フック Sandy Hook （合衆国）

*ニュージャージー（New Jersey）州北東部、モンマス郡の半島。*ニューヨーク市（New York City）*マンハッタン島（Manhattan Island）の南方24km、サンディ・フック湾と大西洋の間に位置する。アメリカ合衆国政府の所有地で、その大部分はゲートウェイ国立保養地の一部として、国立公園局の管理下にある。1607年にヘンリ・ハドソンによって探査されたこの半島は、ニューヨーク港防衛のために建設され現在は閉鎖となったハンコック要塞の立地として最適だった。アメリカ独立戦争中はイギリス軍に占領され、20世紀にはアメリカ陸軍の性能試験場となり、今もナイキ地対空ミサイルの発射設備がある。1764年に建造されたサンディ・フック灯台は、アメリカ国内で最古の現役灯台。

サン - テティエンヌ Saint-Étienne （フランス）

フランス南東部、ロワール県の県都。中央高地（マシフ・サントラル）にあり、リヨンの南西50kmに位置する。*リヨン（Lyons）、*ロアンヌ（Roanne）とともにフランスの工業三角地帯を形成しており、11

世紀から繊維産業で知られてきた。16世紀にはフランソワ1世がここに小火器を発注する。また工業都市であったために、1827年にフランス初の鉄道の終着駅となった。市内には中世の教会や大修道院に加え、17世紀の大聖堂、旧美術館を改修した産業美術博物館などがある。

サン-テュベール Saint-Hubert（ベルギー）

ベルギー南東部、*アルデンヌ（Ardennes）地方リュクサンブール州の町。*バストーニュ（Bastogne）の西27kmに位置する。現在は観光・保養地。7世紀に創建されたベネディクト会の大修道院と、附属のさらに古い建物群があり、今は少年院となっている。リエージュの司教で狩猟の守護聖人である聖フベルッスは、817年創建のベネディクト会修道院に埋葬されている。

サント[1] Saintes［古代：Mediolanum Santonum メディオラヌム・サントヌム］（フランス）

フランス西部、シャラント-マリティーム県の町。*ラ・ロシェル（La Rochelle）の南東64kmに位置し、シャラント川に臨む。古代にはケルト系サントン族の拠点だった可能性が高いが、前1世紀に*ローマ（Rome）に占領された。中世には*サントンジュ（Saintonge）地方の中心地となる。1世紀建造のローマの円形劇場や凱旋門、また11～12世紀にかけて建てられ、一部が修復されたロマネスク様式のサン・ウトロープ（聖エウトロピウス）教会がある。1242年、フランスのルイ9世が、ここでヘンリ3世の*イングランド（England）軍を撃破した。

サント[2] Santo ⇒ エスピリトゥ・サント Espíritu Santo

サントーアオ〔三都澳〕Sandu Ao ［Sant-Tu-Ao, Santuao]（中国）

中国南東部、*フーチエン〔福建〕（Fujian）省北岸のサントー〔三都〕島の南岸にある港。*フーチョウ〔福州〕（Fuzhou）の北東77kmに位置し、1899年に対外貿易港として開かれて以来盛んになった茶の貿易を中心に要港とされた。

サンドイッチ諸島 Sandwich Islands ⇒ ハワイ Hawaii

汕頭 ⇒ シャントウ〔汕頭〕Shantou（中国）

山東 ⇒ シャントン〔山東〕Shandong（中国）

サン-トゥアン Saint-Ouen（フランス）

セーヌ・サン-ドニ県の町。*パリ（Paris）北部の郊外、ノートルダム大聖堂から6kmの位置にあり、*セーヌ川（Seine River）に臨む。かつてここにあった城において、ナポレオン戦争終結間近の1814年にルイ18世がサン-トゥアン宣言に署名し、自らが立憲君主であることを宣言した。メロビング朝時代の邸宅が遺る。

サンドウィッチ[1] Sandwich［中英語：Sandwic］（イングランド）

イングランド南東部、*ケント（Kent）州の港町。*カンタベリー（Canterbury）の東19km、ストゥール川に臨む。*五港連盟（Cinque Ports）のうち最古の港で、15世紀後半には最も重要な軍港とされたが、沈泥の堆積により16世紀に衰退した。12世紀に建てられた慈善施設や、14～16世紀に造営された古い周壁と門をはじめ、中世の建築が遺る。3km北の*リッチバラ（Richborough）郊外にはブリテン島におけるローマの主要港ルトピアエの遺跡がある。

サンドウィッチ[2] Sandwich （合衆国）

*マサチューセッツ （Massachusetts） 州南東部の町。バーンスタブルの西北西 18km、コッド岬の根元、またケープコッド運河の終端に位置し、ケープコッド湾に臨む。1636 年に築かれた、ケープコッドにおける最古の入植地。1825 〜 1888 年までは、ガラス工芸で知られた。町に遺る最も古い家、ホクシーハウスの一部は 1637 年に建てられた。

三都澳 ⇒ サントーアオ〔三都澳〕 Sandu Ao （中国）

サンド・クリーク Sand Creek （合衆国）

*コロラド （Colorado） 州のリヨン砦附近にある古戦場。インディアン大虐殺の舞台となった。1864 年 11 月 29 日、シャイアン族酋長ブラックケトルの和平申し入れにもかかわらず、ジョン・M・チビントン大佐の部隊はその提案を無視し、容赦ない奇襲攻撃を行なった。

サンドゲート Sandgate （イングランド）

*ケント （Kent） 州の町。*フォークストン （Folkestone） の西 4km に位置し、*イギリス海峡 （English Channel） に臨む。現在は人気のある海岸保養地であり、ヘンリ 8 世によって築かれた城の遺跡で有名。また、第 2 次世界大戦中、軍事基地として機能したことでも知られている。

サントス Santos （ブラジル）

ブラジル南東部、サンパウロ州の都市。*サンパウロ （São Paulo） の南東 64km に位置し、サンパウロの外港として活況を呈する。世界で最も重要なコーヒー輸出港。ブラジル南東部沖合のサンビセンテ島沿岸にあり、1543 年に建設された。入植初期の 1532 年に建設された郊外の都市サンビセンテにも近い。サントスと郊外都市サンビセンテは、1591 年にイングランドの海賊トーマス・キャベンディッシュの略奪に遭った。国際的な商業中心地であり保養地でもあるこの都市の内外には、植民地時代の雰囲気を留める 16 〜 17 世紀にかけての町並みが遺る。

サント・トマス Santo Tomas ⇒ チチカステナンゴ Chichicastenango

サント・ドミンゴ[1] Santo Domingo ［旧名： Ciudad Trujillo シウダード・トルヒーヨ］ （ドミニカ共和国）

ドミニカ共和国の首都で、最大の都市。国内南部に位置し、*カリブ海 （Caribbean Sea） に臨む。1476 年 8 月 4 日に、クリストファー・コロンブスの弟バルトロメオによって建設され、西半球最古の継続的定住地となった。スペインの征服者ディエゴ・デ・ベラスケスは、1511 年にここから*キューバ （Cuba） 征服に出発した。スペインが*メキシコ （Mexico） および*ペルー[2] （Peru） を征服するまで、サント・ドミンゴは新大陸におけるスペイン植民地統治の拠点とされ、1509 年、最初の総督府がおかれた。1586 年、イングランドの航海者サー・フランシス・ドレイクの略奪に遭うが、1655 年に再びイングランドの攻撃を受けた際は、これを撃退した。

ドミニカ共和国が独立を勝ち取った 1844 年、サント・ドミンゴは首都となる。1930 年のハリケーンで都市はほぼ潰滅状態となるが、再建され、当時の独裁者ラファエル・トルヒーヨ・モリナにちなんでシウダード・トルヒーヨと命名された。だが 1961 年には、かつての名に改称される。内戦中の 1965 年に戦場となるが、アメリカ軍が投入され、左派による反乱以前の状態が回復された。1521 年に

この地に完成した西半球最古の大聖堂は、コロンブスの墓所があることで知られる。1538年には新大陸初の大学がここに創設された。

サント・ドミンゴ² Santo Domingo（合衆国）

*ニューメキシコ（New Mexico）州中北部にある、サンドバル郡のプエブロ（インディアン集落）。*サンタフェ³（Santa Fe）の南西42kmに位置し、リオグランデ川に臨む。1700年頃、以前の集落を洪水で破壊されたケレス語族のプエブロインディアンによって築かれた。農業と独特の土器で知られ、毎年聖ドミニコの祝日に催されるグリーン・コーン・ダンスの儀式も有名。

サント・トメ・デ・グアヤナ Santo Tomé de Guayana ⇒シウダード・グアヤナ Ciudad Guayana

サン - ドニ¹ Saint-Denis ［古代：Catulliacum カトゥリアクム］（フランス）

フランス中北部、セーヌ-サン-ドニ県の工業都市。*パリ（Paris）の北北東11km、*セーヌ川（Seine River）の右岸に位置する。626年にメロビング朝の王ダゴベルト1世によってフランスの守護聖人、聖ドニの墓所に築かれたベネディクト会の教会堂を中心に、町が発展した。中世フランスにおいて最も富裕かつ重要だったこの大修道院では、アベラールが修道士となり、ジャンヌ・ダルクが自らの武器を聖別している。また、大修道院には8世紀に併設された有名な写本室がある。高名な大修道院長シュジェ（1081頃〜1151）は、中世盛期フランスの政治や文化に対して強い影響力を持っていた。1122年に大修道院長に就任したシュジェは1124年に廷臣となり、国王ルイ7世が第2回十字軍遠征に出征した1147〜1149年にかけてフランスの摂政を務める。また大修道院に巨万の富をもたらし、新たな建築様式であるゴシック様式の誕生に重要な役割を果たした。サン-ドニはゴシック様式の最初の建築例となった。大修道院内に築かれた12世紀の聖堂の東端は、*カンタベリー（Canterbury）や*シャルトル（Chartres）をはじめとするゴシック様式大聖堂の規範となった。聖堂にはフランソワ1世やアンリ2世を含む多くのフランス国王の墓所がある。ルイ16世とマリー・アントワネットは地下聖堂に埋葬されている。大修道院の聖旗であるオリフラムは12〜18世紀までフランスの王旗とされ、1120年から他の王章とともにここに所蔵されている。

歴史上実在した初代パリ司教の聖ドニは3世紀に斬首された。その後間もなく、伝承の中で聖パウロの弟子であった聖ディオニュシウス（ドニ）・アレオパギタと混同されるようになる。12世紀までには事実と伝説が入り混じっていたため、サン-ドニの大修道院長が、偽ディオニュシウスの研究のため、またその著書をギリシア語から翻訳するため、学校を創立するに至った。一説によれば、これらの神秘学文書が大修道院長シュジェに影響を与え、ゴシック様式の聖堂を設計させたとも言われる。百年戦争中、および宗教戦争中の1567年にサン-ドニの市街は戦場となって被害を受け、フランス革命中には修道院内の多くの墓所が破壊された。革命初期の短期間、サン-ドニはフランシアードと改称される。大修道院は18世紀に再建され、現在はレジオン・ドヌール叙勲者の娘を教育する学校となっている。この地域では中世の遺物が多数発見され、現在サン-ドニの博物館に展示されている。

サン-ドニ ² **Saint-Denis**（フランス）

*フランス（France）の海外県で、インド洋上にあるレユニオン島の港湾都市。また同島の中心都市。島の北岸、サン-ドニ川の河口に立地し、ポワント・デ・ガレの東北東16kmの位置にある。17世紀後半に東方へ航海するフランス船舶の寄港地として建設された。市内にはすぐれた大聖堂や植民地時代の美しい庭園があり、現在は砂糖およびラム酒の積出港となっている。

サン-ドニ-ル-ガスト Saint-Denis-Le-Gast（フランス）

マンシュ県の町。*アブランシュ（Avranches）の北19kmに位置する。第2次世界大戦中の1944年7月30日、連合国軍のノルマンディー方面作戦においてジョージ・パットン将軍の指揮によりアメリカ軍がここで重要な前線突破作戦を展開した。

サンドハースト Sandhurst（イングランド）

イングランド南東部*バークシャー（Berkshire）州の町。*ロンドン（London）の南西48kmに位置する。1801年にここに創設された有名な王立陸軍兵学校は、1946年、*ウリッジ（Woolwich）の陸軍士官学校に統合された。

サンドヒルズ Sandhills ⇒デニリクイン Deniliquin

サント-ボーム Sainte-Baume（フランス）

フランス南西部、ブーシュ-デュ-ローヌ県とバール県にまたがる連山。マグダラのマリアが晩年を過ごしたと伝えられるラ・グロット・ド・サンテ・マドレーヌ（聖マグダラの洞窟）が、この地の巡礼拠点となっている。

サント-マリー-オー-ミーヌ Sainte-Marie-Aux-Mines［独：Markirch マルキルヒ］（フランス）

フランス北東部、オー-ラン県の小さな町。*ボージュ山脈（Vosges Mountains）の尾根にある。現在は織物業の中心地。附近の鉱山は18世紀まで操業され、銅、銀、鉛を産出した。

サン-ドマング Saint-Domingue ⇒ハイチ Haiti

サンドミエシェ Sandomierz［ロシア語：Sandomir サンドミール］（ポーランド）

ポーランド南東部、シフィェンティクシシュ県の都市。*キェルツェ（Kielce）の南東83kmに位置し、*ビスワ川（Vistula River）に臨む。戦略上の要衝にあったため、11世紀に小ポーランド（マウォポルスカ）地方における最初の要塞が築かれ、1139年に公国の首都となった。13世紀には度重なるモンゴル軍の侵入によって破壊され、宗教改革時代に商業と文化の中心地として繁栄を遂げる。1570年、「サンドミエシュの合意」により、ポーランドのプロテスタントが団結した。1656年、サンドミエシュは*スウェーデン（Sweden）軍により都市の大部分を破壊され、1772年に*オーストリア（Austria）領、1815年には*ロシア（Russia）領となり、1919年に再びポーランドの領土となった。中世の城郭やルネサンス様式の教会、ゴシック様式の大聖堂、13世紀建造の市庁舎などがある。

サンドミール Sandomir ⇒サンドミエシェ Sandomierz

サント-ムヌー Sainte-Menehould（フランス）

フランス北東部、マルヌ県の*エーヌ川

（Aisne River）に臨む町。第1次世界大戦初期にドイツ軍に占領され、のちにフランス軍によって奪還され、*アルゴンヌ（Argonne）司令部として利用された。

サントメ Saint Thomé ⇒チェンナイ Chennai

サントーメ・イ・プリンシプ São Thomé e Príncipe ⇒ サントーメ・プリンシペ São Tomé and Príncipe

サントーメ・プリンシペ São Tomé and Príncipe ［サントーメ・イ・プリンシプ São Thomé e Príncipe］

アフリカ西部の共和国。ギニア湾内の五島からなる。最も重要な島はサントーメ島とプリンシペ島。主要な町は首都のサントーメ。1471年、ポルトガルの探検家ペドロ・エスコバルとジョアン・ゴメスにより、当時無人島だったこの群島が発見される。1483年にサントーメ島に入植地が建設された。1522年に群島は*ポルトガル（Portugal）の1州と宣言され、1641～1740年までオランダに占領されたのち、ポルトガル軍に奪還され、1951～1975年7月12日の独立までポルトガルの海外州とされた。*ガボン（Gabon）に拠点をおくサントーメ・プリンシペ解放運動（MLSTP）の指導者、マヌエル・ピント・ダ・コスタが、この1党制国家の初代大統領となる。独立後、多くの外国人労働者が国外に流出し、旱魃と価格下落がカカオの輸出に打撃を与えたため、1970年代後半～1980年代にかけて経済が低迷した。

　1990年に新憲法が採択されて、1党支配が終わると、与党が議会選挙で敗れ、無所属のミゲル・トロボアダが、対立候補の無いまま、初の自由大統領選挙に当選した。1994年にプリンシペ島の地方自治が承認される。1995年には軍事クーデ

ターが平和的に終結し、トロボアダが大統領に復帰する一方、反乱軍には恩赦が与えられた。1996年、トロボアダが再選される。2001年には対立政党である独立民主行動党から出馬した、フラディケ・デ・メネゼスが大統領に選出された。2003年にも政変が起こるが、メネゼスは復権した。

　18世紀、この土壌肥沃な火山性の群島に、プランテーション経済が確立された。現在もコーヒー、カカオ、ココナツの栽培および輸出が続けられている。

サントメール Saint-Omer （フランス）

*フランドル〔フランダース〕（Flanders）地方のパ-ド-カレー県にある都市。*カレー（Calais）の南東35kmに位置し、アー川に臨む。7世紀にテルアンヌの司教聖オメールによって創建された修道院の周囲に発展した。聖オメールの墓は現在、市内にあるノートルダム聖堂の内部にある。9世紀にフランドル人がここに砦と周壁のある町を築いた。中世後期には、聖ベルティン大修道院（現在は廃墟となっている）を擁する学問の中心地として、またフランドル地方における*イングランド（England）との羊毛取引拠点として発達した。長年にわたって繰り返し包囲攻撃を受けたあと、1677年にルイ14世によって併合され、フランスの領土となった。第1次世界大戦中にイギリス軍の司令部の一つがおかれ、両世界大戦中は激しい砲撃・空爆を受けた。

サント-メール-エグリーズ Sainte-Mère-Église （フランス）

フランス北西部、マンシュ県の町。ノルマンディ地方にある*シェルブール（Cherbourg）の南東32kmに位置する。第2次世界大戦中の連合軍による*ノルマンデ

ィー（Normandy）上陸作戦において、1944年6月6日〜10日にかけてアメリカ軍の空挺部隊がこの町を急襲し占領した。

サントリーニ Santorini ⇒ **テラ Thera**

サントリン Santorin ⇒ **テラ Thera**

サンドリンガム Sandringham（イングランド）
*ノーフォーク[1]（Norfolk）州の村。*キングズ・リン（King's Lynn）の北東11km、ウォッシュ湾附近に位置する。この村には、有名な王室の別邸サンドリンガム・ハウスがある。1861年にエドワード7世が購入したこの邸宅は、現在女王エリザベス2世が使用している。ジョージ6世はここで生まれ、のちにここで死去した。

サン - トロペ Saint-Tropez（フランス）
フランス南東部の町。*トゥーロン（Toulon）の東北東59kmに位置し、*地中海（Mediterranean Sea）に臨む。地中海と*アルプス（Alps）山脈に挟まれた、フランスとイタリアにまたがる細長い海岸地帯、*リビエラ（Riviera）の一部をなす。この海岸地帯は気候が温暖で風光明媚な場所として知られている。サン - トロペは漁港の町であると同時に、人気の保養地でもある。この地域は1920年代初期に富裕層や上流層に行楽地として好まれ、国外居住アメリカ人にも人気で、F・スコット・フィッツジェラルドの小説『夜はやさし』の舞台となった。第2次世界大戦中の1944年8月、連合国軍による上陸作戦の間に甚大な被害を受けた。また、一帯の砂浜において水着が省略されることで有名になった。

サン - トロン Saint-Trond ⇒ **シント - トロイデン Sint-Truiden**

サントンジュ Saintonge（フランス）
フランス西部、*ビスケー湾（Biscay, Bay of）湾沿岸の旧州。現シャラント - マリティーム県のほぼ全域に相当し、州都は*サント[1]（Saintes）だった。*ローマ（Rome）支配以前、この地域にはガリア系サントン族が住んでいた。419年に西ゴート人に占領され、507年にはメロビング朝のフランク国王クロービス1世に征服された。

1154年、アキテーヌのアリエノールとアンジュー家のアンリ（のちのヘンリ2世）との婚姻により、*アキテーヌ（Aquitaine）とともに*イングランド（England）の一部とされる。1371年にはフランス軍に再び征服され、1375年にフランスに併合された。1562〜1598年までの宗教戦争中、プロテスタントの拠点となり、特に*ラ・ロシェル（La Rochelle）はその中枢とされた。以降、サントンジュはフランス革命までフランスの1州となった。

サン - ナゼール Saint-Nazaire［古代：Corbilo コルビロ］（フランス）
フランス西部、ロワール - アトランティック県の港町。*ナント（Nantes）の西北西48km、*ロワール川（Loire River）の河口域に位置し、*ビスケー湾（Biscay, Bay of）に臨む。古代ガリアがローマの支配下におかれた時代、この地にはコルビロという集落があり、前56年にはユリウス・カエサルがブリテン島侵攻直前にここで艦隊を編成したとされる。中世後期にはブルターニュ公領となった。

第2次世界大戦中の1940〜1944年にかけてドイツの潜水艦基地がおかれ、1942年にはイギリス軍による強襲作戦の標的となる。連合国軍の爆撃によりほぼ潰滅状態となり、連合国の進攻によって1944年8月までに孤立したものの、陥落は翌年5月のことだった。その後再建され、

現在は冶金産業と造船業の中心地となっており、ラテンアメリカへの大規模輸出港でもある。

サンナール Sannār ⇒センナール Sennar

サンナルキッソ San Narciso ⇒サン・アントニオ San Antonio（フィリピン）

サンノゼ San José［旧名：El Pueblo de San José de Guadalupe エル・プエブロ・デ・サン・ホセ・デ・グアダルーペ］（合衆国）
*カリフォルニア（California）州西部の都市。肥沃なサンタ・クララ谷にあり、*サンフランシスコ¹（San Francisco）の南東64kmに位置する。1777年にカリフォルニアで最初に建設された都市で、1846年にアメリカ軍によって占領され、1849年にはここで初の州議会が開かれた。1849～1851年まで州都。市の西部および北部には、1777年創設のサンタ・クララ・デ・アシス伝道所、そして1797年創設のサン・ホセ・デ・グアダルーペ伝道所の二つがある。

　かつてサクランボ、アプリコット、レーズン用ブドウの栽培拠点だったサンタ・クララ・バレーが、超小型コンピュータ産業に移行すると、サンノゼはその成長の中心地となった。新産業の成功によって、この地域はシリコンバレーと呼ばれるようになる。現在はハイテクノロジー産業の中心地となり、専門職の若年層が流入している。初め405平方キロメートルあった果樹園のうち、現在残るのは僅か40平方キロメートルに過ぎない。

サンパウロ São Paulo（ブラジル）
ブラジル南東部、サンパウロ州の州都。外港である*サントス（Santos）の北北西72kmに位置し、チエテ川に臨む。南米最大の都市で、1千万以上の人口を擁する超現代的な大都会。ブラジルの商工業・金融の中心地である。1880年代に大規模コーヒー栽培が始まるまでは、典型的なブラジル植民地だった。1554年1月24日にイエズス会の修道士によってインディオの集落跡地に創設され、17世紀にブラジル奥地への探検基地となった。1681年にはサンビセンテに代わって周辺一帯のポルトガル植民地の首都となり、1711年には都市に昇格。1822年、ブラジル皇帝ドン・ペドロ1世は、ポルトガルからの独立をここで宣言した。独立宣言を行なった場所には記念としてイピランガ博物館が建設された。独立後、1880年代にコーヒーの輸出が始まると都市は爆発的な成長を遂げ、ヨーロッパから多くの移民が流入した。

サン・パウロ・デ・ルアンダ São Paulo de Luanda ⇒ルアンダ Luanda

サン・パスクォール San Pasqual［San Pascual］（合衆国）
*カリフォルニア（California）州南西部の古戦場。*サンディエゴ（San Diego）の北東64kmに位置する。メキシコ戦争中の1846年12月6日、ここでスティーブンカーニー将軍率いるアメリカ軍が攻撃を受け、大きな損害を被った。だが指揮官ロバート・ストックトンに救援され、最終的にサンディエゴへの進軍を果たした。

サン‐バースト‐ラ‐オーグ Saint-Vaast-la-Hogue（フランス）
フランス北西部、マンシュ県の町。*コタンタン半島（Cotentin Peninsula）にあり、*シェルブール（Cherbourg）の東南東26kmに位置する。17世紀、この町のやや南にある当時島だった場所に、ボーバンによって*ラ・オーグ（La Hogue）要塞が建設され、

近郊のタシウー島も要塞化された。1692年、この町の沖で起こったラ・オーグの戦いにおいて、トゥールビル率いるフランス艦隊がイギリス・オランダ艦隊に撃破された。

サン・バーナディーノ San Bernardino （合衆国）

*カリフォルニア（California）州南部の都市。*ロサンゼルス（Los Angeles）の東方88km、サン・バーナディーノ渓谷に位置する。1772年にこの地が初めて探査され、1810年にスペインの探検家によって命名された。その後、1851年に到来したモルモン教徒により1853年に都市が設計される。現在は、サン・バーナディーノ山脈上の標高1,500～2100メートルの風光明媚な高所を通る「世界の縁道」（州道18号線）で有名。近郊にあったノートン空軍基地は1944年に閉鎖された。

サン・パブロ・エトラ San Pablo Etla ⇒エトラ Etla

サンバール Sambhal （インド）

インド北部、*ウッタル・プラデシュ（Uttar Pradesh）州西部の町。*デリー[1]（Delhi）の東128kmに位置する。15世紀には重要なイスラーム教国の都として繁栄を遂げた。要塞、イスラーム教の聖廟、ヒンズー寺院跡に建造された16世紀のモスクがある。

サン - バレリー - シュル - ソンム Saint-Valéry-sur-Somme （フランス）

フランス北部、ソンム県の村。*アブビル[1]（Abbeville）の北西18km、*ソンム川（Somme River）河口に位置する。1066年にウィリアム征服王はここからイギリス海峡を横断して2度目の*イングランド（England）侵攻を試み成功した。山の手地区には今

も中世の防御施設や13世紀創建の大修道院の廃墟が遺る。

サン・パンタレオ San Pantaleo ⇒モティア Motya

ザンビア Zambia

アフリカ大陸南部の国家。西は*アンゴラ[1]（Angola）、北は*コンゴ（Congo）、東は*タンザニア（Tanzania）、*マラウィ（Malawi）、*モザンビーク[2]（Mozambique）、南は*ジンバブエ（Zimbabwe）と接する内陸国。かつてはイギリス保護領*北ローデシア（Northern Rhodesia）だった。1964年に独立が叶うとケネス・カウンダ大統領の舵取りのもと社会主義経済を発展させ、外国資本による豊かな銅鉱山から得た利益を人口の大多数を占める農民にもたらそうとした。1967年、中国資本により、内陸国のザンビアとタンザニアの首都でありインド洋の港湾都市である*ダルエスサラーム（Dar es Salaam）を結ぶ鉄道が敷かれた。1969年、銅鉱山は国有化された。

南隣の白人の国*ローデシア（Rhodesia）（現在のジンバブエ）との関係は穏やかではなかった。1973年、国境が封鎖され、ザンビアはジンバブエのゲリラ戦士への供給元および戦士の逃亡先となった。1976年、大規模なタンザニア鉄道が開通したが、すぐに報復のためゲリラ基地を襲撃するローデシア軍の標的となり線路の分断が相次いだ。カウンダはザンビアの軍事体制強化に乗り出すが、それが国の経済を脆弱にした。1979年、ザンビアの首都*ルサカ（Lusaka）で英連邦の首脳会議が開かれ、ローデシアをジンバブエ・ローデシアに改称して総選挙を行なうことが承認され、選挙の結果、黒人政権が誕生した。

新政府誕生によりローデシアの脅威が

なくなると、1980年にザンビアは南部8カ国とともに経済協定を結び*南アフリカ（South Africa）の支配から脱しようとした。さらにザンビアはソ連からの武器の購入に8000万ドルを費やす。1986年、南アフリカがザンビアをはじめとする近隣諸国の、アフリカ民族会議の駐屯地と疑われる場所に奇襲攻撃をかける。1990年、政府の財政引き締め政策がさらに不安定となり、カウンダへのクーデターの動きがでる。同年、憲法改正により複数政党制が認められる。1991年には改革派の労働組合主義者フレデリック・チルバが大統領選でカウンダに勝利、チルバの複数政党制民主主義運動（MMD）が与党となる。伝えられるところによると、1993年に野党によるクーデターが企てられ、国家は短期間危機に晒された。

チルバ政権の経済改革には銅産業の民有化も含まれていた。当初は他国からの援助が功を奏し経済状態もわずかに改善されたが、他国への膨大な負債が常に重荷になっていた。議会がカウンダの再立候補を妨げるための憲法修正を採決し、1996年にチルバが再選を果たす。1997年のクーデター未遂後、国内は再び非常事態に陥り多くの反対派の指導者と軍司令官が逮捕された。

20世紀末にはザンビアの生活水準が1950年代～1960年代半ばにかけての半分以下となり、その後銅の価格が下落した。失業率が高まりインフレが起きエイズウィルスが蔓延した。2001年5月にチルバは憲法が定める任期満了により3選を果たせなかった。憲法を改正しようというチルバの企ては全国的に、またMMD内でも反感を買う。2001年12月の選挙ではMMDの候補者レビー・ムワナワサが過半数に達することなく当選し、一方野党が国民議会で支配的になることもなかっ

た。野党の指導者たちは不正選挙を訴え選挙結果を否認、国際監視員からは深刻な不正を訴える声も上がった。

ザンビア - ローデシア Zimbabwe-Rhodesia ⇒ ローデシア Rhodesia

サン - ピエール Saint-Pierre（フランス）

*西インド諸島（West Indies）、*マルティニーク（Martinique）島の町。*フォール - ド - フランス（Fort-de-France）の北西18kmに位置する。1635年にデスナンビュックが主導するフランス人入植者によって設立され、商業活動の中心地として栄えたが、1902年に*プレー山（Pelée, Mount）の噴火で火砕流に飲み込まれ、2万8千人の住民は、一人を残して全滅した。現在その廃墟は観光地となっている。

サン - ピエール・エ・ミクロン Saint-Pierre-et Miquelon ⇒サン - ピエール・ミクロン Saint-Pierre and Miquelon

サン - ピエール・ミクロン Saint-Pierre and Miquelon ［仏：Saint-Pierre et Miquelon サン - ピエール・エ・ミクロン］（フランス）

カナダ東部、*ニューファンドランド（Newfoundland）島の南の沖合にある群島でフランスの海外領。九つの島からなり、サン - ピエールとミクロンの二つが最大の島。*グランド・バンクス（Grand Banks）に近いためバスク人漁師が最初に移住したとされる。現在も周辺海域は漁場となっている。1604年にフランス植民地となり、繰り返しイギリス軍に占領されるが、1814年のパリ条約によってフランスに返還された。1920年代～1930年代にかけての禁酒法時代、密造・密輸が盛んになった。1935年に地方自治権を獲得し、2003年にはフランス政府により「海外準県」に昇

746 サンヒエル

格された。

サン - ピエール - ル - ムティエ Saint-Pierre-le-Moûtier（フランス）

ニエーブル県の村。*ヌベール（Nevers）の南22kmに位置する。中世に要塞化された村には12世紀創建の教会が遺る。15世紀にはジャンヌ・ダルクがイングランド軍からここを奪取した。

サンビセンテ São Vicente ⇒ サントス Santos（ブラジル）

サン・ビセンテ岬 Saint Vincent, Cape ［古代：Promontorium Sacrum プロモントリウム・サクルム；ポルトガル語：Cabo de São Vicente カーボ・デ・サン・ビセンテ］（ポルトガル）

ポルトガル南西端の岬。古代の地理学者にはヨーロッパの最西端と考えられていた。岬の沖は多くの海戦の舞台となったが、なかでも1797年2月14日にサー・ジョン・ジャービス提督麾下のイギリス軍が、ドン・ホセ・デ・コルドバ麾下のスペイン艦隊を撃破した戦いは有名。このときスペイン艦隊は、*イギリス（United Kingdom）侵攻のために、フランス艦隊と合流する途上にあり、のちに*トラファルガー（Trafalgar）の海戦の勝者となるホレイショー・ネルソンもイギリス軍の若き提督としてこの海戦に加わっていた。

またこの岬はポルトガルにおける探検航海の庇護者、エンリケ航海王子とも縁があり、近郊の*サグレシュ（Sagres）にはエンリケの航海研究の拠点がおかれた。岬の突端には16世紀に修道院が創建されたが、現在はその跡に灯台が立っている。

サン・ビットリーノ San Vittorino ⇒ アミテルヌム Amiternum

三〇四高地 Hill 304（フランス）

フランス北東部、ムーズ県の丘。*ベルダン（Verdun）の北西16kmに位置する。第1次世界大戦中にドイツ軍がベルダン侵攻を試み、1916年5月にこの丘で戦闘があった。翌年の8月に再びここで戦闘があり、フランス軍がこの地域からドイツ軍を駆逐した。

サン・ファナンド San Fernando（合衆国）

*カリフォルニア（California）州南部、ロサンゼルス郡の都市。サン・ファナンド渓谷にある。都市の建設は1874年、市制施行は1911年だが、渓谷に残る都市の中では最も古い。1769年に初めて探査され、カリフォルニア北部への経路上にあるため発展し、とりわけ1842年にカリフォルニアで金が発見されてからは発展が顕著となった。1797年にスペイン人によって創設されたサン・ファナンド伝道所が今も残る。地下水が豊富なため、*ロサンゼルス（Los Angeles）からの独立性を保つことが可能となった。1971年には地震により被害を受けた。

サン・ファニーコ海峡 San Juanico Strait（フィリピン）

*サマル島（Samar）南西部と*レイテ（Leyte）島北東部を隔てる全長40kmの海峡。この海峡によってサマル海とサンペドロ湾がつながれている。第2次世界大戦中の1944年10月、アメリカ軍は占領したレイテ島を固守するため、この海峡沿いに看視哨を設置した。現在、沿岸一帯には町が点在している。

サン・フアン¹ San Juan ［旧名：San Juan de la Frontera サン・フアン・デ・ラ・フロンテーラ］（アルゼンチン）

サン・フアン州の州都。*ブエノスアイレ

ス（Buenos Aires）の北西 960km に位置する。1562 年に先住民の攻撃を防ぐ要塞、サン・フアンが築かれ、1593 年に現在の地点に移された。19 世紀の内戦において重要な役割を果たし、また 1868 〜 1874 年にかけて、アルゼンチンの大統領を務めたドミンゴ・ファウスティーノ・サルミエントをはじめ、多くの政治家がここで生まれた。1944 年の地震で市街の大部分が破壊された。

サン・フアン² San Juan （プエルトリコ）

*西インド諸島（West Indies）、プエルトリコ島の中心都市。*ハバナ（Havana）の東南東 1,600km に位置する。1508 年、サン・フアン近郊の*カパラ（Caparra）に植民地を築いたポンセ・デ・レオンが、この島をポルト・リコ（富める港）と名づけた。1521 年にサン・フアンは現在の地点に移され、襲撃に備えて要塞化され、新大陸で最も堅固なスペイン要塞となる。西インド諸島の主要港で、アメリカへの輸出拠点。現役で使用されているものとしては西半球で最古の教会があるほか、ポンセ・デ・レオンの墓所がある教会など、植民地時代の複数の教会が現存する。また、エル・モロ要塞およびサン・クリストバル要塞が遺る。

サン・フアン³ San Juan （合衆国）

*ニューメキシコ（New Mexico）州北西部の郡。*サンタフェ³（Santa Fe）の北北西 42km に位置し、リオグランデ川に臨む。1598 年、この地にあったインディアンの集落跡に、ファン・デ・オニャーテによりニューメキシコ初のスペイン人恒久定住地が建設され、のちにフランシスコ会の伝道所が設けられた。1680 年のプエブロの反乱においてインディアン軍を主導したメディシン・マン（呪医）ポペの出身地。

サン・フアン・カピストラーノ San Juan Capistrano （合衆国）

*カリフォルニア（California）州南部の町。*サンタ・アナ（Santa Ana）の南東 32km に位置する。1776 年、フニペロ・セラ神父がここに伝道所を創設し、フランシスコ会伝道団の宣教師カピストラーノの聖ヨハネ（1386 〜 1456）にちなんで命名した。町の名も同じくこの聖人の名に由来する。春になると伝道所の廃墟に飛来し、聖人の命日 10 月 23 日に飛び去るというツバメで有名。

サン・フアン諸島 San Juan Islands ［ハロ諸島 Haro Islands］（合衆国）

172 の島からなる群島。*ワシントン²（Washington）州北西部、*バンクーバー島（Vancouver Island）の東に位置する。1790 年にスペインの探検家によって発見され、命名された。サン・フアン諸島国境紛争では、この風光明媚な群島をめぐって*イギリス（United Kingdom）とアメリカの間で激しい議論が交わされ、両軍が諸島を占領した。最終的には 1872 年に、*ドイツ（Germany）皇帝によって調停が行なわれた。

サン・フアン・デ・ポルト・リコ Saint Juan de Porto Rico ⇒プエルトリコ自治領 Puerto Rico, Commonwealth of

サン・フアン・デ・ラ・フロンテーラ San Juan de la Frontera ⇒サン・フアン¹ San Juan （アルゼンチン）

サン・フアン・デ・ラ・フロンテラ・デ・ロス・チャチャポヤス San Juan de la Frontera de los Chachapoyas ⇒チャチャポヤス Chachapoyas

748　サンフアン

サン・フアン・デル・スール San Juan del Sur（ニカラグア）

ニカラグア南西部にあるリバス県の町。*リバス（Rivas）の南22kmに位置する。カリフォルニア・ゴールドラッシュ時代、この町の港はコーネリアス・バンダービルトが興した地峡横断旅客輸送会社の太平洋側の終端として重要な役割を果たした。

⇒サン・フアン・デル・ノルテ San Juan del Norte

サン・フアン・デル・ノルテ San Juan del Norte ［旧名：Greytown グレイタウン］（ニカラグア）

ニカラグア南東部の港町。ブルーフィールズの南120kmに位置し、*カリブ海（Caribbean Sea）に臨む。1848年、当時*モスキトス海岸（Mosquito Coast）の確保を目指していたイギリスに占領される。その後、コーネリアス・バンダービルトが興した地峡横断旅客輸送会社の東端に位置していため、この小さな町は発展を遂げた。1854年にはイギリス系アメリカ人がニカラグアにおいて不当な扱いを受け、その財産が侵害されたとして、アメリカがこの町を攻撃した。

⇒サン・フアン・デル・スール San Juan del Sur

サン・ファン・バウティスタ・トゥステペック San Juan Bautista Tuxtepec ⇒トゥステペック Tuxtepec

サン・フアン・ヒル San Juan Hill（キューバ）

*サンチアゴ・デ・クーバ（Santiago de Cuba）の東方に位置する丘。スペイン・アメリカ戦争中の1898年7月1日、ここでの戦いでセオドア・ルーズベルト率いる義勇騎兵隊が参戦し、アメリカ合衆国・キュ

ーバ連合軍とともにスペイン軍からこの丘を奪取した。

サン・ブエナベンツゥーラ San Buenaventura ⇒ベントゥーラ Ventura

サン・フェリペ¹ San Felipe ［アコンカグア Aconcagua］（チリ）

チリ中部の都市。*サンチアゴ¹（Santiago）の北80km、アコンカグア川に臨む。植民地時代の1740年に建設された町で、独立戦争において重要な役割を果たした。

サン・フェリペ² San Felipe（合衆国）

*ニューメキシコ（New Mexico）州中北部、サンドバル郡にあるプエブロ（インディアン集落）。*サンタフェ³（Santa Fe）の南西53km、リオグランデ川の西岸に位置する。1700年頃にケレス語族プエブロインディアンの定住が始まった。現在は、5月と12月に行なわれる儀式舞踊で有名である。

サン・フェリペ³ San Felipe（合衆国）

*テキサス（Texas）州南部、オースティン郡の町。*ヒューストン（Houston）の西72kmに位置し、ブラゾス川に臨む。1823年にスティーブン・オースティンの植民地本部として建設され、1832年、1833年および1835年のテキサス革命前に、ここで集会が開催された。革命中の1836年に町は焼失したが、のちに再建された。

サン・フェリペ・アポストル・デル・アレシボ San Felipe Apóstol del Arecivo ⇒アレシボ Arecibo

サン・フェリペ・デ・プエルト・プラタ San Felipe de Puerto Plata ⇒プエルト・プラタ Puerto Plata

サン・フェリペ・デル・リオ San Felipe Del Rio ⇒デル・リオ Del Rio

サン・フェルナンド[1] San Fernando（フィリピン）

＊ルソン（Luzon）島にある二つの異なる自治体。一方は中部ルソン地方パンパンガ州の州都で、＊マニラ（Manila）の北西56kmに位置する。他方はイロコス地方ラ・ウニョン州の州都で、ダグパンの北72kmに位置する。両者とも第2次世界大戦初期に日本軍によって占領され、フィリピン奪回作戦中の1945年1月、アメリカ軍によって解放された。

サン・フェルナンド[2] San Fernando［旧名：Isla de León イスラ・デ・レオン］（スペイン）

スペイン南西部、＊アンダルシア（Andalusia）州カディス県の都市。＊カディス（Cádiz）の南東11kmに位置する。偉大な伝統を持つ海上貿易都市で、海軍士官学校、軍需工場、海軍工場、観測所などで知られる。1810年には、市内の劇場で国会が開かれた。

サンフランシスコ[1] San Francisco［旧名：Yerba Buena イェルバ・ブエナ］（合衆国）

＊カリフォルニア（California）州中西部の都市。太平洋とサンフランシスコ湾に挟まれた半島に位置する。1579年、イングランド人探検家サー・フランシス・ドレイクがこの水域に到達した。湾内の陸地を初めて観測したのは、1769年に＊メキシコ（Mexico）から探検のために来航した、スペイン人探検家ガスパル・デ・ポルトラだった。1776年、ファン・バウティスタ・デ・アンサ率いるスペイン人の一団が半島に砦と伝道所を築く。村となってイェルバ・ブエナと呼ばれ、1821年にメキシコの支配下におかれた。1806～1841年にはロシアの毛皮交易商人がこの地に交易拠点を得ようとするも、失敗に終わる。1846年7月9日、指揮官ジョン・D・スロートがアメリカ合衆国の命を受けてここを占領。そのため、1848年のメキシコ戦争終結時に、イェルバ・ブエナはアメリカへ割譲された領土の一部となり、同年サンフランシスコと改称された。

さらに同年、カリフォルニアで金が発見されると、続く金探鉱者の殺到により、サンフランシスコは僅か2年の間に人口約800人の村から人口2万5000人の都市に成長する。この時代、市内の悪名高いバーバリ海岸は多くの人口を抱え、狂宴の続く無法地帯となっていた。一大国際都市となったサンフランシスコには内外から労働者が集まるが、いち早く流入した中国人の業績と伝統文化は、アメリカで最も有名なチャイナタウンに今も残る。1869年に初の大陸横断鉄道が完成すると、商工業が急速に発展した。

1906年4月18日、地震とそれに続く3日間の大火によって、市街の大部分が破壊され、サンフランシスコは大きな後退を余儀なくされる。だが都市は間もなく再建され、成長を続けた。都市がますます発展し、その名声が高まる中、1936年にはサンフランシスコ - オークランド・ベイブリッジが、1937年にはゴールデンゲート・ブリッジが開通する。第2次世界大戦中、太平洋戦線のための主要な出征・補給地点となった。魅力的な建物が並び、穏やかな気候に恵まれた、絵のように美しい丘の都市として、サンフランシスコの名は世界に知れ渡った。ヨーロッパから移民が大量に流入したため、早くからアメリカ西部における主要国際都市となり、芸術、音楽、その他文化の著名人を惹きつけた。また、西海岸における銀行業、金融業、保険業などの拠点となった。

1960年代には市内のヘイト - アシュベリー地区がヒッピー運動の中心地となり、1967年の「サマー・オブ・ラブ」において最盛期を迎えた。1989年のロマ・プリータ地震により市街は大きな被害を受けるが、エンバルカデロ・フリーウェイがのちに撤去されたことで、臨海部開発が促進された。サンフランシスコは現在もなお、ハイテクノロジー産業の中心地である。

⇒オークランド[2] Oakland

サンフランシスコ[2] São Francisco （ブラジル）
ブラジル東部を流れる全長3,040kmに及ぶ川。ブラジル高原に源を発し、順に北、北東、東へ流れ、大西洋に注ぐ。南アメリカ有数の大河で、伝説・現実を問わず、多くの河上略奪事件の舞台となってきた。旱魃に苦しんできたこの地域の経済状態は、近年、川の各区間に建設されたダムにより改善されている。

サンフランシスコ湾 San Francisco Bay （合衆国）
*カリフォルニア（California）州北部の湾。長さ80km、幅5〜21km。この地域の初期探査に重要な役割を果たす。1579年にサー・フランシス・ドレイクによって発見され、1769年にガスパル・デ・ポルトラによって調査された。次いで1775年にはファン・マヌエル・アヤーラが湾内に入航。世界屈指の天然の良港であり、地震の振動を吸収するよう設計された臨海高速鉄道用の海底トンネルがある。湾内のトレジャー島と*アルカトラズ（Alcatraz）島はつとに有名。沿岸の主要都市としては、*サンフランシスコ[1]（San Francisco）、*バークリー[2]（Berkeley）、*オークランド[2]（Oakland）、*サン・マテオ（San Mateo）が挙げられる。南東19kmの位置

には*サンノゼ（San José）がある。湾の北方にはサンパブロ湾があり、ナパ・バレーに通じている。

サン・フリアン San Julián （アルゼンチン）
アルゼンチン南部、サンタクルス州の港。1520年3月〜8月にかけて、歴史に残る世界周航の途上にあったポルトガルの航海者フェルディナンド・マゼランがここで越冬した。その間にマゼラン麾下の複数の将官が反乱を起こしたが、失敗に終わった。

⇒パタゴニア Patagonia

サン - ブリュー Saint-Brieuc （フランス）
フランス北西部、コート - ダルモール県の県都。イギリス海峡附近、*レンヌ（Rennes）の北西88kmに位置し、グエ川に臨む。5世紀にここに修道院を建てたウェールズの修道士、聖ブリユーにちなんで命名された。9世紀に司教座がおかれ、17〜18世紀までは*ブルターニュ（Bretagne）地方の議会がここで開かれた。要塞があり、また1375年および1394年の包囲攻撃を耐え抜いて近年修復された13世紀のゴシック様式の大聖堂がある。

サンブル川 Sambre River （フランス、ベルギー）
フランス北部のエーヌ県に源を発し、北東へ流れ、ベルギーのナミュールで*ムーズ川（Meuse River）に合流する短い川。第1次世界大戦終結間近の1918年11月にイギリス軍が重要な勝利を収めた戦場として記憶されている。

ザンベジ川 Zambezi River [Zambesi] ［ポルトガル語：Zambeze ザンベゼ］（アフリカ大陸）
*ザンビア（Zambia）北西部を水源とする川。*アンゴラ[1]（Angola）東部を南下し、ザンビア西部から*ボツワナ（Botswana）

国境に達し、ザンビアと*ジンバブエ（Zimbabwe）の国境を形成したあと*モザンビーク[2]（Mozambique）を貫き、インド洋のモザンビーク海峡に注ぐ。アフリカ大陸屈指の大きな川で、その水源は19世紀まで謎とされた。アラブ人は10世紀からこの川をアフリカへの貿易の主要水路としていた。16世紀には、象牙、金、奴隷めあてのポルトガル人貿易商が交易発展のために流れを利用した。探検家のデイビッド・リビングストン（1813～73）が1850年代にこの川の正確な水路図を初めて作成した。1959年、カリバダムの建設で5万1000人のトンガ族の農民が移住させられた。2001年の洪水で、18万人以上のモザンビークと*マラウィ（Malawi）の人々が元の家に住めなくなった。

ザンベゼ Zambeze ⇒ザンベジ川 Zambezi River

サン・ペドロ・スラ San Pedro Sula （ホンジュラス）

ホンジュラス北西部、コルテス県の県都。プエルト・コルテスの南南西38kmに位置する。1536年に現在の位置の東方に建設された。バナナと砂糖のプランテーションを擁し、ホンジュラス西部および北西部における有数の主要港、また歴史の中心地となってきた。

サン・ペドロ・デ・タクナ San Pedro de Tacna ⇒タクナ Tacna

サン・ペドロ・デ・ドゥラスノ San Pedro de Durazno ⇒ドゥラスノ Durazno

サンベリー Sunbury ⇒バンゴー Bangor

サン・ベルナルディノ海峡 San Bernardino Strait （フィリピン）

*ルソン（Luzon）島のソルソゴン州南部と、*サマル島（Samar）北部とを隔てる海峡。第2次世界大戦中は重要な水路とされた。1944年10月24日～25日にかけてここで行なわれた海戦において、日本の連合艦隊が大敗を喫した。1945年初頭には、アメリカ軍が海峡上の複数の島を占領した。

サン・ベルナール峠 Saint Bernard Passes （フランス、イタリア、スイス）

アルプス山脈中の二つの峠の名。大サンベルナール峠（古くはアルピス・ポエニア、また峠にあったユピテルの神殿にちなみモンス・ヨビスと呼ばれた）はスイス、イタリア間の国境にあり、スイスの*バレー（Valais）州とイタリアの*バッレ・ダオスタ（Valle D'Aosta）州を結ぶ。また、古代にアルプス・グライアと呼ばれた小サンベルナール峠は、フランスのサボワ県とバッレ・ダオスタ州を結び、どちらの峠も古くから利用されてきた。

大サンベルナール峠は、ガリア人、ローマ人、シャルルマーニュ〔カール大帝〕、皇帝ハインリヒ4世、赤髭王フリードリヒ、そして1800年のイタリア遠征途上4万の兵を率いてアルプスを越えたナポレオンの通り道となった。12世紀に現在の名で呼ばれるようになる。11世紀に聖ベルナール・ド・マントンによって建てられたアウグスティノ会修道士の宿泊所があり、この宿泊所では、有名なセントバーナード犬が遭難者捜索のために飼育されていた。一方、小サンベルナール峠は、前218年の秋にハンニバルと象の部隊がここを通ってイタリアに侵攻したといわれる。また、こちらの峠にも11世紀に聖ベルナール・ド・マントンが建てたとされる宿泊所がある。

サン・ベルナルド・デ・タリハ San Bernardo de Tarija ⇒**タリハ** Tarija

サン・ヘルマン San Germán （プエルトリコ）
プエルトリコ南西部の町。マヤグエスの南東16kmに位置し、グアナヒボ川に臨む。スペインの植民地であり、コロンブスの息子ディエゴが選んだ場所に築かれた。南北アメリカ大陸における最古の宗教施設の一つ、1511年創建のポルタ・コエリ修道院の周りに発展した。また、両大陸で最初に列聖されたリマのローザの生誕地。

サンボアンガ Zamboanga ［City of Zamboanga］（フィリピン）
*ミンダナオ（Mindanao）島南西部の先端にある都市。*マニラ（Manila）の南960kmに位置する。現在は国定記念物となっているピラール砦は、1636年に建設され、南部のイスラーム教徒であるモロ族の海賊からキリスト教徒の入植者を守る拠点となった。1936年に市制。バシラン島群を含めると、面積が世界一大きな都市となる。第2次世界大戦中は日本軍の防衛基地だった。1945年3月10日にアメリカ軍に占領される。1948年、バシラン島群がサンボアンガから分離され勅許を受けたため、サンボアンガは世界一面積の大きな市を誇れなくなった。

サン・ホアン・デ・ロス・エステロ San Juan de los Esteros ⇒**マタモロス** Matamoros

サンボジャ Sambodja （インドネシア）
*ボルネオ（Borneo）島東岸の*バリクパパン（Balikpapan）附近にある東カリマンタン州の油田。第2次世界大戦中は日本軍に占領されたが、1945年5月1日に*タラカン（Tarakan）島で開始されたオーストラ

リア軍の大攻勢によって同年7月18日に解放される。この大攻勢は同年8月14日に終結した。

サンホセ¹ San José ［旧名：Villa Nueva ビリャ・ヌエバ］（コスタリカ）
コスタリカの首都。太平洋岸の港プンタレナスの東80kmに位置する。1736年にスペイン人により建設され、1821年にコスタリカが*スペイン（Spain）から独立したのち、当時の首都カルタゴと競い、1823年に首都となる。19世紀にサンホセが発展を始め、植民地時代の主要都市をしのぐようになると、それまでのタバコに替えてコーヒーが主要商品となった。北アメリカ様式とスペイン様式の建築物が混在し、魅力ある都市を形成している。

サン・ホセ² San José ［サン・ホセ・デ・マジョ San José de Mayo］（ウルグアイ）
ウルグアイ南部の都市。*モンテビデオ（Montevideo）の北西80kmに位置し、サン・ホセ川に臨む。1783年にスペインからの入植者により建設され、1825～1826年にかけてウルグアイの暫定首都となった。教会、庁舎、劇場など、入植初期の建築で有名。

サン・ホセ・デ・グアシマル San José de Guasimal ⇒**ククタ** Cúcuta

サン・ホセ・デ・ククタ San Jose de Cúcuta ⇒**ククタ** Cúcuta

サン・ホセ・デ・マジョ San José de Mayo ⇒**サン・ホセ²** San José （ウルグアイ）

サン・ボニファシオ・デ・イバゲ San Bonifacio de Ibagué ⇒**イバゲ** Ibagué

サン - ポーリアン Saint-Paulien ［古代： Revessco レウェスコ］（フランス）

オート - ロワール県の村。ブレ山地にあり、*ル・ピュイ（Le Puy）の北北西 11km に位置する。古代にはガリア人部族ウェラウィー族の本拠地で、6 世紀までブレの司教座がおかれた。現在はレース編みとレンガ造建築で有名。

サン - マクシマン - ラ - サント - ボーム Saint-Maximin-la-Sainte-Baume （フランス）

フランス南東部、プロバンス - アルプ - コート・ダジュール地方南部、バール県の町。*トゥーロン（Toulon）の北 37km に位置する。町の南南東 14km の位置、聖サント - ボーム山地の、サント - ボームの洞窟にちなんで命名されたが、この洞窟で聖マドレーヌ（マグダレナ）が悔悛のうちに生涯を過ごしたといわれている。町中には、13 〜 16 世紀にかけて建造され、聖マドレーヌが埋葬されたプロバンス・ゴシック様式の教会や、14 〜 15 世紀にかけて築かれた、かつての有名なドミニコ会修道院の建物がある。

サン・マテオ San Mateo （合衆国）

*カリフォルニア（California）州西部、サン・マテオ郡の都市。*サンフランシスコ[1]（San Francisco）の南方 27km に位置し、*サンフランシスコ湾（San Francisco Bay）に臨む。1776 年にスペインの探検家により、聖マタイの名を取って命名され、1822 〜 1846 年までメキシコの植民地となった。1863 年に鉄道が開通すると飛躍的に成長し、1906 年のサンフランシスコ大地震のあと、住居を失った人々が流入した。サン・マテオ橋によりサンフランシスコ湾東岸と結ばれている。

サン・マリノ San Marino

*イタリア（Italy）半島中北部、*エミリア - ロマーニャ（Emilia-Romagna）州とマルケ州に囲まれたアペニン山脈ティターノ山の斜面に位置する共和国。首都サン・マリノ。一説によると、4 世紀に迫害から逃れてきたダルマティアのキリスト教徒、聖マリヌスによって築かれ、ティターノ山に建てられた隠遁所を中心に発展したとされている。1637 年に教皇によって正式に独立が認められ、特に 16 世紀および 18 世紀に繰り返し侵攻を受けたものの、自由を守り通した。イタリアと何度も友好条約を締結するが、第 2 次世界大戦中は中立を維持し、一時激しい爆撃を受けた。

サン・マリノは現存する世界最古の共和国を謳っている。60 人の大評議会、10 人の国家会議、12 人の裁判官からなる上訴裁判所、2 人の元首、造幣局、郵便局、警察、1000 人からなる軍隊を有する。1992 年に国際連合に加盟。

サン・マルコス・デ・アリカ San Marcos de Arica ⇒アリカ Arica

サンマルコス砦 Castillo de San Marcos ⇒セント・オーガスティン Saint Augustine

サン・マルタン Saint Martin ［オランダ語： Sint Maarten シント・マールテン］

*カリブ海（Caribbean Sea）東部、*西インド諸島（West Indies）東部，小アンティル諸島北部、リーワード諸島北部の島。*プエルトリコ（Puerto Rico）の東に位置する。1493 年の聖マルティヌスの祝日にコロンブスによって発見され、命名された。1640 年代に、オランダ、フランスの両軍がこの島を占領し、以来、両国間で公平に分割されてきた。島の南部のオランダ領はやや小さいが価値は高く、*オランダ

領アンティル諸島（Netherlands Antilles）に属する。北部はフランス海外県*グアドループ（Guadeloupe）に属する。フランス領の中心地はマリゴであり、オランダ領の主要な町はフィリップスブルフ。この島の気候と風景は多くの観光客を惹きつけるとともに、綿、サトウキビ、熱帯果物の生産にも適している。

サン・マルティン・デル・レイ・アウレリオ San Martín del Rey Aurelio （スペイン）

スペイン北西部、*アストゥリアス（Asturias）県の町。*オビエド（Oviedo）の南東11kmに位置する。この町の大聖堂にはオビエドのアウレリオをはじめとする中世のアストゥリアス国王の墓所がある。

サン - マロ Saint-Malo （フランス）

フランス北西部、*ブルターニュ（Bretagne）地方、イル - エ - ビレーヌ県の都市。*レンヌ（Rennes）の北北西64kmに位置し、*イギリス海峡（English Channel）に臨む。6世紀にウェールズ人修道士が近郊に修道院を創建し、9世紀にはノルマン人の襲撃を逃れて、近郊のサン - セルバンから避難民がここに流入した。1491年にフランス領土の一部となる。15世紀に港町として栄え、17～18世紀には多数の探検航海船や貿易船が、また、イングランドによる海賊駆逐の努力にもかかわらず私掠船がこの港を利用し、利益をもたらした。

第2次世界大戦中の1944年8月、ここを占領し要塞としていたドイツ軍が、連合国軍の進撃を前にして撤退する際、市街を焼き払った。古い塁壁と17世紀の町並みが、この町の興味深い景観を形作っている。サン - マロは、*セント・ローレンス川（Saint Lawrence River）を発見したジャック・カルティエ（1459～1557）、作家のルネ・ド・シャトーブリアン（1768～

1848）の生地。

サン - ミエル Saint-Mihiel （フランス）

フランス北東部、*ロレーヌ（Lorraine）地方ムーズ県の町。コメルシの西14km、*ムーズ川（Meuse River）に臨む。709年に創建されたベネディクト会大修道院の周囲に発展した。第1次世界大戦後期の1918年9月12日～14日にかけて行なわれた戦いで有名。最初の大規模な戦闘で、パーシング将軍麾下のアメリカ軍が1914年からドイツの占領下にあったこの町を首尾よく奪取した。

サン・ミゲル San Miguel ⇒セブ Cebu

サン・ミゲル・デ・イバラ San Miguel de Ibarra ⇒イバラ Ibarra

サンミゲル・デ・トゥクマン San Miguel de Tucumán ［トゥクマン Tucumán］（アルゼンチン）

アルゼンチン北西部、トゥクマン州の州都。*ブエノスアイレス（Buenos Aires）の北西1064km、*パラグアイ（Paraguay）の首都*アスンシオン（Asunción）の西南西800kmに位置し、ドゥルセ川源流のサリ川に臨む。1565年にスペイン人によってエルテハル川沿岸に建設されたが、相次ぐ洪水の被害のために現在地に移転。1776年に*ラ・プラタ（La Plata）副王領の一部となった。1812年にはトゥクマンの戦いの舞台となり、マヌエル・ベルグラノ将軍がここでスペイン王党派に対して勝利を収めた。1816年7月9日、ここで開かれた初の共和国議会においてアルゼンチンの独立が宣言された。

サン・ミニアート San Miniato （イタリア）

*トスカナ（Tuscany）州、ピサ県の町。*フ

ィレンツェ（Florence）の西南西 34km に位置する。イタリアの叙任権闘争において教皇を支持し、神聖ローマ皇帝と対立したトスカナ女伯マティルダは 1046 年にここで生まれた。トスカナにおける皇帝代理の居所となり、フリードリヒ（フェデリーコ）2 世によって城塞が強化され、防備が固められた。12 世紀創建の大聖堂、16 世紀建造の宮殿を擁する司教区であり、どちらの建物も第 2 次世界大戦で被害を受けた。おそらくは 1330 年創建のサン・ドメニコ教会で最もよく知られており、この教会にはジョバンニ・デッラ・ロッビアの手によるテラコッタ作品が所蔵されている。第 2 次世界大戦中の 1944 年 7 月、ドイツ軍撤退の際、この町の住民が虐殺された。

サン・ムレツァン San Murezzan ⇒サン・モリッツ Saint Moritz

サン - メクソン - レコル Saint-Maixent-l'École（フランス）

フランス西部、ドゥー - セーブル県の町。*ニオール（Niort）の北東に位置する。この町の歴史ある大修道院聖堂は 12 世紀に創建され、宗教戦争中の 1568 年にプロテスタントのユグノーによって破壊されたあと、17 世紀に再建された。

サン - モーリス[1] Saint-Maurice ［旧名：Petit Charenton プティ・シャラントン］（フランス）

バル - ド - マルヌ県の町。*パリ（Paris）の中心から南東に 7km、*マルヌ川（Marne River）の右岸に位置する。1606 ～ 1685 年までプロテスタントの拠点となった。大規模な精神障害者保護施設だった「シャラントン」は現在精神病院になっている。著明な入所者の中にはマルキ・ド・サドもいた。

サン - モーリス[2] Saint-Maurice ［ケルト語：Agaunum アガウヌム］（スイス）

スイス南西部、*バレー（Valais）州の町。シオンの西 27km に位置し、*ローヌ川（Rhône River）に臨む。4 世紀に殉教した聖マウリティウス（モーリス）にちなんで改称された。スイス最古の修道院である、515 年に創建されたアウグスティノ会の大修道院で有名。17 世紀創建の教会は、4 世紀の教会跡に築かれた。

サン・モリッツ Saint Moritz ［独：Sankt Moritz ザンクト・モリッツ；ロマンシュ語：San Murezzan サン・ムレツァン］（スイス）

スイス南東部、グラウビュンデン州のオーバーエンガディンにある町。*クール（Chur）の南南東 45km に位置し、イン川に臨む。ウィンタースポーツが盛んな通年の鉱泉保養地として人気が高く、15 世紀から知られていた。1928 年および 1948 年に冬季オリンピックの開催地となる。名所としてサン・モリッツ・ドルフ地区にあるロマネスク様式の教会の斜塔がある。

サン - モール - デ - フォセ Saint-Maur-des-Fossés（フランス）

フランス北部、バル - ド - マルヌ県の都市。*パリ（Paris）南東の郊外に位置し、*マルヌ川（Marne River）に臨む。1465 年にルイ 11 世が公益同盟との間に条約を調印した場所として有名。12 ～ 14 世紀にかけて建てられた聖ニコラス教会には、長く巡礼の対象となっている『奇跡の聖母像』がある。

サン - ラファエル Saint-Raphaël（フランス）

フランス南東部、バール県の町。*カンヌ（Cannes）の南西 29km、フランス領*リビエラ（Riviera）海岸に位置する。現在は流

行の保養地だが、港はローマ人によって築かれた。1799 年に*エジプト（Egypt）遠征から帰還したナポレオンはここから上陸した。1944 年 8 月、連合国軍の南フランス侵攻中に激戦地となった。

サンリス Senlis （フランス）

フランス北部、オワーズ県の古い歴史を持つ町。*パリ（Paris）の北北東 45km に位置する。1493 年 5 月 23 日、皇帝マキシミリアン 1 世とここで締結した条約により、シャルル 8 世は*フランシュ - コンテ（Franche-Comté）の領有を断念した。ガロ・ローマ時代の城壁や中世の要塞、1150 年から 13 世紀初期にかけて創建された初期ゴシック様式の傑作ノートルダム大聖堂がある。また 15 世紀に建設された市庁舎やフランス初期の国王が居城とした城の廃墟も遺る。

サン - ルイ Saint-Louis （セネガル）

西アフリカ、セネガル北西部の港湾都市。*セネガル川（Senegal River）中のサン - ルイ島にある。1638 年、フランス人がセネガル川河口に交易所をおき、1659 年にサン - ルイ島にこの都市を建設した。アフリカにおける最初のフランス植民市となったこの都市は、奴隷貿易時代に繁栄を遂げた。七年戦争中の 1758 ～ 1759 年にかけて、またナポレオン戦争中の 1809 ～ 1815 年にかけては、イギリス軍に占領される。1895 年にセネガルがフランスの植民地になると、サン - ルイに総督府がおかれるが、1902 年にセネガルは*フランス領西アフリカ（French West Africa）の一部となった。

サン・ルイス[1] San Luis ［旧名：San Luis de la Punta サン・ルイス・デ・ラ・プンタ］（アルゼンチン）

アルゼンチン中西部、サン・ルイス州の州都。*ブエノスアイレス（Buenos Aires）の西北西 640km に位置する。1596 年にマルティネス・デ・ロヨラによって建設された。1712 年および 1720 年にはインディオによって市街の大部分を破壊されるが、現在もなお植民地時代の歴史的建築物が多数遺る。

サン・ルイス[2] São Luís ［旧名：Maranhão マラニョン, São Luiz do Maranhão サン・ルイス・ド・マラニョン］（ブラジル）

ブラジル北東部、マラニョン州の州都。大西洋上のサン・ルイス島西部の港湾都市。*ベレン（Belém）の東南東 480km に位置する。多くのブラジル人作家や詩人の生誕地であることから、ブラジルのアテネとして有名。1612 年にフランス人によって建設され、ルイ 9 世にちなんで命名されたが、1615 年にはポルトガルに占領され、1641 ～ 1644 年までオランダの支配下におかれた。1682 ～ 1780 年まで通商独占権の恩恵を受けて商業の拠点となり、19 世紀には文化の中心地ともなった。現在は、州内の農産物・工業製品の集散地として機能している。17 世紀創建の大聖堂は、ポルトガル植民地時代の面影を留める。

サン・ルイス・オビスポ San Luis Obispo （合衆国）

*カリフォルニア（California）州西部の都市。サンタ・ルシア山地の麓、サン・ルイス・オビスポ川に臨む。*サンタ・バーバラ（Santa Barbara）の北西 128km に位置する。1846 年、ジョン・C・フレモント将軍はアメリカのためにこの地を占領したあと、

1772 年にここに建設されたフランシスコ会の伝道所サン・ルイス・デ・トロサに避難して大嵐を逃れた。市内のミッション・プラザには、今もなお歴史的建築物が遺る。

サン・ルイス・ダプラ San Luis d'Apra ⇒アプラ港 Apra Harbor

サン・ルイス・デ・ラ・プンタ San Luis de la Punta ⇒サン・ルイス¹ San Luis

サン・ルイス・ド・マラニョン São Luiz do Maranhão ⇒サン・ルイス² São Luis

サン・ルイス・ポトシ San Luis Potosí （メキシコ）

サン・ルイス・ポトシ州の州都。*メキシコ・シティ（Mexico City）の北西 360km に位置する。1576 年にフランシスコ会の伝道所として建設され、植民地時代、またメキシコ革命において戦略上の要衝となった。憂国の士フランシスコ・I・マデロは 1910 年、一時的にこの地で投獄された際、メキシコ革命の社会・政治指針となる「サン・ルイス・ポトシ計画」を立案した。市街の建築物や丸石敷きの狭い通りは今なお植民地時代の名残を留めている。

サンルカル・デ・バラメダ Sanlúcar de Barrameda ［古代・アラビア語：Luciferi-Fani］（スペイン）

スペイン南西部、カディス県の港湾都市。*カディス（Cádiz）の北 27km、グアダルキビール川河口の東岸に位置する。起源はローマ時代にさかのぼり、この都市か、あるいは附近のコト・デ・ドニャーナに古代*タルテッソス（Tartessus）があったとされる。タルテッソスは、スペイン南部がカルタゴに併合される以前、王

国の中心地で、イベリア半島におけるフェニキア人の港だった。アメリカ大陸の発見に伴い、*セビリア（Seville）へ向かう船の中継地となって繁栄を遂げた。1498 年にコロンブスはここから第 3 次航海に出帆し、1519 年にはマゼランもここから出航した。中世の城郭と 14 世紀創建の教会が遺る。

サン-レミ Saint-Rémy ［サン-レミ-ド-プロバンス Saint-Rémy-de-Provence］（フランス）

フランス南東部、ブーシュ-デュ-ローヌ県の町。*アルル²（Arles）の北東 19km に位置する。この町の近郊でギリシア・ローマ時代の町の小規模ながら完全な遺跡が発掘されたが、もともとこれはギリシア人都市*マルセイユ（Marseilles）の植民地として築かれたものだった。このローマ時代のグラヌム遺跡には、紀元 1 世紀に建てられた二つの記念建造物の遺跡があり、一つは市門、もう一つは皇帝アウグストゥスの二人の孫を悼む記念塔で、どちらもすぐれた彫刻装飾が施されている。

サン-レミ-ド-プロバンス Saint-Rémy-de-Provence ⇒サン-レミ Saint-Rémy

サン・レモ San Remo ［伊：Sanremo サンレモ］（イタリア）

イタリア北西部、*リグリア（Liguria）州インペリア県の都市。*ニース（Nice）の東北東 43km に位置し、ジェノバ湾に臨む。港湾都市であり、重要な通年保養地。旧市街には 12 世紀創建のロマネスク様式の教会と、第 2 次世界大戦で破壊された 15 世紀建造の宮殿の廃墟がある。1920 年 4 月 19 日〜26 日まで国際会議が開かれ、参加した第 1 次世界大戦参戦国の代表が、1919 年 5 月の*パリ（Paris）平和会議の決定を承認した。ここでの決定を受けて、*セ

ーブル（Sèvres）条約が締結された。

サン - ロー Saint-Lô ［古代：Briovera ブリオウェラ］（フランス）

フランス北西部、*ノルマンディー（Normandy）地方、マンシュ県の県都。*カーン[1]（Caen）の西 54km に位置する。起源はローマ支配下のガリア時代にまでさかのぼり、常に交通の要衝とされてきた。800 〜 814 年までフランク国王シャルルマーニュ〔カール大帝〕により要塞化され、889 年に古代スカンジナビア人の攻撃と略奪に遭い、1141 年には*アンジュー（Anjou）伯ジョフロア・プランタジネットに、また 1346 年には*イングランド（England）のエドワード 3 世によって占領された。16世紀の宗教戦争中、ここでフランスのプロテスタント、ユグノーが虐殺された。

　第 2 次世界大戦中の 1944 年 6 月にノルマンディ上陸作戦が開始されると、この町は連合国軍の主要目標となり、同年 7月 7 日にアメリカ軍の攻撃を受けて、激しい爆撃ののち、同 18 日に占領される。これにより、ドイツ軍の防衛線の一端が崩れ、連合国軍のフランス進攻が可能となった。

サン - ローラン - シュル - メール Saint-Laurent-Sur-Mer （フランス）

カルバドス県の町。*バイユー（Bayeux）の北西 13km に位置し、セーヌ湾に臨む。第 2 次世界大戦中の 1944 年 6 月 6 日、*ノルマンディー（Normandy）上陸作戦においてアメリカ軍の上陸拠点となり、イングランドから曳航された巨大な人工港湾施設が設置された。この施設は設置 2 週間後に暴風によって甚大な被害を受けた。

サン・ロレンソ・デ・エル・エスコリアル San Lorenzo de El Escurial ⇒エル・エスコリアル El Escorial

【著者】
コートランド・キャンビー（Courtlandt Canby）
著作家。著書に The Past Displayed : A Journey through the Ancient World（1980）, Lincoln and the Civil War : A Profile and a History（Classic Reprint, 2017）など多数。

デイビッド・S・レンバーグ（David S. Lemberg）
カリフォルニア大学サンタバーバラ校で地理学博士号取得。現在、ウェスタン・ミシガン大学教授。

【日本語版監修者】
植松靖夫（うえまつ　やすお）
上智大学大学院博士後期課程修了。現在、東北学院大学文学部教授。共著に『新和英大辞典第5版』（研究社）、訳書にC.ヒバート『図説イギリス物語』（東洋書林）、R.ハクスリー『西洋博物学者列伝──アリストテレスからダーウィンまで』（悠書館）など多数。

【翻訳協力】石川久美子　大塚典子　児玉敦子

世界歴史地名大事典

〈第1巻〉ア〜サ

2017年10月25日　第1刷

著　者　　コートランド・キャンビー
　　　　　デイビッド・S・レンバーグ
日本語版
監　修　　植松靖夫
装　丁　　古村奈々
発行者　　伊藤甫律
発行所　　株式会社　柊風舎

〒161-0034 東京都新宿区上落合1-29-7 ムサシヤビル5F
TEL 03-5337-3299 ／ FAX 03-5337-3290

印刷／株式会社明光社印刷所
製本／小高製本工業株式会社

ISBN978-4-86498-049-4
Japanese text © Yasuo Uematsu